2024

法律法规全书系列

中华人民共和国医疗法律法规全书

（含规章及法律解释）

中国法制出版社
CHINA LEGAL PUBLISHING HOUSE

出 版 说 明

随着中国特色社会主义法律体系的建成，中国的立法进入了"修法时代"。在这一时期，为了使法律体系进一步保持内部的科学、和谐、统一，会频繁出现对法律各层级文件的适时清理。目前，清理工作已经全面展开且取得了阶段性的成果，但这一清理过程在未来几年仍将持续。这对于读者如何了解最新法律修改信息、如何准确适用法律带来了使用上的不便。基于这一考虑，我们精心编辑出版了本丛书，一方面重在向读者展示我国立法的成果与现状，另一方面旨在帮助读者在法律文件修改频率较高的时代准确适用法律。

本书独具以下四重价值：

1. **文本权威，内容全面**。本书涵盖医药卫生领域相关的常用法律、行政法规、国务院文件、部门规章、规范性文件、司法解释，及最高人民法院公布的典型案例、示范文本，独家梳理和收录人大代表建议的重要答复；书中收录文件均为经过清理修改的现行有效文本，方便读者及时掌握最新法律文件。

2. **查找方便，附录实用**。全书法律文件按照紧密程度排列，方便读者对某一类问题的集中查找；重点法律附加条旨，指引读者快速找到目标条文；附录相关典型案例、文书范本，其中案例具有指引"同案同判"的作用。同时，本书采用可平摊使用的独特开本，避免因书籍太厚难以摊开使用的弊端。

3. **免费增补，动态更新**。为保持本书与新法的同步更新，避免读者因部分法律的修改而反复购买同类图书，我们为读者专门设置了以下服务：（1）扫码添加书后"法规编辑部"公众号→点击菜单栏→进入资料下载栏→选择法律法规全书资料项→点击网址或扫码下载，即可获取本书每次改版修订内容的电子版文件；（2）通过"法规编辑部"公众号，及时了解最新立法信息，并可线上留言，编辑团队会就图书相关疑问动态解答。

4. **目录赠送，配套使用**。赠送本书目录的电子版，与纸书配套，立体化、电子化使用，便于检索、快速定位；同时实现将本书装进电脑，随时随地查。

修 订 说 明

《中华人民共和国医疗法律法规全书》自出版以来，深受广大读者的欢迎和好评。本书在上一个版本的基础之上，根据国家法律、行政法规、部门规章、司法解释等文件的制定和修改情况，作出如下更新：

1. 增加法律法规20余件：《医疗卫生机构网络安全管理办法》《诊所备案管理暂行办法》《中医药专业技术人员师承教育管理办法》《医疗机构手术分级管理办法》《进一步改善护理服务行动计划（2023-2025年）》《药品标准管理办法》《中药注册管理专门规定》《药物临床试验机构监督检查办法（试行）》《药品经营和使用质量监督管理办法》《药品检查管理办法（试行）》《最高人民法院关于加强中医药知识产权司法保护的意见》《医疗质量控制中心管理规定》《全面提升医疗质量行动计划（2023-2025年）》《患者安全专项行动方案（2023-2025年）》《手术质量安全提升行动方案（2023-2025年）》《医疗机构日间医疗质量管理暂行规定》《中华人民共和国母婴保健法实施办法》《居家和社区医养结合服务指南（试行）》《关于进一步规范职业健康检查和职业病诊断工作管理的通知》，等等。

2. 删去法律法规2件：《欺诈骗取医疗保障基金行为举报奖励暂行办法》《计划生育技术服务机构执业管理办法》，等等。

3. 增加典型案例13个：《最高人民法院发布5起危害药品安全犯罪典型案例》《最高人民检察院关于印发〈药品安全公益诉讼典型案例〉的通知》。

4. 最新收录人大代表建议的重要答复7件：《对十四届全国人大一次会议第2624号建议的答复——关于协同推进区域医疗高质量发展的建议》《对十四届全国人大一次会议第2066号建议的答复——关于提升偏远地区医疗卫生服务能力的建议》，等等。

总 目 录

一、综合 …………………………………… (1)
二、医疗机构与医师 ……………………… (64)
  1. 医疗机构 …………………………… (64)
  2. 医师 ………………………………… (104)
  3. 外国、港澳台从业者 ……………… (133)
  4. 医疗广告 …………………………… (138)
三、医疗与护理 …………………………… (141)
  1. 处方和病历 ………………………… (141)
  2. 诊疗活动 …………………………… (162)
  3. 临床护理 …………………………… (193)
  4. 药品管理 …………………………… (203)
  5. 医疗器械与设备 …………………… (397)
四、医疗安全与血液管理 ………………… (468)
  1. 医疗质量安全管理 ………………… (468)
  2. 医院感染管理 ……………………… (488)
  3. 血液管理 …………………………… (511)
五、疾病防控 ……………………………… (531)
  1. 疾病预防 …………………………… (531)
  2. 疫苗接种 …………………………… (572)
  3. 应急处理 …………………………… (596)
六、医疗纠纷处理 ………………………… (637)
  1. 医疗事故处理 ……………………… (637)
  2. 医疗损害赔偿 ……………………… (654)
七、健康管理 ……………………………… (661)
  1. 妇幼保健 …………………………… (661)
  2. 老龄健康 …………………………… (676)
  3. 职业健康 …………………………… (686)
八、人大代表建议答复 …………………… (713)

目录

一、综合

中华人民共和国基本医疗卫生与健康促进法 …… (1)
　　(2019年12月28日)
中华人民共和国精神卫生法 …………… (8)
　　(2018年4月27日)
中华人民共和国生物安全法 …………… (15)
　　(2020年10月17日)
中华人民共和国人类遗传资源管理条例 …… (22)
　　(2019年5月28日)
中华人民共和国红十字会法 …………… (26)
　　(2017年2月24日)
中华人民共和国刑法（节录）………… (29)
　　(2020年12月26日)
中华人民共和国中医药法 ……………… (32)
　　(2016年12月25日)
国务院关于实施健康中国行动的意见 …… (36)
　　(2019年6月24日)

国务院关于深入开展爱国卫生运动的意见 …… (39)
　　(2020年11月14日)
卫生行政许可管理办法 ………………… (42)
　　(2017年12月26日)
卫生行政处罚程序 ……………………… (47)
　　(2006年2月13日)
卫生行政执法责任制若干规定 ………… (51)
　　(2005年6月9日)
卫生行政执法文书规范 ………………… (52)
　　(2017年12月26日)
国家卫生计生委行政复议与行政应诉管理办法 …… (57)
　　(2013年10月30日)
医疗监督执法工作规范（试行）………… (60)
　　(2023年12月4日)

二、医疗机构与医师

1. 医疗机构

医疗机构管理条例 ……………………… (64)
　　(2022年3月29日)
医疗机构管理条例实施细则 …………… (66)
　　(2017年2月21日)
医疗机构医疗保障定点管理暂行办法 …… (74)
　　(2020年12月30日)
医疗卫生机构信息公开管理办法 ……… (78)
　　(2021年12月29日)

医疗卫生机构网络安全管理办法 ……… (80)
　　(2022年8月8日)
医疗机构内部价格行为管理规定 ……… (83)
　　(2019年12月26日)
城市社区卫生服务机构管理办法（试行）…… (86)
　　(2006年6月29日)
乡镇卫生院管理办法（试行）…………… (89)
　　(2011年7月7日)

---

* 编者按：本目录中的时间为法律文件的公布时间或最后一次修正、修订公布时间。

诊所备案管理暂行办法 …………………… (91)
　　(2022年12月20日)
妇幼保健机构管理办法 …………………… (93)
　　(2006年12月19日)
优抚医院管理办法 ………………………… (95)
　　(2022年6月28日)
中外合资、合作医疗机构管理暂行办法 …… (97)
　　(2000年5月15日)
《中外合资、合作医疗机构管理暂行办法》
　的补充规定 …………………………… (99)
　　(2007年12月30日)
《中外合资、合作医疗机构管理暂行办法》
　的补充规定二 ………………………… (99)
　　(2008年12月7日)
香港和澳门服务提供者在内地设立独资医院
　管理暂行办法 ………………………… (100)
　　(2010年12月22日)
台湾服务提供者在大陆设立独资医院管理暂
　行办法 ………………………………… (102)
　　(2010年10月22日)

2. 医师
中华人民共和国医师法 …………………… (104)
　　(2021年8月20日)
医师执业注册管理办法 …………………… (109)
　　(2017年2月28日)
执业药师注册管理办法 …………………… (111)
　　(2021年6月18日)
乡村医生从业管理条例 …………………… (114)
　　(2003年8月5日)
国务院办公厅关于进一步加强乡村医生队伍
　建设的实施意见 ……………………… (117)
　　(2015年3月6日)
医疗机构从业人员行为规范 ……………… (119)
　　(2012年6月26日)
医疗机构从业人员违纪违规问题调查处理
　暂行办法 ……………………………… (122)
　　(2011年12月30日)
医师外出会诊管理暂行规定 ……………… (125)
　　(2005年4月30日)
医师定期考核管理办法 …………………… (126)
　　(2007年2月9日)
传统医学师承和确有专长人员医师资格考核
　考试办法 ……………………………… (129)
　　(2006年12月21日)
中医药专业技术人员师承教育管理办法 …… (131)
　　(2023年4月17日)
最高人民法院关于审理非法行医刑事案件具
　体应用法律若干问题的解释 …………… (132)
　　(2016年12月12日)

3. 外国、港澳台从业者
香港、澳门特别行政区医师在内地短期行医
　管理规定 ……………………………… (133)
　　(2008年12月29日)
台湾地区医师在大陆短期行医管理规定 …… (134)
　　(2009年1月4日)
香港和澳门特别行政区医师获得内地医师资
　格认定管理办法 ……………………… (135)
　　(2009年4月15日)
台湾地区医师获得大陆医师资格认定管理办法 …… (136)
　　(2009年4月15日)
香港和澳门特别行政区医疗专业技术人员在
　内地短期执业管理暂行规定 …………… (137)
　　(2010年12月16日)

4. 医疗广告
医疗广告管理办法 ………………………… (138)
　　(2006年11月10日)
国家中医药管理局办公室关于规范中医医疗
　广告工作若干问题的通知 ……………… (140)
　　(2009年4月29日)

三、医疗与护理

1. 处方和病历

处方管理办法 …………………………（141）
　　（2007 年 2 月 14 日）
长期处方管理规范（试行）……………（145）
　　（2021 年 8 月 10 日）
医院处方点评管理规范（试行）………（147）
　　（2010 年 2 月 10 日）
医疗机构病历管理规定（2013 年版）…（149）
　　（2013 年 11 月 20 日）
病历书写基本规范 ……………………（151）
　　（2010 年 1 月 22 日）
中医病历书写基本规范 ………………（155）
　　（2010 年 6 月 11 日）
电子病历应用管理规范（试行）………（160）
　　（2017 年 2 月 15 日）

2. 诊疗活动

医疗技术临床应用管理办法 …………（162）
　　（2018 年 8 月 13 日）
手术安全核查制度 ……………………（166）
　　（2010 年 3 月 17 日）
医疗机构手术分级管理办法 …………（167）
　　（2022 年 12 月 6 日）
卫生部关于下发《医疗机构诊疗科目名录》
　　的通知 ……………………………（169）
　　（1994 年 9 月 5 日）
卫生部关于修订《医疗机构诊疗科目名录》
　　部分科目的通知 …………………（172）
　　（2007 年 5 月 31 日）
卫生部关于在《医疗机构诊疗科目名录》
　　中增加"疼痛科"诊疗科目的通知 …（173）
　　（2007 年 7 月 16 日）
卫生部关于在《医疗机构诊疗科目名录》
　　中增加"重症医学科"诊疗科目的通知 …（173）
　　（2009 年 1 月 19 日）
卫生部关于修订口腔科二级科目的通知 …（174）
　　（2010 年 6 月 11 日）
人体器官捐献和移植条例 ……………（174）
　　（2023 年 12 月 4 日）

人体捐献器官获取与分配管理规定 …（179）
　　（2019 年 1 月 17 日）
医疗美容服务管理办法 ………………（182）
　　（2016 年 1 月 19 日）
放射诊疗管理规定 ……………………（183）
　　（2016 年 1 月 19 日）
戒毒治疗管理办法 ……………………（188）
　　（2021 年 1 月 25 日）
戒毒药物维持治疗工作管理办法 ……（190）
　　（2014 年 12 月 31 日）

3. 临床护理

护士条例 ………………………………（193）
　　（2020 年 3 月 27 日）
护士执业注册管理办法 ………………（196）
　　（2021 年 1 月 8 日）
护士执业资格考试办法 ………………（197）
　　（2010 年 5 月 10 日）
住院患者基础护理服务项目（试行）…（199）
　　（2010 年 1 月 22 日）
进一步改善护理服务行动计划（2023-
　　2025 年）…………………………（201）
　　（2023 年 6 月 15 日）

4. 药品管理

中华人民共和国药品管理法 …………（203）
　　（2019 年 8 月 26 日）
中华人民共和国药品管理法实施条例 …（215）
　　（2019 年 3 月 2 日）
全国人民代表大会常务委员会关于延长授权
　　国务院在部分地方开展药品上市许可持有
　　人制度试点期限的决定 …………（221）
　　（2018 年 10 月 26 日）
药品标准管理办法 ……………………（222）
　　（2023 年 7 月 4 日）
处方药与非处方药分类管理办法（试行）…（225）
　　（1999 年 6 月 18 日）
中药品种保护条例 ……………………（225）
　　（2018 年 9 月 18 日）

中药注册管理专门规定 …………………（227）
　　（2023年2月10日）
药品注册管理办法 ………………………（233）
　　（2020年1月22日）
药品注册审评结论异议解决程序（试行）……（244）
　　（2020年8月26日）
药物临床试验机构监督检查办法（试行）……（244）
　　（2023年11月3日）
药品生产监督管理办法 …………………（248）
　　（2020年1月22日）
药品生产质量管理规范 …………………（255）
　　（2011年1月17日）
药品经营质量管理规范 …………………（277）
　　（2016年6月30日）
药品经营和使用质量监督管理办法 ……（288）
　　（2023年9月27日）
药品质量抽查检验管理办法 ……………（295）
　　（2019年8月12日）
药物警戒质量管理规范 …………………（299）
　　（2021年5月7日）
药品检查管理办法（试行）………………（308）
　　（2023年7月19日）
药品召回管理办法 ………………………（314）
　　（2022年10月24日）
药品年度报告管理规定 …………………（317）
　　（2022年4月11日）
药品说明书和标签管理规定 ……………（318）
　　（2006年3月15日）
药品、医疗器械、保健食品、特殊医学用途
　　配方食品广告审查管理暂行办法 ……（320）
　　（2019年12月24日）
互联网药品信息服务管理办法 …………（323）
　　（2017年11月7日）
药品网络销售监督管理办法 ……………（325）
　　（2022年8月3日）
药品不良反应报告和监测管理办法 ……（328）
　　（2011年5月4日）
药品进口管理办法 ………………………（333）
　　（2012年8月24日）
医疗机构药事管理规定 …………………（338）
　　（2011年1月30日）

零售药店医疗保障定点管理暂行办法 …（341）
　　（2020年12月30日）
基本医疗保险用药管理暂行办法 ………（345）
　　（2020年7月30日）
麻醉药品和精神药品管理条例 …………（348）
　　（2016年2月6日）
非药用类麻醉药品和精神药品列管办法 …（356）
　　（2015年9月24日）
医疗用毒性药品管理办法 ………………（356）
　　（1988年12月27日）
放射性药品管理办法 ……………………（357）
　　（2022年3月29日）
抗菌药物临床应用管理办法 ……………（359）
　　（2012年4月24日）
药品类易制毒化学品管理办法 …………（364）
　　（2010年3月18日）
国家药监局关于印发药品出口销售证明管理
　　规定的通知 ……………………………（368）
　　（2018年11月9日）
国家卫生健康委、教育部、财政部、人力资
　　源社会保障部、国家医保局、国家药监局
　　关于印发加强医疗机构药事管理促进合理
　　用药的意见的通知 ……………………（370）
　　（2020年2月21日）
最高人民法院、最高人民检察院关于办理危
　　害药品安全刑事案件适用法律若干问题的
　　解释 ……………………………………（373）
　　（2022年3月3日）
最高人民法院关于审理食品药品纠纷案件适
　　用法律若干问题的规定 ………………（376）
　　（2021年11月18日）
最高人民法院关于审理医疗损害责任纠纷案
　　件适用法律若干问题的解释 …………（377）
　　（2020年12月23日）
最高人民法院关于审理申请注册的药品相关
　　的专利权纠纷民事案件适用法律若干问题
　　的规定 …………………………………（380）
　　（2021年7月4日）
最高人民法院关于加强中医药知识产权司法
　　保护的意见 ……………………………（381）
　　（2022年12月21日）

·请示答复

最高人民检察院关于《非药用类麻醉药品和精神药品管制品种增补目录》能否作为认定毒品依据的批复 ……………(383)
　　(2019年4月29日)
·典型案例·

最高人民法院发布10个药品安全典型案例 …(383)
　　(2022年4月28日)

最高人民法院发布5起危害药品安全犯罪典型案例 ……………………………(389)
　　(2023年9月18日)

最高人民检察院关于印发《药品安全公益诉讼典型案例》的通知 ……………(391)
　　(2022年11月28日)

5. 医疗器械与设备

医疗器械监督管理条例 ………………………(397)
　　(2021年2月9日)

医疗器械质量抽查检验管理办法 ……………(409)
　　(2020年3月10日)

医疗器械注册与备案管理办法 ………………(413)
　　(2021年8月26日)

医疗器械应急审批程序 ………………………(421)
　　(2021年12月29日)

医疗器械注册自检管理规定 …………………(422)
　　(2021年10月21日)

医疗器械分类规则 ……………………………(425)
　　(2015年7月14日)

医疗器械通用名称命名规则 …………………(428)
　　(2015年12月21日)

医疗器械说明书和标签管理规定 ……………(428)
　　(2014年7月30日)

医疗器械生产监督管理办法 …………………(430)
　　(2022年3月10日)

医疗器械经营监督管理办法 …………………(437)
　　(2022年3月10日)

医疗器械使用质量监督管理办法 ……………(442)
　　(2015年10月21日)

医疗器械临床使用管理办法 …………………(444)
　　(2021年1月12日)

医疗器械临床使用安全管理规范（试行）……(448)
　　(2010年1月14日)

医疗器械临床试验质量管理规范 ……………(449)
　　(2022年3月24日)

医疗器械不良事件监测和再评价管理办法 …(456)
　　(2018年8月13日)

医疗器械召回管理办法 ………………………(463)
　　(2017年1月25日)

·请示答复

国家药监局综合司关于《医疗器械经营监督管理办法》第五十四条有关适用问题的复函 ……(467)
　　(2020年3月16日)

四、医疗安全与血液管理

1. 医疗质量安全管理

医疗质量安全告诫谈话制度暂行办法 ………(468)
　　(2011年1月7日)

医疗质量安全事件报告暂行规定 ……………(469)
　　(2011年1月14日)

医疗质量管理办法 ……………………………(470)
　　(2016年9月25日)

医疗质量控制中心管理规定 …………………(474)
　　(2023年2月22日)

全面提升医疗质量行动计划（2023-2025年）…(477)
　　(2023年5月26日)

患者安全专项行动方案（2023-2025年）……(482)
　　(2023年9月27日)

手术质量安全提升行动方案（2023-2025年）…(484)
　　(2023年8月22日)

医疗机构日间医疗质量管理暂行规定 ………(486)
　　(2022年11月20日)

2. 医院感染管理

医院感染管理办法 ……………………………(488)
　　(2006年7月6日)

医疗废物管理条例 ……………………………(491)
　　(2011年1月8日)

消毒管理办法 …………………………（496）
　（2017年12月26日）
医疗卫生机构医疗废物管理办法 ………（498）
　（2003年10月15日）
医疗废物管理行政处罚办法 ……………（502）
　（2010年12月22日）
医疗废物分类目录（2021年版）………（504）
　（2021年11月25日）
放射性废物安全管理条例 ………………（507）
　（2011年12月20日）

3. 血液管理
中华人民共和国献血法 …………………（511）
　（1997年12月29日）

血液制品管理条例 ………………………（512）
　（2016年2月6日）
血站管理办法 ……………………………（516）
　（2017年12月26日）
单采血浆站管理办法 ……………………（521）
　（2016年1月19日）
医疗机构临床用血管理办法 ……………（526）
　（2019年2月28日）
最高人民法院、最高人民检察院关于办理
　非法采供血液等刑事案件具体应用法律
　若干问题的解释 ………………………（529）
　（2008年9月22日）

五、疾病防控

1. 疾病预防
中华人民共和国传染病防治法 …………（531）
　（2013年6月29日）
中华人民共和国传染病防治法实施办法 ……（539）
　（1991年12月6日）
中华人民共和国国境卫生检疫法 ………（545）
　（2018年4月27日）
中华人民共和国国境卫生检疫法实施细则 ……（547）
　（2019年3月2日）
中华人民共和国国境口岸卫生监督办法 ……（556）
　（2019年3月2日）
血吸虫病防治条例 ………………………（557）
　（2019年3月2日）
艾滋病防治条例 …………………………（562）
　（2019年3月2日）
医疗机构传染病预检分诊管理办法 ……（567）
　（2005年2月28日）
突发急性传染病预防控制战略 …………（568）
　（2007年6月20日）
公共场所卫生管理条例 …………………（571）
　（2019年4月23日）

2. 疫苗接种
中华人民共和国疫苗管理法 ……………（572）
　（2019年6月29日）

疫苗生产流通管理规定 …………………（583）
　（2022年7月8日）
预防接种异常反应鉴定办法 ……………（587）
　（2008年9月11日）
儿童入托、入学预防接种证查验办法 ……（590）
　（2021年1月21日）
儿童预防接种信息报告管理工作规范（试行）…（592）
　（2006年12月30日）

3. 应急处理
中华人民共和国突发事件应对法 ………（596）
　（2007年8月30日）
突发公共卫生事件应急条例 ……………（602）
　（2011年1月8日）
国家突发公共卫生事件应急预案 ………（606）
　（2006年2月26日）
国家突发公共事件医疗卫生救援应急预案 ……（612）
　（2006年2月26日）
突发公共卫生事件与传染病疫情监测信息报
　告管理办法 ……………………………（616）
　（2006年8月22日）
群体性不明原因疾病应急处置方案（试行）…（620）
　（2007年1月16日）
卫生部核事故和辐射事故卫生应急预案 ……（627）
　（2009年10月15日）

六、医疗纠纷处理

1. 医疗事故处理

医疗纠纷预防和处理条例 ……………（637）
　　（2018年7月31日）
医疗事故处理条例 ……………………（641）
　　（2002年4月4日）
医疗机构投诉管理办法 ………………（647）
　　（2019年3月6日）
医疗事故技术鉴定暂行办法 …………（650）
　　（2002年7月31日）
国家卫生健康委关于加强医疗损害鉴定管理
　　工作的通知 ………………………（653）
　　（2021年1月6日）

·请示答复

卫生部关于医疗机构不配合医疗事故技术鉴
　　定所应承担的责任的批复 ………（654）
　　（2005年1月21日）
卫生部关于卫生行政部门是否有权直接判定
　　医疗事故的批复 …………………（654）
　　（2007年4月23日）

2. 医疗损害赔偿

中华人民共和国民法典（节录）……（654）
　　（2020年5月28日）
最高人民法院关于审理人身损害赔偿案件适
　　用法律若干问题的解释 …………（658）
　　（2022年4月24日）

七、健康管理

1. 妇幼保健

中华人民共和国母婴保健法 …………（661）
　　（2017年11月4日）
中华人民共和国母婴保健法实施办法 …（663）
　　（2023年7月20日）
产前诊断技术管理办法 ………………（666）
　　（2019年2月28日）
禁止非医学需要的胎儿性别鉴定和选择性别
　　人工终止妊娠的规定 ……………（668）
　　（2016年3月28日）
新生儿疾病筛查管理办法 ……………（670）
　　（2009年2月16日）
人类精子库管理办法 …………………（672）
　　（2001年2月20日）
人类辅助生殖技术管理办法 …………（673）
　　（2001年2月20日）
母婴保健专项技术服务许可及人员资格管理
　　办法 ………………………………（675）
　　（2021年1月8日）

2. 老龄健康

中华人民共和国老年人权益保障法 …（676）
　　（2018年12月29日）
国务院办公厅转发卫生计生委等部门关于推
　　进医疗卫生与养老服务相结合指导意见的
　　通知 ………………………………（681）
　　（2015年11月18日）
居家和社区医养结合服务指南（试行）…（684）
　　（2023年11月1日）

3. 职业健康

职业健康检查管理办法 ………………（686）
　　（2019年2月28日）
女职工劳动保护特别规定 ……………（688）
　　（2012年4月28日）
中华人民共和国职业病防治法 ………（690）
　　（2018年12月29日）
职业病分类和目录 ……………………（698）
　　（2013年12月23日）

职业病诊断与鉴定管理办法 …………………（700）
　　（2021年1月4日）
工作场所职业卫生管理规定 …………………（705）
　　（2020年12月31日）

关于进一步规范职业健康检查和职业病诊断
　工作管理的通知 ………………………………（711）
　　（2023年6月28日）

八、人大代表建议答复

对十四届全国人大一次会议第2624号建议
　的答复 …………………………………………（713）
　　——关于协同推进区域医疗高质量发展的
　　　建议
　　（2023年7月6日）
对十四届全国人大一次会议第2066号建议
　的答复 …………………………………………（714）
　　——关于提升偏远地区医疗卫生服务能力
　　　的建议
　　（2023年8月29日）
对十四届全国人大一次会议第7106号建议
　的答复 …………………………………………（715）
　　——关于构建急诊急救大平台发展区域医
　　　疗救援体系的建议
　　（2023年7月6日）
对十四届全国人大一次会议第3761号建议
　的答复 …………………………………………（716）
　　——关于进一步提升基层慢病管理的建议
　　（2023年7月26日）

对十四届全国人大一次会议第6508号建议
　的答复 …………………………………………（717）
　　——关于制定老龄事业发展和养老产业促
　　　进法的建议
　　（2023年7月24日）
对十四届全国人大一次会议第2357号建议
　的答复 …………………………………………（718）
　　——关于国家层面尽快出台爱国卫生条例
　　　的建议
　　（2023年7月4日）
对十四届全国人大一次会议第1798号建议
　的答复 …………………………………………（718）
　　——关于优化医疗资源配置，解决群众
　　　"看病贵""看病难"问题的建议
　　（2023年7月6日）

一、综　合

中华人民共和国基本医疗卫生与健康促进法

- 2019年12月28日第十三届全国人民代表大会常务委员会第十五次会议通过
- 2019年12月28日中华人民共和国主席令第38号公布
- 自2020年6月1日起施行

第一章　总　则

第一条　为了发展医疗卫生与健康事业，保障公民享有基本医疗卫生服务，提高公民健康水平，推进健康中国建设，根据宪法，制定本法。

第二条　从事医疗卫生、健康促进及其监督管理活动，适用本法。

第三条　医疗卫生与健康事业应当坚持以人民为中心，为人民健康服务。

医疗卫生事业应当坚持公益性原则。

第四条　国家和社会尊重、保护公民的健康权。

国家实施健康中国战略，普及健康生活，优化健康服务，完善健康保障，建设健康环境，发展健康产业，提升公民全生命周期健康水平。

国家建立健康教育制度，保障公民获得健康教育的权利，提高公民的健康素养。

第五条　公民依法享有从国家和社会获得基本医疗卫生服务的权利。

国家建立基本医疗卫生制度，建立健全医疗卫生服务体系，保护和实现公民获得基本医疗卫生服务的权利。

第六条　各级人民政府应当把人民健康放在优先发展的战略地位，将健康理念融入各项政策，坚持预防为主，完善健康促进工作体系，组织实施健康促进的规划和行动，推进全民健身，建立健康影响评估制度，将公民主要健康指标改善情况纳入政府目标责任考核。

全社会应当共同关心和支持医疗卫生与健康事业的发展。

第七条　国务院和地方各级人民政府领导医疗卫生与健康促进工作。

国务院卫生健康主管部门负责统筹协调全国医疗卫生与健康促进工作。国务院其他有关部门在各自职责范围内负责有关的医疗卫生与健康促进工作。

县级以上地方人民政府卫生健康主管部门负责统筹协调本行政区域医疗卫生与健康促进工作。县级以上地方人民政府其他有关部门在各自职责范围内负责有关的医疗卫生与健康促进工作。

第八条　国家加强医学基础科学研究，鼓励医学科学技术创新，支持临床医学发展，促进医学科技成果的转化和应用，推进医疗卫生与信息技术融合发展，推广医疗卫生适宜技术，提高医疗卫生服务质量。

国家发展医学教育，完善适应医疗卫生事业发展需要的医学教育体系，大力培养医疗卫生人才。

第九条　国家大力发展中医药事业，坚持中西医并重、传承与创新相结合，发挥中医药在医疗卫生与健康事业中的独特作用。

第十条　国家合理规划和配置医疗卫生资源，以基层为重点，采取多种措施优先支持县级以下医疗卫生机构发展，提高其医疗卫生服务能力。

第十一条　国家加大对医疗卫生与健康事业的财政投入，通过增加转移支付等方式重点扶持革命老区、民族地区、边疆地区和经济欠发达地区发展医疗卫生与健康事业。

第十二条　国家鼓励和支持公民、法人和其他组织通过依法举办机构和捐赠、资助等方式，参与医疗卫生与健康事业，满足公民多样化、差异化、个性化健康需求。

公民、法人和其他组织捐赠财产用于医疗卫生与健康事业的，依法享受税收优惠。

第十三条　对在医疗卫生与健康事业中做出突出贡献的组织和个人，按照国家规定给予表彰、奖励。

第十四条　国家鼓励和支持医疗卫生与健康促进领域的对外交流合作。

开展医疗卫生与健康促进对外交流合作活动，应当遵守法律、法规，维护国家主权、安全和社会公共利益。

第二章　基本医疗卫生服务

第十五条　基本医疗卫生服务，是指维护人体健康所必需、与经济社会发展水平相适应、公民可公平获得的,采用适宜药物、适宜技术、适宜设备提供的疾病预防、诊断、治疗、护理和康复等服务。

基本医疗卫生服务包括基本公共卫生服务和基本医疗服务。基本公共卫生服务由国家免费提供。

第十六条 国家采取措施,保障公民享有安全有效的基本公共卫生服务,控制影响健康的危险因素,提高疾病的预防控制水平。

国家基本公共卫生服务项目由国务院卫生健康主管部门会同国务院财政部门、中医药主管部门等共同确定。

省、自治区、直辖市人民政府可以在国家基本公共卫生服务项目基础上,补充确定本行政区域的基本公共卫生服务项目,并报国务院卫生健康主管部门备案。

第十七条 国务院和省、自治区、直辖市人民政府可以将针对重点地区、重点疾病和特定人群的服务内容纳入基本公共卫生服务项目并组织实施。

县级以上地方人民政府针对本行政区域重大疾病和主要健康危险因素,开展专项防控工作。

第十八条 县级以上人民政府通过举办专业公共卫生机构、基层医疗卫生机构和医院,或者从其他医疗卫生机构购买服务的方式提供基本公共卫生服务。

第十九条 国家建立健全突发事件卫生应急体系,制定和完善应急预案,组织开展突发事件的医疗救治、卫生学调查处置和心理援助等卫生应急工作,有效控制和消除危害。

第二十条 国家建立传染病防控制度,制定传染病防治规划并组织实施,加强传染病监测预警,坚持预防为主、防治结合,联防联控、群防群控、源头防控、综合治理,阻断传播途径,保护易感人群,降低传染病的危害。

任何组织和个人应当接受、配合医疗卫生机构为预防、控制、消除传染病危害依法采取的调查、检验、采集样本、隔离治疗、医学观察等措施。

第二十一条 国家实行预防接种制度,加强免疫规划工作。居民有依法接种免疫规划疫苗的权利和义务。政府向居民免费提供免疫规划疫苗。

第二十二条 国家建立慢性非传染性疾病防控与管理制度,对慢性非传染性疾病及其致病危险因素开展监测、调查和综合防控干预,及时发现高危人群,为患者和高危人群提供诊疗、早期干预、随访管理和健康教育等服务。

第二十三条 国家加强职业健康保护。县级以上人民政府应当制定职业病防治规划,建立健全职业健康工作机制,加强职业健康监督管理,提高职业病综合防治能力和水平。

用人单位应当控制职业病危害因素,采取工程技术、个体防护和健康管理等综合治理措施,改善工作环境和劳动条件。

第二十四条 国家发展妇幼保健事业,建立健全妇幼健康服务体系,为妇女、儿童提供保健及常见病防治服务,保障妇女、儿童健康。

国家采取措施,为公民提供婚前保健、孕产期保健等服务,促进生殖健康,预防出生缺陷。

第二十五条 国家发展老年人保健事业。国务院和省、自治区、直辖市人民政府应当将老年人健康管理和常见病预防等纳入基本公共卫生服务项目。

第二十六条 国家发展残疾预防和残疾人康复事业,完善残疾预防和残疾人康复及其保障体系,采取措施为残疾人提供基本康复服务。

县级以上人民政府应当优先开展残疾儿童康复工作,实行康复与教育相结合。

第二十七条 国家建立健全院前急救体系,为急危重症患者提供及时、规范、有效的急救服务。

卫生健康主管部门、红十字会等有关部门、组织应当积极开展急救培训,普及急救知识,鼓励医疗卫生人员、经过急救培训的人员积极参与公共场所急救服务。公共场所应当按照规定配备必要的急救设备、设施。

急救中心(站)不得以未付费为由拒绝或者拖延为急危重症患者提供急救服务。

第二十八条 国家发展精神卫生事业,建设完善精神卫生服务体系,维护和增进公民心理健康,预防、治疗精神障碍。

国家采取措施,加强心理健康服务体系和人才队伍建设,促进心理健康教育、心理评估、心理咨询与心理治疗服务的有效衔接,设立为公众提供公益服务的心理援助热线,加强未成年人、残疾人和老年人等重点人群心理健康服务。

第二十九条 基本医疗服务主要由政府举办的医疗卫生机构提供。鼓励社会力量举办的医疗卫生机构提供基本医疗服务。

第三十条 国家推进基本医疗服务实行分级诊疗制度,引导非急诊患者首先到基层医疗卫生机构就诊,实行首诊负责制和转诊审核责任制,逐步建立基层首诊、双向转诊、急慢分治、上下联动的机制,并与基本医疗保险制度相衔接。

县级以上地方人民政府根据本行政区域医疗卫生需

求,整合区域内政府举办的医疗卫生资源,因地制宜建立医疗联合体等协同联动的医疗服务合作机制。鼓励社会力量举办的医疗卫生机构参与医疗服务合作机制。

第三十一条 国家推进基层医疗卫生机构实行家庭医生签约服务,建立家庭医生服务团队,与居民签订协议,根据居民健康状况和医疗需求提供基本医疗卫生服务。

第三十二条 公民接受医疗卫生服务,对病情、诊疗方案、医疗风险、医疗费用等事项依法享有知情同意的权利。

需要实施手术、特殊检查、特殊治疗的,医疗卫生人员应当及时向患者说明医疗风险、替代医疗方案等情况,并取得其同意;不能或者不宜向患者说明的,应当向患者的近亲属说明,并取得同意。法律另有规定的,依照其规定。

开展药物、医疗器械临床试验和其他医学研究应当遵守医学伦理规范,依法通过伦理审查,取得知情同意。

第三十三条 公民接受医疗卫生服务,应当受到尊重。医疗卫生机构、医疗卫生人员应当关心爱护、平等对待患者,尊重患者人格尊严,保护患者隐私。

公民接受医疗卫生服务,应当遵守诊疗制度和医疗卫生服务秩序,尊重医疗卫生人员。

第三章 医疗卫生机构

第三十四条 国家建立健全由基层医疗卫生机构、医院、专业公共卫生机构等组成的城乡全覆盖、功能互补、连续协同的医疗卫生服务体系。

国家加强县级医院、乡镇卫生院、村卫生室、社区卫生服务中心(站)和专业公共卫生机构等的建设,建立健全农村医疗卫生服务网络和城市社区卫生服务网络。

第三十五条 基层医疗卫生机构主要提供预防、保健、健康教育、疾病管理,为居民建立健康档案,常见病、多发病的诊疗以及部分疾病的康复、护理,接收医院转诊患者,向医院转诊超出自身服务能力的患者等基本医疗卫生服务。

医院主要提供疾病诊治,特别是急危重症和疑难病症的诊疗,突发事件医疗处置和救援以及健康教育等医疗卫生服务,并开展医学教育、医疗卫生人员培训、医学科学研究和对基层医疗卫生机构的业务指导等工作。

专业公共卫生机构主要提供传染病、慢性非传染性疾病、职业病、地方病等疾病预防控制和健康教育、妇幼保健、精神卫生、院前急救、采供血、食品安全风险监测评估、出生缺陷防治等公共卫生服务。

第三十六条 各级各类医疗卫生机构应当分工合作,为公民提供预防、保健、治疗、护理、康复、安宁疗护等全方位全周期的医疗卫生服务。

各级人民政府采取措施支持医疗卫生机构与养老机构、儿童福利机构、社区组织建立协作机制,为老年人、孤残儿童提供安全、便捷的医疗和健康服务。

第三十七条 县级以上人民政府应当制定并落实医疗卫生服务体系规划,科学配置医疗卫生资源,举办医疗卫生机构,为公民获得基本医疗卫生服务提供保障。

政府举办医疗卫生机构,应当考虑本行政区域人口、经济社会发展状况、医疗卫生资源、健康危险因素、发病率、患病率以及紧急救治需求等情况。

第三十八条 举办医疗机构,应当具备下列条件,按照国家有关规定办理审批或者备案手续:

(一)有符合规定的名称、组织机构和场所;

(二)有与其开展的业务相适应的经费、设施、设备和医疗卫生人员;

(三)有相应的规章制度;

(四)能够独立承担民事责任;

(五)法律、行政法规规定的其他条件。

医疗机构依法取得执业许可证。禁止伪造、变造、买卖、出租、出借医疗机构执业许可证。

各级各类医疗卫生机构的具体条件和配置应当符合国务院卫生健康主管部门制定的医疗卫生机构标准。

第三十九条 国家对医疗卫生机构实行分类管理。

医疗卫生服务体系坚持以非营利性医疗卫生机构为主体、营利性医疗卫生机构为补充。政府举办非营利性医疗卫生机构,在基本医疗卫生事业中发挥主导作用,保障基本医疗卫生服务公平可及。

以政府资金、捐赠资产举办或者参与举办的医疗卫生机构不得设立为营利性医疗卫生机构。

医疗卫生机构不得对外出租、承包医疗科室。非营利性医疗卫生机构不得向出资人、举办者分配或者变相分配收益。

第四十条 政府举办的医疗卫生机构应当坚持公益性质,所有收支均纳入预算管理,按照医疗卫生服务体系规划合理设置并控制规模。

国家鼓励政府举办的医疗卫生机构与社会力量合作举办非营利性医疗卫生机构。

政府举办的医疗卫生机构不得与其他组织投资设立非独立法人资格的医疗卫生机构,不得与社会资本合作举办营利性医疗卫生机构。

第四十一条　国家采取多种措施，鼓励和引导社会力量依法举办医疗卫生机构，支持和规范社会力量举办的医疗卫生机构与政府举办的医疗卫生机构开展多种类型的医疗业务、学科建设、人才培养等合作。

社会力量举办的医疗卫生机构在基本医疗保险定点、重点专科建设、科研教学、等级评审、特定医疗技术准入、医疗卫生人员职称评定等方面享有与政府举办的医疗卫生机构同等的权利。

社会力量可以选择设立非营利性或者营利性医疗卫生机构。社会力量举办的非营利性医疗卫生机构按照规定享受与政府举办的医疗卫生机构同等的税收、财政补助、用地、用水、用电、用气、用热等政策，并依法接受监督管理。

第四十二条　国家以建成的医疗卫生机构为基础，合理规划与设置国家医学中心和国家、省级区域性医疗中心，诊治疑难重症，研究攻克重大医学难题，培养高层次医疗卫生人才。

第四十三条　医疗卫生机构应当遵守法律、法规、规章，建立健全内部质量管理和控制制度，对医疗卫生服务质量负责。

医疗卫生机构应当按照临床诊疗指南、临床技术操作规范和行业标准以及医学伦理规范等有关要求，合理进行检查、用药、诊疗，加强医疗卫生安全风险防范，优化服务流程，持续改进医疗卫生服务质量。

第四十四条　国家对医疗卫生技术的临床应用进行分类管理，对技术难度大、医疗风险高，服务能力、人员专业技术水平要求较高的医疗卫生技术实行严格管理。

医疗卫生机构开展医疗卫生技术临床应用，应当与其功能任务相适应，遵循科学、安全、规范、有效、经济的原则，并符合伦理。

第四十五条　国家建立权责清晰、管理科学、治理完善、运行高效、监督有力的现代医院管理制度。

医院应当制定章程，建立和完善法人治理结构，提高医疗卫生服务能力和运行效率。

第四十六条　医疗卫生机构执业场所是提供医疗卫生服务的公共场所，任何组织或者个人不得扰乱其秩序。

第四十七条　国家完善医疗风险分担机制，鼓励医疗机构参加医疗责任保险或者建立医疗风险基金，鼓励患者参加医疗意外保险。

第四十八条　国家鼓励医疗卫生机构不断改进预防、保健、诊断、治疗、护理和康复的技术、设备与服务，支持开发适合基层和边远地区应用的医疗卫生技术。

第四十九条　国家推进全民健康信息化，推动健康医疗大数据、人工智能等的应用发展，加快医疗卫生信息基础设施建设，制定健康医疗数据采集、存储、分析和应用的技术标准，运用信息技术促进优质医疗卫生资源的普及与共享。

县级以上人民政府及其有关部门应当采取措施，推进信息技术在医疗卫生领域和医学教育中的应用，支持探索发展医疗卫生服务新模式、新业态。

国家采取措施，推进医疗卫生机构建立健全医疗卫生信息交流和信息安全制度，应用信息技术开展远程医疗服务，构建线上线下一体化医疗服务模式。

第五十条　发生自然灾害、事故灾难、公共卫生事件和社会安全事件等严重威胁人民群众生命健康的突发事件时，医疗卫生机构、医疗卫生人员应当服从政府部门的调遣，参与卫生应急处置和医疗救治。对致病、致残、死亡的参与人员，按照规定给予工伤或者抚恤、烈士褒扬等相关待遇。

第四章　医疗卫生人员

第五十一条　医疗卫生人员应当弘扬敬佑生命、救死扶伤、甘于奉献、大爱无疆的崇高职业精神，遵守行业规范，恪守医德，努力提高专业水平和服务质量。

医疗卫生行业组织、医疗卫生机构、医学院校应当加强对医疗卫生人员的医德医风教育。

第五十二条　国家制定医疗卫生人员培养规划，建立适应行业特点和社会需求的医疗卫生人员培养机制和供需平衡机制，完善医学院校教育、毕业后教育和继续教育体系，建立健全住院医师、专科医师规范化培训制度，建立规模适宜、结构合理、分布均衡的医疗卫生队伍。

国家加强全科医生的培养和使用。全科医生主要提供常见病、多发病的诊疗和转诊、预防、保健、康复，以及慢性病管理、健康管理等服务。

第五十三条　国家对医师、护士等医疗卫生人员依法实行执业注册制度。医疗卫生人员应当依法取得相应的职业资格。

第五十四条　医疗卫生人员应当遵循医学科学规律，遵守有关临床诊疗技术规范和各项操作规范以及医学伦理规范，使用适宜技术和药物，合理诊疗，因病施治，不得对患者实施过度医疗。

医疗卫生人员不得利用职务之便索要、非法收受财物或者牟取其他不正当利益。

第五十五条　国家建立健全符合医疗卫生行业特点的人事、薪酬、奖励制度，体现医疗卫生人员职业特点和技术劳动价值。

对从事传染病防治、放射医学和精神卫生工作以及其他在特殊岗位工作的医疗卫生人员，应当按照国家规定给予适当的津贴。津贴标准应当定期调整。

第五十六条 国家建立医疗卫生人员定期到基层和艰苦边远地区从事医疗卫生工作制度。

国家采取定向免费培养、对口支援、退休返聘等措施，加强基层和艰苦边远地区医疗卫生队伍建设。

执业医师晋升为副高级技术职称的，应当有累计一年以上在县级以下或者对口支援的医疗卫生机构提供医疗卫生服务的经历。

对在基层和艰苦边远地区工作的医疗卫生人员，在薪酬津贴、职称评定、职业发展、教育培训和表彰奖励等方面实行优惠待遇。

国家加强乡村医疗卫生队伍建设，建立县乡村上下贯通的职业发展机制，完善对乡村医疗卫生人员的服务收入多渠道补助机制和养老政策。

第五十七条 全社会应当关心、尊重医疗卫生人员，维护良好安全的医疗卫生服务秩序，共同构建和谐医患关系。

医疗卫生人员的人身安全、人格尊严不受侵犯，其合法权益受法律保护。禁止任何组织或者个人威胁、危害医疗卫生人员人身安全，侵犯医疗卫生人员人格尊严。

国家采取措施，保障医疗卫生人员执业环境。

第五章　药品供应保障

第五十八条 国家完善药品供应保障制度，建立工作协调机制，保障药品的安全、有效、可及。

第五十九条 国家实施基本药物制度，遴选适当数量的基本药物品种，满足疾病防治基本用药需求。

国家公布基本药物目录，根据药品临床应用实践、药品标准变化、药品新上市情况等，对基本药物目录进行动态调整。

基本药物按照规定优先纳入基本医疗保险药品目录。

国家提高基本药物的供给能力，强化基本药物质量监管，确保基本药物公平可及、合理使用。

第六十条 国家建立健全以临床需求为导向的药品审评审批制度，支持临床急需药品、儿童用药品和防治罕见病、重大疾病等药品的研制、生产，满足疾病防治需求。

第六十一条 国家建立健全药品研制、生产、流通、使用全过程追溯制度，加强药品管理，保证药品质量。

第六十二条 国家建立健全药品价格监测体系，开展成本价格调查，加强药品价格监督检查，依法查处价格垄断、价格欺诈、不正当竞争等违法行为，维护药品价格秩序。

国家加强药品分类采购管理和指导。参加药品采购投标的投标人不得以低于成本的报价竞标，不得以欺诈、串通投标、滥用市场支配地位等方式竞标。

第六十三条 国家建立中央与地方两级医药储备，用于保障重大灾情、疫情及其他突发事件等应急需要。

第六十四条 国家建立健全药品供求监测体系，及时收集和汇总分析药品供求信息，定期公布药品生产、流通、使用等情况。

第六十五条 国家加强对医疗器械的管理，完善医疗器械的标准和规范，提高医疗器械的安全有效水平。

国务院卫生健康主管部门和省、自治区、直辖市人民政府卫生健康主管部门应当根据技术的先进性、适宜性和可及性，编制大型医用设备配置规划，促进区域内医用设备合理配置、充分共享。

第六十六条 国家加强中药的保护与发展，充分体现中药的特色和优势，发挥其在预防、保健、医疗、康复中的作用。

第六章　健康促进

第六十七条 各级人民政府应当加强健康教育工作及其专业人才培养，建立健康知识和技能核心信息发布制度，普及健康科学知识，向公众提供科学、准确的健康信息。

医疗卫生、教育、体育、宣传等机构、基层群众性自治组织和社会组织应当开展健康知识的宣传和普及。医疗卫生人员在提供医疗卫生服务时，应当对患者开展健康教育。新闻媒体应当开展健康知识的公益宣传。健康知识的宣传应当科学、准确。

第六十八条 国家将健康教育纳入国民教育体系。学校应当利用多种形式实施健康教育，普及健康知识、科学健身知识、急救知识和技能，提高学生主动防病的意识，培养学生良好的卫生习惯和健康的行为习惯，减少、改善学生近视、肥胖等不良健康状况。

学校应当按照规定开设体育与健康课程，组织学生开展广播体操、眼保健操、体能锻炼等活动。

学校按照规定配备校医，建立和完善卫生室、保健室等。

县级以上人民政府教育主管部门应当按照规定将学生体质健康水平纳入学校考核体系。

第六十九条 公民是自己健康的第一责任人，树立和践行对自己健康负责的健康管理理念,主动学习健康知识,提高健康素养,加强健康管理。倡导家庭成员相互关爱,形成符合自身和家庭特点的健康生活方式。

公民应当尊重他人的健康权利和利益,不得损害他人健康和社会公共利益。

第七十条 国家组织居民健康状况调查和统计,开展体质监测,对健康绩效进行评估,并根据评估结果制定、完善与健康相关的法律、法规、政策和规划。

第七十一条 国家建立疾病和健康危险因素监测、调查和风险评估制度。县级以上人民政府及其有关部门针对影响健康的主要问题,组织开展健康危险因素研究,制定综合防治措施。

国家加强影响健康的环境问题预防和治理,组织开展环境质量对健康影响的研究,采取措施预防和控制与环境问题有关的疾病。

第七十二条 国家大力开展爱国卫生运动,鼓励和支持开展爱国卫生月等群众性卫生与健康活动,依靠和动员群众控制和消除健康危险因素,改善环境卫生状况,建设健康城市、健康村镇、健康社区。

第七十三条 国家建立科学、严格的食品、饮用水安全监督管理制度,提高安全水平。

第七十四条 国家建立营养状况监测制度,实施经济欠发达地区、重点人群营养干预计划,开展未成年人和老年人营养改善行动,倡导健康饮食习惯,减少不健康饮食引起的疾病风险。

第七十五条 国家发展全民健身事业,完善覆盖城乡的全民健身公共服务体系,加强公共体育设施建设,组织开展和支持全民健身活动,加强全民健身指导服务,普及科学健身知识和方法。

国家鼓励单位的体育场地设施向公众开放。

第七十六条 国家制定并实施未成年人、妇女、老年人、残疾人等的健康工作计划,加强重点人群健康服务。

国家推动长期护理保障工作,鼓励发展长期护理保险。

第七十七条 国家完善公共场所卫生管理制度。县级以上人民政府卫生健康等主管部门应当加强对公共场所的卫生监督。公共场所卫生监督信息应当依法向社会公开。

公共场所经营单位应当建立健全并严格实施卫生管理制度,保证其经营活动持续符合国家对公共场所的卫生要求。

第七十八条 国家采取措施,减少吸烟对公民健康的危害。

公共场所控制吸烟,强化监督执法。

烟草制品包装应当印制带有说明吸烟危害的警示。

禁止向未成年人出售烟酒。

第七十九条 用人单位应当为职工创造有益于健康的环境和条件,严格执行劳动安全卫生等相关规定,积极组织职工开展健身活动,保护职工健康。

国家鼓励用人单位开展职工健康指导工作。

国家提倡用人单位为职工定期开展健康检查。法律、法规对健康检查有规定的,依照其规定。

第七章 资金保障

第八十条 各级人民政府应当切实履行发展医疗卫生与健康事业的职责,建立与经济社会发展、财政状况和健康指标相适应的医疗卫生与健康事业投入机制,将医疗卫生与健康促进经费纳入本级政府预算,按照规定主要用于保障基本医疗服务、公共卫生服务、基本医疗保障和政府举办的医疗卫生机构建设和运行发展。

第八十一条 县级以上人民政府通过预算、审计、监督执法、社会监督等方式,加强资金的监督管理。

第八十二条 基本医疗服务费用主要由基本医疗保险基金和个人支付。国家依法多渠道筹集基本医疗保险基金,逐步完善基本医疗保险可持续筹资和保障水平调整机制。

公民有依法参加基本医疗保险的权利和义务。用人单位和职工按照国家规定缴纳职工基本医疗保险费。城乡居民按照规定缴纳城乡居民基本医疗保险费。

第八十三条 国家建立以基本医疗保险为主体,商业健康保险、医疗救助、职工互助医疗和医疗慈善服务等为补充的、多层次的医疗保障体系。

国家鼓励发展商业健康保险,满足人民群众多样化健康保障需求。

国家完善医疗救助制度,保障符合条件的困难群众获得基本医疗服务。

第八十四条 国家建立健全基本医疗保险经办机构与协议定点医疗卫生机构之间的协商谈判机制,科学合理确定基本医疗保险基金支付标准和支付方式,引导医疗卫生机构合理诊疗,促进患者有序流动,提高基本医疗保险基金使用效益。

第八十五条 基本医疗保险基金支付范围由国务院医疗保障主管部门组织制定,并应当听取国务院卫生健康主管部门、中医药主管部门、药品监督管理部门、财政部门等的意见。

省、自治区、直辖市人民政府可以按照国家有关规定，补充确定本行政区域基本医疗保险基金支付的具体项目和标准，并报国务院医疗保障主管部门备案。

国务院医疗保障主管部门应当对纳入支付范围的基本医疗保险药品目录、诊疗项目、医疗服务设施标准等组织开展循证医学和经济性评价，并应当听取国务院卫生健康主管部门、中医药主管部门、药品监督管理部门、财政部门等有关方面的意见。评价结果应当作为调整基本医疗保险基金支付范围的依据。

第八章　监督管理

第八十六条　国家建立健全机构自治、行业自律、政府监管、社会监督相结合的医疗卫生综合监督管理体系。

县级以上人民政府卫生健康主管部门对医疗卫生行业实行属地化、全行业监督管理。

第八十七条　县级以上人民政府医疗保障主管部门应当提高医疗保障监管能力和水平，对纳入基本医疗保险基金支付范围的医疗服务行为和医疗费用加强监督管理，确保基本医疗保险基金合理使用、安全可控。

第八十八条　县级以上人民政府应当组织卫生健康、医疗保障、药品监督管理、发展改革、财政等部门建立沟通协商机制，加强制度衔接和工作配合，提高医疗卫生资源使用效率和保障水平。

第八十九条　县级以上人民政府应当定期向本级人民代表大会或者其常务委员会报告基本医疗卫生与健康促进工作，依法接受监督。

第九十条　县级以上人民政府有关部门未履行医疗卫生与健康促进工作相关职责的，本级人民政府或者上级人民政府有关部门应当对其主要负责人进行约谈。

地方人民政府未履行医疗卫生与健康促进工作相关职责的，上级人民政府应当对其主要负责人进行约谈。

被约谈的部门和地方人民政府应当立即采取措施，进行整改。

约谈情况和整改情况应当纳入有关部门和地方人民政府工作评议、考核记录。

第九十一条　县级以上地方人民政府卫生健康主管部门应当建立医疗卫生机构绩效评估制度，组织对医疗卫生机构的服务质量、医疗技术、药品和医用设备使用等情况进行评估。评估应当吸收行业组织和公众参与。评估结果应当以适当方式向社会公开，作为评价医疗卫生机构和卫生监管的重要依据。

第九十二条　国家保护公民个人健康信息，确保公民个人健康信息安全。任何组织或者个人不得非法收集、使用、加工、传输公民个人健康信息，不得非法买卖、提供或者公开公民个人健康信息。

第九十三条　县级以上人民政府卫生健康主管部门、医疗保障主管部门应当建立医疗卫生机构、人员等信用记录制度，纳入全国信用信息共享平台，按照国家规定实施联合惩戒。

第九十四条　县级以上地方人民政府卫生健康主管部门及其委托的卫生健康监督机构，依法开展本行政区域医疗卫生等行政执法工作。

第九十五条　县级以上人民政府卫生健康主管部门应当积极培育医疗卫生行业组织，发挥其在医疗卫生与健康促进工作中的作用，支持其参与行业管理规范、技术标准制定和医疗卫生评价、评估、评审等工作。

第九十六条　国家建立医疗纠纷预防和处理机制，妥善处理医疗纠纷，维护医疗秩序。

第九十七条　国家鼓励公民、法人和其他组织对医疗卫生与健康促进工作进行社会监督。

任何组织和个人对违反本法规定的行为，有权向县级以上人民政府卫生健康主管部门和其他有关部门投诉、举报。

第九章　法律责任

第九十八条　违反本法规定，地方各级人民政府、县级以上人民政府卫生健康主管部门和其他有关部门，滥用职权、玩忽职守、徇私舞弊的，对直接负责的主管人员和其他直接责任人员依法给予处分。

第九十九条　违反本法规定，未取得医疗机构执业许可证擅自执业的，由县级以上人民政府卫生健康主管部门责令停止执业活动，没收违法所得和药品、医疗器械，并处违法所得五倍以上二十倍以下的罚款，违法所得不足一万元的，按一万元计算。

违反本法规定，伪造、变造、买卖、出租、出借医疗机构执业许可证的，由县级以上人民政府卫生健康主管部门责令改正，没收违法所得，并处违法所得五倍以上十五倍以下的罚款，违法所得不足一万元的，按一万元计算；情节严重的，吊销医疗机构执业许可证。

第一百条　违反本法规定，有下列行为之一的，由县级以上人民政府卫生健康主管部门责令改正，没收违法所得，并处违法所得二倍以上十倍以下的罚款，违法所得不足一万元的，按一万元计算；对直接负责的主管人员和其他直接责任人员依法给予处分：

（一）政府举办的医疗卫生机构与其他组织投资设立非独立法人资格的医疗卫生机构；

（二）医疗卫生机构对外出租、承包医疗科室；

（三）非营利性医疗卫生机构向出资人、举办者分配或者变相分配收益。

第一百零一条 违反本法规定，医疗卫生机构等的医疗信息安全制度、保障措施不健全，导致医疗信息泄露，或者医疗质量管理和医疗技术管理制度、安全措施不健全的，由县级以上人民政府卫生健康等主管部门责令改正，给予警告，并处一万元以上五万元以下的罚款；情节严重的，可以责令停止相应执业活动，对直接负责的主管人员和其他直接责任人员依法追究法律责任。

第一百零二条 违反本法规定，医疗卫生人员有下列行为之一的，由县级以上人民政府卫生健康主管部门依照有关执业医师、护士管理和医疗纠纷预防处理等法律、行政法规的规定给予行政处罚：

（一）利用职务之便索要、非法收受财物或者牟取其他不正当利益；

（二）泄露公民个人健康信息；

（三）在开展医学研究或提供医疗卫生服务过程中未按照规定履行告知义务或者违反医学伦理规范。

前款规定的人员属于政府举办的医疗卫生机构中的人员的，依法给予处分。

第一百零三条 违反本法规定，参加药品采购投标的投标人以低于成本的报价竞标，或者以欺诈、串通投标、滥用市场支配地位等方式竞标的，由县级以上人民政府医疗保障主管部门责令改正，没收违法所得；中标的，中标无效，处中标项目金额千分之五以上千分之十以下的罚款，对法定代表人、主要负责人、直接负责的主管人员和其他责任人员处对单位罚款数额百分之五以上百分之十以下的罚款；情节严重的，取消其二年至五年内参加药品采购投标的资格并予以公告。

第一百零四条 违反本法规定，以欺诈、伪造证明材料或者其他手段骗取基本医疗保险待遇，或者基本医疗保险经办机构以及医疗机构、药品经营单位以欺诈、伪造证明材料或者其他手段骗取基本医疗保险基金支出的，由县级以上人民政府医疗保障主管部门依照有关社会保险的法律、行政法规规定给予行政处罚。

第一百零五条 违反本法规定，扰乱医疗卫生机构执业场所秩序，威胁、危害医疗卫生人员人身安全，侵犯医疗卫生人员人格尊严，非法收集、使用、加工、传输公民个人健康信息，非法买卖、提供或者公开公民个人健康信息等，构成违反治安管理行为的，依法给予治安管理处罚。

第一百零六条 违反本法规定，构成犯罪的，依法追究刑事责任；造成人身、财产损害的，依法承担民事责任。

第十章 附 则

第一百零七条 本法中下列用语的含义：

（一）主要健康指标，是指人均预期寿命、孕产妇死亡率、婴儿死亡率、五岁以下儿童死亡率等。

（二）医疗卫生机构，是指基层医疗卫生机构、医院和专业公共卫生机构等。

（三）基层医疗卫生机构，是指乡镇卫生院、社区卫生服务中心（站）、村卫生室、医务室、门诊部和诊所等。

（四）专业公共卫生机构，是指疾病预防控制中心、专科疾病防治机构、健康教育机构、急救中心（站）和血站等。

（五）医疗卫生人员，是指执业医师、执业助理医师、注册护士、药师（士）、检验技师（士）、影像技师（士）和乡村医生等卫生专业人员。

（六）基本药物，是指满足疾病防治基本用药需求，适应现阶段基本国情和保障能力，剂型适宜，价格合理，能够保障供应，可公平获得的药品。

第一百零八条 省、自治区、直辖市和设区的市、自治州可以结合实际，制定本地方发展医疗卫生与健康事业的具体办法。

第一百零九条 中国人民解放军和中国人民武装警察部队的医疗卫生与健康促进工作，由国务院和中央军事委员会依照本法制定管理办法。

第一百一十条 本法自2020年6月1日起施行。

中华人民共和国精神卫生法

· 2012年10月26日第十一届全国人民代表大会常务委员会第二十九次会议通过

· 根据2018年4月27日第十三届全国人民代表大会常务委员会第二次会议《关于修改〈中华人民共和国国境卫生检疫法〉等六部法律的决定》修正

第一章 总 则

第一条 为了发展精神卫生事业，规范精神卫生服务，维护精神障碍患者的合法权益，制定本法。

第二条 在中华人民共和国境内开展维护和增进公民心理健康、预防和治疗精神障碍、促进精神障碍患者康复的活动，适用本法。

第三条 精神卫生工作实行预防为主的方针，坚持预防、治疗和康复相结合的原则。

第四条 精神障碍患者的人格尊严、人身和财产安全不受侵犯。

精神障碍患者的教育、劳动、医疗以及从国家和社会获得物质帮助等方面的合法权益受法律保护。

有关单位和个人应当对精神障碍患者的姓名、肖像、住址、工作单位、病历资料以及其他可能推断出其身份的信息予以保密；但是，依法履行职责需要公开的除外。

第五条 全社会应当尊重、理解、关爱精神障碍患者。

任何组织或者个人不得歧视、侮辱、虐待精神障碍患者，不得非法限制精神障碍患者的人身自由。

新闻报道和文学艺术作品等不得含有歧视、侮辱精神障碍患者的内容。

第六条 精神卫生工作实行政府组织领导、部门各负其责、家庭和单位尽力尽责、全社会共同参与的综合管理机制。

第七条 县级以上人民政府领导精神卫生工作，将其纳入国民经济和社会发展规划，建设和完善精神障碍的预防、治疗和康复服务体系，建立健全精神卫生工作协调机制和工作责任制，对有关部门承担的精神卫生工作进行考核、监督。

乡镇人民政府和街道办事处根据本地区的实际情况，组织开展预防精神障碍发生、促进精神障碍患者康复等工作。

第八条 国务院卫生行政部门主管全国的精神卫生工作。县级以上地方人民政府卫生行政部门主管本行政区域的精神卫生工作。

县级以上人民政府司法行政、民政、公安、教育、医疗保障等部门在各自职责范围内负责有关的精神卫生工作。

第九条 精神障碍患者的监护人应当履行监护职责，维护精神障碍患者的合法权益。

禁止对精神障碍患者实施家庭暴力，禁止遗弃精神障碍患者。

第十条 中国残疾人联合会及其地方组织依照法律、法规或者接受政府委托，动员社会力量，开展精神卫生工作。

村民委员会、居民委员会依照本法的规定开展精神卫生工作，并对所在地人民政府开展的精神卫生工作予以协助。

国家鼓励和支持工会、共产主义青年团、妇女联合会、红十字会、科学技术协会等团体依法开展精神卫生工作。

第十一条 国家鼓励和支持开展精神卫生专门人才的培养，维护精神卫生工作人员的合法权益，加强精神卫生专业队伍建设。

国家鼓励和支持开展精神卫生科学技术研究，发展现代医学、我国传统医学、心理学，提高精神障碍预防、诊断、治疗、康复的科学技术水平。

国家鼓励和支持开展精神卫生领域的国际交流与合作。

第十二条 各级人民政府和县级以上人民政府有关部门应当采取措施，鼓励和支持组织、个人提供精神卫生志愿服务，捐助精神卫生事业，兴建精神卫生公益设施。

对在精神卫生工作中作出突出贡献的组织、个人，按照国家有关规定给予表彰、奖励。

第二章 心理健康促进和精神障碍预防

第十三条 各级人民政府和县级以上人民政府有关部门应当采取措施，加强心理健康促进和精神障碍预防工作，提高公众心理健康水平。

第十四条 各级人民政府和县级以上人民政府有关部门制定的突发事件应急预案，应当包括心理援助的内容。发生突发事件，履行统一领导职责或者组织处置突发事件的人民政府应当根据突发事件的具体情况，按照应急预案的规定，组织开展心理援助工作。

第十五条 用人单位应当创造有益于职工身心健康的工作环境，关注职工的心理健康；对处于职业发展特定时期或者在特殊岗位工作的职工，应当有针对性地开展心理健康教育。

第十六条 各级各类学校应当对学生进行精神卫生知识教育；配备或者聘请心理健康教育教师、辅导人员，并可以设立心理健康辅导室，对学生进行心理健康教育。学前教育机构应当对幼儿开展符合其特点的心理健康教育。

发生自然灾害、意外伤害、公共安全事件等可能影响学生心理健康的事件，学校应当及时组织专业人员对学生进行心理援助。

教师应当学习和了解相关的精神卫生知识，关注学生心理健康状况，正确引导、激励学生。地方各级人民政府教育行政部门和学校应当重视教师心理健康。

学校和教师应当与学生父母或者其他监护人、近亲属沟通学生心理健康情况。

第十七条 医务人员开展疾病诊疗服务，应当按照诊断标准和治疗规范的要求，对就诊者进行心理健康指导；发现就诊者可能患有精神障碍的，应当建议其到符合本法规定的医疗机构就诊。

第十八条 监狱、看守所、拘留所、强制隔离戒毒所等场所,应当对服刑人员、被依法拘留、逮捕、强制隔离戒毒的人员等,开展精神卫生知识宣传,关注其心理健康状况,必要时提供心理咨询和心理辅导。

第十九条 县级以上地方人民政府人力资源社会保障、教育、卫生、司法行政、公安等部门应当在各自职责范围内分别对本法第十五条至第十八条规定的单位履行精神障碍预防义务的情况进行督促和指导。

第二十条 村民委员会、居民委员会应当协助所在地人民政府及其有关部门开展社区心理健康指导、精神卫生知识宣传教育活动,创建有益于居民身心健康的社区环境。

乡镇卫生院或者社区卫生服务机构应当为村民委员会、居民委员会开展社区心理健康指导、精神卫生知识宣传教育活动提供技术指导。

第二十一条 家庭成员之间应当相互关爱,创造良好、和睦的家庭环境,提高精神障碍预防意识;发现家庭成员可能患有精神障碍的,应当帮助其及时就诊,照顾其生活,做好看护管理。

第二十二条 国家鼓励和支持新闻媒体、社会组织开展精神卫生的公益性宣传,普及精神卫生知识,引导公众关注心理健康,预防精神障碍的发生。

第二十三条 心理咨询人员应当提高业务素质,遵守执业规范,为社会公众提供专业化的心理咨询服务。

心理咨询人员不得从事心理治疗或者精神障碍的诊断、治疗。

心理咨询人员发现接受咨询的人员可能患有精神障碍的,应当建议其到符合本法规定的医疗机构就诊。

心理咨询人员应当尊重接受咨询人员的隐私,并为其保守秘密。

第二十四条 国务院卫生行政部门建立精神卫生监测网络,实行严重精神障碍发病报告制度,组织开展精神障碍发生状况、发展趋势等的监测和专题调查工作。精神卫生监测和严重精神障碍发病报告管理办法,由国务院卫生行政部门制定。

国务院卫生行政部门应当会同有关部门、组织,建立精神卫生工作信息共享机制,实现信息互联互通、交流共享。

第三章 精神障碍的诊断和治疗

第二十五条 开展精神障碍诊断、治疗活动,应当具备下列条件,并依照医疗机构的管理规定办理有关手续:

(一)有与从事的精神障碍诊断、治疗相适应的精神科执业医师、护士;

(二)有满足开展精神障碍诊断、治疗需要的设施和设备;

(三)有完善的精神障碍诊断、治疗管理制度和质量监控制度。

从事精神障碍诊断、治疗的专科医疗机构还应当配备从事心理治疗的人员。

第二十六条 精神障碍的诊断、治疗,应当遵循维护患者合法权益、尊重患者人格尊严的原则,保障患者在现有条件下获得良好的精神卫生服务。

精神障碍分类、诊断标准和治疗规范,由国务院卫生行政部门组织制定。

第二十七条 精神障碍的诊断应当以精神健康状况为依据。

除法律另有规定外,不得违背本人意志进行确定其是否患有精神障碍的医学检查。

第二十八条 除个人自行到医疗机构进行精神障碍诊断外,疑似精神障碍患者的近亲属可以将其送往医疗机构进行精神障碍诊断。对查找不到近亲属的流浪乞讨疑似精神障碍患者,由当地民政等有关部门按照职责分工,帮助送往医疗机构进行精神障碍诊断。

疑似精神障碍患者发生伤害自身、危害他人安全的行为,或者有伤害自身、危害他人安全的危险的,其近亲属、所在单位、当地公安机关应当立即采取措施予以制止,并将其送往医疗机构进行精神障碍诊断。

医疗机构接到送诊的疑似精神障碍患者,不得拒绝为其作出诊断。

第二十九条 精神障碍的诊断应当由精神科执业医师作出。

医疗机构接到依照本法第二十八条第二款规定送诊的疑似精神障碍患者,应当将其留院,立即指派精神科执业医师进行诊断,并及时出具诊断结论。

第三十条 精神障碍的住院治疗实行自愿原则。

诊断结论、病情评估表明,就诊者为严重精神障碍患者并有下列情形之一的,应当对其实施住院治疗:

(一)已经发生伤害自身的行为,或者有伤害自身的危险的;

(二)已经发生危害他人安全的行为,或者有危害他人安全的危险的。

第三十一条 精神障碍患者有本法第三十条第二款第一项情形的,经其监护人同意,医疗机构应当对患者实施住院治疗；监护人不同意的，医疗机构不得对患者实施住院治疗。监护人应当对在家居住的患者做好看护管理。

第三十二条 精神障碍患者有本法第三十条第二款第二项情形，患者或者其监护人对需要住院治疗的诊断结论有异议，不同意对患者实施住院治疗的，可以要求再次诊断和鉴定。

依照前款规定要求再次诊断的，应当自收到诊断结论之日起三日内向原医疗机构或者其他具有合法资质的医疗机构提出。承担再次诊断的医疗机构应当在接到再次诊断要求后指派二名初次诊断医师以外的精神科执业医师进行再次诊断，并及时出具再次诊断结论。承担再次诊断的执业医师应当到收治患者的医疗机构面见、询问患者，该医疗机构应当予以配合。

对再次诊断结论有异议的，可以自主委托依法取得执业资质的鉴定机构进行精神障碍医学鉴定；医疗机构应当公示经公告的鉴定机构名单和联系方式。接受委托的鉴定机构应当指定本机构具有该鉴定事项执业资格的二名以上鉴定人共同进行鉴定，并及时出具鉴定报告。

第三十三条 鉴定人应当到收治精神障碍患者的医疗机构面见、询问患者，该医疗机构应当予以配合。

鉴定人本人或者其近亲属与鉴定事项有利害关系，可能影响其独立、客观、公正进行鉴定的，应当回避。

第三十四条 鉴定机构、鉴定人应当遵守有关法律、法规、规章的规定，尊重科学，恪守职业道德，按照精神障碍鉴定的实施程序、技术方法和操作规范，依法独立进行鉴定，出具客观、公正的鉴定报告。

鉴定人应当对鉴定过程进行实时记录并签名。记录的内容应当真实、客观、准确、完整，记录的文本或者声像载体应当妥善保存。

第三十五条 再次诊断结论或者鉴定报告表明，不能确定就诊者为严重精神障碍患者，或者患者不需要住院治疗的，医疗机构不得对其实施住院治疗。

再次诊断结论或者鉴定报告表明，精神障碍患者有本法第三十条第二款第二项情形的，其监护人应当同意对患者实施住院治疗。监护人阻碍实施住院治疗或者患者擅自脱离住院治疗的，可以由公安机关协助医疗机构采取措施对患者实施住院治疗。

在相关机构出具再次诊断结论、鉴定报告前，收治精神障碍患者的医疗机构应当按照诊疗规范的要求对患者实施住院治疗。

第三十六条 诊断结论表明需要住院治疗的精神障碍患者，本人没有能力办理住院手续的，由其监护人办理住院手续；患者属于查找不到监护人的流浪乞讨人员的，由送诊的有关部门办理住院手续。

精神障碍患者有本法第三十条第二款第二项情形，其监护人不办理住院手续的，由患者所在单位、村民委员会或者居民委员会办理住院手续，并由医疗机构在患者病历中予以记录。

第三十七条 医疗机构及其医务人员应当将精神障碍患者在诊断、治疗过程中享有的权利，告知患者或者其监护人。

第三十八条 医疗机构应当配备适宜的设施、设备，保护就诊和住院治疗的精神障碍患者的人身安全，防止其受到伤害，并为住院患者创造尽可能接近正常生活的环境和条件。

第三十九条 医疗机构及其医务人员应当遵循精神障碍诊断标准和治疗规范，制定治疗方案，并向精神障碍患者或者其监护人告知治疗方案和治疗方法、目的以及可能产生的后果。

第四十条 精神障碍患者在医疗机构内发生或者将要发生伤害自身、危害他人安全、扰乱医疗秩序的行为，医疗机构及其医务人员在没有其他可替代措施的情况下，可以实施约束、隔离等保护性医疗措施。实施保护性医疗措施应当遵循诊断标准和治疗规范，并在实施后告知患者的监护人。

禁止利用约束、隔离等保护性医疗措施惩罚精神障碍患者。

第四十一条 对精神障碍患者使用药物，应当以诊断和治疗为目的，使用安全、有效的药物，不得为诊断或者治疗以外的目的使用药物。

医疗机构不得强迫精神障碍患者从事生产劳动。

第四十二条 禁止对依照本法第三十条第二款规定实施住院治疗的精神障碍患者实施以治疗精神障碍为目的的外科手术。

第四十三条 医疗机构对精神障碍患者实施下列治疗措施，应当向患者或者其监护人告知医疗风险、替代医疗方案等情况，并取得患者的书面同意；无法取得患者意见的，应当取得其监护人的书面同意，并经本医疗机构伦理委员会批准：

（一）导致人体器官丧失功能的外科手术；

（二）与精神障碍治疗有关的实验性临床医疗。

实施前款第一项治疗措施，因情况紧急查找不到监护人的，应当取得本医疗机构负责人和伦理委员会批准。

禁止对精神障碍患者实施与治疗其精神障碍无关的实验性临床医疗。

第四十四条 自愿住院治疗的精神障碍患者可以随时要求出院，医疗机构应当同意。

对有本法第三十条第二款第一项情形的精神障碍患者实施住院治疗的，监护人可以随时要求患者出院，医疗机构应当同意。

医疗机构认为前两款规定的精神障碍患者不宜出院的，应当告知不宜出院的理由；患者或者其监护人仍要求出院的，执业医师应当在病历资料中详细记录告知的过程，同时提出出院后的医学建议，患者或者其监护人应当签字确认。

对有本法第三十条第二款第二项情形的精神障碍患者实施住院治疗，医疗机构认为患者可以出院的，应当立即告知患者及其监护人。

医疗机构应当根据精神障碍患者病情，及时组织精神科执业医师对依照本法第三十条第二款规定实施住院治疗的患者进行检查评估。评估结果表明患者不需要继续住院治疗的，医疗机构应当立即通知患者及其监护人。

第四十五条 精神障碍患者出院，本人没有能力办理出院手续的，监护人应当为其办理出院手续。

第四十六条 医疗机构及其医务人员应当尊重住院精神障碍患者的通讯和会见探访者等权利。除在急性发病期或者为了避免妨碍治疗可以暂时性限制外，不得限制患者的通讯和会见探访者等权利。

第四十七条 医疗机构及其医务人员应当在病历资料中如实记录精神障碍患者的病情、治疗措施、用药情况、实施约束、隔离措施等内容，并如实告知患者或者其监护人。患者及其监护人可以查阅、复制病历资料；但是，患者查阅、复制病历资料可能对其治疗产生不利影响的除外。病历资料保存期限不得少于三十年。

第四十八条 医疗机构不得因就诊者是精神障碍患者，推诿或者拒绝为其治疗属于本医疗机构诊疗范围的其他疾病。

第四十九条 精神障碍患者的监护人应当妥善看护未住院治疗的患者，按照医嘱督促其按时服药、接受随访或者治疗。村民委员会、居民委员会、患者所在单位等应当依患者或者其监护人的请求，对监护人看护患者提供必要的帮助。

第五十条 县级以上地方人民政府卫生行政部门应当定期就下列事项对本行政区域内从事精神障碍诊断、治疗的医疗机构进行检查：

（一）相关人员、设施、设备是否符合本法要求；

（二）诊疗行为是否符合本法以及诊断标准、治疗规范的规定；

（三）对精神障碍患者实施住院治疗的程序是否符合本法规定；

（四）是否依法维护精神障碍患者的合法权益。

县级以上地方人民政府卫生行政部门进行前款规定的检查，应当听取精神障碍患者及其监护人的意见；发现存在违反本法行为的，应当立即制止或者责令改正，并依法作出处理。

第五十一条 心理治疗活动应当在医疗机构内开展。专门从事心理治疗的人员不得从事精神障碍的诊断，不得为精神障碍患者开具处方或者提供外科治疗。心理治疗的技术规范由国务院卫生行政部门制定。

第五十二条 监狱、强制隔离戒毒所等场所应当采取措施，保证患有精神障碍的服刑人员、强制隔离戒毒人员等获得治疗。

第五十三条 精神障碍患者违反治安管理处罚法或者触犯刑法的，依照有关法律的规定处理。

第四章 精神障碍的康复

第五十四条 社区康复机构应当为需要康复的精神障碍患者提供场所和条件，对患者进行生活自理能力和社会适应能力等方面的康复训练。

第五十五条 医疗机构应当为在家居住的严重精神障碍患者提供精神科基本药物维持治疗，并为社区康复机构提供有关精神障碍康复的技术指导和支持。

社区卫生服务机构、乡镇卫生院、村卫生室应当建立严重精神障碍患者的健康档案，对在家居住的严重精神障碍患者进行定期随访，指导患者服药和开展康复训练，并对患者的监护人进行精神卫生知识和看护知识的培训。县级人民政府卫生行政部门应当为社区卫生服务机构、乡镇卫生院、村卫生室开展上述工作给予指导和培训。

第五十六条 村民委员会、居民委员会应当为生活困难的精神障碍患者家庭提供帮助，并向所在地乡镇人民政府或者街道办事处以及县级人民政府有关部门反映患者及其家庭的情况和要求，帮助其解决实际困难，为患者融入社会创造条件。

第五十七条 残疾人组织或者残疾人康复机构应当根据精神障碍者康复的需要，组织患者参加康复活动。

第五十八条 用人单位应当根据精神障碍患者的实际情况，安排患者从事力所能及的工作，保障患者享有同等待遇,安排患者参加必要的职业技能培训,提高患者的就业能力,为患者创造适宜的工作环境,对患者在工作中取得的成绩予以鼓励。

第五十九条　精神障碍患者的监护人应当协助患者进行生活自理能力和社会适应能力等方面的康复训练。

精神障碍患者的监护人在看护患者过程中需要技术指导的,社区卫生服务机构或者乡镇卫生院、村卫生室、社区康复机构应当提供。

第五章　保障措施

第六十条　县级以上人民政府卫生行政部门会同有关部门依据国民经济和社会发展规划的要求,制定精神卫生工作规划并组织实施。

精神卫生监测和专题调查结果应当作为制定精神卫生工作规划的依据。

第六十一条　省、自治区、直辖市人民政府根据本行政区域的实际情况,统筹规划,整合资源,建设和完善精神卫生服务体系,加强精神障碍预防、治疗和康复服务能力建设。

县级人民政府根据本行政区域的实际情况,统筹规划,建立精神障碍患者社区康复机构。

县级以上地方人民政府应当采取措施,鼓励和支持社会力量举办从事精神障碍诊断、治疗的医疗机构和精神障碍患者康复机构。

第六十二条　各级人民政府应当根据精神卫生工作需要,加大财政投入力度,保障精神卫生工作所需经费,将精神卫生工作经费列入本级财政预算。

第六十三条　国家加强基层精神卫生服务体系建设,扶持贫困地区、边远地区的精神卫生工作,保障城市社区、农村基层精神卫生工作所需经费。

第六十四条　医学院校应当加强精神医学的教学和研究,按照精神卫生工作的实际需要培养精神医学专门人才,为精神卫生工作提供人才保障。

第六十五条　综合性医疗机构应当按照国务院卫生行政部门的规定开设精神科门诊或者心理治疗门诊,提高精神障碍预防、诊断、治疗能力。

第六十六条　医疗机构应当组织医务人员学习精神卫生知识和相关法律、法规、政策。

从事精神障碍诊断、治疗、康复的机构应当定期组织医务人员、工作人员进行在岗培训,更新精神卫生知识。

县级以上人民政府卫生行政部门应当组织医务人员进行精神卫生知识培训,提高其识别精神障碍的能力。

第六十七条　师范院校应当为学生开设精神卫生课程;医学院校应当为非精神医学专业的学生开设精神卫生课程。

县级以上人民政府教育行政部门对教师进行上岗前和在岗培训,应当有精神卫生的内容,并定期组织心理健康教育教师、辅导人员进行专业培训。

第六十八条　县级以上人民政府卫生行政部门应当组织医疗机构为严重精神障碍患者免费提供基本公共卫生服务。

精神障碍患者的医疗费用按照国家有关社会保险的规定由基本医疗保险基金支付。医疗保险经办机构应当按照国家有关规定将精神障碍患者纳入城镇职工基本医疗保险、城镇居民基本医疗保险或者新型农村合作医疗的保障范围。县级人民政府应当按照国家有关规定对家庭经济困难的严重精神障碍患者参加基本医疗保险给予资助。医疗保障、财政等部门应当加强协调,简化程序,实现属于基本医疗保险基金支付的医疗费用由医疗机构与医疗保险经办机构直接结算。

精神障碍患者通过基本医疗保险支付医疗费用后仍有困难,或者不能通过基本医疗保险支付医疗费用的,医疗保障部门应当优先给予医疗救助。

第六十九条　对符合城乡最低生活保障条件的严重精神障碍患者,民政部门应当会同有关部门及时将其纳入最低生活保障。

对属于农村五保供养对象的严重精神障碍患者,以及城市中无劳动能力、无生活来源且无法定赡养、抚养、扶养义务人,或者其法定赡养、抚养、扶养义务人无赡养、抚养、扶养能力的严重精神障碍患者,民政部门应当按照国家有关规定予以供养、救助。

前两款规定以外的严重精神障碍患者确有困难的,民政部门可以采取临时救助等措施,帮助其解决生活困难。

第七十条　县级以上地方人民政府及其有关部门应当采取有效措施,保证患有精神障碍的适龄儿童、少年接受义务教育,扶持有劳动能力的精神障碍患者从事力所能及的劳动,并为已经康复的人员提供就业服务。

国家对安排精神障碍患者就业的用人单位依法给予税收优惠,并在生产、经营、技术、资金、物资、场地等方面给予扶持。

第七十一条　精神卫生工作人员的人格尊严、人身安全不受侵犯,精神卫生工作人员依法履行职责受法律保护。全社会应当尊重精神卫生工作人员。

县级以上人民政府及其有关部门、医疗机构、康复机构应当采取措施,加强对精神卫生工作人员的职业保护,提高精神卫生工作人员的待遇水平,并按照规定给予适当的津贴。精神卫生工作人员因工致伤、致残、死亡的,其工伤待遇以及抚恤按照国家有关规定执行。

第六章 法律责任

第七十二条 县级以上人民政府卫生行政部门和其他有关部门未依照本法规定履行精神卫生工作职责,或者滥用职权、玩忽职守、徇私舞弊的,由本级人民政府或者上一级人民政府有关部门责令改正,通报批评,对直接负责的主管人员和其他直接责任人员依法给予警告、记过或者记大过的处分;造成严重后果的,给予降级、撤职或者开除的处分。

第七十三条 不符合本法规定条件的医疗机构擅自从事精神障碍诊断、治疗的,由县级以上人民政府卫生行政部门责令停止相关诊疗活动,给予警告,并处五千元以上一万元以下罚款,有违法所得的,没收违法所得;对直接负责的主管人员和其他直接责任人员依法给予或者责令给予降低岗位等级或者撤职、开除的处分;对有关医务人员,吊销其执业证书。

第七十四条 医疗机构及其工作人员有下列行为之一的,由县级以上人民政府卫生行政部门责令改正,给予警告;情节严重的,对直接负责的主管人员和其他直接责任人员依法给予或者责令给予降低岗位等级或者撤职、开除的处分,并可以责令有关医务人员暂停一个月以上六个月以下执业活动:

(一)拒绝对送诊的疑似精神障碍患者作出诊断的;

(二)对依照本法第三十条第二款规定实施住院治疗的患者未及时进行检查评估或者未根据评估结果作出处理的。

第七十五条 医疗机构及其工作人员有下列行为之一的,由县级以上人民政府卫生行政部门责令改正,对直接负责的主管人员和其他直接责任人员依法给予或者责令给予降低岗位等级或者撤职的处分;对有关医务人员,暂停六个月以上一年以下执业活动;情节严重的,给予或者责令给予开除的处分,并吊销有关医务人员的执业证书:

(一)违反本法规定实施约束、隔离等保护性医疗措施的;

(二)违反本法规定,强迫精神障碍患者劳动的;

(三)违反本法规定对精神障碍患者实施外科手术或者实验性临床医疗的;

(四)违反本法规定,侵害精神障碍患者的通讯和会见探访者等权利的;

(五)违反精神障碍诊断标准,将非精神障碍患者诊断为精神障碍患者的。

第七十六条 有下列情形之一的,由县级以上人民政府卫生行政部门、工商行政管理部门依据各自职责责令改正,给予警告,并处五千元以上一万元以下罚款,有违法所得的,没收违法所得;造成严重后果的,责令暂停六个月以上一年以下执业活动,直至吊销执业证书或者营业执照:

(一)心理咨询人员从事心理治疗或者精神障碍的诊断、治疗的;

(二)从事心理治疗的人员在医疗机构以外开展心理治疗活动的;

(三)专门从事心理治疗的人员从事精神障碍的诊断的;

(四)专门从事心理治疗的人员为精神障碍患者开具处方或者提供外科治疗的。

心理咨询人员、专门从事心理治疗的人员在心理咨询、心理治疗活动中造成他人人身、财产或者其他损害的,依法承担民事责任。

第七十七条 有关单位和个人违反本法第四条第三款规定,给精神障碍患者造成损害的,依法承担赔偿责任;对单位直接负责的主管人员和其他直接责任人员,还应当依法给予处分。

第七十八条 违反本法规定,有下列情形之一,给精神障碍患者或者其他公民造成人身、财产或者其他损害的,依法承担赔偿责任:

(一)将非精神障碍患者故意作为精神障碍患者送入医疗机构治疗的;

(二)精神障碍患者的监护人遗弃患者,或者有不履行监护职责的其他情形的;

(三)歧视、侮辱、虐待精神障碍患者,侵害患者的人格尊严、人身安全的;

(四)非法限制精神障碍患者人身自由的;

(五)其他侵害精神障碍患者合法权益的情形。

第七十九条 医疗机构出具的诊断结论表明精神障碍患者应当住院治疗而其监护人拒绝,致使患者造成他人人身、财产损害的,或者患者有其他造成他人人身、财产损害情形的,其监护人依法承担民事责任。

第八十条 在精神障碍的诊断、治疗、鉴定过程中,寻衅滋事,阻挠有关工作人员依照本法的规定履行职责,扰乱医疗机构、鉴定机构工作秩序的,依法给予治安管理处罚。

违反本法规定，有其他构成违反治安管理行为的，依法给予治安管理处罚。

第八十一条 违反本法规定，构成犯罪的，依法追究刑事责任。

第八十二条 精神障碍患者或者其监护人、近亲属认为行政机关、医疗机构或者其他有关单位和个人违反本法规定侵害患者合法权益的，可以依法提起诉讼。

第七章 附 则

第八十三条 本法所称精神障碍，是指由各种原因引起的感知、情感和思维等精神活动的紊乱或者异常，导致患者明显的心理痛苦或者社会适应等功能损害。

本法所称严重精神障碍，是指疾病症状严重，导致患者社会适应等功能严重损害、对自身健康状况或者客观现实不能完整认识，或者不能处理自身事务的精神障碍。

本法所称精神障碍患者的监护人，是指依照民法通则的有关规定可以担任监护人的人。

第八十四条 军队的精神卫生工作，由国务院和中央军事委员会依据本法制定管理办法。

第八十五条 本法自 2013 年 5 月 1 日起施行。

中华人民共和国生物安全法

- 2020 年 10 月 17 日第十三届全国人民代表大会常务委员会第二十二次会议通过
- 2020 年 10 月 17 日中华人民共和国主席令第 56 号公布
- 自 2021 年 4 月 15 日起施行

第一章 总 则

第一条 为了维护国家安全，防范和应对生物安全风险，保障人民生命健康，保护生物资源和生态环境，促进生物技术健康发展，推动构建人类命运共同体，实现人与自然和谐共生，制定本法。

第二条 本法所称生物安全，是指国家有效防范和应对危险生物因子及相关因素威胁，生物技术能够稳定健康发展，人民生命健康和生态系统相对处于没有危险和不受威胁的状态，生物领域具备维护国家安全和持续发展的能力。

从事下列活动，适用本法：

（一）防控重大新发突发传染病、动植物疫情；

（二）生物技术研究、开发与应用；

（三）病原微生物实验室生物安全管理；

（四）人类遗传资源和生物资源安全管理；

（五）防范外来物种入侵与保护生物多样性；

（六）应对微生物耐药；

（七）防范生物恐怖袭击与防御生物武器威胁；

（八）其他与生物安全相关的活动。

第三条 生物安全是国家安全的重要组成部分。维护生物安全应当贯彻总体国家安全观，统筹发展和安全，坚持以人为本、风险预防、分类管理、协同配合的原则。

第四条 坚持中国共产党对国家生物安全工作的领导，建立健全国家生物安全领导体制，加强国家生物安全风险防控和治理体系建设，提高国家生物安全治理能力。

第五条 国家鼓励生物科技创新，加强生物安全基础设施和生物科技人才队伍建设，支持生物产业发展，以创新驱动提升生物科技水平，增强生物安全保障能力。

第六条 国家加强生物安全领域的国际合作，履行中华人民共和国缔结或者参加的国际条约规定的义务，支持参与生物科技交流合作与生物安全事件国际救援，积极参与生物安全国际规则的研究与制定，推动完善全球生物安全治理。

第七条 各级人民政府及其有关部门应当加强生物安全法律法规和生物安全知识宣传普及工作，引导基层群众性自治组织、社会组织开展生物安全法律法规和生物安全知识宣传，促进全社会生物安全意识的提升。

相关科研院校、医疗机构以及其他企业事业单位应当将生物安全法律法规和生物安全知识纳入教育培训内容，加强学生、从业人员生物安全意识和伦理意识的培养。

新闻媒体应当开展生物安全法律法规和生物安全知识公益宣传，对生物安全违法行为进行舆论监督，增强公众维护生物安全的社会责任意识。

第八条 任何单位和个人不得危害生物安全。

任何单位和个人有权举报危害生物安全的行为；接到举报的部门应当及时依法处理。

第九条 对在生物安全工作中做出突出贡献的单位和个人，县级以上人民政府及其有关部门按照国家规定予以表彰和奖励。

第二章 生物安全风险防控体制

第十条 中央国家安全领导机构负责国家生物安全工作的决策和议事协调，研究制定、指导实施国家生物安全战略和有关重大方针政策，统筹协调国家生物安全的重大事项和重要工作，建立国家生物安全工作协调机制。

省、自治区、直辖市建立生物安全工作协调机制，组织协调、督促推进本行政区域内生物安全相关工作。

第十一条　国家生物安全工作协调机制由国务院卫生健康、农业农村、科学技术、外交等主管部门和有关军事机关组成，分析研判国家生物安全形势，组织协调、督促推进国家生物安全相关工作。国家生物安全工作协调机制设立办公室，负责协调机制的日常工作。

国家生物安全工作协调机制成员单位和国务院其他有关部门根据职责分工，负责生物安全相关工作。

第十二条　国家生物安全工作协调机制设立专家委员会，为国家生物安全战略研究、政策制定及实施提供决策咨询。

国务院有关部门组织建立相关领域、行业的生物安全技术咨询专家委员会，为生物安全工作提供咨询、评估、论证等技术支撑。

第十三条　地方各级人民政府对本行政区域内生物安全工作负责。

县级以上地方人民政府有关部门根据职责分工，负责生物安全相关工作。

基层群众性自治组织应当协助地方人民政府以及有关部门做好生物安全风险防控、应急处置和宣传教育等工作。

有关单位和个人应当配合做好生物安全风险防控和应急处置等工作。

第十四条　国家建立生物安全风险监测预警制度。国家生物安全工作协调机制组织建立国家生物安全风险监测预警体系，提高生物安全风险识别和分析能力。

第十五条　国家建立生物安全风险调查评估制度。国家生物安全工作协调机制应当根据风险监测的数据、资料等信息，定期组织开展生物安全风险调查评估。

有下列情形之一的，有关部门应当及时开展生物安全风险调查评估，依法采取必要的风险防控措施：

（一）通过风险监测或者接到举报发现可能存在生物安全风险；

（二）为确定监督管理的重点领域、重点项目，制定、调整生物安全相关名录或者清单；

（三）发生重大新发突发传染病、动植物疫情等危害生物安全的事件；

（四）需要调查评估的其他情形。

第十六条　国家建立生物安全信息共享制度。国家生物安全工作协调机制组织建立统一的国家生物安全信息平台，有关部门应当将生物安全数据、资料等信息汇交国家生物安全信息平台，实现信息共享。

第十七条　国家建立生物安全信息发布制度。国家生物安全总体情况、重大生物安全风险警示信息、重大生物安全事件及其调查处理信息等重大生物安全信息，由国家生物安全工作协调机制成员单位根据职责分工发布；其他生物安全信息由国务院有关部门和县级以上地方人民政府及其有关部门根据职责权限发布。

任何单位和个人不得编造、散布虚假的生物安全信息。

第十八条　国家建立生物安全名录和清单制度。国务院及其有关部门根据生物安全工作需要，对涉及生物安全的材料、设备、技术、活动、重要生物资源数据、传染病、动植物疫病、外来入侵物种等制定、公布名录或者清单，并动态调整。

第十九条　国家建立生物安全标准制度。国务院标准化主管部门和国务院其他有关部门根据职责分工，制定和完善生物安全领域相关标准。

国家生物安全工作协调机制组织有关部门加强不同领域生物安全标准的协调和衔接，建立和完善生物安全标准体系。

第二十条　国家建立生物安全审查制度。对影响或者可能影响国家安全的生物领域重大事项和活动，由国务院有关部门进行生物安全审查，有效防范和化解生物安全风险。

第二十一条　国家建立统一领导、协同联动、有序高效的生物安全应急制度。

国务院有关部门应当组织制定相关领域、行业生物安全事件应急预案，根据应急预案和统一部署开展应急演练、应急处置、应急救援和事后恢复等工作。

县级以上地方人民政府及其有关部门应当制定并组织、指导和督促相关企业事业单位制定生物安全事件应急预案，加强应急准备、人员培训和应急演练，开展生物安全事件应急处置、应急救援和事后恢复等工作。

中国人民解放军、中国人民武装警察部队按照中央军事委员会的命令，依法参加生物安全事件应急处置和应急救援工作。

第二十二条　国家建立生物安全事件调查溯源制度。发生重大新发突发传染病、动植物疫情和不明原因的生物安全事件，国家生物安全工作协调机制应当组织开展调查溯源，确定事件性质，全面评估事件影响，提出意见建议。

第二十三条　国家建立首次进境或者暂停后恢复进境的动植物、动植物产品、高风险生物因子国家准入制度。

进出境的人员、运输工具、集装箱、货物、物品、包装物和国际航行船舶压舱水排放等应当符合我国生物安全管理要求。

海关对发现的进出境和过境生物安全风险，应当依法处置。经评估为生物安全高风险的人员、运输工具、货物、物品等，应当从指定的国境口岸进境，并采取严格的风险防控措施。

第二十四条　国家建立境外重大生物安全事件应对制度。境外发生重大生物安全事件的，海关依法采取生物安全紧急防控措施，加强证件核验，提高查验比例，暂停相关人员、运输工具、货物、物品等进境。必要时经国务院同意，可以采取暂时关闭有关口岸、封锁有关国境等措施。

第二十五条　县级以上人民政府有关部门应当依法开展生物安全监督检查工作，被检查单位和个人应当配合，如实说明情况，提供资料，不得拒绝、阻挠。

涉及专业技术要求较高、执法业务难度较大的监督检查工作，应当有生物安全专业技术人员参加。

第二十六条　县级以上人民政府有关部门实施生物安全监督检查，可以依法采取下列措施：

（一）进入被检查单位、地点或者涉嫌实施生物安全违法行为的场所进行现场监测、勘查、检查或者核查；

（二）向有关单位和个人了解情况；

（三）查阅、复制有关文件、资料、档案、记录、凭证等；

（四）查封涉嫌实施生物安全违法行为的场所、设施；

（五）扣押涉嫌实施生物安全违法行为的工具、设备以及相关物品；

（六）法律法规规定的其他措施。

有关单位和个人的生物安全违法信息应当依法纳入全国信用信息共享平台。

第三章　防控重大新发突发传染病、动植物疫情

第二十七条　国务院卫生健康、农业农村、林业草原、海关、生态环境主管部门应当建立新发突发传染病、动植物疫情、进出境检疫、生物技术环境安全监测网络，组织监测站点布局、建设，完善监测信息报告系统，开展主动监测和病原检测，并纳入国家生物安全风险监测预警体系。

第二十八条　疾病预防控制机构、动物疫病预防控制机构、植物病虫害预防控制机构（以下统称专业机构）应当对传染病、动植物疫病和列入监测范围的不明原因疾病开展主动监测，收集、分析、报告监测信息，预测新发突发传染病、动植物疫病的发生、流行趋势。

国务院有关部门、县级以上地方人民政府及其有关部门应当根据预测和职责权限及时发布预警，并采取相应的防控措施。

第二十九条　任何单位和个人发现传染病、动植物疫病的，应当及时向医疗机构、有关专业机构或者部门报告。

医疗机构、专业机构及其工作人员发现传染病、动植物疫病或者不明原因的聚集性疾病的，应当及时报告，并采取保护性措施。

依法应当报告的，任何单位和个人不得瞒报、谎报、缓报、漏报，不得授意他人瞒报、谎报、缓报，不得阻碍他人报告。

第三十条　国家建立重大新发突发传染病、动植物疫情联防联控机制。

发生重大新发突发传染病、动植物疫情，应当依照有关法律法规和应急预案的规定及时采取控制措施；国务院卫生健康、农业农村、林业草原主管部门应当立即组织疫情会商研判，将会商研判结论向中央国家安全领导机构和国务院报告，并通报国家生物安全工作协调机制其他成员单位和国务院其他有关部门。

发生重大新发突发传染病、动植物疫情，地方各级人民政府统一履行本行政区域内疫情防控职责，加强组织领导，开展群防群控、医疗救治，动员和鼓励社会力量依法有序参与疫情防控工作。

第三十一条　国家加强国境、口岸传染病和动植物疫情联合防控能力建设，建立传染病、动植物疫情防控国际合作网络，尽早发现、控制重大新发突发传染病、动植物疫情。

第三十二条　国家保护野生动物，加强动物防疫，防止动物源性传染病传播。

第三十三条　国家加强对抗生素药物等抗微生物药物使用和残留的管理，支持应对微生物耐药的基础研究和科技攻关。

县级以上人民政府卫生健康主管部门应当加强对医疗机构合理用药的指导和监督，采取措施防止抗微生物药物的不合理使用。县级以上人民政府农业农村、林业草原主管部门应当加强对农业生产中合理用药的指导和监督，采取措施防止抗微生物药物的不合理使用，降低在农业生产环境中的残留。

国务院卫生健康、农业农村、林业草原、生态环境等

主管部门和药品监督管理部门应当根据职责分工,评估抗微生物药物残留对人体健康、环境的危害,建立抗微生物药物污染物指标评价体系。

第四章　生物技术研究、开发与应用安全

第三十四条　国家加强对生物技术研究、开发与应用活动的安全管理,禁止从事危及公众健康、损害生物资源、破坏生态系统和生物多样性等危害生物安全的生物技术研究、开发与应用活动。

从事生物技术研究、开发与应用活动,应当符合伦理原则。

第三十五条　从事生物技术研究、开发与应用活动的单位应当对本单位生物技术研究、开发与应用的安全负责,采取生物安全风险防控措施,制定生物安全培训、跟踪检查、定期报告等工作制度,强化过程管理。

第三十六条　国家对生物技术研究、开发活动实行分类管理。根据对公众健康、工业农业、生态环境等造成危害的风险程度,将生物技术研究、开发活动分为高风险、中风险、低风险三类。

生物技术研究、开发活动风险分类标准及名录由国务院科学技术、卫生健康、农业农村等主管部门根据职责分工,会同国务院其他有关部门制定、调整并公布。

第三十七条　从事生物技术研究、开发活动,应当遵守国家生物技术研究开发安全管理规范。

从事生物技术研究、开发活动,应当进行风险类别判断,密切关注风险变化,及时采取应对措施。

第三十八条　从事高风险、中风险生物技术研究、开发活动,应当由在我国境内依法成立的法人组织进行,并依法取得批准或者进行备案。

从事高风险、中风险生物技术研究、开发活动,应当进行风险评估,制定风险防控计划和生物安全事件应急预案,降低研究、开发活动实施的风险。

第三十九条　国家对涉及生物安全的重要设备和特殊生物因子实行追溯管理。购买或者引进列入管控清单的重要设备和特殊生物因子,应当进行登记,确保可追溯,并报国务院有关部门备案。

个人不得购买或者持有列入管控清单的重要设备和特殊生物因子。

第四十条　从事生物医学新技术临床研究,应当通过伦理审查,并在具备相应条件的医疗机构内进行;进行人体临床研究操作的,应当由符合相应条件的卫生专业技术人员执行。

第四十一条　国务院有关部门依法对生物技术应用活动进行跟踪评估,发现存在生物安全风险的,应当及时采取有效补救和管控措施。

第五章　病原微生物实验室生物安全

第四十二条　国家加强对病原微生物实验室生物安全的管理,制定统一的实验室生物安全标准。病原微生物实验室应当符合生物安全国家标准和要求。

从事病原微生物实验活动,应当严格遵守有关国家标准和实验室技术规范、操作规程,采取安全防范措施。

第四十三条　国家根据病原微生物的传染性、感染后对人和动物的个体或者群体的危害程度,对病原微生物实行分类管理。

从事高致病性或者疑似高致病性病原微生物样本采集、保藏、运输活动,应当具备相应条件,符合生物安全管理规范。具体办法由国务院卫生健康、农业农村主管部门制定。

第四十四条　设立病原微生物实验室,应当依法取得批准或者进行备案。

个人不得设立病原微生物实验室或者从事病原微生物实验活动。

第四十五条　国家根据对病原微生物的生物安全防护水平,对病原微生物实验室实行分等级管理。

从事病原微生物实验活动应当在相应等级的实验室进行。低等级病原微生物实验室不得从事国家病原微生物目录规定应当在高等级病原微生物实验室进行的病原微生物实验活动。

第四十六条　高等级病原微生物实验室从事高致病性或者疑似高致病性病原微生物实验活动,应当经省级以上人民政府卫生健康或者农业农村主管部门批准,并将实验活动情况向批准部门报告。

对我国尚未发现或者已经宣布消灭的病原微生物,未经批准不得从事相关实验活动。

第四十七条　病原微生物实验室应当采取措施,加强对实验动物的管理,防止实验动物逃逸,对使用后的实验动物按照国家规定进行无害化处理,实现实验动物可追溯。禁止将使用后的实验动物流入市场。

病原微生物实验室应当加强对实验活动废弃物的管理,依法对废水、废气以及其他废弃物进行处置,采取措施防止污染。

第四十八条　病原微生物实验室的设立单位负责实验室的生物安全管理,制定科学、严格的管理制度,定期对有关生物安全规定的落实情况进行检查,对实验室设施、设备、材料等进行检查、维护和更新,确保其符合国家

标准。

病原微生物实验室设立单位的法定代表人和实验室负责人对实验室的生物安全负责。

第四十九条 病原微生物实验室的设立单位应当建立和完善安全保卫制度，采取安全保卫措施，保障实验室及其病原微生物的安全。

国家加强对高等级病原微生物实验室的安全保卫。高等级病原微生物实验室应当接受公安机关等部门有关实验室安全保卫工作的监督指导，严防高致病性病原微生物泄漏、丢失和被盗、被抢。

国家建立高等级病原微生物实验室人员进入审核制度。进入高等级病原微生物实验室的人员应当经实验室负责人批准。对可能影响实验室生物安全的，不予批准；对批准进入的，应当采取安全保障措施。

第五十条 病原微生物实验室的设立单位应当制定生物安全事件应急预案，定期组织开展人员培训和应急演练。发生高致病性病原微生物泄漏、丢失和被盗、被抢或者其他生物安全风险的，应当按照应急预案的规定及时采取控制措施，并按照国家规定报告。

第五十一条 病原微生物实验室所在地省级人民政府及其卫生健康主管部门应当加强实验室所在地感染性疾病医疗资源配置，提高感染性疾病医疗救治能力。

第五十二条 企业对涉及病原微生物操作的生产车间的生物安全管理，依照有关病原微生物实验室的规定和其他生物安全管理规范进行。

涉及生物毒素、植物有害生物及其他生物因子操作的生物安全实验室的建设和管理，参照有关病原微生物实验室的规定执行。

第六章 人类遗传资源与生物资源安全

第五十三条 国家加强对我国人类遗传资源和生物资源采集、保藏、利用、对外提供等活动的管理和监督，保障人类遗传资源和生物资源安全。

国家对我国人类遗传资源和生物资源享有主权。

第五十四条 国家开展人类遗传资源和生物资源调查。

国务院科学技术主管部门组织开展我国人类遗传资源调查，制定重要遗传家系和特定地区人类遗传资源申报登记办法。

国务院科学技术、自然资源、生态环境、卫生健康、农业农村、林业草原、中医药主管部门根据职责分工，组织开展生物资源调查，制定重要生物资源申报登记办法。

第五十五条 采集、保藏、利用、对外提供我国人类遗传资源，应当符合伦理原则，不得危害公众健康、国家安全和社会公共利益。

第五十六条 从事下列活动，应当经国务院科学技术主管部门批准：

（一）采集我国重要遗传家系、特定地区人类遗传资源或者采集国务院科学技术主管部门规定的种类、数量的人类遗传资源；

（二）保藏我国人类遗传资源；

（三）利用我国人类遗传资源开展国际科学研究合作；

（四）将我国人类遗传资源材料运送、邮寄、携带出境。

前款规定不包括以临床诊疗、采供血服务、查处违法犯罪、兴奋剂检测和殡葬等为目的采集、保藏人类遗传资源及开展的相关活动。

为了取得相关药品和医疗器械在我国上市许可，在临床试验机构利用我国人类遗传资源开展国际合作临床试验、不涉及人类遗传资源出境的，不需要批准；但是，在开展临床试验前应当将拟使用的人类遗传资源种类、数量及用途向国务院科学技术主管部门备案。

境外组织、个人及其设立或者实际控制的机构不得在我国境内采集、保藏我国人类遗传资源，不得向境外提供我国人类遗传资源。

第五十七条 将我国人类遗传资源信息向境外组织、个人及其设立或者实际控制的机构提供或者开放使用的，应当向国务院科学技术主管部门事先报告并提交信息备份。

第五十八条 采集、保藏、利用、运输出境我国珍贵、濒危、特有物种及其可用于再生或者繁殖传代的个体、器官、组织、细胞、基因等遗传资源，应当遵守有关法律法规。

境外组织、个人及其设立或者实际控制的机构获取和利用我国生物资源，应当依法取得批准。

第五十九条 利用我国生物资源开展国际科学研究合作，应当依法取得批准。

利用我国人类遗传资源和生物资源开展国际科学研究合作，应当保证中方单位及其研究人员全过程、实质性地参与研究，依法分享相关权益。

第六十条 国家加强对外来物种入侵的防范和应对，保护生物多样性。国务院农业农村主管部门会同国务院其他有关部门制定外来入侵物种名录和管理办法。

国务院有关部门根据职责分工，加强对外来入侵物种的调查、监测、预警、控制、评估、清除以及生态修复等工作。

任何单位和个人未经批准，不得擅自引进、释放或者丢弃外来物种。

第七章　防范生物恐怖与生物武器威胁

第六十一条　国家采取一切必要措施防范生物恐怖与生物武器威胁。

禁止开发、制造或者以其他方式获取、储存、持有和使用生物武器。

禁止以任何方式唆使、资助、协助他人开发、制造或者以其他方式获取生物武器。

第六十二条　国务院有关部门制定、修改、公布可被用于生物恐怖活动、制造生物武器的生物体、生物毒素、设备或者技术清单，加强监管，防止其被用于制造生物武器或者恐怖目的。

第六十三条　国务院有关部门和有关军事机关根据职责分工，加强对可被用于生物恐怖活动、制造生物武器的生物体、生物毒素、设备或者技术进出境、进出口、获取、制造、转移和投放等活动的监测、调查，采取必要的防范和处置措施。

第六十四条　国务院有关部门、省级人民政府及其有关部门负责组织遭受生物恐怖袭击、生物武器攻击后的人员救治与安置、环境消毒、生态修复、安全监测和社会秩序恢复等工作。

国务院有关部门、省级人民政府及其有关部门应当有效引导社会舆论科学、准确报道生物恐怖袭击和生物武器攻击事件，及时发布疏散、转移和紧急避难等信息，对应急处置与恢复过程中遭受污染的区域和人员进行长期环境监测和健康监测。

第六十五条　国家组织开展对我国境内战争遗留生物武器及其危害结果、潜在影响的调查。

国家组织建设存放和处理战争遗留生物武器设施，保障对战争遗留生物武器的安全处置。

第八章　生物安全能力建设

第六十六条　国家制定生物安全事业发展规划，加强生物安全能力建设，提高应对生物安全事件的能力和水平。

县级以上人民政府应当支持生物安全事业发展，按照事权划分，将支持下列生物安全事业发展的相关支出列入政府预算：

（一）监测网络的构建和运行；

（二）应急处置和防控物资的储备；

（三）关键基础设施的建设和运行；

（四）关键技术和产品的研究、开发；

（五）人类遗传资源和生物资源的调查、保藏；

（六）法律法规规定的其他重要生物安全事业。

第六十七条　国家采取措施支持生物安全科技研究，加强生物安全风险防御与管控技术研究，整合优势力量和资源，建立多学科、多部门协同创新的联合攻关机制，推动生物安全核心关键技术和重大防御产品的成果产出与转化应用，提高生物安全的科技保障能力。

第六十八条　国家统筹布局全国生物安全基础设施建设。国务院有关部门根据职责分工，加快建设生物信息、人类遗传资源保藏、菌（毒）种保藏、动植物遗传资源保藏、高等级病原微生物实验室等方面的生物安全国家战略资源平台，建立共享利用机制，为生物安全科技创新提供战略保障和支撑。

第六十九条　国务院有关部门根据职责分工，加强生物基础科学研究人才和生物领域专业技术人才培养，推动生物基础科学学科建设和科学研究。

国家生物安全基础设施重要岗位的从业人员应当具备符合要求的资格，相关信息应当向国务院有关部门备案，并接受岗位培训。

第七十条　国家加强重大新发突发传染病、动植物疫情等生物安全风险防控的物资储备。

国家加强生物安全应急药品、装备等物资的研究、开发和技术储备。国务院有关部门根据职责分工，落实生物安全应急药品、装备等物资研究、开发和技术储备的相关措施。

国务院有关部门和县级以上地方人民政府及其有关部门应当保障生物安全事件应急处置所需的医疗救护设备、救治药品、医疗器械等物资的生产、供应和调配；交通运输主管部门应当及时组织协调运输经营单位优先运送。

第七十一条　国家对从事高致病性病原微生物实验活动、生物安全事件现场处置等高风险生物安全工作的人员，提供有效的防护措施和医疗保障。

第九章　法律责任

第七十二条　违反本法规定，履行生物安全管理职责的工作人员在生物安全工作中滥用职权、玩忽职守、徇私舞弊或者有其他违法行为的，依法给予处分。

第七十三条　违反本法规定，医疗机构、专业机构或者其工作人员瞒报、谎报、缓报、漏报，授意他人瞒报、谎报、缓报，或者阻碍他人报告传染病、动植物疫病或者不明原因的聚集性疾病的，由县级以上人民政府有关部门责令改正，给予警告；对法定代表人、主要负责人、直接负责的主管人员和其他直接责任人员，依法给予处分，并可以依法暂停一定期限的执业活动直至吊销相关执业证书。

违反本法规定，编造、散布虚假的生物安全信息，构成违反治安管理行为的，由公安机关依法给予治安管理处罚。

第七十四条 违反本法规定，从事国家禁止的生物技术研究、开发与应用活动的，由县级以上人民政府卫生健康、科学技术、农业农村主管部门根据职责分工，责令停止违法行为，没收违法所得、技术资料和用于违法行为的工具、设备、原材料等物品，处一百万元以上一千万元以下的罚款，违法所得在一百万元以上的，处违法所得十倍以上二十倍以下的罚款，并可以依法禁止一定期限内从事相应的生物技术研究、开发与应用活动，吊销相关许可证件；对法定代表人、主要负责人、直接负责的主管人员和其他直接责任人员，依法给予处分，处十万元以上二十万元以下的罚款，十年直至终身禁止从事相应的生物技术研究、开发与应用活动，依法吊销相关执业证书。

第七十五条 违反本法规定，从事生物技术研究、开发活动未遵守国家生物技术研究开发安全管理规范的，由县级以上人民政府有关部门根据职责分工，责令改正，给予警告，可以并处二万元以上二十万元以下的罚款；拒不改正或者造成严重后果的，责令停止研究、开发活动，并处二十万元以上二百万元以下的罚款。

第七十六条 违反本法规定，从事病原微生物实验活动未在相应等级的实验室进行，或者高等级病原微生物实验室未经批准从事高致病性、疑似高致病性病原微生物实验活动的，由县级以上地方人民政府卫生健康、农业农村主管部门根据职责分工，责令停止违法行为，监督其将用于实验活动的病原微生物销毁或者送交保藏机构，给予警告；造成传染病传播、流行或者其他严重后果的，对法定代表人、主要负责人、直接负责的主管人员和其他直接责任人员依法给予撤职、开除处分。

第七十七条 违反本法规定，将使用后的实验动物流入市场的，由县级以上人民政府科学技术主管部门责令改正，没收违法所得，并处二十万元以上一百万元以下的罚款，违法所得在二十万元以上的，并处违法所得五倍以上十倍以下的罚款；情节严重的，由发证部门吊销相关许可证件。

第七十八条 违反本法规定，有下列行为之一的，由县级以上人民政府有关部门根据职责分工，责令改正，没收违法所得，给予警告，可以并处十万元以上一百万元以下的罚款：

（一）购买或者引进列入管控清单的重要设备、特殊生物因子未进行登记，或者未报国务院有关部门备案；

（二）个人购买或者持有列入管控清单的重要设备或者特殊生物因子；

（三）个人设立病原微生物实验室或者从事病原微生物实验活动；

（四）未经实验室负责人批准进入高等级病原微生物实验室。

第七十九条 违反本法规定，未经批准，采集、保藏我国人类遗传资源或者利用我国人类遗传资源开展国际科学研究合作的，由国务院科学技术主管部门责令停止违法行为，没收违法所得和违法采集、保藏的人类遗传资源，并处五十万元以上五百万元以下的罚款，违法所得在一百万元以上的，并处违法所得五倍以上十倍以下的罚款；情节严重的，对法定代表人、主要负责人、直接负责的主管人员和其他直接责任人员，依法给予处分，五年内禁止从事相应活动。

第八十条 违反本法规定，境外组织、个人及其设立或者实际控制的机构在我国境内采集、保藏我国人类遗传资源，或者向境外提供我国人类遗传资源的，由国务院科学技术主管部门责令停止违法行为，没收违法所得和违法采集、保藏的人类遗传资源，并处一百万元以上一千万元以下的罚款；违法所得在一百万元以上的，并处违法所得十倍以上二十倍以下的罚款。

第八十一条 违反本法规定，未经批准，擅自引进外来物种的，由县级以上人民政府有关部门根据职责分工，没收引进的外来物种，并处五万元以上二十五万元以下的罚款。

违反本法规定，未经批准，擅自释放或者丢弃外来物种的，由县级以上人民政府有关部门根据职责分工，责令限期捕回、找回释放或者丢弃的外来物种，处一万元以上五万元以下的罚款。

第八十二条 违反本法规定，构成犯罪的，依法追究刑事责任；造成人身、财产或者其他损害的，依法承担民事责任。

第八十三条 违反本法规定的生物安全违法行为，本法未规定法律责任，其他有关法律、行政法规有规定的，依照其规定。

第八十四条 境外组织或者个人通过运输、邮寄、携带危险生物因子入境或者以其他方式危害我国生物安全的,依法追究法律责任,并可以采取其他必要措施。

第十章 附 则

第八十五条 本法下列术语的含义:

(一)生物因子,是指动物、植物、微生物、生物毒素及其他生物活性物质。

(二)重大新发突发传染病,是指我国境内首次出现或者已经宣布消灭再次发生,或者突然发生,造成或者可能造成公众健康和生命安全严重损害,引起社会恐慌,影响社会稳定的传染病。

(三)重大新发突发动物疫情,是指我国境内首次发生或者已经宣布消灭的动物疫病再次发生,或者发病率、死亡率较高的潜伏动物疫病突然发生并迅速传播,给养殖业生产安全造成严重威胁、危害,以及可能对公众健康和生命安全造成危害的情形。

(四)重大新发突发植物疫情,是指我国境内首次发生或者已经宣布消灭的严重危害植物的真菌、细菌、病毒、昆虫、线虫、杂草、害鼠、软体动物等再次引发病虫害,或者本地有害生物突然大范围发生并迅速传播,对农作物、林木等植物造成严重危害的情形。

(五)生物技术研究、开发与应用,是指通过科学和工程原理认识、改造、合成、利用生物而从事的科学研究、技术开发与应用等活动。

(六)病原微生物,是指可以侵犯人、动物引起感染甚至传染病的微生物,包括病毒、细菌、真菌、立克次体、寄生虫等。

(七)植物有害生物,是指能够对农作物、林木等植物造成危害的真菌、细菌、病毒、昆虫、线虫、杂草、害鼠、软体动物等生物。

(八)人类遗传资源,包括人类遗传资源材料和人类遗传资源信息。人类遗传资源材料是指含有人体基因组、基因等遗传物质的器官、组织、细胞等遗传材料。人类遗传资源信息是指利用人类遗传资源材料产生的数据等信息资料。

(九)微生物耐药,是指微生物对抗微生物药物产生抗性,导致抗微生物药物不能有效控制微生物的感染。

(十)生物武器,是指类型和数量不属于预防、保护或者其他和平用途所正当需要的、任何来源或者任何方法产生的微生物剂、其他生物剂以及生物毒素;也包括为将上述生物剂、生物毒素使用于敌对目的或者武装冲突而设计的武器、设备或者运载工具。

(十一)生物恐怖,是指故意使用致病性微生物、生物毒素等实施袭击,损害人类或者动植物健康,引起社会恐慌,企图达到特定政治目的的行为。

第八十六条 生物安全信息属于国家秘密的,应当依照《中华人民共和国保守国家秘密法》和国家其他有关保密规定实施保密管理。

第八十七条 中国人民解放军、中国人民武装警察部队的生物安全活动,由中央军事委员会依照本法规定的原则另行规定。

第八十八条 本法自2021年4月15日起施行。

中华人民共和国人类遗传资源管理条例

·2019年3月20日国务院第41次常务会议通过
·2019年5月28日中华人民共和国国务院令第717号公布
·自2019年7月1日起施行

第一章 总 则

第一条 为了有效保护和合理利用我国人类遗传资源,维护公众健康、国家安全和社会公共利益,制定本条例。

第二条 本条例所称人类遗传资源包括人类遗传资源材料和人类遗传资源信息。

人类遗传资源材料是指含有人体基因组、基因等遗传物质的器官、组织、细胞等遗传材料。

人类遗传资源信息是指利用人类遗传资源材料产生的数据等信息资料。

第三条 采集、保藏、利用、对外提供我国人类遗传资源,应当遵守本条例。

为临床诊疗、采供血服务、查处违法犯罪、兴奋剂检测和殡葬等活动需要,采集、保藏器官、组织、细胞等人体物质及开展相关活动,依照相关法律、行政法规规定执行。

第四条 国务院科学技术行政部门负责全国人类遗传资源管理工作;国务院其他有关部门在各自的职责范围内,负责有关人类遗传资源管理工作。

省、自治区、直辖市人民政府科学技术行政部门负责本行政区域内人类遗传资源管理工作;省、自治区、直辖市人民政府其他有关部门在各自的职责范围内,负责本行政区域有关人类遗传资源管理工作。

第五条 国家加强对我国人类遗传资源的保护,开展人类遗传资源调查,对重要遗传家系和特定地区人类遗传资源实行申报登记制度。

国务院科学技术行政部门负责组织我国人类遗传资

源调查,制定重要遗传家系和特定地区人类遗传资源申报登记具体办法。

第六条 国家支持合理利用人类遗传资源开展科学研究、发展生物医药产业、提高诊疗技术,提高我国生物安全保障能力,提升人民健康保障水平。

第七条 外国组织、个人及其设立或者实际控制的机构不得在我国境内采集、保藏我国人类遗传资源,不得向境外提供我国人类遗传资源。

第八条 采集、保藏、利用、对外提供我国人类遗传资源,不得危害我国公众健康、国家安全和社会公共利益。

第九条 采集、保藏、利用、对外提供我国人类遗传资源,应当符合伦理原则,并按照国家有关规定进行伦理审查。

采集、保藏、利用、对外提供我国人类遗传资源,应当尊重人类遗传资源提供者的隐私权,取得其事先知情同意,并保护其合法权益。

采集、保藏、利用、对外提供我国人类遗传资源,应当遵守国务院科学技术行政部门制定的技术规范。

第十条 禁止买卖人类遗传资源。

为科学研究依法提供或者使用人类遗传资源并支付或者收取合理成本费用,不视为买卖。

第二章 采集和保藏

第十一条 采集我国重要遗传家系、特定地区人类遗传资源或者采集国务院科学技术行政部门规定种类、数量的人类遗传资源的,应当符合下列条件,并经国务院科学技术行政部门批准:

(一)具有法人资格;

(二)采集目的明确、合法;

(三)采集方案合理;

(四)通过伦理审查;

(五)具有负责人类遗传资源管理的部门和管理制度;

(六)具有与采集活动相适应的场所、设施、设备和人员。

第十二条 采集我国人类遗传资源,应当事先告知人类遗传资源提供者采集目的、采集用途、对健康可能产生的影响、个人隐私保护措施及其享有的自愿参与和随时无条件退出的权利,征得人类遗传资源提供者书面同意。

在告知人类遗传资源提供者前款规定的信息时,必须全面、完整、真实、准确,不得隐瞒、误导、欺骗。

第十三条 国家加强人类遗传资源保藏工作,加快标准化、规范化的人类遗传资源保藏基础平台和人类遗传资源大数据建设,为开展相关研究开发活动提供支撑。

国家鼓励科研机构、高等学校、医疗机构、企业根据自身条件和相关研究开发活动需要开展人类遗传资源保藏工作,并为其他单位开展相关研究开发活动提供便利。

第十四条 保藏我国人类遗传资源、为科学研究提供基础平台的,应当符合下列条件,并经国务院科学技术行政部门批准:

(一)具有法人资格;

(二)保藏目的明确、合法;

(三)保藏方案合理;

(四)拟保藏的人类遗传资源来源合法;

(五)通过伦理审查;

(六)具有负责人类遗传资源管理的部门和保藏管理制度;

(七)具有符合国家人类遗传资源保藏技术规范和要求的场所、设施、设备和人员。

第十五条 保藏单位应当对所保藏的人类遗传资源加强管理和监测,采取安全措施,制定应急预案,确保保藏、使用安全。

保藏单位应当完整记录人类遗传资源保藏情况,妥善保存人类遗传资源的来源信息和使用信息,确保人类遗传资源的合法使用。

保藏单位应当就本单位保藏人类遗传资源情况向国务院科学技术行政部门提交年度报告。

第十六条 国家人类遗传资源保藏基础平台和数据库应当依照国家有关规定向有关科研机构、高等学校、医疗机构、企业开放。

为公众健康、国家安全和社会公共利益需要,国家可以依法使用保藏单位保藏的人类遗传资源。

第三章 利用和对外提供

第十七条 国务院科学技术行政部门和省、自治区、直辖市人民政府科学技术行政部门应当会同本级人民政府有关部门对利用人类遗传资源开展科学研究、发展生物医药产业统筹规划,合理布局,加强创新体系建设,促进生物科技和产业创新、协调发展。

第十八条 科研机构、高等学校、医疗机构、企业利用人类遗传资源开展研究开发活动,对其研究开发活动以及成果的产业化依照法律、行政法规和国家有关规定予以支持。

第十九条 国家鼓励科研机构、高等学校、医疗机构、企业根据自身条件和相关研究开发活动需要,利用我国人类遗传资源开展国际合作科学研究，提升相关研究开发能力和水平。

第二十条 利用我国人类遗传资源开展生物技术研究开发活动或者开展临床试验的，应当遵守有关生物技术研究、临床应用管理法律、行政法规和国家有关规定。

第二十一条 外国组织及外国组织、个人设立或者实际控制的机构（以下称外方单位）需要利用我国人类遗传资源开展科学研究活动的，应当遵守我国法律、行政法规和国家有关规定，并采取与我国科研机构、高等学校、医疗机构、企业（以下称中方单位）合作的方式进行。

第二十二条 利用我国人类遗传资源开展国际合作科学研究的，应当符合下列条件，并由合作双方共同提出申请，经国务院科学技术行政部门批准：

（一）对我国公众健康、国家安全和社会公共利益没有危害；

（二）合作双方为具有法人资格的中方单位、外方单位，并具有开展相关工作的基础和能力；

（三）合作研究目的和内容明确、合法，期限合理；

（四）合作研究方案合理；

（五）拟使用的人类遗传资源来源合法，种类、数量与研究内容相符；

（六）通过合作双方各自所在国（地区）的伦理审查；

（七）研究成果归属明确，有合理明确的利益分配方案。

为获得相关药品和医疗器械在我国上市许可，在临床机构利用我国人类遗传资源开展国际合作临床试验、不涉及人类遗传资源材料出境的，不需要审批。但是，合作双方在开展临床试验前应当将拟使用的人类遗传资源种类、数量及其用途向国务院科学技术行政部门备案。国务院科学技术行政部门和省、自治区、直辖市人民政府科学技术行政部门加强对备案事项的监管。

第二十三条 在利用我国人类遗传资源开展国际合作科学研究过程中，合作方、研究目的、研究内容、合作期限等重大事项发生变更的，应当办理变更审批手续。

第二十四条 利用我国人类遗传资源开展国际合作科学研究，应当保证中方单位及其研究人员在合作期间全过程、实质性地参与研究，研究过程中的所有记录以及数据信息等完全向中方单位开放并向中方单位提供备份。

利用我国人类遗传资源开展国际合作科学研究，产生的成果申请专利的，应当由合作双方共同提出申请，专利权归合作双方共有。研究产生的其他科技成果，其使用权、转让权和利益分享办法由合作双方通过合作协议约定；协议没有约定的，合作双方都有使用的权利，但向第三方转让须经合作双方同意，所获利益按合作双方贡献大小分享。

第二十五条 利用我国人类遗传资源开展国际合作科学研究，合作双方应当按照平等互利、诚实信用、共同参与、共享成果的原则，依法签订合作协议，并依照本条例第二十四条的规定对相关事项作出明确、具体的约定。

第二十六条 利用我国人类遗传资源开展国际合作科学研究，合作双方应当在国际合作活动结束后 6 个月内共同向国务院科学技术行政部门提交合作研究情况报告。

第二十七条 利用我国人类遗传资源开展国际合作科学研究，或者因其他特殊情况确需将我国人类遗传资源材料运送、邮寄、携带出境的，应当符合下列条件，并取得国务院科学技术行政部门出具的人类遗传资源材料出境证明：

（一）对我国公众健康、国家安全和社会公共利益没有危害；

（二）具有法人资格；

（三）有明确的境外合作方和合理的出境用途；

（四）人类遗传资源材料采集合法或者来自合法的保藏单位；

（五）通过伦理审查。

利用我国人类遗传资源开展国际合作科学研究，需要将我国人类遗传资源材料运送、邮寄、携带出境的，可以单独提出申请，也可以在开展国际合作科学研究申请中列明出境计划一并提出申请，由国务院科学技术行政部门合并审批。

将我国人类遗传资源材料运送、邮寄、携带出境的，凭人类遗传资源材料出境证明办理海关手续。

第二十八条 将人类遗传资源信息向外国组织、个人及其设立或者实际控制的机构提供或者开放使用，不得危害我国公众健康、国家安全和社会公共利益；可能影响我国公众健康、国家安全和社会公共利益的，应当通过国务院科学技术行政部门组织的安全审查。

将人类遗传资源信息向外国组织、个人及其设立或者实际控制的机构提供或者开放使用的，应当向国务院科学技术行政部门备案并提交信息备份。

利用我国人类遗传资源开展国际合作科学研究产生的人类遗传资源信息，合作双方可以使用。

第四章 服务和监督

第二十九条 国务院科学技术行政部门应当加强电

子政务建设，方便申请人利用互联网办理审批、备案等事项。

第三十条 国务院科学技术行政部门应当制定并及时发布有关采集、保藏、利用、对外提供我国人类遗传资源的审批指南和示范文本，加强对申请人办理有关审批、备案等事项的指导。

第三十一条 国务院科学技术行政部门应当聘请生物技术、医药、卫生、伦理、法律等方面的专家组成专家评审委员会，对依照本条例规定提出的采集、保藏我国人类遗传资源，开展国际合作科学研究以及将我国人类遗传资源材料运送、邮寄、携带出境的申请进行技术评审。评审意见作为作出审批决定的参考依据。

第三十二条 国务院科学技术行政部门应当自受理依照本条例规定提出的采集、保藏我国人类遗传资源，开展国际合作科学研究以及将我国人类遗传资源材料运送、邮寄、携带出境申请之日起20个工作日内，作出批准或者不予批准的决定；不予批准的，应当说明理由。因特殊原因无法在规定期限内作出审批决定的，经国务院科学技术行政部门负责人批准，可以延长10个工作日。

第三十三条 国务院科学技术行政部门和省、自治区、直辖市人民政府科学技术行政部门应当加强对采集、保藏、利用、对外提供人类遗传资源活动各环节的监督检查，发现违反本条例规定的，及时依法予以处理并向社会公布检查、处理结果。

第三十四条 国务院科学技术行政部门和省、自治区、直辖市人民政府科学技术行政部门进行监督检查，可以采取下列措施：

（一）进入现场检查；

（二）询问相关人员；

（三）查阅、复制有关资料；

（四）查封、扣押有关人类遗传资源。

第三十五条 任何单位和个人对违反本条例规定的行为，有权向国务院科学技术行政部门和省、自治区、直辖市人民政府科学技术行政部门投诉、举报。

国务院科学技术行政部门和省、自治区、直辖市人民政府科学技术行政部门应当公布投诉、举报电话和电子邮件地址，接受相关投诉、举报。对查证属实的，给予举报人奖励。

第五章 法律责任

第三十六条 违反本条例规定，有下列情形之一的，由国务院科学技术行政部门责令停止违法行为，没收违法采集、保藏的人类遗传资源和违法所得，处50万元以上500万元以下罚款，违法所得在100万元以上的，处违法所得5倍以上10倍以下罚款：

（一）未经批准，采集我国重要遗传家系、特定地区人类遗传资源，或者采集国务院科学技术行政部门规定种类、数量的人类遗传资源；

（二）未经批准，保藏我国人类遗传资源；

（三）未经批准，利用我国人类遗传资源开展国际合作科学研究；

（四）未通过安全审查，将可能影响我国公众健康、国家安全和社会公共利益的人类遗传资源信息向外国组织、个人及其设立或者实际控制的机构提供或者开放使用；

（五）开展国际合作临床试验前未将拟使用的人类遗传资源种类、数量及其用途向国务院科学技术行政部门备案。

第三十七条 提供虚假材料或者采取其他欺骗手段取得行政许可的，由国务院科学技术行政部门撤销已经取得的行政许可，处50万元以上500万元以下罚款，5年内不受理相关责任人及单位提出的许可申请。

第三十八条 违反本条例规定，未经批准将我国人类遗传资源材料运送、邮寄、携带出境的，由海关依照法律、行政法规的规定处罚。科学技术行政部门应当配合海关开展鉴定等执法协助工作。海关应当将依法没收的人类遗传资源材料移送省、自治区、直辖市人民政府科学技术行政部门进行处理。

第三十九条 违反本条例规定，有下列情形之一的，由省、自治区、直辖市人民政府科学技术行政部门责令停止开展相关活动，没收违法采集、保藏的人类遗传资源和违法所得，处50万元以上100万元以下罚款，违法所得在100万元以上的，处违法所得5倍以上10倍以下罚款：

（一）采集、保藏、利用、对外提供我国人类遗传资源未通过伦理审查；

（二）采集我国人类遗传资源未经人类遗传资源提供者事先知情同意，或者采取隐瞒、误导、欺骗等手段取得人类遗传资源提供者同意；

（三）采集、保藏、利用、对外提供我国人类遗传资源违反相关技术规范；

（四）将人类遗传资源信息向外国组织、个人及其设立或者实际控制的机构提供或者开放使用，未向国务院科学技术行政部门备案或者提交信息备份。

第四十条 违反本条例规定，有下列情形之一的，由国务院科学技术行政部门责令改正，给予警告，可以处50万元以下罚款：

（一）保藏我国人类遗传资源过程中未完整记录并妥善保存人类遗传资源的来源信息和使用信息；

（二）保藏我国人类遗传资源未提交年度报告；

（三）开展国际合作科学研究未及时提交合作研究情况报告。

第四十一条 外国组织、个人及其设立或者实际控制的机构违反本条例规定，在我国境内采集、保藏我国人类遗传资源，利用我国人类遗传资源开展科学研究，或者向境外提供我国人类遗传资源的，由国务院科学技术行政部门责令停止违法行为，没收违法采集、保藏的人类遗传资源和违法所得，处100万元以上1000万元以下罚款，违法所得在100万元以上的，处违法所得5倍以上10倍以下罚款。

第四十二条 违反本条例规定，买卖人类遗传资源的，由国务院科学技术行政部门责令停止违法行为，没收违法采集、保藏的人类遗传资源和违法所得，处100万元以上1000万元以下罚款，违法所得在100万元以上的，处违法所得5倍以上10倍以下罚款。

第四十三条 对有本条例第三十六条、第三十九条、第四十一条、第四十二条规定违法行为的单位，情节严重的，由国务院科学技术行政部门或者省、自治区、直辖市人民政府科学技术行政部门依据职责禁止其1至5年内从事采集、保藏、利用、对外提供我国人类遗传资源的活动；情节特别严重的，永久禁止其从事采集、保藏、利用、对外提供我国人类遗传资源的活动。

对有本条例第三十六条至第三十九条、第四十一条、第四十二条规定违法行为的单位的法定代表人、主要负责人、直接负责的主管人员以及其他责任人员，依法给予处分，并由国务院科学技术行政部门或者省、自治区、直辖市人民政府科学技术行政部门依据职责没收其违法所得，处50万元以下罚款；情节严重的，禁止其1至5年内从事采集、保藏、利用、对外提供我国人类遗传资源的活动；情节特别严重的，永久禁止其从事采集、保藏、利用、对外提供我国人类遗传资源的活动。

单位和个人有本条例规定违法行为的，记入信用记录，并依照有关法律、行政法规的规定向社会公示。

第四十四条 违反本条例规定，侵害他人合法权益的，依法承担民事责任；构成犯罪的，依法追究刑事责任。

第四十五条 国务院科学技术行政部门和省、自治区、直辖市人民政府科学技术行政部门的工作人员违反本条例规定，不履行职责或者滥用职权、玩忽职守、徇私舞弊的，依法给予处分；构成犯罪的，依法追究刑事责任。

第六章 附 则

第四十六条 人类遗传资源相关信息属于国家秘密的，应当依照《中华人民共和国保守国家秘密法》和国家其他有关保密规定实施保密管理。

第四十七条 本条例自2019年7月1日起施行。

中华人民共和国红十字会法

- 1993年10月31日第八届全国人民代表大会常务委员会第四次会议通过
- 根据2009年8月27日第十一届全国人民代表大会常务委员会第十次会议《关于修改部分法律的决定》修正
- 2017年2月24日第十二届全国人民代表大会常务委员会第二十六次会议修订
- 2017年2月24日中华人民共和国主席令第63号公布
- 自2017年5月8日起施行

第一章 总 则

第一条 为了保护人的生命和健康，维护人的尊严，发扬人道主义精神，促进和平进步事业，保障和规范红十字会依法履行职责，制定本法。

第二条 中国红十字会是中华人民共和国统一的红十字组织，是从事人道主义工作的社会救助团体。

第三条 中华人民共和国公民，不分民族、种族、性别、职业、宗教信仰、教育程度，承认中国红十字会章程并缴纳会费的，可以自愿参加中国红十字会。

企业、事业单位及有关团体通过申请可以成为红十字会的团体会员。

国家鼓励自然人、法人以及其他组织参与红十字志愿服务。

国家支持在学校开展红十字青少年工作。

第四条 中国红十字会应当遵守宪法和法律，遵循国际红十字和红新月运动确立的基本原则，依照中国批准或者加入的日内瓦公约及其附加议定书和中国红十字会章程，独立自主地开展工作。

中国红十字会全国会员代表大会依法制定或者修改中国红十字会章程，章程不得与宪法和法律相抵触。

第五条 各级人民政府对红十字会给予支持和资助，保障红十字会依法履行职责，并对其活动进行监督。

第六条 中国红十字会根据独立、平等、互相尊重的原则，发展同各国红十字会和红新月会的友好合作关系。

第二章 组　织

第七条 全国建立中国红十字会总会。中国红十字会总会对外代表中国红十字会。

县级以上地方按行政区域建立地方各级红十字会，根据实际工作需要配备专职工作人员。

全国性行业根据需要可以建立行业红十字会。

上级红十字会指导下级红十字会工作。

第八条 各级红十字会设立理事会、监事会。理事会、监事会由会员代表大会选举产生，向会员代表大会负责并报告工作，接受其监督。

理事会民主选举产生会长和副会长。理事会执行会员代表大会的决议。

执行委员会是理事会的常设执行机构，其人员组成由理事会决定，向理事会负责并报告工作。

监事会民主推选产生监事长和副监事长。理事会、执行委员会工作受监事会监督。

第九条 中国红十字会总会可以设名誉会长和名誉副会长。名誉会长和名誉副会长由中国红十字会总会理事会聘请。

第十条 中国红十字会总会具有社会团体法人资格；地方各级红十字会、行业红十字会依法取得社会团体法人资格。

第三章 职　责

第十一条 红十字会履行下列职责：

（一）开展救援、救灾的相关工作，建立红十字应急救援体系。在战争、武装冲突和自然灾害、事故灾难、公共卫生事件等突发事件中，对伤病人员和其他受害者提供紧急救援和人道救助；

（二）开展应急救护培训，普及应急救护、防灾避险和卫生健康知识，组织志愿者参与现场救护；

（三）参与、推动无偿献血、遗体和人体器官捐献工作，参与开展造血干细胞捐献的相关工作；

（四）组织开展红十字志愿服务、红十字青少年工作；

（五）参加国际人道主义救援工作；

（六）宣传国际红十字和红新月运动的基本原则和日内瓦公约及其附加议定书；

（七）依照国际红十字和红新月运动的基本原则，完成人民政府委托事宜；

（八）依照日内瓦公约及其附加议定书的有关规定开展工作；

（九）协助人民政府开展与其职责相关的其他人道主义服务活动。

第十二条 在战争、武装冲突和自然灾害、事故灾难、公共卫生事件等突发事件中，执行救援、救助任务并标有红十字标志的人员、物资和交通工具有优先通行的权利。

第十三条 任何组织和个人不得阻碍红十字会工作人员依法履行救援、救助、救护职责。

第四章 标志与名称

第十四条 中国红十字会使用白底红十字标志。

红十字标志具有保护作用和标明作用。

红十字标志的保护使用，是标示在战争、武装冲突中必须受到尊重和保护的人员和设备、设施。其使用办法，依照日内瓦公约及其附加议定书的有关规定执行。

红十字标志的标明使用，是标示与红十字活动有关的人或者物。其使用办法，由国务院和中央军事委员会依据本法规定。

第十五条 国家武装力量的医疗卫生机构使用红十字标志，应当符合日内瓦公约及其附加议定书的有关规定。

第十六条 红十字标志和名称受法律保护。禁止利用红十字标志和名称牟利，禁止以任何形式冒用、滥用、篡改红十字标志和名称。

第五章 财产与监管

第十七条 红十字会财产的主要来源：

（一）红十字会会员缴纳的会费；

（二）境内外组织和个人捐赠的款物；

（三）动产和不动产的收入；

（四）人民政府的拨款；

（五）其他合法收入。

第十八条 国家对红十字会兴办的与其宗旨相符的公益事业给予扶持。

第十九条 红十字会可以依法进行募捐活动。募捐活动应当符合《中华人民共和国慈善法》的有关规定。

第二十条 红十字会依法接受自然人、法人以及其他组织捐赠的款物，应当向捐赠人开具由财政部门统一监（印）制的公益事业捐赠票据。捐赠人匿名或者放弃接受捐赠票据的，红十字会应当做好相关记录。

捐赠人依法享受税收优惠。

第二十一条 红十字会应当按照募捐方案、捐赠人意愿或者捐赠协议处分其接受的捐赠款物。

捐赠人有权查询、复制其捐赠财产管理使用的有关资料,红十字会应当及时主动向捐赠人反馈有关情况。

红十字会违反募捐方案、捐赠人意愿或者捐赠协议约定的用途,滥用捐赠财产的,捐赠人有权要求其改正;拒不改正的,捐赠人可以向人民政府民政部门投诉、举报或者向人民法院提起诉讼。

第二十二条 红十字会应当建立财务管理、内部控制、审计公开和监督检查制度。

红十字会的财产使用应当与其宗旨相一致。

红十字会对接受的境外捐赠款物,应当建立专项审查监督制度。

红十字会应当及时聘请依法设立的独立第三方机构,对捐赠款物的收入和使用情况进行审计,将审计结果向红十字会理事会和监事会报告,并向社会公布。

第二十三条 红十字会应当建立健全信息公开制度,规范信息发布,在统一的信息平台及时向社会公布捐赠款物的收入和使用情况,接受社会监督。

第二十四条 红十字会财产的收入和使用情况依法接受人民政府审计等部门的监督。

红十字会接受社会捐赠及其使用情况,依法接受人民政府民政部门的监督。

第二十五条 任何组织和个人不得私分、挪用、截留或者侵占红十字会的财产。

第六章 法律责任

第二十六条 红十字会及其工作人员有下列情形之一的,由同级人民政府审计、民政等部门责令改正;情节严重的,对直接负责的主管人员和其他直接责任人员依法给予处分;造成损害的,依法承担民事责任;构成犯罪的,依法追究刑事责任:

(一)违背募捐方案、捐赠人意愿或捐赠协议,擅自处分其接受的捐赠款物的;

(二)私分、挪用、截留或者侵占财产的;

(三)未依法向捐赠人反馈情况或者开具捐赠票据的;

(四)未依法对捐赠款物的收入和使用情况进行审计的;

(五)未依法公开信息的;

(六)法律、法规规定的其他情形。

第二十七条 自然人、法人或者其他组织有下列情形之一,造成损害的,依法承担民事责任;构成违反治安管理行为的,依法给予治安管理处罚;构成犯罪的,依法追究刑事责任:

(一)冒用、滥用、篡改红十字标志和名称的;

(二)利用红十字标志和名称牟利的;

(三)制造、发布、传播虚假信息,损害红十字会名誉的;

(四)盗窃、损毁或者以其他方式侵害红十字会财产的;

(五)阻碍红十字会工作人员依法履行救援、救助、救护职责的;

(六)法律、法规规定的其他情形。

红十字会及其工作人员有前款第一项、第二项所列行为的,按照前款规定处罚。

第二十八条 各级人民政府有关部门及其工作人员在实施监督管理中滥用职权、玩忽职守、徇私舞弊的,对直接负责的主管人员和其他直接责任人员依法给予处分;构成犯罪的,依法追究刑事责任。

第七章 附 则

第二十九条 本法所称"国际红十字和红新月运动确立的基本原则",是指一九八六年十月日内瓦国际红十字大会第二十五次会议通过的"国际红十字和红新月运动章程"中确立的人道、公正、中立、独立、志愿服务、统一和普遍七项基本原则。

本法所称"日内瓦公约",是指中国批准的于一九四九年八月十二日订立的日内瓦四公约,即:《改善战地武装部队伤者病者境遇之日内瓦公约》、《改善海上武装部队伤者病者及遇船难者境遇之日内瓦公约》、《关于战俘待遇之日内瓦公约》和《关于战时保护平民之日内瓦公约》。

本法所称日内瓦公约"附加议定书",是指中国加入的于一九七七年六月八日订立的《一九四九年八月十二日日内瓦四公约关于保护国际性武装冲突受难者的附加议定书》和《一九四九年八月十二日日内瓦四公约关于保护非国际性武装冲突受难者的附加议定书》。

第三十条 本法自2017年5月8日起施行。

中华人民共和国刑法（节录）

- 1979年7月1日第五届全国人民代表大会第二次会议通过
- 1997年3月14日第八届全国人民代表大会第五次会议修订
- 根据1998年12月29日第九届全国人民代表大会常务委员会第六次会议通过的《全国人民代表大会常务委员会关于惩治骗购外汇、逃汇和非法买卖外汇犯罪的决定》、1999年12月25日第九届全国人民代表大会常务委员会第十三次会议通过的《中华人民共和国刑法修正案》、2001年8月31日第九届全国人民代表大会常务委员会第二十三次会议通过的《中华人民共和国刑法修正案（二）》、2001年12月29日第九届全国人民代表大会常务委员会第二十五次会议通过的《中华人民共和国刑法修正案（三）》、2002年12月28日第九届全国人民代表大会常务委员会第三十一次会议通过的《中华人民共和国刑法修正案（四）》、2005年2月28日第十届全国人民代表大会常务委员会第十四次会议通过的《中华人民共和国刑法修正案（五）》、2006年6月29日第十届全国人民代表大会常务委员会第二十二次会议通过的《中华人民共和国刑法修正案（六）》、2009年2月28日第十一届全国人民代表大会常务委员会第七次会议通过的《中华人民共和国刑法修正案（七）》、2009年8月27日第十一届全国人民代表大会常务委员会第十次会议通过的《全国人民代表大会常务委员会关于修改部分法律的决定》、2011年2月25日第十一届全国人民代表大会常务委员会第十九次会议通过的《中华人民共和国刑法修正案（八）》、2015年8月29日第十二届全国人民代表大会常务委员会第十六次会议通过的《中华人民共和国刑法修正案（九）》、2017年11月4日第十二届全国人民代表大会常务委员会第三十次会议通过的《中华人民共和国刑法修正案（十）》和2020年12月26日第十三届全国人民代表大会常务委员会第二十四次会议通过的《中华人民共和国刑法修正案（十一）》修正①

……

第一百四十条 【生产、销售伪劣产品罪】生产者、销售者在产品中掺杂、掺假，以假充真，以次充好或者以不合格产品冒充合格产品，销售金额五万元以上不满二十万元的，处二年以下有期徒刑或者拘役，并处或者单处销售金额百分之五十以上二倍以下罚金；销售金额二十万元以上不满五十万元的，处二年以上七年以下有期徒刑，并处销售金额百分之五十以上二倍以下罚金；销售金额五十万元以上不满二百万元的，处七年以上有期徒刑，并处销售金额百分之五十以上二倍以下罚金；销售金额二百万元以上的，处十五年有期徒刑或者无期徒刑，并处销售金额百分之五十以上二倍以下罚金或者没收财产。

第一百四十一条 【生产、销售、提供假药罪】生产、销售假药的，处三年以下有期徒刑或者拘役，并处罚金；对人体健康造成严重危害或者有其他严重情节的，处三年以上十年以下有期徒刑，并处罚金；致人死亡或者有其他特别严重情节的，处十年以上有期徒刑、无期徒刑或者死刑，并处罚金或者没收财产。②

药品使用单位的人员明知是假药而提供给他人使用的，依照前款的规定处罚。③

第一百四十二条 【生产、销售、提供劣药罪】生产、销售劣药，对人体健康造成严重危害的，处三年以上十年以下有期徒刑，并处罚金；后果特别严重的，处十年以上有期徒刑或者无期徒刑，并处罚金或者没收财产。

药品使用单位的人员明知是劣药而提供给他人使用的，依照前款的规定处罚。④

第一百四十二条之一 【妨害药品管理罪】违反药

---

① 刑法、历次刑法修正案、涉及修改刑法的决定的施行日期，分别依据各法律所规定的施行日期确定。
另，总则部分条文主旨为编者所加，分则部分条文主旨是根据司法解释确定罪名所加。

② 根据2011年2月25日《中华人民共和国刑法修正案（八）》修改。原第一款条文为："生产、销售假药，足以严重危害人体健康的，处三年以下有期徒刑或者拘役，并处或者单处销售金额百分之五十以上二倍以下罚金；对人体健康造成严重危害的，处三年以上十年以下有期徒刑，并处销售金额百分之五十以上二倍以下罚金；致人死亡或者对人体健康造成特别严重危害的，处十年以上有期徒刑、无期徒刑或者死刑，并处销售金额百分之五十以上二倍以下罚金或者没收财产。"

③ 根据2020年12月26日《中华人民共和国刑法修正案（十一）》修改。原条文为："生产、销售假药的，处三年以下有期徒刑或者拘役，并处罚金；对人体健康造成严重危害或者有其他严重情节的，处三年以上十年以下有期徒刑，并处罚金；致人死亡或者有其他特别严重情节的，处十年以上有期徒刑、无期徒刑或者死刑，并处罚金或者没收财产。
"本条所称假药，是指依照《中华人民共和国药品管理法》的规定属于假药和按假药处理的药品、非药品。"

④ 根据2020年12月26日《中华人民共和国刑法修正案（十一）》修改。原条文为："生产、销售劣药，对人体健康造成严重危害的，处三年以上十年以下有期徒刑，并处销售金额百分之五十以上二倍以下罚金；后果特别严重的，处十年以上有期徒刑或者无期徒刑，并处销售金额百分之五十以上二倍以下罚金或者没收财产。
"本条所称劣药，是指依照《中华人民共和国药品管理法》的规定属于劣药的药品。"

品管理法规,有下列情形之一,足以严重危害人体健康的,处三年以下有期徒刑或者拘役,并处或者单处罚金;对人体健康造成严重危害或者有其他严重情节的,处三年以上七年以下有期徒刑,并处罚金:

(一)生产、销售国务院药品监督管理部门禁止使用的药品的;

(二)未取得药品相关批准证明文件生产、进口药品或者明知是上述药品而销售的;

(三)药品申请注册中提供虚假的证明、数据、资料、样品或者采取其他欺骗手段的;

(四)编造生产、检验记录的。

有前款行为,同时又构成本法第一百四十一条、第一百四十二条规定之罪或者其他犯罪的,依照处罚较重的规定定罪处罚。①

……

第一百四十五条 【生产、销售不符合标准的医用器材罪】 生产不符合保障人体健康的国家标准、行业标准的医疗器械、医用卫生材料,或者销售明知是不符合保障人体健康的国家标准、行业标准的医疗器械、医用卫生材料,足以严重危害人体健康的,处三年以下有期徒刑或者拘役,并处销售金额百分之五十以上二倍以下罚金;对人体健康造成严重危害的,处三年以上十年以下有期徒刑,并处销售金额百分之五十以上二倍以下罚金;后果特别严重的,处十年以上有期徒刑或者无期徒刑,并处销售金额百分之五十以上二倍以下罚金或者没收财产。②

……

第一百四十九条 【对生产销售伪劣商品行为的法条适用】 生产、销售本节第一百四十一条至第一百四十八条所列产品,不构成各该条规定的犯罪,但是销售金额在五万元以上的,依照本节第一百四十条的规定定罪处罚。

生产、销售本节第一百四十一条至第一百四十八条所列产品,构成各该条规定的犯罪,同时又构成本节第一百四十条规定之罪的,依照处罚较重的规定定罪处罚。

第一百五十条 【单位犯本节规定之罪的处理】 单位犯本节第一百四十条至第一百四十八条规定之罪的,对单位判处罚金,并对其直接负责的主管人员和其他直接责任人员,依照各该条的规定处罚。

……

第二百九十条 【聚众扰乱社会秩序罪】 聚众扰乱社会秩序,情节严重,致使工作、生产、营业和教学、科研、医疗无法进行,造成严重损失的,对首要分子,处三年以上七年以下有期徒刑;对其他积极参加的,处三年以下有期徒刑、拘役、管制或者剥夺政治权利。

【聚众冲击国家机关罪】 聚众冲击国家机关,致使国家机关工作无法进行,造成严重损失的,对首要分子,处五年以上十年以下有期徒刑;对其他积极参加的,处五年以下有期徒刑、拘役、管制或者剥夺政治权利。

【扰乱国家机关工作秩序罪】 多次扰乱国家机关工作秩序,经行政处罚后仍不改正,造成严重后果的,处三年以下有期徒刑、拘役或者管制。

【组织、资助非法聚集罪】 多次组织、资助他人非法聚集,扰乱社会秩序,情节严重的,依照前款的规定处罚。③

……

第三百三十条 【妨害传染病防治罪】 违反传染病防治法的规定,有下列情形之一,引起甲类传染病以及依法确定采取甲类传染病预防、控制措施的传染病传播或者有传播严重危险的,处三年以下有期徒刑或者拘役;后果特别严重的,处三年以上七年以下有期徒刑:

(一)供水单位供应的饮用水不符合国家规定的卫生标准的;

(二)拒绝按照疾病预防控制机构提出的卫生要求,对传染病病原体污染的污水、污物、场所和物品进行消毒处理的;

(三)准许或者纵容传染病病人、病原携带者和疑似传染病病人从事国务院卫生行政部门规定禁止从事的易使该传染病扩散的工作的;

(四)出售、运输疫区中被传染病病原体污染或者可能被传染病病原体污染的物品,未进行消毒处理的;

---

① 根据 2020 年 12 月 26 日《中华人民共和国刑法修正案(十一)》增加。

② 根据 2002 年 12 月 28 日《中华人民共和国刑法修正案(四)》修改。原条文为:"生产不符合保障人体健康的国家标准、行业标准的医疗器械、医用卫生材料,或者销售明知是不符合保障人体健康的国家标准、行业标准的医疗器械、医用卫生材料,对人体健康造成严重危害的,处五年以下有期徒刑,并处销售金额百分之五十以上二倍以下罚金;后果特别严重的,处五年以上十年以下有期徒刑,并处销售金额百分之五十以上二倍以下罚金,其中情节特别恶劣的,处十年以上有期徒刑或者无期徒刑,并处销售金额百分之五十以上二倍以下罚金或者没收财产。"

③ 根据 2015 年 8 月 29 日《中华人民共和国刑法修正案(九)》修改。原第一款条文为:"聚众扰乱社会秩序,情节严重,致使工作、生产、营业和教学、科研无法进行,造成严重损失的,对首要分子,处三年以上七年以下有期徒刑;对其他积极参加的,处三年以下有期徒刑、拘役、管制或者剥夺政治权利。"增加二款,作为第三款、第四款。

(五)拒绝执行县级以上人民政府、疾病预防控制机构依照传染病防治法提出的预防、控制措施的。①

单位犯前款罪的,对单位判处罚金,并对其直接负责的主管人员和其他直接责任人员,依照前款的规定处罚。

甲类传染病的范围,依照《中华人民共和国传染病防治法》和国务院有关规定确定。

第三百三十一条 【传染病菌种、毒种扩散罪】从事实验、保藏、携带、运输传染病菌种、毒种的人员,违反国务院卫生行政部门的有关规定,造成传染病菌种、毒种扩散,后果严重的,处三年以下有期徒刑或者拘役;后果特别严重的,处三年以上七年以下有期徒刑。

第三百三十二条 【妨害国境卫生检疫罪】违反国境卫生检疫规定,引起检疫传染病传播或者有传播严重危险的,处三年以下有期徒刑或者拘役,并处或者单处罚金。

单位犯前款罪的,对单位判处罚金,并对其直接负责的主管人员和其他直接责任人员,依照前款的规定处罚。

第三百三十三条 【非法组织卖血罪】【强迫卖血罪】非法组织他人出卖血液的,处五年以下有期徒刑,并处罚金;以暴力、威胁方法强迫他人出卖血液的,处五年以上十年以下有期徒刑,并处罚金。

有前款行为,对他人造成伤害的,依照本法第二百三十四条的规定定罪处罚。

第三百三十四条 【非法采集、供应血液、制作、供应血液制品罪】非法采集、供应血液或者制作、供应血液制品,不符合国家规定的标准,足以危害人体健康的,处五年以下有期徒刑或者拘役,并处罚金;对人体健康造成严重危害的,处五年以上十年以下有期徒刑,并处罚金;造成特别严重后果的,处十年以上有期徒刑或者无期徒刑,并处罚金或者没收财产。

【采集、供应血液、制作、供应血液制品事故罪】经国家主管部门批准采集、供应血液或者制作、供应血液制品的部门,不依照规定进行检测或者违背其他操作规定,造成危害他人身体健康后果的,对单位判处罚金,并对其直接负责的主管人员和其他直接责任人员,处五年以下有期徒刑或者拘役。

第三百三十四条之一 【非法采集人类遗传资源、走私人类遗传资源材料罪】违反国家有关规定,非法采集我国人类遗传资源或者非法运送、邮寄、携带我国人类遗传资源材料出境,危害公众健康或者社会公共利益,情节严重的,处三年以下有期徒刑、拘役或者管制,并处或者单处罚金;情节特别严重的,处三年以上七年以下有期徒刑,并处罚金。②

第三百三十五条 【医疗事故罪】医务人员由于严重不负责任,造成就诊人死亡或者严重损害就诊人身体健康的,处三年以下有期徒刑或者拘役。

第三百三十六条 【非法行医罪】未取得医生执业资格的人非法行医,情节严重的,处三年以下有期徒刑、拘役或者管制,并处或者单处罚金;严重损害就诊人身体健康的,处三年以上十年以下有期徒刑,并处罚金;造成就诊人死亡的,处十年以上有期徒刑,并处罚金。

【非法进行节育手术罪】未取得医生执业资格的人擅自为他人进行节育复通手术、假节育手术、终止妊娠手术或者摘取宫内节育器,情节严重的,处三年以下有期徒刑、拘役或者管制,并处或者单处罚金;严重损害就诊人身体健康的,处三年以上十年以下有期徒刑,并处罚金;造成就诊人死亡的,处十年以上有期徒刑,并处罚金。

第三百三十六条之一 【非法植入基因编辑、克隆胚胎罪】将基因编辑、克隆的人类胚胎植入人体或者动物体内,或者将基因编辑、克隆的动物胚胎植入人体内,情节严重的,处三年以下有期徒刑或者拘役,并处罚金;情节特别严重的,处三年以上七年以下有期徒刑,并处罚金。③

……

第三百五十五条 【非法提供麻醉药品、精神药品罪】依法从事生产、运输、管理、使用国家管制的麻醉药品、精神药品的人员,违反国家规定,向吸食、注射毒品的人提供国家规定管制的能够使人形成瘾癖的麻醉药品、精神药品的,处三年以下有期徒刑或者拘役,并处罚金;

---

① 根据 2020 年 12 月 26 日《中华人民共和国刑法修正案(十一)》修改。原第一款条文为:"违反传染病防治法的规定,有下列情形之一,引起甲类传染病传播或者有传播严重危险的,处三年以下有期徒刑或者拘役;后果特别严重的,处三年以上七年以下有期徒刑:

"(一)供水单位供应的饮用水不符合国家规定的卫生标准的;

"(二)拒绝按照卫生防疫机构提出的卫生要求,对传染病病原体污染的污水、污物、粪便进行消毒处理的;

"(三)准许或者纵容传染病病人、病原携带者和疑似传染病病人从事国务院卫生行政部门规定禁止从事的易使该传染病扩散的工作的;

"(四)拒绝执行卫生防疫机构依照传染病防治法提出的预防、控制措施的。"

② 根据 2020 年 12 月 26 日《中华人民共和国刑法修正案(十一)》增加。

③ 根据 2020 年 12 月 26 日《中华人民共和国刑法修正案(十一)》增加。

情节严重的，处三年以上七年以下有期徒刑，并处罚金。向走私、贩卖毒品的犯罪分子或者以牟利为目的，向吸食、注射毒品的人提供国家规定管制的能够使人形成瘾癖的麻醉药品、精神药品的，依照本法第三百四十七条的规定定罪处罚。

单位犯前款罪的，对单位判处罚金，并对其直接负责的主管人员和其他直接责任人员，依照前款的规定处罚。

第三百五十五条之一 【妨害兴奋剂管理罪】引诱、教唆、欺骗运动员使用兴奋剂参加国内、国际重大体育竞赛，或者明知运动员参加上述竞赛而向其提供兴奋剂，情节严重的，处三年以下有期徒刑或者拘役，并处罚金。

组织、强迫运动员使用兴奋剂参加国内、国际重大体育竞赛的，依照前款的规定从重处罚。①

……

中华人民共和国中医药法

- 2016年12月25日第十二届全国人民代表大会常务委员会第二十五次会议通过
- 2016年12月25中华人民共和国主席令第五十九号公布
- 自2017年7月1日起施行

第一章 总 则

第一条 为了继承和弘扬中医药，保障和促进中医药事业发展，保护人民健康，制定本法。

第二条 本法所称中医药，是包括汉族和少数民族医药在内的我国各民族医药的统称，是反映中华民族对生命、健康和疾病的认识，具有悠久历史传统和独特理论及技术方法的医药学体系。

第三条 中医药事业是我国医药卫生事业的重要组成部分。国家大力发展中医药事业，实行中西医并重的方针，建立符合中医药特点的管理制度，充分发挥中医药在我国医药卫生事业中的作用。

发展中医药事业应当遵循中医药发展规律，坚持继承和创新相结合，保持和发挥中医药特色和优势，运用现代科学技术，促进中医药理论和实践的发展。

国家鼓励中医西医相互学习，相互补充、协调发展，发挥各自优势，促进中西医结合。

第四条 县级以上人民政府应当将中医药事业纳入国民经济和社会发展规划，建立健全中医药管理体系，统筹推进中医药事业发展。

第五条 国务院中医药主管部门负责全国的中医药管理工作。国务院其他有关部门在各自职责范围内负责与中医药管理有关的工作。

县级以上地方人民政府中医药主管部门负责本行政区域的中医药管理工作。县级以上地方人民政府其他有关部门在各自职责范围内负责与中医药管理有关的工作。

第六条 国家加强中医药服务体系建设，合理规划和配置中医药服务资源，为公民获得中医药服务提供保障。

国家支持社会力量投资中医药事业，支持组织和个人捐赠、资助中医药事业。

第七条 国家发展中医药教育，建立适应中医药事业发展需要、规模适宜、结构合理、形式多样的中医药教育体系，培养中医药人才。

第八条 国家支持中医药科学研究和技术开发，鼓励中医药科学技术创新，推广应用中医药科学技术成果，保护中医药知识产权，提高中医药科学技术水平。

第九条 国家支持中医药对外交流与合作，促进中医药的国际传播和应用。

第十条 对在中医药事业中做出突出贡献的组织和个人，按照国家有关规定给予表彰、奖励。

第二章 中医药服务

第十一条 县级以上人民政府应当将中医医疗机构建设纳入医疗机构设置规划，举办规模适宜的中医医疗机构，扶持有中医药特色和优势的医疗机构发展。

合并、撤销政府举办的中医医疗机构或者改变其中医医疗性质，应当征求上一级人民政府中医药主管部门的意见。

第十二条 政府举办的综合医院、妇幼保健机构和有条件的专科医院、社区卫生服务中心、乡镇卫生院，应当设置中医药科室。

县级以上人民政府应当采取措施，增强社区卫生服务站和村卫生室提供中医药服务的能力。

第十三条 国家支持社会力量举办中医医疗机构。

社会力量举办的中医医疗机构在准入、执业、基本医疗保险、科研教学、医务人员职称评定等方面享有与政府举办的中医医疗机构同等的权利。

第十四条 举办中医医疗机构应当按照国家有关医疗机构管理的规定办理审批手续，并遵守医疗机构管理

---

① 根据2020年12月26日《中华人民共和国刑法修正案（十一）》增加。

的有关规定。

举办中医诊所的,将诊所的名称、地址、诊疗范围、人员配备情况等报所在地县级人民政府中医药主管部门备案后即可开展执业活动。中医诊所应当将本诊所的诊疗范围、中医医师的姓名及其执业范围在诊所的明显位置公示,不得超出备案范围开展医疗活动。具体办法由国务院中医药主管部门拟订,报国务院卫生行政部门审核、发布。

第十五条 从事中医医疗活动的人员应当依照《中华人民共和国执业医师法》的规定,通过中医医师资格考试取得中医医师资格,并进行执业注册。中医医师资格考试的内容应当体现中医药特点。

以师承方式学习中医或者经多年实践,医术确有专长的人员,由至少两名中医医师推荐,经省、自治区、直辖市人民政府中医药主管部门组织实践技能和效果考核合格后,即可取得中医医师资格;按照考核内容进行执业注册后,即可在注册的执业范围内,以个人开业的方式或者在医疗机构内从事中医医疗活动。国务院中医药主管部门应当根据中医药技术方法的安全风险拟订本款规定人员的分类考核办法,报国务院卫生行政部门审核、发布。

第十六条 中医医疗机构配备医务人员应当以中医药专业技术人员为主,主要提供中医药服务;经考试取得医师资格的中医医师按照国家有关规定,经培训、考核合格后,可以在执业活动中采用与其专业相关的现代科学技术方法。在医疗活动中采用现代科学技术方法的,应当有利于保持和发挥中医药特色和优势。

社区卫生服务中心、乡镇卫生院、社区卫生服务站以及有条件的村卫生室应当合理配备中医药专业技术人员,并运用和推广适宜的中医药技术方法。

第十七条 开展中医药服务,应当以中医药理论为指导,运用中医药技术方法,并符合国务院中医药主管部门制定的中医药服务基本要求。

第十八条 县级以上人民政府应当发展中医药预防、保健服务,并按照国家有关规定将其纳入基本公共卫生服务项目统筹实施。

县级以上人民政府应当发挥中医药在突发公共卫生事件应急工作中的作用,加强中医药应急物资、设备、设施、技术与人才资源储备。

医疗卫生机构应当在疾病预防与控制中积极运用中医药理论和技术方法。

第十九条 医疗机构发布中医医疗广告,应当经所在地省、自治区、直辖市人民政府中医药主管部门审查批准;未经审查批准,不得发布。发布的中医医疗广告内容应当与经审查批准的内容相符合,并符合《中华人民共和国广告法》的有关规定。

第二十条 县级以上人民政府中医药主管部门应当加强对中医药服务的监督检查,并将下列事项作为监督检查的重点:

(一)中医医疗机构、中医医师是否超出规定的范围开展医疗活动;

(二)开展中医药服务是否符合国务院中医药主管部门制定的中医药服务基本要求;

(三)中医医疗广告发布行为是否符合本法的规定。

中医药主管部门依法开展监督检查,有关单位和个人应当予以配合,不得拒绝或者阻挠。

第三章 中药保护与发展

第二十一条 国家制定中药材种植养殖、采集、贮存和初加工的技术规范、标准,加强对中药材生产流通全过程的质量监督管理,保障中药材质量安全。

第二十二条 国家鼓励发展中药材规范化种植养殖,严格管理农药、肥料等农业投入品的使用,禁止在中药材种植过程中使用剧毒、高毒农药,支持中药材良种繁育,提高中药材质量。

第二十三条 国家建立道地中药材评价体系,支持道地中药材品种选育,扶持道地中药材生产基地建设,加强道地中药材生产基地生态环境保护,鼓励采取地理标志产品保护等措施保护道地中药材。

前款所称道地中药材,是指经过中医临床长期应用优选出来的,产在特定地域,与其他地区所产同种中药材相比,品质和疗效更好,且质量稳定,具有较高知名度的中药材。

第二十四条 国务院药品监督管理部门应当组织并加强对中药材质量的监测,定期向社会公布监测结果。国务院有关部门应当协助做好中药材质量监测有关工作。

采集、贮存中药材以及对中药材进行初加工,应当符合国家有关技术规范、标准和管理规定。

国家鼓励发展中药材现代流通体系,提高中药材包装、仓储等技术水平,建立中药材流通追溯体系。药品生产企业购进中药材应当建立进货查验记录制度。中药材经营者应当建立进货查验和购销记录制度,并标明中药材产地。

第二十五条 国家保护药用野生动植物资源,对药用野生动植物资源实行动态监测和定期普查,建立药用野生动植物资源种质基因库,鼓励发展人工种植养殖,支持依法开展珍贵、濒危药用野生动植物的保护、繁育及其相关研究。

第二十六条 在村医疗机构执业的中医医师、具备中药材知识和识别能力的乡村医生,按照国家有关规定可以自种、自采地产中药材并在其执业活动中使用。

第二十七条 国家保护中药饮片传统炮制技术和工艺,支持应用传统工艺炮制中药饮片,鼓励运用现代科学技术开展中药饮片炮制技术研究。

第二十八条 对市场上没有供应的中药饮片,医疗机构可以根据本医疗机构医师处方的需要,在本医疗机构内炮制、使用。医疗机构应当遵守中药饮片炮制的有关规定,对其炮制的中药饮片的质量负责,保证药品安全。医疗机构炮制中药饮片,应当向所在地设区的市级人民政府药品监督管理部门备案。

根据临床用药需要,医疗机构可以凭本医疗机构医师的处方对中药饮片进行再加工。

第二十九条 国家鼓励和支持中药新药的研制和生产。

国家保护传统中药加工技术和工艺,支持传统剂型中成药的生产,鼓励运用现代科学技术研究开发传统中成药。

第三十条 生产符合国家规定条件的来源于古代经典名方的中药复方制剂,在申请药品批准文号时,可以仅提供非临床安全性研究资料。具体管理办法由国务院药品监督管理部门会同中医药主管部门制定。

前款所称古代经典名方,是指至今仍广泛应用、疗效确切、具有明显特色与优势的古代中医典籍所记载的方剂。具体目录由国务院中医药主管部门会同药品监督管理部门制定。

第三十一条 国家鼓励医疗机构根据本医疗机构临床用药需要配制和使用中药制剂,支持应用传统工艺配制中药制剂,支持以中药制剂为基础研制中药新药。

医疗机构配制中药制剂,应当依照《中华人民共和国药品管理法》的规定取得医疗机构制剂许可证,或者委托取得药品生产许可证的药品生产企业、取得医疗机构制剂许可证的其他医疗机构配制中药制剂。委托配制中药制剂,应当向委托方所在地省、自治区、直辖市人民政府药品监督管理部门备案。

医疗机构对其配制的中药制剂的质量负责;委托配制中药制剂的,委托方和受托方对所配制的中药制剂的质量分别承担相应责任。

第三十二条 医疗机构配制的中药制剂品种,应当依法取得制剂批准文号。但是,仅应用传统工艺配制的中药制剂品种,向医疗机构所在地省、自治区、直辖市人民政府药品监督管理部门备案后即可配制,不需要取得制剂批准文号。

医疗机构应当加强对备案的中药制剂品种的不良反应监测,并按照国家有关规定进行报告。药品监督管理部门应当加强对备案的中药制剂品种配制、使用的监督检查。

第四章 中医药人才培养

第三十三条 中医药教育应当遵循中医药人才成长规律,以中医药内容为主,体现中医药文化特色,注重中医药经典理论和中医药临床实践、现代教育方式和传统教育方式相结合。

第三十四条 国家完善中医药学校教育体系,支持专门实施中医药教育的高等学校、中等职业学校和其他教育机构的发展。

中医药学校教育的培养目标、修业年限、教学形式、教学内容、教学评价及学术水平评价标准等,应当体现中医药学科特色,符合中医药学科发展规律。

第三十五条 国家发展中医药师承教育,支持有丰富临床经验和技术专长的中医医师、中药专业技术人员在执业、业务活动中带徒授业,传授中医药理论和技术方法,培养中医药专业技术人员。

第三十六条 国家加强对中医医师和城乡基层中医药专业技术人员的培养和培训。

国家发展中西医结合教育,培养高层次的中西医结合人才。

第三十七条 县级以上地方人民政府中医药主管部门应当组织开展中医药继续教育,加强对医务人员,特别是城乡基层医务人员中医药基本知识和技能的培训。

中医药专业技术人员应当按照规定参加继续教育,所在机构应当为其接受继续教育创造条件。

第五章 中医药科学研究

第三十八条 国家鼓励科研机构、高等学校、医疗机构和药品生产企业等,运用现代科学技术和传统中医药研究方法,开展中医药科学研究,加强中西医结合研究,促进中医药理论和技术方法的继承和创新。

第三十九条 国家采取措施支持对中医药古籍文献、著名中医药专家的学术思想和诊疗经验以及民间中医药技术方法的整理、研究和利用。

国家鼓励组织和个人捐献有科学研究和临床应用价值的中医药文献、秘方、验方、诊疗方法和技术。

第四十条 国家建立和完善符合中医药特点的科学技术创新体系、评价体系和管理体制，推动中医药科学技术进步与创新。

第四十一条 国家采取措施，加强对中医药基础理论和辨证论治方法，常见病、多发病、慢性病和重大疑难疾病、重大传染病的中医药防治，以及其他对中医药理论和实践发展有重大促进作用的项目的科学研究。

第六章 中医药传承与文化传播

第四十二条 对具有重要学术价值的中医药理论和技术方法，省级以上人民政府中医药主管部门应当组织遴选本行政区域内的中医药学术传承项目和传承人，并为传承活动提供必要的条件。传承人应当开展传承活动，培养后继人才，收集整理并妥善保存相关的学术资料。属于非物质文化遗产代表性项目的，依照《中华人民共和国非物质文化遗产法》的有关规定开展传承活动。

第四十三条 国家建立中医药传统知识保护数据库、保护名录和保护制度。

中医药传统知识持有人对其持有的中医药传统知识享有传承使用的权利，对他人获取、利用其持有的中医药传统知识享有知情同意和利益分享等权利。

国家对经依法认定属于国家秘密的传统中药处方组成和生产工艺实行特殊保护。

第四十四条 国家发展中医养生保健服务，支持社会力量举办规范的中医养生保健机构。中医养生保健服务规范、标准由国务院中医药主管部门制定。

第四十五条 县级以上人民政府应当加强中医药文化宣传，普及中医药知识，鼓励组织和个人创作中医药文化和科普作品。

第四十六条 开展中医药文化宣传和知识普及活动，应当遵守国家有关规定。任何组织或者个人不得对中医药作虚假、夸大宣传，不得冒用中医药名义牟取不正当利益。

广播、电视、报刊、互联网等媒体开展中医药知识宣传，应当聘请中医药专业技术人员进行。

第七章 保障措施

第四十七条 县级以上人民政府应当为中医药事业发展提供政策支持和条件保障，将中医药事业发展经费纳入本级财政预算。

县级以上人民政府及其有关部门制定基本医疗保险支付政策、药物政策等医药卫生政策，应当有中医药主管部门参加，注重发挥中医药的优势，支持提供和利用中医药服务。

第四十八条 县级以上人民政府及其有关部门应当按照法定价格管理权限，合理确定中医医疗服务的收费项目和标准，体现中医医疗服务成本和专业技术价值。

第四十九条 县级以上地方人民政府有关部门应当按照国家规定，将符合条件的中医医疗机构纳入基本医疗保险定点医疗机构范围，将符合条件的中医诊疗项目、中药饮片、中成药和医疗机构中药制剂纳入基本医疗保险基金支付范围。

第五十条 国家加强中医药标准体系建设，根据中医药特点对需要统一的技术要求制定标准并及时修订。

中医药国家标准、行业标准由国务院有关部门依据职责制定或者修订，并在其网站上公布，供公众免费查阅。

国家推动建立中医药国际标准体系。

第五十一条 开展法律、行政法规规定的与中医药有关的评审、评估、鉴定活动，应当成立中医药评审、评估、鉴定的专门组织，或者有中医药专家参加。

第五十二条 国家采取措施，加大对少数民族医药传承创新、应用发展和人才培养的扶持力度，加强少数民族医疗机构和医师队伍建设，促进和规范少数民族医药事业发展。

第八章 法律责任

第五十三条 县级以上人民政府中医药主管部门及其他有关部门未履行本法规定的职责的，由本级人民政府或者上级人民政府有关部门责令改正；情节严重的，对直接负责的主管人员和其他直接责任人员，依法给予处分。

第五十四条 违反本法规定，中医诊所超出备案范围开展医疗活动的，由所在地县级人民政府中医药主管部门责令改正，没收违法所得，并处一万元以上三万元以下罚款；情节严重的，责令停止执业活动。

中医诊所被责令停止执业活动的，其直接负责的主管人员自处罚决定作出之日起五年内不得在医疗机构内从事管理工作。医疗机构聘用上述不得从事管理工作的人员从事管理工作的，由原发证部门吊销执业许可证或者由原备案部门责令停止执业活动。

第五十五条 违反本法规定，经考核取得医师资格的中医医师超出注册的执业范围从事医疗活动的，由县级以上人民政府中医药主管部门责令暂停六个月以上一年以下执业活动,并处一万元以上三万元以下罚款;情节严重的,吊销执业证书。

第五十六条 违反本法规定,举办中医诊所、炮制中药饮片、委托配制中药制剂应当备案而未备案,或者备案时提供虚假材料的,由中医药主管部门和药品监督管理部门按照各自职责分工责令改正,没收违法所得,并处三万元以下罚款,向社会公告相关信息;拒不改正的,责令停止执业活动或者责令停止炮制中药饮片、委托配制中药制剂活动,其直接责任人员五年内不得从事中医药相关活动。

医疗机构应用传统工艺配制中药制剂未依照本法规定备案,或者未按备案材料载明的要求配制中药制剂的,按生产假药给予处罚。

第五十七条 违反本法规定,发布的中医医疗广告内容与经审查批准的内容不相符的,由原审查部门撤销该广告的审查批准文件,一年内不受理该医疗机构的广告审查申请。

违反本法规定,发布中医医疗广告有前款规定以外违法行为的,依照《中华人民共和国广告法》的规定给予处罚。

第五十八条 违反本法规定,在中药材种植过程中使用剧毒、高毒农药的,依照有关法律、法规规定给予处罚;情节严重的,可以由公安机关对其直接负责的主管人员和其他直接责任人员处五日以上十五日以下拘留。

第五十九条 违反本法规定,造成人身、财产损害的,依法承担民事责任;构成犯罪的,依法追究刑事责任。

第九章 附 则

第六十条 中医药的管理,本法未作规定的,适用《中华人民共和国执业医师法》、《中华人民共和国药品管理法》等相关法律、行政法规的规定。

军队的中医药管理,由军队卫生主管部门依照本法和军队有关规定组织实施。

第六十一条 民族自治地方可以根据《中华人民共和国民族区域自治法》和本法的有关规定,结合实际,制定促进和规范本地方少数民族医药事业发展的办法。

第六十二条 盲人按照国家有关规定取得盲人医疗按摩人员资格的,可以以个人开业的方式或者在医疗机构内提供医疗按摩服务。

第六十三条 本法自2017年7月1日起施行。

国务院关于实施健康中国行动的意见

- 2019年6月24日
- 国发〔2019〕13号

人民健康是民族昌盛和国家富强的重要标志,预防是最经济最有效的健康策略。党中央、国务院发布《"健康中国2030"规划纲要》,提出了健康中国建设的目标和任务。党的十九大作出实施健康中国战略的重大决策部署,强调坚持预防为主,倡导健康文明生活方式,预防控制重大疾病。为加快推动从以治病为中心转变为以人民健康为中心,动员全社会落实预防为主方针,实施健康中国行动,提高全民健康水平,现提出以下意见。

一、行动背景

新中国成立后特别是改革开放以来,我国卫生健康事业获得了长足发展,居民主要健康指标总体优于中高收入国家平均水平。随着工业化、城镇化、人口老龄化进程加快,我国居民生产生活方式和疾病谱不断发生变化。心脑血管疾病、癌症、慢性呼吸系统疾病、糖尿病等慢性非传染性疾病导致的死亡人数占总死亡人数的88%,导致的疾病负担占疾病总负担的70%以上。居民健康知识知晓率偏低,吸烟、过量饮酒、缺乏锻炼、不合理膳食等不健康生活方式比较普遍,由此引起的疾病问题日益突出。肝炎、结核病、艾滋病等重大传染病防控形势仍然严峻,精神卫生、职业健康、地方病等方面问题不容忽视。

为坚持预防为主,把预防摆在更加突出的位置,积极有效应对当前突出健康问题,必须关口前移,采取有效干预措施,细化落实《"健康中国2030"规划纲要》对普及健康生活、优化健康服务、建设健康环境等部署,聚焦当前和今后一段时期内影响人民健康的重大疾病和突出问题,实施疾病预防和健康促进的中长期行动,健全全社会落实预防为主的制度体系,持之以恒加以推进,努力使群众不生病、少生病,提高生活质量。

二、总体要求

(一)指导思想。以习近平新时代中国特色社会主义思想为指导,全面贯彻党的十九大和十九届二中、三中全会精神,坚持以人民为中心的发展思想,坚持改革创新,贯彻新时代卫生与健康工作方针,强化政府、社会、个人责任,加快推动卫生健康工作理念、服务方式从以治病为中心转变为以人民健康为中心,建立健全健康教育体系,普及健康知识,引导群众建立正确健康观,加强早期干预,形成有利于健康的生活方式、生态环境和社会环境,延长健康寿命,为全方位全周期保障人民健康、建设健康中国奠定坚实基础。

（二）基本原则。

普及知识、提升素养。把提升健康素养作为增进全民健康的前提，根据不同人群特点有针对性地加强健康教育与促进，让健康知识、行为和技能成为全民普遍具备的素质和能力，实现健康素养人人有。

自主自律、健康生活。倡导每个人是自己健康第一责任人的理念，激发居民热爱健康、追求健康的热情，养成符合自身和家庭特点的健康生活方式，合理膳食、科学运动、戒烟限酒、心理平衡，实现健康生活少生病。

早期干预、完善服务。对主要健康问题及影响因素尽早采取有效干预措施，完善防治策略，推动健康服务供给侧结构性改革，提供系统连续的预防、治疗、康复、健康促进一体化服务，加强医疗保障政策与健康服务的衔接，实现早诊早治早康复。

全民参与、共建共享。强化跨部门协作，鼓励和引导单位、社区（村）、家庭和个人行动起来，形成政府积极主导、社会广泛动员、人人尽责尽力的良好局面，实现健康中国行动齐参与。

（三）总体目标。

到2022年，健康促进政策体系基本建立，全民健康素养水平稳步提高，健康生活方式加快推广，重大慢性病发病率上升趋势得到遏制，重点传染病、严重精神障碍、地方病、职业病得到有效防控，致残和死亡风险逐步降低，重点人群健康状况显著改善。

到2030年，全民健康素养水平大幅提升，健康生活方式基本普及，居民主要健康影响因素得到有效控制，因重大慢性病导致的过早死亡率明显降低，人均健康预期寿命得到较大提高，居民主要健康指标水平进入高收入国家行列，健康公平基本实现。

三、主要任务

（一）全方位干预健康影响因素。

1. 实施健康知识普及行动。维护健康需要掌握健康知识。面向家庭和个人普及预防疾病、早期发现、紧急救援、及时就医、合理用药等维护健康的知识与技能。建立并完善健康科普专家库和资源库，构建健康科普知识发布和传播机制。强化医疗卫生机构和医务人员开展健康促进与教育的激励约束。鼓励各级电台电视台和其他媒体开办优质健康科普节目。到2022年和2030年，全国居民健康素养水平分别不低于22%和30%。

2. 实施合理膳食行动。合理膳食是健康的基础。针对一般人群、特定人群和家庭，聚焦食堂、餐厅等场所，加强营养和膳食指导。鼓励全社会参与减盐、减油、减糖，研究完善盐、油、糖包装标准。修订预包装食品营养标签通则，推进食品营养标准体系建设。实施贫困地区重点人群营养干预。到2022年和2030年，成人肥胖增长率持续减缓，5岁以下儿童生长迟缓率分别低于7%和5%。

3. 实施全民健身行动。生命在于运动，运动需要科学。为不同人群提供针对性的运动健身方案或运动指导服务。努力打造百姓身边健身组织和"15分钟健身圈"。推进公共体育设施免费或低收费开放。推动形成体医结合的疾病管理和健康服务模式。把高校学生体质健康状况纳入对高校的考核评价。到2022年和2030年，城乡居民达到《国民体质测定标准》合格以上的人数比例分别不少于90.86%和92.17%，经常参加体育锻炼人数比例达到37%及以上和40%及以上。

4. 实施控烟行动。吸烟严重危害人民健康。推动个人和家庭充分了解吸烟和二手烟暴露的严重危害。鼓励领导干部、医务人员和教师发挥控烟引领作用。把各级党政机关建设成无烟机关。研究利用税收、价格调节等综合手段，提高控烟成效。完善卷烟包装烟草危害警示内容和形式。到2022年和2030年，全面无烟法规保护的人口比例分别达到30%及以上和80%及以上。

5. 实施心理健康促进行动。心理健康是健康的重要组成部分。通过心理健康教育、咨询、治疗、危机干预等方式，引导公众科学缓解压力，正确认识和应对常见精神障碍及心理行为问题。健全社会心理服务网络，加强心理健康人才培养。建立精神卫生综合管理机制，完善精神障碍社区康复服务。到2022年和2030年，居民心理健康素养水平提升到20%和30%，心理相关疾病发生的上升趋势减缓。

6. 实施健康环境促进行动。良好的环境是健康的保障。向公众、家庭、单位（企业）普及环境与健康相关的防护和应对知识。推进大气、水、土壤污染防治。推进健康城市、健康村镇建设。建立环境与健康的调查、监测和风险评估制度。采取有效措施预防控制环境污染相关疾病、道路交通伤害、消费品质量安全事故等。到2022年和2030年，居民饮用水水质达标情况明显改善，并持续改善。

（二）维护全生命周期健康。

7. 实施妇幼健康促进行动。孕产期和婴幼儿时期是生命的起点。针对婚前、孕前、孕期、儿童等阶段特点，积极引导家庭科学孕育和养育健康新生命，健全出生缺陷防治体系。加强儿童早期发展服务，完善婴幼儿照护服务和残疾儿童康复救助制度。促进生殖健康，推进农村妇女宫颈癌和乳腺癌检查。到2022年和2030年，婴儿死亡率分别控制在7.5‰及以下和5‰及以下，孕产妇死亡率分别下降到18/10万及以下和12/10万及以下。

8. 实施中小学健康促进行动。中小学生处于成长发育的关键阶段。动员家庭、学校和社会共同维护中小学生身心健康。引导学生从小养成健康生活习惯，锻炼健康体魄，预防近视、肥胖等疾病。中小学校按规定开齐开足体育与健康课程。把学生体质健康状况纳入对学校的绩效考核，结合学生年龄特点，以多种方式对学生健康知识进行考试考查，将体育纳入高中学业水平测试。到2022年和2030年，国家学生体质健康标准达标优良率分别达到50%及以上和60%及以上，全国儿童青少年总体近视率力争每年降低0.5个百分点以上，新发近视率明显下降。

9. 实施职业健康保护行动。劳动者依法享有职业健康保护的权利。针对不同职业人群，倡导健康工作方式，落实用人单位主体责任和政府监管责任，预防和控制职业病危害。完善职业病防治法规标准体系。鼓励用人单位开展职工健康管理。加强尘肺病等职业病救治保障。到2022年和2030年，接尘工龄不足5年的劳动者新发尘肺病报告例数占年度报告总例数的比例实现明显下降，并持续下降。

10. 实施老年健康促进行动。老年人健康快乐是社会文明进步的重要标志。面向老年人普及膳食营养、体育锻炼、定期体检、健康管理、心理健康以及合理用药等知识。健全老年健康服务体系，完善居家和社区养老政策，推进医养结合，探索长期护理保险制度，打造老年宜居环境，实现健康老龄化。到2022年和2030年，65至74岁老年人失能发生率有所下降，65岁以上人群老年期痴呆患病率增速下降。

（三）防控重大疾病。

11. 实施心脑血管疾病防治行动。心脑血管疾病是我国居民第一位死亡原因。引导居民学习掌握心肺复苏等自救互救知识技能。对高危人群和患者开展生活方式指导。全面落实35岁以上人群首诊测血压制度，加强高血压、高血糖、血脂异常的规范管理。提高院前急救、静脉溶栓、动脉取栓等应急处置能力。到2022年和2030年，心脑血管疾病死亡率分别下降到209.7/10万及以下和190.7/10万及以下。

12. 实施癌症防治行动。癌症严重影响人民健康。倡导积极预防癌症，推进早筛查、早诊断、早治疗，降低癌症发病率和死亡率，提高患者生存质量。有序扩大癌症筛查范围。推广应用常见癌症诊疗规范。提升中西部地区及基层癌症诊疗能力。加强癌症防治科技攻关。加快临床急需药物审评审批。到2022年和2030年，总体癌症5年生存率分别不低于43.3%和46.6%。

13. 实施慢性呼吸系统疾病防治行动。慢性呼吸系统疾病严重影响患者生活质量。引导重点人群早期发现疾病，控制危险因素，预防疾病发生发展。探索高危人群首诊测量肺功能、40岁及以上人群体检测肺功能。加强慢阻肺患者健康管理，提高基层医疗卫生机构肺功能检查能力。到2022年和2030年，70岁及以下人群慢性呼吸系统疾病死亡率下降到9/10万及以下和8.1/10万及以下。

14. 实施糖尿病防治行动。我国是糖尿病患病率增长最快的国家之一。提示居民关注血糖水平，引导糖尿病前期人群科学降低发病风险，指导糖尿病患者加强健康管理，延迟或预防糖尿病的发生发展。加强对糖尿病患者和高危人群的健康管理，促进基层糖尿病及并发症筛查标准化和诊疗规范化。到2022年和2030年，糖尿病患者规范管理率分别达到60%及以上和70%及以上。

15. 实施传染病及地方病防控行动。传染病和地方病是重大公共卫生问题。引导居民提高自我防范意识，讲究个人卫生，预防疾病。充分认识疫苗对预防疾病的重要作用。倡导高危人群在流感流行季节前接种流感疫苗。加强艾滋病、病毒性肝炎、结核病等重大传染病防控，努力控制和降低传染病流行水平。强化寄生虫病、饮水型燃煤型氟砷中毒、大骨节病、氟骨症等地方病防治，控制和消除重点地方病。到2022年和2030年，以乡（镇、街道）为单位，适龄儿童免疫规划疫苗接种率保持在90%以上。

四、组织实施

（一）加强组织领导。国家层面成立健康中国行动推进委员会，制定印发《健康中国行动（2019—2030年）》，细化上述15个专项行动的目标、指标、任务和职责分工，统筹指导各地区各相关部门加强协作，研究疾病的综合防治策略，做好监测考核。要根据医学进步和相关技术发展等情况，适时组织修订完善《健康中国行动（2019—2030年）》内容。各地区要结合实际健全领导推进工作机制，研究制定实施方案，逐项抓好任务落实。各相关部门要按照职责分工，将预防为主、防病在先融入各项政策举措中，研究具体政策措施，推动落实重点任务。

（二）动员各方广泛参与。凝聚全社会力量，形成健康促进的强大合力。鼓励个人和家庭积极参与健康中国行动,落实个人健康责任,养成健康生活方式。各单位特别是各学校、各社区(村)要充分挖掘和利用自身资源,积极开展健康细胞工程建设,创造健康支持性环境。鼓励企业研发生产符合健康需求的产品,增加健康产品供给,国有企业特别是中央企业要作出表率。鼓励社会捐资,依托社会力量依法成立健康中国行动基金会,形成资金来源多元化的保障机制。鼓励金融机构创新健康类产品和服务。卫生健康相关行业学会、协会和群团组织以及其他社会组织要充分发挥作用,指导、组织健康促进和健康科普工作。

(三)健全支撑体系。加强公共卫生体系建设和人才培养,提高疾病防治和应急处置能力。加强财政支持,强化资金统筹,优化资源配置,提高基本公共卫生服务项目、重大公共卫生服务项目资金使用的针对性和有效性。加强科技支撑,开展一批影响健康因素和疑难重症诊疗攻关重大课题研究,国家科技重大专项、重点研发计划要给予支持。完善相关法律法规体系,开展健康政策审查,保障各项任务落实和目标实现。强化信息支撑,推动部门和区域间共享健康相关信息。

(四)注重宣传引导。采取多种形式,强化舆论宣传,及时发布政策解读,回应社会关切。设立健康中国行动专题网站,大力宣传实施健康中国行动、促进全民健康的重大意义、目标任务和重大举措。编制群众喜闻乐见的解读材料和文艺作品,以有效方式引导群众了解和掌握必备健康知识,践行健康生活方式。加强科学引导和典型报道,增强社会的普遍认知,营造良好的社会氛围。

国务院关于深入开展爱国卫生运动的意见

· 2020年11月14日
· 国发〔2020〕15号

各省、自治区、直辖市人民政府,国务院各部委、各直属机构:

爱国卫生运动是我们党把群众路线运用于卫生防病工作的成功实践,是贯彻预防为主方针的伟大创举。党的十八大以来,爱国卫生运动进一步强化党和政府领导,组织发动群众开展了一系列活动,有效改善了城乡环境卫生状况,群众健康素养显著提升,疾病防控取得显著成效。当前,爱国卫生工作仍存在一些薄弱环节,城乡区域发展不平衡不充分的问题仍然突出,工作方式方法比较单一,信息化程度还不高,基层机构和能力弱化。新冠肺炎疫情防控暴露出爱国卫生工作在环境卫生长效管理、群众组织动员和健康素养提升等方面仍存在短板。为深入贯彻习近平总书记关于爱国卫生工作的重要指示精神,落实党中央、国务院决策部署,继承和发扬爱国卫生运动优良传统,充分发挥爱国卫生运动的制度优势、组织优势、文化优势和群众优势,将爱国卫生运动与传染病、慢性病防控等紧密结合,全面改善人居环境,加快形成文明健康、绿色环保的生活方式,有效保障人民群众健康,提出以下意见。

一、总体要求

(一)指导思想。以习近平新时代中国特色社会主义思想为指导,全面贯彻党的十九大和十九届二中、三中、四中、五中全会精神,坚持以人民健康为中心,政府主导、跨部门协作、全社会动员,预防为主、群防群控,丰富工作内涵,创新方式方法,总结推广新冠肺炎疫情防控中的有效经验做法,突出问题和结果导向,强化大数据应用和法治化建设,着力改善人居环境,有效防控传染病和慢性病,提高群众健康素养和全民健康水平,为实现健康中国目标奠定坚实基础。

(二)总体目标。公共卫生设施不断完善,城乡环境面貌全面改善,文明健康、绿色环保的生活方式广泛普及,卫生城镇覆盖率持续提升,健康城市建设深入推进,健康细胞建设广泛开展,爱祖国、讲卫生、树文明、重健康的浓厚文化氛围普遍形成,爱国卫生运动传统深入全民,从部门到地方、从社会到个人,全方位多层次推进爱国卫生运动的整体联动新格局基本建立,社会健康综合治理能力全面提高。

二、完善公共卫生设施,改善城乡人居环境

(三)推进城乡环境卫生综合整治。以重点场所、薄弱环节为重点,全面推进城乡环境卫生综合整治,建立健全环境卫生管理长效机制,补齐公共卫生环境短板。推进农贸市场合理布局和标准化建设,规范市场功能分区设置,逐步取消市场活禽交易,维护好市场及周边环境卫生。加强小餐饮店、小作坊等食品生产经营场所环境卫生整治,推进餐饮业"明厨亮灶"。持续抓好城市老旧小区、城中村、城乡结合部、背街小巷、建筑工地等环境卫生管理。推进村庄清洁行动,深入持久开展农村人居环境整治。加强大气、水、土壤污染治理,严格实行污染物排放总量控制,严厉打击违法排污行为。逐步建立环境与健康调查、监测和风险评估制度,定期开展城乡环境卫生状况评价。

(四)加快垃圾污水治理。加强城市生活垃圾和污水处理设施建设,做好生活垃圾分类投放、分类收集、分类运输、分类处理,逐步实现城市生活垃圾减量化和资源化、无害化处理。通过政策鼓励、宣传教育等,引导群众主动参与垃圾分类。持续推进县域生活垃圾和污水统筹治理,有条件的地方垃圾污水处理设施和服务向农村延伸。因地制宜加强农村生活污水处理设施建设,确保污水不乱排。建立完善农村垃圾收运处置体系,开展垃圾源头减量、就地分类和资源化利用。积极开展农业面源污染治理,推进农药化肥减量增效、农膜回收利用、畜禽粪污和农作物秸秆资源化利用。加快医疗废物处置设施建设,完善医疗废物和污水处理。

(五)全面推进厕所革命。扎实推进农村户用卫生厕所建设改造,引导农村新建住房配套建设卫生厕所,人口规模较大村庄配套建设公共卫生厕所,强化管理维护,逐步扩大厕所粪污无害化处理和资源化利用覆盖面。推进学校厕所改造建设,提升规范化卫生管理水平,抓好粪污无害化处理。深入推进旅游厕所提档升级,提升管理维护水平。大力开展农贸市场、医疗卫生机构、客运站等重点公共场所厕所环境整治,有效改善厕所环境卫生状况。

(六)切实保障饮用水安全。依法严格饮用水水源保护区管理。完善水源保护、自来水生产、安全供水全过程监管体系,加强对饮用水水源、水厂供水和用水点的水质监测。推进规模化供水工程建设以及人口分散区域的小型供水工程规范化改造,不断提高农村供水保障水平。加快城市供水设施建设改造,提高供水能力,扩大供水范围。加强城市二次供水规范化管理。

(七)强化病媒生物防制。健全病媒生物监测网络,加强病媒生物监测,发生传染病疫情时增加监测频率、扩大监测范围,及时掌握病媒生物密度、种属和孳生情况,科学制定防制方案。坚持日常防制和集中防制、专业防制和常规防制相结合,积极开展以环境治理为主、药物防制为辅的病媒生物防制工作。消除病媒生物孳生环境,切断传染病传播途径,有效防控登革热、寨卡病毒病等媒介传染病。强化病媒消杀队伍建设,提升病媒生物防制能力。

三、开展健康知识科普,倡导文明健康、绿色环保的生活方式

(八)培养文明卫生习惯。广泛开展健康科普进村镇、进社区、进机关、进企业、进学校、进家庭活动,宣传公共卫生安全、重大疾病防控及不同季节重点流行疾病防控等卫生健康知识,引导群众践行健康强国理念,推广不随地吐痰、正确规范洗手、室内经常通风、科学佩戴口罩、保持社交距离、注重咳嗽礼仪、推广分餐公筷、看病网上预约等新冠肺炎疫时好习惯,筑牢传染病防控第一道防线。树立良好的饮食风尚,深入开展减油、减盐、减糖行动,革除滥食野生动物陋习,在机关、企事业单位和餐饮行业积极推广分餐制,倡导聚餐使用公勺公筷。将健康教育纳入国民教育体系,作为中小学素质教育的重要内容,以"小手拉大手"促进全社会形成文明卫生习惯。通过设立文明引导员、开展"随手拍"等方式,形成约束有力的社会监督机制,促进文明卫生习惯长效化。及时借鉴推广有关地方经验,通过出台法规规章强化落实个人公共卫生责任。

(九)倡导自主自律健康生活。充分利用爱国卫生月等各类活动,发挥权威专家作用,加大健康生活方式科普力度,引导群众主动学习掌握健康技能,养成戒烟限酒、适量运动、合理膳食、心理平衡的健康生活方式,有效预防高血压、糖尿病等慢性病。针对妇女、儿童青少年、职业人群、老年人等人群及其关注的健康问题,做好精准宣传和健康干预。以多种教育教学形式对学生进行健康干预,科学指导学生有效防控近视、肥胖等。利用人工智能、可穿戴设备等新技术手段,开展参与式健康活动,推广使用家庭健康工具包。加快无烟机关、无烟家庭、无烟医院、无烟学校等无烟环境建设。健全全民健身公共服务体系,完善体育健身设施,实施国家体育锻炼标准,广泛开展全民健身赛事活动,加强科学健身指导服务,营造良好的全民健身氛围。

(十)践行绿色环保生活理念。积极开展生态道德宣传教育,引导群众尊重自然、顺应自然、保护自然,切实增强节约意识、环保意识和生态意识。大力开展节约型机关、绿色家庭、绿色学校、绿色社区创建等行动,倡导简约适度、绿色低碳生活,引导群众争做生态环境的保护者、建设者。倡导珍惜水、电等资源能源,树立爱粮节粮等意识,拒绝"舌尖上的浪费"。完善城市慢行系统,优先发展公共交通,加快构建绿色低碳交通体系,大力倡导绿色出行。倡导使用环保用品,推动塑料产品替代和限制使用,加快推进不可降解塑料袋、一次性餐具等的限制禁止工作,解决过度包装问题。

(十一)促进群众心理健康。加强心理健康科普宣传,传播自尊自信、理性平和、乐观积极的理念和相关知识,引导形成和谐向上的家庭和社会氛围。健全传染病、地震、洪涝灾害等突发公共事件处置中的社会心理健康监测预警机制,强化心理健康促进和心理疏导、危机干预。建立健全政府、社会组织、专业机构、高等院校和科研院所共同参与的心理健康咨询服务机制,充分发挥"互联网+"作用,为群众提供方便可及的心理健康服务。加强心理健康服务志愿者队伍建设,支持拓展心理健康宣传疏导等志愿服务。

四、加强社会健康管理,协同推进健康中国建设

(十二)大力推进卫生城镇创建。完善国家卫生城镇创建标准,引导各地全面提升公共卫生环境设施建设和管理水平,营造干净整洁舒适的宜居环境。优化国家卫生城镇评审流程,完善长效化动态管理机制,探索建立定期抽查制度。充分利用信息化技术手段开展国家卫生城镇评审工作,切实提升工作效率,减轻基层负担。按照国家有关规定,采取评比、表彰等措施鼓励各地积极主动创建国家卫生城镇,有效破解环境卫生管理难题,打造良好生活环境。

(十三)全面开展健康城市建设。适应经济社会发展和健康中国建设需要,因地制宜开展健康城市建设,打造卫生城市升级版,建成一批健康城市建设样板。修订完善健康城市建设评价指标体系,将健康中国行动相关要求纳入评价范围,探索开展基于大数据的第三方评价,推动健康中国行动落地见效。推动各地把全生命周期健康管理理念贯穿城市规划、建设、管理全过程各环节,健全完善相关法规规章,制订出台并不断完善城市卫生健康、法治、教育、社会保障、交通、食品、药品、体育健身、养老服务等各领域的综合策略和干预措施。加快建设适应城镇化快速发展、城市人口密集集中特点的公共卫生体系,强化健康风险防控,从源头上消除影响健康的各种隐患。建立健康影响评估制度,推动各地系统评估各项经济社会发展规划、政策法规及重大工程项目对健康的影响,全力推动将健康融入所有政策。

(十四)加快健康细胞建设。制订健康村镇、健康社区、健康单位(企业)、健康学校、健康家庭等健康细胞建设标准,引导和规范各地健康细胞建设。鼓励各地根据自身经济发展水平、文化特点等,以整洁宜居的环境、便民优质的服务、和谐文明的文化为主要内容,培育一批健康细胞建设特色样板,发挥辐射带动作用。有针对性采取措施,着力推动全社会健康环境改善、健康服务优化、健康教育普及和健康行为养成,推动公共卫生服务下沉,筑牢健康中国建设的微观基础。

五、创新工作方式方法,提升科学管理水平

(十五)加强法治化保障。推进实施基本医疗卫生与健康促进法、传染病防治法等法律法规,落实相关工作要求。制定出台全国层面的爱国卫生法规,将实践证明行之有效的好经验、好做法凝练提升为法律制度,进一步明确爱国卫生工作的目标任务、工作方法、管理措施和各方责任,指导各地及时修订完善地方爱国卫生法规规章。完善爱国卫生工作相关技术标准,推进工作规范化、标准化。

(十六)强化社会动员。加快爱国卫生与基层治理工作融合,推动形成自上而下行政动员与自下而上主动参与结合、平战结合的群众动员机制。推进村(居)民委员会公共卫生委员会建设和社区网格化管理,以基层爱国卫生工作人员为主,以家庭医生、计生专干、专业社会工作者、物业服务人员、志愿者等组成的兼职爱国卫生队伍为辅,推动组建居民健康管理互助小组,提高基层公共卫生工作能力水平。依托乡镇人民政府(街道办事处)、村(居)民委员会等基层组织及机关、企事业单位,发挥工会、共青团、妇联等群团组织作用,推广周末大扫除、卫生清洁日活动及制定村规民约、居民公约等有效经验,推动爱国卫生运动融入群众日常生活。通过政府购买服务等方式,支持社会组织、专业社会工作者和志愿者积极参与。

(十七)加强政策研究和技术支撑。深入开展环境卫生治理、社会健康管理等爱国卫生政策理论研究,充分发挥社会组织、专业机构、高等院校和科研院所等作用,加强爱国卫生工作技术指导、政策咨询和宣传引导。建立健全专家咨询制度,开展政策效果分析,推进爱国卫生专业技术开发,建立健全规范化的技术培训制度。加强爱国卫生信息化建设,充分利用大数据、人工智能等新技术开展爱国卫生工作,提高科学决策和精细管理能力。

六、强化组织实施

(十八)加强组织领导。各地要进一步统一思想、提高认识,把爱国卫生工作列入政府重要议事日程,纳入政府绩效考核指标,常抓不懈推动工作落实。各部门要加强工作协调联动,按照职责分工扎实部署推进本领域相关工作。各级爱国卫生运动委员会要把爱国卫生运动与群众性精神文明创建活动有机结合,制订具体工作方案和计划,明确责任分工、细化目标任务,确保各项工作取得实效。要及时总结和推广各地各部门典型经验和做法,建立定期通报机制,对工作突出、成效明显的给予表扬,对作出重要贡献的按照国家有关规定予以表彰,对措施不力、工作滑坡的给予批评并督促整改。

(十九)加强工作保障。各地要进一步强化爱国卫生工作体系建设,在部门设置、职能调整、人员配备、经费投入等方面予以保障,街道(乡镇)、社区(村)、机关、企事业单位要明确专兼职爱国卫生工作人员,推动爱国卫生各项工作落实到城乡基层。加强爱国卫生工作人员能力建设,提高统筹谋划、协调动员、科学管理等能力水平。

(二十)加强宣传引导。充分利用各类媒体特别是互联网、移动客户端等新媒体,全方位、多层次宣传爱国卫生运动,提升宣传效果,凝聚全社会共识,引导群众关心关注、积极参与。畅通监督渠道,主动接受社会和群众监督,及时回应社会关切,认真解决群众反映的问题,不断提高群众满意度和获得感,营造良好的社会氛围。

(二十一)加强国际合作。积极参与全球卫生治理,围绕全球公共卫生面临的问题和挑战,开展多层面国际交流合作,推动构建人类卫生健康共同体。加强与有关国际组织、世界各国的沟通交流与合作,学习借鉴健康城市、控烟等领域工作理念和经验做法,讲好爱国卫生运动的中国故事,不断促进爱国卫生运动深入开展。

卫生行政许可管理办法

- 2004年11月17日卫生部令第38号公布
- 根据2017年12月26日《国家卫生计生委关于修改〈新食品原料安全性审查管理办法〉等7件部门规章的决定》修正

第一章 总 则

第一条 为规范卫生计生行政部门实施卫生行政许可,根据《中华人民共和国行政许可法》(以下简称《行政许可法》)和有关卫生法律法规的规定,制定本办法。

第二条 卫生行政许可是卫生计生行政部门根据公民、法人或者其他组织的申请,按照卫生法律、法规、规章和卫生标准、规范进行审查,准予其从事与卫生管理有关的特定活动的行为。

第三条 实施卫生行政许可,应当遵循公开、公平、公正、便民原则,提高办事效率,提供优质服务。

第四条 各级卫生计生行政部门实施的卫生行政许可应当有下列法定依据:

(一)法律、行政法规;
(二)国务院决定;
(三)地方性法规;
(四)省、自治区、直辖市人民政府规章。

各级卫生计生行政部门不得自行设定卫生行政许可项目,不得实施没有法定依据的卫生行政许可。

第五条 卫生计生行政部门实施卫生行政许可必须严格遵守法律、法规、规章规定的权限和程序。

法律、法规、规章规定由上级卫生行政机关实施的卫生行政许可,下级卫生行政机关不得实施;法律、法规、规章规定由下级卫生行政机关实施的卫生行政许可,上级卫生行政机关不得实施,但应当对下级卫生行政机关实施卫生行政许可的行为加强监督。

法律、法规、规章未明确规定实施卫生行政许可的卫生计生行政部门级别的,或者授权省级卫生计生行政部门对此作出规定的,省级卫生计生行政部门应当作出具体规定。

第六条 卫生计生行政部门实施的卫生行政许可需要内设的多个机构办理的,应当确定一个机构统一受理卫生行政许可申请和发放行政许可决定。

第七条 公民、法人或者其他组织对卫生计生行政部门实施卫生行政许可享有陈述权、申辩权和依法要求听证的权利;有权依法申请行政复议或者提起行政诉讼;其合法权益因卫生计生行政部门违法实施卫生行政许可受到损害的,有权依法要求赔偿。

第八条 任何单位和个人对违法实施卫生行政许可的行为有权进行举报,卫生计生行政部门应当及时核实、处理。

第二章 申请与受理

第九条 公民、法人或者其他组织申请卫生行政许可,应当按照法律、法规、规章规定的程序和要求向卫生计生行政部门提出申请。申请书格式文本由卫生计生行政部门提供。

申请人可以委托代理人提出卫生行政许可申请,代理人办理卫生行政许可申请时应当提供委托代理证明。

第十条 卫生计生行政部门应当公示下列与办理卫生行政许可事项相关的内容:

(一)卫生行政许可事项、依据、条件、程序、期限、数量;
(二)需要提交的全部材料目录;
(三)申请书示范文本;
(四)办理卫生行政许可的操作流程、通信地址、联系电话、监督电话。

有条件的卫生计生行政部门应当在相关网站上公布前款所列事项,方便申请人提出卫生行政许可,提高办事效率。

卫生计生行政部门应当根据申请人的要求,对公示内容予以说明、解释。

第十一条 申请人申请卫生行政许可,应当如实向卫生计生行政部门提交有关材料,并对其申请材料的真实性负责,承担相应的法律责任。卫生计生行政部门不得要求申请人提交与其申请的卫生行政许可事项无关的技术资料和其他材料。

第十二条 卫生计生行政部门接收卫生行政许可申请时，应当对申请事项是否需要许可、申请材料是否齐全等进行核对，并根据下列情况分别作出处理：

（一）申请事项依法不需要取得卫生行政许可的，应当即时告知申请人不受理；

（二）申请事项依法不属于卫生计生行政部门职权范围的，应当即时作出不予受理的决定，并告知申请人向有关行政机关申请；

（三）申请材料存在可以当场更正的错误，应当允许申请人当场更正，但申请材料中涉及技术性的实质内容除外。申请人应当对更正内容予以书面确认；

（四）申请材料不齐全或者不符合法定形式的，应当场或者在5日内出具申请材料补正通知书，一次告知申请人需要补正的全部内容，逾期不告知的，自收到申请材料之日起即为受理；补正的申请材料仍然不符合有关要求的，卫生计生行政部门可以要求继续补正；

（五）申请材料齐全、符合法定形式，或者申请人按照要求提交全部补正申请材料的，卫生计生行政部门应当受理其卫生行政许可申请。

第十三条 卫生计生行政部门受理或者不予受理卫生行政许可申请的，应当出具加盖卫生计生行政部门专用印章和注明日期的文书。

第十四条 卫生行政许可申请受理后至卫生行政许可决定作出前，申请人书面要求撤回卫生行政许可申请的，可以撤回；撤回卫生行政许可申请的，卫生计生行政部门终止办理，并通知申请人。

第三章 审查与决定

第十五条 卫生计生行政部门受理申请后，应当及时对申请人提交的申请材料进行审查。

卫生计生行政部门根据法律、法规和规章的规定，确定审查申请材料的方式。

第十六条 卫生计生行政部门对申请材料审查后，应当在受理申请之日起20日内作出卫生行政许可决定；20日内不能作出卫生行政许可决定的，经本级卫生计生行政部门负责人批准，可以延长10日，并应当将延长期限的理由书面告知申请人。

法律、法规对卫生行政许可期限另有规定的，依照其规定。

第十七条 卫生计生行政部门依法需要对申请人进行现场审查的，应当及时指派两名以上工作人员进行现场审查，并根据现场审查结论在规定期限内作出卫生行政许可决定。

第十八条 卫生计生行政部门依法需要对申请行政许可事项进行检验、检测、检疫的，应当自受理申请之日起5日内指派两名以上工作人员按照技术标准、技术规范进行检验、检测、检疫，并书面告知检验、检测、检疫所需期限。需要延长检验、检测、检疫期限的，应当另行书面告知申请人。检验、检测、检疫所需时间不计算在卫生行政许可期限内。

第十九条 卫生计生行政部门依法需要根据鉴定、专家评审结论作出卫生行政许可决定的，应当书面告知申请人组织专家评审的所需期限。卫生计生行政部门根据专家评审结论作出是否批准的卫生行政许可决定。需要延长专家评审期限的，应当另行书面告知申请人。鉴定、专家评审所需时间不计算在卫生行政许可期限内。

第二十条 卫生计生行政部门依法需要根据考试、考核结果作出卫生行政许可决定的，申请人在考试、考核合格成绩确定后，根据其考试、考核结果向卫生计生行政部门提出申请，卫生计生行政部门应当在规定期限内作出卫生行政许可决定。

卫生计生行政部门根据考试成绩和其他法定条件作出卫生行政许可决定的，应当事先公布资格考试的报名条件、报考办法、考试科目以及考试大纲。但是，不得组织强制性的资格考试的考前培训，不得指定教材或者其他助考材料。

第二十一条 卫生计生行政部门依法需要根据检验、检测、检疫结果作出卫生行政许可决定的，检验、检测、检疫工作由依法认定的具有法定资格的技术服务机构承担。

申请人依法可自主选择具备法定资格的检验、检测、检疫机构，卫生计生行政部门不得为申请人指定检验、检测、检疫机构。

第二十二条 依法应当逐级审批的卫生行政许可，下级卫生计生行政部门应当在法定期限内按规定程序和要求出具初审意见，并将初步审查意见和全部申报材料报送上级卫生计生行政部门审批。法律、法规另有规定的，依照其规定。

符合法定要求的，上级卫生计生行政部门不得要求申请人重复提供申请材料。

第二十三条 卫生计生行政部门作出不予卫生行政许可的书面决定的，应当说明理由，告知申请人享有依法申请行政复议或者提起行政诉讼的权利，并加盖卫生计生行政部门印章。

第二十四条 申请人的申请符合法定条件、标准的，卫生计生行政部门应当依法作出准予卫生行政许可的书面决定。依法需要颁发卫生行政许可证件的，应当向申请人颁发加盖卫生计生行政部门印章的卫生行政许可证件。

卫生行政许可证件应当按照规定载明证件名称、发证机关名称、持证人名称、行政许可事项名称、有效期、编号等内容，并加盖卫生计生行政部门印章，标明发证日期。

第二十五条 卫生计生行政部门作出的卫生行政许可决定，除涉及国家秘密、商业秘密或者个人隐私的外，应当予以公开，公众有权查阅。

第二十六条 卫生计生行政部门应当建立健全卫生行政许可档案管理制度，妥善保存有关申报材料和技术评价资料。

第二十七条 申请人依法取得的卫生行政许可，其适用范围没有地域限制的，在全国范围内有效，各级卫生计生行政部门不得采取备案、登记、注册等方式重复或者变相重复实施卫生行政许可。

第二十八条 同一公民、法人或者其他组织在同一地点的生产经营场所需要多项卫生行政许可，属于同一卫生计生行政部门实施行政许可的，卫生计生行政部门可以只发放一个卫生行政许可证件，其多个许可项目应当分别予以注明。

第四章 听 证

第二十九条 法律、法规、规章规定实施卫生行政许可应当听证的事项，或者卫生计生行政部门认为需要听证的涉及重大公共利益的卫生行政许可事项，卫生计生行政部门应当在作出卫生行政许可决定前向社会公告，并举行听证。听证公告应当明确听证事项、听证举行的时间、地点、参加人员要求及提出申请的时间和方式等。

第三十条 卫生行政许可直接涉及申请人与他人之间重大利益关系，卫生计生行政部门应当在作出卫生行政许可决定前发出卫生行政许可听证告知书，告知申请人、利害关系人有要求听证的权利。

第三十一条 申请人、利害关系人要求听证的，应当自收到卫生计生行政部门卫生行政许可听证告知书后五日内提交申请听证的书面材料。逾期不提交的，视为放弃听证的权利。

第三十二条 卫生计生行政部门应当在接到申请人、利害关系人申请听证的书面材料二十日内组织听证，并在举行听证的七日前，发出卫生行政许可听证通知书，将听证的事项、时间、地点通知申请人、利害关系人。

第三十三条 申请人、利害关系人在举行听证前，撤回听证申请的，应当准许，并予记录。

第三十四条 申请人、利害关系人可以亲自参加听证，也可以委托代理人参加听证，代理人应当提供委托代理证明。

第三十五条 根据规定需要听证的，由卫生计生行政部门具体实施行政许可的机构负责组织。听证由卫生计生行政部门的法制机构主持。

申请人、利害关系人不承担卫生计生行政部门组织听证的费用。

第三十六条 申请人、利害关系人认为听证主持人与卫生行政许可有直接利害关系的，有权申请回避。

第三十七条 有下列情形之一的，可以延期举行听证：

（一）申请人、利害关系人有正当理由未到场的；

（二）申请人、利害关系人提出回避申请理由成立，需要重新确定主持人的；

（三）其他需要延期的情形。

第三十八条 举行听证时，卫生行政许可审查人提出许可审查意见，申请人、利害关系人进行陈述、申辩和质证。

第三十九条 听证应当制作笔录，听证笔录应当载明下列事项：

（一）卫生行政许可事项；

（二）听证参加人姓名、年龄、身份；

（三）听证主持人、听证员、书记员姓名；

（四）举行听证的时间、地点、方式；

（五）卫生行政许可审查人提出的许可审查意见；

（六）申请人、利害关系人陈述、申辩和质证的内容。

听证主持人应当在听证后将听证笔录当场交申请人、利害关系人审核，并签名或盖章。申请人、利害关系人拒绝签名的，由听证主持人在听证笔录上说明情况。

第四十条 听证结束后，听证主持人应当依据听证情况，提出书面意见。

第四十一条 听证所需时间不计算在卫生行政许可期限内。

第五章 变更与延续

第四十二条 被许可人在卫生行政许可有效期满前要求变更卫生行政许可事项的，应当向作出卫生行政许可决定的卫生计生行政部门提出申请，并按照要求提供有关材料。

卫生计生行政部门对被许可人提出的变更申请，应当按照有关规定进行审查。对符合法定条件和要求的，卫生计生行政部门应当依法予以变更，并换发行政许可证件或者在原许可证件上予以注明；对不符合法定条件和要求的，卫生计生行政部门应当作出不予变更行政许可的书面决定，并说明理由。

第四十三条 按照法律、法规、规章规定不属于可以变更情形的，应当按照规定重新申请卫生行政许可。

第四十四条 被许可人依法需要延续卫生行政许可有效期的，应当在该卫生行政许可有效期届满30日前向作出卫生行政许可决定的卫生计生行政部门提出申请，并按照要求提供有关材料。但法律、法规、规章另有规定的，依照其规定。

第四十五条 卫生计生行政部门接到延续申请后，应当按照本办法的有关规定作出受理或者不予受理的决定。受理延续申请的，应当在该卫生行政许可有效期届满前作出是否准予延续的决定；逾期未作决定，视为准予延续。

卫生计生行政部门作出不受理延续申请或者不准予延续决定的，应当书面告知理由。

被许可人未按照规定申请延续和卫生计生行政部门不受理延续申请或者不准予延续的，卫生行政许可有效期届满后，原许可无效，由作出卫生行政许可决定的卫生计生行政部门注销并公布。

第四十六条 依法取得的卫生行政许可，除法律、法规规定依照法定条件和程序可以转让的外，不得转让。

第六章 监督检查

第四十七条 卫生计生行政部门应当建立健全行政许可管理制度，对卫生行政许可行为和被许可人从事卫生行政许可事项的活动实施全面监督。

第四十八条 上级卫生计生行政部门应当加强对下级卫生计生行政部门实施的卫生行政许可的监督检查，发现下级卫生计生行政部门实施卫生行政许可违反规定的，应当责令下级卫生计生行政部门纠正或者直接予以纠正。

第四十九条 卫生计生行政部门发现本机关工作人员违反规定实施卫生行政许可的，应当立即予以纠正。

卫生计生行政部门发现其他地方卫生计生行政部门违反规定实施卫生行政许可的，应当立即报告共同上级卫生计生行政部门。接到报告的卫生计生行政部门应当及时进行核实，对情况属实的，应当责令有关卫生计生行政部门立即纠正；必要时，上级卫生计生行政部门可以直接予以纠正。

第五十条 卫生计生行政部门应当加强对被许可人从事卫生行政许可事项活动情况的监督检查，并按照规定记录监督检查情况和处理结果，监督检查记录应当按照要求归档。

第五十一条 卫生计生行政部门依法对被许可人生产、经营、服务的场所和生产经营的产品以及使用的用品用具等进行实地检查、抽样检验、检测时，应当严格遵守卫生行政执法程序和有关规定。

第五十二条 卫生计生行政部门实施监督检查，不得妨碍被许可人正常生产经营和服务活动，不得索取或者收受被许可人的财物，不得谋取其它利益。

卫生计生行政部门对被许可人提供的有关技术资料和商业秘密负有保密责任。

第五十三条 对违法从事卫生行政许可事项活动的，卫生计生行政部门应当及时予以查处。对涉及本辖区外的违法行为，应当通报有关卫生计生行政部门进行协查；接到通报的卫生计生行政部门应当及时组织协查；必要时，可以报告上级卫生计生行政部门组织协查；对于重大案件，由国家卫生计生委组织协查。

卫生计生行政部门应当将查处的违法案件的违法事实、处理结果告知作出卫生行政许可决定的卫生计生行政部门。

第五十四条 卫生计生行政部门应当设立举报、投诉电话，任何单位和个人发现违法从事卫生行政许可事项的活动，有权向卫生计生行政部门举报，卫生计生行政部门应当及时核实、处理。

第五十五条 卫生计生行政部门在安排工作经费时，应当优先保证实施卫生行政许可所需经费。

卫生计生行政部门实施卫生行政许可时，除法律、行政法规规定外，不得收取任何费用。

第五十六条 被许可人取得卫生行政许可后，应当严格按照许可的条件和要求从事相应的活动。

卫生计生行政部门发现被许可人从事卫生行政许可事项的活动，不符合其申请许可时的条件和要求的，应当责令改正；逾期不改正的，应当依法收回或者吊销卫生行政许可。

第五十七条 有下列情况之一的，作出卫生行政许可决定的卫生计生行政部门或者上级卫生计生行政部门，可以撤销卫生行政许可：

（一）卫生计生行政部门工作人员滥用职权，玩忽职守，对不符合法定条件的申请人作出准予卫生行政许可决定的；

（二）超越法定职权作出准予卫生行政许可决定的；

（三）违反法定程序作出准予卫生行政许可决定的；

（四）对不具备申请资格或者不符合法定条件的申请人准予卫生行政许可的；

（五）依法可以撤销卫生行政许可决定的其它情形。

被许可人以欺骗、贿赂等不正当手段取得卫生行政许可的，应当予以撤销。

撤销卫生行政许可，可能对公共利益造成重大损失的，不予撤销。依照本条第一款的规定撤销卫生行政许可，被许可人的合法权益受到损害的，卫生计生行政部门应当依法予以赔偿。

第五十八条 有下列情形之一的，卫生计生行政部门应当依法办理有关卫生行政许可的注销手续：

（一）卫生行政许可复验期届满或者有效期届满未延续的；

（二）赋予公民特定资格的卫生行政许可，该公民死亡或者丧失行为能力的；

（三）法人或其他组织依法终止的；

（四）卫生行政许可被依法撤销、撤回、或者卫生行政许可证件被依法吊销的；

（五）因不可抗力导致卫生行政许可事项无法实施的；

（六）法律、法规规定的应当注销卫生行政许可的其它情形。

第五十九条 各级卫生计生行政部门应当定期对其负责实施的卫生行政许可工作进行评价，听取公民、法人或者其他组织对卫生行政许可工作的意见和建议，并研究制定改进工作的措施。

第七章 法律责任

第六十条 卫生计生行政部门及其工作人员违反本办法规定，有下列行为之一的，由上级卫生计生行政部门责令改正；拒不改正或者有其他情节严重的情形，对直接负责的主管人员和其他直接责任人员依法给予行政处分：

（一）对符合法定条件的卫生行政许可申请不予受理的；

（二）不在卫生行政许可受理场所公示依法应当公示的材料的；

（三）在受理、审查、决定卫生行政许可过程中，未向申请人、利害关系人履行法定告知义务的；

（四）申请人提交的申请材料不齐全、不符合法定形式，能够一次告知而未一次告知申请人必须补正的全部内容的；

（五）未向申请人说明不予受理或者不予卫生行政许可的理由的；

（六）依法应当举行听证而不举行听证的。

第六十一条 卫生计生行政部门及其工作人员违反本办法规定，有下列行为之一的，由上级卫生计生行政部门责令改正，并对直接负责的主管人员和其他直接责任人员依法给予行政处分；涉嫌构成犯罪的，移交司法机关追究刑事责任：

（一）对不符合法定条件的申请人准予卫生行政许可或者超越法定职权作出准予卫生行政许可决定的；

（二）对符合法定条件的申请人不予卫生行政许可或者不在法定期限内作出准予卫生行政许可决定的；

（三）索取或者收受财物或者谋取其他利益的；

（四）法律、行政法规规定的其他违法情形。

第六十二条 卫生计生行政部门不依法履行监督职责或者监督不力，造成严重后果的，由其上级卫生计生行政部门责令改正，并对直接负责的主管人员和其他责任人员依法给予行政处分；涉嫌构成犯罪的，移交司法机关追究刑事责任。

第六十三条 申请人提供虚假材料或者隐瞒真实情况的，卫生计生行政部门不予受理或者不予许可，并给予警告，申请人在一年内不得再次申请该许可事项。

第六十四条 被许可人以欺骗、贿赂等不正当手段取得卫生行政许可的，卫生计生行政部门应当依法给予行政处罚，申请人在三年内不得再次申请该卫生行政许可；涉嫌构成犯罪的，移交司法机关追究刑事责任。

第六十五条 被许可人有下列行为之一的，卫生计生行政部门应当依法给予行政处罚；涉嫌构成犯罪的，移交司法机关追究刑事责任：

（一）涂改、倒卖、出租、出借或者以其他方式非法转让卫生行政许可证件的；

（二）超越卫生行政许可范围进行活动的；

（三）在卫生监督检查中提供虚假材料、隐瞒活动真实情况或者拒绝提供真实材料的；

（四）应依法申请变更的事项未经批准擅自变更的；

（五）法律、法规、规章规定的其他违法行为。

第六十六条 公民、法人或者其他组织未经卫生行政许可，擅自从事依法应当取得卫生行政许可的活动的，由卫生计生行政部门依法采取措施予以制止，并依法给予行政处罚；涉嫌构成犯罪的，移交司法机关追究刑事责任。

第八章 附 则

第六十七条 本办法规定的实施卫生行政许可的期限是指工作日，不包括法定节假日。

第六十八条 本办法规定的卫生行政许可文书样本

供各地参照执行。除本办法规定的文书样本外,省级卫生计生行政部门可根据工作需要补充相应文书。

第六十九条 本办法自发布之日起施行。

附件:卫生行政许可文书(略)

卫生行政处罚程序

· 1997年6月19日卫生部令第53号发布
· 根据2006年2月13日《卫生部关于修改〈卫生行政处罚程序〉第二十九条的通知》修订

第一章 总 则

第一条 为保证卫生行政机关正确行使行政处罚职权,保护公民、法人和其他组织的合法权益,维护公共利益和社会秩序,根据《行政处罚法》和有关卫生法律、法规的规定,制定本程序。

第二条 本程序所指行政处罚,是指县级以上卫生行政机关依据卫生法律、法规、规章,对应受制裁的违法行为,作出的警告、罚款、没收违法所得、责令停产停业、吊销许可证以及卫生法律、行政法规规定的其他行政处罚。

第三条 县级以上卫生行政机关对违反卫生法律、法规、规章的单位或个人进行行政处罚,适用本程序。

卫生法律、法规授予卫生行政处罚职权的卫生机构行使卫生行政处罚权的,依照本程序执行。

第四条 卫生行政机关实施行政处罚必须事实清楚,证据确凿,适用法律、法规、规章正确,坚持先调查取证后裁决、合法、适当、公正、公开和处罚与教育相结合的原则。

第五条 卫生行政机关应当建立对卫生行政处罚的监督制度。上级卫生行政机关对下级卫生行政机关实施行政处罚进行监督,卫生行政机关内部法制机构对本机关实施行政处罚进行监督。

第二章 管 辖

第六条 县级以上卫生行政机关负责查处所辖区域内的违反卫生法律、法规、规章的案件。

省级卫生行政机关可依据卫生法律、法规、规章和本地区的实际,规定所辖区内管辖的具体分工。

卫生部负责查处重大、复杂的案件。

第七条 上级卫生行政机关可将自己管辖的案件移交下级卫生行政机关处理;也可根据下级卫生行政机关的请求处理下级卫生行政机关管辖的案件。

第八条 两个以上卫生行政机关,在管辖发生争议时,报请其共同的上级卫生行政机关指定管辖。

第九条 卫生行政机关发现查处的案件不属于自己管辖,应当及时书面移送给有管辖权的卫生行政机关。

受移送的卫生行政机关应当将案件查处结果函告移送的卫生行政机关。

受移送地的卫生行政机关如果认为移送不当,应当报请共同的上级卫生行政机关指定管辖,不得再自行移送。

第十条 上级卫生行政机关在接到有关解决管辖争议或者请求移送管辖的请示后,应当在十日内作出具体管辖决定。

第十一条 国境卫生检疫机关依据国境卫生检疫法律、法规实施的行政处罚,由违法行为发生地的国境卫生检疫机关管辖。

卫生部卫生检疫局负责查处重大、复杂的案件。

卫生部卫生检疫局下设的国境卫生检疫机关间对管辖发生争议时,报请卫生部卫生检疫局指定管辖。

第十二条 法律、法规规定的受卫生部委托的有关部门的卫生主管机构,或者由卫生部会同其规定监督职责的国务院有关部门的卫生主管机构,负责规定管辖范围内的案件。

第十三条 卫生行政机关与第十二条所指的有关部门的卫生主管机构对管辖发生争议的,报请省级卫生行政机关指定管辖。

第三章 受理与立案

第十四条 卫生行政机关对下列案件应当及时受理并做好记录:

(一)在卫生监督管理中发现的;
(二)卫生机构监测报告的;
(三)社会举报的;
(四)上级卫生行政机关交办、下级卫生行政机关报请的或者有关部门移送的。

第十五条 卫生行政机关受理的案件符合下列条件的,应当在七日内立案:

(一)有明确的违法行为人或者危害后果;
(二)有来源可靠的事实依据;
(三)属于卫生行政处罚的范围;
(四)属于本机关管辖。

卫生行政机关对决定立案的应当制作报告,由直接领导批准,并确定立案日期和两名以上卫生执法人员为承办人。

第十六条 承办人有下列情形之一的,应当自行回避:

（一）是本案当事人的近亲属；

（二）与本案有利害关系；

（三）与本案当事人有其他利害关系，可能影响案件公正处理的。

当事人有权申请承办人回避。

回避申请由受理的卫生行政机关负责人决定。

第四章 调查取证

第十七条 对于依法给予卫生行政处罚的违法行为，卫生行政机关应当调查取证，查明违法事实。案件的调查取证，必须有两名以上执法人员参加，并出示有关证件。

对涉及国家机密、商业秘密和个人隐私的，应当保守秘密。

第十八条 卫生执法人员应分别询问当事人或证人，并当场制作询问笔录。询问笔录经核对无误后，卫生执法人员和被询问人应当在笔录上签名。被询问人拒绝签名的，应当由两名卫生执法人员在笔录上签名并注明情况。

第十九条 卫生执法人员进行现场检查时，应制作现场检查笔录，笔录经核对无误后，卫生执法人员和被检查人应当在笔录上签名，被检查人拒绝签名的，应当由两名卫生执法人员在笔录上签名并注明情况。

第二十条 调查取证的证据应当是原件、原物，调查取证原件、原物确有困难的，可由提交证据的单位或个人在复制品、照片等物件上签章，并注明"与原件（物）相同"字样或文字说明。

第二十一条 书证、物证、视听材料、证人证言、当事人陈述、鉴定结论、勘验笔录、现场检查笔录等，经卫生执法人员审查或调查属实，为卫生行政处罚证据。

第二十二条 卫生行政机关在收集证据时，在证据可能灭失、或者以后难以取得的情况下，经卫生行政机关负责人批准，可以先行登记保存。执法人员应向当事人出具由行政机关负责人签发的保存证据通知书。

卫生行政机关应当在七日内作出处理决定。卫生法律、法规另有规定的除外。

第二十三条 卫生执法人员调查违法事实，需要采集鉴定检验样品的，应当填写采样记录。所采集的样品应标明编号并及时进行鉴定检验。

第二十四条 调查终结后，承办人应当写出调查报告。其内容应当包括案由、案情、违法事实、违反法律、法规或规章的具体款项等。

第五章 处罚决定

第一节 一般程序

第二十五条 承办人在调查终结后，应当对违法行为的事实、性质、情节以及社会危害程度进行合议并作好记录，合议应当根据认定的违法事实，依照有关卫生法律、法规和规章的规定分别提出下列处理意见：

（一）确有应当受行政处罚的违法行为的，依法提出卫生行政处罚的意见；

（二）违法行为轻微的，依法提出不予卫生行政处罚的意见；

（三）违法事实不能成立的，依法提出不予卫生行政处罚的意见；

（四）违法行为不属于本机关管辖的，应当移送有管辖权的机关处理；

（五）违法行为构成犯罪需要追究刑事责任的，应当移送司法机关。同时应当予以行政处罚的，还应当依法提出卫生行政处罚的意见。

除前款第一项、第五项所述情形之外，承办人应制作结案报告，并经本机关负责人批准后结案。

第二十六条 卫生行政机关在作出合议之后，应当及时告知当事人行政处罚认定的事实、理由和依据，以及当事人依法享有的权利。适用听证程序的按本程序第三十三条规定。

卫生行政机关必须充分听取当事人的陈述和申辩，并进行复核，当事人提出的事实、理由或者证据成立的，应当采纳。

卫生行政机关不得因当事人申辩而加重处罚。

第二十七条 对当事人违法事实已查清，依据卫生法律、法规、规章的规定应给予行政处罚的，承办人应起草行政处罚决定书文稿，报卫生行政机关负责人审批。

卫生行政机关负责人应根据情节轻重及具体情况作出行政处罚决定。对于重大、复杂的行政处罚案件，应当由卫生行政机关负责人集体讨论决定。

行政处罚决定作出后，卫生行政机关应当制作行政处罚决定书。

第二十八条 卫生行政机关适用一般程序实施行政处罚时，对已有证据证明的违法行为，应当在发现违法行为或调查违法事实时，书面责令当事人改正或限期改正违法行为。

第二十九条 卫生行政机关应当自立案之日起三个月内作出行政处罚决定。

因特殊原因,需要延长前款规定的时间的,应当报请上级卫生行政机关批准。省级卫生行政机关需要延长时间的,由省级卫生行政机关负责人集体讨论决定。

第二节 听证程序

第三十条 卫生行政机关在作出的责令停产停业、吊销许可证或者较大数额罚款等行政处罚决定前,应当告知当事人有要求举行听证的权利。当事人要求听证的,卫生行政机关应当组织听证。听证由卫生行政机关内部法制机构或主管法制工作的综合机构负责。

对较大数额罚款的听证范围依照省、自治区、直辖市人大常委会或人民政府的具体规定执行。

国境卫生检疫机关对二万元以上数额的罚款实行听证。

第三十一条 听证遵循公正、公开的原则。除涉及国家秘密、商业秘密或者个人隐私外,听证应当以公开的方式进行。

听证实行告知、回避制度,依法保障当事人的陈述权和申辩权。

第三十二条 听证由作出行政处罚的卫生行政机关组织。当事人不承担卫生行政机关听证的费用。

第三十三条 卫生行政机关对于适用听证程序的卫生行政处罚案件,应当在作出行政处罚决定前,向当事人送达听证告知书。

听证告知书应当载明下列主要事项:

(一)当事人的姓名或者名称;

(二)当事人的违法行为、行政处罚的理由、依据和拟作出的行政处罚决定;

(三)告知当事人有要求听证的权利;

(四)告知提出听证要求的期限和听证组织机关。

听证告知书必须盖有卫生行政机关的印章。

第三十四条 卫生行政机关决定予以听证的,听证主持人应当在当事人提出听证要求之日起二日内确定举行听证时间、地点和方式,并在举行听证的七日前,将听证通知书送达当事人。

听证通知书应载明下列事项并加盖卫生行政机关印章:

(一)当事人的姓名或者名称;

(二)举行听证的时间、地点和方式;

(三)听证人员的姓名;

(四)告知当事人有权申请回避;

(五)告知当事人准备证据、通知证人等事项。

第三十五条 当事人接到听证通知书后,应当按期出席听证会。因故不能如期参加听证的,应当事先告知主持听证的卫生行政机关,并且获得批准。无正当理由不按期参加听证的,视为放弃听证要求,卫生行政机关予以书面记载。在听证举行过程中当事人放弃申辩和退出听证的,卫生行政机关可以宣布听证终止,并记入听证笔录。

第三十六条 卫生行政机关的听证人员包括听证主持人、听证员和书记员。

听证主持人由行政机关负责人指定本机关内部的非本案调查人员担任,一般由本机关法制机构人员或者专职法制人员担任。

听证员由卫生行政机关指定一至二名本机关内部的非本案调查人员担任。协助听证主持人组织听证。

书记员由卫生行政机关内部的一名非本案调查人员担任,负责听证笔录的制作和其他事务。

第三十七条 当事人认为听证主持人、听证员和书记员与本案有利害关系的,有权申请回避。听证员和书记员的回避,由听证主持人决定;听证主持人的回避由听证机构行政负责人决定。

第三十八条 有下列情形之一的,可以延期举行听证:

(一)当事人有正当理由未到场的;

(二)当事人提出回避申请理由成立,需要重新确定主持人的;

(三)需要通知新的证人到场,或者有新的事实需要重新调查核实的;

(四)其他需要延期的情形。

第三十九条 举行听证时,案件调查人提出当事人违法事实、证据和适用听证程序的行政处罚建议,当事人进行陈述、申辩和质证。

案件调查人员对认定的事实负有举证责任,当事人对自己提出的主张负有举证责任。

第四十条 听证应当制作笔录,听证笔录应当载明下列事项:

(一)案由;

(二)听证参加人姓名或名称、地址;

(三)听证主持人、听证员、书记员姓名;

(四)举行听证的时间、地点、方式;

(五)案件调查人员提出的事实、证据和适用听证程序的行政处罚建议;

(六)当事人陈述、申辩和质证的内容;

(七)听证参加人签名或盖章。

听证主持人应当在听证后将听证笔录当场交当事人

和案件调查人审核,并签名或盖章。当事人拒绝签名的,由听证主持人在听证笔录上说明情况。

第四十一条 听证结束后,听证主持人应当依据听证情况,提出书面意见。

第四十二条 卫生行政机关应当根据听证情况进行复核,违法事实清楚的,依法作出行政处罚决定;违法事实与原来认定有出入的,可以进行调查核实,在查清事实后,作出行政处罚决定。

第三节 简易程序

第四十三条 对于违法事实清楚、证据确凿并有下列情形之一的,卫生行政机关可当场作出卫生行政处罚决定:

(一)予以警告的行政处罚;
(二)对公民处以五十元以下罚款的行政处罚;
(三)对法人或者其他组织处以一千元以下罚款的行政处罚。

第四十四条 卫生行政执法人员当场作出行政处罚决定的,应当向当事人出示证件,填写预定格式、编有号码并加盖卫生行政机关印章的当场行政处罚决定书。

前款规定的行政处罚决定书应当载明当事人的违法行为、行政处罚依据(适用的法律、法规、规章名称及条、款、项)、具体处罚决定、时间、地点、卫生行政机关名称,并由执法人员签名或盖章。

第四十五条 卫生行政机关适用简易程序作出卫生行政处罚决定的,应在处罚决定书中书面责令当事人改正或限期改正违法行为。

第四十六条 卫生行政执法人员当场作出的行政处罚决定,应当在七日内报所属卫生行政机关备案。

第四节 送 达

第四十七条 卫生行政处罚决定书应当在宣告后当场交付当事人并取得送达回执。当事人不在场的,卫生行政机关应当在七日内依照本节规定,将卫生行政处罚决定书送达当事人。

卫生行政处罚决定书由承办人送达被处罚的单位或个人签收,受送达人在送达回执上记明收到日期、签名或盖章。受送达人在送达回执上的签收日期为送达日期。

送达行政处罚决定书应直接送交受送达人。受送达人是公民的,本人不在时,交同住成年家属签收;受送达人是法人或者其他组织的,应由法定代表人、其他组织的主要负责人或者该法人、其他组织负责收件人员签收。

第四十八条 受送达人或者其同住成年家属拒收行政处罚决定书的,送达人应当邀请有关基层组织或者所在单位人员到场并说明情况,在行政处罚决定书送达回执上注明拒收事由和日期,由送达人、见证人签名(盖章),将行政处罚决定书留在被处罚单位或者个人处,即视为送达。

第四十九条 直接送达有困难的,可以委托就近的卫生行政机关代送或者用挂号邮寄送达,回执注明的收件日期即为送达日期。

第五十条 受送达人下落不明,或者依据本程序的其他方式无法送达的,以公告方式送达。

自发出公告之日起,经过六十日,即视为送达。

第六章 执行与结案

第五十一条 卫生行政处罚决定作出后,当事人应当在处罚决定的期限内予以履行。

第五十二条 当事人对卫生行政处罚决定不服申请行政复议或者提起行政诉讼的,行政处罚不停止执行,但行政复议或行政诉讼期间裁定停止执行的除外。

第五十三条 作出罚款决定的卫生行政机关应当与收缴罚款的机关分离,除按规定当场收缴的罚款外,作出行政处罚决定的卫生行政机关及卫生执法人员不得自行收缴罚款。

第五十四条 依据本程序第四十三条当场作出卫生行政处罚决定,有下列情形之一的,卫生执法人员可以当场收缴罚款:

(一)依法给予二十元以下罚款的;
(二)不当场收缴事后难以执行的;

卫生行政机关及其卫生执法人员当场收缴罚款的,必须向当事人出具省、自治区、直辖市财政部门统一制发的罚款收据。

第五十五条 在边远、水上、交通不便地区,卫生行政机关及卫生执法人员依照本程序规定作出处罚决定后,当事人向指定的银行缴纳罚款确有困难的,经当事人提出,卫生行政机关及其卫生执法人员可以当场收缴罚款。

第五十六条 当事人在法定期限内不申请行政复议或者不提起行政诉讼又不履行的,卫生行政机关可以采取下列措施:

(一)到期不缴纳罚款的每日按罚款数额的百分之三加处罚款;
(二)申请人民法院强制执行。

第五十七条 卫生行政处罚决定履行或者执行后,承办人应当制作结案报告,并将有关案件材料进行整理装订,加盖案件承办人印章,归档保存。

第五十八条　卫生行政机关应当将适用听证程序的行政处罚案件在结案后一个月内报上一级卫生行政机关法制机构备案。

卫生部卫生检疫局适用听证程序的行政处罚案件，应当报卫生部法制机构备案。

第七章　附　则

第五十九条　本程序所称卫生执法人员是指依照卫生法律、法规、规章聘任的卫生监督员。

第六十条　卫生行政机关及其卫生执法人员违反本程序实施行政处罚，将依照《行政处罚法》的有关规定，追究法律责任。

第六十一条　卫生行政处罚文书规范由卫生部另行制定。

第六十二条　本程序由卫生部负责解释。

第六十三条　本程序自发布之日起实行。以前发布的有关规定与本程序不符的，以本程序为准。

卫生行政执法责任制若干规定

· 2005 年 6 月 9 日
· 卫监督发〔2005〕233 号

第一章　总　则

第一条　为了规范卫生行政执法行为，落实行政执法责任，提高卫生行政执法水平，保障各项卫生法律、法规、规章全面正确实施，根据国家有关法律、行政法规，制定本规定。

第二条　卫生行政执法责任制是卫生行政部门根据依法行政的要求，以落实行政执法责任为核心，以卫生行政执法行为合法、规范、高效为基本要求，以卫生行政执法监督和过错责任追究为保障的行政执法工作制度。

卫生行政执法的内容应当包括卫生行政许可、卫生监督检查、卫生行政强制措施及卫生行政处罚等依据相关法律、法规、规章作出的行政行为。

第三条　实行卫生行政执法责任制应当建立卫生行政执法激励机制和监督制约机制。

第四条　各级人民政府卫生行政部门负责制定辖区内卫生行政执法责任制并组织实施；上级卫生行政部门负责对下级卫生行政部门落实卫生行政执法责任制的情况进行监督检查。

卫生行政执法责任制应当根据法律规定和职能调整及时进行修订。

第二章　基本要求

第五条　卫生行政执法责任制应当包括以下内容：

（一）明确执法范围和工作任务；

（二）划分执法责任，具体内容有：

1. 明确法定职责和权限范围；
2. 应当履行的法定义务；
3. 执法的目标和要求；
4. 应当承担的法律责任。

（三）根据卫生行政执法范围和工作任务建立卫生行政执法岗位责任制，分别落实到各级负责人、各处室（执法机构）及执法人员。

第六条　卫生行政部门应当建立健全下列制度，保证卫生行政执法责任制的落实：

（一）重大行政处罚负责人集体讨论制度；

（二）卫生行政执法文书及档案管理制度；

（三）罚没收缴物品处理管理制度；

（四）卫生监督稽查制度；

（五）过错责任追究制度；

（六）卫生法律、法规、规章的培训制度；

（七）卫生监督信息统计报告制度；

（八）卫生行政执法考核评议和奖惩制度。

第七条　卫生行政部门实施行政许可、行政处罚、监督检查、行政强制措施等具体行政行为，必须严格依照相关法律、法规、规章规定的要求，不得失职、渎职、越权和滥用职权。

第八条　卫生行政部门应当建立投诉举报受理制度，及时处理公民、法人或其他组织的投诉和举报，不得拒绝和推诿。

第九条　卫生行政部门查处行政违法案件时，发现涉嫌刑事犯罪的，应当依法及时移送司法机关处理。

第十条　卫生行政执法人员作出的具体行政行为应符合下列要求：

（一）符合管辖和职权范围；

（二）事实清楚，证据充分；

（三）适用法律法规正确，符合有关标准；

（四）执法程序合法；

（五）行政处罚合法、适当。

第十一条　卫生行政执法人员必须严格执法，公正执法，文明执法，严格依法行政。

第三章　监　督

第十二条　卫生行政部门的法制机构负责卫生行政

执法责任制实施的监督工作,其职责是:
(一)实施过错责任追究;
(二)参与重大执法和听证活动;
(三)对重大案件的调查处理实施监督;
(四)组织对卫生行政执法工作进行评议考核。

第四章 考 核

第十三条 卫生行政部门应当对本机关及所属执法机构和执法人员卫生行政执法责任制的实施情况进行考核。上级卫生行政部门应对下一级卫生行政部门执法责任制实施情况进行评议考核。

第十四条 卫生行政执法评议考核应当严格遵守公开、公平、公正的原则。在评议考核中,要公正对待、客观评价卫生行政执法人员的行政执法行为。

第十五条 卫生行政执法评议考核的标准、过程和结果都要以适当方式在一定范围内公开。

第十六条 卫生行政部门应当对在实施卫生行政执法责任制中取得显著成绩的执法机构和执法人员予以表彰和奖励。

考核结果不合格的执法机构和执法人员应当针对其不合格内容限期整改,对于整改不力的,应当取消其评比先进资格。

第五章 过错责任追究

第十七条 过错责任追究应当坚持实事求是,客观公正。

第十八条 在对责任人做出处理前,应当听取当事人的意见,保障其陈述和申辩的权利。

第十九条 各级卫生行政部门行政首长为卫生行政执法第一责任人,分管领导、执法机构负责人为主要责任人,执法人员根据职责分工承担相应的卫生行政执法责任。

第二十条 各级行政执法人员在执法活动中,因故意或重大过失有下列情形之一的,应当追究相应责任:
(一)超越法定权限的;
(二)认定事实不清、证据不足的;
(三)适用法律、法规、规章错误的;
(四)违反法定程序的;
(五)处理结果显失公正的;
(六)依法应当作为而不作为的;
(七)滥用职权侵害公民、法人和其他组织的合法权益的;
(八)卫生行政执法责任制不落实,责任不清造成重大过失的;
(九)其他违法行为。

第二十一条 行政执法人员有第二十条规定情形的,所在机构可以根据情节给予限期整改、通报批评、取消评比先进资格、离岗培训、调离执法岗位、取消执法资格等处理。情节严重,造成严重后果的,依法给予行政处分;涉嫌犯罪的,移送司法机关处理。

第二十二条 行政执法人员在行政执法中发生违法违纪问题,并造成严重社会影响的,上级卫生行政部门应当给予通报批评,取消评比先进资格等处理。

第六章 附 则

第二十三条 本规定所称过错责任,是指执法人员因故意或重大过失所造成的不良结果应承担的责任。

第二十四条 本规定由卫生部负责解释。

第二十五条 本规定自发布之日起施行。

卫生行政执法文书规范

- 2012年9月6日卫生部令第87号公布
- 根据2017年12月26日国家卫生和计划生育委员会令第18号《国家卫生计生委关于修改〈新食品原料安全性审查管理办法〉等7件部门规章的决定》修正

第一章 总 则

第一条 为规范卫生行政执法行为,保障公民、法人和其他组织的合法权益,根据《中华人民共和国行政处罚法》、《中华人民共和国行政强制法》和有关法律法规,制定本规范。

第二条 本规范规定的文书适用于监督检查、监督抽检、行政强制、行政处罚等卫生行政执法活动。

第三条 规范确定的各类文书应当按照规定的要求使用。

除本规范规定的文书样式外,省级卫生行政机关可以根据工作需要增加相应文书,并报国家卫生计生委备案。

第四条 制作的文书应当完整、准确、规范,符合相应的要求。

文书中卫生行政机关的名称应当填写机关全称。

文书本身设定文号的,应当在文书标注的"文号"位置编写相应的文号,编号方法为:"地区简称+卫+执法类别+执法性质+〔年份〕+序号"。文书本身设定编号的,应当在文书标注的"编号:"后印制编号,编号方法为:"年份+序号"。

第二章　制作要求

第五条　现场使用的文书应当按照规定的格式印制后填写。两联以上的文书应当使用无碳复写纸印制。

应当用黑色或者蓝黑色的水笔或者签字笔填写,保证字迹清楚、文字规范、文面清洁。

因书写错误需要对文书进行修改的,应当用杠线划去修改处,在其上方或者接下处写上正确内容。对外使用的文书作出修改的,应当在改动处加盖校对章,或者由对方当事人签名或者盖章。

文书也可以按照规范的格式打印。执法过程中需要利用手持移动执法设备现场打印文书的,在文书格式和内容不变的情况下,文书规格大小可以适当调整。

第六条　预先设定的文书栏目,应当逐项填写。摘要填写的,应当简明、完整、准确。签名和注明日期必须清楚无误。

第七条　调查询问所作的记录应当具体详细,涉及案件关键事实和重要线索的,应当尽量记录原话。不得使用推测性词句,以免发生词句歧义。

对方位、状态及程度的描述记录,应当依次有序、准确清楚。

第八条　当场制作的现场笔录、询问笔录、陈述和申辩笔录、听证笔录等文书,应当在记录完成后注明"以下空白",当场交由有关当事人审阅或者向当事人宣读,并由当事人签字确认。当事人认为记录有遗漏或者有差错的,应当提出补充和修改,在改动处签字或者用指纹、印鉴覆盖。

当事人认为笔录所记录的内容真实无误的,应当在笔录上注明"以上笔录属实"并签名。当事人拒不签名的,应当注明情况。采取行政强制措施时,当事人不到场的,应当邀请见证人到场在现场笔录上签名或者盖章。

第九条　各类文书中有关共性栏目的填写方法:

文书本身设有"当事人"项目的,按照以下要求填写:是法人或者其他组织的,应当填写单位的全称、地址、联系电话,法定代表人(负责人)的姓名、性别、民族、职务等内容;是个人的,应当填写姓名、性别、身份证号、民族、住址、联系电话等内容。"案件来源"按照《卫生行政处罚程序》的规定要求填写。

文书首页不够记录时,可以续页记录,但首页及续页均应当有当事人签名并注明日期。

案由统一写法为当事人名称(姓名)+具体违法行为+案。如有多个违法行为,以主要的违法行为作为案由。

文书本身设有"当事人"项目的,在填写案由时可以省略有关当事人的内容。

第十条　对外使用的文书本身设定签收栏的,在直接送达的情况下,应当由当事人直接签收。没有设定的,一般应当使用送达回执。

第十一条　产品样品采样记录,是采集用于鉴定检验的健康相关产品及其他产品的书面记录。

采样记录应当写明被采样人、采样地址、采样方法、采样时间、采样目的等内容。

样品基本情况应当写明样品名称、样品规格、样品数量、样品包装状况或者储存条件、样品的生产日期及批号、样品标注的生产或者进口代理单位、采集样品的具体地点。

第十二条　非产品样品采样记录,是从有关场所采集鉴定检验用样品的书面记录。

非产品样品采样记录应当写明被采样人、采样地点、采样方法、采样时间、采样目的、采样设备或者仪器名称、采集样品名称、编号及份数。

此外,还应当对被采集样品的物品或者场所的状况进行客观的描述。

第十三条　产品样品确认告知书,是实施卫生监督抽检的卫生行政机关为确认产品的真实生产或者进口代理单位,向标签标注的生产或者进口代理单位发出的文书。

告知书应当写明样品的基本情况,采样日期、被采样单位或者地址、样品标识的生产或者进口代理单位及地址、生产日期或者批号、标识、规格、样品名称等内容。还应当告知确认的方式、时间、地点、联系人、联系电话、联系地址和邮政编码等,并告知逾期未回复确认的,视为对样品真实性无异议。

第十四条　检验结果告知书,是卫生行政机关将抽检不合格样品的检验结果告知相应当事人的文书。

告知书应当写明被检验的产品或者其他物品的名称,检验结果不符合国家有关卫生标准规定的情况,并告知当事人依照规定是否有申请复核的权利及提出复核申请的期限等内容。

第十五条　卫生监督意见书,是卫生行政机关制作的对被监督单位或者个人具有指导性或者指令性作用的文书。

对存在违法事实,依法需要责令改正的,应当写明法律依据、改正期限及责令改正意见等内容。

第十六条　卫生行政执法事项审批表,是在作出证据先行登记保存、行政强制、行政处罚等行政决定前,由卫生行政机关负责人对拟作出的行政决定意见进行审查,并签署审批意见的文书。也适用于因情况紧急需要当场实施行政强制措施,事后补办批准手续的情形。

审批表应当写明当事人、案由、申请审批事项、承办人处理意见、审核意见及部门负责人审批意见等。

申请行政处罚审批时,申请审批事项中应当写明主要违法事实、证据、处罚理由及依据。申请证据先行登记保存、行政强制审批时,申请审批事项中应当写明原因及依据。

第十七条 卫生行政控制决定书,是卫生行政机关发现当事人生产经营的产品或者场所已经或者可能对人体健康产生危害,需要对物品或者场所采取控制措施时发出的文书。

决定书应当写明当事人全称、控制的原因、控制的法律依据和作出处理决定的期限,对控制的物品或者场所应当写明物品或者场所的名称、控制地点、控制方式等内容。

第十八条 解除卫生行政控制决定书,是卫生行政机关确认被控制的物品或者场所不能或者不可能对人体健康构成危害时,决定对被控制的物品或者场所解除控制时发出的文书。

决定书应当写明当事人全称及控制文书作出的时间及文号。

第十九条 查封、扣押决定书,是卫生行政机关为制止违法行为、防止证据毁损、避免危害发生、控制危险扩大,依法对涉案的场所、设施或者财物采取查封、扣押措施时发出的文书。

决定书中应当写明当事人的姓名或者名称、地址,查封、扣押的理由、依据和期限,查封、扣押场所、设施或者财物的名称、数量等,并告知当事人申请行政复议或者提起行政诉讼的途径和期限。

对物品需要进行检测、检验、检疫或者技术鉴定的,应当告知当事人所需的时间,同时告知查封、扣押的期间不包括检测、检验、检疫或者技术鉴定的期间。

第二十条 查封、扣押处理决定书,是卫生行政机关在规定的期限内对被采取查封、扣押行政强制措施的场所、设施或者财物作出处理决定时发出的文书。

处理决定书应当写明当事人的姓名或者名称,查封扣押决定书作出的时间、文号及具体处理意见。

第二十一条 查封、扣押延期通知书,是因案情复杂,需要延长查封、扣押期限时发出的文书。

延期通知书应当写明当事人的姓名或者名称,查封扣押的期限,并说明理由。

第二十二条 物品清单,是作出查封、扣押、没收物品等行政决定时,附于查封、扣押决定书,行政处罚决定书等文书后,用于登记相关物品所使用的文书。

物品清单应当注明被附文书的名称及文号,并写明物品名称、数量、生产或进口代理单位、生产日期及批号等内容,由当事人、案件承办人签名。

第二十三条 公告,是指卫生行政机关为制止违法行为或者防止危害后果扩大,对当事人的违法行为依法采取执法行为并需要公众知晓或者配合时使用的文书。

公告应当写明违法当事人的姓名或者名称、地点、违法事实、违反的法律条款、处理依据及时间。公告的纸张规格大小可以根据实际需要确定。

第二十四条 封条,是为调查取证、保存证据或者防止危害进一步扩大等,对特定生产经营场所、物品等采取临时停止使用,以及禁止销售、转移、损毁、隐匿物品等措施时使用的文书。

封条上应当注明日期和期限,并加盖公章。封条的规格可以根据实际需要确定。

第二十五条 案件受理记录,是对检查发现、群众检举或者控告,上级卫生行政机关交办、下级卫生行政机关报请、有关部门移送来的案件,按照规定的权限和程序办理案件受理手续,所作的文字记录。

案发单位或者个人的信息应当根据所获得的信息填写。

案情摘要应当写明主要违法事实,包括案发时间、案发地点、重要证据及造成的危害和影响等内容。

负责人意见,是负责人对案件的处理意见。

第二十六条 立案报告,是对受理的案件进行初步核实后,确认有违法事实,属于本机关管辖,并需给予行政处罚的,为了对案件展开调查,向主管卫生行政机关负责人或主管科(处、室)负责人提出的书面报告。

案情摘要应当按照性质和程度,由大到小、从重到轻加以排列,逐个罗列事实并加以简要说明。同时要指明当事人涉嫌违反的具体法律条款。

负责人审批意见,是负责人对查处案件的批示,如是否批准立案,对批准立案的应当确定承办人员。

第二十七条 案件移送书,是将不属于本单位或者本部门管辖的案件,移送有关单位或者部门处理的文书。

案件移送书应当写明移送案件的受理时间、案由、移送原因、移送的法律依据。

卫生行政机关应当将案件材料一并移送,并做好交接记录。

第二十八条 现场笔录,是在案件调查、现场监督检查或者采取行政强制措施过程中,对与案件有关的现场环境、场所、设施、物品、人员、生产经营过程等进行现场检查时作的记录。

检查时间指在现场检查的具体时间,起止时间应当写明:年、月、日、时、分至几时几分。

检查地点应当写明现场检查的具体方位和具体地点。

检查内容记录要将现场监督检查涉及案件事实的有关情况准确、客观地记录下来。

第二十九条 询问笔录,是为查明案件事实,收集证据,而向案件当事人、证人或者其他有关人员调查了解有关情况时作的记录。

被询问人的基本情况应当记录姓名、性别、年龄、住址(联系地址)、身份证号等。

询问时间应当写明起止时间。

询问地点应当写明具体地点。

询问内容应当记录被询问人提供的与案件有关的全部情况,包括案件发生的时间、地点、事实经过、因果关系、后果等。

第三十条 证据先行登记保存决定书,是要求当事人对需要保全的证据在登记造册后进行保管的文书。

决定书应当写明保存方式、保存期限、保存地点以及保存证据的有关内容。

第三十一条 证据先行登记保存处理决定书,是卫生行政机关在规定的期限内对被保存的证据作出处理决定的文书。

处理决定书应当写明当事人全称,保存决定书作出的时间、文号及具体处理决定。

第三十二条 案件调查终结报告,是案件调查终结后,承办人就案情事实、对所调查问题性质的认识、对当事人责任的分析、对当事人的处理意见等,以书面形式向领导或者有关部门所做的正式报告。

承办机构指负主要责任办理该案件的机构,如科(处、室)等。承办人,指负责办理该案件的卫生监督员。

案情及违法事实应当简明扼要,写明案件的经过和结果,违反的法律条款等。

相关证据应当列明已经查证属实的,与案件有关的所有证据。

争议要点,既应当写明当事人与承办人之间对案情事实的不同观点,也应当表明承办人之间对案件的不同意见。如无争议则写"无"。

处理建议,经过调查,据以立案的违法事实并不存在,应当写明建议终结调查并结案等内容。需要给予行政处罚的,应当写明拟实施行政处罚的种类、幅度及法律依据等。

负责人意见,应当写明是否同意调查终结的意见,对需要合议的案件应当提出进行合议的具体意见。

第三十三条 合议记录,是对拟适用听证程序的行政处罚或其他重大行政处罚案件在调查终结后,组织有关人员对案件进行综合分析、审议时记录的文字材料。

合议记录应当写明案由、合议主持人、参加合议人员、合议时间、合议地点等内容。

合议记录应当包括:违法事实、相关证据、处罚依据、合议建议。对不同的合议意见,应当如实记录。

合议结束后,所有参加合议人员都应当在每页合议记录上签名并注明日期。

第三十四条 行政处罚事先告知书,是在作出行政处罚决定前,告知当事人将要作出的行政处罚决定的事实、理由、依据以及当事人依法应当享有的权利的文书。

事先告知书应当写明当事人的违法行为、违反的法律条款、将要作出的行政处罚决定的法律依据、行政处罚的种类和幅度,告知当事人享有的陈述和申辩的权利,适用听证的还应当告知当事人享有要求举行听证的权利及法定期限,并注明联系人、联系电话、地址等。

在当事人表明放弃陈述和申辩权或者放弃听证权时,应当请当事人在"当事人意见记录"处写明"放弃陈述和申辩权"或者"放弃听证权"等内容。

第三十五条 陈述和申辩笔录,是对当事人及陈述申辩人陈述事实、理由和申辩内容的记录。

当事人委托陈述申辩人的,应当写明受委托的陈述申辩人的姓名、性别、职务、现在工作单位等。受委托的陈述申辩人应当出具当事人的委托书。

应当写明陈述和申辩的地点和时间。

应当尽可能记录陈述申辩人原话,不能记录原话的,记录应当真实反映陈述申辩人原意。

第三十六条 陈述和申辩复核意见书,是对当事人提出的事实、理由和证据进行复核的记录。

复核意见书应当写明陈述申辩人的姓名、陈述和申辩的理由和证据,以及复核人和承办机构的意见。当事人收到催告书后所进行的陈述和申辩的复核,应当在复核意见书中写明卫生行政机关的意见。

第三十七条 行政处罚听证通知书,是经有权要求举行听证的当事人提出,卫生行政机关决定举行听证时向当事人发出的书面通知。

通知书应当写明举行听证的时间、地点、听证方式、听证组成人员、申请回避的权利、听证机关的联系方式等。

第三十八条 听证笔录,是对听证过程和内容的记录。

当事人委托代理人的,应当写明代理人的姓名、性别、职务、现在工作单位等。委托代理人应当出具当事人的委托书。

笔录应当写明案件承办人、听证员、听证主持人、书记员、听证方式、听证地点、听证时间、案由等内容。

记录应当写明案件承办人提出的事实、证据和行政处罚建议,当事人陈述、申辩等内容。

所有参加听证的人员都应当在每页笔录上签名并注明日期。

第三十九条 听证意见书,是听证结束后,就听证情况及听证人员对该案件的意见,以书面形式向负责人或者有关部门所做的正式报告。

对当事人和案件承办人的陈述应当抓住要点,归纳概括。听证人员意见是评议后对案件认定的违法事实是否清楚,证据是否确凿和适用法律是否正确,处罚裁量是否合理等提出的意见。

负责人意见是负责人对听证人员意见的具体批示。这里的负责人,可以是卫生行政机关的负责人,也可以是经授权的有关主管科(处、室)负责人。

第四十条 行政处罚决定书,是对事实清楚、证据确凿的卫生违法案件,根据情节轻重依法作出行政处罚决定的文书。

被处罚人是单位的,填写单位全称,以及法定代表人(负责人)、卫生许可证件或者营业执照号码等内容;是个人的,填写姓名,并注明身份证号。同时,还应当写明被处罚人的地(住)址。

决定书应当写明查实的违法事实、相关证据、违反的法律条款、行政处罚依据、理由以及行政处罚决定的内容。决定书还应当将有关告知事项交代清楚,如罚款缴往单位和缴纳期限,复议和诉讼的途径、方法和期限等。

第四十一条 当场行政处罚决定书,是对案情简单、违法事实清楚、证据确凿的违法案件依法当场作出处罚决定的文书。

当场行政处罚决定书的填写与一般程序行政处罚决定书的要求基本相同。

第四十二条 送达回执,是将行政执法文书送交有关当事人后证明受送达人已收到的凭证。

送达回执用于直接送达、邮寄送达、留置送达等方式。送达回执应当写明受送达人、送达机关、送达文件名称及文号、送达地点等内容。

在直接送达时当事人拒绝签收而采用留置送达方式的,应当在备注栏说明有关情况,并记录留置送达的过程。

第四十三条 催告书,是卫生行政机关作出申请强制执行决定前,事先催告当事人履行法定义务时发出的文书。

催告书应当写明履行法定义务的期限、方式、涉及金钱给付的,应当注明明确的金额和给付方式,并告知当事人依法享有陈述和申辩的权利。

第四十四条 强制执行申请书,是当事人在法定期限内不申请行政复议或者提起行政诉讼,又不履行行政决定的,经依法催告仍未履行,卫生行政机关申请人民法院强制执行时提交给人民法院的书面申请。

申请书中的"( )"内填写行政决定的名称、文号或者编号。申请书应当写明当事人基本情况及申请执行的内容,由卫生行政机关负责人签名,加盖卫生行政机关印章并注明日期。

第四十五条 结案报告,是对立案调查的案件,在行政处罚决定履行或者执行后,或者不作行政处罚的案件,报请负责人批准结案的文书。结案报告应当填写当事人、立案日期、案由等,给予行政处罚的应当写明行政处罚决定书文号、执行方式、执行日期、执行结果(如未执行或者未完全执行的需说明原因)等内容,不予行政处罚的应当写明理由。

第四十六条 续页,是接在各类卫生行政执法文书后面完成相关记录内容时所使用的文书。

使用续页应当写明所接执法文书的名称,有关人员签字并注明页码、日期。

第四十七条 卫生行政执法建议书,是卫生行政机关为促进依法履职、规范执法,在日常监督检查和稽查过程中,结合执法办案,建议下级卫生行政机关及其卫生监督机构完善制度和工作机制,加强内部管理,改进工作、消除隐患,促进执法监管水平提高时发出的文书。

卫生行政执法建议书应当写明提出建议的起因,在日常监督检查和案件调查处理过程中发现的需要重视和解决的问题,对问题产生原因的分析,并依据法律法规及有关规定提出的具体建议、意见,以及其他需要说明的事项。

第三章 执法文书管理

第四十八条 各级卫生行政机关应当加强对卫生行政执法文书的管理,制定相应的管理制度,落实专人负责管理。

为提高工作效率,现场使用的执法文书可以提前加盖印章,并做好领用登记管理。

第四十九条 卫生行政执法案卷材料应当按照一案一卷形式进行装订,每卷顺序按照有关材料形成的时间先后顺序排列。

第四章 附 则

第五十条 本规范由国家卫生计生委负责解释。

第五十一条 本规范自 2012 年 12 月 1 日起施行。2002 年 12 月 18 日卫生部发布的《卫生行政执法文书规范》同时废止。实施卫生行政许可,按照《卫生行政许可管理办法》及卫生行政许可文书样本执行。

国家卫生计生委行政复议与行政应诉管理办法

· 2013 年 10 月 30 日
· 国卫法制发〔2013〕30 号

第一章 总 则

第一条 为规范国家卫生和计划生育委员会(以下简称国家卫生计生委)的行政复议和行政应诉工作,依法办理行政复议和行政应诉事项,切实保护公民、法人和其他组织的合法权益,根据《中华人民共和国行政复议法》(以下简称行政复议法)及其实施条例、《中华人民共和国行政诉讼法》等法律法规,结合本委工作实际制定本办法。

第二条 国家卫生计生委办理行政复议和行政应诉案件,适用本办法。

涉及纪检、监察、审计、信访等事项,根据有关规定处理和申诉,不适用本办法。

第三条 本办法所称行政复议机关是指国家卫生计生委,行政复议机构是指国家卫生计生委行政复议办公室。

行政复议办公室日常工作由法制司具体负责,履行下列职责:

(一)审查行政复议申请是否符合法定条件和程序;

(二)向有关组织和人员调查取证,查阅文件和资料,组织复议听证;

(三)组织审理行政复议案件,提出处理建议,拟订行政复议决定;

(四)处理或者转送行政复议法第七条所列有关规定的审查申请;

(五)承办国务院办理行政复议裁决案件中要求国家卫生计生委办理的事项;

(六)依职责权限,督促行政复议申请的受理和行政复议决定的履行;

(七)办理行政复议法第二十九条规定的行政赔偿等事项;

(八)对行政机关违反行政复议法规定的行为依照规定的权限和程序提出处理意见;

(九)研究行政复议工作中发现的问题,及时向有关机关或部门提出意见和建议;

(十)组织办理行政应诉事项;

(十一)指导和监督下级卫生计生行政部门的行政复议和行政应诉工作;

(十二)做好行政复议、行政应诉案件统计和重大行政复议决定备案事项;

(十三)做好行政复议相关法律法规的宣传、培训等工作;

(十四)负责行政复议及行政应诉其他相关事宜。

第四条 各司局负责其主管业务范围内的行政复议和行政应诉工作,并明确一位司局领导分管,其主要职责是:

(一)对由本司局以国家卫生计生委名义直接作出的具体行政行为而发生的行政复议案件,以及依据行政复议法第七条所提出的有关规定的审查申请,提出书面答复并提供相关证据、依据等材料;

(二)协助行政复议办公室审理本司局主管业务范围内的、因下一级卫生计生行政部门的具体行政行为而发生的行政复议案件,并提出书面处理意见;

(三)负责由本司局以国家卫生计生委名义作出的具体行政行为而发生的行政诉讼案件的应诉工作,并确定人员作为委诉讼代理人出庭应诉;

(四)负责复议申请人不服复议决定而发生涉及本司局以国家卫生计生委名义直接作出的具体行政行为的行政诉讼案件的应诉工作,并确定人员作为委诉讼代理人出庭应诉;

(五)协同行政复议办公室承办其他与本司局主管业务范围有关的行政复议和行政诉讼工作;

(六)及时履行行政复议决定。

第五条 审理行政复议案件,应当由 2 名以上行政复议人员参加,并配备必需的办案设施、设备。

第二章 行政复议

第六条 国家卫生计生委行政复议的管辖范围是:

(一)对国家卫生计生委直接作出的具体行政行为不服而申请的;

(二)对国家卫生计生委直接委托的其他组织作出的具体行政行为不服而申请的;

(三)对省、自治区、直辖市卫生计生行政部门或省、自治区、直辖市卫生计生行政部门委托的其他组织所作出的具体行政行为不服而申请的；

（四）国务院指定管辖的行政复议案件；

（五）法律、法规规定的其他应当由国家卫生计生委受理的行政复议案件。

公民、法人或者其他组织认为卫生计生行政部门的具体行政行为所依据的除法律、法规、规章和国务院文件以外的其他规范性文件不合法，在对具体行政行为申请行政复议时，可以一并向国家卫生计生委提出对该规范性文件的审查申请。

第七条 向国家卫生计生委提起行政复议的，由行政复议办公室统一受理。行政复议办公室应当对收到的行政复议申请进行登记。

申请人书面申请行政复议的，可以采取当面递交、邮寄、传真的形式提出。申请人口头申请行政复议的，行政复议办公室工作人员应当制作行政复议申请记录，并由申请人签字确认。

其他司局收到书面行政复议申请的，应于当日即时转送行政复议办公室。

第八条 行政复议办公室在收到行政复议申请后，应当主要审查下列事项：

（一）是否符合法定申请期限；

（二）是否有明确的申请人和符合规定的被申请人，或是否符合行政复议法第十条规定的情形；

（三）是否有明确的行政复议请求和理由；

（四）是否属于法定的行政复议范围和行政复议管辖范围；

（五）是否已向人民法院提起行政诉讼，或已向其他行政机关申请行政复议。

行政复议办公室应当在收到行政复议申请之日起5日内，对复议申请进行审查，并依法处理。

第九条 行政复议办公室应当在受理行政复议申请之日起7日内将复议申请书副本或者行政复议申请笔录复印件发送被申请人。

被申请人应当在收到复议申请书副本或者行政复议申请笔录复印件之日起10日内向行政复议办公室提出书面答复，并提交当初作出具体行政行为的证据、依据和其他材料。

具体行政行为由两个以上司局共同作出的，共同作出具体行政行为的司局应当协商一致后，按前款规定提出书面答复；协商不成的，由委领导指定其中一个司局，按前款规定提出书面答复。

第十条 行政复议答复书应当载明下列事项，并加盖被申请人印章或司局印章：

（一）被申请人的名称、地址、法定代表人的姓名、职务，委托代理人的姓名、工作部门；

（二）作出具体行政行为的事实依据及有关的证据材料；

（三）作出具体行政行为所依据的法律、法规、规章和规范性文件的具体条款；

（四）对申请人具体复议请求的意见和理由；

（五）作出答复的日期。

提交的证据材料应当分类编号，并简要说明证据材料的来源、证明对象和内容。

第十一条 行政复议原则上采取书面审查的办法。对重大、复杂的案件，申请人提出要求或者行政复议办公室认为必要时，可以采取实地调查、听证等其他方式审理。

重大、复杂的行政复议案件应当提交委主任会议讨论决定。

第十二条 行政复议办公室决定举行听证或需要实地调查的，被申请人或相关司局应当配合，并派人参加。

第十三条 行政复议办公室在必要时可以委托下级卫生计生行政部门或组织进行调查。

委托调查，必须提出明确的内容和要求。受委托机关或组织可以主动补充调查，并按要求的期限完成调查。因故不能完成的，应当在要求的期限内向行政复议办公室主动说明情况。

第十四条 审查申请人一并提出的具体行政行为所依据的有关规定的合法性时，应当根据情况作出以下处理：

（一）该规定是由国家卫生计生委、原卫生部、原国家人口计生委制定的，应当在30日内依法作出处理结论；

（二）该规定是其他行政机关制定的，应当在7日内将有关材料转送制定该规定的行政机关依法处理。处理期间，国家卫生计生委中止对具体行政行为的审查。

第十五条 依法中止的行政复议案件，中止的情形消除后，应当在5日内恢复审理，并书面通知当事人。

第十六条 按照自愿、合法的原则，行政复议办公室可以组织对行政复议案件进行调解。

第十七条 行政复议决定作出前，申请人要求撤回行政复议申请的，经说明理由，可以撤回；撤回行政复议申请的，行政复议终止。

第十八条 行政复议办公室根据审理情况，向委领导提出复议决定建议：

（一）具体行政行为认定事实清楚，证据确凿，适用依据正确，程序合法，内容适当的，予以维持；

（二）被申请人不履行职责的，责令其在一定期限内履行；

（三）具体行政行为主要事实不清、证据不足的，适用法律依据错误或不当的、违反法定程序的、超越或者滥用职权的以及明显不当的，建议撤销、变更或者确认该具体行政行为违法。撤销或者确认具体行政行为违法的，可以责令被申请人在一定期限内重新作出具体行政行为；

（四）被申请人不按规定提出书面答复、提交当初作出具体行政行为的证据、依据和其他材料的，视为该具体行政行为没有证据、依据，撤销该具体行政行为；

（五）申请人认为行政机关不履行法定职责申请行政复议，行政复议机关受理后发现该行政机关没有相应法定职责或者在受理前已经履行法定职责的；或者受理行政复议申请后，发现该行政复议申请不符合行政复议受理条件的，驳回行政复议申请。

第十九条　申请人在申请行政复议时可以一并提出行政赔偿请求，行政复议机关对符合国家赔偿法的有关规定应当给予赔偿的，在决定撤销、变更具体行政行为或者确认具体行政行为违法时，应当同时决定被申请人依法给予赔偿。

第二十条　行政复议不予受理决定书和终止决定书由法制司主要领导签发，加盖委印章并依法送达。

维持、撤销、变更、确认违法和驳回的行政复议决定，由委领导签发，加盖委印章并依法送达。

第二十一条　复议案件办结后，复议人员应当将案件文书立卷归档。

第三章　行政应诉

第二十二条　人民法院送达的行政起诉状副本由行政复议办公室统一接收。公文收发部门或者其他部门收到人民法院送达的行政起诉状副本的，应当于当日即时转送行政复议办公室。

第二十三条　行政复议办公室对起诉状副本进行登记后，交由作出原具体行政行为的司局办理。

第二十四条　有关司局应当在收到起诉状副本之日起5日内拟出答辩状，并将作出具体行政行为的证据和材料原件一并送行政复议办公室。

经行政复议办公室审核后，报请委领导审定，并按法定期限报送人民法院。

第二十五条　有关司局确定一名诉讼代理人，经行政复议办公室推荐，报委主任决定。必要时，可以委托律师担任诉讼代理人。

行政复议办公室根据委主任决定，办理授权委托书等材料。

第二十六条　行政诉讼案件结案后，诉讼代理人应当将案件文书在案件审理完毕后10日内交行政复议办公室立卷归档。

第二十七条　人民检察院的检察建议书和人民法院的司法建议书，由行政复议办公室统一接收。经登记后交由主管业务司局办理。

有关司局应当在收到检察建议书、司法建议书之日起10日内拟出答复意见，经行政复议办公室审核后，报请委领导审定，并按法定期限报送人民检察院、人民法院。

第四章　指导和监督

第二十八条　省、自治区、直辖市卫生计生行政部门无正当理由不予受理公民、法人或者其他组织依法提出行政复议申请的，行政复议办公室应当依法提出处理意见，经委领导批准后，督促其受理；经督促仍不受理的，应当责令其限期受理，必要时也可以直接受理。

第二十九条　被申请人不履行或无正当理由拖延履行行政复议决定的，由行政复议办公室提出处理意见，经委领导批准后，责令被申请人限期履行。

被申请人应当及时将履行情况报送国家卫生计生委。

第三十条　行政复议办公室在行政复议过程中发现下级卫生计生行政部门相关行政行为违法或者需要做好善后工作的，可以提出处理意见，制作行政复议意见书送达有关机关。有关机关应当认真研究处理，并在60日内将处理结果报行政复议办公室。

行政复议办公室在行政复议过程中，发现法律、法规、规章实施中带有普遍性的问题，可以提出行政复议建议，制作行政复议建议书，向有关机关提出完善制度和改进行政执法的建议。

第三十一条　有下列情形之一的，国家卫生计生委可以直接或者责成有关部门对直接负责的主管人员和其他直接责任人员给予批评，直至行政处分：

（一）拒绝履行复议决定的；

（二）逾期不提供有关材料、证据和答辩状的；

（三）不接受委托出庭或者严重失职的。

第五章　附　则

第三十二条　本办法有关"5日"、"7日"的规定是指工作日，不含节假日。

第三十三条　本办法自发布之日起施行。

医疗监督执法工作规范(试行)

- 2023年12月4日
- 国卫医急发〔2023〕35号

第一章 总 则

第一条 为规范医疗监督执法工作，维护医疗秩序，保障人民群众健康权益，根据《中华人民共和国基本医疗卫生与健康促进法》《中华人民共和国医师法》《中华人民共和国中医药法》等规定，制定本规范。

第二条 本规范所称医疗监督执法，指县级以上地方卫生健康行政部门及其委托的卫生健康监督机构依据相关法律、法规、规章对医疗机构及其医疗卫生人员开展诊疗活动情况进行监督检查，并依法查处违法违规行为的活动。

第三条 国家卫生健康委负责指导全国医疗监督执法工作。

县级以上地方卫生健康行政部门负责行政区域内医疗监督执法管理工作。

第四条 县级以上地方卫生健康行政部门及其委托的卫生健康监督机构在开展医疗监督执法时，适用本规范。

依法承接卫生健康行政执法权的乡镇人民政府、街道办事处、综合行政执法部门在开展医疗监督执法时，可以参照本规范执行。

第五条 医疗监督执法工作任务的来源包括随机抽查、专项检查、投诉举报、上级部门交办和其他部门移交等。推行"综合查一次"制度，避免行政执法主体对检查对象重复检查。同一行政执法主体同一时间对同一检查对象实施多项检查的，原则上应当合并进行。

医疗监督执法时应当统筹其他卫生监督执法工作，将同一时间对同一医疗机构的传染病防治以及其他公共卫生监督执法合并进行，避免对医疗机构的重复检查。

第六条 医疗监督执法应当探索运用信息化技术、大数据赋能，采用人工智能、"互联网"、在线监测等非现场技术手段，创新监督执法模式，提高监督执法效率和质量。

第七条 医疗监督执法工作以信用监督为基础，以"双随机、一公开"和"互联网监督"为基本手段，以重点监督为补充，落实行政执法公示制度、执法全过程记录制度、重大执法决定法制审核制度，推行基于风险及信用信息评价结果的分类分级监督执法模式。

第二章 监督执法职责及要求

第八条 省级卫生健康行政部门依法履行以下职责：

(一)制定行政区域内医疗监督年度工作计划及工作方案；

(二)组织开展行政区域内医疗监督的相关培训，对下级卫生健康行政部门医疗监督工作进行指导、督查，并按规定考核或评价；

(三)组织开展职责范围内医疗监督工作，组织、协调、督办重大医疗违法案件的查处；

(四)负责行政区域内医疗监督执法信息的汇总、分析、报告；

(五)组织开展医疗随机监督抽查工作；

(六)承担上级部门指定或交办的医疗监督任务。

第九条 设区的市和县级卫生健康行政部门及其委托的卫生健康监督机构依法履行以下职责：

(一)根据上级部门要求和实际情况，制定行政区域内医疗监督执法工作计划及工作方案；

(二)开展行政区域内的医疗监督执法工作及相关培训；

(三)开展行政区域内医疗投诉举报、违法案件的查处；

(四)负责行政区域内医疗监督执法信息的汇总、分析、报告；

(五)组织开展医疗随机监督抽查工作；

(六)承担上级部门指定或交办的医疗监督执法任务。

设区的市级卫生健康行政部门及其委托的卫生健康监督机构负责对下级开展医疗监督执法工作进行指导、督查，并按规定考核或评价。

第十条 设区的市和县级卫生健康监督机构应当明确卫生监督执法人员专职从事医疗监督执法工作。

第十一条 县级以上地方卫生健康行政部门及其委托的卫生健康监督机构应当建立医疗监督执法档案，掌握行政区域内医疗机构及其医疗卫生人员的依法执业情况。积极推行医疗机构不良执业行为记分管理，探索建立健全记分管理档案或平台。

第十二条 卫生监督执法人员开展现场医疗监督执法前，应当明确监督执法的任务、方法及要求。

第十三条 卫生监督执法人员开展医疗监督执法过程中，应当执行执法全过程记录制度。对发现违法行为线索的，应当依法立案调查，采取合适的方式固定相关证据，并依法作出处理。

第十四条 卫生监督执法人员开展医疗监督执法和案件调查期间，应当廉洁自律，严格保密纪律，遵守规章制度，落实监督执法责任。

第三章 监督执法内容及方法
第一节 机构资质

第十五条 机构资质监督执法的主要内容包括：

（一）医疗机构执业许可、校验或执业备案的情况；

（二）医疗机构开展诊疗活动与执业许可或备案范围的符合情况。

第十六条 机构资质监督执法主要采取以下方法：

（一）查看《医疗机构执业许可证》正、副本或诊所备案凭证；

（二）查看医疗机构开展的人体器官移植技术、母婴保健技术、人类辅助生殖技术、互联网诊疗、戒毒治疗，以及人类精子库设置、大型医用设备配置等执业登记或许可情况；

（三）抽查医疗机构开展的限制类医疗技术、血液透析、医疗美容项目、临床检验项目、健康体检项目以及抗菌药物供应目录等备案情况；

（四）抽查医疗机构开展的诊疗活动与诊疗科目、登记或备案等信息的符合情况；

（五）抽查医疗机构与非本医疗机构人员或其他机构合作开展诊疗活动的协议、费用支付凭证等文件资料；

（六）抽查医学研究项目活动与登记备案信息的符合情况；

（七）查看发布医疗广告的医疗机构取得的《医疗广告审查证明》和成品样件，核对发布内容与成品样件的一致性。

第二节 医疗卫生人员资质

第十七条 医疗卫生人员资质监督执法的主要内容包括：执业（助理）医师、中医（专长）医师、执业护士、药师（士）、技师（士）和乡村医生等医疗卫生人员依法取得相应的执业资格情况，医师、护士等执业注册情况。

第十八条 医疗卫生人员资质监督执法主要采取以下方法：

（一）抽查执业（助理）医师、中医（专长）医师、乡村医生、外国医师、港澳台医师、护士、技师（士）、药学人员等医疗卫生人员的资质情况；

（二）抽查医学文书（含处方）、药品和医疗器械使用、医疗技术实施、证明文件和鉴定文书出具，以及相关记录登记等执业活动与医疗卫生人员执业资质的符合情况；

（三）抽查开展人体器官移植技术、美容主诊、检验、母婴保健技术服务、人类辅助生殖技术服务、人类精子库、干细胞临床研究等执业活动的医疗卫生人员执业资质和培训考核情况。

第三节 医疗技术临床应用管理

第十九条 医疗技术临床应用管理监督执法的主要内容包括：

（一）医疗技术临床应用管理组织建立、制度制定及工作落实情况；

（二）医疗技术临床应用和研究管理情况；

（三）医疗技术临床应用报告和公开情况；

（四）开展人体器官移植及限制类医疗技术等医疗技术符合相关技术管理规范情况；

（五）是否开展禁止类医疗技术；

（六）限制类医疗技术备案及开展数据信息报送情况。

第二十条 医疗技术临床应用管理监督执法主要采取以下方法：

（一）抽查医疗技术临床应用管理组织的设立文件，以及开展医疗技术评估、伦理审查、手术分级管理、医师授权、档案管理等保障医疗技术临床应用质量安全制度的制定及落实情况；

（二）抽查实施医疗技术的主要专业技术人员、关键设备设施及重要辅助条件与医疗技术管理规范的符合情况；

（三）抽查实际开展的医疗技术与技术目录等相关管理规范要求的符合情况，查看医疗机构是否违法违规开展禁止类技术；

（四）抽查医疗机构限制类医疗技术临床应用情况，对比各级卫生健康行政部门公布的相关备案信息及在各省级卫生健康行政部门医疗技术临床应用信息化管理平台登记的个案信息；

（五）抽查开展人体器官移植技术的医疗机构主要专业技术人员、关键设备设施及重要辅助条件与医疗技术管理规范的符合情况，活体器官移植管理要求落实情况；

（六）查看临床研究项目的伦理审查管理、获取知情同意、费用收取、规范开展等情况；

（七）查看医疗技术临床应用情况报告记录、数据上传和相关技术信息的公开情况。

第四节 母婴保健技术服务

第二十一条 母婴保健技术服务监督执法的主要内容包括：

（一）母婴保健技术服务开展情况；
（二）人类辅助生殖技术服务开展情况；
（三）人类精子库技术服务开展情况；
（四）禁止非医学需要的胎儿性别鉴定和选择性别的人工终止妊娠规定落实情况；
（五）母婴保健技术服务相关制度制定及落实情况；
（六）婚前医学检查服务开展情况；
（七）出生医学证明管理情况。

第二十二条　母婴保健技术服务监督执法主要采取以下方法：
（一）查看母婴保健技术服务许可校验、制度建立、与第三方检验机构的合作协议等资料；
（二）抽查门诊日志、手术记录、住院病历、超声医学影像检查记录、产前筛查与诊断相关记录、出生医学证明管理和签发、新生儿疾病筛查记录等资料、终止妊娠药品用药档案；
（三）查看人类辅助生殖技术服务许可校验情况、医学伦理委员会的伦理讨论记录等资料；
（四）抽查人类辅助生殖技术服务的病历资料、实验室记录、配子、合子及胚胎的冷冻使用销毁等记录；
（五）查看人类辅助生殖技术应用的身份识别、取精（卵）流程、设施设备运行及试剂耗材使用等情况；
（六）抽查人类精子库供精者筛选档案、精液采集、检验、冻存、供精、运输、受精者妊娠结局反馈等记录；查看人类精子库档案管理及保存情况；
（七）抽查婚前医学检查相关记录；
（八）查看非医学需要的胎儿性别鉴定和选择性别的人工终止妊娠制度建立、标志设置；抽查受术者身份信息登记、查验情况、终止妊娠药品用药档案登记情况；查看医学需要胎儿性别鉴定诊断报告等资料。

第五节　药品、医疗器械临床使用

第二十三条　药品、医疗器械临床使用监督执法的主要内容包括：
（一）药品的管理和使用情况；
（二）医疗器械的管理和使用情况。

第二十四条　药品、医疗器械临床使用监督执法主要采取以下方法：
（一）查看药品、医疗器械管理组织的设立文件和管理制度；
（二）抽查药品、医疗器械的购买、使用、不良事件监测与报告等资料；
（三）抽查医疗用毒性药品、麻醉药品和精神药品的购买、储存、使用、登记、处方保存、回收、销毁等资料；
（四）抽查抗菌药物的采购、分级使用、处方权管理等资料；
（五）抽查临床使用大型医疗器械以及植入和介入医疗器械的使用记录。

第六节　中医药服务

第二十五条　中医药服务监督执法的主要内容包括：
（一）中医医疗机构执业许可、校验或备案情况；
（二）医疗机构开展中医药服务的情况；
（三）中医医疗广告发布与审查文件的符合情况；
（四）中医药医疗卫生人员执业行为的情况；
（五）中医医疗技术规范开展情况；
（六）中药药事管理情况。

第二十六条　中医药服务监督执法主要采取以下方法：
（一）查看《医疗机构执业许可证》正副本或者中医类诊所备案凭证；
（二）抽查中医医疗机构开展的诊疗活动与诊疗科目、登记或备案等信息的符合情况；
（三）查看中医医疗机构发布的中医医疗广告有无审查文件，核对发布内容与审查批准内容的一致性；
（四）抽查开展针刺类技术、中医微创技术、骨伤类技术、肛肠类技术、医疗气功、冬病夏治穴位贴敷技术等中医医疗技术相关制度执行情况；
（五）抽查中医医疗机构内中药饮片的采购、验收、保管、调剂、临方炮制、煎煮等管理情况；
（六）抽查膏方的处方开具、制备管理、临床使用等是否符合规定。

第七节　医疗质量安全管理

第二十七条　医疗质量安全管理监督执法的主要内容包括：
（一）医疗质量管理部门以及专（兼）职人员配备情况；
（二）医疗质量管理制度、医疗安全保障和医疗信息安全措施的制定及落实情况；
（三）医疗质量安全相关信息报送情况；
（四）医学文书（含处方）的书写和管理情况；
（五）医疗纠纷的预防与处理情况。

第二十八条　医疗质量安全管理监督执法主要采取以下方法：

（一）查看医疗机构自查管理的工作制度、年度计划和年度总结等资料；查看机构自查工作的开展、整改、评估、报告、奖惩和公示等情况；

（二）抽查医疗质量安全、医疗信息安全、投诉管理、医疗纠纷、医疗事故等管理部门或人员的配备，核心制度、医疗护理质量安全、相关医患沟通、预防和处理预案、报告制度等制定及落实情况；

（三）抽查病历，查看病历书写情况以及病历保管、查阅、复制、封存等符合国家相关规定；

（四）抽查处方，查看处方的权限、开具、书写、调剂、保管、登记等符合相关规定的情况；

（五）抽查患者投诉、媒体曝光、巡视、审计、医保检查等反映或发现问题的整改落实情况。

第四章 监督执法情况的处理

第二十九条 设区的市级和县级卫生健康监督机构开展医疗监督执法后，应当及时向被检查单位或个人反馈检查情况，对检查发现的问题依法提出整改意见，对存在的违法违规行为依法进行查处。

第三十条 设区的市级和县级卫生健康监督机构开展医疗监督执法后，应当将监督执法信息按照规定的程序、时限录入监督执法信息报告系统，并及时向负责日常管理的业务部门通报情况。

第三十一条 对重大医疗违法案件，下级卫生健康行政部门应当及时向上级卫生健康行政部门报告。

对涉及其他违法违规的行为或线索，应当及时移交有关行政部门处理。对涉嫌犯罪的，应当及时移交司法机关处理。

第三十二条 县级以上地方卫生健康行政部门应当将监督执法中发现的医疗机构违法违规行为纳入不良执业行为记分管理，并将记分结果作为医疗机构校验的依据。

第三十三条 县级以上地方卫生健康行政部门应当依法依规对行政区域内医疗监督执法信息进行公示并纳入诚信管理体系。

第五章 附 则

第三十四条 本规范所称重大医疗违法案件，是指：

（一）导致患者死亡或者造成二级以上医疗事故的案件；

（二）导致3人以上人身损害后果的案件；

（三）造成国家、集体或者公民个人财产严重损失的案件；

（四）造成或者可能造成群体性健康风险或隐患的案件；

（五）造成或者可能造成恶劣社会影响、较大国际影响，损害国家形象的案件。

第三十五条 本规范自发布之日起试行。

二、医疗机构与医师

1. 医疗机构

医疗机构管理条例

· 1994 年 2 月 26 日中华人民共和国国务院令第 149 号发布
· 根据 2016 年 2 月 6 日《国务院关于修改部分行政法规的决定》第一次修订
· 根据 2022 年 3 月 29 日《国务院关于修改和废止部分行政法规的决定》第二次修订

第一章 总 则

第一条 为了加强对医疗机构的管理，促进医疗卫生事业的发展，保障公民健康，制定本条例。

第二条 本条例适用于从事疾病诊断、治疗活动的医院、卫生院、疗养院、门诊部、诊所、卫生所(室)以及急救站等医疗机构。

第三条 医疗机构以救死扶伤，防病治病，为公民的健康服务为宗旨。

第四条 国家扶持医疗机构的发展，鼓励多种形式兴办医疗机构。

第五条 国务院卫生行政部门负责全国医疗机构的监督管理工作。

县级以上地方人民政府卫生行政部门负责本行政区域内医疗机构的监督管理工作。

中国人民解放军卫生主管部门依照本条例和国家有关规定，对军队的医疗机构实施监督管理。

第二章 规划布局和设置审批

第六条 县级以上地方人民政府卫生行政部门应当根据本行政区域内的人口、医疗资源、医疗需求和现有医疗机构的分布状况，制定本行政区域医疗机构设置规划。

机关、企业和事业单位可以根据需要设置医疗机构，并纳入当地医疗机构的设置规划。

第七条 县级以上地方人民政府应当把医疗机构设置规划纳入当地的区域卫生发展规划和城乡建设发展总体规划。

第八条 设置医疗机构应当符合医疗机构设置规划和医疗机构基本标准。

医疗机构基本标准由国务院卫生行政部门制定。

第九条 单位或者个人设置医疗机构，按照国务院的规定应当办理设置医疗机构批准书的，应当经县级以上地方人民政府卫生行政部门审查批准，并取得设置医疗机构批准书。

第十条 申请设置医疗机构，应当提交下列文件：

（一）设置申请书；

（二）设置可行性研究报告；

（三）选址报告和建筑设计平面图。

第十一条 单位或者个人设置医疗机构，应当按照以下规定提出设置申请：

（一）不设床位或者床位不满 100 张的医疗机构，向所在地的县级人民政府卫生行政部门申请；

（二）床位在 100 张以上的医疗机构和专科医院按照省级人民政府卫生行政部门的规定申请。

第十二条 县级以上地方人民政府卫生行政部门应当自受理设置申请之日起 30 日内，作出批准或者不批准的书面答复；批准设置的，发给设置医疗机构批准书。

第十三条 国家统一规划的医疗机构的设置，由国务院卫生行政部门决定。

第三章 登 记

第十四条 医疗机构执业，必须进行登记，领取《医疗机构执业许可证》；诊所按照国务院卫生行政部门的规定向所在地的县级人民政府卫生行政部门备案后，可以执业。

第十五条 申请医疗机构执业登记，应当具备下列条件：

（一）按照规定应当办理设置医疗机构批准书的，已取得设置医疗机构批准书；

（二）符合医疗机构的基本标准；

（三）有适合的名称、组织机构和场所；

（四）有与其开展的业务相适应的经费、设施、设备和专业卫生技术人员；

（五）有相应的规章制度；

（六）能够独立承担民事责任。

第十六条 医疗机构的执业登记，由批准其设置的人民政府卫生行政部门办理；不需要办理设置医疗机构批准书的医疗机构的执业登记，由所在地的县级以上地方人民政府卫生行政部门办理。

按照本条例第十三条规定设置的医疗机构的执业登记，由所在地的省、自治区、直辖市人民政府卫生行政部门办理。

机关、企业和事业单位设置的为内部职工服务的门诊部、卫生所(室)、诊所的执业登记或者备案，由所在地的县级人民政府卫生行政部门办理。

第十七条 医疗机构执业登记的主要事项：

(一)名称、地址、主要负责人；

(二)所有制形式；

(三)诊疗科目、床位；

(四)注册资金。

第十八条 县级以上地方人民政府卫生行政部门自受理执业登记申请之日起 45 日内，根据本条例和医疗机构基本标准进行审核。审核合格的，予以登记，发给《医疗机构执业许可证》；审核不合格的，将审核结果以书面形式通知申请人。

第十九条 医疗机构改变名称、场所、主要负责人、诊疗科目、床位，必须向原登记机关办理变更登记或者向原备案机关备案。

第二十条 医疗机构歇业，必须向原登记机关办理注销登记或者向原备案机关备案。经登记机关核准后，收缴《医疗机构执业许可证》。

医疗机构非因改建、扩建、迁建原因停业超过 1 年的，视为歇业。

第二十一条 床位不满 100 张的医疗机构，其《医疗机构执业许可证》每年校验 1 次；床位在 100 张以上的医疗机构，其《医疗机构执业许可证》每 3 年校验 1 次。校验由原登记机关办理。

第二十二条 《医疗机构执业许可证》不得伪造、涂改、出卖、转让、出借。

《医疗机构执业许可证》遗失的，应当及时申明，并向原登记机关申请补发。

第四章 执 业

第二十三条 任何单位或者个人，未取得《医疗机构执业许可证》或者未经备案，不得开展诊疗活动。

第二十四条 医疗机构执业，必须遵守有关法律、法规和医疗技术规范。

第二十五条 医疗机构必须将《医疗机构执业许可证》、诊疗科目、诊疗时间和收费标准悬挂于明显处所。

第二十六条 医疗机构必须按照核准登记或者备案的诊疗科目开展诊疗活动。

第二十七条 医疗机构不得使用非卫生技术人员从事医疗卫生技术工作。

第二十八条 医疗机构应当加强对医务人员的医德教育。

第二十九条 医疗机构工作人员上岗工作，必须佩带载有本人姓名、职务或者职称的标牌。

第三十条 医疗机构对危重病人应当立即抢救。对限于设备或者技术条件不能诊治的病人，应当及时转诊。

第三十一条 未经医师(士)亲自诊查病人，医疗机构不得出具疾病诊断书、健康证明书或者死亡证明书等证明文件；未经医师(士)、助产人员亲自接产，医疗机构不得出具出生证明书或者死产报告书。

第三十二条 医务人员在诊疗活动中应当向患者说明病情和医疗措施。需要实施手术、特殊检查、特殊治疗的，医务人员应当及时向患者具体说明医疗风险、替代医疗方案等情况，并取得其明确同意；不能或者不宜向患者说明的，应当向患者的近亲属说明，并取得其明确同意。因抢救生命垂危的患者等紧急情况，不能取得患者或者其近亲属意见的，经医疗机构负责人或者授权的负责人批准，可以立即实施相应的医疗措施。

第三十三条 医疗机构发生医疗事故，按照国家有关规定处理。

第三十四条 医疗机构对传染病、精神病、职业病等患者的特殊诊治和处理，应当按照国家有关法律、法规的规定办理。

第三十五条 医疗机构必须按照有关药品管理的法律、法规，加强药品管理。

第三十六条 医疗机构必须按照人民政府或者物价部门的有关规定收取医疗费用，详列细项，并出具收据。

第三十七条 医疗机构必须承担相应的预防保健工作，承担县级以上人民政府卫生行政部门委托的支援农村、指导基层医疗卫生工作等任务。

第三十八条 发生重大灾害、事故、疾病流行或者其他意外情况时，医疗机构及其卫生技术人员必须服从县级以上人民政府卫生行政部门的调遣。

第五章 监督管理

第三十九条 县级以上人民政府卫生行政部门行使下列监督管理职权：

(一)负责医疗机构的设置审批、执业登记、备案和校验；

（二）对医疗机构的执业活动进行检查指导；

（三）负责组织对医疗机构的评审；

（四）对违反本条例的行为给予处罚。

第四十条 国家实行医疗机构评审制度，由专家组成的评审委员会按照医疗机构评审办法和评审标准，对医疗机构的执业活动、医疗服务质量等进行综合评价。

医疗机构评审办法和评审标准由国务院卫生行政部门制定。

第四十一条 县级以上地方人民政府卫生行政部门负责组织本行政区域医疗机构评审委员会。

医疗机构评审委员会由医院管理、医学教育、医疗、医技、护理和财务等有关专家组成。评审委员会成员由县级以上地方人民政府卫生行政部门聘任。

第四十二条 县级以上地方人民政府卫生行政部门根据评审委员会的评审意见，对达到评审标准的医疗机构，发给评审合格证书；对未达到评审标准的医疗机构，提出处理意见。

第六章 罚 则

第四十三条 违反本条例第二十三条规定，未取得《医疗机构执业许可证》擅自执业的，依照《中华人民共和国基本医疗卫生与健康促进法》的规定予以处罚。

违反本条例第二十三条规定，诊所未经备案执业的，由县级以上人民政府卫生行政部门责令其改正，没收违法所得，并处 3 万元以下罚款；拒不改正的，责令其停止执业活动。

第四十四条 违反本条例第二十一条规定，逾期不校验《医疗机构执业许可证》仍从事诊疗活动的，由县级以上人民政府卫生行政部门责令其限期补办校验手续；拒不校验的，吊销其《医疗机构执业许可证》。

第四十五条 违反本条例第二十二条规定，出卖、转让、出借《医疗机构执业许可证》的，依照《中华人民共和国基本医疗卫生与健康促进法》的规定予以处罚。

第四十六条 违反本条例第二十六条规定，诊疗活动超出登记或者备案范围的，由县级以上人民政府卫生行政部门予以警告、责令其改正，没收违法所得，并可以根据情节处 1 万元以上 10 万元以下的罚款；情节严重的，吊销其《医疗机构执业许可证》或者责令其停止执业活动。

第四十七条 违反本条例第二十七条规定，使用非卫生技术人员从事医疗卫生技术工作的，由县级以上人民政府卫生行政部门责令其限期改正，并可以处以 1 万元以上 10 万元以下的罚款；情节严重的，吊销其《医疗机构执业许可证》或者责令其停止执业活动。

第四十八条 违反本条例第三十一条规定，出具虚假证明文件的，由县级以上人民政府卫生行政部门予以警告；对造成危害后果的，可以处以 1 万元以上 10 万元以下的罚款；对直接责任人员由所在单位或者上级机关给予行政处分。

第四十九条 没收的财物和罚款全部上交国库。

第五十条 当事人对行政处罚决定不服的，可以依照国家法律、法规的规定申请行政复议或者提起行政诉讼。当事人对罚款及没收药品、器械的处罚决定未在法定期限内申请复议或者提起诉讼又不履行的，县级以上人民政府卫生行政部门可以申请人民法院强制执行。

第七章 附 则

第五十一条 本条例实施前已经执业的医疗机构，应当在条例实施后的 6 个月内，按照本条例第三章的规定，补办登记手续，领取《医疗机构执业许可证》。

第五十二条 外国人在中华人民共和国境内开设医疗机构及香港、澳门、台湾居民在内地开设医疗机构的管理办法，由国务院卫生行政部门另行制定。

第五十三条 本条例自 1994 年 9 月 1 日起施行。1951 年政务院批准发布的《医院诊所管理暂行条例》同时废止。

医疗机构管理条例实施细则

· 1994 年 8 月 29 日卫生部令第 35 号发布

· 根据 2006 年 11 月 1 日《卫生部关于修订〈医疗机构管理条例实施细则〉第三条有关内容的通知》第一次修订

· 根据 2008 年 6 月 24 日《卫生部办公厅关于修订〈医疗机构管理条例实施细则〉部分附表的通知》第二次修订

· 根据 2017 年 2 月 21 日《国家卫生计生委关于修改〈医疗机构管理条例实施细则〉的决定》第三次修订

第一章 总 则

第一条 根据《医疗机构管理条例》（以下简称条例）制定本细则。

第二条 条例及本细则所称医疗机构，是指依据条例和本细则的规定，经登记取得《医疗机构执业许可证》的机构。

第三条 医疗机构的类别：

（一）综合医院、中医医院、中西医结合医院、民族医医院、专科医院、康复医院；

（二）妇幼保健院、妇幼保健计划生育服务中心；
（三）社区卫生服务中心、社区卫生服务站；
（四）中心卫生院、乡（镇）卫生院、街道卫生院；
（五）疗养院；
（六）综合门诊部、专科门诊部、中医门诊部、中西医结合门诊部、民族医门诊部；
（七）诊所、中医诊所、民族医诊所、卫生所、医务室、卫生保健所、卫生站；
（八）村卫生室(所)；
（九）急救中心、急救站；
（十）临床检验中心；
（十一）专科疾病防治院、专科疾病防治所、专科疾病防治站；
（十二）护理院、护理站；
（十三）医学检验实验室、病理诊断中心、医学影像诊断中心、血液透析中心、安宁疗护中心；
（十四）其他诊疗机构。

第四条 卫生防疫、国境卫生检疫、医学科研和教学等机构在本机构业务范围之外开展诊疗活动以及美容服务机构开展医疗美容业务的，必须依据条例及本细则，申请设置相应类别的医疗机构。

第五条 中国人民解放军和中国人民武装警察部队编制外的医疗机构，由地方卫生计生行政部门按照条例和本细则管理。

中国人民解放军后勤卫生主管部门负责向地方卫生计生行政部门提供军队编制外医疗机构的名称和地址。

第六条 医疗机构依法从事诊疗活动受法律保护。

第七条 卫生计生行政部门依法独立行使监督管理职权，不受任何单位和个人干涉。

第二章 设置审批

第八条 各省、自治区、直辖市应当按照当地《医疗机构设置规划》合理配置和合理利用医疗资源。

《医疗机构设置规划》由县级以上地方卫生计生行政部门依据《医疗机构设置规划指导原则》制定，经上一级卫生计生行政部门审核，报同级人民政府批准，在本行政区域内发布实施。

《医疗机构设置规划指导原则》另行制定。

第九条 县级以上地方卫生计生行政部门按照《医疗机构设置规划指导原则》规定的权限和程序组织实施本行政区域《医疗机构设置规划》，定期评价实施情况，并将评价结果按年度向上一级卫生计生行政部门和同级人民政府报告。

第十条 医疗机构不分类别、所有制形式、隶属关系、服务对象，其设置必须符合当地《医疗机构设置规划》。

第十一条 床位在一百张以上的综合医院、中医医院、中西医结合医院、民族医医院以及专科医院、疗养院、康复医院、妇幼保健院、急救中心、临床检验中心和专科疾病防治机构的设置审批权限的划分，由省、自治区、直辖市卫生计生行政部门规定；其他医疗机构的设置，由县级卫生计生行政部门负责审批。

医学检验实验室、病理诊断中心、医学影像诊断中心、血液透析中心、安宁疗护中心的设置审批权限另行规定。

第十二条 有下列情形之一的，不得申请设置医疗机构：
（一）不能独立承担民事责任的单位；
（二）正在服刑或者不具有完全民事行为能力的个人；
（三）发生二级以上医疗事故未满五年的医务人员；
（四）因违反有关法律、法规和规章，已被吊销执业证书的医务人员；
（五）被吊销《医疗机构执业许可证》的医疗机构法定代表人或者主要负责人；
（六）省、自治区、直辖市政府卫生计生行政部门规定的其他情形。

有前款第（二）、（三）、（四）、（五）项所列情形之一者，不得充任医疗机构的法定代表人或者主要负责人。

第十三条 在城市设置诊所的个人，必须同时具备下列条件：
（一）经医师执业技术考核合格，取得《医师执业证书》；
（二）取得《医师执业证书》或者医师职称后，从事五年以上同一专业的临床工作；
（三）省、自治区、直辖市卫生计生行政部门规定的其他条件。

医师执业技术标准另行制定。

在乡镇和村设置诊所的个人的条件，由省、自治区、直辖市卫生计生行政部门规定。

第十四条 地方各级人民政府设置医疗机构，由政府指定或者任命的拟设医疗机构的筹建负责人申请；法人或者其他组织设置医疗机构，由其代表人申请；个人设置医疗机构，由设置人申请；两人以上合伙设置医疗机构，由合伙人共同申请。

第十五条 条例第十条规定提交的设置可行性研究报告包括以下内容：

（一）申请单位名称、基本情况以及申请人姓名、年龄、专业履历、身份证号码；

（二）所在地区的人口、经济和社会发展等概况；

（三）所在地区人群健康状况和疾病流行以及有关疾病患病率；

（四）所在地区医疗资源分布情况以及医疗服务需求分析；

（五）拟设医疗机构的名称、选址、功能、任务、服务半径；

（六）拟设医疗机构的服务方式、时间、诊疗科目和床位编制；

（七）拟设医疗机构的组织结构、人员配备；

（八）拟设医疗机构的仪器、设备配备；

（九）拟设医疗机构与服务半径区域内其他医疗机构的关系和影响；

（十）拟设医疗机构的污水、污物、粪便处理方案；

（十一）拟设医疗机构的通讯、供电、上下水道、消防设施情况；

（十二）资金来源、投资方式、投资总额、注册资金（资本）；

（十三）拟设医疗机构的投资预算；

（十四）拟设医疗机构五年内的成本效益预测分析。

并附申请设置单位或者设置人的资信证明。

申请设置门诊部、诊所、卫生所、医务室、卫生保健所、卫生站、村卫生室（所）、护理站等医疗机构的，可以根据情况适当简化设置可行性研究报告内容。

第十六条 条例第十条规定提交的选址报告包括以下内容：

（一）选址的依据；

（二）选址所在地区的环境和公用设施情况；

（三）选址与周围托幼机构、中小学校、食品生产经营单位布局的关系；

（四）占地和建筑面积。

第十七条 由两个以上法人或者其他组织共同申请设置医疗机构以及由两人以上合伙申请设置医疗机构的，除提交可行性研究报告和选址报告外，还必须提交由各方共同签署的协议书。

第十八条 医疗机构建筑设计必须按照法律、法规和规章要求经相关审批机关审查同意后，方可施工。

第十九条 条例第十二条规定的设置申请的受理时间，自申请人提供条例和本细则规定的全部材料之日算起。

第二十条 县级以上地方卫生计生行政部门依据当地《医疗机构设置规划》及本细则审查和批准医疗机构的设置。

申请设置医疗机构有下列情形之一的，不予批准：

（一）不符合当地《医疗机构设置规划》；

（二）设置人不符合规定的条件；

（三）不能提供满足投资总额的资信证明；

（四）投资总额不能满足各项预算开支；

（五）医疗机构选址不合理；

（六）污水、污物、粪便处理方案不合理；

（七）省、自治区、直辖市卫生计生行政部门规定的其他情形。

第二十一条 卫生计生行政部门应当在核发《设置医疗机构批准书》的同时，向上一级卫生计生行政部门备案。

上级卫生计生行政部门有权在接到备案报告之日起三十日内纠正或者撤销下级卫生计生行政部门作出的不符合当地《医疗机构设置规划》的设置审批。

第二十二条 《设置医疗机构批准书》的有效期，由省、自治区、直辖市卫生计生行政部门规定。

第二十三条 变更《设置医疗机构批准书》中核准的医疗机构的类别、规模、选址和诊疗科目，必须按照条例和本细则的规定，重新申请办理设置审批手续。

第二十四条 法人和其他组织设置的为内部职工服务的门诊部、诊所、卫生所（室），由设置单位在该医疗机构执业登记前，向当地县级卫生计生行政部门备案，并提交下列材料：

（一）设置单位或者其主管部门设置医疗机构的决定；

（二）《设置医疗机构备案书》。

卫生计生行政部门应当在接到备案后十五日内给予《设置医疗机构备案回执》。

第三章 登记与校验

第二十五条 申请医疗机构执业登记必须填写《医疗机构申请执业登记注册书》，并向登记机关提交下列材料：

（一）《设置医疗机构批准书》或者《设置医疗机构备案回执》；

（二）医疗机构用房产权证明或者使用证明；

（三）医疗机构建筑设计平面图；

(四)验资证明、资产评估报告；

(五)医疗机构规章制度；

(六)医疗机构法定代表人或者主要负责人以及各科室负责人名录和有关资格证书、执业证书复印件；

(七)省、自治区、直辖市卫生计生行政部门规定提交的其他材料。

申请门诊部、诊所、卫生所、医务室、卫生保健所和卫生站登记的，还应当提交附设药房(柜)的药品种类清单、卫生技术人员名录及其有关资格证书、执业证书复印件以及省、自治区、直辖市卫生计生行政部门规定提交的其他材料。

第二十六条 登记机关在受理医疗机构执业登记申请后，应当按照条例第十六条规定的条件和条例第十九条规定的时限进行审查和实地考察、核实，并对有关执业人员进行消毒、隔离和无菌操作等基本知识和技能的现场抽查考核。经审核合格的，发给《医疗机构执业许可证》；审核不合格的，将审核结果和不予批准的理由以书面形式通知申请人。

《医疗机构执业许可证》及其副本由国家卫生计生委统一印制。

条例第十九条规定的执业登记申请的受理时间，自申请人提供条例和本细则规定的全部材料之日算起。

第二十七条 申请医疗机构执业登记有下列情形之一的，不予登记：

(一)不符合《设置医疗机构批准书》核准的事项；

(二)不符合《医疗机构基本标准》；

(三)投资不到位；

(四)医疗机构用房不能满足诊疗服务功能；

(五)通讯、供电、上下水道等公共设施不能满足医疗机构正常运转；

(六)医疗机构规章制度不符合要求；

(七)消毒、隔离和无菌操作等基本知识和技能的现场抽查考核不合格；

(八)省、自治区、直辖市卫生计生行政部门规定的其他情形。

第二十八条 医疗机构执业登记的事项：

(一)类别、名称、地址、法定代表人或者主要负责人；

(二)所有制形式；

(三)注册资金(资本)；

(四)服务方式；

(五)诊疗科目；

(六)房屋建筑面积、床位(牙椅)；

(七)服务对象；

(八)职工人数；

(九)执业许可证登记号(医疗机构代码)；

(十)省、自治区、直辖市卫生计生行政部门规定的其他登记事项。

门诊部、诊所、卫生所、医务室、卫生保健所、卫生站除登记前款所列事项外，还应当核准登记附设药房(柜)的药品种类。《医疗机构诊疗科目名录》另行制定。

第二十九条 因分立或者合并而保留的医疗机构应当申请变更登记；因分立或者合并而新设置的医疗机构应当申请设置许可和执业登记；因合并而终止的医疗机构应当申请注销登记。

第三十条 医疗机构变更名称、地址、法定代表人或者主要负责人、所有制形式、服务对象、服务方式、注册资金(资本)、诊疗科目、床位(牙椅)的，必须向登记机关申请办理变更登记，并提交下列材料：

(一)医疗机构法定代表人或者主要负责人签署的《医疗机构申请变更登记注册书》；

(二)申请变更登记的原因和理由；

(三)登记机关规定提交的其他材料。

第三十一条 机关、企业和事业单位设置的为内部职工服务的医疗机构向社会开放，必须按照前条规定申请办理变更登记。

第三十二条 医疗机构在原登记机关管辖权限范围内变更登记事项的，由原登记机关办理变更登记；因变更登记超出原登记机关管辖权限的，由有管辖权的卫生计生行政部门办理变更登记。

医疗机构在原登记机关管辖区域内迁移，由原登记机关办理变更登记；向原登记机关管辖区域外迁移的，应当在取得迁移目的地的卫生计生行政部门发给的《设置医疗机构批准书》，并经原登记机关核准办理注销登记后，再向迁移目的地的卫生计生行政部门申请办理执业登记。

第三十三条 登记机关在受理变更登记申请后，依据条例和本细则的有关规定以及当地《医疗机构设置规划》进行审核，按照登记程序或者简化程序办理变更登记，并作出核准变更登记或者不予变更登记的决定。

第三十四条 医疗机构停业，必须经登记机关批准。除改建、扩建、迁建原因，医疗机构停业不得超过一年。

第三十五条 床位在一百张以上的综合医院、中医医院、中西医结合医院、民族医医院以及专科医院、疗养院、康复医院、妇幼保健院、急救中心、临床检验中心和专科疾病防治机构的校验期为三年；其他医疗机构的校验期为一年。

医疗机构应当于校验期满前三个月向登记机关申请办理校验手续。

办理校验应当交验《医疗机构执业许可证》，并提交下列文件：

（一）《医疗机构校验申请书》；

（二）《医疗机构执业许可证》副本；

（三）省、自治区、直辖市卫生计生行政部门规定提交的其他材料。

第三十六条 卫生计生行政部门应当在受理校验申请后的三十日内完成校验。

第三十七条 医疗机构有下列情形之一的，登记机关可以根据情况，给予一至六个月的暂缓校验期：

（一）不符合《医疗机构基本标准》；

（二）限期改正期间；

（三）省、自治区、直辖市卫生计生行政部门规定的其他情形。

不设床位的医疗机构在暂缓校验期内不得执业。

暂缓校验期满仍不能通过校验的，由登记机关注销其《医疗机构执业许可证》。

第三十八条 各级卫生计生行政部门应当采用电子证照等信息化手段对医疗机构实行全程管理和动态监管。有关管理办法另行制定。

第三十九条 医疗机构开业、迁移、更名、改变诊疗科目以及停业、歇业和校验结果由登记机关予以公告。

第四章 名　　称

第四十条 医疗机构的名称由识别名称和通用名称依次组成。

医疗机构的通用名称为：医院、中心卫生院、卫生院、疗养院、妇幼保健院、门诊部、诊所、卫生所、卫生站、卫生室、医务室、卫生保健所、急救中心、急救站、临床检验中心、防治院、防治所、防治站、护理院、护理站、中心以及国家卫生计生委规定或者认可的其他名称。

医疗机构可以下列名称作为识别名称：地名、单位名称、个人姓名、医学学科名称、医学专业和专科名称、诊疗科目名称和核准机关批准使用的名称。

第四十一条 医疗机构的命名必须符合以下原则：

（一）医疗机构的通用名称以前条第二款所列的名称为限；

（二）前条第三款所列的医疗机构的识别名称可以合并使用；

（三）名称必须名副其实；

（四）名称必须与医疗机构类别或者诊疗科目相适应；

（五）各级地方人民政府设置的医疗机构的识别名称中应当含有省、市、县、区、街道、乡、镇、村等行政区划名称，其他医疗机构的识别名称中不得含有行政区划名称；

（六）国家机关、企业和事业单位、社会团体或者个人设置的医疗机构的名称中应当含有设置单位名称或者个人的姓名。

第四十二条 医疗机构不得使用下列名称：

（一）有损于国家、社会或者公共利益的名称；

（二）侵犯他人利益的名称；

（三）以外文字母、汉语拼音组成的名称；

（四）以医疗仪器、药品、医用产品命名的名称；

（五）含有"疑难病"、"专治"、"专家"、"名医"或者同类含义文字的名称以及其他宣传或者暗示诊疗效果的名称；

（六）超出登记的诊疗科目范围的名称；

（七）省级以上卫生计生行政部门规定不得使用的名称。

第四十三条 以下医疗机构名称由国家卫生计生委核准；属于中医、中西医结合和民族医医疗机构的，由国家中医药管理局核准：

（一）含有外国国家（地区）名称及其简称、国际组织名称的；

（二）含有"中国"、"全国"、"中华"、"国家"等字样以及跨省地域名称的；

（三）各级地方人民政府设置的医疗机构的识别名称中不含有行政区划名称的。

第四十四条 以"中心"作为医疗机构通用名称的医疗机构名称，由省级以上卫生计生行政部门核准；在识别名称中含有"中心"字样的医疗机构名称的核准，由省、自治区、直辖市卫生计生行政部门规定。

含有"中心"字样的医疗机构名称必须同时含有行政区划名称或者地名。

第四十五条 除专科疾病防治机构以外，医疗机构不得以具体疾病名称作为识别名称，确有需要的由省、自治区、直辖市卫生计生行政部门核准。

第四十六条 医疗机构名称经核准登记，于领取《医疗机构执业许可证》后方可使用，在核准机关管辖范围内享有专用权。

第四十七条 医疗机构只准使用一个名称。确有需要，经核准机关核准可以使用两个或者两个以上名称，但必须确定一个第一名称。

第四十八条 卫生计生行政部门有权纠正已经核准登记的不适宜的医疗机构名称，上级卫生计生行政部门有权纠正下级卫生计生行政部门已经核准登记的不适宜的医疗机构名称。

第四十九条 两个以上申请人向同一核准机关申请相同的医疗机构名称，核准机关依照申请在先原则核定。属于同一天申请的，应当由申请人双方协商解决；协商不成的，由核准机关作出裁决。

两个以上医疗机构因已经核准登记的医疗机构名称相同发生争议时，核准机关依照登记在先原则处理。属于同一天登记的，应当由双方协商解决；协商不成的，由核准机关报上一级卫生计生行政部门作出裁决。

第五十条 医疗机构名称不得买卖、出借。

未经核准机关许可，医疗机构名称不得转让。

第五章 执业

第五十一条 医疗机构的印章、银行账户、牌匾以及医疗文件中使用的名称应当与核准登记的医疗机构名称相同；使用两个以上名称的，应当与第一名称相同。

第五十二条 医疗机构应当严格执行无菌消毒、隔离制度，采取科学有效的措施处理污水和废弃物，预防和减少医院感染。

第五十三条 医疗机构的门诊病历的保存期不得少于十五年；住院病历的保存期不得少于三十年。

第五十四条 标有医疗机构标识的票据和病历本册以及处方笺、各种检查的申请单、报告单、证明文书单、药品分装袋、制剂标签等不得买卖、出借和转让。

医疗机构不得冒用标有其他医疗机构标识的票据和病历本册以及处方笺、各种检查的申请单、报告单、证明文书单、药品分装袋、制剂标签等。

第五十五条 医疗机构应当按照卫生计生行政部门的有关规定、标准加强医疗质量管理，实施医疗质量保证方案，确保医疗安全和服务质量，不断提高服务水平。

第五十六条 医疗机构应当定期检查、考核各项规章制度和各级各类人员岗位责任制的执行和落实情况。

第五十七条 医疗机构应当经常对医务人员进行"基础理论、基本知识、基本技能"的训练与考核，把"严格要求、严密组织、严谨态度"落实到各项工作中。

第五十八条 医疗机构应当组织医务人员学习医德规范和有关教材，督促医务人员恪守职业道德。

第五十九条 医疗机构不得使用假劣药品、过期和失效药品以及违禁药品。

第六十条 医疗机构为死因不明者出具的《死亡医学证明书》，只作是否死亡的诊断，不作死亡原因的诊断。如有关方面要求进行死亡原因诊断的，医疗机构必须指派医生对尸体进行解剖和有关死因检查后方能作出死因诊断。

第六十一条 医疗机构在诊疗活动中，应当对患者实行保护性医疗措施，并取得患者家属和有关人员的配合。

第六十二条 医疗机构应当尊重患者对自己的病情、诊断、治疗的知情权利。在实施手术、特殊检查、特殊治疗时，应当向患者作必要的解释。因实施保护性医疗措施不宜向患者说明情况的，应当将有关情况通知患者家属。

第六十三条 门诊部、诊所、卫生所、医务室、卫生保健所和卫生站附设药房（柜）的药品种类由登记机关核定，具体办法由省、自治区、直辖市卫生计生行政部门规定。

第六十四条 为内部职工服务的医疗机构未经许可和变更登记不得向社会开放。

第六十五条 医疗机构被吊销或者注销执业许可证后，不得继续开展诊疗活动。

第六章 监督管理

第六十六条 各级卫生计生行政部门负责所辖区域内医疗机构的监督管理工作。

第六十七条 在监督管理工作中，要充分发挥医院管理学会和卫生工作者协会等学术性和行业性社会团体的作用。

第六十八条 县级以上卫生计生行政部门设立医疗机构监督管理办公室。

各级医疗机构监督管理办公室在同级卫生计生行政部门的领导下开展工作。

第六十九条 各级医疗机构监督管理办公室的职责：

（一）拟订医疗机构监督管理工作计划；

（二）办理医疗机构监督员的审查、发证、换证；

（三）负责医疗机构登记、校验和有关监督管理工作的统计，并向同级卫生计生行政部门报告；

（四）负责接待、办理群众对医疗机构的投诉；

（五）完成卫生计生行政部门交给的其他监督管理

工作。

第七十条 县级以上卫生计生行政部门设医疗机构监督员,履行规定的监督管理职责。医疗机构监督员由同级卫生计生行政部门聘任。

医疗机构监督员应当严格执行国家有关法律、法规和规章,其主要职责是:

(一)对医疗机构执行有关法律、法规、规章和标准的情况进行监督、检查、指导;

(二)对医疗机构执业活动进行监督、检查、指导;

(三)对医疗机构违反条例和本细则的案件进行调查、取证;

(四)对经查证属实的案件向卫生计生行政部门提出处理或者处罚意见;

(五)实施职权范围内的处罚;

(六)完成卫生计生行政部门交付的其他监督管理工作。

第七十一条 医疗机构监督员有权对医疗机构进行现场检查,无偿索取有关资料,医疗机构不得拒绝、隐匿或者隐瞒。

医疗机构监督员在履行职责时应当佩戴证章、出示证件。

医疗机构监督员证章、证件由国家卫生计生委监制。

第七十二条 各级卫生计生行政部门对医疗机构的执业活动检查、指导主要包括:

(一)执行国家有关法律、法规、规章和标准情况;

(二)执行医疗机构内部各项规章制度和各级各类人员岗位责任制情况;

(三)医德医风情况;

(四)服务质量和服务水平情况;

(五)执行医疗收费标准情况;

(六)组织管理情况;

(七)人员任用情况;

(八)省、自治区、直辖市卫生计生行政部门规定的其他检查、指导项目。

第七十三条 国家实行医疗机构评审制度,对医疗机构的基本标准、服务质量、技术水平、管理水平等进行综合评价。县级以上卫生计生行政部门负责医疗机构评审的组织和管理;各级医疗机构评审委员会负责医疗机构评审的具体实施。

第七十四条 县级以上中医(药)行政管理部门成立医疗机构评审委员会,负责中医、中西医结合和民族医疗机构的评审。

第七十五条 医疗机构评审包括周期性评审、不定期重点检查。

医疗机构评审委员会在对医疗机构进行评审时,发现有违反条例和本细则的情节,应当及时报告卫生计生行政部门;医疗机构评审委员会委员为医疗机构监督员的,可以直接行使监督权。

第七十六条 《医疗机构监督管理行政处罚程序》另行制定。

第七章 处 罚

第七十七条 对未取得《医疗机构执业许可证》擅自执业的,责令其停止执业活动,没收非法所得和药品、器械,并处以三千元以下的罚款;有下列情形之一的,责令其停止执业活动,没收非法所得和药品、器械,处以三千元以上一万元以下的罚款:

(一)因擅自执业曾受过卫生计生行政部门处罚;

(二)擅自执业的人员为非卫生技术专业人员;

(三)擅自执业时间在三个月以上;

(四)给患者造成伤害;

(五)使用假药、劣药蒙骗患者;

(六)以行医为名骗取患者钱物;

(七)省、自治区、直辖市卫生计生行政部门规定的其他情形。

第七十八条 对不按期办理校验《医疗机构执业许可证》又不停止诊疗活动的,责令其限期补办校验手续;在限期内仍不办理校验的,吊销其《医疗机构执业许可证》。

第七十九条 转让、出借《医疗机构执业许可证》的,没收其非法所得。并处以三千元以下的罚款;有下列情形之一的,没收其非法所得,处以三千元以上五千元以下的罚款,并吊销《医疗机构执业许可证》:

(一)出卖《医疗机构执业许可证》;

(二)转让或者出借《医疗机构执业许可证》是以营利为目的;

(三)受让方或者承借方给患者造成伤害;

(四)转让、出借《医疗机构执业许可证》给非卫生技术专业人员;

(五)省、自治区、直辖市卫生计生行政部门规定的其他情形。

第八十条 除急诊和急救外,医疗机构诊疗活动超出登记的诊疗科目范围,情节轻微的,处以警告;有下列情形之一的,责令其限期改正,并可处以三千元以下罚款:

（一）超出登记的诊疗科目范围的诊疗活动累计收入在三千元以下；

（二）给患者造成伤害。

有下列情形之一的，处以三千元罚款，并吊销《医疗机构执业许可证》：

（一）超出登记的诊疗科目范围的诊疗活动累计收入在三千元以上；

（二）给患者造成伤害；

（三）省、自治区、直辖市卫生计生行政部门规定的其他情形。

第八十一条 任用非卫生技术人员从事医疗卫生技术工作的，责令其立即改正，并可处以三千元以下的罚款；有下列情形之一的，处以三千元以上五千元以下罚款，并可以吊销其《医疗机构执业许可证》：

（一）任用两名以上非卫生技术人员从事诊疗活动的；

（二）任用的非卫生技术人员给患者造成伤害的。

医疗机构使用卫生技术人员从事本专业以外的诊疗活动的，按使用非卫生技术人员处理。

第八十二条 出具虚假证明文件，情节轻微的，给予警告，并可处以五百元以下的罚款；有下列情形之一的，处以五百元以上一千元以下的罚款：

（一）出具虚假证明文件造成延误诊治的；

（二）出具虚假证明文件给患者精神造成伤害的；

（三）造成其他危害后果的。

对直接责任人员由所在单位或者上级机关给予行政处分。

第八十三条 医疗机构有下列情形之一的，登记机关可以责令其限期改正：

（一）发生重大医疗事故；

（二）连续发生同类医疗事故，不采取有效防范措施；

（三）连续发生原因不明的同类患者死亡事件，同时存在管理不善因素；

（四）管理混乱，有严重事故隐患，可能直接影响医疗安全；

（五）省、自治区、直辖市卫生计生行政部门规定的其他情形。

第八十四条 当事人对行政处罚决定不服的，可以在接到《行政处罚决定通知书》之日起十五日内向作出行政处罚决定的上一级卫生计生行政部门申请复议。上级卫生计生行政部门应当在接到申请书之日起三十日内作出书面答复。

当事人对行政处罚决定不服的，也可以在接到《行政处罚决定通知书》之日起十五日内直接向人民法院提起行政诉讼。

逾期不申请复议、不起诉又不履行行政处罚决定的，由作出行政处罚决定的卫生计生行政部门填写《行政处罚强制执行申请书》，向人民法院申请强制执行。

第八章 附　则

第八十五条 医疗机构申请办理设置审批、执业登记、校验、评审时，应当交纳费用，医疗机构执业应当交纳管理费，具体办法由省级以上卫生计生行政部门会同物价管理部门规定。

第八十六条 各省、自治区、直辖市根据条例和本细则并结合当地的实际情况，制定实施办法。实施办法中的有关中医、中西结合、民族医疗机构的条款，由省、自治区、直辖市中医(药)行政部门拟订。

第八十七条 条例及本细则实施前已经批准执业的医疗机构的审核登记办法，由省、自治区、直辖市卫生计生行政部门根据当地的实际情况规定。

第八十八条 条例及本细则中下列用语的含义：

诊疗活动：是指通过各种检查，使用药物、器械及手术等方法，对疾病作出判断和消除疾病、缓解病情、减轻痛苦、改善功能、延长生命、帮助患者恢复健康的活动。

医疗美容：是指使用药物以及手术、物理和其他损伤性或者侵入性手段进行的美容。

特殊检查、特殊治疗：是指具有下列情形之一的诊断治疗活动：

（一）有一定危险性，可能产生不良后果的检查和治疗；

（二）由于患者体质特殊或者病情危笃，可能对患者产生不良后果和危险的检查和治疗；

（三）临床试验性检查和治疗；

（四）收费可能对患者造成较大经济负担的检查和治疗。

卫生技术人员：是指按照国家有关法律、法规和规章的规定取得卫生技术人员资格或者职称的人员。

技术规范：是指由国家卫生计生委、国家中医药管理局制定或者认可的与诊疗活动有关的技术标准、操作规程等规范性文件。

军队的医疗机构：是指中国人民解放军和中国人民武装警察部队编制内的医疗机构。

第八十九条 各级中医(药)行政管理部门依据条例和本细则以及当地医疗机构管理条例实施办法，对管辖范围内各类中医、中西医结合和民族医疗机构行使设置审批、登记和监督管理权。

第九十条 本细则的解释权在国家卫生计生委。

第九十一条 本细则自 1994 年 9 月 1 日起施行。

附表：（略）

医疗机构医疗保障定点管理暂行办法

- 2020 年 12 月 24 日第 2 次局务会议审议通过
- 2020 年 12 月 30 日国家医疗保障局令第 2 号公布
- 自 2021 年 2 月 1 日起施行

第一章 总 则

第一条 为加强和规范医疗机构医疗保障定点管理，提高医疗保障基金使用效率，更好地保障广大参保人员权益，根据《中华人民共和国社会保险法》《中华人民共和国基本医疗卫生与健康促进法》及《医疗机构管理条例》等法律法规，制定本办法。

第二条 医疗机构医疗保障定点管理应坚持以人民健康为中心，遵循保障基本、公平公正、权责明晰、动态平衡的原则，加强医保精细化管理，促进医疗机构供给侧改革，为参保人员提供适宜的医疗服务。

第三条 医疗保障行政部门负责制定医疗机构定点管理政策，在定点申请、专业评估、协商谈判、协议订立、协议履行、协议解除等环节对医疗保障经办机构（以下简称"经办机构"）、定点医疗机构进行监督。经办机构负责确定定点医疗机构，并与定点医疗机构签订医疗保障服务协议（以下简称"医保协议"），提供经办服务，开展医保协议管理、考核等。定点医疗机构应当遵守医疗保障法律、法规、规章及有关政策，按照规定向参保人员提供医疗服务。

第二章 定点医疗机构的确定

第四条 统筹地区医疗保障行政部门根据公众健康需求、管理服务需要、医保基金收支、区域卫生规划、医疗机构设置规划等确定本统筹地区定点医疗服务的资源配置。

第五条 以下取得医疗机构执业许可证或中医诊所备案证的医疗机构，以及经军队主管部门批准有为民服务资质的军队医疗机构可申请医保定点：

（一）综合医院、中医医院、中西医结合医院、民族医院、专科医院、康复医院；

（二）专科疾病防治院（所、站）、妇幼保健院；

（三）社区卫生服务中心（站）、中心卫生院、乡镇卫生院、街道卫生院、门诊部、诊所、卫生所（站）、村卫生室（所）；

（四）独立设置的急救中心；

（五）安宁疗护中心、血液透析中心、护理院；

（六）养老机构内设的医疗机构。

互联网医院可依托其实体医疗机构申请签订补充协议，其提供的医疗服务所产生的符合医保支付范围的相关费用，由统筹地区经办机构与其所依托的实体医疗机构按规定进行结算。

第六条 申请医保定点的医疗机构应当同时具备以下基本条件：

（一）正式运营至少 3 个月；

（二）至少有 1 名取得医师执业证书、乡村医生执业证书或中医（专长）医师资格证书且第一注册地在该医疗机构的医师；

（三）主要负责人负责医保工作，配备专（兼）职医保管理人员；100 张床位以上的医疗机构应设内部医保管理部门，安排专职工作人员；

（四）具有符合医保协议管理要求的医保管理制度、财务制度、统计信息管理制度、医疗质量安全核心制度等；

（五）具有符合医保协议管理要求的医院信息系统技术和接口标准，实现与医保信息系统有效对接，按要求向医保信息系统传送全部就诊人员相关信息，为参保人员提供直接联网结算。设立医保药品、诊疗项目、医疗服务设施、医用耗材、疾病病种等基础数据库，按规定使用国家统一的医保编码；

（六）符合法律法规和省级及以上医疗保障行政部门规定的其他条件。

第七条 医疗机构向统筹地区经办机构提出医保定点申请，至少提供以下材料：

（一）定点医疗机构申请表；

（二）医疗机构执业许可证或中医诊所备案证或军队医疗机构为民服务许可证照复印件；

（三）与医保政策对应的内部管理制度和财务制度文本；

（四）与医保有关的医疗机构信息系统相关材料；

（五）纳入定点后使用医疗保障基金的预测性分析报告；

（六）省级医疗保障行政部门按相关规定要求提供的其他材料。

第八条 医疗机构提出定点申请，统筹地区经办机构应即时受理。对申请材料内容不全的,经办机构自收到材料之日起5个工作日内一次性告知医疗机构补充。

第九条 统筹地区经办机构应组织评估小组或委托第三方机构,以书面、现场等形式开展评估。评估小组成员由医疗保障、医药卫生、财务管理、信息技术等专业人员构成。自受理申请材料之日起,评估时间不超过3个月,医疗机构补充材料时间不计入评估期限。评估内容包括:

(一)核查医疗机构执业许可证或中医诊所备案证或军队医疗机构为民服务许可证;

(二)核查医师、护士、药学及医技等专业技术人员执业信息和医师第一注册地信息;

(三)核查与服务功能相适应的诊断、治疗、手术、住院、药品贮存及发放、检查检验放射等基础设施和仪器设备;

(四)核查与医保政策对应的内部管理制度和财务制度,卫生健康部门医疗机构评审的结果;

(五)核查与医保有关的医疗机构信息系统是否具备开展直接联网结算的条件。

评估结果分为合格和不合格。统筹地区经办机构应将评估结果报同级医疗保障行政部门备案。对于评估合格的,应将其纳入拟签订协议医疗机构名单,并向社会公示。对于评估不合格的,应告知其理由,提出整改建议。自结果告知送达之日起,整改3个月后可再次组织评估,评估仍不合格的,1年内不得再次申请。

省级医疗保障行政部门可以在本办法基础上,根据实际情况,制定具体评估细则。

第十条 统筹地区经办机构与评估合格的医疗机构协商谈判,达成一致的,双方自愿签订医保协议。原则上,由地市级及以上的统筹地区经办机构与医疗机构签订医保协议并向同级医疗保障行政部门备案。医保协议应明确双方权利、义务和责任。签订医保协议的双方应当严格执行协议约定。协议期限一般为1年。

第十一条 统筹地区经办机构应向社会公布签订医保协议的定点医疗机构信息,包括名称、地址等,供参保人员选择。

第十二条 医疗机构有下列情形之一的,不予受理定点申请:

(一)以医疗美容、辅助生殖、生活照护、种植牙等非基本医疗服务为主要执业范围的;

(二)基本医疗服务未执行医疗保障行政部门制定的医药价格政策的;

(三)未依法履行行政处罚责任的;

(四)以弄虚作假等不正当手段申请定点,自发现之日起未满3年的;

(五)因违法违规被解除医保协议未满3年或已满3年但未完全履行行政处罚法律责任的;

(六)因严重违反医保协议约定而被解除协议未满1年或已满1年但未完全履行违约责任的;

(七)法定代表人、主要负责人或实际控制人曾因严重违法违规导致原定点医疗机构被解除医保协议,未满5年的;

(八)法定代表人、主要负责人或实际控制人被列入失信人名单的;

(九)法律法规规定的其他不予受理的情形。

第三章 定点医疗机构运行管理

第十三条 定点医疗机构具有依法依规为参保人员提供医疗服务后获得医保结算费用,对经办机构履约情况进行监督,对完善医保政策提出意见建议等权利。

第十四条 定点医疗机构应当严格执行医保协议,合理诊疗、合理收费,严格执行医保药品、医用耗材和医疗服务项目等目录,优先配备使用医保目录药品,控制患者自费比例,提高医疗保障基金使用效率。定点医疗机构不得为非定点医疗机构提供医保结算。

经办机构不予支付的费用、定点医疗机构按医保协议约定被扣除的质量保证金及其支付的违约金等,定点医疗机构不得作为医保欠费处理。

第十五条 定点医疗机构及其工作人员应当执行实名就医和购药管理规定,核验参保人员有效身份凭证,按照诊疗规范提供合理、必要的医药服务,向参保人员如实出具费用单据和相关资料,不得分解住院、挂床住院,不得违反诊疗规范过度诊疗、过度检查、分解处方、超量开药、重复开药,不得重复收费、超标准收费、分解项目收费,不得串换药品、医用耗材、诊疗项目和服务设施,不得诱导、协助他人冒名或者虚假就医、购药。

定点医疗机构应当确保医疗保障基金支付的费用符合规定的支付范围;除急诊、抢救等特殊情形外,提供医疗保障基金支付范围以外的医药服务的,应当经参保人员或者其近亲属、监护人同意。

第十六条 定点医疗机构应当制定相应的内部管理措施,严格掌握出入院指征。按照协议执行医保总额预算指标,执行按项目、按病种、按疾病诊断相关分组、按床日、按人头等支付方式。不得以医保支付政策为由拒收患者。

第十七条　定点医疗机构按有关规定执行集中采购政策，优先使用集中采购中选的药品和耗材。医保支付的药品、耗材应当按规定在医疗保障行政部门规定的平台上采购，并真实记录"进、销、存"等情况。

第十八条　定点医疗机构应当严格执行医疗保障行政部门制定的医药价格政策。

第十九条　定点医疗机构应当参加由医疗保障行政部门或经办机构组织的宣传和培训。

定点医疗机构应当组织开展医疗保障基金相关制度、政策的培训，定期检查本单位医疗保障基金使用情况，及时纠正医疗保障基金使用不规范的行为。

第二十条　定点医疗机构在显著位置悬挂统一样式的定点医疗机构标识。

第二十一条　定点医疗机构应按要求及时向统筹地区经办机构报送医疗保障基金结算清单等信息，包括疾病诊断及手术操作，药品、医用耗材、医疗服务项目费用结算明细，医师、护士等信息，并对其真实性负责。定点医疗机构应当按要求如实向统筹地区经办机构报送药品、耗材的采购价格和数量。

定点医疗机构应向医疗保障部门报告医疗保障基金使用监督管理及协议管理所需信息，向社会公开医药费用、费用结构等信息。

第二十二条　定点医疗机构应当配合经办机构开展医保费用审核、稽核检查、绩效考核等工作，接受医疗保障行政部门的监督检查，并按规定提供相关材料。

第二十三条　定点医疗机构应当优化医保结算流程，为参保人员提供便捷的医疗服务，按规定进行医保费用直接结算，提供费用结算单据和相关资料。为符合规定的参保人员提供转诊转院服务。参保人员根据有关规定可以在定点医疗机构购药或凭处方到定点零售药店购药。

第二十四条　定点医疗机构应当做好与医保有关的信息系统安全保障工作，遵守数据安全有关制度，保护参保人员隐私。定点医疗机构重新安装信息系统时，应当保持信息系统技术接口标准与医保信息系统有效对接，并按规定及时全面准确向医保信息系统传送医保结算和审核所需的有关数据。

第四章　经办管理服务

第二十五条　经办机构有权掌握定点医疗机构运行管理情况，从定点医疗机构获得医保费用稽查审核、绩效考核和财务记账等所需要的信息数据等资料。定点医疗机构实行属地管理，经办机构对属地定点医疗机构为本地和异地参保人员提供的医疗服务承担管理服务职责。

第二十六条　经办机构应当完善定点申请、组织评估和协议签订、协议履行、协议变更和解除等管理流程，制定经办规程，为定点医疗机构和参保人员提供优质高效的经办服务。

第二十七条　经办机构应做好对定点医疗机构医保政策、管理制度、支付政策、操作流程的宣传培训，提供医疗保障咨询、查询服务。

第二十八条　经办机构应当落实医保支付政策，加强医疗保障基金管理。

第二十九条　经办机构应当建立完善的内部控制制度，明确对定点医疗机构申报费用的审核、结算、拨付、稽核等岗位责任及风险防控机制。完善重大医保费用支出集体决策制度。

第三十条　经办机构应当加强医疗保障基金支出管理，通过智能审核、实时监控、现场检查等方式及时审核医疗费用。对定点医疗机构进行定期和不定期稽查审核。按协议约定及时且足额向定点医疗机构拨付医保费用，原则上应当在定点医疗机构申报后30个工作日内拨付符合规定的医保费用。

第三十一条　有条件的统筹地区经办机构可以按国家规定向定点医疗机构预付一部分医保资金，缓解其资金运行压力。在突发疫情等紧急情况时，可以按国家规定预拨专项资金。

第三十二条　定点医疗机构违规申报费用，经审查核实的，经办机构不予支付。

第三十三条　经办机构应当依法依规支付参保人员在定点医疗机构发生的医疗费用，为参保人员提供医保政策咨询。除急诊和抢救外，参保人员在非定点医疗机构就医发生的费用医疗保障基金不予支付。

第三十四条　经办机构向社会公开医保信息系统数据集和接口标准。定点医疗机构自主选择与医保对接的有关信息系统的运行和维护供应商。经办机构不得以任何名义收取任何费用及指定供应商。

第三十五条　经办机构应遵守数据安全有关制度，保护参保人员隐私，确保医疗保障基金安全。

第三十六条　经办机构或其委托符合规定的第三方机构，对定点医疗机构开展绩效考核，建立动态管理机制。考核结果与年终清算、质量保证金退还、协议续签等挂钩。绩效考核办法由国家医疗保障部门制定，省级医疗保障部门可制定具体考核细则，经办机构负责组织实施。

第三十七条　对于定点医疗机构结算周期内未超过总额控制指标的医疗费用,经办机构应根据协议按时足额拨付。对定点医疗机构因参保人员就医数量大幅增加等形成的合理超支给予适当补偿。

第三十八条　经办机构发现定点医疗机构存在违反协议约定情形的,可按协议约定相应采取以下处理方式:

(一)约谈医疗机构法定代表人、主要负责人或实际控制人;

(二)暂停或不予拨付费用;

(三)不予支付或追回已支付的医保费用;

(四)要求定点医疗机构按照协议约定支付违约金;

(五)中止相关责任人员或者所在部门涉及医疗保障基金使用的医疗服务;

(六)中止或解除医保协议。

第三十九条　经办机构违反医保协议的,定点医疗机构有权要求纠正或者提请医疗保障行政部门协调处理、督促整改,也可以依法申请行政复议或者提起行政诉讼。

医疗保障行政部门发现经办机构存在违反医保协议的,可视情节相应采取以下处理方式:约谈主要负责人、限期整改、通报批评,对相关责任人员依法依规给予处分。

医疗保障行政部门发现经办机构违反相关法律法规和规章的,依法依规进行处理。

第五章　定点医疗机构的动态管理

第四十条　定点医疗机构的名称、法定代表人、主要负责人或实际控制人、注册地址、银行账户、诊疗科目、机构规模、机构性质、等级和类别等重大信息变更时,应自有关部门批准之日起30个工作日内向统筹地区经办机构提出变更申请。其他一般信息变更应及时书面告知。

第四十一条　续签应由定点医疗机构于医保协议期满前3个月向经办机构提出申请或由经办机构统一组织。统筹地区经办机构与定点医疗机构就医保协议续签事宜进行协商谈判,双方根据医保协议履行情况和绩效考核情况等决定是否续签。协商一致的,可续签医保协议;未达成一致的,医保协议到期后自动终止。

对于绩效考核结果好的定点医疗机构可以采取固定医保协议和年度医保协议相结合的方式,固定医保协议相对不变,年度医保协议每年根据具体情况调整,简化签约手续。

第四十二条　医保协议中止是指经办机构与定点医疗机构暂停履行医保协议约定,中止期间发生的医保费用不予结算。中止期结束,未超过医保协议有效期的,医保协议可继续履行;超过医保协议有效期的,医保协议终止。

定点医疗机构可提出中止医保协议申请,经经办机构同意,可以中止医保协议但中止时间原则上不得超过180日,定点医疗机构在医保协议中止超过180日仍未提出继续履行医保协议申请的,原则上医保协议自动终止。定点医疗机构有下列情形之一的,经办机构应中止医保协议:

(一)根据日常检查和绩效考核,发现对医疗保障基金安全和参保人员权益可能造成重大风险的;

(二)未按规定向经办机构及医疗保障行政部门提供有关数据或提供数据不真实的;

(三)根据医保协议约定应当中止医保协议的;

(四)法律法规和规章规定的应当中止的其他情形。

第四十三条　医保协议解除是指经办机构与定点医疗机构之间的医保协议解除,协议关系不再存续,协议解除后产生的医药费用,医疗保障基金不再结算。定点医疗机构有以下情形之一的,经办机构应解除医保协议,并向社会公布解除医保协议的医疗机构名单:

(一)医保协议有效期内累计2次及以上被中止医保协议或中止医保协议期间未按要求整改或整改不到位的;

(二)以弄虚作假等不正当手段申请取得定点的;

(三)经医疗保障部门和其他有关部门查实有欺诈骗保行为的;

(四)为非定点医疗机构或处于中止医保协议期间的医疗机构提供医保费用结算的;

(五)拒绝、阻挠或不配合医疗保障部门开展智能审核、绩效考核、监督检查等,情节恶劣的;

(六)被发现重大信息发生变更但未办理重大信息变更的;

(七)定点医疗机构停业或歇业后未按规定向经办机构报告的;

(八)医疗保障行政部门或其他有关部门在行政执法中,发现定点医疗机构存在重大违法违规行为且可能造成医疗保障基金重大损失的;

(九)被吊销、注销医疗机构执业许可证或中医诊所备案证的;

(十)法定代表人、主要负责人或实际控制人不能履行医保协议约定,或有违法失信行为的;

(十一)未依法履行医疗保障行政部门作出的行政处罚决定的;

（十二）定点医疗机构主动提出解除医保协议且经办机构同意的；

（十三）根据医保协议约定应当解除医保协议的；

（十四）法律法规和规章规定的应当解除的其他情形。

第四十四条 定点医疗机构请求中止、解除医保协议或不再续签医保协议的，应提前3个月向经办机构提出申请。公立医疗机构不得主动提出中止或解除医保协议。

医疗机构所在地的地市级及以上统筹地区经办机构与定点医疗机构中止或解除医保协议，该医疗机构在其他统筹区的医保协议也同时中止或解除。

第四十五条 定点医疗机构的部分人员或科室有违反协议管理要求的，可对该人员或科室中止或终止医保结算。

第四十六条 医疗机构与统筹地区经办机构就医保协议签订、履行、变更和解除发生争议的，可以自行协商解决或者请求同级医疗保障行政部门协调处理，也可以依法提起行政复议或行政诉讼。

第六章 定点医疗机构的监督

第四十七条 医疗保障行政部门对定点申请、申请受理、专业评估、协议订立、协议履行和解除等进行监督，对经办机构的内部控制制度建设、医保费用的审核和拨付等进行指导和监督。

医疗保障行政部门依法依规通过实地检查、抽查、智能监控、大数据分析等方式对定点医疗机构的协议履行情况、医疗保障基金使用情况、医疗服务行为、购买涉及医疗保障基金使用的第三方服务等进行监督。

第四十八条 医疗保障行政部门和经办机构应拓宽监督途径、创新监督方式，通过满意度调查、第三方评价、聘请社会监督员等方式对定点医疗机构进行社会监督，畅通举报投诉渠道，及时发现问题并进行处理。

第四十九条 经办机构发现违约行为，应当及时按照协议处理。

经办机构作出中止相关责任人员或者所在部门涉及医疗保障基金使用的医药服务、中止和解除医保协议等处理时，要及时报告同级医疗保障行政部门。

医疗保障行政部门发现定点医疗机构存在违约情形的，应当及时责令经办机构按照医保协议处理，经办机构应当及时按照医保协议处理。

医疗保障行政部门依法查处违法违规行为时，认为经办机构移交相关违法线索事实不清，可组织补充调查或要求经办机构补充材料。

第七章 附 则

第五十条 职工基本医疗保险、城乡居民基本医疗保险、生育保险、医疗救助、居民大病保险等医疗保障定点管理工作按照本办法执行。

第五十一条 本办法中的经办机构是具有法定授权，实施医疗保障管理服务的职能机构，是医疗保障经办的主体。

定点医疗机构是指自愿与统筹地区经办机构签订医保协议，为参保人员提供医疗服务的医疗机构。

医保协议是指由经办机构与医疗机构经协商谈判而签订的，用于规范医疗服务行为以及明确双方权利、义务及责任等内容的协议。

第五十二条 国务院医疗保障行政部门制作并定期修订医保协议范本，国家医疗保障经办机构制定经办规程并指导各地加强和完善医保协议管理。地市级及以上的医疗保障行政部门及经办机构在此基础上，可根据实际情况分别细化制定本地区的医保协议范本及经办规程。医保协议内容应与法律、法规、规章和医疗保障政策调整变化相一致，医疗保障行政部门调整医保协议内容时，应征求相关定点医疗机构意见。

第五十三条 本办法由国务院医疗保障行政部门负责解释，自2021年2月1日起施行。

医疗卫生机构信息公开管理办法

- 2021年12月29日
- 国卫办发〔2021〕43号

第一章 总 则

第一条 为规范医疗卫生机构的信息公开工作，提高医疗卫生服务水平，方便公民、法人和其他社会组织获得医疗卫生机构的服务信息，根据《中华人民共和国政府信息公开条例》以及国务院办公厅《关于公共企事业单位信息公开制定办法》规定，制定本办法。

第二条 本办法适用于医疗卫生机构，包括基层医疗卫生机构、医院和专业公共卫生机构。

第三条 本办法所称的信息是指，医疗卫生机构在提供社会公共服务过程中制作或者获取的，以一定形式记录、保存的信息。

第四条 医疗卫生机构公开信息应当坚持合法合规、真实准确、便民实用、及时主动的原则。

第五条 国家卫生健康委、国家中医药局、国家疾控局政府信息公开主管部门牵头负责全国医疗卫生机构的信息公开监督管理工作。国家卫生健康委、国家中医药局、国家疾控局各业务主管部门负责指导相关领域医疗卫生机构的信息公开工作。

县级以上地方人民政府卫生健康、中医药、疾控主管部门负责本行政辖区医疗卫生机构信息公开监督管理工作。

医疗卫生行业组织应当在医疗卫生机构信息公开工作方面发挥监督、评价的积极作用。

第二章 信息公开的范围和方式

第六条 医疗卫生机构根据本机构特点和自身实际服务情况，有以下信息的应当主动公开：
（一）机构基本概况、公共服务职能；
（二）机构科室分布、人员标识、标识导引；
（三）机构的服务内容、重点学科及医疗技术准入、服务流程及须知等；
（四）涉及公共卫生、疾病应急处置相关服务流程信息；
（五）医保、价格、收费等服务信息；
（六）健康科普宣传教育相关信息；
（七）招标采购信息；
（八）行风廉政建设情况；
（九）咨询及投诉方式；
（十）其他法律、法规、规章等规定的应当主动公开的内容。

第七条 医疗卫生机构不得公开下列信息：
（一）涉及国家秘密的；
（二）涉及商业秘密的；
（三）涉及自然人个人信息保护的；
（四）公开后可能危及国家安全、公共安全、经济安全、执业安全、社会稳定及正常医疗秩序的；
（五）违反《中华人民共和国广告法》等法律法规规定或涉嫌夸大、虚假宣传等内容的；
（六）法律、法规、规章等规定的不予公开的信息。

第八条 医疗卫生机构内部管理等相关信息，可不予公开。法律、法规、规章另有规定的，从其规定。

第九条 国家卫生健康委会同国家中医药局、国家疾控局根据本办法规定，另行制定医疗卫生机构信息公开基本目录，并根据实际情况更新调整。医疗卫生机构可根据自身工作需要，制定本机构信息公开目录。

第十条 本办法的信息公开基本目录分为资质类和服务类两类信息：
资质类信息是指，法律、法规、规章明确规定的或政府部门指定的，带有强制性公开的医疗和公共卫生服务信息，以及通过许可、审批、备案、评审等取得的相关资质信息；
服务类信息是指，医疗卫生机构提供公共服务过程中，公众需要或关注的服务信息。

第十一条 医疗卫生机构的信息公开采取主动公开为主、提供咨询服务为辅的方式。

第十二条 医疗卫生机构可以结合已有条件，采取现场咨询、网站交流平台、热线电话、移动客户端等方便交流的途径，及时提供人性化咨询服务，满足社会公众信息需求。

医疗卫生机构信息公开工作应当接受社会公众的监督，发生争议时，应当做好解释沟通工作。

第十三条 医疗卫生机构应当根据实际情况将主动公开的信息通过下列一种或多种方式予以公开：
（一）办公和服务场所的公开栏、公告牌、电子显示屏、触摸屏；
（二）咨询台、服务台；
（三）人员岗位标识；
（四）各级政府门户网站或本机构门户网站；
（五）互联网交流平台、公众号、移动客户终端；
（六）服务手册、便民卡片、信息须知；
（七）咨询服务电话；
（八）其他便于公众知晓的方式。

第十四条 公民、法人或者其他组织通过医疗卫生机构设置的咨询窗口获取医疗服务信息，医疗卫生机构提供复制、复印等服务的可以收费，收费标准依照有关规定执行。

第三章 信息公开责任

第十五条 法人组织的法定代表人或者非法人组织的主要负责人是信息公开第一责任人，负责监督、管理本医疗卫生机构的信息公开工作。

第十六条 医疗卫生机构应当建立健全信息公开工作制度，对本机构公开信息的范围形式、审核发布、管理维护、咨询回应等工作作出规定。

医疗卫生机构应当明确管理部门或专门人员负责本机构的信息公开工作。

第十七条 医疗卫生机构应当依照《中华人民共和国保守国家秘密法》《中华人民共和国个人信息保护法》和其他国家保密法律法规等规定对拟公开的信息进行保密审查。

第十八条 主动公开信息内容发生变化的，医疗卫生机构应当自该信息形成或者变更之日起20个工作日内予以调整。

法律、法规、规章对更新期限另有规定的，从其规定。

第十九条 医疗卫生机构应当定期向其主管部门报告本机构信息公开工作。

第四章 监督管理

第二十条 县级以上地方人民政府卫生健康、中医药、疾控主管部门应当建立健全信息公开工作监督考核制度，定期对本辖区内医疗卫生机构信息公开工作进行考核、评议。

第二十一条 县级以上地方人民政府卫生健康、中医药、疾控主管部门应当对医疗卫生机构的信息公开工作进行宣传培训。

第二十二条 医疗卫生机构未按照本办法开展信息公开工作的，公民、法人和其他社会组织可以向县级以上地方人民政府卫生健康、中医药、疾控主管部门申诉，接受申诉的部门应当及时调查处理并将处理结果告知申诉人。

经调查属实的，医疗卫生机构应当及时作出整改。

第二十三条 医疗卫生机构违反本办法规定，由县级以上地方人民政府卫生健康、中医药、疾控主管部门根据情节采用约谈等方式督促整改，相关情况纳入医疗卫生机构监督管理与业务考核记录。情节严重或造成严重后果的，由县级以上地方人民政府卫生健康、中医药、疾控主管部门依据相关法律法规作出处理。

以信息公开名义变相违法发布医疗广告或进行夸大、虚假宣传的，由相关职能部门依照《中华人民共和国广告法》等法律法规给予处罚。

法律、法规、规章另有规定的，从其规定。

第五章 附 则

第二十四条 县级以上地方人民政府卫生健康、中医药、疾控主管部门可根据本办法的规定，参考基本目录，并结合实际工作情况，制定具体实施细则。

第二十五条 本办法自2022年2月1日起施行。

医疗卫生机构网络安全管理办法

- 2022年8月8日
- 国卫规划发〔2022〕29号

第一章 总 则

第一条 为加强医疗卫生机构网络安全管理，进一步促进"互联网+医疗健康"发展，充分发挥健康医疗大数据作为国家重要基础性战略资源的作用，加强医疗卫生机构网络安全管理，防范网络安全事件发生，根据《基本医疗卫生与健康促进法》《网络安全法》《密码法》《数据安全法》《个人信息保护法》《关键信息基础设施安全保护条例》《网络安全审查办法》以及网络安全等级保护制度等有关法律法规标准，制定本办法。

第二条 坚持网络安全为人民、网络安全靠人民，坚持网络安全教育、技术、产业融合发展，坚持促进发展和依法管理相统一，坚持安全可控和开放创新并重。

坚持分等级保护、突出重点。重点保障关键信息基础设施、网络安全等级保护第三级（以下简称第三级）及以上网络以及重要数据和个人信息安全。

坚持积极防御、综合防护。充分利用人工智能、大数据分析等技术，强化安全监测、态势感知、通报预警和应急处置等重点工作，落实网络安全保护"实战化、体系化、常态化"和"动态防御、主动防御、纵深防御、精准防护、整体防控、联防联控"的"三化六防"措施。

坚持"管业务就要管安全""谁主管谁负责、谁运营谁负责、谁使用谁负责"的原则，落实网络安全责任制，明确各方责任。

第三条 本办法所称的网络是指由计算机或者其他信息终端及相关设备组成的按照一定的规则和程序对信息进行收集、存储、传输、交换、处理的系统。

本办法所称的数据为网络数据，是指医疗卫生机构通过网络收集、存储、传输、处理和产生的各种电子数据，包括但不限于各类临床、科研、管理等业务数据、医疗设备产生的数据、个人信息以及数据衍生物。

本办法适用于医疗卫生机构运营网络的安全管理。未纳入区域基层卫生信息系统的基层医疗卫生机构参照执行。

第四条 国家卫生健康委、国家中医药局、国家疾控局负责统筹规划、指导、评估、监督医疗卫生机构网络安全工作。县级以上地方卫生健康行政部门（含中医药和疾控部门，下同）负责本行政区域内医疗卫生机构网络安全指导监督工作。

医疗卫生机构对本单位网络安全管理负主体责任，各医疗卫生机构应当与信息化建设参与单位及相关医疗设备生产经营企业书面约定各方的网络安全义务和违约责任。

第二章 网络安全管理

第五条 各医疗卫生机构应成立网络安全和信息化工作领导小组，由单位主要负责人任领导小组组长，每年至少召开一次网络安全办公会，部署安全重点工作，落实

《关键信息基础设施安全保护条例》和网络安全等级保护制度要求。有二级及以上网络的医疗卫生机构应明确负责网络安全管理工作的职能部门，明确承担安全主管、安全管理员等职责的岗位；建立网络安全管理制度体系，加强网络安全防护，强化应急处置，在此基础上对关键信息基础设施实行重点保护，防止网络安全事件发生。

第六条　各医疗卫生机构按照"谁主管谁负责、谁运营谁负责、谁使用谁负责"的原则，在网络建设过程中明确本单位各网络的主管部门、运营部门、信息化部门、使用部门等管理职责，对本单位运营范围内的网络进行等级保护定级、备案、测评、安全建设整改等工作。

（一）对新建网络，应在规划和申报阶段确定网络安全保护等级。各医疗卫生机构应全面梳理本单位各类网络，特别是云计算、物联网、区块链、5G、大数据等新技术应用的基本情况，并根据网络的功能、服务范围、服务对象和处理数据等情况，依据相关标准科学确定网络的安全保护等级，并报上级主管部门审核同意。

（二）新建网络投入使用应依法依规开展等级保护备案工作。第二级以上网络应在网络安全保护等级确定后10个工作日内，由其运营者向公安机关备案，并将备案情况报上级卫生健康行政部门，因网络撤销或变更安全保护等级的，应在10个工作日内向原备案公安机关撤销或变更，同步上报上级卫生健康行政部门。

（三）全面梳理分析网络安全保护需求，按照"一个中心（安全管理中心），三重防护（安全通信网络、安全区域边界、安全计算环境）"的要求，制定符合网络安全保护等级要求的整体规划和建设方案，加强信息系统自行开发或外包开发过程中的安全管理，认真开展网络安全建设，全面落实安全保护措施。

（四）各医疗卫生机构对已定级备案网络的安全性进行检测评估，第三级或第四级的网络应委托等级保护测评机构，每年至少一次开展网络安全等级测评。第二级的网络应委托等级保护测评机构定期开展网络安全等级测评，其中涉及10万人以上个人信息的网络应至少三年开展一次网络安全等级测评，其他的网络至少五年开展一次网络安全等级测评。新建的网络上线运行前应进行安全性测试。

（五）针对等级测评中发现的问题隐患，各医疗卫生机构要结合外在的威胁风险，按照法律法规、政策和标准要求，制定网络安全整改方案，有针对性地开展整改，及时消除风险隐患，补强管理和技术短板，提升安全防护能力。

第七条　各医疗卫生机构应依托国家网络安全信息通报机制，加强本单位网络安全通报预警力量建设。鼓励三级医院探索态势感知平台建设，及时收集、汇总、分析各方网络安全信息，加强威胁情报工作，组织开展网络安全威胁分析和态势研判，及时通报预警和处置，防止网络被破坏、数据外泄等事件。

第八条　各医疗卫生机构应建立应急处置机制，通过建立完善应急预案、组织应急演练等方式，有效处理网络中断、网络攻击、数据泄露等安全事件，提高应对网络安全事件能力。积极参加网络安全攻防演练，提升保护和对抗能力。

第九条　各医疗卫生机构在网络运营过程中，应每年开展文档核验、漏洞扫描、渗透测试等多种形式的安全自查，及时发现可能存在的问题和隐患。针对安全自查、监测预警、安全通报等过程中发现的安全隐患应认真开展整改加固，防止网络带病运行，并按要求将安全自查整改情况报上级卫生健康行政部门。自查整改可与等级测评问题整改一并实施。

每年安全自查整改工作包括：

（一）依据上级主管监管机构要求，各医疗卫生机构完成信息资产梳理，摸清本单位网络定级、备案等情况，形成资产清单，组织安全自查。

（二）依据上级主管监管机构要求，各医疗卫生机构依据安全自查结果，对发现的问题和隐患进行整改，形成整改报告向有关主管监管机构报备。

第十条　关键信息基础设施运营者应对安全管理机构负责人和关键岗位人员进行安全背景审查。各医疗卫生机构要加强网络运营相关人员管理，包括本单位内部人员及第三方人员，明确内部人员入职、培训、考核、离岗全流程安全管理，针对第三方应明确人员接触网络时的申请及批准流程，做好实名登记、人员背景审查、保密协议签署等工作，防止因人员资质及违规操作引发的安全风险。

第十一条　加强网络运维管理，制定运维操作规范和工作流程。加强物理安全防护，完善机房、办公环境及运维现场等安全控制措施，防止非授权访问物理环境造成信息泄露。加强远程运维管理，因业务确需通过互联网远程运维的，应进行评估论证，并采取相应的安全管控措施，防止远程端口暴露引发安全事件。

第十二条　各医疗卫生机构应加强业务连续性管理并持续监测网络运行状态。对于第三级及以上的网络应加强保障关键链路、关键设备冗余备份，有条件的医疗卫生机构应建立应用级容灾备份，防止关键业务中断。

第十三条 应用大数据、人工智能、区块链等新技术开展服务时，上线前应评估新技术的安全风险并进行安全管控，达到应用与安全的平衡。

第十四条 各医疗卫生机构应规范和加强医疗设备数据、个人信息保护和网络安全管理，建立健全医疗设备招标采购、安装调试、运行使用、维护维修、报废处置等相关网络安全管理制度，定期检查或评估医疗设备网络安全，并采取相应的安全管控措施，确保医疗设备网络安全。

第十五条 各医疗卫生机构应按照《密码法》等有关法律法规和密码应用相关标准规范，在网络建设过程中同步规划、同步建设、同步运行密码保护措施，使用符合相关要求的密码产品和服务。

第十六条 各医疗卫生机构应关注整个网络全链条参与者的安全管理，涉及非本单位的第三方时，应对设计、建设、运行、维护等服务实施安全管理，采购安全的网络产品和服务，防止发生第三方安全事件。

第十七条 各医疗卫生机构应加强废止网络的安全管理，对废止网络的相关设备进行风险评估，及时对其采取封存或销毁措施，确保废止网络中的数据处置安全，防止网络数据泄露。

第三章　数据安全管理

第十八条 各医疗卫生机构应按照有关法律法规的规定，参照国家网络安全标准，履行数据安全保护义务，坚持保障数据安全与发展并重，通过管理和技术手段保障数据安全和数据应用的有效平衡。关键信息基础设施运营者应拟定关键信息基础设施安全保护计划，建立健全数据安全和个人信息保护制度。

第十九条 应建立数据安全管理组织架构，明确业务部门与管理部门在数据安全活动中的主体责任，通过安全责任书等方式，规范本单位数据管理部门、业务部门、信息化部门在数据安全管理全生命周期当中的权责，建立数据安全工作责任制，落实追责追究制度。

第二十条 各医疗卫生机构应每年对数据资产进行全面梳理，在落实网络安全等级保护制度的基础上，依据数据的重要程度以及遭到破坏后的危害程度建立本单位数据分类分级标准。数据分类分级应遵循合法合规原则、可执行原则、时效性原则、自主性原则、差异性原则及客观性原则。

第二十一条 各医疗卫生机构应建立健全数据安全管理制度、操作规程及技术规范，涉及的管理制度每年至少修订一次，建议相关人员每年度签署保密协议。每年对本单位的数据进行数据安全风险评估，及时掌握数据安全状态。加强数据安全教育培训，组织安全意识教育和数据安全管理制度宣传培训。结合本单位实际，建立完善数据使用申请及批准流程，遵循"谁主管、谁审查"、遵循事前申请及批准、事中监管、事后审核原则，严格执行业务管理部门同意、医疗卫生机构领导核准的工作程序，指导数据活动流程合规。

第二十二条 各医疗卫生机构应加强数据收集、存储、传输、处理、使用、交换、销毁全生命周期安全管理工作，数据全生命周期活动应在境内开展，因业务确需向境外提供的，应当按照相关法律法规及有关要求进行安全评估或审核，针对影响或者可能影响国家安全的数据处理活动需提交国家安全审查，防止数据安全事件发生。

（一）各医疗卫生机构应加强数据收集合法性管理，明确业务部门和管理部门在数据收集合法性中的主体责任。采取数据脱敏、数据加密、链路加密等防控措施，防止数据收集过程中数据被泄露。

（二）在数据分类分级的基础上，进一步明确不同安全级别数据的加密传输要求。加强传输过程中的接口安全控制，确保在通过接口传输时的安全性，防止数据被窃取。

（三）各医疗卫生机构应按照有关法规标准，选择合适的数据存储架构和介质在境内存储，并采取备份、加密等措施加强数据的存储安全。涉及到云上存储数据时，应当评估可能带来的安全风险。数据存储周期不应超出数据使用规则确定的保存期限。加强存储过程中访问控制安全、数据副本安全、数据归档安全管控。

（四）各医疗卫生机构应严格规定不同人员的权限，加强数据使用过程中的申请及批准流程管理，确保数据在可控范围内使用，加强日志留存及管理工作，杜绝篡改、删除日志的现象发生，防止数据越权使用。各数据使用部门和数据使用人须严格按照申请所述用途与范围使用数据，对数据的安全负责。未经批准，任何部门和个人不得将未对外公开的信息数据传递至部门外，不得以任何方式将其泄露。

（五）各医疗卫生机构发布、共享数据时应当评估可能带来的安全风险，并采取必要的安全防控措施；涉及数据上报时，应由数据上报提出方负责解读上报要求，确定上报范围和上报规则，确保数据上报安全可控。

（六）各医疗卫生机构开展人脸识别或人脸辨识时，应同时提供非人脸识别的身份识别方式，不得因数据主体不同意收集人脸识别数据而拒绝数据主体使用其基本业务功能，人脸识别数据不得用于除身份识别之外的其他目的，包括但不限于评估或预测数据主体工作表现、经济状况、健康状况、偏好、兴趣等。各医疗卫生机构应采取安全措施存储和传输人脸识别数据，包括但不限于加密存储和传输人脸识别数据，采用物理或逻辑隔离方式分别存储人脸识别和个人身份信息等。

（七）数据销毁时应采用确保数据无法还原的销毁方式，重点关注数据残留风险及数据备份风险。

第四章 监督管理

第二十三条 各医疗卫生机构应积极配合有关主管监管机构监督管理，接受网络安全管理日常检查，做好网络安全防护等工作。

第二十四条 各医疗卫生机构应及时整改有关主管监管机构检查过程中发现的漏洞和隐患等问题，杜绝重大网络安全事件发生。

第二十五条 发生个人信息和数据泄露、毁损、丢失等安全事件和网络系统遭攻击、入侵、控制等网络安全事件，或者发现网络存在漏洞隐患、网络安全风险明显增大时，各医疗卫生机构应当立即启动应急预案，采取必要的补救和处置措施，及时以电话、短信、邮件或信函等多种方式告知相关主体，并按照要求向有关主管监管部门报告。

第二十六条 各级卫生健康行政部门应建立网络安全事件通报工作机制，及时通报网络安全事件。

第二十七条 发生网络安全事件时，各医疗卫生机构应及时向卫生健康行政部门、公安机关报告，做好现场保护、留存相关记录，为公安机关等监管部门依法维护国家安全和开展侦查调查等活动提供技术支持和协助。

第五章 管理保障

第二十八条 各医疗卫生机构应高度重视网络安全管理工作，将其列入重要议事日程，加强统筹领导和规划设计，依法依规落实人员、经费投入、安全保护措施建设等重大问题，保证信息系统建设时安全保护措施同步规划、同步建设和同步使用。

第二十九条 各医疗卫生机构应加强网络安全业务交流，严格执行网络安全继续教育制度，鼓励管理岗位和技术岗位持证上岗。通过组织开展学术交流及比武竞赛的方式，发现选拔网络安全人才，建立人才库，建立健全人才发现、培养、选拔和使用机制，为做好网络安全工作提供人才保障。

第三十条 各医疗卫生机构应保障开展网络安全等级测评、风险评估、攻防演练竞赛、安全建设整改、安全保护平台建设、密码保障系统建设、运维、教育培训等经费投入。新建信息化项目的网络安全预算不低于项目总预算的5%。

第三十一条 各医疗卫生机构应进一步完善网络安全考核评价制度，明确考核指标，组织开展考核。鼓励有条件的医疗卫生机构将考核与绩效挂钩。

第六章 附则

第三十二条 违反本办法规定，发生个人信息和数据泄露，或者出现重大网络安全事件的，按《网络安全法》《密码法》《基本医疗卫生与健康促进法》《数据安全法》《个人信息保护法》《关键信息基础设施安全保护条例》以及网络安全等级保护制度等法律法规处理。

第三十三条 涉及国家秘密的网络，按照国家有关规定执行。

第三十四条 本办法自印发之日起实施。

医疗机构内部价格行为管理规定

- 2019年12月26日
- 国卫财务发〔2019〕64号

第一章 总则

第一条 为规范医疗机构收费行为，加强医疗机构内部价格行为管理，促进卫生健康事业改革和发展，维护患者与医疗机构的合法权益，根据《中华人民共和国价格法》《中共中央国务院关于深化医药卫生体制改革的意见》、发展改革委等部门《关于印发改革药品和医疗服务价格形成机制的意见的通知》（发改价格〔2009〕2844号）及《关于印发推进医疗服务价格改革意见的通知》（发改价格〔2016〕1431号）等有关政策法规，结合医疗服务价格管理特点，制定本规定。

第二条 本规定适用于各级各类公立医疗机构，非公立医疗机构可参照执行。

第三条 本规定中医疗机构内部价格行为管理是指对医疗机构诊疗活动中发生的医疗服务项目、药品和医用耗材等价格行为的内部管理。

第四条 医疗机构主要负责人对本单位价格行为的内部管理工作负领导责任。医疗机构价格管理负责部门具体组织本单位内部价格行为管理工作。

第五条 按照国家有关规定，县级及以上地方卫生健康行政部门（含中医药主管部门，下同）根据本规定依职责对辖区内政府办公立医疗机构价格管理工作进行指导、考核和检查,其他公立医疗机构由举办单位参照本规定进行指导、考核和检查。

第二章 组织机构

第六条 医疗机构应当建立由医疗机构分管领导、医务管理部门、价格管理部门、临床科室和医药物资采供等部门组成的医疗机构价格管理体系,科学管理、合理监控医疗服务成本,提升价格管理质量。

医疗机构应当设立价格管理委员会,委员会成员应当由医疗机构分管领导、价格管理部门及财务、医务、护理、医保、信息、药事、物资管理、医技、质控、设备、纪检监察等职能科室负责人组成,负责全院价格管理工作的领导、组织和决策。

第七条 医疗机构要加强内部价格管理部门建设。三级医疗机构应当明确负责内部价格管理工作的部门,并由院领导主管;二级及以下医疗机构应当在相关职能部门中明确价格管理职责。

三级医疗机构应当配备3—5名医疗服务价格工作人员;二级及以下医疗机构应当配备1—3名医疗服务价格工作人员。各医疗机构依据机构规模和医疗服务量可适当增减人员数量。各业务科室(部门)设置兼职医疗服务价格工作人员,每个科室(部门或病区)至少设1名。

第八条 专职医疗服务价格工作人员的基本要求:

(一)能够正确理解、掌握和执行医疗服务价格政策,并依法开展价格管理工作;

(二)掌握基本的医疗服务价格管理相关知识,了解卫生、财会、经济、管理等相关业务知识,熟悉业务科室开展的医疗服务价格项目内涵及主要成本构成;

(三)有良好的沟通和协调能力,能够妥善处理机构内部价格管理方面的咨询与投诉;

(四)工作中能够坚持原则,按照医疗服务价格管理有关规定,做好价格政策宣传与解释,指导临床、医技科室正确执行医疗服务价格政策,并检查各科室执行情况,对医疗机构不规范收费行为予以纠正;

(五)具备初级及以上职称,并每年接受行业专业化培训。

第三章 机构职能和岗位职责

第九条 医疗机构价格管理委员会的主要职能:

(一)认真贯彻有关医药价格政策、法规,实现规范化、科学化、制度化管理;

(二)研究制订医疗机构内部的价格管理制度、业务流程、考评指标及奖惩标准,并负责组织实施;

(三)对医疗机构价格的申报、调整、公示、执行、核查、考核、评价等全过程进行组织实施和管理;

(四)适时召开价格管理工作会议,根据相关部门工作部署指导、协调有关工作进展,对医疗机构价格管理进行调控。

第十条 医疗机构价格管理部门(或专职医疗服务价格工作人员)的主要职能(或职责):

(一)树立法治观念,依据和遵照《中华人民共和国价格法》及相关法律法规及政策,依法进行价格管理工作,熟练掌握价格管理各项政策,把握标准、严格执行和操作;

(二)对医疗机构价格行为进行内部管理,熟悉各价格项目内涵,组织协调并参与相关部门对医疗服务项目成本进行科学合理测算,提出改进管理、降本增效的建议和措施;

(三)参与药品、医疗设备、医用耗材的招标采购和价格谈判以及新技术、新疗法在进入医疗机构前的收费论证审核;

(四)参与医保基金支付项目和病种的价格谈判工作;

(五)对医疗机构新增医疗服务价格项目、新增病种(含疾病诊断相关分组,以下简称DRG)等进行成本测算和价格审核,提出价格建议,并按照规定程序报批,对既有项目价格调整进行报批;

(六)对已立项的实行市场调节价的医疗服务价格项目和医疗机构制剂等进行成本测算,提出价格建议,提请价格管理委员会讨论确定后执行并进行监管;

(七)严格贯彻执行医药价格政策法规,并依据政府医疗服务价格政策变动,及时调整医疗机构价格管理系统的价格(含公示价格)标准;

(八)指导临床、医技科室正确执行医药价格政策;

(九)定期对门(急)诊、住院患者费用等进行检查,并将检查结果反馈科室,及时纠正不规范收费行为;

(十)接待医疗服务价格管理方面的咨询,处理医疗服务价格相关投诉,针对有效投诉撰写投诉分析报告并提出整改意见;

(十一)定期调研并组织相关业务科室讨论医疗机构价格管理存在的实际问题,并提出建议;

(十二)对兼职医疗服务价格工作人员进行价格政策(业务)指导、培训;

(十三)配合相关部门开展医疗服务价格检查;

(十四)完成主管部门交办的各种医疗服务成本及

价格相关调查和统计工作,为调整医疗服务价格政策提供真实、可靠的数据;

(十五)做好其他涉及价格管理相关事宜。

第十一条 兼职医疗服务价格工作人员的主要职责:

(一)接受医疗服务价格知识培训,熟悉医疗服务价格政策法规,宣传贯彻本机构价格管理制度;

(二)配合本机构价格管理部门接受相关部门的医疗服务价格检查;

(三)提出价格管理工作建议,对本科室拟开展的新增医疗服务价格项目和拟淘汰的医疗服务价格项目,向本机构价格管理部门提出申请,并提供基础资料;

(四)协助本机构价格管理部门,做好本科室医疗服务价格管理、公示及医疗服务价格政策解释工作;

(五)协助本机构价格管理部门,处理本科室的医疗服务价格咨询与投诉;

(六)负责本科室内部价格行为的自查自纠工作,及时纠正不规范收费行为,建立内部检查的长效机制;

(七)接受本机构价格管理部门的定期考核。

第四章 管理制度

第十二条 医疗机构要建立医疗服务成本测算和成本控制管理制度,在不断完善医疗机构和科室成本核算的基础上,建立健全医疗服务项目的成本测算制度。医疗机构要密切监测医疗服务成本和收入结构变化,主动向相关部门提出调整医疗服务价格的意见建议。

按照医疗服务项目、药品、医用耗材价格管理的有关规定,在确保医疗质量的前提下,构建成本控制的科学管理机制,通过事前控制、现场控制及反馈控制等环节,科学规范收费行为。

第十三条 医疗机构要建立医疗服务价格调价管理制度,确保严格执行医疗服务价格政策,建立顺畅的调价通知流程,及时调整或通知相关部门调整医疗服务价格。

第十四条 医疗机构要建立新增医疗服务价格项目管理制度,按照《医疗技术临床应用管理办法》(国家卫生健康委令第1号)及其他相关管理规范的规定,坚持新增医疗服务价格项目以技术准入(许可)为先的原则,进行新增医疗服务价格项目立项和价格申报。规范新增医疗服务价格项目内部审核流程。新增医疗服务价格项目经医疗机构价格管理委员会审核论证后,报省级卫生健康行政部门按照医疗服务价格项目技术规范进行规范确认后,方可申报价格。

第十五条 医疗机构要建立价格公示制度。医疗机构可采用机构官网、电子触摸屏、电子显示屏、公示栏、公示牌、价目表等方式,在服务场所显著位置公示常用医疗服务项目、药品、医用耗材的价格,保障患者的查询权和知情权;价格发生变动时,要及时调整公示内容。要在服务场所显著位置公布本单位价格咨询、投诉电话。

第十六条 医疗机构应当建立费用清单(含电子清单)制度,以多种形式向患者提供医疗服务、药品、医用耗材等费用清单(病种、DRG除外),并在患者需要时提供打印服务。费用清单主要内容应当包括:医疗服务项目、药品、医用耗材的名称和编码、单价、计价单位、使用日期、数量、金额等。

第十七条 医疗机构应当建立医疗服务价格自查制度。价格管理部门每月按照出入院人数的一定比例随机抽取在院、出院病历和费用清单进行检查并做好记录。及时纠正不规范收费行为,提出整改建议并向有关科室及人员通报并纳入月(季)绩效考核管理。

第十八条 医疗机构应当建立价格投诉管理制度,实行首问负责制。接待投诉的人员应当记录投诉的内容、办理结果、整改措施及落实情况。对于上级部门转给医疗机构的有效投诉信,应当有办结报告和整改措施。

第十九条 医疗机构应当建立价格管理奖惩制度,奖罚分明,并将价格管理工作纳入医疗机构年度目标考核,作为科室绩效考核的重要指标。

第二十条 医疗机构应当建立医疗服务价格政策文件档案管理制度,对有关医疗服务价格政策的文件专卷保存。对医疗服务价格管理过程中的基础数据、专家意见、相关建议、内部讨论的会议纪要等基础资料,要做到记录完整、专卷保存。

第五章 信息化管理

第二十一条 医疗机构应当建立健全价格管理信息化制度,明确相关部门和岗位的职责与权限,确保软件系统操作与维护数据的准确性、完整性、规范性与安全性。

第二十二条 医疗机构进行医疗服务价格调整时,系统必须有调整记录。要加强对数据处理过程中修改权限与修改痕迹的控制。

第二十三条 医疗机构应当加强医疗服务价格电子信息档案管理,包括电子文件的存储、备份及保管。

第六章 监管检查

第二十四条 县级以上地方卫生健康行政部门要对医疗机构价格管理进行质量控制,并根据各地具体情况制订医疗机构价格管理考评标准。

第二十五条 县级以上地方卫生健康行政部门要建

立医疗机构价格管理责任追究制度，对于违反价格管理规定的行为给予通报并按照有关规定处理。

第二十六条 医疗机构要自觉接受社会监督，聘请社会义务监督员，发挥外部监督管理作用。

第七章 附 则

第二十七条 省级卫生健康行政部门要根据国家有关法律法规和本规定，结合本地实际制订具体实施细则。

医疗机构要结合本单位业务特点和实际情况，建立健全本单位的价格管理制度与体系。

第二十八条 本规定自发布之日起施行。原卫生部、国家中医药管理局印发的《医疗机构内部价格管理暂行规定》（卫规财发〔2011〕32号）同时废止。

城市社区卫生服务机构管理办法（试行）

- 2006年6月29日
- 卫妇社发〔2006〕239号

第一章 总 则

第一条 为贯彻落实《国务院关于发展城市社区卫生服务的指导意见》（国发〔2006〕10号），加强对城市社区卫生服务机构设置与运行的管理，保障居民公平享有安全、有效、便捷、经济的社区卫生服务，根据《中华人民共和国执业医师法》《中华人民共和国传染病防治法》、《中华人民共和国母婴保健法》《医疗机构管理条例》等相关法律法规制定本办法。

第二条 本办法所称社区卫生服务机构是指在城市范围内设置的、经区（市、县）级政府卫生行政部门登记注册并取得《医疗机构执业许可证》的社区卫生服务中心和社区卫生服务站。

第三条 社区卫生服务机构以社区、家庭和居民为服务对象，以妇女、儿童、老年人、慢性病人、残疾人、贫困居民等为服务重点，开展健康教育、预防、保健、康复、计划生育技术服务和一般常见病、多发病的诊疗服务，具有社会公益性质，属于非营利性医疗机构。

第四条 卫生部负责全国社区卫生服务机构的监督管理。区（市、县）级以上地方政府卫生行政部门负责本行政区域内社区卫生服务机构的监督管理。

第二章 服务功能与执业范围

第五条 社区卫生服务机构服务对象为辖区内的常住居民、暂住居民及其他有关人员。

第六条 社区卫生服务机构提供以下公共卫生服务：

（一）卫生信息管理。根据国家规定收集、报告辖区有关卫生信息，开展社区卫生诊断，建立和管理居民健康档案，向辖区街道办事处及有关单位和部门提出改进社区公共卫生状况的建议。

（二）健康教育。普及卫生保健常识，实施重点人群及重点场所健康教育，帮助居民逐步形成利于维护和增进健康的行为方式。

（三）传染病、地方病、寄生虫病预防控制。负责疫情报告和监测，协助开展结核病、性病、艾滋病、其他常见传染病以及地方病、寄生虫病的预防控制，实施预防接种，配合开展爱国卫生工作。

（四）慢性病预防控制。开展高危人群和重点慢性病筛查，实施高危人群和重点慢性病病例管理。

（五）精神卫生服务。实施精神病社区管理，为社区居民提供心理健康指导。

（六）妇女保健。提供婚前保健、孕前保健、孕产期保健、更年期保健，开展妇女常见病预防和筛查。

（七）儿童保健。开展新生儿保健、婴幼儿及学龄前儿童保健，协助对辖区内托幼机构进行卫生保健指导。

（八）老年保健。指导老年人进行疾病预防和自我保健，进行家庭访视，提供针对性的健康指导。

（九）残疾康复指导和康复训练。

（十）计划生育技术咨询指导，发放避孕药具。

（十一）协助处置辖区内的突发公共卫生事件。

（十二）政府卫生行政部门规定的其他公共卫生服务。

第七条 社区卫生服务机构提供以下基本医疗服务：

（一）一般常见病、多发病诊疗、护理和诊断明确的慢性病治疗。

（二）社区现场应急救护。

（三）家庭出诊、家庭护理、家庭病床等家庭医疗服务。

（四）转诊服务。

（五）康复医疗服务。

（六）政府卫生行政部门批准的其他适宜医疗服务。

第八条 社区卫生服务机构应根据中医药的特色和优势，提供与上述公共卫生和基本医疗服务内容相关的中医药服务。

第三章 机构设置与执业登记

第九条 社区卫生服务中心原则上按街道办事处范围设置，以政府举办为主。在人口较多、服务半径较大、社区卫生服务中心难以覆盖的社区，可适当设置社区卫生服务站或增设社区卫生服务中心。人口规模大于10万人的街道办事处,应增设社区卫生服务中心。人口规模小于3万人的街道办事处,其社区卫生服务机构的设置由区(市、县)政府卫生行政部门确定。

第十条 设区的市政府卫生行政部门负责制订本行政区域社区卫生服务机构设置规划,并纳入当地区域卫生规划、医疗机构设置规划。社区卫生服务机构设置规划须经同级政府批准,报当地省级政府卫生行政部门备案。

第十一条 规划设置社区卫生服务机构,应立足于调整卫生资源配置,加强社区卫生服务机构建设,完善社区卫生服务机构布局。政府举办的一级医院和街道卫生院应转型为社区卫生服务机构;政府举办的部分二级医院和有条件的国有企事业单位所属基层医疗机构通过结构和功能改造,可转型为社区卫生服务机构。

第十二条 新设置社区卫生服务机构可由政府设立,也可按照平等、竞争、择优的原则,通过公开招标等方式确定社区卫生服务机构举办者,鼓励社会力量参与。

第十三条 设置审批社区卫生服务机构,应征询所在街道办事处及社区居民委员会的意见。

第十四条 设置社区卫生服务机构,须按照社区卫生服务机构设置规划,由区(市、县)级政府卫生行政部门根据《医疗机构管理条例》、《医疗机构管理条例实施细则》、《社区卫生服务中心基本标准》、《社区卫生服务站基本标准》进行设置审批和执业登记,同时报上一级政府卫生行政部门备案。《社区卫生服务中心基本标准》、《社区卫生服务站基本标准》由卫生部另行制定。

第十五条 社区卫生服务中心登记的诊疗科目应为预防保健科、全科医疗科、中医科(含民族医学)、康复医学科、医学检验科、医学影像科,有条件的可登记口腔医学科、临终关怀科,原则上不登记其他诊疗科目,确需登记的,须经区(市、县)级政府卫生行政部门审核批准,同时报上一级政府卫生行政部门备案。社区卫生服务站登记的诊疗科目应为预防保健科、全科医疗科,有条件的可登记中医科(含民族医学),不登记其他诊疗科目。

第十六条 社区卫生服务中心原则上不设住院病床,现有住院病床应转为以护理康复为主要功能的病床,或予以撤销。社区卫生服务站不设住院病床。

第十七条 社区卫生服务中心为独立法人机构,实行独立核算,社区卫生服务中心对其下设的社区卫生服务站实行一体化管理。其他社区卫生服务站接受社区卫生服务中心的业务管理。

第十八条 社区卫生服务中心、社区卫生服务站是专有名称,未经政府卫生行政部门批准,任何机构不得以社区卫生服务中心、社区卫生服务站命名。社区卫生服务机构须以社区卫生服务中心或社区卫生服务站进行执业登记,原则上不得使用两个或两个以上名称。

社区卫生服务中心的命名原则是:所在区名(可选)+所在街道办事处名+识别名(可选)+社区卫生服务中心;社区卫生服务站的命名原则是:所在街道办事处名(可选)+所在社区名+社区卫生服务站。

第十九条 社区卫生服务机构使用统一的专用标识,专用标识由卫生部制定。

第四章 人员配备与管理

第二十条 社区卫生服务机构应根据服务功能、服务人口、居民的服务需要,按照精干、效能的原则设置卫生专业技术岗位,配备适宜学历与职称层次的从事全科医学、公共卫生、中医(含中西医结合、民族医学)等专业的执业医师和护士,药剂、检验等其他有关卫生技术人员根据需要合理配置。

第二十一条 社区卫生服务机构的专业技术人员须具有法定执业资格。

第二十二条 临床类别、中医类别执业医师注册相应类别的全科医学专业为执业范围,可从事社区预防保健以及一般常见病、多发病的临床诊疗,不得从事专科手术、助产、介入治疗等风险较高、不适宜在社区卫生服务机构开展的专科诊疗,不得跨类别从事口腔科诊疗。

第二十三条 临床类别、中医类别执业医师在社区卫生服务机构从事全科医学工作,申请注册全科医学专业为执业范围,须符合以下条件之一:

(一)取得相应类别的全科医学专业中、高级技术职务任职资格。

(二)经省级卫生、中医药行政部门认可的相应类别全科医师岗位培训并考核合格。

(三)参加省级卫生、中医药行政部门认可的相应类别全科医师规范化培训。

取得初级资格的临床类别、中医类别执业医师须在有关上级医师指导下从事全科医学工作。

第二十四条 根据社区卫生服务的需要,二级以上医疗机构有关专业的医护人员(含符合条件的退休医护人员),依据政府卫生行政部门有关规定,经社区卫生服务机构注册的区(市、县)级政府卫生行政部门备案,可到社区卫生服务机构从事相应专业的临床诊疗服务。

第二十五条 社区卫生技术人员需依照国家规定接

受毕业后教育、岗位培训和继续教育等职业培训。社区卫生服务机构要建立健全培训制度，在区(市、县)及设区的市政府卫生行政部门支持和组织下，安排卫生技术人员定期到大中型医院、预防保健机构进修学习和培训，参加学术活动。各地政府卫生行政部门和社区卫生服务机构要积极创造条件，使高等医学院校到社区卫生服务机构从事全科医学工作的有关医学专业毕业生，逐步经过规范化培训。

第二十六条 政府举办的社区卫生服务机构要实行定编定岗、公开招聘，签订聘用合同，建立岗位管理、绩效考核、解聘辞聘等项制度。非政府举办的社区卫生服务机构，实行自主用人制度。

第二十七条 社区卫生服务工作人员要树立良好的职业道德，恪尽职守，遵纪守法，不断提高业务技术水平，维护居民健康。

第五章 执业规则与业务管理

第二十八条 社区卫生服务机构执业，须严格遵守国家有关法律、法规、规章和技术规范，加强对医务人员的教育，实施全面质量管理，预防服务差错和事故，确保服务安全。

第二十九条 社区卫生服务机构须建立健全以下规章制度。

（一）人员职业道德规范与行为准则。
（二）人员岗位责任制度。
（三）人员聘用、培训、管理、考核与奖惩制度。
（四）技术服务规范与工作制度。
（五）服务差错及事故防范制度。
（六）服务质量管理制度。
（七）财务、药品、固定资产、档案、信息管理制度。
（八）医疗废物管理制度。
（九）社区协作与民主监督制度。
（十）其他有关制度。

第三十条 社区卫生服务机构须根据政府卫生行政部门规定，履行提供社区公共卫生服务和基本医疗服务的职能。

第三十一条 社区卫生服务机构应妥善保管居民健康档案，保护居民个人隐私。社区卫生服务机构在关闭、停业、变更机构类别等情况下，须将居民健康档案交由当地区(市、县)级政府卫生行政部门妥善处理。

第三十二条 社区卫生服务机构应严格掌握家庭诊疗、护理和家庭病床服务的适应症，切实规范家庭医疗服务行为。

第三十三条 区(市、县)及设区的市政府卫生行政部门要建立信息平台，为社区卫生服务机构提供本地有关大中型医疗机构专科设置、联系方式等转诊信息，支持社区卫生服务机构与大中型医疗机构建立转诊协作关系。社区卫生服务机构对限于设备或者技术条件难以安全、有效诊治的患者应及时转诊到相应医疗机构诊治。对医院转诊病人，社区卫生服务机构应根据医院建议与病人要求，提供必要的随访、病例管理、康复等服务。

第三十四条 社区卫生服务机构提供中医药(含民族医药)服务，应配备相应的设备、设施、药品，遵守相应的中医诊疗原则、医疗技术标准和技术操作规范。

第三十五条 社区卫生服务机构应在显著位置公示医疗服务、药品和主要医用耗材的价格，严格执行相关价格政策，规范价格行为。

第三十六条 社区卫生服务机构应配备与其服务功能和执业范围相适应的基本药品。社区卫生服务机构使用药品，须严格执行药品管理法律、法规的规定，从具有合法经营资质的单位购入。严禁使用过期、失效及违禁的药品。

第六章 行业监管

第三十七条 区(市、县)级政府卫生行政部门负责对社区卫生服务机构实施日常监督与管理，建立健全监督考核制度，实行信息公示和奖惩制度。

第三十八条 疾病预防控制中心、妇幼保健院(所、站)、专科防治院(所)等预防保健机构在职能范围内，对社区卫生服务机构所承担的公共卫生服务工作进行业务评价与指导。

第三十九条 政府卫生行政部门应建立社会民主监督制度，定期收集社区居民的意见和建议，将接受服务居民的满意度作为考核社区卫生服务机构和从业人员业绩的重要标准。

第四十条 政府卫生行政部门建立社区卫生服务机构评审制度，发挥行业组织作用，加强社区卫生服务机构的服务质量建设。

第七章 附 则

第四十一条 各省、自治区、直辖市政府卫生和中医药行政部门应当根据本办法，制定具体实施细则。

第四十二条 本办法由卫生部、国家中医药管理局负责解释。

第四十三条 本办法自2006年8月1日起施行。

乡镇卫生院管理办法(试行)

- 2011年7月7日
- 卫农卫发〔2011〕61号

第一章 总则

第一条 为贯彻落实深化医药卫生体制改革精神,坚持乡镇卫生院的公益性质,明确乡镇卫生院功能和服务范围,规范乡镇卫生院管理,更好地为农村居民健康服务,根据《中华人民共和国执业医师法》、《医疗机构管理条例》、《护士条例》等有关法律法规和《中共中央 国务院关于深化医药卫生体制改革的意见》(中发〔2009〕6号)、《国务院办公厅关于建立健全基层医疗卫生机构补偿机制的意见》(国办发〔2010〕62号)等有关文件,制定本办法。

第二条 本办法适用于在乡镇设置、经县级人民政府卫生行政部门登记注册、依法取得《医疗机构执业许可证》的卫生院。

第三条 乡镇卫生院是农村三级医疗卫生服务体系的枢纽,是公益性、综合性的基层医疗卫生机构。政府在每个乡镇办好一所卫生院。

第四条 卫生部负责全国乡镇卫生院的监督管理工作,县级以上地方人民政府卫生行政部门负责本行政区域内乡镇卫生院的监督管理工作。

第二章 设置规划

第五条 县级人民政府卫生行政部门根据本行政区域卫生发展规划、医疗机构设置规划和乡镇建设发展总体规划,统筹考虑本行政区域内农村居民的卫生服务需求、地理交通条件以及行政区划等因素,编制乡镇卫生院设置规划,经上一级地方人民政府卫生行政部门审核,报同级人民政府批准后在本行政区域内发布实施。

在制订和调整乡镇卫生院设置规划时,应当为非公立医疗机构留有合理空间。

第六条 县级人民政府卫生行政部门依据《医疗机构管理条例》等有关规定,负责办理乡镇卫生院的设置审批、登记、注册、校验、变更以及注销等事项。县级人民政府卫生行政部门应当于每年2月底前,将上一年度乡镇卫生院名册逐级上报至卫生部。乡镇卫生院《医疗机构执业许可证》不得伪造、涂改、出卖、转让、出借。

第七条 乡镇卫生院的命名原则是:县(市、区)名+乡镇名+(中心)卫生院(分院)。乡镇卫生院的印章、票据、病历本册、处方等医疗文书使用的名称必须与批准的名称一致。乡镇卫生院不得使用或加挂其他类别医疗机构的名称。

第八条 乡镇卫生院标识采用全国统一式样,具体式样由卫生部另行发布。

第三章 基本功能

第九条 乡镇卫生院以维护当地居民健康为中心,综合提供公共卫生和基本医疗等服务,并承担县级人民政府卫生行政部门委托的卫生管理职能。

中心卫生院是辐射一定区域范围的医疗卫生服务中心,并承担对周边区域内一般卫生院的技术指导工作。

第十条 开展与其功能相适应的基本医疗卫生服务,使用适宜技术、适宜设备和基本药物。大力推广包括民族医药在内的中医药服务。

第十一条 承担当地居民健康档案、健康教育、计划免疫、传染病防治、儿童保健、孕产妇保健、老年人保健、慢性病管理、重性精神疾病患者管理等国家基本公共卫生服务项目。协助实施疾病防控、农村妇女住院分娩等重大公共卫生项目、卫生应急等任务。

第十二条 承担常见病、多发病的门诊和住院诊治,开展院内外急救、康复和计划生育技术服务等,提供转诊服务。

第十三条 受县级人民政府卫生行政部门委托,承担辖区内公共卫生管理职能,负责对村卫生室的业务管理和技术指导。有条件地区可推行乡村卫生服务一体化管理。

第四章 行政管理

第十四条 按照精简高效的原则设置临床和公共卫生等部门。临床部门重点可设全科医学科、内(儿)科、外科、妇产科、中医科、急诊科和医技科。公共卫生部门可内设预防、保健等科室。规模较小的卫生院也可按业务相近、便于管理的原则设立综合性科室。具体设置由县级人民政府卫生行政部门根据批准的执业范围确定。

第十五条 按照公开、公平、竞争、择优的原则选聘乡镇卫生院院长。实行院长任期目标责任制管理。

第十六条 乡镇卫生院实行以聘用制度和岗位管理制度为重点的人事管理制度,公开招聘、竞聘上岗、按岗聘用、合同管理。新进人员实行公开招聘制度,并与乡镇卫生院签订聘用合同。优先聘用全科医生到乡镇卫生院服务。

第十七条 实行院务公开、民主管理。定期召开院周会、例会和职工大会,听取职工意见与建议。维护职工合法权益。

第十八条　加强医德医风建设，完善社会监督，严格遵守《医务人员医德规范及实施办法》。

第十九条　医务人员着装规范，主动、热情、周到、文明服务。服务标识规范、醒目，就医环境美化、绿化、整洁、温馨。

第五章　业务管理

第二十条　转变服务模式，以健康管理为中心，开展主动服务和上门服务，逐步组建全科医生团队，向当地居民提供连续性服务。

第二十一条　按照国家有关法律、行政法规和技术规范，建立健全并落实各项业务管理制度。

第二十二条　严格按照核准登记的诊疗科目开展诊疗活动。加强医疗质量控制和安全管理。规范医疗文书书写。

第二十三条　统筹协调辖区内公共卫生管理工作。规范公共卫生服务。及时、有效处置突发公共卫生事件。

第二十四条　实施国家基本药物制度。乡镇卫生院全部配备和使用国家基本药物并实行零差率销售。禁止从非法渠道购进药物。强化用药知识培训，保证临床用药合理、安全、有效、价廉。

第二十五条　落实医院感染预防与控制管理措施。加强消毒供应室、手术室、治疗室、产房、发热门诊、医院感染等医疗安全重点部门管理，依据《医疗废物管理条例》等进行医疗废物处理和污水、污物无害化处理。

第二十六条　卫生技术人员应当依法取得执业资格。包括全科医学在内的医疗、护理、公共卫生等卫生专业技术人员必须经卫生行政部门登记注册并在规定的范围内执业。临床医师的执业范围可注册同一类别3个专业，不得从事执业登记许可范围以外的诊疗活动。

第二十七条　建立健全在职卫生技术人员继续教育制度。在职卫生技术人员应当定期参加培训。新聘用的高校医学毕业生应当按照国家规定参加全科医生规范化培训。

第六章　财务管理

第二十八条　乡镇卫生院实行"统一领导、集中管理"的财务管理体制，财务活动在乡镇卫生院负责人的领导下，由财务部门统一管理。积极探索对乡镇卫生院实行财务集中管理体制。

第二十九条　年度收支预算由乡镇卫生院根据相关规定编制草案经县级人民政府卫生行政部门审核汇总后报财政部门核定。乡镇卫生院按照年初核定的预算，依法组织收入，严格控制乡镇卫生院支出。

第三十条　严格执行国家财务、会计和审计监督等相关法律法规制度。严禁设立账外账、"小金库"，以及出租、承包内部科室。

第三十一条　严格执行药品和医疗服务价格政策，向社会公示医疗服务收费标准和药品价格。

第三十二条　严格执行医疗保障制度相关政策。落实公示和告知制度。完善内部监督制约机制，杜绝骗取、套取医保资金行为。

第三十三条　建立健全物资采购、验收、入库、发放、报废制度；完善设备保管、使用、保养、维护制度。

第三十四条　乡镇卫生院不得举债建设，不得发生融资租赁行为。

第七章　绩效管理

第三十五条　县级人民政府卫生行政部门负责组织乡镇卫生院绩效考核工作。绩效考核主要包括县级人民政府卫生行政部门对乡镇卫生院的考核和乡镇卫生院对职工的考核。

第三十六条　县级人民政府卫生行政部门对乡镇卫生院实行包括行风建设、业务工作、内部管理和社会效益等为主要考核内容的综合目标管理。根据管理绩效、基本医疗和公共卫生服务的数量和质量、服务对象满意度、居民健康状况改善等指标对乡镇卫生院进行综合量化考核，并将考核结果与政府经费补助以及乡镇卫生院院长的年度考核和任免挂钩。

第三十七条　乡镇卫生院建立以岗位责任和绩效为基础、以服务数量和质量以及服务对象满意度为核心的工作人员考核和激励制度。根据专业技术、管理、工勤技能等岗位的不同特点，按照不同岗位所承担的职责、任务及创造的社会效益等情况对职工进行绩效考核，并将考核结果作为发放绩效工资、调整岗位、解聘续聘等的依据。在绩效工资分配中，坚持多劳多得、优绩优酬，重点向全科医生等关键岗位、业务骨干和作出突出贡献的工作人员倾斜，适当拉开收入差距。

第八章　附　则

第三十八条　对工作成绩突出的乡镇卫生院及其工作人员，根据国家有关规定给予表彰奖励。

第三十九条　对违反本办法的，依据相关法律法规和规章制度，予以严肃处理。

第四十条　各省级人民政府卫生行政部门应当根据本办法，制订实施细则。

第四十一条　本办法由卫生部会同国家发展和改革委员会、财政部、人力资源和社会保障部、农业部负责解释。

第四十二条　本办法自印发之日起施行。1978年12月1日发布的《全国农村人民公社卫生院暂行条例（草案）》同时废止。

诊所备案管理暂行办法

- 2022年12月20日
- 国卫医政发〔2022〕33号

第一章　总　则

第一条　为做好诊所备案管理工作，根据《中华人民共和国基本医疗卫生与健康促进法》《中华人民共和国医师法》《医疗机构管理条例》等法律法规和规定，制定本办法。

第二条　诊所是为患者提供门诊诊断和治疗的医疗机构，主要提供常见病和多发病的诊疗服务，不设住院病床（产床）。本办法所指的诊所，不含按照《中医诊所备案管理暂行办法》有关规定进行备案的中医诊所。

第三条　国务院卫生健康行政部门负责指导全国普通诊所、口腔诊所及医疗美容诊所的备案管理工作；县级以上地方人民政府卫生健康行政部门负责本行政区域内普通诊所、口腔诊所及医疗美容诊所的监督管理工作；县级人民政府卫生健康行政部门负责本行政区域内普通诊所、口腔诊所及医疗美容诊所的备案工作。

国务院中医药主管部门负责指导全国中医（综合）诊所及中西医结合诊所的备案管理工作；县级以上地方人民政府中医药主管部门负责本行政区域内中医（综合）诊所及中西医结合诊所的监督管理工作；县级人民政府中医药主管部门负责本行政区域内中医（综合）诊所及中西医结合诊所的备案工作。

第二章　备　案

第四条　单位或者个人设置诊所应当报拟设置诊所所在地县级人民政府卫生健康行政部门或中医药主管部门备案，取得诊所备案凭证后即可开展执业活动。

第五条　设置诊所应当同时具备下列条件：

（一）个人设置诊所的，须经注册后在医疗卫生机构中执业满五年；单位设置诊所的，诊所主要负责人应当符合上述要求；

（二）符合诊所基本标准；

（三）诊所名称符合《医疗机构管理条例实施细则》等相关规定；

（四）能够独立承担民事责任。

《医疗机构管理条例实施细则》规定不得申请设置医疗机构的单位和个人，不得设置诊所。

第六条　诊所备案应当提交下列材料：

（一）诊所备案信息表；

（二）诊所房屋平面布局图（指诊所使用房屋按照比例标识，注明功能分布和面积大小）；

（三）诊所用房产权证件或租赁使用合同；

（四）诊所法定代表人、主要负责人有效身份证明和有关资格证书、执业证书复印件；

（五）其他卫生技术人员名录、有效身份证明和有关资格证书、执业证书复印件；

（六）诊所规章制度；

（七）诊所仪器设备清单；

（八）附设药房（柜）的药品种类清单；

（九）诊所的污水、污物、粪便处理方案，诊所周边环境情况说明；

（十）按照法律法规要求提供的其他相关材料。

法人或其他组织设置诊所的，还应当提供法人或其他组织的资质证明、法定代表人身份证明或者其他组织代表人身份证明。

第七条　县级人民政府卫生健康行政部门或中医药主管部门收到备案材料后，对材料齐全且符合备案要求的予以备案，当场发放诊所备案凭证；材料不全或者不符合备案要求的，应当当场或者在收到备案材料之日起5日内一次性告知备案人需要补正的全部材料。

第八条　诊所应当将诊所备案凭证、卫生技术人员执业注册信息在诊所的明显位置公示，接受社会监督。

第九条　诊所的名称、地址、法定代表人或者主要负责人、所有制形式、诊疗科目、服务方式等实际设置应当与诊所备案凭证记载事项相一致，以上备案信息发生变动的，必须向原备案机关备案。

第十条　诊所歇业，必须向原备案机关备案。

诊所非因改建、扩建、迁建原因停业超过1年的，视为歇业。

第十一条　诊所备案凭证不得伪造、涂改、出卖、转让、出借。

诊所备案凭证遗失的，应当及时申明，并向原备案机关申请补发。

第十二条　诊所应当按照备案的诊疗科目开展诊疗活动，并加强对工作人员、诊疗活动、医疗质量、医疗安全等方面的管理。开展医疗技术服务应当符合《医疗技术临床应用管理办法》的有关规定。

诊所未经备案，不得开展诊疗活动。

第十三条 诊所应当严格遵守《中华人民共和国传染病防治法》等法律法规关于医疗机构感染预防与控制的有关规定。

第三章 监督管理

第十四条 县级人民政府卫生健康行政部门和中医药主管部门应当加强对诊所执业活动、医疗质量、医疗安全等情况的监督管理。县级人民政府卫生健康行政部门和中医药主管部门应当在发放诊所备案凭证之日起20日内，向社会公开诊所备案信息，便于社会查询、监督。

县级人民政府卫生健康行政部门或中医药主管部门应当及时向上级卫生健康行政部门或中医药主管部门报送本辖区内诊所备案信息，上级卫生健康行政部门或中医药主管部门发现不符合本办法规定的备案事项，应当责令县级人民政府卫生健康行政部门或中医药主管部门予以纠正。

第十五条 县级人民政府卫生健康行政部门和中医药主管部门应当对新设置的诊所自发放诊所备案凭证之日起45日内进行现场核查，对不符合备案条件的应当限期整改，逾期拒不整改或者整改后仍不符合条件的，撤销其备案并及时向社会公告。

第十六条 县级人民政府卫生健康行政部门和中医药主管部门应当充分利用信息化、大数据等手段提升监管效能，将诊所纳入本地医疗质量管理控制体系，确保医疗质量安全。

诊所应当与备案机关所在地诊所信息化监管平台对接，及时上传执业活动等相关信息，主动接受监督。

第十七条 县级人民政府卫生健康行政部门和中医药主管部门应当每年对辖区内诊所开展至少一次现场监督检查，利用信息化监管平台进行日常监管和月度执业活动分析，至少每半年形成一份辖区内诊所执业活动监管分析报告。县级人民政府卫生健康行政部门和中医药主管部门有权要求诊所提供监管所需材料，诊所不得拒绝、隐匿或者隐瞒。

第十八条 地方各级卫生健康行政部门和中医药主管部门在监督管理过程中，发现诊所存在违法违规情节的，应当依照相关法律、法规及规定处理。

第十九条 有下列情形之一的，诊所应当向所在县级人民政府卫生健康行政部门或中医药主管部门报告，或者卫生健康行政部门和中医药主管部门在监督管理过程中发现有下列情形之一的，原备案机关应当撤销其备案并及时向社会公告：

（一）诊所歇业的；

（二）诊所自愿终止执业活动的；

（三）使用虚假材料备案的；

（四）出现《医疗机构管理条例》等法律法规规定的应当责令其停止执业活动的情形。

第二十条 诊所应当按照《中华人民共和国网络安全法》《中华人民共和国数据安全法》《中华人民共和国个人信息保护法》《医疗卫生机构网络安全管理办法》等有关法律法规和规定加强网络安全管理和个人信息保护等工作，发生患者个人信息、医疗数据泄露等网络安全事件时，应当及时向有关部门报告，并采取有效应对措施。

第二十一条 诊所执业人员应当积极参加专业技术培训、继续教育等活动，提高专业技术水平。

第二十二条 诊所应当建立完善的医疗质量、医疗安全等相关管理制度，加强医疗质量及医疗安全管理。

第四章 附则

第二十三条 诊所备案信息表和诊所备案凭证样式由国务院卫生健康行政部门和中医药主管部门统一规定，各省、自治区、直辖市及新疆生产建设兵团卫生健康行政部门、中医药主管部门自行印制。

诊所应当符合医疗机构电子证照工作有关规定。

第二十四条 本办法施行前已取得《医疗机构执业许可证》的诊所直接予以备案，过渡时限为一年。新备案的诊所，按照本办法及最新版诊所基本标准进行备案。

第二十五条 中外合资、合作诊所，港澳台资诊所的管理按照有关规定执行。

第二十六条 本办法规定的期限以工作日计算。

第二十七条 各省、自治区、直辖市及新疆生产建设兵团卫生健康行政部门、中医药主管部门可根据实际情况制定管理细则。

第二十八条 本办法及附录中的诊所基本标准自印发之日起施行。《卫生部关于下发〈医疗机构基本标准（试行）〉的通知》（卫医发〔1994〕第30号）中的中西医结合诊所基本标准、《卫生部关于印发〈诊所基本标准〉的通知》（卫医政发〔2010〕75号）中的诊所和口腔诊所基本标准以及《国家卫生计生委、国家中医药管理局关于印发〈中医诊所基本标准和中医（综合）诊所基本标准〉的通知》（国卫医发〔2017〕55号）中的中医（综合）诊所基本标准同时废止。

附录：1. 诊所基本标准（2022年版）（略）

2. 诊所备案信息表（略）

3. 诊所备案凭证（样证）（略）

妇幼保健机构管理办法

- 2006年12月19日
- 卫妇社发〔2006〕489号

第一章 总 则

第一条 为加强妇幼保健机构的规范化管理，保障妇女儿童健康，提高出生人口素质，依据《母婴保健法》、《母婴保健法实施办法》、《医疗机构管理条例》等制定本办法。

第二条 各级妇幼保健机构是由政府举办，不以营利为目的，具有公共卫生性质的公益性事业单位，是为妇女儿童提供公共卫生和基本医疗服务的专业机构。

第三条 妇幼保健机构要遵循"以保健为中心，以保障生殖健康为目的，保健与临床相结合，面向群体、面向基层和预防为主"的妇幼卫生工作方针，坚持正确的发展方向。

第四条 卫生部负责全国妇幼保健机构的监督管理。县级以上地方人民政府卫生行政部门负责本行政区域内妇幼保健机构的规划和监督管理。

第二章 功能与职责

第五条 妇幼保健机构应坚持以群体保健工作为基础，面向基层、预防为主，为妇女儿童提供健康教育、预防保健等公共卫生服务。在切实履行公共卫生职责的同时，开展与妇女儿童健康密切相关的基本医疗服务。

第六条 妇幼保健机构提供以下公共卫生服务：

（一）完成各级政府和卫生行政部门下达的指令性任务。

（二）掌握本辖区妇女儿童健康状况及影响因素，协助卫生行政部门制定本辖区妇幼卫生工作的相关政策、技术规范及各项规章制度。

（三）受卫生行政部门委托对本辖区各级各类医疗保健机构开展的妇幼卫生服务进行检查、考核与评价。

（四）负责指导和开展本辖区的妇幼保健健康教育与健康促进工作；组织实施本辖区母婴保健技术培训，对基层医疗保健机构开展业务指导，并提供技术支持。

（五）负责本辖区孕产妇死亡、婴儿及5岁以下儿童死亡、出生缺陷监测、妇幼卫生服务及技术管理等信息的收集、统计、分析、质量控制和汇总上报。

（六）开展妇女保健服务，包括青春期保健、婚前和孕前保健、孕产期保健、更年期保健、老年期保健。重点加强心理卫生咨询、营养指导、计划生育技术服务、生殖道感染/性传播疾病等妇女常见病防治。

（七）开展儿童保健服务，包括胎儿期、新生儿期、婴幼儿期、学龄前期及学龄期保健，受卫生行政部门委托对托幼园所卫生保健进行管理和业务指导。重点加强儿童早期综合发展、营养与喂养指导、生长发育监测、心理行为咨询、儿童疾病综合管理等儿童保健服务。

（八）开展妇幼卫生、生殖健康的应用性科学研究并组织推广适宜技术。

第七条 妇幼保健机构提供以下基本医疗服务，包括妇女儿童常见疾病诊治、计划生育技术服务、产前筛查、新生儿疾病筛查、助产技术服务等，根据需要和条件，开展产前诊断、产科并发症处理、新生儿危重症抢救和治疗等。

第三章 机构设置

第八条 妇幼保健机构由政府设置，分省、市（地）、县三级。上级妇幼保健机构应承担对下级机构的技术指导、培训和检查等职责，协助下级机构开展技术服务。设区的市（地）级和县（区）级妇幼保健机构的变动应征求省级卫生行政部门的意见。不得以租赁、买卖等形式改变妇幼保健机构所有权性质，保持妇幼保健机构的稳定。

第九条 妇幼保健机构应根据所承担的任务和职责设置内部科室。保健科室包括妇女保健科、儿童保健科、生殖健康科、健康教育科、信息管理科等。临床科室包括妇科、产科、儿科、新生儿科、计划生育科等，以及医学检验科、医学影像科等医技科室。各地可根据实际工作需要增加或细化科室设置，原则上应与其所承担的公共卫生职责和基本医疗服务相适应。

第十条 妇幼保健院（所、站）是各级妇幼保健机构的专有名称，原则上不能同时使用两个或两个以上名称，社会力量举办的医疗机构不得使用该名称。

第十一条 各级妇幼保健机构应具备与其职责任务相适应的基础设施、基本设备和服务能力。

第十二条 各级妇幼保健机构应根据《母婴保健法》、《母婴保健法实施办法》、《医疗机构管理条例》等相关法律法规进行设置审批和执业登记。从事婚前保健、产前诊断和遗传病诊断、助产技术、终止妊娠和结扎手术的妇幼保健机构要依法取得《母婴保健技术服务执业许可证》。

第四章 人员配备与管理

第十三条 妇幼保健机构人员编制按《各级妇幼保健机构编制标准》落实。一般按人口的1∶10,000配备，地广人稀、交通不便的地区和大城市按人口的1∶5,000

配备;人口稠密的地区按1∶15,000配备。保健人员配备要求:省(自治区、直辖市)级121-160人,市(地)级61-90人,县(区)级41-70人。临床人员按设立床位数,以1∶1.7安排编制。卫生技术人员占总人数的75%-80%。

第十四条 妇幼保健机构的专业技术人员须掌握母婴保健法律法规,具有法定执业资格。从事婚前保健、产前诊断和遗传病诊断、助产技术、终止妊娠和结扎手术服务的人员必须取得相应的《母婴保健技术考核合格证书》。

第十五条 妇幼保健机构要建立健全培训制度,应采取多种方式进行岗位培训和继续医学教育,对专业技术人员参加学历教育、进修学习、短期培训班、学术活动等给予支持。要积极创造条件,吸引高素质人才。

第十六条 妇幼保健机构应按照工作需要和精简效能的原则,建立专业人员聘用制度,引入竞争机制,严格岗位管理,实行绩效考核。

第五章 制度建设

第十七条 各级妇幼保健机构应建立健全以下规章制度:

(一)公共卫生服务管理制度,包括基层业务指导、人员培训、工作例会、妇幼卫生信息管理、孕产妇死亡评审、婴儿及5岁以下儿童死亡评审、妇幼保健工作质量定期检查、托幼机构卫生保健管理和健康教育等制度。

(二)基本医疗管理制度按照临床医疗质量管理制度执行。

各级妇幼保健机构应根据工作开展情况不断健全、完善、细化其他规章制度。

第十八条 各级妇幼保健机构必须严格执行国家价格政策,向社会公开收费项目和标准。

第六章 保障措施

第十九条 各级人民政府按照《母婴保健法》中设立母婴保健专项资金和发展妇幼卫生事业的要求,落实妇幼卫生工作经费,逐年增加对妇幼卫生事业的投入,对各级妇幼保健机构基础设施建设给予支持。

第二十条 各级妇幼保健机构向社会提供公共卫生服务所需的人员经费、公务费、培训费、健康教育费、业务费按照财政部、国家发展改革委、卫生部《关于卫生事业补助政策的意见》(财社〔2000〕17号)的规定,由同级财政预算,按标准定额落实。根据实际工作需要,合理安排业务经费,保证各项工作的正常运行。

第二十一条 为了保持妇幼保健队伍的稳定,对从事群体妇幼保健的工作人员根据工作任务与绩效考核结果给予补助。可实行岗位津贴制度,岗位津贴标准应高于本机构卫生专业技术人员的岗位津贴平均水平。对长期在妇幼保健机构从事群体保健工作的专业技术人员的职称晋升,坚持以业绩为主的原则,给予适当政策倾斜。

第二十二条 根据财政部、国家发展改革委、卫生部《关于农村卫生事业补助政策的若干意见》(财社〔2003〕14号)的规定,各级人民政府对农村卫生财政补助范围包括:疾病控制、妇幼保健、卫生监督和健康教育等公共卫生工作,必要的医疗服务,卫生事业发展建设。农村公共卫生经费主要实行项目管理。县级卫生部门按照国家确定的农村公共卫生服务基本项目及要求,合理确定项目实施所需的人员经费和业务经费。人员经费按照工作量核定,业务经费按照开展项目工作必需的材料、仪器、药品、交通、水电消耗等成本因素核定。目前不具备项目管理条件的地区和不适合按项目管理的工作,可以按照定员定额和项目管理相结合的方法核定公共卫生经费。

第二十三条 各级人民政府建立健全妇幼卫生的专项救助制度,加大对贫困孕产妇和儿童的医疗救助力度,实现救助与医疗保险及新型农村合作医疗相衔接。

第七章 监督管理

第二十四条 加强妇幼保健机构的规范化建设,严格遵守国家有关法律、法规、规章、诊疗常规和技术规范。加强对医务人员的教育和监管,实施全面质量管理。

第二十五条 各级卫生行政部门负责对同级妇幼保健机构实施监督与管理,建立健全妇幼保健机构评估和监督考核制度,定期进行监督评估和信息公示。

第二十六条 应建立社会民主监督制度,定期收集社会各界的意见和建议,并将服务对象的满意度作为考核妇幼保健机构和从业人员业绩的评定标准之一。

第二十七条 各级妇幼保健机构应接受卫生行政部门的监督管理与评估,同时应接受上级妇幼保健机构的业务指导与评价。

第八章 附 则

第二十八条 各省、自治区、直辖市根据本办法,结合本地实际,制定具体实施细则。

第二十九条 本办法由卫生部负责解释。

第三十条 本办法自发布之日起施行。

优抚医院管理办法

- 2011年6月9日民政部令第41号公布
- 2022年6月28日退役军人事务部、国家卫生健康委员会、国家医疗保障局令第7号修订

第一条 为了加强优抚医院管理，服务国防和军队建设，推动让退役军人成为全社会尊重的人，让军人成为全社会尊崇的职业，根据《中华人民共和国退役军人保障法》《中华人民共和国基本医疗卫生与健康促进法》、《军人抚恤优待条例》《医疗机构管理条例》和国家有关规定，制定本办法。

第二条 优抚医院是国家为残疾退役军人和在服役期间患严重慢性病、精神疾病的退役军人等优抚对象提供医疗和供养服务的优抚事业单位，是担负特殊任务的医疗机构，主要包括综合医院、康复医院、精神病医院等，名称统一为"荣军优抚医院"。

优抚医院坚持全心全意为优抚对象服务的办院宗旨，坚持优抚属性，遵循医疗机构建设和管理规律。

第三条 国务院退役军人工作主管部门负责全国优抚医院工作。县级以上地方人民政府退役军人工作主管部门负责本行政区域内优抚医院工作。

退役军人工作主管部门应当会同卫生健康主管部门加强对优抚医院的指导，为优抚医院医务人员的培训进修等创造条件，支持有条件的优抚医院在医疗、科研、教学等方面全面发展。

第四条 国家兴办优抚医院，所需经费按照事权划分列入各级预算。

第五条 设置优抚医院，应当符合国家有关规定和优抚医院布局规划。

卫生健康主管部门应当会同退役军人工作主管部门，将优抚医院设置纳入当地医疗机构设置规划统筹考虑。

省级人民政府退役军人工作主管部门应当会同省级人民政府卫生健康主管部门根据优抚对象数量和医疗供养需求情况，适应伤病残退役军人移交安置工作和服务备战打仗需要，制定本行政区域内优抚医院布局和发展规划，并报国务院退役军人工作主管部门和国务院卫生健康主管部门备案。

优抚医院布局和发展规划应当纳入当地经济和社会发展总体规划和卫生健康、医疗保障事业发展规划，建设水平应当与当地经济和社会发展、卫生健康事业发展相适应。

第六条 因符合条件优抚对象数量较少等情形未建设优抚医院的地方，可以采取购买服务等方式，协调当地其他医疗机构为优抚对象提供医疗服务。

优抚医院应当依法履行相关职责，符合条件的按程序纳入基本医疗保险定点医疗机构、工伤保险协议医疗机构、工伤康复协议机构管理范围。

第七条 优抚医院在建设、用地、水电、燃气、供暖、电信等方面依法享受国家有关优惠政策。

鼓励公民、法人和其他组织对优抚医院提供捐助和服务。

优抚医院各项经费应当按照批复的预算执行，接受财政、审计部门和社会的监督。

第八条 对在优抚医院工作中成绩显著的单位和个人，按照国家有关规定给予表彰和奖励。

第九条 优抚医院根据主管部门下达的任务，收治下列优抚对象：

（一）需要常年医疗或者独身一人不便分散供养的一级至四级残疾退役军人；

（二）在服役期间患严重慢性病的残疾退役军人和带病回乡退役军人；

（三）在服役期间患精神疾病，需要住院治疗的退役军人；

（四）短期疗养的优抚对象；

（五）主管部门安排收治的其他人员。

优抚医院应当在完成主管部门下达的收治任务的基础上，为其他优抚对象提供优先或者优惠服务。

第十条 优抚医院应当为在院优抚对象提供良好的医疗服务和生活保障，主要包括：

（一）健康检查；

（二）疾病诊断、治疗和护理；

（三）康复训练；

（四）健康指导；

（五）辅助器具安装；

（六）精神慰藉；

（七）生活必需品供给；

（八）生活照料；

（九）文体活动。

第十一条 优抚医院应当加强对在院优抚对象的思想政治工作，发挥优抚对象在光荣传统教育中的重要作用。

第十二条 优抚医院针对在院残疾退役军人的残情特点，实施科学有效的医学治疗，探索常见后遗症、并发症的防治方法，促进生理机能恢复，提高残疾退役军人生活质量。

第十三条 优抚医院应当采取积极措施，控制在院

慢性病患者病情，减轻其痛苦，降低慢性疾病对患者造成的生理和心理影响。

第十四条 优抚医院对在院精神疾病患者进行综合治疗，促进患者精神康复。

对精神病患者实行分级管理，预防发生自杀、自伤、伤人、出走等行为。

第十五条 优抚医院应当规范入院、出院程序。

属于第九条规定收治范围的优抚对象，可以由本人（精神病患者由其利害关系人）提出申请，或者由村（社区）退役军人服务站代为提出申请，经县级人民政府退役军人工作主管部门审核，由优抚医院根据主管部门下达的任务和计划安排入院。省级人民政府退役军人工作主管部门可以指定优抚医院收治符合条件的优抚对象。

在院优抚对象基本治愈或者病情稳定，符合出院条件的，由优抚医院办理出院手续。

在院优抚对象病故的，优抚医院应当及时报告主管部门，并协助优抚对象常住户口所在地退役军人工作主管部门妥善办理丧葬事宜。

第十六条 优抚医院应当按照国家有关规定建立健全病历管理制度，设置病案管理部门或者配备专兼职人员，负责病历和病案管理工作。

第十七条 退役军人工作主管部门应当定期组织优抚医院开展巡回医疗活动，积极为院外优抚对象提供医疗服务。

第十八条 优抚医院应当在做好优抚对象服务工作的基础上，积极履行医疗机构职责，发挥自身医疗专业特长，为社会提供优质医疗服务。

优抚医院应当通过社会服务提升业务能力，改善医疗条件，不断提高医疗和供养水平。

第十九条 优抚医院在设置审批、登记管理、命名、执业和监督等方面应当符合国家有关医疗机构管理的法律法规和相关规定，执行卫生健康主管部门有关医疗机构的相关标准。

第二十条 优抚医院实行党委领导下的院长负责制，科室实行主任（科长）负责制。

第二十一条 优抚医院应当加强党的建设，充分发挥基层党组织战斗堡垒作用和党员先锋模范作用，促进思想政治和医德医风建设。

第二十二条 优抚医院实行国家规定的工资制度，合理确定医务人员薪酬水平，完善内部分配和激励机制，促进医务人员队伍建设。

第二十三条 优抚医院建立职工代表大会制度，保障职工参与医院的民主决策、民主管理和民主监督。

第二十四条 优抚医院应当树立现代管理理念，推进现代化、标准化、信息化建设；强化重点专科建设，发挥专业技术优势；建立完整的医护管理、感染控制、药品使用、医疗事故预防和安全、消防等规章制度，提高医院管理水平。

第二十五条 优抚医院实行岗位责任制，设立专业技术类、管理类、工勤技能类等岗位并明确相关职责；实行24小时值班制度，按照医院分级护理等有关要求为收治对象提供护理服务。

第二十六条 优抚医院应当完善人才培养和引进机制，积极培养和引进学科带头人，同等条件下优先聘用曾从事医务工作的退役军人，建立一支适应现代化医院发展要求的技术和管理人才队伍。

第二十七条 优抚医院应当加强与军队医院、其他社会医院、医学院校的合作与交流，开展共建活动，在人才、技术等领域实现资源共享和互补。

第二十八条 优抚医院应当加强医院文化建设，积极宣传优抚对象的光荣事迹，形成有拥军特色的医院文化。

第二十九条 优抚医院的土地、房屋、设施、设备和其他财产归优抚医院管理和使用，任何单位和个人不得侵占。

侵占、破坏优抚医院财产的，由当地人民政府退役军人工作主管部门责令限期改正；造成损失的，依法承担赔偿责任。

第三十条 优抚对象应当遵守优抚医院各项规章制度，尊重医护人员工作，自觉配合医护人员的管理。对违反相关规定的，由优抚医院或者主管部门进行批评教育，情节严重的，依法追究相应责任。

第三十一条 优抚医院违反本办法规定，提供的医疗和供养服务不符合要求的，由优抚医院主管部门责令改正；逾期不改正的，对直接负责的责任人和其他主管人员依法给予处分；造成损失的，依法承担责任。

优抚医院造成收治对象人身损害或发生医疗事故、医疗纠纷的，应当依法处置。

优抚医院违反国家有关医疗机构管理的法律法规和相关规定的，由县级以上地方人民政府卫生健康主管部门依法依规处理。

第三十二条 承担优抚对象收治供养任务的其他医疗机构对优抚对象的诊疗服务工作，可以参照本办法有关规定执行。

第三十三条 本办法自2022年8月1日起施行。

中外合资、合作医疗机构管理暂行办法

- 2000年5月15日对外贸易经济合作部令第11号发布
- 自2000年7月1日起施行

第一章 总 则

第一条 为进一步适应改革开放的需要,加强对中外合资、合作医疗机构的管理,促进我国医疗卫生事业的健康发展,根据《中华人民共和国中外合资经营企业法》、《中华人民共和国中外合作经营企业法》、《医疗机构管理条例》等国家有关法律、法规,制定本办法。

第二条 本办法所称中外合资、合作医疗机构是指外国医疗机构、公司、企业和其他经济组织(以下称合资、合作外方),按照平等互利的原则,经中国政府主管部门批准,在中国境内(香港、澳门及台湾地区除外,下同)与中国的医疗机构、公司、企业和其他经济组织(以下称合资、合作中方)以合资或者合作形式设立的医疗机构。

第三条 申请在中国境内设立中外合资、合作医疗机构,适用本办法。

第四条 中外合资、合作医疗机构必须遵守国家有关法律、法规和规章。中外合资、合作医疗机构的正当经营活动及合资、合作双方的合法权益受中国法律保护。

第五条 卫生部和对外贸易经济合作部(以下称外经贸部)在各自的职责范围内负责全国中外合资、合作医疗机构管理工作。

县级以上地方人民政府卫生行政部门(含中医/药主管部门)和外经贸行政部门在各自职责范围内负责本行政区域内中外合资、合作医疗机构的日常监督管理工作。

第二章 设置条件

第六条 中外合资、合作医疗机构的设置与发展必须符合当地区域卫生规划和医疗机构设置规划,并执行卫生部制定的《医疗机构基本标准》。

第七条 申请设立中外合资、合作医疗机构的中外双方应是能够独立承担民事责任的法人。合资、合作的中外双方应当具有直接或间接从事医疗卫生投资与管理的经验,并符合下列要求之一:

(一)能够提供国际先进的医疗机构管理经验、管理模式和服务模式;

(二)能够提供具有国际领先水平的医学技术和设备;

(三)可以补充或改善当地在医疗服务能力、医疗技术、资金和医疗设施方面的不足。

第八条 设立的中外合资、合作医疗机构应当符合以下条件:

(一)必须是独立的法人;

(二)投资总额不得低于2000万人民币;

(三)合资、合作中方在中外合资、合作医疗机构中所占的股权比例或权益不得低于30%;

(四)合资、合作期限不超过20年;

(五)省级以上卫生行政部门规定的其他条件。

第九条 合资、合作中方以国有资产参与投资(包括作价出资或作为合作条件),应当经相应主管部门批准,并按国有资产评估管理有关规定,由国有资产管理部门确认的评估机构对拟投入国有资产进行评估。经省级以上国有资产管理部门确认的评估结果,可以作为拟投入的国有资产的作价依据。

第三章 设置审批与登记

第十条 设置中外合资、合作医疗机构,应先向所在地设区的市级卫生行政部门提出申请,并提交以下材料:

(一)设置医疗机构申请书;

(二)合资、合作双方法人代表签署的项目建议书及中外合资、合作医疗机构设置可行性研究报告;

(三)合资、合作双方各自的注册登记证明(复印件)、法定代表人身份证明(复印件)和银行资信证明;

(四)国有资产管理部门对拟投入国有资产的评估报告确认文件。

设区的市级卫生行政部门对申请人提交的材料进行初审,并根据区域卫生规划和医疗机构设置规划提出初审意见,并与申请材料、当地区域卫生规划和医疗机构设置规划一起报所在省级卫生行政部门审核。

第十一条 省级卫生行政部门对申请材料及设区的市级卫生行政部门初审意见进行审核后报卫生部审批。

报请审批,需由省级卫生行政部门向卫生部提交以下材料:

(一)申请人设置申请材料;

(二)设置地设区的市级人民政府批准发布实施的《医疗机构设置规划》及设置地设区的市级和省级卫生行政部门关于拟设置中外合资、合作医疗机构是否符合当地区域卫生规划和医疗机构设置规划的审核意见;

(三)省级卫生行政管理部门关于设置该中外合资、合作医疗机构的审核意见,其中包括对拟设置中外合资、合作医疗机构的名称、选址、规模(床位、牙椅)、诊疗科目和经营期限等的意见;

(四)法律、法规和卫生部规定的其他材料。

卫生部应当自受理之日起45个工作日内,作出批准或者不批准的书面决定。

第十二条 申请设置中外合资、合作中医医疗机构（含中外合资、合作中西医结合医疗机构和中外合资、合作民族医医疗机构）的，按本办法第十条和第十一条要求，经所在地设区的市级卫生行政部门初审和所在地的省级卫生行政部门审核，报国家中医药管理局审核后转报卫生部审批。

第十三条 申请人在获得卫生部设置许可后，按照有关法律、法规向外经贸部提出申请，并提交以下材料：

（一）设置申请申报材料及批准文件；

（二）由中外合资、合作各方的法定代表人或其授权的代表签署的中外合资、合作医疗机构的合同、章程；

（三）拟设立中外合资、合作医疗机构董事会成员名单及合资、合作各方董事委派书；

（四）工商行政管理部门出具的机构名称预先核准通知书；

（五）法律、法规和外经贸部规定的其他材料。

外经贸部应当自受理申请之日起45个工作日内，作出批准或者不批准的书面决定；予以批准的，发给《外商投资企业批准证书》。

获得批准设立的中外合资、合作医疗机构，应自收到外经贸部颁发的《外商投资企业批准证书》之日起一个月内，凭此证书到国家工商行政管理部门办理注册登记手续。

第十四条 申请在我国中西部地区或老、少、边、穷地区设置中外合资、合作医疗机构或申请设置的中外合资、合作医疗机构所提供的医疗服务范围和内容属于国家鼓励的服务领域，可适当放宽第七条、第八条规定的条件。

第十五条 获准设立的中外合资、合作医疗机构，应当按《医疗机构管理条例》和《医疗机构管理条例实施细则》关于医疗机构执业登记所规定的程序和要求，向所在地省级卫生行政部门规定的卫生行政部门申请执业登记，领取《医疗机构执业许可证》。

省级卫生行政部门根据中外合资、合作医疗机构的类别和规模，确定省级卫生行政部门或设区的市级卫生行政部门受理中外合资、合作医疗机构执业登记申请。

第十六条 中外合资、合作医疗机构命名应当遵循卫生部发布的《医疗机构管理条例实施细则》规定。中外合资、合作医疗机构的名称由所在地地名、识别名和通用名依次组成。

第十七条 中外合资、合作医疗机构不得设置分支机构。

第四章 变更、延期和终止

第十八条 已设立的中外合资、合作医疗机构变更机构规模（床位、牙椅）、诊疗科目、合资、合作期限等，应按本办法第三章规定的审批程序，经审批机关审批后，到原登记机关办理相应的变更登记手续。

中外合资、合作医疗机构涉及合同、章程有关条款的变更，由所在地外经贸部门转报外经贸部批准。

第十九条 中外合资、合作医疗机构合资、合作期20年届满，因特殊情况确需延长合资、合作期限的，合资、合作双方可以申请延长合资、合作期限，并应当在合资、合作期限届满的90天前申请延期。延期申请经省级卫生行政部门和外经贸行政部门审核同意后，报请卫生部和外经贸部审批。审批机关自接到申请之日起45个工作日内，作出批准或者不予批准的书面决定。

第二十条 经批准设置的中外合资、合作医疗机构，应当在审批机关规定的期限内办理完有关登记注册手续；逾期未能完成的，经审批机关核准后，撤销该合资、合作项目。

第五章 执业

第二十一条 中外合资、合作医疗机构作为独立法人实体，自负盈亏，独立核算，独立承担民事责任。

第二十二条 中外合资、合作医疗机构应当执行《医疗机构管理条例》和《医疗机构管理条例实施细则》关于医疗机构执业的规定。

第二十三条 中外合资、合作医疗机构必须执行医疗技术准入规范和临床诊疗技术规范，遵守新技术、新设备及大型医用设备临床应用的有关规定。

第二十四条 中外合资、合作医疗机构发生医疗事故，依照国家有关法律、法规处理。

第二十五条 中外合资、合作医疗机构聘请外籍医师、护士，按照《中华人民共和国执业医师法》和《中华人民共和国护士管理办法》等有关规定办理。

第二十六条 发生重大灾害、事故、疾病流行或者其他意外情况时，中外合资、合作医疗机构及其卫生技术人员要服从卫生行政部门的调遣。

第二十七条 中外合资、合作医疗机构发布本机构医疗广告，按照《中华人民共和国广告法》、《医疗广告管理办法》办理。

第二十八条 中外合资、合作医疗机构的医疗收费价格按照国家有关规定执行。

第二十九条 中外合资、合作医疗机构的税收政策按照国家有关规定执行。

第六章 监 督

第三十条 县以上地方各级卫生行政部门负责本行政区域内中外合资、合作医疗机构的日常监督管理工作。

中外合资、合作医疗机构的《医疗机构执业许可证》每年校验一次，《医疗机构执业许可证》的校验由医疗机构执业登记机关办理。

第三十一条 中外合资、合作医疗机构应当按照国家对外商投资企业的有关规定，接受国家有关部门的监督。

第三十二条 中外合资、合作医疗机构违反国家有关法律、法规和规章，由有关主管部门依法查处。对于违反本办法的中外合资、合作医疗机构，县级以上卫生行政部门和外经贸部门可依据相关法律、法规和规章予以处罚。

第三十三条 地方卫生行政部门和地方外经贸行政部门违反本办法规定，擅自批准中外合资、合作医疗机构的设置和变更的，依法追究有关负责人的责任。

中外各方未经卫生部和外经贸部批准，成立中外合资、合作医疗机构并开展医疗活动或以合同方式经营诊疗项目的，视同非法行医，按《医疗机构管理条例》和《医疗机构管理条例实施细则》及有关规定进行处罚。

第七章 附 则

第三十四条 香港特别行政区、澳门特别行政区、台湾地区的投资者在大陆投资举办合资、合作医疗机构的，参照本办法执行。

第三十五条 申请在中国境内设立外商独资医疗机构的，不予以批准。

第三十六条 各省、自治区、直辖市卫生、外经贸行政部门可依据本办法，结合本地实际制订具体规定。

第三十七条 本办法由卫生部和外经贸部负责解释。

第三十八条 本规定自2000年7月1日起实施。一九八九年二月十日颁布的卫医字〔89〕第3号文和一九九七年四月三十日颁布的〔1997〕外经贸发第292号文同时废止。

《中外合资、合作医疗机构管理暂行办法》的补充规定

· 2007年12月30日卫生部、商务部令第57号公布
· 自2008年1月1日起施行

为促进香港、澳门与内地建立更紧密的经贸关系，根据国务院批准的《〈内地与香港关于建立更紧密经贸关系的安排〉补充协议四》及《〈内地与澳门关于建立更紧密经贸关系的安排〉补充协议四》，现对《中外合资、合作医疗机构管理暂行办法》(卫生部、外经贸部令第11号)中有关香港和澳门服务提供者在内地设立合资、合作医疗机构投资总额作如下补充规定：

一、香港、澳门服务提供者在内地设立的合资、合作医疗机构，其投资总额不得低于1000万元人民币。

二、本规定中香港、澳门服务提供者应分别符合《内地与香港关于建立更紧密经贸关系的安排》及《内地与澳门关于建立更紧密经贸关系的安排》中关于"服务提供者"定义及相关规定的要求。

三、香港、澳门服务提供者在内地设立合资、合作医疗机构的其他规定，仍参照《中外合资、合作医疗机构管理暂行办法》执行。

四、本规定自2008年1月1日起施行。

《中外合资、合作医疗机构管理暂行办法》的补充规定二

· 2008年12月7日卫生部、商务部令第61号公布
· 自2009年1月1日起施行

为促进香港、澳门与内地建立更紧密经贸关系，鼓励香港、澳门服务提供者在内地设立商业企业，根据国务院批准的《〈内地与香港关于建立更紧密经贸关系的安排〉补充协议五》及《〈内地与澳门关于建立更紧密经贸关系的安排〉补充协议五》，现就《中外合资、合作医疗机构管理暂行办法》(卫生部、商务部令11号)中有关香港和澳门服务提供者投资在广东省境内设立门诊部问题做出如下补充规定：

一、香港、澳门服务提供者在广东省可以独资形式设立门诊部，门诊部投资总额不作限制。

二、对香港、澳门服务提供者在广东省与内地合资、合作设立的门诊部投资总额不作限制，双方投资比例不作限制。

三、香港、澳门服务提供者申请在广东省以独资或合资、合作形式设立门诊部的，由广东省卫生行政部门负责设置审批和执业登记。

四、申请人在获得广东省卫生部门设置许可后，向广东省商务主管部门提出申请，由广东省商务主管部门审批。

五、本规定自2009年1月1日起施行。

香港和澳门服务提供者在内地设立独资医院管理暂行办法

- 2010年12月22日
- 卫医政发〔2010〕109号

第一章 总　则

第一条 为落实《〈内地与香港关于建立更紧密经贸关系的安排〉补充协议七》和《〈内地与澳门关于建立更紧密经贸关系的安排〉补充协议七》，根据《中华人民共和国外资企业法》及其实施细则和《医疗机构管理条例》等有关法律、法规，制定本办法。

第二条 香港和澳门服务提供者依法经内地主管部门批准，可以在内地设立独资医院（以下简称港澳独资医院）。

第三条 申请在内地设立港澳独资医院，适用本办法。

第四条 内地对港澳独资医院坚持逐步开放、风险可控的原则，依法保护患者和香港、澳门服务提供者的合法权益。

第五条 香港和澳门服务提供者在内地设立港澳独资医院，可自主选择经营性质为营利性或非营利性。

第六条 港澳独资医院必须遵守内地有关法律、法规和规章。港澳独资医院的合法经营活动及出资方的合法权益受法律保护。

第七条 卫生部和商务部在各自的职责范围内负责港澳独资医院管理工作。

设区的市级以上地方人民政府卫生行政部门（含中医药主管部门，下同）和商务部门在各自职责范围内负责本行政区域内港澳独资医院的日常监督管理工作。

第二章 设置条件

第八条 港澳独资医院的设置与发展必须符合当地医疗机构设置规划。

第九条 申请设立港澳独资医院的香港和澳门服务提供者应当是能够独立承担民事责任的法人，应当具有直接或间接从事医疗卫生投资与管理的经验，并符合下列要求之一：

（一）能够提供先进的医院管理经验、管理模式和服务模式；

（二）能够提供具有国际领先水平的医学技术。

第十条 设立的港澳独资医院应当符合以下条件：

（一）必须是独立的法人；

（二）三级医院投资总额不低于5000万人民币，二级医院投资总额不低于2000万元人民币；

（三）符合二级以上医院基本标准；

（四）在老、少、边、穷地区设置的港澳独资医院，投资总额要求可以适当降低。

第三章 设置审批与登记

第十一条 申请设置港澳独资医院，应当先向所在地设区的市级卫生行政部门提出申请，并提交以下材料：

（一）设置医疗机构申请书；

（二）项目建议书；

（三）可行性研究报告；

（四）香港和澳门服务提供者证明；

（五）法人注册登记证明（复印件）、法定代表人身份证明（复印件）和银行资信证明；

（六）项目选址报告、项目土地使用租赁证明、项目建筑平面图；

（七）香港和澳门服务提供者能够提供国际先进医院管理经验、管理模式和服务模式或具有国际领先水平医学技术的证明材料。

第十二条 设区的市级卫生行政部门对申请人提交的材料进行初审，并根据医疗机构设置规划提出初审意见，连同医院设置申请材料、当地医疗机构设置规划一并报所在地省级卫生行政部门审核。

第十三条 省级卫生行政部门对申请材料及设区的市级卫生行政部门初审意见进行审核，提出意见后报卫生部审批。报请审批，需由省级卫生行政部门向卫生部提交以下材料：

（一）申请人设置申请材料；

（二）设置地设区的市级人民政府批准发布实施的《医疗机构设置规划》及设置地设区的市级和省级卫生行政部门关于拟设置港澳独资医院是否符合当地医疗机构设置规划的审核意见；

（三）省级卫生行政部门关于设置该港澳独资医院的审核意见，其中包括对拟设置医院的名称、地址、规模（床位、牙椅）和诊疗科目等的意见；

（四）法律、法规和卫生部规定的其他材料。

卫生部应当自受理之日起20个工作日内，作出批准或者不批准的书面决定。

第十四条 申请设置港澳独资中医医院（含中西医结合医院和民族医医院）的，按本办法第十一条、第十二条和第十三条的要求，经所在地区的市级中医药管理部门初审和所在地的省级中医药管理部门审核，报国家中医药管理局审核后转报卫生部审批。

第十五条　申请设置营利性港澳独资医院，申请人在获得卫生部设置许可后，还应当按照有关法律、法规的规定向商务部提出申请，并提交以下材料：

（一）设置申请申报材料及批准文件；

（二）港澳独资医院章程；

（三）港澳独资医院法定代表人或董事会人选名单；

（四）工商行政管理部门出具的机构名称预先核准通知书；

（五）法律、法规和商务部规定的其他材料。

商务部应当自受理申请之日起20个工作日内，作出批准或者不批准的书面决定；予以批准的，发给《外商投资企业批准证书》。不予批准的，应当说明理由。

获得批准设立的港澳独资医院，应当自收到商务部颁发的《外商投资企业批准证书》之日起一个月内，凭此证书依法到相关部门办理注册登记手续。

第十六条　申请设置非营利性港澳独资医院，申请人在获得卫生部设置许可后，还应当通过商务部外商投资审批管理系统网站填写《外商投资非营利性医疗机构备案表》，到商务部办理备案，并提交以下材料：

（一）外商投资非营利性医疗机构备案表"打印版（经签章）"；

（二）卫生部门的设置许可文件（复印件）。

商务部备案并在《外商投资非营利性医疗机构备案表》加盖公章。

第十七条　获准设立的港澳独资医院应当按照《医疗机构管理条例》、《医疗机构管理条例实施细则》等关于医疗机构执业登记所规定的程序和要求，向所在地省级卫生行政部门申请执业登记，领取《医疗机构执业许可证》。

第十八条　港澳独资医院的名称由所在地地名、识别名和通用名依次组成，并符合医疗机构命名的有关规定。

第十九条　经批准设置的港澳独资医院，应当在审批机关规定的期限内办理完有关登记手续；逾期未能完成的，经审批机关核准后，撤销该独资医院项目。

第二十条　已设立的港澳独资医院变更名称、地址、规模（床位、牙椅）、诊疗科目、投资总额和注册资金的，应当按照本章规定的审批程序，经原审批机关审批后，到原项目登记机关办理相应的变更登记手续。

第二十一条　已设立的港澳独资医院申请变更设置人和股权的，应当按照本办法规定分别报卫生部和商务部批准。

第二十二条　已设立的港澳独资医院终止运营，应当在终止运营90天前申请办理注销手续。

第四章　执　业

第二十三条　港澳独资医院作为独立法人实体，自负盈亏，独立核算，独立承担民事责任。

第二十四条　港澳独资医院应当执行《医疗机构管理条例》和《医疗机构管理条例实施细则》等关于医疗机构执业的规定。

第二十五条　港澳独资医院应当执行临床诊疗指南和技术规范，遵守新技术临床应用的有关规定。

第二十六条　港澳独资医院发生医疗纠纷争议，依照国家有关法律、法规处理。

第二十七条　港澳独资医院聘请外籍医师、护士，应当按照内地的有关法律、法规和相关规定办理。聘请香港和澳门特别行政区医疗技术人员的，按照有关规定执行。

第二十八条　发生重大灾害、事故、疾病流行或者其他意外情况时，港澳独资医院及其卫生技术人员应当服从卫生行政部门的调遣。

第二十九条　港澳独资医院发布本院医疗广告，按照《中华人民共和国广告法》、《医疗广告管理办法》等有关法律法规规定办理。

第三十条　港澳独资医院的医疗收费价格按照内地有关规定执行。

第三十一条　营利性港澳独资医院的税收政策按照内地有关规定执行。

第五章　监督管理

第三十二条　设区的市级以上地方卫生行政部门负责本行政区域内港澳独资医院的日常监督管理工作。

港澳独资医院的《医疗机构执业许可证》校验期为3年，《医疗机构执业许可证》的校验由医疗机构执业登记机关办理。

第三十三条　营利性港澳独资医院应当按照内地对外商投资企业的有关规定，接受内地有关部门的监督。

第三十四条　港澳独资医院违反内地有关法律、法规和规章，由有关主管部门依法查处。

第六章　附　则

第三十五条　本办法中的香港和澳门服务提供者应当分别符合《内地与香港关于建立更紧密经贸关系的安排》及《内地与澳门关于建立更紧密经贸关系的安排》中关于"服务提供者"的定义及相关规定要求。

第三十六条 各省、自治区、直辖市卫生、商务部门可依据本办法，结合本地实际制订具体规定。

第三十七条 本办法由卫生部和商务部负责解释。

第三十八条 本办法自2011年1月1日起施行。

第三十九条 原有规定与本办法规定不符的，以本办法为准。

台湾服务提供者在大陆设立独资医院管理暂行办法

· 2010年10月22日
· 卫医政发〔2010〕110号

第一章 总 则

第一条 为落实《海峡两岸经济合作框架协议》，根据《中华人民共和国外资企业法》及其实施细则和《医疗机构管理条例》等有关法律、法规，制定本办法。

第二条 台湾服务提供者依法经大陆主管部门批准，可以在大陆设立独资医院（以下称台资独资医院）。

第三条 申请在大陆设立台资独资医院，适用本办法。

第四条 大陆对台资独资医院坚持逐步开放、风险可控的原则，依法保护患者和台湾服务提供者双方的合法权益。

第五条 台湾服务提供者在大陆设立台资独资医院，可自主选择经营性质为营利性或非营利性。

第六条 台资独资医院必须遵守大陆有关法律、法规和规章。台资独资医院的合法经营活动及出资方的合法权益受法律保护。

第七条 卫生部和商务部在各自的职责范围内负责台资独资医院管理工作。

设区的市级以上地方人民政府卫生行政部门（含中医药主管部门，下同）和商务部门在各自职责范围内负责本行政区域内台资独资医院的日常监督管理工作。

第二章 设置条件

第八条 台资独资医院的设置与发展必须符合当地医疗机构设置规划。

第九条 申请设立台资独资医院的台湾服务提供者应当是能够独立承担民事责任的法人，应当具有直接或间接从事医疗卫生投资与管理的经验，并符合下列要求之一：

（一）能够提供先进的医院管理经验、管理模式和服务模式；

（二）能够提供具有国际领先水平的医学技术。

第十条 设立的台资独资医院应当符合以下条件：

（一）必须是独立的法人；

（二）三级医院投资总额不低于5000万人民币，二级医院投资总额不低于2000万元人民币；

（三）符合二级以上医院基本标准；

（四）在老、少、边、穷地区设置的台资独资医院，投资总额要求可以适当降低。

第三章 设置审批与登记

第十一条 申请设置台资独资医院，应当先向所在地设区的市级卫生行政部门提出申请，并提交以下材料：

（一）设置医疗机构申请书；

（二）项目建议书；

（三）可行性研究报告；

（四）有效的台湾服务提供者证明书；

（五）法人注册登记证明（复印件）、法定代表人身份证明（复印件）和银行资信证明；

（六）项目选址报告、项目土地使用租赁证明、项目建筑平面图；

（七）台湾服务提供者能够提供国际先进医院管理经验、管理模式和服务模式或具有国际领先水平医学技术的证明材料。

第十二条 设区的市级卫生行政部门对申请人提交的材料进行初审，并根据医疗机构设置规划提出初审意见，连同医院设置申请材料、当地医疗机构设置规划一并报所在地省级卫生行政部门审核。

第十三条 省级卫生行政部门对申请材料及设区的市级卫生行政部门初审意见进行审核，提出意见后报卫生部审批。报请审批，需由省级卫生行政部门向卫生部提交以下材料：

（一）申请人设置申请材料；

（二）设置地设区的市级人民政府批准发布实施的《医疗机构设置规划》及设置地设区的市级和省级卫生行政部门关于拟设置台资独资医院是否符合当地医疗机构设置规划的审核意见；

（三）省级卫生行政部门关于设置该台资独资医院的审核意见，其中包括对拟设置医院的名称、地址、规模（床位、牙椅）和诊疗科目等的意见；

（四）法律、法规和卫生部规定的其他材料。

卫生部应当自受理之日起20个工作日内，作出批准或者不批准的书面决定。

第十四条 申请设置台资独资中医医院（含中西医结合医院和民族医医院）的，按照本办法第十一条、第十二条和第十三条的要求，经所在地区的市级中医药管理部门初审和所在地的省级中医药管理部门审核，报国家中医药管理局审核后转报卫生部审批。

第十五条 申请设置营利性台资独资医院，申请人在获得卫生部设置许可后，还应当按照有关法律、法规的规定向商务部提出申请，并提交以下材料：

（一）设置申请申报材料及批准文件；

（二）台资独资医院章程；

（三）台资独资医院法定代表人或董事会人选名单；

（四）工商行政管理部门出具的机构名称预先核准通知书；

（五）法律、法规和商务部规定的其他材料。

商务部应当自受理申请之日起20个工作日内，作出批准或者不批准的书面决定；予以批准的，发给《外商投资企业批准证书》。不予批准的，应当说明理由。

获得批准设立的台资独资医院，应当自收到商务部颁发的《外商投资企业批准证书》之日起一个月内，凭此证书依法到相关部门办理注册登记手续。

第十六条 申请设置非营利性台资独资医院，申请人在获得卫生部设置许可后，还应当通过商务部外商投资审批管理系统网站填写《外商投资非营利性医疗机构备案表》，到商务部办理备案，并提交以下材料：

（一）外商投资非营利性医疗机构备案表"打印版（经签章）"；

（二）卫生部门的设置许可文件（复印件）。

商务部备案并在《外商投资非营利性医疗机构备案表》加盖公章。

第十七条 获准设立的台资独资医院应当按照《医疗机构管理条例》、《医疗机构管理条例实施细则》等关于医疗机构执业登记所规定的程序和要求，向所在地省级卫生行政部门申请执业登记，领取《医疗机构执业许可证》。

第十八条 台资独资医院的名称由所在地地名、识别名和通用名依次组成，并符合医疗机构命名的有关规定。

第十九条 经批准设置的台资独资医院，应当在审批机关规定的期限内办理完有关登记手续；逾期未能完成的，经审批机关核准后，撤销该独资医院项目。

第二十条 已设立的台资独资医院变更名称、地址、规模（床位、牙椅）、诊疗科目、投资总额和注册资金的，应当按照本章规定的审批程序，经原审批机关审批后，到原项目登记机关办理相应的变更登记手续。

第二十一条 已设立的台资独资医院申请变更设置人和股权的，应当按照本办法规定分别报卫生部和商务部批准。

第二十二条 已设立的台资独资医院终止运营，应当在终止运营90天前申请办理注销手续。

第四章 执 业

第二十三条 台资独资医院作为独立法人实体，自负盈亏，独立核算，独立承担民事责任。

第二十四条 台资独资医院应当执行《医疗机构管理条例》和《医疗机构管理条例实施细则》等关于医疗机构执业的规定。

第二十五条 台资独资医院应当执行临床诊疗指南和技术规范，遵守新技术临床应用的有关规定。

第二十六条 台资独资医院发生医疗纠纷争议，依照大陆有关法律、法规处理。

第二十七条 台资独资医院聘请外籍医师、护士，应当按照大陆有关法律、法规和相关规定办理。

第二十八条 发生重大灾害、事故、疾病流行或者其他意外情况时，台资独资医院及其卫生技术人员应当服从卫生行政部门的调遣。

第二十九条 台资独资医院发布本院医疗广告，按照《中华人民共和国广告法》、《医疗广告管理办法》等有关法律法规规定办理。

第三十条 台资独资医院的医疗收费价格按照大陆有关规定执行。

第三十一条 营利性台资独资医院的税收政策按照大陆有关规定执行。

第五章 监督管理

第三十二条 设区的市级以上地方卫生行政部门负责本行政区域内台资独资医院的日常监督管理工作。

台资独资医院的《医疗机构执业许可证》校验期为3年，《医疗机构执业许可证》的校验由医疗机构执业登记机关办理。

第三十三条 营利性台资独资医院应当按照大陆对外商投资企业的有关规定，接受大陆有关部门的监督。

第三十四条 台资独资医院违反大陆有关法律、法规和规章的，由有关主管部门依法查处。

第六章 附 则

第三十五条 本办法中的台湾服务提供者应当符合《海峡两岸经济合作框架协议》中关于"服务提供者"的定义及相关规定要求。

第三十六条　各省、自治区、直辖市卫生、商务部门可以依据本办法，结合本地实际制订具体规定。

第三十七条　本办法由卫生部和商务部负责解释。

第三十八条　本办法自2011年1月1日起施行。

第三十九条　原有规定与本办法规定不符的，以本办法为准。

2. 医师

中华人民共和国医师法

- 2021年8月20日第十三届全国人民代表大会常务委员会第三十次会议通过
- 2021年8月20日中华人民共和国主席令第94号公布
- 自2022年3月1日起施行

第一章　总　则

第一条　为了保障医师合法权益，规范医师执业行为，加强医师队伍建设，保护人民健康，推进健康中国建设，制定本法。

第二条　本法所称医师，是指依法取得医师资格，经注册在医疗卫生机构中执业的专业医务人员，包括执业医师和执业助理医师。

第三条　医师应当坚持人民至上、生命至上，发扬人道主义精神，弘扬敬佑生命、救死扶伤、甘于奉献、大爱无疆的崇高职业精神，恪守职业道德，遵守执业规范，提高执业水平，履行防病治病、保护人民健康的神圣职责。

医师依法执业，受法律保护。医师的人格尊严、人身安全不受侵犯。

第四条　国务院卫生健康主管部门负责全国的医师管理工作。国务院教育、人力资源社会保障、中医药等有关部门在各自职责范围内负责有关的医师管理工作。

县级以上地方人民政府卫生健康主管部门负责本行政区域内的医师管理工作。县级以上地方人民政府教育、人力资源社会保障、中医药等有关部门在各自职责范围内负责有关的医师管理工作。

第五条　每年8月19日为中国医师节。

对在医疗卫生服务工作中做出突出贡献的医师，按照国家有关规定给予表彰、奖励。

全社会应当尊重医师。各级人民政府应当关心爱护医师，弘扬先进事迹，加强业务培训，支持开拓创新，帮助解决困难，推动在全社会广泛形成尊医重卫的良好氛围。

第六条　国家建立健全医师医学专业技术职称设置、评定和岗位聘任制度，将职业道德、专业实践能力和工作业绩作为重要条件，科学设置有关评定、聘任标准。

第七条　医师可以依法组织和参加医师协会等有关行业组织、专业学术团体。

医师协会等有关行业组织应当加强行业自律和医师执业规范，维护医师合法权益，协助卫生健康主管部门和其他有关部门开展相关工作。

第二章　考试和注册

第八条　国家实行医师资格考试制度。

医师资格考试分为执业医师资格考试和执业助理医师资格考试。医师资格考试由省级以上人民政府卫生健康主管部门组织实施。

医师资格考试的类别和具体办法，由国务院卫生健康主管部门制定。

第九条　具有下列条件之一的，可以参加执业医师资格考试：

（一）具有高等学校相关医学专业本科以上学历，在执业医师指导下，在医疗卫生机构中参加医学专业工作实践满一年；

（二）具有高等学校相关医学专业专科学历，取得执业助理医师执业证书后，在医疗卫生机构中执业满二年。

第十条　具有高等学校相关医学专业专科以上学历，在执业医师指导下，在医疗卫生机构中参加医学专业工作实践满一年的，可以参加执业助理医师资格考试。

第十一条　以师承方式学习中医满三年，或者经多年实践医术确有专长的，经县级以上人民政府卫生健康主管部门委托的中医药专业组织或者医疗卫生机构考核合格并推荐，可以参加中医医师资格考试。

以师承方式学习中医或者经多年实践，医术确有专长的，由至少二名中医医师推荐，经省级人民政府中医药主管部门组织实践技能和效果考核合格后，即可取得中医医师资格及相应的资格证书。

本条规定的相关考试、考核办法，由国务院中医药主管部门拟订，报国务院卫生健康主管部门审核、发布。

第十二条　医师资格考试成绩合格，取得执业医师资格或者执业助理医师资格，发给医师资格证书。

第十三条　国家实行医师执业注册制度。

取得医师资格的，可以向所在地县级以上地方人民政府卫生健康主管部门申请注册。医疗卫生机构可以为本机构中的申请人集体办理注册手续。

除有本法规定不予注册的情形外，卫生健康主管部门应当自受理申请之日起二十个工作日内准予注册，将注册信息录入国家信息平台，并发给医师执业证书。

未注册取得医师执业证书,不得从事医师执业活动。

医师执业注册管理的具体办法,由国务院卫生健康主管部门制定。

第十四条 医师经注册后,可以在医疗卫生机构中按照注册的执业地点、执业类别、执业范围执业,从事相应的医疗卫生服务。

中医、中西医结合医师可以在医疗机构中的中医科、中西医结合科或者其他临床科室按照注册的执业类别、执业范围执业。

医师经相关专业培训和考核合格,可以增加执业范围。法律、行政法规对医师从事特定范围执业活动的资质条件有规定的,从其规定。

经考试取得医师资格的中医医师按照国家有关规定,经培训和考核合格,在执业活动中可以采用与其专业相关的西医药技术方法。西医医师按照国家有关规定,经培训和考核合格,在执业活动中可以采用与其专业相关的中医药技术方法。

第十五条 医师在二个以上医疗卫生机构定期执业的,应当以一个医疗卫生机构为主,并按照国家有关规定办理相关手续。国家鼓励医师定期定点到县级以下医疗卫生机构,包括乡镇卫生院、村卫生室、社区卫生服务中心等,提供医疗卫生服务,主执业机构应当支持并提供便利。

卫生健康主管部门、医疗卫生机构应当加强对有关医师的监督管理,规范其执业行为,保证医疗卫生服务质量。

第十六条 有下列情形之一的,不予注册:

(一)无民事行为能力或者限制民事行为能力;

(二)受刑事处罚,刑罚执行完毕不满二年或者被依法禁止从事医师职业的期限未满;

(三)被吊销医师执业证书不满二年;

(四)因医师定期考核不合格被注销注册不满一年;

(五)法律、行政法规规定不得从事医疗卫生服务的其他情形。

受理申请的卫生健康主管部门对不予注册的,应当自受理申请之日起二十个工作日内书面通知申请人和其所在医疗卫生机构,并说明理由。

第十七条 医师注册后有下列情形之一的,注销注册,废止医师执业证书:

(一)死亡;

(二)受刑事处罚;

(三)被吊销医师执业证书;

(四)医师定期考核不合格,暂停执业活动期满,再次考核仍不合格;

(五)中止医师执业活动满二年;

(六)法律、行政法规规定不得从事医疗卫生服务或者应当办理注销手续的其他情形。

有前款规定情形的,医师所在医疗卫生机构应当在三十日内报告准予注册的卫生健康主管部门;卫生健康主管部门依职权发现医师有前款规定情形的,应当及时通报准予注册的卫生健康主管部门。准予注册的卫生健康主管部门应当及时注销注册,废止医师执业证书。

第十八条 医师变更执业地点、执业类别、执业范围等注册事项的,应当依照本法规定到准予注册的卫生健康主管部门办理变更注册手续。

医师从事下列活动的,可以不办理相关变更注册手续:

(一)参加规范化培训、进修、对口支援、会诊、突发事件医疗救援、慈善或者其他公益性医疗、义诊;

(二)承担国家任务或者参加政府组织的重要活动等;

(三)在医疗联合体内的医疗机构中执业。

第十九条 中止医师执业活动二年以上或者本法规定不予注册的情形消失,申请重新执业的,应当由县级以上人民政府卫生健康主管部门或者委托的医疗卫生机构、行业组织考核合格,并依照本法规定重新注册。

第二十条 医师个体行医应当依法办理审批或者备案手续。

执业医师个体行医,须经注册后在医疗卫生机构中执业满五年;但是,依照本法第十一条第二款规定取得中医医师资格的人员,按照考核内容进行执业注册后,即可在注册的执业范围内个体行医。

县级以上地方人民政府卫生健康主管部门对个体行医的医师,应当按照国家有关规定实施监督检查,发现有本法规定注销注册的情形的,应当及时注销注册,废止医师执业证书。

第二十一条 县级以上地方人民政府卫生健康主管部门应当将准予注册和注销注册的人员名单及时予以公告,由省级人民政府卫生健康主管部门汇总,报国务院卫生健康主管部门备案,并按照规定通过网站提供医师注册信息查询服务。

第三章 执业规则

第二十二条 医师在执业活动中享有下列权利:

(一)在注册的执业范围内,按照有关规范进行医学

诊查、疾病调查、医学处置、出具相应的医学证明文件,选择合理的医疗、预防、保健方案;

(二)获取劳动报酬,享受国家规定的福利待遇,按照规定参加社会保险并享受相应待遇;

(三)获得符合国家规定标准的执业基本条件和职业防护装备;

(四)从事医学教育、研究、学术交流;

(五)参加专业培训,接受继续医学教育;

(六)对所在医疗卫生机构和卫生健康主管部门的工作提出意见和建议,依法参与所在机构的民主管理;

(七)法律、法规规定的其他权利。

第二十三条 医师在执业活动中履行下列义务:

(一)树立敬业精神,恪守职业道德,履行医师职责,尽职尽责救治患者,执行疫情防控等公共卫生措施;

(二)遵循临床诊疗指南,遵守临床技术操作规范和医学伦理规范等;

(三)尊重、关心、爱护患者,依法保护患者隐私和个人信息;

(四)努力钻研业务,更新知识,提高医学专业技术能力和水平,提升医疗卫生服务质量;

(五)宣传推广与岗位相适应的健康科普知识,对患者及公众进行健康教育和健康指导;

(六)法律、法规规定的其他义务。

第二十四条 医师实施医疗、预防、保健措施,签署有关医学证明文件,必须亲自诊查、调查,并按照规定及时填写病历等医学文书,不得隐匿、伪造、篡改或者擅自销毁病历等医学文书及有关资料。

医师不得出具虚假医学证明文件以及与自己执业范围无关或者与执业类别不相符的医学证明文件。

第二十五条 医师在诊疗活动中应当向患者说明病情、医疗措施和其他需要告知的事项。需要实施手术、特殊检查、特殊治疗的,医师应当及时向患者具体说明医疗风险、替代医疗方案等情况,并取得其明确同意;不能或者不宜向患者说明的,应当向患者的近亲属说明,并取得其明确同意。

第二十六条 医师开展药物、医疗器械临床试验和其他医学临床研究应当符合国家有关规定,遵守医学伦理规范,依法通过伦理审查,取得书面知情同意。

第二十七条 对需要紧急救治的患者,医师应当采取紧急措施进行诊治,不得拒绝急救处置。

因抢救生命垂危的患者等紧急情况,不能取得患者或者其近亲属意见的,经医疗机构负责人或者授权的负责人批准,可以立即实施相应的医疗措施。

国家鼓励医师积极参与公共交通工具等公共场所急救服务;医师因自愿实施急救造成受助人损害的,不承担民事责任。

第二十八条 医师应当使用经依法批准或者备案的药品、消毒药剂、医疗器械,采用合法、合规、科学的诊疗方法。

除按照规范用于诊断治疗外,不得使用麻醉药品、医疗用毒性药品、精神药品、放射性药品等。

第二十九条 医师应当坚持安全有效、经济合理的用药原则,遵循药品临床应用指导原则、临床诊疗指南和药品说明书等合理用药。

在尚无有效或者更好治疗手段等特殊情况下,医师取得患者明确知情同意后,可以采用药品说明书中未明确但具有循证医学证据的药品用法实施治疗。医疗机构应当建立管理制度,对医师处方、用药医嘱的适宜性进行审核,严格规范医师用药行为。

第三十条 执业医师按照国家有关规定,经所在医疗卫生机构同意,可以通过互联网等信息技术提供部分常见病、慢性病复诊等适宜的医疗卫生服务。国家支持医疗卫生机构之间利用互联网等信息技术开展远程医疗合作。

第三十一条 医师不得利用职务之便,索要、非法收受财物或者牟取其他不正当利益;不得对患者实施不必要的检查、治疗。

第三十二条 遇有自然灾害、事故灾难、公共卫生事件和社会安全事件等严重威胁人民生命健康的突发事件时,县级以上人民政府卫生健康主管部门根据需要组织医师参与卫生应急处置和医疗救治,医师应当服从调遣。

第三十三条 在执业活动中有下列情形之一的,医师应当按照有关规定及时向所在医疗卫生机构或者有关部门、机构报告:

(一)发现传染病、突发不明原因疾病或者异常健康事件;

(二)发生或者发现医疗事故;

(三)发现可能与药品、医疗器械有关的不良反应或者不良事件;

(四)发现假药或者劣药;

(五)发现患者涉嫌伤害事件或者非正常死亡;

(六)法律、法规规定的其他情形。

第三十四条 执业助理医师应当在执业医师的指导下,在医疗卫生机构中按照注册的执业类别、执业范围执业。

在乡、民族乡、镇和村医疗卫生机构以及艰苦边远地区县级医疗卫生机构中执业的执业助理医师，可以根据医疗卫生服务情况和本人实践经验，独立从事一般的执业活动。

第三十五条 参加临床教学实践的医学生和尚未取得医师执业证书、在医疗卫生机构中参加医学专业工作实践的医学毕业生，应当在执业医师监督、指导下参与临床诊疗活动。医疗卫生机构应当为有关医学生、医学毕业生参与临床诊疗活动提供必要的条件。

第三十六条 有关行业组织、医疗卫生机构、医学院校应当加强对医师的医德医风教育。

医疗卫生机构应当建立健全医师岗位责任、内部监督、投诉处理等制度，加强对医师的管理。

第四章 培训和考核

第三十七条 国家制定医师培养规划，建立适应行业特点和社会需求的医师培养和供需平衡机制，统筹各类医学人才需求，加强全科、儿科、精神科、老年医学等紧缺专业人才培养。

国家采取措施，加强医教协同，完善医学院校教育、毕业后教育和继续教育体系。

国家通过多种途径，加强以全科医生为重点的基层医疗卫生人才培养和配备。

国家采取措施，完善中医西医相互学习的教育制度，培养高层次中西医结合人才和能够提供中西医结合服务的全科医生。

第三十八条 国家建立健全住院医师规范化培训制度，健全临床带教激励机制，保障住院医师培训期间待遇，严格培训过程管理和结业考核。

国家建立健全专科医师规范化培训制度，不断提高临床医师专科诊疗水平。

第三十九条 县级以上人民政府卫生健康主管部门和其他有关部门应当制定医师培训计划，采取多种形式对医师进行分级分类培训，为医师接受继续医学教育提供条件。

县级以上人民政府应当采取有力措施，优先保障基层、欠发达地区和民族地区的医疗卫生人员接受继续医学教育。

第四十条 医疗卫生机构应当合理调配人力资源，按照规定和计划保证本机构医师接受继续医学教育。

县级以上人民政府卫生健康主管部门应当有计划地组织协调县级以上医疗卫生机构对乡镇卫生院、村卫生室、社区卫生服务中心等基层医疗卫生机构中的医疗卫生人员开展培训，提高其医学专业技术能力和水平。

有关行业组织应当为医师接受继续医学教育提供服务和创造条件，加强继续医学教育的组织、管理。

第四十一条 国家在每年的医学专业招生计划和教育培训计划中，核定一定比例用于定向培养、委托训，加强基层和艰苦边远地区医师队伍建设。

有关部门、医疗卫生机构与接受定向培养、委托培训的人员签订协议，约定相关待遇、服务年限、违约责任等事项，有关人员应当履行协议约定的义务。县级以上人民政府有关部门应当采取措施，加强履约管理。协议各方违反约定的，应当承担违约责任。

第四十二条 国家实行医师定期考核制度。

县级以上人民政府卫生健康主管部门或者其委托的医疗卫生机构、行业组织应当按照医师执业标准，对医师的业务水平、工作业绩和职业道德状况进行考核，考核周期为三年。对具有较长年限执业经历、无不良行为记录的医师，可以简化考核程序。

受委托的机构或者组织应当将医师考核结果报准予注册的卫生健康主管部门备案。

对考核不合格的医师，县级以上人民政府卫生健康主管部门应当责令其暂停执业活动三个月至六个月，并接受相关专业培训。暂停执业活动期满，再次进行考核，对考核合格的，允许其继续执业。

第四十三条 省级以上人民政府卫生健康主管部门负责指导、检查和监督医师考核工作。

第五章 保障措施

第四十四条 国家建立健全体现医师职业特点和技术劳动价值的人事、薪酬、职称、奖励制度。

对从事传染病防治、放射医学和精神卫生工作以及其他特殊岗位工作的医师，应当按照国家有关规定给予适当的津贴。津贴标准应当定期调整。

在基层和艰苦边远地区工作的医师，按照国家有关规定享受津贴、补贴政策，并在职称评定、职业发展、教育培训和表彰奖励等方面享受优惠待遇。

第四十五条 国家加强疾病预防控制人才队伍建设，建立适应现代化疾病预防控制体系的医师培养和使用机制。

疾病预防控制机构、二级以上医疗机构以及乡镇卫生院、社区卫生服务中心等基层医疗卫生机构应当配备一定数量的公共卫生医师，从事人群疾病及危害因素监测、风险评估研判、监测预警、流行病学调查、免疫规划管理、职业健康管理等公共卫生工作。医疗机构应当建立健全管理制度，严格执行院内感染防控措施。

国家建立公共卫生与临床医学相结合的人才培养机制，通过多种途径对临床医师进行疾病预防控制、突发公共卫生事件应对等方面业务培训，对公共卫生医师进行临床医学业务培训，完善医防结合和中西医协同防治的体制机制。

第四十六条 国家采取措施，统筹城乡资源，加强基层医疗卫生队伍和服务能力建设，对乡村医疗卫生人员建立县乡村上下贯通的职业发展机制，通过县管乡用、乡聘村用等方式，将乡村医疗卫生人员纳入县域医疗卫生人员管理。

执业医师晋升为副高级技术职称的，应当有累计一年以上在县级以下或者对口支援的医疗卫生机构提供医疗卫生服务的经历；晋升副高级技术职称后，在县级以下或者对口支援的医疗卫生机构提供医疗卫生服务，累计一年以上的，同等条件下优先晋升正高级技术职称。

国家采取措施，鼓励取得执业医师资格或者执业助理医师资格的人员依法开办村医疗卫生机构，或者在村医疗卫生机构提供医疗卫生服务。

第四十七条 国家鼓励在村医疗卫生机构中向村民提供预防、保健和一般医疗服务的乡村医生通过医学教育取得医学专业学历；鼓励符合条件的乡村医生参加医师资格考试，依法取得医师资格。

国家采取措施，通过信息化、智能化手段帮助乡村医生提高医学技术能力和水平，进一步完善对乡村医生的服务收入多渠道补助机制和养老等政策。

乡村医生的具体管理办法，由国务院制定。

第四十八条 医师有下列情形之一的，按照国家有关规定给予表彰、奖励：

（一）在执业活动中，医德高尚，事迹突出；

（二）在医学研究、教育中开拓创新，对医学专业技术有重大突破，做出显著贡献；

（三）遇有突发事件时，在预防预警、救死扶伤等工作中表现突出；

（四）长期在艰苦边远地区的县级以下医疗卫生机构努力工作；

（五）在疾病预防控制、健康促进工作中做出突出贡献；

（六）法律、法规规定的其他情形。

第四十九条 县级以上人民政府及其有关部门应当将医疗纠纷预防和处理工作纳入社会治安综合治理体系，加强医疗卫生机构及周边治安综合治理，维护医疗卫生机构良好的执业环境，有效防范和依法打击涉医违法犯罪行为，保护医患双方合法权益。

医疗卫生机构应当完善安全保卫措施，维护良好的医疗秩序，及时主动化解医疗纠纷，保障医师执业安全。

禁止任何组织或者个人阻碍医师依法执业，干扰医师正常工作、生活；禁止通过侮辱、诽谤、威胁、殴打等方式，侵犯医师的人格尊严、人身安全。

第五十条 医疗卫生机构应当为医师提供职业安全和卫生防护用品，并采取有效的卫生防护和医疗保健措施。

医师受到事故伤害或者在职业活动中因接触有毒、有害因素而引起疾病、死亡的，依照有关法律、行政法规的规定享受工伤保险待遇。

第五十一条 医疗卫生机构应当为医师合理安排工作时间，落实带薪休假制度，定期开展健康检查。

第五十二条 国家建立完善医疗风险分担机制。医疗机构应当参加医疗责任保险或者建立、参加医疗风险基金。鼓励患者参加医疗意外保险。

第五十三条 新闻媒体应当开展医疗卫生法律、法规和医疗卫生知识的公益宣传，弘扬医师先进事迹，引导公众尊重医师、理性对待医疗卫生风险。

第六章 法律责任

第五十四条 在医师资格考试中有违反考试纪律等行为，情节严重的，一年至三年内禁止参加医师资格考试。

以不正当手段取得医师资格证书或者医师执业证书的，由发给证书的卫生健康主管部门予以撤销，三年内不受理其相应申请。

伪造、变造、买卖、出租、出借医师执业证书的，由县级以上人民政府卫生健康主管部门责令改正，没收违法所得，并处违法所得二倍以上五倍以下的罚款，违法所得不足一万元的，按一万元计算；情节严重的，吊销医师执业证书。

第五十五条 违反本法规定，医师在执业活动中有下列行为之一的，由县级以上人民政府卫生健康主管部门责令改正，给予警告；情节严重的，责令暂停六个月以上一年以下执业活动直至吊销医师执业证书：

（一）在提供医疗卫生服务或者开展医学临床研究中，未按照规定履行告知义务或者取得知情同意；

（二）对需要紧急救治的患者，拒绝急救处置，或者由于不负责任延误诊治；

（三）遇有自然灾害、事故灾难、公共卫生事件和社

会安全事件等严重威胁人民生命健康的突发事件时,不服从卫生健康主管部门调遣的;

(四)未按照规定报告有关情形的;

(五)违反法律、法规、规章或者执业规范,造成医疗事故或者其他严重后果。

第五十六条 违反本法规定,医师在执业活动中有下列行为之一的,由县级以上人民政府卫生健康主管部门责令改正,给予警告,没收违法所得,并处一万元以上三万元以下的罚款;情节严重的,责令暂停六个月以上一年以下执业活动直至吊销医师执业证书:

(一)泄露患者隐私或者个人信息的;

(二)出具虚假医学证明文件,或者未经亲自诊查、调查,签署诊断、治疗、流行病学等证明文件或者有关出生、死亡等证明文件的;

(三)隐匿、伪造、篡改或者擅自销毁病历等医学文书及有关资料的;

(四)未按照规定使用麻醉药品、医疗用毒性药品、精神药品、放射性药品等的;

(五)利用职务之便,索要、非法收受财物或者牟取其他不正当利益,或者违反诊疗规范,对患者实施不必要的检查、治疗造成不良后果的;

(六)开展禁止类医疗技术临床应用的。

第五十七条 违反本法规定,医师未按照注册的执业地点、执业类别、执业范围执业的,由县级以上人民政府卫生健康主管部门或者中医药主管部门责令改正,给予警告,没收违法所得,并处一万元以上三万元以下的罚款;情节严重的,责令暂停六个月以上一年以下执业活动直至吊销医师执业证书。

第五十八条 严重违反医师职业道德、医学伦理规范,造成恶劣社会影响的,由省级以上人民政府卫生健康主管部门吊销医师执业证书或者责令停止非法执业活动,五年直至终身禁止从事医疗卫生服务或者医学临床研究。

第五十九条 违反本法规定,非医师行医的,由县级以上人民政府卫生健康主管部门责令停止非法执业活动,没收违法所得和药品、医疗器械,并处违法所得二倍以上十倍以下的罚款,违法所得不足一万元的,按一万元计算。

第六十条 违反本法规定,阻碍医师依法执业,干扰医师正常工作、生活,或者通过侮辱、诽谤、威胁、殴打等方式,侵犯医师人格尊严、人身安全,构成违反治安管理行为的,依法给予治安管理处罚。

第六十一条 违反本法规定,医疗卫生机构未履行报告职责,造成严重后果的,由县级以上人民政府卫生健康主管部门给予警告,对直接负责的主管人员和其他直接责任人员依法给予处分。

第六十二条 违反本法规定,卫生健康主管部门和其他有关部门工作人员或者医疗卫生机构工作人员弄虚作假、滥用职权、玩忽职守、徇私舞弊的,依法给予处分。

第六十三条 违反本法规定,构成犯罪的,依法追究刑事责任;造成人身、财产损害的,依法承担民事责任。

第七章 附 则

第六十四条 国家采取措施,鼓励具有中等专业学校医学专业学历的人员通过参加更高层次学历教育等方式,提高医学技术能力和水平。

在本法施行前以及在本法施行后一定期限内取得中等专业学校相关医学专业学历的人员,可以参加医师资格考试。具体办法由国务院卫生健康主管部门会同国务院教育、中医药等有关部门制定。

第六十五条 中国人民解放军和中国人民武装警察部队执行本法的具体办法,由国务院、中央军事委员会依据本法制定。

第六十六条 境外人员参加医师资格考试、申请注册、执业或者从事临床示教、临床研究、临床学术交流等活动的具体管理办法,由国务院卫生健康主管部门制定。

第六十七条 本法自2022年3月1日起施行。《中华人民共和国执业医师法》同时废止。

医师执业注册管理办法

- 2017年2月28日国家卫生和计划生育委员会令第13号公布
- 自2017年4月1日起施行

第一章 总 则

第一条 为了规范医师执业活动,加强医师队伍管理,根据《中华人民共和国执业医师法》,制定本办法。

第二条 医师执业应当经注册取得《医师执业证书》。

未经注册取得《医师执业证书》者,不得从事医疗、预防、保健活动。

第三条 国家卫生计生委负责全国医师执业注册监督管理工作。

县级以上地方卫生计生行政部门是医师执业注册的主管部门,负责本行政区域内的医师执业注册监督管理工作。

第四条 国家建立医师管理信息系统,实行医师电子注册管理。

第二章 注册条件和内容

第五条 凡取得医师资格的,均可申请医师执业注册。

第六条 有下列情形之一的,不予注册:
(一)不具有完全民事行为能力的;
(二)因受刑事处罚,自刑罚执行完毕之日起至申请注册之日止不满二年的;
(三)受吊销《医师执业证书》行政处罚,自处罚决定之日起至申请注册之日止不满二年的;
(四)甲类、乙类传染病传染期、精神疾病发病期以及身体残疾等健康状况不适宜或者不能胜任医疗、预防、保健业务工作的;
(五)重新申请注册,经考核不合格的;
(六)在医师资格考试中参与有组织作弊的;
(七)被查实曾使用伪造医师资格或者冒名使用他人医师资格进行注册的;
(八)国家卫生计生委规定不宜从事医疗、预防、保健业务的其他情形的。

第七条 医师执业注册内容包括:执业地点、执业类别、执业范围。

执业地点是指执业医师执业的医疗、预防、保健机构所在地的省级行政区划和执业助理医师执业的医疗、预防、保健机构所在地的县级行政区划。

执业类别是指临床、中医(包括中医、民族医和中西医结合)、口腔、公共卫生。

执业范围是指医师在医疗、预防、保健活动中从事的与其执业能力相适应的专业。

第八条 医师取得《医师执业证书》后,应当按照注册的执业地点、执业类别、执业范围,从事相应的医疗、预防、保健活动。

第三章 注册程序

第九条 拟在医疗、保健机构中执业的人员,应当向批准该机构执业的卫生计生行政部门申请注册;拟在预防机构中执业的人员,应当向该机构的同级卫生计生行政部门申请注册。

第十条 在同一执业地点多个机构执业的医师,应当确定一个机构作为其主要执业机构,并向批准该机构执业的卫生计生行政部门申请注册;对于拟执业的其他机构,应当向批准该机构执业的卫生计生行政部门分别申请备案,注明所在执业机构的名称。

医师只有一个执业机构的,视为其主要执业机构。

第十一条 医师的主要执业机构以及批准该机构执业的卫生计生行政部门应当在医师管理信息系统及时更新医师定期考核结果。

第十二条 申请医师执业注册,应当提交下列材料:
(一)医师执业注册申请审核表;
(二)近6个月2寸白底免冠正面半身照片;
(三)医疗、预防、保健机构的聘用证明;
(四)省级以上卫生计生行政部门规定的其他材料。

获得医师资格后二年内未注册者、中止医师执业活动二年以上或者本办法第六条规定不予注册的情形消失的医师申请注册时,还应当提交在省级以上卫生计生行政部门指定的机构接受连续6个月以上的培训,并经考核合格的证明。

第十三条 注册主管部门应当自收到注册申请之日起20个工作日内,对申请人提交的申请材料进行审核。审核合格的,予以注册并发放《医师执业证书》。

第十四条 对不符合注册条件不予注册的,注册主管部门应当自收到注册申请之日起20个工作日内书面通知聘用单位和申请人,并说明理由。申请人如有异议的,可以依法申请行政复议或者向人民法院提起行政诉讼。

第十五条 执业助理医师取得执业医师资格后,继续在医疗、预防、保健机构中执业的,应当按本办法规定,申请执业医师注册。

第十六条 《医师执业证书》应当由本人妥善保管,不得出借、出租、抵押、转让、涂改和毁损。如发生损坏或者遗失的,当事人应当及时向原发证部门申请补发。

第十七条 医师跨执业地点增加执业机构,应当向批准该机构执业的卫生计生行政部门申请增加注册。

执业助理医师只能注册一个执业地点。

第四章 注册变更

第十八条 医师注册后有下列情形之一的,医师个人或者其所在的医疗、预防、保健机构,应当自知道或者应知道之日起30日内报告注册主管部门,办理注销注册:
(一)死亡或者被宣告失踪的;
(二)受刑事处罚的;
(三)受吊销《医师执业证书》行政处罚的;
(四)医师定期考核不合格,并经培训后再次考核仍不合格的;
(五)连续两个考核周期未参加医师定期考核的;

（六）中止医师执业活动满二年的；
（七）身体健康状况不适宜继续执业的；
（八）出借、出租、抵押、转让、涂改《医师执业证书》的；
（九）在医师资格考试中参与有组织作弊的；
（十）本人主动申请的；
（十一）国家卫生计生委规定不宜从事医疗、预防、保健业务的其他情形的。

第十九条 医师注册后有下列情况之一的，其所在的医疗、预防、保健机构应当自办理相关手续之日起30日内报注册主管部门，办理备案：
（一）调离、退休、退职；
（二）被辞退、开除；
（三）省级以上卫生计生行政部门规定的其他情形。
上述备案满2年且未继续执业的予以注销。

第二十条 医师变更执业地点、执业类别、执业范围等注册事项的，应当通过国家医师管理信息系统提交医师变更执业注册申请及省级以上卫生计生行政部门规定的其他材料。
医师因参加培训需要注册或者变更注册的，应当按照本办法规定办理相关手续。
医师变更主要执业机构的，应当按本办法第十二条的规定重新办理注册。
医师承担经主要执业机构批准的卫生支援、会诊、进修、学术交流、政府交办事项等任务和参加卫生计生行政部门批准的义诊，以及在签订帮扶或者托管协议医疗机构内执业等，不需办理执业地点变更和执业机构备案手续。

第二十一条 注册主管部门应当自收到变更注册申请之日起20个工作日内办理变更注册手续。对因不符合变更注册条件不予变更的，应当自收到变更注册申请之日起20个工作日内书面通知申请人，并说明理由。

第二十二条 国家实行医师注册内容公开制度和查询制度。
地方各级卫生计生行政部门应当按照规定提供医师注册信息查询服务，并对注销注册的人员名单予以公告。

第二十三条 医疗、预防、保健机构未按照本办法第十八条规定履行报告职责，导致严重后果的，由县级以上卫生计生行政部门依据《执业医师法》第四十一条规定进行处理。
医疗、预防、保健机构未按本办法第十九条规定履行报告职责，导致严重后果的，由县级以上地方卫生计生行政部门对该机构给予警告，并对其主要负责人、相关责任人依法给予处分。

第五章 附 则

第二十四条 中医（包括中医、民族医、中西医结合）医师执业注册管理由中医（药）主管部门负责。

第二十五条 港澳台人员申请在内地（大陆）注册执业的，按照国家有关规定办理。
外籍人员申请在中国境内注册执业的，按照国家有关规定办理。

第二十六条 本办法自2017年4月1日起施行。1999年7月16日原卫生部公布的《医师执业注册暂行办法》同时废止。

执业药师注册管理办法

· 2021年6月18日
· 国药监人〔2021〕36号

第一章 总 则

第一条 为规范执业药师注册工作，加强执业药师管理，根据《中华人民共和国药品管理法》等相关法律法规和《执业药师职业资格制度规定》，制定本办法。

第二条 执业药师注册及其相关监督管理工作，适用本办法。

第三条 持有《中华人民共和国执业药师职业资格证书》（以下简称《执业药师职业资格证书》）的人员，经注册取得《中华人民共和国执业药师注册证》（以下简称《执业药师注册证》）后，方可以执业药师身份执业。

第四条 国家药品监督管理局负责执业药师注册的政策制定和组织实施，指导监督全国执业药师注册管理工作。国家药品监督管理局执业药师资格认证中心承担全国执业药师注册管理工作。
各省、自治区、直辖市药品监督管理部门负责本行政区域内的执业药师注册及其相关监督管理工作。

第五条 法律、行政法规、规章和相关质量管理规范规定需由具备执业药师资格的人员担任的岗位，应当按规定配备执业药师。
鼓励药品上市许可持有人、药品生产企业、药品网络销售第三方平台等使用取得执业药师资格的人员。

第六条 国家药品监督管理局建立完善全国执业药师注册管理信息系统，国家药品监督管理局执业药师资格认证中心承担全国执业药师注册管理信息系统的建设、管理和维护工作，收集报告相关信息。
国家药品监督管理局加快推进执业药师电子注册管理，实现执业药师注册、信用信息资源共享和动态更新。

第二章 注册条件和内容

第七条 执业药师注册申请人(以下简称申请人),必须具备下列条件:

(一)取得《执业药师职业资格证书》;
(二)遵纪守法,遵守执业药师职业道德;
(三)身体健康,能坚持在执业药师岗位工作;
(四)经执业单位同意;
(五)按规定参加继续教育学习。

第八条 有下列情形之一的,药品监督管理部门不予注册:

(一)不具有完全民事行为能力的;
(二)甲类、乙类传染病传染期、精神疾病发病期等健康状况不适宜或者不能胜任相应业务工作的;
(三)受到刑事处罚,自刑罚执行完毕之日到申请注册之日不满三年的;
(四)未按规定完成继续教育学习的;
(五)近三年有新增不良信息记录的;
(六)国家规定不宜从事执业药师业务的其他情形。

第九条 执业药师注册内容包括:执业地区、执业类别、执业范围、执业单位。

执业地区为省、自治区、直辖市;
执业类别为药学类、中药学类、药学与中药学类;
执业范围为药品生产、药品经营、药品使用;
执业单位为药品生产、经营、使用及其他需要提供药学服务的单位。

药品监督管理部门根据申请人《执业药师职业资格证书》中注明的专业确定执业类别进行注册。获得药学和中药学两类专业《执业药师职业资格证书》的人员,可申请药学与中药学类执业类别注册。执业药师只能在一个执业单位按照注册的执业类别、执业范围执业。

第三章 注册程序

第十条 申请人通过全国执业药师注册管理信息系统向执业所在地省、自治区、直辖市药品监督管理部门申请注册。

第十一条 申请人申请首次注册需要提交以下材料:

(一)执业药师首次注册申请表(附件1);
(二)执业药师职业资格证书;
(三)身份证明;
(四)执业单位开业证明;
(五)继续教育学分证明。

申请人委托他人办理注册申请的,代理人应当提交授权委托书以及代理人的身份证明文件。

申请人应当按要求在线提交注册申请或者现场递交纸质材料。药品监督管理部门应当公示明确上述材料形式要求。凡是通过法定证照、书面告知承诺、政府部门内部核查或者部门间核查、网络核验等能够办理的,药品监督管理部门不得要求申请人额外提供证明材料。

第十二条 申请人申请注册,应当如实向药品监督管理部门提交有关材料和反映真实情况,并对其申请材料的真实性负责。

第十三条 药品监督管理部门对申请人提交的材料进行形式审查,申请材料不齐全或者不符合规定形式的,应当当场或者在五个工作日内一次性告知申请人需要补正的全部内容;逾期不告知的,自收到注册申请材料之日起即为受理。

第十四条 申请材料齐全、符合规定形式,或者申请人按要求提交全部补正申请材料的,药品监督管理部门应当受理注册申请。

药品监督管理部门受理或者不予受理注册申请,应当向申请人出具加盖药品监督管理部门专用印章和注明日期的凭证。

第十五条 药品监督管理部门应当自受理注册申请之日起二十个工作日内作出注册许可决定。

第十六条 药品监督管理部门依法作出不予注册许可决定的,应当说明理由,并告知申请人享有依法申请行政复议或者提起行政诉讼的权利。

第十七条 药品监督管理部门作出的准予注册许可决定,应当在全国执业药师注册管理信息系统等予以公开。

药品监督管理部门及其工作人员对申请人提交的申请材料负有保密义务。

第十八条 药品监督管理部门作出注册许可决定之日起十个工作日内向申请人核发国家药品监督管理局统一样式(附件2)并加盖药品监督管理部门印章的《执业药师注册证》。

执业药师注册有效期为五年。

第十九条 地方药品监督管理部门应当按照"放管服"改革要求,优化工作流程,提高效率和服务水平,逐步缩短注册工作时限,并向社会公告。

第四章 注册变更和延续

第二十条 申请人要求变更执业地区、执业类别、执业范围、执业单位的,应当向拟申请执业所在地的省、自治区、直辖市药品监督管理部门申请办理变更注册手续。

药品监督管理部门应当自受理变更注册申请之日起七个工作日内作出准予变更注册的决定。

第二十一条 需要延续注册的，申请人应当在注册有效期满之日三十日前，向执业所在地省、自治区、直辖市药品监督管理部门提出延续注册申请。

药品监督管理部门准予延续注册的，注册有效期从期满之日次日起重新计算五年。药品监督管理部门准予变更注册的，注册有效期不变；但在有效期满之日前三十日内申请变更注册，符合要求的，注册有效期自旧证期满之日次日起重新计算五年。

第二十二条 需要变更注册或者延续注册的，申请人提交相应执业药师注册申请表（附件3或者附件4），并提供第十一条第四项和第五项所列材料。

第二十三条 申请人取得《执业药师职业资格证书》，非当年申请注册的，应当提供《执业药师职业资格证书》批准之日起第二年后的历年继续教育学分证明。申请人取得《执业药师职业资格证书》超过五年以上申请注册的，应至少提供近五年的连续继续教育学分证明。

第二十四条 有下列情形之一的，《执业药师注册证》由药品监督管理部门注销，并予以公告：

（一）注册有效期满未延续的；

（二）执业药师注册证被依法撤销或者吊销的；

（三）法律法规规定的应当注销注册的其他情形。

有下列情形之一的，执业药师本人或者其执业单位，应当自知晓或者应当知晓之日起三十个工作日内向药品监督管理部门申请办理注销注册，并填写执业药师注销注册申请表（附件5）。药品监督管理部门经核实后依法注销注册。

（一）本人主动申请注销注册的；

（二）执业药师身体健康状况不适宜继续执业的；

（三）执业药师无正当理由不在执业单位执业，超过一个月的；

（四）执业药师死亡或者被宣告失踪的；

（五）执业药师丧失完全民事行为能力的；

（六）执业药师受刑事处罚的。

第五章 岗位职责和权利义务

第二十五条 执业药师依法负责药品管理、处方审核和调配、合理用药指导等工作。

执业药师在执业范围内应当对执业单位的药品质量和药学服务活动进行监督，保证药品管理过程持续符合法定要求，对执业单位违反有关法律、法规、部门规章和专业技术规范的行为或者决定，提出劝告、制止或者拒绝执行，并向药品监督管理部门报告。

第二十六条 执业药师享有下列权利：

（一）以执业药师的名义从事相关业务，保障公众用药安全和合法权益，保护和促进公众健康；

（二）在执业范围内，开展药品质量管理，制定和实施药品质量管理制度，提供药学服务；

（三）参加执业培训，接受继续教育；

（四）在执业活动中，人格尊严、人身安全不受侵犯；

（五）对执业单位的工作提出意见和建议；

（六）按照有关规定获得表彰和奖励；

（七）法律、法规规定的其他权利。

第二十七条 执业药师应当履行下列义务：

（一）严格遵守《中华人民共和国药品管理法》及国家有关药品生产、经营、使用等各项法律、法规、部门规章及政策；

（二）遵守执业标准和业务规范，恪守职业道德；

（三）廉洁自律，维护执业药师职业荣誉和尊严；

（四）维护国家、公众的利益和执业单位的合法权益；

（五）按要求参加突发重大公共事件的药事管理与药学服务；

（六）法律、法规规定的其他义务。

第六章 监督管理

第二十八条 药品监督管理部门按照有关法律、法规和规章的规定，对执业药师注册、执业药师继续教育实施监督检查。

执业单位、执业药师和实施继续教育的机构应当对药品监督管理部门的监督检查予以协助、配合，不得拒绝、阻挠。

第二十九条 执业药师每年应参加不少于90学时的继续教育培训，每3个学时为1学分，每年累计不少于30学分。其中，专业科目学时一般不少于总学时的三分之二。鼓励执业药师参加实训培养。

承担继续教育管理职责的机构应当将执业药师的继续教育学分记入全国执业药师注册管理信息系统。

第三十条 执业药师应当妥善保管《执业药师注册证》，不得买卖、租借和涂改。如发生损坏，当事人应当及时持损坏证书向原发证部门申请换发。如发生遗失，当事人向原发证部门申请补发。

第三十一条 伪造《执业药师注册证》的，药品监督管理部门发现后应当当场予以收缴并追究责任；构成犯罪的,移送相关部门依法追究刑事责任。

第三十二条 执业药师以欺骗、贿赂等不正当手段取得《执业药师注册证》的,由发证部门撤销《执业药师注册证》,三年内不予注册;构成犯罪的,移送相关部门依法追究刑事责任。

第三十三条 执业药师应当按照注册的执业地区、执业类别、执业范围、执业单位,从事相应的执业活动,不得擅自变更。执业药师未按本办法规定进行执业活动的,药品监督管理部门应当责令限期改正。

第三十四条 严禁《执业药师注册证》挂靠,持证人注册单位与实际工作单位不符的,由发证部门撤销《执业药师注册证》,三年内不予注册;构成犯罪的,移送相关部门依法追究刑事责任。买卖、租借《执业药师注册证》的单位,按照相关法律法规给予处罚。

第三十五条 执业药师在执业期间违反《中华人民共和国药品管理法》及其他法律法规构成犯罪的,由司法机关依法追究责任。

第三十六条 有下列情形之一的,应当作为个人不良信息由药品监督管理部门及时记入全国执业药师注册管理信息系统:

(一)以欺骗、贿赂等不正当手段取得《执业药师注册证》的;

(二)持证人注册单位与实际工作单位不一致或者无工作单位的,符合《执业药师注册证》挂靠情形的;

(三)执业药师注册证被依法撤销或者吊销的;

(四)执业药师受刑事处罚的;

(五)其他违反执业药师资格管理相关规定的。

第三十七条 省、自治区、直辖市药品监督管理部门有下列情形之一的,国家药品监督管理局有权责令其进行调查并依法依规给予处理:

(一)对不符合规定条件的申请人准予注册的;

(二)对符合规定条件的申请人不予注册或者不在法定期限内作出准予注册决定的;

(三)履行执业药师注册、继续教育监督管理职责不力,造成不良影响的。

第三十八条 药品监督管理部门工作人员在执业药师注册及其相关监督管理工作中,弄虚作假、玩忽职守、滥用职权、徇私舞弊的,依法依规给予处理。

第七章 附 则

第三十九条 已取得内地《执业药师职业资格证书》的香港、澳门、台湾地区居民,申请注册执业依照本办法执行。

第四十条 按照国家有关规定,取得在特定地区有效的《执业药师职业资格证书》的申请人,应依照本办法在特定地区注册执业。

第四十一条 本办法自印发之日起施行。原国家药品监督管理局《执业药师注册管理暂行办法》(国药管人〔2000〕156号)和原国家食品药品监督管理局《关于〈执业药师注册管理暂行办法〉的补充意见》(国食药监人〔2004〕342号)、《关于〈执业药师注册管理暂行办法〉的补充意见》(食药监人函〔2008〕1号)、《关于取得内地〈执业药师资格证书〉的香港、澳门永久性居民执业注册事项的通知》(国食药监人〔2009〕439号)同时废止。

附件:1. 执业药师首次注册申请表(略)
2. 执业药师注册证书(样式)(略)
3. 执业药师变更注册申请表(略)
4. 执业药师延续注册申请表(略)
5. 执业药师注销注册申请表(略)

乡村医生从业管理条例

· 2003年8月5日中华人民共和国国务院令第386号公布
· 自2004年1月1日起施行

第一章 总 则

第一条 为了提高乡村医生的职业道德和业务素质,加强乡村医生从业管理,保护乡村医生的合法权益,保障村民获得初级卫生保健服务,根据《中华人民共和国执业医师法》(以下称执业医师法)的规定,制定本条例。

第二条 本条例适用于尚未取得执业医师资格或者执业助理医师资格,经注册在村医疗卫生机构从事预防、保健和一般医疗服务的乡村医生。

村医疗卫生机构中的执业医师或者执业助理医师,依照执业医师法的规定管理,不适用本条例。

第三条 国务院卫生行政主管部门负责全国乡村医生的管理工作。

县级以上地方人民政府卫生行政主管部门负责本行政区域内乡村医生的管理工作。

第四条 国家对在农村预防、保健、医疗服务和突发事件应急处理工作中做出突出成绩的乡村医生,给予奖励。

第五条 地方各级人民政府应当加强乡村医生的培训工作,采取多种形式对乡村医生进行培训。

第六条 具有学历教育资格的医学教育机构,应当按照国家有关规定开展适应农村需要的医学学历教育,定向为农村培养适用的卫生人员。

国家鼓励乡村医生学习中医基本知识，运用中医药技能防治疾病。

第七条 国家鼓励乡村医生通过医学教育取得医学专业学历；鼓励符合条件的乡村医生申请参加国家医师资格考试。

第八条 国家鼓励取得执业医师资格或者执业助理医师资格的人员，开办村医疗卫生机构，或者在村医疗卫生机构向村民提供预防、保健和医疗服务。

第二章 执业注册

第九条 国家实行乡村医生执业注册制度。

县级人民政府卫生行政主管部门负责乡村医生执业注册工作。

第十条 本条例公布前的乡村医生，取得县级以上地方人民政府卫生行政主管部门颁发的乡村医生证书，并符合下列条件之一的，可以向县级人民政府卫生行政主管部门申请乡村医生执业注册，取得乡村医生执业证书后，继续在村医疗卫生机构执业：

（一）已经取得中等以上医学专业学历的；

（二）在村医疗卫生机构连续工作20年以上的；

（三）按照省、自治区、直辖市人民政府卫生行政主管部门制定的培训规划，接受培训取得合格证书的。

第十一条 对具有县级以上地方人民政府卫生行政主管部门颁发的乡村医生证书，但不符合本条例第十条规定条件的乡村医生，县级人民政府卫生行政主管部门应当进行有关预防、保健和一般医疗服务基本知识的培训，并根据省、自治区、直辖市人民政府卫生行政主管部门确定的考试内容、考试范围进行考试。

前款所指的乡村医生经培训并考试合格的，可以申请乡村医生执业注册；经培训但考试不合格的，县级人民政府卫生行政主管部门应当组织对其再次培训和考试。不参加再次培训或者再次考试仍不合格的，不得申请乡村医生执业注册。

本条所指的培训、考试，应当在本条例施行后6个月内完成。

第十二条 本条例公布之日起进入村医疗卫生机构从事预防、保健和医疗服务的人员，应当具备执业医师资格或者执业助理医师资格。

不具备前款规定条件的地区，根据实际需要，可以允许具有中等医学专业学历的人员，或者经培训达到中等医学专业水平的其他人员申请执业注册，进入村医疗卫生机构执业。具体办法由省、自治区、直辖市人民政府制定。

第十三条 符合本条例规定申请在村医疗卫生机构执业的人员，应当持村医疗卫生机构出具的拟聘用证明和相关学历证明、证书，向村医疗卫生机构所在地的县级人民政府卫生行政主管部门申请执业注册。

县级人民政府卫生行政主管部门应当自受理申请之日起15日内完成审核工作，对符合本条例规定条件的，准予执业注册，发给乡村医生执业证书；对不符合本条例规定条件的，不予注册，并书面说明理由。

第十四条 乡村医生有下列情形之一的，不予注册：

（一）不具有完全民事行为能力的；

（二）受刑事处罚，自刑罚执行完毕之日起至申请执业注册之日止不满2年的；

（三）受吊销乡村医生执业证书行政处罚，自处罚决定之日起至申请执业注册之日止不满2年的。

第十五条 乡村医生经注册取得执业证书后，方可在聘用其执业的村医疗卫生机构从事预防、保健和一般医疗服务。

未经注册取得乡村医生执业证书的，不得执业。

第十六条 乡村医生执业证书有效期为5年。

乡村医生执业证书有效期满需要继续执业的，应当在有效期满前3个月申请再注册。

县级人民政府卫生行政主管部门应当自受理申请之日起15日内进行审核，对符合省、自治区、直辖市人民政府卫生行政主管部门规定条件的，准予再注册，换发乡村医生执业证书；对不符合条件的，不予再注册，由发证部门收回原乡村医生执业证书。

第十七条 乡村医生应当在聘用其执业的村医疗卫生机构执业；变更执业的村医疗卫生机构的，应当依照本条例第十三条规定的程序办理变更注册手续。

第十八条 乡村医生有下列情形之一的，由原注册的卫生行政主管部门注销执业注册，收回乡村医生执业证书：

（一）死亡或者被宣告失踪的；

（二）受刑事处罚的；

（三）中止执业活动满2年的；

（四）考核不合格，逾期未提出再次考核申请或者经再次考核仍不合格的。

第十九条 县级人民政府卫生行政主管部门应当将准予执业注册、再注册和注销注册的人员名单向其执业的村医疗卫生机构所在地的村民公告，并由设区的市级人民政府卫生行政主管部门汇总，报省、自治区、直辖市人民政府卫生行政主管部门备案。

第二十条　县级人民政府卫生行政主管部门办理乡村医生执业注册、再注册、注销注册，应当依据法定权限、条件和程序，遵循便民原则，提高办事效率。

第二十一条　村民和乡村医生发现违法办理乡村医生执业注册、再注册、注销注册的，可以向有关人民政府卫生行政主管部门反映；有关人民政府卫生行政主管部门对反映的情况应当及时核实，调查处理，并将调查处理结果予以公布。

第二十二条　上级人民政府卫生行政主管部门应当加强对下级人民政府卫生行政主管部门办理乡村医生执业注册、再注册、注销注册的监督检查，及时纠正违法行为。

第三章　执业规则

第二十三条　乡村医生在执业活动中享有下列权利：

（一）进行一般医学处置，出具相应的医学证明；

（二）参与医学经验交流，参加专业学术团体；

（三）参加业务培训和教育；

（四）在执业活动中，人格尊严、人身安全不受侵犯；

（五）获取报酬；

（六）对当地的预防、保健、医疗工作和卫生行政主管部门的工作提出意见和建议。

第二十四条　乡村医生在执业活动中应当履行下列义务：

（一）遵守法律、法规、规章和诊疗护理技术规范、常规；

（二）树立敬业精神，遵守职业道德，履行乡村医生职责，为村民健康服务；

（三）关心、爱护、尊重患者，保护患者的隐私；

（四）努力钻研业务，更新知识，提高专业技术水平；

（五）向村民宣传卫生保健知识，对患者进行健康教育。

第二十五条　乡村医生应当协助有关部门做好初级卫生保健服务工作；按照规定及时报告传染病疫情和中毒事件，如实填写并上报有关卫生统计报表，妥善保管有关资料。

第二十六条　乡村医生在执业活动中，不得重复使用一次性医疗器械和卫生材料。对使用过的一次性医疗器械和卫生材料，应当按照规定处置。

第二十七条　乡村医生应当如实向患者或者其家属介绍病情，对超出一般医疗服务范围或者限于医疗条件和技术水平不能诊治的病人，应当及时转诊；情况紧急不能转诊的，应当先行抢救并及时向有抢救条件的医疗卫生机构求助。

第二十八条　乡村医生不得出具与执业范围无关或者与执业范围不相符的医学证明，不得进行实验性临床医疗活动。

第二十九条　省、自治区、直辖市人民政府卫生行政主管部门应当按照乡村医生一般医疗服务范围，制定乡村医生基本用药目录。乡村医生应当在乡村医生基本用药目录规定的范围内用药。

第三十条　县级人民政府对乡村医生开展国家规定的预防、保健等公共卫生服务，应当按照有关规定予以补助。

第四章　培训与考核

第三十一条　省、自治区、直辖市人民政府组织制定乡村医生培训规划，保证乡村医生至少每2年接受一次培训。县级人民政府根据培训规划制定本地区乡村医生培训计划。

对承担国家规定的预防、保健等公共卫生服务的乡村医生，其培训所需经费列入县级财政预算。对边远贫困地区，设区的市级以上地方人民政府应当给予适当经费支持。

国家鼓励社会组织和个人支持乡村医生培训工作。

第三十二条　县级人民政府卫生行政主管部门根据乡村医生培训计划，负责组织乡村医生的培训工作。

乡、镇人民政府以及村民委员会应当为乡村医生开展工作和学习提供条件，保证乡村医生接受培训和继续教育。

第三十三条　乡村医生应当按照培训规划的要求至少每2年接受一次培训，更新医学知识，提高业务水平。

第三十四条　县级人民政府卫生行政主管部门负责组织本地区乡村医生的考核工作；对乡村医生的考核，每2年组织一次。

对乡村医生的考核应当客观、公正，充分听取乡村医生执业的村医疗卫生机构、乡村医生本人、所在村村民委员会和村民的意见。

第三十五条　县级人民政府卫生行政主管部门负责检查乡村医生执业情况，收集村民对乡村医生业务水平、工作质量的评价和建议，接受村民对乡村医生的投诉，并进行汇总、分析。汇总、分析结果与乡村医生接受培训的情况作为对乡村医生进行考核的主要内容。

第三十六条　乡村医生经考核合格的，可以继续执业；经考核不合格的，在6个月之内可以申请进行再次考核。逾期未提出再次考核申请或者经再次考核仍不合格的乡村医生，原注册部门应当注销其执业注册，并收回乡村医生执业证书。

第三十七条　有关人民政府卫生行政主管部门对村民和乡村医生提出的意见、建议和投诉，应当及时调查处理，并将调查处理结果告知村民或者乡村医生。

第五章　法律责任

第三十八条　乡村医生在执业活动中，违反本条例规定，有下列行为之一的，由县级人民政府卫生行政主管部门责令限期改正，给予警告；逾期不改正，责令暂停3个月以上6个月以下执业活动；情节严重的，由原发证部门暂扣乡村医生执业证书：

（一）执业活动超出规定的执业范围，或者未按照规定进行转诊的；

（二）违反规定使用乡村医生基本用药目录以外的处方药品的；

（三）违反规定出具医学证明，或者伪造卫生统计资料的；

（四）发现传染病疫情、中毒事件不按规定报告的。

第三十九条　乡村医生在执业活动中，违反规定进行实验性临床医疗活动，或者重复使用一次性医疗器械和卫生材料的，由县级人民政府卫生行政主管部门责令停止违法行为，给予警告，可以并处1000元以下的罚款；情节严重的，由原发证部门暂扣或者吊销乡村医生执业证书。

第四十条　乡村医生变更执业的村医疗卫生机构，未办理变更执业注册手续的，由县级人民政府卫生行政主管部门给予警告，责令限期办理变更注册手续。

第四十一条　以不正当手段取得乡村医生执业证书的，由发证部门收缴乡村医生执业证书；造成患者人身损害的，依法承担民事赔偿责任；构成犯罪的，依法追究刑事责任。

第四十二条　未经注册在村医疗卫生机构从事医疗活动的，由县级以上地方人民政府卫生行政主管部门予以取缔，没收其违法所得以及药品、医疗器械，违法所得5000元以上的，并处违法所得1倍以上3倍以下的罚款；没有违法所得或者违法所得不足5000元的，并处1000元以上3000元以下的罚款；造成患者人身损害的，依法承担民事赔偿责任；构成犯罪的，依法追究刑事责任。

第四十三条　县级人民政府卫生行政主管部门未按照乡村医生培训规划、计划组织乡村医生培训的，由本级人民政府或者上一级人民政府卫生行政主管部门责令改正；情节严重的，对直接负责的主管人员和其他直接责任人员依法给予行政处分。

第四十四条　县级人民政府卫生行政主管部门，对不符合本条例规定条件的人员发给乡村医生执业证书，或者对符合条件的人员不发给乡村医生执业证书的，由本级人民政府或者上一级人民政府卫生行政主管部门责令改正，收回或者补发乡村医生执业证书，并对直接负责的主管人员和其他直接责任人员依法给予行政处分。

第四十五条　县级人民政府卫生行政主管部门对乡村医生执业注册或者再注册申请，未在规定时间内完成审核工作的，或者未按照规定将准予执业注册、再注册和注销注册的人员名单向村民予以公告的，由本级人民政府或者上一级人民政府卫生行政主管部门责令限期改正；逾期不改正的，对直接负责的主管人员和其他直接责任人员依法给予行政处分。

第四十六条　卫生行政主管部门对村民和乡村医生反映的办理乡村医生执业注册、再注册、注销注册的违法活动未及时核实、调查处理或者不公布调查处理结果的，由本级人民政府或者上一级人民政府卫生行政主管部门责令限期改正；逾期不改正的，对直接负责的主管人员和其他直接责任人员依法给予行政处分。

第四十七条　寻衅滋事、阻碍乡村医生依法执业，侮辱、诽谤、威胁、殴打乡村医生，构成违反治安管理行为的，由公安机关依法予以处罚；构成犯罪的，依法追究刑事责任。

第六章　附　则

第四十八条　乡村医生执业证书格式由国务院卫生行政主管部门规定。

第四十九条　本条例自2004年1月1日起施行。

国务院办公厅关于进一步加强乡村医生队伍建设的实施意见

· 2015年3月6日
· 国办发〔2015〕13号

乡村医生是我国医疗卫生服务队伍的重要组成部分，是最贴近亿万农村居民的健康"守护人"，是发展农村医疗卫生事业、保障农村居民健康的重要力量。近年来特别是新一轮医药卫生体制改革实施以来，乡村医生整体素质稳步提高，服务条件显著改善，农村居民基本医疗卫生服务的公平性、可及性不断提升。但也要看到，乡村医生队伍仍是农村医疗卫生服务体系的薄弱环节，难以适应农村居民日益增长的医疗卫生服务需求。按照深化医药卫生体制改革的总体要求，为进一步加强乡村医生队伍建设，切实筑牢农村医疗卫生服务网底，经国务院同意，现提出以下意见。

一、总体要求和主要目标

（一）总体要求。坚持保基本、强基层、建机制，从我国国情和基本医疗卫生制度长远建设出发，改革乡村医生服务模式和激励机制，落实和完善乡村医生补偿、养老和培养培训政策，加强医疗卫生服务监管，稳定和优化乡村医生队伍，全面提升村级医疗卫生服务水平。

（二）主要目标。通过10年左右的努力，力争使乡村医生总体具备中专及以上学历，逐步具备执业助理医师及以上资格，乡村医生各方面合理待遇得到较好保障，基本建成一支素质较高、适应需要的乡村医生队伍，促进基层首诊、分级诊疗制度的建立，更好保障农村居民享受均等化的基本公共卫生服务和安全、有效、方便、价廉的基本医疗服务。

二、明确乡村医生功能任务

（三）明确乡村医生职责。乡村医生（包括在村卫生室执业的执业医师、执业助理医师，下同）主要负责向农村居民提供公共卫生和基本医疗服务，并承担卫生计生行政部门委托的其他医疗卫生服务相关工作。

（四）合理配置乡村医生。随着基本公共卫生服务的深入开展和基层首诊、分级诊疗制度的逐步建立，各地要综合考虑辖区服务人口、服务现状和预期需求以及地理条件等因素，合理配置乡村医生，原则上按照每千服务人口不少于1名的标准配备乡村医生。

三、加强乡村医生管理

（五）严格乡村医生执业准入。在村卫生室执业的医护人员必须具备相应的资格并按规定进行注册。新进入村卫生室从事预防、保健和医疗服务的人员，应当具备执业医师或执业助理医师资格。条件不具备的地区，要严格按照《乡村医生从业管理条例》要求，由省级人民政府制订具有中等医学专业学历的人员或者经培训达到中等医学专业水平的人员进入村卫生室执业的具体办法。

（六）规范乡村医生业务管理。县级卫生计生行政部门按照《中华人民共和国执业医师法》《乡村医生从业管理条例》等有关规定，切实加强乡村医生执业管理和服务质量监管，促进合理用药，提高医疗卫生服务的安全性和有效性。

（七）规范开展乡村医生考核。在县级卫生计生行政部门的统一组织下，由乡镇卫生院定期对乡村医生开展考核。考核内容包括乡村医生提供的基本医疗和基本公共卫生服务的数量、质量和群众满意度，乡村医生学习培训情况以及医德医风等情况。考核结果作为乡村医生执业注册和财政补助的主要依据。

四、优化乡村医生学历结构

（八）加强继续教育。各地要按照《全国乡村医生教育规划（2011—2020年）》要求，切实加强乡村医生教育和培养工作。鼓励符合条件的在岗乡村医生进入中、高等医学（卫生）院校（含中医药院校）接受医学学历教育，提高整体学历层次。对于按规定参加学历教育并取得医学相应学历的在岗乡村医生，政府对其学费可予以适当补助。

（九）实施订单定向培养。加强农村订单定向医学生免费培养工作，重点实施面向村卫生室的3年制中、高职免费医学生培养。免费医学生主要招收农村生源。

五、提高乡村医生岗位吸引力

（十）拓宽乡村医生发展空间。在同等条件下，乡镇卫生院优先聘用获得执业医师、执业助理医师资格的乡村医生，进一步吸引执业医师、执业助理医师和医学院校毕业生到村卫生室工作。鼓励各地结合实际开展乡村一体化管理试点，按照国家政策规定的程序和要求聘用具有执业医师、执业助理医师资格的乡村医生。

（十一）规范开展乡村医生岗位培训。各地要依托县级医疗卫生机构或有条件的中心乡镇卫生院，开展乡村医生岗位培训。乡村医生每年接受免费培训不少于2次，累计培训时间不少于2周；各地可选派具有执业医师或执业助理医师资格的优秀乡村医生到省、市级医院接受免费培训；乡村医生每3—5年免费到县级医疗卫生机构或有条件的中心乡镇卫生院脱产进修，进修时间原则上不少于1个月。乡村医生应学习中医药知识，运用中医药技能防治疾病。到村卫生室工作的医学院校本科毕业生优先参加住院医师规范化培训。

六、转变乡村医生服务模式

（十二）开展契约式服务。各地要结合实际，探索开展乡村医生和农村居民的签约服务。乡村医生或由乡镇卫生院业务骨干（含全科医生）和乡村医生组成团队与农村居民签订一定期限的服务协议，建立相对稳定的契约服务关系，提供约定的基本医疗卫生服务，并按规定收取服务费。服务费由医保基金、基本公共卫生服务经费和签约居民分担，具体标准和保障范围由各地根据当地医疗卫生服务水平、签约人群结构以及医保基金和基本公共卫生服务经费承受能力等因素确定。乡村医生提供签约服务，除按规定收取服务费外，不得另行收取其他费用。加大适宜技术的推广力度，鼓励乡村医生提供个性化的健康服务，并按有关规定收取费用。

（十三）建立乡村全科执业助理医师制度。做好乡村医生队伍建设和全科医生队伍建设的衔接。在现行的执业助理医师资格考试中增设乡村全科执业助理医师资格考试。乡村全科执业助理医师资格考试按照国家医师资格考试相关规定，由国家行业主管部门制定考试大纲，统一组织，单独命题，考试合格的发放乡村全科执业助理医师资格证书，限定在乡镇卫生院或村卫生室执业。取得乡村全科执业助理医师资格的人员可以按规定参加医师资格考试。

七、保障乡村医生合理收入

（十四）切实落实乡村医生多渠道补偿政策。各地要综合考虑乡村医生工作的实际情况、服务能力和服务成本，采取购买服务的方式，保障乡村医生合理的收入水平。

对于乡村医生提供的基本公共卫生服务，通过政府购买服务的方式，根据核定的任务量和考核结果，将相应的基本公共卫生服务经费拨付给乡村医生。在2014年和2015年将农村地区新增的人均5元基本公共卫生服务补助资金全部用于乡村医生的基础上，未来新增的基本公共卫生服务补助资金继续重点向乡村医生倾斜，用于加强村级基本公共卫生服务工作。

未开展乡村医生和农村居民签约服务的地方，对于乡村医生提供的基本医疗服务，要通过设立一般诊疗费等措施，由医保基金和个人分担。在综合考虑乡村医生服务水平、医保基金承受能力和不增加群众个人负担的前提下，科学测算确定村卫生室一般诊疗费标准，原则上不高于基层医疗卫生机构一般诊疗费标准，并由医保基金按规定支付。各地要将符合条件的村卫生室和个体诊所等纳入医保定点医疗机构管理。

对于在实施基本药物制度的村卫生室执业的乡村医生，要综合考虑基本医疗和基本公共卫生服务补偿情况，给予定额补助。定额补助标准由各省（区、市）人民政府按照服务人口数量或乡村医生人数核定。

随着经济社会的发展，动态调整乡村医生各渠道补助标准，逐步提高乡村医生的待遇水平。

（十五）提高艰苦边远地区乡村医生待遇。对在国家有关部门规定的艰苦边远地区和连片特困地区服务的乡村医生，地方财政要适当增加补助。

八、建立健全乡村医生养老和退出政策

（十六）完善乡村医生养老政策。各地要支持和引导符合条件的乡村医生按规定参加职工基本养老保险。不属于职工基本养老保险覆盖范围的乡村医生，可在户籍地参加城乡居民基本养老保险。

对于年满60周岁的乡村医生，各地要结合实际，采取补助等多种形式，进一步提高乡村医生养老待遇。

（十七）建立乡村医生退出机制。各地要结合实际，建立乡村医生退出机制。确有需要的，村卫生室可以返聘乡村医生继续执业。

九、改善乡村医生工作条件和执业环境

（十八）加强村卫生室建设。各地要依托农村公共服务平台建设等项目，采取公建民营、政府补助等方式，进一步支持村卫生室房屋建设和设备购置。加快信息化建设，运用移动互联网技术，建立以农村居民健康档案和基本诊疗为核心的信息系统并延伸至村卫生室，支持新型农村合作医疗即时结算管理、健康档案和基本诊疗信息联动、绩效考核以及远程培训、远程医疗等。

（十九）建立乡村医生执业风险化解机制。建立适合乡村医生特点的医疗风险分担机制，可采取县域内医疗卫生机构整体参加医疗责任保险等多种方式有效化解乡村医生的执业风险，不断改善乡村医生执业环境。

十、加强组织领导

（二十）制定实施方案。各地、各有关部门要将加强乡村医生队伍建设纳入深化医药卫生体制改革中统筹考虑。各省（区、市）要在2015年3月底前制订出台具体实施方案，并报国务院医改办公室、卫生计生委、发展改革委、教育部、财政部、人力资源社会保障部备案。

（二十一）落实资金投入。县级人民政府要将乡村医生队伍建设相关经费纳入财政预算。中央财政和省级人民政府对乡村医生队伍建设予以支持，进一步加大对困难地区的补助力度。各级财政要及时足额下拨乡村医生队伍建设相关经费，确保专款专用，不得截留、挪用、挤占。

（二十二）开展督导检查。各地要切实维护乡村医生的合法权益，严禁以任何名义向乡村医生收取、摊派国家规定之外的费用。对在农村预防保健、医疗服务和突发事件应急处理工作中作出突出成绩的乡村医生，可按照国家有关规定给予表彰。各地和有关部门要建立督查和通报机制，确保乡村医生相关政策得到落实。

医疗机构从业人员行为规范

- 2012年6月26日
- 卫办发〔2012〕45号

第一章 总 则

第一条 为规范医疗机构从业人员行为，根据医疗卫生有关法律法规、规章制度，结合医疗机构实际，制定

本规范。

第二条 本规范适用于各级各类医疗机构内所有从业人员，包括：

（一）管理人员。指在医疗机构及其内设各部门、科室从事计划、组织、协调、控制、决策等管理工作的人员。

（二）医师。指依法取得执业医师、执业助理医师资格，经注册在医疗机构从事医疗、预防、保健等工作的人员。

（三）护士。指经执业注册取得护士执业证书，依法在医疗机构从事护理工作的人员。

（四）药学技术人员。指依法经过资格认定，在医疗机构从事药学工作的药师及技术人员。

（五）医技人员。指医疗机构内除医师、护士、药学技术人员之外从事其他技术服务的卫生专业技术人员。

（六）其他人员。指除以上五类人员外，在医疗机构从业的其他人员，主要包括物资、总务、设备、科研、教学、信息、统计、财务、基本建设、后勤等部门工作人员。

第三条 医疗机构从业人员，既要遵守本文件所列基本行为规范，又要遵守与职业相对应的分类行为规范。

第二章 医疗机构从业人员基本行为规范

第四条 以人为本，践行宗旨。坚持救死扶伤、防病治病的宗旨，发扬大医精诚理念和人道主义精神，以病人为中心，全心全意为人民健康服务。

第五条 遵纪守法，依法执业。自觉遵守国家法律法规，遵守医疗卫生行业规章和纪律，严格执行所在医疗机构各项制度规定。

第六条 尊重患者，关爱生命。遵守医学伦理道德，尊重患者的知情同意权和隐私权，为患者保守医疗秘密和健康隐私，维护患者合法权益；尊重患者被救治的权利，不因种族、宗教、地域、贫富、地位、残疾、疾病等歧视患者。

第七条 优质服务，医患和谐。言语文明，举止端庄，认真践行医疗服务承诺，加强与患者的交流与沟通，积极带头控烟，自觉维护行业形象。

第八条 廉洁自律，恪守医德。弘扬高尚医德，严格自律，不索取和非法收受患者财物，不利用执业之便谋取不正当利益；不收受医疗器械、药品、试剂等生产、经营企业或人员以各种名义、形式给予的回扣、提成，不参加其安排、组织或支付费用的营业性娱乐活动；不骗取、套取基本医疗保障资金或为他人骗取、套取提供便利；不违规参与医疗广告宣传和药品医疗器械促销，不倒卖号源。

第九条 严谨求实，精益求精。热爱学习，钻研业务，努力提高专业素养，诚实守信，抵制学术不端行为。

第十条 爱岗敬业，团结协作。忠诚职业，尽职尽责，正确处理同行同事间关系，互相尊重，互相配合，和谐共事。

第十一条 乐于奉献，热心公益。积极参加上级安排的指令性医疗任务和社会公益性的扶贫、义诊、助残、支农、援外等活动，主动开展公众健康教育。

第三章 管理人员行为规范

第十二条 牢固树立科学的发展观和正确的业绩观，加强制度建设和文化建设，与时俱进，创新进取，努力提升医疗质量、保障医疗安全、提高服务水平。

第十三条 认真履行管理职责，努力提高管理能力，依法承担管理责任，不断改进工作作风，切实服务临床一线。

第十四条 坚持依法、科学、民主决策，正确行使权力，遵守决策程序，充分发挥职工代表大会作用，推进院务公开，自觉接受监督，尊重员工民主权利。

第十五条 遵循公平、公正、公开原则，严格人事招录、评审、聘任制度，不在人事工作中谋取不正当利益。

第十六条 严格落实医疗机构各项内控制度，加强财物管理，合理调配资源，遵守国家采购政策，不违反规定干预和插手药品、医疗器械采购和基本建设等工作。

第十七条 加强医疗、护理质量管理，建立健全医疗风险管理机制。

第十八条 尊重人才，鼓励公平竞争和学术创新，建立完善科学的人员考核、激励、惩戒制度，不从事或包庇学术造假等违规违纪行为。

第十九条 恪尽职守，勤勉高效，严格自律，发挥表率作用。

第四章 医师行为规范

第二十条 遵循医学科学规律，不断更新医学理念和知识，保证医疗技术应用的科学性、合理性。

第二十一条 规范行医，严格遵循临床诊疗和技术规范，使用适宜诊疗技术和药物，因病施治，合理医疗，不隐瞒、误导或夸大病情，不过度医疗。

第二十二条 学习掌握人文医学知识，提高人文素质，对患者实行人文关怀，真诚、耐心与患者沟通。

第二十三条 认真执行医疗文书书写与管理制度，规范书写、妥善保存病历材料，不隐匿、伪造或违规涂改、销毁医学文书及有关资料，不违规签署医学证明文件。

第二十四条 依法履行医疗质量安全事件、传染病疫情、药品不良反应、食源性疾病和涉嫌伤害事件或非正常死亡等法定报告职责。

第二十五条 认真履行医师职责，积极救治，尽职尽责为患者服务，增强责任安全意识，努力防范和控制医疗责任差错事件。

第二十六条 严格遵守医疗技术临床应用管理规范和单位内部规定的医师执业等级权限，不违规临床应用新的医疗技术。

第二十七条 严格遵守药物和医疗技术临床试验有关规定，进行实验性临床医疗，应充分保障患者本人或其家属的知情同意权。

第五章 护士行为规范

第二十八条 不断更新知识，提高专业技术能力和综合素质，尊重关心爱护患者，保护患者的隐私，注重沟通，体现人文关怀，维护患者的健康权益。

第二十九条 严格落实各项规章制度，正确执行临床护理实践和护理技术规范，全面履行医学照顾、病情观察、协助诊疗、心理支持、健康教育和康复指导等护理职责，为患者提供安全优质的护理服务。

第三十条 工作严谨、慎独，对执业行为负责。发现患者病情危急，应立即通知医师；在紧急情况下为抢救垂危患者生命，应及时实施必要的紧急救护。

第三十一条 严格执行医嘱，发现医嘱违反法律、法规、规章或者临床诊疗技术规范，应及时与医师沟通或按规定报告。

第三十二条 按照要求及时准确、完整规范书写病历，认真管理，不伪造、隐匿或违规涂改、销毁病历。

第六章 药学技术人员行为规范

第三十三条 严格执行药品管理法律法规，科学指导合理用药，保障用药安全、有效。

第三十四条 认真履行处方调剂职责，坚持查对制度，按照操作规程调剂处方药品，不对处方所列药品擅自更改或代用。

第三十五条 严格履行处方合法性和用药适宜性审核职责。对用药不适宜的处方，及时告知处方医师确认或者重新开具；对严重不合理用药或者用药错误的，拒绝调剂。

第三十六条 协同医师做好药物使用遴选和患者用药适应症、使用禁忌、不良反应、注意事项和使用方法的解释说明，详尽解答用药疑问。

第三十七条 严格执行药品采购、验收、保管、供应等各项制度规定，不私自销售、使用非正常途径采购的药品，不违规为商业目的统方。

第三十八条 加强药品不良反应监测，自觉执行药品不良反应报告制度。

第七章 医技人员行为规范

第三十九条 认真履行职责，积极配合临床诊疗，实施人文关怀，尊重患者，保护患者隐私。

第四十条 爱护仪器设备，遵守各类操作规范，发现患者的检查项目不符合医学常规的，应及时与医师沟通。

第四十一条 正确运用医学术语，及时、准确出具检查、检验报告，提高准确率，不谎报数据，不伪造报告。发现检查检验结果达到危急值时，应及时提示医师注意。

第四十二条 指导和帮助患者配合检查，耐心帮助患者查询结果，对接触传染性物质或放射性物质的相关人员，进行告知并给予必要的防护。

第四十三条 合理采集、使用、保护、处置标本，不违规买卖标本，谋取不正当利益。

第八章 其他人员行为规范

第四十四条 热爱本职工作，认真履行岗位职责，增强为临床服务的意识，保障医疗机构正常运营。

第四十五条 刻苦学习，钻研技术，熟练掌握本职业务技能，认真执行各项具体工作制度和技术操作常规。

第四十六条 严格执行财务、物资、采购等管理制度，认真做好设备和物资的计划、采购、保管、报废等工作，廉洁奉公，不谋私利。

第四十七条 严格执行临床教学、科研有关管理规定，保证患者医疗安全和合法权益，指导实习及进修人员严格遵守服务范围，不越权越级行医。

第四十八条 严格执行医疗废物处理规定，不随意丢弃、倾倒、堆放、使用、买卖医疗废物。

第四十九条 严格执行信息安全和医疗数据保密制度，加强医院信息系统药品、高值耗材统计功能管理，不随意泄露、买卖医学信息。

第五十条 勤俭节约，爱护公物，落实安全生产管理措施，保持医疗机构环境卫生，为患者提供安全整洁、舒适便捷、秩序良好的就医环境。

第九章 实施与监督

第五十一条 医疗机构行政领导班子负责本规范的贯彻实施。主要责任人要以身作则，模范遵守本规范，同时抓好本单位的贯彻实施。

第五十二条 医疗机构相关职能部门协助行政领导班子抓好本规范的落实，纪检监察纠风部门负责对实施情况进行监督检查。

第五十三条 各级卫生行政部门要加强对辖区内各级各类医疗机构及其从业人员贯彻执行本规范的监督检查。

第五十四条 医疗卫生有关行业组织应结合自身职责，配合卫生行政部门做好本规范的贯彻实施，加强行业自律性管理。

第五十五条 医疗机构及其从业人员实施和执行本规范的情况，应列入医疗机构校验管理和医务人员年度考核、医德考评和医师定期考核的重要内容，作为医疗机构等级评审、医务人员职称晋升、评先评优的重要依据。

第五十六条 医疗机构从业人员违反本规范的，由所在单位视情节轻重，给予批评教育、通报批评、取消当年评优评职资格或低聘、缓聘、解职待聘、解聘。其中需要追究党纪、政纪责任的，由有关纪检监察部门按照党纪政纪案件的调查处理程序办理；需要给予行政处罚的，由有关卫生行政部门依法给予相应处罚；涉嫌犯罪的，移送司法机关依法处理。

第十章 附则

第五十七条 本规范适用于经注册在村级医疗卫生机构从业的乡村医生。

第五十八条 医疗机构内的实习人员、进修人员、签订劳动合同但尚未进行执业注册的人员和外包服务人员等，根据其在医疗机构内从事的工作性质和职业类别，参照相应人员分类执行本规范。

第五十九条 本规范由卫生部、国家中医药管理局、国家食品药品监督管理局负责解释。

第六十条 本规范自公布之日起施行。

医疗机构从业人员违纪违规问题调查处理暂行办法

- 2011年12月30日
- 驻卫纪发〔2011〕22号

第一章 总则

第一条 为加强对医疗机构从业人员的监督管理，严肃行业纪律，促进医疗机构从业人员违纪违规问题调查处理工作规范化、程序化，根据有关党纪政纪规定和医疗卫生行业规章制度，结合医疗机构实际，制定本办法。

第二条 卫生行政部门对医疗机构从业人员或医疗机构对本机构内从业人员违纪违规问题的调查处理，适用本办法。法律、行政法规或党内规章制度对医疗机构从业人员违纪违规问题调查处理另有规定的，从其规定。

第三条 本办法所称医疗机构从业人员违纪违规问题（以下简称违纪违规问题），是指各级各类医疗机构从业人员违反党纪、政纪和医疗卫生行业规章、纪律以及本单位内部有关制度、规定的问题。

第四条 违纪违规问题的调查处理必须坚持实事求是的原则，做到事实清楚、证据确凿、定性准确、处理恰当、程序合法、手续完备。

第五条 违纪违规问题的调查处理必须坚持纪律面前人人平等的原则，实行教育与惩处相结合。

第二章 管辖

第六条 违纪违规问题调查处理实行分级办理、各负其责的工作制度。

第七条 公立医疗机构领导班子成员和其他由上级主管部门任命的人员的违纪违规问题，按照干部管理权限，由其任免机关依照有关规定调查处理。

第八条 公立医疗机构的医、药、护、技人员和第七条规定以外的其他一般行政、后勤、管理人员的违纪违规问题，由医疗机构按照本办法规定的程序调查处理。

第九条 上级卫生行政部门要加强对下级卫生行政部门和辖区内医疗机构违纪违规问题调查处理工作的指导，属下级卫生行政部门或辖区内医疗机构管辖的重大、典型违纪违规问题，必要时上级卫生行政部门可以直接组织调查。

第三章 受理

第十条 卫生行政部门和医疗机构应确定专门机构或人员，具体负责本单位的违纪违规问题举报受理工作。

第十一条 卫生行政部门和医疗机构应向社会公布举报电话、通讯地址、电子信箱和举报接待的时间、地点，公布有关规章制度，医疗机构应在门诊大厅等人员比较集中的地方设立举报箱，为群众提供举报的必要条件。

第十二条 卫生行政部门和医疗机构对收到的违纪违规问题举报件，必须逐件拆阅，由专门机构或人员统一登记编号。登记的主要内容应包括：被反映人基本情况（姓名、单位、政治面貌、职务）、被反映的主要问题和反映人基本情况（匿名、署名还是联名）。

对通过电话或当面反映问题的，接听、接待人员应当如实记录，并按前款规定登记编号。

第十三条 卫生行政部门和医疗机构应健全完善举报工作制度和工作机制，保证举报件接收安全、完整、保密，不得丢失或损毁。

第十四条 卫生行政部门和医疗机构在日常检查工

作中发现的违纪违规问题线索,应依照管辖权限转交相应的部门或单位按规定办理。

第十五条　对接收的违纪违规问题线索和材料,应区别不同情况作如下处理:

（一）属于本单位管辖的,由本单位相应职能部门办理;

（二）属于上级单位管辖的,应以函件形式将举报件原件报送上级有管辖权的单位处理,复印件留存;

（三）属于下级单位管辖的,应将有关举报线索和材料转交下级有管辖权的单位办理,必要时可要求其在规定时间内报告办理结果;

（四）对不属于卫生行政部门和医疗机构管辖范围内的举报,应将其材料移送有关单位处理,或告知来信来访者向有关单位反映;

（五）对重要的违纪违规问题线索和材料应当及时向本单位负责人报告。

第十六条　卫生行政部门和医疗机构对属于本单位负责办理的违纪违规问题线索和材料,应当集中管理、件件登记、定期研究、集体排查,逐件进行初步审核。初步审核后,经单位负责人批准分别作出以下处理:

（一）认为违纪违规事实不存在的,或者违纪违规问题线索过于笼统,不具可查性,举报人又不能补充提供新线索的,予以了结或暂存,有关线索和材料存档备查;

（二）认为被反映人虽有错误,但违纪违规情节轻微,不需要作进一步调查的,应对其进行批评教育,或责成其作出检讨、予以改正;

（三）认为有违纪违规事实,需要作进一步调查的,按照本办法有关规定组织调查。

第四章　调　查

第十七条　卫生行政部门和医疗机构受理的违纪违规问题需要调查核实的,应及时组织调查,不得延误。

第十八条　对需调查的违纪违规问题,负责调查的单位应根据情况组织调查组。调查组一般应由本单位纪检监察机构牵头组织。问题复杂的,可由纪检监察机构牵头、相关职能部门参加,组成联合调查组,也可根据需调查问题的性质和单位内设部门职责分工,由有关职能部门牵头组成联合调查组。

必要时,可协调有关方面专家参加调查组,参与涉及具体专业问题的调查工作。

第十九条　调查组要熟悉被调查问题,了解有关政策、规定,研究制订调查方案,并与被调查人所在单位或部门及时沟通协调。

被调查人所在单位或部门应积极配合调查组调查工作。

第二十条　调查组应当严格依法依规、客观全面地收集、调取各种能够证实被调查人有违纪违规问题或者无违纪违规问题,以及违纪违规问题情节轻重的证据。

证据必须经查证属实,才能作为定案的根据。

第二十一条　调查取证人员不得少于二人。调查取证时,应当表明身份。

第二十二条　调查组可依照规定程序,采取以下措施调查取证,有关卫生行政部门、医疗机构及其内设部门和人员必须如实提供证据,不得拒绝和阻挠:

（一）查阅、复制与调查内容有关的文件、病历、账册、单据、处方、会议记录等书面材料;

（二）要求有关卫生行政部门、医疗机构及其内设部门、科室提供与调查内容有关的文件、资料等书面材料以及其他必要的情况说明;

（三）与有关人员谈话,要求其对调查涉及的问题作出说明;

（四）对调查涉及的专业性问题,请有关专门机构或人员作出鉴定结论;

（五）依法依规收集其他能够证明所调查问题真实情况的一切证据。

第二十三条　调查过程中,应加强与公安、检察、工商、纪检监察等执纪执法机关的协调配合,形成工作合力。确需提请公安、司法机关和其他执纪执法部门予以协助时,应按有关规定办理。

第二十四条　调查组应将认定的违纪违规事实写成违纪违规事实材料与被调查人见面。对被调查人的合理意见应予采纳,必要时还应作补充调查;对不合理意见,应写出有事实根据的说明。

被调查人应当在违纪违规事实材料上签署意见并签字,也可另附书面意见。拒绝签署意见或签字的,由调查人员在违纪违规事实材料上注明。

第二十五条　调查结束后,调查组应当写出调查报告。调查报告的基本内容包括:被调查人的基本情况,调查依据,违纪违规问题事实、性质;被调查人和有关人员的责任;被调查人的态度和对违纪违规事实材料的意见;处理依据和处理意见或建议。对调查否定的问题应交代清楚。对难以认定的重要问题用写实的方法予以反映。调查报告必须由调查组全体成员签名。

受委托调查的违纪违规问题,调查报告应经受委托单位领导班子会议集体研究后以受委托单位名义上报上级委托单位。

第二十六条　调查过程中,发现违纪违规问题严重的,调查组应及时建议有关部门采取必要的组织手段或补救措施,防止问题扩大。

第二十七条　违纪违规问题调查终结后,需要追究有关人员党纪、政纪责任或作出组织处理的,应按照有关规定移送审理。

纪检监察机构应在参加违纪违规问题调查的人员之外另行组织或抽调人员组成审理小组,按照《党的纪律检查机关案件审理工作条例》和《监察机关审理政纪案件的暂行办法》等有关规定进行审理。

第二十八条　违纪违规问题调查的时限为三个月,必要时可延长一个月。问题重大或复杂的,在延长期内仍不能查结的,可经单位领导班子集体研究决定后延长调查时间。

第五章　处　理

第二十九条　违纪违规问题调查审理工作结束后,经调查单位领导班子集体研究,区别不同情况,按以下原则处理:

(一)有违纪违规事实,需要给予党纪政纪处分的,按照有关规定,作出或者按照管理权限建议有关单位作出党纪处分或行政处分决定。

(二)有违纪违规事实,但不需要给予党纪政纪处分的,应建议有关单位依照本规定第三十一条作出恰当处理。

(三)认为需要由其他机关给予处理的,应移送有关机关处理。

(四)对违纪违规事实不存在的,应向被反映人所在单位说明情况,必要时可采取适当形式向被反映人说明情况或在一定范围内予以澄清。

第三十条　对有违纪违规问题的从业人员,需要给予党纪处分的,应按照《中国共产党纪律处分条例》,分别给予警告、严重警告、撤销党内职务、留党察看、开除党籍的纪律处分。

对有违纪违规问题的从业人员,需要给予政纪处分的,应按照《行政机关公务员处分条例》等有关规定,分别给予警告、记过、记大过、降级、撤职、开除的行政处分。

第三十一条　对有违纪违规问题的从业人员,不需要给予党纪、政纪处分的,或已作出党纪、政纪处分,还需同时作出组织处理的,应依照有关规定给予以下处理:

(一)批评教育、通报批评、取消评优评职资格或参加有关学术委员会资格;

(二)扣发绩效工资、停薪;

(三)停职、缓聘、解职待聘、解除聘用合同;

(四)调离工作岗位、调整职务、责令辞职、免职;

(五)警告、暂停执业活动、吊销执业证书。

以上处理办法可单独使用,也可合并使用。

第三十二条　医疗机构从业人员受到党纪处分、行政处分或被司法机关追究刑事责任的,或者免予处分、免予追究刑事责任的,所在医疗机构应当依照有关规定给予本办法第三十一条所列相应处理。

第三十三条　对医疗机构从业人员违纪违规问题需要给予本办法第三十一条第(一)至(四)项所列处理种类的,按照管理权限,由有关组织人事部门或有关单位依照规定办理相关手续;需要给予本办法第三十一条第(五)项所列处理种类的,由有关卫生行政部门依法办理。

第三十四条　有关部门或单位应及时执行处理结果,并将执行情况及时书面反馈违纪违规问题调查部门或单位。

第三十五条　卫生行政部门和医疗机构应注重发挥办案的治本功能,利用典型案件开展警示教育,针对发案原因健全完善规章制度,必要时可根据存在的问题开展专项治理。

第三十六条　医疗机构从业人员对处分或处理不服的,可以在收到处分、处理通知书后,依照有关规定申请复核或提出申诉。

复核、申诉期间不停止对处分或处理的执行。

第六章　纪　律

第三十七条　调查人员应严格遵守以下纪律:

(一)不准对被调查人或有关人员采用违反法律法规或党纪政纪的手段;

(二)不准将举报人、证人告知被举报人和无关人员,不准将举报材料、证明材料交给被举报人及其亲友;

(三)不准泄露拟采取的调查措施等与调查有关的一切情况,不准扩散证据材料;

(四)不准伪造、篡改、隐匿、销毁证据,故意夸大或缩小问题;

(五)不准接受与被调查问题有关人员的财物和其他利益;

(六)调查中,调查组成员如有不同意见,可以保留,但不得对外透露。

第三十八条　调查人员有下列情形之一的,应当自行回避,被调查人、举报人及其他有关人员也有权要求回避:

（一）是被调查人的近亲属；
（二）是要调查问题的举报人、主要证人；
（三）本人或近亲属与要调查问题有利害关系的；
（四）与要调查问题有其他关系，可能影响公正调查的。

调查人员的回避，由负责调查的单位有关负责人决定。

对调查人员的回避作出决定前，调查人员不停止参加调查组的工作。

第三十九条 被调查人或其他有关人员有下列行为之一的，可根据情节轻重，给予批评教育、通报、建议停职检查或相应的处理，造成损害或者犯罪的，移送司法机关处理。
（一）阻挠、抗拒调查人员依法行使职权的；
（二）拒绝提供有关文件、资料和证明材料的；
（三）隐瞒事实真相，隐匿、销毁证据，出具伪证、假证的；
（四）包庇违纪违规行为的；
（五）打击报复举报人或调查人员的。

第七章 附 则

第四十条 本办法由中央纪委驻卫生部纪检组、监察部驻卫生部监察局负责解释。

第四十一条 其他医疗卫生单位从业人员违纪违规问题的调查处理，参照本办法执行。

第四十二条 本办法自公布之日起施行。

医师外出会诊管理暂行规定

- 2005年4月30日卫生部令第42号公布
- 自2005年7月1日起施行

第一条 为规范医疗机构之间医师会诊行为，促进医学交流与发展，提高医疗水平，保证医疗质量和医疗安全，方便群众就医，保护患者、医师、医疗机构的合法权益，根据《执业医师法》、《医疗机构管理条例》的规定，制定本规定。

第二条 本规定所称医师外出会诊是指医师经所在医疗机构批准，为其他医疗机构特定的患者开展执业范围内的诊疗活动。

医师未经所在医疗机构批准，不得擅自外出会诊。

第三条 各级卫生行政部门应当加强对医师外出会诊的监督管理。

第四条 医疗机构在诊疗过程中，根据患者的病情需要或者患者要求等原因，需要邀请其他医疗机构的医师会诊时，经治科室应当向患者说明会诊、费用等情况，征得患者同意后，报本单位医务管理部门批准；当患者不具备完全民事行为能力时，应征得其近亲属或者监护人同意。

第五条 邀请会诊的医疗机构（以下称邀请医疗机构）拟邀请其他医疗机构（以下称会诊医疗机构）的医师会诊，需向会诊医疗机构发出书面会诊邀请函。内容应当包括拟会诊患者病历摘要、拟邀请医师或者邀请医师的专业及技术职务任职资格、会诊的目的、理由、时间和费用等情况，并加盖邀请医疗机构公章。

用电话或者电子邮件等方式提出会诊邀请的，应当及时补办书面手续。

第六条 有下列情形之一的，医疗机构不得提出会诊邀请：
（一）会诊邀请超出本单位诊疗科目或者本单位不具备相应资质的；
（二）本单位的技术力量、设备、设施不能为会诊提供必要的医疗安全保障的；
（三）会诊邀请超出被邀请医师执业范围的；
（四）省级卫生行政部门规定的其他情形。

第七条 会诊医疗机构接到会诊邀请后，在不影响本单位正常业务工作和医疗安全的前提下，医务管理部门应当及时安排医师外出会诊。会诊影响本单位正常业务工作但存在特殊需要的情况下，应当经会诊医疗机构负责人批准。

第八条 有下列情形之一的，医疗机构不得派出医师外出会诊：
（一）会诊邀请超出本单位诊疗科目或者本单位不具备相应资质的；
（二）会诊邀请超出被邀请医师执业范围的；
（三）邀请医疗机构不具备相应医疗救治条件的；
（四）省级卫生行政部门规定的其他情形。

第九条 会诊医疗机构不能派出会诊医师时，应当及时告知邀请医疗机构。

第十条 医师接受会诊任务后，应当详细了解患者的病情，亲自诊查患者，完成相应的会诊工作，并按照规定书写医疗文书。

第十一条 医师在会诊过程中应当严格执行有关的卫生管理法律、法规、规章和诊疗规范、常规。

第十二条 医师在会诊过程中发现难以胜任会诊工作，应当及时、如实告知邀请医疗机构，并终止会诊。

医师在会诊过程中发现邀请医疗机构的技术力量、

设备、设施条件不适宜收治该患者，或者难以保障会诊质量和安全的，应当建议将该患者转往其他具备收治条件的医疗机构诊治。

第十三条 会诊结束后，邀请医疗机构应当将会诊情况通报会诊医疗机构。医师应当在返回本单位2个工作日内将外出会诊的有关情况报告所在科室负责人和医务管理部门。

第十四条 医师在外出会诊过程中发生的医疗事故争议，由邀请医疗机构按照《医疗事故处理条例》的规定进行处理。必要时，会诊医疗机构应当协助处理。

第十五条 会诊中涉及的会诊费用按照邀请医疗机构所在地的规定执行。差旅费按照实际发生额结算，不得重复收费。属医疗机构根据诊疗需要邀请的，差旅费由医疗机构承担；属患者主动要求邀请的，差旅费由患者承担，收费方应向患者提供正式收费票据。会诊中涉及的治疗、手术等收费标准可在当地规定的基础上酌情加收，加收幅度由省级价格主管部门会同同级卫生行政部门确定。

邀请医疗机构支付会诊费用应当统一支付给会诊医疗机构，不得支付给会诊医师本人。会诊医疗机构由于会诊产生的收入，应纳入单位财务部门统一核算。

第十六条 会诊医疗机构应当按照有关规定给付会诊医师合理报酬。医师在国家法定节假日完成会诊任务的，会诊医疗机构应当按照国家有关规定提高会诊医师的报酬标准。

第十七条 医师在外出会诊时不得违反规定接受邀请医疗机构报酬，不得收受或者索要患者及其家属的钱物，不得牟取其他不正当利益。

第十八条 医疗机构应当加强对本单位医师外出会诊的管理，建立医师外出会诊管理档案，并将医师外出会诊情况与其年度考核相结合。

第十九条 医疗机构违反本规定第六条、第八条、第十五条的，由县级以上卫生行政部门责令改正，给予警告；诊疗活动超出登记范围的，按照《医疗机构管理条例》第四十七条处理。

第二十条 医师违反第二条、第七条规定擅自外出会诊或者在会诊中违反第十七条规定的，由所在医疗机构记入医师考核档案；经教育仍不改正的，依法给予行政处分或者纪律处分。

医师外出会诊违反《执业医师法》有关规定的，按照《执业医师法》第三十七条处理。

第二十一条 医疗机构疏于对本单位医师外出会诊管理的，县级以上卫生行政部门应当对医疗机构及其主要负责人和负有责任的主管人员进行通报批评。

第二十二条 医师受卫生行政部门调遣到其他医疗机构开展诊疗活动的，不适用本规定。

第二十三条 本规定自2005年7月1日起施行。

医师定期考核管理办法

- 2007年2月9日
- 卫医发〔2007〕66号

第一章 总 则

第一条 为了加强医师执业管理，提高医师素质，保证医疗质量和医疗安全，根据《中华人民共和国执业医师法》及相关规定，制定本办法。

第二条 本办法所称医师定期考核是指受县级以上地方人民政府卫生行政部门委托的机构或组织按照医师执业标准对医师的业务水平、工作成绩和职业道德进行的考核。

第三条 依法取得医师资格，经注册在医疗、预防、保健机构中执业的医师，其定期考核适用本办法。

第四条 定期考核应当坚持客观、科学、公平、公正、公开原则。

第五条 医师定期考核分为执业医师考核和执业助理医师考核。考核类别分为临床、中医（包括中医、民族医、中西医结合）、口腔和公共卫生。

医师定期考核每两年为一个周期。

第六条 卫生部主管全国医师定期考核管理工作。

县级以上地方人民政府卫生行政部门主管其负责注册的医师定期考核管理工作。

第二章 考核机构

第七条 县级以上地方人民政府卫生行政部门可以委托符合下列条件之一的医疗、预防、保健机构或者医疗卫生行业、学术组织（以下统称考核机构）承担医师定期考核工作：

（一）设有100张以上床位的医疗机构；

（二）医师人数在50人以上的预防、保健机构；

（三）具有健全组织机构的医疗卫生行业、学术组织。

县级以上地方人民政府卫生行政部门应当公布受委托的考核机构名单，并逐级上报至卫生部备案。

第八条 考核机构负责医师定期考核的组织、实施和考核结果评定，并向委托其承担考核任务的卫生行政部门报告考核工作情况及医师考核结果。

第九条 考核机构应当成立专门的考核委员会,负责拟定医师考核工作制度,对医师定期考核工作进行检查、指导,保证考核工作规范进行。考核委员会应当由具有中级以上专业技术职务的医学专业技术人员和有关医疗卫生管理人员组成。

第十条 卫生行政部门应当对委托的考核机构的医师定期考核工作进行监督,并可以对考核机构的考核结果进行抽查核实。

第三章 考核方式及管理

第十一条 医师定期考核包括业务水平测评、工作成绩和职业道德评定。

业务水平测评由考核机构负责;工作成绩、职业道德评定由医师所在医疗、预防、保健机构负责,考核机构复核。

第十二条 考核机构应当于定期考核日前60日通知需要接受定期考核的医师。

考核机构可以委托医疗、预防、保健机构通知本机构的医师。

第十三条 各级各类医疗、预防、保健机构应当按要求对执业注册地点在本机构的医师进行工作成绩、职业道德评定,在《医师定期考核表》上签署评定意见,并于业务水平测评日前30日将评定意见报考核机构。

医疗、预防、保健机构对本机构医师进行工作成绩、职业道德评定应当与医师年度考核情况相衔接。

医疗、预防、保健机构应当按规定建立健全医德考评制度,作为对本机构医师进行职业道德评定的依据。

第十四条 考核机构应当先对报送的评定意见进行复核,然后根据本办法的规定对参加定期考核的医师进行业务水平测评,并在《医师定期考核表》上签署意见。业务水平测评可以采用以下一种或几种形式:

（一）个人述职;

（二）有关法律、法规、专业知识的考核或考试以及技术操作的考核或考试;

（三）对其本人书写的医学文书的检查;

（四）患者评价和同行评议;

（五）省级卫生行政部门规定的其他形式。

第十五条 考核机构综合医疗、预防、保健机构的评定意见及业务水平测评结果对医师做出考核结论,在《医师定期考核表》上签署意见,并于定期考核工作结束后30日内将医师考核结果报委托其考核的卫生行政部门备案,同时书面通知被考核医师及其所在机构。

第十六条 医师认为考核机构的考核人员与其有利害关系,可能影响考核客观公正的,可以在考核前向考核机构申请回避。理由正当的,考核机构应当予以同意。

考核机构的考核人员与接受考核的医师有利害关系的,应当主动回避。

第十七条 卫生行政部门应当向考核机构提供参加考核医师考核周期内的行政处罚情况。

第十八条 在考核周期内,拟变更执业地点的或者有执业医师法第三十七条所列情形之一但未被吊销执业证书的医师,应当提前进行考核。

需提前进行考核的医师,由其执业注册所在机构向考核机构报告。

第四章 执业记录与考核程序

第十九条 国家实行医师行为记录制度。医师行为记录分为良好行为记录和不良行为记录。

良好行为记录应当包括医师在执业过程中受到的奖励、表彰、完成政府指令性任务、取得的技术成果等;不良行为记录应当包括因违反医疗卫生管理法规和诊疗规范常规受到的行政处罚、处分,以及发生的医疗事故等。

医师行为记录作为医师考核的依据之一。

第二十条 医师定期考核程序分为一般程序与简易程序。一般程序为按照本办法第三章规定进行的考核。简易程序为本人书写述职报告,执业注册所在机构签署意见,报考核机构审核。

第二十一条 符合下列条件的医师定期考核执行简易程序:

（一）具有5年以上执业经历,考核周期内有良好行为记录的;

（二）具有12年以上执业经历,在考核周期内无不良行为记录的;

（三）省级以上卫生行政部门规定的其他情形。

其他医师定期考核按照一般程序进行。

第五章 考核结果

第二十二条 考核结果分为合格和不合格。工作成绩、职业道德和业务水平中任何一项不能通过评定或测评的,即为不合格。

第二十三条 医师在考核周期内按规定通过住院医师规范化培训或通过晋升上一级专业技术职务考试,可视为业务水平测评合格,考核时仅考核工作成绩和职业道德。

第二十四条 被考核医师对考核结果有异议的,可以在收到考核结果之日起30日内,向考核机构提出复核申请。考核机构应当在接到复核申请之日起30日内对医师考核结果进行复核,并将复核意见书面通知医师本人。

第二十五条 卫生行政部门应当将考核结果记入《医师执业证书》的"执业记录"栏,并录入医师执业注册信息库。

第二十六条 对考核不合格的医师,卫生行政部门可以责令其暂停执业活动3个月至6个月,并接受培训和继续医学教育;暂停执业活动期满,由考核机构再次进行考核。对考核合格者,允许其继续执业,但该医师在本考核周期内不得评优和晋升;对考核不合格的,由卫生行政部门注销注册,收回医师执业证书。

第二十七条 医师在考核周期内有下列情形之一的,考核机构应当认定为考核不合格:

(一)在发生的医疗事故中负有完全或主要责任的;

(二)未经所在机构或者卫生行政部门批准,擅自在注册地点以外的医疗、预防、保健机构进行执业活动的;

(三)跨执业类别进行执业活动的;

(四)代他人参加医师资格考试的;

(五)在医疗卫生服务活动中索要患者及其亲友财物或者牟取其他不正当利益的;

(六)索要或者收受医疗器械、药品、试剂等生产、销售企业或其工作人员给予的回扣、提成或者谋取其他不正当利益的;

(七)通过介绍病人到其他单位检查、治疗或者购买药品、医疗器械等收取回扣或者提成的;

(八)出具虚假医学证明文件,参与虚假医疗广告宣传和药品医疗器械促销的;

(九)未按照规定执行医院感染控制任务,未有效实施消毒或无害化处置,造成疾病传播、流行的;

(十)故意泄漏传染病人、病原携带者、疑似传染病人、密切接触者涉及个人隐私的有关信息、资料的;

(十一)疾病预防控制机构的医师未依法履行传染病监测、报告、调查、处理职责,造成严重后果的;

(十二)考核周期内,有一次以上医德考评结果为医德较差的;

(十三)无正当理由不参加考核,或者扰乱考核秩序的;

(十四)违反《执业医师法》有关规定,被行政处罚的。

第六章 监督管理

第二十八条 医疗、预防、保健机构不按照本办法对执业注册地点在本机构的医师进行工作成绩、职业道德评定或者弄虚作假,以及不配合医师定期考核的,卫生行政部门应当责令改正,经责令仍不改正的,对该机构及其主要责任人和有关责任人予以通报批评。

第二十九条 考核机构有下列情形之一的,卫生行政部门应当责令改正;情节严重的,取消其两个考核周期以上的考核机构资格。

(一)不履行考核职责或者未按规定履行职责的;

(二)在考核工作中有弄虚作假、徇私舞弊行为的;

(三)在考核过程中显失公平的;

(四)考核人员索要或者收受被考核医师及其所在机构财物的;

(五)拒绝接受卫生行政部门监督或者抽查核实的;

(六)省级以上卫生行政部门规定的其他情形。

第三十条 考核机构工作人员违反有关规定,弄虚作假、玩忽职守、滥用职权、徇私舞弊,按《执业医师法》第四十二条处理。

第三十一条 医师以贿赂或欺骗手段取得考核结果的,应当取消其考核结果,并判定为该考核周期考核不合格。

第七章 附 则

第三十二条 中医、民族医、中西医结合医疗机构中医师的考核工作由核准该医疗机构执业的卫生或中医药行政部门委托符合条件的考核机构按照本办法组织实施。

第三十三条 本办法所称业务水平包括医师掌握医疗卫生管理相关法律、法规、部门规章和应用本专业的基本理论、基础知识、基本技能解决实际问题的能力以及学习和掌握新理论、新知识、新技术和新方法的能力。

本办法所称工作成绩包括医师执业过程中,遵守有关规定和要求,一定阶段完成工作的数量、质量和政府指令性工作的情况。

本办法所称职业道德包括医师执业中坚持救死扶伤,以病人为中心,以及医德医风、医患关系、团结协作、依法执业状况等。

第三十四条 对从事母婴保健工作医师的考核还应包括《中华人民共和国母婴保健法》及其实施办法规定的考核内容。

第三十五条 省、自治区、直辖市卫生行政部门可以根据本办法制定实施细则。

第三十六条 本办法由卫生部负责解释。

第三十七条 本办法自2007年5月1日起施行。

传统医学师承和确有专长人员医师资格考核考试办法

- 2006年12月21日卫生部令第52号公布
- 自2007年2月1日起施行

第一章 总 则

第一条 为规范传统医学师承和确有专长人员医师资格考核考试，根据《中华人民共和国执业医师法》第十一条的规定和医师资格考试的有关规定，制定本办法。

第二条 以师承方式学习传统医学或者经多年医学临床实践医术确有专长、不具备医学专业学历的人员，参加医师资格考试，适用本办法。

第三条 考核是对传统医学师承和确有专长人员申请参加医师资格考试的资格评价和认定，分为传统医学师承出师考核（以下简称出师考核）和传统医学医术确有专长考核（以下简称确有专长考核）。

第四条 国家中医药管理局负责全国传统医学师承人员和确有专长人员医师资格考核考试的监督管理工作。

第五条 本办法所称"传统医学"是指中医学和少数民族医学。

第二章 出师考核

第六条 出师考核由省级中医药管理部门具体组织实施。

第七条 师承人员应当具有高中以上文化程度或者具有同等学力，并连续跟师学习满3年。

第八条 师承人员的指导老师应当同时具备下列条件：

（一）具有中医类别中医或者民族医专业执业医师资格；

（二）从事中医或者民族医临床工作15年以上，或者具有中医或者民族医副主任医师以上专业技术职务任职资格；

（三）有丰富的临床经验和独特的技术专长；

（四）遵纪守法，恪守职业道德，信誉良好；

（五）在医疗机构中坚持临床实践，能够完成教学任务。

第九条 师承人员应当与指导老师签订由国家中医药管理局统一式样的师承关系合同。

师承关系合同应当经县级以上公证机构公证，跟师学习时间自公证之日起计算。

第十条 指导老师同时带教师承人员不得超过两名。

第十一条 师承人员跟师学习的形式、内容，由省级中医药管理部门制定。

第十二条 出师考核内容应当包括职业道德和业务水平，重点是传统医学专业基础知识与基本技能，学术经验、技术专长继承情况；方式包括综合笔试和临床实践技能考核。

具体考核内容、标准及办法由国家中医药管理局制定。

第十三条 申请参加出师考核的师承人员，填写由国家中医药管理局统一式样的《传统医学师承出师考核申请表》，并经核准其指导老师执业的卫生行政部门、中医药管理部门审核同意后，向省级中医药管理部门提出申请。

第十四条 申请出师考核的应当提交下列材料：

（一）传统医学师承出师考核申请表；

（二）本人身份证明；

（三）二寸免冠正面半身照片2张；

（四）学历或学力证明；

（五）指导老师医师资格证书、医师执业证书、专业技术职务任职资格证书，或者核准其执业的卫生行政部门、中医药管理部门出具的从事中医、民族医临床工作15年以上证明；

（六）经公证的师承关系合同；

（七）省级以上中医药管理部门要求提供的其他材料。

第十五条 省级中医药管理部门对申请出师考核者提交的材料进行审查，符合考核条件的，发放准考证；不符合考核条件的，在受理申请后15个工作日内向申请出师考核者说明理由。

第十六条 出师考核每年进行一次，具体时间由省级中医药管理部门确定，考核工作开始前3个月在辖区内进行公告。

第十七条 出师考核合格者由省级中医药管理部门颁发由国家中医药管理局统一式样的《传统医学师承出师证书》。

第三章 确有专长考核

第十八条 确有专长考核由设区的市级卫生行政部门、中医药管理部门组织实施。

第十九条 申请确有专长考核的，应当同时具备以下条件：

（一）依法从事传统医学临床实践5年以上；

（二）掌握独具特色、安全有效的传统医学诊疗技术。

第二十条 确有专长考核内容应当包括职业道德和

业务水平,重点是传统医学专业基础知识及掌握的独特诊疗技术和临床基本操作;方式包括综合笔试和临床实际本领考核。

具体考核内容、标准及办法由国家中医药管理局制定。

第二十一条 申请确有专长考核的人员,填写由国家中医药管理局统一式样的《传统医学医术确有专长考核申请表》,并经所在地县级卫生行政部门审核同意后,向设区的市级卫生行政部门、中医药管理部门提出申请。

第二十二条 申请确有专长考核的应当提交下列材料:

(一)传统医学医术确有专长考核申请表;
(二)本人身份证明;
(三)二寸免冠正面半身照片2张;
(四)申请人所在地县级卫生行政部门出具的证明其从事传统医学临床实践年限的材料;
(五)两名以上执业医师出具的证明其掌握独具特色、安全有效的传统医学诊疗技术的材料;
(六)设区的市级以上卫生行政部门、中医药管理部门要求提供的其他材料。

第二十三条 确有专长考核每年进行一次,具体时间由设区的市级卫生行政部门、中医药管理部门确定,考核工作开始前3个月在辖区内进行公告。

第二十四条 考核合格者由负责组织考核的卫生行政部门、中医药管理部门发给由国家中医药管理局统一式样的《传统医学医术确有专长证书》,并报省级中医药管理部门备案。

第四章 医师资格考试

第二十五条 师承和确有专长人员医师资格考试是评价申请医师资格者是否具备执业所需的专业知识与技能的考试,是国家医师资格考试的组成部分。

第二十六条 师承和确有专长人员医师资格考试方式分为实践技能考试和医学综合笔试,实践技能考试合格的方可参加医学综合笔试。

考试的具体内容和方案由卫生部医师资格考试委员会制定。

第二十七条 师承和确有专长人员取得《传统医学师承出师证书》或《传统医学医术确有专长证书》后,在执业医师指导下,在授予《传统医学师承出师证书》或《传统医学医术确有专长证书》的省(自治区、直辖市)内的医疗机构中试用期满1年并考核合格,可以申请参加执业助理医师资格考试。

第二十八条 师承和确有专长人员取得执业助理医师执业证书后,在医疗机构中从事传统医学医疗工作满5年,可以申请参加执业医师资格考试。

第二十九条 师承和确有专长人员申请参加医师资格考试应当到规定的考点办公室报名,并提交下列材料:

(一)二寸免冠正面半身照片2张;
(二)本人身份证明;
(三)《传统医学师承出师证书》或《传统医学医术确有专长证书》;
(四)试用机构出具的试用期考核合格证明;
(五)执业助理医师申报执业医师资格考试的,还需同时提交执业助理医师资格证书和医师执业证书复印件;
(六)报考所需的其他材料。

其他报考程序按医师资格考试的有关规定执行。

第三十条 师承和确有专长人员医师资格考试的组织管理与实施,按照医师资格考试有关规定执行。

第三十一条 师承和确有专长人员医师资格考试合格线由卫生部医师资格考试委员会确定。

考试成绩合格的,获得卫生部统一印制的《医师资格证书》。

第五章 处 罚

第三十二条 申请出师考核和确有专长考核人员在申请或者参加考核中,有下列情形的,取消当年参加考核的资格,构成犯罪的,依法追究刑事责任:

(一)假报姓名、年龄、学历、工龄、民族、户籍、学籍和伪造证件、证明、档案以取得申请考核资格的;
(二)在考核中扰乱考核秩序的;
(三)向考核人员行贿的;
(四)威胁或公然侮辱、诽谤考核人员的;
(五)有其他严重舞弊行为的。

第三十三条 卫生行政部门、中医药管理部门工作人员违反本办法有关规定,出具假证明,提供假档案,在考核中弄虚作假、玩忽职守、滥用职权、徇私舞弊,尚不构成犯罪的,依法给予行政处分;构成犯罪的,依法追究刑事责任。

第三十四条 在医师资格考试过程中发生违规、违纪行为的,根据医师资格考试违规处理有关规定进行处罚。

第六章 附 则

第三十五条 本办法所指传统医学临床实践是指取得有效行医资格人员从事的传统医学医疗活动,或者未取得有效行医资格人员但在中医、民族医执业医师指导下从事的传统医学医疗实习活动。

第三十六条 本办法由国家中医药管理局负责解释。

第三十七条 本办法自2007年2月1日起施行。1999年7月23日发布的《传统医学师承和确有专长人员医师资格考核考试暂行办法》同时废止。

中医药专业技术人员师承教育管理办法

- 2023年4月17日
- 国中医药人教函〔2023〕63号

第一章 总 则

第一条 为贯彻落实《中华人民共和国中医药法》《中共中央国务院关于促进中医药传承创新发展的意见》《关于加快中医药特色发展的若干政策措施》，加强中医药专业技术人员的师承教育管理，制定本办法。

第二条 中医药师承教育与中医药院校教育、毕业后教育、继续教育相结合，贯穿于中医药人才培养全过程。主要包括与院校教育相结合、与毕业后教育相结合、与继续教育相结合的师承教育，以及以师承方式学习中医的师承教育。

第三条 国家发展中医师承教育，支持有丰富临床经验和技术专长的中医、中药专业技术人员在执业、业务活动中带徒授业，传授中医药理论和技术方法，培养中医药专业技术人员。

第四条 本办法适用于与继续教育相结合的师承教育，主要用于中医、中药专业技术人员开展师承教育的管理。

第五条 国家中医药管理局负责全国中医药专业技术人员师承教育的管理和实施，负责组织和指导全国开展中医药专业技术人员师承教育工作。设立并组织开展中医药师承教育专项，持续实施全国老中医药专家学术经验继承、中医临床优秀人才研修、传承工作室建设等项目。

地市级及以上中医药主管部门负责本行政区域内的中医药专业技术人员师承教育管理和实施。设立并组织开展本行政区域的中医药师承教育专项。指导监督相关机构开展师承教育。

第二章 指导老师与继承人管理

第六条 指导老师和继承人是师承教育的主体。指导老师通过带徒授业，传授中医药理论和技术方法。继承人通过跟师学习，继承掌握指导老师学术观点和实践经验，提升理论水平和实践能力。

第七条 指导老师应爱国敬业，遵纪守法，恪守职业道德，具备较高的中医药学术水平、较为丰富的实践经验、相对独特的技术技能，在岗从事中医临床、中药实践工作，身体健康，且具备以下条件之一：

（一）具有中医类别执业医师，中医类副主任医师以上职称或累计从事中医临床工作15年以上。

（二）具有中药类副主任药师以上职称，或中药类别高级技师职业资格，或累计从事中药炮制、鉴定、制剂等中药实践工作15年以上。

第八条 继承人应爱国敬业，遵纪守法，恪守职业道德，有志于学习、传承、发展中医药，且具备以下基本条件：

（一）具有执业（助理）医师或中医（专长）医师资格，或具有实践工作经验的中药专业技术人员。

（二）具有指导老师认可的资历、学识、专长、能力和人品等。

（三）能够保证跟师时间，完成指导老师指定的跟师学习任务。

第九条 指导老师与继承人双向自愿选择，确立师承关系，签订省级中医药主管部门制定的《中医药专业技术人员师承教育协议》，明确师承学习时间、内容、双方职责及预期成效，经管理单位（指导老师所在单位）同意并备案，师承时间自备案之日算起。

第十条 指导老师、继承人师承期间经协商可解除师承关系。解除师承关系需提出书面申请，由双方或师承指导老师签字，经管理单位同意后终止备案。

第十一条 师承关系备案满三年，因客观原因无法完成师承学习任务或继承人未参加出师考核，备案自动终止。师承期间因违反职业道德、发生重大过失行为或医疗事故等造成不良影响者，备案予以终止。

第十二条 指导老师同时备案带教的继承人数量不得超过4人，鼓励带教基层中医药专业技术人员。

第三章 师承学习管理

第十三条 指导老师负责继承人的跟师学习质量和传承效果，根据继承人专业能力、资质水平确定师承学习期限，原则上不少于1年，平均每月带教时间不少于8个半天。

第十四条 指导老师负责对继承人传授大医精诚理念、中医药理论、学术观点、实践经验与专业技能，指导继承人加强中医药经典理论学习。

第十五条 指导老师根据学术特点、专长特色确定继承人跟师实践、理论学习的方式与内容，指定专业学习书籍，定期批阅继承人的学习记录等跟师学习资料。

第十六条 继承人应认真全面传承指导老师学术观点和实践经验，按照指导老师要求完成跟师学习任务，定期跟师实践，撰写跟师笔记、读书心得、典型医案等师承学习记录，学习掌握指导老师学术观点和实践经验。

第十七条 继承人师承期满，征得指导老师同意并签署出师意见后，可以向管理单位申请出师考核，管理单位组织开展出师考核。出师考核结果在本单位予以公示，并可发放相应的出师证书。

第十八条 出师考核内容主要包括跟师学习任务完成情况、指导老师学术观点和实践经验掌握情况以及中医药经典理论水平提升情况。

第四章 保障措施

第十九条 各级中医药主管部门应统筹利用政府、机构、社会、个人等各方面资源，建立健全多渠道筹措师承教育经费的机制。

第二十条 各级中医药主管部门应将中医医疗机构开展师承教育及投入情况，纳入大型医院巡查、绩效考核的必查内容，作为中医医院评审的重要指标。

第二十一条 各级中医药主管部门应优先支持表现优异的指导老师和继承人申报中医药人才培养项目、各级名中医评选表彰。将师带徒情况纳入中医药专业技术人员职称评审标准，鼓励相关机构对完成带教任务的指导老师、通过出师考核的继承人在同等条件下，优先评聘高一级职称。

第二十二条 中医药机构应大力开展师承教育，明确职能部门或专人管理，负责中医药师承教育的组织实施与全面管理，制定备案管理、出师考核、出师证书发放等相关制度。将指导老师带徒工作量纳入绩效工资考核指标并适当倾斜，支持中青年中医药专业技术人员外出脱产跟师学习，合理保障其跟师时间及跟师期间的工资、福利等待遇，中医药专业技术人员开展师承教育不得以追求名利为目的。

第二十三条 各级中医药主管部门和中医药机构等应加强中医药师承教育管理的信息化建设。鼓励利用现代信息技术推动中医药师承教育发展。

第五章 附 则

第二十四条 中医药师承教育实行分类管理。与院校教育、毕业后教育相结合的师承教育和以师承方式学习中医的师承教育管理，分别按照相关规定执行。

第二十五条 省级中医药主管部门应根据本办法制定本地区实施细则。军队开展中医药师承教育活动，按照本办法结合军队卫生主管部门具体要求执行。

第二十六条 本办法自印发之日起施行。

最高人民法院关于审理非法行医刑事案件具体应用法律若干问题的解释

· 2008年4月28日最高人民法院审判委员会第1446次会议通过
· 根据2016年12月12日最高人民法院审判委员会第1703次会议通过的《最高人民法院关于修改〈关于审理非法行医刑事案件具体应用法律若干问题的解释〉的决定》修正

为依法惩处非法行医犯罪，保障公民身体健康和生命安全，根据刑法的有关规定，现对审理非法行医刑事案件具体应用法律的若干问题解释如下：

第一条 具有下列情形之一的，应认定为刑法第三百三十六条第一款规定的"未取得医生执业资格的人非法行医"：

（一）未取得或者以非法手段取得医师资格从事医疗活动的；

（二）被依法吊销医师执业证书期间从事医疗活动的；

（三）未取得乡村医生执业证书，从事乡村医疗活动的；

（四）家庭接生员实施家庭接生以外的医疗行为的。

第二条 具有下列情形之一的，应认定为刑法第三百三十六条第一款规定的"情节严重"：

（一）造成就诊人轻度残疾、器官组织损伤导致一般功能障碍的；

（二）造成甲类传染病传播、流行或者有传播、流行危险的；

（三）使用假药、劣药或不符合国家规定标准的卫生材料、医疗器械，足以严重危害人体健康的；

（四）非法行医被卫生行政部门行政处罚两次以后，再次非法行医的；

（五）其他情节严重的情形。

第三条 具有下列情形之一的，应认定为刑法第三百三十六条第一款规定的"严重损害就诊人身体健康"：

（一）造成就诊人中度以上残疾、器官组织损伤导致严重功能障碍的；

(二)造成三名以上就诊人轻度残疾、器官组织损伤导致一般功能障碍的。

第四条 非法行医行为系造成就诊人死亡的直接、主要原因的,应认定为刑法第三百三十六条第一款规定的"造成就诊人死亡"。

非法行医行为并非造成就诊人死亡的直接、主要原因的,可不认定为刑法第三百三十六条第一款规定的"造成就诊人死亡"。但是,根据案件情况,可以认定为刑法第三百三十六条第一款规定的"情节严重"。

第五条 实施非法行医犯罪,同时构成生产、销售假药罪,生产、销售劣药罪,诈骗罪等其他犯罪的,依照刑法处罚较重的规定定罪处罚。

第六条 本解释所称"医疗活动""医疗行为",参照《医疗机构管理条例实施细则》中的"诊疗活动""医疗美容"认定。

本解释所称"轻度残疾、器官组织损伤导致一般功能障碍""中度以上残疾、器官组织损伤导致严重功能障碍",参照《医疗事故分级标准(试行)》认定。

3. 外国、港澳台从业者

香港、澳门特别行政区医师在内地短期行医管理规定

- 2008年12月29日卫生部令第62号公布
- 自2009年3月1日起施行

第一条 为了加强香港特别行政区、澳门特别行政区医师(以下简称港澳医师)在内地短期行医的管理,根据《中华人民共和国执业医师法》(以下简称《执业医师法》)、《医疗机构管理条例》等法律、法规,制定本规定。

第二条 本规定所称港澳医师是指具有香港特别行政区或者澳门特别行政区合法行医资格的医师。

港澳医师在内地短期行医,是指港澳医师应聘在内地医疗机构从事不超过3年的临床诊疗活动。

第三条 港澳医师在内地短期行医应当按照本规定进行执业注册,取得《港澳医师短期行医执业证书》。

《港澳医师短期行医执业证书》由卫生部统一制作。

第四条 港澳医师在内地短期行医,应当符合内地有关港澳人员的就业规定,由内地具有独立法人资格的医疗机构邀请并作为聘用单位。

第五条 港澳医师在内地短期行医的执业注册机关为医疗机构所在地设区的市级以上地方人民政府卫生行政部门和中医药管理部门。

港澳医师申请内地短期行医执业注册的执业类别可以为临床、中医、口腔三个类别之一。执业范围应当符合《执业医师法》和卫生部有关执业范围的规定。

第六条 港澳医师申请在内地短期行医执业注册,应当提交下列材料:

(一)港澳医师在内地短期行医执业注册申请;
(二)港澳永久居民身份证明材料;
(三)近6个月内的2寸免冠正面半身照片2张;
(四)与申请执业范围相适应的医学专业最高学历证明;
(五)港澳医师的行医执照或者行医资格证明;
(六)近3个月内的体检健康证明;
(七)无刑事犯罪记录的证明;
(八)内地聘用医疗机构与港澳医师签订的协议书;
(九)内地省级以上人民政府卫生行政部门规定的其他材料。

前款(四)、(五)、(六)、(七)项的内容必须经过港澳地区公证机关的公证。

以上材料应当为中文文本。

第七条 港澳医师可以自行办理或者书面委托内地的聘用医疗机构代其办理短期行医执业注册手续。

第八条 负责受理港澳医师短期行医执业注册申请的执业注册机关应当自受理申请之日起20日内进行审核。对审核合格的予以注册,并发给《港澳医师短期行医执业证书》。

第九条 《港澳医师短期行医执业证书》有效期应与港澳医师在内地医疗机构应聘的时间相同,最长为3年。有效期满后,如拟继续执业的,应当重新办理短期行医执业注册手续。

第十条 港澳医师在内地短期行医必须遵守医疗卫生管理法律、行政法规、部门规章及诊疗护理规范、常规,尊重当地的风俗习惯。

第十一条 港澳医师在内地短期行医必须在执业有效期内按照注册的执业地点、执业类别、执业范围从事相应的诊疗活动。

第十二条 港澳医师在内地短期行医应当按照《医师定期考核管理办法》和卫生部有关规定接受定期考核。

第十三条 港澳医师短期行医执业注册后有下列情形之一的,聘用的医疗机构应当在30日内报告准予其执业注册的卫生行政部门,卫生行政部门应当注销注册,收回《港澳医师短期行医执业证书》:

(一)医疗机构和港澳医师解除聘用关系的；

(二)身体健康状况不适宜继续执业的；

(三)在考核周期内因考核不合格,被责令暂停执业活动,并在暂停执业活动期满经培训后再次考核仍不合格的；

(四)违反《执业医师法》有关规定,被吊销《港澳医师短期行医执业证书》的；

(五)出借、出租、抵押、转让、涂改《港澳医师短期行医执业证书》的；

(六)死亡或者被宣告失踪的；

(七)受刑事处罚的；

(八)被公安机关取消内地居留资格的；

(九)卫生部规定不宜从事医疗、预防、保健业务的其他情形的。

第十四条　港澳医师因本办法第十三条第(三)项、第(四)项、第(七)项、第(八)项情形而被注销执业注册的,2年内不得再次申请在内地短期行医。

第十五条　卫生部指定的机构设立港澳医师短期行医信息查询系统。

执业注册机关在审核港澳医师短期行医执业注册申请时应当进行有关信息查询。

执业注册机关核发或者注销《港澳医师短期行医执业证书》后10日内将有关信息向卫生部指定的查询机构备案。

聘用港澳医师短期行医的医疗机构应当将港澳医师考核和执业情况向注册机关和卫生部指定的查询机构报告。

第十六条　港澳医师在内地短期行医期间发生医疗事故争议的,按照《医疗事故处理条例》及有关规定处理。

第十七条　医疗机构聘用未经内地短期行医执业注册的港澳医师从事诊疗活动,视为聘用非卫生技术人员,按照《医疗机构管理条例》第四十八条规定处理。

第十八条　港澳医师未取得《港澳医师短期行医执业证书》行医或者未按照注册的有效期从事诊疗活动的,按照《执业医师法》第三十九条规定处理。

第十九条　港澳医师未按照注册的执业地点、执业类别、执业范围从事诊疗活动的,由县级以上人民政府卫生行政部门责令改正,并给予警告;逾期不改的,按照《执业医师法》第三十七条第(一)项规定处理。

第二十条　取得内地《医师资格证书》的香港、澳门居民申请在内地执业注册的,按照《医师执业注册暂行办法》执行。

第二十一条　本规定自2009年3月1日起施行。原有规定与本规定不符的,以本规定为准。

台湾地区医师在大陆短期行医管理规定

· 2009年1月4日卫生部令第63号公布
· 自2009年3月1日起施行

第一条　为了加强台湾地区医师(以下简称台湾医师)在大陆短期行医的管理,根据《中华人民共和国执业医师法》(以下简称《执业医师法》)、《医疗机构管理条例》等法律、法规,制定本规定。

第二条　本规定所称台湾医师是指具有台湾地区合法行医资格的医师。台湾医师在大陆短期行医,是指台湾医师应聘在大陆医疗机构从事不超过3年的临床诊疗活动。

第三条　台湾医师在大陆短期行医应当按照本规定进行执业注册,取得《台湾医师短期行医执业证书》。

《台湾医师短期行医执业证书》由卫生部统一制作。

第四条　台湾医师在大陆短期行医,应当符合大陆有关台湾地区人员的就业规定,由大陆具有独立法人资格的医疗机构邀请并作为聘用单位。

第五条　台湾医师在大陆短期行医的执业注册机关为医疗机构所在地设区的市级以上地方人民政府卫生行政部门和中医药管理部门。

台湾医师申请大陆短期行医执业注册的执业类别可以为临床、中医、口腔三个类别之一。执业范围应当符合《执业医师法》和卫生部有关执业范围的规定。

第六条　台湾医师申请在大陆短期行医执业注册,应当提交下列材料：

(一)台湾医师在大陆短期行医执业注册申请；

(二)台湾永久居民身份证明材料；

(三)近6个月内的2寸免冠正面半身照片2张；

(四)与申请执业范围相适应的医学专业最高学历证明；

(五)台湾医师的行医执照或者行医资格证明；

(六)近3个月内的体检健康证明；

(七)无刑事犯罪记录的证明；

(八)大陆聘用医疗机构与台湾医师签订的协议书；

(九)大陆省级以上人民政府卫生行政部门规定的其他材料。

前款(四)、(五)、(六)、(七)项的内容必须经过台湾地区公证机关的公证。

以上材料应当为中文文本。

第七条 台湾医师可以自行办理或者书面委托大陆的聘用医疗机构代其办理短期行医执业注册手续。

第八条 负责受理台湾医师短期行医执业注册申请的执业注册机关应当自受理申请之日起20日内进行审核。对审核合格的予以注册,并发给《台湾医师短期行医执业证书》。

第九条 《台湾医师短期行医执业证书》有效期应与台湾医师在大陆医疗机构应聘的时间相同,最长为3年。有效期满后,如拟继续执业的,应当重新办理短期行医执业注册手续。

第十条 台湾医师在大陆短期行医必须遵守医疗卫生管理法律、行政法规、部门规章及诊疗护理规范、常规,尊重当地的风俗习惯。

第十一条 台湾医师在大陆短期行医必须在执业有效期内按照注册的执业地点、执业类别、执业范围从事相应的诊疗活动。

第十二条 台湾医师在大陆短期行医应当按照《医师定期考核管理办法》和卫生部有关规定接受定期考核。

第十三条 台湾医师短期行医执业注册后有下列情形之一的,聘用的医疗机构应当在30日内报告准予其执业注册的卫生行政部门,卫生行政部门应当注销注册,收回《台湾医师短期行医执业证书》:

(一)医疗机构和台湾医师解除聘用关系的;

(二)身体健康状况不适宜继续执业的;

(三)在考核周期内因考核不合格,被责令暂停执业活动,并在暂停执业活动期满经培训后再次考核仍不合格的;

(四)违反《执业医师法》有关规定,被吊销《台湾医师短期行医执业证书》的;

(五)出借、出租、抵押、转让、涂改《台湾医师短期行医执业证书》的;

(六)死亡或者被宣告失踪的;

(七)受刑事处罚的;

(八)被公安机关取消大陆居留资格的;

(九)卫生部规定不宜从事医疗、预防、保健业务的其他情形的。

第十四条 台湾医师因本办法第十三条第(三)项、第(四)项、第(七)项、第(八)项情形而被注销执业注册的,2年内不得再次申请在大陆短期行医。

第十五条 卫生部指定的机构设立台湾医师短期行医信息查询系统。执业注册机关在审核台湾医师短期行医执业注册申请时应当进行有关信息查询。

执业注册机关核发或者注销《台湾医师短期行医执业证书》后10日内将有关信息向卫生部指定的查询机构备案。

聘用台湾医师短期行医的医疗机构应当将台湾医师考核和执业情况向注册机关和卫生部指定的查询机构报告。

第十六条 台湾医师在大陆短期行医期间发生医疗事故争议的,按照《医疗事故处理条例》及有关规定处理。

第十七条 医疗机构聘用未经大陆短期行医执业注册的台湾医师从事诊疗活动,视为聘用非卫生技术人员,按照《医疗机构管理条例》第四十八条规定处理。

第十八条 台湾医师未取得《台湾医师短期行医执业证书》行医或者未按照注册的有效期从事诊疗活动的,按照《执业医师法》第三十九条规定处理。

第十九条 台湾医师未按照注册的执业地点、执业类别、执业范围从事诊疗活动的,由县级以上人民政府卫生行政部门责令改正,并给予警告;逾期不改的,按照《执业医师法》第三十七条第(一)项规定处理。

第二十条 取得大陆《医师资格证书》的台湾居民申请在大陆执业注册的,按照《医师执业注册暂行办法》执行。

第二十一条 本规定自2009年3月1日起施行。原有规定与本规定不符的,以本规定为准。

香港和澳门特别行政区医师获得内地医师资格认定管理办法

- 2009年4月15日
- 卫医政发〔2009〕33号

第一条 根据《中华人民共和国执业医师法》、《卫生部办公厅、国家中医药管理局办公室关于台港澳医师获得大陆医师资格有关问题的通知》及有关法律、法规,制定本办法。

第二条 本办法所称香港和澳门特别行政区医师是指具有香港和澳门特别行政区合法行医资格并且是上述地区永久性居民的中国公民。

香港和澳门特别行政区医师可申请获得的内地医师资格类别为临床、中医、口腔。

第三条 同时具备下列条件并符合《中华人民共和国执业医师法》及其有关规定的香港和澳门特别行政区

永久性居民的中国公民,可申请内地医师资格认定。

(一)2007年12月31日前已取得香港和澳门特别行政区合法行医资格满5年的香港和澳门特别行政区永久性居民;

(二)具有香港和澳门特别行政区专科医师资格证书;

(三)在香港和澳门特别行政区医疗机构中执业。

第四条 申请医师资格认定,应当提交下列材料:

(一)香港和澳门特别行政区医师内地医师资格认定申请审核表;

(二)6个月内二寸免冠正面半身照片2张;

(三)香港和澳门特别行政区永久性居民身份证明材料;

(四)与拟申请医师资格类别相应的医学专业学历证明;

(五)香港和澳门特别行政区行医执照或者行医权证明;

(六)与拟申请医师资格类别相应的香港和澳门特别行政区专科医师执照或者专科医师资格证明;

(七)香港和澳门特别行政区相关医疗机构的在职证明或者执业登记证明;

(八)执业期内无不良行为记录的证明;

(九)无刑事犯罪记录的证明;

(十)省级以上人民政府卫生行政部门规定的其他材料。

前款(三)至(九)项的内容必须经过香港和澳门特别行政区公证机关的公证。

以上材料应当为简体或繁体中文文本或附中文译文。

第五条 省级卫生行政部门负责香港、澳门特别行政区医师申请内地医师资格认定的受理、审核和认定工作。

第六条 省级卫生行政部门收到申请材料后,对申请人的申请材料进行验证并审核,并签署审核意见。

省级卫生行政部门对审核合格的,予以认定,授予执业医师资格,并颁发卫生部统一印制的《医师资格证书》。

第七条 省级中医药管理部门负责香港和澳门特别行政区中医医师(包括中医、民族医、中西医结合)申请内地医师资格认定的受理、审核和认定,由省级卫生行政部门颁发卫生部统一印制的《医师资格证书》。

第八条 省级卫生行政部门对取得《医师资格证书》的人员情况予以汇总,报卫生部备案。

第九条 取得内地医师资格的香港和澳门特别行政区居民《医师资格证书》编码由年度代码、省、自治区、直辖市代码、医师级别代码、医师类别代码、居民有效证件号码和地区代码共27位组成。其中,第1-4位是取得医师资格证书年度代码,第5-6位是核发《医师资格证书》的省、自治区、直辖市代码,第7位是执业医师级别代码,第8-9位是执业医师类别代码。香港特别行政区居民取得的内地《医师资格证书》第10-17位是香港特别行政区居民身份证代码,第18-24位为"0",第25-27位是HKG。澳门特别行政区居民取得的内地《医师资格证书》第10-17位是澳门特别行政区居民身份证代码,第18-24位为"0",第25-27位是MAC。

第十条 取得内地《医师资格证书》的香港和澳门特别行政区居民申请在内地执业注册的,按照《医师执业注册暂行办法》(卫生部令第5号)执行。

第十一条 本办法自下发之日起施行。原有规定与本办法不符的,以本办法为准。

台湾地区医师获得大陆医师资格认定管理办法

· 2009年4月15日
· 卫医政发〔2009〕32号

第一条 根据《中华人民共和国执业医师法》、《卫生部办公厅、国家中医药管理局办公室关于台港澳医师获得大陆医师资格有关问题的通知》及有关法律、法规,制定本办法。

第二条 本办法所称台湾地区医师,是指具有台湾地区合法行医资格并且是台湾地区永久性居民的医师。

台湾地区医师可申请获得的大陆医师资格类别为临床、中医、口腔。

第三条 同时具备下列条件并符合《中华人民共和国执业医师法》及其有关规定的台湾地区永久性居民,可申请大陆医师资格认定。

(一)2007年12月31日前已取得台湾地区合法行医资格满5年的台湾地区永久性居民;

(二)具有台湾地区专科医师资格证书;

(三)在台湾地区医疗机构中执业。

第四条 申请医师资格认定,应当提交下列材料:

(一)台湾地区医师大陆医师资格认定申请审核表;

(二)6个月内二寸免冠正面半身照片2张;

(三)台湾地区永久性居民身份证明材料;

(四)与拟申请医师资格类别相应的医学专业学历证明；

(五)台湾地区行医执照或者行医权证明；

(六)与拟申请医师资格类别相应的台湾地区专科医师执照或者专科医师资格证明；

(七)台湾地区相关医疗机构的在职证明或者执业登记证明；

(八)执业期内无不良行为记录的证明；

(九)无刑事犯罪记录的证明；

(十)省级以上人民政府卫生行政部门规定的其他材料。

前款(三)至(九)项的内容必须经过台湾地区公证机关的公证。

以上材料应当为简体或繁体中文文本或附中文译文。

第五条 省级卫生行政部门负责台湾地区医师申请大陆医师资格认定的受理、审核和认定工作。

第六条 省级卫生行政部门收到申请材料后，对申请人的申请材料进行验证并审核，并签署审核意见。

省级卫生行政部门对审核合格的，予以认定，授予执业医师资格，并颁发卫生部统一印制的《医师资格证书》。

第七条 省级中医药管理部门负责台湾地区中医医师(包括中医、民族医、中西医结合)申请大陆医师资格认定的受理、审核和认定，由省级卫生行政部门颁发卫生部统一印制的《医师资格证书》。

第八条 省级卫生行政部门对取得《医师资格证书》的人员情况予以汇总，报卫生部备案。

第九条 取得大陆医师资格的台湾地区居民《医师资格证书》编码由年度代码、省、自治区、直辖市代码、医师级别代码、医师类别代码、居民有效证件号码和地区代码共27位组成。其中，第1-4位是取得医师资格证书年度代码，第5-6位是核发《医师资格证书》的省、自治区、直辖市代码，第7位是执业医师级别代码，第8-9位是执业医师类别代码。第10-19位是台湾地区居民身份证代码，第20-24位为"0"，第25-27位是TWN。

第十条 取得大陆《医师资格证书》的台湾地区居民申请在内地执业注册的，按照《医师执业注册暂行办法》(卫生部令第5号)执行。

第十一条 本办法自下发之日起施行。原有规定与本办法不符的，以本办法为准。

香港和澳门特别行政区医疗专业技术人员在内地短期执业管理暂行规定

· 2010年12月16日
· 卫医政发〔2010〕106号

第一条 为了加强香港和澳门特别行政区医疗专业技术人员在内地短期执业的管理，保护医患双方的合法权益，制定本规定。

第二条 本规定所称港澳医疗专业技术人员，是指具有香港或澳门特别行政区合法执业资格，从事医疗相关活动的香港和澳门特别行政区永久性居民。

第三条 港澳医疗专业技术人员分为以下四类：

(一)港澳医师：包括香港医疗专业技术人员中的医生、中医、牙医和澳门医疗专业技术人员中的医生、中医生、中医师、牙科医生、牙科医师；

(二)港澳药剂师：包括香港医疗专业技术人员中的药剂师和澳门医疗专业技术人员中的药剂师、药房技术助理；

(三)港澳护士：包括香港医疗专业技术人员中的护士、助产士和澳门医疗专业技术人员中的护士；

(四)其他港澳医疗专业技术人员：包括香港医疗专业技术人员中的医务化验师、职业治疗师、视光师、放射师、物理治疗师、脊医6类人员和澳门医疗专业技术人员中的治疗师、按摩师、针灸师、诊疗辅助技术员4类人员。

第四条 港澳医疗专业技术人员在内地短期执业，是指香港和澳门特别行政区具有合法执业资格的医疗专业技术人员应聘在内地医疗机构从事不超过3年的执业活动。

第五条 港澳医疗专业技术人员在内地短期执业，应当符合内地有关港澳人员的就业规定，由内地具有《医疗机构执业许可证》的医疗机构作为聘用单位。

第六条 港澳医疗专业技术人员在内地短期执业，应当向拟聘用其短期执业的医疗机构提交在港澳获准从事的业务范围及与业务有关的权利义务说明。

第七条 港澳医师来内地短期执业，按照《香港、澳门特别行政区医师在内地短期行医管理规定》的有关程序和要求申请。

第八条 港澳药剂师、港澳护士和其他港澳医疗专业技术人员来内地短期执业，应当由拟聘用医疗机构向该医疗机构所在地设区的市级以上地方人民政府卫生行政部门或者中医药管理部门(以下同)申请注册，并提交以下材料：

(一)港澳医疗专业技术人员内地短期执业注册申请表；

（二）港澳永久居民身份证明材料；

（三）近6个月内的2寸免冠正面半身照片2张；

（四）专业技术人员的执业执照或者执业资格证明；

（五）近6个月内的体检健康证明；

（六）无刑事犯罪记录的证明；

（七）拟聘用医疗机构与专业技术人员签订的协议书；

（八）拟聘用医疗机构《医疗机构执业许可证》副本复印件；

（九）该类医疗专业技术人员在港澳执业范围和执业规则说明；

（十）拟聘用港澳医疗专业技术人员提交的执业承诺书；

（十一）内地省级人民政府卫生行政部门规定的其他材料。

上款第（四）项、第（五）项、第（六）项、第（九）项规定的材料，必须经过香港或澳门特别行政区公证机关的公证。

以上材料应当为中文文本。

第九条　负责受理港澳医疗专业技术人员短期执业注册申请的卫生行政部门应当自受理申请之日起20日内进行审核。对符合条件的，予以注册，并发给港澳医疗专业技术人员内地短期执业注册凭证；对不符合条件，不予注册的，应当书面说明理由。

第十条　港澳医疗专业技术人员来内地短期执业注册有效期满后，如拟继续执业的，应当重新办理短期执业注册手续。

第十一条　港澳医疗专业技术人员在内地短期执业不得同时受聘于两个以上医疗机构。

第十二条　港澳医疗专业技术人员在内地短期执业必须在执业有效期内，按照相应的执业类别、执业范围在聘用的医疗机构内从事相应的执业活动。

第十三条　港澳医疗专业技术人员在内地短期执业必须遵守医疗卫生管理法律、行政法规、部门规章及诊疗护理规范、常规，尊重当地的风俗习惯。

第十四条　港澳药剂师、港澳护士和其他港澳医疗专业技术人员在内地短期执业不具有处方权。

第十五条　港澳医疗专业技术人员有下列情形之一的，拟聘用医疗机构应当在30日内报告注册的卫生行政部门，卫生行政部门应当注销其执业注册。

（一）与拟聘用医疗机构解除聘用关系的；

（二）身体健康状况不适宜继续执业的；

（三）被香港或者澳门特别行政区卫生主管部门或者行业组织取消执业资格的；

（四）死亡、被宣告失踪或者丧失民事行为能力的；

（五）受刑事处罚的；

（六）被公安机关取消内地居留资格的；

（七）法律法规规定不宜从事执业的其他情形。

第十六条　港澳医疗技术人员在内地短期执业期间出现第十五条第（三）项、第（五）项、第（六）项情形的，2年内不得再次申请在内地短期执业。

第十七条　卫生部指定的机构设立港澳医疗专业技术人员短期执业信息管理系统。

负责注册的卫生行政部门应当在准予注册或者注销注册后10日内将有关信息录入短期执业信息管理系统。

第十八条　卫生行政部门对港澳医疗专业技术人员进行监督管理时，除应当依照有关法律法规和规章外，还应当结合港澳医疗专业技术人员提交的执业承诺书。

第十九条　港澳医疗专业技术人员在内地短期执业期间发生医疗损害争议的，按照有关法律法规的规定处理。

第二十条　医疗机构未按照本规定为聘用的港澳医疗专业技术人员办理注册手续的，按使用非卫生技术人员处理。

第二十一条　港澳医疗专业技术人员在内地短期执业期间违反卫生法律、法规的，按照相关法律法规规定处理。

地方卫生行政部门应当及时将港澳医疗专业技术人员的违法行为报告卫生部，由卫生部向香港和澳门特别行政区卫生主管部门通报。

第二十二条　本规定由卫生部负责解释。

第二十三条　本规定自2011年1月1日起施行。原有规定与本规定不符的，以本规定为准。

附件：1. 香港和澳门医疗专业技术人员内地短期执业注册申请表（略）

2. 香港医疗专业人员注册证书情况说明（略）

3. 澳门医疗专业人员执照情况说明（略）

4. 医疗广告

医疗广告管理办法

·2006年11月10日国家工商行政管理总局、卫生部令第26号公布

·自2007年1月1日起施行

第一条　为加强医疗广告管理，保障人民身体健康，根据《广告法》、《医疗机构管理条例》、《中医药条例》等

法律法规的规定,制定本办法。

第二条　本办法所称医疗广告,是指利用各种媒介或者形式直接或间接介绍医疗机构或医疗服务的广告。

第三条　医疗机构发布医疗广告,应当在发布前申请医疗广告审查。未取得《医疗广告审查证明》,不得发布医疗广告。

第四条　工商行政管理机关负责医疗广告的监督管理。

卫生行政部门、中医药管理部门负责医疗广告的审查,并对医疗机构进行监督管理。

第五条　非医疗机构不得发布医疗广告,医疗机构不得以内部科室名义发布医疗广告。

第六条　医疗广告内容仅限于以下项目:
(一)医疗机构第一名称;
(二)医疗机构地址;
(三)所有制形式;
(四)医疗机构类别;
(五)诊疗科目;
(六)床位数;
(七)接诊时间;
(八)联系电话。

(一)至(六)项发布的内容必须与卫生行政部门、中医药管理部门核发的《医疗机构执业许可证》或其副本载明的内容一致。

第七条　医疗广告的表现形式不得含有以下情形:
(一)涉及医疗技术、诊疗方法、疾病名称、药物的;
(二)保证治愈或者隐含保证治愈的;
(三)宣传治愈率、有效率等诊疗效果的;
(四)淫秽、迷信、荒诞的;
(五)贬低他人的;
(六)利用患者、卫生技术人员、医学教育科研机构及人员以及其他社会社团、组织的名义、形象作证明的;
(七)使用解放军和武警部队名义的;
(八)法律、行政法规规定禁止的其他情形。

第八条　医疗机构发布医疗广告,应当向其所在地省级卫生行政部门申请,并提交以下材料:
(一)《医疗广告审查申请表》;
(二)《医疗机构执业许可证》副本原件和复印件,复印件应当加盖核发其《医疗机构执业许可证》的卫生行政部门公章;
(三)医疗广告成品样件。电视、广播广告可以先提交镜头脚本和广播文稿。

中医、中西医结合、民族医医疗机构发布医疗广告,应当向其所在地省级中医药管理部门申请。

第九条　省级卫生行政部门、中医药管理部门应当自受理之日起20日内对医疗广告成品样件内容进行审查。卫生行政部门、中医药管理部门需要请有关专家进行审查的,可延长10日。

对审查合格的医疗广告,省级卫生行政部门、中医药管理部门发给《医疗广告审查证明》,并将通过审查的医疗广告样件和核发的《医疗广告审查证明》予以公示;对审查不合格的医疗广告,应当书面通知医疗机构并告知理由。

第十条　省级卫生行政部门、中医药管理部门应对已审查的医疗广告成品样件和审查意见予以备案保存,保存时间自《医疗广告审查证明》生效之日起至少两年。

第十一条　《医疗广告审查申请表》、《医疗广告审查证明》的格式由卫生部、国家中医药管理局规定。

第十二条　省级卫生行政部门、中医药管理部门应在核发《医疗广告审查证明》之日起五个工作日内,将《医疗广告审查证明》抄送本地同级工商行政管理机关。

第十三条　《医疗广告审查证明》的有效期为一年。到期后仍需继续发布医疗广告的,应重新提出审查申请。

第十四条　发布医疗广告应当标注医疗机构第一名称和《医疗广告审查证明》文号。

第十五条　医疗机构发布户外医疗广告,应在取得《医疗广告审查证明》后,按照《户外广告登记管理规定》办理登记。

医疗机构在其法定控制地带标示仅含有医疗机构名称的户外广告,无需申请医疗广告审查和户外广告登记。

第十六条　禁止利用新闻形式、医疗资讯服务类专题节(栏)目发布或变相发布医疗广告。

有关医疗机构的人物专访、专题报道等宣传内容,可以出现医疗机构名称,但不得出现有关医疗机构的地址、联系方式等医疗广告内容;不得在同一媒介的同一时间段或者版面发布该医疗机构的广告。

第十七条　医疗机构应当按照《医疗广告审查证明》核准的广告成品样件内容与媒体类别发布医疗广告。

医疗广告内容需要改动或者医疗机构的执业情况发生变化,与经审查的医疗广告成品样件内容不符的,医疗机构应当重新提出审查申请。

第十八条　广告经营者、广告发布者发布医疗广告,应当由其广告审查员查验《医疗广告审查证明》,核实广告内容。

第十九条 有下列情况之一的，省级卫生行政部门、中医药管理部门应当收回《医疗广告审查证明》，并告知有关医疗机构：

（一）医疗机构受到停业整顿、吊销《医疗机构执业许可证》的；

（二）医疗机构停业、歇业或被注销的；

（三）其他应当收回《医疗广告审查证明》的情形。

第二十条 医疗机构违反本办法规定发布医疗广告，县级以上地方卫生行政部门、中医药管理部门应责令其限期改正，给予警告；情节严重的，核发《医疗机构执业许可证》的卫生行政部门、中医药管理部门可以责令其停业整顿、吊销有关诊疗科目，直至吊销《医疗机构执业许可证》。

未取得《医疗机构执业许可证》发布医疗广告的，按非法行医处罚。

第二十一条 医疗机构篡改《医疗广告审查证明》内容发布医疗广告的，省级卫生行政部门、中医药管理部门应当撤销《医疗广告审查证明》，并在一年内不受理该医疗机构的广告审查申请。

省级卫生行政部门、中医药管理部门撤销《医疗广告审查证明》后，应当自作出行政处理决定之日起5个工作日内通知同级工商行政管理机关，工商行政管理机关应当依法予以查处。

第二十二条 工商行政管理机关对违反本办法规定的广告主、广告经营者、广告发布者依据《广告法》、《反不正当竞争法》予以处罚，对情节严重，造成严重后果的，可以并处一至六个月暂停发布医疗广告、直至取消广告经营者、广告发布者的医疗广告经营和发布资格的处罚。

法律法规没有规定的，工商行政管理机关应当对负有责任的广告主、广告经营者、广告发布者给予警告或者处以一万元以上三万元以下的罚款；医疗广告内容涉嫌虚假的，工商行政管理机关可根据需要会同卫生行政部门、中医药管理部门作出认定。

第二十三条 本办法自2007年1月1日起施行。

国家中医药管理局办公室关于规范中医医疗广告工作若干问题的通知

· 2009年4月29日
· 国中医药办发〔2009〕14号

各省、自治区、直辖市卫生厅局、中医药管理局：

为加强中医医疗广告管理，现就规范中医医疗广告工作中有关问题通知如下：

一、关于中医《医疗广告审查证明》文号

中医《医疗广告审查证明》文号格式如下：(X)中医广【4位年号】第2位月号-2位日号-3位序号号。"X"为审批省份简称，"序号"为本年度的总顺序号。

例如文号为(陕)中医广【2008】第08-10-021号，是指陕西省中医管理局2008年8月10日审批的《医疗广告审查证明》，且为2008年审批的第21条证明。

二、关于中医《医疗广告审查证明》有效期

根据《医疗广告管理办法》第十三条规定，《医疗广告审查证明》的有效期均为一年。到期后仍需继续发布医疗广告的，应重新提出审查申请。若医疗机构的《医疗机构执业许可证》逾期不校验、未通过校验或被处罚暂缓校验的，则其中医《医疗广告审查证明》自动废止。

三、关于中医《医疗广告审查申请表》、《医疗广告审查证明》中医疗机构类别及诊疗科目的填写

（一）医疗机构类别应根据《卫生部关于修订〈医疗机构管理条例实施细则〉第三条有关内容的通知》（卫医发〔2006〕432号）中的有关规定填写，不得超出其规定范围。

（二）诊疗科目应与其《医疗机构执业许可证》中填写的相关内容相一致。

四、关于对违法中医医疗广告的处罚

卫生行政部门、中医药管理部门对发布违法中医医疗广告的医疗机构应按照《医疗广告管理办法》的有关规定予以处罚，其中，对医疗机构发布违法中医医疗广告受到警告、罚款处罚两次以上或因违法发布中医医疗广告使患者受到人身伤害或遭受财产损失的，应责令其停业整顿，或吊销有关诊疗科目，直至吊销《医疗机构执业许可证》。

三、医疗与护理

1. 处方和病历

处方管理办法

- 2007年2月14日卫生部令第53号公布
- 自2007年5月1日起施行

第一章 总 则

第一条 为规范处方管理,提高处方质量,促进合理用药,保障医疗安全,根据《执业医师法》、《药品管理法》、《医疗机构管理条例》、《麻醉药品和精神药品管理条例》等有关法律、法规,制定本办法。

第二条 本办法所称处方,是指由注册的执业医师和执业助理医师(以下简称医师)在诊疗活动中为患者开具的、由取得药学专业技术职务任职资格的药学专业技术人员(以下简称药师)审核、调配、核对,并作为患者用药凭证的医疗文书。处方包括医疗机构病区用药医嘱单。

本办法适用于与处方开具、调剂、保管相关的医疗机构及其人员。

第三条 卫生部负责全国处方开具、调剂、保管相关工作的监督管理。

县级以上地方卫生行政部门负责本行政区域内处方开具、调剂、保管相关工作的监督管理。

第四条 医师开具处方和药师调剂处方应当遵循安全、有效、经济的原则。

处方药应当凭医师处方销售、调剂和使用。

第二章 处方管理的一般规定

第五条 处方标准(附件1)由卫生部统一规定,处方格式由省、自治区、直辖市卫生行政部门(以下简称省级卫生行政部门)统一制定,处方由医疗机构按照规定的标准和格式印制。

第六条 处方书写应当符合下列规则:

(一)患者一般情况、临床诊断填写清晰、完整,并与病历记载相一致。

(二)每张处方限于一名患者的用药。

(三)字迹清楚,不得涂改;如需修改,应当在修改处签名并注明修改日期。

(四)药品名称应当使用规范的中文名称书写,没有中文名称的可以使用规范的英文名称书写;医疗机构或者医师、药师不得自行编制药品缩写名称或者使用代号;书写药品名称、剂量、规格、用法、用量要准确规范,药品用法可用规范的中文、英文、拉丁文或者缩写体书写,但不得使用"遵医嘱"、"自用"等含糊不清字句。

(五)患者年龄应当填写实足年龄,新生儿、婴幼儿写日、月龄,必要时要注明体重。

(六)西药和中成药可以分别开具处方,也可以开具一张处方,中药饮片应当单独开具处方。

(七)开具西药、中成药处方,每一种药品应当另起一行,每张处方不得超过5种药品。

(八)中药饮片处方的书写,一般应当按照"君、臣、佐、使"的顺序排列;调剂、煎煮的特殊要求注明在药品右上方,并加括号,如布包、先煎、后下等;对饮片的产地、炮制有特殊要求的,应当在药品名称之前写明。

(九)药品用法用量应当按照药品说明书规定的常规用法用量使用,特殊情况需要超剂量使用时,应当注明原因并再次签名。

(十)除特殊情况外,应当注明临床诊断。

(十一)开具处方后的空白处划一斜线以示处方完毕。

(十二)处方医师的签名式样和专用签章应当与院内药学部门留样备查的式样相一致,不得任意改动,否则应当重新登记留样备案。

第七条 药品剂量与数量用阿拉伯数字书写。剂量应当使用法定剂量单位:重量以克(g)、毫克(mg)、微克(μg)、纳克(ng)为单位;容量以升(L)、毫升(ml)为单位;国际单位(IU)、单位(U);中药饮片以克(g)为单位。

片剂、丸剂、胶囊剂、颗粒剂分别以片、丸、粒、袋为单位;溶液剂以支、瓶为单位;软膏及乳膏剂以支、盒为单位;注射剂以支、瓶为单位,应当注明含量;中药饮片以剂为单位。

第三章 处方权的获得

第八条 经注册的执业医师在执业地点取得相应的处方权。

经注册的执业助理医师在医疗机构开具的处方,应当经所在执业地点执业医师签名或加盖专用签章后方有效。

第九条　经注册的执业助理医师在乡、民族乡、镇、村的医疗机构独立从事一般的执业活动,可以在注册的执业地点取得相应的处方权。

第十条　医师应当在注册的医疗机构签名留样或者专用签章备案后,方可开具处方。

第十一条　医疗机构应当按照有关规定,对本机构执业医师和药师进行麻醉药品和精神药品使用知识和规范化管理的培训。执业医师经考核合格后取得麻醉药品和第一类精神药品的处方权,药师经考核合格后取得麻醉药品和第一类精神药品调剂资格。

医师取得麻醉药品和第一类精神药品处方权后,方可在本机构开具麻醉药品和第一类精神药品处方,但不得为自己开具该类药品处方。药师取得麻醉药品和第一类精神药品调剂资格后,方可在本机构调剂麻醉药品和第一类精神药品。

第十二条　试用期人员开具处方,应当经所在医疗机构有处方权的执业医师审核、并签名或加盖专用签章后方有效。

第十三条　进修医师由接收进修的医疗机构对其胜任本专业工作的实际情况进行认定后授予相应的处方权。

第四章　处方的开具

第十四条　医师应当根据医疗、预防、保健需要,按照诊疗规范、药品说明书中的药品适应证、药理作用、用法、用量、禁忌、不良反应和注意事项等开具处方。

开具医疗用毒性药品、放射性药品的处方应当严格遵守有关法律、法规和规章的规定。

第十五条　医疗机构应当根据本机构性质、功能、任务,制定药品处方集。

第十六条　医疗机构应当按照经药品监督管理部门批准并公布的药品通用名称购进药品。同一通用名称药品的品种,注射剂型和口服剂型各不得超过2种,处方组成类同的复方制剂1~2种。因特殊诊疗需要使用其他剂型和剂量规格药品的情况除外。

第十七条　医师开具处方应当使用经药品监督管理部门批准并公布的药品通用名称、新活性化合物的专利药品名称和复方制剂药品名称。

医师开具院内制剂处方时应当使用经省级卫生行政部门审核、药品监督管理部门批准的名称。

医师可以使用由卫生部公布的药品习惯名称开具处方。

第十八条　处方开具当日有效。特殊情况下需延长有效期的,由开具处方的医师注明有效期限,但有效期最长不得超过3天。

第十九条　处方一般不得超过7日用量;急诊处方一般不得超过3日用量;对于某些慢性病、老年病或特殊情况,处方用量可适当延长,但医师应当注明理由。

医疗用毒性药品、放射性药品的处方用量应当严格按照国家有关规定执行。

第二十条　医师应当按照卫生部制定的麻醉药品和精神药品临床应用指导原则,开具麻醉药品、第一类精神药品处方。

第二十一条　门(急)诊癌症疼痛患者和中、重度慢性疼痛患者需长期使用麻醉药品和第一类精神药品的,首诊医师应当亲自诊查患者,建立相应的病历,要求其签署《知情同意书》。

病历中应当留存下列材料复印件:

(一)二级以上医院开具的诊断证明;

(二)患者户籍簿、身份证或者其他相关有效身份证明文件;

(三)为患者代办人员身份证明文件。

第二十二条　除需长期使用麻醉药品和第一类精神药品的门(急)诊癌症疼痛患者和中、重度慢性疼痛患者外,麻醉药品注射剂仅限于医疗机构内使用。

第二十三条　为门(急)诊患者开具的麻醉药品注射剂,每张处方为一次常用量;控缓释制剂,每张处方不得超过7日常用量;其他剂型,每张处方不得超过3日常用量。

第一类精神药品注射剂,每张处方为一次常用量;控缓释制剂,每张处方不得超过7日常用量;其他剂型,每张处方不得超过3日常用量。哌醋甲酯用于治疗儿童多动症时,每张处方不得超过15日常用量。

第二类精神药品一般每张处方不得超过7日常用量;对于慢性病或某些特殊情况的患者,处方用量可以适当延长,医师应当注明理由。

第二十四条　为门(急)诊癌症疼痛患者和中、重度慢性疼痛患者开具的麻醉药品、第一类精神药品注射剂,每张处方不得超过3日常用量;控缓释制剂,每张处方不得超过15日常用量;其他剂型,每张处方不得超过7日常用量。

第二十五条　为住院患者开具的麻醉药品和第一类

精神药品处方应当逐日开具,每张处方为1日常用量。

第二十六条 对于需要特别加强管制的麻醉药品,盐酸二氢埃托啡处方为一次常用量,仅限于二级以上医院内使用;盐酸哌替啶处方为一次常用量,仅限于医疗机构内使用。

第二十七条 医疗机构应当要求长期使用麻醉药品和第一类精神药品的门(急)诊癌症患者和中、重度慢性疼痛患者,每3个月复诊或者随诊一次。

第二十八条 医师利用计算机开具、传递普通处方时,应当同时打印出纸质处方,其格式与手写处方一致;打印的纸质处方经签名或者加盖签章后有效。药师核发药品时,应当核对打印的纸质处方,无误后发给药品,并将打印的纸质处方与计算机传递处方同时收存备查。

第五章 处方的调剂

第二十九条 取得药学专业技术职务任职资格的人员方可从事处方调剂工作。

第三十条 药师在执业的医疗机构取得处方调剂资格。药师签名或者专用签章式样应当在本机构留样备查。

第三十一条 具有药师以上专业技术职务任职资格的人员负责处方审核、评估、核对、发药以及安全用药指导;药士从事处方调配工作。

第三十二条 药师应当凭医师处方调剂处方药品,非经医师处方不得调剂。

第三十三条 药师应当按照操作规程调剂处方药品;认真审核处方,准确调配药品,正确书写药袋或粘贴标签,注明患者姓名和药品名称、用法、用量、包装;向患者交付药品时,按照药品说明书或者处方用法,进行用药交待与指导,包括每种药品的用法、用量、注意事项等。

第三十四条 药师应当认真逐项检查处方前记、正文和后记书写是否清晰、完整,并确认处方的合法性。

第三十五条 药师应当对处方用药适宜性进行审核,审核内容包括:

(一)规定必须做皮试的药品,处方医师是否注明过敏试验及结果的判定;

(二)处方用药与临床诊断的相符性;

(三)剂量、用法的正确性;

(四)选用剂型与给药途径的合理性;

(五)是否有重复给药现象;

(六)是否有潜在临床意义的药物相互作用和配伍禁忌;

(七)其他用药不适宜情况。

第三十六条 药师经处方审核后,认为存在用药不适宜时,应当告知处方医师,请其确认或者重新开具处方。

药师发现严重不合理用药或者用药错误,应当拒绝调剂,及时告知处方医师,并应当记录,按照有关规定报告。

第三十七条 药师调剂处方时必须做到"四查十对":查处方,对科别、姓名、年龄;查药品,对药名、剂型、规格、数量;查配伍禁忌,对药品性状、用法用量;查用药合理性,对临床诊断。

第三十八条 药师在完成处方调剂后,应当在处方上签名或者加盖专用签章。

第三十九条 药师应当对麻醉药品和第一类精神药品处方,按年月日逐日编制顺序号。

第四十条 药师对于不规范处方或者不能判定其合法性的处方,不得调剂。

第四十一条 医疗机构应当将本机构基本用药供应目录内同类药品相关信息告知患者。

第四十二条 除麻醉药品、精神药品、医疗用毒性药品和儿科处方外,医疗机构不得限制门诊就诊人员持处方到药品零售企业购药。

第六章 监督管理

第四十三条 医疗机构应当加强对本机构处方开具、调剂和保管的管理。

第四十四条 医疗机构应当建立处方点评制度,填写处方评价表(附件2),对处方实施动态监测及超常预警,登记并通报不合理处方,对不合理用药及时予以干预。

第四十五条 医疗机构应当对出现超常处方3次以上且无正当理由的医师提出警告,限制其处方权;限制处方权后,仍连续2次以上出现超常处方且无正当理由的,取消其处方权。

第四十六条 医师出现下列情形之一的,处方权由其所在医疗机构予以取消:

(一)被责令暂停执业;

(二)考核不合格离岗培训期间;

(三)被注销、吊销执业证书;

(四)不按照规定开具处方,造成严重后果的;

(五)不按照规定使用药品,造成严重后果的;

(六)因开具处方牟取私利。

第四十七条 未取得处方权的人员及被取消处方权的医师不得开具处方。未取得麻醉药品和第一类精神药品处方资格的医师不得开具麻醉药品和第一类精神药品处方。

第四十八条 除治疗需要外，医师不得开具麻醉药品、精神药品、医疗用毒性药品和放射性药品处方。

第四十九条 未取得药学专业技术职务任职资格的人员不得从事处方调剂工作。

第五十条 处方由调剂处方药品的医疗机构妥善保存。普通处方、急诊处方、儿科处方保存期限为1年，医疗用毒性药品、第二类精神药品处方保存期限为2年，麻醉药品和第一类精神药品处方保存期限为3年。

处方保存期满后，经医疗机构主要负责人批准、登记备案，方可销毁。

第五十一条 医疗机构应当根据麻醉药品和精神药品处方开具情况，按照麻醉药品和精神药品品种、规格对其消耗量进行专册登记，登记内容包括发药日期、患者姓名、用药数量。专册保存期限为3年。

第五十二条 县级以上地方卫生行政部门应当定期对本行政区域内医疗机构处方管理情况进行监督检查。

县级以上卫生行政部门在对医疗机构实施监督管理过程中，发现医师出现本办法第四十六条规定情形的，应当责令医疗机构取消医师处方权。

第五十三条 卫生行政部门的工作人员依法对医疗机构处方管理情况进行监督检查时，应当出示证件；被检查的医疗机构应当予以配合，如实反映情况，提供必要的资料，不得拒绝、阻碍、隐瞒。

第七章 法律责任

第五十四条 医疗机构有下列情形之一的，由县级以上卫生行政部门按照《医疗机构管理条例》第四十八条的规定，责令限期改正，并可处以5000元以下的罚款；情节严重的，吊销其《医疗机构执业许可证》：

（一）使用未取得处方权的人员、被取消处方权的医师开具处方的；

（二）使用未取得麻醉药品和第一类精神药品处方资格的医师开具麻醉药品和第一类精神药品处方的；

（三）使用未取得药学专业技术职务任职资格的人员从事处方调剂工作的。

第五十五条 医疗机构未按照规定保管麻醉药品和精神药品处方，或者未依照规定进行专册登记的，按照《麻醉药品和精神药品管理条例》第七十二条的规定，由设区的市级卫生行政部门责令限期改正，给予警告；逾期不改正的，处5000元以上1万元以下的罚款；情节严重的，吊销其印鉴卡；对直接负责的主管人员和其他直接责任人员，依法给予降级、撤职、开除的处分。

第五十六条 医师和药师出现下列情形之一的，由县级以上卫生行政部门按照《麻醉药品和精神药品管理条例》第七十三条的规定予以处罚：

（一）未取得麻醉药品和第一类精神药品处方资格的医师擅自开具麻醉药品和第一类精神药品处方的；

（二）具有麻醉药品和第一类精神药品处方医师未按照规定开具麻醉药品和第一类精神药品处方，或者未按照卫生部制定的麻醉药品和精神药品临床应用指导原则使用麻醉药品和第一类精神药品的；

（三）药师未按照规定调剂麻醉药品、精神药品处方的。

第五十七条 医师出现下列情形之一的，按照《执业医师法》第三十七条的规定，由县级以上卫生行政部门给予警告或者责令暂停六个月以上一年以下执业活动；情节严重的，吊销其执业证书：

（一）未取得处方权或者被取消处方权后开具药品处方的；

（二）未按照本办法规定开具药品处方的；

（三）违反本办法其他规定的。

第五十八条 药师未按照规定调剂处方药品，情节严重的，由县级以上卫生行政部门责令改正、通报批评，给予警告；并由所在医疗机构或者其上级单位给予纪律处分。

第五十九条 县级以上地方卫生行政部门未按照本办法规定履行监管职责的，由上级卫生行政部门责令改正。

第八章 附　则

第六十条 乡村医生按照《乡村医生从业管理条例》的规定，在省级卫生行政部门制定的乡村医生基本用药目录范围内开具药品处方。

第六十一条 本办法所称药学专业技术人员，是指按照卫生部《卫生技术人员职务试行条例》规定，取得药学专业技术职务任职资格人员，包括主任药师、副主任药师、主管药师、药师、药士。

第六十二条 本办法所称医疗机构，是指按照《医疗机构管理条例》批准登记的从事疾病诊断、治疗活动的医院、社区卫生服务中心（站）、妇幼保健院、卫生院、疗养院、门诊部、诊所、卫生室（所）、急救中心（站）、专科疾病防治院（所、站）以及护理院（站）等医疗机构。

第六十三条 本办法自2007年5月1日起施行。《处方管理办法（试行）》（卫医发〔2004〕269号）和《麻醉药品、精神药品处方管理规定》(卫医法〔2005〕436号)同时废止。

附件(略)

长期处方管理规范(试行)

- 2021年8月10日
- 国卫办医发〔2021〕17号

第一章 总 则

第一条 为规范长期处方管理,推进分级诊疗,促进合理用药,保障医疗质量和医疗安全,根据《执业医师法》《药品管理法》《医疗机构管理条例》《麻醉药品和精神药品管理条例》《处方管理办法》《医疗机构药事管理规定》等相关规定,制定本规范。

第二条 本规范所称长期处方是指具备条件的医师按照规定,对符合条件的慢性病患者开具的处方用量适当增加的处方。

第三条 长期处方适用于临床诊断明确、用药方案稳定、依从性良好、病情控制平稳、需长期药物治疗的慢性病患者。

第四条 治疗慢性病的一般常用药品可用于长期处方。

第五条 医疗用毒性药品、放射性药品、易制毒药品、麻醉药品、第一类和第二类精神药品、抗微生物药物(治疗结核等慢性细菌真菌感染性疾病的药物除外),以及对储存条件有特殊要求的药品不得用于长期处方。

第六条 地方卫生健康行政部门应当根据实际情况,制定长期处方适用疾病病种及长期处方用药范围。

第七条 本规范适用于全国各级各类医疗机构的长期处方管理工作。

鼓励由基层医疗卫生机构开具长期处方,不适宜在基层治疗的慢性病长期处方应由二级以上医疗机构开具。

第八条 国家卫生健康委负责全国长期处方的监督管理工作。

县级以上地方卫生健康行政部门负责本行政区域内长期处方的监督管理工作。

第二章 组织管理

第九条 医疗机构应当履行本机构长期处方管理的主体责任,建立健全本机构长期处方管理工作制度,保障医疗质量和医疗安全,满足患者用药需求。

第十条 开具长期处方的医疗机构,应当配备具有评估患者病情能力的医师、能够审核调剂长期处方的药师(含其他药学技术人员,下同)以及相应的设备设施等条件。

基层医疗卫生机构不具备相应条件的,可以通过远程会诊、互联网复诊、医院会诊等途径在医联体内具备条件的上级医疗机构指导下开具。

第十一条 根据患者诊疗需要,长期处方的处方量一般在4周内;根据慢性病特点,病情稳定的患者适当延长,最长不超过12周。

超过4周的长期处方,医师应当严格评估,强化患者教育,并在病历中记录,患者通过签字等方式确认。

第十二条 医疗机构应当按照卫生健康行政部门制定的长期处方适用疾病病种及长期处方用药范围,为符合条件的患者提供长期处方服务。

第十三条 医疗机构可以在普通内科、老年医学、全科医学等科室,为患有多种疾病的老年患者提供"一站式"长期处方服务,解决老年患者多科室就医取药问题。

第十四条 医疗机构开具长期处方,鼓励优先选择国家基本药物、国家组织集中采购中选药品以及国家医保目录药品。

第十五条 基层医疗卫生机构应当加强长期处方用药的配备,确保患者长期用药可及、稳定。

第十六条 地方卫生健康行政部门和医疗机构不得以费用控制、药占比、绩效考核等为由影响长期处方的开具。

地方卫生健康行政部门应当加强长期处方的审核、点评、合理用药考核等工作,长期处方产生的药品费用不纳入门诊次均费用、门诊药品次均费用考核,其他考核工作也应当视情况将长期处方进行单独管理。

第三章 长期处方开具与终止

第十七条 对提出长期处方申请的患者,医师必须亲自诊查并对其是否符合长期处方条件作出判断。

医师在诊疗活动中,可以向符合条件的患者主动提出长期处方建议。

第十八条 医师应当向患者说明使用长期处方的注意事项,并由其自愿选择是否使用;对不符合条件的患者,应当向患者说明原因。

第十九条 首次开具长期处方前,医师应当对患者的既往史、现病史、用药方案、依从性、病情控制情况等进行全面评估,在确定当前用药方案安全、有效、稳定的情况下,方可为患者开具长期处方。首次开具长期处方,应当在患者病历中详细记录有关信息。

第二十条 原则上,首次长期处方应当由二级以上医疗机构具有与疾病相关专业的中级以上专业技术职务任职资格的医师开具,或由基层医疗卫生机构具有中级以上专业技术职务任职资格的医师开具。再次开具长期处方时,应当由二级以上医疗机构疾病相关专业医师,或基层医疗卫生机构医师开具。鼓励患者通过基层医疗卫生机构签约家庭医生开具长期处方。

边远地区或条件不具备的地区可适当放宽要求,具体要求由省级卫生健康行政部门根据实际情况另行规定。

第二十一条 医师应当根据患者病历信息中的首次开具的长期处方信息和健康档案,对患者进行评估。经评估认为患者病情稳定并达到长期用药管理目标的,可以再次开具长期处方,并在患者病历中记录;不符合条件的,终止使用长期处方。停用后再次使用长期处方的,应当按照首次开具长期处方进行管理。

第二十二条 出现以下情况,需要重新评估患者病情,判断是否终止长期处方:

(一)患者长期用药管理未达预期目标;
(二)罹患其他疾病需其他药物治疗;
(三)患者因任何原因住院治疗;
(四)其他需要终止长期处方的情况。

第二十三条 开具长期处方的基层医疗卫生机构与上级医院要做好衔接,通过信息化手段等方式建立患者处方信息共享和流转机制。

第二十四条 长期处方样式、内容应当符合《处方管理办法》中普通处方管理的要求。

第四章 长期处方调剂

第二十五条 医师开具长期处方后,患者可以自主选择在医疗机构或者社会零售药店进行调剂取药。

第二十六条 药师对长期处方进行审核,并对患者进行用药指导和用药教育,发放用药教育材料。基层医疗卫生机构不具备条件的,应当由医联体内上级医院的药师通过互联网远程进行处方审核或提供用药指导服务。

第二十七条 药师在审核长期处方、提供咨询服务、调剂药品工作时,如发现药物治疗相关问题或患者存在用药安全隐患,需要进行长期处方调整、药物重整等干预时,应立即与医师沟通进行处理。

第二十八条 长期处方药品原则上由患者本人领取。特殊情况下,因行动不便等原因,可由熟悉患者基本情况的人员,持本人及患者有效身份证件代为领取,并配合做好相应取药登记记录。鼓励通过配送物流延伸等方式,解决患者取药困难问题。

第五章 长期处方用药管理

第二十九条 医疗机构应当对长期处方定期开展合理性评价工作,持续提高长期处方合理用药水平。

第三十条 基层医疗卫生机构应当将本机构开具的长期处方信息纳入患者健康档案,详细记录患者诊疗和用药记录。家庭医生团队应当对患者进行定期随访管理,对患者病情变化、用药依从性和药物不良反应等进行评估,必要时及时调整或终止长期处方,并在患者健康档案及病历中注明。

第三十一条 医疗机构应当建立安全用药监测与报告制度。发生药品严重不良事件后,应当积极救治患者,立即向医务和药学部门报告,做好观察与记录。按照有关规定向有关部门报告药品不良反应等信息。

第三十二条 医疗机构应当加强对使用长期处方患者的用药教育,增加其合理用药知识,提高自我用药管理能力和用药依从性,并告知患者在用药过程中出现任何不适,应当及时就诊。

第三十三条 医疗机构应当指导使用长期处方患者对药物治疗效果指标进行自我监测并作好记录。鼓励使用医疗器械类穿戴设备,提高药物治疗效果指标监测的信息化水平。在保障数据和隐私安全的前提下,可以探索通过接入互联网的远程监测设备开展监测。

第三十四条 医疗机构应当指导使用长期处方患者,按照要求保存药品,确保药品质量。

第三十五条 医疗机构应当将长期处方患者的诊疗,纳入医疗管理统筹安排,严格落实有关疾病诊疗规范要求,加强质量控制和管理,保障医疗质量和医疗安全。

第三十六条 鼓励有条件的地区通过开设微信公众号、患者客户端等互联网交互方式或途径,方便患者查询长期处方信息、药品用法用量、注意事项等。探索开展长期处方患者的用药提醒、随访、用药咨询等服务。

第六章 长期处方医保支付

第三十七条 各地医保部门支付长期处方开具的符合规定的药品费用,不对单张处方的数量、金额等作限制,参保人按规定享受待遇。

第三十八条 各地在制定区域总额预算管理时,应当充分考虑长期处方因素。

第三十九条 各地医保部门应当提高经办服务能力,方便各医疗机构、零售药店刷卡结算,为参保人提供长期处方医保报销咨询服务。加强智能监控、智能审核，确保药品合理使用。

第七章 附 则

第四十条 地方卫生健康行政部门应当会同医疗保障部门制定辖区内长期处方管理实施细则后实施。

第四十一条 互联网医院提供长期处方服务，应当结合其依托的实体医疗机构具备的条件，符合医疗机构药事管理、互联网诊疗管理相关规定和本规范，加强医疗质量和安全监管。

第四十二条 基层医疗卫生机构，是指乡镇卫生院、社区卫生服务中心（站）、村卫生室、医务室、门诊部和诊所等。

第四十三条 本规范自印发之日起施行。

医院处方点评管理规范（试行）

· 2010年2月10日
· 卫医管发〔2010〕28号

第一章 总 则

第一条 为规范医院处方点评工作，提高处方质量，促进合理用药，保障医疗安全，根据《药品管理法》、《执业医师法》、《医疗机构管理条例》、《处方管理办法》等有关法律、法规、规章，制定本规范。

第二条 处方点评是根据相关法规、技术规范，对处方书写的规范性及药物临床使用的适宜性（用药适应证、药物选择、给药途径、用法用量、药物相互作用、配伍禁忌等）进行评价，发现存在或潜在的问题，制定并实施干预和改进措施，促进临床药物合理应用的过程。

第三条 处方点评是医院持续医疗质量改进和药品临床应用管理的重要组成部分，是提高临床药物治疗学水平的重要手段。各级医院应当按照本规范，建立健全系统化、标准化和持续改进的处方点评制度，开展处方点评工作，并在实践工作中不断完善。

其他各级各类医疗机构的处方点评工作，参照本规范执行。

第四条 医院应当加强处方质量和药物临床应用管理，规范医师处方行为，落实处方审核、发药、核对与用药交待等相关规定；定期对医务人员进行合理用药知识培训与教育；制定并落实持续质量改进措施。

第二章 组织管理

第五条 医院处方点评工作在医院药物与治疗学委员会（组）和医疗质量管理委员会领导下，由医院医疗管理部门和药学部门共同组织实施。

第六条 医院应当根据本医院的性质、功能、任务、科室设置等情况，在药物与治疗学委员会（组）下建立由医院药学、临床医学、临床微生物学、医疗管理等多学科专家组成的处方点评专家组，为处方点评工作提供专业技术咨询。

第七条 医院药学部门成立处方点评工作小组，负责处方点评的具体工作。

第八条 处方点评工作小组成员应当具备以下条件：

（一）具有较丰富的临床用药经验和合理用药知识；

（二）具备相应的专业技术任职资格：二级及以上医院处方点评工作小组成员应当具有中级以上药学专业技术职务任职资格，其他医院处方点评工作小组成员应当具有药师以上药学专业技术职务任职资格。

第三章 处方点评的实施

第九条 医院药学部门应当会同医疗管理部门，根据医院诊疗科目、科室设置、技术水平、诊疗量等实际情况，确定具体抽样方法和抽样率，其中门急诊处方的抽样率不应少于总处方量的1‰，且每月点评处方绝对数不应少于100张；病房（区）医嘱单的抽样率（按出院病历数计）不应少于1%，且每月点评出院病历绝对数不应少于30份。

第十条 医院处方点评小组应当按照确定的处方抽样方法随机抽取处方，并按照《处方点评工作表》（附件）对门急诊处方进行点评；病房（区）用药医嘱的点评应当以患者住院病历为依据，实施综合点评，点评表格由医院根据本院实际情况自行制定。

第十一条 三级以上医院应当逐步建立健全专项处方点评制度。专项处方点评是医院根据药事管理和药物临床应用管理的现状和存在的问题，确定点评的范围和内容，对特定的药物或特定疾病的药物（如国家基本药物、血液制品、中药注射剂、肠外营养制剂、抗菌药物、辅助治疗药物、激素等临床使用及超说明书用药、肿瘤患者和围手术期用药等）使用情况进行的处方点评。

第十二条 处方点评工作应坚持科学、公正、务实的原则，有完整、准确的书面记录，并通报临床科室和当事人。

第十三条 处方点评小组在处方点评工作过程中发现不合理处方，应当及时通知医疗管理部门和药学部门。

第十四条 有条件的医院应当利用信息技术建立处方点评系统，逐步实现与医院信息系统的联网与信息共享。

第四章 处方点评的结果

第十五条 处方点评结果分为合理处方和不合理处方。

第十六条 不合理处方包括不规范处方、用药不适宜处方及超常处方。

第十七条 有下列情况之一的,应当判定为不规范处方:

(一)处方的前记、正文、后记内容缺项,书写不规范或者字迹难以辨认的;

(二)医师签名、签章不规范或者与签名、签章的留样不一致的;

(三)药师未对处方进行适宜性审核的(处方后记的审核、调配、核对、发药栏目无审核调配药师及核对发药药师签名,或者单人值班调剂未执行双签名规定);

(四)新生儿、婴幼儿处方未写明日、月龄的;

(五)西药、中成药与中药饮片未分别开具处方的;

(六)未使用药品规范名称开具处方的;

(七)药品的剂量、规格、数量、单位等书写不规范或不清楚的;

(八)用法、用量使用"遵医嘱"、"自用"等含糊不清字句的;

(九)处方修改未签名并注明修改日期,或药品超剂量使用未注明原因和再次签名的;

(十)开具处方未写临床诊断或临床诊断书写不全的;

(十一)单张门急诊处方超过五种药品的;

(十二)无特殊情况下,门诊处方超过7日用量,急诊处方超过3日用量,慢性病、老年病或特殊情况下需要适当延长处方用量未注明理由的;

(十三)开具麻醉药品、精神药品、医疗用毒性药品、放射性药品等特殊管理药品处方未执行国家有关规定的;

(十四)医师未按照抗菌药物临床应用管理规定开具抗菌药物处方的;

(十五)中药饮片处方药物未按照"君、臣、佐、使"的顺序排列,或未按要求标注药物调剂、煎煮等特殊要求的。

第十八条 有下列情况之一的,应当判定为用药不适宜处方:

(一)适应证不适宜的;

(二)遴选的药品不适宜的;

(三)药品剂型或给药途径不适宜的;

(四)无正当理由不首选国家基本药物的;

(五)用法、用量不适宜的;

(六)联合用药不适宜的;

(七)重复给药的;

(八)有配伍禁忌或者不良相互作用的;

(九)其他用药不适宜情况的。

第十九条 有下列情况之一的,应当判定为超常处方:

1. 无适应证用药的;
2. 无正当理由开具高价药的;
3. 无正当理由超说明书用药的;
4. 无正当理由为同一患者同时开具2种以上药理作用相同药物的。

第五章 点评结果的应用与持续改进

第二十条 医院药学部门应当会同医疗管理部门对处方点评小组提交的点评结果进行审核,定期公布处方点评结果,通报不合理处方;根据处方点评结果,对医院在药事管理、处方管理和临床用药方面存在的问题,进行汇总和综合分析评价,提出质量改进建议,并向医院药物与治疗学委员会(组)和医疗质量管理委员会报告;发现可能造成患者损害的,应当及时采取措施,防止损害发生。

第二十一条 医院药物与治疗学委员会(组)和医疗质量管理委员会应当根据药学部门会同医疗管理部门提交的质量改进建议,研究制定有针对性的临床用药质量管理和药事管理改进措施,并责成相关部门和科室落实质量改进措施,提高合理用药水平,保证患者用药安全。

第二十二条 各级卫生行政部门和医师定期考核机构,应当将处方点评结果作为重要指标纳入医院评审评价和医师定期考核指标体系。

第二十三条 医院应当将处方点评结果纳入相关科室及其工作人员绩效考核和年度考核指标,建立健全相关的奖惩制度。

第六章 监督管理

第二十四条 各级卫生行政部门应当加强对辖区内医院处方点评工作的监督管理,对不按规定开展处方点评工作的医院应当责令改正。

第二十五条 卫生行政部门和医院应当对开具不合理处方的医师,采取教育培训、批评等措施;对于开具超常处方的医师按照《处方管理办法》的规定予以处理;一个考核周期内5次以上开具不合理处方的医师,应当认定为医师定期考核不合格,离岗参加培训;对患者造成严重损害的,卫生行政部门应当按照相关法律、法规、规章给予相应处罚。

第二十六条 药师未按规定审核处方、调剂药品、进行用药交待或未对不合理处方进行有效干预的,医院应当采取教育培训、批评等措施;对患者造成严重损害的,卫生行政部门应当依法给予相应处罚。

第二十七条 医院因不合理用药对患者造成损害的,按照相关法律、法规处理。

附件:处方点评工作表(略)

医疗机构病历管理规定(2013年版)

- 2013年11月20日
- 国卫医发〔2013〕31号

第一章 总 则

第一条 为加强医疗机构病历管理,保障医疗质量与安全,维护医患双方的合法权益,制定本规定。

第二条 病历是指医务人员在医疗活动过程中形成的文字、符号、图表、影像、切片等资料的总和,包括门(急)诊病历和住院病历。病历归档以后形成病案。

第三条 本规定适用于各级各类医疗机构对病历的管理。

第四条 按照病历记录形式不同,可区分为纸质病历和电子病历。电子病历与纸质病历具有同等效力。

第五条 医疗机构应当建立健全病历管理制度,设置病案管理部门或者配备专(兼)职人员,负责病历和病案管理工作。

医疗机构应当建立病历质量定期检查、评估与反馈制度。医疗机构医务部门负责病历的质量管理。

第六条 医疗机构及其医务人员应当严格保护患者隐私,禁止以非医疗、教学、研究目的泄露患者的病历资料。

第二章 病历的建立

第七条 医疗机构应当建立门(急)诊病历和住院病历编号制度,为同一患者建立唯一的标识号码。已建立电子病历的医疗机构,应当将病历标识号码与患者身份证明编号相关联,使用标识号码和身份证明编号均能对病历进行检索。

门(急)诊病历和住院病历应当标注页码或者电子页码。

第八条 医务人员应当按照《病历书写基本规范》、《中医病历书写基本规范》、《电子病历基本规范(试行)》和《中医电子病历基本规范(试行)》要求书写病历。

第九条 住院病历应当按照以下顺序排序:体温单、医嘱单、入院记录、病程记录、术前讨论记录、手术同意书、麻醉同意书、麻醉术前访视记录、手术安全核查记录、手术清点记录、麻醉记录、麻醉术后访视记录、术后病程记录、病重(病危)患者护理记录、出院记录、死亡记录、输血治疗知情同意书、特殊检查(特殊治疗)同意书、会诊记录、病危(重)通知书、病理资料、辅助检查报告单、医学影像检查资料。

病案应当按照以下顺序装订保存:住院病案首页、入院记录、病程记录、术前讨论记录、手术同意书、麻醉同意书、麻醉术前访视记录、手术安全核查记录、手术清点记录、麻醉记录、手术记录、麻醉术后访视记录、术后病程记录、出院记录、死亡记录、死亡病例讨论记录、输血治疗知情同意书、特殊检查(特殊治疗)同意书、会诊记录、病危(重)通知书、病理资料、辅助检查报告单、医学影像检查资料、体温单、医嘱单、病重(病危)患者护理记录。

第三章 病历的保管

第十条 门(急)诊病历原则上由患者负责保管。医疗机构建有门(急)诊病历档案室或者已建立门(急)诊电子病历的,经患者或者其法定代理人同意,其门(急)诊病历可以由医疗机构负责保管。住院病历由医疗机构负责保管。

第十一条 门(急)诊病历由患者保管的,医疗机构应当将检查检验结果及时交由患者保管。

第十二条 门(急)诊病历由医疗机构保管的,医疗机构应当在收到检查检验结果后24小时内,将检查检验结果归入或者录入门(急)诊病历,并在每次诊疗活动结束后首个工作日内将门(急)诊病历归档。

第十三条 患者住院期间,住院病历由所在病区统一保管。因医疗活动或者工作需要,须将住院病历带离病区时,应当由病区指定的专门人员负责携带和保管。

医疗机构应当在收到住院患者检查检验结果和相关资料后24小时内归入或者录入住院病历。

患者出院后,住院病历由病案管理部门或者专(兼)职人员统一保存、管理。

第十四条 医疗机构应当严格病历管理,任何人不得随意涂改病历,严禁伪造、隐匿、销毁、抢夺、窃取病历。

第四章 病历的借阅与复制

第十五条 除为患者提供诊疗服务的医务人员,以及经卫生计生行政部门、中医药管理部门或者医疗机构授权的负责病案管理、医疗管理的部门或者人员外，其他任何机构和个人不得擅自查阅患者病历。

第十六条　其他医疗机构及医务人员因科研、教学需要查阅、借阅病历的，应当向患者就诊医疗机构提出申请，经同意并办理相应手续后方可查阅、借阅。查阅后应当立即归还，借阅病历应当在3个工作日内归还。查阅的病历资料不得带离患者就诊医疗机构。

第十七条　医疗机构应当受理下列人员和机构复制或者查阅病历资料的申请，并依规定提供病历复制或者查阅服务：

（一）患者本人或者其委托代理人；

（二）死亡患者法定继承人或者其代理人。

第十八条　医疗机构应当指定部门或者专（兼）职人员负责受理复制病历资料的申请。受理申请时，应当要求申请人提供有关证明材料，并对申请材料的形式进行审核。

（一）申请人为患者本人的，应当提供其有效身份证明；

（二）申请人为患者代理人的，应当提供患者及其代理人的有效身份证明，以及代理人与患者代理关系的法定证明材料和授权委托书。

（三）申请人为死亡患者法定继承人的，应当提供患者死亡证明、死亡患者法定继承人的有效身份证明、死亡患者与法定继承人关系的法定证明材料；

（四）申请人为死亡患者法定继承人代理人的，应当提供患者死亡证明、死亡患者法定继承人及其代理人的有效身份证明，死亡患者与法定继承人关系的法定证明材料，代理人与法定继承人代理关系的法定证明材料及授权委托书。

第十九条　医疗机构可以为申请人复制门（急）诊病历和住院病历中的体温单、医嘱单、住院志（入院记录）、手术同意书、麻醉同意书、麻醉记录、手术记录、病重（病危）患者护理记录、出院记录、输血治疗知情同意书、特殊检查（特殊治疗）同意书、病理报告、检验报告等辅助检查报告单、医学影像检查资料等病历资料。

第二十条　公安、司法、人力资源社会保障、保险以及负责医疗事故技术鉴定的部门，因办理案件、依法实施专业技术鉴定、医疗保险审核或仲裁、商业保险审核等需要，提出审核、查阅或者复制病历资料要求的，经办人员提供以下证明材料后，医疗机构可以根据需要提供患者部分或全部病历：

（一）该行政机关、司法机关、保险或者负责医疗事故技术鉴定部门出具的调取病历的法定证明；

（二）经办人本人有效身份证明；

（三）经办人本人有效工作证明（需与该行政机关、司法机关、保险或者负责医疗事故技术鉴定部门一致）。

保险机构因商业保险审核等需要，提出审核、查阅或者复制病历资料要求的，还应当提供保险合同复印件、患者本人或者其代理人同意的法定证明材料；患者死亡的，应当提供保险合同复印件、死亡患者法定继承人或者其代理人同意的法定证明材料。合同或者法律另有规定的除外。

第二十一条　按照《病历书写基本规范》和《中医病历书写基本规范》要求，病历尚未完成，申请人要求复制病历时，可以对已完成病历先行复制，在医务人员按照规定完成病历后，再对新完成部分进行复制。

第二十二条　医疗机构受理复制病历资料申请后，由指定部门或者专（兼）职人员通知病案管理部门或专（兼）职人员，在规定时间内将需要复制的病历资料送至指定地点，并在申请人在场的情况下复制；复制的病历资料经申请人和医疗机构双方确认无误后，加盖医疗机构证明印记。

第二十三条　医疗机构复制病历资料，可以按照规定收取工本费。

第五章　病历的封存与启封

第二十四条　依法需要封存病历时，应当在医疗机构或者其委托代理人、患者或者其代理人在场的情况下，对病历共同进行确认，签封病历复制件。

医疗机构申请封存病历时，医疗机构应当告知患者或者其代理人共同实施病历封存；但患者或者其代理人拒绝或者放弃实施病历封存的，医疗机构可以在公证机构公证的情况下，对病历进行确认，由公证机构签封病历复制件。

第二十五条　医疗机构负责封存病历复制件的保管。

第二十六条　封存后病历的原件可以继续记录和使用。

按照《病历书写基本规范》和《中医病历书写基本规范》要求，病历尚未完成，需要封存病历时，可以对已完成病历先行封存，当医师按照规定完成病历后，再对新完成部分进行封存。

第二十七条　开启封存病历应当在签封各方在场的情况下实施。

第六章 病历的保存

第二十八条 医疗机构可以采用符合档案管理要求的缩微技术等对纸质病历进行处理后保存。

第二十九条 门(急)诊病历由医疗机构保管的,保存时间自患者最后一次就诊之日起不少于15年;住院病历保存时间自患者最后一次住院出院之日起不少于30年。

第三十条 医疗机构变更名称时,所保管的病历应当由变更后医疗机构继续保管。

医疗机构撤销后,所保管的病历可以由省级卫生计生行政部门、中医药管理部门或者省级卫生计生行政部门、中医药管理部门指定的机构按照规定妥善保管。

第七章 附 则

第三十一条 本规定由国家卫生计生委负责解释。

第三十二条 本规定自2014年1月1日起施行。原卫生部和国家中医药管理局于2002年公布的《医疗机构病历管理规定》(卫医发〔2002〕193号)同时废止。

病历书写基本规范

- 2010年1月22日
- 卫医政发〔2010〕11号

第一章 基本要求

第一条 病历是指医务人员在医疗活动过程中形成的文字、符号、图表、影像、切片等资料的总和,包括门(急)诊病历和住院病历。

第二条 病历书写是指医务人员通过问诊、查体、辅助检查、诊断、治疗、护理等医疗活动获得有关资料,并进行归纳、分析、整理形成医疗活动记录的行为。

第三条 病历书写应当客观、真实、准确、及时、完整、规范。

第四条 病历书写应当使用蓝黑墨水、碳素墨水,需复写的病历资料可以使用蓝或黑色油水的圆珠笔。计算机打印的病历应当符合病历保存的要求。

第五条 病历书写应当使用中文,通用的外文缩写和无正式中文译名的症状、体征、疾病名称等可以使用外文。

第六条 病历书写应规范使用医学术语,文字工整、字迹清晰,表述准确,语句通顺,标点正确。

第七条 病历书写过程中出现错字时,应当用双线划在错字上,保留原记录清楚、可辨,并注明修改时间,修改人签名。不得采用刮、粘、涂等方法掩盖或去除原来的字迹。

上级医务人员有审查修改下级医务人员书写的病历的责任。

第八条 病历应当按照规定的内容书写,并由相应医务人员签名。

实习医务人员、试用期医务人员书写的病历,应当经过本医疗机构注册的医务人员审阅、修改并签名。

进修医务人员由医疗机构根据其胜任本专业工作实际情况认定后书写病历。

第九条 病历书写一律使用阿拉伯数字书写日期和时间,采用24小时制记录。

第十条 对需取得患者书面同意方可进行的医疗活动,应当由患者本人签署知情同意书。患者不具备完全民事行为能力时,应当由其法定代理人签字;患者因病无法签字时,应当由其授权的人员签字;为抢救患者,在法定代理人或被授权人无法及时签字的情况下,可由医疗机构负责人或者授权的负责人签字。

因实施保护性医疗措施不宜向患者说明情况的,应当将有关情况告知患者近亲属,由患者近亲属签署知情同意书,并及时记录。患者无近亲属的或者患者近亲属无法签署同意书的,由患者的法定代理人或者关系人签署同意书。

第二章 门(急)诊病历书写内容及要求

第十一条 门(急)诊病历内容包括门(急)诊病历首页(门(急)诊手册封面)、病历记录、化验单(检验报告)、医学影像检查资料等。

第十二条 门(急)诊病历首页内容应当包括患者姓名、性别、出生年月日、民族、婚姻状况、职业、工作单位、住址、药物过敏史等项目。

门诊手册封面内容应当包括患者姓名、性别、年龄、工作单位或住址、药物过敏史等项目。

第十三条 门(急)诊病历记录分为初诊病历记录和复诊病历记录。

初诊病历记录书写内容应当包括就诊时间、科别、主诉、现病史、既往史,阳性体征、必要的阴性体征和辅助检查结果,诊断及治疗意见和医师签名等。

复诊病历记录书写内容应当包括就诊时间、科别、主诉、病史、必要的体格检查和辅助检查结果、诊断、治疗处理意见和医师签名等。

急诊病历书写就诊时间应当具体到分钟。

第十四条 门(急)诊病历记录应当由接诊医师在患者就诊时及时完成。

第十五条 急诊留观记录是急诊患者因病情需要留院观察期间的记录,重点记录观察期间病情变化和诊疗措施,记录简明扼要,并注明患者去向。抢救危重患者时,应当书写抢救记录。门(急)诊抢救记录书写内容及要求按照住院病历抢救记录书写内容及要求执行。

第三章 住院病历书写内容及要求

第十六条 住院病历内容包括住院病案首页、入院记录、病程记录、手术同意书、麻醉同意书、输血治疗知情同意书、特殊检查(特殊治疗)同意书、病危(重)通知书、医嘱单、辅助检查报告单、体温单、医学影像检查资料、病理资料等。

第十七条 入院记录是指患者入院后,由经治医师通过问诊、查体、辅助检查获得有关资料,并对这些资料归纳分析书写而成的记录。可分为入院记录、再次或多次入院记录、24小时内入出院记录、24小时内入院死亡记录。

入院记录、再次或多次入院记录应当于患者入院后24小时内完成;24小时内入出院记录应当于患者出院后24小时内完成,24小时内入院死亡记录应当于患者死亡后24小时内完成。

第十八条 入院记录的要求及内容。

(一)患者一般情况包括姓名、性别、年龄、民族、婚姻状况、出生地、职业、入院时间、记录时间、病史陈述者。

(二)主诉是指促使患者就诊的主要症状(或体征)及持续时间。

(三)现病史是指患者本次疾病的发生、演变、诊疗等方面的详细情况,应当按时间顺序书写。内容包括发病情况、主要症状特点及其发展变化情况、伴随症状、发病后诊疗经过及结果、睡眠和饮食等一般情况的变化,以及与鉴别诊断有关的阳性或阴性资料等。

1. 发病情况:记录发病的时间、地点、起病缓急、前驱症状、可能的原因或诱因。

2. 主要症状特点及其发展变化情况:按发生的先后顺序描述主要症状的部位、性质、持续时间、程度、缓解或加剧因素,以及演变发展情况。

3. 伴随症状:记录伴随症状,描述伴随症状与主要症状之间的相互关系。

4. 发病以来诊治经过及结果:记录患者发病后到入院前,在院内、外接受检查与治疗的详细经过及效果。对患者提供的药名、诊断和手术名称需加引号("")以示区别。

5. 发病以来一般情况:简要记录患者发病后的精神状态、睡眠、食欲、大小便、体重等情况。

与本次疾病虽无紧密关系、但仍需治疗的其他疾病情况,可在现病史后另起一段予以记录。

(四)既往史是指患者过去的健康和疾病情况。内容包括既往一般健康状况、疾病史、传染病史、预防接种史、手术外伤史、输血史、食物或药物过敏史等。

(五)个人史,婚育史、月经史,家族史。

1. 个人史:记录出生地及长期居留地,生活习惯及有无烟、酒、药物等嗜好,职业与工作条件及有无工业毒物、粉尘、放射性物质接触史,有无冶游史。

2. 婚育史、月经史:婚姻状况、结婚年龄、配偶健康状况、有无子女等。女性患者记录初潮年龄、行经期天数、间隔天数、末次月经时间(或闭经年龄)、月经量、痛经及生育等情况。

3. 家族史:父母、兄弟、姐妹健康状况,有无与患者类似疾病,有无家族遗传倾向的疾病。

(六)体格检查应当按照系统循序进行书写。内容包括体温、脉搏、呼吸、血压,一般情况,皮肤、粘膜,全身浅表淋巴结,头部及其器官,颈部,胸部(胸廓、肺部、心脏、血管),腹部(肝、脾等),直肠肛门,外生殖器,脊柱,四肢,神经系统等。

(七)专科情况应当根据专科需要记录专科特殊情况。

(八)辅助检查指入院前所作的与本次疾病相关的主要检查及其结果。应分类按检查时间顺序记录检查结果,如系在其他医疗机构所作检查,应当写明该机构名称及检查号。

(九)初步诊断是指经治医师根据患者入院时情况,综合分析所作出的诊断。如初步诊断为多项时,应当主次分明。对待查病例应列出可能性较大的诊断。

(十)书写入院记录的医师签名。

第十九条 再次或多次入院记录,是指患者因同一种疾病再次或多次住入同一医疗机构时书写的记录。要求及内容基本同入院记录。主诉是记录患者本次入院的主要症状(或体征)及持续时间;现病史中要求首先对本次住院前历次有关住院诊疗经过进行小结,然后再书写本次入院的现病史。

第二十条 患者入院不足24小时出院的,可以书写24小时内入出院记录。内容包括患者姓名、性别、年龄、职业、入院时间、出院时间、主诉、入院情况、入院诊断、诊疗经过、出院情况、出院诊断、出院医嘱,医师签名等。

第二十一条 患者入院不足24小时死亡的,可以书写24小时内入院死亡记录。内容包括患者姓名、性别、年龄、职业、入院时间、死亡时间、主诉、入院情况、入院诊断、诊疗经过(抢救经过)、死亡原因、死亡诊断、医师签名等。

第二十二条 病程记录是指继入院记录之后,对患者病情和诊疗过程所进行的连续性记录。内容包括患者的病情变化情况、重要的辅助检查结果及临床意义、上级医师查房意见、会诊意见、医师分析讨论意见、所采取的诊疗措施及效果、医嘱更改及理由、向患者及其近亲属告知的重要事项等。

病程记录的要求及内容:

(一)首次病程记录是指患者入院后由经治医师或值班医师书写的第一次病程记录,应当在患者入院8小时内完成。首次病程记录的内容包括病例特点、拟诊讨论(诊断依据及鉴别诊断)、诊疗计划等。

1. 病例特点:应当在对病史、体格检查和辅助检查进行全面分析、归纳和整理后写出本病例特征,包括阳性发现和具有鉴别诊断意义的阴性症状和体征等。

2. 拟诊讨论(诊断依据及鉴别诊断):根据病例特点,提出初步诊断和诊断依据;对诊断不明的写出鉴别诊断并进行分析;并对下一步诊治措施进行分析。

3. 诊疗计划:提出具体的检查及治疗措施安排。

(二)日常病程记录是指对患者住院期间诊疗过程的经常性、连续性记录。由经治医师书写,也可以由实习医务人员或试用期医务人员书写,但应有经治医师签名。书写日常病程记录时,首先标明记录时间,另起一行记录具体内容。对病危者应当根据病情变化随时书写病程记录,每天至少1次,记录时间应当具体到分钟。对病重患者,至少2天记录一次病程记录。对病情稳定的患者,至少3天记录一次病程记录。

(三)上级医师查房记录是指上级医师查房时对患者病情、诊断、鉴别诊断、当前治疗措施疗效的分析及下一步诊疗意见等的记录。

主治医师首次查房记录应当于患者入院48小时内完成。内容包括查房医师的姓名、专业技术职务、补充的病史和体征、诊断依据与鉴别诊断的分析及诊疗计划等。

主治医师日常查房记录间隔时间视病情和诊疗情况确定,内容包括查房医师的姓名、专业技术职务、对病情的分析和诊疗意见等。

科主任或具有副主任医师以上专业技术职务任职资格医师查房的记录,内容包括查房医师的姓名、专业技术职务、对病情的分析和诊疗意见等。

(四)疑难病例讨论记录是指由科主任或具有副主任医师以上专业技术任职资格的医师主持、召集有关医务人员对诊断困难或疗效不确切病例讨论的记录。内容包括讨论日期、主持人、参加人员姓名及专业技术职务、具体讨论意见及主持人小结意见等。

(五)交(接)班记录是指患者经治医师发生变更之际,交班医师和接班医师分别对患者病情及诊疗情况进行简要总结的记录。交班记录应当在交班前由交班医师书写完成;接班记录应当由接班医师于接班后24小时内完成。交(接)班记录的内容包括入院日期、交班或接班日期、患者姓名、性别、年龄、主诉、入院情况、入院诊断、诊疗经过、目前情况、目前诊断、交班注意事项或接班诊疗计划、医师签名等。

(六)转科记录是指患者住院期间需要转科时,经转入科室医师会诊并同意接收后,由转出科室和转入科室医师分别书写的记录。包括转出记录和转入记录。转出记录由转出科室医师在患者转出科室前书写完成(紧急情况除外);转入记录由转入科室医师于患者转入后24小时内完成。转科记录内容包括入院日期、转出或转入日期、转出、转入科室,患者姓名、性别、年龄、主诉、入院情况、入院诊断、诊疗经过、目前情况、目前诊断、转科目的及注意事项或转入诊疗计划、医师签名等。

(七)阶段小结是指患者住院时间较长,由经治医师每月所作病情及诊疗情况总结。阶段小结的内容包括入院日期、小结日期,患者姓名、性别、年龄、主诉、入院情况、入院诊断、诊疗经过、目前情况、目前诊断、诊疗计划、医师签名等。

交(接)班记录、转科记录可代替阶段小结。

(八)抢救记录是指患者病情危重,采取抢救措施时作的记录。因抢救急危患者,未能及时书写病历的,有关医务人员应当在抢救结束后6小时内据实补记,并加以注明。内容包括病情变化情况、抢救时间及措施、参加抢救的医务人员姓名及专业技术职称等。记录抢救时间应当具体到分钟。

(九)有创诊疗操作记录是指在临床诊疗活动过程中进行的各种诊断、治疗性操作(如胸腔穿刺、腹腔穿刺等)的记录。应当在操作完成后即刻书写。内容包括操作名称、操作时间、操作步骤、结果及患者一般情况,记录过程是否顺利、有无不良反应,术后注意事项及是否向患者说明,操作医师签名。

(十)会诊记录(含会诊意见)是指患者在住院期间需要其他科室或者其他医疗机构协助诊疗时,分别由申请医师和会诊医师书写的记录。会诊记录应另页书写。

内容包括申请会诊记录和会诊意见记录。申请会诊记录应当简要载明患者病情及诊疗情况、申请会诊的理由和目的，申请会诊医师签名等。常规会诊意见记录应当由会诊医师在会诊申请发出后48小时内完成，急会诊时会诊医师应当在会诊申请发出后10分钟内到场，并在会诊结束后即刻完成会诊记录。会诊记录内容包括会诊意见、会诊医师所在的科别或者医疗机构名称、会诊时间及会诊医师签名等。申请会诊医师应在病程记录中记录会诊意见执行情况。

（十一）术前小结是指在患者手术前，由经治医师对患者病情所作的总结。内容包括简要病情、术前诊断、手术指征、拟施手术名称和方式、拟施麻醉方式、注意事项，并记录手术者术前查看患者相关情况等。

（十二）术前讨论记录是指因患者病情较重或手术难度较大，手术前在上级医师主持下，对拟实施手术方式和术中可能出现的问题及应对措施所作的讨论。讨论内容包括术前准备情况、手术指征、手术方案、可能出现的意外及防范措施、参加讨论者的姓名及专业技术职务、具体讨论意见及主持人小结意见、讨论日期、记录者的签名等。

（十三）麻醉术前访视记录是指在麻醉实施前，由麻醉医师对患者拟实施麻醉进行风险评估的记录。麻醉术前访视可另立单页，也可在病程中记录。内容包括姓名、性别、年龄、科别、病案号，患者一般情况、简要病史、与麻醉相关的辅助检查结果、拟行手术方式、拟行麻醉方式、麻醉适应证及麻醉中需注意的问题、术前麻醉医嘱、麻醉医师签字并填写日期。

（十四）麻醉记录是指麻醉医师在麻醉实施中书写的麻醉经过及处理措施的记录。麻醉记录应当另页书写，内容包括患者一般情况、术前特殊情况、麻醉前用药、术前诊断、术中诊断、手术方式及日期、麻醉方式、麻醉诱导及各项操作开始及结束时间、麻醉期间用药名称、方式及剂量、麻醉期间特殊或突发情况及处理、手术起止时间、麻醉医师签名等。

（十五）手术记录是指手术者书写的反映手术一般情况、手术经过、术中发现及处理等情况的特殊记录，应当在术后24小时内完成。特殊情况下由第一助手书写时，应有手术者签名。手术记录应当另页书写，内容包括一般项目（患者姓名、性别、科别、病房、床位号、住院病历号或病案号）、手术日期、术前诊断、术中诊断、手术名称、手术者及助手姓名、麻醉方法、手术经过、术中出现的情况及处理等。

（十六）手术安全核查记录是指由手术医师、麻醉医师和巡回护士三方，在麻醉实施前、手术开始前和病人离室前，共同对病人身份、手术部位、手术方式、麻醉及手术风险、手术使用物品清点等内容进行核对的记录，输血的病人还应对血型、用血量进行核对。应有手术医师、麻醉医师和巡回护士三方核对、确认并签字。

（十七）手术清点记录是指巡回护士对手术患者术中所用血液、器械、敷料等的记录，应当在手术结束后即时完成。手术清点记录应当另页书写，内容包括患者姓名、住院病历号（或病案号）、手术日期、手术名称、术中所用各种器械和敷料数量的清点核对、巡回护士和手术器械护士签名等。

（十八）术后首次病程记录是指参加手术的医师在患者术后即时完成的病程记录。内容包括手术时间、术中诊断、麻醉方式、手术方式、手术简要经过、术后处理措施、术后应当特别注意观察的事项等。

（十九）麻醉术后访视记录是指麻醉实施后，由麻醉医师对术后患者麻醉恢复情况进行访视的记录。麻醉术后访视可另立单页，也可在病程中记录。内容包括姓名、性别、年龄、科别、病案号，患者一般情况、麻醉恢复情况、清醒时间、术后医嘱、是否拔除气管插管等，如有特殊情况应详细记录，麻醉医师签字并填写日期。

（二十）出院记录是指经治医师对患者此次住院期间诊疗情况的总结，应当在患者出院后24小时内完成。内容主要包括入院日期、出院日期、入院情况、入院诊断、诊疗经过、出院诊断、出院情况、出院医嘱、医师签名等。

（二十一）死亡记录是指经治医师对死亡患者住院期间诊疗和抢救经过的记录，应当在患者死亡后24小时内完成。内容包括入院日期、死亡时间、入院情况、入院诊断、诊疗经过（重点记录病情演变、抢救经过）、死亡原因、死亡诊断等。记录死亡时间应当具体到分钟。

（二十二）死亡病例讨论记录是指在患者死亡一周内，由科主任或具有副主任医师以上专业技术职务任职资格的医师主持，对死亡病例进行讨论、分析的记录。内容包括讨论日期、主持人及参加人员姓名、专业技术职务、具体讨论意见及主持人小结意见、记录者的签名等。

（三十三）病重（病危）患者护理记录是指护士根据医嘱和病情对病重（病危）患者住院期间护理过程的客观记录。病重（病危）患者护理记录应当根据相应专科的护理特点书写。内容包括患者姓名、科别、住院病历号（或病案号）、床位号、页码、记录日期和时间、出入液量、体温、脉搏、呼吸、血压等病情观察、护理措施和效果、护士签名等。记录时间应当具体到分钟。

第二十三条　手术同意书是指手术前，经治医师向患者告知拟施手术的相关情况，并由患者签署是否同意手术的医学文书。内容包括术前诊断、手术名称、术中或术后可能出现的并发症、手术风险、患者签署意见并签名、经治医师和术者签名等。

第二十四条　麻醉同意书是指麻醉前，麻醉医师向患者告知拟施麻醉的相关情况，并由患者签署是否同意麻醉意见的医学文书。内容包括患者姓名、性别、年龄、病案号、科别、术前诊断、拟行手术方式、拟行麻醉方式、患者基础疾病及可能对麻醉产生影响的特殊情况、麻醉中拟行的有创操作和监测、麻醉风险、可能发生的并发症及意外情况，患者签署意见并签名、麻醉医师签名并填写日期。

第二十五条　输血治疗知情同意书是指输血前，经治医师向患者告知输血的相关情况，并由患者签署是否同意输血的医学文书。输血治疗知情同意书内容包括患者姓名、性别、年龄、科别、病案号、诊断、输血指征、拟输血成份、输血前有关检查结果、输血风险及可能产生的不良后果、患者签署意见并签名、医师签名并填写日期。

第二十六条　特殊检查、特殊治疗同意书是指在实施特殊检查、特殊治疗前，经治医师向患者告知特殊检查、特殊治疗的相关情况，并由患者签署是否同意检查、治疗的医学文书。内容包括特殊检查、特殊治疗项目名称、目的、可能出现的并发症及风险、患者签名、医师签名等。

第二十七条　病危（重）通知书是指因患者病情危、重时，由经治医师或值班医师向患者家属告知病情，并由患方签名的医疗文书。内容包括患者姓名、性别、年龄、科别、目前诊断及病情危重情况、患方签名、医师签名并填写日期。一式两份，一份交患方保存，另一份归病历中保存。

第二十八条　医嘱是指医师在医疗活动中下达的医学指令。医嘱单分为长期医嘱单和临时医嘱单。

长期医嘱单内容包括患者姓名、科别、住院病历号（或病案号）、页码、起始日期和时间、长期医嘱内容、停止日期和时间、医师签名、执行时间、执行护士签名。临时医嘱单内容包括医嘱时间、临时医嘱内容、医师签名、执行时间、执行护士签名等。

医嘱内容及起始、停止时间应当由医师书写。医嘱内容应当准确、清楚，每项医嘱应当只包含一个内容，并注明下达时间，应当具体到分钟。医嘱不得涂改。需要取消时，应当使用红色墨水标注"取消"字样并签名。

一般情况下，医师不得下达口头医嘱。因抢救急危患者需要下达口头医嘱时，护士应当复诵一遍。抢救结束后，医师应当即刻据实补记医嘱。

第二十九条　辅助检查报告单是指患者住院期间所做各项检验、检查结果的记录。内容包括患者姓名、性别、年龄、住院病历号（或病案号）、检查项目、检查结果、报告日期、报告人员签名或者印章等。

第三十条　体温单为表格式，以护士填写为主。内容包括患者姓名、科室、床号、入院日期、住院病历号（或病案号）、日期、手术后天数、体温、脉搏、呼吸、血压、大便次数、出入液量、体重、住院周数等。

第四章　打印病历内容及要求

第三十一条　打印病历是指应用字处理软件编辑生成并打印的病历（如 Word 文档、WPS 文档等）。打印病历应当按照本规定的内容录入并及时打印，由相应医务人员手写签名。

第三十二条　医疗机构打印病历应当统一纸张、字体、字号及排版格式。打印字迹应清楚易认，符合病历保存期限和复印的要求。

第三十三条　打印病历编辑过程中应当按照权限要求进行修改，已完成录入打印并签名的病历不得修改。

第五章　其　他

第三十四条　住院病案首页按照《卫生部关于修订下发住院病案首页的通知》（卫医发〔2001〕286号）的规定书写。

第三十五条　特殊检查、特殊治疗按照《医疗机构管理条例实施细则》（1994年卫生部令第35号）有关规定执行。

第三十六条　中医病历书写基本规范由国家中医药管理局另行制定。

第三十七条　电子病历基本规范由卫生部另行制定。

第三十八条　本规范自2010年3月1日起施行。我部于2002年颁布的《病历书写基本规范（试行）》（卫医发〔2002〕190号）同时废止。

中医病历书写基本规范

· 2010年6月11日
· 国中医药医政发〔2010〕29号

第一章　基本要求

第一条　病历是指医务人员在医疗活动过程中形成的文字、符号、图表、影像、切片等资料的总和，包括门

(急)诊病历和住院病历。

第二条　中医病历书写是指医务人员通过望、闻、问、切及查体、辅助检查、诊断、治疗、护理等医疗活动获得有关资料，并进行归纳、分析、整理形成医疗活动记录的行为。

第三条　病历书写应当客观、真实、准确、及时、完整、规范。

第四条　病历书写应当使用蓝黑墨水、碳素墨水，需复写的病历资料可以使用蓝或黑色油水的圆珠笔。计算机打印的病历应当符合病历保存的要求。

第五条　病历书写应当使用中文，通用的外文缩写和无正式中文译名的症状、体征、疾病名称等可以使用外文。

第六条　病历书写应规范使用医学术语，中医术语的使用依照相关标准、规范执行。要求文字工整，字迹清晰，表述准确，语句通顺，标点正确。

第七条　病历书写过程中出现错字时，应当用双线划在错字上，保留原记录清楚、可辨，并注明修改时间，修改人签名。不得采用刮、粘、涂等方法掩盖或去除原来的字迹。

上级医务人员有审查修改下级医务人员书写的病历的责任。

第八条　病历应当按照规定的内容书写，并由相应医务人员签名。

实习医务人员、试用期医务人员书写的病历，应当经过本医疗机构注册的医务人员审阅、修改并签名。

进修医务人员由医疗机构根据其胜任本专业工作实际情况认定后书写病历。

第九条　病历书写一律使用阿拉伯数字书写日期和时间，采用24小时制记录。

第十条　病历书写中涉及的诊断，包括中医诊断和西医诊断，其中中医诊断包括疾病诊断与证候诊断。

中医治疗应当遵循辨证论治的原则。

第十一条　对需取得患者书面同意方可进行的医疗活动，应当由患者本人签署知情同意书。患者不具备完全民事行为能力时，应当由其法定代理人签字；患者因病无法签字时，应当由其授权的人员签字；为抢救患者，在法定代理人或被授权人无法及时签字的情况下，可由医疗机构负责人或者授权的负责人签字。

因实施保护性医疗措施不宜向患者说明情况的，应当将有关情况告知患者近亲属，由患者近亲属签署知情同意书，并及时记录。患者无近亲属的或者患者近亲属无法签署同意书的，由患者的法定代理人或者关系人签署同意书。

第二章　门(急)诊病历书写内容及要求

第十二条　门(急)诊病历内容包括门(急)诊病历首页(门(急)诊手册封面)、病历记录、化验单(检验报告)、医学影像检查资料等。

第十三条　门(急)诊病历首页内容应当包括患者姓名、性别、出生年月日、民族、婚姻状况、职业、工作单位、住址、药物过敏史等项目。

门诊手册封面内容应当包括患者姓名、性别、年龄、工作单位或住址、药物过敏史等项目。

第十四条　门(急)诊病历记录分为初诊病历记录和复诊病历记录。

初诊病历记录书写内容应当包括就诊时间、科别、主诉、现病史、既往史、中医四诊情况、阳性体征、必要的阴性体征和辅助检查结果，诊断及治疗意见和医师签名等。

复诊病历记录书写内容应当包括就诊时间、科别、中医四诊情况，必要的体格检查和辅助检查结果、诊断、治疗处理意见和医师签名等。

急诊病历书写就诊时间应当具体到分钟。

第十五条　门(急)诊病历记录应当由接诊医师在患者就诊时及时完成。

第十六条　急诊留观记录是急诊患者因病情需要留院观察期间的记录，重点记录观察期间病情变化和诊疗措施，记录简明扼要，并注明患者去向。实施中医治疗的，应记录中医四诊、辨证施治情况等。抢救危重患者时，应当书写抢救记录。门(急)诊抢救记录书写内容及要求按照住院病历抢救记录书写内容及要求执行。

第三章　住院病历书写内容及要求

第十七条　住院病历内容包括住院病案首页、入院记录、病程记录、手术同意书、麻醉同意书、输血治疗知情同意书、特殊检查(特殊治疗)同意书、病危(重)通知书、医嘱单、辅助检查报告单、体温单、医学影像检查资料、病理资料等。

第十八条　入院记录是指患者入院后，由经治医师通过望、闻、问、切及查体、辅助检查获得有关资料，并对这些资料归纳分析书写而成的记录。可分为入院记录、再次或多次入院记录、24小时内入出院记录、24小时内入院死亡记录。

入院记录、再次或多次入院记录应当于患者入院后24小时内完成；24小时内入出院记录应当于患者出院后

24小时内完成,24小时内入院死亡记录应当于患者死亡后24小时内完成。

第十九条 入院记录的要求及内容。

(一)患者一般情况包括姓名、性别、年龄、民族、婚姻状况、出生地、职业、入院时间、记录时间、发病节气、病史陈述者。

(二)主诉是指促使患者就诊的主要症状(或体征)及持续时间。

(三)现病史是指患者本次疾病的发生、演变、诊疗等方面的详细情况,应当按时间顺序书写,并结合中医问诊,记录目前情况。内容包括发病情况、主要症状特点及其发展变化情况、伴随症状、发病后诊疗经过及结果、睡眠和饮食等一般情况的变化,以及与鉴别诊断有关的阳性或阴性资料等。

1. 发病情况:记录发病的时间、地点、起病缓急、前驱症状、可能的原因或诱因。

2. 主要症状特点及其发展变化情况:按发生的先后顺序描述主要症状的部位、性质、持续时间、程度、缓解或加剧因素,以及演变发展情况。

3. 伴随症状:记录伴随症状,描述伴随症状与主要症状之间的相互关系。

4. 发病以来诊治经过及结果:记录患者发病后到入院前,在院内、外接受检查与治疗的详细经过及效果。对患者提供的药名、诊断和手术名称需加引号("")以示区别。

5. 发病以来一般情况:结合十问简要记录患者发病后的寒热、饮食、睡眠、情志、二便、体重等情况。

与本次疾病虽无紧密关系,但仍需治疗的其他疾病情况,可在现病史后另起一段予以记录。

(四)既往史是指患者过去的健康和疾病情况。内容包括既往一般健康状况、疾病史、传染病史、预防接种史、手术外伤史、输血史、食物或药物过敏史等。

(五)个人史、婚育史、月经史、家族史。

1. 个人史:记录出生地及长期居留地,生活习惯及有无烟、酒、药物等嗜好,职业与工作条件及有无工业毒物、粉尘、放射性物质接触史,有无冶游史。

2. 婚育史、月经史:婚姻状况、结婚年龄、配偶健康状况、有无子女等。女性患者记录经带胎产史,初潮年龄、行经期天数、间隔天数、末次月经时间(或闭经年龄)、月经量、痛经及生育等情况。

3. 家族史:父母、兄弟、姐妹健康状况,有无与患者类似疾病,有无家族遗传倾向的疾病。

(六)中医望、闻、切诊应记录神色、形态、语声、气息、舌象、脉象等。

(七)体格检查应当按照系统循序进行书写。内容包括体温、脉搏、呼吸、血压,一般情况皮肤、粘膜,全身浅表淋巴结,头部及其器官,颈部,胸部(胸廓、肺部、心脏、血管),腹部(肝、脾等),直肠肛门,外生殖器,脊柱,四肢,神经系统等。

(八)专科情况应当根据专科需要记录专科特殊情况。

(九)辅助检查指入院前所作的与本次疾病相关的主要检查及其结果。应分类按检查时间顺序记录检查结果,如系在其他医疗机构所作检查,应当写明该机构名称及检查号。

(十)初步诊断是指经治医师根据患者入院时情况,综合分析所作出的诊断。如初步诊断为多项时,应当主次分明。对待查病例应列出可能性较大的诊断。

(十一)书写入院记录的医师签名。

第二十条 再次或多次入院记录,是指患者因同一种疾病再次或多次住入同一医疗机构时书写的记录。要求及内容基本同入院记录。主诉是记录患者本次入院的主要症状(或体征)及持续时间;现病史中要求首先对本次住院前历次有关住院诊疗经过进行小结,然后再书写本次入院的现病史。

第二十一条 患者入院不足24小时出院的,可以书写24小时内入出院记录。内容包括患者姓名、性别、年龄、职业、入院时间、出院时间、主诉、入院情况、入院诊断、诊疗经过、出院情况、出院诊断、出院医嘱、医师签名等。

第二十二条 患者入院不足24小时死亡的,可以书写24小时内入院死亡记录。内容包括患者姓名、性别、年龄、职业、入院时间、死亡时间、主诉、入院情况、入院诊断、诊疗经过(抢救经过)、死亡原因、死亡诊断、医师签名等。

第二十三条 病程记录是指继入院记录之后,对患者病情和诊疗过程所进行的连续性记录。内容包括患者的病情变化情况及症候演变情况、重要的辅助检查结果及临床意义、上级医师查房意见、会诊意见、医师分析讨论意见、所采取的诊疗措施及效果、医嘱更改及理由、向患者及其近亲属告知的重要事项等。

中医方药记录格式参照中药饮片处方相关规定执行。

病程记录的要求及内容:

（一）首次病程记录是指患者入院后由经治医师或值班医师书写的第一次病程记录，应当在患者入院8小时内完成。首次病程记录的内容包括病例特点、拟诊讨论（诊断依据及鉴别诊断）、诊疗计划等。

1. 病例特点：应当在对病史、四诊情况、体格检查和辅助检查进行全面分析、归纳和整理后写出本病例特征，包括阳性发现和具有鉴别诊断意义的阴性症状和体征等。

2. 拟诊讨论（诊断依据及鉴别诊断）：根据病例特点，提出初步诊断和诊断依据；对诊断不明的写出鉴别诊断并进行分析；并对下一步诊治措施进行分析。诊断依据包括中医辨病辨证依据与西医诊断依据，鉴别诊断包括中医鉴别诊断与西医鉴别诊断。

3. 诊疗计划：提出具体的检查、中西医治疗措施及中医调护等。

（二）日常病程记录是指对患者住院期间诊疗过程的经常性、连续性记录。由经治医师书写，也可以由实习医务人员或试用期医务人员书写，但应有经治医师签名。书写日常病程记录时，首先标明记录时间，另起一行记录具体内容。对病危患者应当根据病情变化随时书写病程记录，每天至少1次，记录时间应当具体到分钟。对病重患者，至少2天记录一次病程记录。对病情稳定的患者，至少3天记录一次病程记录。

日常病程记录应反映四诊情况及治法、方药变化及其变化依据等。

（三）上级医师查房记录是指上级医师查房时对患者病情、诊断、鉴别诊断、当前治疗措施疗效的分析及下一步诊疗意见等的记录。

主治医师首次查房记录应当于患者入院48小时内完成。内容包括查房医师的姓名、专业技术职务、补充的病史和体征、理法方药分析、诊断依据与鉴别诊断的分析及诊疗计划等。

主治医师日常查房记录间隔时间视病情和诊疗情况确定，内容包括查房医师的姓名、专业技术职务、对病情的分析和诊疗意见等。

科主任或具有副主任医师以上专业技术职务任职资格医师查房的记录，内容包括查房医师的姓名、专业技术职务、对病情和理法方药的分析及诊疗意见等。

（四）疑难病例讨论记录是指由科主任或具有副主任医师以上专业技术任职资格的医师主持、召集有关医务人员对确诊困难或疗效不确切病例讨论的记录。内容包括讨论日期、主持人、参加人员姓名及专业技术职务、具体讨论意见及主持人小结意见等。

（五）交（接）班记录是指患者经治医师发生变更之际，交班医师和接班医师分别对患者病情及诊疗情况进行简要总结的记录。交班记录应当在交班前由交班医师书写完成；接班记录应当由接班医师于接班后24小时内完成。交（接）班记录的内容包括入院日期、交班或接班日期、患者姓名、性别、年龄、主诉、入院情况、入院诊断、诊疗经过、目前情况、目前诊断、交班注意事项或接班诊疗计划、医师签名等。

（六）转科记录是指患者住院期间需要转科时，经转入科室医师会诊并同意接收后，由转出科室和转入科室医师分别书写的记录。包括转出记录和转入记录。转出记录由转出科室医师在患者转出科室前书写完成（紧急情况除外）；转入记录由转入科室医师于患者转入后24小时内完成。转科记录内容包括入院日期、转出或转入日期、转出、转入科室，患者姓名、性别、年龄、主诉、入院情况、入院诊断、诊疗经过、目前情况、目前诊断、转科目的及注意事项或转入诊疗计划、医师签名等。

（七）阶段小结是指患者住院时间较长，由经治医师每月所作病情及诊疗情况总结。阶段小结的内容包括入院日期、小结日期、患者姓名、性别、年龄、主诉、入院情况、入院诊断、诊疗经过、目前情况、目前诊断、诊疗计划、医师签名等。

交（接）班记录、转科记录可代替阶段小结。

（八）抢救记录是指患者病情危重，采取抢救措施时作的记录。因抢救急危患者，未能及时书写病历的，有关医务人员应当在抢救结束后6小时内据实补记，并加以注明。内容包括病情变化情况、抢救时间及措施、参加抢救的医务人员姓名及专业技术职称等。记录抢救时间应当具体到分钟。

（九）有创诊疗操作记录是指在临床诊疗活动过程中进行的各种诊断、治疗性操作（如胸腔穿刺、腹腔穿刺等）的记录。应当在操作完成后即刻书写。内容包括操作名称、操作时间、操作步骤、结果及患者一般情况，记录过程是否顺利、有无不良反应，术后注意事项及是否向患者说明，操作医师签名。

（十）会诊记录（含会诊意见）是指患者在住院期间需要其他科室或者其他医疗机构协助诊疗时，分别由申请医师和会诊医师书写的记录。会诊记录应另页书写。内容包括申请会诊记录和会诊意见记录。申请会诊记录应当简要载明患者病情及诊疗情况、申请会诊的理由和目的，申请会诊医师签名等。常规会诊意见记录应当由会诊医师在会诊申请发出后48小时内完成，急会诊时会诊医师应当在会诊申请发出后10分钟内到场，并在会诊结束后即刻完成会诊记录。会诊记录内容包括会诊意见、会诊医师所在的科别或者医疗机构名称、会诊时间及会诊医师签名等。申请会诊医师应在病程记录中记录会诊意见执行情况。

（十一）术前小结是指在患者手术前，由经治医师对患者病情所作的总结。内容包括简要病情、术前诊断、手术指征、拟施手术名称和方式、拟施麻醉方式、注意事项，并记录手术者术前查看患者相关情况等。

（十二）术前讨论记录是指因患者病情较重或手术难度较大，手术前在上级医师主持下，对拟实施手术方式和术中可能出现的问题及应对措施所作的讨论。讨论内容包括术前准备情况、手术指征、手术方案、可能出现的意外及防范措施、参加讨论者的姓名及专业技术职务、具体讨论意见及主持人小结意见、讨论日期、记录者的签名等。

（十三）麻醉术前访视记录是指在麻醉实施前，由麻醉医师对患者拟施麻醉进行风险评估的记录。麻醉术前访视可另立单页，也可在病程中记录。内容包括姓名、性别、年龄、科别、病案号、患者一般情况、简要病史、与麻醉相关的辅助检查结果、拟行手术方式、拟行麻醉方式、麻醉适应证及麻醉中需注意的问题、术前麻醉医嘱、麻醉医师签字并填写日期。

（十四）麻醉记录是指麻醉医师在麻醉实施中书写的麻醉经过及处理措施的记录。麻醉记录应当另页书写，内容包括患者一般情况、术前特殊情况、麻醉前用药、术前诊断、术中诊断、手术方式及日期、麻醉方式、麻醉诱导及各项操作开始及结束时间、麻醉期间用药名称、方式及剂量、麻醉期间特殊或突发情况及处理、手术起止时间、麻醉医师签名等。

（十五）手术记录是指手术者书写的反映手术一般情况、手术经过、术中发现及处理等情况的特殊记录，应当在术后24小时内完成。特殊情况下由第一助手书写时，应有手术者签名。手术记录应当另页书写，内容包括一般项目（患者姓名、性别、科别、病房、床位号、住院病历号或病案号）、手术日期、术前诊断、术中诊断、手术名称、手术者及助手姓名、麻醉方法、手术经过、术中出现的情况及处理等。

（十六）手术安全核查记录是指由手术医师、麻醉医师和巡回护士三方，在麻醉实施前、手术开始前和病人离室前，共同对病人身份、手术部位、手术方式、麻醉及手术风险、手术使用物品清点等内容进行核对的记录，输血的病人还应对血型、用血量进行核对。应有手术医师、麻醉医师和巡回护士三方核对、确认并签字。

（十七）手术清点记录是指巡回护士对手术患者术中所用血液、器械、敷料等的记录，应当在手术结束后即时完成。手术清点记录应当另页书写，内容包括患者姓名、住院病历号（或病案号）、手术日期、手术名称、术中所用各种器械和敷料数量的清点核对、巡回护士和手术器械护士签名等。

（十八）术后首次病程记录是指参加手术的医师在患者术后即时完成的病程记录。内容包括手术时间、术中诊断、麻醉方式、手术方式、手术简要经过、术后处理措施、术后应当特别注意观察的事项等。

（十九）麻醉术后访视记录是指麻醉实施后，由麻醉医师对术后患者麻醉恢复情况进行访视的记录。麻醉术后访视可另立单页，也可在病程中记录。内容包括姓名、性别、年龄、科别、病案号、患者一般情况、麻醉恢复情况、清醒时间、术后医嘱、是否拔除气管插管等，如有特殊情况应详细记录，麻醉医师签字并填写日期。

（二十）出院记录是指经治医师对患者此次住院期间诊疗情况的总结，应当在患者出院后24小时内完成。内容主要包括入院日期、出院日期、入院情况、入院诊断、诊疗经过、出院诊断、出院情况、出院医嘱、中医调护、医师签名等。

（二十一）死亡记录是指经治医师对死亡患者住院期间诊疗和抢救经过的记录，应当在患者死亡后24小时内完成。内容包括入院日期、死亡时间、入院情况、入院诊断、诊疗经过（重点记录病情演变、抢救经过）、死亡原因、死亡诊断等。记录死亡时间应当具体到分钟。

（二十二）死亡病例讨论记录是指在患者死亡一周内，由科主任或具有副主任医师以上专业技术职务任职资格的医师主持，对死亡病例进行讨论、分析的记录。内容包括讨论日期、主持人及参加人员姓名、专业技术职务、具体讨论意见及主持人小结意见、记录者的签名等。

（二十三）病重（病危）患者护理记录是指护士根据医嘱和病情对病重（病危）患者住院期间护理过程的客观记录。病重（病危）患者护理记录应当根据相应专科的护理特点书写。内容包括患者姓名、科别、住院病历号（或病案号）、床位号、页码、记录日期和时间、出入液量、体温、脉搏、呼吸、血压等病情观察、护理措施和效果、护士签名等。记录时间应当具体到分钟。

采取中医护理措施应当体现辨证施护。

第二十四条　手术同意书是指手术前，经治医师向患者告知拟施手术的相关情况，并由患者签署是否同意手术的医学文书。内容包括术前诊断、手术名称、术中或术后可能出现的并发症、手术风险、患者签署意见并签名、经治医师和术者签名等。

第二十五条　麻醉同意书是指麻醉前，麻醉医师向患者告知拟施麻醉的相关情况，并由患者签署是否同意麻醉意见的医学文书。内容包括患者姓名、性别、年龄、病案号、科别、术前诊断、拟行手术方式、拟行麻醉方式、患者基础疾病及可能对麻醉产生影响的特殊情况、麻醉中拟行的有创操作和监测、麻醉风险、可能发生的并发症及意外情况、患者签署意见并签名、麻醉医师签名并填写日期。

第二十六条　输血治疗知情同意书是指输血前，经治医师向患者告知输血的相关情况，并由患者签署是否同意输血的医学文书。输血治疗知情同意书内容包括患者姓名、性别、年龄、科别、病案号、诊断、输血指征、拟输血成份、输血前有关检查结果、输血风险及可能产生的不良后果、患者签署意见并签名、医师签名并填写日期。

第二十七条　特殊检查、特殊治疗同意书是指在实施特殊检查、特殊治疗前，经治医师向患者告知特殊检查、特殊治疗的相关情况，并由患者签署是否同意检查、治疗的医学文书。内容包括特殊检查、特殊治疗项目名称、目的、可能出现的并发症及风险、患者签名、医师签名等。

第二十八条　病危（重）通知书是指因患者病情危、重时，由经治医师或值班医师向患者家属告知病情，并由患方签名的医疗文书。内容包括患者姓名、性别、年龄、科别、目前诊断及病情危重情况、患方签名、医师签名并填写日期。一式两份，一份交患方保存，另一份归病历中保存。

第二十九条　医嘱是指医师在医疗活动中下达的医学指令。医嘱单分为长期医嘱单和临时医嘱单。

长期医嘱单内容包括患者姓名、科别、住院病历号（或病案号）、页码、起始日期和时间、长期医嘱内容、停止日期和时间、医师签名、执行时间、执行护士签名。临时医嘱单内容包括医嘱时间、临时医嘱内容、医师签名、执行时间、执行护士签名等。

医嘱内容及起始、停止时间应当由医师书写。医嘱内容应当准确、清楚，每项医嘱应当只包含一个内容，并注明下达时间，应当具体到分钟。医嘱不得涂改。需要取消时，应当使用红色墨水标注"取消"字样并签名。

一般情况下，医师不得下达口头医嘱。因抢救急危患者需要下达口头医嘱时，护士应当复诵一遍。抢救结束后，医师应当即刻据实补记医嘱。

第三十条　辅助检查报告单是指患者住院期间所做各项检验、检查结果的记录。内容包括患者姓名、性别、年龄、住院病历号（或病案号）、检查项目、检查结果、报告日期、报告人员签名或者印章等。

第三十一条　体温单为表格式，以护士填写为主。内容包括患者姓名、科室、床号、入院日期、住院病历号（或病案号）、日期、手术后天数、体温、脉搏、呼吸、血压、大便次数、出入液量、体重、住院周数等。

第四章　打印病历内容及要求

第三十二条　打印病历是指应用字处理软件编辑生成并打印的病历（如 Word 文档、WPS 文档等）。打印病历应当按照本规定的内容录入并及时打印，由相应医务人员手写签名。

第三十三条　医疗机构打印病历应当统一纸张、字体、字号及排版格式。打印字迹应清楚易认，符合病历保存期限和复印的要求。

第三十四条　打印病历编辑过程中应当按照权限要求进行修改，已完成录入打印并签名的病历不得修改。

第五章　其　他

第三十五条　中医住院病案首页应当按照《国家中医药管理局关于修订印发中医住院病案首页的通知》（国中医药发〔2001〕6号）的规定书写。

第三十六条　特殊检查、特殊治疗按照《医疗机构管理条例实施细则》（1994年卫生部令第35号）有关规定执行。

第三十七条　中西医结合病历书写参照本规范执行。民族医病历书写基本规范由有关省、自治区、直辖市中医药行政管理部门依据本规范另行制定。

第三十八条　中医电子病历基本规范由国家中医药管理局另行制定。

第三十九条　本规范自2010年7月1日起施行。卫生部、国家中医药管理局于2002年颁布的《中医、中西医结合病历书写基本规范（试行）》（国中医药发〔2002〕36号）同时废止。

电子病历应用管理规范（试行）

- 2017年2月15日
- 国卫办医发〔2017〕8号

第一章　总　则

第一条　为规范医疗机构电子病历（含中医电子病历，下同）应用管理，满足临床工作需要，保障医疗质量和医疗安全,保证医患双方合法权益,根据《中华人民共和国执业医师法》《中华人民共和国电子签名法》《医疗机构管理条例》等法律法规,制定本规范。

第二条　实施电子病历的医疗机构,其电子病历的建立、记录、修改、使用、保存和管理等适用本规范。

第三条　电子病历是指医务人员在医疗活动过程中,使用信息系统生成的文字、符号、图表、图形、数字、影像等数字化信息,并能实现存储、管理、传输和重现的医疗记录,是病历的一种记录形式,包括门(急)诊病历和住院病历。

第四条　电子病历系统是指医疗机构内部支持电子病历信息的采集、存储、访问和在线帮助,并围绕提高医疗质量、保障医疗安全、提高医疗效率而提供信息处理和智能化服务功能的计算机信息系统。

第五条　国家卫生计生委和国家中医药管理局负责指导全国电子病历应用管理工作。地方各级卫生计生行政部门(含中医药管理部门)负责本行政区域内的电子病历应用监督管理工作。

第二章　电子病历的基本要求

第六条　医疗机构应用电子病历应当具备以下条件:

(一)具有专门的技术支持部门和人员,负责电子病历相关信息系统建设、运行和维护等工作;具有专门的管理部门和人员,负责电子病历的业务监管等工作;

(二)建立、健全电子病历使用的相关制度和规程;

(三)具备电子病历的安全管理体系和安全保障机制;

(四)具备对电子病历创建、修改、归档等操作的追溯能力;

(五)其他有关法律、法规、规范性文件及省级卫生计生行政部门规定的条件。

第七条　《医疗机构病历管理规定(2013年版)》《病历书写基本规范》《中医病历书写基本规范》适用于电子病历管理。

第八条　电子病历使用的术语、编码、模板和数据应当符合相关行业标准和规范的要求,在保障信息安全的前提下,促进电子病历信息有效共享。

第九条　电子病历系统应当为操作人员提供专有的身份标识和识别手段,并设置相应权限。操作人员对本人身份标识的使用负责。

第十条　有条件的医疗机构电子病历系统可以使用电子签名进行身份认证,可靠的电子签名与手写签名或盖章具有同等的法律效力。

第十一条　电子病历系统应当采用权威可靠时间源。

第三章　电子病历的书写与存储

第十二条　医疗机构使用电子病历系统进行病历书写,应当遵循客观、真实、准确、及时、完整、规范的原则。

门(急)诊病历书写内容包括门(急)诊病历首页、病历记录、化验报告、医学影像检查资料等。

住院病历书写内容包括住院病案首页、入院记录、病程记录、手术同意书、麻醉同意书、输血治疗知情同意书、特殊检查(特殊治疗)同意书、病危(重)通知单、医嘱单、辅助检查报告单、体温单、医学影像检查报告、病理报告单等。

第十三条　医疗机构应当为患者电子病历赋予唯一患者身份标识,以确保患者基本信息及其医疗记录的真实性、一致性、连续性、完整性。

第十四条　电子病历系统应当对操作人员进行身份识别,并保存历次操作印痕,标记操作时间和操作人员信息,并保证历次操作印痕、标记操作时间和操作人员信息可查询、可追溯。

第十五条　医务人员采用身份标识登录电子病历系统完成书写、审阅、修改等操作并予以确认后,系统应当显示医务人员姓名及完成时间。

第十六条　电子病历系统应当设置医务人员书写、审阅、修改的权限和时限。实习医务人员、试用期医务人员记录的病历,应当由具有本医疗机构执业资格的上级医务人员审阅、修改并予确认。上级医务人员审阅、修改、确认电子病历内容时,电子病历系统应当进行身份识别、保存历次操作痕迹、标记准确的操作时间和操作人信息。

第十七条　电子病历应当设置归档状态,医疗机构应当按照病历管理相关规定,在患者门(急)诊就诊结束或出院后,适时将电子病历转为归档状态。电子病历归档后原则上不得修改,特殊情况下确需修改的,经医疗机构医务部门批准后进行修改并保留修改痕迹。

第十八条　医疗机构因存档等需要可以将电子病历打印后与非电子化的资料合并形成病案保存。具备条件的医疗机构可以对知情同意书、植入材料条形码等非电子化的资料进行数字化采集后纳入电子病历系统管理,原件另行妥善保存。

第十九条　门(急)诊电子病历由医疗机构保管的,保存时间自患者最后一次就诊之日起不少于15年;住院电子病历保存时间自患者最后一次出院之日起不少于30年。

第四章 电子病历的使用

第二十条 电子病历系统应当设置病历查阅权限,并保证医务人员查阅病历的需要,能够及时提供并完整呈现该患者的电子病历资料。呈现的电子病历应当显示患者个人信息、诊疗记录、记录时间及记录人员、上级审核人员的姓名等。

第二十一条 医疗机构应当为申请人提供电子病历的复制服务。医疗机构可以提供电子版或打印版病历。复制的电子病历文档应当可供独立读取,打印的电子病历纸质版应当加盖医疗机构病历管理专用章。

第二十二条 有条件的医疗机构可以为患者提供医学影像检查图像、手术录像、介入操作录像等电子资料复制服务。

第五章 电子病历的封存

第二十三条 依法需要封存电子病历时,应当在医疗机构或者其委托代理人、患者或者其代理人双方共同在场的情况下,对电子病历共同进行确认,并进行复制后封存。封存的电子病历复制件可以是电子版;也可以对打印的纸质版进行复印,并加盖病案管理章后进行封存。

第二十四条 封存的电子病历复制件应当满足以下技术条件及要求:

(一)储存于独立可靠的存储介质,并由医患双方或双方代理人共同签封;

(二)可在原系统内读取,但不可修改;

(三)操作痕迹、操作时间、操作人员信息可查询、可追溯;

(四)其他有关法律、法规、规范性文件和省级卫生计生行政部门规定的条件及要求。

第二十五条 封存后电子病历的原件可以继续使用。电子病历尚未完成,需要封存时,可以对已完成的电子病历先行封存,当医务人员按照规定完成后,再对新完成部分进行封存。

第六章 附 则

第二十六条 本规范所称的电子签名,是指《电子签名法》第二条规定的数据电文中以电子形式所含、所附用于识别签名人身份并表明签名人认可其中内容的数据。"可靠的电子签名"是指符合《电子签名法》第十三条有关条件的电子签名。

第二十七条 本规范所称电子病历操作人员包括使用电子病历系统的医务人员,维护、管理电子病历信息系统的技术人员和实施电子病历质量监管的行政管理人员。

第二十八条 本规范所称电子病历书写是指医务人员使用电子病历系统,对通过问诊、查体、辅助检查、诊断、治疗、护理等医疗活动获得的有关资料进行归纳、分析、整理形成医疗活动记录的行为。

第二十九条 省级卫生计生行政部门可根据本规范制定实施细则。

第三十条 《电子病历基本规范(试行)》(卫医政发〔2010〕24号)、《中医电子病历基本规范(试行)》(国中医药发〔2010〕18号)同时废止。

第三十一条 本规范自2017年4月1日起施行。

2. 诊疗活动

医疗技术临床应用管理办法

· 2018年8月13日国家卫生健康委员会令第1号公布
· 自2018年11月1日起施行

第一章 总 则

第一条 为加强医疗技术临床应用管理,促进医学科学发展和医疗技术进步,保障医疗质量和患者安全,维护人民群众健康权益,根据有关法律法规,制定本办法。

第二条 本办法所称医疗技术,是指医疗机构及其医务人员以诊断和治疗疾病为目的,对疾病作出判断和消除疾病、缓解病情、减轻痛苦、改善功能、延长生命、帮助患者恢复健康而采取的医学专业手段和措施。

本办法所称医疗技术临床应用,是指将经过临床研究论证且安全性、有效性确切的医疗技术应用于临床,用以诊断或者治疗疾病的过程。

第三条 医疗机构和医务人员开展医疗技术临床应用应当遵守本办法。

第四条 医疗技术临床应用应当遵循科学、安全、规范、有效、经济、符合伦理的原则。

安全性、有效性不确切的医疗技术,医疗机构不得开展临床应用。

第五条 国家建立医疗技术临床应用负面清单管理制度,对禁止临床应用的医疗技术实施负面清单管理,对部分需要严格监管的医疗技术进行重点管理。其他临床应用的医疗技术由决定使用该类技术的医疗机构自我管理。

第六条 医疗机构对本机构医疗技术临床应用和管

理承担主体责任。医疗机构开展医疗技术服务应当与其技术能力相适应。

医疗机构主要负责人是本机构医疗技术临床应用管理的第一责任人。

第七条 国家卫生健康委负责全国医疗技术临床应用管理工作。

县级以上地方卫生行政部门负责本行政区域内医疗技术临床应用监督管理工作。

第八条 鼓励卫生行业组织参与医疗技术临床应用质量控制、规范化培训和技术评估工作，各级卫生行政部门应当为卫生行业组织参与医疗技术临床应用管理创造条件。

第二章 医疗技术负面清单管理

第九条 医疗技术具有下列情形之一的，禁止应用于临床（以下简称禁止类技术）：

（一）临床应用安全性、有效性不确切；

（二）存在重大伦理问题；

（三）该技术已经被临床淘汰；

（四）未经临床研究论证的医疗新技术。

禁止类技术目录由国家卫生健康委制定发布或者委托专业组织制定发布，并根据情况适时予以调整。

第十条 禁止类技术目录以外并具有下列情形之一的，作为需要重点加强管理的医疗技术（以下简称限制类技术），由省级以上卫生行政部门严格管理：

（一）技术难度大、风险高，对医疗机构的服务能力、人员水平有较高专业要求，需要设置限定条件的；

（二）需要消耗稀缺资源的；

（三）涉及重大伦理风险的；

（四）存在不合理临床应用，需要重点管理的。

国家限制类技术目录及其临床应用管理规范由国家卫生健康委制定发布或者委托专业组织制定发布，并根据临床应用实际情况予以调整。

省级卫生行政部门可以结合本行政区域实际情况，在国家限制类技术目录基础上增补省级限制类技术相关项目，制定发布相关技术临床应用管理规范，并报国家卫生健康委备案。

第十一条 对限制类技术实施备案管理。医疗机构拟开展限制类技术临床应用的，应当按照相关医疗技术临床应用管理规范进行自我评估，符合条件的可以开展临床应用，并于开展首例临床应用之日起15个工作日内，向核发其《医疗机构执业许可证》的卫生行政部门备案。备案材料应当包括以下内容：

（一）开展临床应用的限制类技术名称和所具备的条件及有关评估材料；

（二）本机构医疗技术临床应用管理专门组织和伦理委员会论证材料；

（三）技术负责人（限于在本机构注册的执业医师）资质证明材料。

备案部门应当自收到完整备案材料之日起15个工作日内完成备案，在该医疗机构的《医疗机构执业许可证》副本备注栏予以注明，并逐级上报至省级卫生行政部门。

第十二条 未纳入禁止类技术和限制类技术目录的医疗技术，医疗机构可以根据自身功能、任务、技术能力等自行决定开展临床应用，并应当对开展的医疗技术临床应用实施严格管理。

第十三条 医疗机构拟开展存在重大伦理风险的医疗技术，应当提请本机构伦理委员会审议，必要时可以咨询省级和国家医学伦理专家委员会。未经本机构伦理委员会审查通过的医疗技术，特别是限制类医疗技术，不得应用于临床。

第三章 管理与控制

第十四条 国家建立医疗技术临床应用质量管理与控制制度，充分发挥各级、各专业医疗质量控制组织的作用，以"限制类技术"为主加强医疗技术临床应用质量控制，对医疗技术临床应用情况进行日常监测与定期评估，及时向医疗机构反馈质控和评估结果，持续改进医疗技术临床应用质量。

第十五条 二级以上的医院、妇幼保健院及专科疾病防治机构医疗质量管理委员会应当下设医疗技术临床应用管理的专门组织，由医务、质量管理、药学、护理、院感、设备等部门负责人和具有高级技术职务任职资格的临床、管理、伦理等相关专业人员组成。该专门组织的负责人由医疗机构主要负责人担任，由医务部门负责日常管理工作，主要职责是：

（一）根据医疗技术临床应用管理相关的法律、法规、规章，制定本机构医疗技术临床应用管理制度并组织实施；

（二）审定本机构医疗技术临床应用管理目录和手术分级管理目录并及时调整；

（三）对首次应用于本机构的医疗技术组织论证，对本机构已经临床应用的医疗技术定期开展评估；

（四）定期检查本机构医疗技术临床应用管理各项制度执行情况，并提出改进措施和要求；

(五)省级以上卫生行政部门规定的其他职责。

其他医疗机构应当设立医疗技术临床应用管理工作小组，并指定专(兼)职人员负责本机构医疗技术临床应用管理工作。

第十六条 医疗机构应当建立本机构医疗技术临床应用管理制度，包括目录管理、手术分级、医师授权、质量控制、档案管理、动态评估等制度，保障医疗技术应用质量和安全。

第十七条 医疗机构开展医疗技术临床应用应当具有符合要求的诊疗科目、专业技术人员、相应的设备、设施和质量控制体系，并遵守相关技术临床应用管理规范。

第十八条 医疗机构应当制定本机构医疗技术临床应用管理目录并及时调整，对目录内的手术进行分级管理。手术管理按照国家关于手术分级管理的有关规定执行。

第十九条 医疗机构应当依法准予医务人员实施与其专业能力相适应的医疗技术，并为医务人员建立医疗技术临床应用管理档案，纳入个人专业技术档案管理。

第二十条 医疗机构应当建立医师手术授权与动态管理制度，根据医师的专业能力和培训情况，授予或者取消相应的手术级别和具体手术权限。

第二十一条 医疗机构应当建立医疗技术临床应用论证制度。对已证明安全有效，但属本机构首次应用的医疗技术，应当组织开展本机构技术能力和安全保障能力论证，通过论证的方可开展医疗技术临床应用。

第二十二条 医疗机构应当建立医疗技术临床应用评估制度，对限制类技术的质量安全和技术保证能力进行重点评估，并根据评估结果及时调整本机构医疗技术临床应用管理目录和有关管理要求。对存在严重质量安全问题或者不再符合有关技术管理要求的，要立即停止该项技术的临床应用。

医疗机构应当根据评估结果，及时调整本机构医师相关技术临床应用权限。

第二十三条 医疗机构应当为医务人员参加医疗技术临床应用规范化培训创造条件，加强医疗技术临床应用管理人才队伍的建设和培养。

医疗机构应当加强首次在本医疗机构临床应用的医疗技术的规范化培训工作。

第二十四条 医疗机构开展的限制类技术目录、手术分级管理目录和限制类技术临床应用情况应当纳入本机构院务公开范围，主动向社会公开，接受社会监督。

第二十五条 医疗机构在医疗技术临床应用过程中出现下列情形之一的，应当立即停止该项医疗技术的临床应用：

(一)该医疗技术被国家卫生健康委列为"禁止类技术"；

(二)从事该医疗技术的主要专业技术人员或者关键设备、设施及其他辅助条件发生变化，不能满足相关技术临床应用管理规范要求，或者影响临床应用效果；

(三)该医疗技术在本机构应用过程中出现重大医疗质量、医疗安全或者伦理问题，或者发生与技术相关的严重不良后果；

(四)发现该项医疗技术临床应用效果不确切，或者存在重大质量、安全或者伦理缺陷。

医疗机构出现第一款第二项、第三项情形，属于限制类技术的，应当立即将有关情况向核发其《医疗机构执业许可证》的卫生行政部门报告。卫生行政部门应当及时取消该医疗机构相应医疗技术临床应用备案，在该机构《医疗机构执业许可证》副本备注栏予以注明，并逐级向省级卫生行政部门报告。

医疗机构出现第一款第四项情形的，应当立即将有关情况向核发其《医疗机构执业许可证》的卫生行政部门和省级卫生行政部门报告。省级卫生行政部门应当立即组织对该医疗技术临床应用情况进行核查，确属医疗技术本身存在问题的，可以暂停该项医疗技术在本地区的临床应用，并向国家卫生健康委报告。国家卫生健康委收到报告后，组织专家进行评估，决定需要采取的进一步管理措施。

第四章 培训与考核

第二十六条 国家建立医疗技术临床应用规范化培训制度。拟开展限制类技术的医师应当按照相关技术临床应用管理规范要求接受规范化培训。

国家卫生健康委统一组织制定国家限制类技术的培训标准和考核要求，并向社会公布。

第二十七条 省级增补的限制类技术以及省级卫生行政部门认为其他需要重点加强培训的医疗技术，由省级卫生行政部门统一组织制订培训标准，对培训基地管理和参加培训医师(以下简称参培医师)的培训和考核提出统一要求，并向社会公布。

第二十八条 对限制类技术临床应用规范化培训基地实施备案管理。医疗机构拟承担限制类技术临床应用规范化培训工作的，应当达到国家和省级卫生行政部门规定的条件，制定培训方案并向社会公开。

第二十九条 医疗机构拟承担限制类技术临床应用规范化培训工作的，应当于首次发布招生公告之日起3

个工作日内,向省级卫生行政部门备案。备案材料应当包括:

(一)开展相关限制类技术临床应用的备案证明材料;

(二)开展相关限制类技术培训工作所具备的软、硬件条件的自我评估材料;

(三)近3年开展相关限制类技术临床应用的医疗质量和医疗安全情况;

(四)培训方案、培训师资、课程设置、考核方案等材料。

第三十条 省级卫生行政部门应当及时向社会公布经备案拟承担限制性技术临床应用规范化培训工作的医疗机构名单。

省级卫生行政部门应当加强对限制类技术临床应用规范化培训基地的考核和评估,对不符合培训基地条件或者未按照要求开展培训、考核的,应当责令其停止培训工作,并向社会公布。

第三十一条 培训基地应当建立健全规章制度及流程,明确岗位职责和管理要求,加强对培训导师的管理。严格按照统一的培训大纲和教材制定培训方案与计划,建立医师培训档案,确保培训质量和效果。

第三十二条 申请参加培训的医师应当符合相关医疗技术临床应用管理规范要求。培训基地应当按照公开公平、择优录取、双向选择的原则决定是否接收参培医师。

第三十三条 参培医师完成培训后应当接受考核。考核包括过程考核和结业考核。

考核应当由所在培训基地或者省级卫生行政部门委托的第三方组织实施。

第三十四条 对国家和省级卫生行政部门作出统一培训要求以外的医疗技术,医疗机构应当自行进行规范化培训。

第五章 监督管理

第三十五条 县级以上地方卫生行政部门应当加强对本行政区域内医疗机构医疗技术临床应用的监督管理。

第三十六条 国家卫生健康委负责建立全国医疗技术临床应用信息化管理平台,对国家限制类临床应用相关信息进行收集、分析和反馈。

省级卫生行政部门负责建立省级医疗技术临床应用信息化管理平台,对本行政区域内国家和省级限制类技术临床应用情况实施监督管理。

省级医疗技术临床应用信息化管理平台应当与全国医疗技术临床应用信息化管理平台实现互联互通,信息共享。

第三十七条 医疗机构应当按照要求,及时、准确、完整地向全国和省级医疗技术临床应用信息化管理平台逐例报送限制类技术开展情况数据信息。

各级、各专业医疗质量控制组织应当充分利用医疗技术临床应用信息化管理平台,加大数据信息分析和反馈力度,指导医疗机构提高医疗技术临床应用质量安全。

第三十八条 国家建立医疗技术临床应用评估制度。对医疗技术的安全性、有效性、经济适宜性及伦理问题等进行评估,作为调整国家医疗技术临床应用管理政策的决策依据之一。

第三十九条 国家建立医疗机构医疗技术临床应用情况信誉评分制度,与医疗机构、医务人员信用记录挂钩,纳入卫生健康行业社会信用体系管理,接入国家信用信息共享平台,并将信誉评分结果应用于医院评审、评优、临床重点专科评估等工作。

第四十条 县级以上地方卫生行政部门应当将本行政区域内经备案开展限制类技术临床应用的医疗机构名单及相关信息及时向社会公布,接受社会监督。

第六章 法律责任

第四十一条 医疗机构违反本办法规定,有下列情形之一的,由县级以上地方卫生行政部门责令限期改正;逾期不改的,暂停或者停止相关医疗技术临床应用,给予警告,并处以三千元以下罚款;造成严重后果的,处以三千元以上三万元以下罚款,并对医疗机构主要负责人、负有责任的主管人员和其他直接责任人员依法给予处分:

(一)未建立医疗技术临床应用管理专门组织或者未指定专(兼)职人员负责具体管理工作的;

(二)未建立医疗技术临床应用管理相关规章制度的;

(三)医疗技术临床应用管理混乱,存在医疗质量和医疗安全隐患的;

(四)未按照要求向卫生行政部门进行医疗技术临床应用备案的;

(五)未按照要求报告或者报告不实信息的;

(六)未按照要求向国家和省级医疗技术临床应用信息化管理平台报送相关信息的;

(七)未按要求将相关信息纳入院务公开范围向社会公开的;

(八)未按要求保障医务人员接受医疗技术临床应

用规范化培训权益的。

第四十二条 承担限制类技术临床应用规范化培训的医疗机构，有下列情形之一的，由省级卫生行政部门责令其停止医疗技术临床应用规范化培训，并向社会公布；造成严重后果的，对医疗机构主要负责人、负有责任的主管人员和其他直接责任人员依法给予处分：

（一）未按照要求向省级卫生行政部门备案的；

（二）提供不实备案材料或者弄虚作假的；

（三）未按照要求开展培训、考核的；

（四）管理混乱导致培训造成严重不良后果，并产生重大社会影响的。

第四十三条 医疗机构有下列情形之一的，由县级以上地方卫生行政部门依据《医疗机构管理条例》第四十七条的规定进行处理；情节严重的，还应当对医疗机构主要负责人和其他直接责任人员依法给予处分：

（一）开展相关医疗技术与登记的诊疗科目不相符的；

（二）开展禁止类技术临床应用的；

（三）不符合医疗技术临床应用管理规范要求擅自开展相关医疗技术的。

第四十四条 医疗机构管理混乱导致医疗技术临床应用造成严重不良后果，并产生重大社会影响的，由县级以上地方卫生行政部门责令限期整改，并给予警告；逾期不改的，给予三万元以下罚款，并对医疗机构主要负责人、负有责任的主管人员和其他直接责任人员依法给予处分。

第四十五条 医务人员有下列情形之一的，由县级以上地方卫生行政部门按照《执业医师法》《护士条例》《乡村医生从业管理条例》等法律法规的有关规定进行处理；构成犯罪的，依法追究刑事责任：

（一）违反医疗技术管理相关规章制度或者医疗技术临床应用管理规范的；

（二）开展禁止类技术临床应用的；

（三）在医疗技术临床应用过程中，未按照要求履行知情同意程序的；

（四）泄露患者隐私，造成严重后果的。

第四十六条 县级以上地方卫生行政部门未按照本办法规定履行监管职责，造成严重后果的，对直接负责的主管人员和其他直接责任人员依法给予记大过、降级、撤职、开除等行政处分。

第七章 附 则

第四十七条 人体器官移植技术、人类辅助生殖技术、细胞治疗技术的监督管理不适用本办法。

第四十八条 省级卫生行政部门可以根据本办法，结合地方实际制定具体实施办法。

第四十九条 本办法公布前，已经开展相关限制类技术临床应用的医疗机构，应当自本办法公布之日起按照本办法及相关医疗技术临床应用管理规范进行自我评估。符合临床应用条件的，应当自本办法施行之日起3个月内按照要求向核发其《医疗机构执业许可证》的卫生行政部门备案；不符合要求或者不按照规定备案的，不得再开展该项医疗技术临床应用。

第五十条 中医医疗机构的医疗技术临床应用管理由中医药主管部门负责。

第五十一条 本办法自2018年11月1日起施行。

手术安全核查制度

- 2010年3月17日
- 卫办医政发〔2010〕41号

一、手术安全核查是由具有执业资质的手术医师、麻醉医师和手术室护士三方（以下简称三方），分别在麻醉实施前、手术开始前和患者离开手术室前，共同对患者身份和手术部位等内容进行核查的工作。

二、本制度适用于各级各类手术，其他有创操作可参照执行。

三、手术患者均应配戴标示有患者身份识别信息的标识以便核查。

四、手术安全核查由手术医师或麻醉医师主持，三方共同执行并逐项填写《手术安全核查表》。

五、实施手术安全核查的内容及流程。

（一）麻醉实施前：三方按《手术安全核查表》依次核对患者身份（姓名、性别、年龄、病案号）、手术方式、知情同意情况、手术部位与标识、麻醉安全检查、皮肤是否完整、术野皮肤准备、静脉通道建立情况、患者过敏史、抗菌药物皮试结果、术前备血情况、假体、体内植入物、影像学资料等内容。

（二）手术开始前：三方共同核查患者身份（姓名、性别、年龄）、手术方式、手术部位与标识，并确认风险预警等内容。手术物品准备情况的核查由手术室护士执行并向手术医师和麻醉医师报告。

（三）患者离开手术室前：三方共同核查患者身份（姓名、性别、年龄）、实际手术方式，术中用药、输血的核查，清点手术用物，确认手术标本，检查皮肤完整性、动静脉通路、引流管,确认患者去向等内容。

（四）三方确认后分别在《手术安全核查表》上签名。

六、手术安全核查必须按照上述步骤依次进行,每一步核查无误后方可进行下一步操作,不得提前填写表格。

七、术中用药、输血的核查:由麻醉师或手术医师根据情况需要下达医嘱并做好相应记录,由手术室护士与麻醉医师共同核查。

八、住院患者《手术安全核查表》应归入病历中保管,非住院患者《手术安全核查表》由手术室负责保存一年。

九、手术科室、麻醉科与手术室的负责人是本科室实施手术安全核查制度的第一责任人。

十、医疗机构相关职能部门应加强对本机构手术安全核查制度实施情况的监督与管理,提出持续改进的措施并加以落实。

附件:手术安全核查表(略)

医疗机构手术分级管理办法

·2022 年 12 月 6 日
·国卫办医政发〔2022〕18 号

第一章 总 则

第一条 为加强医疗机构手术分级管理,提高手术质量,保障医疗安全,维护患者合法权益,依据《中华人民共和国医师法》《医疗机构管理条例》《医疗质量管理办法》《医疗技术临床应用管理办法》等法律法规规章,制定本办法。

第二条 本办法适用于各级各类医疗机构手术分级管理工作。

第三条 本办法所称手术是指医疗机构及其医务人员以诊断或治疗疾病为目的,在人体局部开展去除病变组织、修复损伤、重建形态或功能、移植细胞组织或器官、植入医疗器械等医学操作的医疗技术,手术应当经过临床研究论证且安全性、有效性确切。

本办法所称手术分级管理是指医疗机构以保障手术质量安全为目的,根据手术风险程度、难易程度、资源消耗程度和伦理风险,对本机构开展的手术进行分级,并对不同级别手术采取相应管理策略的过程。

第四条 医疗机构及其医务人员开展手术技术临床应用应当遵循科学、安全、规范、有效、经济、符合伦理的原则。

第五条 国家卫生健康委负责全国医疗机构手术分级管理工作的监督管理。

县级以上卫生健康行政部门负责本行政区域内医疗机构手术分级管理工作的监督管理。

第二章 组织管理

第六条 医疗机构对本机构手术分级管理承担主体责任。医疗机构应当根据其功能定位、医疗服务能力水平和诊疗科目制定手术分级管理目录,进行分级管理。

第七条 医疗机构手术分级管理实行院、科两级负责制。医疗机构主要负责人是本机构手术分级管理的第一责任人;手术相关临床科室主要负责人是本科室手术分级管理的第一责任人。

第八条 医疗机构医疗技术临床应用管理组织负责本机构手术分级管理,具体工作由医务管理部门负责。

第九条 医疗机构医疗技术临床应用管理组织在手术分级管理工作中的主要职责是:

（一）制定本机构手术分级管理的制度和规范,明确科室手术分级管理议事规则和工作流程,定期检查执行情况,并提出改进措施和要求;

（二）审定本机构手术分级管理目录,定期对手术质量安全情况进行评估并动态调整;

（三）根据术者专业能力和接受培训情况,授予或者取消相应的手术级别和具体手术权限,并根据定期评估情况进行动态调整;

（四）组织开展手术分级管理法律、法规、规章和相关制度、规范的培训。

第十条 医疗机构各手术科室应当成立本科室手术分级管理工作小组,组长由科室主要负责人担任,指定专人负责日常具体工作。手术分级管理工作小组主要职责是:

（一）贯彻执行手术分级管理相关的法律、法规、规章、规范性文件和本机构手术分级管理制度;

（二）制订本科室年度手术分级管理实施方案,组织开展科室手术分级管理工作;

（三）定期对本科室手术分级管理进行分析和评估,对手术分级管理薄弱环节提出整改措施并组织实施;

（四）定期对本科室术者手术技术临床应用能力进行评估,制定手术技术培训计划,提升本科室手术技术临床应用能力和质量;

（五）按照有关要求报送本科室手术分级管理相关信息。

第三章 手术分级管理

第十一条 根据手术风险程度、难易程度、资源消耗程度或伦理风险不同，手术分为四级：

一级手术是指风险较低、过程简单、技术难度低的手术；

二级手术是指有一定风险、过程复杂程度一般、有一定技术难度的手术；

三级手术是指风险较高、过程较复杂、难度较大、资源消耗较多的手术；

四级手术是指风险高、过程复杂、难度大、资源消耗多或涉及重大伦理风险的手术。

第十二条　手术风险包括麻醉风险、手术主要并发症发生风险、围手术期死亡风险等。

手术难度包括手术复杂程度、患者状态、手术时长、术者资质要求以及手术所需人员配置、所需手术器械和装备复杂程度等。

资源消耗程度指手术过程中所使用的医疗资源的种类、数量与稀缺程度。

伦理风险指人的社会伦理关系在手术影响下产生伦理负效应的可能。

第十三条　医疗机构应当建立手术分级信息报告制度，向核发其《医疗机构执业许可证》的卫生健康行政部门报送本机构三、四级手术管理目录信息，如有调整应及时更新信息。接受信息的部门应当及时将目录信息逐级报送至省级卫生健康行政部门。

第十四条　医疗机构应当建立手术分级公示制度，将手术分级管理目录纳入本机构院务公开范围，主动向社会公开三、四级手术管理目录，并及时更新。

第十五条　医疗机构应当建立手术分级动态调整制度，根据本机构开展手术的效果和手术并发症等情况，动态调整本机构手术分级管理目录。

第十六条　医疗机构应当建立手术授权制度，根据手术级别、专业特点、术者专业技术岗位和手术技术临床应用能力及培训情况综合评估后授予术者相应的手术权限。三、四级手术应当逐项授予术者手术权限。手术授权原则上不得与术者职称、职务挂钩。

对于非主执业机构注册的医务人员，其手术授权管理应当与本机构医务人员保持一致。

第十七条　医疗机构应当建立手术技术临床应用能力评估和手术授权动态调整制度。

术者申请手术权限应当由其所在科室手术分级管理工作小组进行评估，评估合格的应当向医务管理部门报告，经医务管理部门复核后报医疗技术临床应用管理委员会审核批准，由医疗机构以正式文件形式予以确认。

医疗机构应当定期组织评估术者手术技术临床应用能力，包括手术技术能力、手术质量安全、围手术期管理能力、医患沟通能力等，重点评估新获得四级手术权限的术者。根据评估结果动态调整手术权限，并纳入个人专业技术档案管理，四级手术评估周期原则上不超过一年。

第十八条　医疗机构应当建立手术技术临床应用论证制度。对已证明安全有效，但属本机构首次开展的手术技术，应当组织开展手术技术能力和安全保障能力论证，通过论证的方可开展该手术技术临床应用。

第十九条　医疗机构应当为医务人员参加手术技能规范化培训创造条件，提升医务人员手术技术临床应用能力。

医疗机构应当重点关注首次在本机构开展的手术技术的规范化培训工作。

第二十条　医疗机构开展省级以上限制类医疗技术中涉及手术的，应当按照四级手术进行管理。

第二十一条　医疗机构应当建立紧急状态下超出手术权限开展手术的管理制度，遇有急危重症患者确需行急诊手术以挽救生命时，如现场无相应手术权限的术者，其他术者可超权限开展手术，具体管理制度由医疗机构自行制定。

第二十二条　医疗机构应当建立四级手术术前多学科讨论制度，手术科室在每例四级手术实施前，应当对手术的指征、方式、预期效果、风险和处置预案等组织多学科讨论，确定手术方案和围手术期管理方案，并按规定记录，保障手术质量和患者安全。

第二十三条　医疗机构应当建立手术随访制度，按病种特点和相关诊疗规范确定随访时长和频次，对四级手术术后患者，原则上随访不少于每年1次。

第二十四条　医疗机构应当完善手术不良事件个案报告制度，对于四级手术发生非计划二次手术、严重医疗质量（安全）不良事件等情形的，应当在发生后3日内组织全科讨论，讨论结果向本机构医疗质量管理委员会报告，同时按照不良事件管理有关规定向卫生健康行政部门报告。

第二十五条　医疗机构应当加强围手术期死亡病例讨论管理。四级手术患者发生围手术期死亡的，应当在死亡后7日内，由医务管理部门组织完成多学科讨论。医疗机构应当每年度对全部围手术期死亡病例进行汇总分析，提出持续改进意见。

第四章　监督管理

第二十六条　医疗机构应当建立手术质量安全评估

制度,由医疗机构医疗技术临床应用管理组织定期对手术适应征、术前讨论、手术安全核查、围手术期并发症发生率、非计划二次手术率、围手术期全因死亡率等进行评估,并在院内公开。一、二级手术应当每年度进行评估,三级手术应当每半年进行评估,四级手术应当每季度进行评估。

医疗机构应当重点关注首次在本机构开展的手术技术的质量安全。

第二十七条　医疗机构应当建立手术分级管理督查制度,由本机构医务管理部门对各手术科室手术分级管理制度落实情况进行定期督查,并将督查结果作为医疗机构相关科室及其主要负责人考核的关键指标。

第二十八条　对于发生严重医疗质量(安全)不良事件的,医疗机构应当暂停开展该手术,对该手术技术及术者手术技术临床应用能力进行重新评估。评估结果为合格的可继续开展;评估结果认为术者手术技术临床应用能力不足的,应当取消该手术授权;评估结果认为该手术技术存在重大质量安全缺陷的,应当停止该手术技术临床应用,并立即将有关情况向核发其《医疗机构执业许可证》的卫生健康行政部门报告。

从事该手术技术的主要术者或者关键设备、设施及其他辅助条件发生变化,不能满足相关技术临床应用管理规范要求或者影响临床应用效果的,医疗机构应当停止该手术技术临床应用。

第二十九条　二级以上医疗机构应当充分利用信息化手段加强手术分级管理,全面掌握科室对手术分级管理制度的执行与落实情况,加强对手术医嘱、手术通知单、麻醉记录单等环节的检查,重点核查手术权限、限制类技术、急诊手术和本机构重点监管技术项目的相关情况。

第三十条　县级以上地方卫生健康行政部门应当加强对辖区内医疗机构手术分级管理的监测与定期评估,及时向医疗机构反馈监测情况和评估结果,定期将医疗机构各级手术平均病例组合指数(CMI)进行分析、排序和公示,引导医疗机构科学分级规范管理。及时纠正手术分级管理混乱等情况,并定期进行通报。

第三十一条　县级以上地方卫生健康行政部门应当指导本行政区域内加强医疗机构手术分级管理,建立激励和约束机制,推广先进经验和做法。将医疗机构手术分级管理情况与医疗机构校验、医院评审、评价及个人业绩考核相结合。

第五章　附　则

第三十二条　开展人体器官移植、人类辅助生殖等法律法规有专门规定的手术,按照有关法律法规规定执行。

第三十三条　本办法所称术者是指手术的主要完成人。

第三十四条　本办法所称围手术期是指患者术前24小时至与本次手术有关的治疗基本结束。

第三十五条　本办法所称严重医疗质量(安全)不良事件是指在诊疗过程中发生的,导致患者需要治疗以挽救生命、造成患者永久性伤害或死亡的医疗质量安全事件。

第三十六条　国家组织制定用于公立医院绩效考核的手术目录,不作为各医疗机构开展手术分级管理的依据。

第三十七条　本办法自印发之日起施行。《卫生部办公厅关于印发医疗机构手术分级管理办法(试行)的通知》(卫办医政发〔2012〕94号)同时废止。

卫生部关于下发《医疗机构诊疗科目名录》的通知

· 1994年9月5日
· 卫医发〔1994〕第27号

各省、自治区、直辖市、计划单列市卫生厅(局)、中医(药)管理局、有关部委卫生局(处)、新疆生产建设兵团卫生局、部直属有关单位:

为贯彻执行《医疗机构管理条例》,我部制定了《医疗机构诊疗科目名录》,现发给你们,请遵照执行。

附件:

《医疗机构诊疗科目名录》及使用说明

医疗机构诊疗科目名录

代码	诊疗科目
01.	预防保健科
02.	全科医疗科
03	内科
03.01	呼吸内科专业
03.02	消化内科专业
03.03	神经内科专业
03.04	心血管内科专业
03.05	血液内科专业

03.06	肾病学专业		07.12	其他
03.07	内分泌专业		08. 小儿外科	
03.08	免疫学专业		08.01	小儿普通外科专业
03.09	变态反应专业		08.02	小儿骨科专业
03.10	老年病专业		08.03	小儿泌尿外科专业
03.11	其他		08.04	小儿胸心外科专业
04. 外科			08.05	小儿神经外科专业
04.01	普通外科专业		08.06	其他
04.02	神经外科专业		09. 儿童保健科	
04.03	骨科专业		09.01	儿童生长发育专业
04.04	泌尿外科专业		09.02	儿童营养专业
04.05	胸外科专业		09.03	儿童心理卫生专业
04.06	心脏大血管外科专业		09.04	儿童五官保健专业
04.07	烧伤科专业		09.05	儿童康复专业
04.08	整形外科专业		09.06	其他
04.09	其他		10. 眼科	
05. 妇产科			11. 耳鼻咽喉科	
05.01	妇科专业		11.01	耳科专业
05.02	产科专业		11.02	鼻科专业
05.03	计划生育专业		11.03	咽喉科专业
05.04	优生学专业		11.04	其他
05.05	生殖健康与不孕症专业		12. 口腔科	
05.06	其他		12.01	口腔科专业
06. 妇女保健科			12.02	口腔颌面外科专业
06.01	青春期保健专业		12.03	正畸专业
06.02	围产期保健专业		12.04	口腔修复专业
06.03	更年期保健专业		12.05	口腔预防保健专业
06.04	妇女心理卫生专业		12.06	其他
06.05	妇女营养专业		13. 皮肤科	
06.06	其他		13.01	皮肤专业
07. 儿科			13.02	性传播疾病专业
07.01	新生儿专业		13.03	其他
07.02	小儿传染病专业		14. 医疗美容科	
07.03	小儿消化专业		15. 精神科	
07.04	小儿呼吸专业		15.01	精神病专业
07.05	小儿心脏病专业		15.02	精神卫生专业
07.06	小儿肾病专业		15.03	药物依赖专业
07.07	小儿血液病专业		15.04	精神康复专业
07.08	小儿神经病学专业		15.05	社区防治专业
07.09	小儿内分泌专业		15.06	临床心理专业
07.10	小儿遗传病专业		15.07	司法精神专业
07.11	小儿免疫专业		15.08	其他

16. 传染科
　16.01　　　肠道传染病专业
　16.02　　　呼吸道传染病专业
　16.03　　　肝炎专业
　16.04　　　虫媒传染病专业
　16.05　　　动物源性传染病专业
　16.06　　　蠕虫病专业
　16.07　　　其他
17. 结核病科
18. 地方病科
19. 肿瘤科
20. 急诊医学科
21. 康复医学科
22. 运动医学科
23. 职业病科
　23.01　　　职业中毒专业
　23.02　　　尘肺专业
　23.03　　　放射病专业
　23.04　　　物理因素损伤专业
　23.05　　　职业健康监护专业
　23.06　　　其他
24. 临终关怀科
25. 特种医学与军事医学科
26. 麻醉科
30. 医学检验科
　30.01　　　临床体液、血液专业
　30.02　　　临床微生物学专业
　30.03　　　临床生化检验专业
　30.04　　　临床免疫、血清学专业
　30.05　　　其他
31. 病理科
32. 医学影像科
　32.01　　　8线诊断专业
　32.02　　　C4诊断专业
　32.03　　　磁共振成像诊断专业
　32.04　　　核医学专业
　32.05　　　超声诊断专业
　32.06　　　心电诊断专业
　32.07　　　脑电及脑血流图诊断专业
　32.08　　　神经肌肉电图专业
　32.09　　　介入放射学专业
　32.10　　　放射治疗专业
　32.11　　　其他

50. 中医科
　50.01　　　内科专业
　50.02　　　外科专业
　50.03　　　妇产科专业
　50.04　　　儿科专业
　50.05　　　皮肤科专业
　50.06　　　眼科专业
　50.07　　　耳鼻咽喉科专业
　50.08　　　口腔科专业
　50.09　　　肿瘤科专业
　50.10　　　骨伤科专业
　50.11　　　肛肠科专业
　50.12　　　老年病科专业
　50.13　　　针灸科专业
　50.14　　　推拿科专业
　50.15　　　康复医学专业
　50.16　　　急诊科专业
　50.17　　　预防保健科专业
　50.18　　　其他
51. 民族医学科
　51.01　　　维吾尔医学
　51.02　　　藏医学
　51.03　　　蒙医学
　51.04　　　彝医学
　51.05　　　傣医学
　51.06　　　其他
52. 中西医结合科

《诊疗科目名录》使用说明

一、本《名录》依据临床一、二级学科及专业名称编制，是卫生行政部门核定医疗机构诊疗科目，填写《医疗机构执业许可证》和《医疗机构申请执业登记注册书》相应栏目的标准。

二、医疗机构实际设置的临床专业科室名称不受本《名录》限制，可使用习惯名称和跨学科科室名称，如"围产医学科"、"五官科"等。

三、诊疗科目分为"一级科目"和"二级科目"。

一级科目一般相当临床一级学科，如"内科"、"外科"等；

二级科目一般相当临床二级学科，如"呼吸内科"、"消化内科"等。

为便于专科医疗机构使用，部分临床二级学科列入一级科目。

四、科目代码由"××、××"构成,其中小数点前两位为一级科目识别码,小数点后两位为二级科目识别码。

五、《医疗机构申请执业登记注册书》的"医疗机构诊疗科目申报表"填报原则:

1. 申报表由申请单位填报。表中已列出全部诊疗科目及其代码,申请单位在代码前的"□"内以划"√"方式填报。

2. 医疗机构凡在某一级科目下设置二级学科(专业组)的,应填报到所列二级科目;未划分二级学科(专业组)的,只填报到一级诊疗科目,如"内科"、"外科"等。

3. 只开展专科病诊疗的机构,应填报专科病诊疗所属的科目,并在备注栏注明专科病名称,如颈椎病专科诊疗机构填报"骨科",并于备注栏注明"颈椎病专科"。

4. 在某科目下只开展门诊服务的,应在备注栏注明"门诊"字样。如申报肝炎专科门诊时,申报"肝炎专业"并在备注栏填注"门诊"。

六、《医疗机构申请执业登记注册书》"核准登记事项"的诊疗科目栏填写原则:

1. 由卫生行政部门在核准申报表后填写。

2. 一般只需填写一级科目。

3. 在某一级科目下只开展个别二级科目诊疗活动的,应直接填写所设二级科目,如某医疗机构在精神科下仅开设心理咨询服务,则填写精神科的二级科目"临床心理专业"。

4. 只开展某诊疗科目下个别专科病诊疗的,应在填写的相应科目后注明专科病名称,如"骨科(颈椎病专科)"。

5. 只提供门诊服务的科目,应注明"门诊"字样,如"肝炎专业门诊"。

七、《医疗机构执业许可证》的"诊疗科目"栏填写原则与《医疗机构申请执业登记注册书》"核准登记事项"相应栏目相同。

八、名词释义与注释

代码	诊疗科目	注释
01.	预防保健科	含社区保健、儿童计划免疫、健康教育等。
02.	全科医疗科	由医务人员向病人提供综合(不分科)诊疗服务和家庭医疗服务的均属此科目,如基层诊所、卫生所(室)等提供的服务。
08.	小儿外科	医疗机构仅在外科提供部分儿童手术,未独立设立本专业的,不填报本科目。
23.	职业病科	二级科目只供职业病防治机构使用。综合医院经批准设职业病科的,不需再填二级科目。
25.	特种医学与军事医学	含航天医学、航空医学、航海医学、潜水医学、野战外科学、军队各类预防和防护学科等。
32.09	介入放射学专业	在各临床科室开展介入放射学检查和治疗的,均应在《医疗机构申请执业登记注册书》的"医疗机构诊疗科目申报表"中申报本科目。

卫生部关于修订《医疗机构诊疗科目名录》部分科目的通知

- 2007年5月31日
- 卫医发〔2007〕174号

各省、自治区、直辖市卫生厅局,新疆生产建设兵团及计划单列市卫生局,卫生部直属有关单位:

为加强医疗服务管理,经研究决定,修订《医疗机构诊疗科目名录》部分二级科目,增补若干项目。

一、根据《人体器官移植条例》(国务院令第491号)和卫生部《人体器官移植技术临床应用管理暂行规定》(卫医发〔2006〕94号),增补诊疗科目外科(04.)普通外科专业(04.01)下肝脏移植项目、胰腺移植项目、小肠移植项目,泌尿外科专业(04.04)下肾脏移植项目,胸外科专业(04.05)下肺脏移植项目,心脏大血管外科专业(04.06)下心脏移植项目。

二、根据《医疗机构临床实验室管理办法》(卫医发〔2006〕73号)和专家建议,诊疗科目医学检验科(30.)下临床生化检验专业(30.03)修订为临床化学检验专业(30.03);增补临床细胞分子遗传学专业(30.05)。

本通知自下发之日起执行。

附件

修订增补后的诊疗科目
外科(04.)、医学检验科(30.)

04. 外科 C04.01 普通外科专业
04.01.01 肝脏移植项目
04.01.02 胰腺移植项目
04.01.03 小肠移植项目
04.02 神经外科专业
04.03 骨科专业
04.04 泌尿外科专业
04.04.01 肾脏移植项目
04.05 胸外科专业
04.05.01 肺脏移植项目
04.06 心脏大血管外科专业
04.06.01 心脏移植项目
04.07 烧伤科专业
04.08 整形外科专业
04.09 其他
30. 医学检验科
30.01 临床体液、血液专业
30.02 临床微生物学专业
30.03 临床化学检验专业
30.04 临床免疫、血清学专业
30.05 临床细胞分子遗传学专业
30.06 其他

卫生部关于在《医疗机构诊疗科目名录》中增加"疼痛科"诊疗科目的通知

· 2007年7月16日
· 卫医发〔2007〕227号

各省、自治区、直辖市卫生厅局，新疆生产建设兵团卫生局，部直属有关单位：

随着我国临床医学的发展和患者对医疗服务需求的增加，根据中华医学会和有关专家建议，经研究决定：

一、在《医疗机构诊疗科目名录》（卫医发〔1994〕第27号文附件1）中增加一级诊疗科目"疼痛科"，代码："27"。"疼痛科"的主要业务范围为：慢性疼痛的诊断治疗。

二、开展"疼痛科"诊疗科目诊疗服务的医疗机构应有具备麻醉科、骨科、神经内科、神经外科、风湿免疫科、肿瘤科或康复医学科等专业知识之一和临床疼痛诊疗工作经历及技能的执业医师。

三、目前，只限于二级以上医院开展"疼痛科"诊疗科目诊疗服务。具有符合本通知第二条规定条件执业医师的二级以上医院可以申请增加"疼痛科"诊疗科目。门诊部、诊所、社区卫生服务机构、乡镇卫生院等其他类别医疗机构暂不设立此项诊疗科目。

四、拟增加"疼痛科"诊疗科目的二级以上医院应向核发其《医疗机构执业许可证》的地方卫生行政部门提出申请，地方卫生行政部门应依法严格审核，对符合条件的予以登记"疼痛科"诊疗科目。

五、医疗机构登记"疼痛科"诊疗科目后，方可开展相应的诊疗活动。开展"疼痛科"诊疗科目诊疗服务应以卫生部委托中华医学会编写的《临床技术操作规范（疼痛学分册）》、《临床诊疗指南（疼痛学分册）》等为指导，确保医疗质量和医疗安全。

本通知自下发之日起执行。

卫生部关于在《医疗机构诊疗科目名录》中增加"重症医学科"诊疗科目的通知

· 2009年1月19日
· 卫医政发〔2009〕9号

各省、自治区、直辖市卫生厅局，新疆生产建设兵团卫生局：

随着我国临床医学的发展和患者对医疗服务需求的增加，根据中华医学会和有关专家建议，在广泛征求意见的基础上，经研究决定：

一、在《医疗机构诊疗科目名录》（卫医发〔1994〕第27号文附件1）中增加一级诊疗科目"重症医学科"，代码："28"。

重症医学科的主要业务范围为：急危重症患者的抢救和延续性生命支持；发生多器官功能障碍患者的治疗和器官功能支持；防治多脏器功能障碍综合征。

二、开展"重症医学科"诊疗科目诊疗服务的医院应当有具备内科、外科、麻醉科等专业知识之一和临床重症医学诊疗工作经历及技能的执业医师。

三、目前，只限于二级以上综合医院开展"重症医学科"诊疗科目诊疗服务。具有符合本通知第二条规定的二级以上综合医院可以申请增加"重症医学科"诊疗科目。

四、拟增加"重症医学科"诊疗科目的医院应当向核发其《医疗机构执业许可证》的地方卫生行政部门提出申请,地方卫生行政部门应当依法严格审核,对符合条件的予以登记"重症医学科"诊疗科目。

五、"重症医学科"诊疗科目应当以卫生部委托中华医学会编写的《临床技术操作规范(重症医学分册)》和《临床诊疗指南(重症医学分册)》等为指导开展诊疗服务。

六、从事"重症医学科"诊疗服务的医师应当向卫生行政部门重新申请核定医师执业范围;卫生行政部门根据医师申请和医院证明材料,对符合第二条规定医师的执业范围核定为"重症医学科"。

七、二级以上综合医院原已设置的综合重症加强治疗科(病房、室)(ICU)应重新申请"重症医学科"诊疗科目登记,并更改原科室名称为重症医学科。目前设置在专科医院和综合医院相关科室内的与本科重症患者治疗有关的病房,如内或外科重症加强治疗科(内科或外科ICU)、心血管重症监护病房(CCU)、儿科重症监护病房(PICU)等可以保留,中文名称统一为XX科重症监护病房(室),继续在相关专业范围内开展诊疗活动,其医师执业范围不变。

八、设置"重症医学科"的医院要按照我部有关规定严格科室管理,确保医疗质量和医疗安全,并采取有效措施加强重症医学专业人才培养和重症医学学科建设,促进其健康发展。

九、未经批准"重症医学科"诊疗科目登记的医疗机构不得设置重症医学科;相关科室可以设置监护室、抢救室等开展对本科重症患者的救治。

本通知自下发之日起执行。

卫生部关于修订口腔科二级科目的通知

· 2010年6月11日
· 卫医政发〔2010〕55号

各省、自治区、直辖市卫生厅局,新疆生产建设兵团卫生局:

为适应口腔医学发展及实际工作需要,提高专科诊疗水平和服务能力,根据中华口腔医学会的建议,经研究决定,修订《医疗机构诊疗科目名录》中口腔科的二级科目。现将修订后的口腔科(12.)二级科目印发给你们,请遵照执行。

修订后的诊疗科目口腔科(12.)

12. 口腔科
12.01 牙体牙髓病专业
12.02 牙周病专业
12.03 口腔粘膜病专业
12.04 儿童口腔专业
12.05 口腔颌面外科专业
12.06 口腔修复专业
12.07 口腔正畸专业
12.08 口腔种植专业
12.09 口腔麻醉专业
12.10 口腔颌面医学影像专业
12.11 口腔病理专业
12.12 预防口腔专业
12.13 其他

人体器官捐献和移植条例

· 2023年10月20日国务院第17次常务会议通过
· 2023年12月4日中华人民共和国国务院令第767号公布
· 自2024年5月1日起施行

第一章 总 则

第一条 为了规范人体器官捐献和移植,保证医疗质量,保障人体健康,维护公民的合法权益,弘扬社会主义核心价值观,制定本条例。

第二条 在中华人民共和国境内从事人体器官捐献和移植,适用本条例;从事人体细胞和角膜、骨髓等人体组织捐献和移植,不适用本条例。

本条例所称人体器官捐献,是指自愿、无偿提供具有特定生理功能的心脏、肺脏、肝脏、肾脏、胰腺或者小肠等人体器官的全部或者部分用于移植的活动。

本条例所称人体器官移植,是指将捐献的人体器官植入接受人身体以代替其病损器官的活动。

第三条 人体器官捐献和移植工作坚持人民至上、生命至上。国家建立人体器官捐献和移植工作体系,推动人体器官捐献,规范人体器官获取和分配,提升人体器官移植服务能力,加强监督管理。

第四条 县级以上人民政府卫生健康部门负责人体器官捐献和移植的监督管理工作。县级以上人民政府发展改革、公安、民政、财政、市场监督管理、医疗保障等部门在各自职责范围内负责与人体器官捐献和移植有关的工作。

第五条 红十字会依法参与、推动人体器官捐献工作，开展人体器官捐献的宣传动员、意愿登记、捐献见证、缅怀纪念、人道关怀等工作，加强人体器官捐献组织网络、协调员队伍的建设和管理。

第六条 任何组织或者个人不得以任何形式买卖人体器官，不得从事与买卖人体器官有关的活动。

第七条 任何组织或者个人对违反本条例规定的行为，有权向卫生健康部门和其他有关部门举报；对卫生健康部门和其他有关部门未依法履行监督管理职责的行为，有权向本级人民政府、上级人民政府有关部门举报。接到举报的人民政府、卫生健康部门和其他有关部门对举报应当及时核实、处理，对实名举报的，应当将处理结果向举报人通报。

第二章 人体器官的捐献

第八条 人体器官捐献应当遵循自愿、无偿的原则。

公民享有捐献或者不捐献其人体器官的权利；任何组织或者个人不得强迫、欺骗或者利诱他人捐献人体器官。

第九条 具有完全民事行为能力的公民有权依法自主决定捐献其人体器官。公民表示捐献其人体器官的意愿，应当采用书面形式，也可以订立遗嘱。公民对已经表示捐献其人体器官的意愿，有权予以撤销。

公民生前表示不同意捐献其遗体器官的，任何组织或者个人不得捐献、获取该公民的遗体器官；公民生前未表示不同意捐献其遗体器官的，该公民死亡后，其配偶、成年子女、父母可以共同决定捐献，决定捐献应当采用书面形式。

第十条 任何组织或者个人不得获取未满18周岁公民的活体器官用于移植。

第十一条 活体器官的接受人限于活体器官捐献人的配偶、直系血亲或者三代以内旁系血亲。

第十二条 国家加强人体器官捐献宣传教育和知识普及，促进形成有利于人体器官捐献的社会风尚。

新闻媒体应当开展人体器官捐献公益宣传。

第十三条 国家鼓励遗体器官捐献。公民可以通过中国红十字会总会建立的登记服务系统表示捐献其遗体器官的意愿。

第十四条 红十字会向遗体器官捐献人亲属颁发捐献证书，动员社会各方力量设置遗体器官捐献人缅怀纪念设施。设置遗体器官捐献人缅怀纪念设施应当因地制宜，注重实效。

中国红十字会总会、国务院卫生健康部门应当定期组织开展遗体器官捐献人缅怀纪念活动。

第三章 人体器官的获取和移植

第十五条 医疗机构从事遗体器官获取，应当具备下列条件：

（一）有专门负责遗体器官获取的部门以及与从事遗体器官获取相适应的管理人员、执业医师和其他医务人员；

（二）有满足遗体器官获取所需要的设备、设施和技术能力；

（三）有符合本条例第十八条第一款规定的人体器官移植伦理委员会；

（四）有完善的遗体器官获取质量管理和控制等制度。

从事遗体器官获取的医疗机构同时从事人体器官移植的，负责遗体器官获取的部门应当独立于负责人体器官移植的科室。

第十六条 省、自治区、直辖市人民政府卫生健康部门根据本行政区域遗体器官捐献情况，制定遗体器官获取服务规划，并结合医疗机构的条件和服务能力，确定本行政区域从事遗体器官获取的医疗机构，划定其提供遗体器官获取服务的区域。

从事遗体器官获取的医疗机构应当在所在地省、自治区、直辖市人民政府卫生健康部门划定的区域内提供遗体器官获取服务。

医疗机构发现符合捐献条件且有捐献意愿的潜在遗体器官捐献人的，应当向负责提供其所在区域遗体器官获取服务的医疗机构报告，接到报告的医疗机构应当向所在地省、自治区、直辖市红十字会通报。

任何组织或者个人不得以获取遗体器官为目的跨区域转运潜在遗体器官捐献人，不得向本条第三款规定之外的组织或者个人转介潜在遗体器官捐献人的相关信息。

第十七条 获取遗体器官前，负责遗体器官获取的部门应当向其所在医疗机构的人体器官移植伦理委员会提出获取遗体器官审查申请。

第十八条 人体器官移植伦理委员会由医学、法学、伦理学等方面专家组成，委员会中从事人体器官移植的医学专家不超过委员人数的四分之一。人体器官移植伦理委员会的组成和工作规则，由国务院卫生健康部门制定。

人体器官移植伦理委员会收到获取遗体器官审查申

请后,应当及时对下列事项进行审查:

(一)遗体器官捐献意愿是否真实;

(二)有无买卖或者变相买卖遗体器官的情形。

经三分之二以上委员同意,人体器官移植伦理委员会方可出具同意获取遗体器官的书面意见。人体器官移植伦理委员会同意获取的,医疗机构方可获取遗体器官。

第十九条 获取遗体器官,应当在依法判定遗体器官捐献人死亡后进行。从事人体器官获取、移植的医务人员不得参与遗体器官捐献人的死亡判定。

获取遗体器官,应当经人体器官捐献协调员见证。获取遗体器官前,从事遗体器官获取的医疗机构应当通知所在地省、自治区、直辖市红十字会。接到通知的红十字会应当及时指派2名以上人体器官捐献协调员对遗体器官获取进行见证。

从事遗体器官获取的医疗机构及其医务人员应当维护遗体器官捐献人的尊严;获取器官后,应当对遗体进行符合伦理原则的医学处理,除用于移植的器官以外,应当恢复遗体外观。

第二十条 遗体器官的分配,应当符合医疗需要,遵循公平、公正和公开的原则。具体办法由国务院卫生健康部门制定。

患者申请人体器官移植手术,其配偶、直系血亲或者三代以内旁系血亲曾经捐献遗体器官的,在同等条件下优先排序。

第二十一条 遗体器官应当通过国务院卫生健康部门建立的分配系统统一分配。从事遗体器官获取、移植的医疗机构应当在分配系统中如实录入遗体器官捐献人、申请人体器官移植手术患者的相关医学数据并及时更新,不得伪造、篡改数据。

医疗机构及其医务人员应当执行分配系统分配结果。禁止医疗机构及其医务人员使用未经分配系统分配的遗体器官或者来源不明的人体器官实施人体器官移植。

国务院卫生健康部门应当定期公布遗体器官捐献和分配情况。

第二十二条 国务院卫生健康部门会同国务院公安、交通运输、铁路、民用航空等部门和中国红十字会总会建立遗体器官运送绿色通道工作机制,确保高效、畅通运送遗体器官。

第二十三条 医疗机构从事人体器官移植,应当向国务院卫生健康部门提出申请。国务院卫生健康部门应当自受理申请之日起5个工作日内组织专家评审,于专家评审完成后15个工作日内作出决定并书面告知申请人。国务院卫生健康部门审查同意的,通知申请人所在地省、自治区、直辖市人民政府卫生健康部门办理人体器官移植诊疗科目登记,在申请人的执业许可证上注明获准从事的人体器官移植诊疗科目。具体办法由国务院卫生健康部门制定。

医疗机构从事人体器官移植,应当具备下列条件:

(一)有与从事人体器官移植相适应的管理人员、执业医师和其他医务人员;

(二)有满足人体器官移植所需要的设备、设施和技术能力;

(三)有符合本条例第十八条第一款规定的人体器官移植伦理委员会;

(四)有完善的人体器官移植质量管理和控制等制度。

第二十四条 国务院卫生健康部门审查医疗机构的申请,除依据本条例第二十三条第二款规定的条件外,还应当考虑申请人所在省、自治区、直辖市人体器官移植的医疗需求、现有服务能力和人体器官捐献情况。

省、自治区、直辖市人民政府卫生健康部门应当及时公布已经办理人体器官移植诊疗科目登记的医疗机构名单。

第二十五条 已经办理人体器官移植诊疗科目登记的医疗机构不再具备本条例第二十三条第二款规定条件的,应当停止从事人体器官移植,并向原登记部门报告。原登记部门应当自收到报告之日起2个工作日内注销该医疗机构的人体器官移植诊疗科目登记,向国务院卫生健康部门报告,并予以公布。

第二十六条 省级以上人民政府卫生健康部门应当建立人体器官移植质量管理和控制制度,定期对医疗机构的人体器官移植技术临床应用能力进行评估,并及时公布评估结果;对评估不合格的,国务院卫生健康部门通知原登记部门注销其人体器官移植诊疗科目登记。具体办法由国务院卫生健康部门制定。

第二十七条 实施人体器官移植手术的执业医师应当具备下列条件,经省、自治区、直辖市人民政府卫生健康部门认定,并在执业证书上注明:

(一)有与实施人体器官移植手术相适应的专业技术职务任职资格;

(二)有与实施人体器官移植手术相适应的临床工作经验;

(三)经培训并考核合格。

第二十八条　移植活体器官的，由从事人体器官移植的医疗机构获取活体器官。获取活体器官前，负责人体器官移植的科室应当向其所在医疗机构的人体器官移植伦理委员会提出获取活体器官审查申请。

人体器官移植伦理委员会收到获取活体器官审查申请后，应当及时对下列事项进行审查：

（一）活体器官捐献意愿是否真实；

（二）有无买卖或者变相买卖活体器官的情形；

（三）活体器官捐献人与接受人是否存在本条例第十一条规定的关系；

（四）活体器官的配型和接受人的适应证是否符合伦理原则和人体器官移植技术临床应用管理规范。

经三分之二以上委员同意，人体器官移植伦理委员会方可出具同意获取活体器官的书面意见。人体器官移植伦理委员会同意获取的，医疗机构方可获取活体器官。

第二十九条　从事人体器官移植的医疗机构及其医务人员获取活体器官前，应当履行下列义务：

（一）向活体器官捐献人说明器官获取手术的风险、术后注意事项、可能发生的并发症及其预防措施等，并与活体器官捐献人签署知情同意书；

（二）查验活体器官捐献人同意捐献其器官的书面意愿、活体器官捐献人与接受人存在本条例第十一条规定关系的证明材料；

（三）确认除获取器官产生的直接后果外不会损害活体器官捐献人其他正常的生理功能。

从事人体器官移植的医疗机构应当保存活体器官捐献人的医学资料，并进行随访。

第三十条　医疗机构及其医务人员从事人体器官获取、移植，应当遵守伦理原则和相关技术临床应用管理规范。

第三十一条　医疗机构及其医务人员获取、移植人体器官，应当对人体器官捐献人和获取的人体器官进行医学检查，对接受人接受人体器官移植的风险进行评估，并采取措施降低风险。

第三十二条　从事人体器官移植的医疗机构实施人体器官移植手术，除向接受人收取下列费用外，不得收取或者变相收取所移植人体器官的费用：

（一）获取活体器官、切除病损器官、植入人体器官所发生的手术费、检查费、检验费等医疗服务费以及药费、医用耗材费；

（二）向从事遗体器官获取的医疗机构支付的遗体器官获取成本费用。

遗体器官获取成本费用，包括为获取遗体器官而发生的评估、维护、获取、保存、修复和运送等成本。遗体器官获取成本费用的收费原则由国务院卫生健康部门会同国务院发展改革、财政、医疗保障等部门制定，具体收费标准由省、自治区、直辖市人民政府卫生健康部门会同同级发展改革、财政、医疗保障等部门制定。

从事遗体器官获取的医疗机构应当对遗体器官获取成本费用进行单独核算。

第三十三条　人体器官捐献协调员、医疗机构及其工作人员应当对人体器官捐献人、接受人和申请人体器官移植手术患者的个人信息依法予以保护。

第三十四条　国家建立人体器官获取、移植病例登记报告制度。从事人体器官获取、移植的医疗机构应当将实施人体器官获取、移植的情况向所在地省、自治区、直辖市人民政府卫生健康部门报告。

第四章　法律责任

第三十五条　国家健全行政执法与刑事司法衔接机制，依法查处人体器官捐献和移植中的违法犯罪行为。

第三十六条　违反本条例规定，有下列情形之一，构成犯罪的，依法追究刑事责任：

（一）组织他人出卖人体器官；

（二）未经本人同意获取其活体器官，或者获取未满18周岁公民的活体器官，或者强迫、欺骗他人捐献活体器官；

（三）违背本人生前意愿获取其遗体器官，或者本人生前未表示同意捐献其遗体器官，违反国家规定，违背其配偶、成年子女、父母意愿获取其遗体器官。

医务人员有前款所列情形被依法追究刑事责任的，由原执业注册部门吊销其执业证书，终身禁止其从事医疗卫生服务。

第三十七条　违反本条例规定，买卖人体器官或者从事与买卖人体器官有关活动的，由县级以上地方人民政府卫生健康部门没收违法所得，并处交易额10倍以上20倍以下的罚款；医疗机构参与上述活动的，还应当由原登记部门吊销该医疗机构的人体器官移植诊疗科目，禁止其10年内从事人体器官获取或者申请从事人体器官移植，并对负有责任的领导人员和直接责任人员依法给予处分，情节严重的，由原执业登记部门吊销该医疗机构的执业许可证或者由原备案部门责令其停止执业活动；医务人员参与上述活动的，还应当由原执业注册部门吊销其执业证书，终身禁止其从事医疗卫生服务；构成犯罪的，依法追究刑事责任。

公职人员参与买卖人体器官或者从事与买卖人体器官有关活动的,依法给予撤职、开除处分;构成犯罪的,依法追究刑事责任。

第三十八条 医疗机构未办理人体器官移植诊疗科目登记,擅自从事人体器官移植的,由县级以上地方人民政府卫生健康部门没收违法所得,并处违法所得10倍以上20倍以下的罚款,禁止其5年内从事人体器官获取或者申请从事人体器官移植,并对负有责任的领导人员和直接责任人员依法给予处分,对有关医务人员责令暂停1年执业活动;情节严重的,还应当由原执业登记部门吊销该医疗机构的执业许可证或者由原备案部门责令其停止执业活动,并由原执业注册部门吊销有关医务人员的执业证书。

医疗机构不再具备本条例第二十三条第二款规定的条件,仍从事人体器官移植的,由原登记部门没收违法所得,并处违法所得5倍以上10倍以下的罚款,吊销该医疗机构的人体器官移植诊疗科目,禁止其3年内从事人体器官获取或者申请从事人体器官移植,并对负有责任的领导人员和直接责任人员依法给予处分;情节严重的,还应当由原执业登记部门吊销该医疗机构的执业许可证,并对有关医务人员责令暂停6个月以上1年以下执业活动。

第三十九条 医疗机构安排不符合本条例第二十七条规定的人员实施人体器官移植手术的,由县级以上地方人民政府卫生健康部门没收违法所得,并处10万元以上50万元以下的罚款,由原登记部门吊销该医疗机构的人体器官移植诊疗科目,禁止其3年内从事人体器官获取或者申请从事人体器官移植,并对负有责任的领导人员和直接责任人员依法给予处分;情节严重的,还应当由原执业登记部门吊销该医疗机构的执业许可证;对有关人员,依照有关医师管理的法律的规定予以处罚。

第四十条 医疗机构违反本条例规定,有下列情形之一的,由县级以上地方人民政府卫生健康部门没收违法所得,并处10万元以上50万元以下的罚款,对负有责任的领导人员和直接责任人员依法给予处分,对有关医务人员责令暂停6个月以上1年以下执业活动,并可以由原登记部门吊销该医疗机构的人体器官移植诊疗科目,禁止其3年内从事人体器官获取或者申请从事人体器官移植;情节严重的,还应当由原执业登记部门吊销该医疗机构的执业许可证或者由原备案部门责令其停止执业活动,并可以由原执业注册部门吊销有关医务人员的执业证书:

(一)不具备本条例第十五条第一款规定的条件从事遗体器官获取的;

(二)未按照所在地省、自治区、直辖市人民政府卫生健康部门划定的区域提供遗体器官获取服务的;

(三)从事人体器官获取、移植的医务人员参与遗体器官捐献人的死亡判定的;

(四)未通过分配系统分配遗体器官,或者不执行分配系统分配结果的;

(五)使用未经分配系统分配的遗体器官或者来源不明的人体器官实施人体器官移植的;

(六)获取活体器官前未依照本条例第二十九条第一款的规定履行说明、查验、确认义务的;

(七)以伪造、篡改数据等方式干扰遗体器官分配。

第四十一条 违反本条例规定,有下列情形之一的,由县级以上地方人民政府卫生健康部门没收违法所得,并处10万元以上50万元以下的罚款,对负有责任的领导人员和直接责任人员依法给予处分;医疗机构有下列情形之一的,还应当由原登记部门吊销该医疗机构的人体器官移植诊疗科目,禁止其3年内从事人体器官获取或者申请从事人体器官移植,情节严重的,由原执业登记部门吊销该医疗机构的执业许可证或者由原备案部门责令其停止执业活动;医务人员有下列情形之一的,还应当责令其暂停6个月以上1年以下执业活动,情节严重的,由原执业注册部门吊销其执业证书;构成犯罪的,依法追究刑事责任:

(一)以获取遗体器官为目的跨区域转运潜在遗体器官捐献人;

(二)违反本条例第十六条第四款规定,转介潜在遗体器官捐献人的相关信息;

(三)在人体器官捐献和移植中提供虚假材料。

第四十二条 医疗机构未经人体器官移植伦理委员会审查同意获取人体器官的,由县级以上地方人民政府卫生健康部门处20万元以上50万元以下的罚款,由原登记部门吊销该医疗机构的人体器官移植诊疗科目,禁止其3年内从事人体器官获取或者申请从事人体器官移植,并对负有责任的领导人员和直接责任人员依法给予处分;情节严重的,还应当由原执业登记部门吊销该医疗机构的执业许可证,并由原执业注册部门吊销有关医务人员的执业证书。

人体器官移植伦理委员会审查获取人体器官申请时违反伦理原则或者出具虚假审查意见的,对有关责任人员依法给予处分,由县级以上地方人民政府卫生健康部门终身禁止其从事医学伦理审查活动。

第四十三条 医疗机构违反本条例规定,有下列情形之一的,由县级以上地方人民政府卫生健康部门处 5 万元以上 20 万元以下的罚款,对负有责任的领导人员和直接责任人员依法给予处分;情节严重的,还应当由原登记部门吊销该医疗机构的人体器官移植诊疗科目,禁止其 1 年内从事人体器官获取或者申请从事人体器官移植,对有关医务人员责令暂停 6 个月以上 1 年以下执业活动:

(一)负责遗体器官获取的部门未独立于负责人体器官移植的科室;

(二)未经人体器官捐献协调员见证实施遗体器官获取;

(三)获取器官后,未依照本条例第十九条第三款的规定对遗体进行符合伦理原则的医学处理,恢复遗体外观;

(四)未依照本条例第三十四条的规定报告人体器官获取、移植实施情况。

第四十四条 医疗机构及其医务人员违反本条例规定,有下列情形之一的,依照有关医疗纠纷预防和处理、医疗事故处理的行政法规的规定予以处罚;构成犯罪的,依法追究刑事责任:

(一)未对人体器官捐献人或者获取的人体器官进行医学检查;

(二)未对接受人接受人体器官移植的风险进行评估并采取相应措施;

(三)未遵守相关技术临床应用管理规范。

第四十五条 人体器官捐献协调员、医疗机构及其工作人员违反本条例规定,泄露人体器官捐献人、接受人或者申请人体器官移植手术患者个人信息的,依照法律、行政法规关于个人信息保护的规定予以处罚;构成犯罪的,依法追究刑事责任。

第四十六条 违反本条例第三十二条第一款规定收取费用的,依照有关价格、医疗保障基金管理的法律、行政法规的规定予以处罚。

第四十七条 人体器官捐献协调员违反本条例规定,有下列情形之一的,依法给予处分,由省、自治区、直辖市红十字会注销其人体器官捐献协调员工作证件,终身不得担任人体器官捐献协调员:

(一)接到指派后未对遗体器官获取进行见证;

(二)出具虚假见证意见。

第四十八条 公职人员在人体器官捐献和移植工作中滥用职权、玩忽职守、徇私舞弊的,依法给予处分;构成犯罪的,依法追究刑事责任。

第四十九条 违反本条例规定,给他人造成损害的,依法承担民事责任。

第五章 附 则

第五十条 本条例自 2024 年 5 月 1 日起施行。《人体器官移植条例》同时废止。

人体捐献器官获取与分配管理规定

· 2019 年 1 月 17 日
· 国卫医发〔2019〕2 号

第一章 总 则

第一条 为积极推进人体器官捐献与移植工作,进一步规范人体器官获取,完善人体器官获取与分配体系,推动人体器官捐献与移植事业健康、可持续发展,依据《人体器官移植条例》等法规政策,结合工作实际,制定本规定。

第二条 本规定适用于公民逝世后捐献器官(以下简称捐献器官,包括器官段)的获取与分配。

第三条 本规定中人体器官获取组织(以下简称OPO)是指依托符合条件的医疗机构,由外科医师、神经内外科医师、重症医学科医师及护士、人体器官捐献协调员等组成的从事公民逝世后人体器官获取、修复、维护、保存和转运的医学专门组织或机构。

第四条 国家卫生健康委负责全国人体捐献器官获取与分配的监督管理工作。

县级以上卫生健康行政部门负责辖区内人体捐献器官获取与分配的监督管理工作。

第五条 医疗机构应当加强对所设 OPO 的日常管理,保障其规范运行。

第二章 捐献器官的获取

第六条 OPO 获取捐献器官,应当在捐献者死亡后按照人体器官获取标准流程和技术规范实施。获取捐献器官种类和数量,应当与人体器官捐献知情同意书一致。

第七条 OPO 应当履行以下职责:

(一)对其服务范围内的潜在捐献者进行相关医学评估;

(二)获取器官前核查人体器官捐献知情同意书等合法性文件;

(三)维护捐献器官功能。捐献者死亡后,依据捐献者生前意愿或其配偶、成年子女、父母共同书面意愿获取相应捐献器官。

（四）将潜在捐献者、捐献者及其捐献器官的临床数据和合法性文件上传至中国人体器官分配与共享计算机系统（以下简称器官分配系统，网址：www.cot.org.cn）。

（五）使用器官分配系统启动捐献器官的自动分配。

（六）获取、保存、运送捐献器官，并按照器官分配系统的分配结果与获得该器官的人体器官移植等待者（以下简称等待者）所在的具备人体器官移植资质的医院（以下简称移植医院）进行捐献器官的交接确认。

（七）对捐献者遗体进行符合伦理原则的医学处理，并参与缅怀和慰问工作。

（八）保护捐献者、接受者和等待者的个人隐私，并保障其合法权益。

（九）组织开展其服务范围内医疗机构相关医务人员的专业培训，培训内容涉及潜在捐献者的甄别、抢救、器官功能维护等。开展学术交流和科学研究。

（十）配合本省份各级红十字会人体器官捐献管理机构做好人体器官捐献的宣传动员、协调见证、缅怀纪念等工作。

第八条 OPO应当组建具备专门技术和能力要求的人体捐献器官获取团队，制定潜在捐献者识别与筛选医学标准，建立标准的人体捐献器官获取技术规范，配备专业人员和设备，以确保获取器官的质量。

第九条 医疗机构成立OPO，应当符合省级卫生健康行政部门规划，并符合OPO基本条件和管理要求。

第十条 OPO应当独立于人体器官移植科室。

第十一条 省级卫生健康行政部门应当根据覆盖全省、满足需要、唯一、就近的原则做好辖区内OPO设置规划，合理划分OPO服务区域，不得重叠。

第十二条 省级卫生健康行政部门应当根据OPO设置规划，在满足需要的前提下减少OPO设置数量，逐渐成立全省统一的OPO。

第十三条 省级卫生健康行政部门应当将OPO名单及其服务区域及时报国家卫生健康委备案。变更OPO名单或服务区域，应当在变更后5个工作日内报国家卫生健康委备案。

第十四条 OPO应当在省级卫生健康行政部门划定的服务区域内实施捐献器官的获取，严禁跨范围转运潜在捐献者、获取器官。

第十五条 OPO进行潜在捐献者评估时，应当在器官分配系统中登记潜在捐献者信息及相关评估情况，保障潜在捐献者可溯源。

第十六条 OPO应当建立捐献者病历并存档备查。捐献者病历至少包括：捐献者个人基本信息、捐献者评估记录、人体器官捐献知情同意书、死亡判定记录、OPO所在医疗机构人体器官移植技术临床应用与伦理委员会审批材料、人体器官获取同意书、器官获取记录、获取器官质量评估记录、器官接收确认书等。转院的患者需提供首诊医院的出院记录。

第十七条 OPO应当在红十字会人体器官捐献协调员现场见证下获取捐献器官，不得在医疗机构以外实施捐献器官获取手术。捐献者所在医疗机构应当积极协助和配合OPO，为实施捐献器官获取手术提供手术室、器械药品、人员等保障。

第十八条 各级各类医疗机构及其医务人员应当积极支持人体器官捐献与移植工作，并参加相关培训。发现潜在捐献者时，应当主动向划定的OPO以及省级红十字会报告，禁止向其他机构、组织和个人转介潜在捐献者。

第十九条 省级卫生健康行政部门应当在OPO的配合下，依照《人体器官移植条例》的有关规定，积极与当地医疗服务价格管理部门沟通，核算人体器官捐献、获取、保存、分配、检验、运输、信息系统维护等成本，确定其收费标准。

第二十条 人体器官获取经费收支应当纳入OPO所在医疗机构统一管理。医疗机构应当根据人体器官获取工作特点，建立健全人体器官获取财务管理制度，规范人体器官获取有关经费收支管理。

第二十一条 OPO所在医疗机构应当向其服务区域内的捐献者所在医疗机构支付维护、获取捐献器官所消耗的医疗与人力等成本。移植医院接受捐献器官，应当向OPO所在医疗机构支付人体器官获取的相关费用。

第三章 人体捐献器官获取质量管理与控制

第二十二条 国家卫生健康委建立人体捐献器官获取质量管理与控制体系，发布人体捐献器官获取质量管理与控制标准，收集、分析全国人体捐献器官获取相关质量数据，开展OPO绩效评估、质量管理与控制等工作。

第二十三条 省级卫生健康行政部门应当收集、分析辖区内人体捐献器官获取相关质量数据，开展辖区内OPO绩效评估、质量管理与控制等工作。

第二十四条 OPO组织或其所在医疗机构应当按照要求建立本单位人体器官获取质量管理与控制体系，对OPO工作过程进行全流程质量控制，包括建立标准流程、制定本单位人体器官获取技术要求，以及记录分析评估相关数据等。

第四章 捐献器官的分配

第二十五条 捐献器官的分配应当符合医疗需要，遵循公平、公正和公开的原则。

第二十六条 捐献器官必须通过器官分配系统进行分配，保证捐献器官可溯源。任何机构、组织和个人不得在器官分配系统外擅自分配捐献器官，不得干扰、阻碍器官分配。

第二十七条 移植医院应当将本院等待者的相关信息全部录入器官分配系统，建立等待名单并按照要求及时更新。

第二十八条 捐献器官按照人体器官分配与共享基本原则和核心政策的规定，逐级进行分配和共享。有条件的省份可以向国家卫生健康委提出实施辖区内统一等待名单的捐献器官分配。

第二十九条 OPO应当按照要求填写捐献者及捐献器官有关信息，禁止伪造篡改捐献者数据。

第三十条 OPO获取捐献器官后，经评估不可用于移植的，应当在分配系统中登记弃用器官病理检查报告结果，说明弃用原因及弃用后处理情况。

第三十一条 OPO应当及时启动器官分配系统自动分配捐献器官。器官分配系统按照人体器官分配与共享基本原则和核心政策生成匹配名单，并向移植医院发送分配通知后，OPO应当及时联系移植医院，确认其接收分配通知。

第三十二条 移植医院接到器官分配通知后，应当在30分钟内登陆器官分配系统查看捐献者和捐献器官的相关医学信息，并依据医学判断和等待者意愿在60分钟内作出接受或拒绝人体器官分配的决定并回复。拒绝接受人体器官分配的，应当在器官分配系统中说明理由。

第三十三条 OPO应当按照器官分配结果将捐献器官转运至接受者所在移植医院，转运过程中应当携带器官接收确认书。到达移植医院后应当与移植医院确认并交接捐献器官的来源、类型、数量及接受者身份。

第三十四条 移植器官交接后，特殊原因致接受者无法进行移植手术的，移植医院应当立即通知OPO，由OPO使用分配系统进行再分配。

第三十五条 移植医院应当严格执行分配结果，并在人体器官移植手术完成后，立即将接受者信息从等待者名单中移除。

第三十六条 为避免器官浪费，对于符合以下情形的捐献器官开辟特殊通道。OPO可通过器官分配系统按照人体器官分配与共享基本原则和核心政策选择适宜的器官接受者，并按程序在器官分配系统中按照特殊情况进行登记。省级卫生健康行政部门应当加强对特殊通道的监督管理。

（一）因不可抗力导致捐献器官无法转运至分配目的地的；

（二）捐献器官已转运至分配目的地，但接受者无法进行移植手术，再分配转运耗时将超过器官保存时限的；

（三）器官分配耗时已接近器官保存时限的。

第三十七条 国家卫生健康委定期组织专家或委托专业机构对人体器官分配与共享基本原则和核心政策进行评估，必要时根据工作需要修订。

第五章 监督管理

第三十八条 省级卫生健康行政部门应当及时公布辖区内已经办理人体器官移植诊疗科目登记的医疗机构名单、OPO名单及其相应的服务范围。

第三十九条 省级卫生健康行政部门应当按年度对全省各OPO工作进行评估，形成省级人体器官获取质量管理与控制报告。省级卫生健康行政部门应当根据OPO评估及质控结果对辖区内OPO服务区域进行动态调整。

第四十条 省级卫生健康行政部门应当加强器官分配管理，指导辖区内移植医院规范使用器官分配系统分配捐献器官，做好移植医院人体器官移植临床应用能力评估，将移植医院器官分配系统规范使用情况作为其人体器官移植临床应用能力评估的重要内容。

第四十一条 移植医院分配系统规范使用评估主要包括以下内容：

（一）等待者录入分配系统情况；

（二）接到器官分配通知后应答情况；

（三）有无伪造等待者医学数据的情形；

（四）器官分配结果执行情况；

（五）特殊通道使用是否规范；

（六）移植后将接受者信息从等待者名单中移除情况。

移植医院分配系统规范使用评估不合格的，应当进行整改，整改期间暂停器官分配。

第四十二条 医疗机构违反本规定的，视情节轻重，依照《刑法》《人体器官移植条例》《医疗机构管理条例》等法律法规，由县级以上卫生健康行政部门给予警告、整改、暂停直至撤销人体器官移植诊疗科目登记的处罚。

医务人员违反本规定的，视情节轻重，依照《刑法》《执业医师法》《人体器官移植条例》等法律法规，由县级以上卫生健康行政部门依法给予处分、暂停执业活动、直至吊销医师执业证书的处罚。涉嫌犯罪的,移交司法机关追究刑事责任。

第六章 附 则

第四十三条 本规定自2019年3月1日起施行,《人体捐献器官获取与分配管理规定(试行)》(国卫医发〔2013〕11号)同时废止。

医疗美容服务管理办法

- 2002年1月22日卫生部令第19号公布
- 根据2016年1月19日《国家卫生计生委关于修改〈外国医师来华短期行医暂行管理办法〉等8件部门规章的决定》修正

第一章 总 则

第一条 为规范医疗美容服务,促进医疗美容事业的健康发展,维护就医者的合法权益,依据《执业医师法》、《医疗机构管理条例》和《护士管理办法》,制定本办法。

第二条 本办法所称医疗美容,是指运用手术、药物、医疗器械以及其他具有创伤性或者侵入性的医学技术方法对人的容貌和人体各部位形态进行的修复与再塑。

本办法所称美容医疗机构,是指以开展医疗美容诊疗业务为主的医疗机构。

本办法所称主诊医师是指具备本办法第十一条规定条件,负责实施医疗美容项目的执业医师。

医疗美容科为一级诊疗科目,美容外科、美容牙科、美容皮肤科和美容中医科为二级诊疗科目。

根据医疗美容项目的难度、可能发生的医疗风险程度,对医疗美容项目实行分级准入管理,《医疗美容项目分级管理目录》由卫生部另行制定。

第三条 凡开展医疗美容服务的机构和个人必须遵守本办法。

第四条 卫生部(含国家中医药管理局)主管全国医疗美容服务管理工作。县级以上地方人民政府卫生行政部门(含中医药行政管理部门,下同)负责本行政区域内医疗美容服务监督管理工作。

第二章 机构设置、登记

第五条 申办美容医疗机构或医疗机构设置医疗美容科室必须同时具备下列条件:

(一)具有承担民事责任的能力;

(二)有明确的医疗美容诊疗服务范围;

(三)符合《医疗机构基本标准(试行)》;

(四)省级以上人民政府卫生行政部门规定的其他条件。

第六条 申请举办美容医疗机构的单位或者个人,应按照本办法以及《医疗机构管理条例》和《医疗机构管理条例实施细则》的有关规定办理设置审批和登记注册手续。

卫生行政部门自收到合格申办材料之日起30日内作出批准或不予批准的决定,并书面答复申办者。

第七条 卫生行政部门应在核发美容医疗机构《设置医疗机构批准书》和《医疗机构执业许可证》的同时,向上一级卫生行政部门备案。

上级卫生行政部门对下级卫生行政部门违规作出的审批决定应自发现之日起30日内予以纠正或撤销。

第八条 美容医疗机构必须经卫生行政部门登记注册并获得《医疗机构执业许可证》后方可开展执业活动。

第九条 医疗机构增设医疗美容科目的,必须具备本办法规定的条件,按照《医疗机构管理条例》及其实施细则规定的程序,向登记注册机关申请变更登记。

第十条 美容医疗机构和医疗美容科室开展医疗美容项目应当由登记机关指定的专业学会核准,并向登记机关备案。

第三章 执业人员资格

第十一条 负责实施医疗美容项目的主诊医师必须同时具备下列条件:

(一)具有执业医师资格,经执业医师注册机关注册;

(二)具有从事相关临床学科工作经历。其中,负责实施美容外科项目的医师应具有6年以上从事美容外科或整形外科等相关专业临床工作经历;负责实施美容牙科项目的医师应具有5年以上从事美容牙科或口腔科专业临床工作经历;负责实施美容中医科和美容皮肤科项目的医师应分别具有3年以上从事中医专业和皮肤专业临床工作经历;

(三)经过医疗美容专业培训或进修并合格,或已从事医疗美容临床工作1年以上;

(四)省级人民政府卫生行政部门规定的其他条件。

第十二条 不具备本办法第十一条规定的主诊医师条件的执业医师,可在主诊医师的指导下从事医疗美容临床技术服务工作。

第十三条 从事医疗美容护理工作的人员,应同时具备下列条件：

（一）具有护士资格，并经护士注册机关注册；

（二）具有二年以上护理工作经历；

（三）经过医疗美容护理专业培训或进修并合格，或已从事医疗美容临床护理工作6个月以上。

第十四条 未经卫生行政部门核定并办理执业注册手续的人员不得从事医疗美容诊疗服务。

第四章 执业规则

第十五条 实施医疗美容服务项目必须在相应的美容医疗机构或开设医疗美容科室的医疗机构中进行。

第十六条 美容医疗机构和医疗美容科室应根据自身条件和能力在卫生行政部门核定的诊疗科目范围内开展医疗服务，未经批准不得擅自扩大诊疗范围。

美容医疗机构及开设医疗美容科室的医疗机构不得开展未向登记机关备案的医疗美容项目。

第十七条 美容医疗机构执业人员要严格执行有关法律、法规和规章，遵守医疗美容技术操作规程。

美容医疗机构使用的医用材料须经有关部门批准。

第十八条 医疗美容服务实行主诊医师负责制。医疗美容项目必须由主诊医师负责或在其指导下实施。

第十九条 执业医师对就医者实施治疗前，必须向就医者本人或亲属书面告知治疗的适应症、禁忌症、医疗风险和注意事项等，并取得就医者本人或监护人的签字同意。未经监护人同意，不得为无行为能力或者限制行为能力人实施医疗美容项目。

第二十条 美容医疗机构和医疗美容科室的从业人员要尊重就医者的隐私权，未经就医者本人或监护人同意，不得向第三方披露就医者病情及病历资料。

第二十一条 美容医疗机构和医疗美容科室发生重大医疗过失，要按规定及时报告当地人民政府卫生行政部门。

第二十二条 美容医疗机构和医疗美容科室应加强医疗质量管理，不断提高服务水平。

第五章 监督管理

第二十三条 任何单位和个人，未取得《医疗机构执业许可证》并经登记机关核准开展医疗美容诊疗科目，不得开展医疗美容服务。

第二十四条 各级地方人民政府卫生行政部门要加强对医疗美容项目备案的审核。发现美容医疗机构及开设医疗美容科的医疗机构不具备开展某医疗美容项目的条件和能力，应及时通知该机构停止开展该医疗美容项目。

第二十五条 各相关专业学会和行业协会要积极协助卫生行政部门规范医疗美容服务行为，加强行业自律工作。

第二十六条 美容医疗机构和医疗美容科室发生医疗纠纷或医疗事故，按照国家有关规定处理。

第二十七条 发布医疗美容广告必须按照国家有关广告管理的法律、法规的规定办理。

第二十八条 对违反本办法规定的，依据《执业医师法》、《医疗机构管理条例》和《护士管理办法》有关规定予以处罚。

第六章 附则

第二十九条 外科、口腔科、眼科、皮肤科、中医科等相关临床学科在疾病治疗过程中涉及的相关医疗美容活动不受本办法调整。

第三十条 县级以上人民政府卫生行政部门应在本办法施行后一年内，按本办法规定对已开办的美容医疗机构和开设医疗美容科室的医疗机构进行审核并重新核发《医疗机构执业许可证》。

第三十一条 本办法自2002年5月1日起施行。

放射诊疗管理规定

- 2006年1月24日卫生部令第46号公布
- 根据2016年1月19日《国家卫生计生委关于修改〈外国医师来华短期行医暂行管理办法〉等8件部门规章的决定》修正

第一章 总 则

第一条 为加强放射诊疗工作的管理，保证医疗质量和医疗安全，保障放射诊疗工作人员、患者和公众的健康权益，依据《中华人民共和国职业病防治法》、《放射性同位素与射线装置安全和防护条例》和《医疗机构管理条例》等法律、行政法规的规定，制定本规定。

第二条 本规定适用于开展放射诊疗工作的医疗机构。

本规定所称放射诊疗工作，是指使用放射性同位素、射线装置进行临床医学诊断、治疗和健康检查的活动。

第三条 卫生部负责全国放射诊疗工作的监督管理。

县级以上地方人民政府卫生行政部门负责本行政区域内放射诊疗工作的监督管理。

第四条 放射诊疗工作按照诊疗风险和技术难易程度分为四类管理：

(一)放射治疗;
(二)核医学;
(三)介入放射学;
(四)X射线影像诊断。
医疗机构开展放射诊疗工作,应当具备与其开展的放射诊疗工作相适应的条件,经所在地县级以上地方卫生行政部门的放射诊疗技术和医用辐射机构许可(以下简称放射诊疗许可)。

第五条 医疗机构应当采取有效措施,保证放射防护、安全与放射诊疗质量符合有关规定、标准和规范的要求。

第二章 执业条件

第六条 医疗机构开展放射诊疗工作,应当具备以下基本条件:
(一)具有经核准登记的医学影像科诊疗科目;
(二)具有符合国家相关标准和规定的放射诊疗场所和配套设施;
(三)具有质量控制与安全防护专(兼)职管理人员和管理制度,并配备必要的防护用品和监测仪器;
(四)产生放射性废气、废液、固体废物的,具有确保放射性废气、废物、固体废物达标排放的处理能力或者可行的处理方案;
(五)具有放射事件应急处理预案。

第七条 医疗机构开展不同类别放射诊疗工作,应当分别具有下列人员:
(一)开展放射治疗工作的,应当具有:
1. 中级以上专业技术职务任职资格的放射肿瘤医师;
2. 病理学、医学影像学专业技术人员;
3. 大学本科以上学历或中级以上专业技术职务任职资格的医学物理人员;
4. 放射治疗技师和维修人员。
(二)开展核医学工作的,应当具有:
1. 中级以上专业技术职务任职资格的核医学医师;
2. 病理学、医学影像学专业技术人员;
3. 大学本科以上学历或中级以上专业技术职务任职资格的技术人员或核医学技师。
(三)开展介入放射学工作的,应当具有:
1. 大学本科以上学历或中级以上专业技术职务任职资格的放射影像医师;
2. 放射影像技师;
3. 相关内、外科的专业技术人员。

(四)开展X射线影像诊断工作的,应当具有专业的放射影像医师。

第八条 医疗机构开展不同类别放射诊疗工作,应当分别具有下列设备:
(一)开展放射治疗工作的,至少有一台远距离放射治疗装置,并具有模拟定位设备和相应的治疗计划系统等设备;
(二)开展核医学工作的,具有核医学设备及其他相关设备;
(三)开展介入放射学工作的,具有带影像增强器的医用诊断X射线机、数字减影装置等设备;
(四)开展X射线影像诊断工作的,有医用诊断X射线机或CT机等设备。

第九条 医疗机构应当按照下列要求配备并使用安全防护装置、辐射检测仪器和个人防护用品:
(一)放射治疗场所应当按照相应标准设置多重安全联锁系统、剂量监测系统、影像监控、对讲装置和固定式剂量监测报警装置;配备放疗剂量仪、剂量扫描装置和个人剂量报警仪;
(二)开展核医学工作的,设有专门的放射性同位素分装、注射、储存场所,放射性废物屏蔽设备和存放场所;配备活度计、放射表面污染监测仪;
(三)介入放射学与其他X射线影像诊断工作场所应当配备工作人员防护用品和受检者个人防护用品。

第十条 医疗机构应当对下列设备和场所设置醒目的警示标志:
(一)装有放射性同位素和放射性废物的设备、容器,设有电离辐射标志;
(二)放射性同位素和放射性废物储存场所,设有电离辐射警告标志及必要的文字说明;
(三)放射诊疗工作场所的入口处,设有电离辐射警告标志;
(四)放射诊疗工作场所应当按照有关标准的要求分为控制区、监督区,在控制区进出口及其他适当位置,设有电离辐射警告标志和工作指示灯。

第三章 放射诊疗的设置与批准

第十一条 医疗机构设置放射诊疗项目,应当按照其开展的放射诊疗工作的类别,分别向相应的卫生行政部门提出建设项目卫生审查、竣工验收和设置放射诊疗项目申请:
(一)开展放射治疗、核医学工作的,向省级卫生行政部门申请办理;

（二）开展介入放射学工作的，向设区的市级卫生行政部门申请办理；

（三）开展X射线影像诊断工作的，向县级卫生行政部门申请办理。

同时开展不同类别放射诊疗工作的，向具有高类别审批权的卫生行政部门申请办理。

第十二条 新建、扩建、改建放射诊疗建设项目，医疗机构应当在建设项目施工前向相应的卫生行政部门提交职业病危害放射防护预评价报告，申请进行建设项目卫生审查。立体定向放射治疗、质子治疗、重离子治疗、带回旋加速器的正电子发射断层扫描诊断等放射诊疗建设项目，还应当提交卫生部指定的放射卫生技术机构出具的预评价报告技术审查意见。

卫生行政部门应当自收到预评价报告之日起三十日内，作出审核决定。经审核符合国家相关卫生标准和要求的，方可施工。

第十三条 医疗机构在放射诊疗建设项目竣工验收前，应当进行职业病危害控制效果评价；并向相应的卫生行政部门提交下列资料，申请进行卫生验收：

（一）建设项目竣工卫生验收申请；

（二）建设项目卫生审查资料；

（三）职业病危害控制效果放射防护评价报告；

（四）放射诊疗建设项目验收报告。

立体定向放射治疗、质子治疗、重离子治疗、带回旋加速器的正电子发射断层扫描诊断等放射诊疗建设项目，应当提交卫生部指定的放射卫生技术机构出具的职业病危害控制效果评价报告技术审查意见和设备性能检测报告。

第十四条 医疗机构在开展放射诊疗工作前，应当提交下列资料，向相应的卫生行政部门提出放射诊疗许可申请：

（一）放射诊疗许可申请表；

（二）《医疗机构执业许可证》或《设置医疗机构批准书》（复印件）；

（三）放射诊疗专业技术人员的任职资格证书（复印件）；

（四）放射诊疗设备清单；

（五）放射诊疗建设项目竣工验收合格证明文件。

第十五条 卫生行政部门对符合受理条件的申请应当即时受理；不符合要求的，应当在五日内一次性告知申请人需要补正的资料或者不予受理的理由。

卫生行政部门应当自受理之日起二十日内作出审查决定，对合格的予以批准，发给《放射诊疗许可证》；不予批准的，应当书面说明理由。

《放射诊疗许可证》的格式由卫生部统一规定（见附件）。

第十六条 医疗机构取得《放射诊疗许可证》后，到核发《医疗机构执业许可证》的卫生行政执业登记部门办理相应诊疗科目登记手续。执业登记部门应根据许可情况，将医学影像科核准到二级诊疗科目。

未取得《放射诊疗许可证》或未进行诊疗科目登记的，不得开展放射诊疗工作。

第十七条 《放射诊疗许可证》与《医疗机构执业许可证》同时校验，申请校验时应当提交本周期有关放射诊疗设备性能与辐射工作场所的检测报告、放射诊疗工作人员健康监护资料和工作开展情况报告。

医疗机构变更放射诊疗项目的，应当向放射诊疗许可批准机关提出许可变更申请，并提交变更许可项目名称、放射防护评价报告等资料；同时向卫生行政执业登记部门提出诊疗科目变更申请，提交变更登记项目及变更理由等资料。

卫生行政部门应当自收到变更申请之日起二十日内做出审查决定。未经批准不得变更。

第十八条 有下列情况之一的，由原批准部门注销放射诊疗许可，并登记存档，予以公告：

（一）医疗机构申请注销的；

（二）逾期不申请校验或者擅自变更放射诊疗科目的；

（三）校验或者办理变更时不符合相关要求，且逾期不改进或者改进后仍不符合要求的；

（四）歇业或者停止诊疗科目连续一年以上的；

（五）被卫生行政部门吊销《医疗机构执业许可证》的。

第四章 安全防护与质量保证

第十九条 医疗机构应当配备专（兼）职的管理人员，负责放射诊疗工作的质量保证和安全防护。其主要职责是：

（一）组织制定并落实放射诊疗和放射防护管理制度；

（二）定期组织对放射诊疗工作场所、设备和人员进行放射防护检测、监测和检查；

（三）组织本机构放射诊疗工作人员接受专业技术、放射防护知识及有关规定的培训和健康检查；

（四）制定放射事件应急预案并组织演练；

（五）记录本机构发生的放射事件并及时报告卫生

行政部门。

第二十条 医疗机构的放射诊疗设备和检测仪表，应当符合下列要求：

（一）新安装、维修或更换重要部件后的设备，应当经省级以上卫生行政部门资质认证的检测机构对其进行检测，合格后方可启用；

（二）定期进行稳定性检测、校正和维护保养，由省级以上卫生行政部门资质认证的检测机构每年至少进行一次状态检测；

（三）按照国家有关规定检验或者校准用于放射防护和质量控制的检测仪表；

（四）放射诊疗设备及其相关设备的技术指标和安全、防护性能，应当符合有关标准与要求。

不合格或国家有关部门规定淘汰的放射诊疗设备不得购置、使用、转让和出租。

第二十一条 医疗机构应当定期对放射诊疗工作场所、放射性同位素储存场所和防护设施进行放射防护检测，保证辐射水平符合有关规定或者标准。

放射性同位素不得与易燃、易爆、腐蚀性物品同库储存；储存场所应当采取有效的防泄漏等措施，并安装必要的报警装置。

放射性同位素储存场所应当有专人负责，有完善的存入、领取、归还登记和检查的制度，做到交接严格，检查及时，账目清楚，账物相符，记录资料完整。

第二十二条 放射诊疗工作人员应当按照有关规定配戴个人剂量计。

第二十三条 医疗机构应当按照有关规定和标准，对放射诊疗工作人员进行上岗前、在岗期间和离岗时的健康检查，定期进行专业及防护知识培训，并分别建立个人剂量、职业健康管理和教育培训档案。

第二十四条 医疗机构应当制定与本单位从事的放射诊疗项目相适应的质量保证方案，遵守质量保证监测规范。

第二十五条 放射诊疗工作人员对患者和受检者进行医疗照射时，应当遵守医疗照射正当化和放射防护最优化的原则，有明确的医疗目的，严格控制受照剂量；对邻近照射野的敏感器官和组织进行屏蔽防护，并事先告知患者和受检者辐射对健康的影响。

第二十六条 医疗机构在实施放射诊断检查前应当对不同检查方法进行利弊分析，在保证诊断效果的前提下，优先采用对人体健康影响较小的诊断技术。

实施检查应当遵守下列规定：

（一）严格执行检查资料的登记、保存、提取和借阅制度，不得因资料管理、受检者转诊等原因使受检者接受不必要的重复照射；

（二）不得将核素显像检查和X射线胸部检查列入对婴幼儿及少年儿童体检的常规检查项目；

（三）对育龄妇女腹部或骨盆进行核素显像检查或X射线检查前，应问明是否怀孕；非特殊需要，对受孕后八至十五周的育龄妇女，不得进行下腹部放射影像检查；

（四）应当尽量以胸部X射线摄影代替胸部荧光透视检查；

（五）实施放射性药物给药和X射线照射操作时，应当禁止非受检者进入操作现场；因患者病情需要其他人员陪检时，应当对陪检者采取防护措施。

第二十七条 医疗机构使用放射影像技术进行健康普查的，应当经过充分论证，制定周密的普查方案，采取严格的质量控制措施。

第二十八条 开展放射治疗的医疗机构，在对患者实施放射治疗前，应当进行影像学、病理学及其他相关检查，严格掌握放射治疗的适应证。对确需进行放射治疗的，应当制定科学的治疗计划，并按照下列要求实施：

（一）对体外远距离放射治疗，放射诊疗工作人员在进入治疗室前，应首先检查操作控制台的源位显示，确认放射线束或放射源处于关闭位时，方可进入；

（二）对近距离放射治疗，放射诊疗工作人员应当使用专用工具拿取放射源，不得徒手操作；对接受敷贴治疗的患者采取安全护理，防止放射源被患者带走或丢失；

（三）在实施永久性籽粒插植治疗时，放射诊疗工作人员应随时清点所使用的放射性籽粒，防止在操作过程中遗失；放射性籽粒植入后，必须进行医学影像学检查，确认植入部位和放射性籽粒的数量；

（四）治疗过程中，治疗现场至少应有2名放射诊疗工作人员，并密切注视治疗装置的显示及病人情况，及时解决治疗中出现的问题；严禁其他无关人员进入治疗场所；

（五）放射诊疗工作人员应当严格按照放射治疗操作规范、规程实施照射；不得擅自修改治疗计划；

（六）放射诊疗工作人员应当验证治疗计划的执行情况，发现偏离计划现象时，应当及时采取补救措施并向本科室负责人或者本机构负责医疗质量控制的部门报告。

第二十九条 开展核医学诊疗的医疗机构，应当遵守相应的操作规范、规程，防止放射性同位素污染人体、设备、工作场所和环境；按照有关标准的规定对接受体内放射性药物诊治的患者进行控制,避免其他患者和公众受到超过允许水平的照射。

第三十条 核医学诊疗产生的放射性固体废物、废液及患者的放射性排出物应当单独收集,与其他废物、废液分开存放,按照国家有关规定处理。

第三十一条 医疗机构应当制定防范和处置放射事件的应急预案;发生放射事件后应当立即采取有效应急救援和控制措施,防止事件的扩大和蔓延。

第三十二条 医疗机构发生下列放射事件情形之一的,应当及时进行调查处理,如实记录,并按照有关规定及时报告卫生行政部门和有关部门:

(一)诊断放射性药物实际用量偏离处方剂量50%以上的;

(二)放射治疗实际照射剂量偏离处方剂量25%以上的;

(三)人员误照或误用放射性药物的;

(四)放射性同位素丢失、被盗和污染的;

(五)设备故障或人为失误引起的其他放射事件。

第五章 监督管理

第三十三条 医疗机构应当加强对本机构放射诊疗工作的管理,定期检查放射诊疗管理法律、法规、规章等制度的落实情况,保证放射诊疗的医疗质量和医疗安全。

第三十四条 县级以上地方人民政府卫生行政部门应当定期对本行政区域内开展放射诊疗活动的医疗机构进行监督检查。检查内容包括:

(一)执行法律、法规、规章、标准和规范等情况;

(二)放射诊疗规章制度和工作人员岗位责任制等制度的落实情况;

(三)健康监护制度和防护措施的落实情况;

(四)放射事件调查处理和报告情况。

第三十五条 卫生行政部门的执法人员依法进行监督检查时,应当出示证件;被检查的单位应当予以配合,如实反映情况,提供必要的资料,不得拒绝、阻碍、隐瞒。

第三十六条 卫生行政部门的执法人员或者卫生行政部门授权实施检查、检测的机构及其工作人员依法检查时,应当保守被检查单位的技术秘密和业务秘密。

第三十七条 卫生行政部门应当加强监督执法队伍建设,提高执法人员的业务素质和执法水平,建立健全对执法人员的监督管理制度。

第六章 法律责任

第三十八条 医疗机构有下列情形之一的,由县级以上卫生行政部门给予警告、责令限期改正,并可以根据情节处以3000元以下的罚款;情节严重的,吊销其《医疗机构执业许可证》。

(一)未取得放射诊疗许可从事放射诊疗工作的;

(二)未办理诊疗科目登记或者未按照规定进行校验的;

(三)未经批准擅自变更放射诊疗项目或者超出批准范围从事放射诊疗工作的。

第三十九条 医疗机构使用不具备相应资质的人员从事放射诊疗工作的,由县级以上卫生行政部门责令限期改正,并可以处以5000元以下的罚款;情节严重的,吊销其《医疗机构执业许可证》。

第四十条 医疗机构违反建设项目卫生审查、竣工验收有关规定的,按照《中华人民共和国职业病防治法》的规定进行处罚。

第四十一条 医疗机构违反本规定,有下列行为之一的,由县级以上卫生行政部门给予警告,责令限期改正;并可处一万元以下的罚款:

(一)购置、使用不合格或国家有关部门规定淘汰的放射诊疗设备的;

(二)未按照规定使用安全防护装置和个人防护用品的;

(三)未按照规定对放射诊疗设备、工作场所及防护设施进行检测和检查的;

(四)未按照规定对放射诊疗工作人员进行个人剂量监测、健康检查、建立个人剂量和健康档案的;

(五)发生放射事件并造成人员健康严重损害的;

(六)发生放射事件未立即采取应急救援和控制措施或者未按照规定及时报告的;

(七)违反本规定的其他情形。

第四十二条 卫生行政部门及其工作人员违反本规定,对不符合条件的医疗机构发放《放射诊疗许可证》的,或者不履行法定职责,造成放射事故的,对直接负责的主管人员和其他直接责任人员,依法给予行政处分;情节严重,构成犯罪的,依法追究刑事责任。

第七章 附 则

第四十三条 本规定中下列用语的含义:

放射治疗:是指利用电离辐射的生物效应治疗肿瘤等疾病的技术。

核医学:是指利用放射性同位素诊断或治疗疾病或进行医学研究的技术。

介入放射学:是指在医学影像系统监视引导下,经皮针穿刺或引入导管做抽吸注射、引流或对管腔、血管等做成型、灌注、栓塞等，以诊断与治疗疾病的技术。

X射线影像诊断：是指利用X射线的穿透等性质取得人体内器官与组织的影像信息以诊断疾病的技术。

第四十四条 已开展放射诊疗项目的医疗机构应当于2006年9月1日前按照本办法规定，向卫生行政部门申请放射诊疗技术和医用辐射机构许可，并重新核定医学影像科诊疗科目。

第四十五条 本规定由卫生部负责解释。

第四十六条 本规定自2006年3月1日起施行。2001年10月23日发布的《放射工作卫生防护管理办法》同时废止。

附件：1. 放射诊疗许可证正本及副本（略）
 2. 放射诊疗许可申请表（略）

戒毒治疗管理办法

- 2021年1月25日
- 国卫医发〔2021〕5号

第一章 总 则

第一条 为了规范戒毒治疗行为，依法开展戒毒治疗工作，维护医务人员和戒毒人员的合法权益，根据《中华人民共和国禁毒法》《中华人民共和国执业医师法》《戒毒条例》《医疗机构管理条例》《麻醉药品和精神药品管理条例》《护士条例》等法律法规的规定，制定本办法。

第二条 本办法所称戒毒治疗，是指经省级卫生健康行政部门批准从事戒毒治疗的医疗机构，对吸毒人员采取相应的医疗、护理、康复等医学措施，帮助其减轻毒品依赖、促进身心康复的医学活动。

第三条 医疗机构开展戒毒治疗，适用本办法。

第四条 卫生健康行政部门负责戒毒医疗机构的监督管理，并对强制隔离戒毒医疗服务进行业务指导；公安机关、司法行政等部门在各自职责范围内负责强制隔离戒毒所、戒毒康复场所、监狱、拘留所和看守所开展戒毒治疗的监督管理。

第二章 机构登记

第五条 省级卫生健康行政部门商同级公安、司法行政部门，根据本行政区域戒毒治疗资源情况、吸毒人员分布状况和需求，制订本行政区域戒毒医疗机构设置规划，并纳入当地医疗机构设置规划。

第六条 医疗机构申请开展戒毒治疗，必须同时具备下列条件：

（一）具有独立承担民事责任的能力。

（二）符合戒毒医院基本标准或医疗机构戒毒治疗科基本标准和本办法规定。

戒毒医院基本标准和医疗机构戒毒治疗科基本标准由国务院卫生健康行政部门另行制订。

第七条 申请设置戒毒医疗机构或医疗机构从事戒毒治疗业务的，应当按照《医疗机构管理条例》《医疗机构管理条例实施细则》及本办法的有关规定报省级卫生健康行政部门批准，并报同级公安机关备案。

第八条 省级卫生健康行政部门应当根据本地区戒毒医疗机构设置规划、本办法及有关规定进行审查，自受理申请之日起15个工作日内，作出批准或不予批准的决定，并书面告知申请者。如15个工作日内不能作出决定的，经本行政机关负责人批准，可以延长10个工作日，并应当将延长期限的理由告知申请者。

第九条 批准开展戒毒治疗的卫生健康行政部门，应当在《医疗机构执业许可证》副本备注栏中进行"戒毒治疗"项目登记。

第十条 医疗机构取得戒毒治疗资质后方可开展戒毒治疗。

第三章 执业人员资格

第十一条 医疗机构开展戒毒治疗应当按照戒毒医院基本标准和医疗机构戒毒治疗科基本标准规定，根据治疗需要配备相应数量的医师、护士、临床药学、医技、心理卫生等专业技术人员，并为戒毒治疗正常开展提供必要的安保和工勤保障。

第十二条 从事戒毒治疗的医师应当具有执业医师资格并经注册取得《医师执业证书》，执业范围为精神卫生专业。

第十三条 使用麻醉药品和第一类精神药品治疗的医师应当取得麻醉药品和第一类精神药品处方权。

第十四条 从事戒毒治疗的护士应当符合下列条件：

（一）经执业注册取得《护士执业证书》。

（二）经过三级精神病专科医院或者开设有戒毒治疗科的三级综合医院脱产培训戒毒治疗相关业务3个月以上。

第十五条 医疗机构开展戒毒治疗至少应当有1名药学人员具有主管药师以上专业技术职务任职资格，并经过三级精神病专科医院或者开设有戒毒治疗科的三级综合医院培训戒毒治疗相关业务。

第十六条 医疗机构开展戒毒治疗至少应当有1名药学人员取得麻醉药品和第一类精神药品的调剂权。

第十七条　医疗机构开展戒毒治疗应当有专职的麻醉药品和第一类精神药品管理人员。

第四章　执业规则

第十八条　医务人员应当在具有戒毒治疗资质的医疗机构开展戒毒治疗。

第十九条　医疗机构及其医务人员开展戒毒治疗应当遵循与戒毒有关的法律、法规、规章、诊疗指南或技术操作规范。

第二十条　设有戒毒治疗科的医疗机构应当将戒毒治疗纳入医院统一管理，包括财务管理、医疗质量管理、药品管理等。

第二十一条　医疗机构开展戒毒治疗应当根据业务特点制定管理规章制度，加强对医务人员的管理，不断提高诊疗水平，保证医疗质量和医疗安全，维护医患双方的合法权益。

第二十二条　医疗机构开展戒毒治疗应当采用安全性、有效性确切的诊疗技术和方法，并符合国务院卫生健康行政部门医疗技术临床应用的有关规定。

第二十三条　用于戒毒治疗的药物和医疗器械应当取得药品监督管理部门的批准文号。购买和使用麻醉药品及第一类精神药品应当按规定获得"麻醉药品和第一类精神药品购用印鉴卡"，并在指定地点购买，不得从非法渠道购买戒毒用麻醉药品和第一类精神药品。

医疗机构开展戒毒治疗需要使用医院制剂的，应当符合《药品管理法》和《麻醉药品和精神药品管理条例》等有关规定。

第二十四条　医疗机构开展戒毒治疗应当加强药品管理，严防麻醉药品和精神药品流入非法渠道。

第二十五条　医疗机构开展戒毒治疗应当采取有效措施，严防戒毒人员或者其他人员携带毒品与违禁物品进入医疗场所。

第二十六条　医疗机构可以根据戒毒治疗的需要，对戒毒人员进行身体和携带物品的检查。对检查发现的疑是毒品及吸食、注射用具和管制器具等按照有关规定交由公安机关处理。在戒毒治疗期间，发现戒毒人员有人身危险的，可以采取必要的临时保护性约束措施。

开展戒毒治疗的医疗机构及其医务人员应当对采取临时保护性约束措施的戒毒人员加强护理观察。

第二十七条　开展戒毒治疗的医疗机构应当与戒毒人员签订知情同意书。对属于无民事行为能力或者限制民事行为能力人的戒毒人员，医疗机构可与其监护人签订知情同意书。知情同意书的内容应当包括戒毒医疗的适应症、方法、时间、疗效、医疗风险、个人资料保密、戒毒人员应当遵守的各项规章制度以及双方的权利、义务等。

第二十八条　开展戒毒治疗的医疗机构应当按照规定建立戒毒人员医疗档案，并按规定报送戒毒人员相关治疗信息。

开展戒毒治疗的医疗机构应当要求戒毒人员提供真实信息。

第二十九条　开展戒毒治疗的医疗机构应当对戒毒人员进行必要的身体检查和艾滋病等传染病的检测，按照有关规定开展艾滋病等传染病的预防、咨询、健康教育、报告、转诊等工作。

第三十条　戒毒人员治疗期间，医疗机构应当不定期对其进行吸毒检测。发现吸食、注射毒品的，应当及时向当地公安机关报告。

第三十一条　开展戒毒治疗的医疗机构应当为戒毒人员提供心理康复、行为矫正、社会功能恢复等，并开展出院后的随访工作。

第三十二条　戒毒人员在接受戒毒治疗期间有下列情形之一的，医疗机构可以对其终止戒毒治疗：

（一）不遵守医疗机构的管理制度，严重影响医疗机构正常工作和诊疗秩序的。

（二）无正当理由不接受规范治疗或者不服从医务人员合理的戒毒治疗安排的。

（三）发现存在严重并发症或者其他疾病不适宜继续接受戒毒治疗的。

第三十三条　开展戒毒治疗的医疗机构及其医务人员应当依法保护戒毒人员的隐私，不得侮辱、歧视戒毒人员。

第三十四条　戒毒人员与开展戒毒治疗的医疗机构及其医务人员发生医疗纠纷的，按照有关规定处理。

第三十五条　开展戒毒治疗的医疗机构应当定期对医务人员进行艾滋病等传染病的职业暴露防护培训，并采取有效防护措施。

第三十六条　开展戒毒治疗的医疗机构应当根据卫生健康行政部门的安排，对社区戒毒和康复工作提供技术指导或者协助。

第五章　监督管理

第三十七条　任何组织、单位和个人，未经省级卫生健康行政部门批准取得戒毒治疗资质，不得开展戒毒治疗。

第三十八条　戒毒医疗机构的校验期限按照《医疗机构管理条例》和《医疗机构校验管理办法（试行）》的有关规定执行。

第三十九条 县级以上地方卫生健康行政部门应当按照有关规定,采取有效措施,加强对成熟的戒毒诊疗技术的临床应用管理。

第四十条 县级以上地方卫生健康行政部门应当及时将辖区内戒毒治疗的开展情况报上级卫生健康行政部门和同级禁毒委员会。

第四十一条 县级以上地方卫生健康行政部门在戒毒治疗监管工作中,应当加强与同级公安机关、司法行政等部门的协作,并充分发挥卫生健康行业学(协)会和专业社会团体的作用。

第四十二条 卫生健康行政部门、医疗机构及其医务人员违反本办法有关规定的,依照国家有关法律法规予以处罚。

第六章 附 则

第四十三条 开展戒毒药物维持治疗工作按照《戒毒药物维持治疗工作管理办法》执行。

第四十四条 本办法自 2021 年 7 月 1 日起施行。原卫生部、公安部、司法部联合印发的《戒毒医疗服务管理暂行办法》(卫医政发〔2010〕2 号)同时废止。

戒毒药物维持治疗工作管理办法

· 2014 年 12 月 31 日
· 国卫疾控发〔2014〕91 号

第一章 总 则

第一条 为减少因滥用阿片类物质造成的艾滋病等疾病传播和违法犯罪行为,巩固戒毒成效,规范戒毒药物维持治疗工作,根据《中华人民共和国禁毒法》、《中华人民共和国传染病防治法》、《中华人民共和国执业医师法》、《戒毒条例》、《艾滋病防治条例》、《医疗机构管理条例》和《麻醉药品和精神药品管理条例》等有关法律法规,制定本办法。

第二条 本办法所称戒毒药物维持治疗(以下简称维持治疗),是指在符合条件的医疗机构,选用适宜的药品对阿片类物质成瘾者进行长期维持治疗,以减轻他们对阿片类物质的依赖,促进身体康复的戒毒医疗活动。

本办法所称戒毒药物维持治疗机构(以下简称维持治疗机构),是指经省级卫生计生行政部门批准,从事戒毒药物维持治疗工作的医疗机构。

第三条 维持治疗工作是防治艾滋病与禁毒工作的重要组成部分,必须坚持公益性原则,不得以营利为目的。

维持治疗工作应当纳入各级人民政府防治艾滋病与禁毒工作规划,实行政府统一领导,有关部门各负其责,社会广泛参与的工作机制。

第四条 对在维持治疗工作中有显著成绩和作出突出贡献的单位与个人,按照国家有关规定给予表彰、奖励。

第二章 组织管理

第五条 国家卫生计生委会同公安部、国家食品药品监管总局组织协调、监测评估与监督管理全国的维持治疗工作。

国家卫生计生委根据全国艾滋病防治工作需要和各省级卫生计生行政部门上报的维持治疗工作计划,确定各省(区、市)工作任务。

第六条 省级卫生计生行政部门会同同级公安、食品药品监管等有关部门制订本辖区的维持治疗工作规划,开展组织协调、监测评估等工作。

省级卫生计生行政部门负责本辖区维持治疗工作的审批,组织维持治疗机构的专业人员培训,并对维持治疗工作进行监督管理与技术指导。

省级公安机关负责本辖区治疗人员信息的备案登记工作。

省级食品药品监管部门负责辖区内维持治疗药品配制单位的审核和确定,维持治疗药品配制、供应的监督管理工作,对治疗人员开展药物滥用监测工作。

第七条 县级、设区的市级卫生计生行政部门会同同级公安机关、食品药品监管部门建立联席会议机制,协商解决维持治疗工作中存在的问题。

县级、设区的市级卫生计生行政部门负责维持治疗机构内维持治疗药品使用和有关医疗活动的监督管理。

县级、设区的市级公安机关负责依法处理维持治疗工作中的违法犯罪行为。

县级、设区的市级食品药品监管部门负责对维持治疗药品配制、供应等进行日常监督检查。

第八条 维持治疗机构对符合条件的申请维持治疗人员按照规范提供治疗及综合干预服务,并按规定开展实验室检测、信息管理等工作。

维持治疗机构应当与社区戒毒和社区康复工作机构相互配合,对正在执行社区戒毒、社区康复的治疗人员,开展必要的社会心理干预等工作。

第三章 机构人员

第九条 省级卫生计生行政部门会同同级公安机关、食品药品监管部门,根据本辖区内现有阿片类物质成瘾者分布状况和需求,结合辖区内现有医疗卫生资源分布状况,规划维持治疗机构的数量和布局,并可以根据情况变化进行调整。

第十条　医疗机构拟开展维持治疗工作的,应当将书面申请材料提交执业登记机关,由其将书面材料报省级卫生计生行政部门批准。省级卫生计生行政部门应当根据本辖区的维持治疗工作规划、本办法及有关规定进行审查,自受理申请之日起20个工作日内,作出批准或者不予批准的决定,并书面告知申请人。批准前,应当征求同级公安机关及食品药品监管部门意见。

被批准开展维持治疗工作的医疗机构,应当在省级卫生计生行政部门批准后,及时向同级公安机关备案。省级卫生计生行政部门应当将有关信息通报同级公安机关、食品药品监管部门。省级卫生计生、公安、食品药品监管等部门应当分别报上一级行政部门备案。

第十一条　维持治疗机构的名称、场所、主要负责人等发生变化时,应当按照《医疗机构管理条例》及其实施细则等相关规定办理变更登记,并向省级卫生计生行政部门以及同级公安机关备案。

第十二条　申请开展维持治疗工作的机构应当具备以下条件:
(一)具有《医疗机构执业许可证》;
(二)取得麻醉药品和第一类精神药品购用印鉴卡(以下简称印鉴卡);
(三)具有与开展维持治疗工作相适应的执业医师、护士等专业技术人员和安保人员;
(四)符合维持治疗有关技术规范的相关规定。

具有戒毒医疗服务资质的医疗机构申请开展维持治疗工作的,应当按照本办法第十条的规定办理。

第十三条　从事维持治疗工作的医师应当符合以下条件:
(一)具有执业医师资格并经注册取得《医师执业证书》;
(二)按规定参加维持治疗相关培训;
(三)使用麻醉药品和第一类精神药品的医师应当取得麻醉药品和第一类精神药品处方权;
(四)省级卫生计生行政部门规定的其他条件。

第十四条　从事维持治疗工作的护士应当符合以下条件:
(一)具有护士执业资格并经注册取得《护士执业证书》;
(二)按规定参加维持治疗工作相关培训;

(三)省级卫生计生行政部门规定的其他条件。

第十五条　从事维持治疗工作的药师应当符合以下条件:
(一)具有药学初级以上专业技术资格;
(二)按规定参加维持治疗工作相关培训;
(三)省级卫生计生行政部门规定的其他条件。

第十六条　维持治疗机构根据实际情况,可以设立延伸服药点,并由省级卫生计生行政部门按照本办法第十二条第一款规定的条件进行审批。维持治疗机构负责延伸服药点的日常管理。

第十七条　维持治疗机构依法对治疗人员的相关信息予以保密。除法律法规规定的情况外,未经本人或者其监护人同意,维持治疗机构不得向任何单位和个人提供治疗人员的相关信息。

第四章　药品管理

第十八条　维持治疗使用的药品为盐酸美沙酮口服溶液(规格:1mg/ml,5000ml/瓶)。

配制盐酸美沙酮口服溶液的原料药实行计划供应,由维持治疗药品配制单位根据实际情况提出需用计划,经国家食品药品监管总局核准后执行。

第十九条　经确定的维持治疗药品配制单位应当按照国家药品标准配制盐酸美沙酮口服溶液,并配送至维持治疗机构。

第二十条　维持治疗机构应当凭印鉴卡从本省(区、市)确定的维持治疗药品配制单位购进盐酸美沙酮口服溶液。跨省购进的,需报相关省级食品药品监管部门备案。

维持治疗机构调配和拆零药品所使用的容器和工具应当定期消毒或者更换,防止污染药品。

第二十一条　维持治疗药品的运输、使用及储存管理等必须严格执行《中华人民共和国药品管理法》和《麻醉药品和精神药品管理条例》的相关规定。

第五章　维持治疗

第二十二条　年龄在18周岁以上、有完全民事行为能力的阿片类物质成瘾者,可以按照自愿的原则申请参加维持治疗。18周岁以下的阿片类物质成瘾者,采取其他戒毒措施无效且经其监护人书面同意,可以申请参加维持治疗。

有治疗禁忌症的,暂不宜接受维持治疗。禁忌症治愈后,可以申请参加维持治疗。

第二十三条　申请参加维持治疗的人员应当向维持

治疗机构提供以下资料：

（一）个人身份证复印件；

（二）吸毒经历书面材料；

（三）相关医学检查报告。

维持治疗机构接到申请人提交的合格资料后5个工作日内，书面告知申请人是否可以参加治疗，并将审核结果报维持治疗机构所在地公安机关备案。

第二十四条　申请参加治疗的人员应当承诺治疗期间严格遵守维持治疗机构的各项规章制度，接受维持治疗机构开展的传染病定期检查以及毒品检测，并签订自愿治疗协议书。

第二十五条　维持治疗机构应当为治疗人员建立病历档案，并按规定将治疗人员信息及时报维持治疗机构所在地公安机关登记备案。

第二十六条　符合维持治疗条件的社区戒毒、社区康复人员，经乡（镇）、街道社区戒毒、社区康复工作机构同意，可以向维持治疗机构申请参加维持治疗。

第二十七条　维持治疗机构除为治疗人员提供维持治疗外，还需开展以下工作：

（一）开展禁毒和防治艾滋病法律法规宣传；

（二）开展艾滋病、丙型肝炎、梅毒等传染病防治和禁毒知识宣传；

（三）提供心理咨询、心理康复及行为矫治等工作；

（四）开展艾滋病、丙型肝炎、梅毒和毒品检测；

（五）协助相关部门对艾滋病病毒抗体阳性治疗人员进行随访、治疗和转介；

（六）协助食品药品监管部门开展治疗人员药物滥用的监测工作。

第二十八条　维持治疗机构应当与当地社区戒毒、社区康复工作机构及戒毒康复场所建立衔接机制，加强信息的沟通与交流。

社区戒毒、社区康复工作机构、强制隔离戒毒所和戒毒康复场所应当对正在执行戒毒治疗和康复措施的人员开展维持治疗相关政策和知识的宣传教育，对有意愿参加维持治疗的人员，应当帮助他们与维持治疗机构做好信息沟通。

第二十九条　维持治疗机构发现治疗人员脱失的，应当及时报告当地公安机关；发现正在执行社区戒毒、社区康复治疗人员脱失的，应当同时通报相关社区戒毒、社区康复工作机构。

第三十条　因户籍所在地或者现居住地发生变化，不能在原维持治疗机构接受治疗的，治疗人员应当及时向原维持治疗机构报告，由原维持治疗机构负责治疗人员的转介工作，以继续在异地接受维持治疗服务。

正在执行社区戒毒、社区康复措施的，应当会同社区戒毒、社会康复工作机构一并办理相关手续。

第三十一条　治疗人员在参加维持治疗期间出现违反治疗规定、复吸毒品、严重影响维持治疗机构正常工作秩序或者因违法犯罪行为被羁押而不能继续接受治疗等情形的，维持治疗机构应当终止其治疗，及时报告当地公安机关。

被终止治疗者申请再次参加维持治疗的，维持治疗机构应当进行严格审核，重新开展医学评估，并根据审核和评估结果确定是否接受申请人重新进入维持治疗。维持治疗机构应当将审核结果及时报所在地公安机关备案。

第六章　监督管理

第三十二条　国家卫生计生委、公安部和国家食品药品监管总局定期组织开展全国维持治疗工作的监督管理、督导和考核评估工作。

第三十三条　县级以上地方卫生计生行政部门监督检查的主要内容包括：

（一）维持治疗机构及其工作人员的资质情况；

（二）麻醉药品和第一类精神药品使用资质；

（三）维持治疗机构工作职责落实情况；

（四）维持治疗机构工作人员培训情况；

（五）维持治疗药品使用、存储、销毁和安全管理情况。

第三十四条　县级以上地方公安机关监督检查的主要内容包括：

（一）维持治疗机构治安秩序的维护情况；

（二）治疗人员信息登记备案情况；

（三）治疗人员违法犯罪行为的依法处理情况。

第三十五条　县级以上地方食品药品监管部门监督检查的主要内容包括：

（一）维持治疗药品的配制和质量控制情况；

（二）维持治疗药品的供应情况；

（三）维持治疗药品配制单位药品的安全管理情况。

第三十六条　维持治疗机构应当制订内部监督管理制度，并对工作人员履行职责的情况进行监督管理。

第三十七条　维持治疗机构及工作人员应当自觉接受社会和公民的监督。卫生计生行政部门应当会同公安机关及食品药品监管部门及时处理个人或者组织对违反本办法行为的举报。

第三十八条　开展维持治疗应当遵守国家有关法律法规和规章,执行维持治疗有关技术规范。维持治疗工作中违反本办法规定的,卫生计生行政部门、公安机关及食品药品监管部门将依照国家有关法律法规进行处理。

第七章　保障措施

第三十九条　维持治疗机构提供维持治疗服务的价格执行当地省级价格、卫生计生、人力资源社会保障等部门的有关规定。维持治疗机构按规定收取治疗人员的诊疗费用,可以用于维持治疗药品的配制、运输、配送和维持治疗机构的日常运转、人员培训、延伸服药点的管理等各项开支。

第四十条　符合规划设立的维持治疗机构所需设备购置等必要的工作经费纳入同级财政预算安排,中央财政给予适当补助。

第四十一条　维持治疗机构可以根据当地经济发展状况,为确需治疗且经济困难的治疗人员给予体检、维持治疗费用减免等关怀救助。

第四十二条　维持治疗机构应当对工作人员开展艾滋病等传染病的职业暴露防护培训,并采取有效防护措施。

维持治疗工作中发生艾滋病病毒职业暴露的,按照相关规定执行暴露后预防措施。

第八章　附　则

第四十三条　维持治疗需要使用其他药品时,由国家卫生计生委会同公安部和国家食品药品监管总局确定并公布。

第四十四条　县级以上地方卫生计生行政部门应当在本办法施行之日起6个月内,按照本办法规定对辖区内已经开展维持治疗工作的机构进行审核评估。符合规定的,由省级卫生计生行政部门批准其维持治疗机构资格,同时将情况通报同级公安机关。对不符合规定的,责令其限期整改,整改期满后予以复查。仍不合格的,撤销其开展维持治疗机构资格,并通报同级公安机关。

第四十五条　本办法仅适用于维持治疗工作,其他戒毒医疗服务适用《戒毒医疗服务管理暂行办法》(卫医政发〔2010〕2号)。

第四十六条　本办法自2015年2月1日起施行。《滥用阿片类物质成瘾者社区药物维持治疗工作方案》(卫疾控发〔2006〕256号)同时废止。

3. 临床护理

护士条例

· 2008年1月31日中华人民共和国国务院令第517号公布
· 根据2020年3月27日《国务院关于修改和废止部分行政法规的决定》修订

第一章　总　则

第一条　为了维护护士的合法权益,规范护理行为,促进护理事业发展,保障医疗安全和人体健康,制定本条例。

第二条　本条例所称护士,是指经执业注册取得护士执业证书,依照本条例规定从事护理活动,履行保护生命、减轻痛苦、增进健康职责的卫生技术人员。

第三条　护士人格尊严、人身安全不受侵犯。护士依法履行职责,受法律保护。

全社会应当尊重护士。

第四条　国务院有关部门、县级以上地方人民政府及其有关部门以及乡(镇)人民政府应当采取措施,改善护士的工作条件,保障护士待遇,加强护士队伍建设,促进护理事业健康发展。

国务院有关部门和县级以上地方人民政府应当采取措施,鼓励护士到农村、基层医疗卫生机构工作。

第五条　国务院卫生主管部门负责全国的护士监督管理工作。

县级以上地方人民政府卫生主管部门负责本行政区域的护士监督管理工作。

第六条　国务院有关部门对在护理工作中做出杰出贡献的护士,应当授予全国卫生系统先进工作者荣誉称号或者颁发白求恩奖章,受到表彰、奖励的护士享受省部级劳动模范、先进工作者待遇;对长期从事护理工作的护士应当颁发荣誉证书。具体办法由国务院有关部门制定。

县级以上地方人民政府及其有关部门对本行政区域内做出突出贡献的护士,按照省、自治区、直辖市人民政府的有关规定给予表彰、奖励。

第二章　执业注册

第七条　护士执业,应当经执业注册取得护士执业证书。

申请护士执业注册,应当具备下列条件:

(一)具有完全民事行为能力;

(二)在中等职业学校、高等学校完成国务院教育主管部门和国务院卫生主管部门规定的普通全日制3年以

上的护理、助产专业课程学习,包括在教学、综合医院完成 8 个月以上护理临床实习,并取得相应学历证书;

(三)通过国务院卫生主管部门组织的护士执业资格考试;

(四)符合国务院卫生主管部门规定的健康标准。

护士执业注册申请,应当自通过护士执业资格考试之日起 3 年内提出;逾期提出申请的,除应当具备前款第(一)项、第(二)项和第(四)项规定条件外,还应当在符合国务院卫生主管部门规定条件的医疗卫生机构接受 3 个月临床护理培训并考核合格。

护士执业资格考试办法由国务院卫生主管部门会同国务院人事部门制定。

第八条 申请护士执业注册的,应当向批准设立拟执业医疗机构或者为该医疗机构备案的卫生主管部门提出申请。收到申请的卫生主管部门应当自收到申请之日起 20 个工作日内做出决定,对具备本条例规定条件的,准予注册,并发给护士执业证书;对不具备本条例规定条件的,不予注册,并书面说明理由。

护士执业注册有效期为 5 年。

第九条 护士在其执业注册有效期内变更执业地点的,应当向批准设立拟执业医疗机构或者为该医疗机构备案的卫生主管部门报告。收到报告的卫生主管部门应当自收到报告之日起 7 个工作日内为其办理变更手续。护士跨省、自治区、直辖市变更执业地点的,收到报告的卫生主管部门还应当向其原注册部门通报。

第十条 护士执业注册有效期届满需要继续执业的,应当在护士执业注册有效期届满前 30 日向批准设立执业医疗机构或者为该医疗机构备案的卫生主管部门申请延续注册。收到申请的卫生主管部门对具备本条例规定条件的,准予延续,延续执业注册有效期为 5 年;对不具备本条例规定条件的,不予延续,并书面说明理由。

护士有行政许可法规定的应当予以注销执业注册情形的,原注册部门应当依照行政许可法的规定注销其执业注册。

第十一条 县级以上地方人民政府卫生主管部门应当建立本行政区域的护士执业良好记录和不良记录,并将该记录记入护士执业信息系统。

护士执业良好记录包括护士受到的表彰、奖励以及完成政府指令性任务的情况等内容。护士执业不良记录包括护士因违反本条例以及其他卫生管理法律、法规、规章或者诊疗技术规范的规定受到行政处罚、处分的情况等内容。

第三章 权利和义务

第十二条 护士执业,有按照国家有关规定获取工资报酬、享受福利待遇、参加社会保险的权利。任何单位或者个人不得克扣护士工资,降低或者取消护士福利等待遇。

第十三条 护士执业,有获得与其所从事的护理工作相适应的卫生防护、医疗保健服务的权利。从事直接接触有毒有害物质、有感染传染病危险工作的护士,有依照有关法律、行政法规的规定接受职业健康监护的权利;患职业病的,有依照有关法律、行政法规的规定获得赔偿的权利。

第十四条 护士有按照国家有关规定获得与本人业务能力和学术水平相应的专业技术职务、职称的权利;有参加专业培训、从事学术研究和交流、参加行业协会和专业学术团体的权利。

第十五条 护士有获得疾病诊疗、护理相关信息的权利和其他与履行护理职责相关的权利,可以对医疗卫生机构和卫生主管部门的工作提出意见和建议。

第十六条 护士执业,应当遵守法律、法规、规章和诊疗技术规范的规定。

第十七条 护士在执业活动中,发现患者病情危急,应当立即通知医师;在紧急情况下为抢救垂危患者生命,应当先行实施必要的紧急救护。

护士发现医嘱违反法律、法规、规章或者诊疗技术规范规定的,应当及时向开具医嘱的医师提出;必要时,应当向该医师所在科室的负责人或者医疗卫生机构负责医疗服务管理的人员报告。

第十八条 护士应当尊重、关心、爱护患者,保护患者的隐私。

第十九条 护士有义务参与公共卫生和疾病预防控制工作。发生自然灾害、公共卫生事件等严重威胁公众生命健康的突发事件,护士应当服从县级以上人民政府卫生主管部门或者所在医疗卫生机构的安排,参加医疗救护。

第四章 医疗卫生机构的职责

第二十条 医疗卫生机构配备护士的数量不得低于国务院卫生主管部门规定的护士配备标准。

第二十一条 医疗卫生机构不得允许下列人员在本机构从事诊疗技术规范规定的护理活动:

(一)未取得护士执业证书的人员;

(二)未依照本条例第九条的规定办理执业地点变更手续的护士;

（三）护士执业注册有效期届满未延续执业注册的护士。

在教学、综合医院进行护理临床实习的人员应当在护士指导下开展有关工作。

第二十二条 医疗卫生机构应当为护士提供卫生防护用品，并采取有效的卫生防护措施和医疗保健措施。

第二十三条 医疗卫生机构应当执行国家有关工资、福利待遇等规定，按照国家有关规定为在本机构从事护理工作的护士足额缴纳社会保险费用，保障护士的合法权益。

对在艰苦边远地区工作，或者从事直接接触有毒有害物质、有感染传染病危险工作的护士，所在医疗卫生机构应当按照国家有关规定给予津贴。

第二十四条 医疗卫生机构应当制定、实施本机构护士在职培训计划，并保证护士接受培训。

护士培训应当注重新知识、新技术的应用；根据临床专科护理发展和专科护理岗位的需要，开展对护士的专科护理培训。

第二十五条 医疗卫生机构应当按照国务院卫生主管部门的规定，设置专门机构或者配备专（兼）职人员负责护理管理工作。

第二十六条 医疗卫生机构应当建立护士岗位责任制并进行监督检查。

护士因不履行职责或者违反职业道德受到投诉的，其所在医疗卫生机构应当进行调查。经查证属实的，医疗卫生机构应当对护士做出处理，并将调查处理情况告知投诉人。

第五章 法律责任

第二十七条 卫生主管部门的工作人员未依照本条例规定履行职责，在护士监督管理工作中滥用职权、徇私舞弊，或者有其他失职、渎职行为的，依法给予处分；构成犯罪的，依法追究刑事责任。

第二十八条 医疗卫生机构有下列情形之一的，由县级以上地方人民政府卫生主管部门依据职责分工责令限期改正，给予警告；逾期不改正的，根据国务院卫生主管部门规定的护士配备标准和在医疗卫生机构合法执业的护士数量核减其诊疗科目，或者暂停其6个月以上1年以下执业活动；国家举办的医疗卫生机构有下列情形之一、情节严重的，还应当对负有责任的主管人员和其他直接责任人员依法给予处分：

（一）违反本条例规定，护士的配备数量低于国务院卫生主管部门规定的护士配备标准的；

（二）允许未取得护士执业证书的人员或者允许未依照本条例规定办理执业地点变更手续、延续执业注册有效期的护士在本机构从事诊疗技术规范规定的护理活动的。

第二十九条 医疗卫生机构有下列情形之一的，依照有关法律、行政法规的规定给予处罚；国家举办的医疗卫生机构有下列情形之一、情节严重的，还应当对负有责任的主管人员和其他直接责任人员依法给予处分：

（一）未执行国家有关工资、福利待遇等规定的；

（二）对在本机构从事护理工作的护士，未按照国家有关规定足额缴纳社会保险费用的；

（三）未为护士提供卫生防护用品，或者未采取有效的卫生防护措施、医疗保健措施的；

（四）对在艰苦边远地区工作，或者从事直接接触有毒有害物质、有感染传染病危险工作的护士，未按照国家有关规定给予津贴的。

第三十条 医疗卫生机构有下列情形之一的，由县级以上地方人民政府卫生主管部门依据职责分工责令限期改正，给予警告：

（一）未制定、实施本机构护士在职培训计划或者未保证护士接受培训的；

（二）未依照本条例规定履行护士管理职责的。

第三十一条 护士在执业活动中有下列情形之一的，由县级以上地方人民政府卫生主管部门依据职责分工责令改正，给予警告；情节严重的，暂停其6个月以上1年以下执业活动，直至由原发证部门吊销其护士执业证书：

（一）发现患者病情危急未立即通知医师的；

（二）发现医嘱违反法律、法规、规章或者诊疗技术规范的规定，未依照本条例第十七条的规定提出或者报告的；

（三）泄露患者隐私的；

（四）发生自然灾害、公共卫生事件等严重威胁公众生命健康的突发事件，不服从安排参加医疗救护的。

护士在执业活动中造成医疗事故的，依照医疗事故处理的有关规定承担法律责任。

第三十二条 护士被吊销执业证书的，自执业证书被吊销之日起2年内不得申请执业注册。

第三十三条 扰乱医疗秩序，阻碍护士依法开展执业活动，侮辱、威胁、殴打护士，或者有其他侵犯护士合法权益行为的，由公安机关依照治安管理处罚法的规定给予处罚；构成犯罪的，依法追究刑事责任。

第六章 附　则

第三十四条 本条例施行前按照国家有关规定已经取得护士执业证书或者护理专业技术职称、从事护理活动的人员，经执业地省、自治区、直辖市人民政府卫生主管部门审核合格，换领护士执业证书。

本条例施行前，尚未达到护士配备标准的医疗卫生机构，应当按照国务院卫生主管部门规定的实施步骤，自本条例施行之日起3年内达到护士配备标准。

第三十五条 本条例自2008年5月12日起施行。

护士执业注册管理办法

- 2008年5月6日卫生部令第59号公布
- 根据2021年1月8日《国家卫生健康委关于修改和废止〈母婴保健专项技术服务许可及人员资格管理办法〉等3件部门规章的决定》修订

第一条 为了规范护士执业注册管理，根据《护士条例》，制定本办法。

第二条 护士经执业注册取得《护士执业证书》后，方可按照注册的执业地点从事护理工作。

未经执业注册取得《护士执业证书》者，不得从事诊疗技术规范规定的护理活动。

第三条 国家卫生健康委负责全国护士执业注册监督管理工作。

县级以上地方卫生健康主管部门是护士执业注册的主管部门，负责本行政区域的护士执业注册监督管理工作。

第四条 省、自治区、直辖市卫生健康主管部门结合本行政区域的实际情况，制定护士执业注册工作的具体实施办法，并报国家卫生健康委备案。

第五条 国家建立护士管理信息系统，实行护士电子化注册管理。

第六条 申请护士执业注册，应当具备下列条件：

（一）具有完全民事行为能力；

（二）在中等职业学校、高等学校完成教育部和国家卫生健康委规定的普通全日制3年以上的护理、助产专业课程学习，包括在教学、综合医院完成8个月以上护理临床实习，并取得相应学历证书；

（三）通过国家卫生健康委组织的护士执业资格考试；

（四）符合本办法第七条规定的健康标准。

第七条 申请护士执业注册，应当符合下列健康标准：

（一）无精神病史；

（二）无色盲、色弱、双耳听力障碍；

（三）无影响履行护理职责的疾病、残疾或者功能障碍。

第八条 申请护士执业注册，应当向批准设立拟执业医疗机构或者为该医疗机构备案的卫生健康主管部门提出申请。

第九条 申请护士执业注册，应当提交下列材料：

（一）护士执业注册申请审核表；

（二）申请人身份证明；

（三）申请人学历证书及专业学习中的临床实习证明；

（四）医疗卫生机构拟聘用的相关材料。

第十条 卫生健康主管部门应当自受理申请之日起20个工作日内，对申请人提交的材料进行审核、注册，发给国家卫生健康委统一印制的《护士执业证书》；对不符合规定条件的，不予注册，并书面说明理由。

《护士执业证书》上应当注明护士的姓名、性别、出生日期等个人信息及证书编号、注册日期和执业地点。

第十一条 护士执业注册申请，应当自通过护士执业资格考试之日起3年内提出；逾期提出申请的，除本办法第九条规定的材料外，还应当提交在省、自治区、直辖市卫生健康主管部门规定的教学、综合医院接受3个月临床护理培训并考核合格的证明。

第十二条 护士执业注册有效期为5年。护士执业注册有效期届满需要继续执业的，应当在有效期届满前30日，向批准设立执业医疗机构或者为该医疗机构备案的卫生健康主管部门申请延续注册。

第十三条 护士申请延续注册，应当提交护士执业注册申请审核表和申请人的《护士执业证书》。

第十四条 注册部门自受理延续注册申请之日起20个工作日内进行审核。审核合格的，予以延续注册；审核不合格的，不予延续注册，并书面说明理由。

第十五条 有下列情形之一的，不予延续注册：

（一）不符合本办法第七条规定的健康标准的；

（二）被处暂停执业活动处罚期限未满的。

第十六条 医疗卫生机构可以为本机构聘用的护士集体办理护士执业注册和延续注册。

第十七条 有下列情形之一，拟在医疗卫生机构执业时，应当重新申请注册：

（一）注册有效期届满未延续注册的；

（二）受吊销《护士执业证书》处罚，自吊销之日起满2年的。

重新申请注册的，按照本办法第九条的规定提交材料;中断护理执业活动超过3年的,还应当提交在省、自治区、直辖市卫生健康主管部门规定的教学、综合医院接受3个月临床护理培训并考核合格的证明。

第十八条 护士在其执业注册有效期内变更执业地点等注册项目,应当办理变更注册。

护士承担经注册执业机构批准的卫生支援、进修、学术交流、政府交办事项等任务和参加卫生健康主管部门批准的义诊,在签订帮扶或者托管协议的医疗卫生机构内执业,以及从事执业机构派出的上门护理服务等,不需办理执业地点变更等手续。

第十九条 护士在其执业注册有效期内变更执业地点等注册项目的,应当向批准设立执业医疗机构或者为该医疗机构备案的卫生健康主管部门报告,并提交护士执业注册申请审核表和申请人的《护士执业证书》。

注册部门应当自受理之日起7个工作日内为其办理变更手续。

护士跨省、自治区、直辖市变更执业地点的,收到报告的注册部门还应当向其原执业地注册部门通报。

县级以上地方卫生健康主管部门应当通过护士管理信息系统,为护士变更注册提供便利。

第二十条 护士执业注册后有下列情形之一的,原注册部门办理注销执业注册:

(一)注册有效期届满未延续注册;
(二)受吊销《护士执业证书》处罚;
(三)护士死亡或者丧失民事行为能力。

第二十一条 卫生健康主管部门实施护士执业注册,有下列情形之一的,由其上级卫生健康主管部门或者监察机关责令改正,对直接负责的主管人员或者其他直接责任人员依法给予行政处分:

(一)对不符合护士执业注册条件者准予护士执业注册的;
(二)对符合护士执业注册条件者不予护士执业注册的。

第二十二条 护士执业注册申请人隐瞒有关情况或者提供虚假材料申请护士执业注册的,卫生健康主管部门不予受理或者不予护士执业注册,并给予警告;已经注册的,应当撤销注册。

第二十三条 在内地完成护理、助产专业学习的香港、澳门特别行政区及台湾地区人员,符合本办法第六条、第七条、第九条规定的,可以申请护士执业注册。

第二十四条 计划生育技术服务机构护士的执业注册管理适用本办法的规定。

第二十五条 本办法下列用语的含义:

教学医院,是指与中等职业学校、高等学校有承担护理临床实习任务的合同关系,并能够按照护理临床实习教学计划完成教学任务的医院。

综合医院,是指依照《医疗机构管理条例》、《医疗机构基本标准》的规定,符合综合医院基本标准的医院。

第二十六条 本办法自2008年5月12日起施行。

护士执业资格考试办法

- 2010年5月10日卫生部、人力资源和社会保障部令第74号公布
- 自2010年7月1日起施行

第一条 为规范全国护士执业资格考试工作,加强护理专业队伍建设,根据《护士条例》第七条规定,制定本办法。

第二条 卫生部负责组织实施护士执业资格考试。国家护士执业资格考试是评价申请护士执业资格者是否具备执业所必须的护理专业知识与工作能力的考试。

考试成绩合格者,可申请护士执业注册。

具有护理、助产专业中专和大专学历的人员,参加护士执业资格考试并成绩合格,可取得护理初级(士)专业技术资格证书;护理初级(师)专业技术资格按照有关规定通过参加全国卫生专业技术资格考试取得。

具有护理、助产专业本科以上学历的人员,参加护士执业资格考试并成绩合格,可以取得护理初级(士)专业技术资格证书;在达到《卫生技术人员职务试行条例》规定的护师专业技术职务任职资格年限后,可直接聘任护师专业技术职务。

第三条 护士执业资格考试实行国家统一考试制度。统一考试大纲,统一命题,统一合格标准。

护士执业资格考试原则上每年举行一次,具体考试日期在举行考试3个月前向社会公布。

第四条 护士执业资格考试包括专业实务和实践能力两个科目。一次考试通过两个科目为考试成绩合格。

为加强对考生实践能力的考核,原则上采用"人机对话"考试方式进行。

第五条 护士执业资格考试遵循公平、公开、公正的原则。

第六条 卫生部和人力资源社会保障部成立全国护士执业资格考试委员会。主要职责是:

(一)对涉及护士执业资格考试的重大事项进行协

调、决策；

（二）审定护士执业资格考试大纲、考试内容和方案；

（三）确定并公布护士执业资格考试成绩合格线；

（四）指导全国护士执业资格考试工作。

全国护士执业资格考试委员会下设办公室，办公室设在卫生部，负责具体工作。

第七条 护士执业资格考试考务管理实行承办考试机构、考区、考点三级责任制。

第八条 承办考试机构具体组织实施护士执业资格考试考务工作。主要职责是：

（一）组织制定护士执业资格考试考务管理规定，负责全国护士执业资格考试考务管理；

（二）组织专家拟定护士执业资格考试大纲和命题审卷的有关规定并承担具体工作；

（三）负责护士执业资格考试考生信息处理；

（四）组织评定考试成绩，提供考生成绩单和护士执业资格考试成绩合格证明；

（五）负责考试结果的统计分析和考试工作总结，并向护士执业资格考试委员会提交工作报告；

（六）负责建立护士执业资格考试命题专家库和考试题库；

（七）指导考区有关考试的业务工作。

第九条 各省、自治区、直辖市及新疆生产建设兵团设立考区。省、自治区、直辖市人民政府卫生行政部门及新疆生产建设兵团卫生局负责本辖区的考试工作。其主要职责是：

（一）负责本考区护士执业资格考试的考务管理；

（二）制定本考区护士执业资格考试考务管理具体措施；

（三）负责审定考生报名资格；

（四）负责指导考区内各考点的业务工作；

（五）负责处理、上报考试期间本考区发生的重大问题。

省、自治区、直辖市人民政府卫生行政部门及新疆生产建设兵团卫生局可根据实际情况，会同人力资源社会保障部门成立护士执业资格考试领导小组。

第十条 考区根据考生情况设置考点，报全国护士执业资格考试委员会备案。考点设在设区的市。考点的主要职责是：

（一）负责本考点护士执业资格考试的考务工作；

（二）执行本考点护士执业资格考试考务管理具体措施；

（三）受理考生报名，核实报名材料，初审考生报名资格；

（四）负责为不能自行上网打印准考证的考生打印准考证；

（五）处理、上报本考点考试期间发生的问题；

（六）发给考生成绩单和护士执业资格考试成绩合格证明。

第十一条 各级考试管理机构要有计划地培训考务工作人员和监考人员，提高考试管理水平。

第十二条 在中等职业学校、高等学校完成国务院教育主管部门和国务院卫生主管部门规定的普通全日制3年以上的护理、助产专业课程学习，包括在教学、综合医院完成8个月以上护理临床实习，并取得相应学历证书的，可以申请参加护士执业资格考试。

第十三条 申请参加护士执业资格考试的人员，应当在公告规定的期限内报名，并提交以下材料：

（一）护士执业资格考试报名申请表；

（二）本人身份证明；

（三）近6个月二寸免冠正面半身照片3张；

（四）本人毕业证书；

（五）报考所需的其他材料。

申请人为在校应届毕业生的，应当持有所在学校出具的应届毕业生毕业证明，到学校所在地的考点报名。学校可以为本校应届毕业生办理集体报名手续。

申请人为非应届毕业生的，可以选择到人事档案所在地报名。

第十四条 申请参加护士执业资格考试者，应当按国家价格主管部门确定的收费标准缴纳考试费。

第十五条 护士执业资格考试成绩于考试结束后45个工作日内公布。考生成绩单由报名考点发给考生。

第十六条 考试成绩合格者，取得考试成绩合格证明，作为申请护士执业注册的有效证明。

第十七条 考试考务管理工作要严格执行有关规章和纪律，切实做好试卷命制、印刷、发送和保管过程中的保密工作，严防泄密。

第十八条 护士执业资格考试实行回避制度。考试工作人员有下列情形之一的，应当回避：

（一）是考生近亲属的；

（二）与考生有其他利害关系，可能影响考试公正的。

第十九条 对违反考试纪律和有关规定的，按照《专业技术人员资格考试违纪违规行为处理规定》处理。

第二十条 军队有关部门负责军队人员参加全国护

士执业资格考试的报名、成绩发布等工作。

第二十一条 香港特别行政区、澳门特别行政区和台湾地区居民符合本办法规定和《内地与香港关于建立更紧密经贸关系的安排》《内地与澳门关于建立更紧密经贸关系的安排》或者内地有关主管部门规定的,可以申请参加护士执业资格考试。

第二十二条 本办法自 2010 年 7 月 1 日起施行。

住院患者基础护理服务项目(试行)

- 2010 年 1 月 22 日
- 卫医政发[2010]9 号

一、特级护理

项目	项目内涵	备注
(一)晨间护理	1. 整理床单位 2. 面部清洁和梳头 3. 口腔护理	次/日
(二)晚间护理	1. 整理床单位 2. 面部清洁 3. 口腔护理 4. 会阴护理 5. 足部清洁	1 次/日
(三)对非禁食患者协助进食/水		
(四)卧位护理	1. 协助患者翻身及有效咳嗽	1 次/2 小时
	2. 协助床上移动	必要时
	3. 压疮预防及护理	
(五)排泄护理	1. 失禁护理	需要时
	2. 床上使用便器	需要时
	3. 留置尿管护理	2 次/日
(六)床上温水擦浴		1 次/2-3 日

续表

项目	项目内涵	备注
(七)其他护理	1. 协助更衣	需要时
	2. 床上洗头	1 次/周
	3. 指/趾甲护理	需要时
(八)患者安全管理		

二、一级护理

A. 患者生活不能自理

项目	项目内涵	备注
(一)晨间护理	1. 整理床单位 2. 面部清洁和梳头 3. 口腔护理	1 次/日
(二)晚间护理	1. 整理床单位 2. 面部清洁 3. 口腔护理 4. 会阴护理 5. 足部清洁	1 次/日
(三)对非禁食患者协助进食/水		
(四)卧位护理	1. 协助患者翻身及有效咳嗽	1 次/2 小时
	2. 协助床上移动	必要时
	3. 压疮预防及护理	
(五)排泄护理	1. 失禁护理	需要时
	2. 床上使用便器	需要时
	3. 留置尿管护理	2 次/日
(六)床上温水擦浴		1 次/2-3 日
(七)其他护理	1. 协助更衣	需要时
	2. 床上洗头	1 次/周
	3. 指/趾甲护理	需要时

续表

| (八)患者安全管理 | | |

B. 患者生活部分自理

项目	项目内涵	备注
(一)晨间护理	1. 整理床单位 2. 协助面部清洁和梳头	1次/日
(二)晚间护理	1. 协助面部清洁 2. 协助会阴护理 3. 协助足部清洁	1次/日
(三)对非禁食患者协助进食/水		
(四)卧位护理	1. 协助患者翻身及有效咳嗽	1次/2小时
	2. 协助床上移动	必要时
	3. 压疮预防及护理	
(五)排泄护理	1. 失禁护理	需要时
	2. 协助床上使用便器	需要时
	3. 留置尿管护理	2次/日
(六)协助温水擦浴		1次/2-3日
(七)其他护理	1. 协助更衣 2. 协助洗头 3. 协助指/趾甲护理	需要时
(八)患者安全管理		

三、二级护理

A. 患者生活部分自理

项目	项目内涵	备注
(一)晨间护理	1. 整理床单位 2. 协助面部清洁和梳头	1次/日

续表

项目	项目内涵	备注
(二)晚间护理	1. 协助面部清洁 2. 协助会阴护理 3. 协助足部清洁	1次/日
(三)对非禁食患者协助进食/水		
(四)卧位护理	1. 协助患者翻身及有效咳嗽	1次/2小时
	2. 协助床上移动	必要时
	3. 压疮预防及护理	
(五)排泄护理	1. 失禁护理	需要时
	2. 协助床上使用便器	需要时
	3. 留置尿管护理	2次/日
(六)协助沐浴或擦浴		1次/2-3日
(七)其他护理	1. 协助更衣 2. 协助洗头 3. 协助指/趾甲护理	需要时
(八)患者安全管理		

B. 患者生活完全自理

项目	项目内涵	备注
(一)整理床单位		1次/日
(二)患者安全管理		

四、三级护理

项目	项目内涵	备注
(一)整理床单位		1次/日
(二)患者安全管理		

进一步改善护理服务行动计划（2023-2025年）

- 2023年6月15日
- 国卫医政发〔2023〕16号

为不断满足人民群众多元化护理服务需求，进一步改善护理服务，持续提升患者就医体验，促进护理工作高质量发展。制定本行动计划。

一、总体要求

以习近平新时代中国特色社会主义思想为指导，全面贯彻落实党的二十大精神，聚焦人民群众日益增长的多样化护理服务需求，坚持以人民健康为中心，着力解决群众急难愁盼护理问题，持续提升患者就医体验。力争用3年时间，开展以"强基础、提质量、促发展"为主题的进一步改善护理服务行动，持续深化"以病人为中心"的理念，临床基础护理不断加强，护理质量明显提高，护理服务持续改善，护理内涵更加丰富，护理领域拓展延伸，服务模式日益创新，覆盖全人群全生命周期的护理服务更加优质、高效、便捷，护理工作更加贴近患者、贴近临床和贴近社会，人民群众获得感、幸福感、安全感进一步增强。

二、加强临床护理，促进护理服务贴近患者

（一）落实责任制整体护理。医疗机构要进一步落实责任制整体护理服务，每名责任护士均负责一定数量的患者，每名患者均有相对固定的责任护士为其负责。护士要全面履行护理职责，根据患者疾病特点、生理、心理和社会需求等，为患者提供医学照顾、病情观察、协助治疗、健康指导、人文关怀等身心整体护理服务。到2025年，各级各类医疗机构责任制整体护理覆盖全院100%病区。

（二）加强基础护理。医疗机构要按照《综合医院分级护理指导原则（试行）》《住院患者基础护理服务项目》《基础护理服务工作规范》等，健全分级护理制度，完善基础护理服务规范标准，强化基础护理质量。要扎实做好患者口腔等基础护理工作，根据患者的护理级别、病情和生活自理能力情况等提供及时、必要的医学照顾，切实提升患者就医体验。

（三）注重沟通交流。护士在为患者提供护理服务过程中，要主动加强与患者的沟通交流，语言通俗易懂、简单明确，及时了解观察患者的反应和心理状态，关注患者的需求和不适，并及时给予指导和帮助。实施护理专业技术操作前要耐心解释、操作中关切询问、操作后及时观察，发现患者病情变化，及时与医师沟通。

（四）强化人文关怀。医疗机构要深化"以病人为中心"的理念，注重加强护理人文建设，细化人文关怀措施，为患者提供人性化护理服务。护士要增强主动服务和人文关怀意识，在提供护理服务过程中要关心、爱护和尊重患者，保护患者隐私，给予细心照护、心理支持和人文关怀，增进护患信任，和谐医患关系。

（五）做好健康指导。护士要根据患者疾病特点、个体差异及健康需求等，采用书面、口头、视频等多种方式为患者提供个性化的饮食、营养、运动、康复、并发症预防等方面的健康教育知识。做好患者入院介绍、出院指导以及特殊治疗、检查、围手术期的配合和注意事项等宣教工作。

三、提高护理质量，促进护理服务贴近临床

（六）加强巡视观察。医疗机构要加强护理巡视工作，临床护士要按照分级护理指导原则要求，加强患者巡视和病情观察。对特级护理患者要随时巡视，一级护理、二级护理和三级护理的患者，应按要求定时巡视患者，主动密切观察患者生命体征、意识状态、皮肤状况、肢体末梢循环、引流液情况以及手术/检查/用药后反应等，及时发现病情变化和潜在并发症，并给予有效处置。

（七）保障护理质量安全。倡导医疗机构开展医护联合查房和多学科合作，护士全面了解患者病情情况，提供针对性护理措施。医疗机构要严格落实分级护理、查对、交接班等核心制度，按照临床护理实践指南和技术标准要求，规范实施各类临床护理技术操作。要增强并发症早期预警识别能力，降低住院患者跌倒、院内新发压力性损伤等医疗安全不良事件发生率，确保护理质量和患者安全。

（八）提高护理技术水平。医疗机构要以加强"三基三严"为切入点，夯实临床护士的护理技术基本功。结合医疗机构高质量发展和临床专科建设有关要求，以满足患者临床护理需求为导向，优先在危重症、急诊、手术室、产科、血液净化、伤口造口等领域，推动临床护理专业化发展和护理人才培养，不断提高临床护理专业技术水平，增进患者医疗效果，助推护理高质量发展。

（九）提升中医护理能力。积极开展辨证施护和中医特色专科护理，规范开展中医护理人才培训，持续提升中医护理服务质量，创新中医护理服务模式，发挥中医护理在疾病预防、治疗、康复等方面的重要作用，促进中医护理进一步向基层和家庭拓展，向老年护理、慢病护理领域延伸。

（十）切实为护士减负。医疗机构要采取有效措施

切实为临床护士松绑减负,结合临床护理工作实际和护士岗位需求,可采用在线学习、远程指导等方式合理安排护士培训,尽量减少重复性的考核、竞赛等。要充分借助信息化手段,减少临床护士不必要的书写负担,让护士有更多的时间贴近临床,为患者提供直接护理服务。

四、拓展护理领域,促进护理服务贴近社会

(十一)开展延续性护理服务。三级医院和部分有条件的二级医院应借助信息化手段,通过开发手机APP、护理服务随访系统等,为有护理需求的出院患者提供在线护理咨询、护理随访、居家护理指导等延续性护理服务,解决患者出院后的常规护理、专科护理及专病护理问题。鼓励医疗机构逐步扩大提供延续性护理服务的病区占比,降低出院患者非计划再入院率。

(十二)扩大"互联网+护理服务"。支持有条件的医疗机构依法合规积极开展"互联网+护理服务",结合实际派出本机构符合条件的注册护士为出院患者、生命终末期患者或居家行动不便老年人等提供专业、便捷的上门护理服务。进一步扩大"互联网+护理服务"覆盖面,逐步增加"互联网+护理服务"医疗机构数量和上门护理服务项目数量,惠及更多人群。

(十三)提高基层护理服务能力。以网格化布局的城市医疗集团、县域医共体为载体,发挥大型医疗机构优质护理资源下沉和带动作用,通过建立专科护理联合团队、一对一传帮带、开展人员培训、远程护理会诊等方式,帮扶医联体(县域医共体、城市医疗集团)内基层医疗机构提高护理服务能力。就近解决群众急需的护理问题,提高护理服务的专业性和便捷性。

(十四)增加老年护理服务供给。支持社会力量举办基于社区的集团化、连锁化的护理中心、护理站等医疗机构,鼓励医疗资源丰富地区的一级、二级医疗机构转型为护理院,有条件的社区卫生服务中心通过签约服务、巡诊等方式积极提供老年护理服务,切实增加社区和居家老年护理服务供给,精准对接老年人多元化、差异化的护理服务需求。

五、加大支持力度,确保工作取得实效

(十五)加大支持保障力度。医疗机构要建立本单位改善护理服务行动专项工作机制,主要负责同志亲自抓,形成人事、财务、后勤等多部门联动机制,从人、财、物等多方位加大对改善护理服务的保障力度。健全后勤支持系统,增加辅助服务人员负责病区送取标本、药物及患者陪检等,保障临床护理工作所需的设备设施配备到位和及时维护。静脉用药调配中心、消毒供应中心等部门下收下送,服务到病区,减少护士从事非护理工作,让护士最大限度投入到临床护理服务中。

(十六)加强护士人力配备。医疗机构要根据功能定位、服务半径、床位规模、临床护理工作量和技术风险要素等科学合理配置数量充足的临床护士人力。二级以上医院全院病区护士与实际开放床位比不低于0.5∶1。要优先保障临床护理岗位护士配备到位,不得减少临床一线护士数量,原则上临床护理岗位护士数量占全院护士数量比例不低于95%。应根据临床护理需求和辖区居民上门护理服务等需求,切实加强基层医疗机构护士人力配备,着力增加基层护理服务供给。

(十七)充分调动护士积极性。医疗机构要依法依规保障护士获得工资报酬、福利待遇、社会保险、卫生防护、执业安全等合法权益。要在护士岗位设置、收入分配、职称评聘、管理使用等方面,对编制内外人员统筹考虑。要健全完善护士队伍激励机制,在绩效分配、职称晋升、教育培训等方面,向临床一线护士倾斜,多劳多得、优绩优酬。

(十八)加强信息化技术支撑。医疗机构通过智慧医院、智慧病房、电子病历信息化的建设,加强护理信息化发展,充分应用人工智能、5G、物联网等新一代信息技术,改进优化护理服务流程,提高护理工作效率,减轻临床一线护士工作负荷。积极创新护理服务模式,通过"互联网+"等方式将院内护理延伸至院外。

(十九)加强医疗护理员规范管理。医疗机构可根据患者病情轻重、自理能力程度和护理级别等要素,在病区内科学合理、按需聘用数量适宜、培训合格的医疗护理员。医疗护理员应当在医务人员的指导监督下,根据住院患者病情和自理能力情况,协助提供清洁、饮食、排泄等生活照顾服务。严禁医疗护理员替代医务人员从事出院指导、医疗护理专业技术性工作。

六、组织实施

(二十)加强组织领导。各级卫生健康行政部门(含中医药主管部门,下同)和医疗机构要充分认识改善护理服务对于推动医疗机构高质量发展、改善和保障民生的重要意义,主要负责同志亲自抓,统筹安排部署、认真组织实施。卫生健康行政部门要指导和督促医疗机构不断改善护理服务,落实各项任务举措。医疗机构要按照统一部署,结合实际明确本单位改善护理服务目标和任务并有效落实。

(二十一)及时跟踪评估。各省级卫生健康行政部门要结合本地区实际制定改善护理服务具体方案报国家卫生健康委备案,同时做好本地区具体方案实施情况的

动态监测和评估工作。国家卫生健康委每年将对各地实施改善护理服务行动情况开展定期跟踪评估，及时总结通报各地进展情况。

（二十二）创造有利条件。卫生健康行政部门要主动加强部门间沟通协调，为实施改善护理服务行动计划创造有利政策条件。积极协调落实护理服务价格调整有关政策要求，逐步理顺护理服务比价关系，体现护士技术劳动价值。持续深化公立医院薪酬制度改革，建立动态调整机制，合理确定护士薪酬水平。

（二十三）加大宣传引导。卫生健康行政部门和医疗机构要充分利用广播、电视、报刊、互联网等新闻媒体形式，做好改善护理服务政策解读和舆论引导。充分挖掘和宣传改善护理服务典型经验，发挥先进带动和示范引领作用，营造推动工作发展的良好社会氛围。

4. 药品管理

中华人民共和国药品管理法

- 1984年9月20日第六届全国人民代表大会常务委员会第七次会议通过
- 2001年2月28日第九届全国人民代表大会常务委员会第二十次会议第一次修订
- 根据2013年12月28日第十二届全国人民代表大会常务委员会第六次会议《关于修改〈中华人民共和国海洋环境保护法〉等七部法律的决定》第一次修正
- 根据2015年4月24日第十二届全国人民代表大会常务委员会第十四次会议《关于修改〈中华人民共和国药品管理法〉的决定》第二次修正
- 2019年8月26日第十三届全国人民代表大会常务委员会第十二次会议第二次修订
- 2019年8月26日中华人民共和国主席令第31号公布
- 自2019年12月1日起施行

第一章 总 则

第一条 为了加强药品管理，保证药品质量，保障公众用药安全和合法权益，保护和促进公众健康，制定本法。

第二条 在中华人民共和国境内从事药品研制、生产、经营、使用和监督管理活动，适用本法。

本法所称药品，是指用于预防、治疗、诊断人的疾病，有目的地调节人的生理机能并规定有适应症或者功能主治、用法和用量的物质，包括中药、化学药和生物制品等。

第三条 药品管理应当以人民健康为中心，坚持风险管理、全程管控、社会共治的原则，建立科学、严格的监督管理制度，全面提升药品质量，保障药品的安全、有效、可及。

第四条 国家发展现代药和传统药，充分发挥其在预防、医疗和保健中的作用。

国家保护野生药材资源和中药品种，鼓励培育道地中药材。

第五条 国家鼓励研究和创制新药，保护公民、法人和其他组织研究、开发新药的合法权益。

第六条 国家对药品管理实行药品上市许可持有人制度。药品上市许可持有人依法对药品研制、生产、经营、使用全过程中药品的安全性、有效性和质量可控性负责。

第七条 从事药品研制、生产、经营、使用活动，应当遵守法律、法规、规章、标准和规范，保证全过程信息真实、准确、完整和可追溯。

第八条 国务院药品监督管理部门主管全国药品监督管理工作。国务院有关部门在各自职责范围内负责与药品有关的监督管理工作。国务院药品监督管理部门配合国务院有关部门，执行国家药品行业发展规划和产业政策。

省、自治区、直辖市人民政府药品监督管理部门负责本行政区域内的药品监督管理工作。设区的市级、县级人民政府承担药品监督管理职责的部门（以下称药品监督管理部门）负责本行政区域内的药品监督管理工作。县级以上地方人民政府有关部门在各自职责范围内负责与药品有关的监督管理工作。

第九条 县级以上地方人民政府对本行政区域内的药品监督管理工作负责，统一领导、组织、协调本行政区域内的药品监督管理工作以及药品安全突发事件应对工作，建立健全药品监督管理工作机制和信息共享机制。

第十条 县级以上人民政府应当将药品安全工作纳入本级国民经济和社会发展规划，将药品安全工作经费列入本级政府预算，加强药品监督管理能力建设，为药品安全工作提供保障。

第十一条 药品监督管理部门设置或者指定的药品专业技术机构，承担依法实施药品监督管理所需的审评、检验、核查、监测与评价等工作。

第十二条 国家建立健全药品追溯制度。国务院药品监督管理部门应当制定统一的药品追溯标准和规范，推进药品追溯信息互通互享，实现药品可追溯。

国家建立药物警戒制度，对药品不良反应及其他与用药有关的有害反应进行监测、识别、评估和控制。

第十三条 各级人民政府及其有关部门、药品行业协会等应当加强药品安全宣传教育,开展药品安全法律法规等知识的普及工作。

新闻媒体应当开展药品安全法律法规等知识的公益宣传,并对药品违法行为进行舆论监督。有关药品的宣传报道应当全面、科学、客观、公正。

第十四条 药品行业协会应当加强行业自律,建立健全行业规范,推动行业诚信体系建设,引导和督促会员依法开展药品生产经营等活动。

第十五条 县级以上人民政府及其有关部门对在药品研制、生产、经营、使用和监督管理工作中做出突出贡献的单位和个人,按照国家有关规定给予表彰、奖励。

第二章 药品研制和注册

第十六条 国家支持以临床价值为导向、对人的疾病具有明确或者特殊疗效的药物创新,鼓励具有新的治疗机理、治疗严重危及生命的疾病或者罕见病、对人体具有多靶向系统性调节干预功能等的新药研制,推动药品技术进步。

国家鼓励运用现代科学技术和传统中药研究方法开展中药科学技术研究和药物开发,建立和完善符合中药特点的技术评价体系,促进中药传承创新。

国家采取有效措施,鼓励儿童用药品的研制和创新,支持开发符合儿童生理特征的儿童用药品新品种、剂型和规格,对儿童用药品予以优先审评审批。

第十七条 从事药品研制活动,应当遵守药物非临床研究质量管理规范、药物临床试验质量管理规范,保证药品研制全过程持续符合法定要求。

药物非临床研究质量管理规范、药物临床试验质量管理规范由国务院药品监督管理部门会同国务院有关部门制定。

第十八条 开展药物非临床研究,应当符合国家有关规定,有与研究项目相适应的人员、场地、设备、仪器和管理制度,保证有关数据、资料和样品的真实性。

第十九条 开展药物临床试验,应当按照国务院药品监督管理部门的规定如实报送研制方法、质量指标、药理及毒理试验结果等有关数据、资料和样品,经国务院药品监督管理部门批准。国务院药品监督管理部门应当自受理临床试验申请之日起六十个工作日内决定是否同意并通知临床试验申办者,逾期未通知的,视为同意。其中,开展生物等效性试验的,报国务院药品监督管理部门备案。

开展药物临床试验,应当在具备相应条件的临床试验机构进行。药物临床试验机构实行备案管理,具体办法由国务院药品监督管理部门、国务院卫生健康主管部门共同制定。

第二十条 开展药物临床试验,应当符合伦理原则,制定临床试验方案,经伦理委员会审查同意。

伦理委员会应当建立伦理审查工作制度,保证伦理审查过程独立、客观、公正,监督规范开展药物临床试验,保障受试者合法权益,维护社会公共利益。

第二十一条 实施药物临床试验,应当向受试者或者其监护人如实说明和解释临床试验的目的和风险等详细情况,取得受试者或者其监护人自愿签署的知情同意书,并采取有效措施保护受试者合法权益。

第二十二条 药物临床试验期间,发现存在安全性问题或者其他风险的,临床试验申办者应当及时调整临床试验方案、暂停或者终止临床试验,并向国务院药品监督管理部门报告。必要时,国务院药品监督管理部门可以责令调整临床试验方案、暂停或者终止临床试验。

第二十三条 对正在开展临床试验的用于治疗严重危及生命且尚无有效治疗手段的疾病的药物,经医学观察可能获益,并且符合伦理原则的,经审查、知情同意后可以在开展临床试验的机构内用于其他病情相同的患者。

第二十四条 在中国境内上市的药品,应当经国务院药品监督管理部门批准,取得药品注册证书;但是,未实施审批管理的中药材和中药饮片除外。实施审批管理的中药材、中药饮片品种目录由国务院药品监督管理部门会同国务院中医药主管部门制定。

申请药品注册,应当提供真实、充分、可靠的数据、资料和样品,证明药品的安全性、有效性和质量可控性。

第二十五条 对申请注册的药品,国务院药品监督管理部门应当组织药学、医学和其他技术人员进行审评,对药品的安全性、有效性和质量可控性以及申请人的质量管理、风险防控和责任赔偿等能力进行审查;符合条件的,颁发药品注册证书。

国务院药品监督管理部门在审批药品时,对化学原料药一并审评审批,对相关辅料、直接接触药品的包装材料和容器一并审评,对药品的质量标准、生产工艺、标签和说明书一并核准。

本法所称辅料,是指生产药品和调配处方时所用的赋形剂和附加剂。

第二十六条 对治疗严重危及生命且尚无有效治疗手段的疾病以及公共卫生方面急需的药品,药物临床试验已有数据显示疗效并能预测其临床价值的,可以附条件批准,并在药品注册证书中载明相关事项。

第二十七条　国务院药品监督管理部门应当完善药品审评审批工作制度,加强能力建设,建立健全沟通交流、专家咨询等机制,优化审评审批流程,提高审评审批效率。

批准上市药品的审评结论和依据应当依法公开,接受社会监督。对审评审批中知悉的商业秘密应当保密。

第二十八条　药品应当符合国家药品标准。经国务院药品监督管理部门核准的药品质量标准高于国家药品标准的,按照经核准的药品质量标准执行;没有国家药品标准的,应当符合经核准的药品质量标准。

国务院药品监督管理部门颁布的《中华人民共和国药典》和药品标准为国家药品标准。

国务院药品监督管理部门会同国务院卫生健康主管部门组织药典委员会,负责国家药品标准的制定和修订。

国务院药品监督管理部门设置或者指定的药品检验机构负责标定国家药品标准品、对照品。

第二十九条　列入国家药品标准的药品名称为药品通用名称。已经作为药品通用名称的,该名称不得作为药品商标使用。

第三章　药品上市许可持有人

第三十条　药品上市许可持有人是指取得药品注册证书的企业或者药品研制机构等。

药品上市许可持有人应当依照本法规定,对药品的非临床研究、临床试验、生产经营、上市后研究、不良反应监测及报告与处理等承担责任。其他从事药品研制、生产、经营、储存、运输、使用等活动的单位和个人依法承担相应责任。

药品上市许可持有人的法定代表人、主要负责人对药品质量全面负责。

第三十一条　药品上市许可持有人应当建立药品质量保证体系,配备专门人员独立负责药品质量管理。

药品上市许可持有人应当对受托药品生产企业、药品经营企业的质量管理体系进行定期审核,监督其持续具备质量保证和控制能力。

第三十二条　药品上市许可持有人可以自行生产药品,也可以委托药品生产企业生产。

药品上市许可持有人自行生产药品的,应当依照本法规定取得药品生产许可证;委托生产的,应当委托符合条件的药品生产企业。药品上市许可持有人和受托生产企业应当签订委托协议和质量协议,并严格履行协议约定的义务。

国务院药品监督管理部门制定药品委托生产质量协议指南,指导、监督药品上市许可持有人和受托生产企业履行药品质量保证义务。

血液制品、麻醉药品、精神药品、医疗用毒性药品、药品类易制毒化学品不得委托生产;但是,国务院药品监督管理部门另有规定的除外。

第三十三条　药品上市许可持有人应当建立药品上市放行规程,对药品生产企业出厂放行的药品进行审核,经质量受权人签字后方可放行。不符合国家药品标准的,不得放行。

第三十四条　药品上市许可持有人可以自行销售其取得药品注册证书的药品,也可以委托药品经营企业销售。药品上市许可持有人从事药品零售活动的,应当取得药品经营许可证。

药品上市许可持有人自行销售药品的,应当具备本法第五十二条规定的条件;委托销售的,应当委托符合条件的药品经营企业。药品上市许可持有人和受托经营企业应当签订委托协议,并严格履行协议约定的义务。

第三十五条　药品上市许可持有人、药品生产企业、药品经营企业委托储存、运输药品的,应当对受托方的质量保证能力和风险管理能力进行评估,与其签订委托协议,约定药品质量责任、操作规程等内容,并对受托方进行监督。

第三十六条　药品上市许可持有人、药品生产企业、药品经营企业和医疗机构应当建立并实施药品追溯制度,按照规定提供追溯信息,保证药品可追溯。

第三十七条　药品上市许可持有人应当建立年度报告制度,每年将药品生产销售、上市后研究、风险管理等情况按照规定向省、自治区、直辖市人民政府药品监督管理部门报告。

第三十八条　药品上市许可持有人为境外企业的,应当由其指定的在中国境内的企业法人履行药品上市许可持有人义务,与药品上市许可持有人承担连带责任。

第三十九条　中药饮片生产企业履行药品上市许可持有人的相关义务,对中药饮片生产、销售实行全过程管理,建立中药饮片追溯体系,保证中药饮片安全、有效、可追溯。

第四十条　经国务院药品监督管理部门批准,药品上市许可持有人可以转让药品上市许可。受让方应当具备保障药品安全性、有效性和质量可控性的质量管理、风险防控和责任赔偿等能力,履行药品上市许可持有人义务。

第四章 药品生产

第四十一条 从事药品生产活动,应当经所在地省、自治区、直辖市人民政府药品监督管理部门批准,取得药品生产许可证。无药品生产许可证的,不得生产药品。

药品生产许可证应当标明有效期和生产范围,到期重新审查发证。

第四十二条 从事药品生产活动,应当具备以下条件:

(一)有依法经过资格认定的药学技术人员、工程技术人员及相应的技术工人;

(二)有与药品生产相适应的厂房、设施和卫生环境;

(三)有能对所生产药品进行质量管理和质量检验的机构、人员及必要的仪器设备;

(四)有保证药品质量的规章制度,并符合国务院药品监督管理部门依据本法制定的药品生产质量管理规范要求。

第四十三条 从事药品生产活动,应当遵守药品生产质量管理规范,建立健全药品生产质量管理体系,保证药品生产全过程持续符合法定要求。

药品生产企业的法定代表人、主要负责人对本企业的药品生产活动全面负责。

第四十四条 药品应当按照国家药品标准和经药品监督管理部门核准的生产工艺进行生产。生产、检验记录应当完整准确,不得编造。

中药饮片应当按照国家药品标准炮制;国家药品标准没有规定的,应当按照省、自治区、直辖市人民政府药品监督管理部门制定的炮制规范炮制。省、自治区、直辖市人民政府药品监督管理部门制定的炮制规范应当报国务院药品监督管理部门备案。不符合国家药品标准或者不按照省、自治区、直辖市人民政府药品监督管理部门制定的炮制规范炮制的,不得出厂、销售。

第四十五条 生产药品所需的原料、辅料,应当符合药用要求、药品生产质量管理规范的有关要求。

生产药品,应当按照规定对供应原料、辅料等的供应商进行审核,保证购进、使用的原料、辅料等符合前款规定要求。

第四十六条 直接接触药品的包装材料和容器,应当符合药用要求,符合保障人体健康、安全的标准。

对不合格的直接接触药品的包装材料和容器,由药品监督管理部门责令停止使用。

第四十七条 药品生产企业应当对药品进行质量检验。不符合国家药品标准的,不得出厂。

药品生产企业应当建立药品出厂放行规程,明确出厂放行的标准、条件。符合标准、条件的,经质量受权人签字后方可放行。

第四十八条 药品包装应当适合药品质量的要求,方便储存、运输和医疗使用。

发运中药材应当有包装。在每件包装上,应当注明品名、产地、日期、供货单位,并附有质量合格的标志。

第四十九条 药品包装应当按照规定印有或者贴有标签并附有说明书。

标签或者说明书应当注明药品的通用名称、成份、规格、上市许可持有人及其地址、生产企业及其地址、批准文号、产品批号、生产日期、有效期、适应症或者功能主治、用法、用量、禁忌、不良反应和注意事项。标签、说明书中的文字应当清晰,生产日期、有效期等事项应当显著标注,容易辨识。

麻醉药品、精神药品、医疗用毒性药品、放射性药品、外用药品和非处方药的标签、说明书,应当印有规定的标志。

第五十条 药品上市许可持有人、药品生产企业、药品经营企业和医疗机构中直接接触药品的工作人员,应当每年进行健康检查。患有传染病或者其他可能污染药品的疾病的,不得从事直接接触药品的工作。

第五章 药品经营

第五十一条 从事药品批发活动,应当经所在地省、自治区、直辖市人民政府药品监督管理部门批准,取得药品经营许可证。从事药品零售活动,应当经所在地县级以上地方人民政府药品监督管理部门批准,取得药品经营许可证。无药品经营许可证的,不得经营药品。

药品经营许可证应当标明有效期和经营范围,到期重新审查发证。

药品监督管理部门实施药品经营许可,除依据本法第五十二条规定的条件外,还应当遵循方便群众购药的原则。

第五十二条 从事药品经营活动应当具备以下条件:

(一)有依法经过资格认定的药师或者其他药学技术人员;

(二)有与所经营药品相适应的营业场所、设备、仓储设施和卫生环境;

(三)有与所经营药品相适应的质量管理机构或者人员;

(四)有保证药品质量的规章制度,并符合国务院药品监督管理部门依据本法制定的药品经营质量管理规范要求。

第五十三条 从事药品经营活动,应当遵守药品经营质量管理规范,建立健全药品经营质量管理体系,保证药品经营全过程持续符合法定要求。

国家鼓励、引导药品零售连锁经营。从事药品零售连锁经营活动的企业总部,应当建立统一的质量管理制度,对所属零售企业的经营活动履行管理责任。

药品经营企业的法定代表人、主要负责人对本企业的药品经营活动全面负责。

第五十四条 国家对药品实行处方药与非处方药分类管理制度。具体办法由国务院药品监督管理部门会同国务院卫生健康主管部门制定。

第五十五条 药品上市许可持有人、药品生产企业、药品经营企业和医疗机构应当从药品上市许可持有人或者具有药品生产、经营资格的企业购进药品;但是,购进未实施审批管理的中药材除外。

第五十六条 药品经营企业购进药品,应当建立并执行进货检查验收制度,验明药品合格证明和其他标识;不符合规定要求的,不得购进和销售。

第五十七条 药品经营企业购销药品,应当有真实、完整的购销记录。购销记录应当注明药品的通用名称、剂型、规格、产品批号、有效期、上市许可持有人、生产企业、购销单位、购销数量、购销价格、购销日期及国务院药品监督管理部门规定的其他内容。

第五十八条 药品经营企业零售药品应当准确无误,并正确说明用法、用量和注意事项;调配处方应当经过核对,对处方所列药品不得擅自更改或者代用。对有配伍禁忌或者超剂量的处方,应当拒绝调配;必要时,经处方医师更正或者重新签字,方可调配。

药品经营企业销售中药材,应当标明产地。

依法经过资格认定的药师或者其他药学技术人员负责本企业的药品管理、处方审核和调配、合理用药指导等工作。

第五十九条 药品经营企业应当制定和执行药品保管制度,采取必要的冷藏、防冻、防潮、防虫、防鼠等措施,保证药品质量。

药品入库和出库应当执行检查制度。

第六十条 城乡集市贸易市场可以出售中药材,国务院另有规定的除外。

第六十一条 药品上市许可持有人、药品经营企业通过网络销售药品,应当遵守本法药品经营的有关规定。具体管理办法由国务院药品监督管理部门会同国务院卫生健康主管部门等部门制定。

疫苗、血液制品、麻醉药品、精神药品、医疗用毒性药品、放射性药品、药品类易制毒化学品等国家实行特殊管理的药品不得在网络上销售。

第六十二条 药品网络交易第三方平台提供者应当按照国务院药品监督管理部门的规定,向所在地省、自治区、直辖市人民政府药品监督管理部门备案。

第三方平台提供者应当依法对申请进入平台经营的药品上市许可持有人、药品经营企业的资质等进行审核,保证其符合法定要求,并对发生在平台的药品经营行为进行管理。

第三方平台提供者发现进入平台经营的药品上市许可持有人、药品经营企业有违反本法规定行为的,应当及时制止并立即报告所在地县级人民政府药品监督管理部门;发现严重违法行为的,应当立即停止提供网络交易平台服务。

第六十三条 新发现和从境外引种的药材,经国务院药品监督管理部门批准后,方可销售。

第六十四条 药品应当从允许药品进口的口岸进口,并由进口药品的企业向口岸所在地药品监督管理部门备案。海关凭药品监督管理部门出具的进口药品通关单办理通关手续。无进口药品通关单的,海关不得放行。

口岸所在地药品监督管理部门应当通知药品检验机构按照国务院药品监督管理部门的规定对进口药品进行抽查检验。

允许药品进口的口岸由国务院药品监督管理部门会同海关总署提出,报国务院批准。

第六十五条 医疗机构因临床急需进口少量药品的,经国务院药品监督管理部门或者国务院授权的省、自治区、直辖市人民政府批准,可以进口。进口的药品应当在指定医疗机构内用于特定医疗目的。

个人自用携带入境少量药品,按照国家有关规定办理。

第六十六条 进口、出口麻醉药品和国家规定范围内的精神药品,应当持有国务院药品监督管理部门颁发的进口准许证、出口准许证。

第六十七条 禁止进口疗效不确切、不良反应大或者因其他原因危害人体健康的药品。

第六十八条 国务院药品监督管理部门对下列药品在销售前或者进口时,应当指定药品检验机构进行检验;未经检验或者检验不合格的,不得销售或者进口:

（一）首次在中国境内销售的药品；
（二）国务院药品监督管理部门规定的生物制品；
（三）国务院规定的其他药品。

第六章 医疗机构药事管理

第六十九条 医疗机构应当配备依法经过资格认定的药师或者其他药学技术人员，负责本单位的药品管理、处方审核和调配、合理用药指导等工作。非药学技术人员不得直接从事药剂技术工作。

第七十条 医疗机构购进药品，应当建立并执行进货检查验收制度，验明药品合格证明和其他标识；不符合规定要求的，不得购进和使用。

第七十一条 医疗机构应当有与所使用药品相适应的场所、设备、仓储设施和卫生环境，制定和执行药品保管制度，采取必要的冷藏、防冻、防潮、防虫、防鼠等措施，保证药品质量。

第七十二条 医疗机构应当坚持安全有效、经济合理的用药原则，遵循药品临床应用指导原则、临床诊疗指南和药品说明书等合理用药，对医师处方、用药医嘱的适宜性进行审核。

医疗机构以外的其他药品使用单位，应当遵守本法有关医疗机构使用药品的规定。

第七十三条 依法经过资格认定的药师或者其他药学技术人员调配处方，应当进行核对，对处方所列药品不得擅自更改或者代用。对有配伍禁忌或者超剂量的处方，应当拒绝调配；必要时，经处方医师更正或者重新签字，方可调配。

第七十四条 医疗机构配制制剂，应当经所在地省、自治区、直辖市人民政府药品监督管理部门批准，取得医疗机构制剂许可证。无医疗机构制剂许可证的，不得配制制剂。

医疗机构制剂许可证应当标明有效期，到期重新审查发证。

第七十五条 医疗机构配制制剂，应当有能够保证制剂质量的设施、管理制度、检验仪器和卫生环境。

医疗机构配制制剂，应当按照经核准的工艺进行，所需的原料、辅料和包装材料等应当符合药用要求。

第七十六条 医疗机构配制的制剂，应当是本单位临床需要而市场上没有供应的品种，并应当经所在地省、自治区、直辖市人民政府药品监督管理部门批准；但是，法律对配制中药制剂另有规定的除外。

医疗机构配制的制剂应当按照规定进行质量检验；合格的，凭医师处方在本单位使用。经国务院药品监督管理部门或者省、自治区、直辖市人民政府药品监督管理部门批准，医疗机构配制的制剂可以在指定的医疗机构之间调剂使用。

医疗机构配制的制剂不得在市场上销售。

第七章 药品上市后管理

第七十七条 药品上市许可持有人应当制定药品上市后风险管理计划，主动开展药品上市后研究，对药品的安全性、有效性和质量可控性进行进一步确证，加强对已上市药品的持续管理。

第七十八条 对附条件批准的药品，药品上市许可持有人应当采取相应风险管理措施，并在规定期限内按照要求完成相关研究；逾期未按照要求完成研究或者不能证明其获益大于风险的，国务院药品监督管理部门应当依法处理，直至注销药品注册证书。

第七十九条 对药品生产过程中的变更，按照其对药品安全性、有效性和质量可控性的风险和产生影响的程度，实行分类管理。属于重大变更的，应当经国务院药品监督管理部门批准，其他变更应当按照国务院药品监督管理部门的规定备案或者报告。

药品上市许可持有人应当按照国务院药品监督管理部门的规定，全面评估、验证变更事项对药品安全性、有效性和质量可控性的影响。

第八十条 药品上市许可持有人应当开展药品上市后不良反应监测，主动收集、跟踪分析疑似药品不良反应信息，对已识别风险的药品及时采取风险控制措施。

第八十一条 药品上市许可持有人、药品生产企业、药品经营企业和医疗机构应当经常考察本单位所生产、经营、使用的药品质量、疗效和不良反应。发现疑似不良反应的，应当及时向药品监督管理部门和卫生健康主管部门报告。具体办法由国务院药品监督管理部门会同国务院卫生健康主管部门制定。

对已确认发生严重不良反应的药品，由国务院药品监督管理部门或者省、自治区、直辖市人民政府药品监督管理部门根据实际情况采取停止生产、销售、使用等紧急控制措施，并应当在五日内组织鉴定，自鉴定结论作出之日起十五日内依法作出行政处理决定。

第八十二条 药品存在质量问题或者其他安全隐患的，药品上市许可持有人应当立即停止销售，告知相关药品经营企业和医疗机构停止销售和使用，召回已销售的药品，及时公开召回信息，必要时应当立即停止生产，并将药品召回和处理情况向省、自治区、直辖市人民政府药品监督管理部门和卫生健康主管部门报告。药品生产企业、药品经营企业和医疗机构应当配合。

药品上市许可持有人依法应当召回药品而未召回的，省、自治区、直辖市人民政府药品监督管理部门应当责令其召回。

第八十三条　药品上市许可持有人应当对已上市药品的安全性、有效性和质量可控性定期开展上市后评价。必要时，国务院药品监督管理部门可以责令药品上市许可持有人开展上市后评价或者直接组织开展上市后评价。

经评价，对疗效不确切、不良反应大或者因其他原因危害人体健康的药品，应当注销药品注册证书。

已被注销药品注册证书的药品，不得生产或者进口、销售和使用。

已被注销药品注册证书、超过有效期等的药品，应当由药品监督管理部门监督销毁或者依法采取其他无害化处理等措施。

第八章　药品价格和广告

第八十四条　国家完善药品采购管理制度，对药品价格进行监测，开展成本价格调查，加强药品价格监督检查，依法查处价格垄断、哄抬价格等药品价格违法行为，维护药品价格秩序。

第八十五条　依法实行市场调节价的药品，药品上市许可持有人、药品生产企业、药品经营企业和医疗机构应当按照公平、合理和诚实信用、质价相符的原则制定价格，为用药者提供价格合理的药品。

药品上市许可持有人、药品生产企业、药品经营企业和医疗机构应当遵守国务院药品价格主管部门关于药品价格管理的规定，制定和标明药品零售价格，禁止暴利、价格垄断和价格欺诈等行为。

第八十六条　药品上市许可持有人、药品生产企业、药品经营企业和医疗机构应当依法向药品价格主管部门提供其药品的实际购销价格和购销数量等资料。

第八十七条　医疗机构应当向患者提供所用药品的价格清单，按照规定如实公布其常用药品的价格，加强合理用药管理。具体办法由国务院卫生健康主管部门制定。

第八十八条　禁止药品上市许可持有人、药品生产企业、药品经营企业和医疗机构在药品购销中给予、收受回扣或者其他不正当利益。

禁止药品上市许可持有人、药品生产企业、药品经营企业或者代理人以任何名义给予使用其药品的医疗机构的负责人、药品采购人员、医师、药师等有关人员财物或者其他不正当利益。禁止医疗机构的负责人、药品采购人员、医师、药师等有关人员以任何名义收受药品上市许可持有人、药品生产企业、药品经营企业或者代理人给予的财物或者其他不正当利益。

第八十九条　药品广告应当经广告主所在地省、自治区、直辖市人民政府确定的广告审查机关批准；未经批准的，不得发布。

第九十条　药品广告的内容应当真实、合法，以国务院药品监督管理部门核准的药品说明书为准，不得含有虚假的内容。

药品广告不得含有表示功效、安全性的断言或者保证；不得利用国家机关、科研单位、学术机构、行业协会或者专家、学者、医师、药师、患者等的名义或者形象作推荐、证明。

非药品广告不得有涉及药品的宣传。

第九十一条　药品价格和广告，本法未作规定的，适用《中华人民共和国价格法》、《中华人民共和国反垄断法》、《中华人民共和国反不正当竞争法》、《中华人民共和国广告法》等的规定。

第九章　药品储备和供应

第九十二条　国家实行药品储备制度，建立中央和地方两级药品储备。

发生重大灾情、疫情或者其他突发事件时，依照《中华人民共和国突发事件应对法》的规定，可以紧急调用药品。

第九十三条　国家实行基本药物制度，遴选适当数量的基本药物品种，加强组织生产和储备，提高基本药物的供给能力，满足疾病防治基本用药需求。

第九十四条　国家建立药品供求监测体系，及时收集和汇总分析短缺药品供求信息，对短缺药品实行预警，采取应对措施。

第九十五条　国家实行短缺药品清单管理制度。具体办法由国务院卫生健康主管部门会同国务院药品监督管理部门等部门制定。

药品上市许可持有人停止生产短缺药品的，应当按照规定向国务院药品监督管理部门或者省、自治区、直辖市人民政府药品监督管理部门报告。

第九十六条　国家鼓励短缺药品的研制和生产，对临床急需的短缺药品、防治重大传染病和罕见病等疾病的新药予以优先审评审批。

第九十七条　对短缺药品，国务院可以限制或者禁止出口。必要时，国务院有关部门可以采取组织生产、价格干预和扩大进口等措施，保障药品供应。

药品上市许可持有人、药品生产企业、药品经营企业应当按照规定保障药品的生产和供应。

第十章 监督管理

第九十八条 禁止生产(包括配制,下同)、销售、使用假药、劣药。

有下列情形之一的,为假药:
(一)药品所含成份与国家药品标准规定的成份不符;
(二)以非药品冒充药品或者以他种药品冒充此种药品;
(三)变质的药品;
(四)药品所标明的适应症或者功能主治超出规定范围。

有下列情形之一的,为劣药:
(一)药品成份的含量不符合国家药品标准;
(二)被污染的药品;
(三)未标明或者更改有效期的药品;
(四)未注明或者更改产品批号的药品;
(五)超过有效期的药品;
(六)擅自添加防腐剂、辅料的药品;
(七)其他不符合药品标准的药品。

禁止未取得药品批准证明文件生产、进口药品;禁止使用未按照规定审评、审批的原料药、包装材料和容器生产药品。

第九十九条 药品监督管理部门应当依照法律、法规的规定对药品研制、生产、经营和药品使用单位使用药品等活动进行监督检查,必要时可以对为药品研制、生产、经营、使用提供产品或者服务的单位和个人进行延伸检查,有关单位和个人应当予以配合,不得拒绝和隐瞒。

药品监督管理部门应当对高风险的药品实施重点监督检查。

对有证据证明可能存在安全隐患的,药品监督管理部门根据监督检查情况,应当采取告诫、约谈、限期整改以及暂停生产、销售、使用、进口等措施,并及时公布检查处理结果。

药品监督管理部门进行监督检查时,应当出示证明文件,对监督检查中知悉的商业秘密应当保密。

第一百条 药品监督管理部门根据监督管理的需要,可以对药品质量进行抽查检验。抽查检验应当按照规定抽样,并不得收取任何费用;抽样应当购买样品。所需费用按照国务院规定列支。

对有证据证明可能危害人体健康的药品及其有关材料,药品监督管理部门可以查封、扣押,并在七日内作出行政处理决定;药品需要检验的,应当自检验报告书发出之日起十五日内作出行政处理决定。

第一百零一条 国务院和省、自治区、直辖市人民政府的药品监督管理部门应当定期公告药品质量抽查检验结果;公告不当的,应当在原公告范围内予以更正。

第一百零二条 当事人对药品检验结果有异议的,可以自收到药品检验结果之日起七日内向原药品检验机构或者上一级药品监督管理部门设置或者指定的药品检验机构申请复验,也可以直接向国务院药品监督管理部门设置或者指定的药品检验机构申请复验。受理复验的药品检验机构应当在国务院药品监督管理部门规定的时间内作出复验结论。

第一百零三条 药品监督管理部门应当对药品上市许可持有人、药品生产企业、药品经营企业和药物非临床安全性评价研究机构、药物临床试验机构等遵守药品生产质量管理规范、药品经营质量管理规范、药物非临床研究质量管理规范、药物临床试验质量管理规范等情况进行检查,监督其持续符合法定要求。

第一百零四条 国家建立职业化、专业化药品检查员队伍。检查员应当熟悉药品法律法规,具备药品专业知识。

第一百零五条 药品监督管理部门建立药品上市许可持有人、药品生产企业、药品经营企业、药物非临床安全性评价研究机构、药物临床试验机构和医疗机构药品安全信用档案,记录许可颁发、日常监督检查结果、违法行为查处等情况,依法向社会公布并及时更新;对有不良信用记录的,增加监督检查频次,并可以按照国家规定实施联合惩戒。

第一百零六条 药品监督管理部门应当公布本部门的电子邮件地址、电话,接受咨询、投诉、举报,并依法及时答复、核实、处理。对查证属实的举报,按照有关规定给予举报人奖励。

药品监督管理部门应当对举报人的信息予以保密,保护举报人的合法权益。举报人举报所在单位的,该单位不得以解除、变更劳动合同或者其他方式对举报人进行打击报复。

第一百零七条 国家实行药品安全信息统一公布制度。国家药品安全总体情况、药品安全风险警示信息、重大药品安全事件及其调查处理信息和国务院确定需要统一公布的其他信息由国务院药品监督管理部门统一公布。药品安全风险警示信息和重大药品安全事件及其调查处理信息的影响限于特定区域的,也可以由有关省、自治区、直辖市人民政府药品监督管理部门公布。未经授权不得发布上述信息。

公布药品安全信息，应当及时、准确、全面，并进行必要的说明，避免误导。

任何单位和个人不得编造、散布虚假药品安全信息。

第一百零八条 县级以上人民政府应当制定药品安全事件应急预案。药品上市许可持有人、药品生产企业、药品经营企业和医疗机构等应当制定本单位的药品安全事件处置方案，并组织开展培训和应急演练。

发生药品安全事件，县级以上人民政府应当按照应急预案立即组织开展应对工作；有关单位应当立即采取有效措施进行处置，防止危害扩大。

第一百零九条 药品监督管理部门未及时发现药品安全系统性风险，未及时消除监督管理区域内药品安全隐患的，本级人民政府或者上级人民政府药品监督管理部门应当对其主要负责人进行约谈。

地方人民政府未履行药品安全职责，未及时消除区域性重大药品安全隐患的，上级人民政府或者上级人民政府药品监督管理部门应当对其主要负责人进行约谈。

被约谈的部门和地方人民政府应当立即采取措施，对药品监督管理工作进行整改。

约谈情况和整改情况应当纳入有关部门和地方人民政府药品监督管理工作评议、考核记录。

第一百一十条 地方人民政府及其药品监督管理部门不得以要求实施药品检验、审批等手段限制或者排斥非本地区药品上市许可持有人、药品生产企业生产的药品进入本地区。

第一百一十一条 药品监督管理部门及其设置或者指定的药品专业技术机构不得参与药品生产经营活动，不得以其名义推荐或者监制、监销药品。

药品监督管理部门及其设置或者指定的药品专业技术机构的工作人员不得参与药品生产经营活动。

第一百一十二条 国务院对麻醉药品、精神药品、医疗用毒性药品、放射性药品、药品类易制毒化学品等有其他特殊管理规定的，依照其规定。

第一百一十三条 药品监督管理部门发现药品违法行为涉嫌犯罪的，应当及时将案件移送公安机关。

对依法不需要追究刑事责任或者免予刑事处罚，但应当追究行政责任的，公安机关、人民检察院、人民法院应当及时将案件移送药品监督管理部门。

公安机关、人民检察院、人民法院商请药品监督管理部门、生态环境主管部门等部门提供检验结论、认定意见以及对涉案药品进行无害化处理等协助的，有关部门应当及时提供，予以协助。

第十一章 法律责任

第一百一十四条 违反本法规定，构成犯罪的，依法追究刑事责任。

第一百一十五条 未取得药品生产许可证、药品经营许可证或者医疗机构制剂许可证生产、销售药品的，责令关闭，没收违法生产、销售的药品和违法所得，并处违法生产、销售的药品（包括已售出和未售出的药品，下同）货值金额十五倍以上三十倍以下的罚款；货值金额不足十万元的，按十万元计算。

第一百一十六条 生产、销售假药的，没收违法生产、销售的药品和违法所得，责令停产停业整顿，吊销药品批准证明文件，并处违法生产、销售的药品货值金额十五倍以上三十倍以下的罚款；货值金额不足十万元的，按十万元计算；情节严重的，吊销药品生产许可证、药品经营许可证或者医疗机构制剂许可证，十年内不受理其相应申请；药品上市许可持有人为境外企业的，十年内禁止其药品进口。

第一百一十七条 生产、销售劣药的，没收违法生产、销售的药品和违法所得，并处违法生产、销售的药品货值金额十倍以上二十倍以下的罚款；违法生产、批发的药品货值金额不足十万元的，按十万元计算，违法零售的药品货值金额不足一万元的，按一万元计算；情节严重的，责令停产停业整顿直至吊销药品批准证明文件、药品生产许可证、药品经营许可证或者医疗机构制剂许可证。

生产、销售的中药饮片不符合药品标准，尚不影响安全性、有效性的，责令限期改正，给予警告；可以处十万元以上五十万元以下的罚款。

第一百一十八条 生产、销售假药，或者生产、销售劣药且情节严重的，对法定代表人、主要负责人、直接负责的主管人员和其他责任人员，没收违法行为发生期间自本单位所获收入，并处所获收入百分之三十以上三倍以下的罚款，终身禁止从事药品生产经营活动，并可以由公安机关处五日以上十五日以下的拘留。

对生产者专门用于生产假药、劣药的原料、辅料、包装材料、生产设备予以没收。

第一百一十九条 药品使用单位使用假药、劣药的，按照销售假药、零售劣药的规定处罚；情节严重的，法定代表人、主要负责人、直接负责的主管人员和其他责任人员有医疗卫生人员执业证书的，还应当吊销执业证书。

第一百二十条 知道或者应当知道属于假药、劣药或者本法第一百二十四条第一款第一项至第五项规定的药品,而为其提供储存、运输等便利条件的,没收全部储存、运输收入,并处违法收入一倍以上五倍以下的罚款;情节严重的,并处违法收入五倍以上十五倍以下的罚款;违法收入不足五万元的,按五万元计算。

第一百二十一条 对假药、劣药的处罚决定,应当依法载明药品检验机构的质量检验结论。

第一百二十二条 伪造、变造、出租、出借、非法买卖许可证或者药品批准证明文件的,没收违法所得,并处违法所得一倍以上五倍以下的罚款;情节严重的,并处违法所得五倍以上十五倍以下的罚款,吊销药品生产许可证、药品经营许可证、医疗机构制剂许可证或者药品批准证明文件,对法定代表人、主要负责人、直接负责的主管人员和其他责任人员,处二万元以上二十万元以下的罚款,十年内禁止从事药品生产经营活动,并可以由公安机关处五日以上十五日以下的拘留;违法所得不足十万元的,按十万元计算。

第一百二十三条 提供虚假的证明、数据、资料、样品或者采取其他手段骗取临床试验许可、药品生产许可、药品经营许可、医疗机构制剂许可或者药品注册等许可的,撤销相关许可,十年内不受理其相应申请,并处五十万元以上五百万元以下的罚款;情节严重的,对法定代表人、主要负责人、直接负责的主管人员和其他责任人员,处二万元以上二十万元以下的罚款,十年内禁止从事药品生产经营活动,并可以由公安机关处五日以上十五日以下的拘留。

第一百二十四条 违反本法规定,有下列行为之一的,没收违法生产、进口、销售的药品和违法所得以及专门用于违法生产的原料、辅料、包装材料和生产设备,责令停产停业整顿,并处违法生产、进口、销售的药品货值金额十五倍以上三十倍以下的罚款;货值金额不足十万元的,按十万元计算;情节严重的,吊销药品批准证明文件直至吊销药品生产许可证、药品经营许可证或者医疗机构制剂许可证,对法定代表人、主要负责人、直接负责的主管人员和其他责任人员,没收违法行为发生期间自本单位所获收入,并处所获收入百分之三十以上三倍以下的罚款,十年直至终身禁止从事药品生产经营活动,并可以由公安机关处五日以上十五日以下的拘留:

(一)未取得药品批准证明文件生产、进口药品;

(二)使用采取欺骗手段取得的药品批准证明文件生产、进口药品;

(三)使用未经审评审批的原料药生产药品;

(四)应当检验而未经检验即销售药品;

(五)生产、销售国务院药品监督管理部门禁止使用的药品;

(六)编造生产、检验记录;

(七)未经批准在药品生产过程中进行重大变更。

销售前款第一项至第三项规定的药品,或者药品使用单位使用前款第一项至第五项规定的药品的,依照前款规定处罚;情节严重的,药品使用单位的法定代表人、主要负责人、直接负责的主管人员和其他责任人员有医疗卫生人员执业证书的,还应当吊销执业证书。

未经批准进口少量境外已合法上市的药品,情节较轻的,可以依法减轻或者免予处罚。

第一百二十五条 违反本法规定,有下列行为之一的,没收违法生产、销售的药品和违法所得以及包装材料、容器,责令停产停业整顿,并处五十万元以上五百万元以下的罚款;情节严重的,吊销药品批准证明文件、药品生产许可证、药品经营许可证,对法定代表人、主要负责人、直接负责的主管人员和其他责任人员处二万元以上二十万元以下的罚款,十年直至终身禁止从事药品生产经营活动:

(一)未经批准开展药物临床试验;

(二)使用未经审评的直接接触药品的包装材料或者容器生产药品,或者销售该类药品;

(三)使用未经核准的标签、说明书。

第一百二十六条 除本法另有规定的情形外,药品上市许可持有人、药品生产企业、药品经营企业、药物非临床安全性评价研究机构、药物临床试验机构等未遵守药品生产质量管理规范、药品经营质量管理规范、药物非临床研究质量管理规范、药物临床试验质量管理规范等的,责令限期改正,给予警告;逾期不改正的,处十万元以上五十万元以下的罚款;情节严重的,处五十万元以上二百万元以下的罚款,责令停产停业整顿直至吊销药品批准证明文件、药品生产许可证、药品经营许可证等,药物非临床安全性评价研究机构、药物临床试验机构等五年内不得开展药物非临床安全性评价研究、药物临床试验,对法定代表人、主要负责人、直接负责的主管人员和其他责任人员,没收违法行为发生期间自本单位所获收入,并处所获收入百分之十以上百分之五十以下的罚款,十年直至终身禁止从事药品生产经营等活动。

第一百二十七条 违反本法规定,有下列行为之一的,责令限期改正,给予警告;逾期不改正的,处十万元以上五十万元以下的罚款:

（一）开展生物等效性试验未备案；

（二）药物临床试验期间，发现存在安全性问题或者其他风险，临床试验申办者未及时调整临床试验方案、暂停或者终止临床试验，或者未向国务院药品监督管理部门报告；

（三）未按照规定建立并实施药品追溯制度；

（四）未按照规定提交年度报告；

（五）未按照规定对药品生产过程中的变更进行备案或者报告；

（六）未制定药品上市后风险管理计划；

（七）未按照规定开展药品上市后研究或者上市后评价。

第一百二十八条　除依法应当按照假药、劣药处罚的外，药品包装未按照规定印有、贴有标签或者附有说明书，标签、说明书未按照规定注明相关信息或者印有规定标志的，责令改正，给予警告；情节严重的，吊销药品注册证书。

第一百二十九条　违反本法规定，药品上市许可持有人、药品生产企业、药品经营企业或者医疗机构未从药品上市许可持有人或者具有药品生产、经营资格的企业购进药品的，责令改正，没收违法购进的药品和违法所得，并处违法购进药品货值金额二倍以上十倍以下的罚款；情节严重的，并处货值金额十倍以上三十倍以下的罚款，吊销药品批准证明文件、药品生产许可证、药品经营许可证或者医疗机构执业许可证；货值金额不足五万元的，按五万元计算。

第一百三十条　违反本法规定，药品经营企业购销药品未按照规定进行记录，零售药品未正确说明用法、用量等事项，或者未按照规定调配处方的，责令改正，给予警告；情节严重的，吊销药品经营许可证。

第一百三十一条　违反本法规定，药品网络交易第三方平台提供者未履行资质审核、报告、停止提供网络交易平台服务等义务的，责令改正，没收违法所得，并处二十万元以上二百万元以下的罚款；情节严重的，责令停业整顿，并处二百万元以上五百万元以下的罚款。

第一百三十二条　进口已获得药品注册证书的药品，未按照规定向允许药品进口的口岸所在地药品监督管理部门备案的，责令限期改正，给予警告；逾期不改正的，吊销药品注册证书。

第一百三十三条　违反本法规定，医疗机构将其配制的制剂在市场上销售的，责令改正，没收违法销售的制剂和违法所得，并处违法销售制剂货值金额二倍以上五倍以下的罚款；情节严重的，并处货值金额五倍以上十五倍以下的罚款；货值金额不足五万元的，按五万元计算。

第一百三十四条　药品上市许可持有人未按照规定开展药品不良反应监测或者报告疑似药品不良反应的，责令限期改正，给予警告；逾期不改正的，责令停产停业整顿，并处十万元以上一百万元以下的罚款。

药品经营企业未按照规定报告疑似药品不良反应的，责令限期改正，给予警告；逾期不改正的，责令停产停业整顿，并处五万元以上五十万元以下的罚款。

医疗机构未按照规定报告疑似药品不良反应的，责令限期改正，给予警告；逾期不改正的，处五万元以上五十万元以下的罚款。

第一百三十五条　药品上市许可持有人在省、自治区、直辖市人民政府药品监督管理部门责令其召回后，拒不召回的，处应召回药品货值金额五倍以上十倍以下的罚款；货值金额不足十万元的，按十万元计算；情节严重的，吊销药品批准证明文件、药品生产许可证、药品经营许可证，对法定代表人、主要负责人、直接负责的主管人员和其他责任人员，处二万元以上二十万元以下的罚款。

药品生产企业、药品经营企业、医疗机构拒不配合召回的，处十万元以上五十万元以下的罚款。

第一百三十六条　药品上市许可持有人为境外企业的，其指定的在中国境内的企业法人未依照本法规定履行相关义务的，适用本法有关药品上市许可持有人法律责任的规定。

第一百三十七条　有下列行为之一的，在本法规定的处罚幅度内从重处罚：

（一）以麻醉药品、精神药品、医疗用毒性药品、放射性药品、药品类易制毒化学品冒充其他药品，或者以其他药品冒充上述药品；

（二）生产、销售以孕产妇、儿童为主要使用对象的假药、劣药；

（三）生产、销售的生物制品属于假药、劣药；

（四）生产、销售假药、劣药，造成人身伤害后果；

（五）生产、销售假药、劣药，经处理后再犯；

（六）拒绝、逃避监督检查，伪造、销毁、隐匿有关证据材料，或者擅自动用查封、扣押物品。

第一百三十八条　药品检验机构出具虚假检验报告的，责令改正，给予警告，对单位并处二十万元以上一百万元以下的罚款；对直接负责的主管人员和其他直接责任人员依法给予降级、撤职、开除处分，没收违法所得，并处五万元以下的罚款；情节严重的，撤销其检验资格。药品检验机构出具的检验结果不实,造成损失的,应当承担相应的赔偿责任。

第一百三十九条 本法第一百一十五条至第一百三十八条规定的行政处罚,由县级以上人民政府药品监督管理部门按照职责分工决定;撤销许可、吊销许可证件的,由原批准、发证的部门决定。

第一百四十条 药品上市许可持有人、药品生产企业、药品经营企业或者医疗机构违反本法规定聘用人员的,由药品监督管理部门或者卫生健康主管部门责令解聘,处五万元以上二十万元以下的罚款。

第一百四十一条 药品上市许可持有人、药品生产企业、药品经营企业或者医疗机构在药品购销中给予、收受回扣或者其他不正当利益的,药品上市许可持有人、药品生产企业、药品经营企业或者代理人给予使用其药品的医疗机构的负责人、药品采购人员、医师、药师等有关人员财物或者其他不正当利益的,由市场监督管理部门没收违法所得,并处三十万元以上三百万元以下的罚款;情节严重的,吊销药品上市许可持有人、药品生产企业、药品经营企业营业执照,并由药品监督管理部门吊销药品批准证明文件、药品生产许可证、药品经营许可证。

药品上市许可持有人、药品生产企业、药品经营企业在药品研制、生产、经营中向国家工作人员行贿的,对法定代表人、主要负责人、直接负责的主管人员和其他责任人员终身禁止从事药品生产经营活动。

第一百四十二条 药品上市许可持有人、药品生产企业、药品经营企业的负责人、采购人员等有关人员在药品购销中收受其他药品上市许可持有人、药品生产企业、药品经营企业或者代理人给予的财物或者其他不正当利益的,没收违法所得,依法给予处罚;情节严重的,五年内禁止从事药品生产经营活动。

医疗机构的负责人、药品采购人员、医师、药师等有关人员收受药品上市许可持有人、药品生产企业、药品经营企业或者代理人给予的财物或者其他不正当利益的,由卫生健康主管部门或者本单位给予处分,没收违法所得;情节严重的,还应当吊销其执业证书。

第一百四十三条 违反本法规定,编造、散布虚假药品安全信息,构成违反治安管理行为的,由公安机关依法给予治安管理处罚。

第一百四十四条 药品上市许可持有人、药品生产企业、药品经营企业或者医疗机构违反本法规定,给用药者造成损害的,依法承担赔偿责任。

因药品质量问题受到损害的,受害人可以向药品上市许可持有人、药品生产企业请求赔偿损失,也可以向药品经营企业、医疗机构请求赔偿损失。接到受害人赔偿请求的,应当实行首负责任制,先行赔付;先行赔付后,可以依法追偿。

生产假药、劣药或者明知是假药、劣药仍然销售、使用的,受害人或者其近亲属除请求赔偿损失外,还可以请求支付价款十倍或者损失三倍的赔偿金;增加赔偿的金额不足一千元的,为一千元。

第一百四十五条 药品监督管理部门或者其设置、指定的药品专业技术机构参与药品生产经营活动的,由其上级主管机关责令改正,没收违法收入;情节严重的,对直接负责的主管人员和其他直接责任人员依法给予处分。

药品监督管理部门或者其设置、指定的药品专业技术机构的工作人员参与药品生产经营活动的,依法给予处分。

第一百四十六条 药品监督管理部门或者其设置、指定的药品检验机构在药品监督检验中违法收取检验费用的,由政府有关部门责令退还,对直接负责的主管人员和其他直接责任人员依法给予处分;情节严重的,撤销其检验资格。

第一百四十七条 违反本法规定,药品监督管理部门有下列行为之一的,应当撤销相关许可,对直接负责的主管人员和其他直接责任人员依法给予处分:

(一)不符合条件而批准进行药物临床试验;

(二)对不符合条件的药品颁发药品注册证书;

(三)对不符合条件的单位颁发药品生产许可证、药品经营许可证或者医疗机构制剂许可证。

第一百四十八条 违反本法规定,县级以上地方人民政府有下列行为之一的,对直接负责的主管人员和其他直接责任人员给予记过或者记大过处分;情节严重的,给予降级、撤职或者开除处分:

(一)瞒报、谎报、缓报、漏报药品安全事件;

(二)未及时消除区域性重大药品安全隐患,造成本行政区域内发生特别重大药品安全事件,或者连续发生重大药品安全事件;

(三)履行职责不力,造成严重不良影响或者重大损失。

第一百四十九条 违反本法规定,药品监督管理等部门有下列行为之一的,对直接负责的主管人员和其他直接责任人员给予记过或者记大过处分;情节较重的,给予降级或者撤职处分;情节严重的,给予开除处分:

(一)瞒报、谎报、缓报、漏报药品安全事件;

（二）对发现的药品安全违法行为未及时查处；

（三）未及时发现药品安全系统性风险，或者未及时消除监督管理区域内药品安全隐患，造成严重影响；

（四）其他不履行药品监督管理职责，造成严重不良影响或者重大损失。

第一百五十条 药品监督管理人员滥用职权、徇私舞弊、玩忽职守的，依法给予处分。

查处假药、劣药违法行为有失职、渎职行为的，对药品监督管理部门直接负责的主管人员和其他直接责任人员依法从重给予处分。

第一百五十一条 本章规定的货值金额以违法生产、销售药品的标价计算；没有标价的，按照同类药品的市场价格计算。

第十二章 附 则

第一百五十二条 中药材种植、采集和饲养的管理，依照有关法律、法规的规定执行。

第一百五十三条 地区性民间习用药材的管理办法，由国务院药品监督管理部门会同国务院中医药主管部门制定。

第一百五十四条 中国人民解放军和中国人民武装警察部队执行本法的具体办法，由国务院、中央军事委员会依据本法制定。

第一百五十五条 本法自2019年12月1日起施行。

中华人民共和国药品管理法实施条例

- 2002年8月4日中华人民共和国国务院令第360号公布
- 根据2016年2月6日《国务院关于修改部分行政法规的决定》第一次修订
- 根据2019年3月2日《国务院关于修改部分行政法规的决定》第二次修订

第一章 总 则

第一条 根据《中华人民共和国药品管理法》（以下简称《药品管理法》），制定本条例。

第二条 国务院药品监督管理部门设置国家药品检验机构。

省、自治区、直辖市人民政府药品监督管理部门可以在本行政区域内设置药品检验机构。地方药品检验机构的设置规划由省、自治区、直辖市人民政府药品监督管理部门提出，报省、自治区、直辖市人民政府批准。

国务院和省、自治区、直辖市人民政府的药品监督管理部门可以根据需要，确定符合药品检验条件的检验机构承担药品检验工作。

第二章 药品生产企业管理

第三条 开办药品生产企业，申办人应当向拟办企业所在地省、自治区、直辖市人民政府药品监督管理部门提出申请。省、自治区、直辖市人民政府药品监督管理部门应当自收到申请之日起30个工作日内，依据《药品管理法》第八条规定的开办条件组织验收；验收合格的，发给《药品生产许可证》。

第四条 药品生产企业变更《药品生产许可证》许可事项的，应当在许可事项发生变更30日前，向原发证机关申请《药品生产许可证》变更登记；未经批准，不得变更许可事项。原发证机关应当自收到申请之日起15个工作日内作出决定。

第五条 省级以上人民政府药品监督管理部门应当按照《药品生产质量管理规范》和国务院药品监督管理部门规定的实施办法和实施步骤，组织对药品生产企业的认证工作；符合《药品生产质量管理规范》的，发给认证证书。其中，生产注射剂、放射性药品和国务院药品监督管理部门规定的生物制品的药品生产企业的认证工作，由国务院药品监督管理部门负责。

《药品生产质量管理规范》认证证书的格式由国务院药品监督管理部门统一规定。

第六条 新开办药品生产企业、药品生产企业新建药品生产车间或者新增生产剂型的，应当自取得药品生产证明文件或者经批准正式生产之日起30日内，按照规定向药品监督管理部门申请《药品生产质量管理规范》认证。受理申请的药品监督管理部门应当自收到企业申请之日起6个月内，组织对申请企业是否符合《药品生产质量管理规范》进行认证；认证合格的，发给认证证书。

第七条 国务院药品监督管理部门应当设立《药品生产质量管理规范》认证检查员库。《药品生产质量管理规范》认证检查员必须符合国务院药品监督管理部门规定的条件。进行《药品生产质量管理规范》认证，必须按照国务院药品监督管理部门的规定，从《药品生产质量管理规范》认证检查员库中随机抽取认证检查员组成认证检查组进行认证检查。

第八条 《药品生产许可证》有效期为5年。有效期届满，需要继续生产药品的，持证企业应当在许可证有效期届满前6个月，按照国务院药品监督管理部门的规定申请换发《药品生产许可证》。

药品生产企业终止生产药品或者关闭的，《药品生产许可证》由原发证部门缴销。

第九条 药品生产企业生产药品所使用的原料药，必须具有国务院药品监督管理部门核发的药品批准文号或者进口药品注册证书、医药产品注册证书；但是，未实施批准文号管理的中药材、中药饮片除外。

第十条 依据《药品管理法》第十三条规定，接受委托生产药品的，受托方必须是持有与其受托生产的药品相适应的《药品生产质量管理规范》认证证书的药品生产企业。

疫苗、血液制品和国务院药品监督管理部门规定的其他药品，不得委托生产。

第三章 药品经营企业管理

第十一条 开办药品批发企业，申办人应当向拟办企业所在地省、自治区、直辖市人民政府药品监督管理部门提出申请。省、自治区、直辖市人民政府药品监督管理部门应当自收到申请之日起30个工作日内，依据国务院药品监督管理部门规定的设置标准作出是否同意筹建的决定。申办人完成拟办企业筹建后，应当向原审批部门申请验收。原审批部门应当自收到申请之日起30个工作日内，依据《药品管理法》第十五条规定的开办条件组织验收；符合条件的，发给《药品经营许可证》。

第十二条 开办药品零售企业，申办人应当向拟办企业所在地设区的市级药品监督管理机构或者省、自治区、直辖市人民政府药品监督管理部门直接设置的县级药品监督管理机构提出申请。受理申请的药品监督管理机构应当自收到申请之日起30个工作日内，依据国务院药品监督管理部门的规定，结合当地常住人口数量、地域、交通状况和实际需要进行审查，作出是否同意筹建的决定。申办人完成拟办企业筹建后，应当向原审批机构申请验收。原审批机构应当自收到申请之日起15个工作日内，依据《药品管理法》第十五条规定的开办条件组织验收；符合条件的，发给《药品经营许可证》。

第十三条 省、自治区、直辖市人民政府药品监督管理部门和设区的市级药品监督管理机构负责组织药品经营企业的认证工作。药品经营企业应当按照国务院药品监督管理部门规定的实施办法和实施步骤，通过省、自治区、直辖市人民政府药品监督管理部门或者设区的市级药品监督管理机构组织的《药品经营质量管理规范》的认证，取得认证证书。《药品经营质量管理规范》认证证书的格式由国务院药品监督管理部门统一规定。

新开办药品批发企业和药品零售企业，应当自取得《药品经营许可证》之日起30日内，向发给其《药品经营许可证》的药品监督管理部门或者药品监督管理机构申请《药品经营质量管理规范》认证。受理申请的药品监督管理部门或者药品监督管理机构应当自收到申请之日起3个月内，按照国务院药品监督管理部门的规定，组织对申请认证的药品批发企业或者药品零售企业是否符合《药品经营质量管理规范》进行认证；认证合格的，发给认证证书。

第十四条 省、自治区、直辖市人民政府药品监督管理部门应当设立《药品经营质量管理规范》认证检查员库。《药品经营质量管理规范》认证检查员必须符合国务院药品监督管理部门规定的条件。进行《药品经营质量管理规范》认证，必须按照国务院药品监督管理部门的规定，从《药品经营质量管理规范》认证检查员库中随机抽取认证检查员组成认证检查组进行认证检查。

第十五条 国家实行处方药和非处方药分类管理制度。国家根据非处方药品的安全性，将非处方药分为甲类非处方药和乙类非处方药。

经营处方药、甲类非处方药的药品零售企业，应当配备执业药师或者其他依法经资格认定的药学技术人员。经营乙类非处方药的药品零售企业，应当配备经设区的市级药品监督管理机构或者省、自治区、直辖市人民政府药品监督管理部门直接设置的县级药品监督管理机构组织考核合格的业务人员。

第十六条 药品经营企业变更《药品经营许可证》许可事项的，应当在许可事项发生变更30日前，向原发证机关申请《药品经营许可证》变更登记；未经批准，不得变更许可事项。原发证机关应当自收到企业申请之日起15个工作日内作出决定。

第十七条 《药品经营许可证》有效期为5年。有效期届满，需要继续经营药品的，持证企业应当在许可证有效期届满前6个月，按照国务院药品监督管理部门的规定申请换发《药品经营许可证》。

药品经营企业终止经营药品或者关闭的，《药品经营许可证》由原发证机关缴销。

第十八条 交通不便的边远地区城乡集市贸易市场没有药品零售企业的，当地药品零售企业经所在地县（市）药品监督管理机构批准并到工商行政管理部门办理登记注册后，可以在该城乡集市贸易市场内设点并在批准经营的药品范围内销售非处方药品。

第十九条 通过互联网进行药品交易的药品生产企业、药品经营企业、医疗机构及其交易的药品，必须符合《药品管理法》和本条例的规定。互联网药品交易服务的管理办法,由国务院药品监督管理部门会同国务院有关部门制定。

第四章 医疗机构的药剂管理

第二十条 医疗机构设立制剂室,应当向所在地省、自治区、直辖市人民政府卫生行政部门提出申请,经审核同意后,报同级人民政府药品监督管理部门审批;省、自治区、直辖市人民政府药品监督管理部门验收合格的,予以批准,发给《医疗机构制剂许可证》。

省、自治区、直辖市人民政府卫生行政部门和药品监督管理部门应当在各自收到申请之日起30个工作日内,作出是否同意或者批准的决定。

第二十一条 医疗机构变更《医疗机构制剂许可证》许可事项的,应当在许可事项发生变更30日前,依照本条例第二十条的规定向原审核、批准机关申请《医疗机构制剂许可证》变更登记;未经批准,不得变更许可事项。原审核、批准机关应当在各自收到申请之日起15个工作日内作出决定。

医疗机构新增配制剂型或者改变配制场所的,应当经所在地省、自治区、直辖市人民政府药品监督管理部门验收合格后,依照前款规定办理《医疗机构制剂许可证》变更登记。

第二十二条 《医疗机构制剂许可证》有效期为5年。有效期届满,需要继续配制制剂的,医疗机构应当在许可证有效期届满前6个月,按照国务院药品监督管理部门的规定申请换发《医疗机构制剂许可证》。

医疗机构终止配制制剂或者关闭的,《医疗机构制剂许可证》由原发证机关缴销。

第二十三条 医疗机构配制制剂,必须按照国务院药品监督管理部门的规定报送有关资料和样品,经所在地省、自治区、直辖市人民政府药品监督管理部门批准,并发给制剂批准文号后,方可配制。

第二十四条 医疗机构配制的制剂不得在市场上销售或者变相销售,不得发布医疗机构制剂广告。

发生灾情、疫情、突发事件或者临床急需而市场没有供应时,经国务院或者省、自治区、直辖市人民政府的药品监督管理部门批准,在规定期限内,医疗机构配制的制剂可以在指定的医疗机构之间调剂使用。

国务院药品监督管理部门规定的特殊制剂的调剂使用以及省、自治区、直辖市之间医疗机构制剂的调剂使用,必须经国务院药品监督管理部门批准。

第二十五条 医疗机构审核和调配处方的药剂人员必须是依法经资格认定的药学技术人员。

第二十六条 医疗机构购进药品,必须有真实、完整的药品购进记录。药品购进记录必须注明药品的通用名称、剂型、规格、批号、有效期、生产厂商、供货单位、购货数量、购进价格、购货日期以及国务院药品监督管理部门规定的其他内容。

第二十七条 医疗机构向患者提供的药品应当与诊疗范围相适应,并凭执业医师或者执业助理医师的处方调配。

计划生育技术服务机构采购和向患者提供药品,其范围应当与经批准的服务范围相一致,并凭执业医师或者执业助理医师的处方调配。

个人设置的门诊部、诊所等医疗机构不得配备常用药品和急救药品以外的其他药品。常用药品和急救药品的范围和品种,由所在地的省、自治区、直辖市人民政府卫生行政部门会同同级人民政府药品监督管理部门规定。

第五章 药品管理

第二十八条 药物非临床安全性评价研究机构必须执行《药物非临床研究质量管理规范》,药物临床试验机构必须执行《药物临床试验质量管理规范》。《药物非临床研究质量管理规范》、《药物临床试验质量管理规范》由国务院药品监督管理部门分别商国务院科学技术行政部门和国务院卫生行政部门制定。

第二十九条 药物临床试验、生产药品和进口药品,应当符合《药品管理法》及本条例的规定,经国务院药品监督管理部门审查批准;国务院药品监督管理部门可以委托省、自治区、直辖市人民政府药品监督管理部门对申报药物的研制情况及条件进行审查,对申报资料进行形式审查,并对试制的样品进行检验。具体办法由国务院药品监督管理部门制定。

第三十条 研制新药,需要进行临床试验的,应当依照《药品管理法》第二十九条的规定,经国务院药品监督管理部门批准。

药物临床试验申请经国务院药品监督管理部门批准后,申报人应当在经依法认定的具有药物临床试验资格的机构中选择承担药物临床试验的机构,并将该临床试验机构报国务院药品监督管理部门和国务院卫生行政部门备案。

药物临床试验机构进行药物临床试验,应当事先告知受试者或者其监护人真实情况,并取得其书面同意。

第三十一条 生产已有国家标准的药品,应当按照国务院药品监督管理部门的规定,向省、自治区、直辖市人民政府药品监督管理部门或者国务院药品监督管理部门提出申请，报送有关技术资料并提供相关证明文件。省、自治区、直辖市人民政府药品监督管理部门应当自受理申请之日起30个工作日内进行审查，提出意见后报送国务院药品监督管理部门审核，并同时将审查意见通知申报方。国务院药品监督管理部门经审核符合规定的，发给药品批准文号。

第三十二条 变更研制新药、生产药品和进口药品已获批准证明文件及其附件中载明事项的，应当向国务院药品监督管理部门提出补充申请；国务院药品监督管理部门经审核符合规定的，应当予以批准。其中，不改变药品内在质量的，应当向省、自治区、直辖市人民政府药品监督管理部门提出补充申请；省、自治区、直辖市人民政府药品监督管理部门经审核符合规定的，应当予以批准，并报国务院药品监督管理部门备案。不改变药品内在质量的补充申请事项由国务院药品监督管理部门制定。

第三十三条 国务院药品监督管理部门根据保护公众健康的要求，可以对药品生产企业生产的新药品种设立不超过5年的监测期；在监测期内，不得批准其他企业生产和进口。

第三十四条 国家对获得生产或者销售含有新型化学成份药品许可的生产者或者销售者提交的自行取得且未披露的试验数据和其他数据实施保护，任何人不得对该未披露的试验数据和其他数据进行不正当的商业利用。

自药品生产者或者销售者获得生产、销售新型化学成份药品的许可证明文件之日起6年内，对其他申请人未经已获得许可的申请人同意，使用前款数据申请生产、销售新型化学成份药品许可的，药品监督管理部门不予许可；但是，其他申请人提交自行取得数据的除外。

除下列情形外，药品监督管理部门不得披露本条第一款规定的数据：

（一）公共利益需要；

（二）已采取措施确保该类数据不会被不正当地进行商业利用。

第三十五条 申请进口的药品，应当是在生产国家或者地区获得上市许可的药品；未在生产国家或者地区获得上市许可的，经国务院药品监督管理部门确认该药品品种安全、有效而且临床需要的，可以依照《药品管理法》及本条例的规定批准进口。

进口药品，应当按照国务院药品监督管理部门的规定申请注册。国外企业生产的药品取得《进口药品注册证》，中国香港、澳门和台湾地区企业生产的药品取得《医药产品注册证》后，方可进口。

第三十六条 医疗机构因临床急需进口少量药品的，应当持《医疗机构执业许可证》向国务院药品监督管理部门提出申请；经批准后，方可进口。进口的药品应当在指定医疗机构内用于特定医疗目的。

第三十七条 进口药品到岸后，进口单位应当持《进口药品注册证》或者《医药产品注册证》以及产地证明原件、购货合同副本、装箱单、运单、货运发票、出厂检验报告书、说明书等材料，向口岸所在地药品监督管理部门备案。口岸所在地药品监督管理部门经审查，提交的材料符合要求的，发给《进口药品通关单》。进口单位凭《进口药品通关单》向海关办理报关验放手续。

口岸所在地药品监督管理部门应当通知药品检验机构对进口药品逐批进行抽查检验；但是，有《药品管理法》第四十一条规定情形的除外。

第三十八条 疫苗类制品、血液制品、用于血源筛查的体外诊断试剂以及国务院药品监督管理部门规定的其他生物制品在销售前或者进口时，应当按照国务院药品监督管理部门的规定进行检验或者审核批准；检验不合格或者未获批准的，不得销售或者进口。

第三十九条 国家鼓励培育中药材。对集中规模化栽培养殖、质量可以控制并符合国务院药品监督管理部门规定条件的中药材品种，实行批准文号管理。

第四十条 国务院药品监督管理部门对已批准生产、销售的药品进行再评价，根据药品再评价结果，可以采取责令修改药品说明书，暂停生产、销售和使用的措施；对不良反应大或者其他原因危害人体健康的药品，应当撤销该药品批准证明文件。

第四十一条 国务院药品监督管理部门核发的药品批准文号、《进口药品注册证》、《医药产品注册证》的有效期为5年。有效期届满，需要继续生产或者进口的，应当在有效期届满前6个月申请再注册。药品再注册时，应当按照国务院药品监督管理部门的规定报送相关资料。有效期届满，未申请再注册或者经审查不符合国务院药品监督管理部门关于再注册的规定的，注销其药品批准文号、《进口药品注册证》或者《医药产品注册证》。

药品批准文号的再注册由省、自治区、直辖市人民政府药品监督管理部门审批，并报国务院药品监督管理部门备案；《进口药品注册证》、《医药产品注册证》的再注册由国务院药品监督管理部门审批。

第四十二条 非药品不得在其包装、标签、说明书及有关宣传资料上进行含有预防、治疗、诊断人体疾病等有关内容的宣传；但是，法律、行政法规另有规定的除外。

第六章 药品包装的管理

第四十三条 药品生产企业使用的直接接触药品的包装材料和容器,必须符合药用要求和保障人体健康、安全的标准。

直接接触药品的包装材料和容器的管理办法、产品目录和药用要求与标准,由国务院药品监督管理部门组织制定并公布。

第四十四条 生产中药饮片,应当选用与药品性质相适应的包装材料和容器;包装不符合规定的中药饮片,不得销售。中药饮片包装必须印有或者贴有标签。

中药饮片的标签必须注明品名、规格、产地、生产企业、产品批号、生产日期,实施批准文号管理的中药饮片还必须注明药品批准文号。

第四十五条 药品包装、标签、说明书必须依照《药品管理法》第五十四条和国务院药品监督管理部门的规定印制。

药品商品名称应当符合国务院药品监督管理部门的规定。

第四十六条 医疗机构配制制剂所使用的直接接触药品的包装材料和容器、制剂的标签和说明书应当符合《药品管理法》第六章和本条例的有关规定,并经省、自治区、直辖市人民政府药品监督管理部门批准。

第七章 药品价格和广告的管理

第四十七条 政府价格主管部门依照《价格法》第二十八条的规定实行药品价格监测时,为掌握、分析药品价格变动和趋势,可以指定部分药品生产企业、药品经营企业和医疗机构作为价格监测定点单位;定点单位应当给予配合、支持,如实提供有关信息资料。

第四十八条 发布药品广告,应当向药品生产企业所在地省、自治区、直辖市人民政府药品监督管理部门报送有关材料。省、自治区、直辖市人民政府药品监督管理部门应当自收到有关材料之日起10个工作日内作出是否核发药品广告批准文号的决定;核发药品广告批准文号的,应当同时报国务院药品监督管理部门备案。具体办法由国务院药品监督管理部门制定。

发布进口药品广告,应当依照前款规定向进口药品代理机构所在地省、自治区、直辖市人民政府药品监督管理部门申请药品广告批准文号。

在药品生产企业所在地和进口药品代理机构所在地以外的省、自治区、直辖市发布药品广告的,发布广告的企业应当在发布前向发布地省、自治区、直辖市人民政府药品监督管理部门备案。接受备案的省、自治区、直辖市人民政府药品监督管理部门发现药品广告批准内容不符合药品广告管理规定的,应当交由原核发部门处理。

第四十九条 经国务院或者省、自治区、直辖市人民政府的药品监督管理部门决定,责令暂停生产、销售和使用的药品,在暂停期间不得发布该品种药品广告;已经发布广告的,必须立即停止。

第五十条 未经省、自治区、直辖市人民政府药品监督管理部门批准的药品广告,使用伪造、冒用、失效的药品广告批准文号的广告,或者因其他广告违法活动被撤销药品广告批准文号的广告,发布广告的企业、广告经营者、广告发布者必须立即停止该药品广告的发布。

对违法发布药品广告,情节严重的,省、自治区、直辖市人民政府药品监督管理部门可以予以公告。

第八章 药品监督

第五十一条 药品监督管理部门(含省级人民政府药品监督管理部门依法设立的药品监督管理机构,下同)依法对药品的研制、生产、经营、使用实施监督检查。

第五十二条 药品抽样必须由两名以上药品监督检查人员实施,并按照国务院药品监督管理部门的规定进行抽样;被抽检方应当提供抽检样品,不得拒绝。

药品被抽检单位没有正当理由,拒绝抽查检验的,国务院药品监督管理部门和被抽检单位所在地省、自治区、直辖市人民政府药品监督管理部门可以宣布停止该单位拒绝抽检的药品上市销售和使用。

第五十三条 对有掺杂、掺假嫌疑的药品,在国家药品标准规定的检验方法和检验项目不能检验时,药品检验机构可以补充检验方法和检验项目进行药品检验;经国务院药品监督管理部门批准后,使用补充检验方法和检验项目所得出的检验结果,可以作为药品监督管理部门认定药品质量的依据。

第五十四条 国务院和省、自治区、直辖市人民政府的药品监督管理部门应当根据药品质量抽查检验结果,定期发布药品质量公告。药品质量公告应当包括抽验药品的品名、检品来源、生产企业、生产批号、药品规格、检验机构、检验依据、检验结果、不合格项目等内容。药品质量公告不当的,发布部门应当自确认公告不当之日起5日内,在原公告范围内予以更正。

当事人对药品检验机构的检验结果有异议,申请复验的,应当向负责复验的药品检验机构提交书面申请、原药品检验报告书。复验的样品从原药品检验机构留样中抽取。

第五十五条　药品监督管理部门依法对有证据证明可能危害人体健康的药品及其有关证据材料采取查封、扣押的行政强制措施的，应当自采取行政强制措施之日起7日内作出是否立案的决定；需要检验的，应当自检验报告书发出之日起15日内作出是否立案的决定；不符合立案条件的，应当解除行政强制措施；需要暂停销售和使用的，应当由国务院或者省、自治区、直辖市人民政府的药品监督管理部门作出决定。

第五十六条　药品抽查检验，不得收取任何费用。

当事人对药品检验结果有异议，申请复验的，应当按照国务院有关部门或者省、自治区、直辖市人民政府有关部门的规定，向复验机构预先支付药品检验费用。复验结论与原检验结论不一致的，复验检验费用由原药品检验机构承担。

第五十七条　依据《药品管理法》和本条例的规定核发证书、进行药品注册、药品认证和实施药品审批检验及其强制性检验，可以收取费用。具体收费标准由国务院财政部门、国务院价格主管部门制定。

第九章　法律责任

第五十八条　药品生产企业、药品经营企业有下列情形之一的，由药品监督管理部门依照《药品管理法》第七十九条的规定给予处罚：

（一）开办药品生产企业、药品生产企业新建药品生产车间、新增生产剂型，在国务院药品监督管理部门规定的时间内未通过《药品生产质量管理规范》认证，仍进行药品生产的；

（二）开办药品经营企业，在国务院药品监督管理部门规定的时间内未通过《药品经营质量管理规范》认证，仍进行药品经营的。

第五十九条　违反《药品管理法》第十三条的规定，擅自委托或者接受委托生产药品的，对委托方和受托方均依照《药品管理法》第七十四条的规定给予处罚。

第六十条　未经批准，擅自在城乡集市贸易市场设点销售药品或者在城乡集市贸易市场设点销售的药品超出批准经营的药品范围的，依照《药品管理法》第七十三条的规定给予处罚。

第六十一条　未经批准，医疗机构擅自使用其他医疗机构配制的制剂的，依照《药品管理法》第八十条的规定给予处罚。

第六十二条　个人设置的门诊部、诊所等医疗机构向患者提供的药品超出规定的范围和品种的，依照《药品管理法》第七十三条的规定给予处罚。

第六十三条　医疗机构使用假药、劣药的，依照《药品管理法》第七十四条、第七十五条的规定给予处罚。

第六十四条　违反《药品管理法》第二十九条的规定，擅自进行临床试验的，对承担药物临床试验的机构，依照《药品管理法》第七十九条的规定给予处罚。

第六十五条　药品申报者在申报临床试验时，报送虚假研制方法、质量标准、药理及毒理试验结果等有关资料和样品的，国务院药品监督管理部门对该申报药品的临床试验不予批准，对药品申报者给予警告；情节严重的，3年内不受理该药品申报者申报该品种的临床试验申请。

第六十六条　生产没有国家药品标准的中药饮片，不符合省、自治区、直辖市人民政府药品监督管理部门制定的炮制规范的；医疗机构不按照省、自治区、直辖市人民政府药品监督管理部门批准的标准配制制剂的，依照《药品管理法》第七十五条的规定给予处罚。

第六十七条　药品监督管理部门及其工作人员违反规定，泄露生产者、销售者为获得生产、销售含有新型化学成份药品许可而提交的未披露试验数据或者其他数据，造成申请人损失的，由药品监督管理部门依法承担赔偿责任；药品监督管理部门赔偿损失后，应当责令故意或者有重大过失的工作人员承担部分或者全部赔偿费用，并对直接责任人员依法给予行政处分。

第六十八条　药品生产企业、药品经营企业生产、经营的药品及医疗机构配制的制剂，其包装、标签、说明书违反《药品管理法》及本条例规定的，依照《药品管理法》第八十六条的规定给予处罚。

第六十九条　药品生产企业、药品经营企业和医疗机构变更药品生产经营许可事项，应当办理变更登记手续而未办理的，由原发证部门给予警告，责令限期补办变更登记手续；逾期不补办的，宣布其《药品生产许可证》、《药品经营许可证》和《医疗机构制剂许可证》无效；仍从事药品生产经营活动的，依照《药品管理法》第七十三条的规定给予处罚。

第七十条　篡改经批准的药品广告内容的，由药品监督管理部门责令广告主立即停止该药品广告的发布，并由原审批的药品监督管理部门依照《药品管理法》第九十二条的规定给予处罚。

药品监督管理部门撤销药品广告批准文号后，应当自作出行政处理决定之日起5个工作日内通知广告监督管理机关。广告监督管理机关应当自收到药品监督管理部门通知之日起15个工作日内，依照《中华人民共和国广告法》的有关规定作出行政处理决定。

第七十一条　发布药品广告的企业在药品生产企业所在地或者进口药品代理机构所在地以外的省、自治区、直辖市发布药品广告，未按照规定向发布地省、自治区、直辖市人民政府药品监督管理部门备案的，由发布地的药品监督管理部门责令限期改正；逾期不改正的，停止该药品品种在发布地的广告发布活动。

第七十二条　未经省、自治区、直辖市人民政府药品监督管理部门批准，擅自发布药品广告的，药品监督管理部门发现后，应当通知广告监督管理部门依法查处。

第七十三条　违反《药品管理法》和本条例的规定，有下列行为之一的，由药品监督管理部门在《药品管理法》和本条例规定的处罚幅度内从重处罚：

（一）以麻醉药品、精神药品、医疗用毒性药品、放射性药品冒充其他药品，或者以其他药品冒充上述药品的；

（二）生产、销售以孕产妇、婴幼儿及儿童为主要使用对象的假药、劣药的；

（三）生产、销售的生物制品、血液制品属于假药、劣药的；

（四）生产、销售、使用假药、劣药，造成人员伤害后果的；

（五）生产、销售、使用假药、劣药，经处理后重犯的；

（六）拒绝、逃避监督检查，或者伪造、销毁、隐匿有关证据材料的，或者擅自动用查封、扣押物品的。

第七十四条　药品监督管理部门设置的派出机构，有权作出《药品管理法》和本条例规定的警告、罚款、没收违法生产、销售的药品和违法所得的行政处罚。

第七十五条　药品经营企业、医疗机构未违反《药品管理法》和本条例的有关规定，并有充分证据证明其不知道所销售或者使用的药品是假药、劣药的，应当没收其销售或者使用的假药、劣药和违法所得；但是，可以免除其他行政处罚。

第七十六条　依照《药品管理法》和本条例的规定没收的物品，由药品监督管理部门按照规定监督处理。

第十章　附　则

第七十七条　本条例下列用语的含义：

药品合格证明和其他标识，是指药品生产批准证明文件、药品检验报告书、药品的包装、标签和说明书。

新药，是指未曾在中国境内上市销售的药品。

处方药，是指凭执业医师和执业助理医师处方可购买、调配和使用的药品。

非处方药，是指由国务院药品监督管理部门公布的，不需要凭执业医师和执业助理医师处方，消费者可以自行判断、购买和使用的药品。

医疗机构制剂，是指医疗机构根据本单位临床需要经批准而配制、自用的固定处方制剂。

药品认证，是指药品监督管理部门对药品研制、生产、经营、使用单位实施相应质量管理规范进行检查、评价并决定是否发给相应认证证书的过程。

药品经营方式，是指药品批发和药品零售。

药品经营范围，是指经药品监督管理部门核准经营药品的品种类别。

药品批发企业，是指将购进的药品销售给药品生产企业、药品经营企业、医疗机构的药品经营企业。

药品零售企业，是指将购进的药品直接销售给消费者的药品经营企业。

第七十八条　《药品管理法》第四十一条中"首次在中国销售的药品"，是指国内或者国外药品生产企业第一次在中国销售的药品，包括不同药品生产企业生产的相同品种。

第七十九条　《药品管理法》第五十九条第二款"禁止药品的生产企业、经营企业或者其代理人以任何名义给予使用其药品的医疗机构的负责人、药品采购人员、医师等有关人员以财物或者其他利益"中的"财物或者其他利益"，是指药品的生产企业、经营企业或者其代理人向医疗机构的负责人、药品采购人员、医师等有关人员提供的目的在于影响其药品采购或者药品处方行为的不正当利益。

第八十条　本条例自2002年9月15日起施行。

全国人民代表大会常务委员会关于延长授权国务院在部分地方开展药品上市许可持有人制度试点期限的决定

·2018年10月26日第十三届全国人民代表大会常务委员会第六次会议通过

为了更好总结药品上市许可持有人制度试点经验，为改革完善药品管理制度打好基础，并做好药品上市许可持有人制度试点工作和《中华人民共和国药品管理法》修改工作的衔接，第十三届全国人民代表大会常务委员会第六次会议决定：将2015年11月4日第十二届全国人民代表大会常务委员会第十七次会议授权国务院在部分地方开展药品上市许可持有人制度试点工作的三年期限延长一年。

本决定自2018年11月5日起施行。

药品标准管理办法

- 2023年7月4日国家药品监督管理局公告2023年第86号公布
- 自2024年1月1日起施行

第一章　总　则

第一条　为规范和加强药品标准管理，建立最严谨的药品标准，保障药品安全、有效和质量可控，促进药品高质量发展，根据《中华人民共和国药品管理法》《中华人民共和国疫苗管理法》《中华人民共和国药品管理法实施条例》及《药品注册管理办法》等有关规定，制定本办法。

第二条　国家药品标准、药品注册标准和省级中药标准的管理适用本办法。

国务院药品监督管理部门颁布的《中华人民共和国药典》（以下简称《中国药典》）和药品标准为国家药品标准。《中国药典》增补本与其对应的现行版《中国药典》具有同等效力。

经药品注册申请人（以下简称申请人）提出，由国务院药品监督管理部门药品审评中心（以下简称药品审评中心）核定，国务院药品监督管理部门在批准药品上市许可、补充申请时发给药品上市许可持有人（以下简称持有人）的经核准的质量标准为药品注册标准。

省级中药标准包括省、自治区、直辖市人民政府药品监督管理部门（以下简称省级药品监督管理部门）制定的国家药品标准没有规定的中药材标准、中药饮片炮制规范和中药配方颗粒标准。

第三条　药品标准管理工作应当贯彻执行药品监督管理的有关法律、法规和方针政策，坚持科学规范、先进实用、公开透明的原则。

第四条　国家药品标准和省级中药标准管理工作实行政府主导、企业主体、社会参与的工作机制。

药品注册标准的制定和修订工作应当强化持有人的主体责任。

第五条　鼓励社会团体、企业事业组织以及公民积极参与药品标准研究和提高工作，加大信息、技术、人才和经费等投入，并对药品标准提出合理的制定和修订意见和建议。

在发布国家药品标准或者省级中药标准公示稿时，应当标注药品标准起草单位、复核单位和参与单位等信息。

鼓励持有人随着社会发展与科技进步以及对产品认知的不断提高，持续提升和完善药品注册标准。

鼓励行业或者团体相关标准的制定和修订，促进药品高质量发展。

第六条　国务院药品监督管理部门应当积极开展药品标准的国际交流与合作，加强药品标准的国际协调。

第七条　国务院药品监督管理部门和省级药品监督管理部门应当积极推进落实国家药品标准提高行动计划，持续加强药品标准体系建设；不断完善药品标准管理制度，加强药品标准信息化建设，畅通沟通交流渠道，做好药品标准宣传贯彻，提高公共服务水平。

第二章　各方职责

第八条　持有人应当落实药品质量主体责任，按照药品全生命周期管理的理念，持续提升和完善药品注册标准，提升药品的安全、有效与质量可控性。

国家药品标准制定和修订工作中需要持有人参与或者协助的，持有人应当予以配合。

持有人应当及时关注国家药品标准制定和修订进展，对其生产药品执行的药品标准进行适用性评估，并开展相关研究工作。

第九条　国务院药品监督管理部门履行下列职责：

（一）组织贯彻药品标准管理相关法律、法规，组织制定药品标准管理工作制度；

（二）依法组织制定、公布国家药品标准，核准和废止药品注册标准；

（三）指导、监督药品标准管理工作。

第十条　国家药典委员会主要履行下列职责：

（一）组织编制、修订和编译《中国药典》及配套标准，组织制定和修订其他的国家药品标准；

（二）参与拟订药品标准管理相关制度和工作机制；

（三）组织开展国家药品标准沟通交流。

第十一条　国务院药品监督管理部门设置或者指定的药品检验机构负责标定国家药品标准品、对照品。

国家药品标准物质管理办法由中国食品药品检定研究院（以下简称中检院）另行制定。

中检院和各省级药品检验机构负责药品注册标准复核，对申请人申报药品标准中设定项目的科学性、检验方法的可行性、质控指标的合理性等进行实验室评估，并提出复核意见。

第十二条　药品审评中心负责药品注册标准的技术审评和标准核定等工作。

药品审评中心结合药品注册申报资料和药品检验机构的复核意见，对药品注册标准的科学性、合理性等进行评价。

第十三条　省级药品监督管理部门主要履行本行政区域内下列职责：

（一）组织贯彻落实药品标准管理相关法律、法规、规章和规范性文件；

（二）组织制定和修订本行政区域内的省级中药标准；

（三）组织、参与药品标准的制定和修订相关工作；

（四）监督药品标准的实施。

第三章　国家药品标准

第十四条　政府部门、社会团体、企业事业组织以及公民均可提出国家药品标准制定和修订立项建议。

第十五条　国家药典委员会组织审议立项建议，公布拟立项课题目录，并征集课题承担单位。

根据征集情况，国家药典委员会组织进行审议，确定课题立项目录和承担单位，并予以公示。

公示期结束后，对符合要求的予以立项，并公布立项的课题目录和承担单位等内容。

第十六条　国家药品标准制定和修订应当按照起草、复核、审核、公示、批准、颁布的程序进行。

涉及药品安全或者公共卫生等重大突发事件以及其他需要的情形的，可以快速启动国家药品标准制定和修订程序，在保证国家药品标准制定和修订质量的前提下加快进行。

国家药品标准有关加快制定和修订程序由国家药典委员会另行制定。

第十七条　国家药品标准的起草应当符合国家药品标准技术规范等要求。

国家药品标准起草单位或者牵头单位负责组织开展研究工作，经复核后形成国家药品标准草案，并将相关研究资料一并提交国家药典委员会审核。

第十八条　国家药典委员会组织对国家药品标准草案及相关研究资料进行技术审核。

国家药典委员会根据审核意见和结论，拟定国家药品标准公示稿。国家药品标准公示稿中应当附标准制定或者修订说明。

第十九条　国家药品标准公示稿应当对外公示，广泛征求意见，公示期一般为一个月至三个月。

第二十条　反馈意见涉及技术内容的，国家药典委员会应当及时将意见反馈标准起草单位或者牵头单位，由起草单位或者牵头单位进行研究，提出处理意见报国家药典委员会。国家药典委员会组织技术审核，必要时应当再次公示。

第二十一条　对需要新增的国家药品标准物质，中检院应当会同国家药典委员会在有关国家药品标准颁布前完成相应准备工作。

第二十二条　国家药典委员会将拟颁布的国家药品标准草案以及起草说明上报国务院药品监督管理部门。

第二十三条　国务院药品监督管理部门对国家药典委员会上报的药品标准草案作出是否批准的决定。予以批准的，以《中国药典》或者国家药品标准颁布件形式颁布。

《中国药典》每五年颁布一版。期间，适时开展《中国药典》增补本制定工作。

第二十四条　新版《中国药典》未收载的历版《中国药典》品种，应当符合新版《中国药典》的通用技术要求。

第二十五条　新版国家药品标准颁布后，持有人经评估其执行的药品标准不适用新颁布的国家药品标准有关要求的，应当开展相关研究工作，按照药品上市后变更管理相关规定，向药品审评中心提出补充申请并提供充分的支持性证据。符合规定的，核准其药品注册标准。

第二十六条　属于下列情形的，相关国家药品标准应当予以废止：

（一）国家药品标准颁布实施后，同品种的原国家药品标准；

（二）上市许可终止品种的国家药品标准；

（三）药品安全性、有效性、质量可控性不符合要求的国家药品标准；

（四）其他应当予以废止的国家药品标准。

第四章　药品注册标准

第二十七条　药品注册标准的制定应当科学、合理，能够有效地控制产品质量，并充分考虑产品的特点、科技进步带来的新技术和新方法以及国际通用技术要求。

药品注册标准应当符合《中国药典》通用技术要求，不得低于《中国药典》的规定。

申报注册品种的检测项目或者指标不适用《中国药典》的，申请人应当提供充分的支持性数据。

第二十八条　申请人在申报药品上市许可注册申请或者涉及药品注册标准变更的补充申请时，提交拟定的药品注册标准。经药品检验机构标准复核和样品检验、药品审评中心标准核定，国务院药品监督管理部门在批准药品上市或者补充申请时发给持有人。

第二十九条　与国家药品标准收载的同品种药品使用的检验项目和检验方法一致的药品上市申请以及不改

变药品注册标准的补充申请，可以不进行标准复核。其他情形应当进行标准复核。

第三十条 药品注册标准发生变更的，持有人应当根据药品上市后变更管理相关规定，进行充分的研究评估和必要的验证，按照变更的风险等级提出补充申请、备案或者报告，并按要求执行。

药品注册标准的变更，不得降低药品质量控制水平或者对药品质量产生不良影响。

第三十一条 新版国家药品标准颁布后，执行药品注册标准的，持有人应当及时开展相关对比研究工作，评估药品注册标准的项目、方法、限度是否符合新颁布的国家药品标准有关要求。对于需要变更药品注册标准的，持有人应当按照药品上市后变更管理相关规定提出补充申请、备案或者报告，并按要求执行。

第三十二条 持有人提出涉及药品注册标准变更的补充申请时，应当关注药品注册标准与国家药品标准以及现行技术要求的适用性与执行情况。

持有人提出药品再注册申请时，应当向药品审评中心或者省级药品监督管理部门说明药品标准适用性与执行情况。

对于药品注册证书中明确的涉及药品注册标准提升的要求，持有人应当及时按要求进行研究，提升药品注册标准。

第三十三条 药品注册证书注销的，该品种的药品注册标准同时废止。

第五章 省级中药标准

第三十四条 省级药品监督管理部门依据国家法律、法规和相关管理规定等组织制定和发布省级中药标准，并在省级中药标准发布前开展合规性审查。

第三十五条 省级药品监督管理部门应当在省级中药标准发布后三十日内将省级中药标准发布文件、标准文本及编制说明报国务院药品监督管理部门备案。

属于以下情形的，国务院药品监督管理部门不予备案，并及时将有关问题反馈相关省级药品监督管理部门；情节严重的，责令相关省级药品监督管理部门予以撤销或者纠正：

（一）收载有禁止收载品种的；
（二）与现行法律法规存在冲突的；
（三）其他不适宜备案的情形。

第三十六条 省级药品监督管理部门根据药品标准制定和修订工作需要，负责组织省级中药标准中收载使用的除国家药品标准物质以外的标准物质制备、标定、保管和分发工作，制备标定结果报中检院备案。

第三十七条 省级中药标准禁止收载以下品种：
（一）无本地区临床习用历史的药材、中药饮片；
（二）已有国家药品标准的药材、中药饮片、中药配方颗粒；
（三）国内新发现的药材；
（四）药材新的药用部位；
（五）从国外进口、引种或者引进养殖的非我国传统习用的动物、植物、矿物等产品；
（六）经基因修饰等生物技术处理的动植物产品；
（七）其他不适宜收载入省级中药标准的品种。

第三十八条 国家药品标准已收载的品种及规格涉及的省级中药标准，自国家药品标准实施后自行废止。

第六章 监督管理

第三十九条 药品标准管理相关部门应当根据本办法要求，建立和完善药品标准工作相关制度、程序和要求，及时公开国家药品标准与省级中药标准工作进展情况和相关信息。

第四十条 参与药品标准工作的相关单位和人员应当对药品标准工作中的技术秘密、商业秘密、未披露信息或者保密商务信息及数据负有保密义务。

第四十一条 药品标准起草单位或者牵头单位应当保存标准研究过程中的原始数据、原始记录和有关资料，并按档案管理规定的要求及时进行归档。

第四十二条 国家药品标准起草单位或者牵头单位应当将起草或者修订标准使用的中药标本送国务院药品监督管理部门设置或者指定的药品检验机构保藏。

第四十三条 药品监督管理部门在对药品标准实施情况进行监督管理时，被监督管理单位应当给予配合，不得拒绝和隐瞒情况。

第四十四条 国务院药品监督管理部门发现省级中药标准中存在不符合现行法律、法规及相关技术要求情形的，应当责令相关省级药品监督管理部门予以撤销或者纠正。

第四十五条 任何单位和个人均可以向药品监督管理部门举报或者反映违反药品标准管理相关规定的行为。收到举报或者反映的部门，应当及时按规定作出处理。

第四十六条 任何违反药品管理相关法律法规生产的药品，即使达到药品标准或者按照药品标准未检出其添加物质或者相关杂质，亦不能认为其符合规定。

第七章 附 则

第四十七条 本办法所称药品标准，是指根据药物自身的理化与生物学特性，按照来源、处方、制法和运输、贮藏等条件所制定的、用以评估药品质量在有效期内是否达到药用要求，并衡量其质量是否均一稳定的技术要求。

第四十八条 中药标准管理有特殊要求的，按照中药标准管理相关规定执行。中药标准管理专门规定由国务院药品监督管理部门另行制定。

第四十九条 化学原料药的标准管理按照本办法执行。

第五十条 省级药品监督管理部门在医疗机构制剂注册管理过程中核准的注册标准、应用传统工艺配制中药制剂的备案标准应当符合医疗机构制剂注册和备案的相关规定。

第五十一条 《中国药典》中药用辅料、直接接触药品的包装材料和容器标准的制定和修订，按照本办法中国家药品标准有关规定执行。药用辅料、直接接触药品的包装材料和容器标准的执行，应当符合关联审评和药品监督管理的有关规定。

第五十二条 本办法自 2024 年 1 月 1 日起施行。

处方药与非处方药分类管理办法（试行）

- 1999 年 6 月 18 日国家药品监督管理局令第 10 号公布
- 自 2000 年 1 月 1 日起施行

第一条 为保障人民用药安全有效、使用方便，根据《中共中央、国务院关于卫生改革与发展的决定》，制定处方药与非处方药分类管理办法。

第二条 根据药品品种、规格、适应症、剂量及给药途径不同，对药品分别按处方药与非处方药进行管理。

处方药必须凭执业医师或执业助理医师处方才可调配、购买和使用；非处方药不需要凭执业医师或执业助理医师处方即可自行判断、购买和使用。

第三条 国家药品监督管理局负责处方药与非处方药分类管理办法的制定。各级药品监督管理部门负责辖区内处方药与非处方药分类管理的组织实施和监督管理。

第四条 国家药品监督管理局负责非处方药目录的遴选、审批、发布和调整工作。

第五条 处方药、非处方药生产企业必须具有《药品生产企业许可证》，其生产品种必须取得药品批准文号。

第六条 非处方药标签和说明书除符合规定外，用语应当科学、易懂，便于消费者自行判断、选择和使用。非处方药的标签和说明书必须经国家药品监督管理局批准。

第七条 非处方药的包装必须印有国家指定的非处方药专有标识，必须符合质量要求，方便储存、运输和使用。每个销售基本单元包装必须附有标签和说明书。

第八条 根据药品的安全性，非处方药分为甲、乙两类。

经营处方药、非处方药的批发企业和经营处方药、甲类非处方药的零售企业必须具有《药品经营企业许可证》。

经省级药品监督管理部门或其授权的药品监督管理部门批准的其它商业企业可以零售乙类非处方药。

第九条 零售乙类非处方药的商业企业必须配备专职的具有高中以上文化程度，经专业培训后，由省级药品监督管理部门或其授权的药品监督管理部门考核合格并取得上岗证的人员。

第十条 医疗机构根据医疗需要可以决定或推荐使用非处方药。

第十一条 消费者有权自主选购非处方药，并须按非处方药标签和说明书所示内容使用。

第十二条 处方药只准在专业性医药报刊进行广告宣传，非处方药经审批可以在大众传播媒介进行广告宣传。

第十三条 处方药与非处方药分类管理有关审批、流通、广告等具体办法另行制定。

第十四条 本办法由国家药品监督管理局负责解释。

第十五条 本办法自 2000 年 1 月 1 日起施行。

中药品种保护条例

- 1992 年 10 月 14 日国务院令第 106 号发布
- 根据 2018 年 9 月 18 日国务院令第 703 号《国务院关于修改部分行政法规的决定》修正

第一章 总 则

第一条 为了提高中药品种的质量，保护中药生产企业的合法权益，促进中药事业的发展，制定本条例。

第二条 本条例适用于中国境内生产制造的中药品种，包括中成药、天然药物的提取物及其制剂和中药人工制成品。

申请专利的中药品种,依照专利法的规定办理,不适用本条例。

第三条 国家鼓励研制开发临床有效的中药品种,对质量稳定、疗效确切的中药品种实行分级保护制度。

第四条 国务院药品监督管理部门负责全国中药品种保护的监督管理工作。

第二章 中药保护品种等级的划分和审批

第五条 依照本条例受保护的中药品种,必须是列入国家药品标准的品种。经国务院药品监督管理部门认定,列为省、自治区、直辖市药品标准的品种,也可以申请保护。

受保护的中药品种分为一、二级。

第六条 符合下列条件之一的中药品种,可以申请一级保护:

(一)对特定疾病有特殊疗效的;

(二)相当于国家一级保护野生药材物种的人工制成品;

(三)用于预防和治疗特殊疾病的。

第七条 符合下列条件之一的中药品种,可以申请二级保护:

(一)符合本条例第六条规定的品种或者已经解除一级保护的品种;

(二)对特定疾病有显著疗效的;

(三)从天然药物中提取的有效物质及特殊制剂。

第八条 国务院药品监督管理部门批准的新药,按照国务院药品监督管理部门规定的保护期给予保护;其中,符合本条例第六条、第七条规定的,在国务院药品监督管理部门批准的保护期限届满前六个月,可以重新依照本条例的规定申请保护。

第九条 申请办理中药品种保护的程序:

(一)中药生产企业对其生产的符合本条例第五条、第六条、第七条、第八条规定的中药品种,可以向所在地省、自治区、直辖市人民政府药品监督管理部门提出申请,由省、自治区、直辖市人民政府药品监督管理部门初审签署意见后,报国务院药品监督管理部门。特殊情况下,中药生产企业也可以直接向国务院药品监督管理部门提出申请。

(二)国务院药品监督管理部门委托国家中药品种保护审评委员会负责对申请保护的中药品种进行审评。国家中药品种保护审评委员会应当自接到申请报告书之日起六个月内作出审评结论。

(三)根据国家中药品种保护审评委员会的审评结论,由国务院药品监督管理部门决定是否给予保护。批准保护的中药品种,由国务院药品监督管理部门发给《中药保护品种证书》。

国务院药品监督管理部门负责组织国家中药品种保护审评委员会,委员会成员由国务院药品监督管理部门聘请中医药方面的医疗、科研、检验及经营、管理专家担任。

第十条 申请中药品种保护的企业,应当按照国务院药品监督管理部门的规定,向国家中药品种保护审评委员会提交完整的资料。

第十一条 对批准保护的中药品种以及保护期满的中药品种,由国务院药品监督管理部门在指定的专业报刊上予以公告。

第三章 中药保护品种的保护

第十二条 中药保护品种的保护期限:

中药一级保护品种分别为三十年、二十年、十年。

中药二级保护品种为七年。

第十三条 中药一级保护品种的处方组成、工艺制法,在保护期限内由获得《中药保护品种证书》的生产企业和有关的药品监督管理部门及有关单位和个人负责保密,不得公开。

负有保密责任的有关部门、企业和单位应当按照国家有关规定,建立必要的保密制度。

第十四条 向国外转让中药一级保护品种的处方组成、工艺制法的,应当按照国家有关保密的规定办理。

第十五条 中药一级保护品种因特殊情况需要延长保护期限的,由生产企业在该品种保护期满前六个月,依照本条例第九条规定的程序申报。延长的保护期限由国务院药品监督管理部门根据国家中药品种保护审评委员会的审评结果确定;但是,每次延长的保护期限不得超过第一次批准的保护期限。

第十六条 中药二级保护品种在保护期满后可以延长七年。

申请延长保护期的中药二级保护品种,应当在保护期满前六个月,由生产企业依照本条例第九条规定的程序申报。

第十七条 被批准保护的中药品种,在保护期内限于由获得《中药保护品种证书》的企业生产;但是,本条例第十九条另有规定的除外。

第十八条 国务院药品监督管理部门批准保护的中药品种如果在批准前是由多家企业生产的,其中未申请《中药保护品种证书》的企业应当自公告发布之日起六个月内向国务院药品监督管理部门申报,并依照本条例第十条的规定提供有关资料,由国务院药品监督管理部门指定药品检验机构对该申报品种进行同品种的质量检验。国务院药品监督管理部门根据检验结果,可以采取以下措施:

(一)对达到国家药品标准的,补发《中药保护品种证书》。

(二)对未达到国家药品标准的,依照药品管理的法律、行政法规的规定撤销该中药品种的批准文号。

第十九条 对临床用药紧缺的中药保护品种的仿制,须经国务院药品监督管理部门批准并发给批准文号。仿制企业应当付给持有《中药保护品种证书》并转让该中药品种的处方组成、工艺制法的企业合理的使用费,其数额由双方商定;双方不能达成协议的,由国务院药品监督管理部门裁决。

第二十条 生产中药保护品种的企业应当根据省、自治区、直辖市人民政府药品监督管理部门提出的要求,改进生产条件,提高品种质量。

第二十一条 中药保护品种在保护期内向国外申请注册的,须经国务院药品监督管理部门批准。

第四章 罚 则

第二十二条 违反本条例第十三条的规定,造成泄密的责任人员,由其所在单位或者上级机关给予行政处分;构成犯罪的,依法追究刑事责任。

第二十三条 违反本条例第十七条的规定,擅自仿制中药保护品种的,由县级以上人民政府负责药品监督管理的部门以生产假药依法论处。

伪造《中药品种保护证书》及有关证明文件进行生产、销售的,由县级以上人民政府负责药品监督管理的部门没收其全部有关药品及违法所得,并可以处以有关药品正品价格三倍以下罚款。

上述行为构成犯罪的,由司法机关依法追究刑事责任。

第二十四条 当事人对负责药品监督管理的部门的处罚决定不服的,可以依照有关法律、行政法规的规定,申请行政复议或者提起行政诉讼。

第五章 附 则

第二十五条 有关中药保护品种的申报要求、申报表格等,由国务院药品监督管理部门制定。

第二十六条 本条例自一九九三年一月一日起施行。

中药注册管理专门规定

- 2023年2月10日国家药品监督管理局公告2023年第20号公布
- 自2023年7月1日起施行

第一章 总 则

第一条 为促进中医药传承创新发展,遵循中医药研究规律,加强中药新药研制与注册管理,根据《中华人民共和国药品管理法》《中华人民共和国中医药法》《中华人民共和国药品管理法实施条例》《药品注册管理办法》等法律、法规和规章,制定本规定。

第二条 中药新药研制应当注重体现中医药原创思维及整体观,鼓励运用传统中药研究方法和现代科学技术研究、开发中药。支持研制基于古代经典名方、名老中医经验方、医疗机构配制的中药制剂(以下简称医疗机构中药制剂)等具有丰富中医临床实践经验的中药新药;支持研制对人体具有系统性调节干预功能等的中药新药,鼓励应用新兴科学和技术研究阐释中药的作用机理。

第三条 中药新药研制应当坚持以临床价值为导向,重视临床获益与风险评估,发挥中医药防病治病的独特优势和作用,注重满足尚未满足的临床需求。

第四条 中药新药研制应当符合中医药理论,在中医药理论指导下合理组方,拟定功能、主治病证、适用人群、剂量、疗程、疗效特点和服药宜忌。鼓励在中医临床实践中观察疾病进展、证候转化、症状变化、药后反应等规律,为中药新药研制提供中医药理论的支持证据。

第五条 来源于中医临床实践的中药新药,应当在总结个体用药经验的基础上,经临床实践逐步明确功能主治、适用人群、给药方案和临床获益,形成固定处方,在此基础上研制成适合群体用药的中药新药。鼓励在中医临床实践过程中开展高质量的人用经验研究,明确中药临床定位和临床价值,基于科学方法不断分析总结,获得支持注册的充分证据。

第六条 中药注册审评,采用中医药理论、人用经验和临床试验相结合的审评证据体系,综合评价中药的安全性、有效性和质量可控性。

第七条 中药的疗效评价应当结合中医药临床治疗特点,确定与中药临床定位相适应、体现其作用特点和优势的疗效结局指标。对疾病痊愈或者延缓发展、病情或者症状改善、患者与疾病相关的机体功能或者生存质量改善、与化学药品等合用增效减毒或者减少毒副作用明显的化学药品使用剂量等情形的评价,均可用于中药的疗效评价。

鼓励将真实世界研究、新型生物标志物、替代终点决策、以患者为中心的药物研发、适应性设计、富集设计等用于中药疗效评价。

第八条 应当根据处方组成及特点、中医药理论、人用经验、临床试验及必要的非临床安全性研究结果,综合评判中药的安全性和获益风险比,加强中药全生命周期管理。

第九条 注册申请人(以下简称申请人)研制中药应当加强中药材、中药饮片的源头质量控制,开展药材资源评估,保证中药材来源可追溯,明确药材基原、产地、采收期等。加强生产全过程的质量控制,保持批间质量的稳定可控。中药处方药味可经质量均一化处理后投料。

第十条 申请人应当保障中药材资源的可持续利用,并应当关注对生态环境的影响。涉及濒危野生动植物的,应当符合国家有关规定。

第二章 中药注册分类与上市审批

第十一条 中药注册分类包括中药创新药、中药改良型新药、古代经典名方中药复方制剂、同名同方药等。中药注册分类的具体情形和相应的申报资料要求按照中药注册分类及申报资料要求有关规定执行。

第十二条 中药新药的研发应当结合中药注册分类,根据品种情况选择符合其特点的研发路径或者模式。基于中医药理论和人用经验发现、探索疗效特点的中药,主要通过人用经验和/或者必要的临床试验确认其疗效;基于药理学筛选研究确定拟研发的中药,应当进行必要的Ⅰ期临床试验,并循序开展Ⅱ期临床试验和Ⅲ期临床试验。

第十三条 对古代经典名方中药复方制剂的上市申请实施简化注册审批,具体要求按照相关规定执行。

第十四条 对临床定位清晰且具有明显临床价值的以下情形中药新药等的注册申请实行优先审评审批:

(一)用于重大疾病、新发突发传染病、罕见病防治;

(二)临床急需而市场短缺;

(三)儿童用药;

(四)新发现的药材及其制剂,或者药材新的药用部位及其制剂;

(五)药用物质基础清楚、作用机理基本明确。

第十五条 对治疗严重危及生命且尚无有效治疗手段的疾病以及国务院卫生健康或者中医药主管部门认定急需的中药,药物临床试验已有数据或者高质量中药人用经验证据显示疗效并能预测其临床价值的,可以附条件批准,并在药品注册证书中载明有关事项。

第十六条 在突发公共卫生事件时,国务院卫生健康或者中医药主管部门认定急需的中药,可应用人用经验证据直接按照特别审批程序申请开展临床试验或者上市许可或者增加功能主治。

第三章 人用经验证据的合理应用

第十七条 中药人用经验通常在临床实践中积累,具有一定的规律性、可重复性和临床价值,包含了在临床用药过程中积累的对中药处方或者制剂临床定位、适用人群、用药剂量、疗效特点和临床获益等的认识和总结。

第十八条 申请人可以多途径收集整理人用经验,应当对资料的真实性、可溯源性负责,人用经验的规范收集整理与评估应当符合有关要求。作为支持注册申请关键证据的人用经验数据,由药品监督管理部门按照相关程序组织开展相应的药品注册核查。

第十九条 对数据进行合理、充分的分析并给予正确结果解释的人用经验,可作为支持注册申请的证据。申请人可根据已有人用经验证据对药物安全性、有效性的支持程度,确定后续研究策略,提供相应的申报资料。

第二十条 作为支持注册申请关键证据的人用经验所用药物的处方药味(包括基原、药用部位、炮制等)及其剂量应当固定。申报制剂的药学关键信息及质量应当与人用经验所用药物基本一致,若制备工艺、辅料等发生改变,应当进行评估,并提供支持相关改变的研究评估资料。

第二十一条 中药创新药处方来源于古代经典名方或者中医临床经验方,如处方组成、临床定位、用法用量等与既往临床应用基本一致,采用与临床使用药物基本一致的传统工艺,且可通过人用经验初步确定功能主治、适用人群、给药方案和临床获益等的,可不开展非临床有效性研究。

第二十二条 由中药饮片组成的中药复方制剂一般提供啮齿类动物单次给药毒性试验和重复给药毒性试验资料,必要时提供其他毒理学试验资料。

如中药复方制剂的处方组成中的中药饮片均具有国家药品标准或者具有药品注册标准,处方不含毒性药味或者不含有经现代毒理学证明有毒性、易导致严重不良反应的中药饮片,采用传统工艺,不用于孕妇、儿童等特殊人群,且单次给药毒性试验和一种动物的重复给药毒性试验未发现明显毒性的，一般不需提供另一种动物的重复给药毒性试验，以及安全药理学、遗传毒性、致癌性、生殖毒性等试验资料。

本规定所称毒性药味，是指《医疗用毒性药品管理办法》中收载的毒性中药品种。

第二十三条 来源于临床实践的中药新药，人用经验能在临床定位、适用人群筛选、疗程探索、剂量探索等方面提供研究、支持证据的，可不开展Ⅱ期临床试验。

第二十四条 已有人用经验中药的临床研发，在处方、生产工艺固定的基础上，存在适用的高质量真实世界数据，且通过设计良好的临床研究形成的真实世界证据科学充分的，申请人就真实世界研究方案与国家药品审评机构沟通并达成一致后，可申请将真实世界证据作为支持产品上市的依据之一。

第二十五条 医疗机构对医疗机构中药制剂的安全性、有效性及质量可控性负责，应当持续规范收集整理医疗机构中药制剂人用经验资料，并按年度向所在地省级药品监督管理部门提交医疗机构中药制剂人用经验收集整理与评估的报告。

第二十六条 来源于医疗机构制剂的中药新药，如处方组成、工艺路线、临床定位、用法用量等与既往临床应用基本一致，且可通过人用经验初步确定功能主治、适用人群、给药方案和临床获益等的，可不开展非临床有效性研究。如处方组成、提取工艺、剂型、直接接触药品的包装等与该医疗机构中药制剂一致的，在提供该医疗机构中药制剂的药学研究资料基础上，可不提供剂型选择、工艺路线筛选、直接接触药品的包装材料研究等研究资料。

第二十七条 申请人可根据具体品种情况，在关键研究阶段针对中医药理论、人用经验研究方案和人用经验数据等，与国家药品审评机构进行沟通交流。

第四章 中药创新药

第二十八条 中药创新药应当有充分的有效性、安全性证据，上市前原则上应当开展随机对照的临床试验。

第二十九条 鼓励根据中医临床实践，探索采用基于临床治疗方案进行序贯联合用药的方式开展中药创新药临床试验及疗效评价。

第三十条 鼓励中药创新药临床试验在符合伦理学要求的情况下优先使用安慰剂对照，或者基础治疗加载的安慰剂对照。

第三十一条 中药饮片、提取物等均可作为中药复方制剂的处方组成。如含有无国家药品标准且不具有药品注册标准的中药饮片、提取物，应当在制剂药品标准中附设其药品标准。

第三十二条 提取物及其制剂应当具有充分的立题依据，开展有效性、安全性和质量可控性研究。应当研究确定合理的制备工艺。应当研究明确所含大类成份的结构类型及主要成份的结构，通过建立主要成份、大类成份的含量测定及指纹或者特征图谱等质控项目，充分表征提取物及制剂质量，保证不同批次提取物及制剂质量均一稳定。

第三十三条 新的提取物及其制剂的注册申请，如已有单味制剂或者单味提取物制剂上市且功能主治（适应症）基本一致，应当与该类制剂进行非临床及临床对比研究，以说明其优势与特点。

第三十四条 新药材及其制剂的注册申请，应当提供该药材性味、归经、功效等的研究资料，相关研究应当为新药材拟定的性味、归经、功效等提供支持证据。

第三十五条 中药复方制剂根据主治的不同，可以分为不同情形：

（一）主治为证候的中药复方制剂，是指在中医药理论指导下，用于治疗中医证候的中药复方制剂，包括治疗中医学的病或者症状的中药复方制剂，功能主治应当以中医专业术语表述；

（二）主治为病证结合的中药复方制剂，所涉及的"病"是指现代医学的疾病，"证"是指中医的证候，其功能用中医专业术语表述、主治以现代医学疾病与中医证候相结合的方式表述；

（三）主治为病的中药复方制剂，属于专病专药，在中医药理论指导下组方。所涉及的"病"是现代医学疾病，其功能用中医专业术语表述，主治以现代医学疾病表述。

第三十六条 中药创新药的注册申请人可根据中药特点、新药研发的一般规律，针对申请临床试验、Ⅲ期临床试验前、申请上市许可等不同研究阶段的主要目的进行分阶段研究。中药药学分阶段研究应当体现质量源于设计理念，注重研究的整体性和系统性。

第三十七条 中药创新药应当根据处方药味组成、药味药性，借鉴用药经验，以满足临床需求为宗旨，在对药物生产工艺、理化性质、传统用药方式、生物学特性、剂型特点、临床用药的安全性、患者用药依从性等方面综合分析的基础上合理选择剂型和给药途径。能选择口服给药的不选择注射给药。

第三十八条 中药创新药的研制，应当根据药物特点、临床应用情况等获取的安全性信息，开展相应的非临床安全性试验。可根据不同注册分类、风险评估情况、开发进程开展相应的非临床安全性试验。

第三十九条 非临床安全性试验所用样品，应当采用中试或者中试以上规模的样品。申报临床试验时，应当提供资料说明非临床安全性试验用样品制备情况。临床试验用药品一般应当采用生产规模的样品。申报上市时，应当提供资料说明临床试验用药品的制备情况，包括试验药物和安慰剂。

第四十条 以下情形，应当开展必要的Ⅰ期临床试验：

（一）处方含毒性药味；

（二）除处方含确有习用历史且被省级中药饮片炮制规范收载的中药饮片外，处方含无国家药品标准且不具有药品注册标准的中药饮片、提取物；

（三）非临床安全性试验结果出现明显毒性反应且提示对人体可能具有一定的安全风险；

（四）需获得人体药代数据以指导临床用药等的中药注册申请。

第五章　中药改良型新药

第四十一条 支持药品上市许可持有人（以下简称持有人）开展改良型新药的研究。改良型新药的研发应当遵循必要性、科学性、合理性的原则，明确改良目的。应当在已上市药品的基础上，基于对被改良药品的客观、科学、全面的认识，针对被改良中药存在的缺陷或者在临床应用过程中新发现的治疗特点和潜力进行研究。研制开发儿童用改良型新药时，应当符合儿童生长发育特征及用药习惯。

第四十二条 改变已上市中药剂型或者给药途径的改良型新药，应当具有临床应用优势和特点，如提高有效性、改善安全性、提高依从性等，或者在有效性、安全性不降低的前提下，促进环境保护、提升生产安全水平等。

第四十三条 改变已上市药品给药途径的注册申请，应当说明改变给药途径的合理性和必要性，开展相应的非临床研究，并围绕改良目的开展临床试验，证明改变给药途径的临床应用优势和特点。

第四十四条 改变已上市中药剂型的注册申请，应当结合临床治疗需求、药物理化性质及生物学性质等提供充分依据说明其科学合理性。申请人应当根据新剂型的具体情形开展相应的药学研究，必要时开展非临床有效性、安全性研究和临床试验。

对儿童用药、特殊人群（如吞咽困难者等）用药、某些因用法特殊而使用不便的已上市中药，通过改变剂型提高药物临床使用依从性，若对比研究显示改剂型后药用物质基础和药物吸收、利用无明显改变，且原剂型临床价值依据充分的，可不开展临床试验。

第四十五条 中药增加功能主治，除第二十三条和第四十六条规定的情形外，应当提供非临床有效性研究资料，循序开展Ⅱ期临床试验及Ⅲ期临床试验。

延长用药周期或者增加剂量者，应当提供非临床安全性研究资料。上市前已进行相关的非临床安全性研究且可支持其延长周期或者增加剂量的，可不进行新的非临床安全性试验。

申请人不持有已上市中药申请增加功能主治的，应当同时提出同名同方药的注册申请。

第四十六条 已上市中药申请增加功能主治，其人用经验证据支持相应临床定位的，可不提供非临床有效性试验资料。使用剂量和疗程不增加，且适用人群不变的，可不提供非临床安全性试验资料。

第四十七条 鼓励运用适合产品特点的新技术、新工艺改进已上市中药。已上市中药生产工艺或者辅料等的改变引起药用物质基础或者药物的吸收、利用明显改变的，应当以提高有效性或者改善安全性等为研究目的，开展相关的非临床有效性、安全性试验及Ⅱ期临床试验、Ⅲ期临床试验，按照改良型新药注册申报。

第六章　古代经典名方中药复方制剂

第四十八条 古代经典名方中药复方制剂处方中不含配伍禁忌或者药品标准中标有剧毒、大毒及经现代毒理学证明有毒性的药味，均应当采用传统工艺制备，采用传统给药途径，功能主治以中医术语表述。该类中药复方制剂的研制不需要开展非临床有效性研究和临床试验。药品批准文号给予专门格式。

第四十九条 古代经典名方中药复方制剂采用以专家意见为主的审评模式。由国医大师、院士、全国名中医为主的古代经典名方中药复方制剂专家审评委员会对该类制剂进行技术审评，并出具是否同意上市的技术审评意见。

第五十条 按古代经典名方目录管理的中药复方制剂申请上市，申请人应当开展相应的药学研究和非临床安全性研究。其处方组成、药材基原、药用部位、炮制规格、折算剂量、用法用量、功能主治等内容原则上应当与国家发布的古代经典名方关键信息一致。

第五十一条 其他来源于古代经典名方的中药复方制剂的注册申请，除提供相应的药学研究和非临床安全性试验资料外，还应当提供古代经典名方关键信息及其依据，并应当提供对中医临床实践进行的系统总结，说明其临床价值。对古代经典名方的加减化裁应当在中医药理论指导下进行。

第五十二条 鼓励申请人基于古代经典名方中药复方制剂的特点，在研发的关键阶段，就基准样品研究、非临床安全性研究、人用经验的规范收集整理及中医临床实践总结等重大问题与国家药品审评机构进行沟通交流。

第五十三条 古代经典名方中药复方制剂上市后，持有人应当开展药品上市后临床研究，不断充实完善临床有效性、安全性证据。持有人应当持续收集不良反应信息，及时修改完善说明书，对临床使用过程中发现的非预期不良反应及时开展非临床安全性研究。

第七章 同名同方药

第五十四条 同名同方药的研制应当避免低水平重复。申请人应当对用于对照且与研制药物同名同方的已上市中药（以下简称对照同名同方药）的临床价值进行评估。申请注册的同名同方药的安全性、有效性及质量可控性应当不低于对照同名同方药。

第五十五条 同名同方药的研制，应当与对照同名同方药在中药材、中药饮片、中间体、制剂等全过程质量控制方面进行比较研究。申请人根据对照同名同方药的有效性、安全性证据，以及同名同方药与对照同名同方药的工艺、辅料等比较结果，评估是否开展非临床安全性研究及临床试验。

第五十六条 申请人应当基于临床价值评估结果选择对照同名同方药。对照同名同方药应当具有有效性、安全性方面充分的证据，按照药品注册管理要求开展临床试验后批准上市的中药、现行版《中华人民共和国药典》收载的已上市中药以及获得过中药保护品种证书的已上市中药，一般可视作具有充分的有效性、安全性证据。

前款所称获得过中药保护证书的已上市中药，是指结束保护期的中药保护品种以及符合中药品种保护制度有关规定的其他中药保护品种。

第五十七条 申请注册的同名同方药与对照同名同方药需要通过临床试验进行比较的，至少需进行 III 期临床试验。提取的单一成份中药可通过生物等效性试验证明其与对照同名同方药的一致性。

第五十八条 有国家药品标准而无药品批准文号的品种，应当按照同名同方药提出注册申请。申请人应当根据其中医药理论和人用经验情况，开展必要的临床试验。

第五十九条 对照同名同方药有充分的有效性和安全性证据，同名同方药的工艺、辅料与对照同名同方药相同的，或者同名同方药的工艺、辅料变化经研究评估不引起药用物质基础或者药物吸收、利用明显改变的，一般无需开展非临床安全性研究和临床试验。

第八章 上市后变更

第六十条 已上市中药的变更应当遵循中药自身特点和规律，符合必要性、科学性、合理性的有关要求。持有人应当履行变更研究及其评估、变更管理的主体责任，全面评估、验证变更事项对药品安全性、有效性和质量可控性的影响。根据研究、评估和相关验证结果，确定已上市中药的变更管理类别，变更的实施应当按照规定经批准、备案后进行或者报告。持有人在上市后变更研究过程中可与相应药品监督管理部门及时开展沟通交流。

第六十一条 变更药品规格应当遵循与处方药味相对应的原则以及与适用人群、用法用量、装量规格相协调的原则。

对于已有同品种上市的，所申请的规格一般应当与同品种上市规格一致。

第六十二条 生产工艺及辅料等的变更不应当引起药用物质或者药物吸收、利用的明显改变。生产设备的选择应当符合生产工艺及品质保障的要求。

第六十三条 变更用法用量或者增加适用人群范围但不改变给药途径的，应当提供支持该项改变的非临床安全性研究资料，必要时应当进行临床试验。除符合第六十四条规定之情形外，变更用法用量或者增加适用人群范围需开展临床试验的，应当循序开展 II 期临床试验和 III 期临床试验。

已上市儿童用药【用法用量】中剂量不明确的，可根据儿童用药特点和人用经验情况，开展必要的临床试验，明确不同年龄段儿童用药的剂量和疗程。

第六十四条 已上市中药申请变更用法用量或者增加适用人群范围，功能主治不变且不改变给药途径，人用经验证据支持变更后的新用法用量或者新适用人群的用法用量的，可不开展 II 期临床试验，仅开展 III 期临床试验。

第六十五条 替代或者减去国家药品标准处方中的毒性药味或者处于濒危状态的药味，应当基于处方中药味组成及其功效，按照相关技术要求开展与原药品进行药学、非临床有效性和/或者非临床安全性的对比研究。替代或者减去处方中已明确毒性药味的，可与安慰剂对照开展Ⅲ期临床试验。替代或者减去处方中处于濒危状态药味的，至少开展Ⅲ期临床试验的比较研究。必要时，需同时变更药品通用名称。

第六十六条　中药复方制剂处方中所含按照新药批准的提取物由外购变更为自行提取的，申请人应当提供相应研究资料，包括但不限于自行研究获得的该提取物及该中药复方制剂的药学研究资料，提取物的非临床有效性和安全性对比研究资料，以及该中药复方制剂Ⅲ期临床试验的对比研究资料。该提取物的质量标准应当附设于制剂标准后。

第六十七条　对主治或者适用人群范围进行删除的，应当说明删除该主治或者适用人群范围的合理性，一般不需开展临床试验。

第九章　中药注册标准

第六十八条　中药注册标准的研究、制定应当以实现中药质量的稳定可控为目标，根据产品特点建立反映中药整体质量的控制指标。尽可能反映产品的质量状况，并关注与中药有效性、安全性的关联。

第六十九条　支持运用新技术、新方法探索建立用于中药复方新药的中间体、制剂质量控制的指纹图谱或者特征图谱、生物效应检测等。中药注册标准中的含量测定等检测项目应当有合理的范围。

第七十条　根据产品特点及实际情况，持有人应当制定不低于中药注册标准的企业内控标准，并通过不断修订和完善其检验项目、方法、限度范围等，提高中药制剂质量。

第七十一条　药品上市后，应当积累生产数据，结合科学技术的发展，持续修订完善包括中药材、中药饮片、中间体和制剂等在内的完整的质量标准体系，以保证中药制剂质量稳定可控。

第十章　药品名称和说明书

第七十二条　中成药命名应当符合《中成药通用名称命名技术指导原则》的要求及国家有关规定。

第七十三条　中药处方中含毒性药味，或者含有其他已经现代毒理学证明具有毒性、易导致严重不良反应的中药饮片的，应当在该中药说明书【成份】项下标明处方中所含的毒性中药饮片名称，并在警示语中标明制剂中含有该中药饮片。

第七十四条　涉及辨证使用的中药新药说明书的【注意事项】应当包含，但不限于以下内容：

（一）因中医的证、病机、体质等因素需要慎用的情形，以及饮食、配伍等方面与药物有关的注意事项；

（二）如有药后调护，应当予以明确。

第七十五条　持有人应当加强对药品全生命周期的管理，加强对安全性风险的监测、评价和分析，应当参照相关技术指导原则及时对中药说明书【禁忌】、【不良反应】、【注意事项】进行完善。

中药说明书【禁忌】、【不良反应】、【注意事项】中任何一项在本规定施行之日起满3年后申请药品再注册时仍为"尚不明确"的，依法不予再注册。

第七十六条　古代经典名方中药复方制剂说明书中应当列明【处方来源】、【功能主治的理论依据】等项。

人用经验作为批准上市或者增加功能主治证据的中药新药，说明书中应当列入【中医临床实践】项。

第十一章　附　则

第七十七条　天然药物的药学质量控制可参照本规定执行。天然药物创新药在治疗作用确证阶段，应当至少采用一个Ⅲ期临床试验的数据说明其有效性。其余均应当符合天然药物新药研究的有关要求。

第七十八条　申请进口的中药、天然药物，应当符合所在国或者地区按照药品管理的要求，同时应当符合境内中药、天然药物的安全性、有效性和质量可控性要求。注册申报资料按照创新药的要求提供。国家另有规定的，从其规定。

第七十九条　中药、天然药物注射剂的研制应当符合注射剂研究的通用技术要求。应当根据现有治疗手段的可及性，通过充分的非临床研究说明给药途径选择的必要性和合理性。药物活性成份及作用机理应当明确，并应当开展全面的非临床有效性、安全性研究，循序开展Ⅰ期临床试验、Ⅱ期临床试验和Ⅲ期临床试验。

中药、天然药物注射剂上市后，持有人应当开展药品上市后临床研究，不断充实完善临床有效性、安全性证据，应当持续收集不良反应信息，及时修改完善说明书，对临床使用过程中发现的非预期不良反应及时开展非临床安全性研究。持有人应当加强质量控制。

第八十条　省级药品监督管理部门应当按年度向国家药品监督管理部门提交医疗机构中药制剂审批、备案情况的报告。国家药品监督管理部门根据省级药品监督管理部门提交的报告，将医疗机构中药制剂的审批、备案情况纳入药品审评年度报告。

第八十一条　本规定未涉及的药品注册管理的一般

性要求按照《药品注册管理办法》执行。实施审批管理的中药材、中药饮片注册管理规定另行制定。

第八十二条 本规定自2023年7月1日起施行。原国家食品药品监督管理局《关于印发中药注册管理补充规定的通知》(国食药监注〔2008〕3号)同时废止。

药品注册管理办法

- 2020年1月22日国家市场监督管理总局令第27号公布
- 自2020年7月1日起施行

第一章 总 则

第一条 为规范药品注册行为,保证药品的安全、有效和质量可控,根据《中华人民共和国药品管理法》(以下简称《药品管理法》)、《中华人民共和国中医药法》、《中华人民共和国疫苗管理法》(以下简称《疫苗管理法》)、《中华人民共和国行政许可法》、《中华人民共和国药品管理法实施条例》等法律、行政法规,制定本办法。

第二条 在中华人民共和国境内以药品上市为目的,从事药品研制、注册及监督管理活动,适用本办法。

第三条 药品注册是指药品注册申请人(以下简称申请人)依照法定程序和相关要求提出药物临床试验、药品上市许可、再注册等申请以及补充申请,药品监督管理部门基于法律法规和现有科学认知进行安全性、有效性和质量可控性等审查,决定是否同意其申请的活动。

申请人取得药品注册证书后,为药品上市许可持有人(以下简称持有人)。

第四条 药品注册按照中药、化学药和生物制品等进行分类注册管理。

中药注册按照中药创新药、中药改良型新药、古代经典名方中药复方制剂、同名同方药等进行分类。

化学药注册按照化学药创新药、化学药改良型新药、仿制药等进行分类。

生物制品注册按照生物制品创新药、生物制品改良型新药、已上市生物制品(含生物类似药)等进行分类。

中药、化学药和生物制品等药品的细化分类和相应的申报资料要求,由国家药品监督管理局根据注册药品的产品特性、创新程度和审评管理需要组织制定,并向社会公布。

境外生产药品的注册申请,按照药品的细化分类和相应的申报资料要求执行。

第五条 国家药品监督管理局主管全国药品注册管理工作,负责建立药品注册管理工作体系和制度,制定药品注册管理规范,依法组织药品注册审评审批以及相关的监督管理工作。国家药品监督管理局药品审评中心(以下简称药品审评中心)负责药物临床试验申请、药品上市许可申请、补充申请和境外生产药品再注册申请等的审评。中国食品药品检定研究院(以下简称中检院)、国家药典委员会(以下简称药典委)、国家药品监督管理局食品药品审核查验中心(以下简称药品核查中心)、国家药品监督管理局药品评价中心(以下简称药品评价中心)、国家药品监督管理局行政事项受理服务和投诉举报中心、国家药品监督管理局信息中心(以下简称信息中心)等药品专业技术机构,承担依法实施药品注册管理所需的药品注册检验、通用名称核准、核查、监测与评价、制证送达以及相应的信息化建设与管理等相关工作。

第六条 省、自治区、直辖市药品监督管理部门负责本行政区域内以下药品注册相关管理工作:

(一)境内生产药品再注册申请的受理、审查和审批;

(二)药品上市后变更的备案、报告事项管理;

(三)组织对药物非临床安全性评价研究机构、药物临床试验机构的日常监管及违法行为的查处;

(四)参与国家药品监督管理局组织的药品注册核查、检验等工作;

(五)国家药品监督管理局委托实施的药品注册相关事项。

省、自治区、直辖市药品监督管理部门设置或者指定的药品专业技术机构,承担依法实施药品监督管理所需的审评、检验、核查、监测与评价等工作。

第七条 药品注册管理遵循公开、公平、公正原则,以临床价值为导向,鼓励研究和创制新药,积极推动仿制药发展。

国家药品监督管理局持续推进审评审批制度改革,优化审评审批程序,提高审评审批效率,建立以审评为主导,检验、核查、监测与评价等为支撑的药品注册管理体系。

第二章 基本制度和要求

第八条 从事药物研制和药品注册活动,应当遵守有关法律、法规、规章、标准和规范;参照相关技术指导原则,采用其他评价方法和技术的,应当证明其科学性、适用性;应当保证全过程信息真实、准确、完整和可追溯。

药品应当符合国家药品标准和经国家药品监督管理局核准的药品质量标准。经国家药品监督管理局核准的药品质量标准,为药品注册标准。药品注册标准应当符合《中华人民共和国药典》通用技术要求,不得低于《中华人民共和国药典》的规定。申报注册品种的检测项目或者指标不适用《中华人民共和国药典》的，申请人应当提供充分的支持性数据。

药品审评中心等专业技术机构，应当根据科学进展、行业发展实际和药品监督管理工作需要制定技术指导原则和程序，并向社会公布。

第九条 申请人应当为能够承担相应法律责任的企业或者药品研制机构等。境外申请人应当指定中国境内的企业法人办理相关药品注册事项。

第十条 申请人在申请药品上市注册前，应当完成药学、药理毒理学和药物临床试验等相关研究工作。药物非临床安全性评价研究应当在经过药物非临床研究质量管理规范认证的机构开展，并遵守药物非临床研究质量管理规范。药物临床试验应当经批准，其中生物等效性试验应当备案；药物临床试验应当在符合相关规定的药物临床试验机构开展，并遵守药物临床试验质量管理规范。

申请药品注册，应当提供真实、充分、可靠的数据、资料和样品，证明药品的安全性、有效性和质量可控性。

使用境外研究资料和数据支持药品注册的，其来源、研究机构或者实验室条件、质量体系要求及其他管理条件等应当符合国际人用药品注册技术要求协调会通行原则，并符合我国药品注册管理的相关要求。

第十一条 变更原药品注册批准证明文件及其附件所载明的事项或者内容的，申请人应当按照规定，参照相关技术指导原则，对药品变更进行充分研究和验证，充分评估变更可能对药品安全性、有效性和质量可控性的影响，按照变更程序提出补充申请、备案或者报告。

第十二条 药品注册证书有效期为五年，药品注册证书有效期内持有人应当持续保证上市药品的安全性、有效性和质量可控性，并在有效期届满前六个月申请药品再注册。

第十三条 国家药品监督管理局建立药品加快上市注册制度，支持以临床价值为导向的药物创新。对符合条件的药品注册申请，申请人可以申请适用突破性治疗药物、附条件批准、优先审评审批及特别审批程序。在药品研制和注册过程中，药品监督管理部门及其专业技术机构给予必要的技术指导、沟通交流、优先配置资源、缩短审评时限等政策和技术支持。

第十四条 国家药品监督管理局建立化学原料药、辅料及直接接触药品的包装材料和容器关联审评审批制度。在审批药品制剂时，对化学原料药一并审评审批，对相关辅料、直接接触药品的包装材料和容器一并审评。药品审评中心建立化学原料药、辅料及直接接触药品的包装材料和容器信息登记平台，对相关登记信息进行公示，供相关申请人或者持有人选择，并在相关药品制剂注册申请审评时关联审评。

第十五条 处方药和非处方药实行分类注册和转换管理。药品审评中心根据非处方药的特点，制定非处方药上市注册相关技术指导原则和程序，并向社会公布。药品评价中心制定处方药和非处方药上市后转换相关技术要求和程序，并向社会公布。

第十六条 申请人在药物临床试验申请前、药物临床试验过程中以及药品上市许可申请前等关键阶段，可以就重大问题与药品审评中心等专业技术机构进行沟通交流。药品注册过程中，药品审评中心等专业技术机构可以根据工作需要组织与申请人进行沟通交流。

沟通交流的程序、要求和时限，由药品审评中心等专业技术机构依照职能分别制定，并向社会公布。

第十七条 药品审评中心等专业技术机构根据工作需要建立专家咨询制度，成立专家咨询委员会，在审评、核查、检验、通用名称核准等过程中就重大问题听取专家意见，充分发挥专家的技术支撑作用。

第十八条 国家药品监督管理局建立收载新批准上市以及通过仿制药质量和疗效一致性评价的化学药品目录集，载明药品名称、活性成分、剂型、规格、是否为参比制剂、持有人等相关信息，及时更新并向社会公开。化学药品目录集收载程序和要求，由药品审评中心制定，并向社会公布。

第十九条 国家药品监督管理局支持中药传承和创新，建立和完善符合中药特点的注册管理制度和技术评价体系，鼓励运用现代科学技术和传统研究方法研制中药，加强中药质量控制，提高中药临床试验水平。

中药注册申请，申请人应当进行临床价值和资源评估，突出以临床价值为导向，促进资源可持续利用。

第三章 药品上市注册

第一节 药物临床试验

第二十条 本办法所称药物临床试验是指以药品上市注册为目的，为确定药物安全性与有效性在人体开展的药物研究。

第二十一条 药物临床试验分为Ⅰ期临床试验、Ⅱ期临床试验、Ⅲ期临床试验、Ⅳ期临床试验以及生物等效性试验。根据药物特点和研究目的，研究内容包括临床药理学研究、探索性临床试验、确证性临床试验和上市后研究。

第二十二条 药物临床试验应当在具备相应条件并按规定备案的药物临床试验机构开展。其中,疫苗临床试验应当由符合国家药品监督管理局和国家卫生健康委员会规定条件的三级医疗机构或者省级以上疾病预防控制机构实施或者组织实施。

第二十三条 申请人完成支持药物临床试验的药学、药理毒理学等研究后,提出药物临床试验申请的,应当按照申报资料要求提交相关研究资料。经形式审查,申报资料符合要求的,予以受理。药品审评中心应当组织药学、医学和其他技术人员对已受理的药物临床试验申请进行审评。对药物临床试验申请应当自受理之日起六十日内决定是否同意开展,并通过药品审评中心网站通知申请人审批结果;逾期未通知的,视为同意,申请人可以按照提交的方案开展药物临床试验。

申请人获准开展药物临床试验的为药物临床试验申办者(以下简称申办者)。

第二十四条 申请人拟开展生物等效性试验的,应当按照要求在药品审评中心网站完成生物等效性试验备案后,按照备案的方案开展相关研究工作。

第二十五条 开展药物临床试验,应当经伦理委员会审查同意。

药物临床试验用药品的管理应当符合药物临床试验质量管理规范的有关要求。

第二十六条 获准开展药物临床试验的,申办者在开展后续分期药物临床试验前,应当制定相应的药物临床试验方案,经伦理委员会审查同意后开展,并在药品审评中心网站提交相应的药物临床试验方案和支持性资料。

第二十七条 获准开展药物临床试验的药物拟增加适应症(或者功能主治)以及增加与其他药物联合用药的,申请人应当提出新的药物临床试验申请,经批准后方可开展新的药物临床试验。

获准上市的药品增加适应症(或者功能主治)需要开展药物临床试验的,应当提出新的药物临床试验申请。

第二十八条 申办者应当定期在药品审评中心网站提交研发期间安全性更新报告。研发期间安全性更新报告应当每年提交一次,于药物临床试验获准后每满一年后的两个月内提交。药品审评中心可以根据审查情况,要求申办者调整报告周期。

对于药物临床试验期间出现的可疑且非预期严重不良反应和其他潜在的严重安全性风险信息,申办者应当按照相关要求及时向药品审评中心报告。根据安全性风险严重程度,可以要求申办者采取调整药物临床试验方案、知情同意书、研究者手册等加强风险控制的措施,必要时可以要求申办者暂停或者终止药物临床试验。

研发期间安全性更新报告的具体要求由药品审评中心制定公布。

第二十九条 药物临床试验期间,发生药物临床试验方案变更、非临床或者药学的变化或者有新发现的,申办者应当按照规定,参照相关技术指导原则,充分评估对受试者安全的影响。

申办者评估认为不影响受试者安全的,可以直接实施并在研发期间安全性更新报告中报告。可能增加受试者安全性风险的,应当提出补充申请。对补充申请应当自受理之日起六十日内决定是否同意,并通过药品审评中心网站通知申请人审批结果;逾期未通知的,视为同意。

申办者发生变更的,由变更后的申办者承担药物临床试验的相关责任和义务。

第三十条 药物临床试验期间,发现存在安全性问题或者其他风险的,申办者应当及时调整临床试验方案、暂停或者终止临床试验,并向药品审评中心报告。

有下列情形之一的,可以要求申办者调整药物临床试验方案、暂停或者终止药物临床试验:

(一)伦理委员会未履行职责的;

(二)不能有效保证受试者安全的;

(三)申办者未按照要求提交研发期间安全性更新报告的;

(四)申办者未及时处置并报告可疑且非预期严重不良反应的;

(五)有证据证明研究药物无效的;

(六)临床试验用药品出现质量问题的;

(七)药物临床试验过程中弄虚作假的;

(八)其他违反药物临床试验质量管理规范的情形。

药物临床试验中出现大范围、非预期的严重不良反应,或者有证据证明临床试验用药品存在严重质量问题时,申办者和药物临床试验机构应当立即停止药物临床试验。药品监督管理部门依职责可以责令调整临床试验方案、暂停或者终止药物临床试验。

第三十一条 药物临床试验被责令暂停后,申办者拟继续开展药物临床试验的,应当在完成整改后提出恢复药物临床试验的补充申请,经审查同意后方可继续开展药物临床试验。药物临床试验暂停时间满三年且未申请并获准恢复药物临床试验的,该药物临床试验许可自行失效。

药物临床试验终止后,拟继续开展药物临床试验的,应当重新提出药物临床试验申请。

第三十二条 药物临床试验应当在批准后三年内实施。药物临床试验申请自获准之日起,三年内未有受试者签署知情同意书的,该药物临床试验许可自行失效。仍需实施药物临床试验的,应当重新申请。

第三十三条 申办者应当在开展药物临床试验前在药物临床试验登记与信息公示平台登记药物临床试验方案等信息。药物临床试验期间,申办者应当持续更新登记信息,并在药物临床试验结束后登记药物临床试验结果等信息。登记信息在平台进行公示,申办者对药物临床试验登记信息的真实性负责。

药物临床试验登记和信息公示的具体要求,由药品审评中心制定公布。

第二节 药品上市许可

第三十四条 申请人在完成支持药品上市注册的药学、药理毒理学和药物临床试验等研究,确定质量标准,完成商业规模生产工艺验证,并做好接受药品注册核查检验的准备后,提出药品上市许可申请,按照申报资料要求提交相关研究资料。经对申报资料进行形式审查,符合要求的,予以受理。

第三十五条 仿制药、按照药品管理的体外诊断试剂以及其他符合条件的情形,经申请人评估,认为无需或者不能开展药物临床试验,符合豁免药物临床试验条件的,申请人可以直接提出药品上市许可申请。豁免药物临床试验的技术指导原则和有关具体要求,由药品审评中心制定公布。

仿制药应当与参比制剂质量和疗效一致。申请人应当参照相关技术指导原则选择合理的参比制剂。

第三十六条 符合以下情形之一的,可以直接提出非处方药上市许可申请:

(一)境内已有相同活性成分、适应症(或者功能主治)、剂型、规格的非处方药上市的药品;

(二)经国家药品监督管理局确定的非处方药改变剂型或者规格,但不改变适应症(或者功能主治)、给药剂量以及给药途径的药品;

(三)使用国家药品监督管理局确定的非处方药的活性成份组成的新的复方制剂;

(四)其他直接申报非处方药上市许可的情形。

第三十七条 申报药品拟使用的药品通用名称,未列入国家药品标准或者药品注册标准的,申请人应当在提出药品上市许可申请时同时提出通用名称核准申请。药品上市许可申请受理后,通用名称核准相关资料转药典委,药典委核准后反馈药品审评中心。

申报药品拟使用的药品通用名称,已列入国家药品标准或者药品注册标准,药品审评中心在审评过程中认为需核准药品通用名称的,应当通知药典委核准通用名称并提供相关资料,药典委核准后反馈药品审评中心。

药典委在核准药品通用名称时,应当与申请人做好沟通交流,并将核准结果告知申请人。

第三十八条 药品审评中心应当组织药学、医学和其他技术人员,按要求对已受理的药品上市许可申请进行审评。

审评过程中基于风险启动药品注册核查、检验,相关技术机构应当在规定时限内完成核查、检验工作。

药品审评中心根据药品注册申报资料、核查结果、检验结果等,对药品的安全性、有效性和质量可控性等进行综合审评,非处方药还应当转药品评价中心进行非处方药适宜性审查。

第三十九条 综合审评结论通过的,批准药品上市,发给药品注册证书。综合审评结论不通过的,作出不予批准决定。药品注册证书载明药品批准文号、持有人、生产企业等信息。非处方药的药品注册证书还应当注明非处方药类别。

经核准的药品生产工艺、质量标准、说明书和标签作为药品注册证书的附件一并发给申请人,必要时还应当附药品上市后研究要求。上述信息纳入药品品种档案,并根据上市后变更情况及时更新。

药品批准上市后,持有人应当按照国家药品监督管理局核准的生产工艺和质量标准生产药品,并按照药品生产质量管理规范要求进行细化和实施。

第四十条 药品上市许可申请审评期间,发生可能影响药品安全性、有效性和质量可控性的重大变更的,申请人应当撤回原注册申请,补充研究后重新申报。

申请人名称变更、注册地址名称变更等不涉及技术审评内容的,应当及时书面告知药品审评中心并提交相关证明性资料。

第三节 关联审评审批

第四十一条 药品审评中心在审评药品制剂注册申请时,对药品制剂选用的化学原料药、辅料及直接接触药品的包装材料和容器进行关联审评。

化学原料药、辅料及直接接触药品的包装材料和容器生产企业应当按照关联审评审批制度要求,在化学原料药、辅料及直接接触药品的包装材料和容器登记平台登记产品信息和研究资料。药品审评中心向社会公示登记号、产品名称、企业名称、生产地址等基本信息,供药品制剂注册申请人选择。

第四十二条 药品制剂申请人提出药品注册申请,可以直接选用已登记的化学原料药、辅料及直接接触药品的包装材料和容器;选用未登记的化学原料药、辅料及直接接触药品的包装材料和容器的,相关研究资料应当随药品制剂注册申请一并申报。

第四十三条 药品审评中心在审评药品制剂注册申请时,对药品制剂选用的化学原料药、辅料及直接接触药品的包装材料和容器进行关联审评,需补充资料的,按照补充资料程序要求药品制剂申请人或者化学原料药、辅料及直接接触药品的包装材料和容器登记企业补充资料,可以基于风险提出对化学原料药、辅料及直接接触药品的包装材料和容器企业进行延伸检查。

仿制境内已上市药品所用的化学原料药的,可以申请单独审评审批。

第四十四条 化学原料药、辅料及直接接触药品的包装材料和容器关联审评通过的或者单独审评审批通过的,药品审评中心在化学原料药、辅料及直接接触药品的包装材料和容器登记平台更新登记状态标识,向社会公示相关信息。其中,化学原料药同时发给化学原料药批准通知书及核准后的生产工艺、质量标准和标签,化学原料药批准通知书中载明登记号;不予批准的,发给化学原料药不予批准通知书。

未通过关联审评审批的,化学原料药、辅料及直接接触药品的包装材料和容器产品的登记状态维持不变,相关药品制剂申请不予批准。

第四节 药品注册核查

第四十五条 药品注册核查,是指为核实申报资料的真实性、一致性以及药品上市商业化生产条件,检查药品研制的合规性、数据可靠性等,对研制现场和生产现场开展的核查活动,以及必要时对药品注册申请所涉及的化学原料药、辅料及直接接触药品的包装材料和容器生产企业、供应商或者其他受托机构开展的延伸检查活动。

药品注册核查启动的原则、程序、时限和要求,由药品审评中心制定公布;药品注册核查实施的原则、程序、时限和要求,由药品核查中心制定公布。

第四十六条 药品审评中心根据药物创新程度、药物研究机构既往接受核查情况等,基于风险决定是否开展药品注册研制现场核查。

药品审评中心决定启动药品注册研制现场核查的,通知药品核查中心在审评期间组织实施核查,同时告知申请人。药品核查中心应当在规定时限内完成现场核查,并将核查情况、核查结论等相关材料反馈药品审评中心进行综合审评。

第四十七条 药品审评中心根据申报注册的品种、工艺、设施、既往接受核查情况等因素,基于风险决定是否启动药品注册生产现场核查。

对于创新药、改良型新药以及生物制品等,应当进行药品注册生产现场核查和上市前药品生产质量管理规范检查。

对于仿制药等,根据是否已获得相应生产范围药品生产许可证且已有同剂型品种上市等情况,基于风险进行药品注册生产现场核查、上市前药品生产质量管理规范检查。

第四十八条 药品注册申请受理后,药品审评中心应当在受理后四十日内进行初步审评,需要药品注册生产现场核查的,通知药品核查中心组织核查,提供核查所需的相关材料,同时告知申请人以及申请人或者生产企业所在地省、自治区、直辖市药品监督管理部门。药品核查中心原则上应当在审评时限届满四十日前完成核查工作,并将核查情况、核查结果等相关材料反馈至药品审评中心。

需要上市前药品生产质量管理规范检查的,由药品核查中心协调相关省、自治区、直辖市药品监督管理部门与药品注册生产现场核查同步实施。上市前药品生产质量管理规范检查的管理要求,按照药品生产监督管理办法的有关规定执行。

申请人应当在规定时限内接受核查。

第四十九条 药品审评中心在审评过程中,发现申报资料真实性存疑或者有明确线索举报等,需要现场检查核实的,应当启动有因检查,必要时进行抽样检验。

第五十条 申请药品上市许可时,申请人和生产企业应当已取得相应的药品生产许可证。

第五节 药品注册检验

第五十一条 药品注册检验,包括标准复核和样品检验。标准复核,是指对申请人申报药品标准中设定项目的科学性、检验方法的可行性、质控指标的合理性等进行的实验室评估。样品检验,是指按照申请人申报或者药品审评中心核定的药品质量标准对样品进行的实验室检验。

药品注册检验启动的原则、程序、时限等要求,由药品审评中心组织制定公布。药品注册申请受理前提出药品注册检验的具体工作程序和要求以及药品注册检验技术要求和规范，由中检院制定公布。

第五十二条 与国家药品标准收载的同品种药品使用的检验项目和检验方法一致的，可以不进行标准复核，只进行样品检验。其他情形应当进行标准复核和样品检验。

第五十三条 中检院或者经国家药品监督管理局指定的药品检验机构承担以下药品注册检验：

（一）创新药；

（二）改良型新药（中药除外）；

（三）生物制品、放射性药品和按照药品管理的体外诊断试剂；

（四）国家药品监督管理局规定的其他药品。

境外生产药品的药品注册检验由中检院组织口岸药品检验机构实施。

其他药品的注册检验，由申请人或者生产企业所在地省级药品检验机构承担。

第五十四条 申请人完成支持药品上市的药学相关研究，确定质量标准，并完成商业规模生产工艺验证后，可以在药品注册申请受理前向中检院或者省、自治区、直辖市药品监督管理部门提出药品注册检验；申请人未在药品注册申请受理前提出药品注册检验的，在药品注册申请受理后四十日内由药品审评中心启动药品注册检验。原则上申请人在药品注册申请受理前只能提出一次药品注册检验，不得同时向多个药品检验机构提出药品注册检验。

申请人提交的药品注册检验资料应当与药品注册申报资料的相应内容一致，不得在药品注册检验过程中变更药品检验机构、样品和资料等。

第五十五条 境内生产药品的注册申请，申请人在药品注册申请受理前提出药品注册检验的，向相关省、自治区、直辖市药品监督管理部门申请抽样，省、自治区、直辖市药品监督管理部门组织进行抽样并封签，由申请人将抽样单、样品、检验所需资料及标准物质等送至相应药品检验机构。

境外生产药品的注册申请，申请人在药品注册申请受理前提出药品注册检验的，申请人应当按规定要求抽取样品，并将样品、检验所需资料及标准物质等送至中检院。

第五十六条 境内生产药品的注册申请，药品注册申请受理后需要药品注册检验的，药品审评中心应当在受理后四十日内向药品检验机构和申请人发出药品注册检验通知。申请人向相关省、自治区、直辖市药品监督管理部门申请抽样，省、自治区、直辖市药品监督管理部门组织进行抽样并封签，申请人应当在规定时限内将抽样单、样品、检验所需资料及标准物质等送至相应药品检验机构。

境外生产药品的注册申请，药品注册申请受理后需要药品注册检验的，申请人应当按规定要求抽取样品，并将样品、检验所需资料及标准物质等送至中检院。

第五十七条 药品检验机构应当在五日内对申请人提交的检验用样品及资料等进行审核，作出是否接收的决定，同时告知药品审评中心。需要补正的，应当一次性告知申请人。

药品检验机构原则上应当在审评时限届满四十日前，将标准复核意见和检验报告反馈至药品审评中心。

第五十八条 在药品审评、核查过程中，发现申报资料真实性存疑或者有明确线索举报，或者认为有必要进行样品检验的，可抽取样品进行样品检验。

审评过程中，药品审评中心可以基于风险提出质量标准单项复核。

第四章 药品加快上市注册程序

第一节 突破性治疗药物程序

第五十九条 药物临床试验期间，用于防治严重危及生命或者严重影响生存质量的疾病，且尚无有效防治手段或者与现有治疗手段相比有足够证据表明具有明显临床优势的创新药或者改良型新药等，申请人可以申请适用突破性治疗药物程序。

第六十条 申请适用突破性治疗药物程序的，申请人应当向药品审评中心提出申请。符合条件的，药品审评中心按照程序公示后纳入突破性治疗药物程序。

第六十一条 对纳入突破性治疗药物程序的药物临床试验，给予以下政策支持：

（一）申请人可以在药物临床试验的关键阶段向药品审评中心提出沟通交流申请，药品审评中心安排审评人员进行沟通交流；

（二）申请人可以将阶段性研究资料提交药品审评中心，药品审评中心基于已有研究资料，对下一步研究方案提出意见或者建议，并反馈给申请人。

第六十二条 对纳入突破性治疗药物程序的药物临床试验，申请人发现不再符合纳入条件时，应当及时向药品审评中心提出终止突破性治疗药物程序。药品审评中心发现不再符合纳入条件的,应当及时终止该品种的突破性治疗药物程序,并告知申请人。

第二节 附条件批准程序

第六十三条 药物临床试验期间,符合以下情形的药品,可以申请附条件批准:

(一)治疗严重危及生命且尚无有效治疗手段的疾病的药品,药物临床试验已有数据证实疗效并能预测其临床价值的;

(二)公共卫生方面急需的药品,药物临床试验已有数据显示疗效并能预测其临床价值的;

(三)应对重大突发公共卫生事件急需的疫苗或者国家卫生健康委员会认定急需的其他疫苗,经评估获益大于风险的。

第六十四条 申请附条件批准的,申请人应当就附条件批准上市的条件和上市后继续完成的研究工作等与药品审评中心沟通交流,经沟通交流确认后提出药品上市许可申请。

经审评,符合附条件批准要求的,在药品注册证书中载明附条件批准药品注册证书的有效期、上市后需要继续完成的研究工作及完成时限等相关事项。

第六十五条 审评过程中,发现纳入附条件批准程序的药品注册申请不能满足附条件批准条件的,药品审评中心应当终止该品种附条件批准程序,并告知申请人按照正常程序研究申报。

第六十六条 对附条件批准的药品,持有人应当在药品上市后采取相应的风险管理措施,并在规定期限内按照要求完成药物临床试验等相关研究,以补充申请方式申报。

对批准疫苗注册申请时提出进一步研究要求的,疫苗持有人应当在规定期限内完成研究。

第六十七条 对附条件批准的药品,持有人逾期未按照要求完成研究或者不能证明其获益大于风险的,国家药品监督管理局应当依法处理,直至注销药品注册证书。

第三节 优先审评审批程序

第六十八条 药品上市许可申请时,以下具有明显临床价值的药品,可以申请适用优先审评审批程序:

(一)临床急需的短缺药品、防治重大传染病和罕见病等疾病的创新药和改良型新药;

(二)符合儿童生理特征的儿童用药品新品种、剂型和规格;

(三)疾病预防、控制急需的疫苗和创新疫苗;

(四)纳入突破性治疗药物程序的药品;

(五)符合附条件批准的药品;

(六)国家药品监督管理局规定其他优先审评审批的情形。

第六十九条 申请人在提出药品上市许可申请前,应当与药品审评中心沟通交流,经沟通交流确认后,在提出药品上市许可申请的同时,向药品审评中心提出优先审评审批申请。符合条件的,药品审评中心按照程序公示后纳入优先审评审批程序。

第七十条 对纳入优先审评审批程序的药品上市许可申请,给予以下政策支持:

(一)药品上市许可申请的审评时限为一百三十日;

(二)临床急需的境外已上市境内未上市的罕见病药品,审评时限为七十日;

(三)需要核查、检验和核准药品通用名称的,予以优先安排;

(四)经沟通交流确认后,可以补充提交技术资料。

第七十一条 审评过程中,发现纳入优先审评审批程序的药品注册申请不能满足优先审评审批条件的,药品审评中心应当终止该品种优先审评审批程序,按照正常审评程序审评,并告知申请人。

第四节 特别审批程序

第七十二条 在发生突发公共卫生事件的威胁时以及突发公共卫生事件发生后,国家药品监督管理局可以依法决定对突发公共卫生事件应急所需防治药品实行特别审批。

第七十三条 对实施特别审批的药品注册申请,国家药品监督管理局按照统一指挥、早期介入、快速高效、科学审批的原则,组织加快并同步开展药品注册受理、审评、核查、检验工作。特别审批的情形、程序、时限、要求等按照药品特别审批程序规定执行。

第七十四条 对纳入特别审批程序的药品,可以根据疾病防控的特定需要,限定其在一定期限和范围内使用。

第七十五条 对纳入特别审批程序的药品,发现其不再符合纳入条件的,应当终止该药品的特别审批程序,并告知申请人。

第五章 药品上市后变更和再注册

第一节 药品上市后研究和变更

第七十六条 持有人应当主动开展药品上市后研究,对药品的安全性、有效性和质量可控性进行进一步确证,加强对已上市药品的持续管理。

药品注册证书及附件要求持有人在药品上市后开展相关研究工作的，持有人应当在规定时限内完成并按照要求提出补充申请、备案或者报告。

药品批准上市后，持有人应当持续开展药品安全性和有效性研究，根据有关数据及时备案或者提出修订说明书的补充申请，不断更新完善说明书和标签。药品监督管理部门依职责可以根据药品不良反应监测和药品上市后评价结果等，要求持有人对说明书和标签进行修订。

第七十七条　药品上市后的变更，按照其对药品安全性、有效性和质量可控性的风险和产生影响的程度，实行分类管理，分为审批类变更、备案类变更和报告类变更。

持有人应当按照相关规定，参照相关技术指导原则，全面评估、验证变更事项对药品安全性、有效性和质量可控性的影响，进行相应的研究工作。

药品上市后变更研究的技术指导原则，由药品审评中心制定，并向社会公布。

第七十八条　以下变更，持有人应当以补充申请方式申报，经批准后实施：

（一）药品生产过程中的重大变更；

（二）药品说明书中涉及有效性内容以及增加安全性风险的其他内容的变更；

（三）持有人转让药品上市许可；

（四）国家药品监督管理局规定需要审批的其他变更。

第七十九条　以下变更，持有人应当在变更实施前，报所在地省、自治区、直辖市药品监督管理部门备案：

（一）药品生产过程中的中等变更；

（二）药品包装标签内容的变更；

（三）药品分包装；

（四）国家药品监督管理局规定需要备案的其他变更。

境外生产药品发生上述变更的，应当在变更实施前报药品审评中心备案。

药品分包装备案的程序和要求，由药品审评中心制定发布。

第八十条　以下变更，持有人应当在年度报告中报告：

（一）药品生产过程中的微小变更；

（二）国家药品监督管理局规定需要报告的其他变更。

第八十一条　药品上市后提出的补充申请，需要核查、检验的，参照本办法有关药品注册核查、检验程序进行。

第二节　药品再注册

第八十二条　持有人应当在药品注册证书有效期届满前六个月申请再注册。境内生产药品再注册申请由持有人向其所在地省、自治区、直辖市药品监督管理部门提出，境外生产药品再注册申请由持有人向药品审评中心提出。

第八十三条　药品再注册申请受理后，省、自治区、直辖市药品监督管理部门或者药品审评中心对持有人开展药品上市后评价和不良反应监测情况，按照药品批准证明文件和药品监督管理部门要求开展相关工作情况，以及药品批准证明文件载明信息变化情况等进行审查，符合规定的，予以再注册，发给药品再注册批准通知书。不符合规定的，不予再注册，并报请国家药品监督管理局注销药品注册证书。

第八十四条　有下列情形之一的，不予再注册：

（一）有效期届满未提出再注册申请的；

（二）药品注册证书有效期内持有人不能履行持续考察药品质量、疗效和不良反应责任的；

（三）未在规定时限内完成药品批准证明文件和药品监督管理部门要求的研究工作且无合理理由的；

（四）经上市后评价，属于疗效不确切、不良反应大或者因其他原因危害人体健康的；

（五）法律、行政法规规定的其他不予再注册情形。

对不予再注册的药品，药品注册证书有效期届满时予以注销。

第六章　受理、撤回申请、审批决定和争议解决

第八十五条　药品监督管理部门收到药品注册申请后进行形式审查，并根据下列情况分别作出是否受理的决定：

（一）申请事项依法不需要取得行政许可的，应当即时作出不予受理的决定，并说明理由。

（二）申请事项依法不属于本部门职权范围的，应当即时作出不予受理的决定，并告知申请人向有关行政机关申请。

（三）申报资料存在可以当场更正的错误的，应当允许申请人当场更正；更正后申请材料齐全、符合法定形式的，应当予以受理。

（四）申报资料不齐全或者不符合法定形式的，应当当场或者在五日内一次告知申请人需要补正的全部内容。按照规定需要在告知时一并退回申请材料的，予以退回。申请人应当在三十日内完成补正资料。申请

人无正当理由逾期不予补正的,视为放弃申请,无需作出不予受理的决定。逾期未告知申请人补正的,自收到申请材料之日起即为受理。

(五)申请事项属于本部门职权范围,申报资料齐全、符合法定形式,或者申请人按照要求提交全部补正资料的,应当受理药品注册申请。

药品注册申请受理后,需要申请人缴纳费用的,申请人应当按规定缴纳费用。申请人未在规定期限内缴纳费用的,终止药品注册审评审批。

第八十六条 药品注册申请受理后,有药品安全性新发现的,申请人应当及时报告并补充相关资料。

第八十七条 药品注册申请受理后,需要申请人在原申报资料基础上补充新的技术资料的,药品审评中心原则上提出一次补充资料要求,列明全部问题后,以书面方式通知申请人在八十日内补充提交资料。申请人应当一次性按要求提交全部补充资料,补充资料时间不计入药品审评时限。药品审评中心收到申请人全部补充资料后启动审评,审评时限延长三分之一;适用优先审评审批程序的,审评时限延长四分之一。

不需要申请人补充新的技术资料,仅需要申请人对原申报资料进行解释说明的,药品审评中心通知申请人在五日内按照要求提交相关解释说明。

药品审评中心认为存在实质性缺陷无法补正的,不再要求申请人补充资料。基于已有申报资料做出不予批准的决定。

第八十八条 药物临床试验申请、药物临床试验期间的补充申请,在审评期间,不得补充新的技术资料;如需要开展新的研究,申请人可以在撤回后重新提出申请。

第八十九条 药品注册申请受理后,申请人可以提出撤回申请。同意撤回申请的,药品审评中心或者省、自治区、直辖市药品监督管理部门终止其注册程序,并告知药品注册核查、检验等技术机构。审评、核查和检验过程中发现涉嫌存在隐瞒真实情况或者提供虚假信息等违法行为的,依法处理,申请人不得撤回药品注册申请。

第九十条 药品注册期间,对于审评结论为不通过的,药品审评中心应当告知申请人不通过的理由,申请人可以在十五日内向药品审评中心提出异议。药品审评中心结合申请人的异议意见进行综合评估并反馈申请人。

申请人对综合评估结果仍有异议的,药品审评中心应当按照规定,在五十日内组织专家咨询委员会论证,并综合专家论证结果形成最终的审评结论。

申请人异议和专家论证时间不计入审评时限。

第九十一条 药品注册期间,申请人认为工作人员在药品注册受理、审评、核查、检验、审批等工作中违反规定或者有不规范行为的,可以向其所在单位或者上级机关投诉举报。

第九十二条 药品注册申请符合法定要求的,予以批准。

药品注册申请有下列情形之一的,不予批准:

(一)药物临床试验申请的研究资料不足以支持开展药物临床试验或者不能保障受试者安全的;

(二)申报资料显示其申请药品安全性、有效性、质量可控性等存在较大缺陷的;

(三)申报资料不能证明药品安全性、有效性、质量可控性,或者经评估认为药品风险大于获益的;

(四)申请人未能在规定时限内补充资料的;

(五)申请人拒绝接受或者无正当理由未在规定时限内接受药品注册核查、检验的;

(六)药品注册过程中认为申报资料不真实,申请人不能证明其真实性的;

(七)药品注册现场核查或者样品检验结果不符合规定的;

(八)法律法规规定的不应当批准的其他情形。

第九十三条 药品注册申请审批结束后,申请人对行政许可决定有异议的,可以依法提起行政复议或者行政诉讼。

第七章 工作时限

第九十四条 本办法所规定的时限是药品注册的受理、审评、核查、检验、审批等工作的最长时间。优先审评审批程序相关工作时限,按优先审评审批相关规定执行。

药品审评中心等专业技术机构应当明确本单位工作程序和时限,并向社会公布。

第九十五条 药品监督管理部门收到药品注册申请后进行形式审查,应当在五日内作出受理、补正或者不予受理决定。

第九十六条 药品注册审评时限,按照以下规定执行:

(一)药物临床试验申请、药物临床试验期间补充申请的审评审批时限为六十日;

(二)药品上市许可申请审评时限为二百日,其中优先审评审批程序的审评时限为一百三十日,临床急需境外已上市罕见病用药优先审评审批程序的审评时限为七十日;

(三)单独申报仿制境内已上市化学原料药的审评时限为二百日;

（四）审批类变更的补充申请审评时限为六十日，补充申请合并申报事项的，审评时限为八十日，其中涉及临床试验研究数据审查、药品注册核查检验的审评时限为二百日；

（五）药品通用名称核准时限为三十日；

（六）非处方药适宜性审核时限为三十日。

关联审评时限与其关联药品制剂的审评时限一致。

第九十七条 药品注册核查时限，按照以下规定执行：

（一）药品审评中心应当在药品注册申请受理后四十日内通知药品核查中心启动核查，并同时通知申请人；

（二）药品核查中心原则上在审评时限届满四十日前完成药品注册生产现场核查，并将核查情况、核查结果等相关材料反馈至药品审评中心。

第九十八条 药品注册检验时限，按照以下规定执行：

（一）样品检验时限为六十日，样品检验和标准复核同时进行的时限为九十日；

（二）药品注册检验过程中补充资料时限为三十日；

（三）药品检验机构原则上在审评时限届满四十日前完成药品注册检验相关工作，并将药品标准复核意见和检验报告反馈至药品审评中心。

第九十九条 药品再注册审查审批时限为一百二十日。

第一百条 行政审批决定应当在二十日内作出。

第一百零一条 药品监督管理部门应当自作出药品注册审批决定之日起十日内颁发、送达有关行政许可证件。

第一百零二条 因品种特性及审评、核查、检验等工作遇到特殊情况确需延长时限的，延长的时限不得超过原时限的二分之一，经药品审评、核查、检验等相关技术机构负责人批准后，由延长时限的技术机构书面告知申请人，并通知其他相关技术机构。

第一百零三条 以下时间不计入相关工作时限：

（一）申请人补充资料、核查后整改以及按要求核对生产工艺、质量标准和说明书等所占用的时间；

（二）因申请人原因延迟核查、检验、召开专家咨询会等的时间；

（三）根据法律法规的规定中止审评审批程序的，中止审评审批程序期间所占用的时间；

（四）启动境外核查的，境外核查所占用的时间。

第八章 监督管理

第一百零四条 国家药品监督管理局负责对药品审评中心等相关专业技术机构及省、自治区、直辖市药品监督管理部门承担药品注册管理相关工作的监督管理、考核评价与指导。

第一百零五条 药品监督管理部门应当依照法律、法规的规定对药品研制活动进行监督检查，必要时可以对为药品研制提供产品或者服务的单位和个人进行延伸检查，有关单位和个人应当予以配合，不得拒绝和隐瞒。

第一百零六条 信息中心负责建立药品品种档案，对药品实行编码管理，汇集药品注册申报、临床试验期间安全性相关报告、审评、核查、检验、审批以及药品上市后变更的审批、备案、报告等信息，并持续更新。药品品种档案和编码管理的相关制度，由信息中心制定公布。

第一百零七条 省、自治区、直辖市药品监督管理部门应当组织对辖区内药物非临床安全性评价研究机构、药物临床试验机构等遵守药物非临床研究质量管理规范、药物临床试验质量管理规范等情况进行日常监督检查，监督其持续符合法定要求。国家药品监督管理局根据需要进行药物非临床安全性评价研究机构、药物临床试验机构等研究机构的监督检查。

第一百零八条 国家药品监督管理局建立药品安全信用管理制度，药品核查中心负责建立药物非临床安全性评价研究机构、药物临床试验机构药品安全信用档案，记录许可颁发、日常监督检查结果、违法行为查处等情况，依法向社会公布并及时更新。药品监督管理部门对有不良信用记录的，增加监督检查频次，并可以按照国家规定实施联合惩戒。药物非临床安全性评价研究机构、药物临床试验机构药品安全信用档案的相关制度，由药品核查中心制定公布。

第一百零九条 国家药品监督管理局依法向社会公布药品注册审批事项清单及法律依据、审批要求和办理时限，向申请人公开药品注册进度，向社会公开批准上市药品的审评结论和依据以及监督检查发现的违法违规行为，接受社会监督。

批准上市药品的说明书应当向社会公开并及时更新。其中，疫苗还应当公开标签内容并及时更新。

未经申请人同意，药品监督管理部门、专业技术机构及其工作人员、参与专家评审等的人员不得披露申请人提交的商业秘密、未披露信息或者保密商务信息，法律另有规定或者涉及国家安全、重大社会公共利益的除外。

第一百一十条 具有下列情形之一的，由国家药品监督管理局注销药品注册证书，并予以公布：

（一）持有人自行提出注销药品注册证书的；

（二）按照本办法规定不予再注册的；

（三）持有人药品注册证书、药品生产许可证等行政许可被依法吊销或者撤销的；

（四）按照《药品管理法》第八十三条的规定，疗效不确切、不良反应大或者因其他原因危害人体健康的；

（五）按照《疫苗管理法》第六十一条的规定，经上市后评价，预防接种异常反应严重或者其他原因危害人体健康的；

（六）按照《疫苗管理法》第六十二条的规定，经上市后评价发现该疫苗品种的产品设计、生产工艺、安全性、有效性或者质量可控性明显劣于预防、控制同种疾病的其他疫苗品种的；

（七）违反法律、行政法规规定，未按照药品批准证明文件要求或者药品监督管理部门要求在规定时限内完成相应研究工作且无合理理由的；

（八）其他依法应当注销药品注册证书的情形。

第九章 法律责任

第一百一十一条 在药品注册过程中，提供虚假的证明、数据、资料、样品或者采取其他手段骗取临床试验许可或者药品注册等许可的，按照《药品管理法》第一百二十三条处理。

第一百一十二条 申请疫苗临床试验、注册提供虚假数据、资料、样品或者有其他欺骗行为的，按照《疫苗管理法》第八十一条进行处理。

第一百一十三条 在药品注册过程中，药物非临床安全性评价研究机构、药物临床试验机构等，未按照规定遵守药物非临床研究质量管理规范、药物临床试验质量管理规范等的，按照《药品管理法》第一百二十六条处理。

第一百一十四条 未经批准开展药物临床试验的，按照《药品管理法》第一百二十五条处理；开展生物等效性试验未备案的，按照《药品管理法》第一百二十七条处理。

第一百一十五条 药物临床试验期间，发现存在安全性问题或者其他风险，临床试验申办者未及时调整临床试验方案、暂停或者终止临床试验，或者未向国家药品监督管理局报告的，按照《药品管理法》第一百二十七条处理。

第一百一十六条 违反本办法第二十八条、第三十三条规定，申办者有下列情形之一的，责令限期改正；逾期不改正的，处一万元以上三万元以下罚款：

（一）开展药物临床试验前未按规定在药物临床试验登记与信息公示平台进行登记；

（二）未按规定提交研发期间安全性更新报告；

（三）药物临床试验结束后未登记临床试验结果等信息。

第一百一十七条 药品检验机构在承担药品注册所需要的检验工作时，出具虚假检验报告的，按照《药品管理法》第一百三十八条处理。

第一百一十八条 对不符合条件而批准进行药物临床试验、不符合条件的药品颁发药品注册证书的，按照《药品管理法》第一百四十七条处理。

第一百一十九条 药品监督管理部门及其工作人员在药品注册管理过程中有违法违规行为的，按照相关法律法规处理。

第十章 附 则

第一百二十条 麻醉药品、精神药品、医疗用毒性药品、放射性药品、药品类易制毒化学品等有其他特殊管理规定药品的注册申请，除按照本办法的规定办理外，还应当符合国家的其他有关规定。

第一百二十一条 出口疫苗的标准应当符合进口国（地区）的标准或者合同要求。

第一百二十二条 拟申报注册的药械组合产品，已有同类产品经属性界定为药品的，按照药品进行申报；尚未经属性界定的，申请人应当在申报注册前向国家药品监督管理局申请产品属性界定。属性界定为药品为主的，按照本办法规定的程序进行注册，其中属于医疗器械部分的研究资料由国家药品监督管理局医疗器械技术审评中心作出审评结论后，转交药品审评中心进行综合审评。

第一百二十三条 境内生产药品批准文号格式为：国药准字H（Z、S）+四位年号+四位顺序号。中国香港、澳门和台湾地区生产药品批准文号格式为：国药准字H（Z、S）C+四位年号+四位顺序号。

境外生产药品批准文号格式为：国药准字H（Z、S）J+四位年号+四位顺序号。

其中，H代表化学药，Z代表中药，S代表生物制品。

药品批准文号，不因上市后的注册事项的变更而改变。

中药另有规定的从其规定。

第一百二十四条 药品监督管理部门制作的药品注册批准证明电子文件及原料药批准文件电子文件与纸质文件具有同等法律效力。

第一百二十五条 本办法规定的期限以工作日计算。

第一百二十六条　本办法自 2020 年 7 月 1 日起施行。2007 年 7 月 10 日原国家食品药品监督管理局令第 28 号公布的《药品注册管理办法》同时废止。

药品注册审评结论异议解决程序（试行）

· 2020 年 8 月 26 日国家药监局公告 2020 年第 94 号发布
· 自发布之日起施行

第一条　为规范药品注册审评结论异议处理工作，根据《药品注册管理办法》第九十条规定，制定本程序。

第二条　药品注册申请人（以下简称申请人）对国家药品监督管理局药品审评中心（以下简称药审中心）作出的不予通过的审评结论提出异议，药审中心组织进行异议处理的，适用本程序。

第三条　异议解决是指对完成综合审评且审评结论为不予通过的，药审中心告知申请人后，申请人提出异议，药审中心组织进行综合评估或专家咨询委员会论证，形成最终技术审评结论的过程。

申请人应当针对审评结论中有异议的事项提出并说明理由，其内容仅限于原申请事项及原申报资料。

第四条　异议解决是审评程序的重要环节，药审中心在审评过程中应当加强与申请人之间的沟通交流，有效解决异议问题。

第五条　异议解决工作应当遵循依法、科学、公平、公正的原则。

第六条　药审中心应当在完成综合技术审评后的 5 日内，将不予通过的审评结论、理由以及申请人提起异议的权利、渠道、方式、事项和期限等，通过药审中心网站告知申请人。

第七条　申请人可以在收到告知书之日起 15 日内通过药审中心网站提出异议意见，异议意见应当列明理由和依据。

第八条　药审中心收到申请人的异议意见后，应当在 15 日内结合异议意见按要求组织进行综合评估。

第九条　药审中心经综合评估，认为需要调整审评结论的，应当在 20 日内重新进行技术审评，并将调整结果通过药审中心网站告知申请人。

第十条　药审中心经综合评估，认为不符合现行法律法规明确规定、或明显达不到注册技术基本要求，或在审评过程中已经召开过专家咨询委员会且审评结论是依据专家咨询委员会结论作出的，仍维持原审评结论的，应当在 5 日内主动与申请人进行沟通交流。此情形不再召开专家咨询委员会论证。

第十一条　药审中心经综合评估，认为现有研究资料或研究数据不足以支持申报事项，属于发布的现行技术标准体系没有覆盖、申请人与审评双方存在技术争议等情况，应当在 5 日内将综合评估结果反馈申请人。申请人对综合评估结果仍有异议的，可以在收到反馈意见后的 15 日内通过药审中心网站提出召开专家咨询委员会论证的申请，同时一并提交会议相关资料。

第十二条　药审中心应当自收到申请人召开专家咨询委员会论证的申请之日起 50 日内组织召开，并综合专家论证结果形成最终审评结论。

专家咨询委员会论证的程序参照相关规定执行。

第十三条　在组织专家咨询委员会论证的过程中，申请人未按时提交会议资料、未按约定的时间参加会议以及撤回召开专家咨询委员会论证申请的，药审中心基于已有申报资料形成审评结论。

第十四条　本程序规定的期限以工作日计算。申请人提出异议、药审中心解决异议和专家论证时间不计入审评时限。

第十五条　药品注册申请审批结束后，申请人对行政许可决定有异议的，可以依法提起行政复议或者行政诉讼。

第十六条　本程序自发布之日起施行。

附：1. 不予通过的审评结论告知书（略）
　　2. 药品注册审评结论异议申请表（略）
　　3. 授权委托书（略）

药物临床试验机构监督检查办法（试行）

· 2023 年 11 月 3 日国家药品监督管理局通告 2023 年第 56 号公布
· 自 2024 年 3 月 1 日起实施

第一章　总　则

第一条　为规范药物临床试验机构监督检查工作，加强药物临床试验管理，根据《中华人民共和国药品管理法》《中华人民共和国疫苗管理法》以及《药品注册管理办法》《药物临床试验机构管理规定》《药物临床试验质量管理规范》（以下简称 GCP）等，制定本办法。

第二条　药品监督管理部门对药物临床试验机构（以下简称试验机构）备案及开展以药品注册为目的的药物临床试验活动遵守相关法律法规、执行 GCP 等情况实施检查、处置等，适用本办法。

第三条　国家药品监督管理局（以下简称国家局）

负责制定试验机构监督检查制度,指导省级药品监督管理部门(以下简称省级局)开展试验机构监督检查,根据需要组织对试验机构进行监督检查。国家局食品药品审核查验中心(以下简称国家局核查中心)负责建立国家检查员库并实施检查员培训与管理,负责实施国家局组织开展的试验机构检查、药品注册核查;推进试验机构备案管理信息化及监督检查工作信息化建设;对省级药品检查机构质量管理体系进行评估,对各省检查工作进行技术指导。

第四条　省级局负责本行政区域内试验机构的监督检查以及国家局交办的有关事项,建立试验机构监督检查工作制度和机制,配备与本省试验机构检查工作相匹配的省级检查员队伍;推进监督检查工作信息化建设;组织对本行政区域内试验机构开展日常监督检查、有因检查、其他检查等,监督试验机构符合法定要求;对本行政区域内试验机构涉嫌违法违规行为依法进行处置。

第五条　药品监督管理部门设置的药品检查机构依法开展试验机构检查,药品检验、审评等机构根据试验机构检查工作需要提供技术支撑。

第六条　试验机构和研究者应当切实履行药物临床试验相关责任,授权其他人员承担临床试验有关工作时,应当建立相应管理程序,并采取措施实施质量管理,加强相关信息化建设。研究者应当监督所有授权人员依法依规开展临床试验,执行试验方案、履行工作职责,保护受试者的权益和安全,保障试验数据和结果真实、准确、完整、可靠。

第七条　根据检查性质和目的,对试验机构开展的检查分为日常监督检查、有因检查、其他检查。不同类型检查可以结合进行。

(一)日常监督检查是按照年度检查计划,对试验机构遵守有关法律法规、执行 GCP 情况、既往检查发现问题的整改情况等开展的监督检查。日常监督检查应当基于风险,结合试验机构在研临床试验项目情况开展。对于备案后首次监督检查,重点核实试验机构或者试验专业的备案条件。

(二)有因检查是对试验机构可能存在质量安全风险的具体问题或者投诉举报等涉嫌违法违规重要问题线索的针对性检查。有因检查可以不提前通知被检查机构,直接进入检查现场,针对可能存在的问题开展检查。

(三)其他检查是除上述二种类型检查之外的检查,如专项检查、监督抽查等。

第二章　药品检查机构和人员

第八条　药品检查机构应当建立检查质量管理体系,完善检查工作程序,明确检查标准和原则,保障检查工作质量;加强检查记录与相关文件档案管理;定期回顾分析检查工作情况,持续改进试验机构检查工作。

第九条　药品检查机构按照检查计划组织实施检查任务。试验机构日常监督检查年度计划由省级局结合本行政区域内试验机构和试验活动的具体情况组织制定;检查可以基于风险选择重点内容,聚焦重点领域、关键环节。

对试验机构、试验专业或者研究者存在以下情形的,应当纳入检查重点或者提高检查频次:

(一)既往存在严重不合规问题的;

(二)研究者同期承担临床试验项目较多、研究者管理能力或者研究人员数量相对不足等可能影响试验质量的;

(三)投诉举报或者其他线索提示存在质量安全风险的。

第十条　检查人员应当具备相应的检查资质和能力;应当严格遵守法律法规、廉政纪律和工作要求,不得向被检查机构提出与检查无关的要求;在检查前应当接受廉政教育,签署承诺书和无利益冲突声明;与被检查机构存在利益关系或者有其他可能影响检查结果公正性的情况时,应当主动声明并回避。

第十一条　检查人员应当严格遵守保密规定并签署保密协议,严格管理涉密资料,严防泄密事件发生。不得泄露检查相关信息及被检查机构技术或者商业秘密等信息。

第三章　检查程序

第十二条　实施检查前,药品检查机构应当根据检查任务制定具体检查方案,明确检查内容、检查时间和检查方式等。检查方式以现场检查为主,可视情况开展远程检查。

第十三条　药品检查机构组建检查组实施检查。检查组一般由 2 名以上检查员组成,实行组长负责制。必要时可以增加相关领域专家参加检查工作。检查人员应当提前熟悉检查方案以及检查相关资料。

第十四条　确定检查时间后,药品检查机构原则上在检查前 5 至 7 个工作日通知被检查机构,有因检查除外。国家局核查中心实施的试验机构检查,应当同时通知被检查机构所在地省级局。省级局应当选派 1 名药品监督管理人员作为观察员协助检查工作,并将检查发现的问题等及时报告省级局。

第十五条 检查组开始现场检查时,应当召开首次会议(有因检查可除外),向被检查机构出示并宣读检查通知,确认检查范围,告知检查纪律、廉政纪律、注意事项以及被检查机构享有的权利和应当履行的义务。

被检查机构应当积极配合检查组工作,安排研究者、其他熟悉业务的相关人员协助检查组工作,及时提供相关资料,并保证所提供的资料、数据及相关情况真实、准确、完整、可靠,不得拒绝、逃避、拖延或者阻碍检查。

第十六条 检查组应当根据检查方案实施检查。检查过程中检查方案需变更的,应当报告检查派出机构同意后实施。

第十七条 检查组应当详细记录检查时间、地点、内容、发现的问题等,并根据实际情况对发现的问题留存相关证据。

第十八条 检查组应当对现场检查情况进行汇总分析,客观、公平、公正地对检查发现的缺陷进行风险评估和分级;检查组评估认为存在质量安全风险的,应当要求被检查机构及时控制风险,必要时报告检查派出机构采取进一步风险控制措施。

第十九条 现场检查结束时,检查组应当召开末次会议,向被检查机构通报现场检查情况。被检查机构对现场检查情况有异议的,可以陈述申辩,检查组应当如实记录,并结合陈述申辩的内容确定发现的缺陷,形成缺陷项目清单。缺陷项目清单由检查组成员、被检查机构负责人、观察员(如适用)签字确认,加盖被检查机构公章,各执一份。

检查组完成现场检查后,除取证资料外,应当退还被检查机构提供的其他资料。

第二十条 现场检查结束后,检查组应当撰写现场检查报告,列明发现的缺陷项目与缺陷分级、现场检查结论及处理建议,并由检查组全体人员签字确认。

第二十一条 检查发现的缺陷分为严重缺陷、主要缺陷和一般缺陷。一般情况下,关键项目不符合要求判为严重缺陷,主要项目不符合要求判为主要缺陷,一般项目不符合要求判为一般缺陷;检查组可以综合相应检查要点的重要性、偏离程度以及质量安全风险进行缺陷分级。

第二十二条 检查组根据检查发现试验机构、试验专业缺陷的数量和风险等级,综合研判,作出现场检查结论。现场检查结论分为符合要求、待整改后评定、不符合要求。所发现缺陷不影响受试者安全和/或试验数据质量或者影响轻微,认为质量管理体系比较健全的,结论为符合要求。所发现缺陷可能影响受试者安全和/或试验数据质量,但质量管理体系基本健全的,结论为待整改后评定。所发现缺陷可能严重影响受试者安全和/或试验数据质量,认为质量管理体系不能有效运行或者不符合试验机构备案基本条件的,结论为不符合要求。

检查组应当对试验机构和试验专业分别作出现场检查结论。

第二十三条 被检查机构应当对检查组发现的缺陷进行整改,在现场检查结束后20个工作日内将整改报告提交给药品检查机构。

整改报告包含缺陷成因、风险评估、风险控制、整改措施、整改效果评估等内容;对无法短期内完成整改的,应当制定可行的整改计划,作为对应缺陷项目的整改情况列入整改报告。被检查机构按照整改计划完成整改后,应当及时将整改情况形成补充整改报告报送药品检查机构。

被检查机构应当根据发现的缺陷主动进行风险研判,采取必要的风险控制措施,涉及试验项目的缺陷应当及时与相关申办者沟通。

第二十四条 检查组应当在现场检查结束后5个工作日内将现场检查报告、现场检查记录、缺陷项目清单及其他现场检查相关资料报送检查派出机构。

第二十五条 药品检查机构自收到检查组现场检查报告等相关资料后20个工作日内进行审核,作出综合评定结论并提出处理意见,形成综合评定报告。审核时,可对缺陷项目和现场检查结论进行调整。对缺陷项目进行调整的,应当及时反馈被检查机构,被检查机构整改报告提交时限可延长10个工作日。综合评定结论分为符合要求、不符合要求。药品检查机构应当及时将综合评定报告报送同级药品监督管理部门。

对待整改后评定的,药品检查机构应当自收到整改报告后20个工作日内作出综合评定结论并提出处理意见,并及时将综合评定报告报送同级药品监督管理部门。对未提交整改报告、整改计划尚未完成或者整改不充分,药品检查机构评估认为存在一定质量安全风险的,可以向同级药品监督管理部门提出暂停新开展药物临床试验等风险控制措施的意见,待整改效果确认后再处理。

第二十六条 药品检查机构建立沟通交流工作机制,对综合评定结论为不符合要求以及需要采取暂停新开展药物临床试验等措施的,根据需要与试验机构进行沟通,试验机构有异议的可以说明。

第二十七条 对国家局核查中心实施试验机构检查且综合评定结论为不符合要求或者提出暂停新开展药物临床试验等措施的，国家局将综合评定结论和处理意见通报相关省级局。

对试验机构检查综合评定结论为不符合要求或者采取暂停新开展药物临床试验等措施的（包括由国家局通报省级局的），省级局应当及时将综合评定结论和处理意见书面通知被检查机构，依法处理并采取相应措施加强监管。

第二十八条 检查任务完成后，药品检查机构应当及时将现场检查记录、检查报告、整改报告及相关证据材料等进行整理归档保存。

第四章 检查有关工作衔接

第二十九条 现场检查中发现试验机构、研究者等涉嫌违法行为的，检查组应当详细记录检查情况和发现的问题，并根据实际情况采取收集或者复印相关文件资料、拍摄相关设施设备及物料等实物和现场情况、采集实物或电子证据，以及询问有关人员并形成询问记录等多种方式，及时固定证据性材料。

第三十条 发现试验机构、研究者等涉嫌违法行为的，检查组应当立即报告负责被检查机构日常监管的省级局和检查派出机构。相关省级局应当派出案件查办人员到达现场，交接与违法行为相关的证据材料，开展违法行为查处；对需要检验的，应当组织监督抽检，并将样品及有关资料等寄送至相关药品检验机构检验。有关问题可能造成安全风险的，省级局还应当责令相关试验机构及时采取风险控制措施。

第三十一条 对试验机构检查中发现申办者、生物样本检测单位等涉嫌存在严重质量问题的，检查组应当报告检查派出机构，由检查派出机构及时组织检查。需要赴外省市进行调查、取证的，可以会同相关省级局联合开展，或者出具协助调查函请相关省级局协助调查、取证。

第三十二条 省级局在试验机构案件查办过程中发现存在系统性、区域性风险等涉及面广、性质严重的违法行为的，应当向国家局报告并提出处理意见。国家局直接组织查办、督办或者协调相关省级局立案查办。

第三十三条 案件查办过程中发现被检查单位涉嫌犯罪的，药品监督管理部门应当按照相关规定依法移送公安机关。

第五章 检查结果的处理

第三十四条 对综合评定结论为"符合要求"的试验机构或者试验专业，试验机构应当对其存在的缺陷自行纠正并采取预防措施，省级局应当纳入日常监管。

第三十五条 对综合评定结论为"不符合要求"的试验机构或者试验专业，药品监督管理部门要求其暂停新开展药物临床试验。

对未遵守GCP的，药品监督管理部门按照《中华人民共和国药品管理法》第一百二十六条等相关规定进行处理。

对不符合GCP以及其他不适宜继续承担药物临床试验的，取消其药物临床试验机构或者相关试验专业的备案。

第三十六条 试验机构或者试验专业被药品监督管理部门要求暂停新开展药物临床试验的，对已开展的药物临床试验，试验机构及研究者应当主动进行综合评估并采取措施保障受试者权益和安全，确保合规、风险可控后方可入组受试者。

被取消备案的试验机构或者试验专业，自被标识取消备案之日起，不得新开展药物临床试验，已开展的药物临床试验不得再入组受试者，试验机构及研究者应当保障已入组临床试验受试者的权益和安全。

第三十七条 被暂停临床试验的试验机构或者试验专业，原则上在6个月内完成整改，并将整改情况报告所在地省级局。省级局应当在20个工作日内组织对整改情况进行审核，根据需要可以组织现场核实或者要求试验机构补充提交整改材料，相关时间不计入工作时限。

整改后符合要求的，试验机构或者试验专业方可开展新的药物临床试验。6个月内未完成整改，或者整改仍不符合要求的，取消其备案。

第三十八条 根据试验机构检查发现缺陷情况，药品监督管理部门可以采取告诫、约谈等措施，督促试验机构加强质量管理。

第三十九条 对发现试验机构研究者及其他相关责任人、伦理委员会等涉嫌违反相关法律法规的，省级局通报相关主管部门依法处理。

第四十条 药品监督管理部门应当按照相关规定，及时将试验机构监督检查结果、违法行为查处等情况通过"药物临床试验机构备案管理信息平台"向社会公开。有关情况及时通报同级卫生健康主管部门。

第六章 附则

第四十一条 国家局核查中心根据国家局要求组织制定试验机构年度检查计划，对试验机构进行抽查并对相关省级局的试验机构监管工作情况进行检查，检查计划报国家局审核后组织实施。

第四十二条 试验机构检查要点和判定原则由国家局核查中心制定。省级局可以根据行政区域内实际情况，制定试验机构监督检查工作制度和要求，明确部门职责分工，加强有关工作衔接与配合。

第四十三条 国家局相关技术机构基于风险启动和实施药物临床试验注册核查，药品注册核查发现试验机构质量管理体系存在相关问题的，参照本办法进行评定和处理。

第四十四条 本办法自2024年3月1日起施行。

药品生产监督管理办法

· 2020年1月22日国家市场监督管理总局令第28号公布
· 自2020年7月1日起施行

第一章 总 则

第一条 为加强药品生产监督管理，规范药品生产活动，根据《中华人民共和国药品管理法》（以下简称《药品管理法》）、《中华人民共和国中医药法》、《中华人民共和国疫苗管理法》（以下简称《疫苗管理法》）、《中华人民共和国行政许可法》、《中华人民共和国药品管理法实施条例》等法律、行政法规，制定本办法。

第二条 在中华人民共和国境内上市药品的生产及监督管理活动，应当遵守本办法。

第三条 从事药品生产活动，应当遵守法律、法规、规章、标准和规范，保证全过程信息真实、准确、完整和可追溯。

从事药品生产活动，应当经所在地省、自治区、直辖市药品监督管理部门批准，依法取得药品生产许可证，严格遵守药品生产质量管理规范，确保生产过程持续符合法定要求。

药品上市许可持有人应当建立药品质量保证体系，履行药品上市放行责任，对其取得药品注册证书的药品质量负责。

中药饮片生产企业应当履行药品上市许可持有人的相关义务，确保中药饮片生产过程持续符合法定要求。

原料药生产企业应当按照核准的生产工艺组织生产，严格遵守药品生产质量管理规范，确保生产过程持续符合法定要求。

经关联审评的辅料、直接接触药品的包装材料和容器的生产企业以及其他从事与药品相关生产活动的单位和个人依法承担相应责任。

第四条 药品上市许可持有人、药品生产企业应当建立并实施药品追溯制度，按照规定赋予药品各级销售包装单元追溯标识，通过信息化手段实施药品追溯，及时准确记录、保存药品追溯数据，并向药品追溯协同服务平台提供追溯信息。

第五条 国家药品监督管理局主管全国药品生产监督管理工作，对省、自治区、直辖市药品监督管理部门的药品生产监督管理工作进行监督和指导。

省、自治区、直辖市药品监督管理部门负责本行政区域内的药品生产监督管理，承担药品生产环节的许可、检查和处罚等工作。

国家药品监督管理局食品药品审核查验中心（以下简称核查中心）组织制定药品检查技术规范和文件，承担境外检查以及组织疫苗巡查等，分析评估检查发现风险、作出检查结论并提出处置建议，负责各省、自治区、直辖市药品检查机构质量管理体系的指导和评估。

国家药品监督管理局信息中心负责药品追溯协同服务平台、药品安全信用档案建设和管理，对药品生产场地进行统一编码。

药品监督管理部门依法设置或者指定的药品审评、检验、核查、监测与评价等专业技术机构，依职责承担相关技术工作并出具技术结论，为药品生产监督管理提供技术支撑。

第二章 生产许可

第六条 从事药品生产，应当符合以下条件：

（一）有依法经过资格认定的药学技术人员、工程技术人员及相应的技术工人，法定代表人、企业负责人、生产管理负责人（以下称生产负责人）、质量管理负责人（以下称质量负责人）、质量受权人及其他相关人员符合《药品管理法》《疫苗管理法》规定的条件；

（二）有与药品生产相适应的厂房、设施、设备和卫生环境；

（三）有能对所生产药品进行质量管理和质量检验的机构、人员；

（四）有能对所生产药品进行质量管理和质量检验的必要的仪器设备；

（五）有保证药品质量的规章制度，并符合药品生产质量管理规范要求。

从事疫苗生产活动的，还应当具备下列条件：

（一）具备适度规模和足够的产能储备；

（二）具有保证生物安全的制度和设施、设备；

（三）符合疾病预防、控制需要。

第七条 从事制剂、原料药、中药饮片生产活动，申请人应当按照本办法和国家药品监督管理局规定的申报资料要求，向所在地省、自治区、直辖市药品监督管理部门提出申请。

委托他人生产制剂的药品上市许可持有人，应当具备本办法第六条第一款第一项、第三项、第五项规定的条件，并与符合条件的药品生产企业签订委托协议和质量协议，将相关协议和实际生产场地申请资料合并提交至药品上市许可持有人所在地省、自治区、直辖市药品监督管理部门，按照本办法规定申请办理药品生产许可证。

申请人应当对其申请材料全部内容的真实性负责。

第八条 省、自治区、直辖市药品监督管理部门收到申请后，应当根据下列情况分别作出处理：

（一）申请事项依法不属于本部门职权范围的，应当即时作出不予受理的决定，并告知申请人向有关行政机关申请；

（二）申请事项依法不需要取得行政许可的，应当即时告知申请人不受理；

（三）申请材料存在可以当场更正的错误的，应当允许申请人当场更正；

（四）申请材料不齐全或者不符合形式审查要求的，应当当场或者在五日内发给申请人补正材料通知书，一次性告知申请人需要补正的全部内容，逾期不告知的，自收到申请材料之日起即为受理；

（五）申请材料齐全、符合形式审查要求，或者申请人按照要求提交全部补正材料的，予以受理。

省、自治区、直辖市药品监督管理部门受理或者不予受理药品生产许可证申请的，应当出具加盖本部门专用印章和注明日期的受理通知书或者不予受理通知书。

第九条 省、自治区、直辖市药品监督管理部门应当自受理之日起三十日内，作出决定。

经审查符合规定的，予以批准，并自书面批准决定作出之日起十日内颁发药品生产许可证；不符合规定的，作出不予批准的书面决定，并说明理由。

省、自治区、直辖市药品监督管理部门按照药品生产质量管理规范等有关规定组织开展申报资料技术审查和评定、现场检查。

第十条 省、自治区、直辖市药品监督管理部门应当在行政机关的网站和办公场所公示申请药品生产许可证所需要的条件、程序、期限、需要提交的全部材料的目录和申请书示范文本等。

省、自治区、直辖市药品监督管理部门颁发药品生产许可证的有关信息，应当予以公开，公众有权查阅。

第十一条 省、自治区、直辖市药品监督管理部门对申请办理药品生产许可证进行审查时，应当公开审批结果，并提供条件便利申请人查询审批进程。

未经申请人同意，药品监督管理部门、专业技术机构及其工作人员不得披露申请人提交的商业秘密、未披露信息或者保密商务信息，法律另有规定或者涉及国家安全、重大社会公共利益的除外。

第十二条 申请办理药品生产许可证直接涉及申请人与他人之间重大利益关系的，申请人、利害关系人依照法律、法规规定享有申请听证的权利。

在对药品生产企业的申请进行审查时，省、自治区、直辖市药品监督管理部门认为涉及公共利益的，应当向社会公告，并举行听证。

第十三条 药品生产许可证有效期为五年，分为正本和副本。药品生产许可证样式由国家药品监督管理局统一制定。药品生产许可证电子证书与纸质证书具有同等法律效力。

第十四条 药品生产许可证应当载明许可证编号、分类码、企业名称、统一社会信用代码、住所（经营场所）、法定代表人、企业负责人、生产负责人、质量负责人、质量受权人、生产地址和生产范围、发证机关、发证日期、有效期限等项目。

企业名称、统一社会信用代码、住所（经营场所）、法定代表人等项目应当与市场监督管理部门核发的营业执照中载明的相关内容一致。

第十五条 药品生产许可证载明事项分为许可事项和登记事项。

许可事项是指生产地址和生产范围等。

登记事项是指企业名称、住所（经营场所）、法定代表人、企业负责人、生产负责人、质量负责人、质量受权人等。

第十六条 变更药品生产许可证许可事项的，向原发证机关提出药品生产许可证变更申请。未经批准，不得擅自变更许可事项。

原发证机关应当自收到企业变更申请之日起十五日内作出是否准予变更的决定。不予变更的，应当书面说明理由，并告知申请人享有依法申请行政复议或者提起行政诉讼的权利。

变更生产地址或者生产范围，药品生产企业应当按照本办法第六条的规定及相关变更技术要求，提交涉及变更内容的有关材料，并报经所在地省、自治区、直辖市药品监督管理部门审查决定。

原址或者异地新建、改建、扩建车间或者生产线的,应当符合相关规定和技术要求,提交涉及变更内容的有关材料,并报经所在地省、自治区、直辖市药品监督管理部门进行药品生产质量管理规范符合性检查,检查结果应当通知企业。检查结果符合规定,产品符合放行要求的可以上市销售。有关变更情况,应当在药品生产许可证副本中载明。

上述变更事项涉及药品注册证书及其附件载明内容的,由省、自治区、直辖市药品监督管理部门批准后,报国家药品监督管理局药品审评中心更新药品注册证书及其附件相关内容。

第十七条 变更药品生产许可证登记事项的,应当在市场监督管理部门核准变更或者企业完成变更后三十日内,向原发证机关申请药品生产许可证变更登记。原发证机关应当自收到企业变更申请之日起十日内办理变更手续。

第十八条 药品生产许可证变更后,原发证机关应当在药品生产许可证副本上记录变更的内容和时间,并按照变更后的内容重新核发药品生产许可证正本,收回原药品生产许可证正本,变更后的药品生产许可证终止期限不变。

第十九条 药品生产许可证有效期届满,需要继续生产药品的,应当在有效期届满前六个月,向原发证机关申请重新发放药品生产许可证。

原发证机关结合企业遵守药品管理法律法规、药品生产质量管理规范和质量体系运行情况,根据风险管理原则进行审查,在药品生产许可证有效期届满前作出是否准予其重新发证的决定。符合规定准予重新发证的,收回原证,重新发证;不符合规定的,作出不予重新发证的书面决定,并说明理由,同时告知申请人享有依法申请行政复议或者提起行政诉讼的权利;逾期未作出决定的,视为同意重新发证,并予补办相应手续。

第二十条 有下列情形之一的,药品生产许可证由原发证机关注销,并予以公告:

(一)主动申请注销药品生产许可证的;

(二)药品生产许可证有效期届满未重新发证的;

(三)营业执照依法被吊销或者注销的;

(四)药品生产许可证依法被吊销或者撤销的;

(五)法律、法规规定应当注销行政许可的其他情形。

第二十一条 药品生产许可证遗失的,药品上市许可持有人、药品生产企业应当向原发证机关申请补发,原发证机关按照原核准事项在十日内补发药品生产许可证。许可证编号、有效期等与原许可证一致。

第二十二条 任何单位或者个人不得伪造、变造、出租、出借、买卖药品生产许可证。

第二十三条 省、自治区、直辖市药品监督管理部门应当将药品生产许可证核发、重新发证、变更、补发、吊销、撤销、注销等办理情况,在办理工作完成后十日内在药品安全信用档案中更新。

第三章 生产管理

第二十四条 从事药品生产活动,应当遵守药品生产质量管理规范,按照国家药品标准、经药品监督管理部门核准的药品注册标准和生产工艺进行生产,按照规定提交并持续更新场地管理文件,对质量体系运行过程进行风险评估和持续改进,保证药品生产全过程持续符合法定要求。生产、检验等记录应当完整准确,不得编造和篡改。

第二十五条 疫苗上市许可持有人应当具备疫苗生产、检验必需的厂房设施设备,配备具有资质的管理人员,建立完善质量管理体系,具备生产出符合注册要求疫苗的能力,超出疫苗生产能力确需委托生产的,应当经国家药品监督管理局批准。

第二十六条 从事药品生产活动,应当遵守药品生产质量管理规范,建立健全药品生产质量管理体系,涵盖影响药品质量的所有因素,保证药品生产全过程持续符合法定要求。

第二十七条 药品上市许可持有人应当建立药品质量保证体系,配备专门人员独立负责药品质量管理,对受托药品生产企业、药品经营企业的质量管理体系进行定期审核,监督其持续具备质量保证和控制能力。

第二十八条 药品上市许可持有人的法定代表人、主要负责人应当对药品质量全面负责,履行以下职责:

(一)配备专门质量负责人独立负责药品质量管理;

(二)配备专门质量受权人独立履行药品上市放行责任;

(三)监督质量管理体系正常运行;

(四)对药品生产企业、供应商等相关方与药品生产相关的活动定期开展质量体系审核,保证持续合规;

(五)按照变更技术要求,履行变更管理责任;

(六)对委托经营企业进行质量评估,与使用单位等进行信息沟通;

(七)配合药品监督管理部门对药品上市许可持有

人及相关方的延伸检查；

（八）发生与药品质量有关的重大安全事件，应当及时报告并按持有人制定的风险管理计划开展风险处置，确保风险得到及时控制；

（九）其他法律法规规定的责任。

第二十九条 药品生产企业的法定代表人、主要负责人应当对本企业的药品生产活动全面负责，履行以下职责：

（一）配备专门质量负责人独立负责药品质量管理，监督质量管理规范执行，确保适当的生产过程控制和质量控制，保证药品符合国家药品标准和药品注册标准；

（二）配备专门质量受权人履行药品出厂放行责任；

（三）监督质量管理体系正常运行，保证药品生产过程控制、质量控制以及记录和数据真实性；

（四）发生与药品质量有关的重大安全事件，应当及时报告并按企业制定的风险管理计划开展风险处置，确保风险得到及时控制；

（五）其他法律法规规定的责任。

第三十条 药品上市许可持有人、药品生产企业应当每年对直接接触药品的工作人员进行健康检查并建立健康档案，避免患有传染病或者其他可能污染药品疾病的人员从事直接接触药品的生产活动。

第三十一条 药品上市许可持有人、药品生产企业在药品生产中，应当开展风险评估、控制、验证、沟通、审核等质量管理活动，对已识别的风险及时采取有效的风险控制措施，以保证产品质量。

第三十二条 从事药品生产活动，应当对使用的原料药、辅料、直接接触药品的包装材料和容器等相关物料供应商或者生产企业进行审核，保证购进、使用符合法规要求。

生产药品所需的原料、辅料，应当符合药用要求以及相应的生产质量管理规范的有关要求。直接接触药品的包装材料和容器，应当符合药用要求，符合保障人体健康、安全的标准。

第三十三条 经批准或者通过关联审评审批的原料药、辅料、直接接触药品的包装材料和容器的生产企业，应当遵守国家药品监督管理局制定的质量管理规范以及关联审评审批有关要求，确保质量保证体系持续合规，接受药品上市许可持有人的质量审核，接受药品监督管理部门的监督检查或者延伸检查。

第三十四条 药品生产企业应当确定需进行的确认与验证，按照确认与验证计划实施。定期对设施、设备、生产工艺及清洁方法进行评估，确认其持续保持验证状态。

第三十五条 药品生产企业应当采取防止污染、交叉污染、混淆和差错的控制措施，定期检查评估控制措施的适用性和有效性，以确保药品达到规定的国家药品标准和药品注册标准，并符合药品生产质量管理规范要求。

药品上市许可持有人和药品生产企业不得在药品生产厂房生产对药品质量有不利影响的其他产品。

第三十六条 药品包装操作应当采取降低混淆和差错风险的措施，药品包装应当确保有效期内的药品储存运输过程中不受污染。

药品说明书和标签中的表述应当科学、规范、准确，文字应当清晰易辨，不得以粘贴、剪切、涂改等方式进行修改或者补充。

第三十七条 药品生产企业应当建立药品出厂放行规程，明确出厂放行的标准、条件，并对药品质量检验结果、关键生产记录和偏差控制情况进行审核，对药品进行质量检验。符合标准、条件的，经质量受权人签字后方可出厂放行。

药品上市许可持有人应当建立药品上市放行规程，对药品生产企业出厂放行的药品检验结果和放行文件进行审核，经质量受权人签字后方可上市放行。

中药饮片符合国家药品标准或者省、自治区、直辖市药品监督管理部门制定的炮制规范的，方可出厂、销售。

第三十八条 药品上市许可持有人、药品生产企业应当每年进行自检，监控药品生产质量管理规范的实施情况，评估企业是否符合相关法规要求，并提出必要的纠正和预防措施。

第三十九条 药品上市许可持有人应当建立年度报告制度，按照国家药品监督管理局规定每年向省、自治区、直辖市药品监督管理部门报告药品生产销售、上市后研究、风险管理等情况。

疫苗上市许可持有人应当按照规定向国家药品监督管理局进行年度报告。

第四十条 药品上市许可持有人应当持续开展药品风险获益评估和控制，制定上市后药品风险管理计划，主动开展上市后研究，对药品的安全性、有效性和质量可控性进行进一步确认，加强对已上市药品的持续管理。

第四十一条 药品上市许可持有人应当建立药物警戒体系，按照国家药品监督管理局制定的药物警戒质量管理规范开展药物警戒工作。

药品上市许可持有人、药品生产企业应当经常考察本单位的药品质量、疗效和不良反应。发现疑似不良反应的,应当及时按照要求报告。

第四十二条 药品上市许可持有人委托生产药品的,应当符合药品管理的有关规定。

药品上市许可持有人委托符合条件的药品生产企业生产药品的,应当对受托方的质量保证能力和风险管理能力进行评估,根据国家药品监督管理局制定的药品委托生产质量协议指南要求,与其签订质量协议以及委托协议,监督受托方履行有关协议约定的义务。

受托方不得将接受委托生产的药品再次委托第三方生产。

经批准或者通过关联审评审批的原料药应当自行生产,不得再行委托他人生产。

第四十三条 药品上市许可持有人应当按照药品生产质量管理规范的要求对生产工艺变更进行管理和控制,并根据核准的生产工艺制定工艺规程。生产工艺变更应当开展研究,并依法取得批准、备案或者进行报告,接受药品监督管理部门的监督检查。

第四十四条 药品上市许可持有人、药品生产企业应当每年对所生产的药品按照品种进行产品质量回顾分析、记录,以确认工艺稳定可靠,以及原料、辅料、成品现行质量标准的适用性。

第四十五条 药品上市许可持有人、药品生产企业的质量管理体系相关的组织机构、企业负责人、生产负责人、质量负责人、质量受权人发生变更的,应当自发生变更之日起三十日内,完成登记手续。

疫苗上市许可持有人应当自发生变更之日起十五日内,向所在地省、自治区、直辖市药品监督管理部门报告生产负责人、质量负责人、质量受权人等关键岗位人员的变更情况。

第四十六条 列入国家实施停产报告的短缺药品清单的药品,药品上市许可持有人停止生产的,应当在计划停产实施六个月前向所在地省、自治区、直辖市药品监督管理部门报告;发生非预期停产的,在三日内报告所在地省、自治区、直辖市药品监督管理部门。必要时,向国家药品监督管理局报告。

药品监督管理部门接到报告后,应当及时通报同级短缺药品供应保障工作会商联动机制牵头单位。

第四十七条 药品上市许可持有人为境外企业的,应当指定一家在中国境内的企业法人,履行《药品管理法》与本办法规定的药品上市许可持有人的义务,并负责协调配合境外检查工作。

第四十八条 药品上市许可持有人的生产场地在境外的,应当按照《药品管理法》与本办法规定组织生产,配合境外检查工作。

第四章 监督检查

第四十九条 省、自治区、直辖市药品监督管理部门负责对本行政区域内药品上市许可持有人,制剂、化学原料药、中药饮片生产企业的监督管理。

省、自治区、直辖市药品监督管理部门应当对原料、辅料、直接接触药品的包装材料和容器等供应商、生产企业开展日常监督检查,必要时开展延伸检查。

第五十条 药品上市许可持有人和受托生产企业不在同一省、自治区、直辖市的,由药品上市许可持有人所在地省、自治区、直辖市药品监督管理部门负责对药品上市许可持有人的监督管理,受托生产企业所在地省、自治区、直辖市药品监督管理部门负责对受托生产企业的监督管理。省、自治区、直辖市药品监督管理部门应当加强监督检查信息互相通报,及时将监督检查信息更新到药品安全信用档案中,可以根据通报情况和药品安全信用档案中监管信息更新情况开展调查,对药品上市许可持有人或者受托生产企业依法作出行政处理,必要时可以开展联合检查。

第五十一条 药品监督管理部门应当建立健全职业化、专业化检查员制度,明确检查员的资格标准、检查职责、分级管理、能力培训、行为规范、绩效评价和退出程序等规定,提升检查员的专业素质和工作水平。检查员应当熟悉药品法律法规,具备药品专业知识。

药品监督管理部门应当根据监管事权、药品产业规模及检查任务等,配备充足的检查员队伍,保障检查工作需要。有疫苗等高风险药品生产企业的地区,还应当配备相应数量的具有疫苗等高风险药品检查技能和经验的药品检查员。

第五十二条 省、自治区、直辖市药品监督管理部门根据监管需要,对持有药品生产许可证的药品上市许可申请人及其受托生产企业,按以下要求进行上市前的药品生产质量管理规范符合性检查:

(一)未通过与生产该药品的生产条件相适应的药品生产质量管理规范符合性检查的品种,应当进行上市前的药品生产质量管理规范符合性检查。其中,拟生产药品需要进行药品注册现场核查的,国家药品监督管理局药品审评中心通知核查中心,告知相关省、自治区、直辖市药品监督管理部门和申请人。核查中心协调相关省、自治区、直辖市药品监督管理部门,同步开展药品注册现场核查和上市前的药品生产质量管理规范符合性检查；

（二）拟生产药品不需要进行药品注册现场核查的，国家药品监督管理局药品审评中心告知生产场地所在地省、自治区、直辖市药品监督管理部门和申请人，相关省、自治区、直辖市药品监督管理部门自行开展上市前的药品生产质量管理规范符合性检查；

（三）已通过与生产该药品的生产条件相适应的药品生产质量管理规范符合性检查的品种，相关省、自治区、直辖市药品监督管理部门根据风险管理原则决定是否开展上市前的药品生产质量管理规范符合性检查。

开展上市前的药品生产质量管理规范符合性检查的，在检查结束后，应当将检查情况、检查结果等形成书面报告，作为对药品上市监管的重要依据。上市前的药品生产质量管理规范符合性检查涉及药品生产许可证事项变更的，由原发证的省、自治区、直辖市药品监督管理部门依变更程序作出决定。

通过相应上市前的药品生产质量管理规范符合性检查的商业规模批次，在取得药品注册证书后，符合产品放行要求的可以上市销售。药品上市许可持有人应当重点加强上述批次药品的生产销售、风险管理等措施。

第五十三条 药品生产监督检查的主要内容包括：

（一）药品上市许可持有人、药品生产企业执行有关法律、法规及实施药品生产质量管理规范、药物警戒质量管理规范以及有关技术规范等情况；

（二）药品生产活动是否与药品品种档案载明的相关内容一致；

（三）疫苗储存、运输管理规范执行情况；

（四）药品委托生产质量协议及委托协议；

（五）风险管理计划实施情况；

（六）变更管理情况。

监督检查包括许可检查、常规检查、有因检查和其他检查。

第五十四条 省、自治区、直辖市药品监督管理部门应当坚持风险管理、全程管控原则，根据风险研判情况，制定年度检查计划并开展监督检查。年度检查计划至少包括检查范围、内容、方式、重点、要求、时限、承担检查的机构等。

第五十五条 省、自治区、直辖市药品监督管理部门应当根据药品品种、剂型、管制类别等特点，结合国家药品安全总体情况、药品安全风险警示信息、重大药品安全事件及其调查处理信息等，以及既往检查、检验、不良反应监测、投诉举报等情况确定检查频次：

（一）对麻醉药品、第一类精神药品、药品类易制毒化学品生产企业每季度检查不少于一次；

（二）对疫苗、血液制品、放射性药品、医疗用毒性药品、无菌药品等高风险药品生产企业，每年不少于一次药品生产质量管理规范符合性检查；

（三）对上述产品之外的药品生产企业，每年抽取一定比例开展监督检查，但应当在三年内对本行政区域内企业全部进行检查；

（四）对原料、辅料、直接接触药品的包装材料和容器等供应商、生产企业每年抽取一定比例开展监督检查，五年内对本行政区域内企业全部进行检查。

省、自治区、直辖市药品监督管理部门可以结合本行政区域内药品生产监管工作实际情况，调整检查频次。

第五十六条 国家药品监督管理局和省、自治区、直辖市药品监督管理部门组织监督检查时，应当制定检查方案，明确检查标准，如实记录现场检查情况，需要抽样检验或者研究的，按照有关规定执行。检查结论应当清晰明确，检查发现的问题应当以书面形式告知被检查单位。需要整改的，应当提出整改内容及整改期限，必要时对整改后情况实施检查。

在进行监督检查时，药品监督管理部门应当指派两名以上检查人员实施监督检查，检查人员应当向被检查单位出示执法证件。药品监督管理部门工作人员对知悉的商业秘密应当保密。

第五十七条 监督检查时，药品上市许可持有人和药品生产企业应当根据检查需要说明情况、提供有关材料：

（一）药品生产场地管理文件以及变更材料；

（二）药品生产企业接受监督检查及整改落实情况；

（三）药品质量不合格的处理情况；

（四）药物警戒机构、人员、制度制定情况以及疑似药品不良反应监测、识别、评估、控制情况；

（五）实施附条件批准的品种，开展上市后研究的材料；

（六）需要审查的其他必要材料。

第五十八条 现场检查结束后，应当对现场检查情况进行分析汇总，并客观、公平、公正地对检查中发现的缺陷进行风险评定并作出现场检查结论。

派出单位负责对现场检查结论进行综合研判。

第五十九条 国家药品监督管理局和省、自治区、直辖市药品监督管理部门通过监督检查发现药品生产管理或者疫苗储存、运输管理存在缺陷，有证据证明可能存在

安全隐患的,应当依法采取相应措施:

(一)基本符合药品生产质量管理规范要求,需要整改的,应当发出告诫信并依据风险相应采取告诫、约谈、限期整改等措施;

(二)药品存在质量问题或者其他安全隐患的,药品监督管理部门根据监督检查情况,应当发出告诫信,并依据风险相应采取暂停生产、销售、使用、进口等控制措施。

药品存在质量问题或者其他安全隐患的,药品上市许可持有人应当依法召回药品而未召回的,省、自治区、直辖市药品监督管理部门应当责令其召回。

风险消除后,采取控制措施的药品监督管理部门应当解除控制措施。

第六十条 开展药品生产监督检查过程中,发现存在药品质量安全风险的,应当及时向派出单位报告。药品监督管理部门经研判属于重大药品质量安全风险的,应当及时向上一级药品监督管理部门和同级地方人民政府报告。

第六十一条 开展药品生产监督检查过程中,发现存在涉嫌违反药品法律、法规、规章的行为,应当及时采取现场控制措施,按照规定做好证据收集工作。药品监督管理部门应当按照职责和权限依法查处,涉嫌犯罪的移送公安机关处理。

第六十二条 省、自治区、直辖市药品监督管理部门应当依法将本行政区域内药品上市许可持有人和药品生产企业的监管信息归入到药品安全信用档案管理,并保持相关数据的动态更新。监管信息包括药品生产许可、日常监督检查结果、违法行为查处、药品质量抽查检验、不良行为记录和投诉举报等内容。

第六十三条 国家药品监督管理局和省、自治区、直辖市药品监督管理部门在生产监督管理工作中,不得妨碍药品上市许可持有人、药品生产企业的正常生产活动,不得索取或者收受财物,不得谋取其他利益。

第六十四条 个人和组织发现药品上市许可持有人或者药品生产企业进行违法生产活动的,有权向药品监督管理部门举报,药品监督管理部门应当按照有关规定及时核实、处理。

第六十五条 发生与药品质量有关的重大安全事件,药品上市许可持有人应当立即对有关药品及其原料、辅料以及直接接触药品的包装材料和容器、相关生产线等采取封存等控制措施,并立即报告所在地省、自治区、直辖市药品监督管理部门和有关部门,省、自治区、直辖市药品监督管理部门应当在二十四小时内报告省级人民政府,同时报告国家药品监督管理局。

第六十六条 省、自治区、直辖市药品监督管理部门对有不良信用记录的药品上市许可持有人、药品生产企业,应当增加监督检查频次,并可以按照国家规定实施联合惩戒。

第六十七条 省、自治区、直辖市药品监督管理部门未及时发现生产环节药品安全系统性风险,未及时消除监督管理区域内药品安全隐患的,或者省级人民政府未履行药品安全职责,未及时消除区域性重大药品安全隐患的,国家药品监督管理局应当对其主要负责人进行约谈。

被约谈的省、自治区、直辖市药品监督管理部门和地方人民政府应当立即采取措施,对药品监督管理工作进行整改。

约谈情况和整改情况应当纳入省、自治区、直辖市药品监督管理部门和地方人民政府药品监督管理工作评议、考核记录。

第五章 法律责任

第六十八条 有下列情形之一的,按照《药品管理法》第一百一十五条给予处罚:

(一)药品上市许可持有人和药品生产企业变更生产地址、生产范围应当经批准而未经批准的;

(二)药品生产许可证超过有效期限仍进行生产的。

第六十九条 药品上市许可持有人和药品生产企业未按照药品生产质量管理规范的要求生产,有下列情形之一,属于《药品管理法》第一百二十六条规定的情节严重情形的,依法予以处罚:

(一)未配备专门质量负责人独立负责药品质量管理、监督质量管理规范执行;

(二)药品上市许可持有人未配备专门质量受权人履行药品上市放行责任;

(三)药品生产企业未配备专门质量受权人履行药品出厂放行责任;

(四)质量管理体系不能正常运行,药品生产过程控制、质量控制的记录和数据不真实;

(五)对已识别的风险未及时采取有效的风险控制措施,无法保证产品质量;

(六)其他严重违反药品生产质量管理规范的情形。

第七十条 辅料、直接接触药品的包装材料和容器的生产企业及供应商未遵守国家药品监督管理局制定的质量管理规范等相关要求,不能确保质量保证体系持续合规的,由所在地省、自治区、直辖市药品监督管理部门按照《药品管理法》第一百二十六条的规定给予处罚。

第七十一条 药品上市许可持有人和药品生产企业有下列情形之一的，由所在地省、自治区、直辖市药品监督管理部门处一万元以上三万元以下的罚款：

（一）企业名称、住所（经营场所）、法定代表人未按规定办理登记事项变更；

（二）未按照规定每年对直接接触药品的工作人员进行健康检查并建立健康档案；

（三）未按照规定对列入国家实施停产报告的短缺药品清单的药品进行停产报告。

第七十二条 药品监督管理部门有下列行为之一的，对直接负责的主管人员和其他直接责任人员按照《药品管理法》第一百四十九条的规定给予处罚：

（一）瞒报、谎报、缓报、漏报药品安全事件；

（二）对发现的药品安全违法行为未及时查处；

（三）未及时发现药品安全系统性风险，或者未及时消除监督管理区域内药品安全隐患，造成严重影响；

（四）其他不履行药品监督管理职责，造成严重不良影响或者重大损失。

第六章 附 则

第七十三条 本办法规定的期限以工作日计算。药品生产许可中技术审查和评定、现场检查、企业整改等所需时间不计入期限。

第七十四条 场地管理文件，是指由药品生产企业编写的药品生产活动概述性文件，是药品生产企业质量管理文件体系的一部分。场地管理文件有关要求另行制定。

经批准或者关联审评审批的原料药、辅料和直接接触药品的包装材料和容器生产场地、境外生产场地一并赋予统一编码。

第七十五条 告诫信，是指药品监督管理部门在药品监督管理活动中，对有证据证明可能存在安全隐患的，依法发出的信函。告诫信应当载明存在缺陷、问题和整改要求。

第七十六条 药品生产许可证编号格式为"省份简称+四位年号+四位顺序号"。企业变更名称等许可证项目以及重新发证，原药品生产许可证编号不变。

企业分立，在保留原药品生产许可证编号的同时，增加新的编号。企业合并，原药品生产许可证编号保留一个。

第七十七条 分类码是对许可证内生产范围进行统计归类的英文字母串。大写字母用于归类药品上市许可持有人和产品类型，包括：A 代表自行生产的药品上市许可持有人、B 代表委托生产的药品上市许可持有人、C 代表接受委托的药品生产企业、D 代表原料药生产企业；小写字母用于区分制剂属性，h 代表化学药、z 代表中成药、s 代表生物制品、d 代表按药品管理的体外诊断试剂、y 代表中药饮片、q 代表医用气体、t 代表特殊药品、x 代表其他。

第七十八条 药品生产许可证的生产范围应当按照《中华人民共和国药典》制剂通则及其他的国家药品标准等要求填写。

第七十九条 国家有关法律、法规对生产疫苗、血液制品、麻醉药品、精神药品、医疗用毒性药品、放射性药品、药品类易制毒化学品等另有规定的，依其规定。

第八十条 出口的疫苗应当符合进口国（地区）的标准或者合同要求。

第八十一条 本办法自 2020 年 7 月 1 日起施行。2004 年 8 月 5 日原国家食品药品监督管理局令第 14 号公布的《药品生产监督管理办法》同时废止。

药品生产质量管理规范

- 2011 年 1 月 17 日卫生部令第 79 号公布
- 自 2011 年 3 月 1 日起施行

第一章 总 则

第一条 为规范药品生产质量管理，根据《中华人民共和国药品管理法》、《中华人民共和国药品管理法实施条例》，制定本规范。

第二条 企业应当建立药品质量管理体系。该体系应当涵盖影响药品质量的所有因素，包括确保药品符合预定用途的有组织、有计划的全部活动。

第三条 本规范作为质量管理体系的一部分，是药品生产管理和质量控制的基本要求，旨在最大限度地降低药品生产过程中污染、交叉污染以及混淆、差错等风险，确保持续稳定地生产出符合预定用途和注册要求的药品。

第四条 企业应当严格执行本规范，坚持诚实守信，禁止任何虚假、欺骗行为。

第二章 质量管理

第一节 原 则

第五条 企业应当建立符合药品质量管理要求的质量目标，将药品注册的有关安全、有效和质量可控的所有要求,系统地贯彻到药品生产、控制及产品放行、贮存、发运的全过程中,确保所生产的药品符合预定用途和注册要求。

第六条 企业高层管理人员应当确保实现既定的质量目标,不同层次的人员以及供应商、经销商应当共同参与并承担各自的责任。

第七条 企业应当配备足够的、符合要求的人员、厂房、设施和设备,为实现质量目标提供必要的条件。

第二节 质量保证

第八条 质量保证是质量管理体系的一部分。企业必须建立质量保证系统,同时建立完整的文件体系,以保证系统有效运行。

第九条 质量保证系统应当确保:

(一)药品的设计与研发体现本规范的要求;

(二)生产管理和质量控制活动符合本规范的要求;

(三)管理职责明确;

(四)采购和使用的原辅料和包装材料正确无误;

(五)中间产品得到有效控制;

(六)确认、验证的实施;

(七)严格按照规程进行生产、检查、检验和复核;

(八)每批产品经质量受权人批准后方可放行;

(九)在贮存、发运和随后的各种操作过程中有保证药品质量的适当措施;

(十)按照自检操作规程,定期检查评估质量保证系统的有效性和适用性。

第十条 药品生产质量管理的基本要求:

(一)制定生产工艺,系统地回顾并证明其可持续稳定地生产出符合要求的产品;

(二)生产工艺及其重大变更均经过验证;

(三)配备所需的资源,至少包括:

1. 具有适当的资质并经培训合格的人员;
2. 足够的厂房和空间;
3. 适用的设备和维修保障;
4. 正确的原辅料、包装材料和标签;
5. 经批准的工艺规程和操作规程;
6. 适当的贮运条件。

(四)应当使用准确、易懂的语言制定操作规程;

(五)操作人员经过培训,能够按照操作规程正确操作;

(六)生产全过程应当有记录,偏差均经过调查并记录;

(七)批记录和发运记录应当能够追溯批产品的完整历史,并妥善保存、便于查阅;

(八)降低药品发运过程中的质量风险;

(九)建立药品召回系统,确保能够召回任何一批已发运销售的产品;

(十)调查导致药品投诉和质量缺陷的原因,并采取措施,防止类似质量缺陷再次发生。

第三节 质量控制

第十一条 质量控制包括相应的组织机构、文件系统以及取样、检验等,确保物料或产品在放行前完成必要的检验,确认其质量符合要求。

第十二条 质量控制的基本要求:

(一)应当配备适当的设施、设备、仪器和经过培训的人员,有效、可靠地完成所有质量控制的相关活动;

(二)应当有批准的操作规程,用于原辅料、包装材料、中间产品、待包装产品和成品的取样、检查、检验以及产品的稳定性考察,必要时进行环境监测,以确保符合本规范的要求;

(三)由经授权的人员按照规定的方法对原辅料、包装材料、中间产品、待包装产品和成品取样;

(四)检验方法应当经过验证或确认;

(五)取样、检查、检验应当有记录,偏差应当经过调查并记录;

(六)物料、中间产品、待包装产品和成品必须按照质量标准进行检查和检验,并有记录;

(七)物料和最终包装的成品应当有足够的留样,以备必要的检查或检验;除最终包装容器过大的成品外,成品的留样包装应当与最终包装相同。

第四节 质量风险管理

第十三条 质量风险管理是在整个产品生命周期中采用前瞻或回顾的方式,对质量风险进行评估、控制、沟通、审核的系统过程。

第十四条 应当根据科学知识及经验对质量风险进行评估,以保证产品质量。

第十五条 质量风险管理过程所采用的方法、措施、形式及形成的文件应当与存在风险的级别相适应。

第三章 机构与人员

第一节 原则

第十六条 企业应当建立与药品生产相适应的管理机构,并有组织机构图。

企业应当设立独立的质量管理部门,履行质量保证和质量控制的职责。质量管理部门可以分别设立质量保证部门和质量控制部门。

第十七条 质量管理部门应当参与所有与质量有关

的活动,负责审核所有与本规范有关的文件。质量管理部门人员不得将职责委托给其他部门的人员。

第十八条 企业应当配备足够数量并具有适当资质(含学历、培训和实践经验)的管理和操作人员,应当明确规定每个部门和每个岗位的职责。岗位职责不得遗漏,交叉的职责应当有明确规定。每个人所承担的职责不应当过多。

所有人员应当明确并理解自己的职责,熟悉与其职责相关的要求,并接受必要的培训,包括上岗前培训和继续培训。

第十九条 职责通常不得委托给他人。确需委托的,其职责可委托给具有相当资质的指定人员。

第二节 关键人员

第二十条 关键人员应当为企业的全职人员,至少应当包括企业负责人、生产管理负责人、质量管理负责人和质量受权人。

质量管理负责人和生产管理负责人不得互相兼任。质量管理负责人和质量受权人可以兼任。应当制定操作规程确保质量受权人独立履行职责,不受企业负责人和其他人员的干扰。

第二十一条 企业负责人

企业负责人是药品质量的主要责任人,全面负责企业日常管理。为确保企业实现质量目标并按照本规范要求生产药品,企业负责人应当负责提供必要的资源,合理计划、组织和协调,保证质量管理部门独立履行其职责。

第二十二条 生产管理负责人

(一)资质:

生产管理负责人应当至少具有药学或相关专业本科学历(或中级专业技术职称或执业药师资格),具有至少三年从事药品生产和质量管理的实践经验,其中至少有一年的药品生产管理经验,接受过与所生产产品相关的专业知识培训。

(二)主要职责:

1. 确保药品按照批准的工艺规程生产、贮存,以保证药品质量;
2. 确保严格执行与生产操作相关的各种操作规程;
3. 确保批生产记录和批包装记录经过指定人员审核并送交质量管理部门;
4. 确保厂房和设备的维护保养,以保持其良好的运行状态;
5. 确保完成各种必要的验证工作;
6. 确保生产相关人员经过必要的上岗前培训和继续培训,并根据实际需要调整培训内容。

第二十三条 质量管理负责人

(一)资质:

质量管理负责人应当至少具有药学或相关专业本科学历(或中级专业技术职称或执业药师资格),具有至少五年从事药品生产和质量管理的实践经验,其中至少一年的药品质量管理经验,接受过与所生产产品相关的专业知识培训。

(二)主要职责:

1. 确保原辅料、包装材料、中间产品、待包装产品和成品符合经注册批准的要求和质量标准;
2. 确保在产品放行前完成对批记录的审核;
3. 确保完成所有必要的检验;
4. 批准质量标准、取样方法、检验方法和其他质量管理的操作规程;
5. 审核和批准所有与质量有关的变更;
6. 确保所有重大偏差和检验结果超标已经过调查并得到及时处理;
7. 批准并监督委托检验;
8. 监督厂房和设备的维护,以保持其良好的运行状态;
9. 确保完成各种必要的确认或验证工作,审核和批准确认或验证方案和报告;
10. 确保完成自检;
11. 评估和批准物料供应商;
12. 确保所有与产品质量有关的投诉已经过调查,并得到及时、正确的处理;
13. 确保完成产品的持续稳定性考察计划,提供稳定性考察的数据;
14. 确保完成产品质量回顾分析;
15. 确保质量控制和质量保证人员都已经过必要的上岗前培训和继续培训,并根据实际需要调整培训内容。

第二十四条 生产管理负责人和质量管理负责人通常有下列共同的职责:

(一)审核和批准产品的工艺规程、操作规程等文件;
(二)监督厂区卫生状况;
(三)确保关键设备经过确认;
(四)确保完成生产工艺验证;
(五)确保企业所有相关人员都已经过必要的上岗前培训和继续培训,并根据实际需要调整培训内容;
(六)批准并监督委托生产;
(七)确定和监控物料和产品的贮存条件;

(八)保存记录;
(九)监督本规范执行状况;
(十)监控影响产品质量的因素。
第二十五条 质量受权人
(一)资质:
质量受权人应当至少具有药学或相关专业本科学历(或中级专业技术职称或执业药师资格),具有至少五年从事药品生产和质量管理的实践经验,从事过药品生产过程控制和质量检验工作。

质量受权人应当具有必要的专业理论知识,并经过与产品放行有关的培训,方能独立履行其职责。

(二)主要职责:

1. 参与企业质量体系建立、内部自检、外部质量审计、验证以及药品不良反应报告、产品召回等质量管理活动;

2. 承担产品放行的职责,确保每批已放行产品的生产、检验均符合相关法规、药品注册要求和质量标准;

3. 在产品放行前,质量受权人必须按照上述第 2 项的要求出具产品放行审核记录,并纳入批记录。

第三节 培训

第二十六条 企业应当指定部门或专人负责培训管理工作,应当有经生产管理负责人或质量管理负责人审核或批准的培训方案或计划,培训记录应当予以保存。

第二十七条 与药品生产、质量有关的所有人员都应当经过培训,培训的内容应当与岗位的要求相适应。除进行本规范理论和实践的培训外,还应当有相关法规、相应岗位的职责、技能的培训,并定期评估培训的实际效果。

第二十八条 高风险操作区(如:高活性、高毒性、传染性、高致敏性物料的生产区)的工作人员应当接受专门的培训。

第四节 人员卫生

第二十九条 所有人员都应当接受卫生要求的培训,企业应当建立人员卫生操作规程,最大限度地降低人员对药品生产造成污染的风险。

第三十条 人员卫生操作规程应当包括与健康、卫生习惯及人员着装相关的内容。生产区和质量控制区的人员应当正确理解相关的人员卫生操作规程。企业应当采取措施确保人员卫生操作规程的执行。

第三十一条 企业应当对人员健康进行管理,并建立健康档案。直接接触药品的生产人员上岗前应当接受健康检查,以后每年至少进行一次健康检查。

第三十二条 企业应当采取适当措施,避免体表有伤口、患有传染病或其他可能污染药品疾病的人员从事直接接触药品的生产。

第三十三条 参观人员和未经培训的人员不得进入生产区和质量控制区,特殊情况确需进入的,应当事先对个人卫生、更衣等事项进行指导。

第三十四条 任何进入生产区的人员均应当按照规定更衣。工作服的选材、式样及穿戴方式应当与所从事的工作和空气洁净度级别要求相适应。

第三十五条 进入洁净生产区的人员不得化妆和佩带饰物。

第三十六条 生产区、仓储区应当禁止吸烟和饮食,禁止存放食品、饮料、香烟和个人用药品等非生产用物品。

第三十七条 操作人员应当避免裸手直接接触药品、与药品直接接触的包装材料和设备表面。

第四章 厂房与设施

第一节 原 则

第三十八条 厂房的选址、设计、布局、建造、改造和维护必须符合药品生产要求,应当能够最大限度地避免污染、交叉污染、混淆和差错,便于清洁、操作和维护。

第三十九条 应当根据厂房及生产防护措施综合考虑选址,厂房所处的环境应当能够最大限度地降低物料或产品遭受污染的风险。

第四十条 企业应当有整洁的生产环境;厂区的地面、路面及运输等不应当对药品的生产造成污染;生产、行政、生活和辅助区的总体布局应当合理,不得互相妨碍;厂区和厂房内的人、物流走向应当合理。

第四十一条 应当对厂房进行适当维护,并确保维修活动不影响药品的质量。应当按照详细的书面操作规程对厂房进行清洁或必要的消毒。

第四十二条 厂房应当有适当的照明、温度、湿度和通风,确保生产和贮存的产品质量以及相关设备性能不会直接或间接地受到影响。

第四十三条 厂房、设施的设计和安装应当能够有效防止昆虫或其他动物进入。应当采取必要的措施,避免所使用的灭鼠药、杀虫剂、烟熏剂等对设备、物料、产品造成污染。

第四十四条 应当采取适当措施,防止未经批准人员的进入。生产、贮存和质量控制区不应当作为非本区工作人员的直接通道。

第四十五条 应当保存厂房、公用设施、固定管道建造或改造后的竣工图纸。

第二节 生产区

第四十六条 为降低污染和交叉污染的风险,厂房、生产设施和设备应当根据所生产药品的特性、工艺流程及相应洁净度级别要求合理设计、布局和使用,并符合下列要求:

(一)应当综合考虑药品的特性、工艺和预定用途等因素,确定厂房、生产设施和设备多产品共用的可行性,并有相应评估报告;

(二)生产特殊性质的药品,如高致敏性药品(如青霉素类)或生物制品(如卡介苗或其他用活性微生物制备而成的药品),必须采用专用和独立的厂房、生产设施和设备。青霉素类药品产尘量大的操作区域应当保持相对负压,排至室外的废气应当经过净化处理并符合要求,排风口应当远离其他空气净化系统的进风口;

(三)生产β-内酰胺结构类药品、性激素类避孕药品必须使用专用设施(如独立的空气净化系统)和设备,并与其他药品生产区严格分开;

(四)生产某些激素类、细胞毒性类、高活性化学药品应当使用专用设施(如独立的空气净化系统)和设备;特殊情况下,如采取特别防护措施并经过必要的验证,上述药品制剂则可通过阶段性生产方式共用同一生产设施和设备;

(五)用于上述第(二)、(三)、(四)项的空气净化系统,其排风应当经过净化处理;

(六)药品生产厂房不得用于生产对药品质量有不利影响的非药用产品。

第四十七条 生产区和贮存区应当有足够的空间,确保有序地存放设备、物料、中间产品、待包装产品和成品,避免不同产品或物料的混淆、交叉污染,避免生产或质量控制操作发生遗漏或差错。

第四十八条 应当根据药品品种、生产操作要求及外部环境状况等配置空调净化系统,使生产区有效通风,并有温度、湿度控制和空气净化过滤,保证药品的生产环境符合要求。

洁净区与非洁净区之间、不同级别洁净区之间的压差应当不低于10帕斯卡。必要时,相同洁净度级别的不同功能区域(操作间)之间也应当保持适当的压差梯度。

口服液体和固体制剂、腔道用药(含直肠用药)、表皮外用药品等非无菌制剂生产的暴露工序区域及其直接接触药品的包装材料最终处理的暴露工序区域,应当参照"无菌药品"附录中D级洁净区的要求设置,企业可根据产品的标准和特性对该区域采取适当的微生物监控措施。

第四十九条 洁净区的内表面(墙壁、地面、天棚)应当平整光滑、无裂缝、接口严密、无颗粒物脱落,避免积尘,便于有效清洁,必要时应当进行消毒。

第五十条 各种管道、照明设施、风口和其他公用设施的设计和安装应当避免出现不易清洁的部位,应当尽可能在生产区外部对其进行维护。

第五十一条 排水设施应当大小适宜,并安装防止倒灌的装置。应当尽可能避免明沟排水;不可避免时,明沟宜浅,以方便清洁和消毒。

第五十二条 制剂的原辅料称量通常应当在专门设计的称量室内进行。

第五十三条 产尘操作间(如干燥物料或产品的取样、称量、混合、包装等操作间)应当保持相对负压或采取专门的措施,防止粉尘扩散,避免交叉污染并便于清洁。

第五十四条 用于药品包装的厂房或区域应当合理设计和布局,以避免混淆或交叉污染。如同一区域内有数条包装线,应当有隔离措施。

第五十五条 生产区应当有适度的照明,目视操作区域的照明应当满足操作要求。

第五十六条 生产区内可设中间控制区域,但中间控制操作不得给药品带来质量风险。

第三节 仓储区

第五十七条 仓储区应当有足够的空间,确保有序存放待验、合格、不合格、退货或召回的原辅料、包装材料、中间产品、待包装产品和成品等各类物料和产品。

第五十八条 仓储区的设计和建造应当确保良好的仓储条件,并有通风和照明设施。仓储区应当能够满足物料或产品的贮存条件(如温湿度、避光)和安全贮存的要求,并进行检查和监控。

第五十九条 高活性的物料或产品以及印刷包装材料应当贮存于安全的区域。

第六十条 接收、发放和发运区域应当能够保护物料、产品免受外界天气(如雨、雪)的影响。接收区的布局和设施应当能够确保到货物料在进入仓储区前可对外包装进行必要的清洁。

第六十一条 如采用单独的隔离区域贮存待验物料,待验区应当有醒目的标识,且只限于经批准的人员出入。

不合格、退货或召回的物料或产品应当隔离存放。

如果采用其他方法替代物理隔离,则该方法应当具有同等的安全性。

第六十二条 通常应当有单独的物料取样区。取样区的空气洁净度级别应当与生产要求一致。如在其他区域或采用其他方式取样,应当能够防止污染或交叉污染。

第四节 质量控制区

第六十三条 质量控制实验室通常应当与生产区分开。生物检定、微生物和放射性同位素的实验室还应当彼此分开。

第六十四条 实验室的设计应当确保其适用于预定的用途,并能够避免混淆和交叉污染,应当有足够的区域用于样品处置、留样和稳定性考察样品的存放以及记录的保存。

第六十五条 必要时,应当设置专门的仪器室,使灵敏度高的仪器免受静电、震动、潮湿或其他外界因素的干扰。

第六十六条 处理生物样品或放射性样品等特殊物品的实验室应当符合国家的有关要求。

第六十七条 实验动物房应当与其他区域严格分开,其设计、建造应当符合国家有关规定,并设有独立的空气处理设施以及动物的专用通道。

第五节 辅助区

第六十八条 休息室的设置不应当对生产区、仓储区和质量控制区造成不良影响。

第六十九条 更衣室和盥洗室应当方便人员进出,并与使用人数相适应。盥洗室不得与生产区和仓储区直接相通。

第七十条 维修间应当尽可能远离生产区。存放在洁净区内的维修用备件和工具,应当放置在专门的房间或工具柜中。

第五章 设备

第一节 原则

第七十一条 设备的设计、选型、安装、改造和维护必须符合预定用途,应当尽可能降低产生污染、交叉污染、混淆和差错的风险,便于操作、清洁、维护,以及必要时进行的消毒或灭菌。

第七十二条 应当建立设备使用、清洁、维护和维修的操作规程,并保存相应的操作记录。

第七十三条 应当建立并保存设备采购、安装、确认的文件和记录。

第二节 设计和安装

第七十四条 生产设备不得对药品质量产生任何不利影响。与药品直接接触的生产设备表面应当平整、光洁、易清洗或消毒、耐腐蚀,不得与药品发生化学反应、吸附药品或向药品中释放物质。

第七十五条 应当配备有适当量程和精度的衡器、量具、仪器和仪表。

第七十六条 应当选择适当的清洗、清洁设备,并防止这类设备成为污染源。

第七十七条 设备所用的润滑剂、冷却剂等不得对药品或容器造成污染,应当尽可能使用食用级或级别相当的润滑剂。

第七十八条 生产用模具的采购、验收、保管、维护、发放及报废应当制定相应操作规程,设专人专柜保管,并有相应记录。

第三节 维护和维修

第七十九条 设备的维护和维修不得影响产品质量。

第八十条 应当制定设备的预防性维护计划和操作规程,设备的维护和维修应当有相应的记录。

第八十一条 经改造或重大维修的设备应当进行再确认,符合要求后方可用于生产。

第四节 使用和清洁

第八十二条 主要生产和检验设备都应当有明确的操作规程。

第八十三条 生产设备应当在确认的参数范围内使用。

第八十四条 应当按照详细规定的操作规程清洁生产设备。

生产设备清洁的操作规程应当规定具体而完整的清洁方法、清洁用设备或工具、清洁剂的名称和配制方法、去除前一批次标识的方法、保护已清洁设备在使用前免受污染的方法、已清洁设备最长的保存时限、使用前检查设备清洁状况的方法,使操作者能以可重现的、有效的方式对各类设备进行清洁。

如需拆装设备,还应当规定设备拆装的顺序和方法;如需对设备消毒或灭菌,还应当规定消毒或灭菌的具体方法、消毒剂的名称和配制方法。必要时,还应当规定设备生产结束至清洁前所允许的最长间隔时限。

第八十五条 已清洁的生产设备应当在清洁、干燥的条件下存放。

第八十六条 用于药品生产或检验的设备和仪器，应当有使用日志，记录内容包括使用、清洁、维护和维修情况以及日期、时间、所生产及检验的药品名称、规格和批号等。

第八十七条 生产设备应当有明显的状态标识，标明设备编号和内容物（如名称、规格、批号）；没有内容物的应当标明清洁状态。

第八十八条 不合格的设备如有可能应当搬出生产和质量控制区，未搬出前，应当有醒目的状态标识。

第八十九条 主要固定管道应当标明内容物名称和流向。

第五节 校 准

第九十条 应当按照操作规程和校准计划定期对生产和检验用衡器、量具、仪表、记录和控制设备以及仪器进行校准和检查，并保存相关记录。校准的量程范围应当涵盖实际生产和检验的使用范围。

第九十一条 应当确保生产和检验使用的关键衡器、量具、仪表、记录和控制设备以及仪器经过校准，所得出的数据准确、可靠。

第九十二条 应当使用计量标准器具进行校准，且所用计量标准器具应当符合国家有关规定。校准记录应当标明所用计量标准器具的名称、编号、校准有效期和计量合格证明编号，确保记录的可追溯性。

第九十三条 衡器、量具、仪表、用于记录和控制的设备以及仪器应当有明显的标识，标明其校准有效期。

第九十四条 不得使用未经校准、超过校准有效期、失准的衡器、量具、仪表以及用于记录和控制的设备、仪器。

第九十五条 在生产、包装、仓储过程中使用自动或电子设备的，应当按照操作规程定期进行校准和检查，确保其操作功能正常。校准和检查应当有相应的记录。

第六节 制药用水

第九十六条 制药用水应当适合其用途，并符合《中华人民共和国药典》的质量标准及相关要求。制药用水至少应当采用饮用水。

第九十七条 水处理设备及其输送系统的设计、安装、运行和维护应当确保制药用水达到设定的质量标准。水处理设备的运行不得超出其设计能力。

第九十八条 纯化水、注射用水储罐和输送管道所用材料应当无毒、耐腐蚀；储罐的通气口应当安装不脱落纤维的疏水性除菌滤器；管道的设计和安装应当避免死角、盲管。

第九十九条 纯化水、注射用水的制备、贮存和分配应当能够防止微生物的滋生。纯化水可采用循环，注射用水可采用70℃以上保温循环。

第一百条 应当对制药用水及原水的水质进行定期监测，并有相应的记录。

第一百零一条 应当按照操作规程对纯化水、注射用水管道进行清洗消毒，并有相关记录。发现制药用水微生物污染达到警戒限度、纠偏限度时应当按照操作规程处理。

第六章 物料与产品

第一节 原 则

第一百零二条 药品生产所用的原辅料、与药品直接接触的包装材料应当符合相应的质量标准。药品上直接印字所用油墨应当符合食用标准要求。

进口原辅料应当符合国家相关的进口管理规定。

第一百零三条 应当建立物料和产品的操作规程，确保物料和产品的正确接收、贮存、发放、使用和发运，防止污染、交叉污染、混淆和差错。

物料和产品的处理应当按照操作规程或工艺规程执行，并有记录。

第一百零四条 物料供应商的确定及变更应当进行质量评估，并经质量管理部门批准后方可采购。

第一百零五条 物料和产品的运输应当能够满足其保证质量的要求，对运输有特殊要求的，其运输条件应当予以确认。

第一百零六条 原辅料、与药品直接接触的包装材料和印刷包装材料的接收应当有操作规程，所有到货物料均应当检查，以确保与订单一致，并确认供应商已经质量管理部门批准。

物料的外包装应当有标签，并注明规定的信息。必要时，还应当进行清洁，发现外包装损坏或其他可能影响物料质量的问题，应当向质量管理部门报告并进行调查和记录。

每次接收均应当有记录，内容包括：

（一）交货单和包装容器上所注物料的名称；

（二）企业内部所用物料名称和（或）代码；

（三）接收日期；

（四）供应商和生产商（如不同）的名称；

（五）供应商和生产商（如不同）标识的批号；

（六）接收总量和包装容器数量；

（七）接收后企业指定的批号或流水号；

（八）有关说明（如包装状况）。

第一百零七条 物料接收和成品生产后应当及时按照待验管理，直至放行。

第一百零八条 物料和产品应当根据其性质有序分批贮存和周转，发放及发运应当符合先进先出和近效期先出的原则。

第一百零九条 使用计算机化仓储管理的，应当有相应的操作规程，防止因系统故障、停机等特殊情况而造成物料和产品的混淆和差错。

使用完全计算机化仓储管理系统进行识别的，物料、产品等相关信息可不必以书面可读的方式标出。

第二节 原辅料

第一百一十条 应当制定相应的操作规程，采取核对或检验等适当措施，确认每一包装内的原辅料正确无误。

第一百一十一条 一次接收数个批次的物料，应当按批取样、检验、放行。

第一百一十二条 仓储区内的原辅料应当有适当的标识，并至少标明下述内容：

（一）指定的物料名称和企业内部的物料代码；

（二）企业接收时设定的批号；

（三）物料质量状态（如待验、合格、不合格、已取样）；

（四）有效期或复验期。

第一百一十三条 只有经质量管理部门批准放行并在有效期或复验期内的原辅料方可使用。

第一百一十四条 原辅料应当按照有效期或复验期贮存。贮存期内，如发现对质量有不良影响的特殊情况，应当进行复验。

第一百一十五条 应当由指定人员按照操作规程进行配料，核对物料后，精确称量或计量，并作好标识。

第一百一十六条 配制的每一物料及其重量或体积应当由他人独立进行复核，并有复核记录。

第一百一十七条 用于同一批药品生产的所有配料应当集中存放，并作好标识。

第三节 中间产品和待包装产品

第一百一十八条 中间产品和待包装产品应当在适当的条件下贮存。

第一百一十九条 中间产品和待包装产品应当有明确的标识，并至少标明下述内容：

（一）产品名称和企业内部的产品代码；

（二）产品批号；

（三）数量或重量（如毛重、净重等）；

（四）生产工序（必要时）；

（五）产品质量状态（必要时，如待验、合格、不合格、已取样）。

第四节 包装材料

第一百二十条 与药品直接接触的包装材料和印刷包装材料的管理和控制要求与原辅料相同。

第一百二十一条 包装材料应当由专人按照操作规程发放，并采取措施避免混淆和差错，确保用于药品生产的包装材料正确无误。

第一百二十二条 应当建立印刷包装材料设计、审核、批准的操作规程，确保印刷包装材料印制的内容与药品监督管理部门核准的一致，并建立专门的文档，保存经签名批准的印刷包装材料原版实样。

第一百二十三条 印刷包装材料的版本变更时，应当采取措施，确保产品所用印刷包装材料的版本正确无误。宜收回作废的旧版印刷模版并予以销毁。

第一百二十四条 印刷包装材料应当设置专门区域妥善存放，未经批准人员不得进入。切割式标签或其他散装印刷包装材料应当分别置于密闭容器内储运，以防混淆。

第一百二十五条 印刷包装材料应当由专人保管，并按照操作规程和需求量发放。

第一百二十六条 每批或每次发放的与药品直接接触的包装材料或印刷包装材料，均应当有识别标志，标明所用产品的名称和批号。

第一百二十七条 过期或废弃的印刷包装材料应当予以销毁并记录。

第五节 成品

第一百二十八条 成品放行前应当待验贮存。

第一百二十九条 成品的贮存条件应当符合药品注册批准的要求。

第六节 特殊管理的物料和产品

第一百三十条 麻醉药品、精神药品、医疗用毒性药品（包括药材）、放射性药品、药品类易制毒化学品及易燃、易爆和其他危险品的验收、贮存、管理应当执行国家有关的规定。

第七节 其他

第一百三十一条 不合格的物料、中间产品、待包装产品和成品的每个包装容器上均应当有清晰醒目的标志,并在隔离区内妥善保存。

第一百三十二条 不合格的物料、中间产品、待包装产品和成品的处理应当经质量管理负责人批准,并有记录。

第一百三十三条 产品回收需经预先批准,并对相关的质量风险进行充分评估,根据评估结论决定是否回收。回收应当按照预定的操作规程进行,并有相应记录。回收处理后的产品应当按照回收处理中最早批次产品的生产日期确定有效期。

第一百三十四条 制剂产品不得进行重新加工。不合格的制剂中间产品、待包装产品和成品一般不得进行返工。只有不影响产品质量、符合相应质量标准,且根据预定、经批准的操作规程以及对相关风险充分评估后,才允许返工处理。返工应当有相应记录。

第一百三十五条 对返工或重新加工或回收合并后生产的成品,质量管理部门应当考虑需要进行额外相关项目的检验和稳定性考察。

第一百三十六条 企业应当建立药品退货的操作规程,并有相应的记录,内容至少应当包括:产品名称、批号、规格、数量、退货单位及地址、退货原因及日期、最终处理意见。

同一产品同一批号不同渠道的退货应当分别记录、存放和处理。

第一百三十七条 只有经检查、检验和调查,有证据证明退货质量未受影响,且经质量管理部门根据操作规程评价后,方可考虑将退货重新包装、重新发运销售。评价考虑的因素至少应当包括药品的性质、所需的贮存条件、药品的现状、历史,以及发运与退货之间的间隔时间等因素。不符合贮存和运输要求的退货,应当在质量管理部门监督下予以销毁。对退货质量存有怀疑时,不得重新发运。

对退货进行回收处理的,回收后的产品应当符合预定的质量标准和第一百三十三条的要求。

退货处理的过程和结果应当有相应记录。

第七章 确认与验证

第一百三十八条 企业应当确定需要进行的确认或验证工作,以证明有关操作的关键要素能够得到有效控制。确认或验证的范围和程度应当经过风险评估来确定。

第一百三十九条 企业的厂房、设施、设备和检验仪器应当经过确认,应当采用经过验证的生产工艺、操作规程和检验方法进行生产、操作和检验,并保持持续的验证状态。

第一百四十条 应当建立确认与验证的文件和记录,并能以文件和记录证明达到以下预定的目标:

(一)设计确认应当证明厂房、设施、设备的设计符合预定用途和本规范要求;

(二)安装确认应当证明厂房、设施、设备的建造和安装符合设计标准;

(三)运行确认应当证明厂房、设施、设备的运行符合设计标准;

(四)性能确认应当证明厂房、设施、设备在正常操作方法和工艺条件下能够持续符合标准;

(五)工艺验证应当证明一个生产工艺按照规定的工艺参数能够持续生产出符合预定用途和注册要求的产品。

第一百四十一条 采用新的生产处方或生产工艺前,应当验证其常规生产的适用性。生产工艺在使用规定的原辅料和设备条件下,应当能够始终生产出符合预定用途和注册要求的产品。

第一百四十二条 当影响产品质量的主要因素,如原辅料、与药品直接接触的包装材料、生产设备、生产环境(或厂房)、生产工艺、检验方法等发生变更时,应当进行确认或验证。必要时,还应当经药品监督管理部门批准。

第一百四十三条 清洁方法应当经过验证,证实其清洁的效果,以有效防止污染和交叉污染。清洁验证应当综合考虑设备使用情况、所使用的清洁剂和消毒剂、取样方法和位置以及相应的取样回收率、残留物的性质和限度、残留物检验方法的灵敏度等因素。

第一百四十四条 确认和验证不是一次性的行为。首次确认或验证后,应当根据产品质量回顾分析情况进行再确认或再验证。关键的生产工艺和操作规程应当定期进行再验证,确保其能够达到预期结果。

第一百四十五条 企业应当制定验证总计划,以文件形式说明确认与验证工作的关键信息。

第一百四十六条 验证总计划或其他相关文件中应当作出规定,确保厂房、设施、设备、检验仪器、生产工艺、操作规程和检验方法等能够保持持续稳定。

第一百四十七条 应当根据确认或验证的对象制定确认或验证方案,并经审核、批准。确认或验证方案应当明确职责。

第一百四十八条 确认或验证应当按照预先确定和

批准的方案实施,并有记录。确认或验证工作完成后,应当写出报告,并经审核、批准。确认或验证的结果和结论(包括评价和建议)应当有记录并存档。

第一百四十九条 应当根据验证的结果确认工艺规程和操作规程。

第八章 文件管理
第一节 原 则

第一百五十条 文件是质量保证系统的基本要素。企业必须有内容正确的书面质量标准、生产处方和工艺规程、操作规程以及记录等文件。

第一百五十一条 企业应当建立文件管理的操作规程,系统地设计、制定、审核、批准和发放文件。与本规范有关的文件应当经质量管理部门的审核。

第一百五十二条 文件的内容应当与药品生产许可、药品注册等相关要求一致,并有助于追溯每批产品的历史情况。

第一百五十三条 文件的起草、修订、审核、批准、替换或撤销、复制、保管和销毁等应当按照操作规程管理,并有相应的文件分发、撤销、复制、销毁记录。

第一百五十四条 文件的起草、修订、审核、批准均应当由适当的人员签名并注明日期。

第一百五十五条 文件应当标明题目、种类、目的以及文件编号和版本号。文字应当确切、清晰、易懂,不能模棱两可。

第一百五十六条 文件应当分类存放、条理分明,便于查阅。

第一百五十七条 原版文件复制时,不得产生任何差错;复制的文件应当清晰可辨。

第一百五十八条 文件应当定期审核、修订;文件修订后,应当按照规定管理,防止旧版文件的误用。分发、使用的文件应当为批准的现行文本,已撤销的或旧版文件除留档备查外,不得在工作现场出现。

第一百五十九条 与本规范有关的每项活动均应当有记录,以保证产品生产、质量控制和质量保证等活动可以追溯。记录应当留有填写数据的足够空格。记录应当及时填写,内容真实,字迹清晰、易读,不易擦除。

第一百六十条 应当尽可能采用生产和检验设备自动打印的记录、图谱和曲线图等,并标明产品或样品的名称、批号和记录设备的信息,操作人应当签注姓名和日期。

第一百六十一条 记录应当保持清洁,不得撕毁和任意涂改。记录填写的任何更改都应当签注姓名和日期,并使原有信息仍清晰可辨,必要时,应当说明更改的理由。记录如需重新誊写,则原有记录不得销毁,应当作为重新誊写记录的附件保存。

第一百六十二条 每批药品应当有批记录,包括批生产记录、批包装记录、批检验记录和药品放行审核记录等与本批产品有关的记录。批记录应当由质量管理部门负责管理,至少保存至药品有效期后一年。

质量标准、工艺规程、操作规程、稳定性考察、确认、验证、变更等其他重要文件应当长期保存。

第一百六十三条 如使用电子数据处理系统、照相技术或其他可靠方式记录数据资料,应当有所用系统的操作规程;记录的准确性应当经过核对。

使用电子数据处理系统的,只有经授权的人员方可输入或更改数据,更改和删除情况应当有记录;应当使用密码或其他方式来控制系统的登录;关键数据输入后,应当由他人独立进行复核。

用电子方法保存的批记录,应当采用磁带、缩微胶卷、纸质副本或其他方法进行备份,以确保记录的安全,且数据资料在保存期内便于查阅。

第二节 质量标准

第一百六十四条 物料和成品应当有经批准的现行质量标准;必要时,中间产品或待包装产品也应当有质量标准。

第一百六十五条 物料的质量标准一般应当包括:

(一)物料的基本信息:

1. 企业统一指定的物料名称和内部使用的物料代码;

2. 质量标准的依据;

3. 经批准的供应商;

4. 印刷包装材料的实样或样稿。

(二)取样、检验方法或相关操作规程编号;

(三)定性和定量的限度要求;

(四)贮存条件和注意事项;

(五)有效期或复验期。

第一百六十六条 外购或外销的中间产品和待包装产品应当有质量标准;如果中间产品的检验结果用于成品的质量评价,则应当制定与成品质量标准相对应的中间产品质量标准。

第一百六十七条 成品的质量标准应当包括:

(一)产品名称以及产品代码;

(二)对应的产品处方编号(如有);

（三）产品规格和包装形式；

（四）取样、检验方法或相关操作规程编号；

（五）定性和定量的限度要求；

（六）贮存条件和注意事项；

（七）有效期。

第三节 工艺规程

第一百六十八条 每种药品的每个生产批量均应当有经企业批准的工艺规程，不同药品规格的每种包装形式均应当有各自的包装操作要求。工艺规程的制定应当以注册批准的工艺为依据。

第一百六十九条 工艺规程不得任意更改。如需更改，应当按照相关的操作规程修订、审核、批准。

第一百七十条 制剂的工艺规程的内容至少应当包括：

（一）生产处方：

1. 产品名称和产品代码；

2. 产品剂型、规格和批量；

3. 所用原辅料清单（包括生产过程中使用，但不在成品中出现的物料），阐明每一物料的指定名称、代码和用量；如原辅料的用量需要折算时，还应当说明计算方法。

（二）生产操作要求：

1. 对生产场所和所用设备的说明（如操作间的位置和编号、洁净度级别、必要的温湿度要求、设备型号和编号等）；

2. 关键设备的准备（如清洗、组装、校准、灭菌等）所采用的方法或相应操作规程编号；

3. 详细的生产步骤和工艺参数说明（如物料的核对、预处理、加入物料的顺序、混合时间、温度等）；

4. 所有中间控制方法及标准；

5. 预期的最终产量限度，必要时，还应当说明中间产品的产量限度，以及物料平衡的计算方法和限度；

6. 待包装产品的贮存要求，包括容器、标签及特殊贮存条件；

7. 需要说明的注意事项。

（三）包装操作要求：

1. 以最终包装容器中产品的数量、重量或体积表示的包装形式；

2. 所需全部包装材料的完整清单，包括包装材料的名称、数量、规格、类型以及与质量标准有关的每一包装材料的代码；

3. 印刷包装材料的实样或复制品，并标明产品批号、有效期打印位置；

4. 需要说明的注意事项，包括对生产区和设备进行的检查，在包装操作开始前，确认包装生产线的清场已经完成等；

5. 包装操作步骤的说明，包括重要的辅助性操作和所用设备的注意事项、包装材料使用前的核对；

6. 中间控制的详细操作，包括取样方法及标准；

7. 待包装产品、印刷包装材料的物料平衡计算方法和限度。

第四节 批生产记录

第一百七十一条 每批产品均应当有相应的批生产记录，可追溯该批产品的生产历史以及与质量有关的情况。

第一百七十二条 批生产记录应当依据现行批准的工艺规程的相关内容制定。记录的设计应当避免填写差错。批生产记录的每一页应当标注产品的名称、规格和批号。

第一百七十三条 原版空白的批生产记录应当经生产管理负责人和质量管理负责人审核和批准。批生产记录的复制和发放均应当按照操作规程进行控制并有记录，每批产品的生产只能发放一份原版空白批生产记录的复制件。

第一百七十四条 在生产过程中，进行每项操作时应当及时记录，操作结束后，应当由生产操作人员确认并签注姓名和日期。

第一百七十五条 批生产记录的内容应当包括：

（一）产品名称、规格、批号；

（二）生产以及中间工序开始、结束的日期和时间；

（三）每一生产工序的负责人签名；

（四）生产步骤操作人员的签名；必要时，还应当有操作（如称量）复核人员的签名；

（五）每一原辅料的批号以及实际称量的数量（包括投入的回收或返工处理产品的批号及数量）；

（六）相关生产操作或活动、工艺参数及控制范围，以及所用主要生产设备的编号；

（七）中间控制结果的记录以及操作人员的签名；

（八）不同生产工序所得产量及必要时的物料平衡计算；

（九）对特殊问题或异常事件的记录，包括对偏离工艺规程的偏差情况的详细说明或调查报告，并经签字批准。

第五节 批包装记录

第一百七十六条 每批产品或每批中部分产品的包

装，都应当有批包装记录，以便追溯该批产品包装操作以及与质量有关的情况。

第一百七十七条 批包装记录应当依据工艺规程中与包装相关的内容制定。记录的设计应当注意避免填写差错。批包装记录的每一页均应当标注所包装产品的名称、规格、包装形式和批号。

第一百七十八条 批包装记录应当有待包装产品的批号、数量以及成品的批号和计划数量。原版空白的批包装记录的审核、批准、复制和发放的要求与原版空白的批生产记录相同。

第一百七十九条 在包装过程中，进行每项操作时应当及时记录，操作结束后，应当由包装操作人员确认并签注姓名和日期。

第一百八十条 批包装记录的内容包括：

（一）产品名称、规格、包装形式、批号、生产日期和有效期；

（二）包装操作日期和时间；

（三）包装操作负责人签名；

（四）包装工序的操作人员签名；

（五）每一包装材料的名称、批号和实际使用的数量；

（六）根据工艺规程所进行的检查记录，包括中间控制结果；

（七）包装操作的详细情况，包括所用设备及包装生产线的编号；

（八）所用印刷包装材料的实样，并印有批号、有效期及其他打印内容；不易随批包装记录归档的印刷包装材料可采用印有上述内容的复制品；

（九）对特殊问题或异常事件的记录，包括对偏离工艺规程的偏差情况的详细说明或调查报告，并经签字批准；

（十）所有印刷包装材料和待包装产品的名称、代码，以及发放、使用、销毁或退库的数量、实际产量以及物料平衡检查。

第六节 操作规程和记录

第一百八十一条 操作规程的内容应当包括：题目、编号、版本号、颁发部门、生效日期、分发部门以及制定人、审核人、批准人的签名并注明日期，标题、正文及变更历史。

第一百八十二条 厂房、设备、物料、文件和记录应当有编号（或代码），并制定编制编号（或代码）的操作规程，确保编号（或代码）的唯一性。

第一百八十三条 下述活动也应当有相应的操作规程，其过程和结果应当有记录：

（一）确认和验证；

（二）设备的装配和校准；

（三）厂房和设备的维护、清洁和消毒；

（四）培训、更衣及卫生等与人员相关的事宜；

（五）环境监测；

（六）虫害控制；

（七）变更控制；

（八）偏差处理；

（九）投诉；

（十）药品召回；

（十一）退货。

第九章 生产管理

第一节 原则

第一百八十四条 所有药品的生产和包装均应按照批准的工艺规程和操作规程进行操作并有相关记录，以确保药品达到规定的质量标准，并符合药品生产许可和注册批准的要求。

第一百八十五条 应当建立划分产品生产批次的操作规程，生产批次的划分应当能够确保同一批次产品质量和特性的均一性。

第一百八十六条 应当建立编制药品批号和确定生产日期的操作规程。每批药品均应当编制唯一的批号。除另有法定要求外，生产日期不得迟于产品成型或灌装（封）前经最后混合的操作开始日期，不得以产品包装日期作为生产日期。

第一百八十七条 每批产品应当检查产量和物料平衡，确保物料平衡符合设定的限度。如有差异，必须查明原因，确认无潜在质量风险后，方可按照正常产品处理。

第一百八十八条 不得在同一生产操作间同时进行不同品种和规格药品的生产操作，除非没有发生混淆或交叉污染的可能。

第一百八十九条 在生产的每一阶段，应当保护产品和物料免受微生物和其他污染。

第一百九十条 在干燥物料或产品，尤其是高活性、高毒性或高致敏性物料或产品的生产过程中，应当采取特殊措施，防止粉尘的产生和扩散。

第一百九十一条 生产期间使用的所有物料、中间产品或待包装产品的容器及主要设备、必要的操作室应当贴签标识或以其他方式标明生产中的产品或物料名称、规格和批号，如有必要，还应当标明生产工序。

第一百九十二条 容器、设备或设施所用标识应当清晰明了，标识的格式应当经企业相关部门批准。除在标识上使用文字说明外，还可采用不同的颜色区分被标识物的状态（如待验、合格、不合格或已清洁等）。

第一百九十三条 应当检查产品从一个区域输送至另一个区域的管道和其他设备连接，确保连接正确无误。

第一百九十四条 每次生产结束后应当进行清场，确保设备和工作场所没有遗留与本次生产有关的物料、产品和文件。下次生产开始前，应当对前次清场情况进行确认。

第一百九十五条 应当尽可能避免出现任何偏离工艺规程或操作规程的偏差。一旦出现偏差，应当按照偏差处理操作规程执行。

第一百九十六条 生产厂房应当仅限于经批准的人员出入。

第二节 防止生产过程中的污染和交叉污染

第一百九十七条 生产过程中应当尽可能采取措施，防止污染和交叉污染，如：

（一）在分隔的区域内生产不同品种的药品；

（二）采用阶段性生产方式；

（三）设置必要的气锁间和排风；空气洁净度级别不同的区域应当有压差控制；

（四）应当降低未经处理或未经充分处理的空气再次进入生产区导致污染的风险；

（五）在易产生交叉污染的生产区内，操作人员应当穿戴该区域专用的防护服；

（六）采用经过验证或已知有效的清洁和去污染操作规程进行设备清洁；必要时，应当对与物料直接接触的设备表面的残留物进行检测；

（七）采用密闭系统生产；

（八）干燥设备的进风应当有空气过滤器，排风应当有防止空气倒流装置；

（九）生产和清洁过程中应当避免使用易碎、易脱屑、易发霉器具；使用筛网时，应当有防止因筛网断裂而造成污染的措施；

（十）液体制剂的配制、过滤、灌封、灭菌等工序应当在规定时间内完成；

（十一）软膏剂、乳膏剂、凝胶剂等半固体制剂以及栓剂的中间产品应当规定贮存期和贮存条件。

第一百九十八条 应当定期检查防止污染和交叉污染的措施并评估其适用性和有效性。

第三节 生产操作

第一百九十九条 生产开始前应当进行检查，确保设备和工作场所没有上批遗留的产品、文件或与本批产品生产无关的物料，设备处于已清洁及待用状态。检查结果应当有记录。

生产操作前，还应当核对物料或中间产品的名称、代码、批号和标识，确保生产所用物料或中间产品正确且符合要求。

第二百条 应当进行中间控制和必要的环境监测，并予以记录。

第二百零一条 每批药品的每一生产阶段完成后必须由生产操作人员清场，并填写清场记录。清场记录内容包括：操作间编号、产品名称、批号、生产工序、清场日期、检查项目及结果、清场负责人及复核人签名。清场记录应当纳入批生产记录。

第四节 包装操作

第二百零二条 包装操作规程应当规定降低污染和交叉污染、混淆或差错风险的措施。

第二百零三条 包装开始前应当进行检查，确保工作场所、包装生产线、印刷机及其他设备已处于清洁或待用状态，无上批遗留的产品、文件或与本批产品包装无关的物料。检查结果应当有记录。

第二百零四条 包装操作前，还应当检查所领用的包装材料正确无误，核对待包装产品和所用包装材料的名称、规格、数量、质量状态，且与工艺规程相符。

第二百零五条 每一包装操作场所或包装生产线，应当有标识标明包装中的产品名称、规格、批号和批量的生产状态。

第二百零六条 有数条包装线同时进行包装时，应当采取隔离或其他有效防止污染、交叉污染或混淆的措施。

第二百零七条 待用分装容器在分装前应当保持清洁，避免容器中有玻璃碎屑、金属颗粒等污染物。

第二百零八条 产品分装、封口后应当及时贴签。未能及时贴签时，应当按照相关的操作规程操作，避免发生混淆或贴错标签等差错。

第二百零九条 单独打印或包装过程中在线打印的信息（如产品批号或有效期）均应当进行检查，确保其正确无误，并予以记录。如手工打印，应当增加检查频次。

第二百一十条 使用切割式标签或在包装线以外单独打印标签，应当采取专门措施，防止混淆。

第二百一十一条 应当对电子读码机、标签计数器或其他类似装置的功能进行检查,确保其准确运行。检查应当有记录。

第二百一十二条 包装材料上印刷或模压的内容应当清晰,不易褪色和擦除。

第二百一十三条 包装期间,产品的中间控制检查应当至少包括下述内容:
(一)包装外观;
(二)包装是否完整;
(三)产品和包装材料是否正确;
(四)打印信息是否正确;
(五)在线监控装置的功能是否正常。
样品从包装生产线取走后不应当再返还,以防止产品混淆或污染。

第二百一十四条 因包装过程产生异常情况而需要重新包装产品的,必须经专门检查、调查并由指定人员批准。重新包装应当有详细记录。

第二百一十五条 在物料平衡检查中,发现待包装产品、印刷包装材料以及成品数量有显著差异时,应当进行调查,未得出结论前,成品不得放行。

第二百一十六条 包装结束时,已打印批号的剩余包装材料应当由专人负责全部计数销毁,并有记录。如将未打印批号的印刷包装材料退库,应当按照操作规程执行。

第十章 质量控制与质量保证

第一节 质量控制实验室管理

第二百一十七条 质量控制实验室的人员、设施、设备应当与产品性质和生产规模相适应。
企业通常不得进行委托检验,确需委托检验的,应当按照第十一章中委托检验部分的规定,委托外部实验室进行检验,但应当在检验报告中予以说明。

第二百一十八条 质量控制负责人应当具有足够的管理实验室的资质和经验,可以管理同一企业的一个或多个实验室。

第二百一十九条 质量控制实验室的检验人员至少应当具有相关专业中专或高中以上学历,并经过与所从事的检验操作相关的实践培训且通过考核。

第二百二十条 质量控制实验室应当配备药典、标准图谱等必要的工具书,以及标准品或对照品等相关的标准物质。

第二百二十一条 质量控制实验室的文件应当符合第八章的原则,并符合下列要求:
(一)质量控制实验室应当至少有下列详细文件:
1. 质量标准;
2. 取样操作规程和记录;
3. 检验操作规程和记录(包括检验记录或实验室工作记事簿);
4. 检验报告或证书;
5. 必要的环境监测操作规程、记录和报告;
6. 必要的检验方法验证报告和记录;
7. 仪器校准和设备使用、清洁、维护的操作规程及记录。
(二)每批药品的检验记录应当包括中间产品、待包装产品和成品的质量检验记录,可追溯该批药品所有相关的质量检验情况。
(三)宜采用便于趋势分析的方法保存某些数据(如检验数据、环境监测数据、制药用水的微生物监测数据);
(四)除与批记录相关的资料信息外,还应当保存其他原始资料或记录,以方便查阅。

第二百二十二条 取样应当至少符合以下要求:
(一)质量管理部门的人员有权进入生产区和仓储区进行取样及调查;
(二)应当按照经批准的操作规程取样,操作规程应当详细规定:
1. 经授权的取样人;
2. 取样方法;
3. 所用器具;
4. 样品量;
5. 分样的方法;
6. 存放样品容器的类型和状态;
7. 取样后剩余部分及样品的处置和标识;
8. 取样注意事项,包括为降低取样过程产生的各种风险所采取的预防措施,尤其是无菌或有害物料的取样以及防止取样过程中污染和交叉污染的注意事项;
9. 贮存条件;
10. 取样器具的清洁方法和贮存要求。
(三)取样方法应当科学、合理,以保证样品的代表性;
(四)留样应当能够代表被取样批次的产品或物料,也可抽取其他样品来监控生产过程中最重要的环节(如生产的开始或结束);
(五)样品的容器应当贴有标签,注明样品名称、批号、取样日期、取自哪一包装容器、取样人等信息;

（六）样品应当按照规定的贮存要求保存。

第二百二十三条 物料和不同生产阶段产品的检验应当至少符合以下要求：

（一）企业应当确保药品按照注册批准的方法进行全项检验；

（二）符合下列情形之一的，应当对检验方法进行验证：

1. 采用新的检验方法；
2. 检验方法需变更的；
3. 采用《中华人民共和国药典》及其他法定标准未收载的检验方法；
4. 法规规定的其他需要验证的检验方法。

（三）对不需要进行验证的检验方法，企业应当对检验方法进行确认，以确保检验数据准确、可靠；

（四）检验应当有书面操作规程，规定所用方法、仪器和设备，检验操作规程的内容应当与经确认或验证的检验方法一致；

（五）检验应当有可追溯的记录并应当复核，确保结果与记录一致。所有计算均应当严格核对；

（六）检验记录应当至少包括以下内容：

1. 产品或物料的名称、剂型、规格、批号或供货批号，必要时注明供应商和生产商（如不同）的名称或来源；
2. 依据的质量标准和检验操作规程；
3. 检验所用的仪器或设备的型号和编号；
4. 检验所用的试液和培养基的配制批号、对照品或标准品的来源和批号；
5. 检验所用动物的相关信息；
6. 检验过程，包括对照品溶液的配制、各项具体的检验操作、必要的环境温湿度；
7. 检验结果，包括观察情况、计算和图谱或曲线图，以及依据的检验报告编号；
8. 检验日期；
9. 检验人员的签名和日期；
10. 检验、计算复核人员的签名和日期。

（七）所有中间控制（包括生产人员所进行的中间控制），均应当按照经质量管理部门批准的方法进行，检验应当有记录；

（八）应当对实验室容量分析用玻璃仪器、试剂、试液、对照品以及培养基进行质量检查；

（九）必要时应当将检验用实验动物在使用前进行检验或隔离检疫。饲养和管理应当符合相关的实验动物管理规定。动物应当有标识，并应当保存使用的历史记录。

第二百二十四条 质量控制实验室应当建立检验结果超标调查的操作规程。任何检验结果超标都必须按照操作规程进行完整的调查，并有相应的记录。

第二百二十五条 企业按规定保存的、用于药品质量追溯或调查的物料、产品样品为留样。用于产品稳定性考察的样品不属于留样。

留样应当至少符合以下要求：

（一）应当按照操作规程对留样进行管理；

（二）留样应当能够代表被取样批次的物料或产品；

（三）成品的留样：

1. 每批药品均应当有留样；如果一批药品分成数次进行包装，则每次包装至少应当保留一件最小市售包装的成品；
2. 留样的包装形式应当与药品市售包装形式相同，原料药的留样如无法采用市售包装形式的，可采用模拟包装；
3. 每批药品的留样数量一般至少应当能够确保按照注册批准的质量标准完成两次全检（无菌检查和热原检查等除外）；
4. 如果不影响留样的包装完整性，保存期间内至少应当每年对留样进行一次目检观察，如有异常，应当进行彻底调查并采取相应的处理措施；
5. 留样观察应当有记录；
6. 留样应当按照注册批准的贮存条件至少保存至药品有效期后一年；
7. 如企业终止药品生产或关闭的，应当将留样转交受权单位保存，并告知当地药品监督管理部门，以便在必要时可随时取得留样。

（四）物料的留样：

1. 制剂生产用每批原辅料和与药品直接接触的包装材料均应当有留样。与药品直接接触的包装材料（如输液瓶），如成品已有留样，可不必单独留样；
2. 物料的留样量应当至少满足鉴别的需要；
3. 除稳定性较差的原辅料外，用于制剂生产的原辅料（不包括生产过程中使用的溶剂、气体或制药用水）和与药品直接接触的包装材料的留样应当至少保存至产品放行后二年。如果物料的有效期较短，则留样时间可相应缩短；
4. 物料的留样应当按照规定的条件贮存，必要时还应当适当包装密封。

第二百二十六条 试剂、试液、培养基和检定菌的管理应当至少符合以下要求:

(一) 试剂和培养基应当从可靠的供应商处采购,必要时应当对供应商进行评估;

(二) 应当有接收试剂、试液、培养基的记录,必要时,应当在试剂、试液、培养基的容器上标注接收日期;

(三) 应当按照相关规定或使用说明配制、贮存和使用试剂、试液和培养基。特殊情况下,在接收或使用前,还应当对试剂进行鉴别或其他检验;

(四) 试液和已配制的培养基应当标注配制批号、配制日期和配制人员姓名,并有配制(包括灭菌)记录。不稳定的试剂、试液和培养基应当标注有效期及特殊贮存条件。标准液、滴定液还应当标注最后一次标化的日期和校正因子,并有标化记录;

(五) 配制的培养基应当进行适用性检查,并有相关记录。应当有培养基使用记录;

(六) 应当有检验所需的各种检定菌,并建立检定菌保存、传代、使用、销毁的操作规程和相应记录;

(七) 检定菌应当有适当的标识,内容至少包括菌种名称、编号、代次、传代日期、传代操作人;

(八) 检定菌应当按照规定的条件贮存,贮存的方式和时间不应当对检定菌的生长特性有不利影响。

第二百二十七条 标准品或对照品的管理应当至少符合以下要求:

(一) 标准品或对照品应当按照规定贮存和使用;

(二) 标准品或对照品应当有适当的标识,内容至少包括名称、批号、制备日期(如有)、有效期(如有)、首次开启日期、含量或效价、贮存条件;

(三) 企业如需自制工作标准品或对照品,应当建立工作标准品或对照品的质量标准以及制备、鉴别、检验、批准和贮存的操作规程,每批工作标准品或对照品应当用法定标准品或对照品进行标化,并确定有效期,还应当通过定期标化证明工作标准品或对照品的效价或含量在有效期内保持稳定。标化的过程和结果应当有相应的记录。

第二节 物料和产品放行

第二百二十八条 应当分别建立物料和产品批准放行的操作规程,明确批准放行的标准、职责,并有相应的记录。

第二百二十九条 物料的放行应当至少符合以下要求:

(一) 物料的质量评价内容应当至少包括生产商的检验报告、物料包装完整性和密封性的检查情况和检验结果;

(二) 物料的质量评价应当有明确的结论,如批准放行、不合格或其他决定;

(三) 物料应当由指定人员签名批准放行。

第二百三十条 产品的放行应当至少符合以下要求:

(一) 在批准放行前,应当对每批药品进行质量评价,保证药品及其生产应当符合注册和本规范要求,并确认以下各项内容:

1. 主要生产工艺和检验方法经过验证;

2. 已完成所有必需的检查、检验,并综合考虑实际生产条件和生产记录;

3. 所有必需的生产和质量控制均已完成并经相关主管人员签名;

4. 变更已按照相关规程处理完毕,需要经药品监督管理部门批准的变更已得到批准;

5. 对变更或偏差已完成所有必要的取样、检查、检验和审核;

6. 所有与该批产品有关的偏差均已有明确的解释或说明,或者已经过彻底调查和适当处理;如偏差还涉及其他批次产品,应当一并处理。

(二) 药品的质量评价应当有明确的结论,如批准放行、不合格或其他决定;

(三) 每批药品均应当由质量受权人签名批准放行;

(四) 疫苗类制品、血液制品、用于血源筛查的体外诊断试剂以及国家食品药品监督管理局规定的其他生物制品放行前还应当取得批签发合格证明。

第三节 持续稳定性考察

第二百三十一条 持续稳定性考察的目的是在有效期内监控已上市药品的质量,以发现药品与生产相关的稳定性问题(如杂质含量或溶出度特性的变化),并确定药品能够在标示的贮存条件下,符合质量标准的各项要求。

第二百三十二条 持续稳定性考察主要针对市售包装药品,但也需兼顾待包装产品。例如,当待包装产品在完成包装前,或从生产厂运输到包装厂,还需要长期贮存时,应当在相应的环境条件下,评估其对包装后产品稳定性的影响。此外,还应当考虑对贮存时间较长的中间产品进行考察。

第二百三十三条 持续稳定性考察应当有考察方案,结果应当有报告。用于持续稳定性考察的设备(尤其是稳定性试验设备或设施)应当按照第七章和第五章的

第二百三十四条 持续稳定性考察的时间应当涵盖药品有效期,考察方案应当至少包括以下内容:

(一)每种规格、每个生产批量药品的考察批次数;

(二)相关的物理、化学、微生物和生物学检验方法,可考虑采用稳定性考察专属的检验方法;

(三)检验方法依据;

(四)合格标准;

(五)容器密封系统的描述;

(六)试验间隔时间(测试时间点);

(七)贮存条件(应当采用与药品标示贮存条件相对应的《中华人民共和国药典》规定的长期稳定性试验标准条件);

(八)检验项目,如检验项目少于成品质量标准所包含的项目,应当说明理由。

第二百三十五条 考察批次数和检验频次应当能够获得足够的数据,以供趋势分析。通常情况下,每种规格、每种内包装形式的药品,至少每年应当考察一个批次,除非当年没有生产。

第二百三十六条 某些情况下,持续稳定性考察中应当额外增加批次数,如重大变更或生产和包装有重大偏差的药品应当列入稳定性考察。此外,重新加工、返工或回收的批次,也应当考虑列入考察,除非已经过验证和稳定性考察。

第二百三十七条 关键人员,尤其是质量受权人,应当了解持续稳定性考察的结果。当持续稳定性考察不在待包装产品和成品的生产企业进行时,则相关各方之间应当有书面协议,且均应当保存持续稳定性考察的结果以供药品监督管理部门审查。

第二百三十八条 应当对不符合质量标准的结果或重要的异常趋势进行调查。对任何已确认的不符合质量标准的结果或重大不良趋势,企业都应当考虑是否可能对已上市药品造成影响,必要时应当实施召回,调查结果以及采取的措施应当报告当地药品监督管理部门。

第二百三十九条 应当根据所获得的全部数据资料,包括考察的阶段性结论,撰写总结报告并保存。应当定期审核总结报告。

第四节 变更控制

第二百四十条 企业应当建立变更控制系统,对所有影响产品质量的变更进行评估和管理。需要经药品监督管理部门批准的变更应当在得到批准后方可实施。

第二百四十一条 应当建立操作规程,规定原辅料、包装材料、质量标准、检验方法、操作规程、厂房、设施、设备、仪器、生产工艺和计算机软件变更的申请、评估、审核、批准和实施。质量管理部门应当指定专人负责变更控制。

第二百四十二条 变更都应当评估其对产品质量的潜在影响。企业可以根据变更的性质、范围、对产品质量潜在影响的程度将变更分类(如主要、次要变更)。判断变更所需的验证、额外的检验以及稳定性考察应当有科学依据。

第二百四十三条 与产品质量有关的变更由申请部门提出后,应当经评估、制定实施计划并明确实施职责,最终由质量管理部门审核批准。变更实施应当有相应的完整记录。

第二百四十四条 改变原辅料、与药品直接接触的包装材料、生产工艺、主要生产设备以及其他影响药品质量的主要因素时,还应当对变更实施后最初至少三个批次的药品质量进行评估。如果变更可能影响药品的有效期,则质量评估还应当包括对变更实施后生产的药品进行稳定性考察。

第二百四十五条 变更实施时,应当确保与变更相关的文件均已修订。

第二百四十六条 质量管理部门应当保存所有变更的文件和记录。

第五节 偏差处理

第二百四十七条 各部门负责人应当确保所有人员正确执行生产工艺、质量标准、检验方法和操作规程,防止偏差的产生。

第二百四十八条 企业应当建立偏差处理的操作规程,规定偏差的报告、记录、调查、处理以及所采取的纠正措施,并有相应的记录。

第二百四十九条 任何偏差都应当评估其对产品质量的潜在影响。企业可以根据偏差的性质、范围、对产品质量潜在影响的程度将偏差分类(如重大、次要偏差),对重大偏差的评估还应当考虑是否需要对产品进行额外的检验以及对产品有效期的影响,必要时,应当对涉及重大偏差的产品进行稳定性考察。

第二百五十条 任何偏离生产工艺、物料平衡限度、质量标准、检验方法、操作规程等的情况均应当有记录,并立即报告主管人员及质量管理部门,应当有清楚的说明,重大偏差应当由质量管理部门会同其他部门进行彻底调查,并有调查报告。偏差调查报告应当由质量管理部门的指定人员审核并签字。

企业还应当采取预防措施有效防止类似偏差的再次发生。

第二百五十一条 质量管理部门应当负责偏差的分类，保存偏差调查、处理的文件和记录。

第六节 纠正措施和预防措施

第二百五十二条 企业应当建立纠正措施和预防措施系统，对投诉、召回、偏差、自检或外部检查结果、工艺性能和质量监测趋势等进行调查并采取纠正和预防措施。调查的深度和形式应当与风险的级别相适应。纠正措施和预防措施系统应当能够增进对产品和工艺的理解，改进产品和工艺。

第二百五十三条 企业应当建立实施纠正和预防措施的操作规程，内容至少包括：

（一）对投诉、召回、偏差、自检或外部检查结果、工艺性能和质量监测趋势以及其他来源的质量数据进行分析，确定已有和潜在的质量问题。必要时，应当采用适当的统计学方法；

（二）调查与产品、工艺和质量保证系统有关的原因；

（三）确定所需采取的纠正和预防措施，防止问题的再次发生；

（四）评估纠正和预防措施的合理性、有效性和充分性；

（五）对实施纠正和预防措施过程中所有发生的变更应当予以记录；

（六）确保相关信息已传递到质量受权人和预防问题再次发生的直接负责人；

（七）确保相关信息及其纠正和预防措施已通过高层管理人员的评审。

第二百五十四条 实施纠正和预防措施应当有文件记录，并由质量管理部门保存。

第七节 供应商的评估和批准

第二百五十五条 质量管理部门应当对所有生产用物料的供应商进行质量评估，会同有关部门对主要物料供应商（尤其是生产商）的质量体系进行现场质量审计，并对质量评估不符合要求的供应商行使否决权。

主要物料的确定应当综合考虑企业所生产的药品质量风险、物料用量以及物料对药品质量的影响程度等因素。

企业法定代表人、企业负责人及其他部门的人员不得干扰或妨碍质量管理部门对物料供应商独立作出质量评估。

第二百五十六条 应当建立物料供应商评估和批准的操作规程，明确供应商的资质、选择的原则、质量评估方式、评估标准、物料供应商批准的程序。

如质量评估需采用现场质量审计方式的，还应当明确审计内容、周期、审计人员的组成及资质。需采用样品小批量试生产的，还应当明确生产批量、生产工艺、产品质量标准、稳定性考察方案。

第二百五十七条 质量管理部门应当指定专人负责物料供应商质量评估和现场质量审计，分发经批准的合格供应商名单。被指定的人员应当具有相关的法规和专业知识，具有足够的质量评估和现场质量审计的实践经验。

第二百五十八条 现场质量审计应当核实供应商资质证明文件和检验报告的真实性，核实是否具备检验条件。应当对其人员机构、厂房设施和设备、物料管理、生产工艺流程和生产管理、质量控制实验室的设备、仪器、文件管理等进行检查，以全面评估其质量保证系统。现场质量审计应当有报告。

第二百五十九条 必要时，应当对主要物料供应商提供的样品进行小批量试生产，并对试生产的药品进行稳定性考察。

第二百六十条 质量管理部门对物料供应商的评估至少应当包括：供应商的资质证明文件、质量标准、检验报告、企业对物料样品的检验数据和报告。如进行现场质量审计和样品小批量试生产的，还应当包括现场质量审计报告，以及小试产品的质量检验报告和稳定性考察报告。

第二百六十一条 改变物料供应商，应当对新的供应商进行质量评估；改变主要物料供应商的，还需要对产品进行相关的验证及稳定性考察。

第二百六十二条 质量管理部门应当向物料管理部门分发经批准的合格供应商名单，该名单内容至少包括物料名称、规格、质量标准、生产商名称和地址、经销商（如有）名称等，并及时更新。

第二百六十三条 质量管理部门应当与主要物料供应商签订质量协议，在协议中应当明确双方所承担的质量责任。

第二百六十四条 质量管理部门应当定期对物料供应商进行评估或现场质量审计，回顾分析物料质量检验结果、质量投诉和不合格处理记录。如物料出现质量问题或生产条件、工艺、质量标准和检验方法等可能影响质量的关键因素发生重大改变时，还应当尽快进行相关的现场质量审计。

第二百六十五条 企业应当对每家物料供应商建立质量档案，档案内容应当包括供应商的资质证明文件、质量协议、质量标准、样品检验数据和报告、供应商的检验报告、现场质量审计报告、产品稳定性考察报告、定期的质量回顾分析报告等。

第八节 产品质量回顾分析

第二百六十六条 应当按照操作规程，每年对所有生产的药品按品种进行产品质量回顾分析，以确认工艺稳定可靠，以及原辅料、成品现行质量标准的适用性，及时发现不良趋势，确定产品及工艺改进的方向。应当考虑以往回顾分析的历史数据，还应当对产品质量回顾分析的有效性进行自检。

当有合理的科学依据时，可按照产品的剂型分类进行质量回顾，如固体制剂、液体制剂和无菌制剂等。

回顾分析应当有报告。

企业至少应当对下列情形进行回顾分析：

（一）产品所用原辅料的所有变更，尤其是来自新供应商的原辅料；

（二）关键中间控制点及成品的检验结果；

（三）所有不符合质量标准的批次及其调查；

（四）所有重大偏差及相关的调查、所采取的整改措施和预防措施的有效性；

（五）生产工艺或检验方法等的所有变更；

（六）已批准或备案的药品注册所有变更；

（七）稳定性考察的结果及任何不良趋势；

（八）所有因质量原因造成的退货、投诉、召回及调查；

（九）与产品工艺或设备相关的纠正措施的执行情况和效果；

（十）新获批准和有变更的药品，按照注册要求上市后应当完成的工作情况；

（十一）相关设备和设施，如空调净化系统、水系统、压缩空气等的确认状态；

（十二）委托生产或检验的技术合同履行情况。

第二百六十七条 应当对回顾分析的结果进行评估，提出是否需要采取纠正和预防措施或进行再确认或再验证的评估意见及理由，并及时、有效地完成整改。

第二百六十八条 药品委托生产时，委托方和受托方之间应当有书面的技术协议，规定产品质量回顾分析中各方的责任，确保产品质量回顾分析按时进行并符合要求。

第九节 投诉与不良反应报告

第二百六十九条 应当建立药品不良反应报告和监测管理制度，设立专门机构并配备专职人员负责管理。

第二百七十条 应当主动收集药品不良反应，对不良反应应当详细记录、评价、调查和处理，及时采取措施控制可能存在的风险，并按照要求向药品监督管理部门报告。

第二百七十一条 应当建立操作规程，规定投诉登记、评价、调查和处理的程序，并规定因可能的产品缺陷发生投诉时所采取的措施，包括考虑是否有必要从市场召回药品。

第二百七十二条 应当有专人及足够的辅助人员负责进行质量投诉的调查和处理，所有投诉、调查的信息应当向质量受权人通报。

第二百七十三条 所有投诉都应当登记与审核，与产品质量缺陷有关的投诉，应当详细记录投诉的各个细节，并进行调查。

第二百七十四条 发现或怀疑某批药品存在缺陷，应当考虑检查其他批次的药品，查明其是否受到影响。

第二百七十五条 投诉调查和处理应当有记录，并注明所查相关批次产品的信息。

第二百七十六条 应当定期回顾分析投诉记录，以便发现需要警觉、重复出现以及可能需要从市场召回药品的问题，并采取相应措施。

第二百七十七条 企业出现生产失误、药品变质或其他重大质量问题，应当及时采取相应措施，必要时还应当向当地药品监督管理部门报告。

第十一章 委托生产与委托检验

第一节 原 则

第二百七十八条 为确保委托生产产品的质量和委托检验的准确性和可靠性，委托方和受托方必须签订书面合同，明确规定各方责任、委托生产或委托检验的内容及相关的技术事项。

第二百七十九条 委托生产或委托检验的所有活动，包括在技术或其他方面拟采取的任何变更，均应当符合药品生产许可和注册的有关要求。

第二节 委托方

第二百八十条 委托方应当对受托方进行评估，对受托方的条件、技术水平、质量管理情况进行现场考核，确认其具有完成受托工作的能力，并能保证符合本规范的要求。

第二百八十一条　委托方应当向受托方提供所有必要的资料，以使受托方能够按照药品注册和其他法定要求正确实施所委托的操作。

委托方应当使受托方充分了解与产品或操作相关的各种问题，包括产品或操作对受托方的环境、厂房、设备、人员及其他物料或产品可能造成的危害。

第二百八十二条　委托方应当对受托生产或检验的全过程进行监督。

第二百八十三条　委托方应当确保物料和产品符合相应的质量标准。

第三节　受托方

第二百八十四条　受托方必须具备足够的厂房、设备、知识和经验以及人员，满足委托方所委托的生产或检验工作的要求。

第二百八十五条　受托方应当确保所收到委托方提供的物料、中间产品和待包装产品适用于预定用途。

第二百八十六条　受托方不得从事对委托生产或检验的产品质量有不利影响的活动。

第四节　合　同

第二百八十七条　委托方与受托方之间签订的合同应当详细规定各自的产品生产和控制职责，其中的技术性条款应当由具有制药技术、检验专业知识和熟悉本规范的主管人员拟订。委托生产及检验的各项工作必须符合药品生产许可和药品注册的有关要求并经双方同意。

第二百八十八条　合同应当详细规定质量受权人批准放行每批药品的程序，确保每批产品都已按照药品注册的要求完成生产和检验。

第二百八十九条　合同应当规定何方负责物料的采购、检验、放行、生产和质量控制（包括中间控制），还应当规定何方负责取样和检验。

在委托检验的情况下，合同应当规定受托方是否在委托方的厂房内取样。

第二百九十条　合同应当规定由受托方保存的生产、检验和发运记录及样品，委托方应当能够随时调阅或检查；出现投诉、怀疑产品有质量缺陷或召回时，委托方应当能够方便地查阅所有与评价产品质量相关的记录。

第二百九十一条　合同应当明确规定委托方可以对受托方进行检查或现场质量审计。

第二百九十二条　委托检验合同应当明确受托方有义务接受药品监督管理部门检查。

第十二章　产品发运与召回

第一节　原　则

第二百九十三条　企业应当建立产品召回系统，必要时可迅速、有效地从市场召回任何一批存在安全隐患的产品。

第二百九十四条　因质量原因退货和召回的产品，均应当按照规定监督销毁，有证据证明退货产品质量未受影响的除外。

第二节　发　运

第二百九十五条　每批产品均应当有发运记录。根据发运记录，应当能够追查每批产品的销售情况，必要时应当能够及时全部追回，发运记录内容应当包括：产品名称、规格、批号、数量、收货单位和地址、联系方式、发货日期、运输方式等。

第二百九十六条　药品发运的零头包装只限两个批号为一个合箱，合箱外应当标明全部批号，并建立合箱记录。

第二百九十七条　发运记录应当至少保存至药品有效期后一年。

第三节　召　回

第二百九十八条　应当制定召回操作规程，确保召回工作的有效性。

第二百九十九条　应当指定专人负责组织协调召回工作，并配备足够数量的人员。产品召回负责人应当独立于销售和市场部门；如产品召回负责人不是质量受权人，则应当向质量受权人通报召回处理情况。

第三百条　召回应当能够随时启动，并迅速实施。

第三百零一条　因产品存在安全隐患决定从市场召回的，应当立即向当地药品监督管理部门报告。

第三百零二条　产品召回负责人应当能够迅速查阅到药品发运记录。

第三百零三条　已召回的产品应当有标识，并单独、妥善贮存，等待最终处理决定。

第三百零四条　召回的进展过程应当有记录，并有最终报告。产品发运数量、已召回数量以及数量平衡情况应当在报告中予以说明。

第三百零五条　应当定期对产品召回系统的有效性进行评估。

第十三章　自　检

第一节　原　则

第三百零六条　质量管理部门应当定期组织对企业

进行自检，监控本规范的实施情况，评估企业是否符合本规范要求，并提出必要的纠正和预防措施。

第二节 自 检

第三百零七条 自检应当有计划，对机构与人员、厂房与设施、设备、物料与产品、确认与验证、文件管理、生产管理、质量控制与质量保证、委托生产与委托检验、产品发运与召回等项目定期进行检查。

第三百零八条 应当由企业指定人员进行独立、系统、全面的自检，也可由外部人员或专家进行独立的质量审计。

第三百零九条 自检应当有记录。自检完成后应当有自检报告，内容至少包括自检过程中观察到的所有情况、评价的结论以及提出纠正和预防措施的建议。自检情况应当报告企业高层管理人员。

第十四章 附 则

第三百一十条 本规范为药品生产质量管理的基本要求。对无菌药品、生物制品、血液制品等药品或生产质量管理活动的特殊要求，由国家食品药品监督管理局以附录方式另行制定。

第三百一十一条 企业可以采用经过验证的替代方法，达到本规范的要求。

第三百一十二条 本规范下列术语（按汉语拼音排序）的含义是：

（一）包装

待包装产品变成成品所需的所有操作步骤，包括分装、贴签等。但无菌生产工艺中产品的无菌灌装，以及最终灭菌产品的灌装等不视为包装。

（二）包装材料

药品包装所用的材料，包括与药品直接接触的包装材料和容器、印刷包装材料，但不包括发运用的外包装材料。

（三）操作规程

经批准用来指导设备操作、维护与清洁、验证、环境控制、取样和检验等药品生产活动的通用性文件，也称标准操作规程。

（四）产品

包括药品的中间产品、待包装产品和成品。

（五）产品生命周期

产品从最初的研发、上市直至退市的所有阶段。

（六）成品

已完成所有生产操作步骤和最终包装的产品。

（七）重新加工

将某一生产工序生产的不符合质量标准的一批中间产品或待包装产品的一部分或全部，采用不同的生产工艺进行再加工，以符合预定的质量标准。

（八）待包装产品

尚未进行包装但已完成所有其他加工工序的产品。

（九）待验

指原辅料、包装材料、中间产品、待包装产品或成品，采用物理手段或其他有效方式将其隔离或区分，在允许用于投料生产或上市销售之前贮存、等待作出放行决定的状态。

（十）发放

指生产过程中物料、中间产品、待包装产品、文件、生产用模具等在企业内部流转的一系列操作。

（十一）复验期

原辅料、包装材料贮存一定时间后，为确保其仍适用于预定用途，由企业确定的需重新检验的日期。

（十二）发运

指企业将产品发送到经销商或用户的一系列操作，包括配货、运输等。

（十三）返工

将某一生产工序生产的不符合质量标准的一批中间产品或待包装产品、成品的一部分或全部返回到之前的工序，采用相同的生产工艺进行再加工，以符合预定的质量标准。

（十四）放行

对一批物料或产品进行质量评价，作出批准使用或投放市场或其他决定的操作。

（十五）高层管理人员

在企业内部最高层指挥和控制企业、具有调动资源的权力和职责的人员。

（十六）工艺规程

为生产特定数量的成品而制定的一个或一套文件，包括生产处方、生产操作要求和包装操作要求，规定原辅料和包装材料的数量、工艺参数和条件、加工说明（包括中间控制）、注意事项等内容。

（十七）供应商

指物料、设备、仪器、试剂、服务等的提供方，如生产商、经销商等。

（十八）回收

在某一特定的生产阶段，将以前生产的一批或数批符合相应质量要求的产品的一部分或全部，加入到另一批次中的操作。

（十九）计算机化系统

用于报告或自动控制的集成系统，包括数据输入、电子处理和信息输出。

(二十)交叉污染

不同原料、辅料及产品之间发生的相互污染。

(二十一)校准

在规定条件下,确定测量、记录、控制仪器或系统的示值(尤指称量)或实物量具所代表的量值,与对应的参照标准量值之间关系的一系列活动。

(二十二)阶段性生产方式

指在共用生产区内,在一段时间内集中生产某一产品,再对相应的共用生产区、设施、设备、工器具等进行彻底清洁,更换生产另一种产品的方式。

(二十三)洁净区

需要对环境中尘粒及微生物数量进行控制的房间(区域),其建筑结构、装备及其使用应当能够减少该区域内污染物的引入、产生和滞留。

(二十四)警戒限度

系统的关键参数超出正常范围,但未达到纠偏限度,需要引起警觉,可能需要采取纠正措施的限度标准。

(二十五)纠偏限度

系统的关键参数超出可接受标准,需要进行调查并采取纠正措施的限度标准。

(二十六)检验结果超标

检验结果超出法定标准及企业制定标准的所有情形。

(二十七)批

经一个或若干加工过程生产的、具有预期均一质量和特性的一定数量的原辅料、包装材料或成品。为完成某些生产操作步骤,可能有必要将一批产品分成若干亚批,最终合并成为一个均一的批。在连续生产情况下,批必须与生产中具有预期均一特性的确定数量的产品相对应,批量可以是固定数量或固定时间段内生产的产品量。

例如:口服或外用的固体、半固体制剂在成型或分装前使用同一台混合设备一次混合所生产的均质产品为一批;口服或外用的液体制剂以灌装(封)前经最后混合的药液所生产的均质产品为一批。

(二十八)批号

用于识别一个特定批的具有唯一性的数字和(或)字母的组合。

(二十九)批记录

用于记述每批药品生产、质量检验和放行审核的所有文件和记录,可追溯所有与成品质量有关的历史信息。

(三十)气锁间

设置于两个或数个房间之间(如不同洁净度级别的房间之间)的具有两扇或多扇门的隔离空间。设置气锁间的目的是在人员或物料出入时,对气流进行控制。气锁间有人员气锁间和物料气锁间。

(三十一)企业

在本规范中如无特别说明,企业特指药品生产企业。

(三十二)确认

证明厂房、设施、设备能正确运行并可达到预期结果的一系列活动。

(三十三)退货

将药品退还给企业的活动。

(三十四)文件

本规范所指的文件包括质量标准、工艺规程、操作规程、记录、报告等。

(三十五)物料

指原料、辅料和包装材料等。

例如:化学药品制剂的原料是指原料药;生物制品的原料是指原材料;中药制剂的原料是指中药材、中药饮片和外购中药提取物;原料药的原料是指用于原料药生产的除包装材料以外的其他物料。

(三十六)物料平衡

产品或物料实际产量或实际用量及收集到的损耗之和与理论产量或理论用量之间的比较,并考虑可允许的偏差范围。

(三十七)污染

在生产、取样、包装或重新包装、贮存或运输等操作过程中,原辅料、中间产品、待包装产品、成品受到具有化学或微生物特性的杂质或异物的不利影响。

(三十八)验证

证明任何操作规程(或方法)、生产工艺或系统能够达到预期结果的一系列活动。

(三十九)印刷包装材料

指具有特定式样和印刷内容的包装材料,如印字铝箔、标签、说明书、纸盒等。

(四十)原辅料

除包装材料之外,药品生产中使用的任何物料。

(四十一)中间产品

指完成部分加工步骤的产品,尚需进一步加工方可成为待包装产品。

(四十二)中间控制

也称过程控制,指为确保产品符合有关标准,生产中对工艺过程加以监控,以便在必要时进行调节而做的各项检查。可将对环境或设备控制视作中间控制的一部分。

第三百一十三条 本规范自2011年3月1日起施行。按照《中华人民共和国药品管理法》第九条规定，具体实施办法和实施步骤由国家食品药品监督管理局规定。

药品经营质量管理规范

- 2000年4月30日国家药品监督管理局令第20号公布
- 2012年11月6日卫生部部务会议第一次修订
- 2015年5月18日国家食品药品监督管理总局局务会议第二次修订
- 根据2016年6月30日国家食品药品监督管理总局局务会议《关于修改〈药品经营质量管理规范〉的决定》修正

第一章 总则

第一条 为加强药品经营质量管理，规范药品经营行为，保障人体用药安全、有效，根据《中华人民共和国药品管理法》、《中华人民共和国药品管理法实施条例》，制定本规范。

第二条 本规范是药品经营管理和质量控制的基本准则。

企业应当在药品采购、储存、销售、运输等环节采取有效的质量控制措施，确保药品质量，并按照国家有关要求建立药品追溯系统，实现药品可追溯。

第三条 药品经营企业应当严格执行本规范。

药品生产企业销售药品、药品流通过程中其他涉及储存与运输药品的，也应当符合本规范相关要求。

第四条 药品经营企业应当坚持诚实守信，依法经营。禁止任何虚假、欺骗行为。

第二章 药品批发的质量管理

第一节 质量管理体系

第五条 企业应当依据有关法律法规及本规范的要求建立质量管理体系，确定质量方针，制定质量管理体系文件，开展质量策划、质量控制、质量保证、质量改进和质量风险管理等活动。

第六条 企业制定的质量方针文件应当明确企业总的质量目标和要求，并贯彻到药品经营活动的全过程。

第七条 企业质量管理体系应当与其经营范围和规模相适应，包括组织机构、人员、设施设备、质量管理体系文件及相应的计算机系统等。

第八条 企业应当定期以及在质量管理体系关键要素发生重大变化时，组织开展内审。

第九条 企业应当对内审的情况进行分析，依据分析结论制定相应的质量管理体系改进措施，不断提高质量控制水平，保证质量管理体系持续有效运行。

第十条 企业应当采用前瞻或者回顾的方式，对药品流通过程中的质量风险进行评估、控制、沟通和审核。

第十一条 企业应当对药品供货单位、购货单位的质量管理体系进行评价，确认其质量保证能力和质量信誉，必要时进行实地考察。

第十二条 企业应当全员参与质量管理。各部门、岗位人员应当正确理解并履行职责，承担相应质量责任。

第二节 组织机构与质量管理职责

第十三条 企业应当设立与其经营活动和质量管理相适应的组织机构或者岗位，明确规定其职责、权限及相互关系。

第十四条 企业负责人是药品质量的主要责任人，全面负责企业日常管理，负责提供必要的条件，保证质量管理部门和质量管理人员有效履行职责，确保企业实现质量目标并按照本规范要求经营药品。

第十五条 企业质量负责人应当由高层管理人员担任，全面负责药品质量管理工作，独立履行职责，在企业内部对药品质量管理具有决决权。

第十六条 企业应当设立质量管理部门，有效开展质量管理工作。质量管理部门的职责不得由其他部门及人员履行。

第十七条 质量管理部门应当履行以下职责：

（一）督促相关部门和岗位人员执行药品管理的法律法规及本规范；

（二）组织制订质量管理体系文件，并指导、监督文件的执行；

（三）负责对供货单位和购货单位的合法性、购进药品的合法性以及供货单位销售人员、购货单位采购人员的合法资格进行审核，并根据审核内容的变化进行动态管理；

（四）负责质量信息的收集和管理，并建立药品质量档案；

（五）负责药品的验收，指导并监督药品采购、储存、养护、销售、退货、运输等环节的质量管理工作；

（六）负责不合格药品的确认，对不合格药品的处理过程实施监督；

（七）负责药品质量投诉和质量事故的调查、处理及报告；

（八）负责假劣药品的报告；

（九）负责药品质量查询；

（十）负责指导设定计算机系统质量控制功能；

（十一）负责计算机系统操作权限的审核和质量管理基础数据的建立及更新；

（十二）组织验证、校准相关设施设备；

（十三）负责药品召回的管理；

（十四）负责药品不良反应的报告；

（十五）组织质量管理体系的内审和风险评估；

（十六）组织对药品供货单位及购货单位质量管理体系和服务质量的考察和评价；

（十七）组织对被委托运输的承运方运输条件和质量保障能力的审查；

（十八）协助开展质量管理教育和培训；

（十九）其他应当由质量管理部门履行的职责。

第三节 人员与培训

第十八条 企业从事药品经营和质量管理工作的人员，应当符合有关法律法规及本规范规定的资格要求，不得有相关法律法规禁止从业的情形。

第十九条 企业负责人应当具有大学专科以上学历或者中级以上专业技术职称，经过基本的药学专业知识培训，熟悉有关药品管理的法律法规及本规范。

第二十条 企业质量负责人应当具有大学本科以上学历、执业药师资格和3年以上药品经营质量管理工作经历，在质量管理工作中具备正确判断和保障实施的能力。

第二十一条 企业质量管理部门负责人应当具有执业药师资格和3年以上药品经营质量管理工作经历，能独立解决经营过程中的质量问题。

第二十二条 企业应当配备符合以下资格要求的质量管理、验收及养护等岗位人员：

（一）从事质量管理工作的，应当具有药学中专或者医学、生物、化学等相关专业大学专科以上学历或者具有药学初级以上专业技术职称；

（二）从事验收、养护工作的，应当具有药学或者医学、生物、化学等相关专业中专以上学历或者具有药学初级以上专业技术职称；

（三）从事中药材、中药饮片验收工作的，应当具有中药学专业中专以上学历或者具有中药学中级以上专业技术职称；从事中药材、中药饮片养护工作的，应当具有中药学专业中专以上学历或者具有中药学初级以上专业技术职称；直接收购地产中药材的，验收人员应当具有中药学中级以上专业技术职称。

从事疫苗配送的，还应当配备2名以上专业技术人员专门负责疫苗质量管理和验收工作。专业技术人员应当具有预防医学、药学、微生物学或者医学等专业本科以上学历及中级以上专业技术职称，并有3年以上从事疫苗管理或者技术工作经历。

第二十三条 从事质量管理、验收工作的人员应当在职在岗，不得兼职其他业务工作。

第二十四条 从事采购工作的人员应当具有药学或者医学、生物、化学等相关专业中专以上学历，从事销售、储存等工作的人员应当具有高中以上文化程度。

第二十五条 企业应当对各岗位人员进行与其职责和工作内容相关的岗前培训和继续培训，以符合本规范要求。

第二十六条 培训内容应当包括相关法律法规、药品专业知识及技能、质量管理制度、职责及岗位操作规程等。

第二十七条 企业应当按照培训管理制度制定年度培训计划并开展培训，使相关人员能正确理解并履行职责。培训工作应当做好记录并建立档案。

第二十八条 从事特殊管理的药品和冷藏冷冻药品的储存、运输等工作的人员，应当接受相关法律法规和专业知识培训并经考核合格后方可上岗。

第二十九条 企业应当制定员工个人卫生管理制度，储存、运输等岗位人员的着装应当符合劳动保护和产品防护的要求。

第三十条 质量管理、验收、养护、储存等直接接触药品岗位的人员应当进行岗前及年度健康检查，并建立健康档案。患有传染病或者其他可能污染药品的疾病的，不得从事直接接触药品的工作。身体条件不符合相应岗位特定要求的，不得从事相关工作。

第四节 质量管理体系文件

第三十一条 企业制定质量管理体系文件应当符合企业实际。文件包括质量管理制度、部门及岗位职责、操作规程、档案、报告、记录和凭证等。

第三十二条 文件的起草、修订、审核、批准、分发、保管，以及修改、撤销、替换、销毁等应当按照文件管理操作规程进行，并保存相关记录。

第三十三条 文件应当标明题目、种类、目的以及文件编号和版本号。文字应当准确、清晰、易懂。

文件应当分类存放，便于查阅。

第三十四条 企业应当定期审核、修订文件，使用的文件应当为现行有效的文本，已废止或者失效的文件除留档备查外，不得在工作现场出现。

第三十五条 企业应当保证各岗位获得与其工作内容相对应的必要文件,并严格按照规定开展工作。

第三十六条 质量管理制度应当包括以下内容:

(一)质量管理体系内审的规定;

(二)质量否决权的规定;

(三)质量管理文件的管理;

(四)质量信息的管理;

(五)供货单位、购货单位、供货单位销售人员及购货单位采购人员等资格审核的规定;

(六)药品采购、收货、验收、储存、养护、销售、出库、运输的管理;

(七)特殊管理的药品的规定;

(八)药品有效期的管理;

(九)不合格药品、药品销毁的管理;

(十)药品退货的管理;

(十一)药品召回的管理;

(十二)质量查询的管理;

(十三)质量事故、质量投诉的管理;

(十四)药品不良反应报告的规定;

(十五)环境卫生、人员健康的规定;

(十六)质量方面的教育、培训及考核的规定;

(十七)设施设备保管和维护的管理;

(十八)设施设备验证和校准的管理;

(十九)记录和凭证的管理;

(二十)计算机系统的管理;

(二十一)药品追溯的规定;

(二十二)其他应当规定的内容。

第三十七条 部门及岗位职责应当包括:

(一)质量管理、采购、储存、销售、运输、财务和信息管理等部门职责;

(二)企业负责人、质量负责人及质量管理、采购、储存、销售、运输、财务和信息管理等部门负责人的岗位职责;

(三)质量管理、采购、收货、验收、储存、养护、销售、出库复核、运输、财务、信息管理等岗位职责;

(四)与药品经营相关的其他岗位职责。

第三十八条 企业应当制定药品采购、收货、验收、储存、养护、销售、出库复核、运输等环节及计算机系统的操作规程。

第三十九条 企业应当建立药品采购、验收、养护、销售、出库复核、销后退回和购进退出、运输、储运温湿度监测、不合格药品处理等相关记录,做到真实、完整、准确、有效和可追溯。

第四十条 通过计算机系统记录数据时,有关人员应当按照操作规程,通过授权及密码登录后方可进行数据的录入或者复核;数据的更改应当经质量管理部门审核并在其监督下进行,更改过程应当留有记录。

第四十一条 书面记录及凭证应当及时填写,并做到字迹清晰,不得随意涂改,不得撕毁。更改记录的,应当注明理由、日期并签名,保持原有信息清晰可辨。

第四十二条 记录及凭证应当至少保存5年。疫苗、特殊管理的药品的记录及凭证按相关规定保存。

第五节 设施与设备

第四十三条 企业应当具有与其药品经营范围、经营规模相适应的经营场所和库房。

第四十四条 库房的选址、设计、布局、建造、改造和维护应当符合药品储存的要求,防止药品的污染、交叉污染、混淆和差错。

第四十五条 药品储存作业区、辅助作业区应当与办公区和生活区分开一定距离或者有隔离措施。

第四十六条 库房的规模及条件应当满足药品的合理、安全储存,并达到以下要求,便于开展储存作业:

(一)库房内外环境整洁,无污染源,库区地面硬化或者绿化;

(二)库房内墙、顶光洁,地面平整,门窗结构严密;

(三)库房有可靠的安全防护措施,能够对无关人员进入实行可控管理,防止药品被盗、替换或者混入假药;

(四)有防止室外装卸、搬运、接收、发运等作业受异常天气影响的措施。

第四十七条 库房应当配备以下设施设备:

(一)药品与地面之间有效隔离的设备;

(二)避光、通风、防潮、防虫、防鼠等设备;

(三)有效调控温湿度及室内外空气交换的设备;

(四)自动监测、记录库房温湿度的设备;

(五)符合储存作业要求的照明设备;

(六)用于零货拣选、拼箱发货操作及复核的作业区域和设备;

(七)包装物料的存放场所;

(八)验收、发货、退货的专用场所;

(九)不合格药品专用存放场所;

(十)经营特殊管理的药品有符合国家规定的储存设施。

第四十八条 经营中药材、中药饮片的,应当有专用的库房和养护工作场所,直接收购地产中药材的应当设置中药样品室(柜)。

第四十九条 储存、运输冷藏、冷冻药品的,应当配备以下设施设备:

(一)与其经营规模和品种相适应的冷库,储存疫苗的应当配备两个以上独立冷库;

(二)用于冷库温度自动监测、显示、记录、调控、报警的设备;

(三)冷库制冷设备的备用发电机组或者双回路供电系统;

(四)对有特殊低温要求的药品,应当配备符合其储存要求的设施设备;

(五)冷藏车及车载冷藏箱或者保温箱等设备。

第五十条 运输药品应当使用封闭式货物运输工具。

第五十一条 运输冷藏、冷冻药品的冷藏车及车载冷藏箱、保温箱应当符合药品运输过程中对温度控制的要求。冷藏车具有自动调控温度、显示温度、存储和读取温度监测数据的功能;冷藏箱及保温箱具有外部显示和采集箱体内温度数据的功能。

第五十二条 储存、运输设施设备的定期检查、清洁和维护应当由专人负责,并建立记录和档案。

第六节 校准与验证

第五十三条 企业应当按照国家有关规定,对计量器具、温湿度监测设备等定期进行校准或者检定。

企业应当对冷库、储运温湿度监测系统以及冷藏运输等设施设备进行使用前验证、定期验证及停用时间超过规定时限的验证。

第五十四条 企业应当根据相关验证管理制度,形成验证控制文件,包括验证方案、报告、评价、偏差处理和预防措施等。

第五十五条 验证应当按照预先确定和批准的方案实施,验证报告应当经过审核和批准,验证文件应当存档。

第五十六条 企业应当根据验证确定的参数及条件,正确、合理使用相关设施设备。

第七节 计算机系统

第五十七条 企业应当建立能够符合经营全过程管理及质量控制要求的计算机系统,实现药品可追溯。

第五十八条 企业计算机系统应当符合以下要求:

(一)有支持系统正常运行的服务器和终端机;

(二)有安全、稳定的网络环境,有固定接入互联网的方式和安全可靠的信息平台;

(三)有实现部门之间、岗位之间信息传输和数据共享的局域网;

(四)有药品经营业务票据生成、打印和管理功能;

(五)有符合本规范要求及企业管理实际需要的应用软件和相关数据库。

第五十九条 各类数据的录入、修改、保存等操作应当符合授权范围、操作规程和管理制度的要求,保证数据原始、真实、准确、安全和可追溯。

第六十条 计算机系统运行中涉及企业经营和管理的数据应当采用安全、可靠的方式储存并按日备份,备份数据应当存放在安全场所,记录类数据的保存时限应当符合本规范第四十二条的要求。

第八节 采购

第六十一条 企业的采购活动应当符合以下要求:

(一)确定供货单位的合法资格;

(二)确定所购入药品的合法性;

(三)核实供货单位销售人员的合法资格;

(四)与供货单位签订质量保证协议。

采购中涉及的首营企业、首营品种,采购部门应当填写相关申请表格,经过质量管理部门和企业质量负责人的审核批准。必要时应当组织实地考察,对供货单位质量管理体系进行评价。

第六十二条 对首营企业的审核,应当查验加盖其公章原印章的以下资料,确认真实、有效:

(一)《药品生产许可证》或者《药品经营许可证》复印件;

(二)营业执照、税务登记、组织机构代码的证件复印件,及上一年度企业年度报告公示情况;

(三)《药品生产质量管理规范》认证证书或者《药品经营质量管理规范》认证证书复印件;

(四)相关印章、随货同行单(票)样式;

(五)开户户名、开户银行及账号。

第六十三条 采购首营品种应当审核药品的合法性,索取加盖供货单位公章原印章的药品生产或者进口批准证明文件复印件并予以审核,审核无误的方可采购。

以上资料应当归入药品质量档案。

第六十四条 企业应当核实、留存供货单位销售人员以下资料:

(一)加盖供货单位公章原印章的销售人员身份证复印件;

(二)加盖供货单位公章原印章和法定代表人印章

或者签名的授权书,授权书应当载明被授权人姓名、身份证号码,以及授权销售的品种、地域、期限;

(三)供货单位及供货品种相关资料。

第六十五条 企业与供货单位签订的质量保证协议至少包括以下内容:

(一)明确双方质量责任;

(二)供货单位应当提供符合规定的资料且对其真实性、有效性负责;

(三)供货单位应当按照国家规定开具发票;

(四)药品质量符合药品标准等有关要求;

(五)药品包装、标签、说明书符合有关规定;

(六)药品运输的质量保证及责任;

(七)质量保证协议的有效期限。

第六十六条 采购药品时,企业应当向供货单位索取发票。发票应当列明药品的通用名称、规格、单位、数量、单价、金额等;不能全部列明的,应当附《销售货物或者提供应税劳务清单》,并加盖供货单位发票专用章原印章、注明税票号码。

第六十七条 发票上的购、销单位名称及金额、品名应当与付款流向及金额、品名一致,并与财务账目内容相对应。发票按有关规定保存。

第六十八条 采购药品应当建立采购记录。采购记录应当有药品的通用名称、剂型、规格、生产厂商、供货单位、数量、价格、购货日期等内容,采购中药材、中药饮片的还应当标明产地。

第六十九条 发生灾情、疫情、突发事件或者临床紧急救治等特殊情况,以及其他符合国家有关规定的情形,企业可采用直调方式购销药品,将已采购的药品不入本企业仓库,直接从供货单位发送到购货单位,并建立专门的采购记录,保证有效的质量跟踪和追溯。

第七十条 采购特殊管理的药品,应当严格按照国家有关规定进行。

第七十一条 企业应当定期对药品采购的整体情况进行综合质量评审,建立药品质量评审和供货单位质量档案,并进行动态跟踪管理。

第九节 收货与验收

第七十二条 企业应当按照规定的程序和要求对到货药品逐批进行收货、验收,防止不合格药品入库。

第七十三条 药品到货时,收货人员应当核实运输方式是否符合要求,并对照随货同行单(票)和采购记录核对药品,做到票、账、货相符。

随货同行单(票)应当包括供货单位、生产厂商、药品的通用名称、剂型、规格、批号、数量、收货单位、收货地址、发货日期等内容,并加盖供货单位药品出库专用章原印章。

第七十四条 冷藏、冷冻药品到货时,应当对其运输方式及运输过程的温度记录、运输时间等质量控制状况进行重点检查并记录。不符合温度要求的应当拒收。

第七十五条 收货人员对符合收货要求的药品,应当按品种特性要求放于相应待验区域,或者设置状态标志,通知验收。冷藏、冷冻药品应当在冷库内待验。

第七十六条 验收药品应当按照药品批号查验同批号的检验报告书。供货单位为批发企业的,检验报告书应当加盖其质量管理专用章原印章。检验报告书的传递和保存可以采用电子数据形式,但应当保证其合法性和有效性。

第七十七条 企业应当按照验收规定,对每次到货药品进行逐批抽样验收,抽取的样品应当具有代表性:

(一)同一批号的药品应当至少检查一个最小包装,但生产企业有特殊质量控制要求或者打开最小包装可能影响药品质量的,可不打开最小包装;

(二)破损、污染、渗液、封条损坏等包装异常以及零货、拼箱的,应当开箱检查至最小包装;

(三)外包装及封签完整的原料药、实施批签发管理的生物制品,可不开箱检查。

第七十八条 验收人员应当对抽样药品的外观、包装、标签、说明书以及相关的证明文件等逐一进行检查、核对;验收结束后,应当将抽取的完好样品放回原包装箱,加封并标示。

第七十九条 特殊管理的药品应当按照相关规定在专库或者专区内验收。

第八十条 验收药品应当做好验收记录,包括药品的通用名称、剂型、规格、批准文号、批号、生产日期、有效期、生产厂商、供货单位、到货数量、到货日期、验收合格数量、验收结果等内容。验收人员应当在验收记录上签署姓名和验收日期。

中药材验收记录应当包括品名、产地、供货单位、到货数量、验收合格数量等内容。中药饮片验收记录应当包括品名、规格、批号、产地、生产日期、生产厂商、供货单位、到货数量、验收合格数量等内容,实施批准文号管理的中药饮片还应当记录批准文号。

验收不合格的还应当注明不合格事项及处置措施。

第八十一条 企业应当建立库存记录,验收合格的药品应当及时入库登记;验收不合格的,不得入库,并由质量管理部门处理。

第八十二条 企业按本规范第六十九条规定进行药品直调的,可委托购货单位进行药品验收。购货单位应当严格按照本规范的要求验收药品,并建立专门的直调药品验收记录。验收当日应当将验收记录相关信息传递给直调企业。

第十节 储存与养护

第八十三条 企业应当根据药品的质量特性对药品进行合理储存,并符合以下要求:

(一)按包装标示的温度要求储存药品,包装上没有标示具体温度的,按照《中华人民共和国药典》规定的贮藏要求进行储存;

(二)储存药品相对湿度为35%—75%;

(三)在人工作业的库房储存药品,按质量状态实行色标管理,合格药品为绿色,不合格药品为红色,待确定药品为黄色;

(四)储存药品应当按照要求采取避光、遮光、通风、防潮、防虫、防鼠等措施;

(五)搬运和堆码药品应当严格按照外包装标示要求规范操作,堆码高度符合包装图示要求,避免损坏药品包装;

(六)药品按批号堆码,不同批号的药品不得混垛,垛间距不小于5厘米,与库房内墙、顶、温度调控设备及管道等设施间距不小于30厘米,与地面间距不小于10厘米;

(七)药品与非药品、外用药与其他药品分开存放,中药材和中药饮片分库存放;

(八)特殊管理的药品应当按照国家有关规定储存;

(九)拆除外包装的零货药品应当集中存放;

(十)储存药品的货架、托盘等设施设备应当保持清洁,无破损和杂物堆放;

(十一)未经批准的人员不得进入储存作业区,储存作业区内的人员不得有影响药品质量和安全的行为;

(十二)药品储存作业区内不得存放与储存管理无关的物品。

第八十四条 养护人员应当根据库房条件、外部环境、药品质量特性等对药品进行养护,主要内容是:

(一)指导和督促储存人员对药品进行合理储存与作业。

(二)检查并改善储存条件、防护措施、卫生环境。

(三)对库房温湿度进行有效监测、调控。

(四)按照养护计划对库存药品的外观、包装等质量状况进行检查,并建立养护记录;对储存条件有特殊要求的或者有效期较短的品种应当进行重点养护。

(五)发现有问题的药品应当及时在计算机系统中锁定和记录,并通知质量管理部门处理。

(六)对中药材和中药饮片应当按其特性采取有效方法进行养护并记录,所采取的养护方法不得对药品造成污染。

(七)定期汇总、分析养护信息。

第八十五条 企业应当采用计算机系统对库存药品的有效期进行自动跟踪和控制,采取近效期预警及超过有效期自动锁定等措施,防止过期药品销售。

第八十六条 药品因破损而导致液体、气体、粉末泄漏时,应当迅速采取安全处理措施,防止对储存环境和其他药品造成污染。

第八十七条 对质量可疑的药品应当立即采取停售措施,并在计算机系统中锁定,同时报告质量管理部门确认。对存在质量问题的药品应当采取以下措施:

(一)存放于标志明显的专用场所,并有效隔离,不得销售;

(二)怀疑为假药的,及时报告食品药品监督管理部门;

(三)属于特殊管理的药品,按照国家有关规定处理;

(四)不合格药品的处理过程应当有完整的手续和记录;

(五)对不合格药品应当查明并分析原因,及时采取预防措施。

第八十八条 企业应当对库存药品定期盘点,做到账、货相符。

第十一节 销 售

第八十九条 企业应当将药品销售给合法的购货单位,并对购货单位的证明文件、采购人员及提货人员的身份证明进行核实,保证药品销售流向真实、合法。

第九十条 企业应当严格审核购货单位的生产范围、经营范围或者诊疗范围,并按照相应的范围销售药品。

第九十一条 企业销售药品,应当如实开具发票,做到票、账、货、款一致。

第九十二条 企业应当做好药品销售记录。销售记录应当包括药品的通用名称、规格、剂型、批号、有效期、生产厂商、购货单位、销售数量、单价、金额、销售日期等内容。按照本规范第六十九条规定进行药品直调的,应当建立专门的销售记录。

中药材销售记录应当包括品名、规格、产地、购货单位、销售数量、单价、金额、销售日期等内容;中药饮片销售记录应当包括品名、规格、批号、产地、生产厂商、购货单位、销售数量、单价、金额、销售日期等内容。

第九十三条 销售特殊管理的药品以及国家有专门管理要求的药品,应当严格按照国家有关规定执行。

第十二节 出 库

第九十四条 出库时应当对照销售记录进行复核。发现以下情况不得出库,并报告质量管理部门处理:

(一)药品包装出现破损、污染、封口不牢、衬垫不实、封条损坏等问题;

(二)包装内有异常响动或者液体渗漏;

(三)标签脱落、字迹模糊不清或者标识内容与实物不符;

(四)药品已超过有效期;

(五)其他异常情况的药品。

第九十五条 药品出库复核应当建立记录,包括购货单位、药品的通用名称、剂型、规格、数量、批号、有效期、生产厂商、出库日期、质量状况和复核人员等内容。

第九十六条 特殊管理的药品出库应当按照有关规定进行复核。

第九十七条 药品拼箱发货的代用包装箱应当有醒目的拼箱标志。

第九十八条 药品出库时,应当附加盖企业药品出库专用章原印章的随货同行单(票)。

企业按照本规范第六十九条规定直调药品的,直调药品出库时,由供货单位开具两份随货同行单(票),分别发往直调企业和购货单位。随货同行单(票)的内容应当符合本规范第七十三条第二款的要求,还应当标明直调企业名称。

第九十九条 冷藏、冷冻药品的装箱、装车等项作业,应当由专人负责并符合以下要求:

(一)车载冷藏箱或者保温箱在使用前应当达到相应的温度要求;

(二)应当在冷藏环境下完成冷藏、冷冻药品的装箱、封箱工作;

(三)装车前应当检查冷藏车辆的启动、运行状态,达到规定温度后方可装车;

(四)启运时应当做好运输记录,内容包括运输工具和启运时间等。

第十三节 运输与配送

第一百条 企业应当按照质量管理制度的要求,严格执行运输操作规程,并采取有效措施保证运输过程中的药品质量与安全。

第一百零一条 运输药品,应当根据药品的包装、质量特性并针对车况、道路、天气等因素,选用适宜的运输工具,采取相应措施防止出现破损、污染等问题。

第一百零二条 发运药品时,应当检查运输工具,发现运输条件不符合规定的,不得发运。运输药品过程中,运载工具应当保持密闭。

第一百零三条 企业应当严格按照外包装标示的要求搬运、装卸药品。

第一百零四条 企业应当根据药品的温度控制要求,在运输过程中采取必要的保温或者冷藏、冷冻措施。

运输过程中,药品不得直接接触冰袋、冰排等蓄冷剂,防止对药品质量造成影响。

第一百零五条 在冷藏、冷冻药品运输途中,应当实时监测并记录冷藏车、冷藏箱或者保温箱内的温度数据。

第一百零六条 企业应当制定冷藏、冷冻药品运输应急预案,对运输途中可能发生的设备故障、异常天气影响、交通拥堵等突发事件,能够采取相应的应对措施。

第一百零七条 企业委托其他单位运输药品的,应当对承运方运输药品的质量保障能力进行审计,索取运输车辆的相关资料,符合本规范运输设施设备条件和要求的方可委托。

第一百零八条 企业委托运输药品应当与承运方签订运输协议,明确药品质量责任、遵守运输操作规程和在途时限等内容。

第一百零九条 企业委托运输药品应当有记录,实现运输过程的质量追溯。记录至少包括发货时间、发货地址、收货单位、收货地址、货单号、药品件数、运输方式、委托经办人、承运单位,采用车辆运输的还应当载明车牌号,并留存驾驶人员的驾驶证复印件。记录应当至少保存5年。

第一百一十条 已装车的药品应当及时发运并尽快送达。委托运输的,企业应当要求并监督承运方严格履行委托运输协议,防止因在途时间过长影响药品质量。

第一百一十一条 企业应当采取运输安全管理措施,防止在运输过程中发生药品盗抢、遗失、调换等事故。

第一百一十二条 特殊管理的药品的运输应当符合国家有关规定。

第十四节 售后管理

第一百一十三条 企业应当加强对退货的管理,保证退货环节药品的质量和安全,防止混入假冒药品。

第一百一十四条 企业应当按照质量管理制度的要求,制定投诉管理操作规程,内容包括投诉渠道及方式、档案记录、调查与评估、处理措施、反馈和事后跟踪等。

第一百一十五条 企业应当配备专职或者兼职人员负责售后投诉管理,对投诉的质量问题查明原因,采取有效措施及时处理和反馈,并做好记录,必要时应当通知供货单位及药品生产企业。

第一百一十六条 企业应当及时将投诉及处理结果等信息记入档案,以便查询和跟踪。

第一百一十七条 企业发现已售出药品有严重质量问题,应当立即通知购货单位停售、追回并做好记录,同时向食品药品监督管理部门报告。

第一百一十八条 企业应当协助药品生产企业履行召回义务,按照召回计划的要求及时传达、反馈药品召回信息,控制和收回存在安全隐患的药品,并建立药品召回记录。

第一百一十九条 企业质量管理部门应当配备专职或者兼职人员,按照国家有关规定承担药品不良反应监测和报告工作。

第三章 药品零售的质量管理
第一节 质量管理与职责

第一百二十条 企业应当按照有关法律法规及本规范的要求制定质量管理文件,开展质量管理活动,确保药品质量。

第一百二十一条 企业应当具有与其经营范围和规模相适应的经营条件,包括组织机构、人员、设施设备、质量管理文件,并按照规定设置计算机系统。

第一百二十二条 企业负责人是药品质量的主要责任人,负责企业日常管理,负责提供必要的条件,保证质量管理部门和质量管理人员有效履行职责,确保企业按照本规范要求经营药品。

第一百二十三条 企业应当设置质量管理部门或者配备质量管理人员,履行以下职责:

(一)督促相关部门和岗位人员执行药品管理的法律法规及本规范;

(二)组织制订质量管理文件,并指导、监督文件的执行;

(三)负责对供货单位及其销售人员资格证明的审核;

(四)负责对所采购药品合法性的审核;

(五)负责药品的验收,指导并监督药品采购、储存、陈列、销售等环节的质量管理工作;

(六)负责药品质量查询及质量信息管理;

(七)负责药品质量投诉和质量事故的调查、处理及报告;

(八)负责对不合格药品的确认及处理;

(九)负责假劣药品的报告;

(十)负责药品不良反应的报告;

(十一)开展药品质量管理教育和培训;

(十二)负责计算机系统操作权限的审核、控制及质量管理基础数据的维护;

(十三)负责组织计量器具的校准及检定工作;

(十四)指导和监督药学服务工作;

(十五)其他应当由质量管理部门或者质量管理人员履行的职责。

第二节 人员管理

第一百二十四条 企业从事药品经营和质量管理工作的人员,应当符合有关法律法规及本规范规定的资格要求,不得有相关法律法规禁止从业的情形。

第一百二十五条 企业法定代表人或者企业负责人应当具备执业药师资格。

企业应当按照国家有关规定配备执业药师,负责处方审核,指导合理用药。

第一百二十六条 质量管理、验收、采购人员应当具有药学或者医学、生物、化学等相关专业学历或者具有药学专业技术职称。从事中药饮片质量管理、验收、采购人员应当具有中药学中专以上学历或者具有中药学专业初级以上专业技术职称。

营业员应当具有高中以上文化程度或者符合省级食品药品监督管理部门规定的条件。中药饮片调剂人员应当具有中药学中专以上学历或者具备中药调剂员资格。

第一百二十七条 企业各岗位人员应当接受相关法律法规及药品专业知识与技能的岗前培训和继续培训,以符合本规范要求。

第一百二十八条 企业应当按照培训管理制度制定年度培训计划并开展培训,使相关人员能正确理解并履行职责。培训工作应当做好记录并建立档案。

第一百二十九条 企业应当为销售特殊管理的药品、国家有专门管理要求的药品、冷藏药品的人员接受相应培训提供条件,使其掌握相关法律法规和专业知识。

第一百三十条 在营业场所内,企业工作人员应当穿着整洁、卫生的工作服。

第一百三十一条 企业应当对直接接触药品岗位的

人员进行岗前及年度健康检查,并建立健康档案。患有传染病或者其他可能污染药品的疾病的,不得从事直接接触药品的工作。

第一百三十二条 在药品储存、陈列等区域不得存放与经营活动无关的物品及私人用品,在工作区域内不得有影响药品质量和安全的行为。

第三节 文 件

第一百三十三条 企业应当按照有关法律法规及本规范规定,制定符合企业实际的质量管理文件。文件包括质量管理制度、岗位职责、操作规程、档案、记录和凭证等,并对质量管理文件定期审核、及时修订。

第一百三十四条 企业应当采取措施确保各岗位人员正确理解质量管理文件的内容,保证质量管理文件有效执行。

第一百三十五条 药品零售质量管理制度应当包括以下内容:
(一)药品采购、验收、陈列、销售等环节的管理,设置库房的还应当包括储存、养护的管理;
(二)供货单位和采购品种的审核;
(三)处方药销售的管理;
(四)药品拆零的管理;
(五)特殊管理的药品和国家有专门管理要求的药品的管理;
(六)记录和凭证的管理;
(七)收集和查询质量信息的管理;
(八)质量事故、质量投诉的管理;
(九)中药饮片处方审核、调配、核对的管理;
(十)药品有效期的管理;
(十一)不合格药品、药品销毁的管理;
(十二)环境卫生、人员健康的规定;
(十三)提供用药咨询、指导合理用药等药学服务的管理;
(十四)人员培训及考核的规定;
(十五)药品不良反应报告的规定;
(十六)计算机系统的管理;
(十七)药品追溯的规定;
(十八)其他应当规定的内容。

第一百三十六条 企业应当明确企业负责人、质量管理、采购、验收、营业员以及处方审核、调配等岗位的职责,设置库房的还应当包括储存、养护等岗位职责。

第一百三十七条 质量管理岗位、处方审核岗位的职责不得由其他岗位人员代为履行。

第一百三十八条 药品零售操作规程应当包括:
(一)药品采购、验收、销售;
(二)处方审核、调配、核对;
(三)中药饮片处方审核、调配、核对;
(四)药品拆零销售;
(五)特殊管理的药品和国家有专门管理要求的药品的销售;
(六)营业场所药品陈列及检查;
(七)营业场所冷藏药品的存放;
(八)计算机系统的操作和管理;
(九)设置库房的还应当包括储存和养护的操作规程。

第一百三十九条 企业应当建立药品采购、验收、销售、陈列检查、温湿度监测、不合格药品处理等相关记录,做到真实、完整、准确、有效和可追溯。

第一百四十条 记录及相关凭证应当至少保存5年。特殊管理的药品的记录及凭证按相关规定保存。

第一百四十一条 通过计算机系统记录数据时,相关岗位人员应当按照操作规程,通过授权及密码登录计算机系统,进行数据的录入,保证数据原始、真实、准确、安全和可追溯。

第一百四十二条 电子记录数据应当以安全、可靠方式定期备份。

第四节 设施与设备

第一百四十三条 企业的营业场所应当与其药品经营范围、经营规模相适应,并与药品储存、办公、生活辅助及其他区域分开。

第一百四十四条 营业场所应当具有相应设施或者采取其他有效措施,避免药品受室外环境的影响,并做到宽敞、明亮、整洁、卫生。

第一百四十五条 营业场所应当有以下营业设备:
(一)货架和柜台;
(二)监测、调控温度的设备;
(三)经营中药饮片的,有存放饮片和处方调配的设备;
(四)经营冷藏药品的,有专用冷藏设备;
(五)经营第二类精神药品、毒性中药品种和罂粟壳的,有符合安全规定的专用存放设备;
(六)药品拆零销售所需的调配工具、包装用品。

第一百四十六条 企业应当建立能够符合经营和质量管理要求的计算机系统,并满足药品追溯的要求。

第一百四十七条 企业设置库房的,应当做到库房内墙、顶光洁、地面平整,门窗结构严密;有可靠的安全防护、防盗等措施。

第一百四十八条 仓库应当有以下设施设备:

(一)药品与地面之间有效隔离的设备;

(二)避光、通风、防潮、防虫、防鼠等设备;

(三)有效监测和调控温湿度的设备;

(四)符合储存作业要求的照明设备;

(五)验收专用场所;

(六)不合格药品专用存放场所;

(七)经营冷藏药品的,有与其经营品种及经营规模相适应的专用设备。

第一百四十九条 经营特殊管理的药品应当有符合国家规定的储存设施。

第一百五十条 储存中药饮片应当设立专用库房。

第一百五十一条 企业应当按照国家有关规定,对计量器具、温湿度监测设备等定期进行校准或者检定。

第五节 采购与验收

第一百五十二条 企业采购药品,应当符合本规范第二章第八节的相关规定。

第一百五十三条 药品到货时,收货人员应当按采购记录,对照供货单位的随货同行单(票)核实药品实物,做到票、账、货相符。

第一百五十四条 企业应当按规定的程序和要求对到货药品逐批进行验收,并按照本规范第八十条规定做好验收记录。

验收抽取的样品应当具有代表性。

第一百五十五条 冷藏药品到货时,应当按照本规范第七十四条规定进行检查。

第一百五十六条 验收药品应当按照本规范第七十六条规定查验药品检验报告书。

第一百五十七条 特殊管理的药品应当按照相关规定进行验收。

第一百五十八条 验收合格的药品应当及时入库或者上架,验收不合格的,不得入库或者上架,并报告质量管理人员处理。

第六节 陈列与储存

第一百五十九条 企业应当对营业场所温度进行监测和调控,以使营业场所的温度符合常温要求。

第一百六十条 企业应当定期进行卫生检查,保持环境整洁。存放、陈列药品的设备应当保持清洁卫生,不得放置与销售活动无关的物品,并采取防虫、防鼠等措施,防止污染药品。

第一百六十一条 药品的陈列应当符合以下要求:

(一)按剂型、用途以及储存要求分类陈列,并设置醒目标志,类别标签字迹清晰、放置准确。

(二)药品放置于货架(柜),摆放整齐有序,避免阳光直射。

(三)处方药、非处方药分区陈列,并有处方药、非处方药专用标识。

(四)处方药不得采用开架自选的方式陈列和销售。

(五)外用药与其他药品分开摆放。

(六)拆零销售的药品集中存放于拆零专柜或者专区。

(七)第二类精神药品、毒性中药品种和罂粟壳不得陈列。

(八)冷藏药品放置在冷藏设备中,按规定对温度进行监测和记录,并保证存放温度符合要求。

(九)中药饮片柜斗谱的书写应当正名正字;装斗前应当复核,防止错斗、串斗;应当定期清斗,防止饮片生虫、发霉、变质;不同批号的饮片装斗前应当清斗并记录。

(十)经营非药品应当设置专区,与药品区域明显隔离,并有醒目标志。

第一百六十二条 企业应当定期对陈列、存放的药品进行检查,重点检查拆零药品和易变质、近效期、摆放时间较长的药品以及中药饮片。发现有质量疑问的药品应当及时撤柜,停止销售,由质量管理人员确认和处理,并保留相关记录。

第一百六十三条 企业应当对药品的有效期进行跟踪管理,防止近效期药品售出后可能发生的过期使用。

第一百六十四条 企业设置库房的,库房的药品储存与养护管理应当符合本规范第二章第十节的相关规定。

第七节 销售管理

第一百六十五条 企业应当在营业场所的显著位置悬挂《药品经营许可证》、营业执照、执业药师注册证等。

第一百六十六条 营业人员应当佩戴有照片、姓名、岗位等内容的工作牌,是执业药师和药学技术人员的,工作牌还应当标明执业资格或者药学专业技术职称。在岗执业的执业药师应当挂牌明示。

第一百六十七条 销售药品应当符合以下要求:

(一)处方经执业药师审核后方可调配;对处方所列药品不得擅自更改或者代用,对有配伍禁忌或者超剂量的处方,应当拒绝调配,但经处方医师更正或者重新签字确认的,可以调配;调配处方后经过核对方可销售。

（二）处方审核、调配、核对人员应当在处方上签字或者盖章，并按照有关规定保存处方或者其复印件。

（三）销售近效期药品应当向顾客告知有效期。

（四）销售中药饮片做到计量准确，并告知煎服方法及注意事项；提供中药饮片代煎服务，应当符合国家有关规定。

第一百六十八条　企业销售药品应当开具销售凭证，内容包括药品名称、生产厂商、数量、价格、批号、规格等，并做好销售记录。

第一百六十九条　药品拆零销售应当符合以下要求：

（一）负责拆零销售的人员经过专门培训；

（二）拆零的工作台及工具保持清洁、卫生，防止交叉污染；

（三）做好拆零销售记录，内容包括拆零起始日期、药品的通用名称、规格、批号、生产厂商、有效期、销售数量、销售日期、分拆及复核人员等；

（四）拆零销售应当使用洁净、卫生的包装，包装上注明药品名称、规格、数量、用法、用量、批号、有效期以及药店名称等内容；

（五）提供药品说明书原件或者复印件；

（六）拆零销售期间，保留原包装和说明书。

第一百七十条　销售特殊管理的药品和国家有专门管理要求的药品，应当严格执行国家有关规定。

第一百七十一条　药品广告宣传应当严格执行国家有关广告管理的规定。

第一百七十二条　非本企业在职人员不得在营业场所内从事药品销售相关活动。

第八节　售后管理

第一百七十三条　除药品质量原因外，药品一经售出，不得退换。

第一百七十四条　企业应当在营业场所公布食品药品监督管理部门的监督电话，设置顾客意见簿，及时处理顾客对药品质量的投诉。

第一百七十五条　企业应当按照国家有关药品不良反应报告制度的规定，收集、报告药品不良反应信息。

第一百七十六条　企业发现已售出药品有严重质量问题，应当及时采取措施追回药品并做好记录，同时向食品药品监督管理部门报告。

第一百七十七条　企业应当协助药品生产企业履行召回义务，控制和收回存在安全隐患的药品，并建立药品召回记录。

第四章　附　则

第一百七十八条　本规范下列术语的含义是：

（一）在职：与企业确定劳动关系的在册人员。

（二）在岗：相关岗位人员在工作时间内在规定的岗位履行职责。

（三）首营企业：采购药品时，与本企业首次发生供需关系的药品生产或者经营企业。

（四）首营品种：本企业首次采购的药品。

（五）原印章：企业在购销活动中，为证明企业身份在相关文件或者凭证上加盖的企业公章、发票专用章、质量管理专用章、药品出库专用章的原始印记，不能是印刷、影印、复印等复制后的印记。

（六）待验：对到货、销后退回的药品采用有效的方式进行隔离或者区分，在入库前等待质量验收的状态。

（七）零货：拆除了用于运输、储藏包装的药品。

（八）拼箱发货：将零货药品集中拼装至同一包装箱内发货的方式。

（九）拆零销售：将最小包装拆分销售的方式。

（十）国家有专门管理要求的药品：国家对蛋白同化制剂、肽类激素、含特殊药品复方制剂等品种实施特殊监管措施的药品。

第一百七十九条　药品零售连锁企业总部的管理应当符合本规范药品批发企业相关规定，门店的管理应当符合本规范药品零售企业相关规定。

第一百八十条　本规范为药品经营质量管理的基本要求。对企业信息化管理、药品储运温湿度自动监测、药品验收管理、药品冷链物流管理、零售连锁管理等具体要求，由国家食品药品监督管理总局以附录方式另行制定。

第一百八十一条　麻醉药品、精神药品、药品类易制毒化学品的追溯应当符合国家有关规定。

第一百八十二条　医疗机构药房和计划生育技术服务机构的药品采购、储存、养护等质量管理规范由国家食品药品监督管理总局商相关主管部门另行制定。

互联网销售药品的质量管理规定由国家食品药品监督管理总局另行制定。

第一百八十三条　药品经营企业违反本规范的，由食品药品监督管理部门按照《中华人民共和国药品管理法》第七十八条的规定给予处罚。

第一百八十四条　本规范自发布之日起施行，卫生部2013年6月1日施行的《药品经营质量管理规范》（中华人民共和国卫生部令第90号）同时废止。

药品经营和使用质量监督管理办法

·2023年9月27日国家市场监督管理总局令第84号公布
·自2024年1月1日起施行

第一章 总 则

第一条 为了加强药品经营和药品使用质量监督管理，规范药品经营和药品使用质量管理活动，根据《中华人民共和国药品管理法》（以下简称《药品管理法》）《中华人民共和国疫苗管理法》《中华人民共和国药品管理法实施条例》等法律、行政法规，制定本办法。

第二条 在中华人民共和国境内的药品经营、使用质量管理及其监督管理活动，应当遵守本办法。

第三条 从事药品批发或者零售活动的，应当经药品监督管理部门批准，依法取得药品经营许可证，严格遵守法律、法规、规章、标准和规范。

药品上市许可持有人可以自行销售其取得药品注册证书的药品，也可以委托药品经营企业销售。但是，药品上市许可持有人从事药品零售活动的，应当取得药品经营许可证。

其他单位从事药品储存、运输等相关活动的，应当遵守本办法相关规定。

第四条 医疗机构应当建立药品质量管理体系，对本单位药品购进、储存、使用全过程的药品质量管理负责。使用放射性药品等特殊管理的药品的，应当按规定取得相关的使用许可。

医疗机构以外的其他药品使用单位，应当遵守本办法关于医疗机构药品购进、储存、使用全过程的药品质量管理规定。

第五条 药品上市许可持有人、药品经营企业和医疗机构等应当遵守国家药品监督管理局制定的统一药品追溯标准和规范，建立并实施药品追溯制度，按照规定提供追溯信息，保证药品可追溯。

第六条 国家药品监督管理局主管全国药品经营和使用质量监督管理工作，对省、自治区、直辖市药品监督管理部门的药品经营和使用质量监督管理工作进行指导。

省、自治区、直辖市药品监督管理部门负责本行政区域内药品经营和使用质量监督管理，负责药品批发企业、药品零售连锁总部的许可、检查和处罚，以及药品上市许可持有人销售行为的检查和处罚；按职责指导设区的市级、县级人民政府承担药品监督管理职责的部门（以下简称市县级药品监督管理部门）的药品经营和使用质量监督管理工作。

市县级药品监督管理部门负责本行政区域内药品经营和使用质量监督管理，负责药品零售企业的许可、检查和处罚，以及药品使用环节质量的检查和处罚。

国家市场监督管理总局按照有关规定加强市场监管综合执法队伍的指导。

第七条 国家药品监督管理局制定药品经营质量管理规范及其现场检查指导原则。省、自治区、直辖市药品监督管理部门可以依据本办法、药品经营质量管理规范及其现场检查指导原则，结合本行政区域实际情况制定检查细则。

第二章 经营许可

第八条 从事药品批发活动的，应当具备以下条件：

（一）有与其经营范围相适应的质量管理机构和人员；企业法定代表人、主要负责人、质量负责人、质量管理部门负责人等符合规定的条件；

（二）有依法经过资格认定的药师或者其他药学技术人员；

（三）有与其经营品种和规模相适应的自营仓库、营业场所和设施设备，仓库具备实现药品入库、传送、分拣、上架、出库等操作的现代物流设施设备；

（四）有保证药品质量的质量管理制度以及覆盖药品经营、质量控制和追溯全过程的信息管理系统，并符合药品经营质量管理规范要求。

第九条 从事药品零售连锁经营活动的，应当设立药品零售连锁总部，对零售门店进行统一管理。药品零售连锁总部应当具备本办法第八条第一项、第二项、第四项规定的条件，并具备能够保证药品质量、与其经营品种和规模相适应的仓库、配送场所和设施设备。

第十条 从事药品零售活动的，应当具备以下条件：

（一）经营处方药、甲类非处方药的，应当按规定配备与经营范围和品种相适应的依法经过资格认定的药师或者其他药学技术人员。只经营乙类非处方药的，可以配备经设区的市级药品监督管理部门组织考核合格的药品销售业务人员；

（二）有与所经营药品相适应的营业场所、设备、陈列、仓储设施以及卫生环境；同时经营其他商品（非药品）的，陈列、仓储设施应当与药品分开设置；在超市等其他场所从事药品零售活动的，应当具有独立的经营区域；

（三）有与所经营药品相适应的质量管理机构或者人员，企业法定代表人、主要负责人、质量负责人等符合规定的条件；

（四）有保证药品质量的质量管理制度、符合质量管理与追溯要求的信息管理系统,符合药品经营质量管理规范要求。

第十一条 开办药品经营企业,应当在取得营业执照后,向所在地县级以上药品监督管理部门申请药品经营许可证,提交下列材料:

(一)药品经营许可证申请表;

(二)质量管理机构情况以及主要负责人、质量负责人、质量管理部门负责人学历、工作经历相关材料;

(三)药师或者其他药学技术人员资格证书以及任职文件;

(四)经营药品的方式和范围相关材料;

(五)药品质量管理规章制度以及陈列、仓储等关键设施设备清单;

(六)营业场所、设备、仓储设施及周边卫生环境等情况,营业场所、仓库平面布置图及房屋产权或者使用权相关材料;

(七)法律、法规规定的其他材料。

申请人应当对其申请材料全部内容的真实性负责。

申请人应当按照国家有关规定对申请材料中的商业秘密、未披露信息或者保密商务信息进行标注,并注明依据。

第十二条 药品监督管理部门收到药品经营许可证申请后,应当根据下列情况分别作出处理:

(一)申请事项依法不需要取得药品经营许可的,应当即时告知申请人不受理;

(二)申请事项依法不属于本部门职权范围的,应当即时作出不予受理的决定,并告知申请人向有关行政机关申请;

(三)申请材料存在可以当场更正的错误的,应当允许申请人当场更正;

(四)申请材料不齐全或者不符合形式审查要求的,应当当场或者在五日内发给申请人补正材料通知书,一次告知申请人需要补正的全部内容,逾期不告知的,自收到申请材料之日起即为受理;

(五)申请材料齐全、符合形式审查要求,或者申请人按照要求提交全部补正材料的,应当受理药品经营许可证申请。

药品监督管理部门受理或者不予受理药品经营许可证申请的,应当出具加盖本部门专用印章和注明日期的受理通知书或者不予受理通知书。

第十三条 药品监督管理部门应当自受理申请之日起二十日内作出决定。

药品监督管理部门按照药品经营质量管理规范及其现场检查指导原则、检查细则等有关规定,组织开展申报资料技术审查和现场检查。

经技术审查和现场检查,符合条件的,准予许可,并自许可决定作出之日起五日内颁发药品经营许可证;不符合条件的,作出不予许可的书面决定,并说明理由。

仅从事乙类非处方药零售活动的,申请人提交申请材料和承诺书后,符合条件的,准予许可,当日颁发药品经营许可证。自许可决定作出之日起三个月内药品监督管理部门组织开展技术审查和现场检查,发现承诺不实的,责令限期整改,整改后仍不符合条件的,撤销药品经营许可证。

第十四条 药品监督管理部门应当在网站和办公场所公示申请药品经营许可证的条件、程序、期限、需要提交的全部材料目录和申请表格式文本等。

第十五条 药品监督管理部门应当公开药品经营许可证申请的许可结果,并提供条件便利申请人查询审批进程。

未经申请人同意,药品监督管理部门、专业技术机构及其工作人员不得披露申请人提交的商业秘密、未披露信息或者保密商务信息,法律另有规定或者涉及国家安全、重大社会公共利益的除外。

第十六条 药品监督管理部门认为药品经营许可涉及公共利益的,应当向社会公告,并举行听证。

药品经营许可直接涉及申请人与他人之间重大利益关系的,药品监督管理部门作出行政许可决定前,应当告知申请人、利害关系人享有要求听证的权利。

第十七条 药品经营许可证有效期为五年,分为正本和副本。药品经营许可证样式由国家药品监督管理局统一制定。药品经营许可证电子证书与纸质证书具有同等法律效力。

第十八条 药品经营许可证应当载明许可证编号、企业名称、统一社会信用代码、经营地址、法定代表人、主要负责人、质量负责人、经营范围、经营方式、仓库地址、发证机关、发证日期、有效期等项目。

企业名称、统一社会信用代码、法定代表人等项目应当与市场监督管理部门核发的营业执照中载明的相关内容一致。

第十九条 药品经营许可证载明事项分为许可事项和登记事项。

许可事项是指经营地址、经营范围、经营方式、仓库地址。

登记事项是指企业名称、统一社会信用代码、法定代表人、主要负责人、质量负责人等。

第二十条 药品批发企业经营范围包括中药饮片、中成药、化学药、生物制品、体外诊断试剂（药品）、麻醉药品、第一类精神药品、第二类精神药品、药品类易制毒化学品、医疗用毒性药品、蛋白同化制剂、肽类激素等。其中麻醉药品、第一类精神药品、第二类精神药品、药品类易制毒化学品、医疗用毒性药品、蛋白同化制剂、肽类激素等经营范围的核定，按照国家有关规定执行。

经营冷藏冷冻等有特殊管理要求的药品的，应当在经营范围中予以标注。

第二十一条 从事药品零售活动的，应当核定经营类别，并在经营范围中予以明确。经营类别分为处方药、甲类非处方药、乙类非处方药。

药品零售企业经营范围包括中药饮片、中成药、化学药、第二类精神药品、血液制品、细胞治疗类生物制品及其他生物制品等。其中第二类精神药品、血液制品、细胞治疗类生物制品经营范围的核定，按照国家有关规定执行。

经营冷藏冷冻药品的，应当在经营范围中予以标注。

药品零售连锁门店的经营范围不得超过药品零售连锁总部的经营范围。

第二十二条 从事放射性药品经营活动的，应当按照国家有关规定申领放射性药品经营许可证。

第二十三条 变更药品经营许可证载明的许可事项的，应当向发证机关提出药品经营许可证变更申请。未经批准，不得擅自变更许可事项。

发证机关应当自受理变更申请之日起十五日内作出准予变更或者不予变更的决定。

药品零售企业被其他药品零售连锁总部收购的，按照变更药品经营许可证程序办理。

第二十四条 药品经营许可证载明的登记事项发生变化的，应当在发生变化起三十日内，向发证机关申请办理药品经营许可证变更登记。发证机关应当在十日内完成变更登记。

第二十五条 药品经营许可证载明事项发生变更的，由发证机关在副本上记录变更的内容和时间，并按照变更后的内容重新核发药品经营许可证正本。

第二十六条 药品经营许可证有效期届满需要继续经营药品的，药品经营企业应当在有效期届满前六个月至两个月期间，向发证机关提出重新审查发证申请。

发证机关按照本办法关于申请办理药品经营许可证的程序和要求进行审查，必要时开展现场检查。药品经营许可证有效期届满前，应当作出是否许可的决定。

经审查符合规定条件的，准予许可，药品经营许可证编号不变。不符合规定条件的，责令限期整改；整改后仍不符合规定条件的，不予许可，并书面说明理由。逾期未作出决定的，视为准予许可。

在有效期届满前两个月内提出重新审查发证申请的，药品经营许可证有效期届满后不得继续经营；药品监督管理部门准予许可后，方可继续经营。

第二十七条 有下列情形之一的，由发证机关依法办理药品经营许可证注销手续，并予以公告：

（一）企业主动申请注销药品经营许可证的；

（二）药品经营许可证有效期届满未申请重新审查发证的；

（三）药品经营许可证依法被撤销、撤回或者药品经营许可证依法被吊销的；

（四）企业依法终止的；

（五）法律、法规规定的应当注销行政许可的其他情形。

第二十八条 药品经营许可证遗失的，应当向原发证机关申请补发。原发证机关应当及时补发药品经营许可证，补发的药品经营许可证编号和有效期限与原许可证一致。

第二十九条 任何单位或者个人不得伪造、变造、出租、出借、买卖药品经营许可证。

第三十条 药品监督管理部门应当及时更新药品经营许可证核发、重新审查发证、变更、吊销、撤销、注销等信息，并在完成后十日内予以公开。

第三章 经营管理

第三十一条 从事药品经营活动的，应当遵守药品经营质量管理规范，按照药品经营许可证载明的经营方式和经营范围，在药品监督管理部门核准的地址销售、储存药品，保证药品经营全过程符合法定要求。

药品经营企业应当建立覆盖药品经营全过程的质量管理体系。购销记录以及储存条件、运输过程、质量控制等记录应当完整准确，不得编造和篡改。

第三十二条 药品经营企业应当开展评估、验证、审核等质量管理活动，对已识别的风险及时采取有效控制措施，保证药品质量。

第三十三条 药品经营企业的法定代表人、主要负责人对药品经营活动全面负责。

药品经营企业的主要负责人、质量负责人应当符合药品经营质量管理规范规定的条件。主要负责人全面负责企业日常管理，负责配备专门的质量负责人；质量负责人全面负责药品质量管理工作，保证药品质量。

第三十四条　药品上市许可持有人将其持有的品种委托销售的，接受委托的药品经营企业应当具有相应的经营范围。受托方不得再次委托销售。药品上市许可持有人应当与受托方签订委托协议，明确约定药品质量责任等内容，对受托方销售行为进行监督。

药品上市许可持有人委托销售的，应当向其所在地省、自治区、直辖市药品监督管理部门报告；跨省、自治区、直辖市委托销售的，应当同时报告药品经营企业所在地省、自治区、直辖市药品监督管理部门。

第三十五条　药品上市许可持有人应当建立质量管理体系，对药品经营过程中药品的安全性、有效性和质量可控性负责。药品存在质量问题或者其他安全隐患的，药品上市许可持有人应当立即停止销售，告知药品经营企业和医疗机构停止销售和使用，及时依法采取召回等风险控制措施。

第三十六条　药品经营企业不得经营疫苗、医疗机构制剂、中药配方颗粒等国家禁止药品经营企业经营的药品。

药品零售企业不得销售麻醉药品、第一类精神药品、放射性药品、药品类易制毒化学品、蛋白同化制剂、肽类激素（胰岛素除外）、终止妊娠药品等国家禁止零售的药品。

第三十七条　药品上市许可持有人、药品经营企业应当加强药品采购、销售人员的管理，对其进行法律、法规、规章、标准、规范和专业知识培训，并对其药品经营行为承担法律责任。

第三十八条　药品上市许可持有人、药品批发企业销售药品时，应当向购药单位提供以下材料：

（一）药品生产许可证、药品经营许可证复印件；

（二）所销售药品批准证明文件和检验报告书复印件；

（三）企业派出销售人员授权书原件和身份证复印件；

（四）标明供货单位名称、药品通用名称、药品上市许可持有人（中药饮片标明生产企业、产地）、批准文号、产品批号、剂型、规格、有效期、销售数量、销售价格、销售日期等内容的凭证；

（五）销售进口药品的，按照国家有关规定提供相关证明文件；

（六）法律、法规要求的其他材料。

上述资料应当加盖企业印章。符合法律规定的可靠电子签名、电子印章与手写签名或者盖章具有同等法律效力。

第三十九条　药品经营企业采购药品时，应当索取、查验、留存本办法第三十八条规定的有关材料、凭证。

第四十条　药品上市许可持有人、药品经营企业购销活动中的有关资质材料和购销凭证、记录保存不得少于五年，且不少于药品有效期满后一年。

第四十一条　药品储存、运输应当严格遵守药品经营质量管理规范的要求，根据药品包装、质量特性、温度控制等要求采取有效措施，保证储存、运输过程中的药品质量安全。冷藏冷冻药品储存、运输应当按要求配备冷藏冷冻设施设备，确保全过程处于规定的温度环境，按照规定做好监测记录。

第四十二条　药品零售企业应当遵守国家处方药与非处方药分类管理制度，按规定凭处方销售处方药，处方保留不少于五年。

药品零售企业不得以买药品赠药品或者买商品赠药品等方式向公众赠送处方药、甲类非处方药。处方药不得开架销售。

药品零售企业销售药品时，应当开具标明药品通用名称、药品上市许可持有人（中药饮片标明生产企业、产地）、产品批号、剂型、规格、销售数量、销售价格、销售日期、销售企业名称等内容的凭证。

药品零售企业配备依法经过资格认定的药师或者其他药学技术人员，负责药品质量管理、处方审核和调配、合理用药指导以及不良反应信息收集与报告等工作。

药品零售企业营业时间内，依法经过资格认定的药师或者其他药学技术人员不在岗时，应当挂牌告知。未经依法经过资格认定的药师或者其他药学技术人员审核，不得销售处方药。

第四十三条　药品零售连锁总部应当建立健全质量管理体系，统一企业标识、规章制度、计算机系统、人员培训、采购配送、票据管理、药学服务标准规范等，对所属零售门店的经营活动履行管理责任。

药品零售连锁总部所属零售门店应当按照总部统一质量管理体系要求开展药品零售活动。

第四十四条　药品零售连锁总部应当加强对所属零售门店的管理，保证其持续符合药品经营质量管理规范和统一的质量管理体系要求。发现所属零售门店经营的药品存在质量问题或者其他安全隐患的，应当及时采取风险控制措施，并依法向药品监督管理部门报告。

第四十五条　药品上市许可持有人、药品经营企业委托储存、运输药品的,应当对受托方质量保证能力和风险管理能力进行评估,与其签订委托协议,约定药品质量责任、操作规程等内容,对受托方进行监督,并开展定期检查。

药品上市许可持有人委托储存的,应当按规定向药品上市许可持有人、受托方所在地省、自治区、直辖市药品监督管理部门报告。药品经营企业委托储存药品的,按照变更仓库地址办理。

第四十六条 接受委托储存药品的单位应当符合药品经营质量管理规范有关要求,并具备以下条件:

(一)有符合资质的人员,相应的药品质量管理体系文件,包括收货、验收、入库、储存、养护、出库、运输等操作规程;

(二)有与委托单位实现数据对接的计算机系统,对药品入库、出库、储存、运输和药品质量信息进行记录并可追溯,为委托方药品召回等提供支持;

(三)有符合省级以上药品监督管理部门规定的现代物流要求的药品储存场所和设施设备。

第四十七条 接受委托储存、运输药品的单位应当按照药品经营质量管理规范要求开展药品储存、运输活动,履行委托协议约定的义务,并承担相应的法律责任。受托方不得再次委托储存。

受托方再次委托运输的,应当征得委托方同意,并签订质量保证协议,确保药品运输过程符合药品经营质量管理规范要求。疫苗、麻醉药品、精神药品、医疗用毒性药品、放射性药品、药品类易制毒化学品等特殊管理的药品不得再次委托运输。

受托方发现药品存在重大质量问题的,应当立即向委托方所在地和受托方所在地药品监督管理部门报告,并主动采取风险控制措施。

第四十八条 药品批发企业跨省、自治区、直辖市设置仓库的,药品批发企业所在地省、自治区、直辖市药品监督管理部门商仓库所在地省、自治区、直辖市药品监督管理部门后,符合要求的,按照变更仓库地址办理。

药品批发企业跨省、自治区、直辖市设置的仓库,应当符合本办法第八条有关药品批发企业仓库的条件。药品批发企业应当对异地仓库实施统一的质量管理。

药品批发企业所在地省、自治区、直辖市药品监督管理部门负责对跨省、自治区、直辖市设置仓库的监督管理,仓库所在地省、自治区、直辖市药品监督管理部门负责协助日常监管。

第四十九条 因科学研究、检验检测、慈善捐助、突发公共卫生事件等有特殊购药需求的单位,向所在地设区的市级以上地方药品监督管理部门报告后,可以到指定的药品上市许可持有人或者药品经营企业购买药品。供货单位应当索取购药单位有关资质材料并做好销售记录,存档备查。

突发公共卫生事件或者其他严重威胁公众健康的紧急事件发生时,药品经营企业应当按照县级以上人民政府的应急处置规定,采取相应措施。

第五十条 药品上市许可持有人、药品经营企业通过网络销售药品的,应当遵守《药品管理法》及药品网络销售监督管理有关规定。

第四章 药品使用质量管理

第五十一条 医疗机构应当建立健全药品质量管理体系,完善药品购进、验收、储存、养护及使用等环节的质量管理制度,明确各环节中工作人员的岗位责任。

医疗机构应当设置专门部门负责药品质量管理;未设专门部门的,应当指定专人负责药品质量管理。

第五十二条 医疗机构购进药品,应当核实供货单位的药品生产许可证或者药品经营许可证、授权委托书以及药品批准证明文件、药品合格证明等有效证明文件。首次购进药品的,应当妥善保存加盖供货单位印章的上述材料复印件,保存期限不得少于五年。

医疗机构购进药品时应当索取、留存合法票据,包括税票及详细清单,清单上应当载明供货单位名称、药品通用名称、药品上市许可持有人(中药饮片标明生产企业、产地)、批准文号、产品批号、剂型、规格、销售数量、销售价格等内容。票据保存不得少于三年,且不少于药品有效期满后一年。

第五十三条 医疗机构应当建立和执行药品购进验收制度,购进药品应当逐批验收,并建立真实、完整的记录。

药品购进验收记录应当注明药品的通用名称、药品上市许可持有人(中药饮片标明生产企业、产地)、批准文号、产品批号、剂型、规格、有效期、供货单位、购进数量、购进价格、购进日期。药品购进验收记录保存不得少于三年,且不少于药品有效期满后一年。

医疗机构接受捐赠药品、从其他医疗机构调入急救药品应当遵守本条规定。

第五十四条 医疗机构应当制定并执行药品储存、养护制度,配备专用场所和设施设备储存药品,做好储存、养护记录,确保药品储存符合药品说明书标明的条件。

医疗机构应当按照有关规定,根据药品属性和类别分库、分区、分垛储存药品，并实行色标管理。药品与非药品分开存放；中药饮片、中成药、化学药、生物制品分类存放；过期、变质、被污染等的药品应当放置在不合格库（区）；麻醉药品、精神药品、医疗用毒性药品、放射性药品、药品类易制毒化学品以及易燃、易爆、强腐蚀等危险性药品应当按照相关规定存放，并采取必要的安全措施。

第五十五条 医疗机构应当制定和执行药品养护管理制度，并采取必要的控温、防潮、避光、通风、防火、防虫、防鼠、防污染等措施，保证药品质量。

医疗机构应当配备药品养护人员，定期对储存药品进行检查和养护，监测和记录储存区域的温湿度，维护储存设施设备，并建立相应的养护档案。

第五十六条 医疗机构发现使用的药品存在质量问题或者其他安全隐患的，应当立即停止使用，向供货单位反馈并及时向所在地市县级药品监督管理部门报告。市县级药品监督管理部门应当按照有关规定进行监督检查，必要时开展抽样检验。

第五十七条 医疗机构应当积极协助药品上市许可持有人、中药饮片生产企业、药品批发企业履行药品召回、追回义务。

第五十八条 医疗机构应当建立覆盖药品购进、储存、使用的全过程追溯体系，开展追溯数据校验和采集，按规定提供药品追溯信息。

第五章　监督检查

第五十九条 药品监督管理部门应当根据药品经营使用单位的质量管理，所经营和使用药品品种，检查、检验、投诉、举报等药品安全风险和信用情况，制定年度检查计划，开展监督检查并建立监督检查档案。检查计划包括检查范围、检查内容、检查方式、检查重点、检查要求、检查时限、承担检查的单位等。

药品监督管理部门应当将上一年度新开办的药品经营企业纳入本年度的监督检查计划，对其实施药品经营质量管理规范符合性检查。

第六十条 县级以上地方药品监督管理部门应当根据药品经营和使用质量管理风险，确定监督检查频次：

（一）对麻醉药品和第一类精神药品、药品类易制毒化学品经营企业检查，每半年不少于一次；

（二）对冷藏冷冻药品、血液制品、细胞治疗类生物制品、第二类精神药品、医疗用毒性药品经营企业检查，每年不少于一次；

（三）对第一项、第二项以外的药品经营企业，每年确定一定比例开展药品经营质量管理规范符合性检查，三年内对本行政区域内药品经营企业全部进行检查；

（四）对接收、储存疫苗的疾病预防控制机构、接种单位执行疫苗储存和运输管理规范情况进行检查，原则上每年不少于一次；

（五）每年确定一定比例医疗机构，对其购进、验收、储存药品管理情况进行检查，三年内对行政区域内医疗机构全部进行检查。

药品监督管理部门可结合本行政区域内工作实际，增加检查频次。

第六十一条 药品上市许可持有人、药品经营企业与受托开展药品经营相关活动的受托方不在同一省、自治区、直辖市的，委托方所在地药品监督管理部门负责对跨省、自治区、直辖市委托开展的药品经营活动实施监督管理，受托方所在地药品监督管理部门负责协助日常监管。委托方和受托方所在地药品监督管理部门应当加强信息沟通，相互通报监督检查等情况，必要时可以开展联合检查。

第六十二条 药品监督管理部门在监督检查过程中发现可能存在质量问题的药品，可以按照有关规定进行抽样检验。

第六十三条 根据监督检查情况，有证据证明可能存在药品安全隐患的，药品监督管理部门可以依法采取以下行政措施：

（一）行政告诫；

（二）责任约谈；

（三）责令限期整改；

（四）责令暂停相关药品销售和使用；

（五）责令召回药品；

（六）其他风险控制措施。

第六十四条 药品监督管理部门在监督检查过程中，发现存在涉嫌违反药品法律、法规、规章行为的，应当及时采取措施，按照职责和权限依法查处；涉嫌犯罪的移交公安机关处理。发现涉嫌违纪线索的，移送纪检监察部门。

第六十五条 药品上市许可持有人、药品生产企业、药品经营企业和医疗机构应当积极配合药品监督管理部门实施的监督检查，如实提供与被检查事项有关的物品和记录、凭证以及医学文书等资料，不得以任何理由拒绝、逃避监督检查，不得伪造、销毁、隐匿有关证据材料，不得擅自动用查封、扣押物品。

第六章　法律责任

第六十六条 药品经营和使用质量管理的违法行为，法律、行政法规已有规定的，依照其规定。

违反本办法规定,主动消除或者减轻违法行为危害后果的;违法行为轻微并及时改正,没有造成危害后果的;初次违法且危害后果轻微并及时改正的,依据《中华人民共和国行政处罚法》第三十二条、第三十三条规定从轻、减轻或者不予处罚。有证据足以证明没有主观过错的,不予行政处罚。

第六十七条 药品经营企业未按规定办理药品经营许可证登记事项变更的,由药品监督管理部门责令限期改正;逾期不改正的,处五千元以上五万元以下罚款。

第六十八条 药品经营企业未经批准变更许可事项或者药品经营许可证超过有效期继续开展药品经营活动的,药品监督管理部门按照《药品管理法》第一百一十五条的规定给予处罚,但是,有下列情形之一,药品经营企业及时改正,不影响药品质量安全的,给予减轻处罚:

(一)药品经营企业超出许可的经营方式、经营地址从事药品经营活动的;

(二)超出经营范围经营的药品不属于疫苗、麻醉药品、精神药品、药品类易制毒化学品、医疗用毒性药品、血液制品、细胞治疗类生物制品的;

(三)药品经营许可证超过有效期但符合申请办理药品经营许可证要求的;

(四)依法可以减轻处罚的其他情形。

药品零售企业违反本办法第三十六条第二款规定,法律、行政法规已有规定的,依照法律、行政法规的规定处罚。法律、行政法规未作规定的,责令限期改正,处五万元以上十万元以下罚款;造成危害后果的,处十万元以上二十万元以下罚款。

第六十九条 有下列违反药品经营质量管理规范情形之一的,药品监督管理部门可以依据《药品管理法》第一百二十六条规定的情节严重的情形给予处罚:

(一)药品上市许可持有人委托不具备相应资质条件的企业销售药品的;

(二)药品上市许可持有人、药品批发企业将国家有专门管理要求的药品销售给个人或者不具备相应资质的单位,导致相关药品流入非法渠道或者去向不明,或者知道、应当知道购进单位将相关药品流入非法渠道仍销售药品的;

(三)药品经营质量管理和质量控制过程中,记录或者票据不真实,存在虚假欺骗行为的;

(四)对已识别的风险未及时采取有效的风险控制措施,造成严重后果的;

(五)知道或者应当知道他人从事非法药品生产、经营和使用活动,依然为其提供药品的;

(六)其他情节严重的情形。

第七十条 有下列情形之一的,由药品监督管理部门责令限期改正;逾期不改正的,处五千元以上三万元以下罚款:

(一)接受药品上市许可持有人委托销售的药品经营企业违反本办法第三十四条第一款规定再次委托销售的;

(二)药品上市许可持有人未按本办法第三十四条第一款、第三十五条规定对委托销售行为进行管理的;

(三)药品上市许可持有人、药品经营企业未按本办法第四十五条第一款规定对委托储存、运输行为进行管理的;

(四)药品上市许可持有人、药品经营企业未按本办法第三十四条第二款、第四十五条第二款规定报告委托销售、储存情况的;

(五)接受委托储存药品的受托方违反本办法第四十七条第一款规定再次委托储存的;

(六)接受委托运输药品的受托方违反本办法第四十七条第二款规定运输药品的;

(七)接受委托储存、运输的受托方未按本办法第四十七条第三款规定向委托方所在地和受托方所在地药品监督管理部门报告药品重大质量问题的。

第七十一条 药品上市许可持有人、药品经营企业未按本办法第三十八条、第三十九条、第四十条、第四十二条第三款规定履行购销查验义务或者开具销售凭证,违反药品经营质量管理规范的,药品监督管理部门按照《药品管理法》第一百二十六条给予处罚。

第七十二条 药品零售企业有以下情形之一的,由药品监督管理部门责令限期改正;逾期不改正的,处五千元以上五万元以下罚款;造成危害后果的,处五万元以上二十万元以下罚款:

(一)未按规定凭处方销售处方药的;

(二)以买药品赠药品或者买商品赠药品等方式向公众直接或者变相赠送处方药、甲类非处方药的;

(三)违反本办法第四十二条第五款规定的药师或者药学技术人员管理要求的。

第七十三条 医疗机构未按本办法第五十一条第二款规定设置专门质量管理部门或者人员,未按本办法第五十二条、第五十三条、第五十四条、第五十五条、第五十六条规定履行进货查验、药品储存和养护、停止使用、报告等义务的,由药品监督管理部门责令限期改正,并通报卫生健康主管部门；逾期不改正或者情节严重的，处五千元以上五万元以下罚款；造成严重后果的，处五万元以上二十万元以下罚款。

第七章 附 则

第七十四条 国家对疫苗、血液制品、麻醉药品、精神药品、医疗用毒性药品、放射性药品、药品类易制毒化学品等的经营、使用管理另有规定的，依照其规定。

第七十五条 本办法规定的期限以工作日计算。药品经营许可中技术审查、现场检查、企业整改等所需时间不计入期限。

第七十六条 药品经营许可证编号格式为"省份简称+两位分类代码+四位地区代码+五位顺序号"。

其中两位分类代码为大写英文字母，第一位 A 表示批发企业，B 表示药品零售连锁总部，C 表示零售连锁门店，D 表示单体药品零售企业；第二位 A 表示法人企业，B 表示非法人企业。

四位地区代码为阿拉伯数字，对应企业所在地区（市、州）代码，按照国内电话区号编写，区号为四位的去掉第一个 0，区号为三位的全部保留，第四位为调整码。

第七十七条 药品批发企业，是指将购进的药品销售给药品生产企业、药品经营企业、医疗机构的药品经营企业。

药品零售连锁企业由总部、配送中心和若干个门店构成，在总部的管理下，实施规模化、集团化管理经营。

药品零售企业，是指将购进的药品直接销售给消费者的药品经营企业。

药品使用单位包括医疗机构、疾病预防控制机构等。

第七十八条 各省、自治区、直辖市药品监督管理部门可以依据本办法制定实施细则。

第七十九条 本办法自 2024 年 1 月 1 日起实施。2004 年 2 月 4 日原国家食品药品监督管理局令第 6 号公布的《药品经营许可证管理办法》和 2007 年 1 月 31 日原国家食品药品监督管理局令第 26 号公布的《药品流通监督管理办法》同时废止。

药品质量抽查检验管理办法

· 2019 年 8 月 12 日
· 国药监药管〔2019〕34 号

第一章 总 则

第一条 为规范药品质量抽查检验工作，根据《中华人民共和国药品管理法》和《中华人民共和国药品管理法实施条例》，制定本办法。

第二条 药品监督管理部门对在中华人民共和国境内依批准生产、经营、使用药品开展的质量抽查检验工作，适用本办法。

第三条 药品质量抽查检验是对上市后药品监管的技术手段，应当遵循科学、规范、合法、公正原则。

第四条 国务院药品监督管理部门负责组织实施国家药品质量抽查检验工作，在全国范围内对生产、经营、使用环节的药品质量开展抽查检验，并对地方药品质量抽查检验工作进行指导。

省级药品监督管理部门负责对本行政区域内生产环节以及批发、零售连锁总部和互联网销售第三方平台的药品质量开展抽查检验，组织市县级人民政府负责药品监督管理的部门对行政区域内零售和使用环节的药品质量进行抽查检验，承担上级药品监督管理部门部署的药品质量抽查检验任务。

第五条 药品监督管理部门设置或者确定的药品检验机构，承担药品质量抽查检验所需的检验任务。

第六条 从事药品生产、经营、使用活动的单位和相关人员应当依照本办法接受药品监督管理部门组织实施的药品质量抽查检验，不得干扰、阻挠或拒绝抽查检验工作，不得转移、藏匿药品，不得拒绝提供证明材料或故意提供虚假资料。

第七条 药品质量抽查检验根据监管目的一般可分为监督抽检和评价抽检。监督抽检是指药品监督管理部门根据监管需要对质量可疑药品进行的抽查检验，评价抽检是指药品监督管理部门为评价某类或一定区域药品质量状况而开展的抽查检验。

第二章 计划制定

第八条 国务院药品监督管理部门和省级药品监督管理部门应当制定年度药品质量抽查检验计划，按照目标明确、重点突出、统筹兼顾、有效覆盖的要求对药品质量抽查检验工作进行安排部署。

省级药品监督管理部门制定的药品质量抽查检验计划，应当与国家药品质量抽查检验计划相互衔接，各有侧重，在扩大覆盖面的同时，避免重复。

第九条 市县级人民政府负责药品监督管理的部门应当根据上级药品监督管理部门制定的计划，结合实际情况，制定本行政区域内药品质量抽查检验实施方案，实施方案应当突出属地药品监管工作要求。

第十条 根据监管情况的变化，组织抽查检验的药品监督管理部门可对药品质量抽查检验计划进行调整。

第十一条 药品监督管理部门制定药品质量抽查检验计划，可以将下列药品作为抽查检验重点：

（一）本行政区域内生产企业生产的；

（二）既往抽查检验不符合规定的；

（三）日常监管发现问题的；

（四）不良反应报告较为集中的；

（五）投诉举报较多、舆情关注度高的；

（六）临床用量较大、使用范围较广的；

（七）质量标准发生重大变更的；

（八）储存要求高、效期短、有效成分易变化的；

（九）新批准注册、投入生产的；

（十）其他认为有必要列入抽查检验计划的。

第十二条 药品质量抽查检验所需费用由组织相应任务的药品监督管理部门从财政列支，并严格执行财务管理相关规定要求。

第三章 药品抽样

第十三条 药品监督管理部门可自行完成抽样工作，也可委托具有相应工作能力的药品监管技术机构进行抽样。

第十四条 承担药品抽样工作的单位（抽样单位，下同）应当按照药品监督管理部门下发的药品质量抽查检验计划制定具体的抽样工作实施方案，开展抽样工作应当按照国务院药品监督部门组织制定的《药品抽样原则及程序》进行。

第十五条 抽样单位应当配备具有抽样专业能力的抽样人员，抽样人员应当熟悉药品专业知识和药品管理相关法律法规。

第十六条 抽样人员执行现场抽样任务时不得少于2人，抽样时应当向被抽样单位出示相关证明文件，原则上同一人不应当同时承担当次抽样和检验工作。

第十七条 抽样场所应当由抽样人员根据被抽样单位类型确定。从药品生产环节抽样一般为成品仓库和药用原、辅料或包装材料仓库，从药品经营环节抽样一般为经营企业的药品仓库或零售企业的营业场所，从药品使用单位抽样一般为药品库房，从药品互联网交易环节抽样一般为与线上一致的线下药品仓库。

抽取的样品必须为已放行或验收入库的待销售（使用）的药品，对明确标识为待验产品或不符合规定（不合格）产品的，原则上不予抽取。

第十八条 抽样人员在履行抽样任务时，应当对储存条件和温湿度记录等开展必要的现场检查。检查发现影响药品质量的问题或存在其他违法违规行为的，应当固定相关证据，必要时可以继续抽取样品，并将相关证据或样品移交对被抽样单位具有管辖权的药品监督管理部门处置。

第十九条 抽样数量应当按照当次抽查检验计划或抽样工作实施方案执行，取样操作应当规范，不得影响所抽样品和被拆包装药品的质量。样品选择一般应当遵循随机原则；也可根据工作安排，以问题为导向，通过快速筛查等技术手段针对性抽取样品。

抽样人员应当使用专用封签现场签封样品，按要求填写《药品抽样记录及凭证》，并分别由抽样人员和被抽样单位有关人员签字、加盖抽样单位和被抽样单位有效印章；同时可根据需要向被抽样单位索取相应资料和证明性文件复印件，并加盖被抽样单位有效印章。

被抽样单位拒绝签字或盖章时，抽样人员应当在药品抽样记录及凭证上注明并签字。

第二十条 对近效期的药品应当满足检验、结果告知和复验等工作时限，方可抽样；组织抽查检验的药品监督管理部门有特殊要求的除外。

因特殊情况不能在规定时间内完成抽样任务时，抽样单位应当书面报告组织抽查检验工作的药品监督管理部门，并告知承担药品检验任务的药品检验机构。

第二十一条 抽样单位应当按规定时限将样品、药品抽样记录及凭证等相关资料送达或寄送至承担检验任务的药品检验机构。

抽取的样品应当按照其规定的贮藏条件进行储运，特殊管理药品的储运按照药品监督管理部门有关规定执行。

第二十二条 抽样人员在抽样过程中不得有下列行为：

（一）样品签封后擅自拆封或更换样品；

（二）泄露被抽样单位商业秘密；

（三）其他影响抽样公正性的行为。

第四章 药品检验

第二十三条 药品检验机构应当对检验工作负责，按照药品检验技术要求和科学、独立、客观、公正原则开展检验工作，并应符合实验室管理规定。

第二十四条 药品检验机构应当对送检样品的外观、状态、封签等可能影响检验结果的情况进行核对，并对药品抽样记录及凭证内容、药品封签签字盖章等情况进行核对，核对无误后予以签收。对需冷链保存等特殊储运条件的样品，应当检查其储运全过程的温湿度记录符合要求后方可签收。

有下列情形之一的,药品检验机构可拒绝接收:

(一)样品外观发生破损、污染的;

(二)样品封签包装不完整或未在规定签封部位签封、可能影响样品公正性的;

(三)药品抽样记录及凭证填写信息不准确、不完整,或药品抽样记录及凭证标识与样品实物明显不符的;

(四)样品批号或品种混淆的;

(五)包装容器不符合规定、可能影响检验结果的;

(六)有证据证明储运条件不符合规定、可能影响样品质量的;

(七)样品数量明显不符合计划要求的;

(八)品种类别与当次抽查检验工作计划不符的;

(九)超过抽样工作规定时限的;

(十)其他可能影响样品质量和检验结果情形的。

对拒绝接收样品的,药品检验机构应当按照组织抽查检验工作的药品监督管理部门要求,向抽样单位说明理由、退返样品,并向组织抽查检验工作的药品监督管理部门报告。

第二十五条 药品检验机构应当对签收样品逐一登记并加贴标识,分别用于检验或按贮藏要求留存。

除抽查检验计划另有规定外,药品检验机构应当自收到样品之日起25个工作日内出具检验报告书;特殊情况需延期的,应当报组织抽查检验工作的药品监督管理部门批准。

第二十六条 药品检验机构应当妥善留存复验备份样品,符合规定的样品留存期限应当为检验报告书发出之日起一年或者保存至有效期结束,不符合规定的样品应当保存至有效期结束,但最长不超过两年。

第二十七条 除组织抽查检验的药品监督管理部门做出特殊要求外,药品检验机构应当按照国家药品标准规定对抽取的样品进行全项目检验,对结果进行判定并出具检验报告书。必要时,可采用通过验证确认的其他检验方法进行检验,出具检验数据。

药品检验机构对不具备资质的检验项目或其他原因无法按时完成检验任务的,经组织抽查检验工作的药品监督管理部门同意,可委托具有相应资质的其他药品检验机构完成检验任务。

第二十八条 根据监管工作需要,对有掺杂、掺假嫌疑的药品,药品检验机构应当依据国务院药品监督管理部门批准的药品补充检验方法进行检验并出具检验报告书。

鼓励药品检验机构开展药品补充检验方法研究。药品补充检验方法的申报与审批按国务院药品监督管理部门有关规定执行。

第二十九条 药品检验机构应当对出具的药品检验报告书负责,检验报告书应当格式规范、内容真实齐全、数据准确、结论明确。

检验原始记录、检验报告书的保存期限不得少于5年。

第三十条 药品检验机构应当具备健全的质量管理体系;应当加强检验人员、仪器设备、实验物料、检测环境等质量要素的管理,强化检验质量过程控制;做到原始记录及时、准确、真实、完整,保证检验结果准确可追溯。

第三十一条 药品检验机构和检验人员在检验过程中,不得有下列行为:

(一)更换样品;

(二)隐瞒、篡改检验数据或出具虚假检验报告书;

(三)泄露当事人技术秘密;

(四)擅自发布抽查检验信息;

(五)其他影响检验结果公正性的行为。

第三十二条 药品检验机构在检验过程中发现下列情形时,应当立即向组织抽查检验工作的药品监督管理部门报告,不得迟报漏报:

(一)药品存在严重质量安全风险(如热原、细菌内毒素、无菌等项目不符合规定)需立即采取控制措施的;

(二)涉嫌存在掺杂、掺假的;

(三)涉嫌违法违规生产行为的;

(四)同一企业多批次产品检验不符合规定,涉嫌质量体系存在问题的;

(五)对既往承担检验任务的药品经后续分析研究发现可能存在严重风险隐患的。

第三十三条 药品检验机构应当按照规定时间上报或寄送检验报告书。除另有规定外,药品检验机构应当在报告书签发后及时将药品检验报告书和药品抽样及记录凭证等材料传递抽样单位,并完成结果上报工作。检验结果为不符合规定的,药品检验机构应当在2个工作日内将检验报告书和药品抽样记录及凭证等材料传递被抽样单位所在地省级药品监督管理部门和标示生产企业所在地省级药品监督管理部门,或对涉及的相关单位具有管辖权的药品监督管理部门。

第三十四条 药品检验机构可根据组织抽查检验工作的药品监督管理部门工作安排开展有针对性的探索性研究,开展探索性研究应当按照国务院药品监督管理部门制定的质量分析指导原则进行,鼓励药品检验机构开展提升药品质量的新技术、新方法研究。

第五章 复验

第三十五条 被抽样单位或标示生产企业对药品检验机构的检验结果有异议的，可以自收到检验报告书之日起 7 个工作日内提出复验申请。逾期提出申请的，药品检验机构不再受理。

复验申请应当向原药品检验机构或者上一级药品监督管理部门设置或者确定的药品检验机构申请，也可以直接向中国食品药品检定研究院申请，其他药品检验机构不得受理复验申请。

第三十六条 申请复验应当提交以下资料：

（一）加盖申请复验单位公章的《复验申请表》；

（二）药品检验机构的药品检验报告书原件；

（三）经办人办理复验申请事宜的法人授权书原件；

（四）经办人身份证明；

（五）有效时限证明。

第三十七条 药品检验机构应当在收到复验申请之日起 7 个工作日内对资料进行审核，并开具《复验申请回执》，告知申请复验单位是否受理复验，并在 2 个工作日内报告组织抽查检验的药品监督管理部门。有下列情形之一的，不得受理复验申请：

（一）国家药品标准中规定不得复试的检验项目；

（二）重量差异、装量差异、无菌、热原、细菌内毒素等不宜复验的检验项目；

（三）未在规定期限内提出复验申请或已申请过复验的；

（四）样品不能满足复验需要量、超过效期或效期内不足以完成复验的；

（五）特殊原因导致留存样品无法实现复验目的等其他不能受理复验的情形。

当检出为明显可见异物时，相关企业或单位可自收到检验报告书之日起 7 个工作日内，前往原药品检验机构对该项目进行现场确认。

第三十八条 确定受理复验的药品检验机构应（复验机构，下同）当自出具复验申请回执之日起 3 个工作日内向原药品检验机构发出调样通知。原药品检验机构应当在收到调样通知后回复留样情况，并在 7 个工作日内提供其检验后的备份样品。所提供样品应符合留样要求，有抽样单位封签且封签完好，并按照规定的贮藏条件储运。

第三十九条 复验机构接到备份样品后，应当对备份样品数量及包装、封签的完整性等进行确认。

第四十条 复验机构应当在收到备份样品之日起 25 个工作日内做出复验结论，并自检验报告书签发之日起 2 个工作日内，将检验报告书传递申请复验单位、原药品检验机构和申请复验单位所在地省级药品监督管理部门，或对申请复验单位具有管辖权的药品监督管理部门。特殊情况需要延期的，应当报请组织抽查检验工作的药品监督管理部门批准。

复验机构出具的复验结论为最终检验结论。

第四十一条 申请复验单位应当按规定向复验机构预先支付药品检验费用。复验结论与原检验结论不一致的，复验费用由原药品检验机构承担。

国务院有关部门或者省级人民政府有关部门另有特殊规定的，从其规定。

第六章 监督管理

第四十二条 对涉及的相关单位具有管辖权的药品监督管理部门（药品监督管理部门，下同）应当对抽查检验中发现的不符合规定结果及其他问题进行调查处理。

第四十三条 药品监督管理部门应当自收到不符合规定报告书之日起 5 个工作日内组织将检验报告书转送被抽样单位和标示生产企业。

第四十四条 被抽样单位和标示生产企业收到不符合规定检验报告书后，应当对抽查检验情况予以确认。

标示生产企业否认为其生产的，应当出具充分准确的证明材料，标示生产企业所在地省级药品监督管理部门应当组织调查核实，调查核实情况应当通报被抽样单位所在地省级药品监督管理部门。对查实确系假药的，两地药品监督管理部门应当相互配合，共同核查问题产品来源。

第四十五条 被抽样单位和标示生产企业收到不符合规定检验报告书后，应当履行以下义务：

（一）召回已销售的不符合规定药品；

（二）立即深入进行自查，开展偏差调查，进行风险评估；

（三）根据调查评估情况采取必要的风险控制措施。

申请复验期间，对不符合规定药品的风险控制继续执行。

第四十六条 药品监督管理部门应当监督有关企业和单位做好问题药品处置、原因分析及内部整改等工作。必要时可组织对被抽样单位和标示生产企业开展检查，对整改情况进行跟踪检查。

第四十七条 药品监督管理部门应当对不符合规定药品涉及的相关企业或单位依法进行调查处理。符合立案条件的要按规定立案查处，并按要求公开查处结果。涉嫌犯罪的，依法移交司法机关处理。

第四十八条 对经检验不符合规定的药品，标示生产企业所在地省级药品监督管理部门应当对企业的排查整改情况进行调查评估。对有证据证明质量问题是由生产环节导致的，应当通知被抽样单位所在地省级药品监督管理部门。对被抽样单位具有管辖权的药品监督管理部门根据通报情况，可酌情减轻或免除对经营、使用环节的处罚。

第四十九条 对药品检验机构根据探索性研究报告的药品质量风险隐患，组织或实施抽查检验工作的药品监督管理部门应当组建技术研判机构或建立技术研判机制，组织开展技术分析和综合研判，并根据分析研判结果采取相应的风险控制和监管措施，必要时应当报告上级药品监督管理部门。

第五十条 药品监督管理部门应当对本部门和下一级药品监督管理部门组织的药品质量抽查检验工作进行督促指导。

国务院药品监督管理部门确定的药品检验机构应当对承担国家药品质量抽查检验工作的药品检验机构进行业务指导。各省级药品检验机构应当对本行政区域内承担药品质量抽查检验工作的下级药品检验机构进行业务指导。

第五十一条 药品生产、经营和使用单位没有正当理由，拒绝接受抽查检验的，国务院药品监督管理部门和省级药品监督管理部门可以宣布停止该单位拒绝抽查检验的药品上市销售和使用。

第七章 信息公开

第五十二条 组织抽查检验的国务院药品监督管理部门和省级药品监督管理部门应当按照有关规定公开药品质量抽查检验结果。

第五十三条 药品质量抽查检验结果公开内容应当包括抽查检验药品的品名、检品来源、标示生产企业、生产批号、药品规格、检验机构、检验依据、检验结果、不符合规定项等。

有证据证实药品质量不符合规定原因的，可以适当方式备注说明。

药品质量抽查检验结果公开不当的，应当自确认公开内容不当之日起5个工作日内，在原公开范围内予以更正。

第五十四条 对可能产生重大影响的药品质量抽查检验信息，组织抽查检验的药品监督管理部门应当进行评估研判，并按照《中华人民共和国政府信息公开条例》等有关规定执行。

第五十五条 鼓励药品监督管理部门建立信息化管理系统，为抽查检验信息传输及查询等提供技术支持。

药品监督管理部门应当充分利用药品质量抽查检验信息系统，掌握本行政区域药品质量抽查检验信息，作为加强药品监督管理的数据支撑。

第八章 附则

第五十六条 根据药品监管工作的实际需要，药品监督管理部门可适时组织开展专项抽查检验，相关工作内容可参照本办法执行。

第五十七条 因监督检查、监测评价、稽查执法等工作需要开展抽样、检验的，不受抽样数量、地点、样品状态等限制，具体程序可参考本办法。

第五十八条 本办法自发布之日起实施。《国家食品药品监督管理局关于印发药品质量抽查检验管理规定的通知》（国食药监市〔2006〕379号）自本办法发布之日起废止。

药物警戒质量管理规范

- 2021年5月7日国家药监局公告2021年第65号公布
- 自2021年12月1日起施行

第一章 总则

第一条 为规范药品全生命周期药物警戒活动，根据《中华人民共和国药品管理法》《中华人民共和国疫苗管理法》等有关规定，制定本规范。

第二条 本规范适用于药品上市许可持有人（以下简称"持有人"）和获准开展药物临床试验的药品注册申请人（以下简称"申办者"）开展的药物警戒活动。

药物警戒活动是指对药品不良反应及其他与用药有关的有害反应进行监测、识别、评估和控制的活动。

第三条 持有人和申办者应当建立药物警戒体系，通过体系的有效运行和维护，监测、识别、评估和控制药品不良反应及其他与用药有关的有害反应。

第四条 持有人和申办者应当基于药品安全性特征开展药物警戒活动，最大限度地降低药品安全风险，保护和促进公众健康。

第五条 持有人和申办者应当与医疗机构、药品生产企业、药品经营企业、药物临床试验机构等协同开展药物警戒活动。鼓励持有人和申办者与科研院所、行业协会等相关方合作，推动药物警戒活动深入开展。

第二章 质量管理

第一节 基本要求

第六条 药物警戒体系包括与药物警戒活动相关的

机构、人员、制度、资源等要素，并应与持有人的类型、规模、持有品种的数量及安全性特征等相适应。

第七条 持有人应当制定药物警戒质量目标，建立质量保证系统，对药物警戒体系及活动进行质量管理，不断提升药物警戒体系运行效能，确保药物警戒活动持续符合相关法律法规要求。

第八条 持有人应当以防控风险为目的，将药物警戒的关键活动纳入质量保证系统中，重点考虑以下内容：

（一）设置合理的组织机构；

（二）配备满足药物警戒活动所需的人员、设备和资源；

（三）制定符合法律法规要求的管理制度；

（四）制定全面、清晰、可操作的操作规程；

（五）建立有效、畅通的疑似药品不良反应信息收集途径；

（六）开展符合法律法规要求的报告与处置活动；

（七）开展有效的风险信号识别和评估活动；

（八）对已识别的风险采取有效的控制措施；

（九）确保药物警戒相关文件和记录可获取、可查阅、可追溯。

第九条 持有人应当制定并适时更新药物警戒质量控制指标，控制指标应当贯穿到药物警戒的关键活动中，并分解落实到具体部门和人员，包括但不限于：

（一）药品不良反应报告合规性；

（二）定期安全性更新报告合规性；

（三）信号检测和评价的及时性；

（四）药物警戒体系主文件更新的及时性；

（五）药物警戒计划的制定和执行情况；

（六）人员培训计划的制定和执行情况。

第十条 持有人应当于取得首个药品批准证明文件后的30日内在国家药品不良反应监测系统中完成信息注册。注册的用户信息和产品信息发生变更的，持有人应当自变更之日起30日内完成更新。

第二节 内部审核

第十一条 持有人应当定期开展内部审核（以下简称"内审"），审核各项制度、规程及其执行情况，评估药物警戒体系的适宜性、充分性、有效性。当药物警戒体系出现重大变化时，应当及时开展内审。

内审工作可由持有人指定人员独立、系统、全面地进行，也可由外部人员或专家进行。

第十二条 开展内审前应当制订审核方案。方案应当包括内审的目标、范围、方法、标准、审核人员、审核记录和报告要求等。方案的制定应当考虑药物警戒的关键活动、关键岗位以及既往审核结果等。

第十三条 内审应当有记录，包括审核的基本情况、内容和结果等，并形成书面报告。

第十四条 针对内审发现的问题，持有人应当调查问题产生的原因，采取相应的纠正和预防措施，并对纠正和预防措施进行跟踪和评估。

第三节 委托管理

第十五条 持有人是药物警戒的责任主体，根据工作需要委托开展药物警戒相关工作的，相应法律责任由持有人承担。

第十六条 持有人委托开展药物警戒相关工作的，双方应当签订委托协议，保证药物警戒活动全过程信息真实、准确、完整和可追溯，且符合相关法律法规要求。

集团内各持有人之间以及总部和各持有人之间可签订药物警戒委托协议，也可书面约定相应职责与工作机制，相应法律责任由持有人承担。

第十七条 持有人应当考察、遴选具备相应药物警戒条件和能力的受托方。受托方应当是具备保障相关药物警戒工作有效运行的中国境内企业法人，具备相应的工作能力，具有可承担药物警戒受托事项的专业人员、管理制度、设备资源等工作条件，应当配合持有人接受药品监督管理部门的延伸检查。

第十八条 持有人应当定期对受托方进行审计，要求受托方充分了解其药物警戒的质量目标，确保药物警戒活动持续符合要求。

第三章 机构人员与资源

第一节 组织机构

第十九条 持有人应当建立药品安全委员会，设置专门的药物警戒部门，明确药物警戒部门与其他相关部门的职责，建立良好的沟通和协调机制，保障药物警戒活动的顺利开展。

第二十条 药品安全委员会负责重大风险研判、重大或紧急药品事件处置、风险控制决策以及其他与药物警戒有关的重大事项。药品安全委员会一般由持有人的法定代表人或主要负责人、药物警戒负责人、药物警戒部门及相关部门负责人等组成。药品安全委员会应当建立相关的工作机制和工作程序。

第二十一条 药物警戒部门应当履行以下主要职责：

（一）疑似药品不良反应信息的收集、处置与报告；

（二）识别和评估药品风险，提出风险管理建议，组织或参与开展风险控制、风险沟通等活动；

（三）组织撰写药物警戒体系主文件、定期安全性更新报告、药物警戒计划等；

（四）组织或参与开展药品上市后安全性研究；

（五）组织或协助开展药物警戒相关的交流、教育和培训；

（六）其他与药物警戒相关的工作。

第二十二条　持有人应当明确其他相关部门在药物警戒活动中的职责，如药物研发、注册、生产、质量、销售、市场等部门，确保药物警戒活动顺利开展。

第二节　人员与培训

第二十三条　持有人的法定代表人或主要负责人对药物警戒活动全面负责，应当指定药物警戒负责人，配备足够数量且具有适当资质的人员，提供必要的资源并予以合理组织、协调，保证药物警戒体系的有效运行及质量目标的实现。

第二十四条　药物警戒负责人应当是具备一定职务的管理人员，应当具有医学、药学、流行病学或相关专业背景，本科及以上学历或中级及以上专业技术职称，三年以上从事药物警戒相关工作经历，熟悉我国药物警戒相关法律法规和技术指导原则，具备药物警戒管理工作的知识和技能。

药物警戒负责人应当在国家药品不良反应监测系统中登记。相关信息发生变更的，药物警戒负责人应当自变更之日起30日内完成更新。

第二十五条　药物警戒负责人负责药物警戒体系的运行和持续改进，确保药物警戒体系符合相关法律法规和本规范的要求，承担以下主要职责：

（一）确保药品不良反应监测与报告的合规性；

（二）监督开展药品安全风险识别、评估与控制，确保风险控制措施的有效执行；

（三）负责药品安全性信息沟通的管理，确保沟通及时有效；

（四）确保持有人内部以及与药品监督管理部门和药品不良反应监测机构沟通渠道顺畅；

（五）负责重要药物警戒文件的审核或签发。

第二十六条　药物警戒部门应当配备足够数量并具备适当资质的专职人员。专职人员应当具有医学、药学、流行病学或相关专业知识，接受过与药物警戒相关的培训，熟悉我国药物警戒相关法律法规和技术指导原则，具备开展药物警戒活动所需知识和技能。

第二十七条　持有人应当开展药物警戒培训，根据岗位需求与人员能力制定适宜的药物警戒培训计划，按计划开展培训并评估培训效果。

第二十八条　参与药物警戒活动的人员均应当接受培训。培训内容应当包括药物警戒基础知识和法规、岗位知识和技能等，其中岗位知识和技能培训应当与其药物警戒职责和要求相适应。

第三节　设备与资源

第二十九条　持有人应当配备满足药物警戒活动所需的设备与资源，包括办公区域和设施、安全稳定的网络环境、纸质和电子资料存储空间和设备、文献资源、医学词典、信息化工具或系统等。

第三十条　持有人使用信息化系统开展药物警戒活动时，应当满足以下要求：

（一）明确信息化系统在设计、安装、配置、验证、测试、培训、使用、维护等环节的管理要求，并规范记录上述过程；

（二）明确信息化系统的安全管理要求，根据不同的级别选取访问控制、权限分配、审计追踪、授权更改、电子签名等控制手段，确保信息化系统及其数据的安全性；

（三）信息化系统应当具备完善的数据安全及保密功能，确保电子数据不损坏、不丢失、不泄露，应当进行适当的验证或确认，以证明其满足预定用途。

第三十一条　持有人应当对设备与资源进行管理和维护，确保其持续满足使用要求。

第四章　监测与报告
第一节　信息的收集

第三十二条　持有人应当主动开展药品上市后监测，建立并不断完善信息收集途径，主动、全面、有效地收集药品使用过程中的疑似药品不良反应信息，包括来源于自发报告、上市后相关研究及其他有组织的数据收集项目、学术文献和相关网站等涉及的信息。

第三十三条　持有人可采用电话、传真、电子邮件等多种方式从医疗机构收集疑似药品不良反应信息。

第三十四条　持有人应当通过药品生产企业、药品经营企业收集疑似药品不良反应信息，保证药品生产、经营企业向其报告药品不良反应的途径畅通。

第三十五条　持有人应当通过药品说明书、包装标签、门户网站公布的联系电话或邮箱等途径收集患者和其他个人报告的疑似药品不良反应信息，保证收集途径畅通。

第三十六条　持有人应当定期对学术文献进行检

索,制定合理的检索策略,根据品种安全性特征等确定检索频率,检索的时间范围应当具有连续性。

第三十七条 由持有人发起或资助的上市后相关研究或其他有组织的数据收集项目,持有人应当确保相关合作方知晓并履行药品不良反应报告责任。

第三十八条 对于境内外均上市的药品,持有人应当收集在境外发生的疑似药品不良反应信息。

第三十九条 对于创新药、改良型新药、省级及以上药品监督管理部门或药品不良反应监测机构要求关注的品种,持有人应当根据品种安全性特征加强药品上市后监测,在上市早期通过在药品说明书、包装、标签中进行标识等药物警戒活动,强化医疗机构、药品生产企业、药品经营企业和患者对疑似药品不良反应信息的报告意识。

第二节 报告的评价与处置

第四十条 持有人在首次获知疑似药品不良反应信息时,应当尽可能全面收集患者、报告者、怀疑药品以及不良反应发生情况等。收集过程与内容应当有记录,原始记录应当真实、准确、客观。

持有人应当对药品不良反应监测机构反馈的疑似不良反应报告进行分析评价,并按要求上报。

第四十一条 原始记录传递过程中,应当保持信息的真实、准确、完整、可追溯。为确保个例药品不良反应报告的及时性,持有人应当对传递时限进行要求。

第四十二条 持有人应当对收集到信息的真实性和准确性进行评估。当信息存疑时,应当核实。

持有人应当对严重药品不良反应报告、非预期不良反应报告中缺失的信息进行随访。随访应当在不延误首次报告的前提下尽快完成。如随访信息无法在首次报告时限内获得,可先提交首次报告,再提交跟踪报告。

第四十三条 持有人应当对药品不良反应的预期性进行评价。当药品不良反应的性质、严重程度、特征或结果与持有人药品说明书中的表述不符时,应当判定为非预期不良反应。

第四十四条 持有人应当对药品不良反应的严重性进行评价。符合以下情形之一的应当评价为严重药品不良反应:

(一)导致死亡;
(二)危及生命(指发生药品不良反应的当时,患者存在死亡风险,并不是指药品不良反应进一步恶化才可能出现死亡);
(三)导致住院或住院时间延长;
(四)导致永久或显著的残疾或功能丧失;
(五)导致先天性异常或出生缺陷;
(六)导致其他重要医学事件,若不进行治疗可能出现上述所列情况的。

第四十五条 持有人应当按照国家药品不良反应监测机构发布的药品不良反应关联性分级评价标准,对药品与疑似不良反应之间的关联性进行科学、客观的评价。

对于自发报告,如果报告者未提供关联性评价意见,应当默认药品与疑似不良反应之间存在关联性。

如果初始报告人进行了关联性评价,若无确凿医学证据,持有人原则上不应降级评价。

第三节 报告的提交

第四十六条 持有人向国家药品不良反应监测系统提交的个例药品不良反应报告,应当至少包含可识别的患者、可识别的报告者、怀疑药品和不良反应的相关信息。

第四十七条 持有人应当报告患者使用药品出现的怀疑与药品存在相关性的有害反应,其中包括可能因药品质量问题引起的或可能与超适应症用药、超剂量用药等相关的有害反应。

第四十八条 个例药品不良反应报告的填写应当真实、准确、完整、规范,符合相关填写要求。

第四十九条 个例药品不良反应报告应当按规定时限要求提交。严重不良反应尽快报告,不迟于获知信息后的15日,非严重不良反应不迟于获知信息后的30日。跟踪报告按照个例药品不良反应报告的时限提交。

报告时限的起始日期为持有人首次获知该个例药品不良反应且符合最低报告要求的日期。

第五十条 文献报道的药品不良反应,可疑药品为本持有人产品的,应当按个例药品不良反应报告。如果不能确定是否为本持有人产品的,应当在定期安全性更新报告中进行分析,可不作为个例药品不良反应报告。

第五十一条 境外发生的严重不良反应,持有人应当按照个例药品不良反应报告的要求提交。

因药品不良反应原因被境外药品监督管理部门要求暂停销售、使用或撤市的,持有人应当在获知相关信息后24小时内报告国家药品监督管理部门和药品不良反应监测机构。

第五十二条 对于药品上市后相关研究或有组织的数据收集项目中的疑似不良反应,持有人应当进行关联性评价。对可能存在关联性的,应当按照个例药品不良反应报告提交。

第五十三条 未按照个例药品不良反应报告提交的疑似药品不良反应信息，持有人应当记录不提交的原因，并保存原始记录，不得随意删除。

第五十四条 持有人不得以任何理由和手段阻碍报告者的报告行为。

第五章 风险识别与评估

第一节 信号检测

第五十五条 持有人应当对各种途径收集的疑似药品不良反应信息开展信号检测，及时发现新的药品安全风险。

第五十六条 持有人应当根据自身情况及产品特点选择适当、科学、有效的信号检测方法。信号检测方法可以是个例药品不良反应报告审阅、病例系列评价、病例报告汇总分析等人工检测方法，也可以是数据挖掘等计算机辅助检测方法。

第五十七条 信号检测频率应当根据药品上市时间、药品特点、风险特征等相关因素合理确定。对于新上市的创新药、改良型新药、省级及以上药品监督管理部门或药品不良反应监测机构要求关注的其他品种等，应当增加信号检测频率。

第五十八条 持有人在开展信号检测时，应当重点关注以下信号：

（一）药品说明书中未提及的药品不良反应，特别是严重的药品不良反应；

（二）药品说明书中已提及的药品不良反应，但发生频率、严重程度等明显增加的；

（三）疑似新的药品与药品、药品与器械、药品与食品间相互作用导致的药品不良反应；

（四）疑似新的特殊人群用药或已知特殊人群用药的变化；

（五）疑似不良反应呈现聚集性特点，不能排除与药品质量存在相关性的。

第五十九条 持有人应当对信号进行优先级判定。对于其中可能会影响产品的获益-风险平衡，或对公众健康产生影响的信号予以优先评价。信号优先级判定可考虑以下因素：

（一）药品不良反应的严重性、严重程度、转归、可逆性及可预防性；

（二）患者暴露情况及药品不良反应的预期发生频率；

（三）高风险人群及不同用药模式人群中的患者暴露情况；

（四）中断治疗对患者的影响，以及其他治疗方案的可及性；

（五）预期可能采取的风险控制措施；

（六）适用于其他同类药品的信号。

第六十条 持有人应当综合汇总相关信息，对检测出的信号开展评价，综合判断信号是否已构成新的药品安全风险。

相关信息包括：个例药品不良反应报告（包括药品不良反应监测机构反馈的报告）、临床研究数据、文献报道、有关药品不良反应或疾病的流行病学信息、非临床研究信息、医药数据库信息、药品监督管理部门或药品不良反应监测机构发布的相关信息等。必要时，持有人可通过开展药品上市后安全性研究等方式获取更多信息。

第六十一条 持有人获知或发现同一批号（或相邻批号）的同一药品在短期内集中出现多例临床表现相似的疑似不良反应，呈现聚集性特点的，应当及时开展病例分析和情况调查。

第二节 风险评估

第六十二条 持有人应当及时对新的药品安全风险开展评估，分析影响因素，描述风险特征，判定风险类型，评估是否需要采取风险控制措施等。评估应当综合考虑药品的获益-风险平衡。

第六十三条 持有人应当分析可能引起药品安全风险、增加风险发生频率或严重程度的原因或影响因素，如患者的生理特征、基础疾病、并用药品，或药物的溶媒、储存条件、使用方式等，为药物警戒计划的制定和更新提供科学依据。

中药、民族药持有人应当根据中医药、民族医药相关理论，分析处方特点（如炮制方式、配伍等）、临床使用（如功能主治、剂量、疗程、禁忌等）、患者机体等影响因素。

第六十四条 对药品风险特征的描述可包括风险发生机制、频率、严重程度、可预防性、可控性、对患者或公众健康的影响范围，以及风险证据的强度和局限性等。

第六十五条 风险类型分为已识别风险和潜在风险。对于可能会影响产品的获益-风险平衡，或对公众健康产生不利影响的风险，应当作为重要风险予以优先评估。

持有人还应当对可能构成风险的重要缺失信息进行评估。

第六十六条 持有人应当根据风险评估结果，对已识别风险、潜在风险等采取适当的风险管理措施。

第六十七条 风险评估应当有记录或报告,其内容一般包括风险概述、原因、过程、结果、风险管理建议等。

第六十八条 在药品风险识别和评估的任何阶段,持有人认为风险可能严重危害患者生命安全或公众健康的,应当立即采取暂停生产、销售及召回产品等风险控制措施,并向所在地省级药品监督管理部门报告。

第三节 药品上市后安全性研究

第六十九条 药品上市后开展的以识别、定性或定量描述药品安全风险,研究药品安全性特征,以及评估风险控制措施实施效果为目的的研究均属于药品上市后安全性研究。

第七十条 药品上市后安全性研究一般是非干预性研究,也可以是干预性研究,一般不涉及非临床研究。干预性研究可参照《药物临床试验质量管理规范》的要求开展。

第七十一条 持有人应当根据药品风险情况主动开展药品上市后安全性研究,或按照省级以上药品监督管理部门的要求开展。药品上市后安全性研究及其活动不得以产品推广为目的。

第七十二条 开展药品上市后安全性研究的目的包括但不限于:

(一)量化并分析潜在的或已识别的风险及其影响因素(例如描述发生率、严重程度、风险因素等);

(二)评估药品在安全信息有限或缺失人群中使用的安全性(例如孕妇、特定年龄段、肾功能不全、肝功能不全等人群);

(三)评估长期用药的安全性;

(四)评估风险控制措施的有效性;

(五)提供药品不存在相关风险的证据;

(六)评估药物使用模式(例如超适应症使用、超剂量使用、合并用药或用药错误);

(七)评估可能与药品使用有关的其他安全性问题。

第七十三条 持有人应当遵守伦理和受试者保护的相关法律法规和要求,确保受试者的权益。

第七十四条 持有人应当根据研究目的、药品风险特征、临床使用情况等选择适宜的药品上市后安全性研究方法。药品上市后安全性研究可以基于本次研究中从医务人员或患者处直接收集的原始数据,也可以基于本次研究前已经发生并且收集的用于其他研究目的的二手数据。

第七十五条 持有人开展药品上市后安全性研究应当制定书面的研究方案。研究方案应当由具有适当学科背景和实践经验的人员制定,并经药物警戒负责人审核或批准。

研究方案中应当规定研究开展期间疑似药品不良反应信息的收集、评估和报告程序,并在研究报告中进行总结。

研究过程中可根据需要修订或更新研究方案。研究开始后,对研究方案的任何实质性修订(如研究终点和研究人群变更)应当以可追溯和可审查的方式记录在方案中,包括变更原因、变更内容及日期。

第七十六条 对于药品监督管理部门要求开展的药品上市后安全性研究,研究方案和报告应当按照药品监督管理部门的要求提交。

第七十七条 持有人应当监测研究期间的安全性信息,发现任何可能影响药品获益-风险平衡的新信息,应当及时开展评估。

第七十八条 研究中发现可能严重危害患者的生命安全或公众健康的药品安全问题时,持有人应当立即采取暂停生产、销售及召回产品等风险控制措施,并向所在地省级药品监督管理部门报告。

第四节 定期安全性更新报告

第七十九条 定期安全性更新报告应当以持有人在报告期内开展的工作为基础进行撰写,对收集到的安全性信息进行全面深入的回顾、汇总和分析,格式和内容应当符合药品定期安全性更新报告撰写规范的要求。

第八十条 创新药和改良型新药应当自取得批准证明文件之日起每满1年提交一次定期安全性更新报告,直至首次再注册,之后每5年报告一次。其他类别的药品,一般应当自取得批准证明文件之日起每5年报告一次。药品监督管理部门或药品不良反应监测机构另有要求的,应当按照要求提交。

第八十一条 定期安全性更新报告的数据汇总时间以首次取得药品批准证明文件的日期为起点计,也可以该药物全球首个获得上市批准日期(即国际诞生日)为起点计。定期安全性更新报告数据覆盖期应当保持完整性和连续性。

第八十二条 定期安全性更新报告应当由药物警戒负责人批准同意后,通过国家药品不良反应监测系统提交。

第八十三条 对定期安全性更新报告的审核意见,持有人应当及时处理并予以回应;其中针对特定安全性问题的分析评估要求,除按药品监督管理部门或药品不良反应监测机构要求单独提交外,还应当在下一次的定期安全性更新报告中进行分析评价。

第八十四条 持有人可以提交定期获益-风险评估报告代替定期安全性更新报告，其撰写格式和递交要求适用国际人用药品注册技术协调会相关指导原则，其他要求同定期安全性更新报告。

第八十五条 定期安全性更新报告中对于风险的评估应当基于药品的所有用途。

开展获益-风险评估时，对于有效性的评估应当包括临床试验的数据，以及按照批准的适应症在实际使用中获得的数据。获益-风险的综合评估应当以批准的适应症为基础，结合药品实际使用中的风险开展。

第八十六条 除药品监督管理部门另有要求外，以下药品或按药品管理的产品不需要提交定期安全性更新报告：原料药、体外诊断试剂、中药材、中药饮片。

第六章 风险控制
第一节 风险控制措施

第八十七条 对于已识别的安全风险，持有人应当综合考虑药品风险特征、药品的可替代性、社会经济因素等，采取适宜的风险控制措施。

常规风险控制措施包括修订药品说明书、标签、包装，改变药品包装规格，改变药品管理状态等。特殊风险控制措施包括开展医务人员和患者的沟通和教育、药品使用环节的限制、患者登记等。需要紧急控制的，可采取暂停药品生产、销售及召回产品等措施。当评估认为药品风险大于获益的，持有人应当主动申请注销药品注册证书。

第八十八条 持有人采取药品使用环节的限制措施，以及暂停药品生产、销售，召回产品等风险控制措施的，应当向所在地省级药品监督管理部门报告，并告知相关药品经营企业和医疗机构停止销售和使用。

第八十九条 持有人发现或获知药品不良反应聚集性事件的，应当立即组织开展调查和处置，必要时应当采取有效的风险控制措施，并将相关情况向所在地省级药品监督管理部门报告。有重要进展应当跟踪报告，采取暂停生产、销售及召回产品等风险控制措施的应当立即报告。委托生产的，持有人应当同时向生产企业所在地省级药品监督管理部门报告。

第九十条 持有人应当对风险控制措施的执行情况和实施效果进行评估，并根据评估结论决定是否采取进一步行动。

第二节 风险沟通

第九十一条 持有人应当向医务人员、患者、公众传递药品安全性信息，沟通药品风险。

第九十二条 持有人应当根据不同的沟通目的，采用不同的风险沟通方式和渠道，制定有针对性的沟通内容，确保沟通及时、准确、有效。

第九十三条 沟通方式包括发送致医务人员的函、患者安全用药提示以及发布公告、召开发布会等。

致医务人员的函可通过正式信函发送至医务人员，或可通过相关医疗机构、药品生产企业、药品经营企业或行业协会发送，必要时可同时通过医药学专业期刊或报纸、具有互联网医药服务资质的网站等专业媒体发布。

患者安全用药提示可随药品发送至患者，或通过大众媒体进行发布，其内容应当简洁、清晰、通俗易懂。

第九十四条 沟通工作应当符合相关法律法规要求，不得包含任何广告或产品推广性质的内容。一般情况下，沟通内容应当基于当前获批的信息。

第九十五条 出现下列情况的，应当紧急开展沟通工作：

（一）药品存在需要紧急告知医务人员和患者的安全风险，但正在流通的产品不能及时更新说明书的；

（二）存在无法通过修订说明书纠正的不合理用药行为，且可能导致严重后果的；

（三）其他可能对患者或公众健康造成重大影响的情况。

第三节 药物警戒计划

第九十六条 药物警戒计划作为药品上市后风险管理计划的一部分，是描述上市后药品安全性特征以及如何管理药品安全风险的书面文件。

第九十七条 持有人应当根据风险评估结果，对发现存在重要风险的已上市药品，制定并实施药物警戒计划，并根据风险认知的变化及时更新。

第九十八条 药物警戒计划包括药品安全性概述、药物警戒活动，并对拟采取的风险控制措施、实施时间周期等进行描述。

第九十九条 药物警戒计划应当报持有人药品安全委员会审核。

第七章 文件、记录与数据管理
第一节 制度和规程文件

第一百条 持有人应当制定完善的药物警戒制度和规程文件。

可能涉及药物警戒活动的文件应当经药物警戒部门审核。

第一百零一条 制度和规程文件应当按照文件管理操作规程进行起草、修订、审核、批准、分发、替换或撤销、复制、保管和销毁等,并有相应的分发、撤销、复制和销毁记录。制度和规程文件应当分类存放、条理分明,便于查阅。

第一百零二条 制度和规程文件应当标明名称、类别、编号、版本号、审核批准人员及生效日期等,内容描述应当准确、清晰、易懂,附有修订日志。

第一百零三条 持有人应当对制度和规程文件进行定期审查,确保现行文件持续适宜和有效。制度和规程文件应当根据相关法律法规等要求及时更新。

第二节 药物警戒体系主文件

第一百零四条 持有人应当创建并维护药物警戒体系主文件,用以描述药物警戒体系及活动情况。

第一百零五条 持有人应当及时更新药物警戒体系主文件,确保与现行药物警戒体系及活动情况保持一致,并持续满足相关法律法规和实际工作需要。

第一百零六条 药物警戒体系主文件应当至少包括以下内容:

(一)组织机构:描述与药物警戒活动有关的组织架构、职责及相互关系等;

(二)药物警戒负责人的基本信息:包括居住地区、联系方式、简历、职责等;

(三)专职人员配备情况:包括专职人员数量、相关专业背景、职责等;

(四)疑似药品不良反应信息来源:描述疑似药品不良反应信息收集的主要途径、方式等;

(五)信息化工具或系统:描述用于开展药物警戒活动的信息化工具或系统;

(六)管理制度和操作规程:提供药物警戒管理制度的简要描述和药物警戒管理制度及操作规程目录;

(七)药物警戒体系运行情况:描述药品不良反应监测与报告,药品风险的识别、评估和控制等情况;

(八)药物警戒活动委托:列明委托的内容、时限、受托单位等,并提供委托协议清单;

(九)质量管理:描述药物警戒质量管理情况,包括质量目标、质量保证系统、质量控制指标、内审等;

(十)附录:包括制度和操作规程文件、药品清单、委托协议、内审报告、主文件修订日志等。

第三节 记录与数据

第一百零七条 持有人应当规范记录药物警戒活动的过程和结果,妥善管理药物警戒活动产生的记录与数据。记录与数据应当真实、准确、完整,保证药物警戒活动可追溯。关键的药物警戒活动相关记录和数据应当进行确认与复核。

第一百零八条 记录应当及时填写,载体为纸质的,应当字迹清晰、易读、不易擦除;载体为电子的,应当设定录入权限,定期备份,不得随意更改。

第一百零九条 电子记录系统应当具备记录的创建、审核、批准、版本控制,以及数据的采集与处理、记录的生成、复核、报告、存储及检索等功能。

第一百一十条 对电子记录系统应当针对不同的药物警戒活动和操作人员设置不同的权限,保证原始数据的创建、更改和删除可追溯。

第一百一十一条 使用电子记录系统,应当建立业务操作规程,规定系统安装、设置、权限分配、用户管理、变更控制、数据备份、数据恢复、日常维护与定期回顾的要求。

第一百一十二条 在保存和处理药物警戒记录和数据的各个阶段应当采取特定的措施,确保记录和数据的安全性和保密性。

第一百一十三条 药物警戒记录和数据至少保存至药品注册证书注销后十年,并应当采取有效措施防止记录和数据在保存期间损毁、丢失。

第一百一十四条 委托开展药物警戒活动所产生的文件、记录和数据,应当符合本规范要求。

第一百一十五条 持有人转让药品上市许可的,应当同时移交药物警戒的所有相关记录和数据,确保移交过程中记录和数据不被遗失。

第八章 临床试验期间药物警戒

第一节 基本要求

第一百一十六条 与注册相关的药物临床试验期间,申办者应当积极与临床试验机构等相关方合作,严格落实安全风险管理的主体责任。申办者应当建立药物警戒体系,全面收集安全性信息并开展风险监测、识别、评估和控制,及时发现存在的安全性问题,主动采取必要的风险控制措施,并评估风险控制措施的有效性,确保风险最小化,切实保护好受试者安全。

药物警戒体系及质量管理可参考本规范前述上市后相关要求,并可根据临床试验期间药物警戒要求进行适当调整。

第一百一十七条 对于药物临床试验期间出现的安全性问题,申办者应当及时将相关风险及风险控制措施报告国家药品审评机构。鼓励申办者、临床试验机构与国家药品审评机构积极进行沟通交流。

第一百一十八条 申办者应当指定专职人员负责临床试验期间的安全信息监测和严重不良事件报告管理;应当制订临床试验安全信息监测与严重不良事件报告操作规程,并对相关人员进行培训;应当掌握临床试验过程中最新安全性信息,及时进行安全风险评估,向试验相关方通报有关信息,并负责对可疑且非预期严重不良反应和其他潜在的严重安全性风险信息进行快速报告。

第一百一十九条 开展临床试验,申办者可以建立独立的数据监查委员会(数据和安全监查委员会)。数据监查委员会(数据和安全监查委员会)应当有书面的工作流程,定期对临床试验安全性数据进行评估,并向申办者建议是否继续、调整或停止试验。

第一百二十条 临床试验过程中的安全信息报告、风险评估和风险管理及相关处理,应当严格遵守受试者保护原则。申办者和研究者应当在保证受试者安全和利益的前提下,妥善安排相关事宜。

第一百二十一条 临床试验期间药物警戒活动需要结合《药物临床试验质量管理规范》等要求。

第一百二十二条 申办者为临床试验期间药物警戒责任主体,根据工作需要委托受托方开展药物警戒活动的,相应法律责任由申办者承担。

第二节 风险监测、识别、评估与控制

第一百二十三条 临床试验期间,申办者应当在规定时限内及时向国家药品审评机构提交可疑且非预期严重不良反应个例报告。

第一百二十四条 对于致死或危及生命的可疑且非预期严重不良反应,申办者应当在首次获知后尽快报告,但不得超过7日,并应在首次报告后的8日内提交信息尽可能完善的随访报告。

对于死亡或危及生命之外的其他可疑且非预期严重不良反应,申办者应当在首次获知后尽快报告,但不得超过15日。

提交报告后,应当继续跟踪严重不良反应,以随访报告的形式及时报送有关新信息或对前次报告的更改信息等,报告时限为获得新信息起15日内。

第一百二十五条 申办者和研究者在不良事件与药物因果关系判断中不能达成一致时,其中任一方判断不能排除与试验药物相关的,都应当进行快速报告。

在临床试验结束或随访结束后至获得审评审批结论前发生的严重不良事件,由研究者报告申办者,若属于可疑且非预期严重不良反应,也应当进行快速报告。

从其他来源获得的与试验药物相关的可疑且非预期严重不良反应也应当进行快速报告。

第一百二十六条 个例安全性报告内容应当完整、规范、准确,符合相关要求。

申办者向国家药品审评机构提交个例安全性报告应当采用电子传输方式。

第一百二十七条 除非预期严重不良反应的个例安全性报告之外,对于其他潜在的严重安全性风险信息,申办者也应当作出科学判断,同时尽快向国家药品审评机构报告。

一般而言,其他潜在的严重安全性风险信息指明显影响药品获益–风险评估的、可能考虑药品用法改变的或影响总体药品研发进程的信息。

第一百二十八条 申办者应当对安全性信息进行分析和评估,识别安全风险。个例评估考虑患者人群、研究药物适应症、疾病自然史、现有治疗方法以及可能的获益–风险等因素。申办者还应当定期对安全性数据进行汇总分析,评估风险。

第一百二十九条 临床试验期间,申办者应当对报告周期内收集到的与药物相关的安全性信息进行全面深入的年度回顾、汇总和评估,按时提交研发期间安全性更新报告,研发期间安全性更新报告及其附件应当严格按照《研发期间安全性更新报告管理规范》完整撰写,并应包含与所有剂型和规格、所有适应症以及研究中接受试验药物的受试人群相关的数据。

原则上,应当将药物在境内或全球首次获得临床试验许可日期(即国际研发诞生日)作为研发期间安全性更新报告报告周期的起始日期。首次提交研发期间安全性更新报告应当在境内临床试验获准开展后第一个国际研发诞生日后两个月内完成。

当药物在境内外获得上市许可,如申办者需要,可在该药品全球首个获得上市批准日期的基础上准备和提交安全性更新报告。调整后的首次提交,报告周期不应超过一年。

第一百三十条 申办者经评估认为临床试验存在一定安全风险的,应当采取修改临床试验方案、修改研究者手册、修改知情同意书等风险控制措施;评估认为临床试验存在较大安全风险的,应当主动暂停临床试验;评估认为临床试验存在重大安全风险的,应当主动终止临床试验。

修改临床试验方案、主动暂停或终止临床试验等相关信息,应当按照相关要求及时在药物临床试验登记与

信息公示平台进行更新。

第一百三十一条 申办者应当对风险控制措施的执行情况和实施效果进行评估，并根据评估结论决定是否采取进一步行动。

第九章 附 则

第一百三十二条 本规范下列术语的含义：

药品不良反应：是指合格药品在正常用法用量下出现的与用药目的无关的有害反应。

信号：是指来自一个或多个来源的、提示药品与事件之间可能存在新的关联性或已知关联性出现变化，且有必要开展进一步评估的信息。

药品不良反应聚集性事件：是指同一批号（或相邻批号）的同一药品在短期内集中出现多例临床表现相似的疑似不良反应，呈现聚集性特点，且怀疑与质量相关或可能存在其他安全风险的事件。

已识别风险：有充分的证据表明与关注药品有关的风险。

潜在风险：有依据怀疑与关注药品有关，但这种相关性尚未得到证实的风险。

第一百三十三条 国务院卫生健康主管部门和国务院药品监督管理部门对疫苗疑似预防接种异常反应监测等药物警戒活动另有规定的，从其规定。

第一百三十四条 本规范自2021年12月1日起施行。

药品检查管理办法（试行）

· 2023年7月19日
· 国药监药管〔2023〕26号

第一章 总 则

第一条 为规范药品检查行为，根据《中华人民共和国药品管理法》《中华人民共和国疫苗管理法》《药品生产监督管理办法》等有关法律法规规章，制定本办法。

第二条 本办法适用于药品监督管理部门对中华人民共和国境内上市药品的生产、经营、使用环节实施的检查、调查、取证、处置等行为。

境外生产现场的检查按照《药品医疗器械境外检查管理规定》执行。

第三条 本办法所指药品检查是药品监督管理部门对药品生产、经营、使用环节相关单位遵守法律法规、执行相关质量管理规范和药品标准等情况进行检查的行为。

第四条 药品检查应当遵循依法、科学、公正的原则，加强源头治理，严格过程管理，围绕上市后药品的安全、有效和质量可控开展。

涉及跨区域的药品检查，相关药品监督管理部门应当落实属地监管责任，加强衔接配合和检查信息互相通报，可以采取联合检查等方式，协同处理。

第五条 国家药监局主管全国药品检查管理工作，监督指导省、自治区、直辖市药品监督管理部门（以下简称省级药品监督管理部门）开展药品生产、经营现场检查。国家药品监督管理局食品药品审核查验中心负责承担疫苗、血液制品巡查，分析评估检查发现风险、作出检查结论并提出处置建议，负责各省、自治区、直辖市药品检查机构质量管理体系的指导和评估以及承办国家药监局交办的其他事项。

省级药品监督管理部门负责组织对本行政区域内药品上市许可持有人、药品生产企业、药品批发企业、药品零售连锁总部、药品网络交易第三方平台等相关检查；指导市县级药品监督管理部门开展药品零售企业、使用单位的检查，组织查处区域内的重大违法违规行为。

市县级药品监督管理部门负责开展对本行政区域内药品零售企业、使用单位的检查，配合国家和省级药品监督管理部门组织的检查。

第六条 药品监督管理部门依法进行检查时，有关单位及个人应当接受检查，积极予以配合，并提供真实完整准确的记录、票据、数据、信息等相关资料，不得以任何理由拒绝、逃避、拖延或者阻碍检查。

第七条 根据检查性质和目的，药品检查分为许可检查、常规检查、有因检查、其他检查。

（一）许可检查是药品监督管理部门在开展药品生产经营许可申请审查过程中，对申请人是否具备从事药品生产经营活动条件开展的检查。

（二）常规检查是根据药品监督管理部门制定的年度检查计划，对药品上市许可持有人、药品生产企业、药品经营企业、药品使用单位遵守有关法律、法规、规章，执行相关质量管理规范以及有关标准情况开展的监督检查。

（三）有因检查是对药品上市许可持有人、药品生产企业、药品经营企业、药品使用单位可能存在的具体问题或者投诉举报等开展的针对性检查。

（四）其他检查是除许可检查、常规检查、有因检查外的检查。

第八条 上级药品监督管理部门组织实施的药品检

查，必要时可以通知被检查单位所在地药品监督管理部门或者省级药品监督管理部门的派出机构派出人员参加检查。

第二章 检查机构和人员

第九条 各级药品监督管理部门依法设置或者指定的药品检查机构，依据国家药品监管的法律法规等开展相关的检查工作并出具《药品检查综合评定报告书》，负责职业化专业化检查员队伍的日常管理以及检查计划和任务的具体实施。药品监督管理部门设立或者指定的药品检验、审评、评价、不良反应监测等其他机构为药品检查提供技术支撑。

药品监督管理部门负责制定年度监督检查计划、布置检查任务或者自行组织检查，以及根据《药品检查综合评定报告书》及相关证据材料作出处理。

第十条 药品检查机构应当建立质量管理体系，不断完善和持续改进药品检查工作，保证药品检查质量。

第十一条 药品监督管理部门应当建立职业化专业化药品检查员队伍，实行检查员分级分类管理制度，制定不同层级检查员的岗位职责标准以及综合素质、检查能力要求，确立严格的岗位准入和任职条件。

第十二条 药品监督管理部门或者药品检查机构负责建立检查员库和检查员信息平台，实现国家级和省级、市县级检查员信息共享和检查工作协调联动。

药品监督管理部门根据工作需要统筹调配检查员开展检查工作。上级药品监督管理部门可以调配使用下级药品监督管理部门或者药品检查机构的检查员；下级药品监督管理部门在工作中遇到复杂疑难问题，可以申请上级药品监督管理部门派出检查员现场指导。

第十三条 药品检查有关人员应当严格遵守法律法规、廉洁纪律和工作要求，不得向被检查单位提出与检查无关的要求，不得与被检查单位有利害关系。

第十四条 药品检查有关人员应当严格遵守保密规定，严格管理涉密资料，严防泄密事件发生。不得泄露检查相关信息及被检查单位技术或者商业秘密等信息。

第三章 检查程序

第十五条 派出检查单位负责组建检查组实施检查。检查组一般由2名以上检查员组成，检查员应当具备与被检查品种相应的专业知识、培训经历或者从业经验。检查组实行组长负责制。必要时可以选派相关领域专家参加检查工作。

检查组在现场检查过程中，需要当场开展固定相关证据等行为时，检查组中执法人员不足2名的，应当由负责被检查单位监管工作的药品监督管理部门派出2名以上执法人员负责相关工作。

第十六条 派出检查单位在实施检查前，应当根据检查任务制定检查方案。制定方案时应当结合被检查单位既往接受检查情况、生产企业的生产场地情况、剂型品种特点及生产工艺等情况，经营企业的经营范围、经营规模、经营方式等情况，明确检查事项、时间和检查方式等。必要时，参加检查的检查员应当参与检查方案的制定。检查员应当提前熟悉检查资料等内容。

第十七条 检查组到达被检查单位后，应当向被检查单位出示执法证明文件或者药品监督管理部门授权开展检查的证明文件。

第十八条 现场检查开始时，检查组应当召开首次会议，确认检查范围，告知检查纪律、廉政纪律、注意事项以及被检查单位享有陈述申辩的权利和应履行的义务。采取不预先告知检查方式的除外。

第十九条 检查组应当严格按照检查方案实施检查，被检查单位在检查过程中应当及时提供检查所需的相关资料，检查员应当如实做好检查记录。检查方案如需变更的，应当报经派出检查单位同意。检查期间发现被检查单位存在检查任务以外问题的，应当结合该问题对药品整体质量安全风险情况进行综合评估。

第二十条 检查过程中，检查组认为有必要时，可以对被检查单位的产品、中间体、原辅包等按照《药品抽样原则及程序》等要求抽样、送检。

第二十一条 检查中发现被检查单位可能存在药品质量安全风险的，执法人员应当立即固定相关证据，检查组应当将发现的问题和处理建议立即通报负责该被检查单位监管工作的药品监督管理部门和派出检查单位，负责该被检查单位监管工作的药品监督管理部门应当在三日内进行风险评估，并根据评估结果作出是否暂停生产、销售、使用、进口等风险控制措施的决定，同时责令被检查单位对已上市药品的风险进行全面回顾分析，并依法依规采取召回等措施。

被检查单位是受托生产企业的，负责该被检查单位监管工作的药品监督管理部门应当责令该药品上市许可持有人对已上市药品采取相应措施。被检查单位是跨区域受托生产企业的，检查组应当将检查情况通报该药品上市许可持有人所在地省级药品监督管理部门，该药品上市许可持有人所在地省级药品监督管理部门应当在上述规定时限内进行风险评估，作出相关风险控制决定，并责令该药品上市许可持有人采取相应措施。

第二十二条 现场检查结束后，检查组应当对现场检查情况进行分析汇总，客观、公平、公正地对检查中发现的缺陷进行分级，并召开末次会议，向被检查单位通报现场检查情况。

第二十三条 被检查单位对现场检查通报的情况有异议的，可以陈述申辩，检查组应当如实记录，并结合陈述申辩内容确定缺陷项目。

检查组应当综合被检查单位质量管理体系运行情况以及品种特性、适应症或者功能主治、使用人群、市场销售状况等因素，评估缺陷造成危害的严重性及危害发生的可能性，提出采取相应风险控制措施的处理建议。

上述缺陷项目和处理建议应当以书面形式体现，并经检查组成员和被检查单位负责人签字确认，由双方各执一份。

第二十四条 检查组应当根据缺陷内容，按照相应的评定标准进行评定，提出现场检查结论，并将现场检查结论和处理建议列入现场检查报告，检查组应当及时将现场检查报告、检查员记录及相关资料报送派出检查单位。

第二十五条 缺陷分为严重缺陷、主要缺陷和一般缺陷，其风险等级依次降低。

对药品生产企业的检查，依据《药品生产现场检查风险评定指导原则》确定缺陷的风险等级。药品生产企业重复出现前次检查发现缺陷的，风险等级可以升级。

对药品经营企业的检查，依据《药品经营质量管理规范现场检查指导原则》确定缺陷的风险等级。药品经营企业重复出现前次检查发现缺陷的，风险等级可以升级。

第二十六条 现场检查结论分为符合要求、待整改后评定、不符合要求。综合评定结论分为符合要求、不符合要求。

第二十七条 药品生产企业现场检查结论的评定标准：

（一）未发现缺陷或者缺陷质量安全风险轻微、质量管理体系比较健全的，检查结论为符合要求。

（二）发现缺陷有一定质量安全风险，但质量管理体系基本健全，检查结论待整改后评定，包含但不限于以下情形：

1. 与《药品生产质量管理规范》（以下简称 GMP）要求有偏离，可能给产品质量带来一定风险；

2. 发现主要缺陷或者多项关联一般缺陷，经综合分析表明质量管理体系中某一系统不完善。

（三）发现缺陷为严重质量安全风险，质量体系不能有效运行，检查结论为不符合要求，包含但不限于以下情形：

1. 对使用者造成危害或者存在健康风险；

2. 与 GMP 要求有严重偏离，给产品质量带来严重风险；

3. 有编造生产、检验记录，药品生产过程控制、质量控制的记录和数据不真实；

4. 发现严重缺陷或者多项关联主要缺陷，经综合分析表明质量管理体系中某一系统不能有效运行。

第二十八条 药品经营企业现场检查结论的评定标准：

（一）未发现缺陷或者缺陷质量安全风险轻微、质量管理体系比较健全的，检查结论为符合要求。

（二）发现一般缺陷、主要缺陷有一定质量安全风险，但质量管理体系基本健全，检查结论为待整改后评定，包含但不限于以下情形：

1. 与《药品经营质量管理规范》（以下简称 GSP）有偏离，会引发低等级质量安全风险，但不影响药品质量的行为；

2. 计算机系统、质量管理体系文件不完善，结合实际经综合分析判定只对药品质量管理体系运行产生一般影响。

（三）发现严重缺陷，或者发现的主要缺陷和一般缺陷涉及企业质量管理体系运行，可能引发较严重质量安全风险，检查结论为不符合要求，包含但不限于以下情形：

1. 储存、运输过程中存在对药品质量产生严重影响的行为；

2. 企业记录经营活动的数据不真实，经营活动过程不可核查；

3. 发现多项关联主要缺陷，分析表明质量管理体系不能有效运行。

第二十九条 综合评定结论的评定标准：

（一）未发现缺陷或者缺陷质量安全风险轻微、质量管理体系比较健全的，或者发现缺陷有一定质量安全风险经整改可以有效控制风险且质量管理体系能够有效运行的，评定结论为符合要求。

（二）发现缺陷有严重质量安全风险，质量管理体系不能有效运行的，评定结论为不符合要求。

发现缺陷有一定质量安全风险经整改仍未有效控制风险，或者质量管理体系仍不能有效运行的，评定结论为不符合要求。

第三十条 派出检查单位应当自收到现场检查报告后15个工作日内审核现场检查报告,并形成审核意见。必要时派出检查单位可对缺陷项目和检查结论进行重新调整和认定,并及时将调整后的缺陷项目书面提供给被检查单位。

现场检查结论审核后为待整改后评定的,派出检查单位应当自收到整改报告后20个工作日内,形成综合评定结论,出具《药品检查综合评定报告书》,并报送药品监督管理部门。根据整改报告审核情况,必要时派出检查单位可进行现场复核或者要求被检查单位补充提交整改材料,相关时间不计入工作时限。

现场检查结论审核后为符合要求或者不符合要求的,派出检查单位应当自结论认定之日起10个工作日内,形成综合评定结论,出具《药品检查综合评定报告书》,并报送药品监督管理部门。

药品监督管理部门应当及时将综合评定结论告知被检查单位。

第三十一条 《药品检查综合评定报告书》应当包括药品上市许可持有人信息、企业名称、地址、实施单位、检查范围、任务来源、检查依据、检查人员、检查时间、问题或者缺陷、综合评定结论等内容。

《药品检查综合评定报告书》的格式由药品检查机构制定。

第三十二条 药品检查机构组织的检查按照本程序执行。

药品监督管理部门自行开展的检查,除本办法第十五条、第十六条、第十七条、第十九条、第二十一条、第二十三条程序外,根据实际需要可以简化其他程序。

第三十三条 现场检查结束后,被检查单位应当针对缺陷项目进行整改,于30个工作日内向派出检查单位提交整改报告;缺陷项目经派出检查单位审核后作出调整重新发放的,整改时限可延长10个工作日;无法按期完成整改的,应当制定切实可行的整改计划,整改完成后,应当补充提交相应的整改报告。被检查单位在整改期间应当主动结合发现的缺陷和风险,采取必要的风险控制措施。

整改报告应当至少包含缺陷描述、缺陷调查分析、风险评估、风险控制、整改审核、整改效果评价等内容,针对缺陷成因及风险评估情况,逐项描述风险控制措施及实施结果。

被检查单位按照整改计划完成整改后,应当及时将整改情况形成补充整改报告报送派出检查单位,必要时,派出检查单位可以对被检查单位整改落实情况进行现场检查。

第四章 许可检查

第一节 药品生产许可相关检查

第三十四条 药品监督管理部门或者药品检查机构实施现场检查前,应当制定现场检查工作方案,并组织实施现场检查。制定工作方案及实施现场检查工作时限为30个工作日。

第三十五条 首次申请《药品生产许可证》的,按照GMP有关内容开展现场检查。

申请《药品生产许可证》重新发放的,结合企业遵守药品管理法律法规、GMP和质量体系运行情况,根据风险管理原则进行审查,必要时可以开展GMP符合性检查。

原址或者异地新建、改建、扩建车间或者生产线的,应当开展GMP符合性检查。

申请药品上市的,按照《药品生产监督管理办法》第五十二条的规定,根据需要开展上市前的GMP符合性检查。

第二节 药品经营许可相关检查

第三十六条 省级药品监督管理部门或者药品检查机构实施药品批发企业、药品零售连锁总部现场检查前,应当制定现场检查工作方案,并组织实施现场检查。制定工作方案及实施现场检查工作时限为15个工作日。

市县级药品监督管理部门实施药品零售企业现场检查前,应当制定现场检查工作方案,并组织实施现场检查。制定工作方案及实施现场检查工作时限为10个工作日。

第三十七条 首次申请《药品经营许可证》和申请《药品经营许可证》许可事项变更且需进行现场检查的,依据GSP及其现场检查指导原则、许可检查细则等相关标准要求开展现场检查。

申请《药品经营许可证》重新发放的,结合企业遵守药品管理法律法规、GSP和质量体系运行情况,根据风险管理原则进行审查,必要时可以开展GSP符合性检查。

第三十八条 药品零售连锁企业的许可检查,药品零售连锁企业门店数量小于或者等于30家的,按照20%的比例抽查,但不得少于3家;大于30家的,按10%比例抽查,但不得少于6家。门店所在地市县级药品监督管理部门应当配合组织许可检查的省级药品监督管理部门或者药品检查机构开展检查。被抽查的药品零售连锁企业门店如属于跨省(自治区、直辖市)设立的,必要时,组织许可检查的省级药品监督管理部门可以开展联合检查。

第五章 常规检查

第三十九条 药品监督管理部门依据风险原则制定药品检查计划,确定被检查单位名单、检查内容、检查重点、检查方式、检查要求等,实施风险分级管理,年度检查计划中应当确定对一定比例的被检查单位开展质量管理规范符合性检查。

风险评估重点考虑以下因素:

(一)药品特性以及药品本身存在的固有风险;

(二)药品上市许可持有人、药品生产企业、药品经营企业、药品使用单位药品抽检情况;

(三)药品上市许可持有人、药品生产企业、药品经营企业、药品使用单位违法违规情况;

(四)药品不良反应监测、探索性研究、投诉举报或者其他线索提示可能存在质量安全风险的。

第四十条 常规检查包含以下内容:

(一)遵守药品管理法律法规的合法性;

(二)执行相关药品质量管理规范和技术标准的规范性;

(三)药品生产、经营、使用资料和数据的真实性、完整性;

(四)药品上市许可持有人质量管理、风险防控能力;

(五)药品监督管理部门认为需要检查的其他内容。

药品监督管理部门或者药品检查机构进行常规检查时可以采取不预先告知的检查方式,可以对某一环节或者依据检查方案规定的内容进行检查,必要时开展全面检查。

第四十一条 检查频次按照药品生产经营相关规章要求执行。

对麻醉药品、精神药品、药品类易制毒化学品、放射性药品和医疗用毒性药品生产经营企业,还应当对企业保障药品管理安全、防止流入非法渠道等有关规定的执行情况进行检查:

(一)麻醉药品、第一类精神药品和药品类易制毒化学品生产企业每季度检查不少于一次;

(二)第二类精神药品生产企业、麻醉药品和第一类精神药品全国性批发企业、麻醉药品和第一类精神药品区域性批发企业以及药品类易制毒化学品原料药批发企业每半年检查不少于一次;

(三)放射性药品、医疗用毒性药品生产经营企业每年检查不少于一次。

市县级药品监督管理部门结合本行政区域内实际情况制定使用单位的检查频次。

第六章 有因检查

第四十二条 有下列情形之一的,药品监督管理部门经风险评估,可以开展有因检查:

(一)投诉举报或者其他来源的线索表明可能存在质量安全风险的;

(二)检验发现存在质量安全风险的;

(三)药品不良反应监测提示可能存在质量安全风险的;

(四)对申报资料真实性有疑问的;

(五)涉嫌严重违反相关质量管理规范要求的;

(六)企业有严重不守信记录的;

(七)企业频繁变更管理人员登记事项的;

(八)生物制品批签发中发现可能存在安全隐患的;

(九)检查发现存在特殊药品安全管理隐患的;

(十)特殊药品涉嫌流入非法渠道的;

(十一)其他需要开展有因检查的情形。

第四十三条 开展有因检查应当制定检查方案,明确检查事项、时间、人员构成和方式等。必要时,药品监督管理部门可以联合有关部门共同开展有因检查。

检查方案应当针对具体的问题或者线索明确检查内容,必要时开展全面检查。

第四十四条 检查组成员不得事先告知被检查单位检查行程和检查内容。

检查组在指定地点集中后,应当第一时间直接进入检查现场,直接针对可能存在的问题开展检查。

检查组成员不得向被检查单位透露检查过程中的进展情况、发现的违法违规线索等相关信息。

第四十五条 现场检查时间原则上按照检查方案要求执行。检查组根据检查情况,以能够查清查实问题为原则,认为有必要对检查时间进行调整的,报经组织有因检查的药品监督管理部门同意后予以调整。

第四十六条 上级药品监督管理部门组织实施有因检查的,可以适时通知被检查单位所在地药品监督管理部门。被检查单位所在地药品监督管理部门应当派员协助检查,协助检查的人员应当服从检查组的安排。

第四十七条 组织实施有因检查的药品监督管理部门应当加强对检查组的指挥,根据现场检查反馈的情况及时调整检查策略，必要时启动协调机制，并可以派相关人员赴现场协调和指挥。

第四十八条　检查结束后，检查组应当及时撰写现场检查报告，并于5个工作日内报送组织有因检查的药品监督管理部门。

现场检查报告的内容包括：检查过程、发现问题、相关证据、检查结论和处理建议等。

第七章　检查与稽查的衔接

第四十九条　在违法案件查处过程中，负责案件查办、药品检查、法制部门及检验检测等部门应当各司其职、各负其责，同时加强相互之间的协作衔接。

第五十条　检查中发现被检查单位涉嫌违法的，执法人员应当立即开展相关调查、取证工作，检查组应将发现的违法线索和处理建议立即通报负责该被检查单位监管工作的药品监督管理部门和派出检查单位。负责被检查单位监管工作的药品监督管理部门应当立即派出案件查办人员到达检查现场，交接与违法行为相关的实物、资料、票据、数据存储介质等证据材料，全面负责后续案件查办工作；对需要检验的，应当立即组织监督抽检，并将样品及有关资料等寄送至相关药品检验机构检验或者进行补充检验方法和项目研究。

涉嫌违法行为可能存在药品质量安全风险的，负责被检查单位监管工作的药品监督管理部门应当在接收证据材料后，按照本办法第二十一条规定进行风险评估，作出风险控制决定，责令被检查单位或者药品上市许可持有人对已上市药品采取相应风险控制措施。

第五十一条　案件查办过程中发现被检查单位涉嫌犯罪的，药品监督管理部门应当按照相关规定，依法及时移送或通报公安机关。

第八章　跨区域检查的协作

第五十二条　药品上市许可持有人、批发企业、零售连锁总部（以下简称委托方）所在地省级药品监督管理部门对其跨区域委托生产、委托销售、委托储存、委托运输、药物警戒等质量管理责任落实情况可以开展联合检查或者延伸检查。

第五十三条　跨区域受托企业（以下简称受托方）所在地省级药品监督管理部门应当履行属地监管责任，对受托方遵守相关法律法规、规章，执行质量管理规范、技术标准情况开展检查，配合委托方所在地省级药品监督管理部门开展联合检查。

监督检查中发现可能属于委托方问题的，应当函告委托方所在地省级药品监督管理部门，委托方所在地省级药品监督管理部门决定是否开展检查。

第五十四条　委托方和受托方所在地省级药品监督管理部门应当建立工作协调、联合检查、行政执法等工作机制。

第五十五条　开展联合检查的，委托方所在地省级药品监督管理部门应当向受托方所在地省级药品监督管理部门发出书面联系函，成立联合检查组。联合检查组应当由双方各选派不少于2名检查人员组成，联合检查组的组长由委托方所在地省级药品监督管理部门选派。

第五十六条　检查过程中发现责任认定尚不清晰的，联合检查组应当立即先行共同开展调查、取证工作，受托方所在地省级药品监督管理部门应当就近提供行政执法和技术支撑，待责任认定清楚后移送相应省级药品监督管理部门组织处理。对存在管辖权争议的问题，报请国家药监局指定管辖。对跨省检查发现具有系统性、区域性风险等重大问题的，及时报国家药监局。

第五十七条　委托方和受托方所在地省级药品监督管理部门按照有关规定受理及办理药品相关投诉举报。

第五十八条　省级药品监督管理部门应当登录国家药监局建立的监管信息系统，依职责采集被检查单位基本信息和品种信息，以及药品上市许可持有人提交的年度报告信息、药品监督管理部门的监管信息，方便本行政区域内各级药品监督管理部门查询使用。

第五十九条　省级药品监督管理部门在依法查处委托方或者受托方的违法违规行为时，需要赴外省市进行调查、取证的，可以会同相关同级药品监督管理部门开展联合检查，也可出具协助调查函请相关同级药品监督管理部门协助调查、取证。协助调查取证时，协助单位应当在接到协助调查函之日起15个工作日内完成协查工作、函复调查结果；紧急情况下，承办单位应当在接到协助调查函之日起7个工作日或者根据办案期限要求，完成协查工作并函复；需要延期完成的，协助单位应当及时告知提出协查请求的部门并说明理由。

第六十条　市县级药品监督管理部门需要开展跨区域联合检查的，参照上述条款实施。发现重大问题的，及时报上一级药品监督管理部门。

第九章　检查结果的处理

第六十一条　药品监督管理部门根据《药品检查综合评定报告书》及相关证据材料，作出相应处理。

现场检查时发现缺陷有一定质量风险，经整改后综合评定结论为符合要求的，药品监督管理部门必要时依据风险采取告诫、约谈等风险控制措施。

综合评定结论为不符合要求的，药品监督管理部门应当依法采取暂停生产、销售、使用、进口等风险控制措施，消除安全隐患。除首次申请相关许可证的情形外，药品监督管理部门应当按照《中华人民共和国药品管理法》第一百二十六条等相关规定进行处理。

药品监督管理部门应当将现场检查报告、整改报告、《药品检查综合评定报告书》及相关证据材料、风险控制措施相关资料等进行整理归档保存。

第六十二条　被检查单位拒绝、逃避监督检查，伪造、销毁、隐匿有关证据材料的，视为其产品可能存在安全隐患，药品监督管理部门应当按照《中华人民共和国药品管理法》第九十九条的规定进行处理。

被检查单位有下列情形之一的，应当视为拒绝、逃避监督检查，伪造、销毁、隐匿记录、数据、信息等相关资料：

（一）拒绝、限制检查员进入被检查场所或者区域，限制检查时间，或者检查结束时限制检查员离开的；

（二）无正当理由不如实提供或者延迟提供与检查相关的文件、记录、票据、凭证、电子数据等材料的；

（三）拒绝或者限制拍摄、复印、抽样取证工作的；

（四）以声称工作人员不在或者冒名顶替应付检查、故意停止生产经营活动等方式欺骗、误导、逃避检查的；

（五）其他不配合检查的情形。

第六十三条　安全隐患排除后，被检查单位可以向作出风险控制措施决定的药品监督管理部门提出解除风险控制措施的申请，并提交整改报告。药品监督管理部门对整改情况组织评估，必要时可以开展现场检查，确认整改符合要求后解除相关风险控制措施，并向社会及时公布结果。

第六十四条　药品监督管理部门发现药品上市许可持有人、药品生产、经营企业和使用单位违反法律、法规情节严重，所生产、经营、使用的产品足以或者已经造成严重危害，或者造成重大影响的，及时向上一级药品监督管理部门和本级地方人民政府报告。上级药品监督管理部门应当监督指导下级药品监督管理部门开展相应的风险处置工作。

第六十五条　派出检查单位和检查人员有下列行为之一的，对直接负责的主管人员、其他直接责任人员、检查人员给予党纪、政纪处分：

（一）检查人员未及时上报发现的重大风险隐患的；

（二）派出检查单位未及时对检查人员上报的重大风险隐患作出相应处置措施的；

（三）检查人员未及时移交涉嫌违法案件线索的；

（四）派出检查单位未及时协调案件查办部门开展收集线索、固定证据、调查和处理相关工作的。

第六十六条　药品监督管理部门应当依法公开监督检查结果。

第六十七条　药品监督管理部门应当按照《国务院办公厅关于进一步完善失信约束制度构建诚信建设长效机制的指导意见》，依法依规做好失信行为的认定、记录、归集、共享、公开、惩戒和信用修复等工作。

第十章　附　则

第六十八条　各省级药品监督管理部门结合各地实际情况，依据本办法制定相应的实施细则。

第六十九条　本办法自发布之日起施行。原国家食品药品监督管理局2003年4月24日发布的《药品经营质量管理规范认证管理办法》和2011年8月2日发布的《药品生产质量管理规范认证管理办法》同时废止。

药品召回管理办法

- 2022年10月24日国家药品监督管理局公告2022年第92号公布
- 自2022年11月1日起施行

第一章　总　则

第一条　为加强药品质量监管，保障公众用药安全，根据《中华人民共和国药品管理法》《中华人民共和国疫苗管理法》《中华人民共和国药品管理法实施条例》等法律法规，制定本办法。

第二条　中华人民共和国境内生产和上市药品的召回及其监督管理，适用本办法。

第三条　本办法所称药品召回，是指药品上市许可持有人（以下称持有人）按照规定的程序收回已上市的存在质量问题或者其他安全隐患药品，并采取相应措施，及时控制风险、消除隐患的活动。

第四条　本办法所称质量问题或者其他安全隐患，是指由于研制、生产、储运、标识等原因导致药品不符合法定要求，或者其他可能使药品具有的危及人体健康和生命安全的不合理危险。

第五条　持有人是控制风险和消除隐患的责任主体，应当建立并完善药品召回制度，收集药品质量和安全的相关信息，对可能存在的质量问题或者其他安全隐患进行调查、评估，及时召回存在质量问题或者其他安全隐患的药品。

药品生产企业、药品经营企业、药品使用单位应当积极协助持有人对可能存在质量问题或者其他安全隐患的药品进行调查、评估,主动配合持有人履行召回义务,按照召回计划及时传达、反馈药品召回信息,控制和收回存在质量问题或者其他安全隐患的药品。

第六条 药品生产企业、药品经营企业、药品使用单位发现其生产、销售或者使用的药品可能存在质量问题或者其他安全隐患的,应当及时通知持有人,必要时应当暂停生产、放行、销售、使用,并向所在地省、自治区、直辖市人民政府药品监督管理部门报告,通知和报告的信息应当真实。

第七条 持有人、药品生产企业、药品经营企业、药品使用单位应当按规定建立并实施药品追溯制度,保存完整的购销记录,保证上市药品的可溯源。

第八条 省、自治区、直辖市人民政府药品监督管理部门负责本行政区域内药品召回的监督管理工作。

市县级地方人民政府药品监督管理部门负责配合、协助做好药品召回的有关工作,负责行政区域内药品经营企业、药品使用单位协助召回情况的监督管理工作。

国家药品监督管理局负责指导全国药品召回的管理工作。

第九条 国家药品监督管理局和省、自治区、直辖市人民政府药品监督管理部门应当按照药品信息公开有关制度,采取有效途径向社会公布存在质量问题或者其他安全隐患的药品信息和召回信息,必要时向同级卫生健康主管部门通报相关信息。

持有人应当制定药品召回信息公开制度,依法主动公布药品召回信息。

第二章 调查与评估

第十条 持有人应当主动收集、记录药品的质量问题、药品不良反应/事件、其他安全风险信息,对可能存在的质量问题或者其他安全隐患进行调查和评估。

药品生产企业、药品经营企业、药品使用单位应当配合持有人对有关药品质量问题或者其他安全隐患进行调查,并提供有关资料。

第十一条 对可能存在质量问题或者其他安全隐患的药品进行调查,应当根据实际情况确定调查内容,可以包括:

(一)已发生药品不良反应/事件的种类、范围及原因;

(二)药品处方、生产工艺等是否符合相应药品标准、核准的生产工艺要求。

(三)药品生产过程是否符合药品生产质量管理规范;生产过程中的变更是否符合药品注册管理和相关变更技术指导原则等规定;

(四)药品储存、运输等是否符合药品经营质量管理规范;

(五)药品使用是否符合药品临床应用指导原则、临床诊疗指南和药品说明书、标签规定等;

(六)药品主要使用人群的构成及比例;

(七)可能存在质量问题或者其他安全隐患的药品批次、数量及流通区域和范围;

(八)其他可能影响药品质量和安全的因素。

第十二条 对存在质量问题或者其他安全隐患药品评估的主要内容包括:

(一)该药品引发危害的可能性,以及是否已经对人体健康造成了危害;

(二)对主要使用人群的危害影响;

(三)对特殊人群,尤其是高危人群的危害影响,如老年人、儿童、孕妇、肝肾功能不全者、外科手术病人等;

(四)危害的严重与紧急程度;

(五)危害导致的后果。

第十三条 根据药品质量问题或者其他安全隐患的严重程度,药品召回分为:

(一)一级召回:使用该药品可能或者已经引起严重健康危害的;

(二)二级召回:使用该药品可能或者已经引起暂时或者可逆的健康危害的;

(三)三级召回:使用该药品一般不会引起健康危害,但由于其他原因需要收回的。

第十四条 持有人应当根据调查和评估结果和药品召回等级,形成调查评估报告,科学制定召回计划。

调查评估报告应当包括以下内容:

(一)召回药品的具体情况,包括名称、规格、批次等基本信息;

(二)实施召回的原因;

(三)调查评估结果;

(四)召回等级。

召回计划应当包括以下内容:

(一)药品生产销售情况及拟召回的数量;

(二)召回措施具体内容,包括实施的组织、范围和时限等;

(三)召回信息的公布途径和范围;

(四)召回的预期效果;

(五)药品召回后的处理措施;

(六)联系人的姓名及联系方式。

第三章 主动召回

第十五条 持有人经调查评估后,确定药品存在质量问题或者其他安全隐患的,应当立即决定并实施召回,同时通过企业官方网站或者药品相关行业媒体向社会发布召回信息。召回信息应当包括以下内容:药品名称、规格、批次、持有人、药品生产企业、召回原因、召回等级等。

实施一级、二级召回的,持有人还应当申请在所在地省、自治区、直辖市人民政府药品监督管理部门网站依法发布召回信息。省、自治区、直辖市人民政府药品监督管理部门网站发布的药品召回信息应当与国家药品监督管理局网站链接。

第十六条 持有人作出药品召回决定的,一级召回在1日内,二级召回在3日内,三级召回在7日内,应当发出召回通知,通知到药品生产企业、药品经营企业、药品使用单位等,同时向所在地省、自治区、直辖市人民政府药品监督管理部门备案调查评估报告、召回计划和召回通知。召回通知应当包括以下内容:

(一)召回药品的具体情况,包括名称、规格、批次等基本信息;

(二)召回的原因;

(三)召回等级;

(四)召回要求,如立即暂停生产、放行、销售、使用;转发召回通知等;

(五)召回处理措施,如召回药品外包装标识、隔离存放措施、储运条件、监督销毁等。

第十七条 持有人在实施召回过程中,一级召回每日,二级召回每3日,三级召回每7日,向所在地省、自治区、直辖市人民政府药品监督管理部门报告药品召回进展情况。

召回过程中,持有人应当及时评估召回效果,发现召回不彻底的,应当变更召回计划,扩大召回范围或者重新召回。变更召回计划的,应当及时向所在地省、自治区、直辖市人民政府药品监督管理部门备案。

第十八条 持有人应当明确召回药品的标识及存放要求,召回药品的外包装标识、隔离存放措施等,应当与正常药品明显区别,防止差错、混淆。对需要特殊储存条件的,在其储存和转运过程中,应当保证储存条件符合规定。

第十九条 召回药品需要销毁的,应当在持有人、药品生产企业或者储存召回药品所在地县级以上人民政府药品监督管理部门或者公证机构监督下销毁。

对通过更换标签、修改并完善说明书、重新外包装等方式能够消除隐患的,或者对不符合药品标准但尚不影响安全性、有效性的中药饮片,且能够通过返工等方式解决该问题的,可以适当处理后再上市。相关处理操作应当符合相应药品质量管理规范等要求,不得延长药品有效期或者保质期。

持有人对召回药品的处理应当有详细的记录,记录应当保存5年且不得少于药品有效期后1年。

第二十条 持有人应当按照《药品管理法》第八十二条规定,在召回完成后10个工作日内,将药品召回和处理情况向所在地省、自治区、直辖市人民政府药品监督管理部门和卫生健康主管部门报告。

持有人应当在药品年度报告中说明报告期内药品召回情况。

第二十一条 境外生产药品涉及在境内实施召回的,境外持有人指定的在中国境内履行持有人义务的企业法人(以下称境内代理人)应当按照本办法组织实施召回,并向其所在地省、自治区、直辖市人民政府药品监督管理部门和卫生健康主管部门报告药品召回和处理情况。

境外持有人在境外实施药品召回,经综合评估认为属于下列情形的,其境内代理人应当于境外召回启动后10个工作日内,向所在地省、自治区、直辖市人民政府药品监督管理部门报告召回药品的名称、规格、批次、召回原因等信息:

(一)与境内上市药品为同一品种,但不涉及境内药品规格、批次或者剂型的;

(二)与境内上市药品共用生产线的;

(三)其他需要向药品监督管理部门报告的。

境外持有人应当综合研判境外实施召回情况,如需要在中国境内召回的,应当按照本条第一款规定组织实施召回。

第四章 责令召回

第二十二条 有以下情形之一的,省、自治区、直辖市人民政府药品监督管理部门应当责令持有人召回药品:

(一)药品监督管理部门经过调查评估,认为持有人应当召回药品而未召回的;

(二)药品监督管理部门经对持有人主动召回结果审查,认为持有人召回药品不彻底的。

第二十三条 省、自治区、直辖市人民政府药品监督管理部门责令召回药品的，应当按本办法第九条、第十五条相关规定向社会公布责令召回药品信息，要求持有人、药品生产企业、药品经营企业和药品使用单位停止生产、放行、销售、使用。

持有人应当按照责令召回要求实施召回，并按照本办法第十五条相关规定向社会发布药品召回信息。

第二十四条 省、自治区、直辖市人民政府药品监督管理部门作出责令召回决定，应当将责令召回通知书送达持有人。责令召回通知书应当包括以下内容：

（一）召回药品的具体情况，包括名称、规格、批次等基本信息；

（二）实施召回的原因；

（三）审查评价和/或调查评估结果；

（四）召回等级；

（五）召回要求，包括范围和时限等。

第二十五条 持有人在收到责令召回通知书后，应当按照本办法第十四条、第十六条的规定，通知药品生产企业、药品经营企业和药品使用单位，制定、备案召回计划，并组织实施。

第二十六条 持有人在实施召回过程中，应当按照本办法第十七条相关要求向所在地省、自治区、直辖市人民政府药品监督管理部门报告药品召回进展情况。

第二十七条 持有人应当按照本办法第十八条、第十九条规定做好后续处理和记录，并在完成召回和处理后10个工作日内向所在地省、自治区、直辖市人民政府药品监督管理部门和卫生健康主管部门提交药品召回的总结报告。

第二十八条 省、自治区、直辖市人民政府药品监督管理部门应当自收到总结报告之日起10个工作日内进行审查，并对召回效果进行评价，必要时组织专家进行审查和评价。认为召回尚未有效控制风险或者消除隐患的，应当书面要求持有人重新召回。

第二十九条 对持有人违反本办法规定，在其所在地省、自治区、直辖市人民政府药品监督管理部门责令其召回后而拒不召回的，药品生产企业、药品经营企业、药品使用单位不配合召回的，相应省、自治区、直辖市人民政府药品监督管理部门应当按照《药品管理法》第一百三十五条的规定进行查处。

第五章 附 则

第三十条 在中国境内上市疫苗的召回程序适用本办法。疫苗存在或者疑似存在质量问题的处置要求应当按照《疫苗管理法》的规定执行。

第三十一条 境内持有人发现出口药品存在质量问题或者其他安全隐患的，应当及时通报进口国（地区）药品监管机构和采购方，需要在境外实施召回的，应当按照进口国（地区）有关法律法规及采购合同的规定组织实施召回。

第三十二条 中药饮片、中药配方颗粒的召回，其生产企业按照本办法实施。

第三十三条 本办法自2022年11月1日施行。

药品年度报告管理规定

- 2022年4月11日
- 国药监药管〔2022〕16号

第一条 为落实《中华人民共和国药品管理法》（以下简称《药品管理法》），规范药品上市许可持有人（以下简称持有人）年度报告管理，依据《药品注册管理办法》《药品生产监督管理办法》等，制定本规定。

第二条 年度报告是指持有人按自然年度收集所持有药品的生产销售、上市后研究、风险管理等情况，按照规定汇总形成的报告。

第三条 持有人是年度报告责任主体，对其真实性、准确性负责。年度报告不能替代按照法律法规和规章等规定需要办理的审批、备案等事项。

药品监督管理部门应当将年度报告作为监督检查、风险评估、信用监管等工作的参考材料和研判依据。

第四条 持有人应当建立并实施年度报告制度。年度报告制度是指持有人依法建立、填报、管理年度报告的工作程序和要求。

持有人为境外企业的，由其依法指定的、在中国境内承担连带责任的企业法人（以下简称为境内代理人）履行年度报告义务。

中药饮片生产企业应当依法履行持有人的相关义务，建立并实施年度报告制度。

接受持有人委托生产、委托销售的企业以及其他从事药品生产经营相关活动的单位和个人应当配合持有人做好年度报告工作。

第五条 国家药品监督管理局负责指导全国药品年度报告管理工作。

省、自治区、直辖市人民政府药品监督管理部门负责监督管理本行政区域内持有人（含境内代理人）建立并实施年度报告制度，并对年度报告填报工作进行指导。

国家药品监督管理局信息中心负责药品年度报告信

息系统建设和有关信息的汇总统计,将年度报告有关信息及时归集到相应的药品品种档案和药品安全信用档案。

国家药品监督管理局设置或者指定的审评、检验、核查、监测与评价等药品专业技术机构依职责查询、使用药品年度报告信息。

第六条 药品年度报告的信息应当真实、准确、完整和可追溯,符合法律、法规及有关规定要求。持有人应当按年度报告模板撰写年度报告,原则上一个持有人每年撰写一份年度报告。

第七条 持有人应当指定专门机构或者人员负责年度报告工作。年度报告应当经企业法定代表人或者企业负责人(或者其书面授权人)批准后报告。

第八条 持有人应当按照本规定要求收集汇总上一个自然年度的药品年度报告信息,于每年 4 月 30 日前通过药品年度报告系统进行报告。

当年批准上市药品,持有人可将该年度报告信息合并至下一年报告。

第九条 年度报告内容分为公共部分和产品部分。

(一)公共部分,包括持有人信息、持有产品总体情况、质量管理概述、药物警戒体系建设及运行、接受境外委托加工、接受境外监管机构检查等情况。

(二)产品部分,包括产品基础信息、生产销售、上市后研究及变更管理、风险管理等情况。

第十条 药品生产销售情况应当包括同品种的各种规格在境内的生产情况、进口数量及境内外的销售情况。

第十一条 上市后研究及变更管理情况应当包括:

(一)按照药品批准证明文件和药品监督管理部门要求开展的上市后研究情况;

(二)药品上市后变更中的已批准审批类变更、备案类变更和报告类变更情况;

(三)生产中药饮片用中药材质量审核评估情况,以及炮制或者生产工艺变更验证情况;

(四)其他需要报告的情况。

第十二条 风险管理情况应当包括在境内上市药品的以下内容:

(一)药品上市后风险管理计划;

(二)不符合药品标准产品的调查处理情况;

(三)因质量问题或者其他安全隐患导致的退货、召回等情况;

(四)通过相应上市前的药品生产质量管理规范符合性检查的商业规模批次药品的生产销售、风险管理等情况;

(五)其他需要报告的情况。

第十三条 省、自治区、直辖市人民政府药品监督管理部门应当结合监督检查等工作安排,对持有人年度报告制度的建立和实施情况进行检查,并将检查结果记录在检查报告中。

第十四条 检查工作中发现,持有人填报的药品年度报告信息不符合相关法律法规和本规定的,持有人所在地省、自治区、直辖市人民政府药品监督管理部门应当责令持有人在 20 个工作日内进行整改,补正年度报告信息;无法按期完成整改的,持有人应当制定切实可行的整改计划,并提交所在地省、自治区、直辖市人民政府药品监督管理部门。

第十五条 未经持有人同意,各级药品监督管理部门、专业技术机构及其工作人员不得披露持有人提交的商业秘密、未披露信息或者保密商务信息。法律另有规定或者涉及国家安全、重大社会公共利益的除外。

第十六条 持有人未按照规定提交年度报告的,依照《药品管理法》第一百二十七条的规定给予处罚。

第十七条 中药配方颗粒、疫苗等另有规定的,从其规定。

第十八条 本规定自发布之日起施行。

药品说明书和标签管理规定

· 2006 年 3 月 15 日国家食品药品监督管理局令第 24 号公布
· 自 2006 年 6 月 1 日起施行

第一章 总 则

第一条 为规范药品说明书和标签的管理,根据《中华人民共和国药品管理法》和《中华人民共和国药品管理法实施条例》制定本规定。

第二条 在中华人民共和国境内上市销售的药品,其说明书和标签应当符合本规定的要求。

第三条 药品说明书和标签由国家食品药品监督管理局予以核准。

药品的标签应当以说明书为依据,其内容不得超出说明书的范围,不得印有暗示疗效、误导使用和不适当宣传产品的文字和标识。

第四条 药品包装必须按照规定印有或者贴有标签,不得夹带其他任何介绍或者宣传产品、企业的文字、音像及其他资料。

药品生产企业生产供上市销售的最小包装必须附有

说明书。

第五条 药品说明书和标签的文字表述应当科学、规范、准确。非处方药说明书还应当使用容易理解的文字表述,以便患者自行判断、选择和使用。

第六条 药品说明书和标签中的文字应当清晰易辨,标识应当清楚醒目,不得有印字脱落或者粘贴不牢等现象,不得以粘贴、剪切、涂改等方式进行修改或者补充。

第七条 药品说明书和标签应当使用国家语言文字工作委员会公布的规范化汉字,增加其他文字对照的,应当以汉字表述为准。

第八条 出于保护公众健康和指导正确合理用药的目的,药品生产企业可以主动提出在药品说明书或者标签上加注警示语,国家食品药品监督管理局也可以要求药品生产企业在说明书或者标签上加注警示语。

第二章 药品说明书

第九条 药品说明书应当包含药品安全性、有效性的重要科学数据、结论和信息,用以指导安全、合理使用药品。药品说明书的具体格式、内容和书写要求由国家食品药品监督管理局制定并发布。

第十条 药品说明书对疾病名称、药学专业名词、药品名称、临床检验名称和结果的表述,应当采用国家统一颁布或规范的专用词汇,度量衡单位应当符合国家标准的规定。

第十一条 药品说明书应当列出全部活性成份或者组方中的全部中药药味。注射剂和非处方药还应当列出所用的全部辅料名称。

药品处方中含有可能引起严重不良反应的成份或者辅料的,应当予以说明。

第十二条 药品生产企业应当主动跟踪药品上市后的安全性、有效性情况,需要对药品说明书进行修改的,应当及时提出申请。

根据药品不良反应监测、药品再评价结果等信息,国家食品药品监督管理局也可以要求药品生产企业修改药品说明书。

第十三条 药品说明书获准修改后,药品生产企业应当将修改的内容立即通知相关药品经营企业、使用单位及其他部门,并按要求及时使用修改后的说明书和标签。

第十四条 药品说明书应当充分包含药品不良反应信息,详细注明药品不良反应。药品生产企业未根据药品上市后的安全性、有效性情况及时修改说明书或者未将药品不良反应在说明书中充分说明的,由此引起的不良后果由该生产企业承担。

第十五条 药品说明书核准日期和修改日期应当在说明书中醒目标示。

第三章 药品的标签

第十六条 药品的标签是指药品包装上印有或者贴有的内容,分为内标签和外标签。药品内标签指直接接触药品的包装的标签,外标签指内标签以外的其他包装的标签。

第十七条 药品的内标签应当包含药品通用名称、适应症或者功能主治、规格、用法用量、生产日期、产品批号、有效期、生产企业等内容。

包装尺寸过小无法全部标明上述内容的,至少应当标注药品通用名称、规格、产品批号、有效期等内容。

第十八条 药品外标签应当注明药品通用名称、成份、性状、适应症或者功能主治、规格、用法用量、不良反应、禁忌、注意事项、贮藏、生产日期、产品批号、有效期、批准文号、生产企业等内容。适应症或者功能主治、用法用量、不良反应、禁忌、注意事项不能全部注明的,应当标出主要内容并注明"详见说明书"字样。

第十九条 用于运输、储藏的包装的标签,至少应当注明药品通用名称、规格、贮藏、生产日期、产品批号、有效期、批准文号、生产企业,也可以根据需要注明包装数量、运输注意事项或者其他标记等必要内容。

第二十条 原料药的标签应当注明药品名称、贮藏、生产日期、产品批号、有效期、执行标准、批准文号、生产企业,同时还需注明包装数量以及运输注意事项等必要内容。

第二十一条 同一药品生产企业生产的同一药品,药品规格和包装规格均相同的,其标签的内容、格式及颜色必须一致;药品规格或者包装规格不同的,其标签应当明显区别或者规格项明显标注。

同一药品生产企业生产的同一药品,分别按处方药与非处方药管理的,两者的包装颜色应当明显区别。

第二十二条 对贮藏有特殊要求的药品,应当在标签的醒目位置注明。

第二十三条 药品标签中的有效期应当按照年、月、日的顺序标注,年份用四位数字表示,月、日用两位数表示。其具体标注格式为"有效期至××××年××月"或者"有效期至××××年××月××日";也可以用数字和其他符号表示为"有效期至××××.××."或者"有效期至××××/××/××"等。

预防用生物制品有效期的标注按照国家食品药品监督管理局批准的注册标准执行,治疗用生物制品有效期的标注自分装日期计算,其他药品有效期的标注自生产日期计算。

有效期若标注到日,应当为起算日期对应年月日的前一天,若标注到月,应当为起算月份对应年月的前一月。

第四章 药品名称和注册商标的使用

第二十四条 药品说明书和标签中标注的药品名称必须符合国家食品药品监督管理局公布的药品通用名称和商品名称的命名原则,并与药品批准证明文件的相应内容一致。

第二十五条 药品通用名称应当显著、突出,其字体、字号和颜色必须一致,并符合以下要求:

(一)对于横版标签,必须在上三分之一范围内显著位置标出;对于竖版标签,必须在右三分之一范围内显著位置标出;

(二)不得选用草书、篆书等不易识别的字体,不得使用斜体、中空、阴影等形式对字体进行修饰;

(三)字体颜色应当使用黑色或者白色,与相应的浅色或者深色背景形成强烈反差;

(四)除因包装尺寸的限制而无法同行书写的,不得分行书写。

第二十六条 药品商品名称不得与通用名称同行书写,其字体和颜色不得比通用名称更突出和显著,其字体以单字面积不得大于通用名称所用字体的二分之一。

第二十七条 药品说明书和标签中禁止使用未经注册的商标以及其他未经国家食品药品监督管理局批准的药品名称。

药品标签使用注册商标的,应当印刷在药品标签的边角,含文字的,其字体以单字面积计不得大于通用名称所用字体的四分之一。

第五章 其他规定

第二十八条 麻醉药品、精神药品、医疗用毒性药品、放射性药品、外用药品和非处方药品等国家规定有专用标识的,其说明书和标签必须印有规定的标识。

国家对药品说明书和标签有特殊规定的,从其规定。

第二十九条 中药材、中药饮片的标签管理规定由国家食品药品监督管理局另行制定。

第三十条 药品说明书和标签不符合本规定的,按照《中华人民共和国药品管理法》的相关规定进行处罚。

第六章 附 则

第三十一条 本规定自2006年6月1日起施行。国家药品监督管理局于2000年10月15日发布的《药品包装、标签和说明书管理规定(暂行)》同时废止。

药品、医疗器械、保健食品、特殊医学用途配方食品广告审查管理暂行办法

· 2019年12月24日国家市场监督管理总局令第21号公布
· 自2020年3月1日起施行

第一条 为加强药品、医疗器械、保健食品和特殊医学用途配方食品广告监督管理,规范广告审查工作,维护广告市场秩序,保护消费者合法权益,根据《中华人民共和国广告法》等法律、行政法规,制定本办法。

第二条 药品、医疗器械、保健食品和特殊医学用途配方食品广告的审查适用本办法。

未经审查不得发布药品、医疗器械、保健食品和特殊医学用途配方食品广告。

第三条 药品、医疗器械、保健食品和特殊医学用途配方食品广告应当真实、合法,不得含有虚假或者引人误解的内容。

广告主应当对药品、医疗器械、保健食品和特殊医学用途配方食品广告内容的真实性和合法性负责。

第四条 国家市场监督管理总局负责组织指导药品、医疗器械、保健食品和特殊医学用途配方食品广告审查工作。

各省、自治区、直辖市市场监督管理部门、药品监督管理部门(以下称广告审查机关)负责药品、医疗器械、保健食品和特殊医学用途配方食品广告审查,依法可以委托其他行政机关具体实施广告审查。

第五条 药品广告的内容应当以国务院药品监督管理部门核准的说明书为准。药品广告涉及药品名称、药品适应症或者功能主治、药理作用等内容的,不得超出说明书范围。

药品广告应当显著标明禁忌、不良反应,处方药广告还应当显著标明"本广告仅供医学药学专业人士阅读",非处方药广告还应当显著标明非处方药标识(OTC)和"请按药品说明书或者在药师指导下购买和使用"。

第六条 医疗器械广告的内容应当以药品监督管理部门批准的注册证书或者备案凭证、注册或者备案的产品说明书内容为准。医疗器械广告涉及医疗器械名称、适用范围、作用机理或者结构及组成等内容的,不得超出注册证书或者备案凭证、注册或者备案的产品说明书范围。

推荐给个人自用的医疗器械的广告,应当显著标明"请仔细阅读产品说明书或者在医务人员的指导下购买和使用"。医疗器械产品注册证书中有禁忌内容、注意事项的,广告应当显著标明"禁忌内容或者注意事项详见说

明书"。

第七条　保健食品广告的内容应当以市场监督管理部门批准的注册证书或者备案凭证、注册或者备案的产品说明书内容为准，不得涉及疾病预防、治疗功能。保健食品广告涉及保健功能、产品功效成分或者标志性成分及含量、适宜人群或者食用量等内容的，不得超出注册证书或者备案凭证、注册或者备案的产品说明书范围。

保健食品广告应当显著标明"保健食品不是药物，不能代替药物治疗疾病"，声明本品不能代替药物，并显著标明保健食品标志、适宜人群和不适宜人群。

第八条　特殊医学用途配方食品广告的内容应当以国家市场监督管理总局批准的注册证书和产品标签、说明书为准。特殊医学用途配方食品广告涉及产品名称、配方、营养学特征、适用人群等内容的，不得超出注册证书、产品标签、说明书范围。

特殊医学用途配方食品广告应当显著标明适用人群、"不适用于非目标人群使用""请在医生或者临床营养师指导下使用"。

第九条　药品、医疗器械、保健食品和特殊医学用途配方食品广告应当显著标明广告批准文号。

第十条　药品、医疗器械、保健食品和特殊医学用途配方食品广告中应当显著标明的内容，其字体和颜色必须清晰可见、易于辨认，在视频广告中应当持续显示。

第十一条　药品、医疗器械、保健食品和特殊医学用途配方食品广告不得违反《中华人民共和国广告法》第九条、第十六条、第十七条、第十八条、第十九条规定，不得包含下列情形：

（一）使用或者变相使用国家机关、国家机关工作人员、军队单位或者军队人员的名义或者形象，或者利用军队装备、设施等从事广告宣传；

（二）使用科研单位、学术机构、行业协会或者专家、学者、医师、药师、临床营养师、患者等的名义或者形象作推荐、证明；

（三）违反科学规律，明示或者暗示可以治疗所有疾病、适应所有症状、适应所有人群，或者正常生活和治疗病症所必需等内容；

（四）引起公众对所处健康状况和所患疾病产生不必要的担忧和恐惧，或者使公众误解不使用该产品会患某种疾病或者加重病情的内容；

（五）含有"安全""安全无毒副作用""毒副作用小"；明示或者暗示成分为"天然"，因而安全性有保证等内容；

（六）含有"热销、抢购、试用""家庭必备、免费治疗、免费赠送"等诱导性内容，"评比、排序、推荐、指定、选用、获奖"等综合性评价内容，"无效退款、保险公司保险"等保证性内容，怂恿消费者任意、过量使用药品、保健食品和特殊医学用途配方食品的内容；

（七）含有医疗机构的名称、地址、联系方式、诊疗项目、诊疗方法以及有关义诊、医疗咨询电话、开设特约门诊等医疗服务的内容；

（八）法律、行政法规规定不得含有的其他内容。

第十二条　药品、医疗器械、保健食品和特殊医学用途配方食品注册证明文件或者备案凭证持有人及其授权同意的生产、经营企业为广告申请人（以下简称申请人）。

申请人可以委托代理人办理药品、医疗器械、保健食品和特殊医学用途配方食品广告审查申请。

第十三条　药品、特殊医学用途配方食品广告审查申请应当依法向生产企业或者进口代理人等广告主所在地广告审查机关提出。

医疗器械、保健食品广告审查申请应当依法向生产企业或者进口代理人所在地广告审查机关提出。

第十四条　申请药品、医疗器械、保健食品、特殊医学用途配方食品广告审查，应当依法提交《广告审查表》、与发布内容一致的广告样件，以及下列合法有效的材料：

（一）申请人的主体资格相关材料，或者合法有效的登记文件；

（二）产品注册证明文件或者备案凭证、注册或者备案的产品标签和说明书，以及生产许可文件；

（三）广告中涉及的知识产权相关有效证明材料。

经授权同意作为申请人的生产、经营企业，还应当提交合法的授权文件；委托代理人进行申请的，还应当提交委托书和代理人的主体资格相关材料。

第十五条　申请人可以到广告审查机关受理窗口提出申请，也可以通过信函、传真、电子邮件或者电子政务平台提交药品、医疗器械、保健食品和特殊医学用途配方食品广告申请。

广告审查机关收到申请人提交的申请后，应当在五个工作日内作出受理或者不予受理决定。申请材料齐全、符合法定形式的，应当予以受理，出具《广告审查受理通知书》。申请材料不齐全、不符合法定形式的，应当一次性告知申请人需要补正的全部内容。

第十六条　广告审查机关应当对申请人提交的材料进行审查，自受理之日起十个工作日内完成审查工作。

经审查，对符合法律、行政法规和本办法规定的广告，应当作出审查批准的决定，编发广告批准文号。

对不符合法律、行政法规和本办法规定的广告，应当作出不予批准的决定，送达申请人并说明理由，同时告知其享有依法申请行政复议或者提起行政诉讼的权利。

第十七条　经审查批准的药品、医疗器械、保健食品和特殊医学用途配方食品广告，广告审查机关应当通过本部门网站以及其他方便公众查询的方式，在十个工作日内向社会公开。公开的信息应当包括广告批准文号、申请人名称、广告发布内容、广告批准文号有效期、广告类别、产品名称、产品注册证明文件或者备案凭证编号等内容。

第十八条　药品、医疗器械、保健食品和特殊医学用途配方食品广告批准文号的有效期与产品注册证明文件、备案凭证或者生产许可文件最短的有效期一致。

产品注册证明文件、备案凭证或者生产许可文件未规定有效期的，广告批准文号有效期为两年。

第十九条　申请人有下列情形的，不得继续发布审查批准的广告，并应当主动申请注销药品、医疗器械、保健食品和特殊医学用途配方食品广告批准文号：

（一）主体资格证照被吊销、撤销、注销的；

（二）产品注册证明文件、备案凭证或者生产许可文件被撤销、注销的；

（三）法律、行政法规规定应当注销的其他情形。

广告审查机关发现申请人有前款情形的，应当依法注销其药品、医疗器械、保健食品和特殊医学用途配方食品广告批准文号。

第二十条　广告主、广告经营者、广告发布者应当严格按照审查通过的内容发布药品、医疗器械、保健食品和特殊医学用途配方食品广告，不得进行剪辑、拼接、修改。

已经审查通过的广告内容需要改动的，应当重新申请广告审查。

第二十一条　下列药品、医疗器械、保健食品和特殊医学用途配方食品不得发布广告：

（一）麻醉药品、精神药品、医疗用毒性药品、放射性药品、药品类易制毒化学品，以及戒毒治疗的药品、医疗器械；

（二）军队特需药品、军队医疗机构配制的制剂；

（三）医疗机构配制的制剂；

（四）依法停止或者禁止生产、销售或者使用的药品、医疗器械、保健食品和特殊医学用途配方食品；

（五）法律、行政法规禁止发布广告的情形。

第二十二条　本办法第二十一条规定以外的处方药和特殊医学用途配方食品中的特定全营养配方食品广告只能在国务院卫生行政部门和国务院药品监督管理部门共同指定的医学、药学专业刊物上发布。

不得利用处方药或者特定全营养配方食品的名称为各种活动冠名进行广告宣传。不得使用与处方药名称或者特定全营养配方食品名称相同的商标、企业字号在医学、药学专业刊物以外的媒介变相发布广告，也不得利用该商标、企业字号为各种活动冠名进行广告宣传。

特殊医学用途婴儿配方食品广告不得在大众传播媒介或者公共场所发布。

第二十三条　药品、医疗器械、保健食品和特殊医学用途配方食品广告中只宣传产品名称（含药品通用名称和药品商品名称）的，不再对其内容进行审查。

第二十四条　经广告审查机关审查通过并向社会公开的药品广告，可以依法在全国范围内发布。

第二十五条　违反本办法第十条规定，未显著、清晰表示广告中应当显著标明内容的，按照《中华人民共和国广告法》第五十九条处罚。

第二十六条　有下列情形之一的，按照《中华人民共和国广告法》第五十八条处罚：

（一）违反本办法第二条第二款规定，未经审查发布药品、医疗器械、保健食品和特殊医学用途配方食品广告；

（二）违反本办法第十九条规定或者广告批准文号已超过有效期，仍继续发布药品、医疗器械、保健食品和特殊医学用途配方食品广告；

（三）违反本办法第二十条规定，未按照审查通过的内容发布药品、医疗器械、保健食品和特殊医学用途配方食品广告。

第二十七条　违反本办法第十一条第二项至第五项规定，发布药品、医疗器械、保健食品和特殊医学用途配方食品广告的，依照《中华人民共和国广告法》第五十八条的规定处罚；构成虚假广告的，依照《中华人民共和国广告法》第五十五条的规定处罚。

第二十八条　违反本办法第十一条第六项至第八项规定，发布药品、医疗器械、保健食品和特殊医学用途配方食品广告的，《中华人民共和国广告法》及其他法律法规有规定的，依照相关规定处罚，没有规定的，由县级以上市场监督管理部门责令改正；对负有责任的广告主、广告经营者、广告发布者处以违法所得三倍以下罚款，但最高不超过三万元；没有违法所得的，可处一万元以下罚款。

第二十九条　违反本办法第十一条第一项、第二十一条、第二十二条规定的，按照《中华人民共和国广告法》第五十七条处罚。

第三十条 有下列情形之一的,按照《中华人民共和国广告法》第六十五条处罚:

(一)隐瞒真实情况或者提供虚假材料申请药品、医疗器械、保健食品和特殊医学用途配方食品广告审查的;

(二)以欺骗、贿赂等不正当手段取得药品、医疗器械、保健食品和特殊医学用途配方食品广告批准文号的。

第三十一条 市场监督管理部门对违反本办法规定的行为作出行政处罚决定后,应当依法通过国家企业信用信息公示系统向社会公示。

第三十二条 广告审查机关的工作人员玩忽职守、滥用职权、徇私舞弊的,依法给予处分。构成犯罪的,依法追究刑事责任。

第三十三条 本办法涉及的文书格式范本由国家市场监督管理总局统一制定。

第三十四条 本办法自 2020 年 3 月 1 日起施行。1996 年 12 月 30 日原国家工商行政管理局令第 72 号公布的《食品广告发布暂行规定》,2007 年 3 月 3 日原国家工商行政管理总局、原国家食品药品监督管理局令第 27 号公布的《药品广告审查发布标准》,2007 年 3 月 13 日原国家食品药品监督管理局、原国家工商行政管理总局令第 27 号发布的《药品广告审查办法》,2009 年 4 月 7 日原卫生部、原国家工商行政管理总局、原国家食品药品监督管理局令第 65 号发布的《医疗器械广告审查办法》,2009 年 4 月 28 日原国家工商行政管理总局、原卫生部、原国家食品药品监督管理局令第 40 号公布的《医疗器械广告审查发布标准》同时废止。

互联网药品信息服务管理办法

· 2004 年 7 月 8 日国家食品药品监督管理局令第 9 号公布
· 根据 2017 年 11 月 7 日国家食品药品监督管理总局局务会议《关于修改部分规章的决定》修正

第一条 为加强药品监督管理,规范互联网药品信息服务活动,保证互联网药品信息的真实、准确,根据《中华人民共和国药品管理法》《互联网信息服务管理办法》,制定本办法。

第二条 在中华人民共和国境内提供互联网药品信息服务活动,适用本办法。

本办法所称互联网药品信息服务,是指通过互联网向上网用户提供药品(含医疗器械)信息的服务活动。

第三条 互联网药品信息服务分为经营性和非经营性两类。

经营性互联网药品信息服务是指通过互联网向上网用户有偿提供药品信息等服务的活动。

非经营性互联网药品信息服务是指通过互联网向上网用户无偿提供公开的、共享性药品信息等服务的活动。

第四条 国家食品药品监督管理总局对全国提供互联网药品信息服务活动的网站实施监督管理。

省、自治区、直辖市食品药品监督管理部门对本行政区域内提供互联网药品信息服务活动的网站实施监督管理。

第五条 拟提供互联网药品信息服务的网站,应当在向国务院信息产业主管部门或者省级电信管理机构申请办理经营许可证或者办理备案手续之前,按照属地监督管理的原则,向该网站主办单位所在地省、自治区、直辖市食品药品监督管理部门提出申请,经审核同意后取得提供互联网药品信息服务的资格。

第六条 各省、自治区、直辖市食品药品监督管理部门对本辖区内申请提供互联网药品信息服务的互联网站进行审核,符合条件的核发《互联网药品信息服务资格证书》。

第七条 《互联网药品信息服务资格证书》的格式由国家食品药品监督管理总局统一制定。

第八条 提供互联网药品信息服务的网站,应当在其网站主页显著位置标注《互联网药品信息服务资格证书》的证书编号。

第九条 提供互联网药品信息服务网站所登载的药品信息必须科学、准确,必须符合国家的法律、法规和国家有关药品、医疗器械管理的相关规定。

提供互联网药品信息服务的网站不得发布麻醉药品、精神药品、医疗用毒性药品、放射性药品、戒毒药品和医疗机构制剂的产品信息。

第十条 提供互联网药品信息服务的网站发布的药品(含医疗器械)广告,必须经过食品药品监督管理部门审查批准。

提供互联网药品信息服务的网站发布的药品(含医疗器械)广告要注明广告审查批准文号。

第十一条 申请提供互联网药品信息服务,除应当符合《互联网信息服务管理办法》规定的要求外,还应当具备下列条件:

(一)互联网药品信息服务的提供者应当为依法设立的企事业单位或者其他组织;

(二)具有与开展互联网药品信息服务活动相适应的专业人员、设施及相关制度;

(三)有两名以上熟悉药品、医疗器械管理法律、法规和药品、医疗器械专业知识，或者依法经资格认定的药学、医疗器械技术人员。

第十二条 提供互联网药品信息服务的申请应当以一个网站为基本单元。

第十三条 申请提供互联网药品信息服务，应当填写国家食品药品监督管理总局统一制发的《互联网药品信息服务申请表》，向网站主办单位所在地省、自治区、直辖市食品药品监督管理部门提出申请，同时提交以下材料：

（一）企业营业执照复印件。

（二）网站域名注册的相关证书或者证明文件。从事互联网药品信息服务网站的中文名称，除与主办单位名称相同的以外，不得以"中国""中华""全国"等冠名；除取得药品招标代理机构资格证书的单位开办的互联网站外，其他提供互联网药品信息服务的网站名称中不得出现"电子商务""药品招商""药品招标"等内容。

（三）网站栏目设置说明（申请经营性互联网药品信息服务的网站需提供收费栏目及收费方式的说明）。

（四）网站对历史发布信息进行备份和查阅的相关管理制度及执行情况说明。

（五）食品药品监督管理部门在线浏览网站上所有栏目、内容的方法及操作说明。

（六）药品及医疗器械相关专业技术人员学历证明或者其专业技术资格证书复印件、网站负责人身份证复印件及简历。

（七）健全的网络与信息安全保障措施，包括网站安全保障措施、信息安全保密管理制度、用户信息安全管理制度。

（八）保证药品信息来源合法、真实、安全的管理措施、情况说明及相关证明。

第十四条 省、自治区、直辖市食品药品监督管理部门在收到申请材料之日起5日内做出受理与否的决定，受理的，发给受理通知书；不受理的，书面通知申请人并说明理由，同时告知申请人享有依法申请行政复议或者提起行政诉讼的权利。

第十五条 对于申请材料不规范、不完整的，省、自治区、直辖市食品药品监督管理部门自申请之日起5日内一次告知申请人需要补正的全部内容；逾期不告知的，自收到材料之日起即为受理。

第十六条 省、自治区、直辖市食品药品监督管理部门自受理之日起20日内对申请提供互联网药品信息服务的材料进行审核，并作出同意或者不同意的决定。同意的，由省、自治区、直辖市食品药品监督管理部门核发《互联网药品信息服务资格证书》，同时报国家食品药品监督管理总局备案并发布公告；不同意的，应当书面通知申请人并说明理由，同时告知申请人享有依法申请行政复议或者提起行政诉讼的权利。

国家食品药品监督管理总局对各省、自治区、直辖市食品药品监督管理部门的审核工作进行监督。

第十七条 《互联网药品信息服务资格证书》有效期为5年。有效期届满，需要继续提供互联网药品信息服务的，持证单位应当在有效期届满前6个月内，向原发证机关申请换发《互联网药品信息服务资格证书》。原发证机关进行审核后，认为符合条件的，予以换发新证；认为不符合条件的，发给不予换发新证的通知并说明理由，原《互联网药品信息服务资格证书》由原发证机关收回并公告注销。

省、自治区、直辖市食品药品监督管理部门根据申请人的申请，应当在《互联网药品信息服务资格证书》有效期届满前作出是否准予其换证的决定。逾期未作出决定的，视为准予换证。

第十八条 《互联网药品信息服务资格证书》可以根据互联网药品信息服务提供者的书面申请，由原发证机关收回，原发证机关应当报国家食品药品监督管理总局备案并发布公告。被收回《互联网药品信息服务资格证书》的网站不得继续从事互联网药品信息服务。

第十九条 互联网药品信息服务提供者变更下列事项之一的，应当向原发证机关申请办理变更手续，填写《互联网药品信息服务项目变更申请表》，同时提供下列相关证明文件：

（一）《互联网药品信息服务资格证书》中审核批准的项目（互联网药品信息服务提供者单位名称、网站名称、IP地址等）；

（二）互联网药品信息服务提供者的基本项目（地址、法定代表人、企业负责人等）；

（三）网站提供互联网药品信息服务的基本情况（服务方式、服务项目等）。

第二十条 省、自治区、直辖市食品药品监督管理部门自受理变更申请之日起20个工作日内作出是否同意变更的审核决定。同意变更的，将变更结果予以公告并报国家食品药品监督管理总局备案；不同意变更的，以书面形式通知申请人并说明理由。

第二十一条 省、自治区、直辖市食品药品监督管理部门对申请人的申请进行审查时，应当公示审批过程和审批结果。申请人和利害关系人可以对直接关系其重大利益的事项提交书面意见进行陈述和申辩。依法应当听证的，按照法定程序举行听证。

第二十二条 未取得或者超出有效期使用《互联网药品信息服务资格证书》从事互联网药品信息服务的，由国家食品药品监督管理总局或者省、自治区、直辖市食品药品监督管理部门给予警告，并责令其停止从事互联网药品信息服务；情节严重的，移送相关部门，依照有关法律、法规给予处罚。

第二十三条 提供互联网药品信息服务的网站不在其网站主页的显著位置标注《互联网药品信息服务资格证书》的证书编号的，国家食品药品监督管理总局或者省、自治区、直辖市食品药品监督管理部门给予警告，责令限期改正；在限定期限内拒不改正的，对提供非经营性互联网药品信息服务的网站处以500元以下罚款，对提供经营性互联网药品信息服务的网站处以5000元以上1万元以下罚款。

第二十四条 互联网药品信息服务提供者违反本办法，有下列情形之一的，由国家食品药品监督管理总局或者省、自治区、直辖市食品药品监督管理部门给予警告，责令限期改正；情节严重的，对提供非经营性互联网药品信息服务的网站处以1000元以下罚款，对提供经营性互联网药品信息服务的网站处以1万元以上3万元以下罚款；构成犯罪的，移送司法部门追究刑事责任：

（一）已经获得《互联网药品信息服务资格证书》，但提供的药品信息直接撮合药品网上交易的；

（二）已经获得《互联网药品信息服务资格证书》，但超出审核同意的范围提供互联网药品信息服务的；

（三）提供不真实互联网药品信息服务并造成不良社会影响的；

（四）擅自变更互联网药品信息服务项目的。

第二十五条 互联网药品信息服务提供者在其业务活动中，违法使用《互联网药品信息服务资格证书》的，由国家食品药品监督管理总局或者省、自治区、直辖市食品药品监督管理部门依照有关法律、法规的规定处罚。

第二十六条 省、自治区、直辖市食品药品监督管理部门违法对互联网药品信息服务申请作出审核批准的，原发证机关应当撤销原批准的《互联网药品信息服务资格证书》，由此给申请人的合法权益造成损害的，由原发证机关依照国家赔偿法的规定给予赔偿；对直接负责的主管人员和其他直接责任人员，由其所在单位或者上级机关依法给予行政处分。

第二十七条 省、自治区、直辖市食品药品监督管理部门应当对提供互联网药品信息服务的网站进行监督检查，并将检查情况向社会公告。

第二十八条 本办法由国家食品药品监督管理总局负责解释。

第二十九条 本办法自公布之日起施行。《互联网药品信息服务管理暂行规定》（国家药品监督管理局令第26号）同时废止。

药品网络销售监督管理办法

· 2022年8月3日国家市场监督管理总局令第58号公布
· 自2022年12月1日起施行

第一章 总 则

第一条 为了规范药品网络销售和药品网络交易平台服务活动，保障公众用药安全，根据《中华人民共和国药品管理法》（以下简称药品管理法）等法律、行政法规，制定本办法。

第二条 在中华人民共和国境内从事药品网络销售、提供药品网络交易平台服务及其监督管理，应当遵守本办法。

第三条 国家药品监督管理局主管全国药品网络销售的监督管理工作。

省级药品监督管理部门负责本行政区域内药品网络销售的监督管理工作，负责监督管理药品网络交易第三方平台以及药品上市许可持有人、药品批发企业通过网络销售药品的活动。

设区的市级、县级承担药品监督管理职责的部门（以下称药品监督管理部门）负责本行政区域内药品网络销售的监督管理工作，负责监督管理药品零售企业通过网络销售药品的活动。

第四条 从事药品网络销售、提供药品网络交易平台服务，应当遵守药品法律、法规、规章、标准和规范，依法诚信经营，保障药品质量安全。

第五条 从事药品网络销售、提供药品网络交易平台服务，应当采取有效措施保证交易全过程信息真实、准确、完整和可追溯，并遵守国家个人信息保护的有关规定。

第六条 药品监督管理部门应当与相关部门加强协作，充分发挥行业组织等机构的作用，推进信用体系建设，促进社会共治。

第二章 药品网络销售管理

第七条 从事药品网络销售的，应当是具备保证网络销售药品安全能力的药品上市许可持有人或者药品经营企业。

中药饮片生产企业销售其生产的中药饮片，应当履行药品上市许可持有人相关义务。

第八条 药品网络销售企业应当按照经过批准的经营方式和经营范围经营。药品网络销售企业为药品上市许可持有人的，仅能销售其取得药品注册证书的药品。未取得药品零售资质的，不得向个人销售药品。

疫苗、血液制品、麻醉药品、精神药品、医疗用毒性药品、放射性药品、药品类易制毒化学品等国家实行特殊管理的药品不得在网络上销售，具体目录由国家药品监督管理局组织制定。

药品网络零售企业不得违反规定以买药品赠药品、买商品赠药品等方式向个人赠送处方药、甲类非处方药。

第九条 通过网络向个人销售处方药的，应当确保处方来源真实、可靠，并实行实名制。

药品网络零售企业应当与电子处方提供单位签订协议，并严格按照有关规定进行处方审核调配，对已经使用的电子处方进行标记，避免处方重复使用。

第三方平台承接电子处方的，应当对电子处方提供单位的情况进行核实，并签订协议。

药品网络零售企业接收的处方为纸质处方影印版本的，应当采取有效措施避免处方重复使用。

第十条 药品网络销售企业应当建立并实施药品质量安全管理、风险控制、药品追溯、储存配送管理、不良反应报告、投诉举报处理等制度。

药品网络零售企业还应当建立在线药学服务制度，由依法经过资格认定的药师或者其他药学技术人员开展处方审核调配、指导合理用药等工作。依法经过资格认定的药师或者其他药学技术人员数量应当与经营规模相适应。

第十一条 药品网络销售企业应当向药品监督管理部门报告企业名称、网站名称、应用程序名称、IP地址、域名、药品生产许可证或者药品经营许可证等信息。信息发生变化的，应当在10个工作日内报告。

药品网络销售企业为药品上市许可持有人或者药品批发企业的，应当向所在地省级药品监督管理部门报告。药品网络销售企业为药品零售企业的，应当向所在地市县级药品监督管理部门报告。

第十二条 药品网络销售企业应当在网站首页或者经营活动的主页面显著位置，持续公示其药品生产或者经营许可证信息。药品网络零售企业还应当展示依法配备的药师或者其他药学技术人员的资格认定等信息。上述信息发生变化的，应当在10个工作日内予以更新。

第十三条 药品网络销售企业展示的药品相关信息应当真实、准确、合法。

从事处方药销售的药品网络零售企业，应当在每个药品展示页面下突出显示"处方药须凭处方在药师指导下购买和使用"等风险警示信息。处方药销售前，应当向消费者充分告知相关风险警示信息，并经消费者确认知情。

药品网络零售企业应当将处方药与非处方药区分展示，并在相关网页上显著标示处方药、非处方药。

药品网络零售企业在处方药销售主页面、首页面不得直接公开展示处方药包装、标签等信息。通过处方审核前，不得展示说明书等信息，不得提供处方药购买的相关服务。

第十四条 药品网络零售企业应当对药品配送的质量与安全负责。配送药品，应当根据药品数量、运输距离、运输时间、温湿度要求等情况，选择适宜的运输工具和设施设备，配送的药品应当放置在独立空间并明显标识，确保符合要求、全程可追溯。

药品网络零售企业委托配送的，应当对受托企业的质量管理体系进行审核，与受托企业签订质量协议，约定药品质量责任、操作规程等内容，并对受托方进行监督。

药品网络零售的具体配送要求由国家药品监督管理局另行制定。

第十五条 向个人销售药品的，应当按照规定出具销售凭证。销售凭证可以以电子形式出具，药品最小销售单元的销售记录应当清晰留存，确保可追溯。

药品网络销售企业应当完整保存供货企业资质文件、电子交易等记录。销售处方药的药品网络零售企业还应当保存处方、在线药学服务等记录。相关记录保存期限不少于5年，且不少于药品有效期满后1年。

第十六条 药品网络销售企业对存在质量问题或者安全隐患的药品，应当依法采取相应的风险控制措施，并及时在网站首页或者经营活动主页面公开相应信息。

第三章 平台管理

第十七条 第三方平台应当建立药品质量安全管理机构，配备药学技术人员承担药品质量安全管理工作，建立并实施药品质量安全、药品信息展示、处方审核、处方药实名购买、药品配送、交易记录保存、不良反应报告、投诉举报处理等管理制度。

第三方平台应当加强检查，对入驻平台的药品网络销售企业的药品信息展示、处方审核、药品销售和配送等行为进行管理，督促其严格履行法定义务。

第十八条 第三方平台应当将企业名称、法定代表人、统一社会信用代码、网站名称以及域名等信息向平台所在地省级药品监督管理部门备案。省级药品监督管理部门应当将平台备案信息公示。

第十九条 第三方平台应当在其网站首页或者从事药品经营活动的主页面显著位置，持续公示营业执照、相关行政许可和备案、联系方式、投诉举报方式等信息或者上述信息的链接标识。

第三方平台展示药品信息应当遵守本办法第十三条的规定。

第二十条 第三方平台应当对申请入驻的药品网络销售企业资质、质量安全保证能力等进行审核，对药品网络销售企业建立登记档案，至少每六个月核验更新一次，确保入驻的药品网络销售企业符合法定要求。

第三方平台应当与药品网络销售企业签订协议，明确双方药品质量安全责任。

第二十一条 第三方平台应当保存药品展示、交易记录与投诉举报等信息。保存期限不少于5年，且不少于药品有效期满后1年。第三方平台应当确保有关资料、信息和数据的真实、完整，并为入驻的药品网络销售企业自行保存数据提供便利。

第二十二条 第三方平台应当对药品网络销售活动建立检查监控制度。发现入驻的药品网络销售企业有违法行为的，应当及时制止并立即向所在地县级药品监督管理部门报告。

第二十三条 第三方平台发现下列严重违法行为的，应当立即停止提供网络交易平台服务，停止展示药品相关信息：

（一）不具备资质销售药品的；

（二）违反本办法第八条规定销售国家实行特殊管理的药品的；

（三）超过药品经营许可范围销售药品的；

（四）因违法行为被药品监督管理部门责令停止销售、吊销药品批准证明文件或者吊销药品经营许可证的；

（五）其他严重违法行为的。

药品注册证书被依法撤销、注销的，不得展示相关药品的信息。

第二十四条 出现突发公共卫生事件或者其他严重威胁公众健康的紧急事件时，第三方平台、药品网络销售企业应当遵守国家有关应急处置规定，依法采取相应的控制和处置措施。

药品上市许可持有人依法召回药品的，第三方平台、药品网络销售企业应当积极予以配合。

第二十五条 药品监督管理部门开展监督检查、案件查办、事件处置等工作时，第三方平台应当予以配合。药品监督管理部门发现药品网络销售企业存在违法行为，依法要求第三方平台采取措施制止的，第三方平台应当及时履行相关义务。

药品监督管理部门依照法律、行政法规要求提供有关平台内销售者、销售记录、药学服务以及追溯等信息的，第三方平台应当及时予以提供。

鼓励第三方平台与药品监督管理部门建立开放数据接口等形式的自动化信息报送机制。

第四章 监督检查

第二十六条 药品监督管理部门应当依照法律、法规、规章等规定，按照职责分工对第三方平台和药品网络销售企业实施监督检查。

第二十七条 药品监督管理部门对第三方平台和药品网络销售企业进行检查时，可以依法采取下列措施：

（一）进入药品网络销售和网络平台服务有关场所实施现场检查；

（二）对网络销售的药品进行抽样检验；

（三）询问有关人员，了解药品网络销售活动相关情况；

（四）依法查阅、复制交易数据、合同、票据、账簿以及其他相关资料；

（五）对有证据证明可能危害人体健康的药品及其有关材料，依法采取查封、扣押措施；

（六）法律、法规规定可以采取的其他措施。

必要时，药品监督管理部门可以对为药品研制、生产、经营、使用提供产品或者服务的单位和个人进行延伸检查。

第二十八条 对第三方平台、药品上市许可持有人、药品批发企业通过网络销售药品违法行为的查处，由省级药品监督管理部门负责。对药品网络零售企业违法行为的查处，由市县级药品监督管理部门负责。

药品网络销售违法行为由违法行为发生地的药品监督管理部门负责查处。因药品网络销售活动引发药品安全事件或者有证据证明可能危害人体健康的，也可以由违法行为结果地的药品监督管理部门负责。

第二十九条 药品监督管理部门应当加强药品网络销售监测工作。省级药品监督管理部门建立的药品网络销售监测平台，应当与国家药品网络销售监测平台实现数据对接。

药品监督管理部门对监测发现的违法行为，应当依法按照职责进行调查处置。

药品监督管理部门对网络销售违法行为的技术监测记录资料,可以依法作为实施行政处罚或者采取行政措施的电子数据证据。

第三十条 对有证据证明可能存在安全隐患的,药品监督管理部门应当根据监督检查情况,对药品网络销售企业或者第三方平台等采取告诫、约谈、限期整改以及暂停生产、销售、使用、进口等措施,并及时公布检查处理结果。

第三十一条 药品监督管理部门应当对药品网络销售企业或者第三方平台提供的个人信息和商业秘密严格保密,不得泄露、出售或者非法向他人提供。

第五章 法律责任

第三十二条 法律、行政法规对药品网络销售违法行为的处罚有规定的,依照其规定。药品监督管理部门发现药品网络销售违法行为涉嫌犯罪的,应当及时将案件移送公安机关。

第三十三条 违反本办法第八条第二款的规定,通过网络销售国家实行特殊管理的药品,法律、行政法规已有规定的,依照法律、行政法规的规定处罚。法律、行政法规未作规定的,责令限期改正,处5万元以上10万元以下罚款;造成危害后果的,处10万元以上20万元以下罚款。

第三十四条 违反本办法第九条第一款、第二款的规定,责令限期改正,处3万元以上5万元以下罚款;情节严重的,处5万元以上10万元以下罚款。

违反本办法第九条第三款的规定,责令限期改正,处5万元以上10万元以下罚款;造成危害后果的,处10万元以上20万元以下罚款。

违反本办法第九条第四款的规定,责令限期改正,处1万元以上3万元以下罚款;情节严重的,处3万元以上5万元以下罚款。

第三十五条 违反本办法第十一条的规定,责令限期改正;逾期不改正的,处1万元以上3万元以下罚款;情节严重的,处3万元以上5万元以下罚款。

第三十六条 违反本办法第十三条、第十九条第二款的规定,责令限期改正;逾期不改正的,处5万元以上10万元以下罚款。

第三十七条 违反本办法第十四条、第十五条的规定,药品网络销售企业未遵守药品经营质量管理规范的,依照药品管理法第一百二十六条的规定进行处罚。

第三十八条 违反本办法第十七条第一款的规定,责令限期改正,处3万元以上10万元以下罚款;造成危害后果的,处10万元以上20万元以下罚款。

第三十九条 违反本办法第十八条的规定,责令限期改正;逾期不改正的,处5万元以上10万元以下罚款;造成危害后果的,处10万元以上20万元以下罚款。

第四十条 违反本办法第二十条、第二十二条、第二十三条的规定,第三方平台未履行资质审核、报告、停止提供网络交易平台服务等义务的,依照药品管理法第一百三十一条的规定处罚。

第四十一条 药品监督管理部门及其工作人员不履行职责或者滥用职权、玩忽职守、徇私舞弊,依法追究法律责任;构成犯罪的,依法追究刑事责任。

第六章 附 则

第四十二条 本办法自2022年12月1日起施行。

药品不良反应报告和监测管理办法

- 2011年5月4日卫生部令第81号公布
- 自2011年7月1日起施行

第一章 总 则

第一条 为加强药品的上市后监管,规范药品不良反应报告和监测,及时、有效控制药品风险,保障公众用药安全,依据《中华人民共和国药品管理法》等有关法律法规,制定本办法。

第二条 在中华人民共和国境内开展药品不良反应报告、监测以及监督管理,适用本办法。

第三条 国家实行药品不良反应报告制度。药品生产企业(包括进口药品的境外制药厂商)、药品经营企业、医疗机构应当按照规定报告所发现的药品不良反应。

第四条 国家食品药品监督管理局主管全国药品不良反应报告和监测工作,地方各级药品监督管理部门主管本行政区域内的药品不良反应报告和监测工作。各级卫生行政部门负责本行政区域内医疗机构与实施药品不良反应报告制度有关的管理工作。

地方各级药品监督管理部门应当建立健全药品不良反应监测机构,负责本行政区域内药品不良反应报告和监测的技术工作。

第五条 国家鼓励公民、法人和其他组织报告药品不良反应。

第二章 职 责

第六条 国家食品药品监督管理局负责全国药品不良反应报告和监测的管理工作,并履行以下主要职责:

(一)与卫生部共同制定药品不良反应报告和监测

的管理规定和政策，并监督实施；

（二）与卫生部联合组织开展全国范围内影响较大并造成严重后果的药品群体不良事件的调查和处理，并发布相关信息；

（三）对已确认发生严重药品不良反应或者药品群体不良事件的药品依法采取紧急控制措施，作出行政处理决定，并向社会公布；

（四）通报全国药品不良反应报告和监测情况；

（五）组织检查药品生产、经营企业的药品不良反应报告和监测工作的开展情况，并与卫生部联合组织检查医疗机构的药品不良反应报告和监测工作的开展情况。

第七条 省、自治区、直辖市药品监督管理部门负责本行政区域内药品不良反应报告和监测的管理工作，并履行以下主要职责：

（一）根据本办法与同级卫生行政部门共同制定本行政区域内药品不良反应报告和监测的管理规定，并监督实施；

（二）与同级卫生行政部门联合组织开展本行政区域内发生的影响较大的药品群体不良事件的调查和处理，并发布相关信息；

（三）对已确认发生严重药品不良反应或者药品群体不良事件的药品依法采取紧急控制措施，作出行政处理决定，并向社会公布；

（四）通报本行政区域内药品不良反应报告和监测情况；

（五）组织检查本行政区域内药品生产、经营企业的药品不良反应报告和监测工作的开展情况，并与同级卫生行政部门联合组织检查本行政区域内医疗机构的药品不良反应报告和监测工作的开展情况；

（六）组织开展本行政区域内药品不良反应报告和监测的宣传、培训工作。

第八条 设区的市级、县级药品监督管理部门负责本行政区域内药品不良反应报告和监测的管理工作；与同级卫生行政部门联合组织开展本行政区域内发生的药品群体不良事件的调查，并采取必要控制措施；组织开展本行政区域内药品不良反应报告和监测的宣传、培训工作。

第九条 县级以上卫生行政部门应当加强对医疗机构临床用药的监督管理，在职责范围内依法对已确认的严重药品不良反应或者药品群体不良事件采取相关的紧急控制措施。

第十条 国家药品不良反应监测中心负责全国药品不良反应报告和监测的技术工作，并履行以下主要职责：

（一）承担国家药品不良反应报告和监测资料的收集、评价、反馈和上报，以及全国药品不良反应监测信息网络的建设和维护；

（二）制定药品不良反应报告和监测的技术标准和规范，对地方各级药品不良反应监测机构进行技术指导；

（三）组织开展严重药品不良反应的调查和评价，协助有关部门开展药品群体不良事件的调查；

（四）发布药品不良反应警示信息；

（五）承担药品不良反应报告和监测的宣传、培训、研究和国际交流工作。

第十一条 省级药品不良反应监测机构负责本行政区域内的药品不良反应报告和监测的技术工作，并履行以下主要职责：

（一）承担本行政区域内药品不良反应报告和监测资料的收集、评价、反馈和上报，以及药品不良反应监测信息网络的维护和管理；

（二）对设区的市级、县级药品不良反应监测机构进行技术指导；

（三）组织开展本行政区域内严重药品不良反应的调查和评价，协助有关部门开展药品群体不良事件的调查；

（四）组织开展本行政区域内药品不良反应报告和监测的宣传、培训工作。

第十二条 设区的市级、县级药品不良反应监测机构负责本行政区域内药品不良反应报告和监测资料的收集、核实、评价、反馈和上报；开展本行政区域内严重药品不良反应的调查和评价；协助有关部门开展药品群体不良事件的调查；承担药品不良反应报告和监测的宣传、培训等工作。

第十三条 药品生产、经营企业和医疗机构应当建立药品不良反应报告和监测管理制度。药品生产企业应当设立专门机构并配备专职人员，药品经营企业和医疗机构应当设立或者指定机构并配备专（兼）职人员，承担本单位的药品不良反应报告和监测工作。

第十四条 从事药品不良反应报告和监测的工作人员应当具有医学、药学、流行病学或者统计学等相关专业知识，具备科学分析评价药品不良反应的能力。

第三章　报告与处置

第一节　基本要求

第十五条 药品生产、经营企业和医疗机构获知或者发现可能与用药有关的不良反应，应当通过国家药品不良反应监测信息网络报告；不具备在线报告条件的，应当通过纸质报表报所在地药品不良反应监测机构，由所在地药品不良反应监测机构代为在线报告。

报告内容应当真实、完整、准确。

第十六条 各级药品不良反应监测机构应当对本行政区域内的药品不良反应报告和监测资料进行评价和管理。

第十七条 药品生产、经营企业和医疗机构应当配合药品监督管理部门、卫生行政部门和药品不良反应监测机构对药品不良反应或者群体不良事件的调查，并提供调查所需的资料。

第十八条 药品生产、经营企业和医疗机构应当建立并保存药品不良反应报告和监测档案。

第二节 个例药品不良反应

第十九条 药品生产、经营企业和医疗机构应当主动收集药品不良反应，获知或者发现药品不良反应后应当详细记录、分析和处理，填写《药品不良反应/事件报告表》（见附表1）并报告。

第二十条 新药监测期内的国产药品应当报告该药品的所有不良反应；其他国产药品，报告新的和严重的不良反应。

进口药品自首次获准进口之日起5年内，报告该进口药品的所有不良反应；满5年的，报告新的和严重的不良反应。

第二十一条 药品生产、经营企业和医疗机构发现或者获知新的、严重的药品不良反应应当在15日内报告，其中死亡病例须立即报告；其他药品不良反应应当在30日内报告。有随访信息的，应当及时报告。

第二十二条 药品生产企业应当对获知的死亡病例进行调查，详细了解死亡病例的基本信息、药品使用情况、不良反应发生及诊治情况等，并在15日内完成调查报告，报药品生产企业所在地的省级药品不良反应监测机构。

第二十三条 个人发现新的或者严重的药品不良反应，可以向经治医师报告，也可以向药品生产、经营企业或当地的药品不良反应监测机构报告，必要时提供相关的病历资料。

第二十四条 设区的市级、县级药品不良反应监测机构应当对收到的药品不良反应报告的真实性、完整性和准确性进行审核。严重药品不良反应报告的审核和评价应当自收到报告之日起3个工作日内完成，其他报告的审核和评价应当在15个工作日内完成。

设区的市级、县级药品不良反应监测机构应当对死亡病例进行调查，详细了解死亡病例的基本信息、药品使用情况、不良反应发生及诊治情况等，自收到报告之日起15个工作日内完成调查报告，报同级药品监督管理部门和卫生行政部门，以及上一级药品不良反应监测机构。

第二十五条 省级药品不良反应监测机构应当在收到下一级药品不良反应监测机构提交的严重药品不良反应评价意见之日起7个工作日内完成评价工作。

对死亡病例，事件发生地和药品生产企业所在地的省级药品不良反应监测机构均应当及时根据调查报告进行分析、评价，必要时进行现场调查，并将评价结果报省级药品监督管理部门和卫生行政部门，以及国家药品不良反应监测中心。

第二十六条 国家药品不良反应监测中心应当及时对死亡病例进行分析、评价，并将评价结果报国家食品药品监督管理局和卫生部。

第三节 药品群体不良事件

第二十七条 药品生产、经营企业和医疗机构获知或者发现药品群体不良事件后，应当立即通过电话或者传真等方式报所在地的县级药品监督管理部门、卫生行政部门和药品不良反应监测机构，必要时可以越级报告；同时填写《药品群体不良事件基本信息表》（见附表2），对每一病例还应当及时填写《药品不良反应/事件报告表》，通过国家药品不良反应监测信息网络报告。

第二十八条 设区的市级、县级药品监督管理部门获知药品群体不良事件后，应当立即与同级卫生行政部门联合组织开展现场调查，并及时将调查结果逐级报至省级药品监督管理部门和卫生行政部门。

省级药品监督管理部门与同级卫生行政部门联合对设区的市级、县级的调查进行督促、指导，对药品群体不良事件进行分析、评价，对本行政区域内发生的影响较大的药品群体不良事件，还应当组织现场调查，评价和调查结果应当及时报国家食品药品监督管理局和卫生部。

对全国范围内影响较大并造成严重后果的药品群体不良事件，国家食品药品监督管理局应当与卫生部联合开展相关调查工作。

第二十九条 药品生产企业获知药品群体不良事件后应当立即开展调查，详细了解药品群体不良事件的发生、药品使用、患者诊治以及药品生产、储存、流通、既往类似不良事件等情况，在7日内完成调查报告，报所在地省级药品监督管理部门和药品不良反应监测机构；同时迅速开展自查，分析事件发生的原因，必要时应当暂停生产、销售、使用和召回相关药品，并报所在地省级药品监督管理部门。

第三十条 药品经营企业发现药品群体不良事件应当立即告知药品生产企业，同时迅速开展自查，必要时应当暂停药品的销售，并协助药品生产企业采取相关控制措施。

第三十一条 医疗机构发现药品群体不良事件后应当积极救治患者，迅速开展临床调查，分析事件发生的原因，必要时可采取暂停药品的使用等紧急措施。

第三十二条 药品监督管理部门可以采取暂停生产、销售、使用或者召回药品等控制措施。卫生行政部门应当采取措施积极组织救治患者。

第四节 境外发生的严重药品不良反应

第三十三条 进口药品和国产药品在境外发生的严重药品不良反应(包括自发报告系统收集的、上市后临床研究发现的、文献报道的)，药品生产企业应当填写《境外发生的药品不良反应/事件报告表》(见附表3)，自获知之日起30日内报送国家药品不良反应监测中心。国家药品不良反应监测中心要求提供原始报表及相关信息的，药品生产企业应当在5日内提交。

第三十四条 国家药品不良反应监测中心应当对收到的药品不良反应报告进行分析、评价，每半年向国家食品药品监督管理局和卫生部报告，发现提示药品可能存在安全隐患的信息应当及时报告。

第三十五条 进口药品和国产药品在境外因药品不良反应被暂停销售、使用或者撤市的，药品生产企业应当在获知后24小时内书面报国家食品药品监督管理局和国家药品不良反应监测中心。

第五节 定期安全性更新报告

第三十六条 药品生产企业应当对本企业生产药品的不良反应报告和监测资料进行定期汇总分析，汇总国内外安全性信息，进行风险和效益评估，撰写定期安全性更新报告。定期安全性更新报告的撰写规范由国家药品不良反应监测中心负责制定。

第三十七条 设立新药监测期的国产药品，应当自取得批准证明文件之日起每满1年提交一次定期安全性更新报告，直至首次再注册，之后每5年报告一次；其他国产药品，每5年报告一次。

首次进口的药品，自取得进口药品批准证明文件之日起每满一年提交一次定期安全性更新报告，直至首次再注册，之后每5年报告一次。

定期安全性更新报告的汇总时间以取得药品批准证明文件的日期为起点计，上报日期应当在汇总数据截止日期后60日内。

第三十八条 国产药品的定期安全性更新报告向药品生产企业所在地省级药品不良反应监测机构提交。进口药品(包括进口分包装药品)的定期安全性更新报告向国家药品不良反应监测中心提交。

第三十九条 省级药品不良反应监测机构应当对收到的定期安全性更新报告进行汇总、分析和评价，于每年4月1日前将上一年度定期安全性更新报告统计情况和分析评价结果报省级药品监督管理部门和国家药品不良反应监测中心。

第四十条 国家药品不良反应监测中心应当对收到的定期安全性更新报告进行汇总、分析和评价，于每年7月1日前将上一年度国产药品和进口药品的定期安全性更新报告统计情况和分析评价结果报国家食品药品监督管理局和卫生部。

第四章 药品重点监测

第四十一条 药品生产企业应当经常考察本企业生产药品的安全性，对新药监测期内的药品和首次进口5年内的药品，应当开展重点监测，并按要求对监测数据进行汇总、分析、评价和报告；对本企业生产的其他药品，应当根据安全性情况主动开展重点监测。

第四十二条 省级以上药品监督管理部门根据药品临床使用和不良反应监测情况，可以要求药品生产企业对特定药品进行重点监测；必要时，也可以直接组织药品不良反应监测机构、医疗机构和科研单位开展药品重点监测。

第四十三条 省级以上药品不良反应监测机构负责对药品生产企业开展的重点监测进行监督、检查，并对监测报告进行技术评价。

第四十四条 省级以上药品监督管理部门可以联合同级卫生行政部门指定医疗机构作为监测点，承担药品重点监测工作。

第五章 评价与控制

第四十五条 药品生产企业应当对收集到的药品不良反应报告和监测资料进行分析、评价，并主动开展药品安全性研究。

药品生产企业对已确认发生严重不良反应的药品，应当通过各种有效途径将药品不良反应、合理用药信息及时告知医务人员、患者和公众；采取修改标签和说明书,暂停生产、销售、使用和召回等措施,减少和防止药品不良反应的重复发生。对不良反应大的药品,应当主动申请注销其批准证明文件。

药品生产企业应当将药品安全性信息及采取的措施报所在地省级药品监督管理部门和国家食品药品监督管理局。

第四十六条 药品经营企业和医疗机构应当对收集到的药品不良反应报告和监测资料进行分析和评价,并采取有效措施减少和防止药品不良反应的重复发生。

第四十七条 省级药品不良反应监测机构应当每季度对收到的药品不良反应报告进行综合分析,提取需要关注的安全性信息,并进行评价,提出风险管理建议,及时报省级药品监督管理部门、卫生行政部门和国家药品不良反应监测中心。

省级药品监督管理部门根据分析评价结果,可以采取暂停生产、销售、使用和召回药品等措施,并监督检查,同时将采取的措施通报同级卫生行政部门。

第四十八条 国家药品不良反应监测中心应当每季度对收到的严重药品不良反应报告进行综合分析,提取需要关注的安全性信息,并进行评价,提出风险管理建议,及时报国家食品药品监督管理局和卫生部。

第四十九条 国家食品药品监督管理局根据药品分析评价结果,可以要求企业开展药品安全性、有效性相关研究。必要时,应当采取责令修改药品说明书,暂停生产、销售、使用和召回药品等措施,对不良反应大的药品,应当撤销药品批准证明文件,并将有关措施及时通报卫生部。

第五十条 省级以上药品不良反应监测机构根据分析评价工作需要,可以要求药品生产、经营企业和医疗机构提供相关资料,相关单位应当积极配合。

第六章 信息管理

第五十一条 各级药品不良反应监测机构应当对收到的药品不良反应报告和监测资料进行统计和分析,并以适当形式反馈。

第五十二条 国家药品不良反应监测中心应当根据对药品不良反应报告和监测资料的综合分析和评价结果,及时发布药品不良反应警示信息。

第五十三条 省级以上药品监督管理部门应当定期发布药品不良反应报告和监测情况。

第五十四条 下列信息由国家食品药品监督管理局和卫生部统一发布:

(一)影响较大并造成严重后果的药品群体不良事件;

(二)其他重要的药品不良反应信息和认为需要统一发布的信息。

前款规定统一发布的信息,国家食品药品监督管理局和卫生部也可以授权省级药品监督管理部门和卫生行政部门发布。

第五十五条 在药品不良反应报告和监测过程中获取的商业秘密、个人隐私、患者和报告者信息应当予以保密。

第五十六条 鼓励医疗机构、药品生产企业、药品经营企业之间共享药品不良反应信息。

第五十七条 药品不良反应报告的内容和统计资料是加强药品监督管理、指导合理用药的依据。

第七章 法律责任

第五十八条 药品生产企业有下列情形之一的,由所在地药品监督管理部门给予警告,责令限期改正,可以并处五千元以上三万元以下的罚款:

(一)未按照规定建立药品不良反应报告和监测管理制度,或者无专门机构、专职人员负责本单位药品不良反应报告和监测工作的;

(二)未建立和保存药品不良反应监测档案的;

(三)未按照要求开展药品不良反应或者群体不良事件报告、调查、评价和处理的;

(四)未按照要求提交定期安全性更新报告的;

(五)未按照要求开展重点监测的;

(六)不配合严重药品不良反应或者群体不良事件相关调查工作的;

(七)其他违反本办法规定的。

药品生产企业有前款规定第(四)项、第(五)项情形之一的,按照《药品注册管理办法》的规定对相应药品不予再注册。

第五十九条 药品经营企业有下列情形之一的,由所在地药品监督管理部门给予警告,责令限期改正;逾期不改的,处三万元以下的罚款:

(一)无专职或者兼职人员负责本单位药品不良反应监测工作的;

(二)未按照要求开展药品不良反应或者群体不良事件报告、调查、评价和处理的;

(三)不配合严重药品不良反应或者群体不良事件相关调查工作的。

第六十条 医疗机构有下列情形之一的,由所在地卫生行政部门给予警告,责令限期改正;逾期不改的,处三万元以下的罚款。情节严重并造成严重后果的,由所在地卫生行政部门对相关责任人给予行政处分:

（一）无专职或者兼职人员负责本单位药品不良反应监测工作的；

（二）未按照要求开展药品不良反应或者群体不良事件报告、调查、评价和处理的；

（三）不配合严重药品不良反应和群体不良事件相关调查工作的。

药品监督管理部门发现医疗机构有前款规定行为之一的，应当移交同级卫生行政部门处理。

卫生行政部门对医疗机构作出行政处罚决定的，应当及时通报同级药品监督管理部门。

第六十一条 各级药品监督管理部门、卫生行政部门和药品不良反应监测机构及其有关工作人员在药品不良反应报告和监测管理工作中违反本办法，造成严重后果的，依照有关规定给予行政处分。

第六十二条 药品生产、经营企业和医疗机构违反相关规定，给药品使用者造成损害的，依法承担赔偿责任。

第八章 附 则

第六十三条 本办法下列用语的含义：

（一）药品不良反应，是指合格药品在正常用法用量下出现的与用药目的无关的有害反应。

（二）药品不良反应报告和监测，是指药品不良反应的发现、报告、评价和控制的过程。

（三）严重药品不良反应，是指因使用药品引起以下损害情形之一的反应：

1. 导致死亡；
2. 危及生命；
3. 致癌、致畸、致出生缺陷；
4. 导致显著的或者永久的人体伤残或者器官功能的损伤；
5. 导致住院或者住院时间延长；
6. 导致其他重要医学事件，如不进行治疗可能出现上述所列情况的。

（四）新的药品不良反应，是指药品说明书中未载明的不良反应。说明书中已有描述，但不良反应发生的性质、程度、后果或者频率与说明书描述不一致或者更严重的，按照新的药品不良反应处理。

（五）药品群体不良事件，是指同一药品在使用过程中，在相对集中的时间、区域内，对一定数量人群的身体健康或者生命安全造成损害或者威胁，需要予以紧急处置的事件。

同一药品：指同一生产企业生产的同一药品名称、同一剂型、同一规格的药品。

（六）药品重点监测，是指为进一步了解药品的临床使用和不良反应发生情况，研究不良反应的发生特征、严重程度、发生率等，开展的药品安全性监测活动。

第六十四条 进口药品的境外制药厂商可以委托其驻中国境内的办事机构或者中国境内代理机构，按照本办法对药品生产企业的规定，履行药品不良反应报告和监测义务。

第六十五条 卫生部和国家食品药品监督管理局对疫苗不良反应报告和监测另有规定的，从其规定。

第六十六条 医疗机构制剂的不良反应报告和监测管理办法由各省、自治区、直辖市药品监督管理部门会同同级卫生行政部门制定。

第六十七条 本办法自 2011 年 7 月 1 日起施行。国家食品药品监督管理局和卫生部于 2004 年 3 月 4 日公布的《药品不良反应报告和监测管理办法》(国家食品药品监督管理局令第 7 号)同时废止。

附表（略）

药品进口管理办法

- 2003 年 8 月 18 日国家食品药品监督管理局、海关总署令第 4 号公布
- 根据 2012 年 8 月 24 日卫生部、海关总署《关于修改〈药品进口管理办法〉的决定》修订

第一章 总 则

第一条 为规范药品进口备案、报关和口岸检验工作，保证进口药品的质量，根据《中华人民共和国药品管理法》、《中华人民共和国海关法》、《中华人民共和国药品管理法实施条例》(以下简称《药品管理法》、《海关法》、《药品管理法实施条例》)及相关法律法规的规定，制定本办法。

第二条 药品的进口备案、报关、口岸检验以及进口，适用本办法。

第三条 药品必须经由国务院批准的允许药品进口的口岸进口。

第四条 本办法所称进口备案，是指进口单位向允许药品进口的口岸所在地药品监督管理部门（以下称口岸药品监督管理局）申请办理《进口药品通关单》的过程。麻醉药品、精神药品进口备案，是指进口单位向口岸药品监督管理局申请办理《进口药品口岸检验通知书》的过程。

本办法所称口岸检验，是指国家食品药品监督管理局确定的药品检验机构（以下称口岸药品检验所）对抵

达口岸的进口药品依法实施的检验工作。

第五条 进口药品必须取得国家食品药品监督管理局核发的《进口药品注册证》(或者《医药产品注册证》),或者《进口药品批件》后,方可办理进口备案和口岸检验手续。

进口麻醉药品、精神药品,还必须取得国家食品药品监督管理局核发的麻醉药品、精神药品《进口准许证》。

第六条 进口单位持《进口药品通关单》向海关申报,海关凭口岸药品监督管理局出具的《进口药品通关单》,办理进口药品的报关验放手续。

进口麻醉药品、精神药品,海关凭国家食品药品监督管理局核发的麻醉药品、精神药品《进口准许证》办理报关验放手续。

第七条 国家食品药品监督管理局会同海关总署制定、修订、公布进口药品目录。

第二章 进口备案

第八条 口岸药品监督管理局负责药品的进口备案工作。口岸药品监督管理局承担的进口备案工作受国家食品药品监督管理局的领导,其具体职责包括:

(一)受理进口备案申请,审查进口备案资料;

(二)办理进口备案或者不予进口备案的有关事项;

(三)联系海关办理与进口备案有关的事项;

(四)通知口岸药品检验所对进口药品实施口岸检验;

(五)对进口备案和口岸检验中发现的问题进行监督处理;

(六)国家食品药品监督管理局规定的其他事项。

第九条 报验单位应当是持有《药品经营许可证》的独立法人。药品生产企业进口本企业所需原料药和制剂中间体(包括境内分包装用制剂),应当持有《药品生产许可证》。

第十条 下列情形的进口药品,必须经口岸药品检验所检验符合标准规定后,方可办理进口备案手续。检验不符合标准规定的,口岸药品监督管理局不予进口备案:

(一)国家食品药品监督管理局规定的生物制品;

(二)首次在中国境内销售的药品;

(三)国务院规定的其他药品。

第十一条 进口单位签订购货合同时,货物到岸地应当从允许药品进口的口岸选择。其中本办法第十条规定情形的药品,必须经由国家特别批准的允许药品进口的口岸进口。

第十二条 进口备案,应当向货物到岸地口岸药品监督管理局提出申请,并由负责本口岸药品检验的口岸药品检验所进行检验。

第十三条 办理进口备案,报验单位应当填写《进口药品报验单》,持《进口药品注册证》(或者《医药产品注册证》)(正本或者副本)原件,进口麻醉药品、精神药品还应当持麻醉药品、精神药品《进口准许证》原件,向所在地口岸药品监督管理局报送所进口品种的有关资料一式两份:

(一)《进口药品注册证》(或者《医药产品注册证》)(正本或者副本)复印件;麻醉药品、精神药品的《进口准许证》复印件;

(二)报验单位的《药品经营许可证》和《企业法人营业执照》复印件;

(三)原产地证明复印件;

(四)购货合同复印件;

(五)装箱单、提运单和货运发票复印件;

(六)出厂检验报告书复印件;

(七)药品说明书及包装、标签的式样(原料药和制剂中间体除外);

(八)国家食品药品监督管理局规定批签发的生物制品,需要提供生产检定记录摘要及生产国或者地区药品管理机构出具的批签发证明原件;

(九)本办法第十条规定情形以外的药品,应当提交最近一次《进口药品检验报告书》和《进口药品通关单》复印件。

药品生产企业自行进口本企业生产所需原料药和制剂中间体的进口备案,第(二)项资料应当提交其《药品生产许可证》和《企业法人营业执照》复印件。

经其他国家或者地区转口的进口药品,需要同时提交从原产地到各转口地的全部购货合同、装箱单、提运单和货运发票等。

上述各类复印件应当加盖进口单位公章。

第十四条 口岸药品监督管理局接到《进口药品报验单》及相关资料后,按照下列程序的要求予以审查:

(一)逐项核查所报资料是否完整、真实;

(二)查验《进口药品注册证》(或者《医药产品注册证》)(正本或者副本)原件,或者麻醉药品、精神药品的《进口准许证》原件真实性;

(三)审查无误后,将《进口药品注册证》(或者《医药产品注册证》)(正本或者副本)原件,或者麻醉药品、精神药品的《进口准许证》原件,交还报验单位,并于当日办结进口备案的相关手续。

第十五条 本办法第十条规定情形的药品,口岸药品监督管理局审查全部资料无误后,应当向负责检验的口岸药品检验所发出《进口药品口岸检验通知书》,附本办法第十三条规定的资料一份,同时向海关发出《进口药品抽样通知书》。有关口岸药品检验进入海关监管场所抽样的管理规定,由国家食品药品监督管理局与海关总署另行制定。

口岸药品检验所按照《进口药品口岸检验通知书》规定的抽样地点,抽取检验样品,进行质量检验,并将检验结果送交所在地口岸药品监督管理局。检验符合标准规定的,准予进口备案,由口岸药品监督管理局发出《进口药品通关单》;不符合标准规定的,不予进口备案,由口岸药品监督管理局发出《药品不予进口备案通知书》。

第十六条 本办法第十条规定情形以外的药品,口岸药品监督管理局审查全部资料无误后,准予进口备案,发出《进口药品通关单》。同时向负责检验的口岸药品检验所发出《进口药品口岸检验通知书》,附本办法第十三条规定的资料一份。

对麻醉药品、精神药品,口岸药品监督管理局审查全部资料无误后,应当只向负责检验的口岸药品检验所发出《进口药品口岸检验通知书》,附本办法第十三条规定的资料一份,无需办理《进口药品通关单》。

口岸药品检验所应当到《进口药品口岸检验通知书》规定的抽样地点抽取样品,进行质量检验,并将检验结果送交所在地口岸药品监督管理局。对检验不符合标准规定的药品,由口岸药品监督管理局依照《药品管理法》及有关规定处理。

第十七条 下列情形之一的进口药品,不予进口备案,由口岸药品监督管理局发出《药品不予进口备案通知书》;对麻醉药品、精神药品,口岸药品监督管理局不予发放《进口药品口岸检验通知书》:

(一)不能提供《进口药品注册证》(或者《医药产品注册证》)(正本或者副本)、《进口药品批件》或者麻醉药品、精神药品的《进口准许证》原件的;

(二)办理进口备案时,《进口药品注册证》(或者《医药产品注册证》),或者麻醉药品、精神药品的《进口准许证》已超过有效期的;

(三)办理进口备案时,药品的有效期限已不满12个月的(对于药品本身有效期不足12个月的,进口备案时,其有效期限应当不低于6个月);

(四)原产地证明所标示的实际生产地与《进口药品注册证》(或者《医药产品注册证》)规定的产地不符的,或者区域性国际组织出具的原产地证明未标明《进口药品注册证》(或者《医药产品注册证》)规定产地的;

(五)进口单位未取得《药品经营许可证》(生产企业应当取得《药品生产许可证》)和《企业法人营业执照》的;

(六)到岸品种的包装、标签与国家食品药品监督管理局的规定不符的;

(七)药品制剂无中文说明书或者中文说明书与批准的说明书不一致的;

(八)未在国务院批准的允许药品进口的口岸组织进口的,或者货物到岸地不属于所在地口岸药品监督管理局管辖范围的;

(九)国家食品药品监督管理局规定批签发的生物制品未提供有效的生产国或者地区药品管理机构出具的生物制品批签发证明文件的;

(十)伪造、变造有关文件和票据的;

(十一)《进口药品注册证》(或者《医药产品注册证》)已被撤销的;

(十二)本办法第十条规定情形的药品,口岸药品检验所根据本办法第二十五条的规定不予抽样的;

(十三)本办法第十条规定情形的药品,口岸检验不符合标准规定的;

(十四)药品监督管理部门有其他证据证明进口药品可能危害人体健康的。

第十八条 对不予进口备案的进口药品,进口单位应当予以退运。无法退运的,由海关移交口岸药品监督管理局监督处理。

第十九条 进口临床急需药品、捐赠药品、新药研究和药品注册所需样品或者对照药品等,必须经国家食品药品监督管理局批准,并凭国家食品药品监督管理局核发的《进口药品批件》,按照本办法第十六条的规定,办理进口备案手续。

第三章 口岸检验

第二十条 口岸药品检验所由国家食品药品监督管理局根据进口药品口岸检验工作的需要确定。口岸药品检验所的职责包括:

(一)对到岸货物实施现场核验;

(二)核查出厂检验报告书和原产地证明原件;

(三)按照规定进行抽样;

(四)对进口药品实施口岸检验;

(五)对有异议的检验结果进行复验;

(六)国家食品药品监督管理局规定的其他事项。

第二十一条 中国药品生物制品检定所负责进口药品口岸检验工作的指导和协调。口岸检验所需标准品、对照品由中国药品生物制品检定所负责审核、标定。

第二十二条 口岸药品检验所应当按照《进口药品注册证》(或者《医药产品注册证》)载明的注册标准对进口药品进行检验。

第二十三条 口岸药品检验所接到《进口药品口岸检验通知书》后,应当在2日内与进口单位联系,到规定的存货地点按照《进口药品抽样规定》进行现场抽样。

进口单位应当在抽样前,提供出厂检验报告书和原产地证明原件。

对需进入海关监管区抽样的,口岸药品检验所应当同时与海关联系抽样事宜,并征得海关同意。抽样时,进口单位和海关的人员应当同时在场。

第二十四条 口岸药品检验所现场抽样时,应当注意核查进口品种的实际到货情况,做好抽样记录并填写《进口药品抽样记录单》。

本办法第十条规定情形以外的药品,抽样完成后,口岸药品检验所应当在进口单位持有的《进口药品通关单》原件上注明"已抽样"的字样,并加盖抽样单位的公章。

对麻醉药品、精神药品,抽样完成后,应当在《进口准许证》原件上注明"已抽样"的字样,并加盖抽样单位的公章。

第二十五条 对有下列情形之一的进口药品,口岸药品检验所不予抽样:

(一)未提供出厂检验报告书和原产地证明原件,或者所提供的原件与申报进口备案时的复印件不符的;

(二)装运唛头与单证不符的;

(三)进口药品批号或者数量与单证不符的;

(四)进口药品包装及标签与单证不符的;

(五)药品监督管理部门有其他证据证明进口药品可能危害人体健康的。

对不予抽样的药品,口岸药品检验所应当在2日内,将《进口药品抽样记录单》送交所在地口岸药品监督管理局。

第二十六条 口岸药品检验所应当及时对所抽取的样品进行检验,并在抽样后20日内,完成检验工作,出具《进口药品检验报告书》。特殊品种或者特殊情况不能按时完成检验时,可以适当延长检验期限,并通知进口单位和口岸药品监督管理局。

《进口药品检验报告书》应当明确标有"符合标准规定"或者"不符合标准规定"的检验结论。

国家食品药品监督管理局规定批签发的生物制品,口岸检验符合标准规定,审核符合要求的,应当同时发放生物制品批签发证明。

第二十七条 对检验符合标准规定的进口药品,口岸药品检验所应当将《进口药品检验报告书》送交所在地口岸药品监督管理局和进口单位。

对检验不符合标准规定的进口药品,口岸药品检验所应当将《进口药品检验报告书》及时发送口岸药品监督管理局和其他口岸药品检验所,同时报送国家食品药品监督管理局和中国药品生物制品检定所。

第二十八条 进口药品的检验样品应当保存至有效期满。不易贮存的留样,可根据实际情况掌握保存时间。索赔或者退货检品的留样应当保存至该案完结时。超过保存期的留样,由口岸药品检验所予以处理并记录备案。

第二十九条 进口单位对检验结果有异议的,可以自收到检验结果之日起7日内向原口岸药品检验所申请复验,也可以直接向中国药品生物制品检定所申请复验。生物制品的复验直接向中国药品生物制品检定所申请。

口岸药品检验所在受理复验申请后,应当及时通知口岸药品监督管理局,并自受理复验之日起10日内,作出复验结论,通知口岸药品监督管理局、其他口岸药品检验所,报国家食品药品监督管理局和中国药品生物制品检定所。

第四章 监督管理

第三十条 口岸药品检验所根据本办法第二十五条的规定不予抽样但已办结海关验放手续的药品,口岸药品监督管理局应当对已进口的全部药品采取查封、扣押的行政强制措施。

第三十一条 本办法第十条规定情形以外的药品,经口岸药品检验所检验不符合标准规定的,进口单位应当在收到《进口药品检验报告书》后2日内,将全部进口药品流通、使用的详细情况,报告所在地口岸药品监督管理局。

所在地口岸药品监督管理局收到《进口药品检验报告书》后,应当及时采取对全部药品予以查封、扣押的行政强制措施,并在7日内作出行政处理决定。对申请复验的,必须自检验报告书发出之日起15日内作出行政处理决定。有关情况应当及时报告国家食品药品监督管理局,同时通告各省、自治区、直辖市药品监督管理局和其他口岸药品监督管理局。

第三十二条 未在规定时间内提出复验或者经复验仍不符合标准规定的，口岸药品监督管理局应当按照《药品管理法》以及有关规定作出行政处理决定。有关情况应当及时报告国家食品药品监督管理局，同时通告各省、自治区、直辖市药品监督管理局和其他口岸药品监督管理局。

经复验符合标准规定的，口岸药品监督管理局应当解除查封、扣押的行政强制措施，并将处理情况报告国家食品药品监督管理局，同时通告各省、自治区、直辖市药品监督管理局和其他口岸药品监督管理局。

第三十三条 药品进口备案中发现的其他问题，由口岸药品监督管理局按照《药品管理法》以及有关规定予以处理。

第三十四条 国内药品生产企业、经营企业以及医疗机构采购进口药品时，供货单位应当同时提供以下资料：

（一）《进口药品注册证》（或者《医药产品注册证》）复印件、《进口药品批件》复印件；

（二）《进口药品检验报告书》复印件或者注明"已抽样"并加盖公章的《进口药品通关单》复印件。

国家食品药品监督管理局规定批签发的生物制品，需要同时提供口岸药品检验所核发的批签发证明复印件。

进口麻醉药品、精神药品，应当同时提供其《进口药品注册证》（或者《医药产品注册证》）复印件、《进口准许证》复印件和《进口药品检验报告书》复印件。

上述各类复印件均需加盖供货单位公章。

第三十五条 口岸药品监督管理局和口岸药品检验所应当建立严格的进口备案资料和口岸检验资料的管理制度，并对进口单位的呈报资料承担保密责任。

第三十六条 对于违反本办法进口备案和口岸检验有关规定的口岸药品监督管理局和口岸药品检验所，国家食品药品监督管理局将根据情节给予批评、通报批评，情节严重的停止其进口备案和口岸检验资格。

第三十七条 违反本办法涉及海关有关规定的，海关按照《海关法》、《中华人民共和国海关法行政处罚实施细则》的规定处理。

第五章 附 则

第三十八条 本办法所称进口单位，包括经营单位、收货单位和报验单位。

经营单位，是指对外签订并执行进出口贸易合同的中国境内企业或单位。

收货单位，是指购货合同和货运发票中载明的收货人或者货主。

报验单位，是指该批进口药品的实际货主或者境内经销商，并具体负责办理进口备案和口岸检验手续。

收货单位和报验单位可以为同一单位。

第三十九条 从境外进入保税仓库、保税区、出口加工区的药品，免予办理进口备案和口岸检验等进口手续，海关按有关规定实施监管；从保税仓库、出口监管仓库、保税区、出口加工区出库或出区进入国内的药品，按本办法有关规定办理进口备案和口岸检验等手续。

经批准以加工贸易方式进口的原料药、药材，免予办理进口备案和口岸检验等进口手续，其原料药及制成品禁止转为内销。确因特殊情况无法出口的，移交地方药品监督管理部门按规定处理，海关予以核销。

进出境人员随身携带的个人自用的少量药品，应当以自用、合理数量为限，并接受海关监管。

第四十条 进口暂未列入进口药品目录的原料药，应当遵照本办法的规定，到口岸药品监督管理局办理进口备案手续。

第四十一条 药材进口备案和口岸检验的规定，由国家食品药品监督管理局另行制定。

第四十二条 进口麻醉药品、精神药品凭《进口药品注册证》（或者《医药产品注册证》），按照国务院麻醉药品、精神药品管理的有关法规办理《进口准许证》。

第四十三条 本办法规定的麻醉药品、精神药品是指供临床使用的品种，科研、教学、兽用等麻醉药品、精神药品的进口，按照国务院麻醉药品、精神药品管理的有关法规执行。

第四十四条 本办法由国家食品药品监督管理局和海关总署负责解释。

第四十五条 本办法自2004年1月1日起实施。1999年5月1日实施的《进口药品管理办法》同时废止。

附件：进口药品报验单（略）
　　　进口药品通关单（略）
　　　进口药品口岸检验通知书（略）
　　　进口药品抽样通知书（略）
　　　药品不予进口备案通知书（略）
　　　进口药品抽样记录单（略）
　　　国家食品药品监督管理局进口药品批件（略）
　　　×××药品检验所进口药品检验报告书（略）
　　　进口药品抽样规定（略）

医疗机构药事管理规定

- 2011年1月30日
- 卫医政发〔2011〕11号

第一章 总则

第一条 为加强医疗机构药事管理,促进药物合理应用,保障公众身体健康,根据《中华人民共和国药品管理法》、《医疗机构管理条例》和《麻醉药品和精神药品管理条例》等有关法律、法规,制定本规定。

第二条 本规定所称医疗机构药事管理,是指医疗机构以病人为中心,以临床药学为基础,对临床用药全过程进行有效的组织实施与管理,促进临床科学、合理用药的药学技术服务和相关的药品管理工作。

第三条 卫生部、国家中医药管理局负责全国医疗机构药事管理工作的监督管理。

县级以上地方卫生行政部门、中医药行政部门负责本行政区域内医疗机构药事管理工作的监督管理。

军队卫生行政部门负责军队医疗机构药事管理工作的监督管理。

第四条 医疗机构药事管理和药学工作是医疗工作的重要组成部分。医疗机构应当根据本规定设置药事管理组织和药学部门。

第五条 依法取得相应资格的药学专业技术人员方可从事药学专业技术工作。

第六条 医疗机构不得将药品购销、使用情况作为医务人员或者部门、科室经济分配的依据。医疗机构及医务人员不得在药品购销、使用中牟取不正当经济利益。

第二章 组织机构

第七条 二级以上医院应当设立药事管理与药物治疗学委员会;其他医疗机构应当成立药事管理与药物治疗学组。

二级以上医院药事管理与药物治疗学委员会委员由具有高级技术职务任职资格的药学、临床医学、护理和医院感染管理、医疗行政管理等人员组成。

成立医疗机构药事管理与药物治疗学组的医疗机构由药学、医务、护理、医院感染、临床科室等部门负责人和具有药师、医师以上专业技术职务任职资格人员组成。

医疗机构负责人任药事管理与药物治疗学委员会(组)主任委员,药学和医务部门负责人任药事管理与药物治疗学委员会(组)副主任委员。

第八条 药事管理与药物治疗学委员会(组)应当建立健全相应工作制度,日常工作由药学部门负责。

第九条 药事管理与药物治疗学委员会(组)的职责:

(一)贯彻执行医疗卫生及药事管理等有关法律、法规、规章。审核制定本机构药事管理和药学工作规章制度,并监督实施;

(二)制定本机构药品处方集和基本用药供应目录;

(三)推动药物治疗相关临床诊疗指南和药物临床应用指导原则的制定与实施,监测、评估本机构药物使用情况,提出干预和改进措施,指导临床合理用药;

(四)分析、评估用药风险和药品不良反应、药品损害事件,并提供咨询与指导;

(五)建立药品遴选制度,审核本机构临床科室申请的新购入药品、调整药品品种或者供应企业和申报医院制剂等事宜;

(六)监督、指导麻醉药品、精神药品、医疗用毒性药品及放射性药品的临床使用与规范化管理;

(七)对医务人员进行有关药事管理法律法规、规章制度和合理用药知识教育培训;向公众宣传安全用药知识。

第十条 医疗机构医务部门应当指定专人,负责与医疗机构药物治疗相关的行政事务管理工作。

第十一条 医疗机构应当根据本机构功能、任务、规模设置相应的药学部门,配备和提供与药学部门工作任务相适应的专业技术人员、设备和设施。

三级医院设置药学部,并可根据实际情况设置二级科室;二级医院设置药剂科;其他医疗机构设置药房。

第十二条 药学部门具体负责药品管理、药学专业技术服务和药事管理工作,开展以病人为中心,以合理用药为核心的临床药学工作,组织药师参与临床药物治疗,提供药学专业技术服务。

第十三条 药学部门应当建立健全相应的工作制度、操作规程和工作记录,并组织实施。

第十四条 二级以上医院药学部门负责人应当具有高等学校药学专业或者临床药学专业本科以上学历,及本专业高级技术职务任职资格;除诊所、卫生所、医务室、卫生保健所、卫生站以外的其他医疗机构药学部门负责人应当具有高等学校药学专业专科以上或者中等学校药学专业毕业学历,及药师以上专业技术职务任职资格。

第三章 药物临床应用管理

第十五条 药物临床应用管理是对医疗机构临床诊断、预防和治疗疾病用药全过程实施监督管理。医疗机构应当遵循安全、有效、经济的合理用药原则,尊重患者对药品使用的知情权和隐私权。

第十六条 医疗机构应当依据国家基本药物制度、抗菌药物临床应用指导原则和中成药临床应用指导原则，制定本机构基本药物临床应用管理办法，建立并落实抗菌药物临床应用分级管理制度。

第十七条 医疗机构应当建立由医师、临床药师和护士组成的临床治疗团队，开展临床合理用药工作。

第十八条 医疗机构应当遵循有关药物临床应用指导原则、临床路径、临床诊疗指南和药品说明书等合理使用药物；对医师处方、用药医嘱的适宜性进行审核。

第十九条 医疗机构应当配备临床药师。临床药师应当全职参与临床药物治疗工作，对患者进行用药教育，指导患者安全用药。

第二十条 医疗机构应当建立临床用药监测、评价和超常预警制度，对药物临床使用安全性、有效性和经济性进行监测、分析、评估，实施处方和用药医嘱点评与干预。

第二十一条 医疗机构应当建立药品不良反应、用药错误和药品损害事件监测报告制度。医疗机构临床科室发现药品不良反应、用药错误和药品损害事件后，应当积极救治患者，立即向药学部门报告，并做好观察与记录。医疗机构应当按照国家有关规定向相关部门报告药品不良反应，用药错误和药品损害事件应当立即向所在地县级卫生行政部门报告。

第二十二条 医疗机构应当结合临床和药物治疗，开展临床药学和药学研究工作，并提供必要的工作条件，制订相应管理制度，加强领导与管理。

第四章 药剂管理

第二十三条 医疗机构应当根据《国家基本药物目录》、《处方管理办法》、《国家处方集》、《药品采购供应质量管理规范》等制订本机构《药品处方集》和《基本用药供应目录》，编制药品采购计划，按规定购入药品。

第二十四条 医疗机构应当制订本机构药品采购工作流程；建立健全药品成本核算和账务管理制度；严格执行药品购入检查、验收制度；不得购入和使用不符合规定的药品。

第二十五条 医疗机构临床使用的药品应当由药学部门统一采购供应。经药事管理与药物治疗学委员会（组）审核同意，核医学科可以购用、调剂本专业所需的放射性药品。其他科室或者部门不得从事药品的采购、调剂活动，不得在临床使用非药学部门采购供应的药品。

第二十六条 医疗机构应当制订和执行药品保管制度，定期对库存药品进行养护与质量检查。药品库的仓储条件和管理应当符合药品采购供应质量管理规范的有关规定。

第二十七条 化学药品、生物制品、中成药和中药饮片应当分别储存，分类定位存放。易燃、易爆、强腐蚀性等危险性药品应当另设仓库单独储存，并设置必要的安全设施，制订相关的工作制度和应急预案。

麻醉药品、精神药品、医疗用毒性药品、放射性药品等特殊管理的药品，应当按照有关法律、法规、规章的相关规定进行管理和监督使用。

第二十八条 药学专业技术人员应当严格按照《药品管理法》、《处方管理办法》、药品调剂质量管理规范等法律、法规、规章制度和技术操作规程，认真审核处方或者用药医嘱，经适宜性审核后调剂配发药品。发出药品时应当告知患者用法用量和注意事项，指导患者合理用药。

为保障患者用药安全，除药品质量原因外，药品一经发出，不得退换。

第二十九条 医疗机构门急诊药品调剂室应当实行大窗口或者柜台式发药。住院（病房）药品调剂室对注射剂按日剂量配发，对口服制剂药品实行单剂量调剂配发。

肠外营养液、危害药品静脉用药应当实行集中调配供应。

第三十条 医疗机构根据临床需要建立静脉用药调配中心（室），实行集中调配供应。静脉用药调配中心（室）应当符合静脉用药集中调配质量管理规范，由所在地设区的市级以上卫生行政部门组织技术审核、验收，合格后方可集中调配静脉用药。在静脉用药调配中心（室）以外调配静脉用药，参照静脉用药集中调配质量管理规范执行。

医疗机构建立的静脉用药调配中心（室）应当报省级卫生行政部门备案。

第三十一条 医疗机构制剂管理按照《药品管理法》及其实施条例等有关法律、行政法规规定执行。

第五章 药学专业技术人员配置与管理

第三十二条 医疗机构药学专业技术人员按照有关规定取得相应的药学专业技术职务任职资格。

医疗机构直接接触药品的药学人员，应当每年进行健康检查。患有传染病或者其他可能污染药品的疾病的，不得从事直接接触药品的工作。

第三十三条 医疗机构药学专业技术人员不得少于本机构卫生专业技术人员的8%。建立静脉用药调配中心(室)的,医疗机构应当根据实际需要另行增加药学专业技术人员数量。

第三十四条 医疗机构应当根据本机构性质、任务、规模配备适当数量临床药师,三级医院临床药师不少于5名,二级医院临床药师不少于3名。

临床药师应当具有高等学校临床药学专业或者药学专业本科毕业以上学历,并应当经过规范化培训。

第三十五条 医疗机构应当加强对药学专业技术人员的培养、考核和管理,制订培训计划,组织药学专业技术人员参加毕业后规范化培训和继续医学教育,将完成培训及取得继续医学教育学分情况,作为药学专业技术人员考核、晋升专业技术职务任职资格和专业岗位聘任的条件之一。

第三十六条 医疗机构药师工作职责:

(一)负责药品采购供应、处方或者用药医嘱审核、药品调剂、静脉用药集中调配和医院制剂配制,指导病房(区)护士请领、使用与管理药品;

(二)参与临床药物治疗,进行个体化药物治疗方案的设计与实施,开展药学查房,为患者提供药学专业技术服务;

(三)参加查房、会诊、病例讨论和疑难、危重患者的医疗救治,协同医师做好药物使用遴选,对临床药物治疗提出意见或调整建议,与医师共同对药物治疗负责;

(四)开展抗菌药物临床应用监测,实施处方点评与超常预警,促进药物合理使用;

(五)开展药品质量监测,药品严重不良反应和药品损害的收集、整理、报告等工作;

(六)掌握与临床用药相关的药物信息,提供用药信息与药学咨询服务,向公众宣传合理用药知识;

(七)结合临床药物治疗实践,进行药学临床应用研究;开展药物利用评价和药物临床应用研究;参与新药临床试验和新药上市后安全性与有效性监测;

(八)其他与医院药学相关的专业技术工作。

第六章 监督管理

第三十七条 县级以上地方卫生、中医药行政部门应当加强对医疗机构药事管理工作的监督与管理。

第三十八条 医疗机构不得使用非药学专业技术人员从事药学专业技术工作或者聘其为药学部门主任。

第三十九条 医疗机构出现下列情形之一的,由县级以上地方卫生、中医药行政部门责令改正、通报批评、给予警告;对于直接负责的主管人员和其他直接责任人员,依法给予降级、撤职、开除等处分:

(一)未建立药事管理组织机构,药事管理工作和药学专业技术工作混乱,造成医疗安全隐患和严重不良后果的;

(二)未按照本规定配备药学专业技术人员、建立临床药师制,不合理用药问题严重,并造成不良影响的;

(三)未执行有关的药品质量管理规范和规章制度,导致药品质量问题或用药错误,造成医疗安全隐患和严重不良后果的;

(四)非药学部门从事药品购用、调剂或制剂活动的;

(五)将药品购销、使用情况作为个人或者部门、科室经济分配的依据,或者在药品购销、使用中牟取不正当利益的;

(六)违反本规定的其他规定并造成严重后果的。

第四十条 医疗机构违反药品管理有关法律、法规、规章的,依据其情节由县级以上地方卫生行政部门依法予以处理。

第四十一条 县级以上地方卫生、中医药行政部门应当定期对医疗机构药事管理工作进行监督检查。

第四十二条 卫生、中医药行政部门的工作人员依法对医疗机构药事管理工作进行监督检查时,应当出示证件。被检查的医疗机构应当予以配合,如实反映情况,提供必要的资料,不得拒绝、阻碍、隐瞒。

第七章 附则

第四十三条 本规定中下列用语的含义:

临床药学:是指药学与临床相结合,直接面向患者,以病人为中心,研究与实践临床药物治疗,提高药物治疗水平的综合性应用学科。

临床药师:是指以系统药学专业知识为基础,并具有一定医学和相关专业基础知识与技能,直接参与临床用药,促进药物合理应用和保护患者用药安全的药学专业技术人员。

危害药品:是指能产生职业暴露危险或者危害的药品,即具有遗传毒性、致癌性、致畸性,或者对生育有损害作用以及在低剂量下可产生严重的器官或其他方面毒性的药品,包括肿瘤化疗药物和细胞毒药物。

药品损害:是指由于药品质量不符合国家药品标准造成的对患者的损害。

用药错误:是指合格药品在临床使用全过程中出现的、任何可以防范的用药不当。

第四十四条 医疗机构中药饮片的管理,按照《医院中药饮片管理规范》执行。

第四十五条 诊所、卫生所、医务室、卫生保健所和卫生站可不设药事管理组织机构和药学部门，由机构负责人指定医务人员负责药事工作。

中医诊所、民族医诊所可不设药事管理组织机构和药学部门，由中医药和民族医药专业技术人员负责药事工作。

第四十六条 本规定自 2011 年 3 月 1 日起施行。《医疗机构药事管理暂行规定》（卫医发〔2002〕24 号）同时废止。

零售药店医疗保障定点管理暂行办法

· 2020 年 12 月 24 日第 2 次局务会议审议通过
· 2020 年 12 月 30 日国家医疗保障局第 3 号公布
· 自 2021 年 2 月 1 日起施行

第一章 总 则

第一条 为加强和规范零售药店医疗保障定点管理，提高医疗保障基金使用效率，更好地保障广大参保人员权益，根据《中华人民共和国社会保险法》《中华人民共和国基本医疗卫生与健康促进法》及《中华人民共和国药品管理法》等法律法规，制定本办法。

第二条 零售药店医疗保障定点管理应坚持以人民健康为中心，遵循保障基本、公平公正、权责明晰、动态平衡的原则，加强医疗保障精细化管理，发挥零售药店市场活力，为参保人员提供适宜的药品服务。

第三条 医疗保障行政部门负责制定零售药店定点管理政策，在定点申请、专业评估、协商谈判、协议订立、协议履行、协议解除等环节对医疗保障经办机构（以下简称"经办机构"）、定点零售药店进行监督。经办机构负责确定定点零售药店，并与定点零售药店签订医疗保障服务协议（以下简称"医保协议"），提供经办服务，开展医保协议管理、考核等。定点零售药店应当遵守医疗保障法律、法规、规章及有关政策，按照规定向参保人员提供药品服务。

第二章 定点零售药店的确定

第四条 统筹地区医疗保障行政部门根据公众健康需求、管理服务需要、医疗保障基金收支、参保人员用药需求等确定本统筹地区定点零售药店的资源配置。

第五条 取得药品经营许可证，并同时符合以下条件的零售药店均可申请医疗保障定点：

（一）在注册地址正式经营至少 3 个月；

（二）至少有 1 名取得执业药师资格证书或具有药学、临床药学、中药学专业技术资格证书的药师，且注册地在该零售药店所在地，药师须签订 1 年以上劳动合同且在合同期内；

（三）至少有 2 名熟悉医疗保障法律法规和相关制度规定的专（兼）职医保管理人员负责管理医保费用，并签订 1 年以上劳动合同且在合同期内；

（四）按药品经营质量管理规范要求，开展药品分类分区管理，并对所售药品设立明确的医保用药标识；

（五）具有符合医保协议管理要求的医保药品管理制度、财务管理制度、医保人员管理制度、统计信息管理制度和医保费用结算制度；

（六）具备符合医保协议管理要求的信息系统技术和接口标准，实现与医保信息系统有效对接，为参保人员提供直接联网结算，建立医保药品等基础数据库，按规定使用国家统一医保编码；

（七）符合法律法规和省级及以上医疗保障行政部门规定的其他条件。

第六条 零售药店向统筹地区经办机构提出医疗保障定点申请，至少提供以下材料：

（一）定点零售药店申请表；

（二）药品经营许可证、营业执照和法定代表人、主要负责人或实际控制人身份证复印件；

（三）执业药师资格证书或药学技术人员相关证书及其劳动合同复印件；

（四）医保专（兼）职管理人员的劳动合同复印件；

（五）与医疗保障政策对应的内部管理制度和财务制度文本；

（六）与医保有关的信息系统相关材料；

（七）纳入定点后使用医疗保障基金的预测性分析报告；

（八）省级医疗保障行政部门按相关规定要求提供的其他材料。

第七条 零售药店提出定点申请，统筹地区经办机构应即时受理。对申请材料内容不全的，经办机构自收到材料之日起 5 个工作日内一次性告知零售药店补充。

第八条 统筹地区经办机构应组织评估小组或委托符合规定的第三方机构，以书面、现场等形式开展评估。评估小组成员由医疗保障、医药卫生、财务管理、信息技术等专业人员构成。自受理申请材料之日起，评估时间不超过 3 个月，零售药店补充材料时间不计入评估期限。评估内容包括：

（一）核查药品经营许可证、营业执照和法定代表人、企业负责人或实际控制人身份证；

(二)核查执业药师资格证书或药学技术人员资格证书及劳动合同;
(三)核查医保专(兼)职管理人员的劳动合同;
(四)核查与医疗保障政策对应的内部管理制度和财务制度;
(五)核查与医保有关的信息系统是否具备开展直接联网结算的条件;
(六)核查医保药品标识。

评估结果包括合格和不合格。统筹地区经办机构应将评估结果报同级医疗保障行政部门备案。对于评估合格的,纳入拟签订医保协议的零售药店名单向社会公示。对于评估不合格的应告知其理由,提出整改建议。自结果告知送达之日起,整改3个月后可再次组织评估,评估仍不合格的,1年内不得再次申请。

省级医疗保障行政部门可以在本办法基础上,根据实际情况,制定具体评估细则。

第九条 统筹地区经办机构与评估合格的零售药店协商谈判,达成一致的,双方自愿签订医保协议。原则上由地市级及以上的统筹地区经办机构与零售药店签订医保协议并向同级医疗保障行政部门备案。医保协议应明确双方的权利、义务和责任。签订医保协议的双方应当严格执行医保协议约定。医保协议期限一般为1年。

第十条 统筹地区经办机构向社会公布签订医保协议的定点零售药店信息,包括名称、地址等,供参保人员选择。

第十一条 零售药店有下列情形之一的,不予受理定点申请:
(一)未依法履行行政处罚责任的;
(二)以弄虚作假等不正当手段申请定点,自发现之日起未满3年的;
(三)因违法违规被解除医保协议未满3年或已满3年但未完全履行行政处罚法律责任的;
(四)因严重违反医保协议约定而被解除医保协议未满1年或已满1年但未完全履行违约责任的;
(五)法定代表人、企业负责人或实际控制人曾因严重违法违规导致原定点零售药店被解除医保协议,未满5年的;
(六)法定代表人、企业负责人或实际控制人被列入失信人名单的;
(七)法律法规规定的其他不予受理的情形。

第三章 定点零售药店运行管理

第十二条 定点零售药店具有为参保人员提供药品服务后获得医保结算费用,对经办机构履约情况进行监督,对完善医疗保障政策提出意见建议等权利。

第十三条 定点零售药店应当为参保人员提供药品咨询、用药安全、医保药品销售、医保费用结算等服务。符合规定条件的定点零售药店可以申请纳入门诊慢性病、特殊病购药定点机构,相关规定由统筹地区医疗保障部门另行制定。

经办机构不予支付的费用、定点零售药店按医保协议约定被扣除的质量保证金及其支付的违约金等,定点零售药店不得作为医保欠费处理。

第十四条 定点零售药店应当严格执行医保支付政策。鼓励在医疗保障行政部门规定的平台上采购药品,并真实记录"进、销、存"情况。

第十五条 定点零售药店要按照公平、合理、诚实信用和质价相符的原则制定价格,遵守医疗保障行政部门制定的药品价格政策。

第十六条 定点零售药店应当凭处方销售医保目录内处方药,药师应当对处方进行审核、签字后调剂配发药品。外配处方必须由定点医疗机构医师开具,有医师签章。定点零售药店可凭定点医疗机构开具的电子外配处方销售药品。

第十七条 定点零售药店应当组织医保管理人员参加由医疗保障行政部门或经办机构组织的宣传和培训。

定点零售药店应当组织开展医疗保障基金相关制度、政策的培训,定期检查本单位医疗保障基金使用情况,及时纠正医疗保障基金使用不规范的行为。

第十八条 定点零售药店在显著位置悬挂统一格式的定点零售药店标识。

第十九条 定点零售药店应按要求及时如实向统筹地区经办机构上传参保人员购买药品的品种、规格、价格及费用信息,定期向经办机构上报医保目录内药品的"进、销、存"数据,并对其真实性负责。

第二十条 定点零售药店应当配合经办机构开展医保费用审核、稽核检查、绩效考核等工作,接受医疗保障行政部门的监督检查,并按规定提供相关材料。

第二十一条 定点零售药店提供药品服务时应核对参保人员有效身份凭证,做到人证相符。特殊情况下为他人代购药品的应出示本人和被代购人身份证。为参保人员提供医保药品费用直接结算单据和相关资料,参保人员或购药人应在购药清单上签字确认。凭外配处方购药的,应核验处方使用人与参保人员身份是否一致。

第二十二条 定点零售药店应将参保人员医保目录

内药品外配处方、购药清单等保存2年,以备医疗保障部门核查。

第二十三条 定点零售药店应做好与医保有关的信息系统安全保障工作,遵守数据安全有关制度,保护参保人员隐私。定点零售药店重新安装信息系统时,应当保持信息系统技术接口标准与医保信息系统有效对接,并按规定及时全面准确向医保信息系统传送医保结算和审核所需的有关数据。

第四章 经办管理服务

第二十四条 经办机构有权掌握定点零售药店的运行管理情况,从定点零售药店获得医保费用稽查审核、绩效考核和财务记账等所需要的信息数据等资料。

第二十五条 经办机构应当完善定点申请、组织评估、协议签订、协议履行、协议变更和解除等流程管理,制定经办规程,为定点零售药店和参保人员提供优质高效的经办服务。

第二十六条 经办机构应做好对定点零售药店医疗保障政策、管理制度、支付政策、操作流程的宣传培训,提供医疗保障咨询、查询服务。

第二十七条 经办机构应当落实医保支付政策,加强医疗保障基金管理。

第二十八条 经办机构应当建立完善的内部控制制度,明确对定点零售药店医保费用的审核、结算、拨付、稽核等岗位责任及风险防控机制。完善重大医保药品费用支出集体决策制度。

第二十九条 经办机构应当加强医疗保障基金支出管理,通过智能审核、实时监控、现场检查等方式及时审核医保药品费用。对定点零售药店进行定期和不定期稽查审核,按医保协议约定及时足额向定点零售药店拨付医保费用。原则上,应当在定点零售药店申报后30个工作日内拨付符合规定的医保费用。

第三十条 定点零售药店经审核实的违规医保费用,经办机构不予支付。

第三十一条 经办机构应当依法依规支付参保人员在定点零售药店发生的药品费用。

参保人员应凭本人参保有效身份凭证在定点零售药店购药。不得出租(借)本人有效身份凭证给他人,不得套取医疗保障基金。在非定点零售药店发生的药品费用,医疗保障基金不予支付。

第三十二条 经办机构向社会公开医保信息系统数据集和接口标准。定点零售药店自主选择与医保对接的有关信息系统的运行和维护供应商。经办机构不得以任何名义收取任何费用及指定供应商。

第三十三条 经办机构应遵守数据安全有关制度,保护参保人员隐私,确保医疗保障基金安全。

第三十四条 经办机构或其委托的第三方机构,对定点零售药店开展绩效考核,建立动态管理机制。考核结果与年终清算、质量保证金退还、医保协议续签等挂钩。绩效考核办法由国家医疗保障部门制定,省级医疗保障部门可制定具体考核细则,经办机构负责组织实施。

第三十五条 经办机构发现定点零售药店存在违反医保协议约定情形的,可按医保协议约定相应采取以下处理方式:

(一)约谈法定代表人、主要负责人或实际控制人;

(二)暂停结算、不予支付或追回已支付的医保费用;

(三)要求定点零售药店按照医保协议约定支付违约金;

(四)中止或解除医保协议。

第三十六条 经办机构违反医保协议的,定点零售药店有权要求纠正或者提请医疗保障行政部门协调处理、督促整改,也可以依法申请行政复议或者提起行政诉讼。

医疗保障行政部门发现经办机构存在违反医保协议约定的,可视情节相应采取以下处理方式:约谈主要负责人、限期整改、通报批评,对相关责任人员依法依规给予处分。

医疗保障行政部门发现经办机构违反相关法律法规和规章的,依法依规进行处理。

第五章 定点零售药店的动态管理

第三十七条 定点零售药店的名称、法定代表人、企业负责人、实际控制人、注册地址和药品经营范围等重要信息发生变更的,应自有关部门批准之日起30个工作日内向统筹地区经办机构提出变更申请,其他一般信息变更应及时书面告知。

第三十八条 续签应由定点零售药店于医保协议期满前3个月向经办机构提出申请或由经办机构统一组织。统筹地区经办机构和定点零售药店就医保协议续签事宜进行协商谈判,双方根据医保协议履行情况和绩效考核情况等决定是否续签。协商一致的,可续签医保协议;未达成一致的,医保协议解除。

第三十九条 医保协议中止是指经办机构与定点零售药店暂停履行医保协议约定,中止期间发生的医保费用不予结算。中止期结束,未超过医保协议有效期的,医保协议可继续履行;超过医保协议有效期的,医保协议终止。

定点零售药店可提出中止医保协议申请，经经办机构同意，可以中止医保协议但中止时间原则上不得超过180日，定点零售药店在医保协议中止超过180日仍未提出继续履行医保协议申请的，原则上医保协议自动终止。

定点零售药店有下列情形之一的，经办机构应中止医保协议：

（一）根据日常检查和绩效考核，发现对医疗保障基金安全和参保人员权益可能造成重大风险的；

（二）未按规定向医疗保障行政部门及经办机构提供有关数据或提供数据不真实的；

（三）根据医保协议约定应当中止医保协议的；

（四）法律法规和规章规定的应当中止的其他情形。

第四十条　医保协议解除是指经办机构与定点零售药店之间的医保协议解除，协议关系不再存续，医保协议解除后产生的医药费用，医疗保障基金不再结算。定点零售药店有下列情形之一的，经办机构应解除医保协议，并向社会公布解除医保协议的零售药店名单：

（一）医保协议有效期内累计2次及以上被中止医保协议或中止医保协议期间未按要求整改或整改不到位的；

（二）发生重大药品质量安全事件的；

（三）以弄虚作假等不正当手段申请取得定点的；

（四）以伪造、变造医保药品"进、销、存"票据和账目、伪造处方或参保人员费用清单等方式，骗取医疗保障基金的；

（五）将非医保药品或其他商品串换成医保药品，倒卖医保药品或套取医疗保障基金的；

（六）为非定点药店、中止医保协议期间的定点零售药店或其他机构进行医保费用结算的；

（七）将医保结算设备转借或赠与他人，改变使用场地的；

（八）拒绝、阻挠或不配合经办机构开展智能审核、绩效考核，情节恶劣的；

（九）被发现重大信息发生变更但未办理变更的；

（十）医疗保障行政部门或有关执法机构在行政执法中，发现定点零售药店存在重大违法违规行为且可能造成医疗保障基金重大损失的；

（十一）被吊销、注销药品经营许可证或营业执照的；

（十二）未依法履行医疗保障行政部门作出的行政处罚决定的；

（十三）法定代表人、企业负责人或实际控制人不能履行医保协议约定，或有违法失信行为的；

（十四）因定点零售药店连锁经营企业总部法定代表人、企业负责人或实际控制人违法违规导致连锁零售药店其中一家分支零售药店被解除医保协议的，相同法定代表人、企业负责人或实际控制人的其他分支零售药店同时解除医保协议；

（十五）定点零售药店主动提出解除医保协议且经经办机构同意的；

（十六）根据医保协议约定应当解除协议的；

（十七）法律法规和规章规定的其他应当解除的情形。

第四十一条　定点零售药店主动提出中止医保协议、解除医保协议或不再续签的，应提前3个月向经办机构提出申请。地市级及以上的统筹地区经办机构与定点零售药店中止或解除医保协议，该零售药店在其他统筹区的医保协议也同时中止或解除。

第四十二条　定点零售药店与统筹地区经办机构就医保协议签订、履行、变更和解除发生争议的，可以自行协商解决或者请求同级医疗保障行政部门协调处理，也可提起行政复议或行政诉讼。

第六章　定点零售药店的监督

第四十三条　医疗保障行政部门对定点申请、申请受理、专业评估、协议订立、协议履行和解除等进行监督，对经办机构的内部控制制度建设、医保费用的审核和拨付等进行指导和监督。

医疗保障行政部门依法依规通过实地检查、抽查、智能监控、大数据分析等方式对定点零售药店的医保协议履行情况、医疗保障基金使用情况、药品服务等进行监督。

第四十四条　医疗保障行政部门和经办机构应拓宽监督途径、创新监督方式，通过满意度调查、第三方评价、聘请社会监督员等方式对定点零售药店进行社会监督，畅通举报投诉渠道，及时发现问题并进行处理。

第四十五条　医疗保障行政部门发现定点零售药店存在违约情形的，应当及时责令经办机构按照医保协议处理。定点零售药店违反法律法规规定的，依法依规处理。

第四十六条　经办机构发现违约行为，应当及时按照医保协议处理。

经办机构作出中止或解除医保协议处理时，要及时报告同级医疗保障行政部门。

医疗保障行政部门发现定点零售药店存在违约情形的，应当及时责令经办机构按照医保协议处理，经办机构应当及时按照协议处理。

医疗保障行政部门依法查处违法违规行为时，认为经办机构移交相关违法线索事实不清的，可组织补充调查或要求经办机构补充材料。

第七章 附 则

第四十七条 职工基本医疗保险、城乡居民基本医疗保险、生育保险、医疗救助、居民大病保险等医疗保障定点管理工作按照本办法执行。

第四十八条 本办法中的经办机构是具有法定授权，实施医疗保障管理服务的职能机构，是医疗保障经办的主体。

零售药店是符合《中华人民共和国药品管理法》规定，领取药品经营许可证的药品零售企业。

定点零售药店是指自愿与统筹地区经办机构签订医保协议，为参保人员提供药品服务的实体零售药店。

医保协议是指由经办机构与零售药店经协商谈判而签订的，用于规范双方权利、义务及责任等内容的协议。

第四十九条 国务院医疗保障行政部门制作并定期修订医保协议范本，国家医疗保障经办机构制定经办规程并指导各地加强和完善协议管理。地市级及以上的医疗保障行政部门及经办机构在此基础上，可根据实际情况分别细化制定本地区的协议范本及经办规程。协议内容应根据法律、法规、规章和医疗保障政策调整变化相一致，医疗保障行政部门予以调整医保协议内容时，应征求相关定点零售药店意见。

第五十条 本办法由国务院医疗保障行政部门负责解释，自2021年2月1日起施行。

基本医疗保险用药管理暂行办法

· 2020年7月30日国家医疗保障局令第1号公布
· 自2020年9月1日起施行

第一章 总 则

第一条 为推进健康中国建设，保障参保人员基本用药需求，提升基本医疗保险用药科学化、精细化管理水平，提高基本医疗保险基金使用效益，推进治理体系和治理能力现代化，依据《中华人民共和国社会保险法》等法律法规和《中共中央 国务院关于深化医疗保障制度改革的意见》，制定本暂行办法。

第二条 各级医疗保障部门对基本医疗保险用药范围的确定、调整，以及基本医疗保险用药的支付、管理和监督等，适用本办法。

第三条 基本医疗保险用药范围通过制定《基本医疗保险药品目录》（以下简称《药品目录》）进行管理，符合《药品目录》的药品费用，按照国家规定由基本医疗保险基金支付。《药品目录》实行通用名管理，《药品目录》内药品的同通用名药品自动属于基本医疗保险基金支付范围。

第四条 基本医疗保险用药管理坚持以人民为中心的发展思想，切实保障参保人员合理的用药需求；坚持"保基本"的功能定位，既尽力而为，又量力而行，用药保障水平与基本医疗保险基金和参保人承受能力相适应；坚持分级管理，明确各层级职责和权限；坚持专家评审，适应临床技术进步，实现科学、规范、精细、动态管理；坚持中西药并重，充分发挥中药和西药各自优势。

第五条 《药品目录》由凡例、西药、中成药、协议期内谈判药品和中药饮片五部分组成。省级医疗保障行政部门按国家规定增补的药品单列。为维护临床用药安全和提高基本医疗保险基金使用效益，《药品目录》对部分药品的医保支付条件进行限定。

第六条 国务院医疗保障行政部门负责建立基本医疗保险用药管理体系，制定和调整全国范围内基本医疗保险用药范围、使用和支付的原则、条件、标准及程序等，组织制定、调整和发布国家《药品目录》并编制统一的医保代码，对全国基本医疗保险用药工作进行管理和监督。国家医疗保障经办机构受国务院医疗保障行政部门委托承担国家《药品目录》调整的具体组织实施工作。

省级医疗保障行政部门负责本行政区域内的基本医疗保险用药管理，制定本地区基本医疗保险用药管理政策措施，负责《药品目录》的监督实施等工作。各省（自治区、直辖市）以国家《药品目录》为基础，按照国家规定的调整权限和程序将符合条件的民族药、医疗机构制剂、中药饮片纳入省级医保支付范围，按规定向国务院医疗保障行政部门备案后实施。

统筹地区医疗保障部门负责《药品目录》及相关政策的实施，按照医保协议对定点医药机构医保用药行为进行审核、监督和管理，按规定及时结算和支付医保费用，并承担相关的统计监测、信息报送等工作。

第二章 《药品目录》的制定和调整

第七条 纳入国家《药品目录》的药品应当是经国家药品监管部门批准，取得药品注册证书的化学药、生物制品、中成药（民族药），以及按国家标准炮制的中药饮片，并符合临床必需、安全有效、价格合理等基本条件。支持符合条件的基本药物按规定纳入《药品目录》。

第八条 以下药品不纳入《药品目录》：

（一）主要起滋补作用的药品；

（二）含国家珍贵、濒危野生动植物药材的药品；

（三）保健药品；

（四）预防性疫苗和避孕药品；

（五）主要起增强性功能、治疗脱发、减肥、美容、戒烟、戒酒等作用的药品；

（六）因被纳入诊疗项目等原因，无法单独收费的药品；

（七）酒制剂、茶制剂，各类果味制剂（特别情况下的儿童用药除外），口腔含服剂和口服泡腾剂（特别规定情形的除外）等；

（八）其他不符合基本医疗保险用药规定的药品。

第九条 《药品目录》内的药品，有下列情况之一的，经专家评审后，直接调出《药品目录》：

（一）被药品监管部门撤销、吊销或者注销药品批准证明文件的药品；

（二）被有关部门列入负面清单的药品；

（三）综合考虑临床价值、不良反应、药物经济性等因素，经评估认为风险大于收益的药品；

（四）通过弄虚作假等违规手段进入《药品目录》的药品；

（五）国家规定的应当直接调出的其他情形。

第十条 《药品目录》内的药品，符合以下情况之一的，经专家评审等规定程序后，可以调出《药品目录》：

（一）在同治疗领域中，价格或费用明显偏高且没有合理理由的药品；

（二）临床价值不确切，可以被更好替代的药品；

（三）其他不符合安全性、有效性、经济性等条件的药品。

第十一条 国务院医疗保障行政部门建立完善动态调整机制，原则上每年调整一次。

国务院医疗保障行政部门根据医保药品保障需求、基本医疗保险基金的收支情况、承受能力、目录管理重点等因素，确定当年《药品目录》调整的范围和具体条件，研究制定调整工作方案，依法征求相关部门和有关方面的意见并向社会公布。对企业申报且符合当年《药品目录》调整条件的药品纳入该年度调整范围。

第十二条 建立《药品目录》准入与医保药品支付标准（以下简称支付标准）衔接机制。除中药饮片外，原则上新纳入《药品目录》的药品同步确定支付标准。

独家药品通过准入谈判的方式确定支付标准。

非独家药品中，国家组织药品集中采购（以下简称集中采购）中选药品，按照集中采购有关规定确定支付标准；其他非独家药品根据准入竞价等方式确定支付标准。

执行政府定价的麻醉药品和第一类精神药品，支付标准按照政府定价确定。

第十三条 中药饮片采用专家评审方式进行调整，其他药品的调整程序主要包括企业申报、专家评审、谈判或准入竞价、公布结果。

第十四条 建立企业（药品上市许可持有人，以下统称企业）申报制度。根据当年调整的范围，符合条件的企业按规定向国家医疗保障经办机构提交必要的资料。提交资料的具体要求和办法另行制定。

第十五条 国家医疗保障经办机构按规定组织医学、药学、药物经济学、医保管理等方面专家，对符合当年《药品目录》调整条件的全部药品进行评审，并提出如下药品名单：

（一）建议新增纳入《药品目录》的药品。经专家评审后，符合条件的国家组织集中采购中选药品或政府定价药品，可直接纳入《药品目录》；其他药品按规定提交药物经济学等资料。

（二）原《药品目录》内建议直接调出的药品。该类药品直接从《药品目录》中调出。

（三）原《药品目录》内建议可以调出的药品。该类药品按规定提交药物经济学等资料。

（四）原《药品目录》内药品建议调整限定支付范围的。其中缩小限定支付范围或者扩大限定支付范围但对基本医疗保险基金影响较小的，可以直接调整；扩大限定支付范围且对基本医疗保险基金影响较大的，按规定提交药物经济学等资料。

第十六条 国家医疗保障经办机构按规定组织药物经济学、医保管理等方面专家开展谈判或准入竞价。其中独家药品进入谈判环节，非独家药品进入企业准入竞价环节。谈判或者准入竞价成功的，纳入《药品目录》或调整限定支付范围；谈判或者准入竞价不成功的，不纳入或调出《药品目录》，或者不予调整限定支付范围。

第十七条 国务院医疗保障行政部门负责确定并印发《药品目录》，公布调整结果。

第十八条 原则上谈判药品协议有效期为两年。协议期内，如有谈判药品的同通用名药物（仿制药）上市，医保部门可根据仿制药价格水平调整该药品的支付标准，也可以将该通用名纳入集中采购范围。协议期满后，如谈判药品仍为独家，周边国家及地区的价格等市场环境未发生重大变化且未调整限定支付范围或虽然调整了限定支付范围但对基本医疗保险基金影响较小的,根据协议期内基本医疗保险基金实际支出(以医保部门统计为准)与谈判前企业提交的预算影响分析进行对比,按相关规则调整支付标准,并续签协议。具体规则另行制定。

第十九条 对于因更名、异名等原因需要对药品的目录归属进行认定的,由国务院医疗保障行政部门按程序进行认定后发布。

第二十条 国务院医疗保障行政部门负责编制国家医保药品代码,按照医保药品分类和代码规则建立药品编码数据库。原则上每季度更新一次。

第三章 《药品目录》的使用

第二十一条 协议期内谈判药品原则上按照支付标准直接挂网采购。协议期内,谈判药品的同通用名药品在价格不高于谈判支付标准的情况下,按规定挂网采购。其他药品按照药品招采有关政策执行。

第二十二条 在满足临床需要的前提下,医保定点医疗机构须优先配备和使用《药品目录》内药品。逐步建立《药品目录》与定点医疗机构药品配备联动机制,定点医疗机构根据《药品目录》调整结果及时对本医疗机构用药目录进行调整和优化。

第四章 医保用药的支付

第二十三条 参保人使用《药品目录》内药品发生的费用,符合以下条件的,可由基本医疗保险基金支付:

(一)以疾病诊断或治疗为目的;

(二)诊断、治疗与病情相符,符合药品法定适应症及医保限定支付范围;

(三)由符合规定的定点医药机构提供,急救、抢救的除外;

(四)由统筹基金支付的药品费用,应当凭医生处方或住院医嘱;

(五)按规定程序经过药师或执业药师的审查。

第二十四条 国家《药品目录》中的西药和中成药分为"甲类药品"和"乙类药品"。"甲类药品"是临床治疗必需、使用广泛、疗效确切、同类药品中价格或治疗费用较低的药品。"乙类药品"是可供临床治疗选择使用,疗效确切、同类药品中比"甲类药品"价格或治疗费用略高的药品。协议期内谈判药品纳入"乙类药品"管理。

各省级医疗保障部门按国家规定纳入《药品目录》的民族药、医疗机构制剂纳入"乙类药品"管理。

中药饮片的"甲乙分类"由省级医疗保障行政部门确定。

第二十五条 参保人使用"甲类药品"按基本医疗保险规定的支付标准及分担办法支付;使用"乙类药品"按基本医疗保险规定的支付标准,先由参保人自付一定比例后,再按基本医疗保险规定的分担办法支付。

"乙类药品"个人先行自付的比例由省级或统筹地区医疗保障行政部门确定。

第二十六条 支付标准是基本医疗保险参保人员使用《药品目录》内药品时,基本医疗保险基金支付药品费用的基准。基本医疗保险基金依据药品的支付标准以及医保支付规定向定点医疗机构和定点零售药店支付药品费用。支付标准的制定和调整规则另行制定。

第五章 医保用药的管理与监督

第二十七条 综合运用协议、行政、司法等手段,加强《药品目录》及用药政策落实情况的监管,提升医保用药安全性、有效性、经济性。

第二十八条 定点医药机构应健全组织机构,完善内部制度规范,建立健全药品"进、销、存"全流程记录和管理制度,提高医保用药管理能力,确保医保用药安全合理。

第二十九条 将《药品目录》和相关政策落实责任纳入定点医药机构协议内容,强化用药合理性和费用审核,定期开展监督检查。将医保药品备药率、非医保药品使用率等与定点医疗机构的基金支付挂钩。加强定点医药机构落实医保用药管理政策,履行药品配备、使用、支付、管理等方面职责的监督检查。

第三十条 建立目录内药品企业监督机制,引导企业遵守相关规定。将企业在药品推广使用、协议遵守、信息报送等方面的行为与《药品目录》管理挂钩。

第三十一条 基本医疗保险用药管理工作主动接受纪检监察部门和社会各界监督。加强专家管理,完善专家产生、利益回避、责任追究等机制。加强内控制度建设,完善投诉举报处理、利益回避、保密等内部管理制度,落实合法性和公平竞争审查制度。

第三十二条 对于调入或调出《药品目录》的药品,专家应当提交评审结论和报告。逐步建立评审报告公开机制,接受社会监督。

第六章 附 则

第三十三条 凡例是对《药品目录》的编排格式、名称剂型规范、备注等内容的解释和说明。

西药部分,收载化学药品和生物制品。

中成药部分,收载中成药和民族药。

协议期内谈判药品部分,收载谈判协议有效期内的药品。

中药饮片部分，收载基本医疗保险基金予以支付的饮片，并规定不得纳入基本医疗保险基金支付的饮片。

第三十四条 各省（自治区、直辖市）医疗保障部门要参照本暂行办法，在国家规定的权限内，制定本省（自治区、直辖市）调整《药品目录》的具体办法。

第三十五条 发生严重危害群众健康的公共卫生事件或紧急情况时，国务院医疗保障行政部门可临时调整或授权省级医疗保障行政部门临时调整医保药品支付范围。

第三十六条 原则上《药品目录》不再新增 OTC 药品。

第三十七条 本办法由国务院医疗保障行政部门负责解释，自 2020 年 9 月 1 日起施行。

麻醉药品和精神药品管理条例

- 2005 年 8 月 3 日中华人民共和国国务院令第 442 号公布
- 根据 2013 年 12 月 7 日《国务院关于修改部分行政法规的决定》第一次修订
- 根据 2016 年 2 月 6 日《国务院关于修改部分行政法规的决定》第二次修订

第一章 总 则

第一条 为加强麻醉药品和精神药品的管理，保证麻醉药品和精神药品的合法、安全、合理使用，防止流入非法渠道，根据药品管理法和其他有关法律的规定，制定本条例。

第二条 麻醉药品药用原植物的种植，麻醉药品和精神药品的实验研究、生产、经营、使用、储存、运输等活动以及监督管理，适用本条例。

麻醉药品和精神药品的进出口依照有关法律的规定办理。

第三条 本条例所称麻醉药品和精神药品，是指列入麻醉药品目录、精神药品目录（以下称目录）的药品和其他物质。精神药品分为第一类精神药品和第二类精神药品。

目录由国务院药品监督管理部门会同国务院公安部门、国务院卫生主管部门制定、调整并公布。

上市销售但尚未列入目录的药品和其他物质或者第二类精神药品发生滥用，已经造成或者可能造成严重社会危害的，国务院药品监督管理部门会同国务院公安部门、国务院卫生主管部门应当及时将该药品和该物质列入目录或者将该第二类精神药品调整为第一类精神药品。

第四条 国家对麻醉药品药用原植物以及麻醉药品和精神药品实行管制。除本条例另有规定的外，任何单位、个人不得进行麻醉药品药用原植物的种植以及麻醉药品和精神药品的实验研究、生产、经营、使用、储存、运输等活动。

第五条 国务院药品监督管理部门负责全国麻醉药品和精神药品的监督管理工作，并会同国务院农业主管部门对麻醉药品药用原植物实施监督管理。国务院公安部门负责对造成麻醉药品药用原植物、麻醉药品和精神药品流入非法渠道的行为进行查处。国务院其他有关主管部门在各自的职责范围内负责与麻醉药品和精神药品有关的管理工作。

省、自治区、直辖市人民政府药品监督管理部门负责本行政区域内麻醉药品和精神药品的监督管理工作。县级以上地方公安机关负责对本行政区域内造成麻醉药品和精神药品流入非法渠道的行为进行查处。县级以上地方人民政府其他有关主管部门在各自的职责范围内负责与麻醉药品和精神药品有关的管理工作。

第六条 麻醉药品和精神药品生产、经营企业和使用单位可以依法参加行业协会。行业协会应当加强行业自律管理。

第二章 种植、实验研究和生产

第七条 国家根据麻醉药品和精神药品的医疗、国家储备和企业生产所需原料的需要确定需求总量，对麻醉药品药用原植物的种植、麻醉药品和精神药品的生产实行总量控制。

国务院药品监督管理部门根据麻醉药品和精神药品的需求总量制定年度生产计划。

国务院药品监督管理部门和国务院农业主管部门根据麻醉药品年度生产计划，制定麻醉药品药用原植物年度种植计划。

第八条 麻醉药品药用原植物种植企业应当根据年度种植计划，种植麻醉药品药用原植物。

麻醉药品药用原植物种植企业应当向国务院药品监督管理部门和国务院农业主管部门定期报告种植情况。

第九条 麻醉药品药用原植物种植企业由国务院药品监督管理部门和国务院农业主管部门共同确定，其他单位和个人不得种植麻醉药品药用原植物。

第十条 开展麻醉药品和精神药品实验研究活动应当具备下列条件，并经国务院药品监督管理部门批准：

（一）以医疗、科学研究或者教学为目的；

（二）有保证实验所需麻醉药品和精神药品安全的

措施和管理制度；

（三）单位及其工作人员2年内没有违反有关禁毒的法律、行政法规规定的行为。

第十一条 麻醉药品和精神药品的实验研究单位申请相关药品批准证明文件，应当依照药品管理法的规定办理；需要转让研究成果的，应当经国务院药品监督管理部门批准。

第十二条 药品研究单位在普通药品的实验研究过程中，产生本条例规定的管制品种的，应当立即停止实验研究活动，并向国务院药品监督管理部门报告。国务院药品监督管理部门应当根据情况，及时作出是否同意其继续实验研究的决定。

第十三条 麻醉药品和第一类精神药品的临床试验，不得以健康人为受试对象。

第十四条 国家对麻醉药品和精神药品实行定点生产制度。

国务院药品监督管理部门应当根据麻醉药品和精神药品的需求总量，确定麻醉药品和精神药品定点生产企业的数量和布局，并根据年度需求总量对数量和布局进行调整、公布。

第十五条 麻醉药品和精神药品的定点生产企业应当具备下列条件：

（一）有药品生产许可证；

（二）有麻醉药品和精神药品实验研究批准文件；

（三）有符合规定的麻醉药品和精神药品生产设施、储存条件和相应的安全管理设施；

（四）有通过网络实施企业安全生产管理和向药品监督管理部门报告生产信息的能力；

（五）有保证麻醉药品和精神药品安全生产的管理制度；

（六）有与麻醉药品和精神药品安全生产要求相适应的管理水平和经营规模；

（七）麻醉药品和精神药品生产管理、质量管理部门的人员应当熟悉麻醉药品和精神药品管理以及有关禁毒的法律、行政法规；

（八）没有生产、销售假药、劣药或者违反有关禁毒的法律、行政法规规定的行为；

（九）符合国务院药品监督管理部门公布的麻醉药品和精神药品定点生产企业数量和布局的要求。

第十六条 从事麻醉药品、精神药品生产的企业，应当经所在地省、自治区、直辖市人民政府药品监督管理部门批准。

第十七条 定点生产企业生产麻醉药品和精神药品，应当依照药品管理法的规定取得药品批准文号。

国务院药品监督管理部门应当组织医学、药学、社会学、伦理学和禁毒等方面的专家成立专家组，由专家组对申请首次上市的麻醉药品和精神药品的社会危害性和被滥用的可能性进行评价，并提出是否批准的建议。

未取得药品批准文号的，不得生产麻醉药品和精神药品。

第十八条 发生重大突发事件，定点生产企业无法正常生产或者不能保证供应麻醉药品和精神药品时，国务院药品监督管理部门可以决定其他药品生产企业生产麻醉药品和精神药品。

重大突发事件结束后，国务院药品监督管理部门应当及时决定前款规定的企业停止麻醉药品和精神药品的生产。

第十九条 定点生产企业应当严格按照麻醉药品和精神药品年度生产计划安排生产，并按照规定向所在地省、自治区、直辖市人民政府药品监督管理部门报告生产情况。

第二十条 定点生产企业应当依照本条例的规定，将麻醉药品和精神药品销售给具有麻醉药品和精神药品经营资格的企业或者依照本条例规定批准的其他单位。

第二十一条 麻醉药品和精神药品的标签应当印有国务院药品监督管理部门规定的标志。

第三章 经 营

第二十二条 国家对麻醉药品和精神药品实行定点经营制度。

国务院药品监督管理部门应当根据麻醉药品和第一类精神药品的需求总量，确定麻醉药品和第一类精神药品的定点批发企业布局，并应当根据年度需求总量对布局进行调整、公布。

药品经营企业不得经营麻醉药品原料药和第一类精神药品原料药。但是，供医疗、科学研究、教学使用的小包装的上述药品可以由国务院药品监督管理部门规定的药品批发企业经营。

第二十三条 麻醉药品和精神药品定点批发企业除应当具备药品管理法第十五条规定的药品经营企业的开办条件外，还应当具备下列条件：

（一）有符合本条例规定的麻醉药品和精神药品储存条件；

（二）有通过网络实施企业安全管理和向药品监督管理部门报告经营信息的能力；

（三）单位及其工作人员2年内没有违反有关禁毒的法律、行政法规规定的行为；

（四）符合国务院药品监督管理部门公布的定点批发企业布局。

麻醉药品和第一类精神药品的定点批发企业，还应当具有保证供应责任区域内医疗机构所需麻醉药品和第一类精神药品的能力，并具有保证麻醉药品和第一类精神药品安全经营的管理制度。

第二十四条 跨省、自治区、直辖市从事麻醉药品和第一类精神药品批发业务的企业（以下称全国性批发企业），应当经国务院药品监督管理部门批准；在本省、自治区、直辖市行政区域内从事麻醉药品和第一类精神药品批发业务的企业（以下称区域性批发企业），应当经所在地省、自治区、直辖市人民政府药品监督管理部门批准。

专门从事第二类精神药品批发业务的企业，应当经所在地省、自治区、直辖市人民政府药品监督管理部门批准。

全国性批发企业和区域性批发企业可以从事第二类精神药品批发业务。

第二十五条 全国性批发企业可以向区域性批发企业，或者经批准可以向取得麻醉药品和第一类精神药品使用资格的医疗机构以及依照本条例规定批准的其他单位销售麻醉药品和第一类精神药品。

全国性批发企业向取得麻醉药品和第一类精神药品使用资格的医疗机构销售麻醉药品和第一类精神药品，应当经医疗机构所在地省、自治区、直辖市人民政府药品监督管理部门批准。

国务院药品监督管理部门在批准全国性批发企业时，应当明确其所承担供药责任的区域。

第二十六条 区域性批发企业可以向本省、自治区、直辖市行政区域内取得麻醉药品和第一类精神药品使用资格的医疗机构销售麻醉药品和第一类精神药品；由于特殊地理位置的原因，需要就近向其他省、自治区、直辖市行政区域内取得麻醉药品和第一类精神药品使用资格的医疗机构销售的，应当经企业所在地省、自治区、直辖市人民政府药品监督管理部门批准。审批情况由负责审批的药品监督管理部门在批准后5日内通报医疗机构所在地省、自治区、直辖市人民政府药品监督管理部门。

省、自治区、直辖市人民政府药品监督管理部门在批准区域性批发企业时，应当明确其所承担供药责任的区域。

区域性批发企业之间因医疗急需、运输困难等特殊情况需要调剂麻醉药品和第一类精神药品的，应当在调剂后2日内将调剂情况分别报所在地省、自治区、直辖市人民政府药品监督管理部门备案。

第二十七条 全国性批发企业应当从定点生产企业购进麻醉药品和第一类精神药品。

区域性批发企业可以从全国性批发企业购进麻醉药品和第一类精神药品；经所在地省、自治区、直辖市人民政府药品监督管理部门批准，也可以从定点生产企业购进麻醉药品和第一类精神药品。

第二十八条 全国性批发企业和区域性批发企业向医疗机构销售麻醉药品和第一类精神药品，应当将药品送至医疗机构。医疗机构不得自行提货。

第二十九条 第二类精神药品定点批发企业可以向医疗机构、定点批发企业和符合本条例第三十一条规定的药品零售企业以及依照本条例规定批准的其他单位销售第二类精神药品。

第三十条 麻醉药品和第一类精神药品不得零售。

禁止使用现金进行麻醉药品和精神药品交易，但是个人合法购买麻醉药品和精神药品的除外。

第三十一条 经所在地设区的市级药品监督管理部门批准，实行统一进货、统一配送、统一管理的药品零售连锁企业可以从事第二类精神药品零售业务。

第三十二条 第二类精神药品零售企业应当凭执业医师出具的处方，按规定剂量销售第二类精神药品，并将处方保存2年备查；禁止超剂量或者无处方销售第二类精神药品；不得向未成年人销售第二类精神药品。

第三十三条 麻醉药品和精神药品实行政府定价，在制定出厂和批发价格的基础上，逐步实行全国统一零售价格。具体办法由国务院价格主管部门制定。

第四章 使 用

第三十四条 药品生产企业需要以麻醉药品和第一类精神药品为原料生产普通药品的，应当向所在地省、自治区、直辖市人民政府药品监督管理部门报送年度需求计划，由省、自治区、直辖市人民政府药品监督管理部门汇总报国务院药品监督管理部门批准后，向定点生产企业购买。

药品生产企业需要以第二类精神药品为原料生产普通药品的，应当将年度需求计划报所在地省、自治区、直辖市人民政府药品监督管理部门，并向定点批发企业或者定点生产企业购买。

第三十五条 食品、食品添加剂、化妆品、油漆等非药品生产企业需要使用咖啡因作为原料的，应当经所在地省、自治区、直辖市人民政府药品监督管理部门批准，向定点批发企业或者定点生产企业购买。

科学研究、教学单位需要使用麻醉药品和精神药品开展实验、教学活动的,应当经所在地省、自治区、直辖市人民政府药品监督管理部门批准,向定点批发企业或者定点生产企业购买。

需要使用麻醉药品和精神药品的标准品、对照品的,应当经所在地省、自治区、直辖市人民政府药品监督管理部门批准,向国务院药品监督管理部门批准的单位购买。

第三十六条 医疗机构需要使用麻醉药品和第一类精神药品的,应当经所在地设区的市级人民政府卫生主管部门批准,取得麻醉药品、第一类精神药品购用印鉴卡(以下称印鉴卡)。医疗机构应当凭印鉴卡向本省、自治区、直辖市行政区域内的定点批发企业购买麻醉药品和第一类精神药品。

设区的市级人民政府卫生主管部门发给医疗机构印鉴卡时,应当将取得印鉴卡的医疗机构情况抄送所在地设区的市级药品监督管理部门,并报省、自治区、直辖市人民政府卫生主管部门备案。省、自治区、直辖市人民政府卫生主管部门应当将取得印鉴卡的医疗机构名单向本行政区域内的定点批发企业通报。

第三十七条 医疗机构取得印鉴卡应当具备下列条件:

(一)有专职的麻醉药品和第一类精神药品管理人员;

(二)有获得麻醉药品和第一类精神药品处方资格的执业医师;

(三)有保证麻醉药品和第一类精神药品安全储存的设施和管理制度。

第三十八条 医疗机构应当按照国务院卫生主管部门的规定,对本单位执业医师进行有关麻醉药品和精神药品使用知识的培训、考核,经考核合格的,授予麻醉药品和第一类精神药品处方资格。执业医师取得麻醉药品和第一类精神药品的处方资格后,方可在本医疗机构开具麻醉药品和第一类精神药品处方,但不得为自己开具该种处方。

医疗机构应当将具有麻醉药品和第一类精神药品处方资格的执业医师名单及其变更情况,定期报送所在地设区的市级人民政府卫生主管部门,并抄送同级药品监督管理部门。

医务人员应当根据国务院卫生主管部门制定的临床应用指导原则,使用麻醉药品和精神药品。

第三十九条 具有麻醉药品和第一类精神药品处方资格的执业医师,根据临床应用指导原则,对确需使用麻醉药品或者第一类精神药品的患者,应当满足其合理用药需求。在医疗机构就诊的癌症疼痛患者和其他危重患者得不到麻醉药品或者第一类精神药品时,患者或者其亲属可以向执业医师提出申请。具有麻醉药品和第一类精神药品处方资格的执业医师认为要求合理的,应当及时为患者提供所需麻醉药品或者第一类精神药品。

第四十条 执业医师应当使用专用处方开具麻醉药品和精神药品,单张处方的最大用量应当符合国务院卫生主管部门的规定。

对麻醉药品和第一类精神药品处方,处方的调配人、核对人应当仔细核对,签署姓名,并予以登记;对不符合本条例规定的,处方的调配人、核对人应当拒绝发药。

麻醉药品和精神药品专用处方的格式由国务院卫生主管部门规定。

第四十一条 医疗机构应当对麻醉药品和精神药品处方进行专册登记,加强管理。麻醉药品处方至少保存3年,精神药品处方至少保存2年。

第四十二条 医疗机构抢救病人急需麻醉药品和第一类精神药品而本医疗机构无法提供时,可以从其他医疗机构或者定点批发企业紧急借用;抢救工作结束后,应当及时将借用情况报所在地设区的市级药品监督管理部门和卫生主管部门备案。

第四十三条 对临床需要而市场无供应的麻醉药品和精神药品,持有医疗机构制剂许可证和印鉴卡的医疗机构需要配制制剂的,应当经所在地省、自治区、直辖市人民政府药品监督管理部门批准。医疗机构配制的麻醉药品和精神药品制剂只能在本医疗机构使用,不得对外销售。

第四十四条 因治疗疾病需要,个人凭医疗机构出具的医疗诊断书、本人身份证明,可以携带单张处方最大用量以内的麻醉药品和第一类精神药品;携带麻醉药品和第一类精神药品出入境的,由海关根据自用、合理的原则放行。

医务人员为了医疗需要携带少量麻醉药品和精神药品出入境的,应当持有省级以上人民政府药品监督管理部门发放的携带麻醉药品和精神药品证明。海关凭携带麻醉药品和精神药品证明放行。

第四十五条 医疗机构、戒毒机构以开展戒毒治疗为目的,可以使用美沙酮或者国家确定的其他用于戒毒治疗的麻醉药品和精神药品。具体管理办法由国务院药品监督管理部门、国务院公安部门和国务院卫生主管部门制定。

第五章 储 存

第四十六条 麻醉药品药用原植物种植企业、定点生产企业、全国性批发企业和区域性批发企业以及国家设立的麻醉药品储存单位,应当设置储存麻醉药品和第一类精神药品的专库。该专库应当符合下列要求:

(一)安装专用防盗门,实行双人双锁管理;

(二)具有相应的防火设施;

(三)具有监控设施和报警装置,报警装置应当与公安机关报警系统联网。

全国性批发企业经国务院药品监督管理部门批准设立的药品储存点应当符合前款的规定。

麻醉药品定点生产企业应当将麻醉药品原料药和制剂分别存放。

第四十七条 麻醉药品和第一类精神药品的使用单位应当设立专库或者专柜储存麻醉药品和第一类精神药品。专库应当设有防盗设施并安装报警装置;专柜应当使用保险柜。专库和专柜应当实行双人双锁管理。

第四十八条 麻醉药品药用原植物种植企业、定点生产企业、全国性批发企业和区域性批发企业、国家设立的麻醉药品储存单位以及麻醉药品和第一类精神药品的使用单位,应当配备专人负责管理工作,并建立储存麻醉药品和第一类精神药品的专用账册。药品入库双人验收,出库双人复核,做到账物相符。专用账册的保存期限应当自药品有效期期满之日起不少于5年。

第四十九条 第二类精神药品经营企业应当在药品库房中设立独立的专库或者专柜储存第二类精神药品,并建立专用账册,实行专人管理。专用账册的保存期限应当自药品有效期期满之日起不少于5年。

第六章 运 输

第五十条 托运、承运和自行运输麻醉药品和精神药品的,应当采取安全保障措施,防止麻醉药品和精神药品在运输过程中被盗、被抢、丢失。

第五十一条 通过铁路运输麻醉药品和第一类精神药品的,应当使用集装箱或者铁路行李车运输,具体办法由国务院药品监督管理部门会同国务院铁路主管部门制定。

没有铁路需要通过公路或者水路运输麻醉药品和第一类精神药品的,应当由专人负责押运。

第五十二条 托运或者自行运输麻醉药品和第一类精神药品的单位,应当向所在地设区的市级药品监督管理部门申请领取运输证明。运输证明有效期为1年。

运输证明应当由专人保管,不得涂改、转让、转借。

第五十三条 托运人办理麻醉药品和第一类精神药品运输手续,应当将运输证明副本交付承运人。承运人应当查验、收存运输证明副本,并检查货物包装。没有运输证明或者货物包装不符合规定的,承运人不得承运。

承运人在运输过程中应当携带运输证明副本,以备查验。

第五十四条 邮寄麻醉药品和精神药品,寄件人应当提交所在地设区的市级药品监督管理部门出具的准予邮寄证明。邮政营业机构应当查验、收存准予邮寄证明;没有准予邮寄证明的,邮政营业机构不得收寄。

省、自治区、直辖市邮政主管部门指定符合安全保障条件的邮政营业机构负责收寄麻醉药品和精神药品。邮政营业机构收寄麻醉药品和精神药品,应当依法对收寄的麻醉药品和精神药品予以查验。

邮寄麻醉药品和精神药品的具体管理办法,由国务院药品监督管理部门会同国务院邮政主管部门制定。

第五十五条 定点生产企业、全国性批发企业和区域性批发企业之间运输麻醉药品、第一类精神药品,发货人在发货前应当向所在地省、自治区、直辖市人民政府药品监督管理部门报送本次运输的相关信息。属于跨省、自治区、直辖市运输的,收到信息的药品监督管理部门应当向收货人所在地的同级药品监督管理部门通报;属于在本省、自治区、直辖市行政区域内运输的,收到信息的药品监督管理部门应当向收货人所在地设区的市级药品监督管理部门通报。

第七章 审批程序和监督管理

第五十六条 申请人提出本条例规定的审批事项申请,应当提交能够证明其符合本条例规定条件的相关资料。审批部门应当自收到申请之日起40日内作出是否批准的决定;作出批准决定的,发给许可证明文件或者在相关许可证明文件上加注许可事项;作出不予批准决定的,应当书面说明理由。

确定定点生产企业和定点批发企业,审批部门应当在经审查符合条件的企业中,根据布局的要求,通过公平竞争的方式初步确定定点生产企业和定点批发企业,并予公布。其他符合条件的企业可以自公布之日起10日内向审批部门提出异议。审批部门应当自收到异议之日起20日内对异议进行审查,并作出是否调整的决定。

第五十七条 药品监督管理部门应当根据规定的职责权限,对麻醉药品药用原植物的种植以及麻醉药品和精神药品的实验研究、生产、经营、使用、储存、运输活动进行监督检查。

第五十八条 省级以上人民政府药品监督管理部门根据实际情况建立监控信息网络,对定点生产企业、定点批发企业和使用单位的麻醉药品和精神药品生产、进货、销售、库存、使用的数量以及流向实行实时监控,并与同级公安机关做到信息共享。

第五十九条 尚未连接监控信息网络的麻醉药品和精神药品定点生产企业、定点批发企业和使用单位,应当每月通过电子信息、传真、书面等方式,将本单位麻醉药品和精神药品生产、进货、销售、库存、使用的数量以及流向,报所在地区的市级药品监督管理部门和公安机关;医疗机构还应当报所在地区的市级人民政府卫生主管部门。

设区的市级药品监督管理部门应当每3个月向上一级药品监督管理部门报告本地区麻醉药品和精神药品的相关情况。

第六十条 对已经发生滥用,造成严重社会危害的麻醉药品和精神药品品种,国务院药品监督管理部门应当采取在一定期限内中止生产、经营、使用或者限定其使用范围和用途等措施。对不再作为药品使用的麻醉药品和精神药品,国务院药品监督管理部门应当撤销其药品批准文号和药品标准,并予以公布。

药品监督管理部门、卫生主管部门发现生产、经营企业和使用单位的麻醉药品和精神药品管理存在安全隐患时,应当责令其立即排除或者限期排除;对有证据证明可能流入非法渠道的,应当及时采取查封、扣押的行政强制措施,在7日内作出行政处理决定,并通报同级公安机关。

药品监督管理部门发现取得印鉴卡的医疗机构未依照规定购买麻醉药品和第一类精神药品时,应当及时通报同级卫生主管部门。接到通报的卫生主管部门应当立即调查处理。必要时,药品监督管理部门可以责令定点批发企业中止向该医疗机构销售麻醉药品和第一类精神药品。

第六十一条 麻醉药品和精神药品的生产、经营企业和使用单位对过期、损坏的麻醉药品和精神药品应当登记造册,并向所在地县级药品监督管理部门申请销毁。药品监督管理部门应当自接到申请之日起5日内到场监督销毁。医疗机构对存放在本单位的过期、损坏麻醉药品和精神药品,应当按照本条规定的程序向卫生主管部门提出申请,由卫生主管部门负责监督销毁。

对依法收缴的麻醉药品和精神药品,除经国务院药品监督管理部门或者国务院公安部门批准用于科学研究外,应当依照国家有关规定予以销毁。

第六十二条 县级以上人民政府卫生主管部门应当对执业医师开具麻醉药品和精神药品处方的情况进行监督检查。

第六十三条 药品监督管理部门、卫生主管部门和公安机关应当互相通报麻醉药品和精神药品生产、经营企业和使用单位的名单以及其他管理信息。

各级药品监督管理部门应当将在麻醉药品药用原植物的种植以及麻醉药品和精神药品的实验研究、生产、经营、使用、储存、运输等各环节的管理中的审批、撤销等事项通报同级公安机关。

麻醉药品和精神药品的经营企业、使用单位报送各级药品监督管理部门的备案事项,应当同时报送同级公安机关。

第六十四条 发生麻醉药品和精神药品被盗、被抢、丢失或者其他流入非法渠道的情形,案发单位应当立即采取必要的控制措施,同时报告所在地县级公安机关和药品监督管理部门。医疗机构发生上述情形的,还应当报告其主管部门。

公安机关接到报告、举报,或者有证据证明麻醉药品和精神药品可能流入非法渠道时,应当及时开展调查,并可以对相关单位采取必要的控制措施。

药品监督管理部门、卫生主管部门以及其他有关部门应当配合公安机关开展工作。

第八章 法律责任

第六十五条 药品监督管理部门、卫生主管部门违反本条例的规定,有下列情形之一的,由其上级行政机关或者监察机关责令改正;情节严重的,对直接负责的主管人员和其他直接责任人员依法给予行政处分;构成犯罪的,依法追究刑事责任:

(一)对不符合条件的申请人准予行政许可或者超越法定职权作出准予行政许可决定的;

(二)未到场监督销毁过期、损坏的麻醉药品和精神药品的;

(三)未依法履行监督检查职责,应当发现而未发现违法行为、发现违法行为不及时查处,或者未依照本条例规定的程序实施监督检查的;

(四)违反本条例规定的其他失职、渎职行为。

第六十六条 麻醉药品药用原植物种植企业违反本条例的规定,有下列情形之一的,由药品监督管理部门责令限期改正,给予警告;逾期不改正的,处5万元以上10万元以下的罚款;情节严重的,取消其种植资格:

(一)未按照麻醉药品药用原植物年度种植计划进行种植的;

(二)未依照规定报告种植情况的;

（三）未依照规定储存麻醉药品的。

第六十七条 定点生产企业违反本条例的规定，有下列情形之一的，由药品监督管理部门责令限期改正，给予警告，并没收违法所得和违法销售的药品；逾期不改正的，责令停产，并处5万元以上10万元以下的罚款；情节严重的，取消其定点生产资格：

（一）未按照麻醉药品和精神药品年度生产计划安排生产的；

（二）未依照规定向药品监督管理部门报告生产情况的；

（三）未依照规定储存麻醉药品和精神药品，或者未依照规定建立、保存专用账册的；

（四）未依照规定销售麻醉药品和精神药品的；

（五）未依照规定销毁麻醉药品和精神药品的。

第六十八条 定点批发企业违反本条例的规定销售麻醉药品和精神药品，或者违反本条例的规定经营麻醉药品原料药和第一类精神药品原料药的，由药品监督管理部门责令限期改正，给予警告，并没收违法所得和违法销售的药品；逾期不改正的，责令停业，并处违法销售药品货值金额2倍以上5倍以下的罚款；情节严重的，取消其定点批发资格。

第六十九条 定点批发企业违反本条例的规定，有下列情形之一的，由药品监督管理部门责令限期改正，给予警告；逾期不改正的，责令停业，并处2万元以上5万元以下的罚款；情节严重的，取消其定点批发资格：

（一）未依照规定购进麻醉药品和第一类精神药品的；

（二）未保证供药责任区域内的麻醉药品和第一类精神药品的供应的；

（三）未对医疗机构履行送货义务的；

（四）未依照规定报告麻醉药品和精神药品的进货、销售、库存数量以及流向的；

（五）未依照规定储存麻醉药品和精神药品，或者未依照规定建立、保存专用账册的；

（六）未依照规定销毁麻醉药品和精神药品的；

（七）区域性批发企业之间违反本条例的规定调剂麻醉药品和第一类精神药品，或者因特殊情况调剂麻醉药品和第一类精神药品后未依照规定备案的。

第七十条 第二类精神药品零售企业违反本条例的规定储存、销售或者销毁第二类精神药品的，由药品监督管理部门责令限期改正，给予警告，并没收违法销售的药品；逾期不改正的，责令停业，并处5000元以上2万元以下的罚款；情节严重的，取消其第二类精神药品零售资格。

第七十一条 本条例第三十四条、第三十五条规定的单位违反本条例的规定，购买麻醉药品和精神药品的，由药品监督管理部门没收违法购买的麻醉药品和精神药品，责令限期改正，给予警告；逾期不改正的，责令停产或者停止相关活动，并处2万元以上5万元以下的罚款。

第七十二条 取得印鉴卡的医疗机构违反本条例的规定，有下列情形之一的，由设区的市级人民政府卫生主管部门责令限期改正，给予警告；逾期不改正的，处5000元以上1万元以下的罚款；情节严重的，吊销其印鉴卡；对直接负责的主管人员和其他直接责任人员，依法给予降级、撤职、开除的处分：

（一）未依照规定购买、储存麻醉药品和第一类精神药品的；

（二）未依照规定保存麻醉药品和精神药品专用处方，或者未依照规定进行处方专册登记的；

（三）未依照规定报告麻醉药品和精神药品的进货、库存、使用数量的；

（四）紧急借用麻醉药品和第一类精神药品后未备案的；

（五）未依照规定销毁麻醉药品和精神药品的。

第七十三条 具有麻醉药品和第一类精神药品处方资格的执业医师，违反本条例的规定开具麻醉药品和第一类精神药品处方，或者未按照临床应用指导原则的要求使用麻醉药品和第一类精神药品的，由其所在医疗机构取消其麻醉药品和第一类精神药品处方资格；造成严重后果的，由原发证部门吊销其执业证书。执业医师未按照临床应用指导原则的要求使用第二类精神药品或者未使用专用处方开具第二类精神药品，造成严重后果的，由原发证部门吊销其执业证书。

未取得麻醉药品和第一类精神药品处方资格的执业医师擅自开具麻醉药品和第一类精神药品处方，由县级以上人民政府卫生主管部门给予警告，暂停其执业活动；造成严重后果的，吊销其执业证书；构成犯罪的，依法追究刑事责任。

处方的调配人、核对人违反本条例的规定未对麻醉药品和第一类精神药品处方进行核对，造成严重后果的，由原发证部门吊销其执业证书。

第七十四条 违反本条例的规定运输麻醉药品和精神药品的，由药品监督管理部门和运输管理部门依照各自职责，责令改正，给予警告，处2万元以上5万元以下的罚款。

收寄麻醉药品、精神药品的邮政营业机构未依照本条例的规定办理邮寄手续的,由邮政主管部门责令改正,给予警告;造成麻醉药品、精神药品邮件丢失的,依照邮政法律、行政法规的规定处理。

第七十五条 提供虚假材料、隐瞒有关情况,或者采取其他欺骗手段取得麻醉药品和精神药品的实验研究、生产、经营、使用资格的,由原审批部门撤销其已取得的资格,5年内不得提出有关麻醉药品和精神药品的申请;情节严重的,处1万元以上3万元以下的罚款,有药品生产许可证、药品经营许可证、医疗机构执业许可证,依法吊销其许可证明文件。

第七十六条 药品研究单位在普通药品的实验研究和研制过程中,产生本条例规定管制的麻醉药品和精神药品,未依照本条例的规定报告的,由药品监督管理部门责令改正,给予警告,没收违法药品;拒不改正的,责令停止实验研究和研制活动。

第七十七条 药物临床试验机构以健康人为麻醉药品和第一类精神药品临床试验的受试对象的,由药品监督管理部门责令停止违法行为,给予警告;情节严重的,取消其药物临床试验机构的资格;构成犯罪的,依法追究刑事责任。对受试对象造成损害的,药物临床试验机构依法承担治疗和赔偿责任。

第七十八条 定点生产企业、定点批发企业和第二类精神药品零售企业生产、销售假劣麻醉药品和精神药品的,由药品监督管理部门取消其定点生产资格、定点批发资格或者第二类精神药品零售资格,并依照药品管理法的有关规定予以处罚。

第七十九条 定点生产企业、定点批发企业和其他单位使用现金进行麻醉药品和精神药品交易的,由药品监督管理部门责令改正,给予警告,没收违法交易的药品,并处5万元以上10万元以下的罚款。

第八十条 发生麻醉药品和精神药品被盗、被抢、丢失案件的单位,违反本条例的规定未采取必要的控制措施或者未依照本条例的规定报告的,由药品监督管理部门和卫生主管部门依照各自职责,责令改正,给予警告;情节严重的,处5000元以上1万元以下的罚款;有上级主管部门的,由其上级主管部门对直接负责的主管人员和其他直接责任人员,依法给予降级、撤职的处分。

第八十一条 依法取得麻醉药品药用原植物种植或者麻醉药品和精神药品实验研究、生产、经营、使用、运输等资格的单位,倒卖、转让、出租、出借、涂改其麻醉药品

和精神药品许可证明文件的,由原审批部门吊销相应许可证明文件,没收违法所得;情节严重的,处违法所得2倍以上5倍以下的罚款;没有违法所得的,处2万元以上5万元以下的罚款;构成犯罪的,依法追究刑事责任。

第八十二条 违反本条例的规定,致使麻醉药品和精神药品流入非法渠道造成危害,构成犯罪的,依法追究刑事责任;尚不构成犯罪的,由县级以上公安机关处5万元以上10万元以下的罚款;有违法所得的,没收违法所得;情节严重的,处违法所得2倍以上5倍以下的罚款;由原发证部门吊销其药品生产、经营和使用许可证明文件。

药品监督管理部门、卫生主管部门在监督管理工作中发现前款规定情形的,应当立即通报所在地同级公安机关,并按照国家有关规定,将案件以及相关材料移送公安机关。

第八十三条 本章规定由药品监督管理部门作出的行政处罚,由县级以上药品监督管理部门按照国务院药品监督管理部门规定的职责分工决定。

第九章 附 则

第八十四条 本条例所称实验研究是指以医疗、科学研究或者教学为目的的临床前药物研究。

经批准可以开展与计划生育有关的临床医疗服务的计划生育技术服务机构需要使用麻醉药品和精神药品的,依照本条例有关医疗机构使用麻醉药品和精神药品的规定执行。

第八十五条 麻醉药品目录中的罂粟壳只能用于中药饮片和中成药的生产以及医疗配方使用。具体管理办法由国务院药品监督管理部门另行制定。

第八十六条 生产含麻醉药品的复方制剂,需要购进、储存、使用麻醉药品原料药的,应当遵守本条例有关麻醉药品管理的规定。

第八十七条 军队医疗机构麻醉药品和精神药品的供应、使用,由国务院药品监督管理部门会同中国人民解放军总后勤部依据本条例制定具体管理办法。

第八十八条 对动物用麻醉药品和精神药品的管理,由国务院兽医主管部门会同国务院药品监督管理部门依据本条例制定具体管理办法。

第八十九条 本条例自2005年11月1日起施行。1987年11月28日国务院发布的《麻醉药品管理办法》和1988年12月27日国务院发布的《精神药品管理办法》同时废止。

非药用类麻醉药品和精神药品列管办法

- 2015年9月24日
- 公通字〔2015〕27号

第一条 为加强对非药用类麻醉药品和精神药品的管理,防止非法生产、经营、运输、使用和进出口,根据《中华人民共和国禁毒法》和《麻醉药品和精神药品管理条例》等法律、法规的规定,制定本办法。

第二条 本办法所称的非药用类麻醉药品和精神药品,是指未作为药品生产和使用,具有成瘾性或者成瘾潜力且易被滥用的物质。

第三条 麻醉药品和精神药品按照药用类和非药用类分类列管。除麻醉药品和精神药品管理品种目录已有列管品种外,新增非药用类麻醉药品和精神药品管制品种由本办法附表列示。非药用类麻醉药品和精神药品管制品种目录的调整由国务院公安部门会同国务院食品药品监督管理部门和国务院卫生计生行政部门负责。

非药用类麻醉药品和精神药品发现医药用途,调整列入药品目录的,不再列入非药用类麻醉药品和精神药品管制品种目录。

第四条 对列管的非药用类麻醉药品和精神药品,禁止任何单位和个人生产、买卖、运输、使用、储存和进出口。因科研、实验需要使用非药用类麻醉药品和精神药品,在药品、医疗器械生产、检测中需要使用非药用类麻醉药品和精神药品标准品、对照品,以及药品生产过程中非药用类麻醉药品和精神药品中间体的管理,按照有关规定执行。

各级公安机关和有关部门依法加强对非药用类麻醉药品和精神药品违法犯罪行为的打击处理。

第五条 各地禁毒委员会办公室(以下简称禁毒办)应当组织公安机关和有关部门加强对非药用类麻醉药品和精神药品的监测,并将监测情况及时上报国家禁毒办。国家禁毒办经汇总、分析后,应当及时发布预警信息。对国家禁毒办发布预警的未列管非药用类麻醉药品和精神药品,各地禁毒办应当进行重点监测。

第六条 国家禁毒办认为需要对特定非药用类麻醉药品和精神药品进行列管的,应当交由非药用类麻醉药品和精神药品专家委员会(以下简称专家委员会)进行风险评估和列管论证。

第七条 专家委员会由国务院公安部门、食品药品监督管理部门、卫生计生行政部门、工业和信息化管理部门、海关等部门的专业人员以及医学、药学、法学、司法鉴定、化工等领域的专家学者组成。

专家委员会应当对拟列管的非药用类麻醉药品和精神药品进行下列风险评估和列管论证,并提出是否予以列管的建议:

(一)成瘾性或者成瘾潜力;
(二)对人身心健康的危害性;
(三)非法制造、贩运或者走私活动情况;
(四)滥用或者扩散情况;
(五)造成国内、国际危害或者其他社会危害情况。

专家委员会启动对拟列管的非药用类麻醉药品和精神药品的风险评估和列管论证工作后,应当在3个月内完成。

第八条 对专家委员会评估后提出列管建议的,国家禁毒办应当建议国务院公安部门会同食品药品监督管理部门和卫生计生行政部门予以列管。

第九条 国务院公安部门会同食品药品监督管理部门和卫生计生行政部门应当在接到国家禁毒办列管建议后6个月内,完成对非药用类麻醉药品和精神药品的列管工作。

对于情况紧急、不及时列管不利于遏制危害发展蔓延的,风险评估和列管工作应当加快进程。

第十条 本办法自2015年10月1日起施行。

医疗用毒性药品管理办法

- 1988年12月27日中华人民共和国国务院令第23号发布
- 自发布之日起施行

第一条 为加强医疗用毒性药品的管理,防止中毒或死亡事故的发生,根据《中华人民共和国药品管理法》的规定,制定本办法。

第二条 医疗用毒性药品(以下简称毒性药品),系指毒性剧烈、治疗剂量与中毒剂量相近,使用不当会致人中毒或死亡的药品。

毒性药品的管理品种,由卫生部会同国家医药管理局、国家中医药管理局规定。

第三条 毒性药品年度生产、收购、供应和配制计划,由省、自治区、直辖市医药管理部门根据医疗需要制定,经省、自治区、直辖市卫生行政部门审核后,由医药管理部门下达给指定的毒性药品生产、收购、供应单位,并抄报卫生部、国家医药管理局和国家中医药管理局。生产单位不得擅自改变生产计划自行销售。

第四条 药厂必须由医药专业人员负责生产、配制和质量检验,并建立严格的管理制度。严防与其他药品混杂。每次配料,必须经 2 人以上复核无误,并详细记录每次生产所用原料和成品数。经手人要签字备查。所有工具、容器要处理干净,以防污染其他药品。标示量要准确无误,包装容器要有毒药标志。

第五条 毒性药品的收购、经营,由各级医药管理部门指定的药品经营单位负责;配方用药由国营药店、医疗单位负责。其他任何单位或者个人均不得从事毒性药品的收购、经营和配方业务。

第六条 收购、经营、加工、使用毒性药品的单位必须建立健全保管、验收、领发、核对等制度,严防收假、发错,严禁与其他药品混杂,做到划定仓间或仓位,专柜加锁并由专人保管。

毒性药品的包装容器上必须印有毒药标志。在运输毒性药品的过程中,应当采取有效措施,防止发生事故。

第七条 凡加工炮制毒性中药,必须按照《中华人民共和国药典》或者省、自治区、直辖市卫生行政部门制定的《炮制规范》的规定进行。药材符合药用要求的,方可供应、配方和用于中成药生产。

第八条 生产毒性药品及其制剂,必须严格执行生产工艺操作规程,在本单位药品检验人员的监督下准确投料,并建立完整的生产记录,保存 5 年备查。

在生产毒性药品过程中产生的废弃物,必须妥善处理,不得污染环境。

第九条 医疗单位供应和调配毒性药品,凭医生签名的正式处方。国营药店供应和调配毒性药品,凭盖有医生所在的医疗单位公章的正式处方。每次处方剂量不得超过 2 日极量。

调配处方时,必须认真负责,计量准确,按医嘱注明要求,并由配方人员及具有药师以上技术职称的复核人员签名盖章后方可发出。对处方未注明"生用"的毒性中药,应当付炮制品。如发现处方有疑问时,须经原处方医生重新审定后再行调配。处方一次有效,取药后处方保存 2 年备查。

第十条 科研和教学单位所需的毒性药品,必须持本单位的证明信,经单位所在地县以上卫生行政部门批准后,供应部门方能发售。

群众自配民间单、秘、验方需用毒性中药,购买时要持有本单位或者城市街道办事处、乡(镇)人民政府的证明信,供应部门方可发售。每次购用量不得超过 2 日极量。

第十一条 对违反本办法的规定,擅自生产、收购、经营毒性药品的单位或者个人,由县以上卫生行政部门没收其全部毒性药品,并处以警告或按非法所得的 5 至 10 倍罚款。情节严重、致人伤残或死亡,构成犯罪的,由司法机关依法追究其刑事责任。

第十二条 当事人对处罚不服的,可在接到处罚通知之日起 15 日内,向作出处理的机关的上级机关申请复议。但申请复议期间仍应执行原处罚决定。上级机关应在接到申请之日起 10 日内作出答复。对答复不服的,可在接到答复之日起 15 日内,向人民法院起诉。

第十三条 本办法由卫生部负责解释。

第十四条 本办法自发布之日起施行。1964 年 4 月 20 日卫生部、商业部、化工部发布的《管理毒药、限制性剧药暂行规定》,1964 年 12 月 7 日卫生部、商业部发布的《管理毒性中药的暂行办法》,1979 年 6 月 30 日卫生部、国家医药管理总局发布的《医疗用毒药、限制性剧药管理规定》,同时废止。

放射性药品管理办法

- 1989 年 1 月 13 日中华人民共和国国务院令第 25 号发布
- 根据 2011 年 1 月 8 日《国务院关于废止和修改部分行政法规的决定》第一次修订
- 根据 2017 年 3 月 1 日《国务院关于修改和废止部分行政法规的决定》第二次修订
- 根据 2022 年 3 月 29 日《国务院关于修改和废止部分行政法规的决定》第三次修订

第一章 总 则

第一条 为了加强放射性药品的管理,根据《中华人民共和国药品管理法》(以下称《药品管理法》)的规定,制定本办法。

第二条 放射性药品是指用于临床诊断或者治疗的放射性核素制剂或者其标记药物。

第三条 凡在中华人民共和国领域内进行放射性药品的研究、生产、经营、运输、使用、检验、监督管理的单位和个人都必须遵守本办法。

第四条 国务院药品监督管理部门负责全国放射性药品监督管理工作。国务院国防科技工业主管部门依据职责负责与放射性药品有关的管理工作。国务院环境保护主管部门负责与放射性药品有关的辐射安全与防护的监督管理工作。

第二章 放射性新药的研制、临床研究和审批

第五条 放射性新药的研制内容,包括工艺路线、质

量标准、临床前药理及临床研究。研制单位在制订新药工艺路线的同时，必须研究该药的理化性能、纯度（包括核素纯度）及检验方法、药理、毒理、动物药代动力学、放射性比活度、剂量、剂型、稳定性等。

研制单位对放射免疫分析药盒必须进行可测限度、范围、特异性、准确度、精密度、稳定性等方法学的研究。

放射性新药的分类，按国务院药品监督管理部门有关药品注册的规定办理。

第六条 研制单位研制的放射性新药，在进行临床试验或者验证前，应当向国务院药品监督管理部门提出申请，按规定报送资料及样品，经国务院药品监督管理部门审批同意后，在国务院药品监督管理部门指定的药物临床试验机构进行临床研究。

第七条 研制单位在放射性新药临床研究结束后，向国务院药品监督管理部门提出申请，经国务院药品监督管理部门审核批准，发给新药证书。国务院药品监督管理部门在审核批准时，应当征求国务院国防科技工业主管部门的意见。

第八条 放射性新药投入生产，需由生产单位或者取得放射性药品生产许可证的研制单位，凭新药证书（副本）向国务院药品监督管理部门提出生产该药的申请，并提供样品，由国务院药品监督管理部门审核发给批准文号。

第三章 放射性药品的生产、经营和进出口

第九条 国家根据需要，对放射性药品的生产企业实行合理布局。

第十条 开办放射性药品生产、经营企业，必须具备《药品管理法》规定的条件，符合国家有关放射性同位素安全和防护的规定与标准，并履行环境影响评价文件的审批手续；开办放射性药品生产企业，经所在省、自治区、直辖市国防科技工业主管部门审查同意后，所在省、自治区、直辖市药品监督管理部门审核批准后，由所在省、自治区、直辖市药品监督管理部门发给《放射性药品生产企业许可证》；开办放射性药品经营企业，经所在省、自治区、直辖市药品监督管理部门审核并征求所在省、自治区、直辖市国防科技工业主管部门意见后批准的，由所在省、自治区、直辖市药品监督管理部门发给《放射性药品经营企业许可证》。无许可证的生产、经营企业，一律不准生产、销售放射性药品。

第十一条 《放射性药品生产企业许可证》、《放射性药品经营企业许可证》的有效期为5年，期满前6个月，放射性药品生产、经营企业应分别向原发证的药品监督管理部门重新提出申请，按第十条审批程序批准后，换发新证。

第十二条 放射性药品生产企业生产已有国家标准的放射性药品，必须经国务院药品监督管理部门征求国务院国防科技工业主管部门意见后审核批准，并发给批准文号。凡是改变国务院药品监督管理部门已批准的生产工艺路线和药品标准的，生产单位必须按原报批程序提出补充申请，经国务院药品监督管理部门批准后方能生产。

第十三条 放射性药品生产、经营企业，必须配备与生产、经营放射性药品相适应的专业技术人员，具有安全、防护和废气、废物、废水处理等设施，并建立严格的质量管理制度。

第十四条 放射性药品生产、经营企业，必须建立质量检验机构，严格实行生产全过程的质量控制和检验。产品出厂前，须经质量检验。符合国家药品标准的产品方可出厂，不符合标准的产品一律不准出厂。

经国务院药品监督管理部门审核批准的含有短半衰期放射性核素的药品，可以边检验边出厂，但发现质量不符合国家药品标准时，该药品的生产企业应当立即停止生产、销售，并立即通知使用单位停止使用，同时报告国务院药品监督管理、卫生行政、国防科技工业主管部门。

第十五条 放射性药品的生产、经营单位和医疗单位凭省、自治区、直辖市药品监督管理部门发给的《放射性药品生产企业许可证》、《放射性药品经营企业许可证》，医疗单位凭省、自治区、直辖市药品监督管理部门发给的《放射性药品使用许可证》，开展放射性药品的购销活动。

第十六条 进口的放射性药品品种，必须符合我国的药品标准或者其他药用要求，并依照《药品管理法》的规定取得进口药品注册证书。

进出口放射性药品，应当按照国家有关对外贸易、放射性同位素安全和防护的规定，办理进出口手续。

第十七条 进口放射性药品，必须经国务院药品监督管理部门指定的药品检验机构抽样检验；检验合格的，方准进口。

对于经国务院药品监督管理部门审核批准的含有短半衰期放射性核素的药品，在保证安全使用的情况下，可以采取边进口检验，边投入使用的办法。进口检验单位发现药品质量不符合要求时，应当立即通知使用单位停止使用，并报告国务院药品监督管理、卫生行政、国防科技工业主管部门。

第四章 放射性药品的包装和运输

第十八条 放射性药品的包装必须安全实用，符合放射性药品质量要求，具有与放射性剂量相适应的防护装置。包装必须分内包装和外包装两部分，外包装必须贴有商标、标签、说明书和放射性药品标志，内包装必须贴有标签。

标签必须注明药品品名、放射性比活度、装量。

说明书除注明前款内容外，还须注明生产单位、批准文号、批号、主要成份、出厂日期、放射性核素半衰期、适应症、用法、用量、禁忌症、有效期和注意事项等。

第十九条 放射性药品的运输，按国家运输、邮政等部门制订的有关规定执行。

严禁任何单位和个人随身携带放射性药品乘坐公共交通运输工具。

第五章 放射性药品的使用

第二十条 医疗单位设置核医学科、室（同位素室），必须配备与其医疗任务相适应的并经核医学技术培训的技术人员。非核医学专业技术人员未经培训，不得从事放射性药品使用工作。

第二十一条 医疗单位使用放射性药品，必须符合国家有关放射性同位素安全和防护的规定。所在地的省、自治区、直辖市药品监督管理部门，应当根据医疗单位核医疗技术人员的水平、设备条件，核发相应等级的《放射性药品使用许可证》，无许可证的医疗单位不得临床使用放射性药品。

《放射性药品使用许可证》有效期为5年，期满前6个月，医疗单位应当向原发证的行政部门重新提出申请，经审核批准后，换发新证。

第二十二条 医疗单位配制、使用放射性制剂，应当符合《药品管理法》及其实施条例的相关规定。

第二十三条 持有《放射性药品使用许可证》的医疗单位，必须负责对使用的放射性药品进行临床质量检验，收集药品不良反应等项工作，并定期向所在地药品监督管理、卫生行政部门报告。由省、自治区、直辖市药品监督管理、卫生行政部门汇总后分别报国务院药品监督管理、卫生行政部门。

第二十四条 放射性药品使用后的废物（包括患者排出物），必须按国家有关规定妥善处置。

第六章 放射性药品标准和检验

第二十五条 放射性药品的国家标准，由国务院药品监督管理部门药典委员会负责制定和修订，报国务院药品监督管理部门审批颁发。

第二十六条 放射性药品的检验由国务院药品监督管理部门公布的药品检验机构承担。

第七章 附 则

第二十七条 对违反本办法规定的单位或者个人，由县以上药品监督管理、卫生行政部门，按照《药品管理法》和有关法规的规定处罚。

第二十八条 本办法自发布之日起施行。

抗菌药物临床应用管理办法

- 2012年4月24日卫生部令第84号公布
- 自2012年8月1日起施行

第一章 总 则

第一条 为加强医疗机构抗菌药物临床应用管理，规范抗菌药物临床应用行为，提高抗菌药物临床应用水平，促进临床合理应用抗菌药物，控制细菌耐药，保障医疗质量和医疗安全，根据相关卫生法律法规，制定本办法。

第二条 本办法所称抗菌药物是指治疗细菌、支原体、衣原体、立克次体、螺旋体、真菌等病原微生物所致感染性疾病病原的药物，不包括治疗结核病、寄生虫病和各种病毒所致感染性疾病的药物以及具有抗菌作用的中药制剂。

第三条 卫生部负责全国医疗机构抗菌药物临床应用的监督管理。

县级以上地方卫生行政部门负责本行政区域内医疗机构抗菌药物临床应用的监督管理。

第四条 本办法适用于各级各类医疗机构抗菌药物临床应用管理工作。

第五条 抗菌药物临床应用应当遵循安全、有效、经济的原则。

第六条 抗菌药物临床应用实行分级管理。根据安全性、疗效、细菌耐药性、价格等因素，将抗菌药物分为三级：非限制使用级、限制使用级与特殊使用级。具体划分标准如下：

（一）非限制使用级抗菌药物是指经长期临床应用证明安全、有效，对细菌耐药性影响较小，价格相对较低的抗菌药物；

（二）限制使用级抗菌药物是指经长期临床应用证明安全、有效，对细菌耐药性影响较大，或者价格相对较高的抗菌药物；

（三）特殊使用级抗菌药物是指具有以下情形之一

的抗菌药物：

1. 具有明显或者严重不良反应，不宜随意使用的抗菌药物；

2. 需要严格控制使用，避免细菌过快产生耐药的抗菌药物；

3. 疗效、安全性方面的临床资料较少的抗菌药物；

4. 价格昂贵的抗菌药物。

抗菌药物分级管理目录由各省级卫生行政部门制定，报卫生部备案。

第二章 组织机构和职责

第七条 医疗机构主要负责人是本机构抗菌药物临床应用管理的第一责任人。

第八条 医疗机构应当建立本机构抗菌药物管理工作制度。

第九条 医疗机构应当设立抗菌药物管理工作机构或者配备专(兼)职人员负责本机构的抗菌药物管理工作。

二级以上的医院、妇幼保健院及专科疾病防治机构（以下简称二级以上医院）应当在药事管理与药物治疗学委员会下设立抗菌药物管理工作组。抗菌药物管理工作组由医务、药学、感染性疾病、临床微生物、护理、医院感染管理等部门负责人和具有相关专业高级技术职务任职资格的人员组成，医务、药学等部门共同负责日常管理工作。

其他医疗机构设立抗菌药物管理工作小组或者指定专(兼)职人员，负责具体管理工作。

第十条 医疗机构抗菌药物管理工作机构或者专(兼)职人员的主要职责是：

(一)贯彻执行抗菌药物管理相关的法律、法规、规章，制定本机构抗菌药物管理制度并组织实施；

(二)审议本机构抗菌药物供应目录，制定抗菌药物临床应用相关技术性文件，并组织实施；

(三)对本机构抗菌药物临床应用与细菌耐药情况进行监测，定期分析、评估、上报监测数据并发布相关信息，提出干预和改进措施；

(四)对医务人员进行抗菌药物管理相关法律、法规、规章制度和技术规范培训，组织对患者合理使用抗菌药物的宣传教育。

第十一条 二级以上医院应当设置感染性疾病科，配备感染性疾病专业医师。

感染性疾病科和感染性疾病专业医师负责对本机构各临床科室抗菌药物临床应用进行技术指导，参与抗菌药物临床应用管理工作。

第十二条 二级以上医院应当配备抗菌药物等相关专业的临床药师。

临床药师负责对本机构抗菌药物临床应用提供技术支持，指导患者合理使用抗菌药物，参与抗菌药物临床应用管理工作。

第十三条 二级以上医院应当根据实际需要，建立符合实验室生物安全要求的临床微生物室。

临床微生物室开展微生物培养、分离、鉴定和药物敏感试验等工作，提供病原学诊断和细菌耐药技术支持，参与抗菌药物临床应用管理工作。

第十四条 卫生行政部门和医疗机构加强涉及抗菌药物临床应用管理的相关学科建设，建立专业人才培养和考核制度，充分发挥相关专业技术人员在抗菌药物临床应用管理工作中的作用。

第三章 抗菌药物临床应用管理

第十五条 医疗机构应当严格执行《处方管理办法》、《医疗机构药事管理规定》、《抗菌药物临床应用指导原则》、《国家处方集》等相关规定及技术规范，加强对抗菌药物遴选、采购、处方、调剂、临床应用和药物评价的管理。

第十六条 医疗机构应当按照省级卫生行政部门制定的抗菌药物分级管理目录，制定本机构抗菌药物供应目录，并向核发其《医疗机构执业许可证》的卫生行政部门备案。医疗机构抗菌药物供应目录包括采购抗菌药物的品种、品规。未经备案的抗菌药物品种、品规，医疗机构不得采购。

第十七条 医疗机构应当严格控制本机构抗菌药物供应目录的品种数量。同一通用名称抗菌药物品种，注射剂型和口服剂型各不得超过2种。具有相似或者相同药理学特征的抗菌药物不得重复列入供应目录。

第十八条 医疗机构确因临床工作需要，抗菌药物品种和品规数量超过规定的，应当向核发其《医疗机构执业许可证》的卫生行政部门详细说明原因和理由；说明不充分或者理由不成立的，卫生行政部门不得接受其抗菌药物品种和品规数量的备案。

第十九条 医疗机构应当定期调整抗菌药物供应目录品种结构，并于每次调整后15个工作日内向核发其《医疗机构执业许可证》的卫生行政部门备案。调整周期原则上为2年，最短不得少于1年。

第二十条 医疗机构应当按照国家药品监督管理部门批准并公布的药品通用名称购进抗菌药物，优先选用

《国家基本药物目录》、《国家处方集》和《国家基本医疗保险、工伤保险和生育保险药品目录》收录的抗菌药物品种。

基层医疗卫生机构只能选用基本药物（包括各省区市增补品种）中的抗菌药物品种。

第二十一条　医疗机构抗菌药物应当由药学部门统一采购供应，其他科室或者部门不得从事抗菌药物的采购、调剂活动。临床上不得使用非药学部门采购供应的抗菌药物。

第二十二条　因特殊治疗需要，医疗机构需使用本机构抗菌药物供应目录以外抗菌药物的，可以启动临时采购程序。临时采购应当由临床科室提出申请，说明申请购入抗菌药物名称、剂型、规格、数量、使用对象和使用理由，经本机构抗菌药物管理工作组审核同意后，由药学部门临时一次性购入使用。

医疗机构应当严格控制临时采购抗菌药物品种和数量，同一通用名抗菌药物品种启动临时采购程序原则上每年不得超过5例次。如果超过5例次，应当讨论是否列入本机构抗菌药物供应目录。调整后的抗菌药物供应目录总品种数不得增加。

医疗机构应当每半年将抗菌药物临时采购情况向核发其《医疗机构执业许可证》的卫生行政部门备案。

第二十三条　医疗机构应当建立抗菌药物遴选和定期评估制度。

医疗机构遴选和新引进抗菌药物品种，应当由临床科室提交申请报告，经药学部门提出意见后，由抗菌药物管理工作组审议。

抗菌药物管理工作组三分之二以上成员审议同意，并经药事管理与药物治疗学委员会三分之二以上委员审核同意后方可列入采购供应目录。

抗菌药物品种或者品规存在安全隐患、疗效不确定、耐药率高、性价比差或者违规使用等情况的，临床科室、药学部门、抗菌药物管理工作组可以提出清退或者更换意见。清退意见经抗菌药物管理工作组二分之一以上成员同意后执行，并报药事管理与药物治疗学委员会备案；更换意见经药事管理与药物治疗学委员会讨论通过后执行。

清退或者更换的抗菌药物品种或者品规原则上12个月内不得重新进入本机构抗菌药物供应目录。

第二十四条　具有高级专业技术职务任职资格的医师，可授予特殊使用级抗菌药物处方权；具有中级以上专业技术职务任职资格的医师，可授予限制使用级抗菌药物处方权；具有初级专业技术职务任职资格的医师，在乡、民族乡、镇、村的医疗机构独立从事一般执业活动的执业助理医师以及乡村医生，可授予非限制使用级抗菌药物处方权。药师经培训并考核合格后，方可获得抗菌药物调剂资格。

二级以上医院应当定期对医师和药师进行抗菌药物临床应用知识和规范化管理的培训。医师经本机构培训并考核合格后，方可获得相应的处方权。

其他医疗机构依法享有处方权的医师、乡村医生和从事处方调剂工作的药师，由县级以上地方卫生行政部门组织相关培训、考核。经考核合格的，授予相应的抗菌药物处方权或者抗菌药物调剂资格。

第二十五条　抗菌药物临床应用知识和规范化管理培训和考核内容应当包括：

（一）《药品管理法》、《执业医师法》、《抗菌药物临床应用管理办法》、《处方管理办法》、《医疗机构药事管理规定》、《抗菌药物临床应用指导原则》、《国家基本药物处方集》、《国家处方集》和《医院处方点评管理规范（试行）》等相关法律、法规、规章和规范性文件；

（二）抗菌药物临床应用及管理制度；

（三）常用抗菌药物的药理学特点与注意事项；

（四）常见细菌的耐药趋势与控制方法；

（五）抗菌药物不良反应的防治。

第二十六条　医疗机构和医务人员应当严格掌握使用抗菌药物预防感染的指证。预防感染、治疗轻度或者局部感染应当首选非限制使用级抗菌药物；严重感染、免疫功能低下合并感染或者病原菌只对限制使用级抗菌药物敏感时，方可选用限制使用级抗菌药物。

第二十七条　严格控制特殊使用级抗菌药物使用。特殊使用级抗菌药物不得在门诊使用。

临床应用特殊使用级抗菌药物应当严格掌握用药指证，经抗菌药物管理工作组指定的专业技术人员会诊同意后，由具有相应处方权医师开具处方。

特殊使用级抗菌药物会诊人员由具有抗菌药物临床应用经验的感染性疾病科、呼吸科、重症医学科、微生物检验科、药学部门等具有高级专业技术职务任职资格的医师、药师或具有高级专业技术职务任职资格的抗菌药物专业临床药师担任。

第二十八条　因抢救生命垂危的患者等紧急情况，医师可以越级使用抗菌药物。越级使用抗菌药物应当详细记录用药指证，并应当于24小时内补办越级使用抗菌药物的必要手续。

第二十九条　医疗机构应当制定并严格控制门诊患

者静脉输注使用抗菌药物比例。

村卫生室、诊所和社区卫生服务站使用抗菌药物开展静脉输注活动，应当经县级卫生行政部门核准。

第三十条 医疗机构应当开展抗菌药物临床应用监测工作，分析本机构及临床各专业科室抗菌药物使用情况，评估抗菌药物使用适宜性；对抗菌药物使用趋势进行分析，对抗菌药物不合理使用情况应当及时采取有效干预措施。

第三十一条 医疗机构应当根据临床微生物标本检测结果合理选用抗菌药物。临床微生物标本检测结果未出具前，医疗机构可以根据当地和本机构细菌耐药监测情况经验选用抗菌药物，临床微生物标本检测结果出具后根据检测结果进行相应调整。

第三十二条 医疗机构应当开展细菌耐药监测工作，建立细菌耐药预警机制，并采取下列相应措施：

（一）主要目标细菌耐药率超过30%的抗菌药物，应当及时将预警信息通报本机构医务人员；

（二）主要目标细菌耐药率超过40%的抗菌药物，应当慎重经验用药；

（三）主要目标细菌耐药率超过50%的抗菌药物，应当参照药敏试验结果选用；

（四）主要目标细菌耐药率超过75%的抗菌药物，应当暂停针对此目标细菌的临床应用，根据追踪细菌耐药监测结果，再决定是否恢复临床应用。

第三十三条 医疗机构应当建立本机构抗菌药物临床应用情况排名、内部公示和报告制度。

医疗机构应当对临床科室和医务人员抗菌药物使用量、使用率和使用强度等情况进行排名并予以内部公示；对排名后位或者发现严重问题的医师进行批评教育，情况严重的予以通报。

医疗机构应当按照要求对临床科室和医务人员抗菌药物临床应用情况进行汇总，并向核发其《医疗机构执业许可证》的卫生行政部门报告。非限制使用级抗菌药物临床应用情况，每年报告一次；限制使用级和特殊使用级抗菌药物临床应用情况，每半年报告一次。

第三十四条 医疗机构应当充分利用信息化手段促进抗菌药物合理应用。

第三十五条 医疗机构应当对以下抗菌药物临床应用异常情况开展调查，并根据不同情况作出处理：

（一）使用量异常增长的抗菌药物；

（二）半年内使用量始终居于前列的抗菌药物；

（三）经常超适应证、超剂量使用的抗菌药物；

（四）企业违规销售的抗菌药物；

（五）频繁发生严重不良事件的抗菌药物。

第三十六条 医疗机构应当加强对抗菌药物生产、经营企业在本机构销售行为的管理，对存在不正当销售行为的企业，应当及时采取暂停进药、清退等措施。

第四章 监督管理

第三十七条 县级以上卫生行政部门应当加强对本行政区域内医疗机构抗菌药物临床应用情况的监督检查。

第三十八条 卫生行政部门工作人员依法对医疗机构抗菌药物临床应用情况进行监督检查时，应当出示证件，被检查医疗机构应当予以配合，提供必要的资料，不得拒绝、阻碍和隐瞒。

第三十九条 县级以上地方卫生行政部门应当建立医疗机构抗菌药物临床应用管理评估制度。

第四十条 县级以上地方卫生行政部门应当建立抗菌药物临床应用情况排名、公布和诫勉谈话制度。对本行政区域内医疗机构抗菌药物使用量、使用率和使用强度等情况进行排名，将排名情况向本行政区域内医疗机构公布，并报上级卫生行政部门备案；对发生重大、特大医疗质量安全事件或者存在严重医疗质量安全隐患的各级各类医疗机构的负责人进行诫勉谈话，情况严重的予以通报。

第四十一条 县级卫生行政部门负责对辖区内乡镇卫生院、社区卫生服务中心（站）抗菌药物使用量、使用率等情况进行排名并予以公示。

受县级卫生行政部门委托，乡镇卫生院负责对辖区内村卫生室抗菌药物使用量、使用率等情况进行排名并予以公示，并向县级卫生行政部门报告。

第四十二条 卫生部建立全国抗菌药物临床应用监测网和全国细菌耐药监测网，对全国抗菌药物临床应用和细菌耐药情况进行监测；根据监测情况定期公布抗菌药物临床应用控制指标，开展抗菌药物临床应用质量管理与控制工作。

省级卫生行政部门应当建立本行政区域的抗菌药物临床应用监测网和细菌耐药监测网，对医疗机构抗菌药物临床应用和细菌耐药情况进行监测，开展抗菌药物临床应用质量管理与控制工作。

抗菌药物临床应用和细菌耐药监测技术方案由卫生部另行制定。

第四十三条 卫生行政部门应当将医疗机构抗菌药物临床应用情况纳入医疗机构考核指标体系；将抗菌药

物临床应用情况作为医疗机构定级、评审、评价重要指标,考核不合格的,视情况对医疗机构作出降级、降等、评价不合格处理。

第四十四条 医疗机构抗菌药物管理机构应当定期组织相关专业技术人员对抗菌药物处方、医嘱实施点评,并将点评结果作为医师定期考核、临床科室和医务人员绩效考核依据。

第四十五条 医疗机构应当对出现抗菌药物超常处方3次以上且无正当理由的医师提出警告,限制其特殊使用级和限制使用级抗菌药物处方权。

第四十六条 医师出现下列情形之一的,医疗机构应当取消其处方权:

(一)抗菌药物考核不合格的;

(二)限制处方权后,仍出现超常处方且无正当理由的;

(三)未按照规定开具抗菌药物处方,造成严重后果的;

(四)未按照规定使用抗菌药物,造成严重后果的;

(五)开具抗菌药物处方牟取不正当利益的。

第四十七条 药师未按照规定审核抗菌药物处方与用药医嘱,造成严重后果的,或者发现处方不适宜、超常处方等情况未进行干预且无正当理由的,医疗机构应当取消其药物调剂资格。

第四十八条 医师处方权和药师药物调剂资格取消后,在六个月内不得恢复其处方权和药物调剂资格。

第五章 法律责任

第四十九条 医疗机构有下列情形之一的,由县级以上卫生行政部门责令限期改正;逾期不改的,进行通报批评,并给予警告;造成严重后果的,对负有责任的主管人员和其他直接责任人员,给予处分:

(一)未建立抗菌药物管理组织机构或者未指定专(兼)职技术人员负责具体管理工作的;

(二)未建立抗菌药物管理规章制度的;

(三)抗菌药物临床应用管理混乱的;

(四)未按照本办法规定执行抗菌药物分级管理、医师抗菌药物处方权限管理、药师抗菌药物调剂资格管理或者未配备相关专业技术人员的;

(五)其他违反本办法规定行为的。

第五十条 医疗机构有下列情形之一的,由县级以上卫生行政部门责令限期改正,给予警告,并可根据情节轻重处以三万元以下罚款;对负有责任的主管人员和其他直接责任人员,可根据情节给予处分:

(一)使用未取得抗菌药物处方权的医师或者使用被取消抗菌药物处方权的医师开具抗菌药物处方的;

(二)未对抗菌药物处方、医嘱实施适宜性审核,情节严重的;

(三)非药学部门从事抗菌药物购销、调剂活动的;

(四)将抗菌药物购销、临床应用情况与个人或者科室经济利益挂钩的;

(五)在抗菌药物购销、临床应用中牟取不正当利益的。

第五十一条 医疗机构的负责人、药品采购人员、医师等有关人员索取、收受药品生产企业、药品经营企业或者其代理人给予的财物或者通过开具抗菌药物牟取不正当利益的,由县级以上地方卫生行政部门依据国家有关法律法规进行处理。

第五十二条 医师有下列情形之一的,由县级以上卫生行政部门按照《执业医师法》第三十七条的有关规定,给予警告或者责令暂停六个月以上一年以下执业活动;情节严重的,吊销其执业证书;构成犯罪的,依法追究刑事责任:

(一)未按照本办法规定开具抗菌药物处方,造成严重后果的;

(二)使用未经国家药品监督管理部门批准的抗菌药物的;

(三)使用本机构抗菌药物供应目录以外的品种、品规,造成严重后果的;

(四)违反本办法其他规定,造成严重后果的。

乡村医生有前款规定情形之一的,由县级卫生行政部门按照《乡村医师从业管理条例》第三十八条有关规定处理。

第五十三条 药师有下列情形之一的,由县级以上卫生行政部门责令限期改正,给予警告;构成犯罪的,依法追究刑事责任:

(一)未按照规定审核、调剂抗菌药物处方,情节严重的;

(二)未按照规定私自增加抗菌药物品种或者品规的;

(三)违反本办法其他规定的。

第五十四条 未经县级卫生行政部门核准,村卫生室、诊所、社区卫生服务站擅自使用抗菌药物开展静脉输注活动的,由县级以上地方卫生行政部门责令限期改正,给予警告;逾期不改的,可根据情节轻重处以一万元以下罚款。

第五十五条 县级以上地方卫生行政部门未按照本办法规定履行监管职责,造成严重后果的,对直接负责的主管人员和其他直接责任人员依法给予记大过、降级、撤职、开除等行政处分。

第五十六条 医疗机构及其医务人员违反《药品管理法》的,依照《药品管理法》的有关规定处理。

第六章 附 则

第五十七条 国家中医药管理部门在职责范围内负责中医医疗机构抗菌药物临床应用的监督管理。

第五十八条 各省级卫生行政部门应当于本办法发布之日起3个月内,制定本行政区域抗菌药物分级管理目录。

第五十九条 本办法自2012年8月1日起施行。

药品类易制毒化学品管理办法

- 2010年3月18日卫生部令第72号公布
- 自2010年5月1日起施行

第一章 总 则

第一条 为加强药品类易制毒化学品管理,防止流入非法渠道,根据《易制毒化学品管理条例》(以下简称《条例》),制定本办法。

第二条 药品类易制毒化学品是指《条例》中所确定的麦角酸、麻黄素等物质,品种目录见本办法附件1。

国务院批准调整易制毒化学品分类和品种,涉及药品类易制毒化学品的,国家食品药品监督管理局应当及时调整并予公布。

第三条 药品类易制毒化学品的生产、经营、购买以及监督管理,适用本办法。

第四条 国家食品药品监督管理局主管全国药品类易制毒化学品生产、经营、购买等方面的监督管理工作。

县级以上地方食品药品监督管理部门负责本行政区域内的药品类易制毒化学品生产、经营、购买等方面的监督管理工作。

第二章 生产、经营许可

第五条 生产、经营药品类易制毒化学品,应当依照《条例》和本办法的规定取得药品类易制毒化学品生产、经营许可。

生产药品类易制毒化学品中属于药品的品种,还应当依照《药品管理法》和相关规定取得药品批准文号。

第六条 药品生产企业申请生产药品类易制毒化学品,应当符合《条例》第七条规定的条件,向所在地省、自治区、直辖市食品药品监督管理部门提出申请,报送以下资料:

(一)药品类易制毒化学品生产申请表(见附件2);

(二)《药品生产许可证》、《药品生产质量管理规范》认证证书和企业营业执照复印件;

(三)企业药品类易制毒化学品管理的组织机构图(注明各部门职责及相互关系、部门负责人);

(四)反映企业现有状况的周边环境图、总平面布置图、仓储平面布置图、质量检验场所平面布置图、药品类易制毒化学品生产场所平面布置图(注明药品类易制毒化学品相应安全管理设施);

(五)药品类易制毒化学品安全管理制度文件目录;

(六)重点区域设置电视监控设施的说明以及与公安机关联网报警的证明;

(七)企业法定代表人、企业负责人和技术、管理人员具有药品类易制毒化学品有关知识的说明材料;

(八)企业法定代表人及相关工作人员无毒品犯罪记录的证明;

(九)申请生产仅能作为药品中间体使用的药品类易制毒化学品的,还应当提供合法用途说明等其他相应资料。

第七条 省、自治区、直辖市食品药品监督管理部门应当在收到申请之日起5日内,对申报资料进行形式审查,决定是否受理。受理的,在30日内完成现场检查,将检查结果连同企业申报资料报送国家食品药品监督管理局。国家食品药品监督管理局应当在30日内完成实质性审查,对符合规定的,发给《药品类易制毒化学品生产许可批件》(以下简称《生产许可批件》,见附件3),注明许可生产的药品类易制毒化学品名称;不予许可的,应当书面说明理由。

第八条 药品生产企业收到《生产许可批件》后,应当向所在地省、自治区、直辖市食品药品监督管理部门提出变更《药品生产许可证》生产范围的申请。省、自治区、直辖市食品药品监督管理部门应当根据《生产许可批件》,在《药品生产许可证》正本的生产范围中标注"药品类易制毒化学品";在副本的生产范围中标注"药品类易制毒化学品"后,括弧内标注药品类易制毒化学品名称。

第九条 药品类易制毒化学品生产企业申请换发《药品生产许可证》的,省、自治区、直辖市食品药品监督管理部门除按照《药品生产监督管理办法》审查外,还应当对企业的药品类易制毒化学品生产条件和安全管理情况进行审查。对符合规定的,在换发的《药品生产许可证》中继续标注药品类易制毒化学品生产范围和品种名称;对不符合规定的,报国家食品药品监督管理局。

国家食品药品监督管理局收到省、自治区、直辖市食品药品监督管理部门报告后,对不符合规定的企业注销其《生产许可批件》,并通知企业所在地省、自治区、直辖市食品药品监督管理部门注销该企业《药品生产许可证》中的药品类易制毒化学品生产范围。

第十条 药品类易制毒化学品生产企业不再生产药品类易制毒化学品的,应当在停止生产经营后3个月内办理注销相关许可手续。

药品类易制毒化学品生产企业连续1年未生产的,应当书面报告所在地省、自治区、直辖市食品药品监督管理部门;需要恢复生产的,应当经所在地省、自治区、直辖市食品药品监督管理部门对企业的生产条件和安全管理情况进行现场检查。

第十一条 药品类易制毒化学品生产企业变更生产地址、品种范围的,应当重新申办《生产许可批件》。

药品类易制毒化学品生产企业变更企业名称、法定代表人的,由所在地省、自治区、直辖市食品药品监督管理部门办理《药品生产许可证》变更手续,报国家食品药品监督管理局备案。

第十二条 药品类易制毒化学品以及含有药品类易制毒化学品的制剂不得委托生产。

药品生产企业不得接受境外厂商委托加工药品类易制毒化学品以及含有药品类易制毒化学品的产品;特殊情况需要委托加工的,须经国家食品药品监督管理局批准。

第十三条 药品类易制毒化学品的经营许可,国家食品药品监督管理局委托省、自治区、直辖市食品药品监督管理部门办理。

药品类易制毒化学品单方制剂和小包装麻黄素,纳入麻醉药品销售渠道经营,仅能由麻醉药品全国性批发企业和区域性批发企业经销,不得零售。

未实行药品批准文号管理的品种,纳入药品类易制毒化学品原料药渠道经营。

第十四条 药品经营企业申请经营药品类易制毒化学品原料药,应当符合《条例》第九条规定的条件,向所在地省、自治区、直辖市食品药品监督管理部门提出申请,报送以下资料:

(一)药品类易制毒化学品原料药经营申请表(见附件4);

(二)具有麻醉药品和第一类精神药品定点经营资格或者第二类精神药品定点经营资格的《药品经营许可证》、《药品经营质量管理规范》认证证书和企业营业执照复印件;

(三)企业药品类易制毒化学品管理的组织机构图(注明各部门职责及相互关系、部门负责人);

(四)反映企业现有状况的周边环境图、总平面布置图、仓储平面布置图(注明药品类易制毒化学品相应安全管理设施);

(五)药品类易制毒化学品安全管理制度文件目录;

(六)重点区域设置电视监控设施的说明以及与公安机关联网报警的证明;

(七)企业法定代表人、企业负责人和销售、管理人员具有药品类易制毒化学品有关知识的说明材料;

(八)企业法定代表人及相关工作人员无毒品犯罪记录的证明。

第十五条 省、自治区、直辖市食品药品监督管理部门应当在收到申请之日起5日内,对申报资料进行形式审查,决定是否受理。受理的,在30日内完成现场检查和实质性审查,对符合规定的,在《药品经营许可证》经营范围中标注"药品类易制毒化学品",并报国家食品药品监督管理局备案;不予许可的,应当书面说明理由。

第三章 购买许可

第十六条 国家对药品类易制毒化学品实行购买许可制度。购买药品类易制毒化学品的,应当办理《药品类易制毒化学品购用证明》(以下简称《购用证明》),但本办法第二十一条规定的情形除外。

《购用证明》由国家食品药品监督管理局统一印制(样式见附件5),有效期为3个月。

第十七条 《购用证明》申请范围:

(一)经批准使用药品类易制毒化学品用于药品生产的药品生产企业;

(二)使用药品类易制毒化学品的教学、科研单位;

(三)具有药品类易制毒化学品经营资格的药品经营企业;

(四)取得药品类易制毒化学品出口许可的外贸出口企业;

(五)经农业部会同国家食品药品监督管理局下达兽用盐酸麻黄素注射液生产计划的兽药生产企业。

药品类易制毒化学品生产企业自用药品类易制毒化学品原料药用于药品生产的,也应当按照本办法规定办理《购用证明》。

第十八条 购买药品类易制毒化学品应当符合《条例》第十四条规定,向所在地省、自治区、直辖市食品药品监督管理部门或者省、自治区食品药品监督管理部门确定并公布的设区的市级食品药品监督管理部门提出申请,填报购买药品类易制毒化学品申请表(见附件6),提交相应资料(见附件7)。

第十九条 设区的市级食品药品监督管理部门应当在收到申请之日起5日内,对申报资料进行形式审查,决定是否受理。受理的,必要时组织现场检查,5日内将检查结果连同企业申报资料报送省、自治区食品药品监督管理部门。省、自治区食品药品监督管理部门应当在5日内完成审查,对符合规定的,发给《购用证明》;不予许可的,应当书面说明理由。

省、自治区、直辖市食品药品监督管理部门直接受理的,应当在收到申请之日起10日内完成审查和必要的现场检查,对符合规定的,发给《购用证明》;不予许可的,应当书面说明理由。

省、自治区、直辖市食品药品监督管理部门在批准发给《购用证明》之前,应当请公安机关协助核查相关内容;公安机关核查所用的时间不计算在上述期限之内。

第二十条 《购用证明》只能在有效期内一次使用。《购用证明》不得转借、转让。购买药品类易制毒化学品时必须使用《购用证明》原件,不得使用复印件、传真件。

第二十一条 符合以下情形之一的,豁免办理《购用证明》:

(一)医疗机构凭麻醉药品、第一类精神药品购用印鉴卡购买药品类易制毒化学品单方制剂和小包装麻黄素的;

(二)麻醉药品全国性批发企业、区域性批发企业持麻醉药品调拨单购买小包装麻黄素以及单次购买麻黄素片剂6万片以下、注射剂1.5万支以下的;

(三)按规定购买药品类易制毒化学品标准品、对照品的;

(四)药品类易制毒化学品生产企业凭药品类易制毒化学品出口许可自营出口药品类易制毒化学品的。

第四章 购销管理

第二十二条 药品类易制毒化学品生产企业应当将药品类易制毒化学品原料药销售给取得《购用证明》的药品生产企业、药品经营企业和外贸出口企业。

第二十三条 药品类易制毒化学品经营企业应当将药品类易制毒化学品原料药销售给本省、自治区、直辖市行政区域内取得《购用证明》的单位。药品类易制毒化学品经营企业之间不得购销药品类易制毒化学品原料药。

第二十四条 教学科研单位只能凭《购用证明》从麻醉药品全国性批发企业、区域性批发企业和药品类易制毒化学品经营企业购买药品类易制毒化学品。

第二十五条 药品类易制毒化学品生产企业应当将药品类易制毒化学品单方制剂和小包装麻黄素销售给麻醉药品全国性批发企业。麻醉药品全国性批发企业、区域性批发企业应当按照《麻醉药品和精神药品管理条例》第三章规定的渠道销售药品类易制毒化学品单方制剂和小包装麻黄素。麻醉药品区域性批发企业之间不得购销药品类易制毒化学品单方制剂和小包装麻黄素。

麻醉药品区域性批发企业之间因医疗急需等特殊情况需要调剂药品类易制毒化学品单方制剂的,应当在调剂后2日内将调剂情况分别报所在地省、自治区、直辖市食品药品监督管理部门备案。

第二十六条 药品类易制毒化学品禁止使用现金或者实物进行交易。

第二十七条 药品类易制毒化学品生产企业、经营企业销售药品类易制毒化学品,应当逐一建立购买方档案。

购买方为非医疗机构的,档案内容至少包括:

(一)购买方《药品生产许可证》、《药品经营许可证》、企业营业执照等资质证明文件复印件;

(二)购买方企业法定代表人、主管药品类易制毒化学品负责人、采购人员姓名及其联系方式;

(三)法定代表人授权委托书原件及采购人员身份证明文件复印件;

(四)《购用证明》或者麻醉药品调拨单原件;

(五)销售记录及核查情况记录。

购买方为医疗机构的,档案应当包括医疗机构麻醉药品、第一类精神药品购用印鉴卡复印件和销售记录。

第二十八条 药品类易制毒化学品生产企业、经营企业销售药品类易制毒化学品时,应当核查采购人员身份证明和相关购买许可证明,无误后方可销售,并保存核查记录。

发货应当严格执行出库复核制度,认真核对实物与药品销售出库单是否相符,并确保将药品类易制毒化学品送达购买方《药品生产许可证》或者《药品经营许可证》所载明的地址,或者医疗机构的药库。

在核查、发货、送货过程中发现可疑情况的,应当立即停止销售,并向所在地食品药品监督管理部门和公安机关报告。

第二十九条 除药品类易制毒化学品经营企业外,购用单位应当按照《购用证明》载明的用途使用药品类易制毒化学品,不得转售;外贸出口企业购买的药品类易制毒化学品不得内销。

购用单位需要将药品类易制毒化学品退回原供货单位的，应当分别报其所在地和原供货单位所在地省、自治区、直辖市食品药品监督管理部门备案。原供货单位收到退货后，应当分别向其所在地和原购用单位所在地省、自治区、直辖市食品药品监督管理部门报告。

第五章 安全管理

第三十条 药品类易制毒化学品生产企业、经营企业、使用药品类易制毒化学品的药品生产企业和教学科研单位，应当配备保障药品类易制毒化学品安全管理的设施，建立层层落实责任制的药品类易制毒化学品管理制度。

第三十一条 药品类易制毒化学品生产企业、经营企业和使用药品类易制毒化学品的药品生产企业，应当设置专库或者在药品仓库中设立独立的专库（柜）储存药品类易制毒化学品。

麻醉药品全国性批发企业、区域性批发企业可在其麻醉药品和第一类精神药品专库中设专区存放药品类易制毒化学品。

教学科研单位应当设立专柜储存药品类易制毒化学品。

专库应当设有防盗设施，专柜应当使用保险柜；专库和专柜应当实行双人双锁管理。

药品类易制毒化学品生产企业、经营企业和使用药品类易制毒化学品的药品生产企业，其关键生产岗位、储存场所应当设置电视监控设施，安装报警装置并与公安机关联网。

第三十二条 药品类易制毒化学品生产企业、经营企业和使用药品类易制毒化学品的药品生产企业，应当建立药品类易制毒化学品专用账册。专用账册保存期限应当自药品类易制毒化学品有效期期满之日起不少于2年。

药品类易制毒化学品生产企业自营出口药品类易制毒化学品的，必须在专用账册中载明，并留存出口许可及相应证明材料备查。

药品类易制毒化学品入库应当双人验收，出库应当双人复核，做到账物相符。

第三十三条 发生药品类易制毒化学品被盗、被抢、丢失或者其他流入非法渠道情形的，案发单位应当立即报告当地公安机关和县级以上地方食品药品监督管理部门。接到报案的食品药品监督管理部门应当逐级上报，并配合公安机关查处。

第六章 监督管理

第三十四条 县级以上地方食品药品监督管理部门负责本行政区域内药品类易制毒化学品生产企业、经营企业、使用药品类易制毒化学品的药品生产企业和教学科研单位的监督检查。

第三十五条 食品药品监督管理部门应当建立对本行政区域内相关企业的监督检查制度和监督检查档案。监督检查至少应当包括药品类易制毒化学品的安全管理状况、销售流向、使用情况等内容；对企业的监督检查档案应当全面详实，应当有现场检查等情况的记录。每次检查后应当将检查结果以书面形式告知被检查单位；需要整改的应当提出整改内容及整改期限，并实施跟踪检查。

第三十六条 食品药品监督管理部门对药品类易制毒化学品的生产、经营、购买活动进行监督检查时，可以依法查看现场、查阅和复制有关资料、记录有关情况、扣押相关的证据材料和违法物品；必要时，可以临时查封有关场所。

被检查单位及其工作人员应当配合食品药品监督管理部门的监督检查，如实提供有关情况和材料、物品，不得拒绝或者隐匿。

第三十七条 食品药品监督管理部门应当将药品类易制毒化学品许可、依法吊销或者注销许可的情况及时通报有关公安机关和工商行政管理部门。

食品药品监督管理部门收到工商行政管理部门关于药品类易制毒化学品生产企业、经营企业吊销营业执照或者注销登记的情况通报后，应当及时注销相应的药品类易制毒化学品许可。

第三十八条 药品类易制毒化学品生产企业、经营企业应当于每月10日前，向所在地县级食品药品监督管理部门、公安机关及中国麻醉药品协会报送上月药品类易制毒化学品生产、经营和库存情况；每年3月31日前向所在地县级食品药品监督管理部门、公安机关及中国麻醉药品协会报送上年度药品类易制毒化学品生产、经营和库存情况。食品药品监督管理部门应当将汇总情况及时报告上一级食品药品监督管理部门。

药品类易制毒化学品生产企业、经营企业应当按照食品药品监督管理部门制定的药品电子监管实施要求，及时联入药品电子监管网，并通过网络报送药品类易制毒化学品生产、经营和库存情况。

第三十九条 药品类易制毒化学品生产企业、经营企业、使用药品类易制毒化学品的药品生产企业和教学科研单位，对过期、损坏的药品类易制毒化学品应当登记造册，并向所在地县级以上地方食品药品监督管理部门申请销毁。食品药品监督管理部门应当自接到申请之日起5日内到现场监督销毁。

第四十条 有《行政许可法》第六十九条第一款、第二款所列情形的，省、自治区、直辖市食品药品监督管理部门或者国家食品药品监督管理局应当撤销根据本办法作出的有关许可。

第七章 法律责任

第四十一条 药品类易制毒化学品生产企业、经营企业、使用药品类易制毒化学品的药品生产企业、教学科研单位，未按规定执行安全管理制度的，由县级以上食品药品监督管理部门按照《条例》第四十条第一款第一项的规定给予处罚。

第四十二条 药品类易制毒化学品生产企业自营出口药品类易制毒化学品，未按规定在专用账册中载明或者未按规定留存出口许可、相应证明材料备查的，由县级以上食品药品监督管理部门按照《条例》第四十条第一款第四项的规定给予处罚。

第四十三条 有下列情形之一的，由县级以上食品药品监督管理部门给予警告，责令限期改正，可以并处1万元以上3万元以下的罚款：

（一）药品类易制毒化学品生产企业连续停产1年以上未按规定报告的，或者未经所在地省、自治区、直辖市食品药品监督管理部门现场检查即恢复生产的；

（二）药品类易制毒化学品生产企业、经营企业未按规定渠道购销药品类易制毒化学品的；

（三）麻醉药品区域性批发企业因特殊情况调剂药品类易制毒化学品后未按规定备案的；

（四）药品类易制毒化学品发生退货，购用单位、供货单位未按规定备案、报告的。

第四十四条 药品类易制毒化学品生产企业、经营企业、使用药品类易制毒化学品的药品生产企业和教学科研单位，拒不接受食品药品监督管理部门监督检查的，由县级以上食品药品监督管理部门按照《条例》第四十二条规定给予处罚。

第四十五条 对于由公安机关、工商行政管理部门按照《条例》第三十八条作出行政处罚决定的单位，食品药品监督管理部门自该行政处罚决定作出之日起3年内不予受理其药品类易制毒化学品生产、经营、购买许可的申请。

第四十六条 食品药品监督管理部门工作人员在药品类易制毒化学品管理工作中有应当许可而不许可、不应当许可而滥许可，以及其他滥用职权、玩忽职守、徇私舞弊行为的，依法给予行政处分；构成犯罪的，依法追究刑事责任。

第八章 附则

第四十七条 申请单位按照本办法的规定申请行政许可事项的，应当对提交资料的真实性负责，提供资料为复印件的，应当加盖申请单位的公章。

第四十八条 本办法所称小包装麻黄素是指国家食品药品监督管理局指定生产的供教学、科研和医疗机构配制制剂使用的特定包装的麻黄素原料药。

第四十九条 对兽药生产企业购用盐酸麻黄素原料药以及兽用盐酸麻黄素注射液生产、经营等监督管理，按照农业部和国家食品药品监督管理局的规定执行。

第五十条 本办法自2010年5月1日起施行。原国家药品监督管理局1999年6月26日发布的《麻黄素管理办法》(试行)同时废止。

附件1

药品类易制毒化学品品种目录

1. 麦角酸
2. 麦角胺
3. 麦角新碱
4. 麻黄素、伪麻黄素、消旋麻黄素、去甲麻黄素、甲基麻黄素、麻黄浸膏、麻黄浸膏粉等麻黄素类物质

说明：

一、所列物质包括可能存在的盐类。

二、药品类易制毒化学品包括原料药及其单方制剂。

附件2：药品类易制毒化学品生产申请表(略)

附件3：药品类易制毒化学品生产许可批件(略)

附件4：药品类易制毒化学品原料药经营申请表(略)

附件5：药品类易制毒化学品购用证明(略)

附件6：购买药品类易制毒化学品申请表(略)

附件7：购买药品类易制毒化学品申报资料要求(略)

国家药监局关于印发药品出口销售证明管理规定的通知

·2018年11月9日
·国药监药管〔2018〕43号

各省、自治区、直辖市食品药品监督管理局，新疆生产建设兵团食品药品监督管理局：

为进一步规范《药品出口销售证明》的办理,为我国药品出口提供便利和服务,国家药品监督管理局制定了《药品出口销售证明管理规定》,现予发布,请遵照执行。有关事项通知如下:

一、请各省(区、市)局按照《国务院办公厅关于印发进一步深化"互联网+政务服务"推进政务服务"一网、一门、一次"改革实施方案的通知》(国办发〔2018〕45号)和本通知要求,完善内部申请办事流程,压缩办理时限,积极推行网上受理和出证,为出口企业提供便利。信息化条件成熟的,可视情况逐步以电子提交代替纸质复印件申报。

二、国家局将建设统一的药品出口销售证明信息管理系统。在该系统正式上线运行前,各省(区、市)局通过药品生产和监管信息直报系统上传出证数据信息,包含证明文件原件(pdf文件格式)。信息管理系统上线后,按系统要求传送出证数据信息。

三、关于本规定第四条中"与我国有相关协议的国际组织提供的相关品种证明文件",由国家局提出审核意见。各省(区、市)局可依据国家局审核意见予以办理。

四、请各地对出口药品生产企业加强监管,按照药品生产质量管理规范,严格把握检查标准和尺度,重点关注企业执行供应商审计和落实数据可靠性要求的情况。各地为企业提供出证服务的同时,督促企业持续合规生产;发现不符合要求的,及时采取措施。

五、本规定自发布之日起施行,原国家药品监督管理局《关于印发〈出具"药品销售证明书"若干管理规定〉的通知》(国药监安〔2001〕225号)同时废止。

药品出口销售证明管理规定

第一条 为进一步规范《药品出口销售证明》的办理,为我国药品出口提供便利和服务,制定本规定。

第二条 《药品出口销售证明》适用于中华人民共和国境内的药品上市许可持有人、药品生产企业已批准上市药品的出口,国务院有关部门限制或者禁止出口的药品除外。

对于与已批准上市药品的未注册规格(单位剂量),药品上市许可持有人、药品生产企业按照药品生产质量管理规范要求生产的,也可适用本规定。

对于未在我国注册的药品,药品上市许可持有人、药品生产企业按照药品生产质量管理规范要求生产的,且符合与我国有相关协议的国际组织要求的,也可适用本规定。

出具《药品出口销售证明》是根据企业申请,为其药品出口提供便利的服务事项。

第三条 由各省、自治区、直辖市药品监督管理部门负责本行政区域内《药品出口销售证明》出具办理工作(已批准上市的药品的式样见附件1,已批准上市药品的未注册规格的式样见附件2,未在我国注册的药品的式样见附件3)。

第四条 药品上市许可持有人、药品生产企业办理药品出口销售证明的,应当向所在地省级药品监督管理部门提交《药品出口销售证明申请表》(式样见附件4)。

对于已批准上市的药品、已批准上市药品的未注册规格,应当分别提交相应的《药品出口销售证明申请表》,同时提交以下资料:

(一)药品上市许可持有人证明文件或者药品生产企业的《药品生产许可证》正、副本(均为复印件);

(二)已批准上市药品的药品注册证书(复印件);

(三)境内监管机构近3年内最近一次相关品种接受监督检查的相关资料(均为复印件);

(四)《营业执照》(复印件);

(五)按照批签发管理的生物制品须提交《生物制品批签发合格证》(复印件);

(六)申请者承诺书;

(七)省级药品监督管理部门另行公示要求提交的其他资料。

对于未在我国注册的药品,提交《药品出口销售证明申请表》的同时,提交以下资料:

(一)药品上市许可持有人证明文件或者药品生产企业的《药品生产许可证》正、副本(均为复印件);

(二)与我国有相关协议的国际组织提供的相关品种证明文件(原件);

(三)《营业执照》(复印件);

(四)境内监管机构近3年内最近一次生产场地接受监督检查的相关资料(复印件);

(五)申请者承诺书;

(六)省级药品监督管理部门另行公示要求提交的其他资料。

所有以复印件形式提交的材料需加盖申请者的公章,内容应当真实准确。

第五条 药品监督管理部门认为企业提交的资料不能充分证明药品生产质量管理规范合规性的,可以根据需要开展现场检查。不符合药品生产质量管理规范要求的,不予出具《药品出口销售证明》,并依法依规作出处理。

第六条 《药品出口销售证明》编号的编排方式为：省份简称××××××××号，示例："编号：京20180001号""蒙20180001号"。英文编号编排方式为：No. 省份英文××××××××。省份英文应当参考证明出具单位的英文译法，略去空格，示例："No. Beijing20180001""No. InnerMongolia20080001"。其中：第一位到第四位×代表4位数的证明出具年份；第五位到第八位×代表4位数的证明出具流水号。

第七条 《药品出口销售证明》有效期不超过2年，且不应超过申请资料中所有证明文件的有效期，有效期届满前应当重新申请。

第八条 《药品出口销售证明》有效期内，各级药品监督管理部门对于现场检查发现不符合药品生产质量管理规范要求的，所在地省级药品监督管理部门对相应的《药品出口销售证明》予以注销。

《药品出口销售证明》的持有者和生产场地属不同省份的，如生产场地在检查中被发现不符合药品生产质量管理规范要求，持有者应当立即将该情况报告持有者所在地省级药品监督管理部门，对相应的《药品出口销售证明》予以注销。

第九条 凡是提供虚假证明或者采用其他手段骗取《药品出口销售证明》的，或者知悉生产场地不符合药品生产质量管理规范要求未立即报告的，注销其相应《药品出口销售证明》，5年内不再为其出具《药品出口销售证明》，并将企业名称、法定代表人、社会信用代码等信息通报征信机构进行联合惩戒。

第十条 出口药品上市许可持有人、药品生产企业应当保证所出口的产品符合进口国的各项法律要求，并承担相应法律责任。

出口药品上市许可持有人、药品生产企业应当建立出口药品档案。内容包括《药品出口销售证明》、购货合同、质量要求、检验报告、包装、标签式样、报关单等，以保证药品出口过程的可追溯。

第十一条 各省、自治区、直辖市药品监督管理部门可依照本规定制定具体实施细则，明确工作程序、办理时限和相关要求。

鼓励各省、自治区、直辖市药品监督管理部门推行网上办理，电子申报、出证，方便申请者办理。

第十二条 各省、自治区、直辖市药品监督管理部门应当及时将《药品出口销售证明》的数据信息通过信息系统上报国家药品监督管理局。

国家药品监督管理局在政府网站公示《药品出口销售证明》相关信息，以便公众查证，接受社会监督。

第十三条 本规定自发布之日起施行。此前印发的相关文件与本规定不一致的，以本规定为准。

附件：1. 药品出口销售证明（已在中国批准上市的药品）（略）
2. 药品出口销售证明（已在中国批准上市药品的未注册规格）（略）
3. 药品出口销售证明（未在中国注册药品）（略）
4. 药品出口销售证明申请表（略）

国家卫生健康委、教育部、财政部、人力资源社会保障部、国家医保局、国家药监局关于印发加强医疗机构药事管理促进合理用药的意见的通知

· 2020年2月21日
· 国卫医发〔2020〕2号

各省、自治区、直辖市人民政府，新疆生产建设兵团：

经国务院同意，现将《关于加强医疗机构药事管理促进合理用药的意见》印发给你们，请认真贯彻执行。

关于加强医疗机构药事管理促进合理用药的意见

加强医疗机构药事管理，是建立健全现代医院管理制度的重要内容，是加强医疗卫生服务综合监管的重要举措。近年来，我国药事管理不断加强，合理用药水平逐步提升。同时，积极推进药品集中采购和使用改革，完善药品价格形成机制，规范药品生产流通秩序。为进一步加强医疗机构药事管理和药学服务，加大药品使用改革力度，全链条推进药品领域改革，提升医疗机构管理水平，促进合理用药，更好地保障人民健康，经国务院同意，现提出以下意见。

一、加强医疗机构药品配备管理

（一）规范医疗机构用药目录。医疗机构要依据安全、有效、经济的用药原则和本机构疾病诊治特点，及时优化本机构用药目录。国家以临床用药需求为导向，动态调整国家基本药物目录。各地要加大力度促进基本药物优先配备使用，推动各级医疗机构形成以基本药物为主导的"1+X"用药模式。"1"为国家基本药物目录；"X"为非基本药物，应当经过医疗机构药事管理与药物治疗学委员会充分评估论证，并优先选择国家组织集中采购和使用药品及国家医保目录药品。鼓励城市医疗集团、

县域医疗共同体等建立药品联动管理机制，规范各级医疗机构用药目录。各级卫生健康行政部门要加强医疗机构药品使用监测，定期分析辖区内医疗机构药品配备使用情况，指导督促公立医疗机构不断优化用药目录，形成科学合理的用药结构。

（二）完善医疗机构药品采购供应制度。医疗机构药事管理与药物治疗学委员会要按照集体决策、程序公开、阳光采购的要求，根据省级药品集中采购结果，确定药品生产企业或药品上市许可持有人，由生产企业或药品上市许可持有人确定配送企业。医疗机构药学部门负责本机构药品统一采购，严格执行药品购入检查、验收等制度。医疗机构应当坚持以临床需求为导向，坚持合理用药，严格执行通用名处方规定。公立医疗机构应当认真落实国家和省级药品集中采购要求，切实做好药品集中采购和使用相关工作；依托省级药品集中采购平台，积极参与建设全国统一开放的药品公共采购市场。鼓励医疗联合体探索药品统一采购。研究医疗联合体内临床急需的医疗机构制剂调剂和使用管理制度，合理促进在医疗联合体内共享使用。

（三）完善药事管理与药物治疗学委员会制度。地市级以上卫生健康行政部门组建药师专家库。医疗机构药事管理与药物治疗学委员会在确定采购目录和采购工作中，应当在卫生健康行政部门指导下，从药师专家库中随机抽取一定数量的药学专家参加，并加大药学专家意见的权重。卫生健康行政部门成立国家级、省级、地市级药事管理与药物治疗学委员会，分别为全国和本地区药事管理和药学服务提供技术支持。鼓励有条件的地区试点建立总药师制度，并将总药师纳入药师专家库管理。

二、强化药品合理使用

（四）加强医疗机构药品安全管理。医疗机构应当建立覆盖药品采购、贮存、发放、调配、使用等全过程的监测系统，加强药品使用情况动态监测分析，对药品使用数量进行科学预估，并实现药品来源、去向可追溯。按照药品贮存相关规定，配备与药品贮存条件相一致的场所和设施设备，定期对库存药品进行养护与质量检查。遵循近效期先出的原则，避免出现过期药品。严格规范特殊管理药品和高警示药品的管理，防止流入非法渠道。

（五）提高医师临床合理用药水平。医师要遵循合理用药原则，能口服不肌注，能肌注不输液，依据相关疾病诊疗规范、用药指南和临床路径合理开具处方，优先选用国家基本药物、国家组织集中采购和使用药品及国家医保目录药品。充分发挥各级药事质量控制中心作用，加强对药品不良反应、用药错误和药害事件的监测，按规定及时上报，提高应急处置能力，保证用药安全。医疗联合体内上级医疗机构要加强对下级医疗机构的指导，推动提高基层药学服务水平和医疗服务质量。各级卫生健康行政部门要将药品合理使用培训作为继续教育重要内容，将药物临床应用指南、处方集纳入继续医学教育项目，重点加强对基本药物临床合理使用的培训，实现医疗机构医师药师培训全覆盖。

（六）强化药师或其他药学技术人员对处方的审核。加大培养培训力度，完善管理制度，提高药师或其他药学技术人员参与药物治疗管理的能力。药师或其他药学技术人员负责处方的审核、调剂等药学服务，所有处方均应当经审核通过后方可进入划价收费和调配环节。要加大处方审核和点评力度，重点对处方的合法性、规范性、适宜性进行审核，对于不规范处方、用药不适宜处方及超常处方等，应当及时与处方医师沟通并督促修改，确保实现安全、有效、经济、适宜用药。

（七）加强合理用药管理和绩效考核。卫生健康行政部门要将医疗机构药物合理使用等相关指标纳入医疗机构及医务人员绩效考核体系，并细化实化基本药物采购和使用等相关考核指标及内容。药师或其他药学技术人员发现不合理处方应当及时按有关规定进行处置。医保部门发现可能会对医疗保障基金支出造成影响或损失的处方，应当及时按有关规定和协议进行处理，并做好和医疗机构的沟通。

三、拓展药学服务范围

（八）加强医疗机构药学服务。医疗机构要根据功能定位加大药学人员配备和培训力度。要强化临床药师配备，围绕患者需求和临床治疗特点开展专科药学服务。临床药师要积极参与临床治疗，为住院患者提供用药医嘱审核、参与治疗方案制订、用药监测与评估以及用药教育等服务。在疑难复杂疾病多学科诊疗过程中，必须要有临床药师参与，指导精准用药。探索实行临床药师院际会诊制度。鼓励医疗机构开设药学门诊，为患者提供用药咨询和指导。

（九）发展居家社区药学服务。在家庭医生签约服务等基层医疗卫生服务中，积极开展用药咨询、药物治疗管理、重点人群用药监护、家庭药箱管理、合理用药科普等服务。鼓励医疗联合体内将二级以上医疗机构药师纳入家庭医生签约服务团队，有条件的地区可探索为行动不便的老年人、孕产妇、儿童等重点人群开展上门的居家药学服务。大力开展全科医生、社区护士的合理用药知识培训，采取进修学习、对口支援、远程教育等方式，帮助基层提高药学服务水平。

（十）规范"互联网+药学服务"。在开展互联网诊疗或远程医疗服务过程中，要以实体医疗机构内的药师为主体，积极提供在线药学咨询、指导患者合理用药、用药知识宣教等"互联网+药学服务"。规范电子处方在互联网流转过程中的关键环节的管理，电子处方审核、调配、核对人员必须采取电子签名或信息系统留痕的方式，确保信息可追溯。探索医疗卫生机构处方信息与药品零售消费信息互联互通。强化电子处方线上线下一体化监管，不断完善监管措施。鼓励有条件的地方探索建立区域药事管理或处方审核平台，提升处方调配事中事后监管水平。

四、加强药学人才队伍建设

（十一）加强药学人才培养。鼓励有条件的高校举办临床药学本科专业教育。引导高校根据药学服务需求，合理确定药学相关专业招生规模及结构，适度扩大临床药学相关专业研究生招生规模。强化药学相关学科建设，加强学生药物治疗相关专业知识和临床实践能力培养。加强药学类、药品制造类等专业职业教育，为医疗机构培养药学、制剂生产等领域技术技能人才，优化药学部门人才结构。

（十二）合理体现药学服务价值。药学服务是医疗服务的组成部分。各地要完善药学服务标准，推进药学服务规范化建设，提升药学服务水平。在医疗服务价格中统筹考虑药学服务的成本和价值，支持药学服务发展，激励药学人员在促进合理用药、减少资源浪费等方面发挥积极作用。医疗机构应当强化药师对处方的审核，规范和引导医师用药行为，并在药师薪酬中体现其技术劳务价值。医保部门将药师审核处方情况纳入医保定点医疗机构绩效考核体系。

（十三）保障药师合理薪酬待遇。落实"两个允许"要求，将药师与医师、护士等其他卫生专业技术人员统筹考虑，充分体现药师的岗位特点，保障药师合理的收入水平，增强药师职业吸引力。结合药师不同岗位特点，建立完善以临床需求为导向的人才评聘机制，克服唯论文、唯职称、唯学历、唯奖项倾向。改善医疗机构药师的工作条件，为开展药学服务提供必要的设备设施。

五、完善行业监管

（十四）开展药品使用监测和临床综合评价。建立覆盖各级公立医疗卫生机构的国家、省、地市、县药品使用监测信息网络，推广应用统一的药品编码。建立健全药品使用监测与临床综合评价工作机制和标准规范，突出药品临床价值，提升药品供应保障能力。各级医疗机构要充分利用药品使用监测数据，对药品临床使用的安全性、有效性、经济性等开展综合评价，加强评价结果的分析应用，作为医疗机构用药目录遴选、药品临床合理使用、提供药学服务、控制不合理药品费用支出等的重要依据。

（十五）加强合理用药监管。国家卫生健康委制定合理用药监测指标体系并组织实施，充分利用现代信息手段，提高监管效率和水平。国家卫生健康委会同相关部门建立抽查机制，每年组织对各省（区、市）处方有关情况按一定比例进行抽查，各地也要相应加大抽查和公布力度。

（十六）规范药品推广和公立医疗机构药房管理。医疗机构要加强对参加涉及药品耗材推广的学术活动的管理，由企业举办或赞助的学术会议、培训项目等邀请由医疗机构统筹安排，并公示、备案备查。坚持公立医疗机构药房的公益性，公立医疗机构不得承包、出租药房，不得向营利性企业托管药房，不得以任何形式开设营利性药店。公立医疗机构与企业合作开展物流延伸服务的，应当按企业所提供的服务向企业支付相关费用，企业不得以任何形式参与医疗机构的药事管理工作。

六、强化组织实施

（十七）加强组织领导。各地要高度重视加强医疗机构药事管理工作，切实加强组织领导和统筹协调，结合实际制定务实管用的具体举措，明确部门责任，确保各项任务落实到位。要按照深化医改总体要求，把医疗机构药事管理作为医改近期重点任务进行部署，加强相关政策衔接配套。要充分发挥行业组织的专业作用，认真听取公立医疗机构、非公立医疗机构等各方面意见，增强各项措施的执行力，不断完善相关政策。

（十八）强化部门协作。卫生健康行政部门要制定国家药品处方集和药事质量控制指标，加强医疗机构药师的培养培训，开展药物合理使用监管考核工作，制定药学服务项目相关技术标准、服务规范。教育部门要加大药学专业学位特别是临床药学专业学生的培养力度，提高教育质量。财政部门要按规定落实投入责任。人力资源社会保障部门要会同有关部门加快推进公立医院薪酬制度和职称评定改革，完善药学人员岗位设置。医疗保障部门要指导地方统筹推进医疗服务价格改革，总结推广地方体现药学服务价值的做法,积极推广有益经验。国家中医药局根据中医药特点,会同相关部门另行制定加强中药药事管理的相关文件并组织实施。

(十九)加强督促指导。国家卫生健康委要会同相关部门建立医疗机构药事管理重点工作跟踪和通报制度,加强各地工作进展的监测和定期通报,对进展滞后或管理不力的地区,要向省级人民政府通报并采取对地方相关部门约谈等方式督促及时整改。要强化政策指导,允许和鼓励地方结合实际创造性开展工作,提高医疗机构药事管理水平,及时总结和推广基层探索创新的好经验好做法。

(二十)加强宣传引导。各地各有关部门要积极宣传加强医疗机构药事管理、促进合理用药的重大意义,提高全社会对药事管理重要性和紧迫性的认识,引导医疗机构和医务人员理解、支持和参与改革。加强政策解读,合理引导社会预期,妥善回应社会关切,营造良好社会氛围。大力宣传药学服务先进典型,增强药学人员职业荣誉感,发挥示范引领作用。

最高人民法院、最高人民检察院关于办理危害药品安全刑事案件适用法律若干问题的解释

- 2022年2月28日最高人民法院审判委员会第1865次会议、2022年2月25日最高人民检察院第十三届检察委员会第九十二次会议通过
- 2022年3月3日最高人民法院、最高人民检察院公告公布
- 自2022年3月6日起施行
- 高检发释字〔2022〕1号

为依法惩治危害药品安全犯罪,保障人民群众生命健康,维护药品管理秩序,根据《中华人民共和国刑法》《中华人民共和国刑事诉讼法》及《中华人民共和国药品管理法》等有关规定,现就办理此类刑事案件适用法律的若干问题解释如下:

第一条 生产、销售、提供假药,具有下列情形之一的,应当酌情从重处罚:

(一)涉案药品以孕产妇、儿童或者危重病人为主要使用对象的;

(二)涉案药品属于麻醉药品、精神药品、医疗用毒性药品、放射性药品、生物制品,或者以药品类易制毒化学品冒充其他药品的;

(三)涉案药品属于注射剂药品、急救药品的;

(四)涉案药品系用于应对自然灾害、事故灾难、公共卫生事件、社会安全事件等突发事件的;

(五)药品使用单位及其工作人员生产、销售假药的;

(六)其他应当酌情从重处罚的情形。

第二条 生产、销售、提供假药,具有下列情形之一的,应当认定为刑法第一百四十一条规定的"对人体健康造成严重危害":

(一)造成轻伤或者重伤的;

(二)造成轻度残疾或者中度残疾的;

(三)造成器官组织损伤导致一般功能障碍或者严重功能障碍的;

(四)其他对人体健康造成严重危害的情形。

第三条 生产、销售、提供假药,具有下列情形之一的,应当认定为刑法第一百四十一条规定的"其他严重情节":

(一)引发较大突发公共卫生事件的;

(二)生产、销售、提供假药的金额二十万元以上不满五十万元的;

(三)生产、销售、提供假药的金额十万元以上不满二十万元,并具有本解释第一条规定情形之一的;

(四)根据生产、销售、提供的时间、数量、假药种类、对人体健康危害程度等,应当认定为情节严重的。

第四条 生产、销售、提供假药,具有下列情形之一的,应当认定为刑法第一百四十一条规定的"其他特别严重情节":

(一)致人重度残疾以上的;

(二)造成三人以上重伤、中度残疾或者器官组织损伤导致严重功能障碍的;

(三)造成五人以上轻度残疾或者器官组织损伤导致一般功能障碍的;

(四)造成十人以上轻伤的;

(五)引发重大、特别重大突发公共卫生事件的;

(六)生产、销售、提供假药的金额五十万元以上的;

(七)生产、销售、提供假药的金额二十万元以上不满五十万元,并具有本解释第一条规定情形之一的;

(八)根据生产、销售、提供的时间、数量、假药种类、对人体健康危害程度等,应当认定为情节特别严重的。

第五条 生产、销售、提供劣药,具有本解释第一条规定情形之一的,应当酌情从重处罚。

生产、销售、提供劣药,具有本解释第二条规定情形之一的,应当认定为刑法第一百四十二条规定的"对人体健康造成严重危害"。

生产、销售、提供劣药,致人死亡,或者具有本解释第四条第一项至第五项规定情形之一的,应当认定为刑法

第一百四十二条规定的"后果特别严重"。

第六条 以生产、销售、提供假药、劣药为目的，合成、精制、提取、储存、加工炮制药品原料，或者在将药品原料、辅料、包装材料制成成品过程中，进行配料、混合、制剂、储存、包装的，应当认定为刑法第一百四十一条、第一百四十二条规定的"生产"。

药品使用单位及其工作人员明知是假药、劣药而有偿提供给他人使用的，应当认定为刑法第一百四十一条、第一百四十二条规定的"销售"；无偿提供给他人使用的，应当认定为刑法第一百四十一条、第一百四十二条规定的"提供"。

第七条 实施妨害药品管理的行为，具有下列情形之一的，应当认定为刑法第一百四十二条之一规定的"足以严重危害人体健康"：

（一）生产、销售国务院药品监督管理部门禁止使用的药品，综合生产、销售的时间、数量、禁止使用原因等情节，认为具有严重危害人体健康的现实危险的；

（二）未取得药品相关批准证明文件生产药品或者明知是上述药品而销售，涉案药品属于本解释第一条第一项至第三项规定情形的；

（三）未取得药品相关批准证明文件生产药品或者明知是上述药品而销售，涉案药品的适应症、功能主治或者成分不明的；

（四）未取得药品相关批准证明文件生产药品或者明知是上述药品而销售，涉案药品没有国家药品标准，且无核准的药品质量标准，但检出化学药成分的；

（五）未取得药品相关批准证明文件进口药品或者明知是上述药品而销售，涉案药品在境外也未合法上市的；

（六）在药物非临床研究或者药物临床试验过程中故意使用虚假试验用药品，或者瞒报与药物临床试验用药品相关的严重不良事件的；

（七）故意损毁原始药物非临床研究数据或者药物临床试验数据，或者编造受试动物信息、受试者信息、主要试验过程记录、研究数据、检测数据等药物非临床研究数据或者药物临床试验数据，影响药品的安全性、有效性和质量可控性的；

（八）编造生产、检验记录，影响药品的安全性、有效性和质量可控性的；

（九）其他足以严重危害人体健康的情形。

对于涉案药品是否在境外合法上市，应当根据境外药品监督管理部门或者权利人的证明等证据，结合犯罪嫌疑人、被告人及其辩护人提供的证据材料综合审查，依法作出认定。

对于"足以严重危害人体健康"难以确定的，根据地市级以上药品监督管理部门出具的认定意见，结合其他证据作出认定。

第八条 实施妨害药品管理的行为，具有本解释第二条规定情形之一的，应当认定为刑法第一百四十二条之一规定的"对人体健康造成严重危害"。

实施妨害药品管理的行为，足以严重危害人体健康，并具有下列情形之一的，应当认定为刑法第一百四十二条之一规定的"有其他严重情节"：

（一）生产、销售国务院药品监督管理部门禁止使用的药品，生产、销售的金额五十万元以上的；

（二）未取得药品相关批准证明文件生产、进口药品或者明知是上述药品而销售，生产、销售的金额五十万元以上的；

（三）药品申请注册中提供虚假的证明、数据、资料、样品或者采取其他欺骗手段，造成严重后果的；

（四）编造生产、检验记录，造成严重后果的；

（五）造成恶劣社会影响或者具有其他严重情节的情形。

实施刑法第一百四十二条之一规定的行为，同时又构成生产、销售、提供假药罪、生产、销售、提供劣药罪或者其他犯罪的，依照处罚较重的规定定罪处罚。

第九条 明知他人实施危害药品安全犯罪，而有下列情形之一的，以共同犯罪论处：

（一）提供资金、贷款、账号、发票、证明、许可证件的；

（二）提供生产、经营场所、设备或者运输、储存、保管、邮寄、销售渠道等便利条件的；

（三）提供生产技术或者原料、辅料、包装材料、标签、说明书的；

（四）提供虚假药物非临床研究报告、药物临床试验报告及相关材料的；

（五）提供广告宣传的；

（六）提供其他帮助的。

第十条 办理生产、销售、提供假药、生产、销售、提供劣药、妨害药品管理等刑事案件，应当结合行为人的从业经历、认知能力、药品质量、进货渠道和价格、销售渠道和价格以及生产、销售方式等事实综合判断认定行为人的主观故意。具有下列情形之一的，可以认定行为人有实施相关犯罪的主观故意，但有证据证明确实不具有故意的除外：

（一）药品价格明显异于市场价格的；

(二)向不具有资质的生产者、销售者购买药品,且不能提供合法有效的来历证明的;

(三)逃避、抗拒监督检查的;

(四)转移、隐匿、销毁涉案药品、进销货记录的;

(五)曾因实施危害药品安全违法犯罪行为受过处罚,又实施同类行为的;

(六)其他足以认定行为人主观故意的情形。

第十一条 以提供给他人生产、销售、提供药品为目的,违反国家规定,生产、销售不符合药用要求的原料、辅料,符合刑法第一百四十条规定的,以生产、销售伪劣产品罪从重处罚;同时构成其他犯罪的,依照处罚较重的规定定罪处罚。

第十二条 广告主、广告经营者、广告发布者违反国家规定,利用广告对药品作虚假宣传,情节严重的,依照刑法第二百二十二条的规定,以虚假广告罪定罪处罚。

第十三条 明知系利用医保骗保购买的药品而非法收购、销售,金额五万元以上的,应当依照刑法第三百一十二条的规定,以掩饰、隐瞒犯罪所得罪定罪处罚;指使、教唆、授意他人利用医保骗保购买药品,进而非法收购、销售,符合刑法第二百六十六条规定的,以诈骗罪定罪处罚。

对于利用医保骗保购买药品的行为人是否追究刑事责任,应当综合骗取医保基金的数额、手段、认罪悔罪态度等案件具体情节,依法妥当决定。利用医保骗保购买药品的行为人是否被追究刑事责任,不影响对非法收购、销售有关药品的行为人定罪处罚。

对于第一款规定的主观明知,应当根据药品标志、收购渠道、价格、规模及药品追溯信息等综合认定。

第十四条 负有药品安全监督管理职责的国家机关工作人员,滥用职权或者玩忽职守,构成药品监管渎职罪,同时构成商检徇私舞弊罪、商检失职罪等其他渎职犯罪的,依照处罚较重的规定定罪处罚。

负有药品安全监督管理职责的国家机关工作人员滥用职权或者玩忽职守,不构成药品监管渎职罪,但构成前款规定的其他渎职犯罪的,依照该其他犯罪定罪处罚。

负有药品安全监督管理职责的国家机关工作人员与他人共谋,利用其职务便利帮助他人实施危害药品安全犯罪行为,同时构成渎职犯罪和危害药品安全犯罪共犯的,依照处罚较重的规定定罪从重处罚。

第十五条 对于犯生产、销售、提供假药罪、生产、销售、提供劣药罪、妨害药品管理罪的,应当结合被告人的犯罪数额、违法所得,综合考虑被告人缴纳罚金的能力,依法判处罚金。罚金一般应当在生产、销售、提供的药品金额二倍以上;共同犯罪的,对各共同犯罪人合计判处的罚金一般应当在生产、销售、提供的药品金额二倍以上。

第十六条 对于犯生产、销售、提供假药罪、生产、销售、提供劣药罪、妨害药品管理罪的,应当依照刑法规定的条件,严格缓刑、免予刑事处罚的适用。对于被判处刑罚的,可以根据犯罪情况和预防再犯罪的需要,依法宣告职业禁止或者禁止令。《中华人民共和国药品管理法》等法律、行政法规另有规定的,从其规定。

对于被不起诉或者免予刑事处罚的行为人,需要给予行政处罚、政务处分或者其他处分的,依法移送有关主管机关处理。

第十七条 单位犯生产、销售、提供假药罪、生产、销售、提供劣药罪、妨害药品管理罪的,对单位判处罚金,并对直接负责的主管人员和其他直接责任人员,依照本解释规定的自然人犯罪的定罪量刑标准处罚。

单位犯罪的,对被告单位及其直接负责的主管人员、其他直接责任人员合计判处的罚金一般应当在生产、销售、提供的药品金额二倍以上。

第十八条 根据民间传统配方私自加工药品或者销售上述药品,数量不大,且未造成他人伤害后果或者延误诊治的,或者不以营利为目的实施带有自救、互助性质的生产、进口、销售药品的行为,不应当认定为犯罪。

对于是否属于民间传统配方难以确定的,根据地市级以上药品监督管理部门或者有关部门出具的认定意见,结合其他证据作出认定。

第十九条 刑法第一百四十一条、第一百四十二条规定的"假药""劣药",依照《中华人民共和国药品管理法》的规定认定。

对于《中华人民共和国药品管理法》第九十八条第二款第二项、第四项及第三款第三项至第六项规定的假药、劣药,能够根据现场查获的原料、包装,结合犯罪嫌疑人、被告人供述等证据材料作出判断的,可以由地市级以上药品监督管理部门出具认定意见。对于依据《中华人民共和国药品管理法》第九十八条第二款、第三款的其他规定认定假药、劣药,或者是否属于第九十八条第二款第二项、第三款第六项规定的假药、劣药存在争议的,应当由省级以上药品监督管理部门设置或者确定的药品检验机构进行检验,出具质量检验结论。司法机关根据认定意见、检验结论,结合其他证据作出认定。

第二十条 对于生产、提供药品的金额,以药品的货值金额计算;销售药品的金额,以所得和可得的全部违法收入计算。

第二十一条 本解释自 2022 年 3 月 6 日起施行。本解释公布施行后，《最高人民法院、最高人民检察院关于办理危害药品安全刑事案件适用法律若干问题的解释》（法释〔2014〕14 号）、《最高人民法院、最高人民检察院关于办理药品、医疗器械注册申请材料造假刑事案件适用法律若干问题的解释》（法释〔2017〕15 号）同时废止。

最高人民法院关于审理食品药品纠纷案件适用法律若干问题的规定

- 2021 年 11 月 18 日
- 法释〔2021〕17 号

为正确审理食品药品纠纷案件，根据《中华人民共和国民法典》《中华人民共和国消费者权益保护法》《中华人民共和国食品安全法》《中华人民共和国药品管理法》《中华人民共和国民事诉讼法》等法律的规定，结合审判实践，制定本规定。

第一条 消费者因食品、药品纠纷提起民事诉讼，符合民事诉讼法规定受理条件的，人民法院应予受理。

第二条 因食品、药品存在质量问题造成消费者损害，消费者可以分别起诉或者同时起诉销售者和生产者。

消费者仅起诉销售者或者生产者的，必要时人民法院可以追加相关当事人参加诉讼。

第三条 因食品、药品质量问题发生纠纷，购买者向生产者、销售者主张权利，生产者、销售者以购买者明知食品、药品存在质量问题而仍然购买为由进行抗辩的，人民法院不予支持。

第四条 食品、药品生产者、销售者提供给消费者的食品或者药品的赠品发生质量安全问题，造成消费者损害，消费者主张权利，生产者、销售者以消费者未对赠品支付对价为由进行免责抗辩的，人民法院不予支持。

第五条 消费者举证证明所购买食品、药品的事实以及所购食品、药品不符合合同的约定，主张食品、药品的生产者、销售者承担违约责任的，人民法院应予支持。

消费者举证证明因食用食品或者使用药品受到损害，初步证明损害与食用食品或者使用药品存在因果关系，并请求食品、药品的生产者、销售者承担侵权责任的，人民法院应予支持，但食品、药品的生产者、销售者能证明损害不是因产品不符合质量标准造成的除外。

第六条 食品的生产者与销售者应当对于食品符合质量标准承担举证责任。认定食品是否安全，应当以国家标准为依据；对地方特色食品，没有国家标准的，应当以地方标准为依据。没有前述标准的，应当以食品安全法的相关规定为依据。

第七条 食品、药品虽在销售前取得检验合格证明，且食用或者使用时尚在保质期内，但经检验确认产品不合格，生产者或者销售者以该食品、药品具有检验合格证明为由进行抗辩的，人民法院不予支持。

第八条 集中交易市场的开办者、柜台出租者、展销会举办者未履行食品安全法规定的审查、检查、报告等义务，使消费者的合法权益受到损害，消费者请求集中交易市场的开办者、柜台出租者、展销会举办者承担连带责任的，人民法院应予支持。

第九条 消费者通过网络交易第三方平台购买食品、药品遭受损害，网络交易第三方平台提供者不能提供食品、药品的生产者或者销售者的真实名称、地址与有效联系方式，消费者请求网络交易第三方平台提供者承担责任的，人民法院应予支持。

网络交易第三方平台提供者承担赔偿责任后，向生产者或者销售者行使追偿权的，人民法院应予支持。

网络交易第三方平台提供者知道或者应当知道食品、药品的生产者、销售者利用其平台侵害消费者合法权益，未采取必要措施，给消费者造成损害，消费者要求其与生产者、销售者承担连带责任的，人民法院应予支持。

第十条 未取得食品生产资质与销售资质的民事主体，挂靠具有相应资质的生产者与销售者，生产、销售食品，造成消费者损害，消费者请求挂靠者与被挂靠者承担连带责任的，人民法院应予支持。

消费者仅起诉挂靠者或者被挂靠者的，必要时人民法院可以追加相关当事人参加诉讼。

第十一条 消费者因虚假广告推荐的食品、药品存在质量问题遭受损害，依据消费者权益保护法等法律相关规定请求广告经营者、广告发布者承担连带责任的，人民法院应予支持。

其他民事主体在虚假广告中向消费者推荐食品、药品，使消费者遭受损害，消费者依据消费者权益保护法等法律相关规定请求其与食品、药品的生产者、销售者承担连带责任的，人民法院应予支持。

第十二条 食品检验机构故意出具虚假检验报告，造成消费者损害，消费者请求其承担连带责任的，人民法院应予支持。

食品检验机构因过失出具不实检验报告，造成消费者损害，消费者请求其承担相应责任的，人民法院应予支持。

第十三条 食品认证机构故意出具虚假认证,造成消费者损害,消费者请求其承担连带责任的,人民法院应予支持。

食品认证机构因过失出具不实认证,造成消费者损害,消费者请求其承担相应责任的,人民法院应予支持。

第十四条 生产、销售的食品、药品存在质量问题,生产者与销售者需同时承担民事责任、行政责任和刑事责任,其财产不足以支付,当事人依照民法典等有关法律规定,请求食品、药品的生产者、销售者首先承担民事责任的,人民法院应予支持。

第十五条 生产不符合安全标准的食品或者销售明知是不符合安全标准的食品,消费者除要求赔偿损失外,依据食品安全法等法律规定向生产者、销售者主张赔偿金的,人民法院应予支持。

生产假药、劣药或者明知是假药、劣药仍然销售、使用的,受害人或者其近亲属除请求赔偿损失外,依据药品管理法等法律规定向生产者、销售者主张赔偿金的,人民法院应予支持。

第十六条 食品、药品的生产者与销售者以格式合同、通知、声明、告示等方式作出排除或者限制消费者权利,减轻或者免除经营者责任、加重消费者责任等对消费者不公平、不合理的规定,消费者依法请求认定该内容无效的,人民法院应予支持。

第十七条 消费者与化妆品、保健食品等产品的生产者、销售者、广告经营者、广告发布者、推荐者、检验机构等主体之间的纠纷,参照适用本规定。

法律规定的机关和有关组织依法提起公益诉讼的,参照适用本规定。

第十八条 本规定所称的"药品的生产者"包括药品上市许可持有人和药品生产企业,"药品的销售者"包括药品经营企业和医疗机构。

第十九条 本规定施行后人民法院正在审理的一审、二审案件适用本规定。

本规定施行前已经终审,本规定施行后当事人申请再审或者按照审判监督程序决定再审的案件,不适用本规定。

最高人民法院关于审理医疗损害责任纠纷案件适用法律若干问题的解释

· 2017 年 3 月 27 日最高人民法院审判委员会第 1713 次会议通过
· 根据 2020 年 12 月 23 日最高人民法院审判委员会第 1823 次会议通过的《最高人民法院关于修改〈最高人民法院关于在民事审判工作中适用《中华人民共和国工会法》若干问题的解释〉等二十七件民事类司法解释的决定》修正

为正确审理医疗损害责任纠纷案件,依法维护当事人的合法权益,推动构建和谐医患关系,促进卫生健康事业发展,根据《中华人民共和国民法典》《中华人民共和国民事诉讼法》等法律规定,结合审判实践,制定本解释。

第一条 患者以在诊疗活动中受到人身或者财产损害为由请求医疗机构、医疗产品的生产者、销售者、药品上市许可持有人或者血液提供机构承担侵权责任的案件,适用本解释。

患者以在美容医疗机构或者开设医疗美容科室的医疗机构实施的医疗美容活动中受到人身或者财产损害为由提起的侵权纠纷案件,适用本解释。

当事人提起的医疗服务合同纠纷案件,不适用本解释。

第二条 患者因同一伤病在多个医疗机构接受诊疗受到损害,起诉部分或者全部就诊的医疗机构的,应予受理。

患者起诉部分就诊的医疗机构后,当事人依法申请追加其他就诊的医疗机构为共同被告或者第三人的,应予准许。必要时,人民法院可以依法追加相关当事人参加诉讼。

第三条 患者因缺陷医疗产品受到损害,起诉部分或者全部医疗产品的生产者、销售者、药品上市许可持有人和医疗机构的,应予受理。

患者仅起诉医疗产品的生产者、销售者、药品上市许可持有人、医疗机构中部分主体,当事人依法申请追加其他主体为共同被告或者第三人的,应予准许。必要时,人民法院可以依法追加相关当事人参加诉讼。

患者因输入不合格的血液受到损害提起侵权诉讼的,参照适用前两款规定。

第四条 患者依据民法典第一千二百一十八条规定主张医疗机构承担赔偿责任的,应当提交到该医疗机构就诊、受到损害的证据。

患者无法提交医疗机构或者其医务人员有过错、诊疗行为与损害之间具有因果关系的证据,依法提出医疗损害鉴定申请的,人民法院应予准许。

医疗机构主张不承担责任的,应当就民法典第一千二百二十四条第一款规定情形等抗辩事由承担举证证明责任。

第五条 患者依据民法典第一千二百一十九条规定主张医疗机构承担赔偿责任的,应当按照前条第一款规定提交证据。

实施手术、特殊检查、特殊治疗的,医疗机构应当承担说明义务并取得患者或者患者近亲属明确同意,但属于民法典第一千二百二十条规定情形的除外。医疗机构提交患者或者患者近亲属明确同意证据的,人民法院可以认定医疗机构尽到说明义务,但患者有相反证据足以反驳的除外。

第六条 民法典第一千二百二十二条规定的病历资料包括医疗机构保管的门诊病历、住院志、体温单、医嘱单、检验报告、医学影像检查资料、特殊检查(治疗)同意书、手术同意书、手术及麻醉记录、病理资料、护理记录、出院记录以及国务院卫生行政主管部门规定的其他病历资料。

患者依法向人民法院申请医疗机构提交由其保管的与纠纷有关的病历资料等,医疗机构未在人民法院指定期限内提交的,人民法院可以依照民法典第一千二百二十二条第二项规定推定医疗机构有过错,但是因不可抗力等客观原因无法提交的除外。

第七条 患者依据民法典第一千二百二十三条规定请求赔偿的,应当提交使用医疗产品或者输入血液、受到损害的证据。

患者无法提交使用医疗产品或者输入血液与损害之间具有因果关系的证据,依法申请鉴定的,人民法院应予准许。

医疗机构、医疗产品的生产者、销售者、药品上市许可持有人或者血液提供机构主张不承担责任的,应当对医疗产品不存在缺陷或者血液合格等抗辩事由承担举证证明责任。

第八条 当事人依法申请对医疗损害责任纠纷中的专门性问题进行鉴定的,人民法院应予准许。

当事人未申请鉴定,人民法院对前款规定的专门性问题认为需要鉴定的,应当依职权委托鉴定。

第九条 当事人申请医疗损害鉴定的,由双方当事人协商确定鉴定人。

当事人就鉴定人无法达成一致意见,人民法院提出确定鉴定人的方法,当事人同意的,按照该方法确定;当事人不同意的,由人民法院指定。

鉴定人应当从具备相应鉴定能力、符合鉴定要求的专家中确定。

第十条 委托医疗损害鉴定的,当事人应当按照要求提交真实、完整、充分的鉴定材料。提交的鉴定材料不符合要求的,人民法院应当通知当事人更换或者补充相应材料。

在委托鉴定前,人民法院应当组织当事人对鉴定材料进行质证。

第十一条 委托鉴定书,应当有明确的鉴定事项和鉴定要求。鉴定人应当按照委托鉴定的事项和要求进行鉴定。

下列专门性问题可以作为申请医疗损害鉴定的事项:

(一)实施诊疗行为有无过错;

(二)诊疗行为与损害后果之间是否存在因果关系以及原因力大小;

(三)医疗机构是否尽到了说明义务、取得患者或者患者近亲属明确同意的义务;

(四)医疗产品是否有缺陷、该缺陷与损害后果之间是否存在因果关系以及原因力的大小;

(五)患者损伤残疾程度;

(六)患者的护理期、休息期、营养期;

(七)其他专门性问题。

鉴定要求包括鉴定人的资质、鉴定人的组成、鉴定程序、鉴定意见、鉴定期限等。

第十二条 鉴定意见可以按照导致患者损害的全部原因、主要原因、同等原因、次要原因、轻微原因或者与患者损害无因果关系,表述诊疗行为或者医疗产品等造成患者损害的原因力大小。

第十三条 鉴定意见应当经当事人质证。

当事人申请鉴定人出庭作证,经人民法院审查同意,或者人民法院认为鉴定人有必要出庭的,应当通知鉴定人出庭作证。双方当事人同意鉴定人通过书面说明、视听传输技术或者视听资料等方式作证的,可以准许。

鉴定人因健康原因、自然灾害等不可抗力或者其他正当理由不能按期出庭的,可以延期开庭;经人民法院许可,也可以通过书面说明、视听传输技术或者视听资料等方式作证。

无前款规定理由,鉴定人拒绝出庭作证,当事人对鉴定意见又不认可的,对该鉴定意见不予采信。

第十四条 当事人申请通知一至二名具有医学专门知识的人出庭,对鉴定意见或者案件的其他专门性事实问题提出意见,人民法院准许的,应当通知具有医学专门知识的人出庭。

前款规定的具有医学专门知识的人提出的意见，视为当事人的陈述，经质证可以作为认定案件事实的根据。

第十五条 当事人自行委托鉴定人作出的医疗损害鉴定意见，其他当事人认可的，可予采信。

当事人共同委托鉴定人作出的医疗损害鉴定意见，一方当事人不认可的，应当提出明确的异议内容和理由。经审查，有证据足以证明异议成立的，对鉴定意见不予采信；异议不成立的，应予采信。

第十六条 对医疗机构或者其医务人员的过错，应当依据法律、行政法规、规章以及其他有关诊疗规范进行认定，可以综合考虑患者病情的紧急程度、患者个体差异、当地的医疗水平、医疗机构与医务人员资质等因素。

第十七条 医务人员违反民法典第一千二百一十九条第一款规定义务，但未造成患者人身损害，患者请求医疗机构承担损害赔偿责任的，不予支持。

第十八条 因抢救生命垂危的患者等紧急情况且不能取得患者意见时，下列情形可以认定为民法典第一千二百二十条规定的不能取得患者近亲属意见：

（一）近亲属不明的；

（二）不能及时联系到近亲属的；

（三）近亲属拒绝发表意见的；

（四）近亲属达不成一致意见的；

（五）法律、法规规定的其他情形。

前款情形，医务人员经医疗机构负责人或者授权的负责人批准立即实施相应医疗措施，患者因此请求医疗机构承担赔偿责任的，不予支持；医疗机构及其医务人员怠于实施相应医疗措施造成损害，患者请求医疗机构承担赔偿责任的，应予支持。

第十九条 两个以上医疗机构的诊疗行为造成患者同一损害，患者请求医疗机构承担赔偿责任的，应当区分不同情况，依照民法典第一千一百六十八条、第一千一百七十一条或者第一千一百七十二条的规定，确定各医疗机构承担的赔偿责任。

第二十条 医疗机构邀请本单位以外的医务人员对患者进行诊疗，因受邀医务人员的过错造成患者损害的，由邀请医疗机构承担赔偿责任。

第二十一条 因医疗产品的缺陷或者输入不合格血液受到损害，患者请求医疗机构、缺陷医疗产品的生产者、销售者、药品上市许可持有人或者血液提供机构承担赔偿责任的，应予支持。

医疗机构承担赔偿责任后，向缺陷医疗产品的生产者、销售者、药品上市许可持有人或者血液提供机构追偿的，应予支持。

因医疗机构的过错使医疗产品存在缺陷或者血液不合格，医疗产品的生产者、销售者、药品上市许可持有人或者血液提供机构承担赔偿责任后，向医疗机构追偿的，应予支持。

第二十二条 缺陷医疗产品与医疗机构的过错诊疗行为共同造成患者同一损害，患者请求医疗机构与医疗产品的生产者、销售者、药品上市许可持有人承担连带责任的，应予支持。

医疗机构或者医疗产品的生产者、销售者、药品上市许可持有人承担赔偿责任后，向其他责任主体追偿的，应当根据诊疗行为与缺陷医疗产品造成患者损害的原因力大小确定相应的数额。

输入不合格血液与医疗机构的过错诊疗行为共同造成患者同一损害的，参照适用前两款规定。

第二十三条 医疗产品的生产者、销售者、药品上市许可持有人明知医疗产品存在缺陷仍然生产、销售，造成患者死亡或者健康严重损害，被侵权人请求生产者、销售者、药品上市许可持有人赔偿损失及二倍以下惩罚性赔偿的，人民法院应予支持。

第二十四条 被侵权人同时起诉两个以上医疗机构承担赔偿责任，人民法院经审理，受诉法院所在地的医疗机构依法不承担赔偿责任，其他医疗机构承担赔偿责任的，残疾赔偿金、死亡赔偿金的计算，按下列情形分别处理：

（一）一个医疗机构承担责任的，按照该医疗机构所在地的赔偿标准执行；

（二）两个以上医疗机构均承担责任的，可以按照其中赔偿标准较高的医疗机构所在地标准执行。

第二十五条 患者死亡后，其近亲属请求医疗损害赔偿的，适用本解释；支付患者医疗费、丧葬费等合理费用的人请求赔偿该费用的，适用本解释。

本解释所称的"医疗产品"包括药品、消毒产品、医疗器械等。

第二十六条 本院以前发布的司法解释与本解释不一致的，以本解释为准。

本解释施行后尚未终审的案件，适用本解释；本解释施行前已经终审，当事人申请再审或者按照审判监督程序决定再审的案件，不适用本解释。

最高人民法院关于审理申请注册的药品相关的专利权纠纷民事案件适用法律若干问题的规定

- 2021年5月24日最高人民法院审判委员会第1839次会议通过
- 2021年7月4日最高人民法院公告公布
- 自2021年7月5日起施行
- 法释〔2021〕13号

为正确审理申请注册的药品相关的专利权纠纷民事案件，根据《中华人民共和国专利法》《中华人民共和国民事诉讼法》等有关法律规定，结合知识产权审判实际，制定本规定。

第一条 当事人依据专利法第七十六条规定提起的确认是否落入专利权保护范围纠纷的第一审案件，由北京知识产权法院管辖。

第二条 专利法第七十六条所称相关的专利，是指适用国务院有关行政部门关于药品上市许可审批与药品上市许可申请阶段专利权纠纷解决的具体衔接办法（以下简称衔接办法）的专利。

专利法第七十六条所称利害关系人，是指前款所称专利的被许可人、相关药品上市许可持有人。

第三条 专利权人或者利害关系人依据专利法第七十六条起诉的，应当按照民事诉讼法第一百一十九条第三项的规定提交下列材料：

（一）国务院有关行政部门依据衔接办法所设平台中登记的相关专利信息，包括专利名称、专利号、相关的权利要求等；

（二）国务院有关行政部门依据衔接办法所设平台中公示的申请注册药品的相关信息，包括药品名称、药品类型、注册类别以及申请注册药品与所涉及的上市药品之间的对应关系等；

（三）药品上市许可申请人依据衔接办法作出的四类声明及声明依据。

药品上市许可申请人应当在一审答辩期内，向人民法院提交其向国家药品审评机构申报的、与认定是否落入相关专利权保护范围对应的必要技术资料副本。

第四条 专利权人或者利害关系人在衔接办法规定的期限内未向人民法院提起诉讼的，药品上市许可申请人可以向人民法院起诉，请求确认申请注册药品未落入相关专利权保护范围。

第五条 当事人以国务院专利行政部门已经受理专利法第七十六条所称行政裁决请求为由，主张不应当受理专利法第七十六条所称诉讼或者申请中止诉讼的，人民法院不予支持。

第六条 当事人依据专利法第七十六条起诉后，以国务院专利行政部门已经受理宣告相关专利权无效的请求为由，申请中止诉讼的，人民法院一般不予支持。

第七条 药品上市许可申请人主张具有专利法第六十七条、第七十五条第二项等规定情形的，人民法院经审查属实，可以判决确认申请注册的药品相关技术方案未落入相关专利权保护范围。

第八条 当事人对其在诉讼中获取的商业秘密或者其他需要保密的商业信息负有保密义务，擅自披露或者在该诉讼活动之外使用、允许他人使用的，应当依法承担民事责任。构成民事诉讼法第一百一十一条规定情形的，人民法院应当依法处理。

第九条 药品上市许可申请人向人民法院提交的申请注册的药品相关技术方案，与其向国家药品审评机构申报的技术资料明显不符，妨碍人民法院审理案件的，人民法院依照民事诉讼法第一百一十一条的规定处理。

第十条 专利权人或者利害关系人在专利法第七十六条所称诉讼中申请行为保全，请求禁止药品上市许可申请人在相关专利权有效期内实施专利法第十一条规定的行为的，人民法院依照专利法、民事诉讼法有关规定处理；请求禁止药品上市申请行为或者审评审批行为的，人民法院不予支持。

第十一条 在针对同一专利权和申请注册药品的侵害专利权或者确认不侵害专利权诉讼中，当事人主张依据专利法第七十六条所称诉讼的生效判决认定涉案药品技术方案是否落入相关专利权保护范围的，人民法院一般予以支持。但是，有证据证明被诉侵权药品技术方案与申请注册的药品相关技术方案不一致或者新主张的事由成立的除外。

第十二条 专利权人或者利害关系人知道或者应当知道其主张的专利权应当被宣告无效或者申请注册药品的相关技术方案未落入专利权保护范围，仍提起专利法第七十六条所称诉讼或者请求行政裁决的，药品上市许可申请人可以向北京知识产权法院提起损害赔偿之诉。

第十三条 人民法院依法向当事人在国务院有关行政部门依据衔接办法所设平台登载的联系人、通讯地址、电子邮件等进行的送达，视为有效送达。当事人向人民法院提交送达地址确认书后，人民法院也可以向该确认书载明的送达地址送达。

第十四条 本规定自 2021 年 7 月 5 日起施行。本院以前发布的相关司法解释与本规定不一致的,以本规定为准。

最高人民法院关于加强中医药知识产权司法保护的意见

- 2022 年 12 月 21 日
- 法发〔2022〕34 号

为深入贯彻落实党的二十大精神,落实党中央、国务院关于中医药振兴发展的重大决策部署和《知识产权强国建设纲要(2021-2035 年)》有关要求,全面加强中医药知识产权司法保护,促进中医药传承精华、守正创新,推动中医药事业和产业高质量发展,制定本意见。

一、坚持正确方向,准确把握新时代加强中医药知识产权司法保护的总体要求

1. 指导思想。坚持以习近平新时代中国特色社会主义思想为指导,全面贯彻落实党的二十大精神,深入贯彻习近平法治思想,认真学习贯彻习近平总书记关于中医药工作的重要指示,深刻领悟"两个确立"的决定性意义,增强"四个意识"、坚定"四个自信"、做到"两个维护",坚持以推动高质量发展为主题,在新时代新征程上不断提高中医药知识产权司法保护水平,促进中医药传承创新发展,弘扬中华优秀传统文化,推进健康中国建设,为以中国式现代化全面推进中华民族伟大复兴提供有力司法服务。

2. 基本原则。坚持以人民为中心,充分发挥司法职能作用,促进中医药服务能力提升,更好发挥中医药防病治病独特优势,更好保障人民健康。坚持促进传承创新,立足新发展阶段中医药发展需求,健全完善中医药知识产权司法保护体系,推动中医药传统知识保护与现代知识产权制度有效衔接,助力中医药现代化、产业化。坚持依法严格保护,正确适用民法典、知识产权部门法、中医药法等法律法规,切实维护社会公平正义和权利人合法权益,落实知识产权惩罚性赔偿,推动中医药创造性转化、创新性发展。坚持公正合理保护,合理确定中医药知识产权的权利边界和保护方式,实现保护范围、强度与中医药技术贡献程度相适应,促进中医药传承创新能力持续增强。

二、强化审判职能,全面提升中医药知识产权司法保护水平

3. 加强中医药专利保护。遵循中医药发展规律,准确把握中医药创新特点,完善中医药领域专利司法保护规则。正确把握中药组合物、中药提取物、中药剂型、中药制备方法、中医中药设备、医药用途等不同主题专利特点,依法加强中医药专利授权确权行政行为的司法审查,促进行政执法标准与司法裁判标准统一,不断满足中医药专利保护需求。结合中医药传统理论和行业特点,合理确定中医药专利权保护范围,完善侵权判断标准。严格落实药品专利纠纷早期解决机制,促进中药专利侵权纠纷及时解决。

4. 加强中医药商业标志保护。加强中医药驰名商标、传统品牌和老字号司法保护,依法妥善处理历史遗留问题,促进中医药品牌传承发展。依法制裁中医药领域商标恶意注册行为,坚决惩治恶意诉讼,遏制权利滥用,努力营造诚实守信的社会环境。严厉打击中医药商标侵权行为,切实保障权利人合法权益,促进中医药品牌建设。

5. 加强中药材资源保护。研究完善中药材地理标志保护法律适用规则,遏制侵犯中药材地理标志行为,引导地理标志权利正确行使,通过地理标志保护机制加强道地中药材的保护,推动中药材地理标志与特色产业发展、生态文明建设、历史文化传承及全面推进乡村振兴有机融合。依法加强中药材植物新品种权等保护,推动健全系统完整、科学高效的中药材种质资源保护与利用体系。

6. 维护中医药市场公平竞争秩序。坚持规范和发展并重,加强对中医药领域垄断行为的司法规制,维护统一开放、竞争有序的中医药市场。依法制裁虚假宣传、商业诋毁、擅自使用中医药知名企业名称及仿冒中药知名药品名称、包装、装潢等不正当竞争行为,强化中医药行业公平竞争意识,促进中医药事业健康有序发展,切实维护消费者合法权益和社会公共利益。

7. 加强中医药商业秘密及国家秘密保护。依法保护中医药商业秘密,有效遏制侵犯中医药商业秘密行为,促进中医药技术传承创新。准确把握信息披露与商业秘密保护的关系,依法保护中药因上市注册、补充申请、药品再注册等原因依法向行政机关披露的中医药信息。妥善处理中医药商业秘密保护与中医药领域从业者合理流动的关系,在依法保护商业秘密的同时,维护中医药领域从业者正当就业创业合法权益。对经依法认定属于国家秘密的传统中药处方组成和生产工艺实行特殊保护,严惩窃取、泄露中医药国家秘密行为。

8. 加强中医药著作权及相关权利保护。依法把握

作品认定标准,加强对中医药配方、秘方、诊疗技术收集考证、挖掘整理形成的智力成果保护和创作者权益保护。依法保护对中医药古籍版本整理形成的成果,鼓励创作中医药文化和科普作品,推动中医药文化传承发展。加强中医药遗传资源、传统文化、传统知识、民间文艺等知识产权保护,促进非物质文化遗产的整理和利用。依法保护对中医药传统知识等进行整理、研究形成的数据资源,支持中医药传统知识保护数据库建设,推进中医药数据开发利用。

9. 加强中药品种保护。依法保护中药保护品种证书持有者合法权益,促进完善中药品种保护制度,鼓励企业研制开发具有临床价值的中药品种,提高中药产品质量,促进中药市场健康有序发展。

10. 加强中医药创新主体合法权益保护。准确把握中医药传承与创新关系,依法保护以古代经典名方等为基础的中药新药研发,鼓励开展中医药技术创新活动。准确认定中医药企业提供的物质基础、临床试验条件与中医药研发人员的智力劳动对中医药技术成果形成所发挥的作用,准确界定职务发明与非职务发明的法律界限,依法支持对完成、转化中医药技术成果做出重要贡献的人员获得奖励和报酬的权利,不断激发中医药创新发展的潜力和活力。

11. 加大对侵犯中医药知识产权行为惩治力度。依法采取行为保全、制裁妨害诉讼行为等措施,及时有效阻遏中医药领域侵权行为。积极适用证据保全、证据提供令、举证责任转移、证明妨碍规则,减轻中医药知识产权权利人举证负担。正确把握惩罚性赔偿构成要件,对于重复侵权、以侵权为业等侵权行为情节严重的,依法支持权利人惩罚性赔偿请求,有效提高侵权赔偿数额。加大刑事打击力度,依法惩治侵犯中医药知识产权犯罪行为,充分发挥刑罚威慑、预防和矫正功能。

三、深化改革创新,健全中医药知识产权综合保护体系

12. 完善中医药技术事实查明机制。有针对性地选任中医药领域专业技术人员,充实到全国法院技术调查人才库。不断健全技术调查官、技术咨询专家、技术鉴定人员、专家辅助人员参与诉讼的多元技术事实查明机制。建立技术调查人才共享机制,加快实现中医药技术人才在全国范围内"按需调派"和"人才共享"。遴选中医药领域专业技术人员参与案件审理,推动建立专家陪审制度。完善中医药领域技术人员出庭、就专业问题提出意见并接受询问的程序。

13. 加强中医药知识产权协同保护。做好中医药领域不同知识产权保护方式的衔接,推动知识产权司法保护体系不断完善。深入推行民事、刑事、行政"三合一"审判机制,提高中医药知识产权司法保护整体效能。健全知识产权行政保护与司法保护衔接机制,加强与农业农村部、卫生健康委、市场监管总局、版权局、林草局、中医药局、药监局、知识产权局等协调配合,实现信息资源共享和协同,支持地方拓宽交流渠道和方式,推动形成工作合力。支持和拓展中医药知识产权纠纷多元化解决机制,依托人民法院调解平台大力推进诉调对接,探索行政调解协议司法确认制度,推动纠纷综合治理、源头治理。

14. 提升中医药知识产权司法服务保障能力。健全人才培养培训机制,进一步提升中医药知识产权审判人才专业化水平。深刻把握新形势新要求,积极开展中医药知识产权司法保护问题的调查研究,研判审判态势,总结审判经验,及时回应社会关切。加强中医药知识产权法治宣传,建立健全案例指导体系,积极发布中医药知识产权保护典型案例,通过典型案例的审判和宣传加强中医药知识传播,营造全社会共同关心和支持中医药发展的良好氛围。

15. 加强中医药知识产权司法保护科技和信息化建设。提升中医药知识产权审判信息化水平,运用大数据、区块链等技术构建与专利、商标、版权等知识产权平台的协同机制,支持对知识产权的权属、登记、转让等信息的查询核验。大力推进信息化技术的普及应用,实现全流程审判业务网上办理,提高中医药知识产权司法保护质效。

16. 加强中医药知识产权司法保护国际交流合作。加强涉外中医药知识产权审判,依法平等保护中外权利人的合法权益,服务保障中医药国际化发展。坚持统筹推进国内法治和涉外法治,积极参与中医药领域国际知识产权规则构建,推进中医药融入高质量共建"一带一路",助力中医药走向世界。

· 请示答复

最高人民检察院关于《非药用类麻醉药品和精神药品管制品种增补目录》能否作为认定毒品依据的批复

- 2018年12月12日最高人民检察院第十三届检察委员会第十一次会议通过
- 2019年4月29日最高人民检察院公告公布
- 自2019年4月30日起施行

河南省人民检察院：

你院《关于〈非药用类麻醉药品和精神药品管制种增补目录〉能否作为认定毒品的依据的请示》收悉。经研究，批复如下：

根据《中华人民共和国刑法》第三百五十七条和《中华人民共和国禁毒法》第二条的规定，毒品是指鸦片、海洛因、甲基苯丙胺（冰毒）、吗啡、大麻、可卡因以及国家规定管制的其他能够使人形成瘾癖的麻醉药品和精神药品。

2015年10月1日起施行的公安部、国家食品药品监督管理总局、国家卫生和计划生育委员会、国家禁毒委员会办公室《非药用类麻醉药品和精神药品列管办法》及其附表《非药用类麻醉药品和精神药品管制品种增补目录》，是根据国务院《麻醉药品和精神药品管理条例》第三条第二款授权制定的，《非药用类麻醉药品和精神药品管制品种增补目录》可以作为认定毒品的依据。

此复。

· 典型案例

最高人民法院发布10个药品安全典型案例[①]
（2022年4月28日）

案例一：牛某某等生产、销售假药案
——用针管灌装生理盐水假冒九价人乳头瘤病毒疫苗销售

简要案情

2018年上半年，被告人牛某某在得知九价人乳头瘤病毒疫苗（以下简称九价疫苗）畅销之后，遂寻找与正品类似的包装、耗材及相关工艺，准备生产假冒产品。2018年7月至10月，牛某某通过他人先后购买针管、推杆、皮塞、针头等物品共计4万余套，并订制假冒九价疫苗所需的包装盒、说明书、标签等物品共计4.1万余套。其间，牛某某与同案被告人张某某在山东省单县以向针管内灌装生理盐水的方式生产假冒九价疫苗，再通过商标粘贴、托盘塑封等工艺，共生产假冒九价疫苗2.3万支。牛某某、张某某通过多个医美类微信群等渠道，对外销售上述假冒九价疫苗9004支，销售金额达120余万元。经苏州市药品检验检测研究中心检验，抽样送检的假冒九价疫苗内，所含液体成分与生理盐水基本一致。

裁判结果

法院经审理认为，被告人牛某某、张某某共同生产、销售假疫苗的行为均已构成生产、销售假药罪。牛某某、张某某生产、销售金额达120余万元，具有"其他特别严重情节"。生产、销售的假药属于注射剂疫苗，应当酌情从重处罚。在共同犯罪中，牛某某系主犯，张某某系从犯，对张某某予以从轻处罚。二被告人均认罪认罚。据此，以生产、销售假药罪判处被告人牛某某有期徒刑十五年，并处罚金人民币一百五十万元；判处被告人张某某有期徒刑十三年，并处罚金人民币一百万元。

典型意义

疫苗是为预防、控制疾病的发生、流行，用于人体免疫接种的预防性的生物制品，属于国家实行特殊管理的药品。疫苗包括免疫规划疫苗和非免疫规划疫苗，人乳头瘤病毒疫苗属于非免疫规划疫苗，由居民自愿接种，目前市面上有三种，包括二价、四价和九价，其中九价疫苗是可预防人乳头瘤病毒种类最多的疫苗，最佳接种年龄为16至26岁。本案中，二被告人以针管灌装生理盐水的方式生产、销售假冒九价人乳头瘤病毒疫苗，属于《中华人民共和国药品管理法》规定的"以非药品冒充药品"的情形，应认定为假药。此类犯罪不仅使消费者支付高价却无法得到相应的免疫效果，部分消费者还因此错过了最佳接种年龄和时机，社会危害严重，应依法严惩。对广大消费者而言，要到正规医疗机构接种疫苗，以确保疫苗接种的安全性和有效性。

---

① 来源于最高人民法院网站：https://www.court.gov.cn/zixun/xiangqing/357261.html，最后访问时间：2023年12月15日。

案例二：高某等生产、销售假药案
——"黑作坊"将中药和西药混合研磨成粉冒充纯中药销售

简要案情

2018年至2020年9月，被告人高某为获取非法利益，在未取得药品生产许可证、药品经营许可证的情况下，在广东省普宁市南亨里其住所内，用中药材首乌、甘草、大茴和西药溴已新、土霉素片、复方甘草片、磷酸氢钙咀嚼片、醋酸泼尼松、马来酸氯苯那敏等按照一定比例混合研磨成粉，并雇佣被告人李某将药粉分包、包装为成品。高某使用"特效咳喘灵"的假药名，编造该药粉为"祖传秘方""纯中药成份"，主治咳嗽、肺结核、哮喘、支气管炎，并以每包25元至40元的价格对外销售，销售金额共计186万余元。李某还从高某处低价购买上述假药并加价销售给被告人黄某等人。经江苏省淮安市市场监督管理局认定，涉案药品为假药。

裁判结果

法院经审理认为，被告人高某等人生产、销售假药的行为构成生产、销售假药罪。高某生产、销售金额达186万元，具有"其他特别严重情节"。据此，以生产、销售假药罪判处被告人高某有期徒刑十年九个月，并处罚金人民币三百七十二万元。其余被告人分别被判处一年六个月至十年三个月有期徒刑，并处罚金。

典型意义

近年来，一些不法分子利用公众对中药的信任，打着"祖传秘方""纯中药成份"的幌子，私自配制中药，有的还在中药中混入西药成份，冒充纯中药对外销售，不仅影响疾病的治疗效果，还给用药安全和人体健康带来重大隐患。《中华人民共和国药品管理法》规定，"以非药品冒充药品或者以他种药品冒充此种药品"的为假药。本案中，被告人高某在中药中掺入了多种西药并冒充纯中药销售，属于"以他种药品冒充此种药品"的情形，经地市级药品监督管理部门认定为假药，故以生产、销售假药罪定罪处罚。本案也提醒广大消费者，不要迷信"祖传秘方"等虚假宣传，应当通过正规渠道采购药品，保障用药安全。

案例三：北京某肿瘤药品有限公司销售假药案
——药品公司通过非法渠道采购并销售假药

简要案情

2018年8月，被告单位北京某肿瘤药品有限公司通过非正规渠道低价采购药品"日达仙(注射用胸腺法新)"。被告人卢某、赵某、张某作为该公司直接负责的主管人员，被告人吴某、汪某作为公司负责销售的直接责任人员，在明知上述药品没有合法手续，系从非法渠道采购且采购价格低于正常价格的情况下，仍然以该单位的名义于2018年9月7日、11日在北京市东城区分两次向被害人吴某某销售上述"日达仙(注射用胸腺法新)"共8盒，销售金额共计9600元。经中国食品药品检定研究院检验，涉案"日达仙(注射用胸腺法新)"按进口药品注册标准检验结果不符合规定，属于与国家药品标准不符。经北京市东城区市场监督管理局认定，涉案药品为假药。

裁判结果

法院经审理认为，被告单位北京某肿瘤药品有限公司销售假药的行为已构成销售假药罪。被告人卢某、赵某、张某作为该公司销售假药的直接负责的主管人员，被告人吴某、汪某作为该公司销售假药的其他直接责任人员，亦均构成销售假药罪。因涉案药品属于注射剂药品，应当酌情从重处罚。鉴于卢某、赵某有自首情节，且各被告人自愿认罪、悔罪，可依法从轻处罚。据此，以销售假药罪判处被告单位北京某肿瘤药品有限公司罚金人民币五万元，并对卢某等被告人均判处有期徒刑九个月零十五天，并处罚金人民币一万元。

典型意义

本案是一起有经营资质的正规药品企业销售假药的典型案件。为加强药品管理，保证药品质量，《中华人民共和国药品管理法》对药品生产、经营实行严格的许可制度，并要求药品经营企业在购进药品时，应当建立并执行进货检查验收制度，验明药品合格证明和其他标识，对不符合规定要求的，不得购进和销售。实践中，部分药品经营者向没有生产、经营许可证的个人、单位购进药品，不履行进货检查验收制度，使上游生产、销售假药的不法分子有机可乘。被告人卢某等为降低成本，违反《中华人民共和国药品管理法》的相关规定，低价通过非法渠道采购没有合法手续的药品，经检验为假药，具有销售假药罪的主观故意。本案涉案药品日达仙(注射用胸腺法新)属于注射剂药品，销售此类假药，严重侵害了公众的用药安全和生命健康，应依法惩处。

案例四：某药业有限公司诉广东省原食品药品监督管理局、原国家食品药品监督管理总局行政处罚及行政复议案
——监督支持行政机关依法查处生产、销售劣药行为

简要案情

广东省中山市原食品药品监督管理局(以下简称中山食药监局)根据原国家食品药品监督管理总局(以下简称国家食药监总局)的线索通告，于2012年4月对某药业有

限公司库存的使用浙江省新昌县某胶丸厂等企业生产的空心胶囊所产胶囊剂药品进行查封和现场抽样并检验,发现5个品种共7批次胶囊剂药品检验项目中铬含量超过国家标准。中山食药监局责令某药业有限公司提供从胶囊生产企业购进药用空心胶囊的供货方资料、销售流向统计表等资料,但该公司仅提供了部分药品销售流向表,未提供完整会计账册,且提供的药品销售情况与事实不符。后中山食药监局以某药业有限公司生产的部分药品铬含量超标,属劣药,且该公司存在拒绝、逃避监督检查和隐匿有关证据材料等从重处罚情节为由,决定给予其没收劣药、没收违法所得并罚款的行政处罚,该处罚已由人民法院生效判决予以确认。后中山食药监局认为某药业有限公司生产劣药情节严重,向广东省原食品药品监督管理局(以下简称广东省食药监局)提请吊销某药业有限公司的药品生产许可证。广东省食药监局经听证、集体讨论等程序,于2015年6月8日给予某药业有限公司吊销药品生产许可证的行政处罚。某药业有限公司不服,向国家食药监总局申请行政复议。国家食药监总局经行政复议维持了该行政处罚。某药业有限公司仍不服,提起本案行政诉讼,请求撤销行政处罚决定和行政复议决定。

裁判结果

法院经审理认为,生效判决已认定某药业有限公司存在生产销售劣药的违法行为,且在中山食药监局查处该公司生产销售劣药过程中,该公司存在拒绝、逃避检查等行为,属于情节严重的违法行为,依法应当在法定幅度内从重处罚,广东省食药监局作出吊销生产许可证的行政处罚于法有据。国家食药监总局作出的行政复议决定亦无程序违法之处。一审法院于2016年11月判决驳回某药业有限公司的诉讼请求。二审法院于2017年3月判决驳回上诉,维持一审判决。

某药业有限公司仍不服,向最高人民法院申请再审。最高人民法院经审查认为,某药业有限公司未尽质量检验法定义务,生产的5个品种共7个批次的胶囊剂药品,经检测铬含量超过国家标准,属于劣药;且在广东食药监局监督检查过程中,存在拒不提供销售客户汇总表、未及时完整提供销售药品的账册和清单、召回已销售药品与实际销售情况不一致等拒绝、逃避监督检查行为,属于情节严重、应当予以从重处罚的情形。广东省食药监局依法作出吊证处罚,国家食药监总局经复议予以维持,程序合法。于2018年7月裁定驳回其再审申请。

典型意义

药品安全涉及到人民群众的生命安全和身体健康,必须实施严格监管,防范杜绝假药、劣药对人民群众生命健康造成损害。食品药品监督管理部门对生产销售假药、劣药的违法行为依法查处,可以在严格把握行政处罚从重情节的基础上,吊销企业的药品生产行政许可,切断危害人民群众生命健康的假药、劣药生产销售链条。人民法院对食品药品监督管理部门依法维护药品安全、保护人民群众生命健康的执法行为,依法予以支持。通过行政机关的积极监管和司法机关的依法审查,共同构筑起惩处危害药品安全违法行为、保护人民群众生命健康的有效屏障。本案中,某药业有限公司不但存在生产、销售劣药的违法行为,而且在行政执法检查过程中,存在拒不配合执法检查的行为,造成已流向市场的劣药无法全部召回,可能给使用该批药品的病人身体健康造成不良影响。广东省食药监局认定某药业有限公司的违法行为属于情节严重之情形,在没收该公司生产的劣药、没收违法所得并给予罚款的同时,另处吊销其药品生产行政许可的行政处罚,合法合理。本案本着坚持合法性审查、尊重行政机关行政裁量的原则,依法驳回某药业有限公司的诉讼请求,彰显了人民法院坚决落实中央"四个最严"要求,积极参与社会治理,严厉查处危害药品安全的违法行为和维护人民群众合法权益的裁判理念。

案例五:某药业有限公司诉山东省济南市原食品药品监督管理局、山东省原食品药品监督管理局行政处罚及行政复议案

——监督支持行政机关依法查处生产劣药行为

简要案情

2011年8月,山东省济南市原食品药品监督管理局(以下简称济南市药监局)根据举报对某药业有限公司进行立案调查,并对其库存的盐酸苯海索片进行部分查封和抽检。经查,自2010年1月至2011年8月,某药业公司未按照批准的生产工艺生产原料药盐酸苯海索,而是通过无药品生产或经营资质的其他公司购进盐酸苯海索粗品,经精制后制成原料药盐酸苯海索,共计1360公斤。2010年1月至2011年6月,该公司对外销售上述原料药盐酸苯海索1010公斤,销售金额为370万元。某药业公司对外购进盐酸苯海索粗品再精制为原料药成品,其行为改变了生产工艺。济南市药监局经立案调查后,于2015年5月作出(济)食药监药罚[2015]1500003号行政处罚决定,没收违法生产的盐酸苯海索29.17公斤和违法所得370万元,处违法生产、销售劣药货值金额(4982169.6元)一倍的罚款4982169.6元(罚没款合计8682169.6元),并责令某药业公司改正该违法行为。某药业公司不服,申请行政复议。山东省原食品药品监督管理局(以下简称山东省食药监局)于 2015 年 8 月作出行政复议决定,维持了上述处罚决定。某药业公司不服,提起本案行政诉讼,请求撤销上述行政处罚决定和行政复议决定。

裁判结果

法院经审理认为,某药业公司未按照批准的生产工艺生产原料药盐酸苯海索,而是通过无药品生产或经营资质的其他公司购进盐酸苯海索粗品,经精制后制成原料药盐酸苯海索。原料药属于药品的范畴,某药业公司对外购进盐酸苯海索粗品再精制为原料药成品,改变了其生产工艺,依照《中华人民共和国药品管理法》相关规定,应按劣药论处。济南市药监局依据该法,作出行政处罚决定,认定事实清楚,适用法律正确,程序合法,处罚适当。山东省食药监局作出的复议决定认定事实清楚,适用法律正确,程序合法。一审法院于 2016 年 2 月判决驳回某药业公司的诉讼请求。二审法院于 2016 年 9 月判决驳回上诉,维持一审判决。某药业公司不服一、二审判决,申请再审。山东省高级人民法院于 2017 年 6 月裁定驳回某药业公司的再审申请。

典型意义

本案系人民法院依法支持药品监督管理部门从严查处违法生产销售劣药的典型案例。《中华人民共和国药品管理法》规定,"除中药饮片的炮制外,药品必须按照国家药品标准和国务院药品监督管理部门批准的生产工艺进行生产,生产记录必须完整准确。药品生产企业改变影响药品质量的生产工艺的,必须报原批准部门审核批准"。本案中,某药业公司对其生产的盐酸苯海索原料药进行药品再注册并已经通过审批,应严格按照其申报的生产工艺进行生产。通过某药业公司所提交的《协议》《合作协议》等材料,可以证实该公司通过向其他企业购买原料药粗品,再自行精制为原料药成品的行为,并未向相关药品监督管理部门申请批准,该行为违反了《中华人民共和国药品管理法》的规定。人民法院依法支持药监部门对医药企业违反药品生产流程的处罚行为,是认真贯彻落实中央有关药品安全"四个最严"要求的具体体现,为行政机关依法查处不良药品企业生产假药劣药行为,保障人民群众用药安全提供了有力司法支持。

案例六:秦某诉甘肃省陇西县原食品药品监督管理局行政处罚案

——监督支持行政机关依法查处生产、销售假药行为

简要案情

2015 年 4 月,甘肃省陇西县原食品药品监督管理局(以下简称陇西县食药监局)接到群众关于有不法药商在中药材中掺假的举报信息,指派执法人员前往陇西县中天物流园进行检查,发现现场有大量大青叶、蒲公英等,进行询问后将涉案物品予以扣押。经定西市药品检验检测中心检验,样品名称"蒲公英"的检验结果为:性状、鉴别项不符合规定。2015 年 7 月,陇西县价格认证中心接受陇西县食药监局委托,对涉案财物作出价格鉴定结论书。2016 年 2 月,陇西县人民检察院认为秦某的行为构成生产、销售伪劣产品罪,鉴于其行为系犯罪未遂,犯罪情节轻微,决定对秦某相对不起诉,建议陇西县食药监局对涉案物品进行没收并对秦某给予行政处罚。2017 年 1 月,陇西县食药监局对秦某作出(陇)食药监罚〔2017〕106 号《行政处罚决定书》,没收违法生产的药品"蒲公英"377 件,共计 24640 公斤,并处以违法经营药品货值金额(150304 元)二倍计人民币 300608 元的罚款。秦某不服该行政处罚决定,提起本案行政诉讼,请求撤销该行政处罚决定。

裁判结果

法院经审理认为,本案原告秦某的违法事实已被陇西县人民检察院作出的《不起诉决定书》所认定,陇西县食药监局根据公诉机关查明的事实及采信的证据材料,认定秦某的行为构成以"他种药品冒充此种药品"方式生产、销售假药,陇西县食药监局作出的行政处罚认定事实清楚、证据确凿,定性准确且适用法律正确。秦某在陇西中天中药材专业市场收购蒲公英,用大青叶进行混合并打包的行为被及时查处,该批混合中药材已经在药品市场的流通环节,秦某称其购进中药材混合后当饲料使用的主张没有证据证实,不予采信。一审法院于 2017 年 10 月判决驳回秦某的诉讼请求。二审法院于 2018 年 4 月判决驳回上诉,维持一审判决。秦某不服,申请再审。2019 年 7 月,甘肃省高级人民法院裁定驳回秦某的再审申请。

典型意义

此案属行刑衔接的案件。药品安全事关国计民生,直接影响人民群众的生命安全和身体健康。药品包括中药材、中药饮片、中成药等,蒲公英和大青叶均是《中华人民共和国药典》收录的具有药用价值的中药材,属于药品的范畴。将大青叶掺入蒲公英中冒充蒲公英,使掺杂有大量大青叶的蒲公英的药用价值可能发生改变,经检验机构检验,其性状、鉴别项均不符合规定,属于《中华人民共和国药品管理法》规定的以"他种药品冒充此种药品"之情形,依法应按假药论处。案涉中药材数量大,共计 2 万多公斤,如果销售后进入市场将可能对人民群众生命健康产生广泛不良影响,执法部门的查处具有正当性、及时性和必要性。在当前国家积极推进中医药事业和产业高质量发展、推动中医药走向全世界的背景下,对于药品监督管理

部门依法查处中药材领域违法行为,人民法院应当依法予以支持,以维护人民群众的用药安全和身体健康,监督促进中药材行业健康发展。

案例七:某药店诉重庆市原食品药品监督管理局万州区分局行政处罚案

——监督支持行政机关依法查处出租药品经营许可证及销售假药行为

简要案情

2015年10月,某药店(甲方)与林某(乙方)签订《药店承包经营合同》,约定甲方将药店承包给乙方管理,并将甲方所有的药店营业执照、药品经营许可证、药品经营质量管理规范认证证书等资质证书提供给乙方使用。后林某将药店交由其母亲蔡某负责经营。2017年10月,重庆市原食品药品监督管理局万州区分局(以下简称重庆食药监局万州分局)对该药店进行现场检查时,查获假药"喘速清TM灵芝枇杷胶囊"12盒。同年12月,重庆食药监局万州分局作出(万州)药罚〔2017〕97号《行政处罚决定书》,认定某药店违法出租药品经营许可证及药店经营权,为蔡某销售假药提供了场所和资质证明,应当从重处罚,决定罚款2万元,吊销某药店药品经营许可证。某药店对吊销药品经营许可证不服,提起本案行政诉讼,请求撤销吊销药品经营许可证的行政处罚。

裁判结果

法院经审理认为,某药店将药品经营许可证出租给林某经营,违反了《药品经营许可证管理办法》第十二条"《药品经营许可证》是企业从事药品经营活动的法定凭证,任何单位和个人不得伪造、变造、买卖、出租和出借"之规定。因药店承包人林某的母亲蔡某在负责经营药店期间销售假药"喘速清TM灵芝枇杷胶囊"被查处,重庆食药监局万州分局认定某药店违法出租药品经营许可证,具有情节严重之情形,依据《中华人民共和国药品管理法(2015年修正)》第八十一条规定,作出罚款并吊销药品经营许可证的行政处罚决定,符合法律规定。一审法院于2018年8月判决驳回某药店的诉讼请求。二审法院于2018年12月判决驳回上诉,维持一审判决。

典型意义

本案系人民法院支持药品监督管理部门从严查处违法出租药品经营许可证及销售假药的典型案例。我国法律对药品经营活动实行严格的许可管理制度,未取得药品经营许可证,禁止从事药品经营活动。违法出租药品经营许可证,让不具备药品经营资格的自然人或组织获得药品经营资格,为销售假药劣药提供便利条件的行为,严重扰乱药品市场经营秩序,应当依法从严查处。本案中,某药店与他人签订《药店承包经营合同》,将药店的营业执照、药品经营许可证等资质证书提供给他人使用,定期收取承包费,实际上系通过出租药品经营许可证的方式获利,也为药店实际经营人销售假药提供了场所和资质证明,危及公众用药安全。人民法院依法支持行政机关对某药店给予从重处罚,彰显了人民法院支持药品监督管理部门对药品经营行为给予最严格监管的决心。只有坚决查处危害药品安全的违法行为,贯彻落实从严查处原则,才能最大限度保障公众用药安全,维护人民群众生命健康,同时保障有序的药品市场经营秩序和营造良好的法治营商环境。

案例八:钟某某、杜某甲、杜某乙与某药房、袁某某生命权纠纷案

——销售中药饮片应告知煎服用法及注意事项

简要案情

2017年7月6日,杜某某到某药房购买香加皮150克,并于当晚将150克香加皮煎水服用,出现胸闷、恶心、呕吐,被家人送往医院,经抢救无效死亡。市场和质量监督管理部门委托检验机构对涉案的香加皮抽样检验,检验结果为质量合格产品。某司法鉴定研究所出具《尸检鉴定意见书》,证明杜某某符合过量服用香加皮导致中毒致死,为死亡的主要原因;其自身所患冠心病的潜在疾病对死亡起辅助促进作用。杜某某的妻子钟某某,儿子杜某甲、杜某乙以某药房在无执业医师、营业员无上岗证的情况下出售香加皮给杜某某而未告知煎服方法及注意事项导致其中毒死亡为由诉至法院,要求某药房及其股东袁某某承担侵权责任。

裁判结果

法院经审理认为,《中华人民共和国药品管理法(2015年修正)》第十九条规定"药品经营企业销售药品必须准确无误,并正确说明方法、用量和注意事项……"。鉴定报告指出杜某某主要因为过量服用香加皮中毒致死,某药房是香加皮销售方,《药品经营质量管理规范(2016)》第一百六十七条第(四)项规定"销售药品应当符合以下要求:(四)销售中药饮片做到计量准确,并告知煎服用法及注意事项;提供中药饮片代煎服务,应当符合国家有关规定。"某药房在销售香加皮时负有告知杜某某煎服香加皮的方法及注意事项的义务,现有证据不足以证明某药房尽到了告知义务,某药房负有告知义务而未作为,具有过错,构成侵权;本案的损害结果是杜某某的死亡,某药房的过错行为与杜某某的死亡具有因果联系,某药房应当承担过错责任。因杜某某的死亡是药房没有尽到说明告知义务与其自身过错、自身疾病共同导致的,所以药房和杜某某应各承担50%的责任。遂判决:一、某药房赔偿钟某某、杜某甲、杜某乙治疗费1249.5元,丧葬费28735元,死亡赔偿金315403元,鉴定费16000元,其他费用8176元的50%计184781.75元;二、某药房赔偿钟某某、杜某甲、杜某乙精神抚慰金10000元;三、某药房应在判决生效后十日内履行完上述款项赔偿义务;四、驳回钟某某、杜某甲、杜某乙的其他诉讼请求。

典型意义

中药饮片不像西药有明确的说明书,中药饮片的功效、毒性、用量等并不被普通群众所熟知,一旦错误用药极易威胁生命健康安全,引发类似本案的悲剧。销售中药饮片应做到计量精准并告知煎服用法及注意事项。本案判决未尽到告知义务的药房对购买人因过量服用香加皮而导致的死亡承担相应的侵权责任,对销售中药饮片的经营者起到警示作用,警示其充分重视购药者的生命健康安全,在销售中药饮片时应充分尽到告知义务,告知中药饮片的煎服方法及注意事项。

案例九:许某与某药房买卖合同纠纷案
——消毒产品标示治疗功能误导消费者购买构成欺诈
简要案情

许某于2016年6月在某药房先后购买了10盒"步洲"皮康乐制剂,共支付了180元。《"步洲"皮康乐制剂说明书》载明"作用"为抑制、杀灭皮肤真菌、霉菌;"批准文号"为鲁卫消证字(2013)第0029号。"步洲系列产品简介"中"皮康乐"的适用范围:由真菌引起的皮肤感染,如脚气、手癣、头癣、体癣、股癣、白癣、脓癣、黄癣、花斑癣(汗斑)、红癣、念珠菌病及一切真菌性皮肤瘙痒;产品优势:古语"行医不治癣,治癣就丢脸"。步洲牌皮康乐,清除真菌性癣病,效果领先。许某认为该药房以非药品冒充药品向其销售的行为违法,遂诉至法院要求该药房返还购物款并按消费者权益保护法三倍赔偿其损失。

裁判结果

法院经审理认为,经营者向消费者提供有关商品或者服务的质量、性能、用途、有效期限等信息,应当真实、全面,不得作虚假或者引人误解的宣传。涉案产品的批准文号为×卫消证字(20××)第00××号,系消杀用品(消毒产品),但该产品的说明书、产品简介中均标示其具有治疗真菌性癣病的功效。根据《中华人民共和国药品管理法(2015年修正)》第四十八条"禁止生产(包括配制,下同)、销售假药。有下列情形之一的,为假药:…(二)以非药品冒充药品或者以他种药品冒充此种药品的"的规定,该药房以非药品冒充药品进行销售,致使许某作出错误意思表示,构成欺诈。许某要求该药房返还购物款并按价款的三倍赔偿其损失符合法律规定,法院遂判决药房返还许某购物款180元并赔偿损失540元。

典型意义

遍布城市大街小巷的药店,为老百姓及时购买药品、消除病痛带来了便利。但一些药品经营企业存在违规宣传销售的消毒、保健品有治疗功能、误导消费者的违法行为,危害人民身体健康。消毒产品不是药,不具备调节人体生理机能的功效,不能用于治疗疾病,与药品有着明显区别。《消毒管理办法》明确规定,消毒产品的标签(含说明书)和宣传内容必须真实,不得出现或暗示对疾病的治疗效果。消费者购买产品时一定要留意产品批准文号,严格区分"国药准字号"和"卫消证字号"产品,不要把消毒产品当药使用,以免延误病情。本案通过认定涉案标示治疗功能的消毒产品为假药、药品经营企业错误引导消费者购药的行为构成欺诈并适用惩罚性赔偿的规定,既能对药品经营企业起到应有的警示作用,规范其经营活动,也有利于引导广大消费者慎重、理性选购治疗性药品,保护消费者的合法权益。

案例十:杨某某诉某药房合同纠纷案
——销售未注明产品批号的药品应承担赔偿责任
简要案情

某药房是经市场监督管理局登记的个体工商户,为个人经营。其经营范围为:处方药与非处方药、抗生素、中成药、化学制剂、保健品、预包装食品销售(依法须经批准项目,经相关部门批准后方可开展经营活动)。2019年6月10日,杨某某到某药房购买"伟哥",在营业员介绍下购买了"虫草生精胶囊"2大盒,每盒单价500元;"黄金伟哥"1大盒,单价500元;"肾宝片"1大盒,单价500元。合计价款2000元。杨某某现金支付价款后营业员未出具小票,在杨某某的要求下营业员手写了一份购物清单(某药房交款单)并加盖了"某药房现金收讫章"。后杨某某通过国家食品药品监督管理总局官网查询所购"虫草生精胶囊"信息未果,即以所购产品为有毒有害假药为由,提起本案诉讼。

裁判结果

法院经审理认为,本案所涉商品外包装标注了商品功效,其内置说明书明确载明其主要成分、适用人群、用法用量等内容,上述记载均满足了《中华人民共和国药品管理法(2019年修订)》第二条第二款"本法所称药品,是指用于预防、治疗、诊断人的疾病,有目的地调节人的生理机能并规定有适应症或者功能主治、用法和用量的物质,包括中药、化学药和生物制品等"关于药品的定义要件,因此,法院认定本案所涉商品"虫草生精胶囊""黄金伟哥""肾宝片"为药品。

《中华人民共和国药品管理法(2019年修订)》第九十八条第一款规定"禁止生产(包括配制,下同)、销售、使用假药、劣药。"第三款规定"有下列情形之一的,为劣药:(一)药品成分的含量不符合国家标准;(二)被污染的药品;(三)未标明或者更改有效期的药品;(四)未注明或者更改产品批号的药品;(五)超过有效期的药品;(六)擅自添加防腐剂、辅料的药品;(七)其他不符合药品标准的药品"。本案双方均认可在国家食品药品监督管理总局官网查询"虫草生精胶囊""黄金伟哥""肾宝片"信息的查询结果,某药房出售给杨某某的"虫草生精胶囊""黄金伟哥""肾宝片"存在未注明药品产品批号的情况,应当认定为劣药。杨某某请求判令某药房退还货款2000元,并以该货款价格的十倍进行赔偿的诉讼请求,符合法律规定。判决某药房赔偿杨某某货款2000元,并支付赔偿金20000元。

典型意义

食品药品安全关系到人民群众的身体健康和生命安全,国家一向采取严格管控措施。《中华人民共和国药品管理法(2019年修订)》第一百四十四条第三款"生产假药、劣药或者明知是假药、劣药仍然销售、使用的,受害人或者其近亲属除请求赔偿损失外,还可以请求支付价款十倍或者损失三倍的赔偿金;增加赔偿的金额不足一千元的,为一千元。"新修订药品管理法对药品安全实施更为严格的管理,对生产假药、劣药或者明知是假药、劣药仍然销售、使用的行为,加大对受害人购买假药的损失赔偿的金额,对净化药品市场、提高广大群众食品药品安全意识、促进公民知法守法具有十分重要的意义。

最高人民法院发布5起危害药品安全犯罪典型案例[①]
（2023年9月18日）

案例一:黄某霖等生产、销售假药案
——使用辣椒油等非药品生产黄道益活络油等药品
简要案情

2019年12月起,被告人黄某霖通过网络从广东、江苏等地购买生产设备及药水、空瓶、瓶盖、标签等原材料,雇佣卢某荣、柯某来、章某辉、章某花、林某娟(均另案处理)等人在福建省莆田市使用辣椒油、热感剂等非药品灌装生产假冒黄道益活络油、双飞人药水、无比滴液体,后通过电商平台以明显低于正品的价格销售牟利,销售金额共计639万余元,获利40余万元。

2019年12月至2020年5月,被告人柯某云明知被告人黄某霖生产、销售假药,仍与黄某霖共同灌装、贴标、包装黄道益活络油,用自己的身份信息注册网店并负责客服工作,提供自己身份信息注册的支付宝账号用于黄某霖购买原料以及销售假药收款,销售金额共计308万余元。

经莆田市市场监督管理局认定,涉案黄道益活络油、双飞人药水、无比滴(港版)、液体无比滴S2a(日版)、液体无比滴婴儿(儿童版)5个涉案产品均为假药。

裁判结果

福建省莆田市秀屿区人民法院、莆田市中级人民法院经审理认为,被告人黄某霖、柯某云生产、销售假药,情节特别严重,其行为均已构成生产、销售假药罪。柯某云在与黄某霖的共同犯罪中起次要和辅助作用,系从犯,结合其情节和作用,依法予以减轻处罚。黄某霖、柯某云均认罪认罚。据此,以生产、销售假药罪判处被告人黄某霖有期徒刑十二年,并处罚金人民币一千一百万元;判处被告人柯某云有期徒刑三年,并处罚金人民币五十万元。

典型意义

互联网为人民群众购药提供了便利,同时也给药品监管和打击危害药品安全违法犯罪带来了新的挑战。违法犯罪分子通过互联网能够更容易地购买制售假药的设备、原材料,销售渠道也更加便捷,假药加工网点往往设置在出租屋等隐蔽场所,增加了监管和打击难度。被告人灌装假药后通过网店销售,在一年半的时间内销售金额即达639万余元,严重扰乱了药品监管秩序,危害人民群众用药安全,应依法严惩。本案也提醒广大消费者,要从正规的网络交易平台购买药品,以确保用药安全。

案例二:闫某销售伪劣产品案
——将四价人乳头瘤病毒疫苗拆分后销售给受种者
简要案情

2020年4月至2021年5月,被告人闫某任吉林省敦化市某街道社区卫生服务中心计划免疫科科长,负责四价人乳头瘤病毒疫苗(俗称四价宫颈癌疫苗)的销售、接种和管理工作。闫某为获取非法利益,将由其本人负责销售、接种的450支四价人乳头瘤病毒疫苗(只能供给150名受种者受种,每名受种者受种3支、每支0.5毫升)以抽取原液的方式,将1支足量疫苗拆分成2支至4支疫苗,拆分

[①] 来源于最高人民法院网站:https://www.court.gov.cn/zixun/xiangqing/412212.html,最后访问时间:2023年12月6日。

后的疫苗每支约 0.1 毫升。之后,闫某以每人 2448 元的价格将拆分后的四价人乳头瘤病毒疫苗销售给 306 名受种者,销售金额共计 74 万余元。闫某将非法收取的疫苗款用于偿还贷款及日常花销。案发后,闫某上缴违法所得 70 余万元。

裁判结果

吉林省敦化市人民法院经审理认为,被告人闫某以非法获利为目的,将四价人乳头瘤病毒疫苗进行拆分,以不合格疫苗冒充合格疫苗销售给受种者,销售金额达 74 万余元,其行为已构成销售伪劣产品罪。闫某具有坦白情节,认罪认罚,并主动上缴部分违法所得。据此,以销售伪劣产品罪判处被告人闫某有期徒刑八年四个月,并处罚金人民币五十万元。

典型意义

宫颈癌是严重威胁女性健康的恶性肿瘤,适龄女性接种人乳头瘤病毒疫苗是预防宫颈癌的有效措施,能够有效降低宫颈癌及癌前病变的发生率。人乳头瘤病毒疫苗属于非免疫规划疫苗,在我国尚未纳入国家免疫规划或医疗保险覆盖范围,按照自费自愿的原则接种。随着人民群众健康意识的提升,越来越多的适龄女性开始主动接种人乳头瘤病毒疫苗,一度造成市场上高价人乳头瘤病毒疫苗供不应求的现象。一些不法分子为牟取非法利益,生产、销售伪劣人乳头瘤病毒疫苗,严重影响疫苗的接种效果和人民群众的用药安全,必将受到法律的严厉制裁。

案例三:张某松等生产、销售假药案
——用"冻干粉"假冒肉毒素销售

简要案情

2016 年 11 月至 2017 年 1 月,被告人张某松、张某林兄弟二人为非法获利,在广东省广州市将购买的裸瓶"冻干粉"改换包装后假冒不同品牌肉毒素(注射用 A 型肉毒素),以每支 15 元的价格多次向袁某兰(另案处理)等人销售共计 13 060 支。案发后,公安机关从二被告人处扣押涉案产品共计 25 090 支。经查,二被告人生产、销售金额共计 57 万余元。经中国食品药品检定研究院检验,涉案产品均未检出 A 型肉毒素成分。

裁判结果

陕西省渭南市临渭区人民法院、渭南市中级人民法院经审理认为,被告人张某松、张某林违反药品管理法规,生产、销售假药,情节特别严重,其行为均已构成生产、销售假药罪。据此,以生产、销售假药罪判处被告人张某松有期徒刑十二年,并处罚金人民币七十万元;判处被告人张某林有期徒刑十一年,并处罚金人民币五十万元。

典型意义

近年来,医疗美容行业蓬勃发展,有效满足了人民群众对美好生活的向往,但随之也产生了虚假宣传、非法行医、假货频现等一系列行业乱象。注射用 A 型肉毒毒素,俗称"瘦脸针",属于注射剂药品,也属于医疗用毒性药品,是国家实施特殊管理的药品。注射用 A 型肉毒毒素具有较好的除皱效果,在医疗美容行业中被广泛应用,同时也成为不法分子制假售假的重点目标。本案被告人用"冻干粉"冒充不同国家、不同品牌的注射用 A 型肉毒毒素,经检验,涉案产品均未检出 A 型肉毒毒素成分,应认定为假药。本案提醒广大消费者要在正规医疗美容机构进行医美服务,避免给自己造成不必要的伤害。

案例四:杨某鱼、蔡某掩饰、隐瞒犯罪所得案
——非法收购、销售医保骗保药品

简要案情

2017 年至 2020 年 12 月,被告人杨某鱼为谋取利益,向被告人蔡某、特病病人黄某某等低价收购利用医保骗保购买的百令胶囊、开同复方 α-酮酸片、尿毒清颗粒等特病药品,后加价出售给重庆市某医药有限公司的蒋某某。杨某鱼收售药品金额共计 2 400 万余元,非法获利 70 万元。

2019 年 11 月至 2020 年 12 月,被告人蔡某为谋取利益,向特病病人唐某某、赵某、黄某某等十余人低价收购利用医保骗保购买的百令胶囊、开同复方 α-酮酸片、尿毒清颗粒等特病药品后,加价出售给被告人杨某鱼。蔡某收售药品金额共计 900 万余元,非法获利 20 万元。

裁判结果

重庆市永川区人民法院、重庆市第五中级人民法院经审理认为,被告人杨某鱼、蔡某明知系利用医保骗保的药品而非法收购、销售,情节严重,其行为均已构成掩饰、隐瞒犯罪所得罪。杨某鱼、蔡某到案后如实供述主要犯罪事实。据此,以掩饰、隐瞒犯罪所得罪,判处被告人杨某鱼有期徒刑六年六个月,并处罚金人民币一百四十万元;判处被告人蔡某有期徒刑五年六个月,并处罚金人民币四十万元。

典型意义

医保基金是人民群众的"救命钱",事关广大群众的切身利益。但一些不法分子利用国家的惠民政策,明知是医保骗保购买的药品,从医保骗保者手中低价收购,加价贩卖,牟取非法利益。部分不法分子甚至指使、教唆、授意他人利用医保骗保购买药品,加价贩卖。一些"中间商"长时间从事前述犯罪活动,形成"灰色"产业链,严重扰乱国家药品监管秩序,危害医保基金的正常运行,对医疗资源的科学、合理利用,对相关病人的合法权益造成极大损害。严厉打击医保骗保犯罪,斩断犯罪分子伸向医保基金的黑手,为国家医保基金提供强有力的司法保护,责任重大,意义深远。

案例五:未某等生产、销售假药案
——将消毒产品冒充药品销售
简要案情
2019年1月至2021年5月,被告人未某、桑某全、袁某文共同出资成立杨马湖生物科技有限公司,在未取得药品相关批准证明文件的情况下,在河南省鹤壁市租赁厂房生产牙科类药品。三被告人按照配方(水、亮蓝素、冰片、薄荷香精、酒精、发泡剂)调制含漱液,并将药品"浓替硝唑含漱液"的名称、适用症、药理作用、用法用量、作用类别(明确标明"口腔科类非处方药品")等信息标识在其生产的"天天"浓替硝唑含漱液内外包装及说明书上,使用编造的"豫卫消证字(2017)第0158号"卫生许可证号和已注销的"天驰生物科技(濮阳)有限公司"及该公司地址作为厂名、厂址。涉案含漱液通过网店被销往安徽等全国各地,销售金额共计49万余元。经安徽省芜湖市食品药品检验中心检验,涉案含漱液中不含药品成分;经芜湖市市场监督管理局认定,涉案含漱液属于"非药品冒充药品",系假药。

裁判结果
安徽省芜湖市湾沚区人民法院经审理认为,被告人未某、桑某全、袁某文生产、销售假药,情节特别严重,其行为均已构成生产、销售假药罪。袁某文具有自首情节,依法可以从轻或者减轻处罚。未某、桑某全具有坦白情节,依法可以从轻处罚。三被告人均自愿认罪认罚。据此,以生产、销售假药罪判处被告人未某有期徒刑六年六个月,并处罚金人民币三十四万元;判处被告人桑某全有期徒刑六年六个月,并处罚金人民币三十三万元;判处被告人袁某文有期徒刑六年,并处罚金人民币三十三万元。

典型意义
消毒产品与药品有严格的区别,消毒产品不是药品,没有治疗疾病的作用。《消毒管理办法》第三十一条第二款规定,消毒产品的标签(含说明书)和宣传内容必须真实,不得出现或暗示对疾病的治疗效果。目前,市场上有不法分子用消毒产品冒充药品,宣称有治疗效果,欺骗和误导消费者。甚至有不法分子在非消毒产品上擅自标识"消字号",以消毒产品名义宣传疗效,冒充药品,严重侵害了消费者的合法权益。广大消费者购买药品,要注意审查药品的名称、药品生产批准文号及说明书等材料,对没有药品生产批准文号,或者药品名称及说明书反映的产品功能与批准文号不符的,要谨慎购买和使用。

最高人民检察院关于印发
《药品安全公益诉讼典型案例》的通知①
(2022年11月28日)

1. 贵州省织金县人民检察院督促整治过期药品行政公益诉讼案
【关键词】
行政公益诉讼诉前程序　农村医疗机构　过期药品　综合治理
【要旨】
针对农村医疗机构过期药品未依法依规管理问题,检察机关可以通过提出检察建议等方式,督促行政机关依法履职,并以点带面推动综合治理,形成长效机制,有效消除医疗安全隐患。
【基本案情】
2021年3月16日,贵州省织金县人民检察院(以下简称织金县院)在开展药品安全专项公益诉讼工作中发现,织金县官寨苗族乡某卫生室存在大量过期药品,没有按过期药品管理相关规定进行处置,损害了社会公共利益。
【调查和督促履职】
2021年3月17日,织金县院发现本案案件线索后予以立案调查,通过现场走访、询问相关人员等方式调查核实,查明织金县官寨苗族乡某卫生室存在大量过期药品,其中"氯雷他定糖浆"和"劲痛灸"等药品已过期半年,违反了《中华人民共和国药品管理法》第九十八条:"禁止生产、销售、使用假药、劣药……。有下列情形之一的,为劣药:(五)超过有效期的药品……。"的规定,对消费者身体健康存在重大安全隐患。根据《医疗废物分类目录》的规定,过期药品属于医疗废物,根据《医疗废物管理条例》第十九条:"医疗卫生机构应当根据就近集中处置的原则,及时将医疗废物交由医疗废物集中处置单位处置。"过期药品应当及时下架进行集中统一处理。织金县卫生健康局履行医疗机构监管职责不到位,织金县市场监督管理局履行药品经营活动监管职责不到位,导致存在着药品安全隐患,损害了社会公共利益。
织金县院依法向织金县卫生健康局、市场监督管理局发出检察建议,建议织金县卫生健康局依法对织金县官寨

---
① 来源于最高人民检察院网站:https://www.spp.gov.cn//xwfbh/dxal/202212/t20221214_595580.shtml,最后访问时间:2023年12月6日。

乡某卫生室存在过期药品的问题进行处理，并采取有效措施，对辖区内乡村卫生室、私人诊所进行全面排查，规范农村医疗机构。建议织金县市场监督管理局依法对违规销售过期药品问题履行监管职责，并开展全面排查，规范药品经营。收到检察建议后，织金县卫生健康局、市场监督管理局及时进行调查处理，对涉案违法行为人作出行政处罚，并成立工作组对全县范围内的相关用药机构进行专项检查。共检查卫生院、村卫生室、诊所、私立医院354家，对存在过期药品的8家卫生室依法给予警告行政处罚，并对过期药品全部进行销毁处理。

织金县院发出检察建议后，于2021年3月26日、3月29日分别与县市场监督管理局、卫生健康局进行座谈沟通，并与两家单位共同建立了《农村医疗机构行政执法和公益诉讼协作机制》，巩固办案效果。

2021年4月16日，针对本案暴露出的农村医疗机构管理不规范问题，贵州省毕节市人民检察院决定在全市开展农村医疗机构专项监督，全面规范管理农村医疗卫生。

【典型意义】

农村医疗卫生事关广大人民群众生命安全和身体健康，但农村医疗卫生管理不规范，导致存在使用过期药品等药品安全问题。检察机关充分发挥公益诉讼职能作用，督促行政机关依法履职，有效消除药品安全隐患，共同推动农村医疗卫生综合治理，规范医疗机构执业，提高医疗质量，切实保障人民群众生命健康安全。

2. 江西省会昌县人民检察院督促整治中草药铺违规经营行政公益诉讼案

【关键词】

行政公益诉讼诉前程序　药品安全　中草药铺违规经营　公开听证

【要旨】

针对辖区内中草药铺无证经营等违法违规情形，检察机关可以通过检察建议督促行政机关依法履职，保障人民群众用药安全。同时，通过"检察建议+调研报告"工作模式，深度参与社会综合治理，助力当地中草药产业健康发展。

【基本案情】

会昌县域内"本草堂草药行""罗氏民间中草药铺""陈记中草药铺""会昌县民间中药销售店""祖传民间中草药""粮艺草药""便民间中草药"等十余家中草药铺，存在超范围经营或无证经营，未取得中医医生资格而从事诊疗活动，以及虚假宣传、销售自制的无批号药膏等违法违规经营情形，扰乱市场秩序，危及不特定消费者的身体健康，损害社会公共利益。

【调查和督促履职】

2021年8月18日，江西省会昌县人民检察院（以下简称会昌县院）根据群众举报发现本案线索后决定立案调查，组成了办案组，并请市场监管综合执法部门专业人员担任特邀检察官助理参与办案。根据《中华人民共和国药品管理法》《中华人民共和国广告法》《中华人民共和国中医药法》《中华人民共和国执业医师法》等规定，县市场监督管理局和卫生健康委员会对上述违法行为具有监管职责。同年9月2日，针对中草药铺违规经营等问题，会昌县院分别向县市场监督管理局和县卫生健康委员会发出诉前检察建议书，建议市场监管局依法履行食药监督管理职责，对案涉店铺的违法经营行为进行查处；建议卫健委依法履行监管职责，对案涉经营者无证开展中医诊疗活动的违法行为进行查处；并建议两单位联合其他行政机关依法对辖区内的中草药铺进行全面排查，共同规范中医药市场。

行政机关收到检察建议后，高度重视，对涉案中草药铺开展执法检查和督促整改，并及时回复会昌县院。其中，县市场监管局对一家无证销售药材店铺作出处罚，对五家涉及虚假宣传中草药铺已责令整改到位。县卫健委对涉案四家无证开展诊疗活动的中草药铺进行立案查处，一家无证开展针灸的店铺在卫健委调查前已自行关闭。2021年10月11日，县市场监管局和卫健委联合印发《会昌县中药行业专项整治行动方案》，对全县城乡集贸市场中草药经营户、中药饮片批发零售企业及医疗机构开展了专项整治行动，共检查中草药经营户51家，对涉嫌虚假宣传、非法开展医疗活动等违法行为立案查处7件，有效净化了中药材、中药饮片经营市场秩序，规范了非医疗机构经营服务活动，消除了药品安全风险，保障了公众健康。

为确保专项整治行动取得实效，会昌县院对本案开展"回头看"。2021年12月16日，该院邀请人大代表、政协委员等担任听证员，对本案整改情况公开听证，听证员一致认为该案整改达到了预期效果。结合人大代表、政协委员提出的要做好长效监督的建议，会昌县院积极推动市场监管局、卫健委建立健全中医药行业监督检查长效工作机制。为持续推动中医药产业健康发展，会昌县院在办案基础上，撰写专题调研报告呈送县委、县人大常委会、县政府并得到肯定支持，促进办案效果最大程度转化为治理效果。

针对中草药市场经营乱象及违规诊疗现象，赣州市人民检察院于2022年1月组织全市20个检察机关开展医疗卫生领域侵害群众利益突出问题公益诉讼专项监督活动，目前已办理相关案件23件。

【典型意义】

中草药产业作为江西省会昌县的绿色生态产业,对巩固当地脱贫攻坚成果、促进农民增收、与乡村振兴有效衔接意义重大。检察机关聚焦药品安全领域公益诉讼,精准提出检察建议,助推行政机关建立了中医药行业监督检查工作制度,形成公益保护工作合力。对案件整改效果进行了公开听证和评议,实现了政治效果、社会效果和法律效果的有机统一。同时,以"检察建议+调研报告"的形式,积极参与社会治理,向当地党委、人大、政府提交了调研报告,对当地中医药行业及中草药种植业进行了精准分析研判,为当地中医药产业有序健康发展贡献了检察智慧。

3. 浙江省海盐县人民检察院督促整治假中药销售行政公益诉讼案

【关键词】

行政公益诉讼诉前程序　药品安全　假药　虚假宣传　老年人权益

【要旨】

针对养生机构打着"中医药"旗号虚假宣传,诱骗老年人购买假中药,侵犯老年人生命健康安全和经济利益的问题,检察机关通过大数据检索、异地协作等方式调查取证,制发诉前检察建议,督促行政机关及时查处,并移送犯罪线索,推动养生行业乱象专项整治,保障了人民群众的合法权益。

【基本案情】

2021年7月,钱某某注册成立"钱氏养生馆",通过悬挂锦旗、散发名片等方式,宣称自己是北京某医学院副院长、中医康复理疗师、气功师,能够治疗骨质增生、类风湿关节炎等老年疾病,招揽老年人进店调理,并使用"激活干细胞""再生组织细胞"等用语虚构产品功能,诱骗老年人购买"关节再生胶囊"(经鉴定,该产品为假药)治疗,侵害消费者权益和社会公共利益。

【调查和督促履职】

2021年12月,浙江省海盐县人民检察院(以下简称海盐县院)接到群众对钱某某假冒中医销售假中药的举报线索。海盐县院迅速成立办案组,从医生资质、药品质量、公益受损现状等方面开展立案调查取证:一是综合运用国家医生执业注册信息库、国家药品监督管理局官网、中国裁判文书网等信息平台,通过大数据检索、关键词比对,确定钱某某无医生执业资质、"关节再生胶囊"标注虚假的药品批准文号、生产厂家,且被多地法院刑事判决认定为假药;二是与上述案件判决地的鉴定机构开展异地协作,跨区域调取药品鉴定报告,核查比对后确认两者为同一产品;三

是派员赴钱氏养生馆实地勘查,走访调查药品消费者,确定钱氏养生馆正在利用"中医药"名号向老年人销售假中药,且消费者反映用后无疗效。

海盐县院审查认为,钱某某利用养生馆打着"中医药"旗号,向老年人群体销售假中药,其行为违反了《中华人民共和国药品管理法》第九十八条第一款"禁止生产、销售、使用假药、劣药"的规定,危害了人民群众的生命健康,损害了社会公共利益。2021年12月27日,海盐县院根据《中华人民共和国药品管理法》等相关规定,依法向负责本行政区域内的药品监督管理工作的海盐县市场监督管理局制发检察建议,建议对钱某某销售假药的违法行为进行查处,并在辖区内开展药品安全专项行动。

收到检察建议后,海盐县市场监督管理局高度重视,立即成立工作组对钱氏养生馆进行突击执法检查,当场查获并扣押"关节再生胶囊"3000余粒,并于当日将钱某某涉嫌犯罪线索移送公安机关。目前,钱某某已被公安机关以涉嫌销售假药罪立案侦查,并被采取刑事强制措施。

为消除养生保健领域药品安全隐患,海盐县市场监督管理局开展专项执法行动,先后对全县9个乡镇40余家养生馆、美容院进行全面检查,查处违规发布中医疗效广告门店、场所3家,完善进销台账登记12家,查处利用互联网销售假药1人并移送海盐县公安局立案侦查,有效规范了县域内养生保健药品市场,维护人民群众合法权益。

【典型意义】

在"中医热"的催生下,不少机构或个人开设养生馆,打着中医保健名义开展非法诊疗活动,并销售假劣中药,侵害人民群众生命健康权益。检察机关聚焦中医养生领域乱象,坚持药品安全"四个最严"要求,借助大数据技术丰富公益诉讼调查手段,为行政机关、公安机关及时立案查处奠定扎实的证据基础。通过检察建议,有效督促行政机关依法履行监管职责,并推动开展全县范围内的药品安全专项执法活动,整治养生保健领域虚假宣传、销售假劣药乱象。

4. 重庆市秀山土家族苗族自治县人民检察院督促整治医美行业非法经营行政公益诉讼案

【关键词】

行政公益诉讼诉前程序　医疗美容　超范围经营　虚假宣传　常态化"回头看"

【要旨】

非法医疗美容严重威胁消费者生命健康安全,针对医疗美容市场存在制造销售假冒伪劣产品、虚假宣传等安全隐患问题,检察机关可以通过履行公益诉讼检察职能,督促负有监管职责的行政机关依法履职,维护人民群众身体健康。

【基本案情】

重庆市秀山县内多家经营范围为美容、美体、美睫、美甲、纹绣服务及日化用品销售等的个体工商户，在未依法取得医疗机构执业许可证的情况下，进行面部注射肉毒毒素(俗称瘦脸针)的服务，若不当使用或使用未经批准上市的注射用A型肉毒毒素均可能会引起肌肉松弛麻痹，严重时可能会引发呼吸衰竭、心力衰弱，危及消费者身体和生命健康。

【调查和督促履职】

2020年5月，重庆市秀山土家族苗族自治县人民检察院(以下简称秀山县院)收到群众举报线索后于2020年5月11日予以立案办理。公益诉讼部门经过走访调查，发现辖区内美容、美甲等店铺在未依法取得相应资质，超范围提供医疗美容服务、违规使用医疗器械、使用未经批准上市的注射用A型肉毒毒素药物等药品、虚假宣传等违法行为后，于2020年7月2日，分别向秀山县市场监督管理局和县卫健委发出检察建议：一是建议秀山县市场监督管理局和卫健委对违规使用医疗器械、使用未经批准上市的药品、虚假宣传等违法行为进行查处和规范；二是建立长效机制，对秀山县内的整容整形市场进行规范。

收到检察建议后，秀山县市场监督管理局和县卫健委高度重视，联合开展了医疗美容专项整治工作，依法严厉查处违法医疗美容行为，共检查美容机构24家，下达卫生监督意见书24份，立案8件，罚款18000余元，没收器械4件，违法所得23122.8元。同时，两主管部门还建立了定期巡查、执法协作等长效机制，为规范秀山县整容整形市场提供了制度保障，有效巩固了整改效果。

此后，秀山县院对该案多次"回头看"，均未发现使用未经注册的药品、非法行医、虚假宣传等违法行为，该县整容整形市场已逐步规范，消费者权益得到了有效维护。

【典型意义】

非法医疗美容给消费者的生命健康带来了极大的安全隐患，比如虚假广告、非法行医、医疗事故等。检察机关通过充分发挥公益诉讼职能，督促行政机关切实履行监管职责，并通过常态化开展"回头看"工作，及时对整改情况进行跟踪回访，确保检察建议真正落到实处，整改效果得到长久巩固，切实维护人民群众的生命健康。

5. 北京铁路运输检察院督促整治网络平台药店违法销售处方药行政公益诉讼案

【关键词】

行政公益诉讼诉前程序　药品安全　网络销售处方药

【要旨】

针对网络平台药店违法销售处方药问题，检察机关充分发挥公益诉讼职能，督促相关行政机关依法履行监管职责，推动网络平台提升自律监督，有效推动网络销售处方药经营、监管等环节的规范化，保护人民群众的用药安全。

【基本案情】

北京铁路运输检察院(以下简称北京铁检院)在履职中发现，部分网络平台药店在接收线上购药订单后的电子处方审核环节，其药店执业药师未按照相关法律规范对电子处方进行审核即进入线下配送环节，存在对超用量处方药仍然进行调配、未在处方上签名等违法行为，可能造成人民群众用药安全问题，损害社会公共利益。

【检察机关履职过程】

北京铁检院于2021年9月决定对本案立案调查。公益诉讼检察部门将在京注册网络平台的药店及京外注册网络平台的在京注册药店作为调查重点，通过大数据筛查、人工复核、梳理分析等方式，全面了解网上处方药的销售情况。经调查发现3家网络平台(其中包括2家在京注册网络平台)上有28家在京注册网络平台药店存在执业药师未依法履行电子处方审核责任的情况，共涉及5个行政区。就市、区两级行政机关对北京市网售处方药的监管权责划分问题，北京铁检院先后与市药品监管部门和涉案5个区药品监管部门座谈，明确市药品监管部门负责监管药品零售连锁总部和网络平台，区药品监管部门负责监管网络平台药店，并对网络平台药店销售处方药的具体流程等问题形成共识。

2021年9月、11月，北京铁检院分别向5个区药品监管部门制发检察建议，督促行政机关对涉案违法行为进行查处，同时对网络平台药店执业药师履行电子处方审核职责加强监管，规范网售处方药行为。收到检察建议后，各区药品监管部门均高度重视，积极整改。一是对涉案违法行为进行查处。通过对辖区内涉案网络平台药店核实、约谈及现场检查，查实8家网络平台药店存在药店执业药师未对电子处方履行审核调配义务的违法行为，依据《中华人民共和国药品管理法》第五十八条、第一百三十条，责令其改正违法行为，并做出"警告"的行政处罚；二是开展网络销售处方药专项监管执法工作。组织专门力量对辖区内从事网售处方药的网络平台药店进行延伸检查、全区排查，并对检查、排查中发现的未凭处方销售处方药等违法行为及时进行处理，累计检查、约谈网络平台药店200余家；三是逐一约谈重点关注的网络平台药店，结合相关法律规范的规定对药店的具体经营进行指导；四是推动网络平台药店电子处方服务方面的建章立制工作。在制定相关规范的同时，定期发布工作专刊组织行政机关内部工作人员及辖区内网络平台药店开展学习。

鉴于行政机关对在京注册网络平台存在的监管困难，

北京铁检院依法能动履职，推动源头治理。分别与涉案的三家开展网上销售处方药业务的头部平台企业进行座谈，建议平台进一步完善相关机制，加快技术迭代，为执业药师审核电子处方提供便利条件，推动平台销售处方药规范化发展。

【典型意义】

网上销售处方药，在为人民群众提供了生活便利的同时，也带来一系列用药安全、监管困难等问题，检察机关充分发挥公益诉讼检察职能，督促行政机关加强对网络平台药店进行监管、推动网络平台加强自身监管为抓手，着力解决人民群众急难愁盼的购药用药安全问题。与行政机关、网络平台凝聚共识，形成合力，共促网络销售处方药规范化，实现了双赢多赢共赢的良好效果。

6. 云南省人民检察院昆明铁路运输分院督促整治药品广告虚假宣传行政公益诉讼案

【关键词】

行政公益诉讼诉前程序　药品安全　处方药广告虚假宣传

【要旨】

针对广播电台发布虚假广告、违法发布处方药广告的药品安全问题，检察机关通过检察建议督促行政机关依法履行监管职责，维护消费者合法权益，促进行业健康发展。

【案件基本情况】

法律明确规定处方药可以在卫生部和国家食品药品监督管理局共同指定的医学、医药专业刊物上发布广告，但不得在大众传播媒介发布广告或者以其他方式进行以公众为对象的广告宣传。昆明广播电视台新闻综合广播相关栏目长期违法播出处方药广告且相关药品广告内容虚假，极易诱导消费者对药品使用产生错误认识，造成群众用药安全隐患，损害社会公共利益。

【调查和督促履职】

经云南省人民检察院指定管辖，云南省人民检察院昆明铁路运输分院（以下简称昆明铁检分院）在初步调查的基础上，于2021年2月9日决定立案调查。

昆明铁检分院重点围绕以下问题依法展开调查：一是明确违法事实，通过对电台全天不同时段播出的广告实时关注、持续跟踪，发现电台在4档栏目中均违法播出处方药广告，另在2档栏目对非处方药进行虚假广告，并查明了涉案药品的厂家、药品种类及其实际功效，对比广告内容后进一步锁定了违法事实。二是针对广告插播时间较短、广播没有下载渠道等问题，运用专业APP可回放电台广播的功能，及时录音、录屏。三是通过对国家市场监督管理总局网站药品查询及企业信息查询，锁定案涉药品的官方登记、广告备案、行政处罚等情况，并通过网络搜索查询涉案药品信息，发现相关药企早在其他省份因处方药在大众媒介发布广告、篡改审批内容进行虚假宣传等违法情形被行政处罚。

根据《中华人民共和国药品管理法》《药品广告审查发布标准》《药品广告审查办法》《中华人民共和国广告法》《中华人民共和国反不正当竞争法》的相关规定，昆明市市场监督管理局对处方药及非处方药通过昆明广播电视台新闻综合广播进行违法广告、虚假宣传的行为负有监督管理职责。2021年4月2日，昆明铁检分院依法向昆明市市场监督管理局送达检察建议，建议该局依法履行监督管理职责，对昆明广播电视台新闻综合广播违法发布处方药广告、以介绍健康知识等形式变相发布药品广告、对药品进行虚假宣传等情形依法查处相关的广告主、广告经营者及广告发布者；加强对广播电台发布药品广告的日常监督管理，切实维护广大消费者合法权益。

昆明市市场监督管理局在接到检察建议后对该案高度重视，并及时整改落实：一是责令昆明广播电视台新闻综合广播停播处方药违法广告以及非处方药违法虚假广告；二是针对处方药广告主涉嫌违法问题，于5月14日移送青海省市场监督管理局立案查处；三是对处方药违法广告发布者昆明广播电视台下属某科技发展有限公司立案调查，2021年8月19日对其作出行政处罚，没收广告费用1200元，并处203600元罚款，已实缴到位；四是对非处方药虚假广告的广告主云南某药业有限公司处以广告费三倍罚款共计15000元，广告发布者昆明广播电视台下属某科技发展有限公司没收广告费5000元，并处广告费三倍罚款15000元，均已实缴到位。

【典型意义】

检察机关落实以人民为中心的发展理念，对药品经营者通过广播电视平台违法宣传的乱象，以法治的力量推动解决人民群众的"急难愁盼"，在充分调查、厘清行政机关监督管理职责的基础上，通过制发行政公益诉讼检察建议督促行政机关及时全面依法履职，对广播电台违法发布广告的行为进行查处，从源头上保护消费者合法权益。

7. 河南省濮阳市人民检察院督促整治非法邮寄伪劣药品行政公益诉讼案

【关键词】

行政公益诉讼诉前程序　药品安全　药品寄递整治　公开听证

【要旨】

寄递企业执行收寄验视、实名收寄、过机安检等制度不到位,致使违法行为人多次通过寄递渠道运输、买卖伪劣药品,破坏了市场经济秩序,侵害了众多消费者的人身健康权益。检察机关在追究违法行为人刑事责任、民事责任的同时,发出行政公益诉讼诉前检察建议,督促邮政部门开展寄递行业专项整治,积极构建药品寄递安全保护长效机制。

【基本案情】

2017年9月至2020年12月期间,河南省濮阳市辖区内多名违法行为人通过台前县某快递公司、华龙区某快递公司等多个终端网点邮寄伪劣药品,销售至全国多个地区,经统计,邮寄伪劣药品3000余次,销售金额达100余万元,伪劣药品通过寄递行业流通进入消费市场,不仅破坏了市场经济秩序,也损害了众多消费者的人身健康权益。

【调查和督促履职】

濮阳市台前县人民检察院在办理多起销售伪劣药品刑事附带民事公益诉讼案件过程中发现,邮政管理部门可能存在对药品寄递监管不到位的情况,遂将该线索移交至濮阳市人民检察院(以下简称濮阳市院)。2021年2月8日,濮阳市院以行政公益诉讼立案。经调查,上述寄递企业部分终端网点未严格执行邮寄管理制度,存在不开箱验视、未登记邮寄人身份信息、未核对购药票据等行为,违反了《中华人民共和国邮政法》第二十五条、《中华人民共和国反恐怖法》第二十条、《快递暂行条例》第二十二条、第二十四条、第三十一条的规定,为非法销售伪劣药品活动提供了条件,寄递销售数额大、范围广、侵害消费者多,损害了社会公共利益。濮阳市邮政管理局作为负责本辖区邮政工作的主管部门,未对辖区内邮政普遍服务和邮政市场充分履行监督管理职责,致使伪劣药品通过寄递渠道运输、买卖,破坏了市场经济秩序,损害了众多消费者的人身健康权益。

2021年5月28日,濮阳市院针对寄递药品涉及邮政管理、市场监督、交通运输等部门监管交叉问题举行公开听证,邀请人大代表、政协委员、律师担任听证员,相关行政机关派员参加。经听证,厘清了监管部门的职责,达成一致意见,拟由检察机关依法向濮阳市邮政管理局制发检察建议。5月31日,濮阳市院向濮阳市邮政管理局送达诉前检察建议,建议其依法查处涉案寄递企业,开展区域重点整治,排查全市寄递行业管理漏洞,制定并落实整改方案。

同年7月26日,市邮政管理局书面回复,依法对涉案寄递企业予以行政处罚;制定、落实了非法寄递假药专项整治工作方案;对寄递行业从业人员进行专题培训;联合市公安局、市禁毒委、市国家安全局印发了寄递渠道安全相关文件,形成共同打击寄递假药等物品线索的长效机制,共建寄递渠道安全屏障。8月上旬,濮阳市院公益诉讼干警通过走访寄递行业从业人员、寄递物品等方式评估案件整改效果。截至2021年9月,市邮政管理局依法立案处罚28起,切实做到了"发现一起、处罚一起",起到了"打击一起,警示一片"的整治效果。

【典型意义】

在寄递行业快速发展的当下,邮政部门监管滞后给快递运输贩卖伪劣药品可乘之机。检察机关综合发挥检察职能,通过研判刑事案件中的公益诉讼线索,以案倒查深挖问题根源,督促邮政部门依法履职,压实寄递企业主体责任,从源头规避寄递安全风险,堵塞社会治理漏洞。同时,通过召开公益诉讼听证会,深挖问题根源,厘清相关部门职责,充分调动与会人员积极建言献策,共商重点整改、系统治理方案,确保了检察建议的刚性,推动了问题全面深入整改,通过办案净化了寄递药品安全环境,促进了寄递行业健康持续发展,提升了社会治理效能。

8. 江苏省新沂市人民检察院诉薛某某等6人销售假药刑事附带民事公益诉讼案

【关键词】

刑事附带民事公益诉讼　药品安全　养老诈骗

【要旨】

生产销售假药刑事附带民事公益诉讼案件中,被告主观明知是假药而大量销售、侵害老年人合法权益的,可以提出惩罚性赔偿诉讼请求。

【基本案情】

2017年至2019年,薛某某等6人通过网络渠道,向曹某某等人大量购买非法加工生产的主要成份为面粉和西药的"中药胶囊",通过其经营的药店、诊所,向不特定老年群体销售,用以治疗哮喘、关节炎等疾病。经查,薛某某等人共向2000余人销售5000余瓶,销售额116200元。经鉴定,上述药品均系假药。2021年6月22日,公安机关以薛某某等6人涉嫌生产销售假药罪移送审查起诉。

【调查和诉讼】

2021年10月15日,江苏省新沂市人民检察院(以下简称新沂市院)对薛某某等人以刑事附带民事公益诉讼立案调查。在刑事侦查获取证据的基础上,公益诉讼检察部门通过调取转账记录、销售凭证、询问被告、证人和受害群众等方式,围绕民事侵权责任认定要件,进一步查明非法生产销售假药事实。同时,为查明被告主观过错,调取了被告经营的个体诊所、药店的《医疗机构执业许可证》《药品经营许可证》,证明其均具有药品安全专业知识,但为牟取非法利益,故意低价购进假药,长期向老年群体大量销售,严重危及老年人用药安全和身体健康,侵害社会公共利益。

新沂市院审查认为,薛某某等人作为疾病诊疗和药品销售专业人员,故意销售假药,主观过错明显,危害后果严重,依法应当承担惩罚性赔偿责任。2021年11月16日,新沂市院向新沂市人民法院提起刑事附带民事公益诉讼,诉请薛某某等6名被告人以其销售额三倍承担惩罚性赔偿责任,赔偿社会公共利益损失总计348600元,并在省级以上媒体对其销售假药的行为公开赔礼道歉。

审查起诉和法庭审理期间,检察机关充分释法说理,详细阐明了认罪认罚从宽制度及销售假药的严重危害,6名被告人均真诚悔罪,自愿认罪认罚,对检察机关提出的惩罚性赔偿数额均无异议,并在开庭后主动先期支付赔款共计138600元,并根据赔付能力,分别签订了分期支付剩余赔款的承诺。

鉴于薛某某等人积极主动赔偿公益损失,对刑事犯罪认罪认罚,公益诉讼检察部门与刑事检察部门主动对接,分别适当减轻对薛某某等人的刑事量刑建议。其中,薛某某量刑建议由一年三个月降低为一年、其余5名被告的量刑建议均在原量刑建议的基础上减轻30%,且均建议适用缓刑。

2022年1月10日,新沂市人民法院作出一审刑事判决,全部采纳了检察机关量刑建议,对6名被告人分别判处六个月至一年不等的有期徒刑,并处1000元至200000元不等的罚金,且均适用缓刑。

2022年1月19日,新沂市人民法院作出附带民事公益诉讼一审判决,全部支持检察机关附带民事公益诉讼请求,被告没有提出上诉,判决已生效。

【典型意义】

违法人员针对老年群体辨识能力较低的弱点,向其销售假药,社会危害性、公益损害性更加严重,应当依法提起刑事附带民事公益诉讼,追究其惩罚性赔偿责任,以打击犯罪、保护公益。检察机关加强整体履职,统筹发挥刑事公诉和民事公益诉讼职能作用,在刑事附带民事公益诉讼中,依法探索刑事罚金刑和民事公益诉讼惩罚性赔偿责任的衔接适用,被告人自愿认罪认罚并主动支付民事公益诉讼惩罚性赔偿金,推动了办案"三个效果"的有机统一。

5. 医疗器械与设备

医疗器械监督管理条例

- 2000年1月4日中华人民共和国国务院令第276号公布
- 2014年2月12日国务院第39次常务会议修订通过
- 根据2017年5月4日《国务院关于修改〈医疗器械监督管理条例〉的决定》修订
- 2020年12月21日国务院119次常务会议修订通过
- 2021年2月9日中华人民共和国国务院令第739号公布
- 自2021年6月1日起施行

第一章 总 则

第一条 为了保证医疗器械的安全、有效,保障人体健康和生命安全,促进医疗器械产业发展,制定本条例。

第二条 在中华人民共和国境内从事医疗器械的研制、生产、经营、使用活动及其监督管理,适用本条例。

第三条 国务院药品监督管理部门负责全国医疗器械监督管理工作。

国务院有关部门在各自的职责范围内负责与医疗器械有关的监督管理工作。

第四条 县级以上地方人民政府应当加强对本行政区域的医疗器械监督管理工作的领导,组织协调本行政区域内的医疗器械监督管理工作以及突发事件应对工作,加强医疗器械监督管理能力建设,为医疗器械安全工作提供保障。

县级以上地方人民政府负责药品监督管理的部门负责本行政区域的医疗器械监督管理工作。县级以上地方人民政府有关部门在各自的职责范围内负责与医疗器械有关的监督管理工作。

第五条 医疗器械监督管理遵循风险管理、全程管控、科学监管、社会共治的原则。

第六条 国家对医疗器械按照风险程度实行分类管理。

第一类是风险程度低,实行常规管理可以保证其安全、有效的医疗器械。

第二类是具有中度风险,需要严格控制管理以保证其安全、有效的医疗器械。

第三类是具有较高风险,需要采取特别措施严格控制管理以保证其安全、有效的医疗器械。

评价医疗器械风险程度,应当考虑医疗器械的预期目的、结构特征、使用方法等因素。

国务院药品监督管理部门负责制定医疗器械的分类规则和分类目录,并根据医疗器械生产、经营、使用情况,及时对医疗器械的风险变化进行分析、评价,对分类规则和分类目录进行调整。制定、调整分类规则和分类目录,应当充分听取医疗器械注册人、备案人、生产经营企业以及使用单位、行业组织的意见,并参考国际医疗器械分类实践。医疗器械分类规则和分类目录应当向社会公布。

第七条 医疗器械产品应当符合医疗器械强制性国家标准;尚无强制性国家标准的,应当符合医疗器械强制性行业标准。

第八条 国家制定医疗器械产业规划和政策,将医疗器械创新纳入发展重点,对创新医疗器械予以优先审评审批,支持创新医疗器械临床推广和使用,推动医疗器械产业高质量发展。国务院药品监督管理部门应当配合国务院有关部门,贯彻实施国家医疗器械产业规划和引导政策。

第九条 国家完善医疗器械创新体系,支持医疗器械的基础研究和应用研究,促进医疗器械新技术的推广和应用,在科技立项、融资、信贷、招标采购、医疗保险等方面予以支持。支持企业设立或者联合组建研制机构,鼓励企业与高等学校、科研院所、医疗机构等合作开展医疗器械的研究与创新,加强医疗器械知识产权保护,提高医疗器械自主创新能力。

第十条 国家加强医疗器械监督管理信息化建设,提高在线政务服务水平,为医疗器械行政许可、备案等提供便利。

第十一条 医疗器械行业组织应当加强行业自律,推进诚信体系建设,督促企业依法开展生产经营活动,引导企业诚实守信。

第十二条 对在医疗器械的研究与创新方面做出突出贡献的单位和个人,按照国家有关规定给予表彰奖励。

第二章 医疗器械产品注册与备案

第十三条 第一类医疗器械实行产品备案管理,第二类、第三类医疗器械实行产品注册管理。

医疗器械注册人、备案人应当加强医疗器械全生命周期质量管理,对研制、生产、经营、使用全过程中医疗器械的安全性、有效性依法承担责任。

第十四条 第一类医疗器械产品备案和申请第二类、第三类医疗器械产品注册,应当提交下列资料:

(一)产品风险分析资料;

(二)产品技术要求;

(三)产品检验报告;

(四)临床评价资料;

(五)产品说明书以及标签样稿;

(六)与产品研制、生产有关的质量管理体系文件;

(七)证明产品安全、有效所需的其他资料。

产品检验报告应当符合国务院药品监督管理部门的要求,可以是医疗器械注册申请人、备案人的自检报告,也可以是委托有资质的医疗器械检验机构出具的检验报告。

符合本条例第二十四条规定的免于进行临床评价情形的,可以免于提交临床评价资料。

医疗器械注册申请人、备案人应当确保提交的资料合法、真实、准确、完整和可追溯。

第十五条 第一类医疗器械产品备案,由备案人向所在地设区的市级人民政府负责药品监督管理的部门提交备案资料。

向我国境内出口第一类医疗器械的境外备案人,由其指定的我国境内企业法人向国务院药品监督管理部门提交备案资料和备案人所在国(地区)主管部门准许该医疗器械上市销售的证明文件。未在境外上市的创新医疗器械,可以不提交备案人所在国(地区)主管部门准许该医疗器械上市销售的证明文件。

备案人向负责药品监督管理的部门提交符合本条例规定的备案资料后即完成备案。负责药品监督管理的部门应当自收到备案资料之日起5个工作日内,通过国务院药品监督管理部门在线政务服务平台向社会公布备案有关信息。

备案资料载明的事项发生变化的,应当向原备案部门变更备案。

第十六条 申请第二类医疗器械产品注册,注册申请人应当向所在地省、自治区、直辖市人民政府药品监督管理部门提交注册申请资料。申请第三类医疗器械产品注册,注册申请人应当向国务院药品监督管理部门提交注册申请资料。

向我国境内出口第二类、第三类医疗器械的境外注册申请人,由其指定的我国境内企业法人向国务院药品监督管理部门提交注册申请资料和注册申请人所在国(地区)主管部门准许该医疗器械上市销售的证明文件。未在境外上市的创新医疗器械,可以不提交注册申请人所在国(地区)主管部门准许该医疗器械上市销售的证明文件。

国务院药品监督管理部门应当对医疗器械注册审查程序和要求作出规定,并加强对省、自治区、直辖市人民政府药品监督管理部门注册审查工作的监督指导。

第十七条 受理注册申请的药品监督管理部门应当

对医疗器械的安全性、有效性以及注册申请人保证医疗器械安全、有效的质量管理能力等进行审查。

受理注册申请的药品监督管理部门应当自受理注册申请之日起3个工作日内将注册申请资料转交技术审评机构。技术审评机构应当在完成技术审评后,将审评意见提交受理注册申请的药品监督管理部门作为审批的依据。

受理注册申请的药品监督管理部门在组织对医疗器械的技术审评时认为有必要对质量管理体系进行核查的,应当组织开展质量管理体系核查。

第十八条 受理注册申请的药品监督管理部门应当自收到审评意见之日起20个工作日内作出决定。对符合条件的,准予注册并发给医疗器械注册证;对不符合条件的,不予注册并书面说明理由。

受理注册申请的药品监督管理部门应当自医疗器械准予注册之日起5个工作日内,通过国务院药品监督管理部门在线政务服务平台向社会公布注册有关信息。

第十九条 对用于治疗罕见疾病、严重危及生命且尚无有效治疗手段的疾病和应对公共卫生事件等急需的医疗器械,受理注册申请的药品监督管理部门可以作出附条件批准决定,并在医疗器械注册证中载明相关事项。

出现特别重大突发公共卫生事件或者其他严重威胁公众健康的紧急事件,国务院卫生主管部门根据预防、控制事件的需要提出紧急使用医疗器械的建议,经国务院药品监督管理部门组织论证同意后可以在一定范围和期限内紧急使用。

第二十条 医疗器械注册人、备案人应当履行下列义务:

(一)建立与产品相适应的质量管理体系并保持有效运行;

(二)制定上市后研究和风险管控计划并保证有效实施;

(三)依法开展不良事件监测和再评价;

(四)建立并执行产品追溯和召回制度;

(五)国务院药品监督管理部门规定的其他义务。

境外医疗器械注册人、备案人指定的我国境内企业法人应当协助注册人、备案人履行前款规定的义务。

第二十一条 已注册的第二类、第三类医疗器械产品,其设计、原材料、生产工艺、适用范围、使用方法等发生实质性变化,有可能影响该医疗器械安全、有效的,注册人应当向原注册部门申请办理变更注册手续;发生其他变化的,应当按照国务院药品监督管理部门的规定备案或者报告。

第二十二条 医疗器械注册证有效期为5年。有效期届满需要延续注册的,应当在有效期届满6个月前向原注册部门提出延续注册的申请。

除有本条第三款规定情形外,接到延续注册申请的药品监督管理部门应当在医疗器械注册证有效期届满前作出准予延续的决定。逾期未作决定的,视为准予延续。

有下列情形之一的,不予延续注册:

(一)未在规定期限内提出延续注册申请;

(二)医疗器械强制性标准已经修订,申请延续注册的医疗器械不能达到新要求;

(三)附条件批准的医疗器械,未在规定期限内完成医疗器械注册证载明事项。

第二十三条 对新研制的尚未列入分类目录的医疗器械,申请人可以依照本条例有关第三类医疗器械产品注册的规定直接申请产品注册,也可以依据分类规则判断产品类别并向国务院药品监督管理部门申请类别确认后依照本条例的规定申请产品注册或者进行产品备案。

直接申请第三类医疗器械产品注册的,国务院药品监督管理部门应当按照风险程度确定类别,对准予注册的医疗器械及时纳入分类目录。申请类别确认的,国务院药品监督管理部门应当自受理申请之日起20个工作日内对该医疗器械的类别进行判定并告知申请人。

第二十四条 医疗器械产品注册、备案,应当进行临床评价;但是符合下列情形之一,可以免于进行临床评价:

(一)工作机理明确、设计定型,生产工艺成熟,已上市的同品种医疗器械临床应用多年且无严重不良事件记录,不改变常规用途的;

(二)其他通过非临床评价能够证明该医疗器械安全、有效的。

国务院药品监督管理部门应当制定医疗器械临床评价指南。

第二十五条 进行医疗器械临床评价,可以根据产品特征、临床风险、已有临床数据等情形,通过开展临床试验,或者通过对同品种医疗器械临床文献资料、临床数据进行分析评价,证明医疗器械安全、有效。

按照国务院药品监督管理部门的规定,进行医疗器械临床评价时,已有临床文献资料、临床数据不足以确认产品安全、有效的医疗器械,应当开展临床试验。

第二十六条 开展医疗器械临床试验,应当按照医疗器械临床试验质量管理规范的要求,在具备相应条件的临床试验机构进行,并向临床试验申办者所在地省、自治区、直辖市人民政府药品监督管理部门备案。接受临床试验备案的药品监督管理部门应当将备案情况通报临床试验机构所在地同级药品监督管理部门和卫生主管部门。

医疗器械临床试验机构实行备案管理。医疗器械临床试验机构应当具备的条件以及备案管理办法和临床试验质量管理规范,由国务院药品监督管理部门会同国务院卫生主管部门制定并公布。

国家支持医疗机构开展临床试验,将临床试验条件和能力评价纳入医疗机构等级评审,鼓励医疗机构开展创新医疗器械临床试验。

第二十七条 第三类医疗器械临床试验对人体具有较高风险的,应当经国务院药品监督管理部门批准。国务院药品监督管理部门审批临床试验,应当对拟承担医疗器械临床试验的机构的设备、专业人员等条件,该医疗器械的风险程度,临床试验实施方案,临床受益与风险对比分析报告等进行综合分析,并自受理申请之日起60个工作日内作出决定并通知临床试验申办者。逾期未通知的,视为同意。准予开展临床试验的,应当通报临床试验机构所在地省、自治区、直辖市人民政府药品监督管理部门和卫生主管部门。

临床试验对人体具有较高风险的第三类医疗器械目录由国务院药品监督管理部门制定、调整并公布。

第二十八条 开展医疗器械临床试验,应当按照规定进行伦理审查,向受试者告知试验目的、用途和可能产生的风险等详细情况,获得受试者的书面知情同意;受试者为无民事行为能力人或者限制民事行为能力人的,应当依法获得其监护人的书面知情同意。

开展临床试验,不得以任何形式向受试者收取与临床试验有关的费用。

第二十九条 对正在开展临床试验的用于治疗严重危及生命且尚无有效治疗手段的疾病的医疗器械,经医学观察可能使患者获益,经伦理审查、知情同意后,可以在开展医疗器械临床试验的机构内免费用于其他病情相同的患者,其安全性数据可以用于医疗器械注册申请。

第三章 医疗器械生产

第三十条 从事医疗器械生产活动,应当具备下列条件:

(一)有与生产的医疗器械相适应的生产场地、环境条件、生产设备以及专业技术人员;

(二)有能对生产的医疗器械进行质量检验的机构或者专职检验人员以及检验设备;

(三)有保证医疗器械质量的管理制度;

(四)有与生产的医疗器械相适应的售后服务能力;

(五)符合产品研制、生产工艺文件规定的要求。

第三十一条 从事第一类医疗器械生产的,应当向所在地设区的市级人民政府负责药品监督管理的部门备案,在提交符合本条例第三十条规定条件的有关资料后即完成备案。

医疗器械备案人自行生产第一类医疗器械的,可以在依照本条例第十五条规定进行产品备案时一并提交符合本条例第三十条规定条件的有关资料,即完成生产备案。

第三十二条 从事第二类、第三类医疗器械生产的,应当向所在地省、自治区、直辖市人民政府药品监督管理部门申请生产许可并提交其符合本条例第三十条规定条件的有关资料以及所生产医疗器械的注册证。

受理生产许可申请的药品监督管理部门应当对申请资料进行审核,按照国务院药品监督管理部门制定的医疗器械生产质量管理规范的要求进行核查,并自受理申请之日起20个工作日内作出决定。对符合规定条件的,准予许可并发给医疗器械生产许可证;对不符合规定条件的,不予许可并书面说明理由。

医疗器械生产许可证有效期为5年。有效期届满需要延续的,依照有关行政许可的法律规定办理延续手续。

第三十三条 医疗器械生产质量管理规范应当对医疗器械的设计开发、生产设备条件、原材料采购、生产过程控制、产品放行、企业的机构设置和人员配备等影响医疗器械安全、有效的事项作出明确规定。

第三十四条 医疗器械注册人、备案人可以自行生产医疗器械,也可以委托符合本条例规定、具备相应条件的企业生产医疗器械。

委托生产医疗器械的,医疗器械注册人、备案人应当对所委托生产的医疗器械质量负责,并加强对受托生产企业生产行为的管理,保证其按照法定要求进行生产。医疗器械注册人、备案人应当与受托生产企业签订委托协议,明确双方权利、义务和责任。受托生产企业应当依照法律法规、医疗器械生产质量管理规范、强制性标准、产品技术要求和委托协议组织生产,对生产行为负责,并接受委托方的监督。

具有高风险的植入性医疗器械不得委托生产,具体目录由国务院药品监督管理部门制定、调整并公布。

第三十五条 医疗器械注册人、备案人、受托生产企业应当按照医疗器械生产质量管理规范,建立健全与所生产医疗器械相适应的质量管理体系并保证其有效运行;严格按照经注册或者备案的产品技术要求组织生产,保证出厂的医疗器械符合强制性标准以及经注册或者备案的产品技术要求。

医疗器械注册人、备案人、受托生产企业应当定期对质量管理体系的运行情况进行自查,并按照国务院药品监督管理部门的规定提交自查报告。

第三十六条 医疗器械的生产条件发生变化,不再符合医疗器械质量管理体系要求的,医疗器械注册人、备案人、受托生产企业应当立即采取整改措施;可能影响医疗器械安全、有效的,应当立即停止生产活动,并向原生产许可或者生产备案部门报告。

第三十七条 医疗器械应当使用通用名称。通用名称应当符合国务院药品监督管理部门制定的医疗器械命名规则。

第三十八条 国家根据医疗器械产品类别,分步实施医疗器械唯一标识制度,实现医疗器械可追溯,具体办法由国务院药品监督管理部门会同国务院有关部门制定。

第三十九条 医疗器械应当有说明书、标签。说明书、标签的内容应当与经注册或者备案的相关内容一致,确保真实、准确。

医疗器械的说明书、标签应当标明下列事项:

(一)通用名称、型号、规格;

(二)医疗器械注册人、备案人、受托生产企业的名称、地址以及联系方式;

(三)生产日期,使用期限或者失效日期;

(四)产品性能、主要结构、适用范围;

(五)禁忌、注意事项以及其他需要警示或者提示的内容;

(六)安装和使用说明或者图示;

(七)维护和保养方法,特殊运输、贮存的条件、方法;

(八)产品技术要求规定应当标明的其他内容。

第二类、第三类医疗器械还应当标明医疗器械注册证编号。

由消费者个人自行使用的医疗器械还应当具有安全使用的特别说明。

第四章 医疗器械经营与使用

第四十条 从事医疗器械经营活动,应当具有与经营规模和经营范围相适应的经营场所和贮存条件,以及与经营的医疗器械相适应的质量管理制度和质量管理机构或者人员。

第四十一条 从事第二类医疗器械经营的,由经营企业向所在地设区的市级人民政府负责药品监督管理的部门备案并提交符合本条例第四十条规定条件的有关资料。

按国务院药品监督管理部门的规定,对产品安全性、有效性不受流通过程影响的第二类医疗器械,可以免于经营备案。

第四十二条 从事第三类医疗器械经营的,经营企业应当向所在地设区的市级人民政府负责药品监督管理的部门申请经营许可并提交符合本条例第四十条规定条件的有关资料。

受理经营许可申请的负责药品监督管理的部门应当对申请资料进行审查,必要时组织核查,并自受理申请之日起20个工作日内作出决定。对符合规定条件的,准予许可并发给医疗器械经营许可证;对不符合规定条件的,不予许可并书面说明理由。

医疗器械经营许可证有效期为5年。有效期届满需要延续的,依照有关行政许可的法律规定办理延续手续。

第四十三条 医疗器械注册人、备案人经营其注册、备案的医疗器械,无需办理医疗器械经营许可或者备案,但应当符合本条例规定的经营条件。

第四十四条 从事医疗器械经营,应当依照法律法规和国务院药品监督管理部门制定的医疗器械经营质量管理规范的要求,建立健全与所经营医疗器械相适应的质量管理体系并保证其有效运行。

第四十五条 医疗器械经营企业、使用单位应当从具备合法资质的医疗器械注册人、备案人、生产经营企业购进医疗器械。购进医疗器械时,应当查验供货者的资质和医疗器械的合格证明文件,建立进货查验记录制度。从事第二类、第三类医疗器械批发业务以及第三类医疗器械零售业务的经营企业,还应当建立销售记录制度。

记录事项包括:

(一)医疗器械的名称、型号、规格、数量;

(二)医疗器械的生产批号、使用期限或者失效日期、销售日期;

(三)医疗器械注册人、备案人和受托生产企业的名称;

(四)供货者或者购货者的名称、地址以及联系方式;

(五)相关许可证明文件编号等。

进货查验记录和销售记录应当真实、准确、完整和可追溯，并按照国务院药品监督管理部门规定的期限予以保存。国家鼓励采用先进技术手段进行记录。

第四十六条 从事医疗器械网络销售的，应当是医疗器械注册人、备案人或者医疗器械经营企业。从事医疗器械网络销售的经营者，应当将从事医疗器械网络销售的相关信息告知所在地设区的市级人民政府负责药品监督管理的部门，经营第一类医疗器械和本条例第四十一条第二款规定的第二类医疗器械的除外。

为医疗器械网络交易提供服务的电子商务平台经营者应当对入网医疗器械经营者进行实名登记，审查其经营许可、备案情况和所经营医疗器械产品注册、备案情况，并对其经营行为进行管理。电子商务平台经营者发现入网医疗器械经营者有违反本条例规定行为的，应当及时制止并立即报告医疗器械经营者所在地设区的市级人民政府负责药品监督管理的部门；发现严重违法行为的，应当立即停止提供网络交易平台服务。

第四十七条 运输、贮存医疗器械，应当符合医疗器械说明书和标签标示的要求；对温度、湿度等环境条件有特殊要求的，应当采取相应措施，保证医疗器械的安全、有效。

第四十八条 医疗器械使用单位应当有与在用医疗器械品种、数量相适应的贮存场所和条件。医疗器械使用单位应当加强对工作人员的技术培训，按照产品说明书、技术操作规范等要求使用医疗器械。

医疗器械使用单位配置大型医用设备，应当符合国务院卫生主管部门制定的大型医用设备配置规划，与其功能定位、临床服务需求相适应，具有相应的技术条件、配套设施和具备相应资质、能力的专业技术人员，并经省级以上人民政府卫生主管部门批准，取得大型医用设备配置许可证。

大型医用设备配置管理办法由国务院卫生主管部门会同国务院有关部门制定。大型医用设备目录由国务院卫生主管部门商国务院有关部门提出，报国务院批准后执行。

第四十九条 医疗器械使用单位对重复使用的医疗器械，应当按照国务院卫生主管部门制定的消毒和管理的规定进行处理。

一次性使用的医疗器械不得重复使用，对使用过的应当按照国家有关规定销毁并记录。一次性使用的医疗器械目录由国务院药品监督管理部门会同国务院卫生主管部门制定、调整并公布。列入一次性使用的医疗器械目录，应当具有充足的无法重复使用的证据理由。重复使用可以保证安全、有效的医疗器械，不列入一次性使用的医疗器械目录。对因设计、生产工艺、消毒灭菌技术等改进后重复使用可以保证安全、有效的医疗器械，应当调整出一次性使用的医疗器械目录，允许重复使用。

第五十条 医疗器械使用单位对需要定期检查、检验、校准、保养、维护的医疗器械，应当按照产品说明书的要求进行检查、检验、校准、保养、维护并予以记录，及时进行分析、评估，确保医疗器械处于良好状态，保障使用质量；对使用期限长的大型医疗器械，应当逐台建立使用档案，记录其使用、维护、转让、实际使用时间等事项。记录保存期限不得少于医疗器械规定使用期限终止后5年。

第五十一条 医疗器械使用单位应当妥善保存购入第三类医疗器械的原始资料，并确保信息具有可追溯性。

使用大型医疗器械以及植入和介入类医疗器械的，应当将医疗器械的名称、关键性技术参数等信息以及与使用质量安全密切相关的必要信息记载到病历等相关记录中。

第五十二条 发现使用的医疗器械存在安全隐患的，医疗器械使用单位应当立即停止使用，并通知医疗器械注册人、备案人或者其他负责产品质量的机构进行检修；经检修仍不能达到使用安全标准的医疗器械，不得继续使用。

第五十三条 对国内尚无同品种产品上市的体外诊断试剂，符合条件的医疗机构根据本单位的临床需要，可以自行研制，在执业医师指导下在本单位内使用。具体管理办法由国务院药品监督管理部门会同国务院卫生主管部门制定。

第五十四条 负责药品监督管理的部门和卫生主管部门依据各自职责，分别对使用环节的医疗器械质量和医疗器械使用行为进行监督管理。

第五十五条 医疗器械经营企业、使用单位不得经营、使用未依法注册或者备案、无合格证明文件以及过期、失效、淘汰的医疗器械。

第五十六条 医疗器械使用单位之间转让在用医疗器械，转让方应当确保所转让的医疗器械安全、有效，不得转让过期、失效、淘汰以及检验不合格的医疗器械。

第五十七条 进口的医疗器械应当是依照本条例第二章的规定已注册或者已备案的医疗器械。

进口的医疗器械应当有中文说明书、中文标签。说明书、标签应当符合本条例规定以及相关强制性标准的要求,并在说明书中载明医疗器械的原产地以及境外医疗器械注册人、备案人指定的我国境内企业法人的名称、地址、联系方式。没有中文说明书、中文标签或者说明书、标签不符合本条规定的,不得进口。

医疗机构因临床急需进口少量第二类、第三类医疗器械的,经国务院药品监督管理部门或者国务院授权的省、自治区、直辖市人民政府批准,可以进口。进口的医疗器械应当在指定医疗机构内用于特定医疗目的。

禁止进口过期、失效、淘汰等已使用过的医疗器械。

第五十八条 出入境检验检疫机构依法对进口的医疗器械实施检验;检验不合格的,不得进口。

国务院药品监督管理部门应当及时向国家出入境检验检疫部门通报进口医疗器械的注册和备案情况。进口口岸所在地出入境检验检疫机构应当及时向所在地设区的市级人民政府负责药品监督管理的部门通报进口医疗器械的通关情况。

第五十九条 出口医疗器械的企业应当保证其出口的医疗器械符合进口国(地区)的要求。

第六十条 医疗器械广告的内容应当真实合法,以经负责药品监督管理的部门注册或者备案的医疗器械说明书为准,不得含有虚假、夸大、误导性的内容。

发布医疗器械广告,应当在发布前由省、自治区、直辖市人民政府确定的广告审查机关对广告内容进行审查,并取得医疗器械广告批准文号;未经审查,不得发布。

省级以上人民政府药品监督管理部门责令暂停生产、进口、经营和使用的医疗器械,在暂停期间不得发布涉及该医疗器械的广告。

医疗器械广告的审查办法由国务院市场监督管理部门制定。

第五章 不良事件的处理与医疗器械的召回

第六十一条 国家建立医疗器械不良事件监测制度,对医疗器械不良事件及时进行收集、分析、评价、控制。

第六十二条 医疗器械注册人、备案人应当建立医疗器械不良事件监测体系,配备与其产品相适应的不良事件监测机构和人员,对其产品主动开展不良事件监测,并按照国务院药品监督管理部门的规定,向医疗器械不良事件监测技术机构报告调查、分析、评价、产品风险控制等情况。

医疗器械生产经营企业、使用单位应当协助医疗器械注册人、备案人对所生产经营或者使用的医疗器械开展不良事件监测;发现医疗器械不良事件或者可疑不良事件,应当按照国务院药品监督管理部门的规定,向医疗器械不良事件监测技术机构报告。

其他单位和个人发现医疗器械不良事件或者可疑不良事件,有权向负责药品监督管理的部门或者医疗器械不良事件监测技术机构报告。

第六十三条 国务院药品监督管理部门应当加强医疗器械不良事件监测信息网络建设。

医疗器械不良事件监测技术机构应当加强医疗器械不良事件信息监测,主动收集不良事件信息;发现不良事件或者接到不良事件报告的,应当及时进行核实,必要时进行调查、分析、评估,向负责药品监督管理的部门和卫生主管部门报告并提出处理建议。

医疗器械不良事件监测技术机构应当公布联系方式,方便医疗器械注册人、备案人、生产经营企业、使用单位等报告医疗器械不良事件。

第六十四条 负责药品监督管理的部门应当根据医疗器械不良事件评估结果及时采取发布警示信息以及责令暂停生产、进口、经营和使用等控制措施。

省级以上人民政府药品监督管理部门应当会同同级卫生主管部门和相关部门组织对引起突发、群发的严重伤害或者死亡的医疗器械不良事件及时进行调查和处理,并组织对同类医疗器械加强监测。

负责药品监督管理的部门应当及时向同级卫生主管部门通报医疗器械使用单位的不良事件监测有关情况。

第六十五条 医疗器械注册人、备案人、生产经营企业、使用单位应当对医疗器械不良事件监测技术机构、负责药品监督管理的部门、卫生主管部门开展的医疗器械不良事件调查予以配合。

第六十六条 有下列情形之一的,医疗器械注册人、备案人应当主动开展已上市医疗器械再评价:

(一)根据科学研究的发展,对医疗器械的安全、有效有认识上的改变;

(二)医疗器械不良事件监测、评估结果表明医疗器械可能存在缺陷;

(三)国务院药品监督管理部门规定的其他情形。

医疗器械注册人、备案人应当根据再评价结果,采取相应控制措施,对已上市医疗器械进行改进,并按照规定进行注册变更或者备案变更。再评价结果表明已上市医疗器械不能保证安全、有效的,医疗器械注册人、备案人应当主动申请注销医疗器械注册证或者取消备案;医疗器械注册人、备案人未申请注销医疗器械注册证或者取消备案的,由负责药品监督管理的部门注销医疗器械注册证或者取消备案。

省级以上人民政府药品监督管理部门根据医疗器械不良事件监测、评估等情况，对已上市医疗器械开展再评价。再评价结果表明已上市医疗器械不能保证安全、有效的，应当注销医疗器械注册证或者取消备案。

负责药品监督管理的部门应当向社会及时公布注销医疗器械注册证和取消备案情况。被注销医疗器械注册证或者取消备案的医疗器械不得继续生产、进口、经营、使用。

第六十七条 医疗器械注册人、备案人发现生产的医疗器械不符合强制性标准、经注册或者备案的产品技术要求，或者存在其他缺陷的，应当立即停止生产，通知相关经营企业、使用单位和消费者停止经营和使用，召回已经上市销售的医疗器械，采取补救、销毁等措施，记录相关情况，发布相关信息，并将医疗器械召回和处理情况向负责药品监督管理的部门和卫生主管部门报告。

医疗器械受托生产企业、经营企业发现生产、经营的医疗器械存在前款规定情形的，应当立即停止生产、经营，通知医疗器械注册人、备案人，并记录停止生产、经营和通知情况。医疗器械注册人、备案人认为属于依照前款规定需要召回的医疗器械，应当立即召回。

医疗器械注册人、备案人、受托生产企业、经营企业未依照本条规定实施召回或者停止生产、经营的，负责药品监督管理的部门可以责令其召回或者停止生产、经营。

第六章 监督检查

第六十八条 国家建立职业化专业化检查员制度，加强对医疗器械的监督检查。

第六十九条 负责药品监督管理的部门应当对医疗器械的研制、生产、经营活动以及使用环节的医疗器械质量加强监督检查，并对下列事项进行重点监督检查：

（一）是否按照经注册或者备案的产品技术要求组织生产；

（二）质量管理体系是否保持有效运行；

（三）生产经营条件是否持续符合法定要求。

必要时，负责药品监督管理的部门可以对为医疗器械研制、生产、经营、使用等活动提供产品或者服务的其他相关单位和个人进行延伸检查。

第七十条 负责药品监督管理的部门在监督检查中有下列职权：

（一）进入现场实施检查、抽取样品；

（二）查阅、复制、查封、扣押有关合同、票据、账簿以及其他有关资料；

（三）查封、扣押不符合法定要求的医疗器械，违法使用的零配件、原材料以及用于违法生产经营医疗器械的工具、设备；

（四）查封违反本条例规定从事医疗器械生产经营活动的场所。

进行监督检查，应当出示执法证件，保守被检查单位的商业秘密。

有关单位和个人应当对监督检查予以配合，提供相关文件和资料，不得隐瞒、拒绝、阻挠。

第七十一条 卫生主管部门应当对医疗机构的医疗器械使用行为加强监督检查。实施监督检查时，可以进入医疗机构，查阅、复制有关档案、记录以及其他有关资料。

第七十二条 医疗器械生产经营过程中存在产品质量安全隐患，未及时采取措施消除的，负责药品监督管理的部门可以采取告诫、责任约谈、责令限期整改等措施。

对人体造成伤害或者有证据证明可能危害人体健康的医疗器械，负责药品监督管理的部门可以采取责令暂停生产、进口、经营、使用的紧急控制措施，并发布安全警示信息。

第七十三条 负责药品监督管理的部门应当加强对医疗器械注册人、备案人、生产经营企业和使用单位生产、经营、使用的医疗器械的抽查检验。抽查检验不得收取检验费和其他任何费用，所需费用纳入本级政府预算。省级以上人民政府药品监督管理部门应当根据抽查检验结论及时发布医疗器械质量公告。

卫生主管部门应当对大型医用设备的使用状况进行监督和评估；发现违规使用以及与大型医用设备相关的过度检查、过度治疗等情形的，应当立即纠正，依法予以处理。

第七十四条 负责药品监督管理的部门未及时发现医疗器械安全系统性风险，未及时消除监督管理区域内医疗器械安全隐患的，本级人民政府或者上级人民政府负责药品监督管理的部门应当对其主要负责人进行约谈。

地方人民政府未履行医疗器械安全职责，未及时消除区域性重大医疗器械安全隐患的，上级人民政府或者上级人民政府负责药品监督管理的部门应当对其主要负责人进行约谈。

被约谈的部门和地方人民政府应当立即采取措施，对医疗器械监督管理工作进行整改。

第七十五条 医疗器械检验机构资质认定工作按照国家有关规定实行统一管理。经国务院认证认可监督管理部门会同国务院药品监督管理部门认定的检验机构，方可对医疗器械实施检验。

负责药品监督管理的部门在执法工作中需要对医疗器械进行检验的，应当委托有资质的医疗器械检验机构进行，并支付相关费用。

当事人对检验结论有异议的，可以自收到检验结论之日起7个工作日内向实施抽样检验的部门或者其上一级负责药品监督管理的部门提出复检申请，由受理复检申请的部门在复检机构名录中随机确定复检机构进行复检。承担复检工作的医疗器械检验机构应当在国务院药品监督管理部门规定的时间内作出复检结论。复检结论为最终检验结论。复检机构与初检机构不得为同一机构；相关检验项目只有一家有资质的检验机构的，复检时应当变更承办部门或者人员。复检机构名录由国务院药品监督管理部门公布。

第七十六条 对可能存在有害物质或者擅自改变医疗器械设计、原材料和生产工艺并存在安全隐患的医疗器械，按照医疗器械国家标准、行业标准规定的检验项目和检验方法无法检验的，医疗器械检验机构可以使用国务院药品监督管理部门批准的补充检验项目和检验方法进行检验；使用补充检验项目、检验方法得出的检验结论，可以作为负责药品监督管理的部门认定医疗器械质量的依据。

第七十七条 市场监督管理部门应当依照有关广告管理的法律、行政法规的规定，对医疗器械广告进行监督检查，查处违法行为。

第七十八条 负责药品监督管理的部门应当通过国务院药品监督管理部门在线政务服务平台依法及时公布医疗器械许可、备案、抽查检验、违法行为查处等日常监督管理信息。但是，不得泄露当事人的商业秘密。

负责药品监督管理的部门建立医疗器械注册人、备案人、生产经营企业、使用单位信用档案，对有不良信用记录的增加监督检查频次，依法加强失信惩戒。

第七十九条 负责药品监督管理的部门等部门应当公布本单位的联系方式，接受咨询、投诉、举报。负责药品监督管理的部门等部门接到与医疗器械监督管理有关的咨询，应当及时答复；接到投诉、举报，应当及时核实、处理、答复。对咨询、投诉、举报情况及其答复、核实、处理情况，应当予以记录、保存。

有关医疗器械研制、生产、经营、使用行为的举报经调查属实的，负责药品监督管理的部门等部门对举报人应当给予奖励。有关部门应当为举报人保密。

第八十条 国务院药品监督管理部门制定、调整、修改本条例规定的目录以及与医疗器械监督管理有关的规范，应当公开征求意见；采取听证会、论证会等形式，听取专家、医疗器械注册人、备案人、生产经营企业、使用单位、消费者、行业协会以及相关组织等方面的意见。

第七章 法律责任

第八十一条 有下列情形之一的，由负责药品监督管理的部门没收违法所得、违法生产经营的医疗器械和用于违法生产经营的工具、设备、原材料等物品；违法生产经营的医疗器械货值金额不足1万元的，处5万元以上15万元以下罚款；货值金额1万元以上的，并处货值金额15倍以上30倍以下罚款；情节严重的，责令停产停业，10年内不受理相关责任人以及单位提出的医疗器械许可申请，对违法单位的法定代表人、主要负责人、直接负责的主管人员和其他责任人员，没收违法行为发生期间自本单位所获收入，并处所获收入30%以上3倍以下罚款，终身禁止其从事医疗器械生产经营活动：

（一）生产、经营未取得医疗器械注册证的第二类、第三类医疗器械；

（二）未经许可从事第二类、第三类医疗器械生产活动；

（三）未经许可从事第三类医疗器械经营活动。

有前款第一项情形、情节严重的，由原发证部门吊销医疗器械生产许可证或者医疗器械经营许可证。

第八十二条 未经许可擅自配置使用大型医用设备的，由县级以上人民政府卫生主管部门责令停止使用，给予警告，没收违法所得；违法所得不足1万元的，并处5万元以上10万元以下罚款；违法所得1万元以上的，并处违法所得10倍以上30倍以下罚款；情节严重的，5年内不受理相关责任人以及单位提出的大型医用设备配置许可申请，对违法单位的法定代表人、主要负责人、直接负责的主管人员和其他责任人员，没收违法行为发生期间自本单位所获收入，并处所获收入30%以上3倍以下罚款，依法给予处分。

第八十三条 在申请医疗器械行政许可时提供虚假资料或者采取其他欺骗手段的，不予行政许可，已经取得行政许可的，由作出行政许可决定的部门撤销行政许可，没收违法所得、违法生产经营使用的医疗器械，10年内不受理相关责任人以及单位提出的医疗器械许可申请；违法生产经营使用的医疗器械货值金额不足1万元的，并处5万元以上15万元以下罚款；货值金额1万元以上的，并处货值金额15倍以上30倍以下罚款；情节严重的，责令停产停业，对违法单位的法定代表人、主要负责人、直接负责的主管人员和其他责任人员，没收违法行为发生期间自本单位所获收入，并处所获收入30%以上3倍以下罚款，终身禁止其从事医疗器械生产经营活动。

伪造、变造、买卖、出租、出借相关医疗器械许可证件的，由原发证部门予以收缴或者吊销，没收违法所得；违法所得不足1万元的，并处5万元以上10万元以下罚款；违法所得1万元以上的，并处违法所得10倍以上20倍以下罚款；构成违反治安管理行为的，由公安机关依法予以治安管理处罚。

第八十四条 有下列情形之一的，由负责药品监督管理的部门向社会公告单位和产品名称，责令限期改正；逾期不改正的，没收违法所得、违法生产经营的医疗器械；违法生产经营的医疗器械货值金额不足1万元的，并处1万元以上5万元以下罚款；货值金额1万元以上的，并处货值金额5倍以上20倍以下罚款；情节严重的，对违法单位的法定代表人、主要负责人、直接负责的主管人员和其他责任人员，没收违法行为发生期间自本单位所获收入，并处所获收入30%以上2倍以下罚款，5年内禁止其从事医疗器械生产经营活动：

（一）生产、经营未经备案的第一类医疗器械；

（二）未经备案从事第一类医疗器械生产；

（三）经营第二类医疗器械，应当备案但未备案；

（四）已经备案的资料不符合要求。

第八十五条 备案时提供虚假资料的，由负责药品监督管理的部门向社会公告备案单位和产品名称，没收违法所得、违法生产经营的医疗器械；违法生产经营的医疗器械货值金额不足1万元的，并处2万元以上5万元以下罚款；货值金额1万元以上的，并处货值金额5倍以上20倍以下罚款；情节严重的，责令停产停业，对违法单位的法定代表人、主要负责人、直接负责的主管人员和其他责任人员，没收违法行为发生期间自本单位所获收入，并处所获收入30%以上3倍以下罚款，10年内禁止其从事医疗器械生产经营活动。

第八十六条 有下列情形之一的，由负责药品监督管理的部门责令改正，没收违法生产经营使用的医疗器械；违法生产经营使用的医疗器械货值金额不足1万元的，并处2万元以上5万元以下罚款；货值金额1万元以上的，并处货值金额5倍以上20倍以下罚款；情节严重的，责令停产停业，直至由原发证部门吊销医疗器械注册证、医疗器械生产许可证、医疗器械经营许可证，对违法单位的法定代表人、主要负责人、直接负责的主管人员和其他责任人员，没收违法行为发生期间自本单位所获收入，并处所获收入30%以上3倍以下罚款，10年内禁止其从事医疗器械生产经营活动：

（一）生产、经营、使用不符合强制性标准或者不符合经注册或者备案的产品技术要求的医疗器械；

（二）未按照经注册或者备案的产品技术要求组织生产，或者未依照本条例规定建立质量管理体系并保持有效运行，影响产品安全、有效；

（三）经营、使用无合格证明文件、过期、失效、淘汰的医疗器械，或者使用未依法注册的医疗器械；

（四）在负责药品监督管理的部门责令召回后仍拒不召回，或者在负责药品监督管理的部门责令停止或者暂停生产、进口、经营后，仍拒不停止生产、进口、经营医疗器械；

（五）委托不具备本条例规定条件的企业生产医疗器械，或者未对受托生产企业的生产行为进行管理；

（六）进口过期、失效、淘汰等已使用过的医疗器械。

第八十七条 医疗器械经营企业、使用单位履行了本条例规定的进货查验等义务，有充分证据证明其不知道所经营、使用的医疗器械为本条例第八十一条第一款第一项、第八十四条第一项、第八十六条第一项和第三项规定情形的医疗器械，并能如实说明其进货来源的，收缴其经营、使用的不符合法定要求的医疗器械，可以免除行政处罚。

第八十八条 有下列情形之一的，由负责药品监督管理的部门责令改正，处1万元以上5万元以下罚款；拒不改正的，处5万元以上10万元以下罚款；情节严重的，责令停产停业，直至由原发证部门吊销医疗器械生产许可证、医疗器械经营许可证，对违法单位的法定代表人、主要负责人、直接负责的主管人员和其他责任人员，没收违法行为发生期间自本单位所获收入，并处所获收入30%以上2倍以下罚款，5年内禁止其从事医疗器械生产经营活动：

（一）生产条件发生变化、不再符合医疗器械质量管理体系要求，未依照本条例规定整改、停止生产、报告；

（二）生产、经营说明书、标签不符合本条例规定的医疗器械；

（三）未按照医疗器械说明书和标签标示要求运输、贮存医疗器械；

（四）转让过期、失效、淘汰或者检验不合格的在用医疗器械。

第八十九条 有下列情形之一的，由负责药品监督管理的部门和卫生主管部门依据各自职责责令改正,给予警告;拒不改正的,处1万元以上10万元以下罚款;情节严重的,责令停产停业,直至由原发证部门吊销医疗器械注册证、医疗器械生产许可证、医疗器械经营许可证,对违法单位的法定代表人、主要负责人、直接负责的主管人员和其他责任人员处1万元以上3万元以下罚款:

（一）未按照要求提交质量管理体系自查报告;

（二）从不具备合法资质的供货者购进医疗器械;

（三）医疗器械经营企业、使用单位未依照本条例规定建立并执行医疗器械进货查验记录制度;

（四）从事第二类、第三类医疗器械批发业务以及第三类医疗器械零售业务的经营企业未依照本条例规定建立并执行销售记录制度;

（五）医疗器械注册人、备案人、生产经营企业、使用单位未依照本条例规定开展医疗器械不良事件监测,未按照要求报告不良事件,或者医疗器械不良事件监测技术机构、负责药品监督管理的部门、卫生主管部门开展的不良事件调查不予配合;

（六）医疗器械注册人、备案人未按照规定制定上市后研究和风险管控计划并保证有效实施;

（七）医疗器械注册人、备案人未按照规定建立并执行产品追溯制度;

（八）医疗器械注册人、备案人、经营企业从事医疗器械网络销售未按照规定告知负责药品监督管理的部门;

（九）对需要定期检查、检验、校准、保养、维护的医疗器械,医疗器械使用单位未按照产品说明书要求进行检查、检验、校准、保养、维护并予以记录,及时进行分析、评估,确保医疗器械处于良好状态;

（十）医疗器械使用单位未妥善保存购入第三类医疗器械的原始资料。

第九十条　有下列情形之一的,由县级以上人民政府卫生主管部门责令改正,给予警告;拒不改正的,处5万元以上10万元以下罚款;情节严重的,处10万元以上30万元以下罚款,责令暂停相关医疗器械使用活动,直至由原发证部门吊销执业许可证,依法责令相关责任人员暂停6个月以上1年以下执业活动,直至由原发证部门吊销相关人员执业证书,对违法单位的法定代表人、主要负责人、直接负责的主管人员和其他责任人员,没收违法行为发生期间自本单位所获收入,并处所获收入30%以上3倍以下罚款,依法给予处分:

（一）对重复使用的医疗器械,医疗器械使用单位未按照消毒和管理的规定进行处理;

（二）医疗器械使用单位重复使用一次性使用的医疗器械,或者未按照规定销毁使用过的一次性使用的医疗器械;

（三）医疗器械使用单位未按照规定将大型医疗器械以及植入和介入类医疗器械的信息记载到病历等相关记录中;

（四）医疗器械使用单位发现使用的医疗器械存在安全隐患未立即停止使用、通知检修,或者继续使用经检修仍不能达到使用安全标准的医疗器械;

（五）医疗器械使用单位违规使用大型医用设备,不能保障医疗质量安全。

第九十一条　违反进出口商品检验相关法律、行政法规进口医疗器械的,由出入境检验检疫机构依法处理。

第九十二条　为医疗器械网络交易提供服务的电子商务平台经营者违反本条例规定,未履行对入网医疗器械经营者进行实名登记,审查许可、注册、备案情况,制止并报告违法行为,停止提供网络交易平台服务等管理义务的,由负责药品监督管理的部门依照《中华人民共和国电子商务法》的规定给予处罚。

第九十三条　未进行医疗器械临床试验机构备案开展临床试验的,由负责药品监督管理的部门责令停止临床试验并改正;拒不改正的,该临床试验数据不得用于产品注册、备案,处5万元以上10万元以下罚款,并向社会公告;造成严重后果的,5年内禁止其开展相关专业医疗器械临床试验,并处10万元以上30万元以下罚款,由卫生主管部门对违法单位的法定代表人、主要负责人、直接负责的主管人员和其他责任人员,没收违法行为发生期间自本单位所获收入,并处所获收入30%以上3倍以下罚款,依法给予处分。

临床试验申办者开展临床试验未经备案的,由负责药品监督管理的部门责令停止临床试验,对临床试验申办者处5万元以上10万元以下罚款,并向社会公告;造成严重后果的,处10万元以上30万元以下罚款。该临床试验数据不得用于产品注册、备案,5年内不受理相关责任人以及单位提出的医疗器械注册申请。

临床试验申办者未经批准开展对人体具有较高风险的第三类医疗器械临床试验的,由负责药品监督管理的部门责令立即停止临床试验,对临床试验申办者处10万元以上30万元以下罚款,并向社会公告;造成严重后果的,处30万元以上100万元以下罚款。该临床试验数据不得用于产品注册,10年内不受理相关责任人以及单位提出的医疗器械临床试验和注册申请,对违法单位的法定代表人、主要负责人、直接负责的主管人员和其他责任人员,没收违法行为发生期间自本单位所获收入,并处所获收入 30% 以上 3 倍以下罚款。

第九十四条 医疗器械临床试验机构开展医疗器械临床试验未遵守临床试验质量管理规范的,由负责药品监督管理的部门责令改正或者立即停止临床试验,处 5 万元以上 10 万元以下罚款;造成严重后果的,5 年内禁止其开展相关专业医疗器械临床试验,由卫生主管部门对违法单位的法定代表人、主要负责人、直接负责的主管人员和其他责任人员,没收违法行为发生期间自本单位所获收入,并处所获收入 30% 以上 3 倍以下罚款,依法给予处分。

第九十五条 医疗器械临床试验机构出具虚假报告的,由负责药品监督管理的部门处 10 万元以上 30 万元以下罚款;有违法所得的,没收违法所得;10 年内禁止其开展相关专业医疗器械临床试验;由卫生主管部门对违法单位的法定代表人、主要负责人、直接负责的主管人员和其他责任人员,没收违法行为发生期间自本单位所获收入,并处所获收入 30% 以上 3 倍以下罚款,依法给予处分。

第九十六条 医疗器械检验机构出具虚假检验报告的,由授予其资质的主管部门撤销检验资质,10 年内不受理相关责任人以及单位提出的资质认定申请,并处 10 万元以上 30 万元以下罚款;有违法所得的,没收违法所得;对违法单位的法定代表人、主要负责人、直接负责的主管人员和其他责任人员,没收违法行为发生期间自本单位所获收入,并处所获收入 30% 以上 3 倍以下罚款,依法给予处分;受到开除处分的,10 年内禁止其从事医疗器械检验工作。

第九十七条 违反本条例有关医疗器械广告管理规定的,依照《中华人民共和国广告法》的规定给予处罚。

第九十八条 境外医疗器械注册人、备案人指定的我国境内企业法人未依照本条例规定履行相关义务的,由省、自治区、直辖市人民政府药品监督管理部门责令改正,给予警告,并处 5 万元以上 10 万元以下罚款;情节严重的,处 10 万元以上 50 万元以下罚款,5 年内禁止其法定代表人、主要负责人、直接负责的主管人员和其他责任人员从事医疗器械生产经营活动。

境外医疗器械注册人、备案人拒不履行依据本条例作出的行政处罚决定的,10 年内禁止其医疗器械进口。

第九十九条 医疗器械研制、生产、经营单位和检验机构违反本条例规定使用禁止从事医疗器械生产经营活动、检验工作的人员的,由负责药品监督管理的部门责令改正,给予警告;拒不改正的,责令停产停业直至吊销许可证件。

第一百条 医疗器械技术审评机构、医疗器械不良事件监测技术机构未依照本条例规定履行职责,致使审评、监测工作出现重大失误的,由负责药品监督管理的部门责令改正,通报批评,给予警告;造成严重后果的,对违法单位的法定代表人、主要负责人、直接负责的主管人员和其他责任人员,依法给予处分。

第一百零一条 负责药品监督管理的部门或者其他有关部门工作人员违反本条例规定,滥用职权、玩忽职守、徇私舞弊的,依法给予处分。

第一百零二条 违反本条例规定,构成犯罪的,依法追究刑事责任;造成人身、财产或者其他损害的,依法承担赔偿责任。

第八章 附 则

第一百零三条 本条例下列用语的含义:

医疗器械,是指直接或者间接用于人体的仪器、设备、器具、体外诊断试剂及校准物、材料以及其他类似或者相关的物品,包括所需要的计算机软件;其效用主要通过物理等方式获得,不是通过药理学、免疫学或者代谢的方式获得,或者虽然有这些方式参与但是只起辅助作用;其目的是:

(一)疾病的诊断、预防、监护、治疗或者缓解;

(二)损伤的诊断、监护、治疗、缓解或者功能补偿;

(三)生理结构或者生理过程的检验、替代、调节或者支持;

(四)生命的支持或者维持;

(五)妊娠控制;

(六)通过对来自人体的样本进行检查,为医疗或者诊断目的提供信息。

医疗器械注册人、备案人,是指取得医疗器械注册证或者办理医疗器械备案的企业或者研制机构。

医疗器械使用单位,是指使用医疗器械为他人提供医疗等技术服务的机构,包括医疗机构、计划生育技术服务机构、血站、单采血浆站、康复辅助器具适配机构等。

大型医用设备,是指使用技术复杂、资金投入量大、运行成本高、对医疗费用影响大且纳入目录管理的大型医疗器械。

第一百零四条 医疗器械产品注册可以收取费用。具体收费项目、标准分别由国务院财政、价格主管部门按照国家有关规定制定。

第一百零五条 医疗卫生机构为应对突发公共卫生事件而研制的医疗器械的管理办法，由国务院药品监督管理部门会同国务院卫生主管部门制定。

从事非营利的避孕医疗器械的存储、调拨和供应，应当遵守国务院卫生主管部门会同国务院药品监督管理部门制定的管理办法。

中医医疗器械的技术指导原则，由国务院药品监督管理部门会同国务院中医药管理部门制定。

第一百零六条 军队医疗器械使用的监督管理，依照本条例和军队有关规定执行。

第一百零七条 本条例自2021年6月1日起施行。

医疗器械质量抽查检验管理办法

- 2020年3月10日
- 国药监械管〔2020〕9号

第一章 总 则

第一条 为加强医疗器械质量监督管理，规范医疗器械质量抽查检验工作，根据《医疗器械监督管理条例》规定，制定本办法。

第二条 药品监督管理部门在中华人民共和国境内开展医疗器械质量抽查检验工作，适用本办法。

第三条 国家药品监督管理局负责组织国家医疗器械质量抽查检验工作。

省级药品监督管理部门负责组织实施本行政区域内国家医疗器械质量抽查检验相关工作，负责组织本行政区域内的省级医疗器械质量抽查检验工作。

设区的市级、县级人民政府承担药品监督管理职责的部门按照省级药品监督管理部门的统一安排，组织实施本行政区域内医疗器械质量抽查检验相关工作。

第四条 中国食品药品检定研究院负责拟订国家医疗器械质量抽查检验计划和方案，按要求组织实施并提供技术指导，负责汇总、分析、报送国家医疗器械质量抽查检验数据，组织开展质量分析和信息共享应用。

具有相应检验资质的医疗器械检验机构承担相关检验任务。

第五条 医疗器械质量抽查检验，应当遵循科学、规范、合法、公正的原则。

第六条 医疗器械注册人、备案人以及从事医疗器械生产、经营、使用活动的单位和个人，应当配合药品监督管理部门组织实施的医疗器械质量抽查检验，不得干扰、阻挠或者拒绝抽查检验工作，不得转移、藏匿医疗器械，不得拒绝提供证明材料或者故意提供虚假资料。

对抽查检验发现的不符合规定的产品，医疗器械注册人、备案人以及从事医疗器械生产、经营、使用活动的单位和个人，应当积极采取措施控制风险，保证医疗器械使用安全。

进口医疗器械注册人、备案人应当指定我国境内企业法人作为代理人，配合对进口医疗器械的抽查检验工作。

第七条 国家药品监督管理局组织建立国家医疗器械质量抽查检验信息化管理系统（以下简称国家抽检系统）。省级药品监督管理部门和承检机构应当按照规定，通过国家抽检系统及时报送国家医疗器械质量抽查检验和省级医疗器械质量抽查检验相关数据。

省级药品监督管理部门应当加强本行政区内医疗器械质量抽查检验工作的信息化建设。

第二章 计划方案

第八条 国家药品监督管理局和省级药品监督管理部门应当在每年第一季度制定年度医疗器械质量抽查检验计划，按照目标明确、重点突出、统筹兼顾的要求安排医疗器械质量抽查检验工作。

省级药品监督管理部门制定的医疗器械质量抽查检验计划，应当与国家医疗器械质量抽查检验计划目标一致、各有侧重、互为补充、避免重复。

根据监管情况的变化，组织抽查检验的药品监督管理部门可以对医疗器械质量抽查检验计划进行调整。

第九条 国家医疗器械质量抽查检验将以下医疗器械作为重点：

（一）安全风险性高，需要重点监管的；

（二）临床用量大、使用人群和使用范围广的；

（三）投诉举报较多、舆情关注度高的；

（四）不良事件监测提示可能存在质量问题的；

（五）产品质量易受储存运输条件影响的；

（六）其他监管需要的。

省级医疗器械质量抽查检验将以下医疗器械作为重点：

（一）本行政区域内注册或者备案的产品；

（二）未列入国家医疗器械质量抽查检验品种，且产品安全风险较高的；

（三）列入上一年抽查检验计划但实际未抽到的；

（四）既往抽查检验不符合规定的；

（五）日常监管、不良事件监测等发现可能存在质量问题的；

（六）其他监管需要的。

第十条 组织医疗器械质量抽查检验的部门应当根据计划制定抽查检验方案，主要包括以下内容：

（一）检验品种和拟抽查企业范围；

（二）检验依据和检验项目；

（三）承担检验和复检的检验机构。

第三章 检查抽样

第十一条 组织实施医疗器械抽样的药品监督管理部门可以根据上级药品监督管理部门制定的计划和抽查检验方案，结合实际情况，制定本行政区域内抽查检验实施方案。

第十二条 药品监督管理部门可以自行抽样，也可以委托具有相应工作能力的医疗器械监管技术机构抽样。

第十三条 抽样人员应当熟悉医疗器械专业知识和医疗器械管理相关法律法规。

抽样人员执行现场抽样任务时不得少于2人，应当向被抽样单位出示抽样工作证明文件和抽样人员身份证明文件。原则上同一人不应当同时承担当次抽样和检验工作。

第十四条 抽样人员在执行抽样任务时，应当核查被抽样单位的证照信息。发现未经许可从事生产、经营活动的，生产经营无证医疗器械等违法行为，应当终止本次抽样，将有关情况通报具有管辖权的药品监管部门依法处置。抽样人员可以通过拍照、录像、录音等方式对现场检查情况进行记录。

第十五条 抽样场所应当由抽样人员根据被抽样单位类型确定。从生产环节抽样的，一般在医疗器械注册人、备案人或者受托生产企业的成品仓库进行；从经营环节抽样的，一般在经营企业的医疗器械仓库或者零售企业的营业场所进行；从使用单位抽样的，一般在医疗器械库房进行；从互联网交易环节抽样的，一般在与线上一致的线下医疗器械仓库进行。

第十六条 抽取的样品应当是已经验收合格入库的待销售（使用）产品，并经被抽样单位确认。样品应当随机抽取，不得由被抽样单位自行选择提供。

第十七条 有下列情形之一的，原则上不属于抽样范围：

（一）被抽样单位无抽检方案所列产品；

（二）有充分证据证明拟抽样产品是用于科学研究等非销售目的；

（三）有充分证据证明拟抽样产品为企业仅用于出口；

（四）产品或者包装、标签、说明书标有"试制"、"样品"等字样。

第十八条 抽样人员应当索取抽查检验所需的资料和配套必需品。被抽样单位应当予以配合，主动提供以下材料：

（一）产品注册证复印件/备案凭证复印件；

（二）经注册或者备案的产品技术要求；

（三）生产经营使用有关记录；

（四）开展检验所需配套必需品。

第十九条 在医疗器械经营或者使用单位抽样时，抽样人员应当与被抽样单位共同填写资料和配套必需品清单，由被抽样单位寄送至样品标示的医疗器械注册人、备案人或者进口产品代理人，并通知其按文书要求向相关检验机构提供资料和配套必需品。

对逾期不配合的，承检机构应当及时书面通知医疗器械注册人、备案人或者进口产品代理人所在地省级药品监督管理部门。省级药品监督管理部门应当予以督促。

第二十条 抽样人员应当使用专用封签现场签封样品，按要求填写医疗器械抽样记录及凭证，并分别由抽样人员和被抽样单位有关人员签字，加盖抽样单位和被抽样单位有效印章。

被抽样单位拒绝签字或者盖章时，抽样人员应当在医疗器械抽样记录及凭证上注明并签字。

第二十一条 被抽样单位因故不能提供样品的，应当说明原因并提供有关证明材料。抽样人员应当填写相关记录。抽样人员查阅有关生产、销售及使用记录后，可以组织对该单位再次抽样或者追踪到其他环节抽样。相应单位所在地负责药品监督管理的部门应当配合。

第二十二条 抽样单位应当按规定时限将样品、抽样文书及相关资料送达至承检机构。

抽取的样品应当按照其规定的储运条件进行储存和运输。

第二十三条 抽样人员在抽样过程中不得有下列行为：

（一）样品签封后擅自拆封或者更换样品；

（二）泄露被抽样单位商业秘密或者技术秘密；

（三）其他影响抽样公正性的行为。

第四章 检验管理和报告送达

第二十四条 承检机构应当对所承担的抽查检验工作负责，按照医疗器械检验工作规范和相关技术规范开展检验工作。

第二十五条　承检机构应当对送检样品的外观、状态、封签、包装等可能影响检验结果的情况，以及抽样凭证、防拆封措施、签字盖章等情况进行核对，确认无误后予以签收。

对存在可能影响检验结果判定的，承检机构应当拒绝接收，向抽样单位说明理由，退返样品，并向组织抽查检验工作的药品监督管理部门报告。

第二十六条　检验应当严格按照抽检方案规定的依据、项目、方法和工作要求执行。检验过程中遇有样品失效或者其他情况致使检验无法进行的，承检机构应当如实记录，提供充分的证明材料，并将有关情况报送至组织抽查检验工作的药品监督管理部门。

第二十七条　除抽检计划另有规定外，承检机构原则上应当自收到样品之日起40个工作日内出具检验报告；特殊情况需延期的，应当报组织抽查检验工作的药品监督管理部门批准。

第二十八条　承检机构应当对出具的检验报告负责。检验报告应当格式规范、内容真实齐全、数据准确、结论明确。

检验原始记录、检验报告的保存期限不少于5年。

第二十九条　承检机构应当按照规定时间寄送检验报告。检验结果为不符合规定的，应当在检验报告出具后2个工作日内将检验报告和相关材料寄送至被抽样单位所在地省级药品监督管理部门和标示医疗器械注册人、备案人或者进口产品代理人所在地省级药品监督管理部门。

药品监督管理部门应当自收到检验结论为不符合规定的检验报告之日起5个工作日内组织将检验报告送达本辖区内被抽样单位和标示医疗器械注册人、备案人，进口产品的相关检验报告应送达至其代理人。

第三十条　在国家医疗器械质量抽查检验过程中，标示医疗器械注册人、备案人或者进口产品代理人认为所抽样品非其产品的，应当自其收到不符合规定的检验报告之日起7个工作日内，向其所在地省级药品监督管理部门提供充分准确的证明材料，所在地省级药品监督管理部门应当组织调查核实。未能按时向省级药品监督管理部门提交材料的，视为标示医疗器械注册人、备案人确认所抽样品为其产品。

经省级药品监督管理部门调查核实确非标示医疗器械注册人、备案人的产品的，由企业所在地省级药品监督管理部门报告国家药品监督管理局，并通报被抽样单位所在地药品监督管理部门。

对查实确非标示医疗器械注册人、备案人的产品的，被抽样单位所在地药品监督管理部门和标示医疗器械注册人、备案人或者进口产品代理人所在地药品监督管理部门应当相互配合，共同核查问题产品来源。

第三十一条　检验结果为符合规定的，样品应当在检验报告印发3个月后及时退还被抽样单位。样品因检验造成破坏或者损耗而无法退还的，应当向被抽样单位说明情况。检验结果为不符合规定的，样品应当在检验结果通告发布满3个月后退还至医疗器械注册人、备案人或者进口产品代理人所在地省级药品监督管理部门。

相关药品监督管理部门和被抽样单位应当在规定时限内接收样品。逾期不配合的，样品可由检验机构自行处理。

第五章　复检处置

第三十二条　被抽样单位或者标示医疗器械注册人、备案人或者进口产品代理人对检验结果有异议的，可以自收到检验报告之日起7个工作日内优先向检验方案中推荐的复检机构提出复检申请。复检机构无正当理由不得拒绝。逾期提出申请的，检验机构不再受理。

第三十三条　申请复检应当提交以下资料：

（一）加盖申请单位公章的复检申请表及授权书；

（二）原检验报告全本复印件；

（三）经办人身份证明；

（四）自收到检验报告之日起7个工作日内提出复检申请的时限证明资料；

（五）其他需要说明的资料。

第三十四条　复检机构应当在收到复检申请之日起对资料进行审核，3个工作日内做出是否受理的书面决定，并于做出书面决定当日报告组织抽查检验的药品监督管理部门。有下列情形之一的，不予受理复检申请：

（一）抽检方案中规定不予复检的检验项目；

（二）样品不能满足复检需要量、超过效期或者效期内不足以完成复检的；

（三）未在规定期限内提出复检申请或者复检已被受理的；

（四）不按规定预先支付复检费用的；

（五）特殊原因导致留存样品无法实现复检目的的。

第三十五条　复检机构应当在做出受理决定之日起3个工作日内向原检机构发出调样通知，原检机构应当在收到调样通知后5个工作日内提供样品。

双方检验机构应当按照产品储存运输条件审慎稳妥转移样品。

第三十六条　复检仅针对原检不符合规定项目,应当按照原抽检方案规定的检验要求和判定原则出具检验报告。原则上不得引入新的样品和资料。

复检机构一般应当在收到复检样品后15个工作日内做出复检结论,并自检验报告印发之日起2个工作日内,将检验报告寄送给标示医疗器械注册人、备案人或者进口产品代理人所在地省级药品监督管理部门,以及被抽样单位所在地省级药品监督管理部门、复检申请人、原检机构。特殊情况需要延期的,应当报请组织抽查检验工作的药品监督管理部门批准。

复检机构出具的复检结论为最终检验结论。

第三十七条　复检申请人应当向复检机构预先支付复检费用。复检结论与原检验结论不一致的,复检费用由原检机构承担。

国务院有关部门或者省级人民政府有关部门另有特殊规定的,从其规定。

第六章　监督管理

第三十八条　医疗器械注册人、备案人和被抽样单位获知产品不符合规定后,应当履行以下义务:

(一)实施产品召回并发布召回信息;

(二)立即深入进行自查,分析原因,进行风险评估;

(三)根据调查评估情况采取必要的风险控制措施。

申请复检期间,应当继续实施对不符合规定产品的风险控制措施。

第三十九条　对涉及的相关单位具有管辖权的药品监督管理部门应当对抽查检验中发现的不符合规定结果及其他问题进行调查处理。符合立案条件的,要按规定立案查处,并按要求公开查处结果。涉嫌犯罪的,依法移交司法机关处理。同时,督促被抽样单位和标示医疗器械注册人、备案人履行相关义务。

复检期间,不影响对不符合规定产品的调查与控制。

第四十条　承检机构在检验过程中发现下列情形时,应当立即将相关信息书面通知标示医疗器械注册人、备案人或者进口产品代理人所在地省级药品监督管理部门,同时抄送组织医疗器械抽查检验的药品监督管理部门:

(一)存在严重质量安全风险需立即采取控制措施的;

(二)涉嫌违法违规生产行为的;

(三)同一企业多批次产品检验不符合规定,质量体系可能存在严重问题的。

标示医疗器械注册人、备案人或者进口产品代理人所在地省级药品监督管理部门应当立即组织对相关情况进行调查核实,及时采取相应风险控制措施并依法进行查处。

第四十一条　医疗器械注册人、备案人、进口产品代理人以及从事医疗器械生产、经营和使用的单位和个人无正当理由拒绝接受抽查抽检的,由组织医疗器械抽查检验的药品监督管理部门向社会公告。负责药品监督管理的部门应当将有关情况录入信用档案,增加监督检查频次。

第四十二条　参与抽查检验工作的单位和个人,应当依法规范工作行为,不得出现以下违反法律、法规和有关纪律要求的情形:

(一)擅自发布抽查检验信息;

(二)泄露抽查检验样品的有关资料;

(三)接受被抽查检验单位的馈赠;

(四)利用抽查检验工作之便牟取其他不正当利益。

第四十三条　省级以上药品监督管理部门负责对本部门组织开展的医疗器械质量抽查检验结果的信息公开工作。

未经批准,任何单位和个人不得擅自公布抽查检验信息。

医疗器械质量抽查检验结果公开不当的,应当自确认公开内容不当之日起5日内,在原公开范围内予以更正。

对可能产生重大影响的医疗器械抽查检验信息,发布部门在质量公告发布前,应当进行评估研判。信息发布按照政府信息公开有关规定执行。

第四十四条　药品监督管理部门应当充分利用国家抽检系统中的数据,开展汇总分析,及时发现医疗器械安全系统性风险,及时消除区域性医疗器械安全隐患。

第七章　附　则

第四十五条　根据医疗器械监管工作需要,药品监督管理部门可适时组织开展专项抽查检验,相关工作可参照本办法执行。

第四十六条　因监督检查、监测评价、稽查执法等工作需要开展抽样、检验的,不受抽样数量、地点、样品状态等限制,具体程序可参照本办法执行。

第四十七条　本办法自发布之日起施行。《医疗器械质量监督抽查检验管理规定》(食药监械监〔2013〕212号)和《国家医疗器械抽查检验工作程序》(食药监办〔2014〕213号)同时废止。

医疗器械注册与备案管理办法

- 2021年8月26日国家市场监督管理总局令第47号
- 自2021年10月1日起施行

第一章 总 则

第一条 为了规范医疗器械注册与备案行为,保证医疗器械的安全、有效和质量可控,根据《医疗器械监督管理条例》,制定本办法。

第二条 在中华人民共和国境内从事医疗器械注册、备案及其监督管理活动,适用本办法。

第三条 医疗器械注册是指医疗器械注册申请人(以下简称申请人)依照法定程序和要求提出医疗器械注册申请,药品监督管理部门依据法律法规,基于科学认知,进行安全性、有效性和质量可控性等审查,决定是否同意其申请的活动。

医疗器械备案是指医疗器械备案人(以下简称备案人)依照法定程序和要求向药品监督管理部门提交备案资料,药品监督管理部门对提交的备案资料存档备查的活动。

第四条 国家药品监督管理局主管全国医疗器械注册与备案管理工作,负责建立医疗器械注册与备案管理工作体系和制度,依法组织境内第三类和进口第二类、第三类医疗器械审评审批,进口第一类医疗器械备案以及相关监督管理工作,对地方医疗器械注册与备案工作进行监督指导。

第五条 国家药品监督管理局医疗器械技术审评中心(以下简称国家局器械审评中心)负责需进行临床试验审批的医疗器械临床试验申请以及境内第三类和进口第二类、第三类医疗器械产品注册申请、变更注册申请、延续注册申请等的技术审评工作。

国家药品监督管理局医疗器械标准管理中心、中国食品药品检定研究院、国家药品监督管理局食品药品审核查验中心(以下简称国家局审核查验中心)、国家药品监督管理局药品评价中心、国家药品监督管理局行政事项受理服务和投诉举报中心、国家药品监督管理局信息中心等其他专业技术机构,依职责承担实施医疗器械监督管理所需的医疗器械标准管理、分类界定、检验、核查、监测与评价、制证送达以及相应的信息化建设与管理等相关工作。

第六条 省、自治区、直辖市药品监督管理部门负责本行政区域内以下医疗器械注册相关管理工作:

(一)境内第二类医疗器械注册审评审批;

(二)境内第二类、第三类医疗器械质量管理体系核查;

(三)依法组织医疗器械临床试验机构以及临床试验的监督管理;

(四)对设区的市级负责药品监督管理的部门境内第一类医疗器械备案的监督指导。

省、自治区、直辖市药品监督管理部门设置或者指定的医疗器械专业技术机构,承担实施医疗器械监督管理所需的技术审评、检验、核查、监测与评价等工作。

设区的市级负责药品监督管理的部门负责境内第一类医疗器械产品备案管理工作。

第七条 医疗器械注册与备案管理遵循依法、科学、公开、公平、公正的原则。

第八条 第一类医疗器械实行产品备案管理。第二类、第三类医疗器械实行产品注册管理。

境内第一类医疗器械备案,备案人向设区的市级负责药品监督管理的部门提交备案资料。

境内第二类医疗器械由省、自治区、直辖市药品监督管理部门审查,批准后发给医疗器械注册证。

境内第三类医疗器械由国家药品监督管理局审查,批准后发给医疗器械注册证。

进口第一类医疗器械备案,备案人向国家药品监督管理局提交备案资料。

进口第二类、第三类医疗器械由国家药品监督管理局审查,批准后发给医疗器械注册证。

第九条 医疗器械注册人、备案人应当加强医疗器械全生命周期质量管理,对研制、生产、经营、使用过程中的医疗器械的安全性、有效性和质量可控性依法承担责任。

第十条 国家药品监督管理局对临床急需医疗器械实行优先审批,对创新医疗器械实行特别审批,鼓励医疗器械的研究与创新,推动医疗器械产业高质量发展。

第十一条 国家药品监督管理局依法建立健全医疗器械标准、技术指导原则等体系,规范医疗器械技术审评和质量管理体系核查,指导和服务医疗器械研发和注册申请。

第十二条 药品监督管理部门依法及时公开医疗器械注册、备案相关信息,申请人可以查询审批进度和结果,公众可以查阅审批结果。

未经申请人同意,药品监督管理部门、专业技术机构及其工作人员、参与评审的专家等人员不得披露申请人或者备案人提交的商业秘密、未披露信息或者保密商务信息,法律另有规定或者涉及国家安全、重大社会公共利益的除外。

第二章 基本要求

第十三条 医疗器械注册、备案应当遵守相关法律、法规、规章、强制性标准,遵循医疗器械安全和性能基本原则,参照相关技术指导原则,证明注册、备案的医疗器械安全、有效、质量可控,保证全过程信息真实、准确、完整和可追溯。

第十四条 申请人、备案人应当为能够承担相应法律责任的企业或者研制机构。

境外申请人、备案人应当指定中国境内的企业法人作为代理人,办理相关医疗器械注册、备案事项。代理人应当依法协助注册人、备案人履行《医疗器械监督管理条例》第二十条第一款规定的义务,并协助境外注册人、备案人落实相应法律责任。

第十五条 申请人、备案人应当建立与产品相适应的质量管理体系,并保持有效运行。

第十六条 办理医疗器械注册、备案事项的人员应当具有相应的专业知识,熟悉医疗器械注册、备案管理的法律、法规、规章和注册管理相关规定。

第十七条 申请注册或者进行备案,应当按照国家药品监督管理局有关注册、备案的要求提交相关资料,申请人、备案人对资料的真实性负责。

注册、备案资料应当使用中文。根据外文资料翻译的,应当同时提供原文。引用未公开发表的文献资料时,应当提供资料权利人许可使用的文件。

第十八条 申请进口医疗器械注册、办理进口医疗器械备案,应当提交申请人、备案人注册地或者生产地所在国家(地区)主管部门准许该医疗器械上市销售的证明文件。

申请人、备案人注册地或者生产地所在国家(地区)未将该产品作为医疗器械管理的,申请人、备案人需提供相关文件,包括注册地或者生产地所在国家(地区)准许该产品上市销售的证明文件。

未在申请人、备案人注册地或者生产地所在国家(地区)上市的创新医疗器械,不需提交相关文件。

第十九条 医疗器械应当符合适用的强制性标准。产品结构特征、预期用途、使用方式等与强制性标准的适用范围不一致的,申请人、备案人应当提出不适用强制性标准的说明,并提供相关资料。

没有强制性标准的,鼓励申请人、备案人采用推荐性标准。

第二十条 医疗器械注册、备案工作应当遵循医疗器械分类规则和分类目录的有关要求。

第二十一条 药品监督管理部门持续推进审评审批制度改革,加强医疗器械监管科学研究,建立以技术审评为主导,核查、检验、监测与评价等为支撑的医疗器械注册管理技术体系,优化审评审批流程,提高审评审批能力,提升审评审批质量和效率。

第二十二条 医疗器械专业技术机构建立健全沟通交流制度,明确沟通交流的形式和内容,根据工作需要组织与申请人进行沟通交流。

第二十三条 医疗器械专业技术机构根据工作需要建立专家咨询制度,在审评、核查、检验等过程中就重大问题听取专家意见,充分发挥专家的技术支撑作用。

第三章 医疗器械注册

第一节 产品研制

第二十四条 医疗器械研制应当遵循风险管理原则,考虑现有公认技术水平,确保产品所有已知和可预见的风险以及非预期影响最小化并可接受,保证产品在正常使用中受益大于风险。

第二十五条 从事医疗器械产品研制实验活动,应当符合我国相关法律、法规和强制性标准等的要求。

第二十六条 申请人、备案人应当编制申请注册或者进行备案医疗器械的产品技术要求。

产品技术要求主要包括医疗器械成品的可进行客观判定的功能性、安全性指标和检测方法。

医疗器械应当符合经注册或者备案的产品技术要求。

第二十七条 申请人、备案人应当编制申请注册或者进行备案医疗器械的产品说明书和标签。

产品说明书和标签应当符合《医疗器械监督管理条例》第三十九条要求以及相关规定。

第二十八条 医疗器械研制,应当根据产品适用范围和技术特征开展医疗器械非临床研究。

非临床研究包括产品化学和物理性能研究,电气安全研究,辐射安全研究,软件研究,生物学特性研究,生物源材料安全性研究,消毒、灭菌工艺研究,动物试验研究,稳定性研究等。

申请注册或者进行备案,应当提交研制活动中产生的非临床证据,包括非临床研究报告综述、研究方案和研究报告。

第二十九条 医疗器械非临床研究过程中确定的功能性、安全性指标及方法应当与产品预期使用条件、目的相适应,研究样品应当具有代表性和典型性。必要时,应当进行方法学验证、统计学分析。

第三十条 申请注册或者进行备案,应当按照产品技术要求进行检验,并提交检验报告。检验合格的,方可开展临床试验或者申请注册、进行备案。

第三十一条 检验用产品应当能够代表申请注册或者进行备案产品的安全性和有效性,其生产应当符合医疗器械生产质量管理规范的相关要求。

第三十二条 申请注册或者进行备案提交的医疗器械产品检验报告可以是申请人、备案人的自检报告,也可以是委托有资质的医疗器械检验机构出具的检验报告。

第二节 临床评价

第三十三条 除本办法第三十四条规定情形外,医疗器械产品注册、备案,应当进行临床评价。

医疗器械临床评价是指采用科学合理的方法对临床数据进行分析、评价,以确认医疗器械在其适用范围内的安全性、有效性的活动。

申请医疗器械注册,应当提交临床评价资料。

第三十四条 有下列情形之一的,可以免于进行临床评价:

(一)工作机理明确、设计定型,生产工艺成熟,已上市的同品种医疗器械临床应用多年且无严重不良事件记录,不改变常规用途的;

(二)其他通过非临床评价能够证明该医疗器械安全、有效的。

免于进行临床评价的,可以免于提交临床评价资料。

免于进行临床评价的医疗器械目录由国家药品监督管理局制定、调整并公布。

第三十五条 开展医疗器械临床评价,可以根据产品特征、临床风险、已有临床数据等情形,通过开展临床试验,或者通过对同品种医疗器械临床文献资料、临床数据进行分析评价,证明医疗器械的安全性、有效性。

按照国家药品监督管理局的规定,进行医疗器械临床评价时,已有临床文献资料、临床数据不足以确认产品安全、有效的医疗器械,应当开展临床试验。

国家药品监督管理局制定医疗器械临床评价指南,明确通过同品种医疗器械临床文献资料、临床数据进行临床评价的要求,需要开展临床试验的情形,临床评价报告的撰写要求等。

第三十六条 通过同品种医疗器械临床文献资料、临床数据进行临床评价的,临床评价资料包括申请注册产品与同品种医疗器械的对比,同品种医疗器械临床数据的分析评价,申请注册产品与同类产品存在差异时的科学证据以及评价结论等内容。

通过临床试验开展临床评价的,临床评价资料包括临床试验方案、伦理委员会意见、知情同意书、临床试验报告等。

第三十七条 开展医疗器械临床试验,应当按照医疗器械临床试验质量管理规范的要求,在具备相应条件并按照规定备案的医疗器械临床试验机构内进行。临床试验开始前,临床试验申办者应当向所在地省、自治区、直辖市药品监督管理部门进行临床试验备案。临床试验医疗器械的生产应当符合医疗器械生产质量管理规范的相关要求。

第三十八条 第三类医疗器械进行临床试验对人体具有较高风险的,应当经国家药品监督管理局批准。

临床试验审批是指国家药品监督管理局根据申请人的申请,对拟开展临床试验的医疗器械的风险程度、临床试验方案、临床受益与风险对比分析报告等进行综合分析,以决定是否同意开展临床试验的过程。

需进行临床试验审批的第三类医疗器械目录由国家药品监督管理局制定、调整并公布。需进行临床试验审批的第三类医疗器械临床试验应在符合要求的三级甲等医疗机构开展。

第三十九条 需进行医疗器械临床试验审批的,申请人应当按照相关要求提交综述资料、研究资料、临床资料、产品说明书和标签样稿等申请资料。

第四十条 国家局器械审评中心对受理的临床试验申请进行审评。对临床试验申请应当自受理申请之日60日内作出是否同意的决定,并通过国家局器械审评中心网站通知申请人。逾期未通知的,视为同意。

第四十一条 审评过程中需要申请人补正资料的,国家局器械审评中心应当一次告知需要补正的全部内容。申请人应当在收到补正通知1年内,按照补正通知的要求一次提供补正资料。国家局器械审评中心收到补充资料后,按照规定的时限完成技术审评。

申请人对补正通知内容有异议的,可以向国家局器械审评中心提出书面意见,说明理由并提供相应的技术支持资料。

申请人逾期未提交补充资料的,终止技术审评,作出不予批准的决定。

第四十二条 对于医疗器械临床试验期间出现的临床试验医疗器械相关严重不良事件,或者其他严重安全性风险信息,临床试验申办者应当按照相关要求,分别向所在地和临床试验机构所在地省、自治区、直辖市药品监督管理部门报告,并采取风险控制措施。未采取风险控制措施的,省、自治区、直辖市药品监督管理部门依法责令申办者采取相应的风险控制措施。

第四十三条 医疗器械临床试验中出现大范围临床试验医疗器械相关严重不良事件,或者其他重大安全性问题时,申办者应当暂停或者终止医疗器械临床试验,分别向所在地和临床试验机构所在地省、自治区、直辖市药品监督管理部门报告。未暂停或者终止的,省、自治区、直辖市药品监督管理部门依法责令申办者采取相应的风险控制措施。

第四十四条 已批准开展的临床试验,有下列情形之一的,国家药品监督管理局可以责令申请人终止已开展的医疗器械临床试验:

(一)临床试验申请资料虚假的;

(二)已有最新研究证实原批准的临床试验伦理性和科学性存在问题的;

(三)其他应当终止的情形。

第四十五条 医疗器械临床试验应当在批准后 3 年内实施;医疗器械临床试验申请自批准之日起,3 年内未有受试者签署知情同意书的,该医疗器械临床试验许可自行失效。仍需进行临床试验的,应当重新申请。

第四十六条 对正在开展临床试验的用于治疗严重危及生命且尚无有效治疗手段的疾病的医疗器械,经医学观察可能使患者获益,经伦理审查、知情同意后,可以在开展医疗器械临床试验的机构内免费用于其他病情相同的患者,其安全性数据可以用于医疗器械注册申请。

第三节 注册体系核查

第四十七条 申请人应当在申请注册时提交与产品研制、生产有关的质量管理体系相关资料,受理注册申请的药品监督管理部门在产品技术审评时认为有必要对质量管理体系进行核查的,应当组织开展质量管理体系核查,并可以根据需要调阅原始资料。

第四十八条 境内第三类医疗器械质量管理体系核查,由国家局器审评中心通知申请人所在地的省、自治区、直辖市药品监督管理部门开展。

境内第二类医疗器械质量管理体系核查,由申请人所在地的省、自治区、直辖市药品监督管理部门组织开展。

第四十九条 省、自治区、直辖市药品监督管理部门按照医疗器械生产质量管理规范的要求开展质量管理体系核查,重点对申请人是否按照医疗器械生产质量管理规范的要求建立与产品相适应的质量管理体系,以及与产品研制、生产有关的设计开发、生产管理、质量控制等内容进行核查。

在核查过程中,应当同时对检验用产品和临床试验产品的真实性进行核查,重点查阅设计开发过程相关记录,以及检验用产品和临床试验产品生产过程的相关记录。

提交自检报告的,应当对申请人、备案人或者受托机构研制过程中的检验能力、检验结果等进行重点核查。

第五十条 省、自治区、直辖市药品监督管理部门可以通过资料审查或者现场检查的方式开展质量管理体系核查。根据申请人的具体情况、监督检查情况、本次申请注册产品与既往已通过核查产品生产条件及工艺对比情况等,确定是否现场检查以及检查内容,避免重复检查。

第五十一条 国家局器审评中心对进口第二类、第三类医疗器械开展技术审评时,认为有必要进行质量管理体系核查的,通知国家局审核查验中心根据相关要求开展核查。

第四节 产品注册

第五十二条 申请人应当在完成支持医疗器械注册的安全性、有效性研究,做好接受质量管理体系核查的准备后,提出医疗器械注册申请,并按照相关要求,通过在线注册申请等途径向药品监督管理部门提交下列注册申请资料:

(一)产品风险分析资料;

(二)产品技术要求;

(三)产品检验报告;

(四)临床评价资料;

(五)产品说明书以及标签样稿;

(六)与产品研制、生产有关的质量管理体系文件;

(七)证明产品安全、有效所需的其他资料。

第五十三条 药品监督管理部门收到申请后对申请资料进行审核,并根据下列情况分别作出处理:

(一)申请事项属于本行政机关职权范围,申请资料齐全、符合形式审核要求的,予以受理;

(二)申请资料存在可以当场更正的错误的,应当允许申请人当场更正;

(三)申请资料不齐全或者不符合法定形式的,应当当场或者在 5 日内一次告知申请人需要补正的全部内容,逾期不告知的,自收到申请资料之日起即为受理;

(四)申请事项依法不属于本行政机关职权范围的,应当即时作出不予受理的决定,并告知申请人向有关行政机关申请。

药品监督管理部门受理或者不予受理医疗器械注册申请,应当出具加盖本行政机关专用印章和注明日期的受理或者不予受理的通知书。

医疗器械注册申请受理后，需要申请人缴纳费用的，申请人应当按规定缴纳费用。申请人未在规定期限内缴纳费用的，视为申请人主动撤回申请，药品监督管理部门终止其注册程序。

第五十四条 技术审评过程中需要申请人补正资料的，技术审评机构应当一次告知需要补正的全部内容。申请人应当在收到补正通知1年内，按照补正通知要求一次提供补充资料；技术审评机构收到补充资料后，在规定的时限内完成技术审评。

申请人对补正通知内容有异议的，可以向相应的技术审评机构提出书面意见，说明理由并提供相应的技术支持资料。

申请人逾期未提交补充资料的，终止技术审评，药品监督管理部门作出不予注册的决定。

第五十五条 对于已受理的注册申请，申请人可以在行政许可决定作出前，向受理该申请的药品监督管理部门申请撤回注册申请及相关资料，并说明理由。同意撤回申请的，药品监督管理部门终止其注册程序。

审评、核查、审批过程中发现涉嫌存在隐瞒真实情况或者提供虚假信息等违法行为的，依法处理，申请人不得撤回医疗器械注册申请。

第五十六条 对于已受理的注册申请，有证据表明注册申请资料可能虚假的，药品监督管理部门可以中止审评审批。经核实后，根据核实结论继续审查或者作出不予注册的决定。

第五十七条 医疗器械注册申请审评期间，对于拟作出不通过的审评结论的，技术审评机构应当告知申请人不通过的理由，申请人可以在15日内向技术审评机构提出异议，异议内容仅限于原申请事项和原申请资料。技术审评机构结合申请人的异议意见进行综合评估并反馈申请人。异议处理时间不计入审评时限。

第五十八条 受理注册申请的药品监督管理部门应当在技术审评结束后，作出是否批准的决定。对符合安全、有效、质量可控要求的，准予注册，发给医疗器械注册证，经过核准的产品技术要求以附件形式发给申请人。对不予注册的，应当书面说明理由，并同时告知申请人享有依法申请行政复议或者提起行政诉讼的权利。

医疗器械注册证有效期为5年。

第五十九条 对于已受理的注册申请，有下列情形之一的，药品监督管理部门作出不予注册的决定，并告知申请人：

（一）申请人对拟上市销售医疗器械的安全性、有效性、质量可控性进行的研究及其结果无法证明产品安全、有效、质量可控的；

（二）质量管理体系核查不通过，以及申请人拒绝接受质量管理体系现场检查的；

（三）注册申请资料虚假的；

（四）注册申请资料内容混乱、矛盾，注册申请资料内容与申请项目明显不符，不能证明产品安全、有效、质量可控的；

（五）不予注册的其他情形。

第六十条 法律、法规、规章规定实施行政许可应当听证的事项，或者药品监督管理部门认为需要听证的其他涉及公共利益的重大行政许可事项，药品监督管理部门应当向社会公告，并举行听证。医疗器械注册申请直接涉及申请人与他人之间重大利益关系的，药品监督管理部门在作出行政许可决定前，应当告知申请人、利害关系人享有要求听证的权利。

第六十一条 对用于治疗罕见疾病、严重危及生命且尚无有效治疗手段的疾病和应对公共卫生事件等急需的医疗器械，药品监督管理部门可以作出附条件批准决定，并在医疗器械注册证中载明有效期、上市后需要继续完成的研究工作及完成时限等相关事项。

第六十二条 对附条件批准的医疗器械，注册人应当在医疗器械上市后收集受益和风险相关数据，持续对产品的受益和风险开展监测与评估，采取有效措施主动管控风险，并在规定期限内按照要求完成研究并提交相关资料。

第六十三条 对附条件批准的医疗器械，注册人逾期未按照要求完成研究或者不能证明其受益大于风险的，注册人应当及时申请办理医疗器械注册证注销手续，药品监督管理部门可以依法注销医疗器械注册证。

第六十四条 对新研制的尚未列入分类目录的医疗器械，申请人可以直接申请第三类医疗器械产品注册，也可以依据分类规则判断产品类别并向国家药品监督管理局申请类别确认后，申请产品注册或者进行产品备案。

直接申请第三类医疗器械注册的，国家药品监督管理局按照风险程度确定类别。境内医疗器械确定为第二类或者第一类的，应当告知申请人向相应的药品监督管理部门申请注册或者进行备案。

第六十五条 已注册的医疗器械，其管理类别由高类别调整为低类别的，医疗器械注册证在有效期内继续有效。有效期届满需要延续的，应当在医疗器械注册证有效期届满6个月前，按照调整后的类别向相应的药品监督管理部门申请延续注册或者进行备案。

医疗器械管理类别由低类别调整为高类别的,注册人应当按照改变后的类别向相应的药品监督管理部门申请注册。国家药品监督管理局在管理类别调整通知中应当对完成调整的时限作出规定。

第六十六条 医疗器械注册证及其附件遗失、损毁的,注册人应当向原发证机关申请补发,原发证机关核实后予以补发。

第六十七条 注册申请审查过程中及批准后发生专利权纠纷的,应当按照有关法律、法规的规定处理。

第四章 特殊注册程序

第一节 创新产品注册程序

第六十八条 符合下列要求的医疗器械,申请人可以申请适用创新产品注册程序:

(一)申请人通过其主导的技术创新活动,在中国依法拥有产品核心技术发明专利权,或者依法通过受让取得在中国发明专利权或其使用权,且申请适用创新产品注册程序的时间在专利授权公告日起5年内;或者核心技术发明专利的申请已由国务院专利行政部门公开,并由国家知识产权局专利检索咨询中心出具检索报告,载明产品核心技术方案具备新颖性和创造性;

(二)申请人已完成产品的前期研究并具有基本定型产品,研究过程真实和受控,研究数据完整和可溯源;

(三)产品主要工作原理或者作用机理为国内首创,产品性能或者安全性与同类产品比较有根本性改进,技术上处于国际领先水平,且具有显著的临床应用价值。

第六十九条 申请适用创新产品注册程序的,申请人应当在产品基本定型后,向国家药品监督管理局提出创新医疗器械审查申请。国家药品监督管理局组织专家进行审查,符合要求的,纳入创新产品注册程序。

第七十条 对于适用创新产品注册程序的医疗器械注册申请,国家药品监督管理局以及承担相关技术工作的机构,根据各自职责指定专人负责,及时沟通,提供指导。

纳入创新产品注册程序的医疗器械,国家局器械审评中心可以与申请人在注册申请受理前以及技术审评过程中就产品研制中的重大技术问题、重大安全性问题、临床试验方案、阶段性临床试验结果的总结与评价等问题沟通交流。

第七十一条 纳入创新产品注册程序的医疗器械,申请人主动要求终止或者国家药品监督管理局发现不再符合创新产品注册程序要求的,国家药品监督管理局终止相关产品的创新产品注册程序并告知申请人。

第七十二条 纳入创新产品注册程序的医疗器械,申请人在规定期限内未提出注册申请的,不再适用创新产品注册程序。

第二节 优先注册程序

第七十三条 满足下列情形之一的医疗器械,可以申请适用优先注册程序:

(一)诊断或者治疗罕见病、恶性肿瘤且具有明显临床优势,诊断或者治疗老年人特有和多发疾病且目前尚无有效诊断或者治疗手段,专用于儿童且具有明显临床优势,或者临床急需且在我国尚无同品种产品获准注册的医疗器械;

(二)列入国家科技重大专项或者国家重点研发计划的医疗器械;

(三)国家药品监督管理局规定的其他可以适用优先注册程序的医疗器械。

第七十四条 申请适用优先注册程序的,申请人应当在提出医疗器械注册申请时,向国家药品监督管理局提出适用优先注册程序的申请。属于第七十三条第一项情形的,由国家药品监督管理局组织专家进行审核,符合的,纳入优先注册程序;属于第七十三条第二项情形的,由国家局器械审评中心进行审核,符合的,纳入优先注册程序;属于第七十三条第三项情形的,由国家药品监督管理局广泛听取意见,并组织专家论证后确定是否纳入优先注册程序。

第七十五条 对纳入优先注册程序的医疗器械注册申请,国家药品监督管理局优先进行审评审批,省、自治区、直辖市药品监督管理部门优先安排医疗器械注册质量管理体系核查。

国家局器械审评中心在对纳入优先注册程序的医疗器械产品开展技术审评过程中,应当按照相关规定积极与申请人进行沟通交流,必要时,可以安排专项交流。

第三节 应急注册程序

第七十六条 国家药品监督管理局可以依法对突发公共卫生事件应急所需且在我国境内尚无同类产品上市,或者虽在我国境内已有同类产品上市但产品供应不能满足突发公共卫生事件应急处理需要的医疗器械实施应急注册。

第七十七条 申请适用应急注册程序的,申请人应当向国家药品监督管理局提出应急注册申请。符合条件的,纳入应急注册程序。

第七十八条　对实施应急注册的医疗器械注册申请,国家药品监督管理局按照统一指挥、早期介入、随到随审、科学审批的要求办理,并行开展医疗器械产品检验、体系核查、技术审评等工作。

第五章　变更注册与延续注册

第一节　变更注册

第七十九条　注册人应当主动开展医疗器械上市后研究,对医疗器械的安全性、有效性和质量可控性进行进一步确认,加强对已上市医疗器械的持续管理。

已注册的第二类、第三类医疗器械产品,其设计、原材料、生产工艺、适用范围、使用方法等发生实质性变化,有可能影响该医疗器械安全、有效的,注册人应当向原注册部门申请办理变更注册手续;发生其他变化的,应当在变化之日起30日内向原注册部门备案。

注册证载明的产品名称、型号、规格、结构及组成、适用范围、产品技术要求、进口医疗器械的生产地址等,属于前款规定的需要办理变更注册的事项。注册人名称和住所、代理人名称和住所等,属于前款规定的需要备案的事项。境内医疗器械生产地址变更的,注册人应当在办理相应的生产许可变更后办理备案。

发生其他变化的,注册人应当按照质量管理体系要求做好相关工作,并按照规定向药品监督管理部门报告。

第八十条　对于变更注册申请,技术审评机构应当重点针对变化部分进行审评,对变化后产品是否安全、有效、质量可控形成审评意见。

在对变更注册申请进行技术审评时,认为有必要对质量管理体系进行核查的,药品监督管理部门应当组织开展质量管理体系核查。

第八十一条　医疗器械变更注册文件与原医疗器械注册证合并使用,有效期截止日期与原医疗器械注册证相同。

第二节　延续注册

第八十二条　医疗器械注册证有效期届满需要延续注册的,注册人应当在医疗器械注册证有效期届满6个月前,向原注册部门申请延续注册,并按照相关要求提交申请资料。

除有本办法第八十三条规定情形外,接到延续注册申请的药品监督管理部门应当在医疗器械注册证有效期届满前作出准予延续的决定。逾期未作决定的,视为准予延续。

第八十三条　有下列情形之一的,不予延续注册:

(一)未在规定期限内提出延续注册申请;

(二)新的医疗器械强制性标准发布实施,申请延续注册的医疗器械不能达到新要求;

(三)附条件批准的医疗器械,未在规定期限内完成医疗器械注册证载明事项。

第八十四条　延续注册的批准时间在原注册证有效期内的,延续注册的注册证有效期起始日为原注册证到期日次日;批准时间不在原注册证有效期内的,延续注册的注册证有效期起始日为批准延续注册的日期。

第八十五条　医疗器械变更注册申请、延续注册申请的受理与审批程序,本章未作规定的,适用本办法第三章的相关规定。

第六章　医疗器械备案

第八十六条　第一类医疗器械生产前,应当进行产品备案。

第八十七条　进行医疗器械备案,备案人应当按照《医疗器械监督管理条例》的规定向药品监督管理部门提交备案资料,获取备案编号。

第八十八条　已备案的医疗器械,备案信息表中登载内容及备案的产品技术要求发生变化的,备案人应当向原备案部门变更备案,并提交变化情况的说明以及相关文件。药品监督管理部门应当将变更情况登载于备案信息中。

第八十九条　已备案的医疗器械管理类别调整为第二类或者第三类医疗器械的,应当按照本办法规定申请注册。

第七章　工作时限

第九十条　本办法所规定的时限是医疗器械注册的受理、技术审评、核查、审批等工作的最长时间。特殊注册程序相关工作时限,按特殊注册程序相关规定执行。

国家局器械审评中心等专业技术机构应当明确本单位工作程序和时限,并向社会公布。

第九十一条　药品监督管理部门收到医疗器械注册申请及临床试验申请后,应当自受理之日起3日内将申请资料转交技术审评机构。临床试验申请的受理要求适用于本办法第五十三条规定。

第九十二条　医疗器械注册技术审评时限,按照以下规定执行:

(一)医疗器械临床试验申请的技术审评时限为60日,申请资料补正后的技术审评时限为40日;

(二)第二类医疗器械注册申请、变更注册申请、延

续注册申请的技术审评时限为60日,申请资料补正后的技术审评时限为60日;

(三)第三类医疗器械注册申请、变更注册申请、延续注册申请的技术审评时限为90日,申请资料补正后的技术审评时限为60日。

第九十三条 境内第三类医疗器械质量管理体系核查时限,按照以下规定执行:

(一)国家局器械审评中心应当在医疗器械注册申请受理后10日内通知相关省、自治区、直辖市药品监督管理部门启动核查;

(二)省、自治区、直辖市药品监督管理部门原则上在接到核查通知后30日内完成核查,并将核查情况、核查结果等相关材料反馈至国家局器械审评中心。

第九十四条 受理注册申请的药品监督管理部门应当自收到审评意见之日起20日内作出决定。

第九十五条 药品监督管理部门应当自作出医疗器械注册审批决定之日10日内颁发、送达有关行政许可证件。

第九十六条 因产品特性以及技术审评、核查等工作遇到特殊情况确需延长时限的,延长时限不得超过原时限的二分之一,经医疗器械技术审评、核查等相关技术机构负责人批准后,由延长时限的技术机构书面告知申请人,并通知其他相关技术机构。

第九十七条 原发证机关应当自收到医疗器械注册证补办申请之日起20日内予以补发。

第九十八条 以下时间不计入相关工作时限:

(一)申请人补充资料、核查后整改等所占用的时间;

(二)因申请人原因延迟核查的时间;

(三)外聘专家咨询、召开专家咨询会、药械组合产品需要与药品审评机构联合审评的时间;

(四)根据规定中止审评审批程序的,中止审评审批程序期间所占用的时间;

(五)质量管理体系核查所占用的时间。

第九十九条 本办法规定的时限以工作日计算。

第八章 监督管理

第一百条 药品监督管理部门应当加强对医疗器械研制活动的监督检查,必要时可以对为医疗器械研制提供产品或者服务的单位和个人进行延伸检查,有关单位和个人应予以配合,提供相关文件和资料,不得拒绝、隐瞒、阻挠。

第一百零一条 国家药品监督管理局建立并分步实施医疗器械唯一标识制度,申请人、备案人应当按照相关规定提交唯一标识相关信息,保证数据真实、准确、可溯源。

第一百零二条 国家药品监督管理局应当及时将代理人信息通报代理人所在地省、自治区、直辖市药品监督管理部门。省、自治区、直辖市药品监督管理部门对本行政区域内的代理人组织开展日常监督管理。

第一百零三条 省、自治区、直辖市药品监督管理部门根据医疗器械临床试验机构备案情况,组织对本行政区域内已经备案的临床试验机构开展备案后监督检查。对于新备案的医疗器械临床试验机构,应当在备案后60日内开展监督检查。

省、自治区、直辖市药品监督管理部门应当组织对本行政区域内医疗器械临床试验机构遵守医疗器械临床试验质量管理规范的情况进行日常监督检查,监督其持续符合规定要求。国家药品监督管理局根据需要对医疗器械临床试验机构进行监督检查。

第一百零四条 药品监督管理部门认为有必要的,可以对临床试验的真实性、准确性、完整性、规范性和可追溯性进行现场检查。

第一百零五条 承担第一类医疗器械产品备案工作的药品监督管理部门在备案后监督中,发现备案资料不规范的,应当责令备案人限期改正。

第一百零六条 药品监督管理部门未及时发现本行政区域内医疗器械注册管理系统性、区域性风险,或者未及时消除本行政区域内医疗器械注册管理系统性、区域性隐患的,上级药品监督管理部门可以对下级药品监督管理部门主要负责人进行约谈。

第九章 法律责任

第一百零七条 违反本办法第七十九条的规定,未按照要求对发生变化进行备案的,责令限期改正;逾期不改正的,处1万元以上3万元以下罚款。

第一百零八条 开展医疗器械临床试验未遵守临床试验质量管理规范的,依照《医疗器械监督管理条例》第九十四条予以处罚。

第一百零九条 医疗器械技术审评机构未依照本办法规定履行职责,致使审评工作出现重大失误的,由负责药品监督管理的部门责令改正,通报批评,给予警告;造成严重后果的,对违法单位的法定代表人、主要负责人、直接负责的主管人员和其他责任人员,依法给予处分。

第一百一十条 负责药品监督管理的部门工作人员违反规定,滥用职权、玩忽职守、徇私舞弊的,依法给予处分。

第十章 附则

第一百一十一条 医疗器械注册或者备案单元原则

上以产品的技术原理、结构组成、性能指标和适用范围为划分依据。

第一百一十二条 获准注册的医疗器械，是指与该医疗器械注册证及附件限定内容一致且在医疗器械注册证有效期内生产的医疗器械。

第一百一十三条 医疗器械注册证中"结构及组成"栏内所载明的组合部件，以更换耗材、售后服务、维修等为目的，用于原注册产品的，可以单独销售。

第一百一十四条 申请人在申请医疗器械产品注册、变更注册、临床试验审批中可以经医疗器械主文档所有者授权，引用经登记的医疗器械主文档。医疗器械主文档登记相关工作程序另行规定。

第一百一十五条 医疗器械注册证格式由国家药品监督管理局统一制定。

注册证编号的编排方式为：

×1 械注×2××××3×4××5××××6。其中：

×1 为注册审批部门所在地的简称：

境内第三类医疗器械、进口第二类、第三类医疗器械为"国"字；

境内第二类医疗器械为注册审批部门所在地省、自治区、直辖市简称；

×2 为注册形式：

"准"字适用于境内医疗器械；

"进"字适用于进口医疗器械；

"许"字适用于香港、澳门、台湾地区的医疗器械；

××××3 为首次注册年份；

×4 为产品管理类别；

××5 为产品分类编码；

××××6 为首次注册流水号。

延续注册的，××××3 和××××6 数字不变。产品管理类别调整的，应当重新编号。

第一百一十六条 第一类医疗器械备案编号的编排方式为：

×1 械备××××2××××3。其中：

×1 为备案部门所在地的简称：

进口第一类医疗器械为"国"字；

境内第一类医疗器械为备案部门所在地省、自治区、直辖市简称加所在地设区的市级行政区域的简称（无相应设区的市级行政区域时，仅为省、自治区、直辖市的简称）；

××××2 为备案年份；

××××3 为备案流水号。

第一百一十七条 药品监督管理部门制作的医疗器械注册证、变更注册文件电子文件与纸质文件具有同等法律效力。

第一百一十八条 根据工作需要，国家药品监督管理局可以依法委托省、自治区、直辖市药品监督管理部门或者技术机构、社会组织承担有关的具体工作。

第一百一十九条 省、自治区、直辖市药品监督管理部门可以参照本办法第四章规定制定本行政区域内第二类医疗器械特殊注册程序，并报国家药品监督管理局备案。

第一百二十条 医疗器械产品注册收费项目、收费标准按照国务院财政、价格主管部门的有关规定执行。

第一百二十一条 按照医疗器械管理的体外诊断试剂的注册与备案，适用《体外诊断试剂注册与备案管理办法》。

第一百二十二条 定制式医疗器械监督管理的有关规定，由国家药品监督管理局另行制定。

药械组合产品注册管理的有关规定，由国家药品监督管理局另行制定。

医疗器械紧急使用的有关规定，由国家药品监督管理局会同有关部门另行制定。

第一百二十三条 香港、澳门、台湾地区医疗器械的注册、备案，参照进口医疗器械办理。

第一百二十四条 本办法自 2021 年 10 月 1 日起施行。2014 年 7 月 30 日原国家食品药品监督管理总局令第 4 号公布的《医疗器械注册管理办法》同时废止。

医疗器械应急审批程序

·2021 年 12 月 29 日国家药监局公告 2021 年第 157 号公布
·自发布之日起施行

第一条 为有效预防、及时控制和消除突发公共卫生事件的危害，确保突发公共卫生事件应急所需医疗器械尽快完成审批，根据《医疗器械监督管理条例》《医疗器械注册与备案管理办法》《体外诊断试剂注册与备案管理办法》等法规和规章，制定本程序。

第二条 存在突发公共卫生事件威胁时，以及突发公共卫生事件发生后，药品监督管理部门按照统一指挥、早期介入、随到随审、科学审批的原则，对突发公共卫生事件应急处理所需医疗器械实施应急审批。

第三条 国家药监局根据突发公共卫生事件的情形和变化情况，决定启动及终止本程序的时间。本程序启动后，各级药品监督管理部门及相关技术机构，根据各自职能和本程序规定，开展相关医疗器械的检验、质量管理体系考核、技术审评和行政审批等工作。

第四条　本程序适用于突发公共卫生事件应急所需，且在我国境内尚无同类产品上市，或虽在我国境内已有同类产品上市，但产品供应不能满足突发公共卫生事件应急处理需要，并经国家药监局确认的境内第三类和进口第二类、第三类医疗器械的审批。

第五条　申请医疗器械应急审批的，境内注册申请人应当将产品应急所需的情况及产品研发情况告知相应的省、自治区、直辖市药品监督管理局，省、自治区、直辖市药品监督管理局应当及时了解相关医疗器械研制情况，必要时采取早期介入的方式，对拟申报产品进行评估，并及时指导注册申请人开展相关申报工作。

第六条　申请境内第三类和进口第二类、第三类医疗器械应急审批的，应当向国家药监局受理部门提交《医疗器械应急审批申请表》和产品研究综述资料及相关说明。

第七条　国家药监局组织专家，通过会议、函审、书面征求意见等方式对申请应急审批的医疗器械和国家应急响应工作机制书面推荐的应急所需医疗器械是否符合本程序第四条要求，以及研发成熟度、生产能力等进行评估，及时对产品是否进行应急审批予以确认，并将结果通知申请人、相应技术机构、省、自治区、直辖市药品监督管理局。

第八条　对于经国家药监局确认进行应急审批的医疗器械（以下简称应急审批医疗器械），如委托药品监督管理部门医疗器械检验机构开展检验的，相关医疗器械检验机构应当在接收样品后24小时内组织开展医疗器械检验，并及时出具检验报告。相关检验能力不足时，国家药监局可以指定具有检验能力的医疗器械检验机构开展检验。

第九条　对于应急审批医疗器械，国家药监局医疗器械技术审评中心应当指定专人，早期介入，按照注册申请人需求，通过适当方式开展咨询，指导注册申报资料准备，并按照医疗器械审评工作要求，对企业拟提交注册的资料按照随到随审原则开展受理前预审查。

第十条　对于应急审批医疗器械，相应的省、自治区、直辖市药品监督管理局应当在接到国家药监局通知后2日内组织开展质量管理体系核查，并及时出具质量管理体系核查报告，提交国家药监局医疗器械技术审评中心。

第十一条　对于应急审批医疗器械，注册申请人在申报表中勾选"应急审批"，国家药监局医疗器械技术审评中心于当天完成注册申请事项的签收并按照国家药监局立卷审查要求开展立卷审查。

第十二条　境内和进口第三类应急审批医疗器械注册申请受理并确认缴费转入技术审评阶段后，国家药监局应当在10日内完成技术审评；技术审评结束后，在3日内完成行政审批。

进口第二类应急审批医疗器械注册申请受理并确认缴费转入技术审评阶段后，国家药监局应当在5日内完成技术审评；技术审评结束后，在3日内完成行政审批。

第十三条　对于应急审批医疗器械，注册人所在地省、自治区、直辖市药品监督管理局在接到相关医疗器械生产许可申办或变更申请后，应当按照《医疗器械生产监督管理办法》的相关规定，在受理后5日内做出是否予以核发或变更医疗器械生产许可证的决定。

第十四条　对于应急审批医疗器械，附条件批准上市的，医疗器械注册证的有效期与注册证注明的附带条件的完成时限一致，原则上不超过1年。如注册人完成附带条件，可以在到期之日前申请办理延续注册，符合要求的给予延续注册，注册证有效期为5年。

第十五条　对于应急审批医疗器械，自确认应急审批之日起90日内，如注册申请人无法按照注册要求完成注册申报资料准备并获得注册申请受理，不再按照应急审批办理，原则上可以参照《医疗器械优先审批程序》，受理后优先审评审批。

第十六条　省、自治区、直辖市药品监督管理局可参照本程序制定本辖区内应急审批程序，用于本辖区内境内第二类医疗器械应急审批工作，并将相关程序报国家药监局。

第十七条　各省、自治区、直辖市药品监督管理局应当加强对应急审批医疗器械生产企业的监督检查，监督企业落实主体责任，保障产品质量安全。

第十八条　按照《医疗器械监督管理条例》紧急使用的产品，不适用本程序。

第十九条　本程序自发布之日起施行。原国家食品药品监督管理局印发的《医疗器械应急审批程序》（国食药监械〔2009〕565号）同时废止。

附：医疗器械应急审批申请表（略）

医疗器械注册自检管理规定

· 2021年10月21日国家药监局公告2021年第126号
· 自发布之日起施行

为加强医疗器械（含体外诊断试剂）注册管理，规范注册申请人注册自检工作，确保医疗器械注册审查工作有序开展，根据《医疗器械监督管理条例》《医疗器械注册与备案管理办法》《体外诊断试剂注册与备案管理办法》,制定本规定。

一、自检能力要求

(一)总体要求

注册时开展自检的,注册申请人应当具备自检能力,并将自检工作纳入医疗器械质量管理体系,配备与产品检验要求相适应的检验设备设施,具有相应质量检验部门或者专职检验人员,严格检验过程控制,确保检验结果真实、准确、完整和可追溯,并对自检报告负主体责任。

(二)检验能力要求

1. 人员要求。注册申请人应当具备与所开展检验活动相适应的检验人员和管理人员(含审核、批准人员)。注册申请人应当配备专职检验人员,检验人员应当为正式聘用人员,并且只能在本企业从业。

检验人员的教育背景、技术能力和数量应当与产品检验工作相匹配。检验人员应当熟悉医疗器械相关法律法规、标准和产品技术要求,掌握检验方法原理、检测操作技能、作业指导书、质量控制要求、实验室安全与防护知识、计量和数据处理知识等,并且应当经过医疗器械相关法律法规、质量管理和有关专业技术的培训和考核。

检验人员、审核人员、批准人员等应当经注册申请人依规定授权。

2. 设备和环境设施要求。注册申请人应当配备满足检验方法要求的仪器设备和环境设施,建立和保存设备及环境设施的档案、操作规程、计量/校准证明、使用和维修记录,并按有关规定进行量值溯源。

开展特殊专业检验的实验室,如生物学评价、电磁兼容、生物安全性、体外诊断试剂实验室等,其环境设施条件应当符合其特定的专业要求。

3. 样品管理要求。注册申请人应当建立并实施检验样品管理程序,确保样品受控并保持相应状态。

4. 检验质量控制要求。注册申请人应当使用适当的方法和程序开展所有检验活动。适用时,包括测量不确定度的评定以及使用统计技术进行数据分析。

鼓励注册申请人参加由能力验证机构组织的有关检验能力验证/实验室间比对项目,提高检测能力和水平。

5. 记录的控制要求。所有质量记录和原始检测记录以及有关证书/证书副本等技术记录均应当归档并按适当的期限保存。记录包括但不限于设备使用记录、检验原始记录、检验用的原辅材料采购与验收记录等。记录的保存期限应当符合相关法规要求。

(三)管理体系要求

注册申请人开展自检的,应当按照有关检验工作和申报产品自检的要求,建立和实施与开展自检工作相适应的管理体系。

自检工作应当纳入医疗器械质量管理体系。注册申请人应当制定与自检工作相关的质量管理体系文件(包括质量手册、程序、作业指导书等)、所开展检验工作的风险管理及医疗器械相关法规要求的文件等,并确保其有效实施和受控。

(四)自检依据

注册申请人应当依据拟申报注册产品的产品技术要求进行检验。

检验方法的制定应当与相应的性能指标相适应,优先考虑采用已颁布的标准检验方法或者公认的检验方法。

检验方法应当进行验证或者确认,确保检验具有可重复性和可操作性。

对于体外诊断试剂产品,检验方法中还应当明确说明采用的参考品/标准品、样本制备方法、使用的试剂批次和数量、试验次数、计算方法等。

(五)其他事项

1. 委托生产的注册申请人可以委托受托生产企业开展自检,并由注册申请人出具相应自检报告。受托生产企业自检能力应当符合本规定的要求。

2. 境内注册申请人所在的境内集团公司或其子公司具有通过中国合格评定国家认可委员会认可的实验室,或者境外注册申请人所在的境外集团公司或其子公司具有通过境外政府或政府认可的相应实验室资质认证机构认可的实验室的,经集团公司授权,可以由相应实验室为注册申请人开展自检,由注册申请人出具相应自检报告。

二、自检报告要求

(一)申请产品注册时提交的自检报告应当是符合产品技术要求的全项目检验报告。变更注册、延续注册按照相关规定提交相应自检报告。报告格式应当符合检验报告模板(附件1)的要求。

(二)自检报告应当结论准确,便于理解,用字规范,语言简练,幅面整洁,不允许涂改。签章应当符合《医疗器械注册申报资料要求和批准证明文件格式》《体外诊断试剂注册申报资料要求和批准证明文件格式》相关要求。

(三)同一注册单元内所检验的产品应当能够代表本注册单元内其他产品的安全性和有效性。

三、委托检验要求

(一)受托条件

注册申请人提交自检报告的,若不具备产品技术要求中部分条款项目的检验能力,可以将相关条款项目委托有资质的医疗器械检验机构进行检验。有资质的医疗器械检验机构应当符合《医疗器械监督管理条例》第七十五条的相关规定。

（二）对受托方的评价

注册申请人应当在医疗器械生产质量管理体系文件中对受托方的资质、检验能力符合性等进行评价，并建立合格受托方名录，保存评价记录和评价报告。

（三）样品一致性

注册申请人应当确保自行检验样品与委托检验样品一致性，与受托方及时沟通，通报问题，协助做好检验工作。

（四）形成自检报告

注册申请人应当对受托方出具的报告进行汇总，结合注册申请人自行完成的检验项目，形成完整的自检报告。涉及委托检验的项目，除在备注栏中注明受托的检验机构外，还应当附有委托检验报告原件。

四、申报资料要求

注册申请人通过自检方式提交产品检验报告的，应当提交以下申报资料：

（一）自检报告。涉及委托检验项目的，还应当提供相关检验机构的资质证明文件。

（二）具有相应自检能力的声明。注册申请人应当承诺具备产品技术要求中相应具体条款项目自行检验的能力，包括具备相应人员、设备、设施和环境等，并按照质量管理体系要求开展检验。

（三）质量管理体系相关资料。包括检验用设备（含标准品）配置表（见附件2）；用于医疗器械检验的软件，应当明确其名称、发布版本号、发布日期、供应商或代理商等信息（格式参考附件2）；医疗器械注册自检检验人员信息表（见附件3）；检验相关的质量管理体系文件清单，如质量手册、程序文件、作业指导书等，文件名称中应当包含文件编号信息等。

（四）关于型号覆盖的说明。提供型号覆盖的相关资料，包括典型性的说明、被覆盖型号/配置与主检型号/配置的差异性分析等。

（五）报告真实性自我保证声明。若注册申请人将相关项目进行委托检验，自我保证声明应当包括提交自行检验样品、委托检验样品一致性的声明。

境内注册申请人自身开展自检的实验室如通过中国合格评定国家认可委员会（CNAS）认可，或者境外注册申请人自身开展自检的实验室通过境外政府或政府认可的相应实验室资质认证机构认可，可不提交本条第（二）和（三）项内容，但应当提交相应认可的证明性文件及相

承检范围的支持性资料。集团公司或其子公司经集团公司授权由相应实验室开展自检的，应当提交授权书。

五、现场检查要求

对于提交自检报告的，药品监管部门开展医疗器械注册质量管理体系现场核查时，除按照有关医疗器械注册质量管理体系核查指南要求办理外，还应当按照本文第一部分"自检能力要求"逐项进行核实，并在现场检查报告中予以阐述。检查时应当选派熟悉检验人员参与检查。

现场检查可以参照，但不限于以下方式开展：

（一）检验人员资质要求：查看检验人员的在职证明、相关人员信息表中检验人员与批准人员培训记录、个人档案等文件，并与相应人员进行面对面交流，核实资质、能力是否符合有关质量管理体系要求。

（二）检验人员操作技能：对声称自检的项目进行随机抽查，要求医疗器械注册自检检验人员信息表中相应检验人员根据作业指导书（或操作规程），对留样样品或自检样品进行现场操作，应能重复检验全过程，检验方法符合要求，且检验结果与企业申报注册资料中的结论一致。

（三）设施和环境：开展特殊专业检验的实验室，如生物学实验室、电磁兼容试验室、体外诊断试剂实验室等，检查实验室的设施、环境及监测记录等是否符合产品检验的要求。

（四）检验设备：核对申报资料中提交的自检用设备配置表中信息与现场有关设备是否一致。查看检验设备的检定/校准记录、计量确认资料是否满足检验要求。核查检验设备的清单，清单应当注明设备的来源（自购/租赁），并查看相应的合同文件。

使用企业自制校准品、质控品、样本处理试剂等的，应当查看相关操作规程、质量标准、配制和检验记录，关注校准品制备、量值传递规程、不确定度要求、稳定性研究等内容，关注质控品制备、赋值操作规程、靶值范围确定、稳定性研究等内容。

（五）检验记录：查看原始记录，检验设备使用、校准、维护和维修记录，检验环境条件记录，检验样品的有效性的相关材料，对受托方审核评价记录和报告（如有），委托检验报告（如有），委托检验协议（如有）等。

（六）检验质量控制能力：查看检验相关的质量手册、程序文件、标准、作业指导书（如适用）、操作规程、检验方法验证/确认记录、内部质量控制记录等文件。

境内注册申请人自身开展自检的实验室如通过中国合格评定国家认可委员会认可，或者境外注册申请人自身开展自检的实验室通过境外政府或政府认可的实验室

认证机构认可,可按照医疗器械注册质量管理体系核查指南要求办理。

六、责任要求

注册申请人应当按照《医疗器械监督管理条例》要求,加强医疗器械全生命周期质量管理,对研制、生产、检验等全过程中医疗器械的安全性、有效性和检验报告的真实性依法承担责任。

注册申请人提供的自检报告虚假的,依照《医疗器械监督管理条例》第八十三条规定处罚。受托方出具虚假检验报告的,依照《医疗器械监督管理条例》第九十六条规定处罚。

附件:1. 医疗器械注册自检报告模板(略)
2. 医疗器械注册自检用设备(含标准品/参考品)配置表(略)
3. 医疗器械注册自检检验人员信息表(略)

医疗器械分类规则

· 2015 年 7 月 14 日国家食品药品监督管理总局令第 15 号公布
· 自 2016 年 1 月 1 日起施行

第一条 为规范医疗器械分类,根据《医疗器械监督管理条例》,制定本规则。

第二条 本规则用于指导制定医疗器械分类目录和确定新的医疗器械的管理类别。

第三条 本规则有关用语的含义是:

(一)预期目的

指产品说明书、标签或者宣传资料载明的,使用医疗器械应当取得的作用。

(二)无源医疗器械

不依靠电能或者其他能源,但是可以通过由人体或者重力产生的能量,发挥其功能的医疗器械。

(三)有源医疗器械

任何依靠电能或者其他能源,而不是直接由人体或者重力产生的能量,发挥其功能的医疗器械。

(四)侵入器械

借助手术全部或者部分通过体表侵入人体,接触体内组织、血液循环系统、中枢神经系统等部位的医疗器械,包括介入手术中使用的器材、一次性使用无菌手术器械和暂时或短期留在人体内的器械等。本规则中的侵入器械不包括重复使用手术器械。

(五)重复使用手术器械

用于手术中进行切、割、钻、锯、抓、刮、钳、抽、夹等过程,不连接任何有源医疗器械,通过一定的处理可以重新使用的无源医疗器械。

(六)植入器械

借助手术全部或者部分进入人体内或腔道(口)中,或者用于替代人体上皮表面或眼表面,并且在手术过程结束后留在人体内 30 日(含)以上或者被人体吸收的医疗器械。

(七)接触人体器械

直接或间接接触患者或者能够进入患者体内的医疗器械。

(八)使用时限

1. 连续使用时间:医疗器械按预期目的、不间断的实际作用时间;

2. 暂时:医疗器械预期的连续使用时间在 24 小时以内;

3. 短期:医疗器械预期的连续使用时间在 24 小时(含)以上、30 日以内;

4. 长期:医疗器械预期的连续使用时间在 30 日(含)以上。

(九)皮肤

未受损皮肤表面。

(十)腔道(口)

口腔、鼻腔、食道、外耳道、直肠、阴道、尿道等人体自然腔道和永久性人造开口。

(十一)创伤

各种致伤因素作用于人体所造成的组织结构完整性破坏或者功能障碍。

(十二)组织

人体体内组织,包括骨、牙髓或者牙本质,不包括血液循环系统和中枢神经系统。

(十三)血液循环系统

血管(毛细血管除外)和心脏。

(十四)中枢神经系统

脑和脊髓。

(十五)独立软件

具有一个或者多个医疗目的,无需医疗器械硬件即可完成自身预期目的,运行于通用计算平台的软件。

(十六)具有计量测试功能的医疗器械

用于测定生理、病理、解剖参数,或者定量测定进出人体的能量或物质的医疗器械,其测量结果需要精确定量,并且该结果的准确性会对患者的健康和安全产生明显影响。

(十七)慢性创面

各种原因形成的长期不愈合创面,如静脉性溃疡、动脉性溃疡、糖尿病溃疡、创伤性溃疡、压力性溃疡等。

第四条 医疗器械按照风险程度由低到高,管理类别依次分为第一类、第二类和第三类。

医疗器械风险程度,应当根据医疗器械的预期目的,通过结构特征、使用形式、使用状态、是否接触人体等因素综合判定。

第五条 依据影响医疗器械风险程度的因素,医疗器械可以分为以下几种情形:

(一)根据结构特征的不同,分为无源医疗器械和有源医疗器械。

(二)根据是否接触人体,分为接触人体器械和非接触人体器械。

(三)根据不同的结构特征和是否接触人体,医疗器械的使用形式包括:

无源接触人体器械:液体输送器械、改变血液体液器械、医用敷料、侵入器械、重复使用手术器械、植入器械、避孕和计划生育器械、其他无源接触人体器械。

无源非接触人体器械:护理器械、医疗器械清洗消毒器械、其他无源非接触人体器械。

有源接触人体器械:能量治疗器械、诊断监护器械、液体输送器械、电离辐射器械、植入器械、其他有源接触人体器械。

有源非接触人体器械:临床检验仪器设备、独立软件、医疗器械消毒灭菌设备、其他有源非接触人体器械。

(四)根据不同的结构特征、是否接触人体以及使用形式,医疗器械的使用状态或者其产生的影响包括以下情形:

无源接触人体器械:根据使用时限分为暂时使用、短期使用、长期使用;接触人体的部位分为皮肤或腔道(口)、创伤或组织、血液循环系统或中枢神经系统。

无源非接触人体器械:根据对医疗效果的影响程度分为基本不影响、轻微影响、重要影响。

有源接触人体器械:根据失控后可能造成的损伤程度分为轻微损伤、中度损伤、严重损伤。

有源非接触人体器械:根据对医疗效果的影响程度分为基本不影响、轻微影响、重要影响。

第六条 医疗器械的分类应当根据医疗器械分类判定表(见附件)进行分类判定。有以下情形的,还应当结合下述原则进行分类:

(一)如果同一医疗器械适用两个或者两个以上的分类,应当采取其中风险程度最高的分类;由多个医疗器械组成的医疗器械包,其分类应当与包内风险程度最高的医疗器械一致。

(二)可作为附件的医疗器械,其分类应当综合考虑该附件对配套主体医疗器械安全性、有效性的影响;如果附件对配套主体医疗器械有重要影响,附件的分类应不低于配套主体医疗器械的分类。

(三)监控或者影响医疗器械主要功能的医疗器械,其分类应当与被监控、影响的医疗器械的分类一致。

(四)以医疗器械作用为主的药械组合产品,按照第三类医疗器械管理。

(五)可被人体吸收的医疗器械,按照第三类医疗器械管理。

(六)对医疗效果有重要影响的有源接触人体器械,按照第三类医疗器械管理。

(七)医用敷料如果有以下情形,按照第三类医疗器械管理,包括:预期具有防组织或器官粘连功能,作为人工皮肤,接触真皮深层或以下组织受损的创面,用于慢性创面,或者可被人体全部或部分吸收的。

(八)以无菌形式提供的医疗器械,其分类应不低于第二类。

(九)通过牵拉、撑开、扭转、压握、弯曲等作用方式,主动施加持续作用力于人体,可动态调整肢体固定位置的矫形器械(不包括仅具有固定、支撑作用的医疗器械,也不包括配合外科手术中进行临时矫形的医疗器械或者外科手术后或其他治疗中进行四肢矫形的医疗器械),其分类应不低于第二类。

(十)具有计量测试功能的医疗器械,其分类应不低于第二类。

(十一)如果医疗器械的预期目的是明确用于某种疾病的治疗,其分类应不低于第二类。

(十二)用于在内窥镜下完成夹取、切割组织或者取石等手术操作的无源重复使用手术器械,按照第二类医疗器械管理。

第七条 体外诊断试剂按照有关规定进行分类。

第八条 国家食品药品监督管理总局根据医疗器械生产、经营、使用情况,及时对医疗器械的风险变化进行分析、评价,对医疗器械分类目录进行调整。

第九条 国家食品药品监督管理总局可以组织医疗器械分类专家委员会制定、调整医疗器械分类目录。

第十条 本规则自2016年1月1日起施行。2000年4月5日公布的《医疗器械分类规则》(原国家药品监督管理局令第15号)同时废止。

附件

医疗器械分类判定表

		使用状态	接触人体器械								
			暂时使用			短期使用			长期使用		
		使用形式	皮肤/腔道（口）	创伤组织	血液环/中枢	皮肤/腔道（口）	创伤组织	血液环/中枢	皮肤/腔道（口）	创伤组织	血液环/中枢
无源医疗器械	1	液体输送器械	Ⅱ	Ⅱ	Ⅲ	Ⅱ	Ⅱ	Ⅲ	Ⅱ	Ⅲ	Ⅲ
	2	改变血液体液器械	—	—	Ⅲ	—	—	Ⅲ	—	—	Ⅲ
	3	医用敷料	Ⅰ	Ⅱ	Ⅱ	Ⅰ	Ⅱ	Ⅱ	—	Ⅲ	Ⅲ
	4	侵入器械	Ⅰ	Ⅱ	Ⅲ	Ⅱ	Ⅱ	Ⅲ	—	—	—
无源医疗器械	5	重复使用手术器械	Ⅰ	Ⅰ	Ⅱ	—	—	—	—	—	—
	6	植入器械	—	—	—	—	—	—	Ⅲ	Ⅲ	Ⅲ
	7	避孕和计划生育器械（不包括重复使用手术器械）	Ⅱ	Ⅱ	Ⅲ	Ⅱ	Ⅱ	Ⅲ	Ⅱ	Ⅲ	Ⅲ
	8	其他无源器械	Ⅰ	Ⅱ	Ⅲ	Ⅱ	Ⅱ	Ⅲ	Ⅱ	Ⅲ	Ⅲ

		使用状态	轻微损伤	中度损伤	严重损伤
有源医疗器械	1	能量治疗器械	Ⅱ	Ⅱ	Ⅲ
	2	诊断监护器械	Ⅱ	Ⅱ	Ⅲ
	3	液体输送器械	Ⅱ	Ⅱ	Ⅲ
	4	电离辐射器械	Ⅱ	Ⅱ	Ⅲ
	5	植入器械	Ⅲ	Ⅲ	Ⅲ
	6	其他有源器械	Ⅱ	Ⅱ	Ⅲ

			非接触人体器械		
		使用状态	基本不影响	轻微影响	重要影响
无源医疗器械	1	护理器械	Ⅰ	Ⅱ	—
	2	医疗器械清洗消毒器械	—	Ⅱ	Ⅲ
	3	其他无源器械	Ⅰ	Ⅱ	Ⅲ
		使用状态	基本不影响	轻微影响	重要影响
有源医疗器械	1	临床检验仪器设备	Ⅰ	Ⅱ	Ⅲ
	2	独立软件	—	Ⅱ	Ⅲ
	3	医疗器械消毒灭菌设备	—	Ⅱ	Ⅲ
	4	其他有源器械	Ⅰ	Ⅱ	Ⅲ

注：1.本表中"Ⅰ"、"Ⅱ"、"Ⅲ"分别代表第一类、第二类、第三类医疗器械；
   2.本表中"—"代表不存在这种情形。

医疗器械通用名称命名规则

- 2015年12月21日国家食品药品监督管理总局令第19号公布
- 自2016年4月1日起施行

第一条 为加强医疗器械监督管理,保证医疗器械通用名称命名科学、规范,根据《医疗器械监督管理条例》,制定本规则。

第二条 凡在中华人民共和国境内销售、使用的医疗器械应当使用通用名称,通用名称的命名应当符合本规则。

第三条 医疗器械通用名称应当符合国家有关法律、法规的规定,科学、明确,与产品的真实属性相一致。

第四条 医疗器械通用名称应当使用中文,符合国家语言文字规范。

第五条 具有相同或者相似的预期目的、共同技术的同品种医疗器械应当使用相同的通用名称。

第六条 医疗器械通用名称由一个核心词和一般不超过三个特征词组成。

核心词是对具有相同或者相似的技术原理、结构组成或者预期目的的医疗器械的概括表述。

特征词是对医疗器械使用部位、结构特点、技术特点或者材料组成等特定属性的描述。使用部位是指产品在人体的作用部位,可以是人体的系统、器官、组织、细胞等。结构特点是对产品特定结构、外观形态的描述。技术特点是对产品特殊作用原理、机理或者特殊性能的说明或者限定。材料组成是对产品的主要材料或者主要成分的描述。

第七条 医疗器械通用名称除应当符合本规则第六条的规定外,不得含有下列内容:

(一)型号、规格;
(二)图形、符号等标志;
(三)人名、企业名称、注册商标或者其他类似名称;
(四)"最佳"、"唯一"、"精确"、"速效"等绝对化、排他性的词语,或者表示产品功效的断言或者保证;
(五)说明有效率、治愈率的用语;
(六)未经科学证明或者临床评价证明,或者虚无、假设的概念性名称;
(七)明示或者暗示包治百病,夸大适用范围,或者其他具有误导性、欺骗性的内容;
(八)"美容"、"保健"等宣传性词语;
(九)有关法律、法规禁止的其他内容。

第八条 根据《中华人民共和国商标法》第十一条第一款的规定,医疗器械通用名称不得作为商标注册。

第九条 按照医疗器械管理的体外诊断试剂的命名依照《体外诊断试剂注册管理办法》(国家食品药品监督管理总局令第5号)的有关规定执行。

第十条 本规则自2016年4月1日起施行。

医疗器械说明书和标签管理规定

- 2014年7月30日国家食品药品监督管理总局令第6号公布
- 自2014年10月1日起施行

第一条 为规范医疗器械说明书和标签,保证医疗器械使用的安全,根据《医疗器械监督管理条例》,制定本规定。

第二条 凡在中华人民共和国境内销售、使用的医疗器械,应当按照本规定要求附有说明书和标签。

第三条 医疗器械说明书是指由医疗器械注册人或者备案人制作,随产品提供给用户,涵盖该产品安全有效的基本信息,用以指导正确安装、调试、操作、使用、维护、保养的技术文件。

医疗器械标签是指在医疗器械或者其包装上附有的用于识别产品特征和标明安全警示等信息的文字说明及图形、符号。

第四条 医疗器械说明书和标签的内容应当科学、真实、完整、准确,并与产品特性相一致。

医疗器械说明书和标签的内容应当与经注册或者备案的相关内容一致。

医疗器械标签的内容应当与说明书有关内容相符合。

第五条 医疗器械说明书和标签对疾病名称、专业名词、诊断治疗过程和结果的表述,应当采用国家统一发布或者规范的专用词汇,度量衡单位应当符合国家相关标准的规定。

第六条 医疗器械说明书和标签中使用的符号或者识别颜色应当符合国家相关标准的规定;无相关标准规定的,该符号及识别颜色应当在说明书中描述。

第七条 医疗器械最小销售单元应当附有说明书。

医疗器械的使用者应当按照说明书使用医疗器械。

第八条 医疗器械的产品名称应当使用通用名称,通用名称应当符合国家食品药品监督管理总局制定的医疗器械命名规则。第二类、第三类医疗器械的产品名称应当与医疗器械注册证中的产品名称一致。

产品名称应当清晰地标明在说明书和标签的显著位置。

第九条 医疗器械说明书和标签文字内容应当使用中文,中文的使用应当符合国家通用的语言文字规范。医疗器械说明书和标签可以附加其他文种,但应当以中文表述为准。

医疗器械说明书和标签中的文字、符号、表格、数字、图形等应当准确、清晰、规范。

第十条 医疗器械说明书一般应当包括以下内容:

(一)产品名称、型号、规格;

(二)注册人或者备案人的名称、住所、联系方式及售后服务单位,进口医疗器械还应当载明代理人的名称、住所及联系方式;

(三)生产企业的名称、住所、生产地址、联系方式及生产许可证编号或者生产备案凭证编号,委托生产的还应当标注受托企业的名称、住所、生产地址、生产许可证编号或者生产备案凭证编号;

(四)医疗器械注册证编号或者备案凭证编号;

(五)产品技术要求的编号;

(六)产品性能、主要结构组成或者成分、适用范围;

(七)禁忌症、注意事项、警示以及提示的内容;

(八)安装和使用说明或者图示,由消费者个人自行使用的医疗器械还应当具有安全使用的特别说明;

(九)产品维护和保养方法,特殊储存、运输条件、方法;

(十)生产日期,使用期限或者失效日期;

(十一)配件清单,包括配件、附属品、损耗品更换周期以及更换方法的说明等;

(十二)医疗器械标签所用的图形、符号、缩写等内容的解释;

(十三)说明书的编制或者修订日期;

(十四)其他应当标注的内容。

第十一条 医疗器械说明书中有关注意事项、警示以及提示性内容主要包括:

(一)产品使用的对象;

(二)潜在的安全危害及使用限制;

(三)产品在正确使用过程中出现意外时,对操作者、使用者的保护措施以及应当采取的应急和纠正措施;

(四)必要的监测、评估、控制手段;

(五)一次性使用产品应当注明"一次性使用"字样或者符号,已灭菌产品应当注明灭菌方式以及灭菌包装损坏后的处理方法,使用前需要消毒或者灭菌的应当说明消毒或者灭菌的方法;

(六)产品需要同其他医疗器械一起安装或者联合使用时,应当注明联合使用器械的要求、使用方法、注意事项;

(七)在使用过程中,与其他产品可能产生的相互干扰及其可能出现的危害;

(八)产品使用中可能带来的不良事件或者产品成分中含有的可能引起副作用的成分或者辅料;

(九)医疗器械废弃处理时应当注意的事项,产品使用后需要处理的,应当注明相应的处理方法;

(十)根据产品特性,应当提示操作者、使用者注意的其他事项。

第十二条 重复使用的医疗器械应当在说明书中明确重复使用的处理过程,包括清洁、消毒、包装及灭菌的方法和重复使用的次数或者其他限制。

第十三条 医疗器械标签一般应当包括以下内容:

(一)产品名称、型号、规格;

(二)注册人或者备案人的名称、住所、联系方式,进口医疗器械还应当载明代理人的名称、住所及联系方式;

(三)医疗器械注册证编号或者备案凭证编号;

(四)生产企业的名称、住所、生产地址、联系方式及生产许可证编号或者生产备案凭证编号,委托生产的还应当标注受托企业的名称、住所、生产地址、生产许可证编号或者生产备案凭证编号;

(五)生产日期,使用期限或者失效日期;

(六)电源连接条件、输入功率;

(七)根据产品特性应当标注的图形、符号以及其他相关内容;

(八)必要的警示、注意事项;

(九)特殊储存、操作条件或者说明;

(十)使用中对环境有破坏或者负面影响的医疗器械,其标签应当包含警示标志或者中文警示说明;

(十一)带放射或者辐射的医疗器械,其标签应当包含警示标志或者中文警示说明。

医疗器械标签因位置或者大小受限而无法全部标明上述内容的,至少应当标注产品名称、型号、规格、生产日期和使用期限或者失效日期,并在标签中明确"其他内容详见说明书"。

第十四条 医疗器械说明书和标签不得有下列内容:

(一)含有"疗效最佳"、"保证治愈"、"包治"、"根治"、"即刻见效"、"完全无毒副作用"等表示功效的断言或者保证的;

(二)含有"最高技术"、"最科学"、"最先进"、"最佳"等绝对化语言和表示的；

（三）说明治愈率或者有效率的；

（四）与其他企业产品的功效和安全性相比较的；

（五）含有"保险公司保险"、"无效退款"等承诺性语言的；

（六）利用任何单位或者个人的名义、形象作证明或者推荐的；

（七）含有误导性说明，使人感到已经患某种疾病，或者使人误解不使用该医疗器械会患某种疾病或者加重病情的表述，以及其他虚假、夸大、误导性的内容；

（八）法律、法规规定禁止的其他内容。

第十五条 医疗器械说明书应当由注册申请人或者备案人在医疗器械注册或者备案时，提交食品药品监督管理部门审查或者备案，提交的说明书内容应当与其他注册或者备案资料相符合。

第十六条 经食品药品监督管理部门注册审查的医疗器械说明书的内容不得擅自更改。

已注册的医疗器械发生注册变更的，申请人应当在取得变更文件后，依据变更文件自行修改说明书和标签。

说明书的其他内容发生变化的，应当向医疗器械注册的审批部门书面告知，并提交说明书更改情况对比说明等相关文件。审批部门自收到书面告知之日起20个工作日内未发出不予同意通知件的，说明书更改生效。

第十七条 已备案的医疗器械，备案信息表中登载内容、备案产品技术要求以及说明书其他内容发生变化的，备案人自行修改说明书和标签的相关内容。

第十八条 说明书和标签不符合本规定要求的，由县级以上食品药品监督管理部门按照《医疗器械监督管理条例》第六十七条的规定予以处罚。

第十九条 本规定自2014年10月1日起施行。2004年7月8日公布的《医疗器械说明书、标签和包装标识管理规定》（原国家食品药品监督管理局令第10号）同时废止。

医疗器械生产监督管理办法

· 2022年3月10日国家市场监督管理总局令第53号公布
· 自2022年5月1日起施行

第一章 总　则

第一条 为了加强医疗器械生产监督管理，规范医疗器械生产活动，保证医疗器械安全、有效，根据《医疗器械监督管理条例》，制定本办法。

第二条 在中华人民共和国境内从事医疗器械生产活动及其监督管理，应当遵守本办法。

第三条 从事医疗器械生产活动，应当遵守法律、法规、规章、强制性标准和医疗器械生产质量管理规范，保证医疗器械生产全过程信息真实、准确、完整和可追溯。

医疗器械注册人、备案人对上市医疗器械的安全、有效负责。

第四条 根据医疗器械风险程度，医疗器械生产实施分类管理。

从事第二类、第三类医疗器械生产活动，应当经所在地省、自治区、直辖市药品监督管理部门批准，依法取得医疗器械生产许可证；从事第一类医疗器械生产活动，应当向所在地设区的市级负责药品监督管理的部门办理医疗器械生产备案。

第五条 国家药品监督管理局负责全国医疗器械生产监督管理工作。

省、自治区、直辖市药品监督管理部门负责本行政区域第二类、第三类医疗器械生产监督管理，依法按照职责负责本行政区域第一类医疗器械生产监督管理，并加强对本行政区域第一类医疗器械生产监督管理工作的指导。

设区的市级负责药品监督管理的部门依法按照职责监督管理本行政区域第一类医疗器械生产活动。

第六条 药品监督管理部门依法设置或者指定的医疗器械审评、检查、检验、监测与评价等专业技术机构，按照职责分工承担相关技术工作，为医疗器械生产监督管理提供技术支撑。

国家药品监督管理局食品药品审核查验中心组织拟订医疗器械检查制度规范和技术文件，承担重大有因检查和境外检查等工作，并对省、自治区、直辖市医疗器械检查机构质量管理体系进行指导和评估。

第七条 国家药品监督管理局加强医疗器械生产监督管理信息化建设，提高在线政务服务水平。

省、自治区、直辖市药品监督管理部门负责本行政区域医疗器械生产监督管理信息化建设和管理工作，按照国家药品监督管理局的要求统筹推进医疗器械生产监督管理信息共享。

第八条 药品监督管理部门依法及时公开医疗器械生产许可、备案、监督检查、行政处罚等信息，方便公众查询，接受社会监督。

第二章　生产许可与备案管理

第九条 从事医疗器械生产活动，应当具备下列条件：

（一）有与生产的医疗器械相适应的生产场地、环境条件、生产设备以及专业技术人员；

（二）有能对生产的医疗器械进行质量检验的机构或者专职检验人员以及检验设备；

（三）有保证医疗器械质量的管理制度；

（四）有与生产的医疗器械相适应的售后服务能力；

（五）符合产品研制、生产工艺文件规定的要求。

第十条 在境内从事第二类、第三类医疗器械生产的，应当向所在地省、自治区、直辖市药品监督管理部门申请生产许可，并提交下列材料：

（一）所生产的医疗器械注册证以及产品技术要求复印件；

（二）法定代表人（企业负责人）身份证明复印件；

（三）生产、质量和技术负责人的身份、学历、职称相关材料复印件；

（四）生产管理、质量检验岗位从业人员学历、职称一览表；

（五）生产场地的相关文件复印件，有特殊生产环境要求的，还应当提交设施、环境的相关文件复印件；

（六）主要生产设备和检验设备目录；

（七）质量手册和程序文件目录；

（八）生产工艺流程图；

（九）证明售后服务能力的相关材料；

（十）经办人的授权文件。

申请人应当确保所提交的材料合法、真实、准确、完整和可追溯。

相关材料可以通过联网核查的，无需申请人提供。

第十一条 省、自治区、直辖市药品监督管理部门收到申请后，应当根据下列情况分别作出处理：

（一）申请事项属于本行政机关职权范围，申请资料齐全、符合法定形式的，应当受理申请；

（二）申请资料存在可以当场更正的错误的，应当允许申请人当场更正；

（三）申请资料不齐全或者不符合法定形式的，应当当场或者在5个工作日内一次告知申请人需要补正的全部内容，逾期不告知的，自收到申请资料之日起即为受理；

（四）申请事项依法不属于本行政机关职权范围的，应当即时作出不予受理的决定，并告知申请人向有关行政机关申请。

省、自治区、直辖市药品监督管理部门受理或者不予受理医疗器械生产许可申请的，应当出具加盖本行政机关专用印章和注明日期的受理或者不予受理通知书。

第十二条 法律、法规、规章规定实施行政许可应当听证的事项，或者药品监督管理部门认为需要听证的其他涉及公共利益的重大行政许可事项，药品监督管理部门应当向社会公告，并举行听证。医疗器械生产许可申请直接涉及申请人与他人之间重大利益关系的，药品监督管理部门在作出行政许可决定前，应当告知申请人、利害关系人享有要求听证的权利。

第十三条 省、自治区、直辖市药品监督管理部门应当对申请资料进行审核，按照国家药品监督管理局制定的医疗器械生产质量管理规范的要求进行核查，并自受理申请之日起20个工作日内作出决定。现场核查可以与产品注册体系核查相结合，避免重复核查。需要整改的，整改时间不计入审核时限。

符合规定条件的，依法作出准予许可的书面决定，并于10个工作日内发给《医疗器械生产许可证》；不符合规定条件的，作出不予许可的书面决定，并说明理由，同时告知申请人享有依法申请行政复议或者提起行政诉讼的权利。

第十四条 医疗器械生产许可证分为正本和副本，有效期为5年。正本和副本载明许可证编号、企业名称、统一社会信用代码、法定代表人（企业负责人）、住所、生产地址、生产范围、发证部门、发证日期和有效期限。副本记载许可证正本载明事项变更以及车间或者生产线重大改造等情况。企业名称、统一社会信用代码、法定代表人（企业负责人）、住所等项目应当与营业执照中载明的相关内容一致。

医疗器械生产许可证由国家药品监督管理局统一样式，由省、自治区、直辖市药品监督管理部门印制。

医疗器械生产许可证电子证书与纸质证书具有同等法律效力。

第十五条 生产地址变更或者生产范围增加的，应当向原发证部门申请医疗器械生产许可变更，并提交本办法第十条规定中涉及变更内容的有关材料，原发证部门应当依照本办法第十三条的规定进行审核并开展现场核查。

车间或者生产线进行改造，导致生产条件发生变化，可能影响医疗器械安全、有效的，应当向原发证部门报告。属于许可事项变化的，应当按照规定办理相关许可变更手续。

第十六条 企业名称、法定代表人（企业负责人）、住所变更或者生产地址文字性变更，以及生产范围核减的，应当在变更后30个工作日内，向原发证部门申请登记事项变更，并提交相关材料。原发证部门应当在5个工作日内完成登记事项变更。

第十七条 医疗器械生产许可证有效期届满延续的，应当在有效期届满前90个工作日至30个工作日期间提出延续申请。逾期未提出延续申请的，不再受理其延续申请。

原发证部门应当结合企业遵守医疗器械管理法律法规、医疗器械生产质量管理规范情况和企业质量管理体系运行情况进行审查，必要时开展现场核查，在医疗器械生产许可证有效期届满前作出是否准予延续的决定。

经审查符合规定条件的，准予延续，延续的医疗器械生产许可证编号不变。不符合规定条件的，责令限期改正；整改后仍不符合规定条件的，不予延续，并书面说明理由。

延续许可的批准时间在原许可证有效期内的，延续起始日为原许可证到期日的次日；批准时间不在原许可证有效期内的，延续起始日为批准延续许可的日期。

第十八条 医疗器械生产企业跨省、自治区、直辖市设立生产场地的，应当向新设生产场地所在地省、自治区、直辖市药品监督管理部门申请医疗器械生产许可。

第十九条 医疗器械生产许可证遗失的，应当向原发证部门申请补发。原发证部门应当及时补发医疗器械生产许可证，补发的医疗器械生产许可证编号和有效期限与原许可证一致。

第二十条 医疗器械生产许可证正本、副本变更的，发证部门应当重新核发变更后的医疗器械生产许可证正本、副本，收回原许可证正本、副本；仅副本变更的，发证部门应当重新核发变更后的医疗器械生产许可证副本，收回原许可证副本。变更后的医疗器械生产许可证编号和有效期限不变。

第二十一条 有下列情形之一的，由原发证部门依法注销医疗器械生产许可证，并予以公告：

（一）主动申请注销的；

（二）有效期届满未延续的；

（三）市场主体资格依法终止的；

（四）医疗器械生产许可证依法被吊销或者撤销的；

（五）法律、法规规定应当注销行政许可的其他情形。

第二十二条 从事第一类医疗器械生产的，应当向所在地设区的市级负责药品监督管理的部门备案，在提交本办法第十条规定的相关材料后，即完成生产备案，获取备案编号。医疗器械备案人自行生产第一类医疗器械的，可以在办理产品备案时一并办理生产备案。

药品监督管理部门应当在生产备案之日起3个月内，对提交的资料以及执行医疗器械生产质量管理规范情况开展现场检查。对不符合医疗器械生产质量管理规范要求的，依法处理并责令限期改正；不能保证产品安全、有效的，取消备案并向社会公告。

第二十三条 第一类医疗器械生产备案内容发生变化的，应当在10个工作日内向原备案部门提交本办法第十条规定的与变化有关的材料，药品监督管理部门必要时可以依照本办法第二十二条的规定开展现场核查。

第二十四条 任何单位或者个人不得伪造、变造、买卖、出租、出借医疗器械生产许可证。

第三章 生产质量管理

第二十五条 医疗器械注册人、备案人、受托生产企业应当按照医疗器械生产质量管理规范的要求，建立健全与所生产医疗器械相适应的质量管理体系并保持其有效运行，并严格按照经注册或者备案的产品技术要求组织生产，保证出厂的医疗器械符合强制性标准以及经注册或者备案的产品技术要求。

第二十六条 医疗器械注册人、备案人的法定代表人、主要负责人对其生产的医疗器械质量安全全面负责。

第二十七条 医疗器械注册人、备案人、受托生产企业应当配备管理者代表。管理者代表受法定代表人或者主要负责人委派，履行建立、实施并保持质量管理体系有效运行等责任。

第二十八条 医疗器械注册人、备案人、受托生产企业应当开展医疗器械法律、法规、规章、标准以及质量管理等方面的培训，建立培训制度，制定培训计划，加强考核并做好培训记录。

第二十九条 医疗器械注册人、备案人、受托生产企业应当按照所生产产品的特性、工艺流程以及生产环境要求合理配备、使用设施设备，加强对设施设备的管理，并保持其有效运行。

第三十条 医疗器械注册人、备案人应当开展设计开发到生产的转换活动，并进行充分验证和确认，确保设计开发输出适用于生产。

第三十一条 医疗器械注册人、备案人、受托生产企业应当加强采购管理，建立供应商审核制度，对供应商进行评价，确保采购产品和服务符合相关规定要求。

医疗器械注册人、备案人、受托生产企业应当建立原材料采购验收记录制度，确保相关记录真实、准确、完整和可追溯。

第三十二条 医疗器械注册人、备案人委托生产的，应当对受托方的质量保证能力和风险管理能力进行评估，按照国家药品监督管理局制定的委托生产质量协议指南要求，与其签订质量协议以及委托协议，监督受托方履行有关协议约定的义务。

受托生产企业应当按照法律、法规、规章、医疗器械生产质量管理规范、强制性标准、产品技术要求、委托生产质量协议等要求组织生产，对生产行为负责，并接受医疗器械注册人、备案人的监督。

第三十三条 医疗器械注册人、备案人、受托生产企业应当建立记录管理制度，确保记录真实、准确、完整和可追溯。

鼓励医疗器械注册人、备案人、受托生产企业采用先进技术手段，建立信息化管理系统，加强对生产过程的管理。

第三十四条 医疗器械注册人、备案人应当负责产品上市放行，建立产品上市放行规程，明确放行标准、条件，并对医疗器械生产过程记录和质量检验结果进行审核，符合标准和条件的，经授权的放行人员签字后方可上市。委托生产的，医疗器械注册人、备案人还应当对受托生产企业的生产放行文件进行审核。

受托生产企业应当建立生产放行规程，明确生产放行的标准、条件，确认符合标准、条件的，方可出厂。

不符合法律、法规、规章、强制性标准以及经注册或者备案的产品技术要求的，不得放行出厂和上市。

第三十五条 医疗器械注册人、备案人应当建立并实施产品追溯制度，保证产品可追溯。受托生产企业应当协助注册人、备案人实施产品追溯。

第三十六条 医疗器械注册人、备案人、受托生产企业应当按照国家实施医疗器械唯一标识的有关要求，开展赋码、数据上传和维护更新，保证信息真实、准确、完整和可追溯。

第三十七条 医疗器械注册人、备案人、受托生产企业应当建立纠正措施程序，确定产生问题的原因，采取有效措施，防止相关问题再次发生。

医疗器械注册人、备案人、受托生产企业应当建立预防措施程序，查清潜在问题的原因，采取有效措施，防止问题发生。

第三十八条 医疗器械注册人、备案人应当按照医疗器械生产质量管理规范的要求，对可能影响产品安全性和有效性的原材料、生产工艺等变化进行识别和控制，需要进行注册变更或者备案变更的，应当按照注册备案管理的规定办理相关手续。

第三十九条 新的强制性标准实施后，医疗器械注册人、备案人应当及时识别产品技术要求和强制性标准的差异，需要进行注册变更或者备案变更的，应当按照注册备案管理的规定办理相关手续。

第四十条 医疗器械注册人、备案人、受托生产企业应当按照医疗器械不良事件监测相关规定落实不良事件监测责任，开展不良事件监测，向医疗器械不良事件监测技术机构报告调查、分析、评价、产品风险控制等情况。

第四十一条 医疗器械注册人、备案人发现生产的医疗器械不符合强制性标准、经注册或者备案的产品技术要求，或者存在其他缺陷的，应当立即停止生产，通知相关经营企业、使用单位和消费者停止经营和使用，召回已经上市销售的医疗器械，采取补救、销毁等措施，记录相关情况，发布相关信息，并将医疗器械召回和处理情况向药品监督管理部门和卫生主管部门报告。

受托生产企业应当按照医疗器械召回的相关规定履行责任，并协助医疗器械注册人、备案人对所生产的医疗器械实施召回。

第四十二条 医疗器械生产企业应当向药品监督管理部门报告所生产的产品品种情况。

增加生产产品品种的，应当向原生产许可或者生产备案部门报告，涉及委托生产的，还应当提供委托方、受托生产产品、受托期限等信息。

医疗器械生产企业增加生产产品涉及生产条件变化，可能影响产品安全、有效的，应当在增加生产产品30个工作日前向原生产许可部门报告，原生产许可部门应当及时开展现场核查。属于许可事项变化的，应当按照规定办理相关许可变更。

第四十三条 医疗器械生产企业连续停产一年以上且无同类产品在产的，重新生产时，应当进行必要的验证和确认，并书面报告药品监督管理部门。可能影响质量安全的，药品监督管理部门可以根据需要组织核查。

第四十四条 医疗器械注册人、备案人、受托生产企业的生产条件发生变化，不再符合医疗器械质量管理体系要求的，应当立即采取整改措施；可能影响医疗器械安全、有效的，应当立即停止生产活动，并向原生产许可或者生产备案部门报告。

受托生产企业应当及时将变化情况告知医疗器械注册人、备案人。

第四十五条 医疗器械注册人、备案人、受托生产企业应当每年对质量管理体系的运行情况进行自查,并于次年3月31日前向所在地药品监督管理部门提交自查报告。进口医疗器械注册人、备案人由其代理人向代理人所在地省、自治区、直辖市药品监督管理部门提交自查报告。

第四章 监督检查

第四十六条 药品监督管理部门依法按照职责开展对医疗器械注册人、备案人和受托生产企业生产活动的监督检查。

必要时,药品监督管理部门可以对为医疗器械生产活动提供产品或者服务的其他单位和个人开展延伸检查。

第四十七条 药品监督管理部门应当建立健全职业化、专业化医疗器械检查员制度,根据监管事权、产业规模以及检查任务等,配备充足的检查员,有效保障检查工作需要。

检查员应当熟悉医疗器械法律法规,具备医疗器械专业知识和检查技能。

第四十八条 药品监督管理部门依据产品和企业的风险程度,对医疗器械注册人、备案人、受托生产企业实行分级管理并动态调整。

国家药品监督管理局组织制定重点监管产品目录。省、自治区、直辖市药品监督管理部门结合实际确定本行政区域重点监管产品目录。

省、自治区、直辖市药品监督管理部门依据重点监管产品目录以及医疗器械生产质量管理状况,结合医疗器械不良事件、产品投诉举报以及企业信用状况等因素,组织实施分级监督管理工作。

第四十九条 省、自治区、直辖市药品监督管理部门应当制定年度医疗器械生产监督检查计划,确定医疗器械监督管理的重点,明确检查频次和覆盖范围,综合运用监督检查、重点检查、跟踪检查、有因检查和专项检查等多种形式强化监督管理。

对生产重点监管产品目录品种的企业每年至少检查一次。

第五十条 药品监督管理部门组织监督检查时,应当制定检查方案,明确检查事项和依据,如实记录现场检查情况,并将检查结果书面告知被检查企业。需要整改的,应当明确整改内容和整改期限。

药品监督管理部门进行监督检查时,应当指派两名以上检查人员实施监督检查。执法人员应当向被检查单位出示执法证件,其他检查人员应当出示检查员证或者表明其身份的文书、证件。

第五十一条 药品监督管理部门对医疗器械注册人、备案人自行生产的,开展监督检查时重点检查:

(一)医疗器械注册人、备案人执行法律法规、医疗器械生产质量管理规范情况;

(二)按照强制性标准以及经注册、备案的产品技术要求组织生产,实际生产与医疗器械注册备案、医疗器械生产许可备案等内容的一致情况;

(三)质量管理体系运行持续合规、有效情况;

(四)法定代表人、企业负责人、管理者代表等人员了解熟悉医疗器械相关法律法规情况;

(五)管理者代表履职情况;

(六)法定代表人、企业负责人、管理者代表、质量检验机构或者专职人员、生产场地、环境条件、关键生产设备等变化情况;

(七)用户反馈、企业内部审核等所发现问题的纠正预防措施;

(八)企业产品抽检、监督检查、投诉举报等发现问题的整改落实情况;

(九)内部审核、管理评审、变更控制、年度自查报告等情况;

(十)其他应当重点检查的内容。

第五十二条 药品监督管理部门对医疗器械注册人、备案人采取委托生产方式的,开展监督检查时重点检查:

(一)医疗器械注册人、备案人执行法律法规、医疗器械生产质量管理规范情况;

(二)质量管理体系运行是否持续合规、有效;

(三)管理者代表履职情况;

(四)按照强制性标准以及经注册或者备案的产品技术要求组织生产情况;

(五)用户反馈、企业内部审核等所发现问题的纠正预防措施;

(六)内部审核、管理评审、变更控制、年度自查报告等情况;

(七)开展不良事件监测、再评价以及产品安全风险信息收集与评估等情况;

(八)产品的上市放行情况;

(九)对受托生产企业的监督情况,委托生产质量协议的履行、委托生产产品的设计转换和变更控制、委托生产产品的生产放行等情况;

(十)其他应当重点检查的内容。

必要时,可以对受托生产企业开展检查。

第五十三条 药品监督管理部门对受托生产企业开展监督检查时重点检查：

（一）实际生产与医疗器械注册备案、医疗器械生产许可备案等内容的一致情况；

（二）受托生产企业执行法律法规、医疗器械生产质量管理规范情况；

（三）法定代表人、企业负责人、管理者代表等人员了解熟悉医疗器械相关法律法规情况；

（四）法定代表人、企业负责人、管理者代表、质量检验机构或者专职人员、生产场地、环境条件、关键生产检验设备等变化情况；

（五）产品的生产放行情况；

（六）企业产品抽检、监督检查、投诉举报等发现问题的整改落实情况；

（七）内部审核、管理评审、年度自查报告等情况；

（八）其他应当重点检查的内容。

必要时，可以对医疗器械注册人、备案人开展检查。

第五十四条 药品监督管理部门对不良事件监测、抽查检验、投诉举报等发现可能存在严重质量安全风险的，应当开展有因检查。有因检查原则上采取非预先告知的方式进行。

第五十五条 药品监督管理部门对企业的整改情况应当开展跟踪检查。

跟踪检查可以对企业提交的整改报告进行书面审查，也可以对企业的问题整改、责任落实、纠正预防措施等进行现场复查。

第五十六条 医疗器械注册人和受托生产企业不在同一省、自治区、直辖市的，医疗器械注册人所在地省、自治区、直辖市药品监督管理部门负责对注册人质量管理体系运行、不良事件监测以及产品召回等法定义务履行情况开展监督检查，涉及受托生产企业相关情况的，受托生产企业所在地药品监督管理部门应当配合。

受托生产企业所在地省、自治区、直辖市药品监督管理部门负责对受托生产企业生产活动开展监督检查，涉及注册人相关情况的，应当由注册人所在地药品监督管理部门对注册人开展监督检查。

医疗器械注册人、受托生产企业所在地省、自治区、直辖市药品监督管理部门应当分别落实属地监管责任，建立协同监管机制，加强监管信息沟通，实现监管有效衔接。

第五十七条 医疗器械注册人和受托生产企业不在同一省、自治区、直辖市，医疗器械注册人、受托生产企业所在地省、自治区、直辖市药品监督管理部门需要跨区域开展检查的，可以采取联合检查、委托检查等方式进行。

第五十八条 跨区域检查中发现企业质量管理体系存在缺陷的，医疗器械注册人、受托生产企业所在地省、自治区、直辖市药品监督管理部门应当依据各自职责，督促相关企业严格按照要求及时整改到位，并将检查以及整改情况及时通报相关药品监督管理部门。

对受托生产企业监督检查中发现相关问题涉及注册人的，应当通报注册人所在地药品监督管理部门；发现可能存在医疗器械质量安全风险的，应当立即采取风险控制措施，并将相关情况通报注册人所在地药品监督管理部门。注册人所在地药品监督管理部门接到通报后，应当立即进行分析研判并采取相应的风险控制措施。

对注册人监督检查中发现相关问题涉及受托生产企业的，应当通报受托生产企业所在地药品监督管理部门，联合或者委托受托生产企业所在地药品监督管理部门进行检查。

第五十九条 在跨区域检查中发现可能存在违法行为的，医疗器械注册人、受托生产企业所在地省、自治区、直辖市药品监督管理部门应当依据各自职责进行调查处理。违法行为处理情况应当及时通报相关药品监督管理部门。

需要跨区域进行调查、取证的，可以会同相关同级药品监督管理部门开展联合调查，也可以出具协助调查函商请相关同级药品监督管理部门协助调查、取证。

第六十条 第一类医疗器械备案人和受托生产企业不在同一设区的市，需要依法按照职责开展跨区域监督检查和调查取证的，参照本办法第五十六条至第五十九条的规定执行。

第六十一条 进口医疗器械注册人、备案人应当指定我国境内企业法人作为代理人，代理人应当协助注册人、备案人履行医疗器械监督管理条例和本办法规定的义务。

第六十二条 进口医疗器械的生产应当符合我国医疗器械生产相关要求，并接受国家药品监督管理局组织的境外检查。代理人负责协调、配合境外检查相关工作。

进口医疗器械注册人、备案人、代理人拒绝、阻碍、拖延、逃避国家药品监督管理局组织的境外检查，导致检查工作无法开展，不能确认质量管理体系有效运行，属于有证据证明可能危害人体健康的情形，国家药品监督管理局可以依照医疗器械监督管理条例第七十二条第二款的规定进行处理。

第六十三条 药品监督管理部门开展现场检查时,可以根据需要进行抽查检验。

第六十四条 生产的医疗器械对人体造成伤害或者有证据证明可能危害人体健康的,药品监督管理部门可以采取暂停生产、进口、经营、使用的紧急控制措施,并发布安全警示信息。

监督检查中发现生产活动严重违反医疗器械生产质量管理规范,不能保证产品安全、有效,可能危害人体健康的,依照前款规定处理。

第六十五条 药品监督管理部门应当定期组织开展风险会商,对辖区内医疗器械质量安全风险进行分析和评价,及时采取相应的风险控制措施。

第六十六条 医疗器械注册人、备案人、受托生产企业对存在的医疗器械质量安全风险,未采取有效措施消除的,药品监督管理部门可以对医疗器械注册人、备案人、受托生产企业的法定代表人或者企业负责人进行责任约谈。涉及跨区域委托生产的,约谈情况应当通报相关药品监督管理部门。

第六十七条 省、自治区、直辖市药品监督管理部门应当建立并及时更新辖区内第二类、第三类医疗器械注册人、受托生产企业信用档案,设区的市级负责药品监督管理的部门应当依法按照职责建立并及时更新辖区内第一类医疗器械备案人、受托生产企业信用档案。

信用档案中应当包括生产许可备案和生产产品品种、委托生产、监督检查结果、违法行为查处、质量抽查检验、不良行为记录和投诉举报等信息。

对有不良信用记录的医疗器械注册人、备案人和受托生产企业,药品监督管理部门应当增加监督检查频次,依法加强失信惩戒。

第六十八条 药品监督管理部门应当在信用档案中记录企业生产产品品种情况。

受托生产企业增加生产第二类、第三类医疗器械,且与该产品注册人不在同一省、自治区、直辖市,或者增加生产第一类医疗器械,且与该产品备案人不在同一设区的市的,受托生产企业所在地药品监督管理部门还应当将相关情况通报注册人、备案人所在地药品监督管理部门。

第六十九条 药品监督管理部门应当公布接受投诉、举报的联系方式。接到举报的药品监督管理部门应当及时核实、处理、答复。经查证属实的,应当按照有关规定对举报人给予奖励。

第七十条 药品监督管理部门在监督检查中,发现涉嫌违法行为的,应当及时收集和固定证据,依法立案查处;涉嫌犯罪的,及时移交公安机关处理。

第七十一条 药品监督管理部门及其工作人员对调查、检查中知悉的商业秘密应当保密。

第七十二条 药品监督管理部门及其工作人员在监督检查中,应当严格规范公正文明执法,严格执行廉政纪律,不得索取或者收受财物,不得谋取其他利益,不得妨碍企业的正常生产活动。

第五章 法律责任

第七十三条 医疗器械生产的违法行为,医疗器械监督管理条例等法律法规已有规定的,依照其规定。

第七十四条 有下列情形之一的,依照医疗器械监督管理条例第八十一条的规定处罚:

(一)超出医疗器械生产许可证载明的生产范围生产第二类、第三类医疗器械;

(二)在未经许可的生产场地生产第二类、第三类医疗器械;

(三)医疗器械生产许可证有效期届满后,未依法办理延续手续,仍继续从事第二类、第三类医疗器械生产;

(四)医疗器械生产企业增加生产产品品种,应当依法办理许可变更而未办理的。

第七十五条 未按照本办法规定办理第一类医疗器械生产备案变更的,依照医疗器械监督管理条例第八十四条的规定处理。

第七十六条 违反医疗器械生产质量管理规范,未建立质量管理体系并保持有效运行的,由药品监督管理部门依职责责令限期改正;影响医疗器械产品安全、有效的,依照医疗器械监督管理条例第八十六条的规定处罚。

第七十七条 违反本办法第十五条第二款、第四十二条第三款的规定,生产条件变化,可能影响产品安全、有效,未按照规定报告即生产的,依照医疗器械监督管理条例第八十八条的规定处罚。

第七十八条 有下列情形之一的,由药品监督管理部门依职责给予警告,并处1万元以上5万元以下罚款:

(1)医疗器械生产企业未依照本办法第四十二条第二款的规定向药品监督管理部门报告所生产的产品品种情况及相关信息的;

(二)连续停产一年以上且无同类产品在产,重新生产时未进行必要的验证和确认并向所在地药品监督管理部门报告的。

第七十九条 有下列情形之一的,由药品监督管理部门依职责责令限期改正;拒不改正的,处1万元以上5

万元以下罚款;情节严重的,处 5 万元以上 10 万元以下罚款。

(一)未按照本办法第十六条的规定办理医疗器械生产许可证登记事项变更的;

(二)未按照国家实施医疗器械唯一标识的有关要求,组织开展赋码、数据上传和维护更新等工作的。

第八十条 药品监督管理部门工作人员违反本办法规定,滥用职权、玩忽职守、徇私舞弊的,依法给予处分。

第六章 附 则

第八十一条 本办法自 2022 年 5 月 1 日起施行。2014 年 7 月 30 日原国家食品药品监督管理总局令第 7 号公布的《医疗器械生产监督管理办法》同时废止。

医疗器械经营监督管理办法

· 2022 年 3 月 10 日国家市场监督管理总局令第 54 号公布
· 自 2022 年 5 月 1 日起施行

第一章 总 则

第一条 为了加强医疗器械经营监督管理,规范医疗器械经营活动,保证医疗器械安全、有效,根据《医疗器械监督管理条例》,制定本办法。

第二条 在中华人民共和国境内从事医疗器械经营活动及其监督管理,应当遵守本办法。

第三条 从事医疗器械经营活动,应当遵守法律、法规、规章、强制性标准和医疗器械经营质量管理规范等要求,保证医疗器械经营过程信息真实、准确、完整和可追溯。

医疗器械注册人、备案人可以自行销售,也可以委托医疗器械经营企业销售其注册、备案的医疗器械。

第四条 按照医疗器械风险程度,医疗器械经营实施分类管理。

经营第三类医疗器械实行许可管理,经营第二类医疗器械实行备案管理,经营第一类医疗器械不需要许可和备案。

第五条 国家药品监督管理局主管全国医疗器械经营监督管理工作。

省、自治区、直辖市药品监督管理部门负责本行政区域的医疗器械经营监督管理工作。

设区的市级、县级负责药品监督管理的部门负责本行政区域的医疗器械经营监督管理工作。

第六条 药品监督管理部门依法设置或者指定的医疗器械检查、检验、监测与评价等专业技术机构,按照职责分工承担相关技术工作并出具技术意见,为医疗器械经营监督管理提供技术支持。

第七条 国家药品监督管理局加强医疗器械经营监督管理信息化建设,提高在线政务服务水平。

省、自治区、直辖市药品监督管理部门负责本行政区域医疗器械经营监督管理信息化建设和管理工作,按照国家药品监督管理局要求统筹推进医疗器械经营监督管理信息共享。

第八条 药品监督管理部门依法及时公开医疗器械经营许可、备案等信息以及监督检查、行政处罚的结果,方便公众查询,接受社会监督。

第二章 经营许可与备案管理

第九条 从事医疗器械经营活动,应当具备下列条件:

(一)与经营范围和经营规模相适应的质量管理机构或者质量管理人员,质量管理人员应当具有相关专业学历或者职称;

(二)与经营范围和经营规模相适应的经营场所;

(三)与经营范围和经营规模相适应的贮存条件;

(四)与经营的医疗器械相适应的质量管理制度;

(五)与经营的医疗器械相适应的专业指导、技术培训和售后服务的质量管理机构或者人员。

从事第三类医疗器械经营的企业还应当具有符合医疗器械经营质量管理制度要求的计算机信息管理系统,保证经营的产品可追溯。鼓励从事第一类、第二类医疗器械经营的企业建立符合医疗器械经营质量管理制度要求的计算机信息管理系统。

第十条 从事第三类医疗器械经营的,经营企业应当向所在地设区的市级负责药品监督管理的部门提出申请,并提交下列资料:

(一)法定代表人(企业负责人)、质量负责人身份证明、学历或者职称相关材料复印件;

(二)企业组织机构与部门设置;

(三)医疗器械经营范围、经营方式;

(四)经营场所和库房的地理位置图、平面图、房屋产权文件或者租赁协议复印件;

(五)主要经营设施、设备目录;

(六)经营质量管理制度、工作程序等文件目录;

(七)信息管理系统基本情况;

(八)经办人授权文件。

医疗器械经营许可申请人应当确保提交的资料合法、真实、准确、完整和可追溯。

第十一条 设区的市级负责药品监督管理的部门收

到申请后,应当根据下列情况分别作出处理:

(一)申请事项属于本行政机关职权范围,申请资料齐全、符合法定形式的,应当受理申请;

(二)申请资料存在可以当场更正的错误的,应当允许申请人当场更正;

(三)申请资料不齐全或者不符合法定形式的,应当当场或者在5个工作日内一次告知申请人需要补正的全部内容。逾期不告知的,自收到申请资料之日起即为受理;

(四)申请事项不属于本行政机关职权范围的,应当即时作出不予受理的决定,并告知申请人向有关行政部门申请。

设区的市级负责药品监督管理的部门受理或者不予受理医疗器械经营许可申请的,应当出具加盖本行政机关专用印章和注明日期的受理或者不予受理通知书。

第十二条 法律、法规、规章规定实施行政许可应当听证的事项,或者药品监督管理部门认为需要听证的其他涉及公共利益的重大行政许可事项,药品监督管理部门应当向社会公告,并举行听证。医疗器械经营许可申请直接涉及申请人与他人之间重大利益关系的,药品监督管理部门在作出行政许可决定前,应当告知申请人、利害关系人享有要求听证的权利。

第十三条 设区的市级负责药品监督管理的部门自受理经营许可申请后,应当对申请资料进行审查,必要时按照医疗器械经营质量管理规范的要求开展现场核查,并自受理之日起20个工作日内作出决定。需要整改的,整改时间不计入审核时限。

符合规定条件的,作出准予许可的书面决定,并于10个工作日内发给医疗器械经营许可证;不符合规定条件的,作出不予许可的书面决定,并说明理由。

第十四条 医疗器械经营许可证有效期为5年,载明许可证编号、企业名称、统一社会信用代码、法定代表人、企业负责人、住所、经营场所、经营方式、经营范围、库房地址、发证部门、发证日期和有效期限等事项。

医疗器械经营许可证由国家药品监督管理局统一样式,由设区的市级负责药品监督管理的部门印制。

药品监督管理部门制作的医疗器械经营许可证的电子证书与纸质证书具有同等法律效力。

第十五条 医疗器械经营许可证变更的,应当向原发证部门提出医疗器械经营许可证变更申请,并提交本办法第十条规定中涉及变更内容的有关材料。经营场所、经营方式、经营范围、库房地址变更的,药品监督管理部门自受理之日起20个工作日内作出准予变更或者不予变更的决定。必要时按照医疗器械经营质量管理规范的要求开展现场核查。

需要整改的,整改时间不计入审核时限。不予变更的,应当书面说明理由并告知申请人。其他事项变更的,药品监督管理部门应当当场予以变更。

变更后的医疗器械经营许可证编号和有效期限不变。

第十六条 医疗器械经营许可证有效期届满需要延续的,医疗器械经营企业应当在有效期届满前90个工作日至30个工作日期间提出延续申请。逾期未提出延续申请的,不再受理其延续申请。

原发证部门应当按照本办法第十三条的规定对延续申请进行审查,必要时开展现场核查,在医疗器械经营许可证有效期届满前作出是否准予延续的决定。

经审查符合规定条件的,准予延续,延续后的医疗器械经营许可证编号不变。不符合规定条件的,责令限期整改;整改后仍不符合规定条件的,不予延续,并书面说明理由。逾期未作出决定的,视为准予延续。

延续许可的批准时间在原许可证有效期内的,延续起始日为原许可证到期日的次日;批准时间不在原许可证有效期内的,延续起始日为批准延续许可的日期。

第十七条 经营企业跨设区的市设置库房的,由医疗器械经营许可发证部门或者备案部门通报库房所在地设区的市级负责药品监督管理的部门。

第十八条 经营企业新设立独立经营场所的,应当依法单独申请医疗器械经营许可或者进行备案。

第十九条 医疗器械经营许可证遗失的,应当向原发证部门申请补发。原发证部门应当及时补发医疗器械经营许可证,补发的医疗器械经营许可证编号和有效期限与原许可证一致。

第二十条 有下列情形之一的,由原发证部门依法注销医疗器械经营许可证,并予以公告:

(一)主动申请注销的;

(二)有效期届满未延续的;

(三)市场主体资格依法终止的;

(四)医疗器械经营许可证依法被吊销或者撤销的;

(五)法律、法规规定应当注销行政许可的其他情形。

第二十一条 从事第二类医疗器械经营的,经营企业应当向所在地设区的市级负责药品监督管理的部门备案,并提交符合本办法第十条规定的资料(第七项除外),即完成经营备案,获取经营备案编号。

医疗器械经营备案人应当确保提交的资料合法、真实、准确、完整和可追溯。

第二十二条 必要时,设区的市级负责药品监督管理的部门在完成备案之日起3个月内,对提交的资料以及执行医疗器械经营质量管理规范情况开展现场检查。

现场检查发现与提交的资料不一致或者不符合医疗器械经营质量管理规范要求的,责令限期改正;不能保证产品安全、有效的,取消备案并向社会公告。

第二十三条 同时申请第三类医疗器械经营许可和进行第二类医疗器械经营备案的,或者已经取得第三类医疗器械经营许可进行第二类医疗器械备案的,可以免予提交相应资料。

第二十四条 第二类医疗器械经营企业的经营场所、经营方式、经营范围、库房地址等发生变化的,应当及时进行备案变更。必要时设区的市级负责药品监督管理的部门开展现场检查。现场检查不符合医疗器械经营质量管理规范要求的,责令限期改正;不能保证产品安全、有效的,取消备案并向社会公告。

第二十五条 对产品安全性、有效性不受流通过程影响的第二类医疗器械,可以免于经营备案。具体产品名录由国家药品监督管理局制定、调整并公布。

第二十六条 从事非营利的避孕医疗器械贮存、调拨和供应的机构,应当符合有关规定,无需办理医疗器械经营许可或者备案。

第二十七条 医疗器械注册人、备案人在其住所或者生产地址销售其注册、备案的医疗器械,无需办理医疗器械经营许可或者备案,但应当符合规定的经营条件;在其他场所贮存并销售医疗器械的,应当按照规定办理医疗器械经营许可或者备案。

第二十八条 任何单位和个人不得伪造、变造、买卖、出租、出借医疗器械经营许可证。

第三章 经营质量管理

第二十九条 从事医疗器械经营,应当按照法律法规和医疗器械经营质量管理规范的要求,建立覆盖采购、验收、贮存、销售、运输、售后服务等全过程的质量管理制度和质量控制措施,并做好相关记录,保证经营条件和经营活动持续符合要求。

第三十条 医疗器械经营企业应当建立并实施产品追溯制度,保证产品可追溯。

医疗器械经营企业应当按照国家有关规定执行医疗器械唯一标识制度。

第三十一条 医疗器械经营企业应当从具有合法资质的医疗器械注册人、备案人、经营企业购进医疗器械。

第三十二条 医疗器械经营企业应当建立进货查验记录制度,购进医疗器械时应当查验供货企业的资质,以及医疗器械注册证和备案信息、合格证明文件。进货查验记录应当真实、准确、完整和可追溯。进货查验记录包括:

(一)医疗器械的名称、型号、规格、数量;

(二)医疗器械注册证编号或者备案编号;

(三)医疗器械注册人、备案人和受托生产企业名称、生产许可证号或者备案编号;

(四)医疗器械的生产批号或者序列号、使用期限或者失效日期、购货日期等;

(五)供货者的名称、地址以及联系方式。

进货查验记录应当保存至医疗器械有效期满后2年;没有有效期的,不得少于5年。植入类医疗器械进货查验记录应当永久保存。

第三十三条 医疗器械经营企业应当采取有效措施,确保医疗器械运输、贮存符合医疗器械说明书或者标签标示要求,并做好相应记录。

对温度、湿度等环境条件有特殊要求的,应当采取相应措施,保证医疗器械的安全、有效。

第三十四条 医疗器械注册人、备案人和经营企业委托其他单位运输、贮存医疗器械的,应当对受托方运输、贮存医疗器械的质量保障能力进行评估,并与其签订委托协议,明确运输、贮存过程中的质量责任,确保运输、贮存过程中的质量安全。

第三十五条 为医疗器械注册人、备案人和经营企业专门提供运输、贮存服务的,应当与委托方签订书面协议,明确双方权利义务和质量责任,并具有与产品运输、贮存条件和规模相适应的设备设施,具备与委托方开展实时电子数据交换和实现产品经营质量管理全过程可追溯的信息管理平台和技术手段。

第三十六条 医疗器械注册人、备案人委托销售的,应当委托符合条件的医疗器械经营企业,并签订委托协议,明确双方的权利和义务。

第三十七条 医疗器械注册人、备案人和经营企业应当加强对销售人员的培训和管理,对销售人员以本企业名义从事的医疗器械购销行为承担法律责任。

第三十八条 从事第二类、第三类医疗器械批发业务以及第三类医疗器械零售业务的经营企业应当建立销售记录制度。销售记录信息应当真实、准确、完整和可追溯。销售记录包括：

（一）医疗器械的名称、型号、规格、注册证编号或者备案编号、数量、单价、金额；

（二）医疗器械的生产批号或者序列号、使用期限或者失效日期、销售日期；

（三）医疗器械注册人、备案人和受托生产企业名称、生产许可证编号或者备案编号。

从事第二类、第三类医疗器械批发业务的企业，销售记录还应当包括购货者的名称、地址、联系方式、相关许可证明文件编号或者备案编号等。

销售记录应当保存至医疗器械有效期满后2年；没有有效期的，不得少于5年。植入类医疗器械销售记录应当永久保存。

第三十九条　医疗器械经营企业应当提供售后服务。约定由供货者或者其他机构提供售后服务的，经营企业应当加强管理，保证医疗器械售后的安全使用。

第四十条　医疗器械经营企业应当配备专职或者兼职人员负责售后管理，对客户投诉的质量问题应当查明原因，采取有效措施及时处理和反馈，并做好记录，必要时及时通知医疗器械注册人、备案人、生产经营企业。

第四十一条　医疗器械经营企业应当协助医疗器械注册人、备案人，对所经营的医疗器械开展不良事件监测，按照国家药品监督管理局的规定，向医疗器械不良事件监测技术机构报告。

第四十二条　医疗器械经营企业发现其经营的医疗器械不符合强制性标准、经注册或者备案的产品技术要求，或者存在其他缺陷的，应当立即停止经营，通知医疗器械注册人、备案人等有关单位，并记录停止经营和通知情况。医疗器械注册人、备案人认为需要召回的，应当立即召回。

第四十三条　第三类医疗器械经营企业停业一年以上，恢复经营前，应当进行必要的验证和确认，并书面报告所在地设区的市级负责药品监督管理的部门。可能影响质量安全的，药品监督管理部门可以根据需要组织核查。

医疗器械注册人、备案人、经营企业经营条件发生重大变化，不再符合医疗器械经营质量管理体系要求的，应当立即采取整改措施；可能影响医疗器械安全、有效的，应当立即停止经营活动，并向原经营许可或者备案部门报告。

第四十四条　医疗器械经营企业应当建立质量管理自查制度，按照医疗器械经营质量管理规范要求进行自查，每年3月31日前向所在地市县级负责药品监督管理的部门提交上一年度的自查报告。

第四十五条　从事医疗器械经营活动的，不得经营未依法注册或者备案，无合格证明文件以及过期、失效、淘汰的医疗器械。

禁止进口、销售过期、失效、淘汰等已使用过的医疗器械。

第四章　监督检查

第四十六条　省、自治区、直辖市药品监督管理部门组织对本行政区域的医疗器械经营监督管理工作进行监督检查。

设区的市级、县级负责药品监督管理的部门负责本行政区域医疗器械经营活动的监督检查。

第四十七条　药品监督管理部门根据医疗器械经营企业质量管理和所经营医疗器械产品的风险程度，实施分类分级管理并动态调整。

第四十八条　设区的市级、县级负责药品监督管理的部门应当制定年度检查计划，明确监管重点、检查频次和覆盖范围并组织实施。

第四十九条　药品监督管理部门组织监督检查，检查方式原则上应当采取突击性监督检查，现场检查时不得少于两人，并出示执法证件，如实记录现场检查情况。检查发现存在质量安全风险或者不符合规范要求的，将检查结果书面告知被检查企业。需要整改的，应当明确整改内容以及整改期限，并进行跟踪检查。

第五十条　设区的市级、县级负责药品监督管理的部门应当对医疗器械经营企业符合医疗器械经营质量管理规范要求的情况进行监督检查，督促其规范经营活动。

第五十一条　设区的市级、县级负责药品监督管理的部门应当结合医疗器械经营企业提交的年度自查报告反映的情况加强监督检查。

第五十二条　药品监督管理部门应当对有下列情形的进行重点监督检查：

（一）上一年度监督检查中发现存在严重问题的；

（二）因违反有关法律、法规受到行政处罚的；

（三）风险会商确定的重点检查企业；

（四）有不良信用记录的；

（五）新开办或者经营条件发生重大变化的医疗器械批发企业和第三类医疗器械零售企业；

（六）为其他医疗器械注册人、备案人和生产经营企业专门提供贮存、运输服务的；

（七）其他需要重点监督检查的情形。

第五十三条　药品监督管理部门对不良事件监测、

抽查检验、投诉举报等发现可能存在严重质量安全风险的，原则上应当开展有因检查。有因检查原则上采取非预先告知的方式进行。

第五十四条 药品监督管理部门根据医疗器械质量安全风险防控需要，可以对为医疗器械经营活动提供产品或者服务的其他相关单位和个人进行延伸检查。

第五十五条 医疗器械经营企业跨设区的市设置的库房，由库房所在地药品监督管理部门负责监督检查。

医疗器械经营企业所在地药品监督管理部门和库房所在地药品监督管理部门应当加强监管信息共享，必要时可以开展联合检查。

第五十六条 药品监督管理部门应当加强医疗器械经营环节的抽查检验，对抽查检验不合格的，应当及时处置。

省级以上药品监督管理部门应当根据抽查检验结论及时发布医疗器械质量公告。

第五十七条 经营的医疗器械对人体造成伤害或者有证据证明可能危害人体健康的，药品监督管理部门可以采取暂停进口、经营、使用的紧急控制措施，并发布安全警示信息。

监督检查中发现经营活动严重违反医疗器械经营质量管理规范，不能保证产品安全有效，可能危害人体健康的，依照前款规定处理。

第五十八条 药品监督管理部门应当根据监督检查、产品抽检、不良事件监测、投诉举报、行政处罚等情况，定期开展风险会商研判，做好医疗器械质量安全隐患排查和防控处置工作。

第五十九条 医疗器械注册人、备案人、经营企业对存在的医疗器械质量安全风险，未采取有效措施消除的，药品监督管理部门可以对医疗器械注册人、备案人、经营企业的法定代表人或者企业负责人进行责任约谈。

第六十条 设区的市级负责药品监督管理的部门应当建立并及时更新辖区内医疗器械经营企业信用档案。信用档案中应当包括医疗器械经营企业许可备案、监督检查结果、违法行为查处、质量抽查检验、自查报告、不良行为记录和投诉举报等信息。

对有不良信用记录的医疗器械注册人、备案人和经营企业，药品监督管理部门应当增加监督检查频次，依法加强失信惩戒。

第六十一条 药品监督管理部门应当公布接受投诉、举报的联系方式。接到举报的药品监督管理部门应当及时核实、处理、答复。经查证属实的，应当按照有关规定对举报人给予奖励。

第六十二条 药品监督管理部门在监督检查中，发现涉嫌违法行为的，应当及时收集和固定证据，依法立案查处；涉嫌犯罪的，及时移交公安机关处理。

第六十三条 药品监督管理部门及其工作人员对调查、检查中知悉的商业秘密应当保密。

第六十四条 药品监督管理部门及其工作人员在监督检查中，应当严格规范公正文明执法，严格执行廉政纪律，不得索取或者收受财物，不得谋取其他利益，不得妨碍企业的正常经营活动。

第五章 法律责任

第六十五条 医疗器械经营的违法行为，医疗器械监督管理条例等法律法规已有规定的，依照其规定。

第六十六条 有下列情形之一的，责令限期改正，并处1万元以上5万元以下罚款；情节严重的，处5万元以上10万元以下罚款；造成危害后果的，处10万元以上20万元以下罚款：

（一）第三类医疗器械经营企业擅自变更经营场所、经营范围、经营方式、库房地址；

（二）医疗器械经营许可证有效期届满后，未依法办理延续手续仍继续从事医疗器械经营活动。

未经许可从事第三类医疗器械经营活动的，依照医疗器械监督管理条例第八十一条的规定处罚。

第六十七条 违反医疗器械经营质量管理规范有关要求的，由药品监督管理部门责令限期改正；影响医疗器械产品安全、有效的，依照医疗器械监督管理条例第八十六条的规定处罚。

第六十八条 医疗器械经营企业未按照要求提交质量管理体系年度自查报告，或者违反本办法规定为其他医疗器械生产经营企业专门提供贮存、运输服务的，由药品监督管理部门责令限期改正；拒不改正的，处1万元以上5万元以下罚款；情节严重的，处5万元以上10万元以下罚款。

第六十九条 第三类医疗器械经营企业未按照本办法规定办理企业名称、法定代表人、企业负责人变更的，由药品监督管理部门责令限期改正；拒不改正的，处5000元以上3万元以下罚款。

第七十条 药品监督管理部门工作人员违反本办法规定，滥用职权、玩忽职守、徇私舞弊的，依法给予处分。

第六章 附 则

第七十一条 本办法下列用语的含义是：

医疗器械批发，是指将医疗器械销售给医疗器械生产企业、医疗器械经营企业、医疗器械使用单位或者其他有合理使用需求的单位的医疗器械经营行为。

医疗器械零售，是指将医疗器械直接销售给消费者个人使用的医疗器械经营行为。

第七十二条 从事医疗器械网络销售的，应当遵守法律、法规和规章有关规定。

第七十三条 本办法自 2022 年 5 月 1 日起施行。2014 年 7 月 30 日原国家食品药品监督管理总局令第 8 号公布的《医疗器械经营监督管理办法》同时废止。

医疗器械使用质量监督管理办法

- 2015 年 10 月 21 日国家食品药品监督管理总局令第 18 号公布
- 自 2016 年 2 月 1 日起施行

第一章 总 则

第一条 为加强医疗器械使用质量监督管理，保证医疗器械使用安全、有效，根据《医疗器械监督管理条例》，制定本办法。

第二条 使用环节的医疗器械质量管理及其监督管理，应当遵守本办法。

第三条 国家食品药品监督管理总局负责全国医疗器械使用质量监督管理工作。县级以上地方食品药品监督管理部门负责本行政区域的医疗器械使用质量监督管理工作。

上级食品药品监督管理部门负责指导和监督下级食品药品监督管理部门开展医疗器械使用质量监督管理工作。

第四条 医疗器械使用单位应当按照本办法，配备与其规模相适应的医疗器械质量管理机构或者质量管理人员，建立覆盖质量管理全过程的使用质量管理制度，承担本单位使用医疗器械的质量管理责任。

鼓励医疗器械使用单位采用信息化技术手段进行医疗器械质量管理。

第五条 医疗器械生产经营企业销售的医疗器械应当符合强制性标准以及经注册或者备案的产品技术要求。医疗器械生产经营企业应当按照与医疗器械使用单位的合同约定，提供医疗器械售后服务，指导和配合医疗器械使用单位开展质量管理工作。

第六条 医疗器械使用单位发现所使用的医疗器械发生不良事件或者可疑不良事件的，应当按照医疗器械不良事件监测的有关规定报告并处理。

第二章 采购、验收与贮存

第七条 医疗器械使用单位应当对医疗器械采购实行统一管理，由其指定的部门或者人员统一采购医疗器械，其他部门或者人员不得自行采购。

第八条 医疗器械使用单位应当从具有资质的医疗器械生产经营企业购进医疗器械，索取、查验供货者资质、医疗器械注册证或者备案凭证等证明文件。对购进的医疗器械应当验明产品合格证明文件，并按规定进行验收。对有特殊储运要求的医疗器械还应当核实储运条件是否符合产品说明书和标签标示的要求。

第九条 医疗器械使用单位应当真实、完整、准确地记录进货查验情况。进货查验记录应当保存至医疗器械规定使用期限届满后 2 年或者使用终止后 2 年。大型医疗器械进货查验记录应当保存至医疗器械规定使用期限届满后 5 年或者使用终止后 5 年；植入性医疗器械进货查验记录应当永久保存。

医疗器械使用单位应当妥善保存购入第三类医疗器械的原始资料，确保信息具有可追溯性。

第十条 医疗器械使用单位贮存医疗器械的场所、设施及条件应当与医疗器械品种、数量相适应，符合产品说明书、标签标示的要求及使用安全、有效的需要；对温度、湿度等环境条件有特殊要求的，还应当监测和记录贮存区域的温度、湿度等数据。

第十一条 医疗器械使用单位应当按照贮存条件、医疗器械有效期限等要求对贮存的医疗器械进行定期检查并记录。

第十二条 医疗器械使用单位不得购进和使用未依法注册或者备案、无合格证明文件以及过期、失效、淘汰的医疗器械。

第三章 使用、维护与转让

第十三条 医疗器械使用单位应当建立医疗器械使用前质量检查制度。在使用医疗器械前，应当按照产品说明书的有关要求进行检查。

使用无菌医疗器械前，应当检查直接接触医疗器械的包装及其有效期限。包装破损、标示不清、超过有效期限或者可能影响使用安全、有效的，不得使用。

第十四条 医疗器械使用单位对植入和介入类医疗器械应当建立使用记录，植入性医疗器械使用记录永久保存，相关资料应当纳入信息化管理系统，确保信息可追溯。

第十五条 医疗器械使用单位应当建立医疗器械维

护维修管理制度。对需要定期检查、检验、校准、保养、维护的医疗器械，应当按照产品说明书的要求进行检查、检验、校准、保养、维护并记录，及时进行分析、评估，确保医疗器械处于良好状态。

对使用期限长的大型医疗器械，应当逐台建立使用档案，记录其使用、维护等情况。记录保存期限不得少于医疗器械规定使用期限届满后5年或者使用终止后5年。

第十六条 医疗器械使用单位应当按照产品说明书等要求使用医疗器械。一次性使用的医疗器械不得重复使用，对使用过的应当按照国家有关规定销毁并记录。

第十七条 医疗器械使用单位可以按照合同的约定要求医疗器械生产经营企业提供医疗器械维护维修服务，也可以委托有条件和能力的维修服务机构进行医疗器械维护维修，或者自行对在用医疗器械进行维护维修。

医疗器械使用单位委托维修服务机构或自行对在用医疗器械进行维护维修的，医疗器械生产经营企业应当按照合同的约定提供维护手册、维修手册、软件备份、故障代码表、备件清单、零部件、维修密码等维护维修必需的材料和信息。

第十八条 由医疗器械生产经营企业或者维修服务机构对医疗器械进行维护维修的，应当在合同中约定明确的质量要求、维修要求等相关事项。医疗器械使用单位应当在每次维护维修后索取并保存相关记录；医疗器械使用单位自行对医疗器械进行维护维修的，应当加强对从事医疗器械维护维修的技术人员的培训考核，并建立培训档案。

第十九条 医疗器械使用单位发现使用的医疗器械存在安全隐患的，应当立即停止使用，通知检修；经检修仍不能达到使用安全标准的，不得继续使用，并按照有关规定处置。

第二十条 医疗器械使用单位之间转让在用医疗器械，转让方应当确保所转让的医疗器械安全、有效，并提供产品合法证明文件。

转让双方应当签订协议，移交产品说明书、使用和维修记录档案复印件等资料，并经有资质的检验机构检验合格后方可转让。受让方应当参照本办法第八条关于进货查验的规定进行查验，符合要求后方可使用。

不得转让未依法注册或者备案、无合格证明文件或者检验不合格，以及过期、失效、淘汰的医疗器械。

第二十一条 医疗器械使用单位接受医疗器械生产经营企业或者其他机构、个人捐赠医疗器械的，捐赠方应当提供医疗器械的相关合法证明文件，受赠方应当参照本办法第八条关于进货查验的规定进行查验，符合要求后方可使用。

不得捐赠未依法注册或者备案、无合格证明文件或者检验不合格，以及过期、失效、淘汰的医疗器械。

医疗器械使用单位之间捐赠在用医疗器械的，参照本办法第二十条关于转让在用医疗器械的规定办理。

第四章 监督管理

第二十二条 食品药品监督管理部门按照风险管理原则，对使用环节的医疗器械质量实施监督管理。

设区的市级食品药品监督管理部门应当编制并实施本行政区域的医疗器械使用单位年度监督检查计划，确定监督检查的重点、频次和覆盖率。对存在较高风险的医疗器械、有特殊储运要求的医疗器械以及有不良信用记录的医疗器械使用单位等，应当实施重点监管。

年度监督检查计划及其执行情况应当报告省、自治区、直辖市食品药品监督管理部门。

第二十三条 食品药品监督管理部门对医疗器械使用单位建立、执行医疗器械使用质量管理制度的情况进行监督检查，应当记录监督检查结果，并纳入监督管理档案。

食品药品监督管理部门对医疗器械使用单位进行监督检查时，可以对相关的医疗器械生产经营企业、维修服务机构等进行延伸检查。

医疗器械使用单位、生产经营企业和维修服务机构等应当配合食品药品监督管理部门的监督检查，如实提供有关情况和资料，不得拒绝和隐瞒。

第二十四条 医疗器械使用单位应当按照本办法和本单位建立的医疗器械使用质量管理制度，每年对医疗器械质量管理工作进行全面自查，并形成自查报告。食品药品监督管理部门在监督检查中对医疗器械使用单位的自查报告进行抽查。

第二十五条 食品药品监督管理部门应当加强对使用环节医疗器械的抽查检验。省级以上食品药品监督管理部门应当根据抽查检验结论，及时发布医疗器械质量公告。

第二十六条 个人和组织发现医疗器械使用单位有违反本办法的行为，有权向医疗器械使用单位所在地食品药品监督管理部门举报。接到举报的食品药品监督管理部门应当及时核实、处理。经查证属实的，应当按照有关规定对举报人给予奖励。

第五章　法律责任

第二十七条　医疗器械使用单位有下列情形之一的，由县级以上食品药品监督管理部门按照《医疗器械监督管理条例》第六十六条的规定予以处罚：

（一）使用不符合强制性标准或者不符合经注册或者备案的产品技术要求的医疗器械的；

（二）使用无合格证明文件、过期、失效、淘汰的医疗器械，或者使用未依法注册的医疗器械的。

第二十八条　医疗器械使用单位有下列情形之一的，由县级以上食品药品监督管理部门按照《医疗器械监督管理条例》第六十七条的规定予以处罚：

（一）未按照医疗器械产品说明书和标签标示要求贮存医疗器械的；

（二）转让或者捐赠过期、失效、淘汰、检验不合格的在用医疗器械的。

第二十九条　医疗器械使用单位有下列情形之一的，由县级以上食品药品监督管理部门按照《医疗器械监督管理条例》第六十八条的规定予以处罚：

（一）未建立并执行医疗器械进货查验制度，未查验供货者的资质，或者未真实、完整、准确地记录进货查验情况的；

（二）未按照产品说明书的要求进行定期检查、检验、校准、保养、维护并记录的；

（三）发现使用的医疗器械存在安全隐患未立即停止使用、通知检修，或者继续使用经检修仍不能达到使用安全标准的医疗器械的；

（四）未妥善保存购入第三类医疗器械的原始资料的；

（五）未按规定建立和保存植入和介入类医疗器械使用记录的。

第三十条　医疗器械使用单位有下列情形之一的，由县级以上食品药品监督管理部门责令限期改正，给予警告；拒不改正的，处1万元以下罚款：

（一）未按规定配备与其规模相适应的医疗器械质量管理机构或者质量管理人员，或者未按规定建立覆盖质量管理全过程的使用质量管理制度的；

（二）未按规定由指定的部门或者人员统一采购医疗器械的；

（三）购进、使用未备案的第一类医疗器械，或者从未备案的经营企业购进第二类医疗器械的；

（四）贮存医疗器械的场所、设施及条件与医疗器械品种、数量不相适应的，或者未按照贮存条件、医疗器械有效期限等要求对贮存的医疗器械进行定期检查并记录的；

（五）未按规定建立、执行医疗器械使用前质量检查制度的；

（六）未按规定索取、保存医疗器械维护维修相关记录的；

（七）未按规定对本单位从事医疗器械维护维修的相关技术人员进行培训考核、建立培训档案的；

（八）未按规定对其医疗器械质量管理工作进行自查、形成自查报告的。

第三十一条　医疗器械生产经营企业违反本办法第十七条规定，未按要求提供维护维修服务，或者未按要求提供维护维修所必需的材料和信息的，由县级以上食品药品监督管理部门给予警告，责令限期改正；情节严重或者拒不改正的，处5000元以上2万元以下罚款。

第三十二条　医疗器械使用单位、生产经营企业和维修服务机构等不配合食品药品监督管理部门的监督检查，或者拒绝、隐瞒、不如实提供有关情况和资料的，由县级以上食品药品监督管理部门责令改正，给予警告，可以并处2万元以下罚款。

第六章　附　则

第三十三条　用于临床试验的试验用医疗器械的质量管理，按照医疗器械临床试验等有关规定执行。

第三十四条　对使用环节的医疗器械使用行为的监督管理，按照国家卫生和计划生育委员会的有关规定执行。

第三十五条　本办法自2016年2月1日起施行。

医疗器械临床使用管理办法

· 2020年12月4日第2次委务会议审议通过
· 2021年1月12日国家卫生健康委员会令第8号公布
· 自2021年3月1日起施行

第一章　总　则

第一条　为加强医疗器械临床使用管理，保障医疗器械临床使用安全、有效，根据《医疗器械监督管理条例》《医疗机构管理条例》等法律法规，制定本办法。

第二条　本办法适用于各级各类医疗机构临床使用医疗器械的监督管理工作。

医疗器械临床试验管理不适用本办法。

第三条　国家卫生健康委负责全国医疗器械临床使用监督管理工作。

县级以上地方卫生健康主管部门负责本行政区域内医疗器械临床使用监督管理工作。

第四条 医疗机构主要负责人是本机构医疗器械临床使用管理的第一责任人。

医疗机构应当建立并完善本机构医疗器械临床使用管理制度，确保医疗器械合理使用。

第五条 县级以上地方卫生健康主管部门和医疗机构应当依据国家有关规定建立医疗器械应急保障机制，保障突发事件的应急救治需求。

第六条 医疗机构应当根据国家发布的医疗器械分类目录，对医疗器械实行分类管理。

第七条 卫生健康主管部门应当逐步完善人工智能医疗器械临床使用规范，鼓励医疗机构加强人工智能医疗器械临床使用培训。

第二章 组织机构与职责

第八条 国家卫生健康委组织成立国家医疗器械临床使用专家委员会。国家医疗器械临床使用专家委员会负责分析全国医疗器械临床使用情况，研究医疗器械临床使用中的重点问题，提供政策咨询及建议，指导医疗器械临床合理使用。

省级卫生健康主管部门组织成立省级医疗器械临床使用专家委员会或者委托相关组织、机构负责本行政区域内医疗器械临床使用的监测、评价等工作。

第九条 二级以上医疗机构应当设立医疗器械临床使用管理委员会；其他医疗机构应当根据本机构实际情况，配备负责医疗器械临床使用管理的专（兼）职人员。

医疗器械临床使用管理委员会由本机构负责医疗管理、质量控制、医院感染管理、医学工程、信息等工作的相关职能部门负责人以及相关临床、医技等科室负责人组成，负责指导和监督本机构医疗器械临床使用行为，日常管理工作依托本机构的相关部门负责。

第十条 医疗机构医疗器械临床使用管理委员会和配备的专（兼）职人员对本机构医疗器械临床使用管理承担以下职责：

（一）依法拟订医疗器械临床使用工作制度并组织实施；

（二）组织开展医疗器械临床使用安全管理、技术评估与论证；

（三）监测、评价医疗器械临床使用情况，对临床科室在用医疗器械的使用效能进行分析、评估和反馈；监督、指导高风险医疗器械的临床使用与安全管理；提出干预和改进医疗器械使用措施，指导临床合理使用；

（四）监测识别医疗器械临床使用安全风险，分析、评估使用安全事件，并提供咨询与指导；

（五）组织开展医疗器械管理法律、法规、规章和合理使用相关制度、规范的业务知识培训，宣传医疗器械临床使用安全知识。

第十一条 二级以上医疗机构应当明确本机构各相关职能部门和各相关科室的医疗器械临床使用管理职责；相关职能部门、相关科室应当指定专人负责本部门或者本科室的医疗器械临床使用管理工作。

其他医疗机构应当根据本机构实际情况，明确相关部门、科室和人员的职责。

第十二条 二级以上医疗机构应当配备与其功能、任务、规模相适应的医学工程及其他专业技术人员、设备和设施。

第十三条 医疗器械使用科室负责医疗器械日常管理工作，做好医疗器械的登记、定期核对、日常使用维护保养等工作。

第十四条 医疗机构从事医疗器械相关工作的卫生专业技术人员，应当具备相应的专业学历、卫生专业技术职务任职资格或者依法取得相应资格。

第十五条 医疗机构应当组织开展医疗器械临床使用管理的继续教育和培训，开展医疗器械临床使用范围、质量控制、操作规程、效果评价等培训工作。

第十六条 医疗机构应当加强医疗器械信息管理，建立医疗器械及其使用信息档案。

第十七条 医疗机构应当每年开展医疗器械临床使用管理自查、评估、评价工作，确保医疗器械临床使用的安全、有效。

第三章 临床使用管理

第十八条 医疗机构应当建立医疗器械临床使用技术评估与论证制度并组织实施，开展技术需求分析和成本效益评估，确保医疗器械满足临床需求。

第十九条 医疗机构购进医疗器械，应当查验供货者的资质和医疗器械的合格证明文件，建立进货查验记录制度。

医疗机构应当妥善保存购入第三类医疗器械的原始资料，并确保信息具有可追溯性。

第二十条 医疗器械需要安装或者集成的，应当由生产厂家或者其授权的具备相关服务资质的单位、医疗机构负责医学工程工作的部门依据国家有关标准实施。

医疗机构应当对医疗器械相关硬件、软件的安装、更新、升级情况进行登记和审核，并应当进行临床验证和技术评估。

第二十一条　医疗机构应当建立医疗器械验收验证制度，保证医疗器械的功能、性能、配置要求符合购置合同以及临床诊疗的要求。医疗器械经验收验证合格后方可应用于临床。

第二十二条　医疗机构及其医务人员临床使用医疗器械，应当遵循安全、有效、经济的原则，采用与患者疾病相适应的医疗器械进行诊疗活动。

需要向患者说明医疗器械临床使用相关事项的，应当如实告知，不得隐瞒或者虚假宣传，误导患者。

第二十三条　医疗机构及其医务人员临床使用医疗器械，应当按照诊疗规范、操作指南、医疗器械使用说明书等，遵守医疗器械适用范围、禁忌症及注意事项，注意主要风险和关键性能指标。

第二十四条　医疗机构应当建立医疗器械临床使用风险管理制度，持续改进医疗器械临床使用行为。

第二十五条　医疗机构应当开展医疗器械临床使用安全管理，对生命支持类、急救类、植入类、辐射类、灭菌类和大型医疗器械实行使用安全监测与报告制度。

第二十六条　医疗机构应当制订与其规模、功能相匹配的生命支持医疗器械和相关重要医疗器械故障紧急替代流程，配备必要的替代设备设施，并对急救的医疗器械实行专管专用，保证临床急救工作正常开展。

第二十七条　发现使用的医疗器械存在安全隐患的，医疗机构应当立即停止使用，并通知医疗器械注册人、备案人或者其他负责产品质量的机构进行检修；经检修仍不能达到使用安全标准的医疗器械，不得继续使用。

第二十八条　医疗机构应当严格执行医院感染管理有关法律法规的规定，使用符合国家规定的消毒器械和一次性使用的医疗器械。按规定可以重复使用的医疗器械，应当严格按照规定清洗、消毒或者灭菌，并进行效果监测；一次性使用的医疗器械不得重复使用，使用过的应当按照国家有关规定销毁并记录。

使用无菌医疗器械前，应当对直接接触医疗器械的包装及其有效期进行常规检查，认真核对其规格、型号、消毒或者灭菌有效日期等。包装破损、标示不清、超过有效期或者可能影响使用安全的，不得使用。

第二十九条　临床使用大型医疗器械以及植入和介入类医疗器械的，应当将医疗器械的名称、关键性技术参数等信息以及与使用质量安全密切相关的必要信息记载到病历等相关记录中。

第三十条　医疗机构应当按照规定开展医疗器械临床使用评价工作，重点加强医疗器械的临床实效性、可靠性和可用性评价。

第四章　保障维护管理

第三十一条　医疗器械保障维护管理应当重点进行检测和预防性维护。通过开展性能检测和安全监测，验证医疗器械性能的适当性和使用的安全性；通过开展部件更换、清洁等预防性维护，延长医疗器械使用寿命并预防故障发生。

第三十二条　医疗机构应当监测医疗器械的运行状态，对维护与维修的全部过程进行跟踪记录，定期分析评价医疗器械整体维护情况。

第三十三条　医疗机构应当遵照国家有关医疗器械标准、规程、技术指南等，确保系统环境电源、温湿度、辐射防护、磁场屏蔽、光照亮度等因素与医疗器械相适应，定期对医疗器械使用环境进行测试、评估和维护。

第三十四条　医疗机构应当具备与医疗器械品种、数量相适应的贮存场所和条件。对温度、湿度等环境条件有特殊要求的，应当采取相应措施，保证医疗器械安全、有效。

第三十五条　医疗机构应当真实记录医疗器械保障情况并存入医疗器械信息档案，档案保存期限不得少于医疗器械规定使用期限终止后五年。

第五章　使用安全事件处理

第三十六条　医疗机构应当对医疗器械使用安全事件进行收集、分析、评价及控制，遵循可疑即报的原则，及时报告。

第三十七条　发生或者发现医疗器械使用安全事件或者可疑医疗器械使用安全事件时，医疗机构及其医务人员应当立即采取有效措施，避免或者减轻对患者身体健康的损害，防止损害扩大，并向所在地县级卫生健康主管部门报告。

第三十八条　发生或者发现因医疗器械使用行为导致或者可能导致患者死亡、残疾或者二人以上人身损害时，医疗机构应当在二十四小时内报告所在地县级卫生健康主管部门，必要时可以同时向上级卫生健康主管部门报告。医疗机构应当立即对医疗器械使用行为进行调查、核实；必要时，应当对发生使用安全事件的医疗器械同批次同规格型号库存产品暂缓使用，对剩余产品进行登记封存。

第三十九条　县级及设区的市级卫生健康主管部门获知医疗机构医疗器械使用安全事件或者可疑医疗器械

使用安全事件后，应当进行核实，必要时应当进行调查；对医疗机构医疗器械使用行为导致或者可能导致患者死亡、残疾或者二人以上人身损害的，应当进行现场调查，并将调查结果逐级上报至省级卫生健康主管部门。

省级以上卫生健康主管部门获知医疗机构医疗器械使用安全事件或者可疑医疗器械使用安全事件，认为应当开展现场调查的，应当组织开展调查。省级卫生健康主管部门开展相关调查的，应将调查结果及时报送国家卫生健康委。

对卫生健康主管部门开展的医疗器械使用安全事件调查，医疗机构应当配合。

第四十条 县级以上地方卫生健康主管部门在医疗器械使用安全事件调查结果确定前，对可疑医疗器械质量问题造成患者损害的，应当根据影响采取相应措施；对影响较大的，可以采取风险性提示、暂停辖区内医疗机构使用同批次同规格型号的医疗器械等措施，以有效降低风险，并通报同级药品监督管理部门。

经调查不属于医疗器械使用安全事件的，卫生健康主管部门应当移交同级药品监督管理部门处理。

第六章 监督管理

第四十一条 县级以上地方卫生健康主管部门应当编制并实施本行政区域医疗机构医疗器械使用年度监督检查计划，确定监督检查的重点、频次和覆盖率。对使用风险较高、有特殊保存管理要求医疗器械的医疗机构应当实施重点监管。

第四十二条 县级以上地方卫生健康主管部门应当加强对医疗机构医疗器械临床使用行为的监督管理，并在监督检查中有权行使以下职责：

（一）进入现场实施检查、抽取样品；

（二）查阅、复制有关档案、记录及其他有关资料；

（三）法律法规规定的其他职责。

医疗机构应当积极配合卫生健康主管部门的监督检查，并对检查中发现的问题及时进行整改。

第四十三条 县级以上地方卫生健康主管部门应当组织对医疗机构医疗器械临床使用管理情况进行定期或者不定期抽查，并将抽查结果纳入医疗机构监督管理档案。

第七章 法律责任

第四十四条 医疗机构有下列情形之一的，由县级以上地方卫生健康主管部门依据《医疗器械监督管理条例》的有关规定予以处理：

（一）未按照规定建立并执行医疗器械进货查验记录制度的；

（二）对重复使用的医疗器械，未按照消毒和管理的规定进行处理的；

（三）重复使用一次性使用的医疗器械，或者未按照规定销毁使用过的一次性使用的医疗器械的；

（四）未妥善保存购入第三类医疗器械的原始资料，或者未按照规定将大型医疗器械以及植入和介入类器械的信息记载到病历等相关记录中的；

（五）发现使用的医疗器械存在安全隐患未立即停止使用、通知检修，或者继续使用经检修仍不能达到使用安全标准的医疗器械的。

第四十五条 医疗机构违反本办法规定，有下列情形之一的，由县级以上地方卫生健康主管部门责令改正，给予警告；情节严重的，可以并处五千元以上三万元以下罚款：

（一）未按照规定建立医疗器械临床使用管理工作制度的；

（二）未按照规定设立医疗器械临床使用管理委员会或者配备专（兼）职人员负责本机构医疗器械临床使用管理工作的；

（三）未按照规定建立医疗器械验收验证制度的；

（四）未按照规定报告医疗器械使用安全事件的；

（五）不配合卫生健康主管部门开展的医疗器械使用安全事件调查和临床使用行为的监督检查的；

（六）其他违反本办法规定的行为。

第四十六条 医疗机构及其医务人员在医疗器械临床使用中违反《执业医师法》《医疗机构管理条例》等有关法律法规的，依据有关法律法规的规定进行处理。

第四十七条 县级以上地方卫生健康主管部门工作人员不履行医疗机构医疗器械临床使用监督管理职责或者滥用职权、玩忽职守、徇私舞弊的，上级卫生健康主管部门可以建议有管理权限的监察机关或者任免机关对直接负责的主管人员和其他直接责任人员依法给予处分；构成犯罪的，依法追究刑事责任。

第八章 附 则

第四十八条 本办法所称医疗器械使用安全事件，是指医疗机构及其医务人员在诊疗活动中，因医疗器械使用行为存在过错，造成患者人身损害的事件。

第四十九条 取得计划生育技术服务机构执业许可证的计划生育技术服务机构，以及依法执业的血站、单采血浆站等单位的医疗器械使用管理参照本办法执行。

第五十条 对使用环节的医疗器械质量的监督管理,按照国务院药品监督管理部门的有关规定执行。

第五十一条 本办法自2021年3月1日起施行。

医疗器械临床使用安全管理规范(试行)

· 2010年1月14日
· 卫医管发〔2010〕4号

第一章 总　则

第一条　为加强医疗器械临床使用安全管理工作,降低医疗器械临床使用风险,提高医疗质量,保障医患双方合法权益,根据《执业医师法》、《医疗机构管理条例》、《护士条例》、《医疗事故处理条例》、《医疗器械监督管理条例》、《医院感染管理办法》、《消毒管理办法》等规定制定本规范。

第二条　医疗器械临床使用安全管理,是指医疗机构医疗服务中涉及的医疗器械产品安全、人员、制度、技术规范、设施、环境等的安全管理。

第三条　卫生部主管全国医疗器械临床使用安全监管工作,组织制定医疗器械临床使用安全管理规范,根据医疗器械分类与风险分级原则建立医疗器械临床使用的安全控制及监测评价体系,组织开展医疗器械临床使用的监测和评价工作。

第四条　县级以上地方卫生行政部门负责根据卫生部有关管理规范和监测评价体系的要求,组织开展本行政区域内医疗器械临床使用安全监管工作。

第五条　医疗机构应当依据本规范制定医疗器械临床使用安全管理制度,建立健全本机构医疗器械临床使用安全管理体系。

二级以上医院应当设立由院领导负责的医疗器械临床使用安全管理委员会,委员会由医疗行政管理、临床医学及护理、医院感染管理、医疗器械保障管理等相关人员组成,指导医疗器械临床安全管理和监测工作。

第二章 临床准入与评价管理

第六条　医疗器械临床准入与评价管理是指医疗机构为确保进入临床使用的医疗器械合法、安全、有效,而采取的管理和技术措施。

第七条　医疗机构应当建立医疗器械采购论证、技术评估和采购管理制度,确保采购的医疗器械符合临床需求。

第八条　医疗机构应当建立医疗器械供方资质审核及评价制度,按照相关法律、法规的规定审验生产企业和经营企业的《医疗器械生产企业许可证》、《医疗器械注册证》、《医疗器械经营企业许可证》及产品合格证明等资质。

纳入大型医用设备管理品目的大型医用设备,应当有卫生行政部门颁发的配置许可证。

第九条　医疗机构应当有专门部门负责医疗器械采购,医疗器械采购应当遵循国家相关管理规定执行,确保医疗器械采购规范、入口统一、渠道合法、手续齐全。医疗机构应当按照院务公开等有关规定,将医疗器械采购情况及时做好对内公开。

第十条　医疗器械的安装,应当由生产厂家或者其授权的具备相关服务资质的单位或者由医疗机构医疗器械保障部门实施。

特种设备的安装、存储和转运应当按照相关规定执行,医疗机构应当保存相关记录。

第十一条　医疗机构应当建立医疗器械验收制度,验收合格后方可应用于临床。医疗器械验收应当由医疗机构医疗器械保障部门或者其委托的具备相应资质的第三方机构组织实施并与相关的临床科室共同评估临床验收试用的结果。

第十二条　医疗机构应当按照国家分类编码的要求,对医疗器械进行唯一性标识,并妥善保存高风险医疗器械购入时的包装标识、标签、说明书、合格证明等原始资料,以确保这些信息具有可追溯性。

第十三条　医疗机构应当对医疗器械采购、评价、验收等过程中形成的报告、合同、评价记录等文件进行建档和妥善保存,保存期限为医疗器械使用寿命周期结束后5年以上。

第十四条　医疗机构不得使用无注册证、无合格证明、过期、失效或者按照国家规定在技术上淘汰的医疗器械。医疗器械新产品的临床试验或者试用按照相关规定执行。

第三章 临床使用管理

第十五条　在医疗机构从事医疗器械相关工作的技术人员,应当具备相应的专业学历、技术职称或者经过相关技术培训,并获得国家认可的执业技术水平资格。

第十六条　医疗机构应当对医疗器械临床使用技术人员和从事医疗器械保障的医学工程技术人员建立培训、考核制度。组织开展新产品、新技术应用前规范化培训,开展医疗器械临床使用过程中的质量控制、操作规程等相关培训,建立培训档案,定期检查评价。

第十七条　医疗机构临床使用医疗器械应当严格遵

照产品使用说明书、技术操作规范和规程,对产品禁忌症及注意事项应当严格遵守,需向患者说明的事项应当如实告知,不得进行虚假宣传,误导患者。

第十八条 发生医疗器械临床使用安全事件或者医疗器械出现故障,医疗机构应当立即停止使用,并通知医疗器械保障部门按规定进行检修;经检修达不到临床使用安全标准的医疗器械,不得再用于临床。

第十九条 医疗机构应当建立医疗器械临床使用安全事件的日常管理制度、监测制度和应急预案,并主动或者定期向县级以上卫生行政部门、药品监督管理部门上报医疗器械临床使用安全事件监测信息。

第二十条 医疗机构应当严格执行《医院感染管理办法》等有关规定,对消毒器械和一次性使用医疗器械相关证明进行审核。一次性使用的医疗器械按相关法律规定不得重复使用,按规定可以重复使用的医疗器械,应当严格按照要求清洗、消毒或者灭菌,并进行效果监测。

医护人员在使用各类医用耗材时,应当认真核对其规格、型号、消毒或者有效日期等,并进行登记。对使用后的医用耗材等,属医疗废物的,应当按照《医疗废物管理条例》等有关规定处理。

第二十一条 临床使用的大型医用设备、植入与介入类医疗器械名称、关键性技术参数及唯一性标识信息应当记录到病历中。

第二十二条 医疗机构应当定期对本机构医疗器械使用安全情况进行考核和评估,形成记录并存档。

第四章 临床保障管理

第二十三条 医疗机构应当制定医疗器械安装、验收(包括商务、技术、临床)使用中的管理制度与技术规范。

第二十四条 医疗机构应当对在用设备类医疗器械的预防性维护、检测与校准、临床应用效果等信息进行分析与风险评估,以保证在用设备类医疗器械处于完好与待用状态、保障所获临床信息的质量。

预防性维护方案的内容与程序、技术与方法、时间间隔与频率,应按照相关规范和医疗机构实际情况制订。

第二十五条 医疗机构应当在大型医用设备使用科室的明显位置,公示有关医用设备的主要信息,包括医疗器械名称、注册证号、规格、生产厂商、启用日期和设备管理人员等内容。

第二十六条 医疗机构应当遵照医疗器械技术指南和有关国家标准与规程,定期对医疗器械使用环境进行测试、评估和维护。

第二十七条 医疗机构应当设置与医疗器械种类、数量相适应,适宜医疗器械分类保管的贮存场所。有特殊要求的医疗器械,应当配备相应的设施,保证使用环境条件。

第二十八条 对于生命支持设备和重要的相关设备,医疗机构应当制订应急备用方案。

第二十九条 医疗器械保障技术服务全过程及其结果均应当真实记录并存入医疗器械信息档案。

第五章 监 督

第三十条 县级以上地方卫生行政部门负责医疗器械临床使用安全监督管理。

医疗机构应当加强对本机构医疗器械管理工作,定期检查相关制度的落实情况。

第三十一条 县级以上地方卫生行政部门应当对医疗机构的医疗器械信息档案,包括器械唯一性标识、使用记录和保障记录等,进行定期检查。

第三十二条 医疗机构在医疗器械临床使用安全管理过程中,违反相关法律、法规及本规范要求的,县级以上地方卫生行政部门可依据有关法律、法规,采取警告、责令改正、停止使用有关医疗器械等措施予以处理。

卫生行政部门在调查取证中可采取查阅、复制有关资料等措施,医疗机构应予以积极配合。

第六章 附 则

第三十三条 本规范所包括的医疗器械是指依照相关法律法规依法取得市场准入,与医疗机构中医疗活动相关的仪器、设备、器具、材料等物品。

第三十四条 医疗器械临床使用安全事件是指,获准上市的质量合格的医疗器械在医疗机构的使用中,由于人为、医疗器械性能不达标或者设计不足等因素造成的可能导致人体伤害的各种有害事件。

第三十五条 高风险医疗器械是指植入人体,用于支持、维持生命,或者对人体具有潜在危险的医疗器械产品。

第三十六条 本规范自发布之日起生效。

医疗器械临床试验质量管理规范

· 2022年3月24日国家药监局、国家卫生健康委公告2022年第28号发布
· 自2022年5月1日起施行

第一章 总 则

第一条 为加强对医疗器械临床试验的管理,维护受试者权益和安全,保证医疗器械临床试验过程规范,结

果真实、准确、完整和可追溯,根据《医疗器械监督管理条例》,制定本规范。

第二条 在中华人民共和国境内,为申请医疗器械(含体外诊断试剂,下同)注册而实施的医疗器械临床试验相关活动,应当遵守本规范。

本规范涵盖医疗器械临床试验全过程,包括医疗器械临床试验的方案设计、实施、监查、稽查、检查以及数据的采集、记录、保存、分析,总结和报告等。

第三条 医疗器械临床试验应当遵守《世界医学大会赫尔辛基宣言》的伦理准则和国家涉及人的生物医学研究伦理的相关规范。参与医疗器械临床试验的各方应当按照试验中各自的职责承担相应的伦理责任。

第四条 实施医疗器械临床试验应当有充分的科学依据和明确的试验目的,权衡受试者和社会预期的风险和获益。只有当预期的获益大于风险时,方可实施或者继续实施临床试验。

第五条 医疗器械临床试验应当在具备相应条件并且按照规定备案的医疗器械临床试验机构实施。

第六条 医疗器械临床试验应当获得伦理委员会的同意。列入需进行临床试验审批的第三类医疗器械目录的,还应当获得国家药品监督管理局的批准,并且在符合要求的三级甲等医疗机构实施临床试验。

第七条 医疗器械临床试验的申办者应当建立覆盖医疗器械临床试验全过程的质量管理体系,确保医疗器械临床试验符合相关法律法规,保护受试者权益和安全。

第二章 伦理委员会

第八条 伦理委员会的职责是保护受试者合法权益和安全,维护受试者尊严。

第九条 伦理委员会应当遵守《世界医学大会赫尔辛基宣言》的伦理准则和相关法律法规规定。伦理委员会的组成、运行、备案管理应当符合卫生健康管理部门要求。

第十条 伦理委员会所有委员应当接受伦理知识、本规范和相关法律法规培训,熟悉医疗器械临床试验的伦理准则和相关法律法规规定,遵守伦理委员会的工作程序。

第十一条 医疗器械临床试验开始前,申办者应当通过主要研究者向伦理委员会提交下列文件:

(一)临床试验方案;

(二)研究者手册;

(三)知情同意书文本和其他任何提供给受试者的书面材料;

(四)招募受试者和向其宣传的程序性文件(如适用);

(五)病例报告表文本;

(六)基于产品技术要求的产品检验报告;

(七)临床前研究相关资料;

(八)主要研究者简历、专业特长、能力、接受培训和其他能够证明其资格的文件;

(九)试验医疗器械的研制符合适用的医疗器械质量管理体系相关要求的声明;

(十)与伦理审查相关的其他文件。

第十二条 伦理委员会应当对医疗器械临床试验的伦理性和科学性进行审查,并应当重点关注下列内容:

(一)主要研究者的资格、经验以及是否有充足的时间参加该临床试验;

(二)临床试验的人员配备以及设备条件等是否符合试验要求;

(三)受试者可能遭受的风险程度与试验预期的受益相比是否合适;

(四)临床试验方案是否充分考虑了伦理原则,是否符合科学性,包括研究目的是否适当、受试者的权益和安全是否得到保障、其他人员可能遭受的风险是否得到充分保护;

(五)向受试者提供的有关本试验的信息资料是否完整,是否明确告知其应当享有的权利;受试者是否可以理解知情同意书的内容;获取知情同意书的方法是否适当;

(六)受试者入选、排除是否科学和公平;

(七)受试者是否因参加临床试验而获得合理补偿;受试者若发生与临床试验相关的伤害或者死亡,给予的诊治和保障措施是否充分;

(八)对儿童、孕妇、老年人、智力低下者、精神障碍患者等特殊人群受试者的保护是否充分。

第十三条 伦理委员会审查意见可以是:

(一)同意;

(二)作必要修改后同意;

(三)不同意;

(四)暂停或者终止已同意的试验。

审查意见要求修改或者予以否定的,应当说明理由。

第十四条 知情同意书一般应当包括下列内容以及对事项的说明:

(一)主要研究者的姓名以及相关信息;

(二)医疗器械临床试验机构的名称;

(三)临床试验名称、目的、方法、内容;

(四)临床试验过程、期限;

(五)临床试验的资金来源、可能的利益冲突;

(六)预期受试者可能的受益和已知的、可以预见的风险以及可能发生的不良事件;

(七)受试者可以获得的替代诊疗方法以及其潜在受益和风险的信息;

(八)适用时,说明受试者可能被分配到临床试验的不同组别;

(九)受试者参加临床试验是自愿的,且在临床试验的任何阶段有权退出而不会受到歧视或者报复,其医疗待遇与权益不受影响;

(十)告知受试者参加临床试验的个人资料属于保密,但医疗器械临床试验机构管理部门、伦理委员会、药品监督管理部门、卫生健康管理部门或者监查员、稽查员在工作需要时按照规定程序可以查阅受试者参加临床试验的个人资料;

(十一)受试者在临床试验期间可能获得的免费诊疗项目和其他相关补偿;

(十二)如发生与临床试验相关的伤害,受试者可以获得的治疗和/或赔偿;

(十三)受试者在临床试验期间可以随时了解与其相关的信息资料。

知情同意书应当注明制定的版本和日期或者修订后的版本和日期。知情同意书应当采用受试者能够理解的语言和文字。知情同意书不应当含有会引起受试者放弃合法权益以及免除医疗器械临床试验机构和主要研究者、申办者应当负责任的内容。

第十五条 伦理委员会的跟踪审查:

(一)伦理委员会应当对医疗器械临床试验进行跟踪监督,发现受试者权益和安全不能得到保障等情形,可以在任何时间书面要求暂停或者终止该项临床试验;

(二)伦理委员会需要审查研究者报告的本临床试验机构发生的严重不良事件等安全性信息,审查申办者报告的试验医疗器械相关严重不良事件等安全性信息。伦理委员会可以要求修改临床试验方案、知情同意书和其他提供给受试者的信息,暂停或者终止该项临床试验;

(三)伦理委员会需要审查临床试验方案的偏离对受试者权益和安全的可能影响,或者对医疗器械临床试验的科学性、完整性的可能影响。

第十六条 医疗器械临床试验过程中,修订临床试验方案以及知情同意书等文件、恢复已暂停的临床试验,应当在重新获得伦理委员会的书面同意后方可实施。

第十七条 伦理委员会应当保存伦理审查的全部记录,包括伦理审查的书面记录、委员信息、递交的文件、会议记录和相关往来记录等。

第三章 医疗器械临床试验机构

第十八条 医疗器械临床试验机构应当符合备案条件,建立临床试验管理组织架构和管理制度。医疗器械临床试验机构应当具有相应的临床试验管理部门,承担医疗器械临床试验的管理工作。

第十九条 医疗器械临床试验机构管理部门应当负责在医疗器械临床试验机构备案管理信息系统中填报、管理和变更医疗器械临床试验机构备案信息,包括临床试验专业、主要研究者等信息;负责在备案系统中在线提交上一年度实施医疗器械临床试验工作总结报告;负责在伦理委员会对医疗器械临床试验审查前,组织评估该临床试验主要研究者的资质并完成其备案。

第二十条 医疗器械临床试验机构应当建立质量管理制度,涵盖医疗器械临床试验实施的全过程,包括培训和考核、临床试验的实施、医疗器械的管理、生物样本的管理、不良事件和器械缺陷的处理以及安全性信息的报告、记录、质量控制等制度,确保主要研究者履行其临床试验相关职责,保证受试者得到妥善的医疗处理,确保试验产生数据的真实性。

第二十一条 医疗器械临床试验机构在接受医疗器械临床试验前,应当根据试验医疗器械的特性评估相关资源,确保具备相匹配的资质、人员、设施、条件等。

第二十二条 医疗器械临床试验机构和研究者应当配合申办者组织的监查和稽查,以及药品监督管理部门、卫生健康管理部门开展的检查。

第二十三条 医疗器械临床试验机构应当按照相关法律法规和与申办者的合同,妥善保存临床试验记录和基本文件。

第四章 研究者

第二十四条 负责医疗器械临床试验的主要研究者应当具备下列条件:

(一)已完成医疗器械临床试验主要研究者备案;

(二)熟悉本规范和相关法律法规;

(三)具有试验医疗器械使用所要求的专业知识和经验,经过临床试验相关培训,有临床试验的经验,熟悉申办者所提供的医疗器械临床试验方案、研究者手册等资料;

(四)有能力协调、支配和使用进行该项医疗器械临床试验的人员和设备,且有能力处理医疗器械临床试验中发生的不良事件和其他关联事件。

第二十五条 主要研究者应当确保医疗器械临床试验遵守伦理委员会同意的最新版本临床试验方案;在约定的时限内,按照本规范和相关法律法规的规定实施医疗器械临床试验。

第二十六条 主要研究者可以根据医疗器械临床试验的需要,授权经过临床试验相关培训的研究者,组织进行受试者招募和知情同意、筛选和随访;试验医疗器械和对照医疗器械(如适用)的管理和使用;生物样本的管理和使用(如适用);不良事件和器械缺陷的处理;临床试验数据记录以及病例报告表填写等。

第二十七条 参与医疗器械临床试验的研究者应当:

(一)具有承担医疗器械临床试验相应的专业技术资格、培训经历和相关经验;

(二)参加申办者组织的与该医疗器械临床试验相关的培训,并在主要研究者授权的范围内参与医疗器械临床试验;

(三)熟悉试验医疗器械的原理、适用范围或者预期用途、产品性能、操作方法、安装要求以及技术指标等,了解该试验医疗器械临床前研究相关资料;

(四)充分了解并且遵守临床试验方案、本规范和相关法律法规规定以及与医疗器械临床试验相关的职责;

(五)掌握临床试验可能产生风险的防范以及紧急处理方法。

第二十八条 研究者应当遵守《世界医学大会赫尔辛基宣言》的伦理准则及相关伦理要求,并符合以下要求:

(一)应当使用经伦理委员会同意的最新版本知情同意书和其他提供给受试者的信息;

(二)在受试者参与临床试验前,应当向受试者说明试验医疗器械以及临床试验有关的详细情况,告知受试者可能的受益和已知的、可以预见的风险,经充分和详细解释后由受试者在知情同意书上签署姓名和日期,研究者在知情同意书上应当签署姓名和日期;

(三)受试者为无民事行为能力人或者限制民事行为能力人的,应当依法获得其监护人的书面知情同意;受试者缺乏阅读能力的,应当有一位公正见证人见证整个知情同意过程并在知情同意书上签字并注明日期;

(四)不应当强迫或者以其他不正当方式诱使受试者参加临床试验;

(五)确保知情同意书更新并获得伦理委员会审查同意后,所有受影响的未结束试验流程的受试者,都签署新修订的知情同意书。

第二十九条 研究者对申办者提供的试验医疗器械和对照医疗器械(如适用)有管理责任,应当确保其仅用于参加该医疗器械临床试验的受试者,在临床试验期间按照要求储存和保管,在临床试验完成或者终止后按照相关法律法规和与申办者的合同进行处理。

第三十条 研究者应当确保医疗器械临床试验中生物样本的采集、处理、保存、运输、销毁等符合临床试验方案和相关法律法规。

第三十一条 医疗器械临床试验中发生不良事件时,研究者应当为受试者提供足够、及时的治疗和处理;当受试者出现并发疾病需要治疗和处理时,研究者应当及时告知受试者。研究者应当记录医疗器械临床试验过程中发生的不良事件和发现的器械缺陷。

第三十二条 研究者应当及时报告医疗器械临床试验中的安全性信息:

(一)医疗器械临床试验中发生严重不良事件时,研究者应当立即对受试者采取适当的治疗措施;同时,研究者应当在获知严重不良事件后24小时内,向申办者、医疗器械临床试验机构管理部门、伦理委员会报告;并按照临床试验方案的规定随访严重不良事件,提交严重不良事件随访报告;

(二)发现医疗器械临床试验的风险超过可能的受益,需要暂停或者终止临床试验时,主要研究者应当向申办者、医疗器械临床试验机构管理部门、伦理委员会报告,及时通知受试者,并保证受试者得到适当治疗和随访。

第三十三条 主要研究者应当对收到的安全性信息及时处理:

(一)收到申办者提供的试验医疗器械相关严重不良事件和其他安全性信息时,应当及时签收阅读,并考虑受试者的治疗是否进行相应调整,必要时尽早与受试者沟通;

(二)收到申办者或者伦理委员会需要暂停或者终止医疗器械临床试验的通知时,应当及时通知受试者,并保证受试者得到适当治疗和随访。

第三十四条 主要研究者应当按时向伦理委员会报告医疗器械临床试验的进展,及时报告影响受试者权益和安全的事件或者对临床试验方案的偏离。

第三十五条 医疗器械临床试验机构和研究者对申

办者严重或者持续违反本规范和相关法律法规，或者要求改变试验数据、结论的行为，应当书面向申办者所在地省、自治区、直辖市药品监督管理部门报告。

第五章 申办者

第三十六条 申办者应当对医疗器械临床试验的真实性、合规性负责。申办者为境外机构的，应当按照相关法律法规指定中国境内的企业法人作为代理人，由代理人协助申办者履行职责。

第三十七条 申办者的质量管理体系应当覆盖医疗器械临床试验的全过程，包括医疗器械临床试验机构和主要研究者的选择、临床试验方案的设计、医疗器械临床试验的实施、记录、结果报告和文件归档等。申办者的质量管理措施应当与临床试验的风险相适应。

第三十八条 申办者发起医疗器械临床试验前应当：

（一）确保产品设计已定型，完成试验医疗器械的临床前研究，包括性能验证以及确认、基于产品技术要求的产品检验报告、风险受益分析等，且结果应当能够支持该项医疗器械临床试验；

（二）根据试验医疗器械的特性，选择已备案的医疗器械临床试验机构、专业和主要研究者；

（三）负责组织制定研究者手册、临床试验方案、知情同意书、病例报告表、标准操作规程以及其他相关文件，并向医疗器械临床试验机构和主要研究者提供。

第三十九条 申办者应当与医疗器械临床试验机构和主要研究者签订合同，明确各方在医疗器械临床试验中的权利和义务。

第四十条 申办者应当在医疗器械临床试验经伦理审查通过并且与医疗器械临床试验机构签订合同后，向申办者所在地省、自治区、直辖市药品监督管理部门进行临床试验项目备案。

医疗器械临床试验备案完成后，该医疗器械临床试验机构方可开始第一例受试者知情同意以及筛选。

第四十一条 医疗器械临床试验开始前，申办者应当负责组织与该医疗器械临床试验相关的培训，如试验医疗器械的原理、适用范围、产品性能、操作方法、安装要求、技术指标以及临床试验方案、标准操作规程以及其他相关文件等。

第四十二条 申办者应当免费提供试验医疗器械，并符合以下要求：

（一）试验医疗器械应当按照医疗器械生产质量管理规范的相关要求生产且质量合格；

（二）确定试验医疗器械的运输条件、储存条件、储存时间、有效期等；

（三）试验医疗器械应当按照临床试验方案要求进行适当包装和保存；包装标签上应当标明产品信息，具有易于识别、正确编码的标识，标明仅用于医疗器械临床试验；

（四）医疗器械临床试验获得伦理委员会同意后，申办者负责在规定的条件下将试验医疗器械运输至医疗器械临床试验机构；

（五）对从医疗器械临床试验机构回收的试验医疗器械，申办者负责保存回收处置等记录。

第四十三条 申办者应当为受试者支付与医疗器械临床试验相关的费用。受试者发生与医疗器械临床试验相关的损害或者死亡时，申办者应当承担相应的治疗费用、补偿或者赔偿，但不包括研究者和医疗器械临床试验机构自身过失以及受试者自身疾病进展所致的损害。

第四十四条 申办者应当负责医疗器械试验期间安全性信息的评估和报告：

（一）申办者应当在获知死亡或者危及生命的临床试验医疗器械相关严重不良事件后7日内、获知非死亡或者非危及生命的试验医疗器械相关严重不良事件和其他严重安全性风险信息后15日内，向参与临床试验的其他医疗器械临床试验机构、伦理委员会以及主要研究者报告，向申办者所在地省、自治区、直辖市药品监督管理部门报告，向医疗器械临床试验机构所在地省、自治区、直辖市药品监督管理部门和卫生健康管理部门报告，并采取风险控制措施；出现可能影响受试者安全、可能影响医疗器械临床试验实施、可能改变伦理委员会同意意见的信息时，应当及时组织对临床试验方案、知情同意书和其他提供给受试者的信息，以及其他相关文件进行修改，并提交伦理委员会审查；

（二）出现大范围临床试验医疗器械相关严重不良事件，或者其他重大安全性问题时，申办者应当暂停或者终止医疗器械临床试验，并向所有医疗器械临床试验机构管理部门、伦理委员会以及主要研究者报告，向申办者所在地省、自治区、直辖市药品监督管理部门报告，向所有医疗器械临床试验机构所在地省、自治区、直辖市药品监督管理部门和卫生健康管理部门报告。

第四十五条 申办者应当承担医疗器械临床试验监查责任，制定监查标准操作规程，并选择符合要求的监查员履行监查职责：

（一）监查员人数以及监查次数应当与医疗器械临床试验的复杂程度和参与临床试验的医疗器械临床试

机构数量相匹配；

（二）监查员应当受过相应的培训，熟悉本规范和相关法律法规，具备相关专业背景知识，熟悉试验医疗器械的相关研究资料和同类产品临床方面的信息、临床试验方案以及其相关的文件，能够有效履行监查职责；

（三）监查员应当遵守由申办者制定的监查标准操作规程，督促医疗器械临床试验按照临床试验方案实施。监查的内容包括医疗器械临床试验机构和研究者在临床试验实施过程中对临床试验方案、本规范和相关法律法规的依从性；受试者知情同意书签署、筛选、随访、权益和安全保障；试验医疗器械和对照医疗器械（如适用）的管理和使用；生物样本的管理和使用（如适用）；不良事件和器械缺陷的处理；安全性信息的报告；临床试验数据记录以及病例报告表填写等。

第四十六条 为保证临床试验的质量，申办者可以组织独立于医疗器械临床试验、有相应培训和经验的稽查员对临床试验实施情况进行稽查，评估临床试验是否符合临床试验方案、本规范和相关法律法规的规定。

第四十七条 申办者应当确保医疗器械临床试验的实施遵守临床试验方案，发现医疗器械临床试验机构和研究者不遵守临床试验方案、本规范和相关法律法规的，应当及时指出并予以纠正；如情况严重或者持续不改，应当终止该临床试验机构和研究者继续参加该临床试验，并书面向临床试验机构所在地省、自治区、直辖市药品监督管理部门报告。

第四十八条 申办者应当在医疗器械临床试验暂停、终止或者完成后10个工作日内，书面报告所有的主要研究者、医疗器械临床试验机构管理部门、伦理委员会。

申办者应当在医疗器械临床试验终止或者完成后10个工作日内，向申办者所在地省、自治区、直辖市药品监督管理部门报告。

第六章 临床试验方案和试验报告

第四十九条 实施医疗器械临床试验，申办者应当根据试验目的，综合考虑试验医疗器械的风险、技术特征、适用范围和预期用途等，组织制定科学、合理的临床试验方案。

第五十条 临床试验方案一般包含产品基本信息、临床试验基本信息、试验目的、风险受益分析、试验设计要素、试验设计的合理性论证、统计学考虑、实施方式（方法、内容、步骤）、临床试验终点、数据管理、对试验方案修正的规定、不良事件和器械缺陷定义和报告的规定、伦理学考虑等内容。

第五十一条 申办者、主要研究者应当按照临床试验方案实施医疗器械临床试验，并完成临床试验报告。临床试验报告应当全面、完整、准确反映临床试验结果，临床试验报告安全性、有效性数据应当与临床试验源数据一致。

第五十二条 临床试验报告一般包含医疗器械临床试验基本信息、实施情况、统计分析方法、试验结果、不良事件和器械缺陷报告以及其处理情况、对试验结果的分析讨论、临床试验结论、伦理情况说明、存在问题以及改进建议等内容。

第五十三条 临床试验方案、临床试验报告应当由主要研究者签名、注明日期，经医疗器械临床试验机构审核签章后交申办者。

第七章 多中心临床试验

第五十四条 多中心临床试验是指按照同一临床试验方案，在两个以上（含两个）医疗器械临床试验机构实施的临床试验。

多中心临床试验在不同的国家或者地区实施时，为多区域临床试验，在中国境内实施的多区域医疗器械临床试验应当符合本规范的相关要求。

第五十五条 申办者实施多中心医疗器械临床试验，应当符合以下要求：

（一）申办者应当确保参加医疗器械临床试验的各中心均能遵守临床试验方案；

（二）申办者应当向各中心提供相同的临床试验方案。临床试验方案的伦理性和科学性经组长单位伦理委员会审查通过后，参加临床试验的其他医疗器械临床试验机构伦理委员会一般情况下不再对临床试验方案设计提出修改意见，但是有权不同意在其医疗器械临床试验机构进行试验；

（三）各中心应当使用相同的病例报告表和填写指导说明，以记录在医疗器械临床试验中获得的试验数据；

（四）医疗器械临床试验开始前，应当有书面文件明确参加医疗器械临床试验的各中心主要研究者的职责；

（五）申办者应当确保各中心主要研究者之间的沟通；

（六）申办者负责选择、确定医疗器械临床试验的协调研究者，协调研究者供职的医疗机构为组长单位。协调研究者承担多中心临床试验中各中心的协调工作。

第五十六条 多中心临床试验报告应当由协调研究者签名、注明日期，经组长单位医疗器械临床试验机构审核签章后交申办者。

各分中心临床试验小结应当由该中心的主要研究者签名、注明日期,经该中心的医疗器械临床试验机构审核签章后交申办者。分中心临床试验小结主要包括人员信息、试验医疗器械和对照医疗器械(如适用)信息、试验概述、病例入组情况、临床试验方案的执行情况、试验数据的总结和描述性分析、医疗器械临床试验质量管理情况、不良事件和器械缺陷的发生以及处理情况、方案偏离情况说明等。

第八章 记录要求

第五十七条 医疗器械临床试验数据应当真实、准确、完整、具有可追溯性。医疗器械临床试验的源数据应当清晰可辨识,不得随意更改;确需更改时应当说明理由,签名并注明日期。

第五十八条 在医疗器械临床试验中,主要研究者应当确保任何观察与发现均正确完整地予以记录。以患者为受试者的临床试验,相关的医疗记录应当载入门诊或者住院病历中。

第五十九条 主要研究者应当确保按照申办者提供的指南,填写和修改病例报告表,确保病例报告表中的数据准确、完整、清晰和及时。病例报告表中报告的数据应当与源文件一致。病例报告表中数据的修改,应当确保初始记录清晰可辨,保留修改轨迹,修改者签名并注明日期。

第六十条 医疗器械临床试验中如采用电子数据采集系统,该系统应当经过可靠的验证,具有完善的权限管理和稽查轨迹,可以追溯至记录的创建者、创建时间或者修改者、修改时间、修改情况,所采集的电子数据可以溯源。

第六十一条 医疗器械临床试验基本文件是用于评价申办者、医疗器械临床试验机构和主要研究者对本规范和药品监督管理部门有关要求的执行情况。药品监督管理部门可以对医疗器械临床试验基本文件进行检查,并作为确认医疗器械临床试验实施的真实性和所收集数据完整性的依据。

第六十二条 申办者和医疗器械临床试验机构应当具备临床试验基本文件保存的场所和条件,应当建立基本文件管理制度。医疗器械临床试验基本文件按临床试验阶段分为三部分:准备阶段文件、进行阶段文件、完成或者终止后文件。

第六十三条 申办者和医疗器械临床试验机构应当确保临床试验基本文件在保存期间的完整性,避免故意或者无意地更改或者丢失。

(一)研究者应当在医疗器械临床试验过程中妥善保存临床试验基本文件;

(二)医疗器械临床试验机构应当保存临床试验基本文件至医疗器械临床试验完成或者终止后10年;

(三)伦理委员会应当保存伦理审查的全部记录至医疗器械临床试验完成或者终止后10年;

(四)申办者应当保存临床试验基本文件至无该医疗器械使用时。

第九章 附 则

第六十四条 本规范下列用语的含义:

医疗器械临床试验,是指在符合条件的医疗器械临床试验机构中,对拟申请注册的医疗器械(含体外诊断试剂)在正常使用条件下的安全性和有效性进行确认的过程。

医疗器械临床试验机构,是指具备相应条件,按照本规范和相关法律法规实施医疗器械临床试验的机构,包括承担体外诊断试剂临床试验的血液中心和中心血站、设区的市级以上疾病预防控制机构、戒毒中心等非医疗机构。

临床试验方案,是指说明医疗器械临床试验目的、设计、方法学和组织实施等的文件。临床试验方案包括方案以及其修订版。

临床试验报告,是指描述一项医疗器械临床试验设计、执行、统计分析和结果的文件。

病例报告表,是指按照医疗器械临床试验方案所规定设计的文件,用以记录试验过程中获得的每个受试者的全部信息和数据。

研究者手册,是指申办者提供的、帮助主要研究者和参与临床试验的其他研究者更好地理解和遵守临床试验方案的资料汇编,包括但不限于:申办者基本信息、试验医疗器械的概要说明、支持试验医疗器械预期用途和临床试验设计理由的概要和评价、可能的风险、推荐的防范和紧急处理方法等。

试验医疗器械,是指医疗器械临床试验中对其安全性、有效性进行确认的拟申请注册的医疗器械。

对照医疗器械,是指医疗器械临床试验中作为对照的在中华人民共和国境内已上市医疗器械。

伦理委员会,是指由适当人员组成的独立的委员会,其职责是确保参与医疗器械临床试验的受试者的权益和安全得到保护。

知情同意,是指向受试者告知医疗器械临床试验的各方面情况后,受试者确认自愿参加该项医疗器械临床试验的过程,应当以书面签署姓名和注明日期的知情同意书作为证明文件。

受试者,是指自愿参加医疗器械临床试验的个人。

公正见证人,是指与医疗器械临床试验无关,不受临床试验相关人员不公正影响的个人,在受试者无阅读能力时,作为公正的见证人,阅读知情同意书和其他提供给受试者的信息,并见证知情同意。

申办者,是指医疗器械临床试验的发起、管理和提供财务支持的机构或者组织。

研究者,是指在医疗器械临床试验机构中实施医疗器械临床试验的人员。

主要研究者,是指在医疗器械临床试验机构中实施医疗器械临床试验的负责人。

协调研究者,是指在多中心临床试验中由申办者指定实施协调工作的研究者,一般为组长单位的主要研究者。

监查,是指申办者为保证医疗器械临床试验能够遵守临床试验方案、本规范和相关法律法规,选派专门人员对医疗器械临床试验机构、研究者进行评价调查,对医疗器械临床试验过程中的数据进行验证并记录和报告的活动。

稽查,是指由申办者组织对医疗器械临床试验相关活动和文件进行系统性的独立检查,以确定此类活动的执行、数据的记录、分析和报告是否符合临床试验方案、本规范和相关法律法规。

检查,是指监管部门对医疗器械临床试验的有关文件、设施、记录和其他方面进行的监督管理活动。

偏离,是指有意或者无意地未遵守医疗器械临床试验方案要求的情形。

不良事件,是指在医疗器械临床试验过程中出现的不良医学事件,无论是否与试验医疗器械相关。

严重不良事件,是指医疗器械临床试验过程中发生的导致死亡或者健康状况严重恶化,包括致命的疾病或者伤害、身体结构或者身体功能的永久性缺陷、需要住院治疗或者延长住院时间、需要采取医疗措施以避免对身体结构或者身体功能造成永久性缺陷;导致胎儿窘迫、胎儿死亡或者先天性异常、先天缺损等事件。

器械缺陷,是指临床试验过程中医疗器械在正常使用情况下存在可能危及人体健康和生命安全的不合理风险,如标签错误、质量问题、故障等。

源数据,是指医疗器械临床试验中的临床发现、观察和其他活动的原始记录以及其经核准的副本中的所有信息,可以用于医疗器械临床试验重建和评价。

源文件,是指包含源数据的印刷文件、可视文件或者电子文件等。

第六十五条 医疗器械临床试验方案等文书的格式范本由国家药品监督管理局另行制定。

第六十六条 本规范自2022年5月1日起施行。

医疗器械不良事件监测和再评价管理办法

- 2018年8月13日国家市场监督管理总局、国家卫生健康委员会令第1号公布
- 自2019年1月1日起施行

第一章 总 则

第一条 为加强医疗器械不良事件监测和再评价,及时、有效控制医疗器械上市后风险,保障人体健康和生命安全,根据《医疗器械监督管理条例》,制定本办法。

第二条 在中华人民共和国境内开展医疗器械不良事件监测、再评价及其监督管理,适用本办法。

第三条 医疗器械上市许可持有人(以下简称持有人),应当具有保证医疗器械安全有效的质量管理能力和相应责任能力,建立医疗器械不良事件监测体系,向医疗器械不良事件监测技术机构(以下简称监测机构)直接报告医疗器械不良事件。由持有人授权销售的经营企业、医疗器械使用单位应当向持有人和监测机构报告医疗器械不良事件。

持有人应当对发现的不良事件进行评价,根据评价结果完善产品质量,并向监测机构报告评价结果和完善质量的措施;需要原注册机关审批的,应当按规定提交申请。

境外持有人指定的代理人应当承担境内销售的进口医疗器械的不良事件监测工作,配合境外持有人履行再评价义务。

第四条 本办法下列用语的含义:

(一)医疗器械上市许可持有人,是指医疗器械注册证书和医疗器械备案凭证的持有人,即医疗器械注册人和备案人。

(二)医疗器械不良事件,是指已上市的医疗器械,在正常使用情况下发生的,导致或者可能导致人体伤害的各种有害事件。

(三)严重伤害,是指有下列情况之一者:

1. 危及生命;

2. 导致机体功能的永久性伤害或者机体结构的永久性损伤;

3. 必须采取医疗措施才能避免上述永久性伤害或者损伤。

（四）群体医疗器械不良事件，是指同一医疗器械在使用过程中，在相对集中的时间、区域内发生，对一定数量人群的身体健康或者生命安全造成损害或者威胁的事件。

（五）医疗器械不良事件监测，是指对医疗器械不良事件的收集、报告、调查、分析、评价和控制的过程。

（六）医疗器械重点监测，是指为研究某一品种或者产品上市后风险情况、特征、严重程度、发生率等，主动开展的阶段性监测活动。

（七）医疗器械再评价，是指对已注册或者备案、上市销售的医疗器械的安全性、有效性进行重新评价，并采取相应措施的过程。

第五条 国家药品监督管理局建立国家医疗器械不良事件监测信息系统，加强医疗器械不良事件监测信息网络和数据库建设。

国家药品监督管理局指定的监测机构（以下简称国家监测机构）负责对收集到的医疗器械不良事件信息进行统一管理，并向相关监测机构、持有人、经营企业或者使用单位反馈医疗器械不良事件监测相关信息。

与产品使用风险相关的监测信息应当向卫生行政部门通报。

第六条 省、自治区、直辖市药品监督管理部门应当建立医疗器械不良事件监测体系，完善相关制度，配备相应监测机构和人员，开展医疗器械不良事件监测工作。

第七条 任何单位和个人发现医疗器械不良事件，有权向负责药品监督管理的部门（以下简称药品监督管理部门）或者监测机构报告。

第二章 职责与义务

第八条 国家药品监督管理局负责全国医疗器械不良事件监测和再评价的监督管理工作，会同国务院卫生行政部门组织开展全国范围内影响较大并造成严重伤害或者死亡以及其他严重后果的群体医疗器械不良事件的调查和处理，依法采取紧急控制措施。

第九条 省、自治区、直辖市药品监督管理部门负责本行政区域内医疗器械不良事件监测和再评价的监督管理工作，会同同级卫生行政部门和相关部门组织开展本行政区域内发生的群体医疗器械不良事件的调查和处理，依法采取紧急控制措施。

设区的市级和县级药品监督管理部门负责本行政区域内医疗器械不良事件监测相关工作。

第十条 上级药品监督管理部门指导和监督下级药品监督管理部门开展医疗器械不良事件监测和再评价的监督管理工作。

第十一条 国务院卫生行政部门和地方各级卫生行政部门负责医疗器械使用单位中与医疗器械不良事件监测相关的监督管理工作，督促医疗器械使用单位开展医疗器械不良事件监测相关工作并组织检查，加强医疗器械不良事件监测工作的考核，在职责范围内依法对医疗器械不良事件采取相关控制措施。

上级卫生行政部门指导和监督下级卫生行政部门开展医疗器械不良事件监测相关的监督管理工作。

第十二条 国家监测机构负责接收持有人、经营企业及使用单位等报告的医疗器械不良事件信息，承担全国医疗器械不良事件监测和再评价的相关技术工作；负责全国医疗器械不良事件监测信息网络及数据库的建设、维护和信息管理，组织制定技术规范和指导原则，组织开展国家药品监督管理局批准注册的医疗器械不良事件相关信息的调查、评价和反馈，对市级以上地方药品监督管理部门批准注册或者备案的医疗器械不良事件信息进行汇总、分析和指导，开展全国范围内影响较大并造成严重伤害或者死亡以及其他严重后果的群体医疗器械不良事件的调查和评价。

第十三条 省、自治区、直辖市药品监督管理部门指定的监测机构（以下简称省级监测机构）组织开展本行政区域内医疗器械不良事件监测和再评价相关技术工作；承担本行政区域内注册或者备案的医疗器械不良事件的调查、评价和反馈，对本行政区域内发生的群体医疗器械不良事件进行调查和评价。

设区的市级和县级监测机构协助开展本行政区域内医疗器械不良事件监测相关技术工作。

第十四条 持有人应当对其上市的医疗器械进行持续研究，评估风险情况，承担医疗器械不良事件监测的责任，根据分析评价结果采取有效控制措施，并履行下列主要义务：

（一）建立包括医疗器械不良事件监测和再评价工作制度的医疗器械质量管理体系；

（二）配备与其产品相适应的机构和人员从事医疗器械不良事件监测相关工作；

（三）主动收集并按照本办法规定的时限要求及时向监测机构如实报告医疗器械不良事件；

（四）对发生的医疗器械不良事件及时开展调查、分析、评价，采取措施控制风险，及时发布风险信息；

（五）对上市医疗器械安全性进行持续研究，按要求撰写定期风险评价报告；

（六）主动开展医疗器械再评价；

（七）配合药品监督管理部门和监测机构组织开展的不良事件调查。

第十五条 境外持有人除应当履行本办法第十四条规定的义务外，还应当与其指定的代理人之间建立信息传递机制，及时互通医疗器械不良事件监测和再评价相关信息。

第十六条 医疗器械经营企业、使用单位应当履行下列主要义务：

（一）建立本单位医疗器械不良事件监测工作制度，医疗机构还应当将医疗器械不良事件监测纳入医疗机构质量安全管理重点工作；

（二）配备与其经营或者使用规模相适应的机构或者人员从事医疗器械不良事件监测相关工作；

（三）收集医疗器械不良事件，及时向持有人报告，并按照要求向监测机构报告；

（四）配合持有人对医疗器械不良事件的调查、评价和医疗器械再评价工作；

（五）配合药品监督管理部门和监测机构组织开展的不良事件调查。

第三章 报告与评价

第一节 基本要求

第十七条 报告医疗器械不良事件应当遵循可疑即报的原则，即怀疑某事件为医疗器械不良事件时，均可以作为医疗器械不良事件进行报告。

报告内容应当真实、完整、准确。

第十八条 导致或者可能导致严重伤害或者死亡的可疑医疗器械不良事件应当报告；创新医疗器械在首个注册周期内，应当报告该产品的所有医疗器械不良事件。

第十九条 持有人、经营企业和二级以上医疗机构应当注册为国家医疗器械不良事件监测信息系统用户，主动维护其用户信息，报告医疗器械不良事件。持有人应当持续跟踪和处理监测信息；产品注册信息发生变化的，应当在系统中立即更新。

鼓励其他使用单位注册为国家医疗器械不良事件监测信息系统用户，报告不良事件相关信息。

第二十条 持有人应当公布电话、通讯地址、邮箱、传真等联系方式，指定联系人，主动收集来自医疗器械经营企业、使用单位、使用者等的不良事件信息；对发现或者获知的可疑医疗器械不良事件，持有人应当直接通过国家医疗器械不良事件监测信息系统进行医疗器械不良事件报告与评价，并上报群体医疗器械不良事件调查报告以及定期风险评价报告等。

医疗器械经营企业、使用单位发现或者获知可疑医疗器械不良事件的，应当及时告知持有人，并通过国家医疗器械不良事件监测信息系统报告。暂不具备在线报告条件的，应当通过纸质报表向所在地县级以上监测机构报告，由监测机构代为在线报告。

各级监测机构应当公布电话、通讯地址等联系方式。

第二十一条 持有人应当对收集和获知的医疗器械不良事件监测信息进行分析、评价，主动开展医疗器械安全性研究。对附条件批准的医疗器械，持有人还应当按照风险管控计划开展相关工作。

第二十二条 持有人、经营企业、使用单位应当建立并保存医疗器械不良事件监测记录。记录应当保存至医疗器械有效期后 2 年；无有效期的，保存期限不得少于 5 年。植入性医疗器械的监测记录应当永久保存，医疗机构应当按照病例相关规定保存。

第二十三条 省级监测机构应当对本行政区域内注册或者备案的医疗器械的不良事件报告进行综合分析，对发现的风险提出监管措施建议，于每季度结束后 30 日内报所在地省、自治区、直辖市药品监督管理部门和国家监测机构。

国家监测机构应当对国家药品监督管理局批准注册或者备案的医疗器械的不良事件报告和各省、自治区、直辖市药品监督管理部门的季度报告进行综合分析，必要时向国家药品监督管理局提出监管措施建议。

第二十四条 省级监测机构应当按年度对本行政区域内注册或者备案的医疗器械的不良事件监测情况进行汇总分析，形成年度汇总报告，于每年 3 月 15 日前报所在地省、自治区、直辖市药品监督管理部门和国家监测机构。

国家监测机构应当对全国医疗器械不良事件年度监测情况进行汇总分析，形成年度报告，于每年 3 月底前报国家药品监督管理局。

省级以上药品监督管理部门应当将年度报告情况通报同级卫生行政部门。

第二节 个例医疗器械不良事件

第二十五条 持有人发现或者获知可疑医疗器械不良事件的，应当立即调查原因，导致死亡的应当在 7 日内报告；导致严重伤害、可能导致严重伤害或者死亡的应当在 20 日内报告。

医疗器械经营企业、使用单位发现或者获知可疑医疗器械不良事件的，应当及时告知持有人。其中，导致死亡的还应当在 7 日内，导致严重伤害、可能导致严重伤害或者死亡的在 20 日内，通过国家医疗器械不良事件监测信息系统报告。

第二十六条 除持有人、经营企业、使用单位以外的其他单位和个人发现导致或者可能导致严重伤害或者死亡的医疗器械不良事件的，可以向监测机构报告，也可以向持有人、经营企业或者经治的医疗机构报告，必要时提供相关的病历资料。

第二十七条 进口医疗器械的境外持有人和在境外销售国产医疗器械的持有人，应当主动收集其产品在境外发生的医疗器械不良事件。其中，导致或者可能导致严重伤害或者死亡的，境外持有人指定的代理人和国产医疗器械持有人应当自发现或者获知之日起 30 日内报告。

第二十八条 设区的市级监测机构应当自收到医疗器械不良事件报告之日起 10 日内，对报告的真实性、完整性和准确性进行审核，并实时反馈相关持有人。

第二十九条 持有人在报告医疗器械不良事件后或者通过国家医疗器械不良事件监测信息系统获知相关医疗器械不良事件后，应当按要求开展后续调查、分析和评价，导致死亡的事件应当在 30 日内，导致严重伤害、可能导致严重伤害或者死亡的事件应当在 45 日内向持有人所在地省级监测机构报告评价结果。对于事件情况和评价结果有新的发现或者认知的，应当补充报告。

第三十条 持有人所在地省级监测机构应当在收到持有人评价结果 10 日内完成对评价结果的审核，必要时可以委托或者会同不良事件发生地省级监测机构对导致或者可能导致严重伤害或者死亡的不良事件开展现场调查。其中，对于国家药品监督管理局批准注册的医疗器械，国家监测机构还应当对省级监测机构作出的评价审核结果进行复核，必要时可以组织对导致死亡的不良事件开展调查。

审核和复核结果应当反馈持有人。对持有人的评价结果存在异议的，可以要求持有人重新开展评价。

第三节 群体医疗器械不良事件

第三十一条 持有人、经营企业、使用单位发现或者获知群体医疗器械不良事件后，应当在 12 小时内通过电话或者传真等方式报告不良事件发生地省、自治区、直辖市药品监督管理部门和卫生行政部门，必要时可以越级报告，同时通过国家医疗器械不良事件监测信息系统报告群体医疗器械不良事件基本信息，对每一事件还应当在 24 小时内按个例事件报告。

不良事件发生地省、自治区、直辖市药品监督管理部门应当及时向持有人所在地省、自治区、直辖市药品监督管理部门通报相关信息。

第三十二条 持有人发现或者获知其产品的群体医疗器械不良事件后，应当立即暂停生产、销售，通知使用单位停止使用相关医疗器械，同时开展调查及生产质量管理体系自查，并于 7 日内向所在地及不良事件发生地省、自治区、直辖市药品监督管理部门和监测机构报告。

调查应当包括产品质量状况、伤害与产品的关联性、使用环节操作和流通过程的合规性等。自查应当包括采购、生产管理、质量控制、同型号同批次产品追踪等。

持有人应当分析事件发生的原因，及时发布风险信息，将自查情况和所采取的控制措施报所在地及不良事件发生地省、自治区、直辖市药品监督管理部门，必要时应当召回相关医疗器械。

第三十三条 医疗器械经营企业、使用单位发现或者获知群体医疗器械不良事件的，应当在 12 小时内告知持有人，同时迅速开展自查，并配合持有人开展调查。自查应当包括产品贮存、流通过程追溯，同型号同批次产品追踪等；使用单位自查还应当包括使用过程是否符合操作规范和产品说明书要求等。必要时，医疗器械经营企业、使用单位应当暂停医疗器械的销售、使用，并协助相关单位采取相关控制措施。

第三十四条 省、自治区、直辖市药品监督管理部门在获知本行政区域内发生的群体医疗器械不良事件后，应当会同同级卫生行政部门及时开展现场调查，相关省、自治区、直辖市药品监督管理部门应当配合。调查、评价和处理结果应当及时报国家药品监督管理局和国务院卫生行政部门，抄送持有人所在地省、自治区、直辖市药品监督管理部门。

第三十五条 对全国范围内影响较大并造成严重伤害或者死亡以及其他严重后果的群体医疗器械不良事件，国家药品监督管理局应当会同国务院卫生行政部门组织调查和处理。国家监测机构负责现场调查，相关省、自治区、直辖市药品监督管理部门、卫生行政部门应当配合。

调查内容应当包括医疗器械不良事件发生情况、医疗器械使用情况、患者诊治情况、既往类似不良事件、产品生产过程、产品贮存流通情况以及同型号同批次产品追踪等。

第三十六条 国家监测机构和相关省、自治区、直辖市药品监督管理部门、卫生行政部门应当在调查结束后5日内，根据调查情况对产品风险进行技术评价并提出控制措施建议，形成调查报告报国家药品监督管理局和国务院卫生行政部门。

第三十七条　持有人所在地省、自治区、直辖市药品监督管理部门可以对群体不良事件涉及的持有人开展现场检查。必要时，国家药品监督管理局可以对群体不良事件涉及的境外持有人开展现场检查。

现场检查应当包括生产质量管理体系运行情况、产品质量状况、生产过程、同型号同批次产品追踪等。

第四节　定期风险评价报告

第三十八条　持有人应当对上市医疗器械安全性进行持续研究，对产品的不良事件报告、监测资料和国内外风险信息进行汇总、分析，评价该产品的风险与受益，记录采取的风险控制措施，撰写上市后定期风险评价报告。

第三十九条　持有人应当自产品首次批准注册或者备案之日起，每满一年后的60日内完成上年度产品上市后定期风险评价报告。其中，经国家药品监督管理局注册的，应当提交至国家监测机构；经省、自治区、直辖市药品监督管理部门注册的，应当提交至所在地省级监测机构。第一类医疗器械的定期风险评价报告由持有人留存备查。

获得延续注册的医疗器械，应当在下一次延续注册申请时完成本注册周期的定期风险评价报告，并由持有人留存备查。

第四十条　省级以上监测机构应当组织对收到的医疗器械产品上市后定期风险评价报告进行审核。必要时，应当将审核意见反馈持有人。

第四十一条　省级监测机构应当对收到的上市后定期风险评价报告进行综合分析，于每年5月1日前将上一年度上市后定期风险评价报告统计情况和分析评价结果报国家监测机构和所在地省、自治区、直辖市药品监督管理部门。

国家监测机构应当对收到的上市后定期风险评价报告和省级监测机构提交的报告统计情况及分析评价结果进行综合分析，于每年7月1日前将上一年度上市后定期风险评价报告统计情况和分析评价结果报国家药品监督管理局。

第四章　重点监测

第四十二条　省级以上药品监督管理部门可以组织开展医疗器械重点监测，强化医疗器械产品上市后风险研究。

第四十三条　国家药品监督管理局会同国务院卫生行政部门确定医疗器械重点监测品种，组织制定重点监测工作方案，并监督实施。

国家医疗器械重点监测品种应当根据医疗器械注册、不良事件监测、监督检查、检验等情况，结合产品风险程度和使用情况确定。

国家监测机构组织实施医疗器械重点监测工作，并完成相关技术报告。药品监督管理部门可根据监测中发现的风险采取必要的管理措施。

第四十四条　省、自治区、直辖市药品监督管理部门可以根据本行政区域内医疗器械监管工作需要，参照本办法第四十三条规定，对本行政区内注册的第二类和备案的第一类医疗器械开展省级医疗器械重点监测工作。

第四十五条　医疗器械重点监测品种涉及的持有人应当按照医疗器械重点监测工作方案的要求开展工作，主动收集其产品的不良事件报告等相关风险信息，撰写风险评价报告，并按要求报送至重点监测工作组织部门。

第四十六条　省级以上药品监督管理部门可以指定具备一定条件的单位作为监测哨点，主动收集重点监测数据。监测哨点应当提供医疗器械重点监测品种的使用情况，主动收集、报告不良事件监测信息，组织或者推荐相关专家开展或者配合监测机构开展与风险评价相关的科学研究工作。

第四十七条　创新医疗器械持有人应当加强对创新医疗器械的主动监测，制定产品监测计划，主动收集相关不良事件报告和产品投诉信息，并开展调查、分析、评价。

创新医疗器械持有人应当在首个注册周期内，每半年向国家监测机构提交产品不良事件监测分析评价汇总报告。国家监测机构发现医疗器械可能存在严重缺陷的信息，应当及时报国家药品监督管理局。

第五章　风险控制

第四十八条　持有人通过医疗器械不良事件监测，发现存在可能危及人体健康和生命安全的不合理风险的医疗器械，应当根据情况采取以下风险控制措施，并报告所在地省、自治区、直辖市药品监督管理部门：

（一）停止生产、销售相关产品；

（二）通知医疗器械经营企业、使用单位暂停销售和使用；

（三）实施产品召回；

（四）发布风险信息；

（五）对生产质量管理体系进行自查，并对相关问题进行整改；

（六）修改说明书、标签、操作手册等；

（七）改进生产工艺、设计、产品技术要求等；

（八）开展医疗器械再评价；

（九）按规定进行变更注册或者备案；

（十）其他需要采取的风险控制措施。

与用械安全相关的风险及处置情况，持有人应当及时向社会公布。

第四十九条 药品监督管理部门认为持有人采取的控制措施不足以有效防范风险的，可以采取发布警示信息、暂停生产销售和使用、责令召回、要求其修改说明书和标签、组织开展再评价等措施，并组织对持有人开展监督检查。

第五十条 对发生群体医疗器械不良事件的医疗器械，省级以上药品监督管理部门可以根据风险情况，采取暂停生产、销售、使用等控制措施，组织对持有人开展监督检查，并及时向社会发布警示和处置信息。在技术评价结论得出后，省级以上药品监督管理部门应当根据相关法规要求，采取进一步监管措施，并加强对同类医疗器械的不良事件监测。

同级卫生行政部门应当在本行政区域内暂停医疗机构使用相关医疗器械，采取措施积极组织救治患者。相关持有人应当予以配合。

第五十一条 省级以上监测机构在医疗器械不良事件报告评价和审核、不良事件报告季度和年度汇总分析、群体不良事件评价、重点监测、定期风险评价报告等过程中，发现医疗器械存在不合理风险的，应当提出风险管理意见，及时反馈持有人并报告相应的药品监督管理部门。省级监测机构还应当向国家监测机构报告。

持有人应当根据收到的风险管理意见制定并实施相应的风险控制措施。

第五十二条 各级药品监督管理部门和卫生行政部门必要时可以将医疗器械不良事件所涉及的产品委托具有相应资质的医疗器械检验机构进行检验。医疗器械检验机构应当及时开展相关检验，并出具检验报告。

第五十三条 进口医疗器械在境外发生医疗器械不良事件，或者国产医疗器械在境外发生医疗器械不良事件，被采取控制措施的，境外持有人指定的代理人或者国产医疗器械持有人应当在获知后24小时内，将境外医疗器械不良事件情况、控制措施情况和在境内拟采取的控制措施报国家药品监督管理局和国家监测机构，抄送所在地省、自治区、直辖市药品监督管理部门，及时报告后续处置情况。

第五十四条 可疑医疗器械不良事件由医疗器械产品质量原因造成的，由药品监督管理部门按照医疗器械相关法规予以处置；由医疗器械使用行为造成的，由卫生行政部门予以处置。

第六章 再评价

第五十五条 有下列情形之一的，持有人应当主动开展再评价，并依据再评价结论，采取相应措施：

（一）根据科学研究的发展，对医疗器械的安全、有效有认识上改变的；

（二）医疗器械不良事件监测、评估结果表明医疗器械可能存在缺陷的；

（三）国家药品监督管理局规定应当开展再评价的其他情形。

第五十六条 持有人开展医疗器械再评价，应当根据产品上市后获知和掌握的产品安全有效信息、临床数据和使用经验等，对原医疗器械注册资料中的综述资料、研究资料、临床评价资料、产品风险分析资料、产品技术要求、说明书、标签等技术数据和内容进行重新评价。

第五十七条 再评价报告应当包括产品风险受益评估、社会经济效益评估、技术进展评估、拟采取的措施建议等。

第五十八条 持有人主动开展医疗器械再评价的，应当制定再评价工作方案。通过再评价确定需要采取控制措施的，应当在再评价结论形成后15日内，提交再评价报告。其中，国家药品监督管理局批准注册或者备案的医疗器械，持有人应当向国家监测机构提交；其他医疗器械的持有人应当向所在地省级监测机构提交。

持有人未按规定履行医疗器械再评价义务的，省级以上药品监督管理部门应当责令持有人开展再评价。必要时，省级以上药品监督管理部门可以直接组织开展再评价。

第五十九条 省级以上药品监督管理部门责令开展再评价的，持有人应当在再评价实施前和再评价结束后30日内向相应药品监督管理部门及监测机构提交再评价方案和再评价报告。

再评价实施期限超过1年的，持有人应当每年报告年度进展情况。

第六十条 监测机构对收到的持有人再评价报告进行审核，并将审核意见报相应的药品监督管理部门。

药品监督管理部门对持有人开展的再评价结论有异议的，持有人应当按照药品监督管理部门的要求重新确认再评价结果或者重新开展再评价。

第六十一条 药品监督管理部门组织开展医疗器械再评价的,由指定的监测机构制定再评价方案,经组织开展再评价的药品监督管理部门批准后组织实施,形成再评价报告后向相应药品监督管理部门报告。

第六十二条 再评价结果表明已注册或者备案的医疗器械存在危及人身安全的缺陷,且无法通过技术改进、修改说明书和标签等措施消除或者控制风险,或者风险获益比不可接受的,持有人应当主动申请注销医疗器械注册证或者取消产品备案;持有人未申请注销医疗器械注册证或者取消备案的,由原发证部门注销医疗器械注册证或者取消备案。药品监督管理部门应当将注销医疗器械注册证或者取消备案的相关信息及时向社会公布。

国家药品监督管理局根据再评价结论,可以对医疗器械品种作出淘汰的决定。被淘汰的产品,其医疗器械注册证或者产品备案由原发证部门予以注销或者取消。

被注销医疗器械注册证或者被取消备案的医疗器械不得生产、进口、经营和使用。

第七章 监督管理

第六十三条 药品监督管理部门应当依据职责对持有人和经营企业开展医疗器械不良事件监测和再评价工作情况进行监督检查,会同同级卫生行政部门对医疗器械使用单位开展医疗器械不良事件监测情况进行监督检查。

第六十四条 省、自治区、直辖市药品监督管理部门应当制定本行政区域的医疗器械不良事件监测监督检查计划,确定检查重点,并监督实施。

第六十五条 省、自治区、直辖市药品监督管理部门应当加强对本行政区域内从事医疗器械不良事件监测和再评价工作人员的培训和考核。

第六十六条 药品监督管理部门应当按照法规、规章、规范的要求,对持有人不良事件监测制度建设和工作开展情况实施监督检查。必要时,可以对受持有人委托开展相关工作的企业开展延伸检查。

第六十七条 有下列情形之一的,药品监督管理部门应当对持有人开展重点检查:

(一)未主动收集并按照时限要求报告医疗器械不良事件的;

(二)持有人上报导致或可能导致严重伤害或者死亡不良事件的报告数量与医疗机构的报告数量差距较大,提示其主体责任未落实到位的;

(三)瞒报、漏报、虚假报告的;

(四)不配合药品监督管理部门开展的医疗器械不良事件相关调查和采取的控制措施的;

(五)未按照要求通过不良事件监测收集产品安全性信息,或者未按照要求开展上市后研究、再评价,无法保证产品安全有效的。

第六十八条 持有人未按照要求建立不良事件监测制度、开展不良事件监测和再评价相关工作、未按照本办法第四十八条规定及时采取有效风险控制措施、不配合药品监督管理部门开展的医疗器械不良事件相关调查和采取的控制措施的,药品监督管理部门可以要求其停产整改,必要时采取停止产品销售的控制措施。

需要恢复生产、销售的,持有人应当向作出处理决定的药品监督管理部门提出申请,药品监督管理部门现场检查通过后,作出恢复生产、销售的决定。

持有人提出恢复生产、销售申请前,可以聘请具备相应资质的独立第三方专业机构进行检查确认。

第六十九条 省级以上药品监督管理部门统一发布下列医疗器械不良事件监测信息:

(一)群体医疗器械不良事件相关信息;

(二)医疗器械不良事件监测警示信息;

(三)需要定期发布的医疗器械不良事件监测信息;

(四)认为需要统一发布的其他医疗器械不良事件监测信息。

第八章 法律责任

第七十条 持有人有下列情形之一的,依照《医疗器械监督管理条例》第六十八条的规定,由县级以上药品监督管理部门责令改正,给予警告;拒不改正的,处5000元以上2万元以下罚款;情节严重的,责令停产停业,直至由发证部门吊销相关证明文件:

(一)未主动收集并按照时限要求报告医疗器械不良事件的;

(二)瞒报、漏报、虚假报告的;

(三)未按照时限要求报告评价结果或者提交群体医疗器械不良事件调查报告的;

(四)不配合药品监督管理部门和监测机构开展的医疗器械不良事件相关调查和采取的控制措施的。

第七十一条 医疗器械经营企业、使用单位有下列情形之一的,依照《医疗器械监督管理条例》第六十八条的规定,由县级以上药品监督管理部门和卫生行政部门依据各自职责责令改正,给予警告;拒不改正的,处5000元以上2万元以下罚款;情节严重的,责令停产停业,直至由发证部门吊销相关证明文件:

（一）未主动收集并按照时限要求报告医疗器械不良事件的；

（二）瞒报、漏报、虚假报告的；

（三）不配合药品监督管理部门和监测机构开展的医疗器械不良事件相关调查和采取的控制措施的。

第七十二条 持有人未按照要求开展再评价、隐匿再评价结果、应当提出注销申请而未提出的，由省级以上药品监督管理部门责令改正，给予警告，可以并处1万元以上3万元以下罚款。

第七十三条 持有人有下列情形之一的，由县级以上药品监督管理部门责令改正，给予警告；拒不改正的，处5000元以上2万元以下罚款：

（一）未按照规定建立医疗器械不良事件监测和再评价工作制度的；

（二）未按照要求配备与其产品相适应的机构和人员从事医疗器械不良事件监测相关工作的；

（三）未保存不良事件监测记录或者保存年限不足的；

（四）应当注册而未注册为医疗器械不良事件监测信息系统用户的；

（五）未主动维护用户信息，或者未持续跟踪和处理监测信息的；

（六）未根据不良事件情况采取相应控制措施并向社会公布的；

（七）未按照要求撰写、提交或者留存上市后定期风险评价报告的；

（八）未按照要求报告境外医疗器械不良事件和境外控制措施的；

（九）未按照要求提交创新医疗器械产品分析评价汇总报告的；

（十）未公布联系方式、主动收集不良事件信息的；

（十一）未按照要求开展医疗器械重点监测的；

（十二）其他违反本办法规定的。

第七十四条 医疗器械经营企业、使用单位有下列情形之一的，由县级以上药品监督管理部门和卫生行政部门依据各自职责责令改正，给予警告；拒不改正的，处5000元以上2万元以下罚款：

（一）未按照要求建立医疗器械不良事件监测工作制度的；

（二）未按照要求配备与其经营或者使用规模相适应的机构或者人员从事医疗器械不良事件监测相关工作的；

（三）未保存不良事件监测记录或者保存年限不足的；

（四）应当注册而未注册为国家医疗器械不良事件监测信息系统用户的；

（五）未及时向持有人报告所收集或者获知的医疗器械不良事件的；

（六）未配合持有人对医疗器械不良事件调查和评价的；

（七）其他违反本办法规定的。

药品监督管理部门发现使用单位有前款规定行为的，应当移交同级卫生行政部门处理。

卫生行政部门对使用单位作出行政处罚决定的，应当及时通报同级药品监督管理部门。

第七十五条 持有人、经营企业、使用单位按照本办法要求报告、调查、评价、处置医疗器械不良事件，主动消除或者减轻危害后果的，对其相关违法行为，依照《中华人民共和国行政处罚法》的规定从轻或者减轻处罚。违法行为轻微并及时纠正，没有造成危害后果的，不予处罚，但不免除其依法应当承担的其他法律责任。

第七十六条 各级药品监督管理部门、卫生行政部门、监测机构及其工作人员，不按规定履行职责的，依照《医疗器械监督管理条例》第七十二条和第七十四条的规定予以处理。

第七十七条 持有人、经营企业、使用单位违反相关规定，给医疗器械使用者造成损害的，依法承担赔偿责任。

第九章 附　则

第七十八条 医疗器械不良事件报告的内容、风险分析评价报告和统计资料等是加强医疗器械监督管理、指导合理用械的依据，不作为医疗纠纷、医疗诉讼和处理医疗器械质量事故的依据。

对于属于医疗事故或者医疗器械质量问题的，应当按照相关法规的要求另行处理。

第七十九条 本办法由国家药品监督管理局会同国务院卫生行政部门负责解释。

第八十条 本办法自2019年1月1日起施行。

医疗器械召回管理办法

·2017年1月25日国家食品药品监督管理总局令第29号公布

·自2017年5月1日起施行

第一章　总　则

第一条 为加强医疗器械监督管理，控制存在缺陷的医疗器械产品，消除医疗器械安全隐患，保证医疗器械的安全、有效，保障人体健康和生命安全，根据《医疗器械监督管理条例》，制定本办法。

第二条 中华人民共和国境内已上市医疗器械的召回及其监督管理，适用本办法。

第三条 本办法所称医疗器械召回，是指医疗器械生产企业按照规定的程序对其已上市销售的某一类别、型号或者批次的存在缺陷的医疗器械产品，采取警示、检查、修理、重新标签、修改并完善说明书、软件更新、替换、收回、销毁等方式进行处理的行为。

前款所述医疗器械生产企业，是指境内医疗器械产品注册人或者备案人、进口医疗器械的境外制造厂商在中国境内指定的代理人。

第四条 本办法所称存在缺陷的医疗器械产品包括：

（一）正常使用情况下存在可能危及人体健康和生命安全的不合理风险的产品；

（二）不符合强制性标准、经注册或者备案的产品技术要求的产品；

（三）不符合医疗器械生产、经营质量管理有关规定导致可能存在不合理风险的产品；

（四）其他需要召回的产品。

第五条 医疗器械生产企业是控制与消除产品缺陷的责任主体，应当主动对缺陷产品实施召回。

第六条 医疗器械生产企业应当按照本办法的规定建立健全医疗器械召回管理制度，收集医疗器械安全相关信息，对可能的缺陷产品进行调查、评估，及时召回缺陷产品。

进口医疗器械的境外制造厂商在中国境内指定的代理人应将仅在境外实施医疗器械召回的有关信息及时报告国家食品药品监督管理总局；凡涉及在境内实施召回的，中国境内指定的代理人应当按照本办法的规定组织实施。

医疗器械经营企业、使用单位应当积极协助医疗器械生产企业对缺陷产品进行调查、评估，主动配合生产企业履行召回义务，按照召回计划及时传达、反馈医疗器械召回信息，控制和收回缺陷产品。

第七条 医疗器械经营企业、使用单位发现其经营、使用的医疗器械可能为缺陷产品的，应当立即暂停销售或者使用该医疗器械，及时通知医疗器械生产企业或者供货商，并向所在地省、自治区、直辖市食品药品监督管理部门报告；使用单位为医疗机构的，还应当同时向所在地省、自治区、直辖市卫生行政部门报告。

医疗器械经营企业、使用单位所在地省、自治区、直辖市食品药品监督管理部门收到报告后，应当及时通报医疗器械生产企业所在地省、自治区、直辖市食品药品监督管理部门。

第八条 召回医疗器械的生产企业所在地省、自治区、直辖市食品药品监督管理部门负责医疗器械召回的监督管理，其他省、自治区、直辖市食品药品监督管理部门应当配合做好本行政区域内医疗器械召回的有关工作。

国家食品药品监督管理总局监督全国医疗器械召回的管理工作。

第九条 国家食品药品监督管理总局和省、自治区、直辖市食品药品监督管理部门应当按照医疗器械召回信息通报和信息公开有关制度，采取有效途径向社会公布缺陷产品信息和召回信息，必要时向同级卫生行政部门通报相关信息。

第二章 医疗器械缺陷的调查与评估

第十条 医疗器械生产企业应当按照规定建立健全医疗器械质量管理体系和医疗器械不良事件监测系统，收集、记录医疗器械的质量投诉信息和医疗器械不良事件信息，对收集的信息进行分析，对可能存在的缺陷进行调查和评估。

医疗器械经营企业、使用单位应当配合医疗器械生产企业对有关医疗器械缺陷进行调查，并提供有关资料。

第十一条 医疗器械生产企业应当按照规定及时将收集的医疗器械不良事件信息向食品药品监督管理部门报告，食品药品监督管理部门可以对医疗器械不良事件或者可能存在的缺陷进行分析和调查，医疗器械生产企业、经营企业、使用单位应当予以配合。

第十二条 对存在缺陷的医疗器械产品进行评估的主要内容包括：

（一）产品是否符合强制性标准、经注册或者备案的产品技术要求；

（二）在使用医疗器械过程中是否发生过故障或者伤害；

（三）在现有使用环境下是否会造成伤害，是否有科学文献、研究、相关试验或者验证能够解释伤害发生的原因；

（四）伤害所涉及的地区范围和人群特点；

（五）对人体健康造成的伤害程度；

（六）伤害发生的概率；

（七）发生伤害的短期和长期后果；

（八）其他可能对人体造成伤害的因素。

第十三条　根据医疗器械缺陷的严重程度，医疗器械召回分为：

（一）一级召回：使用该医疗器械可能或者已经引起严重健康危害的；

（二）二级召回：使用该医疗器械可能或者已经引起暂时的或者可逆的健康危害的；

（三）三级召回：使用该医疗器械引起危害的可能性较小但仍需要召回的。

医疗器械生产企业应当根据具体情况确定召回级别并根据召回级别与医疗器械的销售和使用情况，科学设计召回计划并组织实施。

第三章　主动召回

第十四条　医疗器械生产企业按照本办法第十条、第十二条的要求进行调查评估后，确定医疗器械产品存在缺陷的，应当立即决定并实施召回，同时向社会发布产品召回信息。

实施一级召回的，医疗器械召回公告应当在国家食品药品监督管理总局网站和中央主要媒体上发布；实施二级、三级召回的，医疗器械召回公告应当在省、自治区、直辖市食品药品监督管理部门网站发布，省、自治区、直辖市食品药品监督管理部门网站发布的召回公告应当与国家食品药品监督管理总局网站链接。

第十五条　医疗器械生产企业作出医疗器械召回决定的，一级召回应当在1日内，二级召回应当在3日内，三级召回应当在7日内，通知到有关医疗器械经营企业、使用单位或者告知使用者。

召回通知应当包括以下内容：

（一）召回医疗器械名称、型号规格、批次等基本信息；

（二）召回的原因；

（三）召回的要求，如立即暂停销售和使用该产品、将召回通知转发到相关经营企业或者使用单位等；

（四）召回医疗器械的处理方式。

第十六条　医疗器械生产企业作出医疗器械召回决定的，应当立即向所在地省、自治区、直辖市食品药品监督管理部门和批准产品注册或者办理备案的食品药品监督管理部门提交医疗器械召回事件报告表，并在5个工作日内将调查评估报告和召回计划提交至所在地省、自治区、直辖市食品药品监督管理部门和批准注册或者办理备案的食品药品监督管理部门备案。

医疗器械生产企业所在地省、自治区、直辖市食品药品监督管理部门应当在收到召回事件报告表1个工作日内将召回的有关情况报告国家食品药品监督管理总局。

第十七条　调查评估报告应当包括以下内容：

（一）召回医疗器械的具体情况，包括名称、型号规格、批次等基本信息；

（二）实施召回的原因；

（三）调查评估结果；

（四）召回分级。

召回计划应当包括以下内容：

（一）医疗器械生产销售情况及拟召回的数量；

（二）召回措施的具体内容，包括实施的组织、范围和时限等；

（三）召回信息的公布途径与范围；

（四）召回的预期效果；

（五）医疗器械召回后的处理措施。

第十八条　医疗器械生产企业所在地省、自治区、直辖市食品药品监督管理部门可以对生产企业提交的召回计划进行评估，认为生产企业所采取的措施不能有效消除产品缺陷或者控制产品风险的，应当书面要求其采取提高召回等级、扩大召回范围、缩短召回时间或者改变召回产品的处理方式等更为有效的措施进行处理。医疗器械生产企业应当按照食品药品监督管理部门的要求修改召回计划并组织实施。

第十九条　医疗器械生产企业对上报的召回计划进行变更的，应当及时报所在地省、自治区、直辖市食品药品监督管理部门备案。

第二十条　医疗器械生产企业在实施召回的过程中，应当根据召回计划定期向所在地省、自治区、直辖市食品药品监督管理部门提交召回计划实施情况报告。

第二十一条　医疗器械生产企业对召回医疗器械的处理应当有详细的记录，并向医疗器械生产企业所在地省、自治区、直辖市食品药品监督管理部门报告，记录应当保存至医疗器械注册证失效后5年，第一类医疗器械召回的处理记录应当保存5年。对通过警示、检查、修理、重新标签、修改并完善说明书、软件更新、替换、销毁等方式能够消除产品缺陷的，可以在产品所在地完成上述行为。需要销毁的，应当在食品药品监督管理部门监督下销毁。

第二十二条　医疗器械生产企业应当在召回完成后10个工作日内对召回效果进行评估，并向所在地省、自治区、直辖市食品药品监督管理部门提交医疗器械召回总结评估报告。

第二十三条 医疗器械生产企业所在地省、自治区、直辖市食品药品监督管理部门应当自收到总结评估报告之日起10个工作日内对报告进行审查，并对召回效果进行评估；认为召回尚未有效消除产品缺陷或者控制产品风险的，应当书面要求生产企业重新召回。医疗器械生产企业应当按照食品药品监督管理部门的要求进行重新召回。

第四章 责令召回

第二十四条 食品药品监督管理部门经过调查评估，认为医疗器械生产企业应当召回存在缺陷的医疗器械产品而未主动召回的，应当责令医疗器械生产企业召回医疗器械。

责令召回的决定可以由医疗器械生产企业所在地省、自治区、直辖市食品药品监督管理部门作出，也可以由批准该医疗器械注册或者办理备案的食品药品监督管理部门作出。作出该决定的食品药品监督管理部门，应当在其网站向社会公布责令召回信息。

医疗器械生产企业应当按照食品药品监督管理部门的要求进行召回，并按本办法第十四条第二款的规定向社会公布产品召回信息。

必要时，食品药品监督管理部门可以要求医疗器械生产企业、经营企业和使用单位立即暂停生产、销售和使用，并告知使用者立即暂停使用该缺陷产品。

第二十五条 食品药品监督管理部门作出责令召回决定，应当将责令召回通知书送达医疗器械生产企业，通知书包括以下内容：

（一）召回医疗器械的具体情况，包括名称、型号规格、批次等基本信息；

（二）实施召回的原因；

（三）调查评估结果；

（四）召回要求，包括范围和时限等。

第二十六条 医疗器械生产企业收到责令召回通知书后，应当按照本办法第十五条、第十六条的规定通知医疗器械经营企业和使用单位或者告知使用者，制定、提交召回计划，并组织实施。

第二十七条 医疗器械生产企业应当按照本办法第十九条、第二十条、第二十一条、第二十二条的规定向食品药品监督管理部门报告医疗器械召回的相关情况，进行召回医疗器械的后续处理。

食品药品监督管理部门应当按照本办法第二十三条的规定对医疗器械生产企业提交的医疗器械召回总结评估报告进行审查，并对召回效果进行评价，必要时通报同级卫生行政部门。经过审查和评价，认为召回不彻底、尚未有效消除产品缺陷或者控制产品风险的，食品药品监督管理部门应当书面要求医疗器械生产企业重新召回。医疗器械生产企业应当按照食品药品监督管理部门的要求进行重新召回。

第五章 法律责任

第二十八条 医疗器械生产企业因违反法律、法规、规章规定造成上市医疗器械存在缺陷，依法应当给予行政处罚，但该企业已经采取召回措施主动消除或者减轻危害后果的，食品药品监督管理部门依照《中华人民共和国行政处罚法》的规定给予从轻或者减轻处罚；违法行为轻微并及时纠正，没有造成危害后果的，不予处罚。

医疗器械生产企业召回医疗器械的，不免除其依法应当承担的其他法律责任。

第二十九条 医疗器械生产企业违反本办法第二十四条规定，拒绝召回医疗器械的，依据《医疗器械监督管理条例》第六十六条的规定进行处理。

第三十条 医疗器械生产企业有下列情形之一的，予以警告，责令限期改正，并处3万元以下罚款：

（一）违反本办法第十四条规定，未按照要求及时向社会发布产品召回信息的；

（二）违反本办法第十五条规定，未在规定时间内将召回医疗器械的决定通知到医疗器械经营企业、使用单位或者告知使用者的；

（三）违反本办法第十八条、第二十三条、第二十七条第二款规定，未按照食品药品监督管理部门要求采取改正措施或者重新召回医疗器械的；

（四）违反本办法第二十一条规定，未对召回医疗器械的处理作详细记录或者未向食品药品监督管理部门报告的。

第三十一条 医疗器械生产企业有下列情形之一的，予以警告，责令限期改正；逾期未改正的，处3万元以下罚款：

（一）未按照本办法规定建立医疗器械召回管理制度的；

（二）拒绝配合食品药品监督管理部门开展调查的；

（三）未按照本办法规定提交医疗器械召回事件报告表、调查评估报告和召回计划、医疗器械召回计划实施情况和总结评估报告的；

（四）变更召回计划，未报食品药品监督管理部门备案的。

第三十二条 医疗器械经营企业、使用单位违反本办法第七条第一款规定的,责令停止销售、使用存在缺陷的医疗器械,并处 5000 元以上 3 万元以下罚款;造成严重后果的,由原发证部门吊销《医疗器械经营许可证》。

第三十三条 医疗器械经营企业、使用单位拒绝配合有关医疗器械缺陷调查、拒绝协助医疗器械生产企业召回医疗器械的,予以警告,责令限期改正;逾期拒不改正的,处 3 万元以下罚款。

第三十四条 食品药品监督管理部门及其工作人员不履行医疗器械监督管理职责或者滥用职权、玩忽职守,有下列情形之一的,由监察机关或者任免机关根据情节轻重,对直接负责的主管人员和其他直接责任人员给予批评教育,或者依法给予警告、记过或者记大过的处分;造成严重后果的,给予降级、撤职或者开除的处分:

(一)未按规定向社会发布召回信息的;

(二)未按规定向相关部门报告或者通报有关召回信息的;

(三)应当责令召回而未采取责令召回措施的;

(四)违反本办法第二十三条和第二十七条第二款规定,未能督促医疗器械生产企业有效实施召回的。

第六章 附 则

第三十五条 召回的医疗器械已经植入人体的,医疗器械生产企业应当与医疗机构和患者共同协商,根据召回的不同原因,提出对患者的处理意见和应当采取的预案措施。

第三十六条 召回的医疗器械给患者造成损害的,患者可以向医疗器械生产企业要求赔偿,也可以向医疗器械经营企业、使用单位要求赔偿。患者向医疗器械经营企业、使用单位要求赔偿的,医疗器械经营企业、使用单位赔偿后,有权向负有责任的医疗器械生产企业追偿。

第三十七条 本办法自 2017 年 5 月 1 日起施行。2011 年 7 月 1 日起施行的《医疗器械召回管理办法(试行)》(中华人民共和国卫生部令第 82 号)同时废止。

• 请示答复

国家药监局综合司关于《医疗器械经营监督管理办法》第五十四条有关适用问题的复函

• 2020 年 3 月 16 日
• 药监综械管函〔2020〕166 号

四川省药品监督管理局:

你局《关于适用〈医疗器械经营监督管理办法〉第五十四条有关问题的请示》(川药监〔2020〕8 号)收悉。经研究,现函复如下:

根据《医疗器械经营监督管理办法》(原国家食品药品监督管理总局令第 8 号)第三十三条规定,医疗器械经营企业应当从具有资质的生产企业或者经营企业购进医疗器械。医疗器械经营企业违反上述规定,从个人或者其他单位购进医疗器械的,适用《医疗器械经营监督管理办法》第五十四条第(四)项规定予以处罚。同时,对于个人或者相关单位未依法取得医疗器械经营许可或者备案,从事第三类或者第二类医疗器械经营活动的,应当依法进行处理。

请你局加强对案件查办指导和法制审核,确保事实清楚、证据确凿、程序合法、适用相关规定准确,依法查处违法违规行为。

四、医疗安全与血液管理

1. 医疗质量安全管理

医疗质量安全告诫谈话制度暂行办法

- 2011年1月7日
- 卫医管发〔2011〕3号

第一条 为加强医疗质量安全管理,有效防范和规范处理医疗质量安全事件,根据《医疗机构管理条例》、《医疗事故处理条例》等制定本办法。

第二条 医疗质量安全告诫谈话(以下简称告诫谈话)的对象是发生重大、特大医疗质量安全事件或者存在严重医疗质量安全隐患的各级各类医疗机构的负责人(以下简称谈话对象)。

第三条 告诫谈话由负责该医疗机构登记、校验的县级以上地方卫生行政部门组织实施。

卫生部可根据需要,对发生重大影响的医疗质量安全事件的医疗机构负责人进行告诫谈话。

第四条 告诫谈话应当一事一告诫。

告诫谈话以个别进行为主,对普遍性问题也可采取会议告诫谈话或集体告诫谈话。

第五条 出现下列情形之一的,卫生行政部门应当在30个工作日内组织告诫谈话:

(一)医疗机构发生重大、特大医疗质量安全事件的;

(二)发现医疗机构存在严重医疗质量安全隐患的。

第六条 组织告诫谈话应当经卫生行政部门主要负责人批准。

第七条 谈话对象接到告诫谈话通知后,应当按照规定和要求接受告诫谈话,不得借故拖延;接受告诫谈话时,应当如实陈述事件经过及调查处理情况,不得捏造或隐瞒事实真相。

第八条 卫生行政部门应当按照以下要求开展告诫谈话工作:

(一)组织相关专家进行必要的调查核实及讨论分析,对医疗质量安全事件进行归因分析,提出医疗质量安全管理改进建议,做好告诫谈话计划安排;

(二)提前5个工作日将告诫谈话时间、地点及拟告诫谈话的主要内容通知谈话对象,并要求谈话对象准备书面说明材料;

(三)卫生行政部门告诫谈话人员(以下简称谈话人)不得少于2人,其中1人为卫生行政部门主要负责人或分管负责人;

(四)参与告诫谈话的工作人员应当认真填写《医疗质量安全告诫谈话登记表》(附件),做好谈话记录,并由谈话对象签字。谈话资料应存档保管。

第九条 告诫谈话按照以下程序进行:

(一)介绍参加告诫谈话的工作人员;

(二)向谈话对象说明谈话原因,指出相关医疗机构存在的主要问题及其严重性和危害性;

(三)听取谈话对象对有关问题的解释说明、已经采取的整改措施及其效果;

(四)对进一步加强医疗质量安全管理提出具体要求,明确整改期限。整改期限一般不超过3个月;

(五)现场填写《医疗质量安全告诫谈话登记表》并签字。

第十条 告诫谈话结束后,谈话对象应当立即组织落实整改意见,并在整改期限届满后5个工作日内向负责谈话的卫生行政部门提交书面整改报告,卫生行政部门应当对整改措施的落实情况及其效果进行监督检查。

第十一条 县级以上卫生行政部门应当在本辖区卫生系统内通报告诫谈话的对象和主要内容,并在告诫话结束后10个工作日内报上一级卫生行政部门。

省级卫生行政部门每半年应当将辖区内告诫谈话工作开展情况上报卫生部。

第十二条 谈话对象无故不参加告诫谈话的,卫生行政部门应当予以通报批评,且3年内不得受理其医疗机构等级评审和各项评优申请。

第十三条 医疗机构经告诫谈话后未及时进行整改或整改措施不到位的,负责告诫谈话的卫生行政部门应当予以批评教育并督促改正。

第十四条 负责告诫谈话的卫生行政部门未按照本办法及时进行的,上级卫生行政部门应当责令其限期改正;造成严重后果的,应当依法追究相关人员的责任。

第十五条 本办法自发布之日起实行。

附件:医疗质量安全告诫谈话登记表(略)

医疗质量安全事件报告暂行规定

· 2011年1月14日
· 卫医管发〔2011〕4号

第一章 总则

第一条 为建立健全医疗质量安全事件报告制度,提高医疗质量安全事件信息报告的质量和效率,指导医疗机构妥善处置医疗质量安全事件,推动持续医疗质量改进,切实保障医疗安全,根据《中华人民共和国执业医师法》《医疗机构管理条例》和《医疗事故处理条例》等法律、法规,制定本规定。

第二条 医疗质量安全事件是指医疗机构及其医务人员在医疗活动中,由于诊疗过错、医药产品缺陷等原因,造成患者死亡、残疾、器官组织损伤导致功能障碍等明显人身损害的事件。

第三条 卫生部负责全国医疗质量安全事件信息报告管理工作。

县级以上地方卫生行政部门(含中医药管理部门)负责本辖区内医疗质量安全事件信息报告管理工作。

第四条 各级各类医疗机构应当按照本规定报告医疗质量安全事件信息,不得瞒报、漏报、谎报、缓报。

第二章 报告要求

第五条 医疗质量安全事件实行网络在线直报。

卫生部建立全国统一的医疗质量安全事件信息报告系统(以下简称信息系统),信息系统为各级卫生行政部门分别设立相应权限的数据库。

第六条 根据对患者人身造成的损害程度及损害人数,医疗质量安全事件分为三级:

一般医疗质量安全事件:造成2人以下轻度残疾、器官组织损伤导致一般功能障碍或其他人身损害后果。

重大医疗质量安全事件:(一)造成2人以下死亡或中度以上残疾、器官组织损伤导致严重功能障碍;(二)造成3人以上中度以下残疾、器官组织损伤或其他人身损害后果。

特大医疗质量安全事件:造成3人以上死亡或重度残疾。

第七条 医疗机构应当设立或指定部门负责医疗质量安全事件信息报告工作,为医疗质量安全事件信息报告工作提供必要的物质条件支持,并配备专职或兼职工作人员。

第八条 医疗机构应当向核发其《医疗机构执业许可证》的卫生行政部门(以下简称有关卫生行政部门)网络直报医疗质量安全事件或者疑似医疗质量安全事件。

尚不具备网络直报条件的医疗机构应当通过电话、传真等形式,向有关卫生行政部门报告医疗质量安全事件。

医疗质量安全事件的报告时限如下:

一般医疗质量安全事件:医疗机构应当自事件发现之日起15日内,上报有关信息。

重大医疗质量安全事件:医疗机构应当自事件发现之时起12小时内,上报有关信息。

特大医疗质量安全事件:医疗机构应当自事件发现之时起2小时内,上报有关信息。

第九条 医疗质量安全事件实行逢疑必报的原则,医疗机构通过以下途径获知可能为医疗质量安全事件时,应当按照本规定报告:

(一)日常管理中发现医疗质量安全事件的;

(二)患者以医疗损害为由直接向法院起诉的;

(三)患者申请医疗事故技术鉴定或者其他法定鉴定的;

(四)患者以医疗损害为由申请人民调解或其他第三方调解的;

(五)患者投诉医疗损害或其他提示存在医疗质量安全事件的情况。

第十条 医疗机构报告医疗质量安全事件或疑似的医疗质量安全事件后,有关卫生行政部门应当及时进行核对,核对时限要求如下:

一般医疗质量安全事件:有关卫生行政部门应当在5个工作日内进行核对。

重大医疗质量安全事件:有关卫生行政部门应当在12小时内进行核对。

特大医疗质量安全事件:有关卫生行政部门应当在2小时内进行核对。

重大、特大医疗质量安全事件应当分别逐级上报至省级卫生行政部门和卫生部数据库。

第十一条 有关卫生行政部门收到医疗质量安全事件或者疑似医疗质量安全事件的报告并核对后,应当及时进行网络在线直报。

医疗机构和有关卫生行政部门完成初次报告、核对后,应当根据事件处置和发展情况,及时补充、修正相关内容。

第十二条 信息系统通过语音电话、短信、电子邮件等方式对有关卫生行政部门进行提示。收到提示后,有关卫生行政部门应当及时登录系统查看相关信息。

第十三条 各省级卫生行政部门应当在每季度第一周将上一季度本辖区内各级卫生行政部门数据库中的信息进行汇总,并上报至卫生部数据库。

第三章 事件调查处理

第十四条 发生医疗质量安全事件或者疑似医疗质量安全事件的医疗机构应当积极采取措施,避免、减少医疗质量安全事件可能引起的不良后果,同时做好事件调查处理工作,认真查找事件的性质、原因,制定并落实有针对性的改进措施。

第十五条 有关卫生行政部门应当对医疗机构的医疗质量安全事件或者疑似医疗质量安全事件调查处理工作进行指导,必要时可组织专家开展事件的调查处理,并按照规定及时向上级卫生行政部门报告调查处理结果。

第十六条 对于涉及医疗事故争议的医疗质量安全事件,应当按照《医疗事故处理条例》的相关规定处理。

第四章 监督管理

第十七条 各级卫生行政部门应当建立医疗质量安全事件信息管理制度,健全医疗质量安全事件处置预案,督促辖区内医疗机构及时、完整、准确报告医疗质量安全事件信息,及时掌握并妥善处理医疗质量安全事件。

第十八条 各级卫生行政部门应当定期统计分析医疗质量安全事件信息,及时向下级卫生行政部门和医疗机构反馈,加强医疗质量安全管理指导工作。

第十九条 各级卫生行政部门应当将医疗质量安全事件信息报告情况作为重要指标纳入医疗机构等级评审和医院评优的指标体系。

第二十条 二级以上医院应当健全医疗质量管理委员会组织,建立医疗质量安全事件审评制度,针对医疗质量安全事件查找本单位在医疗质量安全管理上存在的漏洞和薄弱环节,切实加以改进,并按照规定报告改进情况。

第二十一条 对于健全医疗质量安全事件报告制度,准确上报医疗质量安全事件信息,调查处理及时,整改有力,医疗质量安全水平有显著提高的医疗机构,各级卫生行政部门可予表扬和奖励。

对瞒报、漏报、谎报、缓报医疗质量安全事件信息或对医疗质量安全事件处置不力,造成严重后果的医疗机构,各级卫生行政部门应当依法处理相关责任人,并予以通报。

第二十二条 卫生行政部门的工作人员违反本规定,利用职务便利收受他人财物或者其他利益,滥用职权,玩忽职守,未及时、认真核对医疗机构上报信息的,或者发现违法行为不予查处,造成严重后果的,依法给予行政处分;构成犯罪的,依法追究刑事责任。

第五章 附 则

第二十三条 本规定所称医疗质量安全事件不包括药品不良反应及预防接种异常反应事件。有关药品不良反应及预防接种异常反应事件报告,按照相关规定执行。

第二十四条 本规定所称卫生行政部门对医疗质量安全事件信息的核对,是指卫生行政部门对医疗质量安全事件信息及时性、完整性的核对,不涉及事件性质、原因、责任等。

第二十五条 本规定由卫生部负责解释。

第二十六条 本规定自2011年4月1日起施行。《重大医疗过失行为和医疗事故报告制度的规定》(卫医发〔2002〕206号)同时废止。

医疗质量管理办法

· 2016年9月25日国家卫生和计划生育委员会令第10号公布
· 自2016年11月1日起施行

第一章 总 则

第一条 为加强医疗质量管理,规范医疗服务行为,保障医疗安全,根据有关法律法规,制定本办法。

第二条 本办法适用于各级卫生计生行政部门以及各级各类医疗机构医疗质量管理工作。

第三条 国家卫生计生委负责全国医疗机构医疗质量管理工作。

县级以上地方卫生计生行政部门负责本行政区域内医疗机构医疗质量管理工作。

国家中医药管理局和军队卫生主管部门分别在职责范围内负责中医和军队医疗机构医疗质量管理工作。

第四条 医疗质量管理是医疗管理的核心,各级各类医疗机构是医疗质量管理的第一责任主体,应当全面加强医疗质量管理,持续改进医疗质量,保障医疗安全。

第五条 医疗质量管理应当充分发挥卫生行业组织的作用,各级卫生计生行政部门应当为卫生行业组织参与医疗质量管理创造条件。

第二章 组织机构和职责

第六条 国家卫生计生委负责组织或者委托专业机构、行业组织(以下称专业机构)制订医疗质量管理相关制度、规范、标准和指南,指导地方各级卫生计生行政部门和医疗机构开展医疗质量管理与控制工作。省级卫生计生行政部门可以根据本地区实际,制订行政区域医疗质量管理相关制度、规范和具体实施方案。

县级以上地方卫生计生行政部门在职责范围内负责监督、指导医疗机构落实医疗质量管理有关规章制度。

第七条 国家卫生计生委建立国家医疗质量管理与控制体系,完善医疗质量控制与持续改进的制度和工作机制。

各级卫生计生行政部门组建或者指定各级、各专业医疗质量控制组织(以下称质控组织)落实医疗质量管理与控制的有关工作要求。

第八条 国家级各专业质控组织在国家卫生计生委指导下,负责制订全国统一的质控指标、标准和质量管理要求,收集、分析医疗质量数据,定期发布质控信息。

省级和有条件的地市级卫生计生行政部门组建相应级别、专业的质控组织,开展医疗质量管理与控制工作。

第九条 医疗机构医疗质量管理实行院、科两级责任制。

医疗机构主要负责人是本机构医疗质量管理的第一责任人;临床科室以及药学、护理、医技等部门(以下称业务科室)主要负责人是本科室医疗质量管理的第一责任人。

第十条 医疗机构应当成立医疗质量管理专门部门,负责本机构的医疗质量管理工作。

二级以上的医院、妇幼保健院以及专科疾病防治机构(以下称二级以上医院)应当设立医疗质量管理委员会。医疗质量管理委员会主任由医疗机构主要负责人担任,委员由医疗管理、质量控制、护理、医院感染管理、医学工程、信息、后勤等相关职能部门负责人以及相关临床、药学、医技等科室负责人组成,指定或者成立专门部门具体负责日常管理工作。其他医疗机构应当设立医疗质量管理工作小组或者指定专(兼)职人员,负责医疗质量具体管理工作。

第十一条 医疗机构医疗质量管理委员会的主要职责是:

(一)按照国家医疗质量管理的有关要求,制订本机构医疗质量管理制度并组织实施;

(二)组织开展本机构医疗质量监测、预警、分析、考核、评估以及反馈工作,定期发布本机构质量管理信息;

(三)制订本机构医疗质量持续改进计划、实施方案并组织实施;

(四)制订本机构临床新技术引进和医疗技术临床应用管理相关工作制度并组织实施;

(五)建立本机构医务人员医疗质量管理相关法律、法规、规章制度、技术规范的培训制度,制订培训计划并监督实施;

(六)落实省级以上卫生计生行政部门规定的其他内容。

第十二条 二级以上医院各业务科室应当成立本科室医疗质量管理工作小组,组长由科室主要负责人担任,指定专人负责日常具体工作。医疗质量管理工作小组主要职责是:

(一)贯彻执行医疗质量管理相关的法律、法规、规章、规范性文件和本科室医疗质量管理制度;

(二)制订本科室年度质量控制实施方案,组织开展科室医疗质量管理与控制工作;

(三)制订本科室医疗质量持续改进计划和具体落实措施;

(四)定期对科室医疗质量进行分析和评估,对医疗质量薄弱环节提出整改措施并组织实施;

(五)对本科室医务人员进行医疗质量管理相关法律、法规、规章制度、技术规范、标准、诊疗常规及指南的培训和宣传教育;

(六)按照有关要求报送本科室医疗质量管理相关信息。

第十三条 各级卫生计生行政部门和医疗机构应当建立健全医疗质量管理人员的培养和考核制度,充分发挥专业人员在医疗质量管理工作中的作用。

第三章 医疗质量保障

第十四条 医疗机构应当加强医务人员职业道德教育,发扬救死扶伤的人道主义精神,坚持"以患者为中心",尊重患者权利,履行防病治病、救死扶伤,保护人民健康的神圣职责。

第十五条 医务人员应当恪守职业道德,认真遵守医疗质量管理相关法律法规、规范、标准和本机构医疗质量管理制度的规定,规范临床诊疗行为,保障医疗质量和医疗安全。

第十六条 医疗机构应当按照核准登记的诊疗科目执业。卫生技术人员开展诊疗活动应当依法取得执业资质,医疗机构人力资源配备应当满足临床工作需要。

医疗机构应当按照有关法律法规、规范、标准要求,使用经批准的药品、医疗器械、耗材开展诊疗活动。

医疗机构开展医疗技术应当与其功能任务和技术能力相适应,按照国家关于医疗技术和手术管理有关规定,加强医疗技术临床应用管理。

第十七条 医疗机构及其医务人员应当遵循临床诊疗指南、临床技术操作规范、行业标准和临床路径等有关要求开展诊疗工作,严格遵守医疗质量安全核心制度,做到合理检查、合理用药、合理治疗。

第十八条 医疗机构应当加强药学部门建设和药事质量管理,提升临床药学服务能力,推行临床药师制,发挥药师在处方审核、处方点评、药学监护等合理用药管理方面的作用。临床诊断、预防和治疗疾病用药应当遵循安全、有效、经济的合理用药原则,尊重患者对药品使用的知情权。

第十九条 医疗机构应当加强护理质量管理,完善并实施护理相关工作制度、技术规范和护理指南;加强护理队伍建设,创新管理方法,持续改善护理质量。

第二十条 医疗机构应当加强医技科室的质量管理,建立覆盖检查、检验全过程的质量管理制度,加强室内质量控制,配合做好室间质量评价工作,促进临床检查检验结果互认。

第二十一条 医疗机构应当完善门急诊管理制度,规范门急诊质量管理,加强门急诊专业人员和技术力量配备,优化门急诊服务流程,保证门急诊医疗质量和医疗安全,并把门急诊工作质量作为考核科室和医务人员的重要内容。

第二十二条 医疗机构应当加强医院感染管理,严格执行消毒隔离、手卫生、抗菌药物合理使用和医院感染监测等规定,建立医院感染的风险监测、预警以及多部门协同干预机制,开展医院感染防控知识的培训和教育,严格执行医院感染暴发报告制度。

第二十三条 医疗机构应当加强病历质量管理,建立并实施病历质量管理制度,保障病历书写客观、真实、准确、及时、完整、规范。

第二十四条 医疗机构及其医务人员开展诊疗活动,应当遵循患者知情同意原则,尊重患者的自主选择权和隐私权,并对患者的隐私保密。

第二十五条 医疗机构开展中医医疗服务,应当符合国家关于中医诊疗、技术、药事等管理的有关规定,加强中医医疗质量管理。

第四章 医疗质量持续改进

第二十六条 医疗机构应当建立本机构全员参与、覆盖临床诊疗服务全过程的医疗质量管理与控制工作制度。医疗机构应当严格按照卫生计生行政部门和质控组织关于医疗质量管理控制工作的有关要求,积极配合质控组织开展工作,促进医疗质量持续改进。

医疗机构应当按照有关要求,向卫生计生行政部门或者质控组织及时、准确地报送本机构医疗质量安全相关数据信息。

医疗机构应当熟练运用医疗质量管理工具开展医疗质量管理与自我评价,根据卫生计生行政部门或者质控组织发布的质控指标和标准完善本机构医疗质量管理相关指标体系,及时收集相关信息,形成本机构医疗质量基础数据。

第二十七条 医疗机构应当加强临床专科服务能力建设,重视专科协同发展,制订专科建设发展规划并组织实施,推行"以患者为中心、以疾病为链条"的多学科诊疗模式。加强继续医学教育,重视人才培养、临床技术创新性研究和成果转化,提高专科临床服务能力与水平。

第二十八条 医疗机构应当加强单病种质量管理与控制工作,建立本机构单病种管理的指标体系,制订单病种医疗质量参考标准,促进医疗质量精细化管理。

第二十九条 医疗机构应当制订满意度监测指标并不断完善,定期开展患者和员工满意度监测,努力改善患者就医体验和员工执业感受。

第三十条 医疗机构应当开展全过程成本精确管理,加强成本核算、过程控制、细节管理和量化分析,不断优化投入产出比,努力提高医疗资源利用效率。

第三十一条 医疗机构应当对各科室医疗质量管理情况进行现场检查和抽查,建立本机构医疗质量内部公示制度,对各科室医疗质量关键指标的完成情况予以内部公示。

医疗机构应当定期对医疗卫生技术人员开展医疗卫生管理法律法规、医院管理制度、医疗质量管理与控制方法、专业技术规范等相关内容的培训和考核。

医疗机构应当将科室医疗质量管理情况作为科室负责人综合目标考核以及聘任、晋升、评先评优的重要指标。

医疗机构应当将科室和医务人员医疗质量管理情况作为医师定期考核、晋升以及科室和医务人员绩效考核的重要依据。

第三十二条 医疗机构应当强化基于电子病历的医院信息平台建设,提高医院信息化工作的规范化水平,使信息化工作满足医疗质量管理与控制需要,充分利用信息化手段开展医疗质量管理与控制。建立完善医疗机构信息管理制度，保障信息安全。

第三十三条 医疗机构应当对本机构医疗质量管理要求执行情况进行评估，对收集的医疗质量信息进行及时分析和反馈，对医疗质量问题和医疗安全风险进行预警，对存在的问题及时采取有效干预措施，并评估干预效果，促进医疗质量的持续改进。

第五章 医疗安全风险防范

第三十四条 国家建立医疗质量(安全)不良事件报告制度，鼓励医疗机构和医务人员主动上报临床诊疗过程中的不良事件，促进信息共享和持续改进。

医疗机构应当建立医疗质量(安全)不良事件信息采集、记录和报告相关制度，并作为医疗机构持续改进医疗质量的重要基础工作。

第三十五条 医疗机构应当建立药品不良反应、药品损害事件和医疗器械不良事件监测报告制度，并按照国家有关规定向相关部门报告。

第三十六条 医疗机构应当提高医疗安全意识，建立医疗安全与风险管理体系，完善医疗安全管理相关工作制度、应急预案和工作流程，加强医疗质量重点部门和关键环节的安全与风险管理，落实患者安全目标。医疗机构应当提高风险防范意识，建立完善相关制度，利用医疗责任保险、医疗意外保险等风险分担形式，保障医患双方合法权益。制订防范、处理医疗纠纷的预案，预防、减少医疗纠纷的发生。完善投诉管理，及时化解和妥善处理医疗纠纷。

第六章 监督管理

第三十七条 县级以上地方卫生计生行政部门负责对本行政区域医疗机构医疗质量管理情况的监督检查。医疗机构应当予以配合，不得拒绝、阻碍或者隐瞒有关情况。

第三十八条 县级以上地方卫生计生行政部门应当建立医疗机构医疗质量管理评估制度，可以根据当地实际情况，组织或者委托专业机构，利用信息化手段开展第三方评估工作，定期在行业内发布评估结果。

县级以上地方卫生计生行政部门和各级质控组织应当重点加强对县级医院、基层医疗机构和民营医疗机构的医疗质量管理和监督。

第三十九条 国家卫生计生委依托国家级人口健康信息平台建立全国医疗质量管理与控制信息系统，对全国医疗质量管理的主要指标信息进行收集、分析和反馈。

省级卫生计生行政部门应当依托区域人口健康信息平台，建立本行政区域的医疗质量管理与控制信息系统，对本行政区域医疗机构医疗质量管理相关信息进行收集、分析和反馈，对医疗机构医疗质量进行评价，并实现与全国医疗质量管理与控制信息系统互连互通。

第四十条 各级卫生计生行政部门应当建立医疗机构医疗质量管理激励机制，采取适当形式对医疗质量管理先进的医疗机构和管理人员予以表扬和鼓励，积极推广先进经验和做法。

第四十一条 县级以上地方卫生计生行政部门应当建立医疗机构医疗质量管理情况约谈制度。对发生重大或者特大医疗质量安全事件、存在严重医疗质量安全隐患，或者未按要求整改的各级各类医疗机构负责人进行约谈；对造成严重后果的，予以通报，依法处理，同时报上级卫生计生行政部门备案。

第四十二条 各级卫生计生行政部门应当将医疗机构医疗质量管理情况和监督检查结果纳入医疗机构及其主要负责人考核的关键指标，并与医疗机构校验、医院评审、评价以及个人业绩考核相结合。考核不合格的，视情况对医疗机构及其主要负责人进行处理。

第七章 法律责任

第四十三条 医疗机构开展诊疗活动超出登记范围、使用非卫生技术人员从事诊疗工作、违规开展禁止或者限制临床应用的医疗技术、使用不合格或者未经批准的药品、医疗器械、耗材等开展诊疗活动的，由县级以上地方卫生计生行政部门依据国家有关法律法规进行处理。

第四十四条 医疗机构有下列情形之一的，由县级以上卫生计生行政部门责令限期改正；逾期不改的，给予警告，并处三万元以下罚款；对公立医疗机构负有责任的主管人员和其他直接责任人员，依法给予处分：

（一）未建立医疗质量管理部门或者未指定专(兼)职人员负责医疗质量管理工作的；

（二）未建立医疗质量管理相关规章制度的；

（三）医疗质量管理制度不落实或者落实不到位，导致医疗质量管理混乱的；

（四）发生重大医疗质量安全事件隐匿不报的；

（五）未按照规定报送医疗质量安全相关信息的；

（六）其他违反本办法规定的行为。

第四十五条 医疗机构执业的医师、护士在执业活动中，有下列行为之一的，由县级以上地方卫生计生行政部门依据《执业医师法》、《护士条例》等有关法律法规的规定进行处理；构成犯罪的，依法追究刑事责任：

（一）违反卫生法律、法规、规章制度或者技术操作规范，造成严重后果的；

（二）由于不负责任延误急危患者抢救和诊治，造成严重后果的；

（三）未经亲自诊查，出具检查结果和相关医学文书的；

（四）泄露患者隐私，造成严重后果的；

（五）开展医疗活动未遵守知情同意原则的；

（六）违规开展禁止或者限制临床应用的医疗技术、不合格或者未经批准的药品、医疗器械、耗材等开展诊疗活动的；

（七）其他违反本办法规定的行为。

其他卫生技术人员违反本办法规定的，根据有关法律、法规的规定予以处理。

第四十六条 县级以上地方卫生计生行政部门未按照本办法规定履行监管职责，造成严重后果的，对直接负责的主管人员和其他直接责任人员依法给予行政处分。

第八章 附 则

第四十七条 本办法下列用语的含义：

（一）医疗质量：指在现有医疗技术水平及能力、条件下，医疗机构及其医务人员在临床诊断及治疗过程中，按照职业道德及诊疗规范要求，给予患者医疗照顾的程度。

（二）医疗质量管理：指按照医疗质量形成的规律和有关法律、法规要求，运用现代科学管理方法，对医疗服务要素、过程和结果进行管理与控制，以实现医疗质量系统改进、持续改进的过程。

（三）医疗质量安全核心制度：指医疗机构及其医务人员在诊疗活动中应当严格遵守的相关制度，主要包括：首诊负责制度、三级查房制度、会诊制度、分级护理制度、值班和交接班制度、疑难病例讨论制度、急危重患者抢救制度、术前讨论制度、死亡病例讨论制度、查对制度、手术安全核查制度、手术分级管理制度、新技术和新项目准入制度、危急值报告制度、病历管理制度、抗菌药物分级管理制度、临床用血审核制度、信息安全管理制度等。

（四）医疗质量管理工具：指为实现医疗质量管理目标和持续改进所采用的措施、方法和手段，如全面质量管理（TQC）、质量环（PDCA循环）、品管圈（QCC）、疾病诊断相关组（DRGs）绩效评价、单病种管理、临床路径管理等。

第四十八条 本办法自 2016 年 11 月 1 日起施行。

医疗质量控制中心管理规定

- 2023 年 2 月 22 日
- 国卫办医政发〔2023〕1 号

第一章 总 则

第一条 为加强医疗质量安全管理，完善医疗质量管理与控制体系，规范医疗质量控制中心（以下简称质控中心）的建设与管理，根据《中华人民共和国基本医疗卫生与健康促进法》《医疗机构管理条例》《医疗质量管理办法》等法律法规及规定，制定本规定。

第二条 本规定所称质控中心，是指县级以上卫生健康行政部门为提高医疗质量安全和医疗服务水平，促进医疗质量安全同质化，实现医疗质量安全持续改进，根据管理工作需要组建、委托或者指定的医疗质量控制组织。

第三条 按照组建、委托或者指定质控中心的卫生健康行政部门级别，质控中心分为国家级质控中心、省级质控中心、市（地）级质控中心和县（区）级质控中心（组）。

按照质控中心的专业领域和工作方向，质控中心分为临床类质控中心、医技类质控中心和管理类质控中心等。

第四条 国家卫生健康委负责国家级质控中心的规划、设置、管理和考核。省级以下卫生健康行政部门负责本级质控中心的规划和相关管理工作。

第五条 质控中心的设置应当以医疗质量安全管理工作实际需要为基础，同一专业领域和工作方向原则上只设定一个本级质控中心。

第六条 省级卫生健康行政部门应当参照国家级质控中心设置情况，设立相应省级质控中心或指定现有省级质控中心对接工作。

第七条 省级以下卫生健康行政部门应当每年度将本级质控中心设置和调整情况向上一级卫生健康行政部门备案，并向社会公布。

第二章 职责和产生机制

第八条 国家级质控中心在国家卫生健康委领导下开展以下工作：

（一）分析本专业领域国内外医疗质量安全现状，研究制订我国医疗质量安全管理与控制的规划、方案和具体措施。

（二）拟订本专业质控指标、标准和质量安全管理要求，提出质量安全改进目标及综合策略，并组织开展本专业领域质控培训工作。

（三）收集、分析医疗质量安全数据，定期发布质控信息，编写年度本专业医疗服务与质量安全报告。

（四）加强本专业领域质量安全管理人才队伍建设，落实医疗质量安全管理与控制工作要求。

（五）组建全国相应的专业质控网络，指导省级以下质控中心和医疗机构开展医疗质量安全管理与控制工作。

（六）承担国家卫生健康委交办的其他工作任务。

第九条 省级以下质控中心在本级卫生健康行政部门领导下，参照国家级质控中心职责，对医疗质量安全管理要求和措施进行细化并组织实施，承担卫生健康行政部门交办的其他工作。

第十条 国家级质控中心的设置按照以下流程进行：

（一）国家卫生健康委根据工作需要提出设置规划，明确专业领域和工作方向，并提出拟承担相关专业质控中心工作的单位所需的条件。

（二）拟承担相关专业质控中心工作的单位应当首先向所在省级卫生健康行政部门提出申请，省级卫生健康行政部门对本辖区申请单位进行初步遴选后，向国家卫生健康委推荐不超过1家备选单位。

国家卫生健康委有关直属单位可以直接向国家卫生健康委提出申请。

（三）国家卫生健康委根据各省份推荐情况和直属单位申请情况进行初步遴选，确定不超过5家单位进入竞选答辩，并按照相应公示制度进行公示。

（四）国家卫生健康委组织竞选答辩，并根据竞选答辩情况，确定承担质控中心工作的单位（以下简称质控中心挂靠单位）和质控中心负责人。

（五）首次成立或更换挂靠单位的国家级质控中心设1年筹建期，筹建期满验收合格后正式确定。

省级以下质控中心的设置流程由本级卫生健康行政部门确定。

第十一条 国家级质控中心挂靠单位应当具备下列基本条件：

（一）具备开展质控工作所需的办公场所、设备、设施及专职人员，并保障开展质控工作所需的经费。

（二）申请临床专业质控中心的原则上应当为三级甲等医院，具备完善的医疗质量安全管理与控制体系和良好的质量管理成效。

（三）所申请专业综合实力较强，在全国具有明显优势和影响力，学科带头人有较高学术地位和威望。

（四）三年内未发生严重违法违规和重大医疗质量安全事件。

（五）能够承担国家卫生健康委交办的质控工作任务。

省级以下质控中心挂靠单位的条件由本级卫生健康行政部门确定。

第十二条 申请作为质控中心挂靠单位的机构或组织应当向相应的卫生健康行政部门提交以下材料：

（一）本单位基本情况。

（二）本单位在医疗质量安全管理领域开展的工作和取得的成效。

（三）拟申请专业领域的人员结构、技术能力、学术地位和设备设施条件。

（四）拟推荐作为质控中心负责人的资质条件，拟为质控中心准备的专（兼）职人员数量、办公场所、设备、设施和经费情况。

（五）拟申请专业领域的质控工作思路与计划。

第十三条 答辩评委专家组由熟悉掌握国家医疗质量安全管理制度和工作情况，具有良好的职业品德、专业知识和业务能力的临床、管理等专业人员组成。

专家参加答辩评委专家组工作实行回避制度和责任追究制度。

第三章 运行和监督管理

第十四条 各级卫生健康行政部门应当为本级质控中心开展工作提供必要的支持。医疗机构应当积极配合各级质控中心在辖区内依法依规开展质控工作。

第十五条 质控中心挂靠单位应当为质控中心开展工作提供保障，包括必要的办公场所、设备、设施、人员和经费等。

第十六条 质控中心应当根据实际情况建立工作例会、专家管理、经费管理、信息安全、考核评价等管理制度并组织实施。

第十七条 每个质控中心设负责人1名，负责质控中心全面工作。国家级质控中心应当确定至少1名专职秘书负责日常工作。

第十八条 质控中心负责人由挂靠单位推荐并报请本级卫生健康行政部门审定同意后确定；原则上由挂靠单位正式在职工作人员担任，并符合下列条件：

（一）具有较好的职业品德和行业责任感，为人正直，秉公办事，乐于奉献。

（二）具有较强的业务能力，热心医疗质量安全管理工作,熟悉、掌握有关法律、法规、规章和医疗质量安全管理专业知识。

(三)具有较强的组织协调能力,在本中心质控区域和本专业领域有较高学术地位和威望。

(四)具有良好的身体状态和充裕的工作时间,能够胜任质控中心负责人工作。

(五)卫生健康行政部门规定的其他条件。

第十九条 质控中心负责人履职期间因故不能继续履职的,由挂靠单位在1个月内重新推荐人选,并报请本级卫生健康行政部门审定同意后确定。

第二十条 国家和省级质控中心应当成立专家委员会,市(地)级和县(区)级质控中心可以成立专家组,为本中心质控工作提供技术支撑并落实具体工作。

第二十一条 各质控中心专家委员会(组)设置应当符合实际工作需要和下列要求:

(一)每个质控中心只设立1个专家委员会。国家级质控中心专家委员会委员数量不超过25名,其中本中心挂靠单位委员数量不超过4名。

(二)专家委员会设1名主任委员,由质控中心负责人担任;可以设置不超过2名副主任委员,其中至少1名由非本中心挂靠单位专家担任。原则上不设名誉主任、顾问等荣誉职位。

(三)国家级质控中心专家委员会名单由质控中心挂靠单位推荐,报国家卫生健康委审核同意后确定。

省级以下质控中心专家委员会(组)具体设置办法由本级卫生健康行政部门确定。

第二十二条 国家级质控中心专家委员会任期为4年。委员任期内因故不能继续履职的,不进行增补。

第二十三条 国家级质控中心可以根据工作需要成立亚专业质控专家组,亚专业质控专家组设置安排应当报国家卫生健康委审核同意后确定。

亚专业质控专家组组长应当同时为专家委员会委员。专家组名单由质控中心挂靠单位确定,报国家卫生健康委备案。

第二十四条 各级质控中心应当定期召开本中心专家委员会(组)、亚专业质控专家组工作会议,讨论本专业质控工作计划、技术方案和重要事项,落实质控中心工作任务;定期召集本专业下一级质控中心负责人召开会议,部署质控工作安排,交流质控工作经验。

第二十五条 各级质控中心应当制定本专业质控工作规划和年度工作计划并组织实施,按要求及时向本级卫生健康行政部门和上级本专业质控中心上报年度工作计划和工作总结。工作计划应当遵循可操作、易量化的原则制定,相关具体工作任务应当明确完成时限。

质控中心开展年度工作计划之外的重要活动与安排应当提前向卫生健康行政部门报告。

第二十六条 质控中心工作经费应当实行预算管理,严格按照预算计划支出,专款专用。质控中心工作经费纳入挂靠单位财务部门统一管理,严格执行挂靠单位财务管理要求。质控中心应当遵守相关财务规定,确保经费规范管理和使用。

第二十七条 质控中心应当积极利用信息化手段加强质控工作,使用符合国家网络和数据安全规定的信息系统收集、存储、分析数据,按照国家有关规定制定并落实网络和数据安全管理相关制度,保障网络和数据安全。

第二十八条 质控中心应当在规定范围内使用数据资源。使用医疗质量安全数据资源发表文章、著作等成果,应当注明数据来源,并使用质控中心作为第一单位。

第二十九条 国家级质控中心以质控中心名义印制文件的,按照国家卫生健康委相关规定执行。省级以下质控中心以质控中心名义印制文件的,按照本级卫生健康行政部门相关规定执行。

第三十条 质控中心应当严格按照以下规定开展工作,强化自我管理:

(一)未经本级卫生健康行政部门同意,不得以质控中心名义开展与质控工作无关的活动。

(二)不得以质控中心名义委托或以合作形式违规变相委托其他单位和个人开展质控活动。

(三)不得以质控中心名义违规使用企业赞助的经费开展工作。

(四)不得以质控中心名义违规主办或者参与向任何单位、个人收费的营利性活动。

(五)不得违规刻制印章、违规以质控中心名义印制红头文件。

(六)不得以质控中心名义违规颁发各类证书或者专家聘书。

(七)不得违规将医疗质量安全数据资源用于与质控工作无关的其他研究,或利用医疗质量安全数据资源进行营利性、违反法律法规的活动。

第三十一条 专家委员会(组)、亚专业专家组成员以及质控中心相关工作人员应当严格遵守法律法规和质控工作有关规定,不得以专家委员和质控中心工作人员名义违规举办和参加营利性活动,不得借助质控工作违规谋取私利。

第三十二条　各级质控中心应当加强对本中心专家委员和工作人员的日常管理与考核，发现违规行为应当立即纠正并在职责范围内按照有关规定处理。

第三十三条　各级卫生健康行政部门应当建立本级质控中心监督管理和动态调整机制，对质控中心实施动态管理和调整。

第三十四条　国家卫生健康委对国家级质控中心建立年度考核制度；考核结果分为优秀、良好、合格和不合格4个等次。

省级以下质控中心的考核工作由本级卫生健康行政部门统筹管理。

第三十五条　国家卫生健康委根据年度考核结果，按照4年一个管理周期对国家级质控中心挂靠单位进行动态管理：

（一）对符合下列条件之一的质控中心，挂靠单位不做调整：

1. 管理周期内4次年度考核结果均为良好及以上等次的；

2. 管理周期内2次年度考核结果为优秀，且未出现不合格的。

（二）管理周期内发生2次年度考核不合格的，立即解除挂靠关系并重新遴选质控中心挂靠单位；原挂靠单位不参与本轮遴选。

（三）挂靠届满按照本规定重新遴选质控中心挂靠单位的，原挂靠单位可以参与遴选。

第三十六条　质控中心出现本规定第三十条规定相关情形且情节严重的，立即解除挂靠关系并重新遴选质控中心挂靠单位，原挂靠单位不参与本轮遴选，且4年内不得申请作为新成立其他专业质控中心的挂靠单位。

第三十七条　专家委员会（组）及亚专业专家组调整周期为4年。质控中心解除挂靠关系后，专家委员会（组）及亚专业专家组同时解散。

第三十八条　专家委员会（组）及亚专业专家组专家出现第三十一条规定相关情形且情节严重的，或长期不承担质控中心安排的工作任务的，应当及时调出专家委员会（组）及亚专业专家组。

质控中心工作人员出现第三十一条规定相关情形且情节严重的，由挂靠单位依法依规予以处理。

第三十九条　质控工作相关资料由质控中心妥善保存，纸质资料须转换成电子版进行保存。质控中心挂靠单位变更时，原挂靠单位应当封存质控工作相关纸质资料和电子版资料，并按照卫生健康行政部门规定的时限，将电子版资料副本以及质控管理网络、信息化平台、管理权限和质控数据等一并转交新挂靠单位，确保本专业质控工作有序、无缝衔接。

第四章　附　则

第四十条　省级以下卫生健康行政部门可以根据本规定和本辖区质控工作需要，制定辖区内质控中心管理办法。

第四十一条　本规定由国家卫生健康委负责解释。

第四十二条　本规定自印发之日起施行。

全面提升医疗质量行动计划（2023–2025年）

· 2023年5月26日
· 国卫医政发〔2023〕12号

为深入推进健康中国建设，进一步深化医药卫生体制改革，全面提升医疗质量安全水平，建设中国特色优质高效的医疗卫生服务体系，保障人民群众健康权益，在"以病人为中心，以提高医疗服务质量为主题"的医院管理年活动、"医疗质量万里行"活动、"三好一满意"活动、"方便看中医、放心用中药、看上好中医惠民便民活动"、改善医疗服务行动计划、"民营医院管理年"活动等工作的基础上，坚持继承与发展的原则，立足新发展阶段，紧扣公立医院高质量发展新形势、新任务，制定本行动计划。

一、总体要求

（一）指导思想

以习近平新时代中国特色社会主义思想为指导，深入贯彻党的二十大和二十届一中、二中全会精神，认真落实学习贯彻习近平新时代中国特色社会主义思想主题教育要求，把保障人民健康放在优先发展的战略位置，以满足人民日益增长的美好生活需要为根本目的，以推动医疗卫生服务高质量发展为主题，以提高供给质量为主攻方向，中西医并重，加强全面质量安全管理，促进优质医疗资源扩容和区域均衡布局，不断增强人民群众获得感、幸福感、安全感。

（二）行动目标

利用3年时间，在全行业进一步树立质量安全意识，完善质量安全管理体系和管理机制，进一步健全政府监管、机构自治、行业参与、社会监督的医疗质量安全管理多元共治机制，进一步巩固基础医疗质量安全管理，提升医疗质量安全管理精细化、科学化、规范化程度，进一步优化医疗资源配置和服务均衡性,提升重大疾病诊疗能力和医疗质量安全水平,持续改善人民群众对医疗服务的满意度。

二、行动范围

全国二级以上医疗机构。

三、组织管理

国家卫生健康委、国家中医药局负责全国行动计划的制定和组织实施,指导省级卫生健康行政部门(含中医药主管部门,下同)、国家级质控中心、行业学(协)会、医疗机构分别推进工作。省级卫生健康行政部门负责本辖区具体工作方案的制定和落实,指导辖区内医疗机构及相关组织、单位落实相关工作要求和监管责任,及时总结经验并加强宣传交流。

省级以上各专业质控中心负责制订本专业质量安全改进工作计划并组织实施;监测、分析本专业医疗质量安全情况,研究提出医疗质量安全改进目标和质控工作改进目标,加强质量安全改进策略研究,为行政部门管理工作提供技术支撑。其他各级质控组织按照分工落实工作。

各级各类医疗机构是行动的责任主体,医疗机构主要负责人是第一责任人。医疗机构要按照本行动计划和辖区具体方案要求,强化医疗质量安全主体责任,完善医疗质量安全管理体系,落实各项具体工作任务,强化人员教育,培育质量安全文化,提升医疗质量安全水平。

四、工作任务

（一）加强基础质量安全管理,夯实结构质量

1. 健全医疗质量管理组织体系。医疗机构进一步健全院、科两级医疗质量安全管理体系,按要求成立由医疗机构主要负责人担任主任的医疗质量管理委员会,指定或者成立专门部门具体负责医疗质量安全日常管理工作。各业务科室成立由主要负责人担任组长的医疗质量管理工作小组,指定专人负责日常具体工作。

2. 完善质量安全管理制度。医疗机构严格按照法律法规要求,建立健全本机构各项质量安全管理制度,强化重点环节和重点领域的日常管理,结合本机构实际,细化完善并严格落实18项医疗质量安全核心制度。

3. 优化质量安全工作机制。医疗机构主要负责人每月召开医疗质量管理委员会专题会议,研究部署医疗质量安全工作。建立院周会反馈质量安全工作机制,创办质量安全月刊,督促指导各部门、各科室精准开展医疗质量安全改进工作。各部门、各临床科室及医技科室主要负责人每月召开专门会议,研究本部门、本科室医疗质量安全工作。

4. 加强医务人员管理。医疗机构按照国家有关规定强化医师、护士及医技人员准入和执业管理,规范医师多点执业和定期考核,以临床诊疗指南、技术规范、操作规程等为重点,对全体医务人员加强基本理论、基本知识、基本技能培训及考核,不断提升医务人员业务能力。

5. 强化药品器械管理。医疗机构依法依规确定本机构药品器械供应目录,加强重点监控合理用药药品、抗微生物药物、抗肿瘤药物以及放射影像设备、植入类器械等常用设备器械的管理,做好药品器械不良反应的监测报告,对不良反应多且安全隐患突出的药品器械要及时依法依规清退出供应目录。

6. 规范医疗技术管理。医疗机构全面梳理本机构医疗技术临床应用情况,以限制类技术、内镜和介入技术等为重点加强质量安全管理,强化新技术、新项目机构内准入管理,完善技术授权和动态管理等相应的管理制度及工作流程,在保障医疗质量安全的基础上,加强新技术临床应用和适宜技术推广。中医医疗技术操作要严格按照《中医医疗技术相关性感染预防与控制指南(试行)》要求,严格落实感控管理各项要求。

7. 提升急诊质量。医疗机构强化院前医疗急救与院内急诊的无缝衔接机制,畅通院前医疗急救与院内急诊信息,强化预检分诊,优化急诊就诊和绿色通道流程,完善急危重症患者,特别是心血管疾病、多发性创伤、心脏骤停等急危重症患者的多学科协作救治机制,提升患者救治效果。

8. 改善门诊医疗质量。医疗机构严格执行首诊负责制,加强门急诊专业人员和技术力量配备,优化门急诊诊疗工作流程,优化门诊疑难病例会诊和多学科门诊诊疗服务,加强门诊手术、门诊化疗、门诊输液等门诊服务的质量安全管理,并把门急诊工作质量作为考核科室和医务人员的重要内容。

9. 提高日间医疗质量。医疗机构进一步完善日间医疗质量管理组织体系,加强日间医疗病种和技术管理,强化日间医疗科室和医师审核授权管理,不断扩充日间医疗服务范围,提升日间医疗服务供给能力。加强日间医疗患者评估和随访,及时发现患者病情变化并予以干预,保障日间医疗患者安全。

10. 保障手术质量安全。医疗机构严格落实手术分级管理制度,强化手术分级和医生授权动态管理,确保三、四级手术逐项授予和动态调整。全面加强手术患者术前评估、麻醉评估,落实术前讨论制度,准确把握手术

适应证和禁忌证，科学制订手术方案。严格落实手术安全核查制度，强化围手术期管理。

> 专项行动之一：手术质量安全提升行动
> 通过专项行动，降低手术并发症、麻醉并发症、围手术期死亡等负性事件发生率，及时发现和消除手术质量安全隐患。到2025年末，日间手术占择期手术的比例进一步提升，全国三级医院手术患者住院死亡率明显下降，非计划重返手术室再手术率不高于1.8‰，住院患者手术后获得性指标发生率不高于7.5‰，全面落实四级手术术前多学科讨论制度。

11. 提高患者随访质量。医疗机构根据不同疾病特点及诊疗规律，明确随访时间、频次、形式和内容等，安排专门人员进行随访并准确记录，为有需要的患者提供出院后连续、安全的延伸性医疗服务。重点加强四级手术、恶性肿瘤患者的随访管理，重点关注患者出院后发生并发症、非预期再入院治疗和不良转归等情况。

12. 优化要素配置和运行机制。医疗机构进一步强化"以患者为中心，以疾病为链条"的理念，打破传统学科划分和专业设置壁垒，以多学科协作（MDT）为基础，探索专病中心建设，为患者提供重大疾病诊疗一站式服务。

> 专项行动之二："破壁"行动
> 聚焦心、脑血管疾病，恶性肿瘤等发病率高、严重危害人民群众健康的重大疾病，结合本地居民疾病谱和异地就医流向情况，在保障医疗安全的基础上优化要素配置和运行机制。到2025年末，在冠心病、脑卒中、乳腺癌、肺癌、结直肠癌等专病的诊疗模式和组织形式有创新性突破。全国急性ST段抬高型心肌梗死再灌注治疗率提升至80%；全国急性脑梗死再灌注治疗率提升至45%。

（二）强化关键环节和行为管理，提高过程质量

13. 严格规范日常诊疗行为。医疗机构和医务人员严格遵循临床诊疗指南、临床技术操作规范、行业标准和临床路径等有关要求开展诊疗工作，严格遵守医疗质量安全核心制度，掌握各类检查、治疗的适应证，做到合理检查、合理用药、合理治疗。

14. 全面加强患者评估。医疗机构在住院当日、围手术（治疗）期、出院前等关键时间节点强化患者评估，规范评估流程，掌握评估策略，使用评估工具，提高评估的科学性、准确性；密切监测患者病情变化及心理状态，并及时进行再评估，根据评估情况科学调整诊疗方案，保障诊疗措施的及时性、规范性。

15. 提升三级查房质量。严格落实三级查房制度，保障临床科室对患者的查房频次、形式和内容符合规定；倡导医疗、护理、药事联合查房，倡导中西医联合查房，及时掌握患者病情变化，针对性调整诊疗方案。对四级手术患者和疑难危重患者要进行重点查房，推行多学科联合查房。

16. 提升合理用药水平。规范医师处方行为，按照安全、有效、经济、适宜的合理用药原则开具处方。推行临床药师制，发挥药师在处方审核、处方点评、药学监护等合理用药管理方面的作用。强化合理用药教育与培训，对不合理用药行为及时采取干预措施。在儿科等重点科室配备驻科药师，参与药物治疗管理。

17. 提高检查检验质量。建立健全覆盖检查、检验全过程的质量管理制度，加强室内质量控制，重点关注即时检验（POCT）质量管理，配合做好室间质量评价工作，充分发挥质量管理对于推进医疗机构检查检验结果互认的重要作用。进一步优化危急值项目管理目录和识别机制，强化危急值报告的及时性、准确性。

18. 加强病历质量管理。以提升病历内涵质量和完整性、及时性为核心任务，加强编码管理和病历质量培训，规范病历书写。以首次病程、上级医师查房、手术记录、阶段小结、出院小结等反映诊疗计划和关键过程的病历内容为重点强化管理，提升医疗质量安全意识和水平。推行门（急）诊结构化病历，提高门（急）诊病历记录规范性和完整性，提高门（急）诊电子病历使用比例。

> 专项行动之三：病历内涵质量提升行动
> 以教育培训、质控抽查、优秀病案评比和宣传交流为主要方式，引导医疗机构落实国家病历书写、管理和应用的相关规定，强化病历内涵意识，提升病历客观、真实、准确、及时、完整、规范水平，更好体现临床诊疗思维和过程。到2025年末，病案首页主要诊断编码正确率不低于90%，病历记录完整性和及时性进一步提高，评选全国百佳病案并开展巡讲。

19. 加强会诊管理。进一步完善会诊制度，明确各类会诊的具体流程，加强会诊人员资质管理，统一会诊单格式及填写规范，规范会诊行为，追踪会诊意见执行情况和执行效果。同时，加强中医、营养、康复、精神、检验、病理、影像、药学等科室的多学科会诊参与度，充分发挥营养和康复治疗对提升治疗效果的积极作用。

20. 提高急难危重救治效果。医疗机构进一步优化

绿色通道管理，做好急难危重患者分类，完善抢救资源配置与紧急调配机制，保障各单元抢救设备和药品可用，确保急危重患者优先救治，加强危急值处置管理，提高危急值处置的及时性、规范性。进一步落实急危重患者抢救制度和疑难病例讨论制度，提高重症患者救治技术能力。

21. 强化患者安全管理。医疗机构进一步提升医务人员患者安全意识和对医疗质量(安全)不良事件的识别能力，强化医疗质量(安全)不良事件的主动报告，定期对患者医疗质量(安全)不良事件发生情况进行分析，查找存在的共性问题和薄弱环节，开展系统性改进工作。

> 专项行动之四：患者安全专项行动
> 医疗机构开展全员参与覆盖诊疗服务、基础设施、应急处置全过程的安全隐患排查行动，优化应急预案并加强演练。强化非惩罚性报告机构，提高识别能力，优化报告途径，鼓励医务人员报告不良事件，塑造良好的质量安全氛围。到2025年末，每百出院人次主动报告不良事件年均大于2.5例次。

22. 提供优质护理。医疗机构持续扩大优质护理服务覆盖面，落实护理核心制度，做实责任制整体护理，夯实基础护理质量，实现优质护理服务扩面提质。完善护理质量监测与反馈，基于循证基础和临床需求开展持续改进工作，提高护理同质化水平。

（三）织密质量管理网络，完善工作机制

23. 健全质控体系和工作机制。卫生健康行政部门规范本级质控中心的建设和管理，中医药主管部门要加强中医质控中心建设和设置，强化对质控中心指导考核，进一步扩大质控工作覆盖范围，提高质控中心工作的规范化、科学化、专业化水平，将部分重点专业质控组织延伸至县区。地(市)级以上卫生健康行政部门(含中医药主管部门，下同)每季度召开至少1次专题会议，研究质控体系建设运行、推进质量安全提升行动计划等相关工作。

24. 加强质量安全信息公开。省级以上卫生健康行政部门建立辖区内医疗机构质量安全排名、通报和信息公开制度，完善工作机制，充分调动行业重视程度和工作积极性。各级质控中心围绕本专业年度质量安全情况进行监测、分析和反馈，为此项工作提供技术支撑。

25. 完善"以质为先"的绩效管理机制。医疗机构将医疗质量管理情况作为绩效考核的重要依据，探索建立以医疗质量安全为导向的绩效分配机制。将科室医疗质量管理情况作为科室负责人综合目标考核以及聘任、晋升、评先评优的重要指标；将科室和医务人员医疗质量管理情况作为医师定期考核、晋升的重要依据。

> 专项行动之五："织网"行动
> 到2025年末，设置完成不少于60个专业的国家级质控中心，不少于10个中医专业国家级质控中心，不少于1800个省级质控中心，不少于300个省级中医质控中心；不少于1.8万个地市级质控中心(组织)，不少于1800个地市级中医质控中心。质控工作逐步覆盖住院、日间、门(急)诊等全诊疗人群。其中，心血管疾病、神经系统疾病、肿瘤、麻醉、重症、药事、院感、护理等专业质控中心(组织)实现地市级全覆盖，并延伸至50%以上县域。全国纳入单病种管理的病种(技术)数量不少于100个，发布年度省级医疗服务与质量安全报告的省份不少于20个，各专业国家级质控中心按年度发布本专业医疗服务与质量安全报告。

26. 强化目标导向，优化改进工作机制。卫生健康行政部门指导质控组织和医疗机构聚焦年度国家医疗质量安全改进目标、各专业质控工作改进目标和患者安全目标，合理细化本地区、本机构改进目标并确定目标改进幅度，把推动目标实现作为年度质量安全管理工作重点，创新工作机制和方式方法，以点带面提升质量安全水平。

27. 充分发挥考核评估指挥棒作用。卫生健康行政部门充分发挥医院评审、公立医院绩效考核、公立医院高质量发展评价、医联体绩效考核、临床专科评估、单病种质量评估等工作的指挥棒作用，将医疗质量管理情况作为考核工作的重要内容，督促指导医疗机构落实相关政策要求。

28. 加强中医药质控。医疗机构应将中医医疗技术应用、中药合理使用等，纳入医疗质量管理。各级中医药主管部门应加强中医药质控机构设置和建设，加大中医诊疗技术规范的修订和完善。

五、工作安排

（一）启动阶段（2023年5月—6月）

国家卫生健康委联合国家中医药局制定印发行动计划，拟定对各省份行动效果监测指标体系，召开工作会议做出具体工作安排。各省级卫生健康行政部门制定具体工作方案报国家卫生健康委和国家中医药局备案，部署本辖区行动相关工作。

（二）实施阶段（2023年6月—2025年9月）

各级卫生健康行政部门按年度进行行动工作部署和

工作总结。各地按照本计划分别落实工作，加强指导评估，及时解决共性问题。发掘先进做法和典型经验，遴选年度典型案例并进行宣传推广。

（三）评估总结（2025年10月-12月）

在各地总结的基础上，国家卫生健康委和国家中医药局对质量安全提升工作进行全面总结评估，提炼质量安全提升工作经验，通报巡查发现的典型案例，加强行动计划和工作成效宣传，营造良好舆论氛围，对于工作中发掘的先进做法和典型经验，组织宣传推广，推动形成制度性安排。

六、工作要求

（一）加强组织领导。各单位要充分认识开展全面提升医疗质量行动计划的重要意义，以对人民健康高度负责任的态度抓好工作落实。卫生健康行政部门负责同志要亲自抓，细化政策措施，明确责任分工，层层压实责任，推进工作有序开展。医疗机构主要负责人要亲自研究、靠前领导，落实落细各项工作，强化基础医疗安全管理，加强医疗质量安全日常监测、分析和反馈，推动行动顺利开展。

（二）做好政策协同。各地卫生健康行政部门要对照法律法规、部门规章和有关文件等要求制定完善配套文件，指导医疗机构建立健全相关制度规范并加强日常监管。充分利用医院评审、绩效考核、专科评估等工作抓手，将医疗质量安全提升工作落实落细，推动医疗质量安全持续改进。

（三）强化科学管理。各级卫生健康行政部门、质控组织和医疗机构要密切关注医疗质量安全管理领域前沿进展，吸纳国内外先进管理经验和方法，加强医疗质量安全管理相关学习培训，推广单病种管理、全面质量管理等医疗质量管理工具，提升质量安全管理科学化程度和管理效能。

（四）加强宣传引导。各级卫生健康行政部门和质控组织要注重从多维度、多层面挖掘行动落实先进典型，充分利用行业主流媒体和短视频、公众号等网络新媒体多种形式进行宣传推广，营造良好氛围。省级以上卫生健康行政部门要遴选具有代表意义的典型案例予以通报表扬，充分调动医疗机构参与行动的积极性。

（五）建立长效机制。各省级卫生健康行政部门要在行动期间不断总结经验，进一步巩固全行业质量安全意识和"以病人为中心"服务理念，增强各方参与医疗质量安全管理的意愿，进一步提升行业社会认可度，完善政府监管、机构自治、行业自律、社会监督的医疗质量安全管理多元良性共治长效机制。

附件　各省行动效果监测指标体系

附件

各省行动效果监测指标体系

序号	评估维度	评估指标	指标导向
1	工作落实	年度工作方案制定情况	/
2		年度工作总结情况	/
3		年度质量安全信息公开情况	/
4		质控中心建设情况	/
5		质控中心工作考核情况	/
6		中西医结合工作开展情况	/
7	质量安全目标改进情况	年度国家医疗质量安全改进目标改进情况	/
8		年度质控工作改进目标改进情况	/
9	急诊和日间医疗质量	平均急救响应时间	逐步降低
10		心脏骤停复苏成功率	逐步升高
11		急性ST段抬高型心肌梗死再灌注治疗率	逐步升高
12		急性脑梗死再灌注治疗率	逐步升高
13		开展日间医疗服务的医院占比	逐步升高
14		日间手术占择期手术的比例	逐步升高

续表

序号	评估维度	评估指标	指标导向
15	医疗行为质量	肿瘤治疗前临床 TNM 分期评估率	逐步升高
16		营养风险筛查率	逐步升高
17		疼痛评估规范率	逐步升高
18		门诊和住院处方审核率	逐步升高
19		门诊和住院处方审核合格率	逐步升高
20		住院患者静脉输液规范使用率	逐步升高
21		危急值报告及时率和危急值处置及时率	逐步升高
22		早期康复介入率	逐步升高
23		室间质评项目合格率	逐步升高
24		四级手术患者随访率	逐步升高
25		恶性肿瘤患者随访率	逐步升高
26		每百出院人次主动报告不良事件例次	逐步升高
27		中医医疗机构中以中医治疗为主的出院患者比例	逐步升高
28	结果质量	医院 CMI 值	逐步升高
29		ICU 患者病死率	逐步降低
30		手术并发症发生率	逐步降低
31		非计划重返手术室再手术率	逐步降低
32		围术期死亡率	逐步降低
33		恶性肿瘤患者生存时间	逐步升高
34		血管内导管相关血流感染发生率	逐步降低
35		患者院内压力性损伤发生率	逐步降低
36	病历质量	门诊病历电子化比例	逐步升高
37		门诊结构化病历使用比例	逐步升高
38		病案首页主要诊断编码正确率	逐步升高
39		病历记录及时性	逐步升高
40		全国百佳病案入选情况	/

患者安全专项行动方案（2023-2025 年）

· 2023 年 9 月 27 日
· 国卫办医政发〔2023〕13 号

为维护患者健康权益，保障患者安全，进一步提升医疗机构患者安全管理水平，按照《全面提升医疗质量行动计划（2023-2025 年）》有关安排，制定本方案。

一、行动目标

利用 3 年时间，进一步健全患者安全管理体系，完善制度建设，畅通工作机制，及时消除医疗过程中以及医院环境中的各类风险，尽可能减少患者在医院期间受到不必要的伤害，保障患者安全。连续 3 年每年至少完成 1 轮全院巡检排查和全院患者安全专项培训，至 2025 年末，患者安全管理水平进一步提升，每百出院人次主动报告不良事件年均大于 2.5 例次，低风险病种住院患者死亡率进一步降低。

二、行动范围

全国二级以上医疗机构。

三、行动内容

（一）确保医疗服务要素安全。

1. 加强药品耗材安全管理。加强药品耗材采购、储存、调配、使用全程管理，对高警示药品及易混淆药品，分别存放并设置警示标识，确保药品耗材存储环境符合要求并处于有效期内，及时清理过期药品耗材。特别是对机构内制剂、高警示药物、毒麻精等重点药物类别加大管理力度。严格防止假冒伪劣、过期药品耗材流入临床，严禁重复使用一次性耗材,加强患者自带、外购药品使用管理。对可重复使用的耗材,加强洗消、检测管理,及时清除超使用寿命、性能不达标的耗材。

2. 排查医疗设备设施安全隐患。对本机构使用的医疗设备设施进行全面排查,重点关注相关设备设施定期保养检修情况、功能状态,特别是近期进行场地改造、设备设施更新换代、运行机制调整优化的领域要进行细致排查,对变更后的设备设施运行情况进行监测分析,及时发现异常情况并予以有效干预。对事关生命安全的重点领域进行事前审查、事后检测、定期巡检,防止出现因设备设施失检、失修导致的安全问题。同时,加强实验室强酸、强碱、腐蚀、有害、易燃、易爆品的管理,防止腐蚀、灼伤、中毒、水灾、火灾和爆炸等事件的发生。

3. 规范医务人员管理。加强医务人员规范管理,明晰各个岗位职责,压实科主任、护士长、医疗团队负责人、值班人员等关键岗位人员的医疗安全责任。强化医务人员临床能力评估,严格按照有关要求对医务人员进行医疗技术、临床带教等授权管理,强化进修人员、规培人员、实习人员以及第三方外聘人员的管理,规范开展临床带教工作,做好风险把控。

(二)保障医疗服务过程安全。

4. 强化检查检验安全管理。严格把握各类检查检验项目的适应症、禁忌症,重点关注无痛检查、内镜检查、有创检查、运动平板试验、磁共振、增强显像或造影等高风险、耗时长或有特殊要求的检查检验项目。在实施检查前,核验患者情况,确保患者已按要求做好准备;检查过程中,密切观察患者状态,及时发现并处理意外情况;检查完成后,根据患者实际情况,引导或护送患者返回。

5. 严格诊疗行为安全管理。在各项诊疗服务过程中,严格把握禁忌证和适应证,严格执行查对制度,防止诊疗对象、部位、措施发生错误,重点关注孕产妇、儿童、老年人、精神或意识障碍患者等特殊人群的情况。积极开展用药全过程管理,确保给药的时间、途径、剂量等准确情况,防止发生药物使用禁忌、配伍禁忌、药物渗漏等情况,及时处理过敏、呕吐、疼痛等不良反应。

6. 落实患者日常安全管理。严格落实医疗质量安全核心制度,加强住院患者评估观察,关注患者精神心理状态,及时发现患者病情变化并予以处理,防止患者坠床、跌倒、走失、自残、自杀或伤害其他人员。加强门(急)诊候诊患者管理,建立识别高危患者并予以优先接诊的措施。严格落实医院感染管理要求,规范实施深静脉血栓预防、减少院内感染、深静脉血栓栓塞等不良事

件,对接受手术治疗、中心静脉插管、呼吸机辅助呼吸、长期卧床等高风险患者,实现全覆盖监测管理。

7. 提高急诊急救能力。按要求在院内重点区域/部门(部位)配置抢救车、除颤仪等急救药品和设备设施,保障相关药品、设备设施随时可用。加强对危急值的管理,保障各种急救绿色通道通畅,确保危急重症患者得到及时救治。鼓励有条件的医疗机构建设应急救治一键呼叫系统,组建相对固定的队伍负责心肺复苏、气管插管等应急处置。建立医疗安全应急响应机制,制定应对群死群伤、突发传染病等突发公共卫生事件的预案并加强演练。

8. 保障诊疗信息安全。提高对信息安全的重视程度,按要求对医疗机构内部的信息系统采取信息安全等级保护措施,加强账号信息和权限管理,定期开展文档核验、漏洞扫描、渗透测试等多种形式的安全自查,防止数据泄露、毁损、丢失,严禁任何人擅自向他人或其他机构提供患者诊疗信息。同时,做好信息系统容灾备份,建立信息系统应急处置预案,并制定医院信息系统局部或全部瘫痪状况下临床运行处置预案。

(三)优化患者安全管理机制。

9. 健全常态化管理体系。进一步建立健全患者安全管理相关组织架构,明确部门及其岗位职责,建立工作制度、完善工作流程并严格落实。将患者安全工作纳入院周会、质量安全月刊,督促指导各部门、各科室精准开展患者安全改进工作。探索建立长效数据动态监测平台,合理应用质量管理工具,开展回顾性分析、横断面监测、前瞻性预警,及时识别风险,及早干预,减少不良事件发生。同时,加强医院投诉管理,建立患者诉求快速响应机制,强化投诉信息闭环管理,实现"一个诉求解决一类问题"。

10. 完善不良事件报告处理机制。按照医疗质量(安全)不良事件(以下简称不良事件)分类标准(附件2),向国家医疗质量安全不良事件报告与学习平台(https://quality.ncis.cn/platform-home)上报不良事件信息。加强强制上报类事件管理,倡导主动上报与积极处置并重的处理模式,形成非惩罚性报告机制和激励机制。鼓励医疗机构建立机构内部不良事件信息报告平台,重点关注医疗质量隐患问题或未造成严重不良后果的负性事件,对不良事件反映出的安全隐患开展重点整改,采取有针对性的措施预防不良事件的发生。

11. 提升全员安全意识。围绕相关法律法规、医疗质量安全核心制度、年度国家医疗质量安全改进目标、质

量管理工具等内容，建立患者安全培训课程。按年度制定医院患者安全管理培训计划，实施以提升患者安全为核心的全员教育培训，加强对非医务人员和第三方服务人员的培训，特别是加强对直接服务于患者的后勤人员、护理员的培训。通过院报、学习会、专栏/刊、信息平台等多种方式提升信息获取和知识传播的持续性，并在每年世界患者安全日前后组织开展患者安全集中宣传活动，不断提升全员安全意识与管理水平。

12. 构建良好患者安全文化。充分发挥文化建设在患者安全管理工作中的导向作用。将构建患者安全文化纳入医院发展建设总体目标，统筹规划，营造人人重视安全，人人落实安全，主动报告、有效沟通，从错误中学习的非惩罚性患者安全管理文化氛围，引导全员积极参与患者安全。积极开展覆盖患者诊疗全过程的健康教育，引导患者及家属参与患者安全管理，探索为患方提供不良事件上报途径。

四、行动步骤

（一）启动阶段（2023年9月）。国家卫生健康委制定印发专项行动方案，各省级卫生健康行政部门进行工作部署和宣贯动员。各医疗机构制定本单位具体工作措施，并启动行动。

（二）实施阶段（2023年10月-2025年9月）。各医疗机构结合实际情况开展患者安全改进工作，按年度进行工作部署和工作总结，逐步健全和优化患者安全管理工作体系和机制，落实管理要求，消除患者安全隐患，实现患者安全持续改进。各省级卫生健康行政部门于每年10月30日前将本年度患者安全工作汇总表（附件3）报送我委医政司。

（三）总结阶段（2025年10月-12月）。各省级卫生健康行政部门对患者安全提升专项工作进行全面总结评估，多渠道、多形式对工作成效和先进典型进行宣传，将工作中形成的具有推广价值的好经验、好做法转换为制度性安排。

五、工作要求

（一）强化组织领导，推动工作落地。各级卫生健康行政部门充分发挥行业主管部门的统筹指导作用，强化目标导向，将保障患者安全作为全面提升医疗质量行动的重要内容一并推进。医疗机构要落实患者安全管理主体责任，将患者安全纳入医疗质量管理和医院管理制度体系，加强组织领导、明确责任人员、分解工作任务、定期开展自查自纠，聚焦重点部门、重点环节和重点领域，提高风险识别能力，主动报告患者安全风险隐患，对发现的隐患与问题逐项研究，以问题为导向开展改进工作，将工作落到实处。

（二）鼓励全员参与，实现多元共治。各级卫生健康行政部门和各医疗机构要进一步巩固患者安全意识和"以患者为中心"的服务理念，从多维度、多层面挖掘先进典型，充分宣传推广，营造良好氛围，充分调动医务人员与社会各界参与行动的积极性，努力构建"政府主导-医院主体-社会协同-患者参与"的患者安全多元共建共治新格局。鼓励行业组织定期组织区域或全国性患者安全经验交流，推广优秀患者安全管理模式、案例、工具及患者安全培训课件/视频，营造良好氛围。

（三）持续改进提升，形成长效机制。各级卫生健康行政部门和各医疗机构按照"全员意识强化、全面系统优化、全程积极参与、落实预防为主、推进持续改进"的原则，运用系统管理方法，从顶层设计、管理制度、工作流程等方面积极总结先进经验，构建长效运行管理机制，形成预防、处置、反馈、分析、改进的闭环管理模式，并将工作中形成的好经验、好做法及时转化为政策要求，为医疗安全持续改进工作奠定更为坚实的基础。

附件：1. 患者安全专项行动监测指标（略）
　　　2. 医疗质量安全不良事件分级分类标准（略）
　　　3. 患者安全专项行动年度工作汇总表（略）

手术质量安全提升行动方案（2023-2025年）

· 2023年8月22日
· 国卫办医政发〔2023〕10号

为深入推进健康中国建设，进一步提升医疗机构手术管理能力，保障患者手术质量安全，按照《全面提升医疗质量行动计划（2023-2025年）》安排，制定本方案。

一、行动目标

利用3年时间，进一步完善手术质量安全管理体系，形成科学规范、责权清晰、运行顺畅的管理机制。到2025年末，住院患者围手术期死亡、手术并发症、麻醉并发症等负性事件发生率进一步下降，非计划重返手术室再手术率不高于1.8‰，住院患者手术后获得性指标发生率不高于7.5‰，手术麻醉期间低体温发生率、Ⅰ类切口手术抗菌药物预防使用率进一步降低，日间手术占择期手术的比例进一步提高，四级手术术前多学科讨论制度得到全面落实。

二、行动范围

全国二级以上医疗机构。

三、行动内容

（一）以科学评估为抓手，加强术前风险管理。

1. 加强手术风险评估。医疗机构按照《医疗机构手术分级管理办法》对手术的定义和管理要求，参考行业基础情况，以既往数据为基础，对本机构开展的手术进行科学评估，根据评估情况制定本机构手术分级管理目录，并按要求动态调整，保障手术分级管理的科学性。

2. 加强手术人员能力评估。医疗机构利用手术质量安全数据对手术医师、麻醉医师、护理人员等手术相关医务人员的专业能力进行科学客观评估，根据评估情况和医务人员接受培训情况进行手术相关授权管理。其中，三、四级手术要对医师进行逐项授权，手术授权原则上不得与术者职称、职务挂钩。

3. 加强患者风险评估。医疗机构进一步完善患者术前评估管理制度和流程，规范实施患者术前评估，包括但不限于患者一般情况、疾病严重程度、重要脏器功能状况、用药情况、凝血功能、心理和营养状态等。探索建立结构化的患者术前评估表，防止漏评、错评，并在手术前对已完成的评估项目进行核定和分析，对其中发生变化的项目及时复评。

4. 科学制定手术方案。医疗机构要根据手术风险、患者评估情况和患者意愿科学制定手术方案，明确手术指征、禁忌症、手术方式、预期效果、手术风险及处置预案，根据手术方案遴选确定术者。患者手术涉及多学科或存在可能影响手术的合并症的，应当邀请相关科室参与术前讨论，或事先完成相关学科会诊，其中每例四级手术均应当完成术前多学科讨论。

5. 规范做好术前准备。医疗机构要加强患者术前管理，充分告知并指导患者遵守术前注意事项，规范完成手术部位标记、禁食禁饮、药物使用等要求，采取措施降低手术应激反应。对存在糖尿病、高血压、凝血功能障碍等情况的患者，严格核实术前药物应用情况，防止出现意外。属于急诊手术的，应当有规范、简便的术前准备清单、流程，避免遗漏必要的术前准备内容。

（二）以强化核查为基础，严格术中风险管理。

6. 强化手术设备设施核查。在手术开始前，对手术使用的设备、设施、耗材等进行安全核查，确保相关设备设施可用，耗材准备到位，性能符合要求。特别是对污染性手术，要在合理安排手术室和手术时间的基础上，做好防护设备设施的准备，防止交叉感染。

7. 强化手术人员及环节核查。避免出现计划手术医师与实际手术医师不一致的情况，保障手术过程中主要术者(含第一助手)和麻醉医师全程在场。严格落实手术安全核查制度，按照《手术安全核查表》在麻醉实施前、手术开始前和患者离开手术室前，由麻醉医师牵头，以口述核对方式逐项核对相关内容，严防手术部位错误、手术用物遗落、植入物位置不当、手术步骤遗漏等问题。

8. 强化患者与手术过程核查。手术过程中，严密监测患者血压、心率、体温、血氧饱和度等生命体征，密切关注患者的意识状态、肌肉紧张程度、失血量、出入量等情况，及时发现苗头性问题并予以干预。加强全麻患者术中体温管理，积极采取术中主动保温措施，防止患者失温。同时，严格执行手术室无菌技术、各项操作流程及技术规范，规范使用抗菌药物、止血药物和耗材。

（三）以精细管理为保障，强化术后风险管理。

9. 做好术后转运衔接。医疗机构进一步规范手术患者转运和交接工作，制定交接清单。严禁将三、四级手术和全麻手术术后患者交由第三方人员独自转运。四级手术患者在术后首次转运过程中应当由参与手术的医师全程陪同；转运交接时，应当与接收医师及相关医务人员面对面交接，确保转运安全和相关信息传递无误。

10. 强化术后即时评估。医疗机构根据既定手术方案和患者术后情况，科学选择麻醉复苏室、普通病房、重症监护室等术后观察和恢复区域。加强麻醉复苏室管理，建立转入、转出标准与流程并严格落实，鼓励按患者风险程度分区管理，明确岗位职责。密切关注患者生命体征及意识状态变化，加强对患者引流物性状、引流量、出入量、伤口渗血等情况的观察，及时开展疼痛评估，规范处置危急值。

11. 加强术后恢复管理。严格落实三级查房、值班和交接班、分级护理等医疗质量安全核心制度，重点关注四级手术患者、认知功能障碍等特殊患者的床旁交接班落实情况。鼓励医疗机构采用临床营养、早期康复、心理治疗、中医中药等医疗措施，促进术后患者康复；鼓励患者主动参与术后康复活动。加强围手术期感染和深静脉血栓栓塞预防。

12. 规范开展出院指导。医疗机构在患者出院前，书面告知出院医嘱、出院后注意事项，提供联系方式。按病种特点和相关诊疗规范要求，确定随访时间、频次、内容和形式等。对四级手术患者，原则上每年随访不少于1次；对日间手术患者，应当在出院后24小时内完成首次随访；相关随访情况应纳入病历资料或单独建档保存。

（四）以优化机制为手段，实现系统持续改进。

13. 完善手术分级管理机制。医疗机构按照《医疗机构手术分级管理办法》要求，制定和优化本机构手术分级管理制度，明确科室手术分级管理议事规则和工作流程，建立从手术分级管理目录制定、医务人员授权、患者术后管理到医疗机构内部督查等手术分级管理全流程的制度。通过信息化手段推动手术分级管理制度落实，提升管理精细化程度。

14. 优化手术服务机制。推动医疗机构采用信息化手段实时监测手术室使用情况，及时动态调整手术室排台，提高手术室资源分配合理性，缩短患者手术等待时间。推动择期住院手术向日间手术转换，并按照《医疗机构日间医疗质量管理暂行规定》要求，建立符合本机构实际的日间手术组织管理架构、工作制度和机制，逐步扩大日间手术服务范围。

15. 建立持续改进机制。医疗机构完善收集、分析、反馈手术质量安全数据信息的工作机制，探索建立机构内手术质量安全数据库，重点关注手术并发症、麻醉并发症等手术不良事件。定期以专题会议等形式对全院手术质量安全情况进行分析评估，根据手术相关不良事件类型、科室特点、发生时间、发生区域等开展针对性改进工作，降低手术相关不良事件发生率。

四、行动步骤

（一）启动阶段（2023年8月）。

国家卫生健康委制定印发行动方案，各省级卫生健康行政部门进行工作部署和宣贯动员。各医疗机构制定本单位具体工作措施并启动行动。

（二）实施阶段（2023年9月-2025年9月）。

各医疗机构结合实际情况开展手术质量安全改进工作，按年度进行工作部署和工作总结，逐步健全和优化手术质量安全管理工作体系和机制，落实手术分级管理要求，实现手术质量安全持续改进。

（三）总结阶段（2025年10月-12月）。

各省级卫生健康行政部门对手术质量安全提升专项工作进行全面总结评估，多渠道、多形式对工作成效和先进典型进行宣传，将工作中形成的具有推广价值的好经验、好做法转换为制度性安排。

五、工作要求

（一）提高认识，落实落细工作措施。各医疗机构要充分认识"手术质量安全提升行动"对于保障人民群众健康权益、促进手术质量安全提升的重要意义，将其作为全面提升医疗质量行动的重要内容，对照医疗机构手术质量安全管理示意图（附件2）开展全面自查，梳理本机构基线情况，聚焦手术质量安全的关键点，运用科学管理工具，查找存在的问题，以问题为导向，科学制订系统改进方案并落实。同时，全面加强人员培训，尤其是手术流程相关非医务人员培训，将手术质量安全情况纳入院周会、质量安全月刊定期进行通报，压实相关人员责任，保障行动取得实效。

（二）发挥合力，营造良好工作氛围。各医疗机构加强机构间交流合作，为患者提供系统连续的医疗服务，特别是医联体牵头医院应当指导医联体内接收其下转术后恢复期患者的医疗机构做好术后风险管理。各级相关专业质控中心要密切关注手术质量安全管理领域前沿进展，吸纳国内外先进管理经验和方法，组织开展手术质量安全管理相关学习培训，提升医疗机构和医务人员的管理意识和管理能力。同时，应用信息化手段对手术质量安全情况进行分析评估，为卫生健康行政部门和医疗机构开展行动提供技术支撑。

（三）多措并举，构建长效运行机制。各级卫生健康行政部门要加强对辖区内医疗机构和质控中心的监督指导，通过绩效考核、评优评先等措施压实医疗机构主体责任。要坚持"双管齐下"，一方面对辖区内发生的严重手术质量安全事件进行全面分析，对相关责任单位和人员依法依规严肃追责；一方面及时发现和总结先进经验，及时转化为政策措施，积极构建长效运行机制。

附件：1. 手术质量安全提升行动监测指标（略）

2. 医疗机构手术质量安全管理示意图（略）

医疗机构日间医疗质量管理暂行规定

· 2022年11月20日
· 国卫办医政发〔2022〕16号

第一章 总 则

第一条 为加强医疗机构日间医疗质量安全管理，规范日间医疗服务行为，提升日间医疗科学管理水平，保障日间医疗质量与安全，制定本规定。

第二条 本规定所称日间医疗，是指医疗机构在保障医疗质量安全前提下，为患者提供24小时内完成住院全流程诊疗服务的医疗服务模式。

第三条 医疗机构和医务人员开展日间医疗应当遵守本规定。

第二章 组织与运行管理

第四条 日间医疗作为医疗机构住院服务的组成部分，医疗机构应当按照院、科两级责任制加强日间医疗服务质量管理。

第五条　开展日间医疗的二级以上的医院、妇幼保健院以及专科疾病防治机构应当在医疗质量管理委员会下设日间医疗质量管理的专门组织,由医疗管理、质量控制、护理、医保、医院感染、病案、信息等相关管理人员和具有高级技术职务任职资格的临床专业人员组成。由医疗管理或质量控制部门具体负责日常管理工作,主要职责包括:

（一）按照国家医疗质量管理的有关要求,制定本机构日间医疗服务相关工作制度,包括患者评估制度、随访制度、医务人员培训制度、消毒隔离制度等。

（二）建立本机构日间医疗患者、病种、技术的遴选机制和医务人员的审核授权管理机制,并组织实施。

（三）组织开展本机构日间医疗质量监测、预警、分析、反馈,以及评估、考核工作,定期发布本机构日间医疗质量相关信息。

（四）制定本机构日间医疗质量持续改进计划、方案并组织实施。

第六条　开展日间医疗的各临床科室质量管理小组负责本科室的日间医疗质量管理工作,主要职责包括:

（一）执行本机构日间医疗相关规章制度和本科室日间医疗质量管理制度。

（二）将日间医疗质量管理纳入本科室的医疗质量管理与控制年度工作方案。

（三）定期对本科室日间医疗质量进行分析和评估,对日间医疗质量薄弱环节提出整改措施并组织落实。

（四）定期组织对本科室医务人员进行日间医疗相关制度、机制、流程及诊疗常规等内容的培训。

（五）按照有关要求报送本科室日间医疗质量管理相关信息。

第七条　开展日间医疗的医疗机构应当配备满足日间医疗所需要的医疗资源,包括相对固定的日间手术室、麻醉复苏室、医疗床位、设备设施及医务人员等,保障日间医疗高效开展。

第八条　医疗机构应当明确日间医疗患者在住院前、住院期间、出院后等各个环节的诊疗内容,在住院前完成患者遴选、诊疗方案制定、预约与院前宣教;住院期间完成手术/治疗前再评估、手术/治疗措施实施、出院前评估与宣教等;出院后及时对患者进行随访,并为患者提供预约复诊途径。

第九条　医疗机构应当调动医务人员开展日间医疗的积极性,将科室和医务人员日间医疗质量管理情况作为医师定期考核、晋升等工作的依据。

第三章　质量控制

第十条　医疗机构应当加强本机构日间医疗病种和技术管理。遵循科学、安全、规范的原则,制定本机构日间医疗病种及技术目录并实行动态管理。

各临床科室的日间医疗病种及技术目录应当经日间医疗质量管理的专门组织审议通过;属于本机构新技术、新项目的日间医疗技术还应当经过本机构相关技术管理委员会和医学伦理委员会审核同意;国家限制类技术不得纳入日间医疗技术目录。

第十一条　医疗机构应当加强本机构日间医疗科室和医师审核授权管理。根据科室和医师的技术能力和医疗质量安全情况,结合科室申请,对科室和医师开展日间医疗的内容进行审核、授权,将医师授权情况纳入医师技术档案,并进行动态管理。

第十二条　医疗机构应当加强日间医疗患者管理。综合评估患者的一般状况、基础疾病、医疗风险等情况,明确患者是否适宜接受日间医疗。

第十三条　医疗机构应当加强日间医疗患者评估管理。在患者治疗前、治疗后、出院前等关键节点均进行评估,并根据患者病情变化和所接受的医疗服务调整评估内容。对接受有创诊疗和麻醉诊疗的患者,应当及时评估麻醉风险、手术/治疗风险、麻醉恢复情况、疼痛评分等。

第十四条　医疗机构应当加强日间医疗患者随访管理,根据不同病种特点及诊疗规律,明确随访时间、频次、内容和形式等,安排专门的医务人员进行随访并准确记录,为有需要的患者提供出院后连续、安全的延伸性医疗服务;随访记录应当纳入患者病案或单独建册保存;日间手术患者应当在出院后24小时内完成首次随访。

第十五条　医疗机构应当加强日间病历质量管理,保障日间医疗病历内容客观、真实、准确、及时、完整、规范。

日间病历应当包括住院病案首页、24小时内入出院记录、术前讨论结论、手术/治疗记录、手术安全核查记录、手术清点记录、各类知情同意书、医嘱单、辅助检查检验报告单、体温单、护理记录单以及入院前完成的与本次诊疗相关的医疗文书资料等。

24小时内入出院记录内容中应当包括患者主诉、入院情况、入院前检查检验结果、治疗前评估、诊疗经过、治疗后评估、出院前评估、出院医嘱等内容。凡在手术/治疗前已完成的医疗行为应当在手术/治疗前完成相关文书书写或填写。

第十六条　医疗机构及医务人员应当遵循患者知情同意原则，尊重患者的自主选择权和隐私权，保护患者隐私。

第十七条　医疗机构应当严格按照卫生健康行政部门和质控组织有关要求，积极开展日间医疗质量监测评估工作，促进日间医疗质量持续改进。

（一）医疗机构应当对日间医疗质量管理相关制度、机制落实情况进行监督检查。

（二）医疗机构应当根据卫生健康行政部门或者质控组织发布的日间医疗质控指标建立、完善本机构日间医疗质量管理相关指标体系。

（三）医疗机构应当加强日间医疗的数据收集、分析和反馈；运用医疗质量管理工具和信息化手段开展日间医疗质量管理，对日间医疗质量安全风险因素进行分析和预警，对存在问题采取有效干预措施并评估干预效果。

（四）医疗机构应当加强日间医疗质量（安全）不良事件管理，建立收集、分析日间医疗质量（安全）不良事件发生情况的机制，明确日间医疗质量（安全）不良事件范围、等级划分、事件分类、报告原则、上报方式及流程、处理流程等，根据事件类型、发生地点、发生时间等开展针对性改进工作，在提高医疗质量（安全）不良事件报告率的同时，降低医疗质量（安全）不良事件发生率。

第十八条　医疗机构应当建立日间医疗应急预案，完善日间医疗会诊、转诊机制，明确日间医疗抢救资源配置与紧急调配的机制，确保各日间医疗单元抢救设备和药品随时可用，加强应急演练，保障日间医疗应急预案可顺利执行。

第十九条　医疗机构应当加强日间医疗信息安全管理，加强日间医疗相关信息系统安全防护，做好医疗数据安全存储和容灾备份，严格执行信息安全和健康医疗数据保密规定，保障信息安全。

第二十条　医疗机构应当加强日间医疗信息公开管理。日间医疗病种及技术目录、医师信息等应当纳入本机构院务公开范围，定期主动向社会公开，接受社会监督。

第二十一条　医疗机构应当加强日间医疗培训管理，定期开展日间医疗工作的制度、流程及技能培训；根据本机构日间医疗实际工作情况，及时修订和完善相关人员培训计划及培训内容。

第四章　监督管理

第二十二条　各级卫生健康行政部门负责本行政区域内医疗机构日间医疗质量管理情况的监督管理。医疗机构应当积极配合，不得拒绝、阻碍监督检查或者隐瞒有关情况。

第二十三条　各级卫生健康行政部门应当根据实际情况，组织或者委托专业机构，运用信息化手段对本行政区域内日间医疗质量情况进行分析评估，定期在行业内发布评估结果，接受社会监督。

第二十四条　各级卫生健康行政部门应当将日间医疗质量管理情况和监督检查结果纳入医疗机构评审等工作，并采取适当形式对提供优质日间医疗服务的医疗机构和医务人员予以表扬和鼓励，积极推广先进经验和做法。

第五章　附　则

第二十五条　本规定自2023年1月1日起施行。

2. 医院感染管理

医院感染管理办法

· 2006年7月6日卫生部令第48号公布
· 自2006年9月1日起施行

第一章　总　则

第一条　为加强医院感染管理，有效预防和控制医院感染，提高医疗质量，保证医疗安全，根据《传染病防治法》、《医疗机构管理条例》和《突发公共卫生事件应急条例》等法律、行政法规的规定，制定本办法。

第二条　医院感染管理是各级卫生行政部门、医疗机构及医务人员针对诊疗活动中存在的医院感染、医源性感染及相关的危险因素进行的预防、诊断和控制活动。

第三条　各级各类医疗机构应当严格按照本办法的规定实施医院感染管理工作。

医务人员的职业卫生防护，按照《职业病防治法》及其配套规章和标准的有关规定执行。

第四条　卫生部负责全国医院感染管理的监督管理工作。

县级以上地方人民政府卫生行政部门负责本行政区域内医院感染管理的监督管理工作。

第二章　组织管理

第五条　各级各类医疗机构应当建立医院感染管理责任制，制定并落实医院感染管理的规章制度和工作规范，严格执行有关技术操作规范和工作标准，有效预防和控制医院感染，防止传染病病原体、耐药菌、条件致病菌及其他病原微生物的传播。

第六条 住院床位总数在 100 张以上的医院应当设立医院感染管理委员会和独立的医院感染管理部门。

住院床位总数在 100 张以下的医院应当指定分管医院感染管理工作的部门。

其他医疗机构应当有医院感染管理专(兼)职人员。

第七条 医院感染管理委员会由医院感染管理部门、医务部门、护理部门、临床科室、消毒供应室、手术室、临床检验部门、药事管理部门、设备管理部门、后勤管理部门及其他有关部门的主要负责人组成，主任委员由医院院长或者主管医疗工作的副院长担任。

医院感染管理委员会的职责是：

（一）认真贯彻医院感染管理方面的法律法规及技术规范、标准，制定本医院预防和控制医院感染的规章制度、医院感染诊断标准并监督实施；

（二）根据预防医院感染和卫生学要求，对本医院的建筑设计、重点科室建设的基本标准、基本设施和工作流程进行审查并提出意见；

（三）研究并确定本医院的医院感染管理工作计划，并对计划的实施进行考核和评价；

（四）研究并确定本医院的医院感染重点部门、重点环节、重点流程、危险因素以及采取的干预措施，明确各有关部门、人员在预防和控制医院感染工作中的责任；

（五）研究并制定本医院发生医院感染暴发及出现不明原因传染性疾病或者特殊病原体感染病例等事件时的控制预案；

（六）建立会议制度，定期研究、协调和解决有关医院感染管理方面的问题；

（七）根据本医院病原体特点和耐药现状，配合药事管理委员会提出合理使用抗菌药物的指导意见；

（八）其他有关医院感染管理的重要事宜。

第八条 医院感染管理部门、分管部门及医院感染管理专(兼)职人员具体负责医院感染预防与控制方面的管理和业务工作。主要职责是：

（一）对有关预防和控制医院感染管理规章制度的落实情况进行检查和指导；

（二）对医院感染及其相关危险因素进行监测、分析和反馈，针对问题提出控制措施并指导实施；

（三）对医院感染发生状况进行调查、统计分析，并向医院感染管理委员会或者医疗机构负责人报告；

（四）对医院的清洁、消毒灭菌与隔离、无菌操作技术、医疗废物管理等工作提供指导；

（五）对传染病的医院感染控制工作提供指导；

（六）对医务人员有关预防医院感染的职业卫生安全防护工作提供指导；

（七）对医院感染暴发事件进行报告和调查分析，提出控制措施并协调、组织有关部门进行处理；

（八）对医务人员进行预防和控制医院感染的培训工作；

（九）参与抗菌药物临床应用的管理工作；

（十）对消毒药械和一次性使用医疗器械、器具的相关证明进行审核；

（十一）组织开展医院感染预防与控制方面的科研工作；

（十二）完成医院感染管理委员会或者医疗机构负责人交办的其他工作。

第九条 卫生部成立医院感染预防与控制专家组，成员由医院感染管理、疾病控制、传染病学、临床检验、流行病学、消毒学、临床药学、护理学等专业的专家组成。主要职责是：

（一）研究起草有关医院感染预防与控制、医院感染诊断的技术性标准和规范；

（二）对全国医院感染预防与控制工作进行业务指导；

（三）对全国医院感染发生状况及危险因素进行调查、分析；

（四）对全国重大医院感染事件进行调查和业务指导；

（五）完成卫生部交办的其他工作。

第十条 省级人民政府卫生行政部门成立医院感染预防与控制专家组，负责指导本地区医院感染预防与控制的技术性工作。

第三章 预防与控制

第十一条 医疗机构应当按照有关医院感染管理的规章制度和技术规范，加强医院感染的预防与控制工作。

第十二条 医疗机构应当按照《消毒管理办法》，严格执行医疗器械、器具的消毒工作技术规范，并达到以下要求：

（一）进入人体组织、无菌器官的医疗器械、器具和物品必须达到灭菌水平；

（二）接触皮肤、粘膜的医疗器械、器具和物品必须达到消毒水平；

（三）各种用于注射、穿刺、采血等有创操作的医疗器具必须一用一灭菌。

医疗机构使用的消毒药械、一次性医疗器械和器具应当符合国家有关规定。一次性使用的医疗器械、器具不得重复使用。

第十三条 医疗机构应当制定具体措施，保证医务人员的手卫生、诊疗环境条件、无菌操作技术和职业卫生防护工作符合规定要求，对医院感染的危险因素进行控制。

第十四条 医疗机构应当严格执行隔离技术规范，根据病原体传播途径，采取相应的隔离措施。

第十五条 医疗机构应当制定医务人员职业卫生防护工作的具体措施，提供必要的防护物品，保障医务人员的职业健康。

第十六条 医疗机构应当严格按照《抗菌药物临床应用指导原则》，加强抗菌药物临床使用和耐药菌监测管理。

第十七条 医疗机构应当按照医院感染诊断标准及时诊断医院感染病例，建立有效的医院感染监测制度，分析医院感染的危险因素，并针对导致医院感染的危险因素，实施预防与控制措施。

医疗机构应当及时发现医院感染病例和医院感染的暴发，分析感染源、感染途径，采取有效的处理和控制措施，积极救治患者。

第十八条 医疗机构经调查证实发生以下情形时，应当于12小时内向所在地的县级地方人民政府卫生行政部门报告，并同时向所在地疾病预防控制机构报告。所在地的县级地方人民政府卫生行政部门确认后，应当于24小时内逐级上报至省级人民政府卫生行政部门。省级人民政府卫生行政部门审核后，应当在24小时内上报至卫生部：

（一）5例以上医院感染暴发；

（二）由于医院感染暴发直接导致患者死亡；

（三）由于医院感染暴发导致3人以上人身损害后果。

第十九条 医疗机构发生以下情形时，应当按照《国家突发公共卫生事件相关信息报告管理工作规范（试行）》的要求进行报告：

（一）10例以上的医院感染暴发事件；

（二）发生特殊病原体或者新发病原体的医院感染；

（三）可能造成重大公共影响或者严重后果的医院感染。

第二十条 医疗机构发生的医院感染属于法定传染病的，应当按照《中华人民共和国传染病防治法》和《国家突发公共卫生事件应急预案》的规定进行报告和处理。

第二十一条 医疗机构发生医院感染暴发时，所在地的疾病预防控制机构应当及时进行流行病学调查，查找感染源、感染途径、感染因素，采取控制措施，防止感染源的传播和感染范围的扩大。

第二十二条 卫生行政部门接到报告，应当根据情况指导医疗机构进行医院感染的调查和控制工作，并可以组织提供相应的技术支持。

第四章 人员培训

第二十三条 各级卫生行政部门和医疗机构应当重视医院感染管理的学科建设，建立专业人才培养制度，充分发挥医院感染专业技术人员在预防和控制医院感染工作中的作用。

第二十四条 省级人民政府卫生行政部门应当建立医院感染专业人员岗位规范化培训和考核制度，加强继续教育，提高医院感染专业人员的业务技术水平。

第二十五条 医疗机构应当制定对本机构工作人员的培训计划，对全体工作人员进行医院感染相关法律法规、医院感染管理相关工作规范和标准、专业技术知识的培训。

第二十六条 医院感染专业人员应当具备医院感染预防与控制工作的专业知识，并能够承担医院感染管理和业务技术工作。

第二十七条 医务人员应当掌握与本职工作相关的医院感染预防与控制方面的知识，落实医院感染管理规章制度、工作规范和要求。工勤人员应当掌握有关预防和控制医院感染的基础卫生学和消毒隔离知识，并在工作中正确运用。

第五章 监督管理

第二十八条 县级以上地方人民政府卫生行政部门应当按照有关法律法规和本办法的规定，对所辖区域的医疗机构进行监督检查。

第二十九条 对医疗机构监督检查的主要内容是：

（一）医院感染管理的规章制度及落实情况；

（二）针对医院感染危险因素的各项工作和控制措施；

（三）消毒灭菌与隔离、医疗废物管理及医务人员职业卫生防护工作状况；

（四）医院感染病例和医院感染暴发的监测工作情况；

（五）现场检查。

第三十条 卫生行政部门在检查中发现医疗机构存在医院感染隐患时，应当责令限期整改或者暂时关闭相关科室或者暂停相关诊疗科目。

第三十一条 医疗机构对卫生行政部门的检查、调查取证等工作,应当予以配合,不得拒绝和阻碍,不得提供虚假材料。

第六章 罚 则

第三十二条 县级以上地方人民政府卫生行政部门未按照本办法的规定履行监督管理和对医院感染暴发事件的报告、调查处理职责,造成严重后果的,对卫生行政主管部门主要负责人、直接责任人和相关责任人予以降级或者撤职的行政处分。

第三十三条 医疗机构违反本办法,有下列行为之一的,由县级以上地方人民政府卫生行政部门责令改正,逾期不改的,给予警告并通报批评;情节严重的,对主要负责人和直接责任人给予降级或者撤职的行政处分:

(一)未建立或者未落实医院感染管理的规章制度、工作规范;

(二)未设立医院感染管理部门、分管部门以及指定专(兼)职人员负责医院感染预防与控制工作;

(三)违反对医疗器械、器具的消毒工作技术规范;

(四)违反无菌操作技术规范和隔离技术规范;

(五)未对消毒药械和一次性医疗器械、器具的相关证明进行审核;

(六)未对医务人员职业暴露提供职业卫生防护。

第三十四条 医疗机构违反本办法规定,未采取预防和控制措施或者发生医院感染未及时采取控制措施,造成医院感染暴发、传染病传播或者其他严重后果的,对负有责任的主管人员和直接责任人员给予降级、撤职、开除的行政处分;情节严重的,依照《传染病防治法》第六十九条规定,可以依法吊销有关责任人员的执业证书;构成犯罪的,依法追究刑事责任。

第三十五条 医疗机构发生医院感染暴发事件未按本办法规定报告的,由县级以上地方人民政府卫生行政部门通报批评;造成严重后果的,对负有责任的主管人员和其他直接责任人员给予降级、撤职、开除的处分。

第七章 附 则

第三十六条 本办法中下列用语的含义:

(一)医院感染:指住院病人在医院内获得的感染,包括在住院期间发生的感染和在医院内获得出院后发生的感染,但不包括入院前已开始或者入院时已处于潜伏期的感染。医院工作人员在医院内获得的感染也属医院感染。

(二)医源性感染:指在医学服务中,因病原体传播引起的感染。

(三)医院感染暴发:是指在医疗机构或其科室的患者中,短时间内发生3例以上同种同源感染病例的现象。

(四)消毒:指用化学、物理、生物的方法杀灭或者消除环境中的病原微生物。

(五)灭菌:杀灭或者消除传播媒介上的一切微生物,包括致病微生物和非致病微生物,也包括细菌芽胞和真菌孢子。

第三十七条 中国人民解放军医疗机构的医院感染管理工作,由中国人民解放军卫生部门归口管理。

第三十八条 采供血机构与疾病预防控制机构的医源性感染预防与控制管理参照本办法。

第三十九条 本办法自2006年9月1日起施行,原2000年11月30日颁布的《医院感染管理规范(试行)》同时废止。

医疗废物管理条例

· 2003年6月16日中华人民共和国国务院令第380号公布
· 根据2011年1月8日《国务院关于废止和修改部分行政法规的决定》修订

第一章 总 则

第一条 为了加强医疗废物的安全管理,防止疾病传播,保护环境,保障人体健康,根据《中华人民共和国传染病防治法》和《中华人民共和国固体废物污染环境防治法》,制定本条例。

第二条 本条例所称医疗废物,是指医疗卫生机构在医疗、预防、保健以及其他相关活动中产生的具有直接或者间接感染性、毒性以及其他危害性的废物。

医疗废物分类目录,由国务院卫生行政主管部门和环境保护行政主管部门共同制定、公布。

第三条 本条例适用于医疗废物的收集、运送、贮存、处置以及监督管理等活动。

医疗卫生机构收治的传染病病人或者疑似传染病病人产生的生活垃圾,按照医疗废物进行管理和处置。

医疗卫生机构废弃的麻醉、精神、放射性、毒性等药品及其相关的废物的管理,依照有关法律、行政法规和国家有关规定、标准执行。

第四条 国家推行医疗废物集中无害化处置,鼓励有关医疗废物安全处置技术的研究与开发。

县级以上地方人民政府负责组织建设医疗废物集中处置设施。

国家对边远贫困地区建设医疗废物集中处置设施给

予适当的支持。

第五条　县级以上各级人民政府卫生行政主管部门，对医疗废物收集、运送、贮存、处置活动中的疾病防治工作实施统一监督管理；环境保护行政主管部门，对医疗废物收集、运送、贮存、处置活动中的环境污染防治工作实施统一监督管理。

县级以上各级人民政府其他有关部门在各自的职责范围内负责与医疗废物处置有关的监督管理工作。

第六条　任何单位和个人有权对医疗卫生机构、医疗废物集中处置单位和监督管理部门及其工作人员的违法行为进行举报、投诉、检举和控告。

第二章　医疗废物管理的一般规定

第七条　医疗卫生机构和医疗废物集中处置单位，应当建立、健全医疗废物管理责任制，其法定代表人为第一责任人，切实履行职责，防止因医疗废物导致传染病传播和环境污染事故。

第八条　医疗卫生机构和医疗废物集中处置单位，应当制定与医疗废物安全处置有关的规章制度和在发生意外事故时的应急方案；设置监控部门或者专（兼）职人员，负责检查、督促、落实本单位医疗废物的管理工作，防止违反本条例的行为发生。

第九条　医疗卫生机构和医疗废物集中处置单位，应当对本单位从事医疗废物收集、运送、贮存、处置等工作的人员和管理人员，进行相关法律和专业技术、安全防护以及紧急处理等知识的培训。

第十条　医疗卫生机构和医疗废物集中处置单位，应当采取有效的职业卫生防护措施，为从事医疗废物收集、运送、贮存、处置等工作的人员和管理人员，配备必要的防护用品，定期进行健康检查；必要时，对有关人员进行免疫接种，防止其受到健康损害。

第十一条　医疗卫生机构和医疗废物集中处置单位，应当依照《中华人民共和国固体废物污染环境防治法》的规定，执行危险废物转移联单管理制度。

第十二条　医疗卫生机构和医疗废物集中处置单位，应当对医疗废物进行登记，登记内容应当包括医疗废物的来源、种类、重量或者数量、交接时间、处置方法、最终去向以及经办人签名等项目。登记资料至少保存3年。

第十三条　医疗卫生机构和医疗废物集中处置单位，应当采取有效措施，防止医疗废物流失、泄漏、扩散。

发生医疗废物流失、泄漏、扩散时，医疗卫生机构和医疗废物集中处置单位应当采取减少危害的紧急处理措施，对致病人员提供医疗救护和现场救援；同时向所在地的县级人民政府卫生行政主管部门、环境保护行政主管部门报告，并向可能受到危害的单位和居民通报。

第十四条　禁止任何单位和个人转让、买卖医疗废物。

禁止在运送过程中丢弃医疗废物；禁止在非贮存地点倾倒、堆放医疗废物或者将医疗废物混入其他废物和生活垃圾。

第十五条　禁止邮寄医疗废物。

禁止通过铁路、航空运输医疗废物。

有陆路通道的，禁止通过水路运输医疗废物；没有陆路通道必需经水路运输医疗废物的，应当经设区的市级以上人民政府环境保护行政主管部门批准，并采取严格的环境保护措施后，方可通过水路运输。

禁止将医疗废物与旅客在同一运输工具上载运。

禁止在饮用水源保护区的水体上运输医疗废物。

第三章　医疗卫生机构对医疗废物的管理

第十六条　医疗卫生机构应当及时收集本单位产生的医疗废物，并按照类别分置于防渗漏、防锐器穿透的专用包装物或者密闭的容器内。

医疗废物专用包装物、容器，应当有明显的警示标识和警示说明。

医疗废物专用包装物、容器的标准和警示标识的规定，由国务院卫生行政主管部门和环境保护行政主管部门共同制定。

第十七条　医疗卫生机构应当建立医疗废物的暂时贮存设施、设备，不得露天存放医疗废物；医疗废物暂时贮存的时间不得超过2天。

医疗废物的暂时贮存设施、设备，应当远离医疗区、食品加工区和人员活动区以及生活垃圾存放场所，并设置明显的警示标识和防渗漏、防鼠、防蚊蝇、防蟑螂、防盗以及预防儿童接触等安全措施。

医疗废物的暂时贮存设施、设备应当定期消毒和清洁。

第十八条　医疗卫生机构应当使用防渗漏、防遗撒的专用运送工具，按照本单位确定的内部医疗废物运送时间、路线，将医疗废物收集、运送至暂时贮存地点。

运送工具使用后应当在医疗卫生机构内指定的地点及时消毒和清洁。

第十九条　医疗卫生机构应当根据就近集中处置的原则，及时将医疗废物交由医疗废物集中处置单位处置。

医疗废物中病原体的培养基、标本和菌种、毒种保存液等高危险废物，在交医疗废物集中处置单位处置前应当就地消毒。

第二十条 医疗卫生机构产生的污水、传染病病人或者疑似传染病病人的排泄物,应当按照国家规定严格消毒;达到国家规定的排放标准后,方可排入污水处理系统。

第二十一条 不具备集中处置医疗废物条件的农村,医疗卫生机构应当按照县级人民政府卫生行政主管部门、环境保护行政主管部门的要求,自行就地处置其产生的医疗废物。自行处置医疗废物的,应当符合下列基本要求:

(一)使用后的一次性医疗器具和容易致人损伤的医疗废物,应当消毒并作毁形处理;

(二)能够焚烧的,应当及时焚烧;

(三)不能焚烧的,消毒后集中填埋。

第四章 医疗废物的集中处置

第二十二条 从事医疗废物集中处置活动的单位,应当向县级以上人民政府环境保护行政主管部门申请领取经营许可证;未取得经营许可证的单位,不得从事有关医疗废物集中处置的活动。

第二十三条 医疗废物集中处置单位,应当符合下列条件:

(一)具有符合环境保护和卫生要求的医疗废物贮存、处置设施或者设备;

(二)具有经过培训的技术人员以及相应的技术工人;

(三)具有负责医疗废物处置效果检测、评价工作的机构和人员;

(四)具有保证医疗废物安全处置的规章制度。

第二十四条 医疗废物集中处置单位的贮存、处置设施,应当远离居(村)民居住区、水源保护区和交通干道,与工厂、企业等工作场所有适当的安全防护距离,并符合国务院环境保护行政主管部门的规定。

第二十五条 医疗废物集中处置单位应当至少每2天到医疗卫生机构收集、运送一次医疗废物,并负责医疗废物的贮存、处置。

第二十六条 医疗废物集中处置单位运送医疗废物,应当遵守国家有关危险货物运输管理的规定,使用有明显医疗废物标识的专用车辆。医疗废物专用车辆应当达到防渗漏、防遗撒以及其他环境保护和卫生要求。

运送医疗废物的专用车辆使用后,应当在医疗废物集中处置场所内及时进行消毒和清洁。

运送医疗废物的专用车辆不得运送其他物品。

第二十七条 医疗废物集中处置单位在运送医疗废物过程中应当确保安全,不得丢弃、遗撒医疗废物。

第二十八条 医疗废物集中处置单位应当安装污染物排放在线监控装置,并确保监控装置经常处于正常运行状态。

第二十九条 医疗废物集中处置单位处置医疗废物,应当符合国家规定的环境保护、卫生标准、规范。

第三十条 医疗废物集中处置单位应当按照环境保护行政主管部门和卫生行政主管部门的规定,定期对医疗废物处置设施的环境污染防治和卫生学效果进行检测、评价。检测、评价结果存入医疗废物集中处置单位档案,每半年向所在地环境保护行政主管部门和卫生行政主管部门报告一次。

第三十一条 医疗废物集中处置单位处置医疗废物,按照国家有关规定向医疗卫生机构收取医疗废物处置费用。

医疗卫生机构按照规定支付的医疗废物处置费用,可以纳入医疗成本。

第三十二条 各地区应当利用和改造现有固体废物处置设施和其他设施,对医疗废物集中处置,并达到基本的环境保护和卫生要求。

第三十三条 尚无集中处置设施或者处置能力不足的城市,自本条例施行之日起,设区的市级以上城市应当在1年内建成医疗废物集中处置设施;县级市应当在2年内建成医疗废物集中处置设施。县(旗)医疗废物集中处置设施的建设,由省、自治区、直辖市人民政府规定。

在尚未建成医疗废物集中处置设施期间,有关地方人民政府应当组织制定符合环境保护和卫生要求的医疗废物过渡性处置方案,确定医疗废物收集、运送、处置方式和处置单位。

第五章 监督管理

第三十四条 县级以上地方人民政府卫生行政主管部门、环境保护行政主管部门,应当依照本条例的规定,按照职责分工,对医疗卫生机构和医疗废物集中处置单位进行监督检查。

第三十五条 县级以上地方人民政府卫生行政主管部门,应当对医疗卫生机构和医疗废物集中处置单位从事医疗废物的收集、运送、贮存、处置中的疾病防治工作,以及工作人员的卫生防护等情况进行定期监督检查或者不定期的抽查。

第三十六条 县级以上地方人民政府环境保护行政主管部门,应当对医疗卫生机构和医疗废物集中处置单位从事医疗废物收集、运送、贮存、处置中的环境污染防治工作进行定期监督检查或者不定期的抽查。

第三十七条　卫生行政主管部门、环境保护行政主管部门应当定期交换监督检查和抽查结果。在监督检查或者抽查中发现医疗卫生机构和医疗废物集中处置单位存在隐患时，应当责令立即消除隐患。

第三十八条　卫生行政主管部门、环境保护行政主管部门接到对医疗卫生机构、医疗废物集中处置单位和监督管理部门及其工作人员违反本条例行为的举报、投诉、检举和控告后，应当及时核实，依法作出处理，并将处理结果予以公布。

第三十九条　卫生行政主管部门、环境保护行政主管部门履行监督检查职责时，有权采取下列措施：

（一）对有关单位进行实地检查，了解情况，现场监测，调查取证；

（二）查阅或者复制医疗废物管理的有关资料，采集样品；

（三）责令违反本条例规定的单位和个人停止违法行为；

（四）查封或者暂扣涉嫌违反本条例规定的场所、设备、运输工具和物品；

（五）对违反本条例规定的行为进行查处。

第四十条　发生因医疗废物管理不当导致传染病传播或者环境污染事故，或者有证据证明传染病传播或者环境污染的事故有可能发生时，卫生行政主管部门、环境保护行政主管部门应当采取临时控制措施，疏散人员，控制现场，并根据需要责令暂停导致或者可能导致传染病传播或者环境污染事故的作业。

第四十一条　医疗卫生机构和医疗废物集中处置单位，对有关部门的检查、监测、调查取证，应当予以配合，不得拒绝和阻碍，不得提供虚假材料。

第六章　法律责任

第四十二条　县级以上地方人民政府未依照本条例的规定，组织建设医疗废物集中处置设施或者组织制定医疗废物过渡性处置方案的，由上级人民政府通报批评，责令限期建成医疗废物集中处置设施或者组织制定医疗废物过渡性处置方案；并可以对政府主要领导人、负有责任的主管人员，依法给予行政处分。

第四十三条　县级以上各级人民政府卫生行政主管部门、环境保护行政主管部门或者其他有关部门，未按照本条例的规定履行监督检查职责，发现医疗卫生机构和医疗废物集中处置单位的违法行为不及时处理，发生或者可能发生传染病传播或者环境污染事故时未及时采取减少危害措施，以及有其他玩忽职守、失职、渎职行为的，由本级人民政府或者上级人民政府有关部门责令改正，通报批评；造成传染病传播或者环境污染事故的，对主要负责人、负有责任的主管人员和其他直接责任人员依法给予降级、撤职、开除的行政处分；构成犯罪的，依法追究刑事责任。

第四十四条　县级以上人民政府环境保护行政主管部门，违反本条例的规定发给医疗废物集中处置单位经营许可证的，由本级人民政府或者上级人民政府环境保护行政主管部门通报批评，责令收回违法发给的证书；并可以对主要负责人、负有责任的主管人员和其他直接责任人员依法给予行政处分。

第四十五条　医疗卫生机构、医疗废物集中处置单位违反本条例规定，有下列情形之一的，由县级以上地方人民政府卫生行政主管部门或者环境保护行政主管部门按照各自的职责责令限期改正，给予警告；逾期不改正的，处2000元以上5000元以下的罚款：

（一）未建立、健全医疗废物管理制度，或者未设置监控部门或者专（兼）职人员的；

（二）未对有关人员进行相关法律和专业技术、安全防护以及紧急处理等知识的培训的；

（三）未对从事医疗废物收集、运送、贮存、处置等工作的人员和管理人员采取职业卫生防护措施的；

（四）未对医疗废物进行登记或者未保存登记资料的；

（五）对使用后的医疗废物运送工具或者运送车辆未在指定地点及时进行消毒和清洁的；

（六）未及时收集、运送医疗废物的；

（七）未定期对医疗废物处置设施的环境污染防治和卫生学效果进行检测、评价，或者未将检测、评价效果存档、报告的。

第四十六条　医疗卫生机构、医疗废物集中处置单位违反本条例规定，有下列情形之一的，由县级以上地方人民政府卫生行政主管部门或者环境保护行政主管部门按照各自的职责责令限期改正，给予警告，可以并处5000元以下的罚款；逾期不改正的，处5000元以上3万元以下的罚款：

（一）贮存设施或者设备不符合环境保护、卫生要求的；

（二）未将医疗废物按照类别分置于专用包装物或者容器的；

（三）未使用符合标准的专用车辆运送医疗废物或

者使用运送医疗废物的车辆运送其他物品的；

（四）未安装污染物排放在线监控装置或者监控装置未经常处于正常运行状态的。

第四十七条 医疗卫生机构、医疗废物集中处置单位有下列情形之一的，由县级以上地方人民政府卫生行政主管部门或者环境保护行政主管部门按照各自的职责责令限期改正，给予警告，并处 5000 元以上 1 万元以下的罚款；逾期不改正的，处 1 万元以上 3 万元以下的罚款；造成传染病传播或者环境污染事故的，由原发证部门暂扣或者吊销执业许可证件或者经营许可证件；构成犯罪的，依法追究刑事责任：

（一）在运送过程中丢弃医疗废物，在非贮存地点倾倒、堆放医疗废物或者将医疗废物混入其他废物和生活垃圾的；

（二）未执行危险废物转移联单管理制度的；

（三）将医疗废物交给未取得经营许可证的单位或者个人收集、运送、贮存、处置的；

（四）对医疗废物的处置不符合国家规定的环境保护、卫生标准、规范的；

（五）未按照本条例的规定对污水、传染病病人或者疑似传染病病人的排泄物，进行严格消毒，或者未达到国家规定的排放标准，排入污水处理系统的；

（六）对收治的传染病病人或者疑似传染病病人产生的生活垃圾，未按照医疗废物进行管理和处置的。

第四十八条 医疗卫生机构违反本条例规定，将未达到国家规定标准的污水、传染病病人或者疑似传染病病人的排泄物排入城市排水管网的，由县级以上地方人民政府建设行政主管部门责令限期改正，给予警告，并处 5000 元以上 1 万元以下的罚款；逾期不改正的，处 1 万元以上 3 万元以下的罚款；造成传染病传播或者环境污染事故的，由原发证部门暂扣或者吊销执业许可证件；构成犯罪的，依法追究刑事责任。

第四十九条 医疗卫生机构、医疗废物集中处置单位发生医疗废物流失、泄漏、扩散时，未采取紧急处理措施，或者未及时向卫生行政主管部门和环境保护行政主管部门报告的，由县级以上地方人民政府卫生行政主管部门或者环境保护行政主管部门按照各自的职责责令改正，给予警告，并处 1 万元以上 3 万元以下的罚款；造成传染病传播或者环境污染事故的，由原发证部门暂扣或者吊销执业许可证件或者经营许可证件；构成犯罪的，依法追究刑事责任。

第五十条 医疗卫生机构、医疗废物集中处置单位，无正当理由，阻碍卫生行政主管部门或者环境保护行政主管部门执法人员执行职务，拒绝执法人员进入现场，或者不配合执法部门的检查、监测、调查取证的，由县级以上地方人民政府卫生行政主管部门或者环境保护行政主管部门按照各自的职责责令改正，给予警告；拒不改正的，由原发证部门暂扣或者吊销执业许可证件或者经营许可证件；触犯《中华人民共和国治安管理处罚法》，构成违反治安管理行为的，由公安机关依法予以处罚；构成犯罪的，依法追究刑事责任。

第五十一条 不具备集中处置医疗废物条件的农村，医疗卫生机构未按照本条例的要求处置医疗废物的，由县级人民政府卫生行政主管部门或者环境保护行政主管部门按照各自的职责责令限期改正，给予警告；逾期不改正的，处 1000 元以上 5000 元以下的罚款；造成传染病传播或者环境污染事故的，由原发证部门暂扣或者吊销执业许可证件；构成犯罪的，依法追究刑事责任。

第五十二条 未取得经营许可证从事医疗废物的收集、运送、贮存、处置等活动的，由县级以上地方人民政府环境保护行政主管部门责令立即停止违法行为，没收违法所得，可以并处违法所得 1 倍以下的罚款。

第五十三条 转让、买卖医疗废物，邮寄或者通过铁路、航空运输医疗废物，或者违反本条例规定通过水路运输医疗废物的，由县级以上地方人民政府环境保护行政主管部门责令转让、买卖双方、邮寄人、托运人立即停止违法行为，给予警告，没收违法所得；违法所得 5000 元以上的，并处违法所得 2 倍以上 5 倍以下的罚款；没有违法所得或者违法所得不足 5000 元的，并处 5000 元以上 2 万元以下的罚款。

承运人明知托运人违反本条例的规定运输医疗废物，仍予以运输的，或者承运人将医疗废物与旅客在同一工具上载运的，按照前款的规定予以处罚。

第五十四条 医疗卫生机构、医疗废物集中处置单位违反本条例规定，导致传染病传播或者发生环境污染事故，给他人造成损害的，依法承担民事赔偿责任。

第七章 附 则

第五十五条 计划生育技术服务、医学科研、教学、尸体检查和其他相关活动中产生的具有直接或者间接感染性、毒性以及其他危害性废物的管理，依照本条例执行。

第五十六条 军队医疗卫生机构医疗废物的管理由中国人民解放军卫生主管部门参照本条例制定管理办法。

第五十七条 本条例自公布之日起施行。

消毒管理办法

- 2002年3月28日卫生部令第27号公布
- 根据2016年1月19日《国家卫生计生委关于修改〈外国医师来华短期行医暂行管理办法〉等8件部门规章的决定和2017年12月26日《国家卫生计生委关于修改〈新食品原料安全性审查管理办法〉等7件部门规章的决定》修订

第一章 总 则

第一条 为了加强消毒管理，预防和控制感染性疾病的传播，保障人体健康，根据《中华人民共和国传染病防治法》及其实施办法的有关规定，制定本办法。

第二条 本办法适用于医疗卫生机构、消毒服务机构以及从事消毒产品生产、经营活动的单位和个人。

其他需要消毒的场所和物品管理也适用于本办法。

第三条 国家卫生计生委主管全国消毒监督管理工作。

铁路、交通卫生主管机构依照本办法负责本系统的消毒监督管理工作。

第二章 消毒的卫生要求

第四条 医疗卫生机构应当建立消毒管理组织，制定消毒管理制度，执行国家有关规范、标准和规定，定期开展消毒与灭菌效果检测工作。

第五条 医疗卫生机构工作人员应当接受消毒技术培训、掌握消毒知识，并按规定严格执行消毒隔离制度。

第六条 医疗卫生机构使用的进入人体组织或无菌器官的医疗用品必须达到灭菌要求。各种注射、穿刺、采血器具应当一人一用一灭菌。凡接触皮肤、粘膜的器械和用品必须达到消毒要求。

医疗卫生机构使用的一次性使用医疗用品用后应当及时进行无害化处理。

第七条 医疗卫生机构购进消毒产品必须建立并执行进货检查验收制度。

第八条 医疗卫生机构的环境、物品应当符合国家有关规范、标准和规定。排放废弃的污水、污物应当按照国家有关规定进行无害化处理。运送传染病病人及其污染物品的车辆、工具必须随时进行消毒处理。

第九条 医疗卫生机构发生感染性疾病暴发、流行时，应当及时报告当地卫生计生行政部门，并采取有效消毒措施。

第十条 加工、出售、运输被传染病病原体污染或者来自疫区可能被传染病病原体污染的皮毛，应当进行消毒处理。

第十一条 托幼机构应当健全和执行消毒管理制度，对室内空气、餐(饮)具、毛巾、玩具和其他幼儿活动的场所及接触的物品定期进行消毒。

第十二条 出租衣物及洗涤衣物的单位和个人，应当对相关物品及场所进行消毒。

第十三条 从事致病微生物实验的单位应当执行有关的管理制度、操作规程，对实验的器材、污染物品等按规定进行消毒，防止实验室感染和致病微生物的扩散。

第十四条 殡仪馆、火葬场内与遗体接触的物品及运送遗体的车辆应当及时消毒。

第十五条 招用流动人员200人以上的用工单位，应当对流动人员集中生活起居的场所及使用的物品定期进行消毒。

第十六条 疫源地的消毒应当执行国家有关规范、标准和规定。

第十七条 公共场所、食品、生活饮用水、血液制品的消毒管理，按有关法律、法规的规定执行。

第三章 消毒产品的生产经营

第十八条 消毒产品应当符合国家有关规范、标准和规定。

第十九条 消毒产品的生产应当符合国家有关规范、标准和规定，对生产的消毒产品应当进行检验，不合格者不得出厂。

第二十条 消毒剂、消毒器械和卫生用品生产企业取得工商行政管理部门颁发的营业执照后，还应当取得所在地省级卫生计生行政部门发放的卫生许可证，方可从事消毒产品的生产。

第二十一条 省级卫生计生行政部门应当自受理消毒产品生产企业的申请之日起二十日内作出是否批准的决定。对符合《消毒产品生产企业卫生规范》要求的，发给卫生许可证；对不符合的，不予批准，并说明理由。

第二十二条 消毒产品生产企业卫生许可证编号格式为：(省、自治区、直辖市简称)卫消证字(发证年份)第XXXX号。

消毒产品生产企业卫生许可证的生产项目分为消毒剂类、消毒器械类、卫生用品类。

第二十三条 消毒产品生产企业卫生许可证有效期为四年。

消毒产品生产企业卫生许可证有效期届满三十日前，生产企业应当向原发证机关申请延续。经审查符合要求的，予以延续，换发新证。新证延用原卫生许可证编号。

第二十四条 消毒产品生产企业迁移厂址或者另设分厂（车间），应当按本办法规定向生产场所所在地的省级卫生计生行政部门申请消毒产品生产企业卫生许可证。

产品包装上标注的厂址、卫生许可证号应当是实际生产地地址和其卫生许可证号。

第二十五条 取得卫生许可证的消毒产品生产企业变更企业名称、法定代表人或者生产类别的，应当向原发证机关提出申请，经审查同意，换发新证。新证延用原卫生许可证编号。

第二十六条 生产、进口利用新材料、新工艺技术和新杀菌原理生产消毒剂和消毒器械（以下简称新消毒产品）应当按照本办法规定取得国家卫生计生委颁发的卫生许可批件。

生产、进口新消毒产品外的消毒剂、消毒器械和卫生用品中的抗（抑）菌制剂，生产、进口企业应当按照有关规定进行卫生安全评价，符合卫生标准和卫生规范要求。产品上市时要将卫生安全评价报告向省级卫生计生行政部门备案，备案应当按照规定要求提供材料。

第二十七条 生产企业申请新消毒产品卫生许可批件、在华责任单位申请进口新消毒产品卫生许可批件的，应当按照国家卫生计生委新消毒产品卫生行政许可管理规定的要求，向国家卫生计生委提出申请。国家卫生计生委应当按照有关法律法规和相关规定，作出是否批准的决定。

国家卫生计生委对批准的新消毒产品，发给卫生许可批件，批准文号格式为：卫消新准字（年份）第XXXX号。不予批准的，应当说明理由。

第二十八条 新消毒产品卫生许可批件的有效期为四年。

第二十九条 国家卫生计生委定期公告取得卫生行政许可的新消毒产品批准内容。公告发布之日起，列入公告的同类产品不再按新消毒产品进行卫生行政许可。

第三十条 经营者采购消毒产品时，应当索取下列有效证件：

（一）生产企业卫生许可证复印件；

（二）产品卫生安全评价报告或者新消毒产品卫生许可批件复印件。

有效证件的复印件应当加盖原持有者的印章。

第三十一条 消毒产品的命名、标签（含说明书）应当符合国家卫生计生委的有关规定。

消毒产品的标签（含说明书）和宣传内容必须真实，不得出现或暗示对疾病的治疗效果。

第三十二条 禁止生产经营下列消毒产品：

（一）无生产企业卫生许可证或新消毒产品卫生许可批准文件的；

（二）产品卫生安全评价不合格或产品卫生质量不符合要求的。

第四章 消毒服务机构

第三十三条 消毒服务机构应当符合以下要求：

（一）具备符合国家有关规范、标准和规定的消毒与灭菌设备；

（二）其消毒与灭菌工艺流程和工作环境必须符合卫生要求；

（三）具有能对消毒与灭菌效果进行检测的人员和条件，建立自检制度；

（四）用环氧乙烷和电离辐射的方法进行消毒与灭菌的，其安全与环境保护等方面的要求按国家有关规定执行。

第三十四条 消毒服务机构不得购置和使用不符合本办法规定的消毒产品。

第三十五条 消毒服务机构应当接受当地卫生计生行政部门的监督。

第五章 监　督

第三十六条 县级以上卫生计生行政部门对消毒工作行使下列监督管理职权：

（一）对有关机构、场所和物品的消毒工作进行监督检查；

（二）对消毒产品生产企业执行《消毒产品生产企业卫生规范》情况进行监督检查；

（三）对消毒产品的卫生质量进行监督检查；

（四）对消毒服务机构的消毒服务质量进行监督检查；

（五）对违反本办法的行为采取行政控制措施；

（六）对违反本办法的行为给予行政处罚。

第三十七条 有下列情形之一的，国家卫生计生委可以对已获得卫生许可批件的新消毒产品进行重新审查：

（一）产品原料、杀菌原理和生产工艺受到质疑的；

（二）产品安全性、消毒效果受到质疑的。

第三十八条 新消毒产品卫生许可批件的持有者应当在接到国家卫生计生委重新审查通知之日起30日内，按照通知的有关要求提交材料。超过期限未提交有关材料的,视为放弃重新审查,国家卫生计生委可以注销产品卫生许可批件。

第三十九条 国家卫生计生委自收到重新审查所需的全部材料之日起30日内,应当作出重新审查决定。有下列情形之一的,注销产品卫生许可批件:

(一)产品原料、杀菌原理和生产工艺不符合利用新材料、新工艺技术和新杀菌原理生产消毒剂和消毒器械的判定依据的;

(二)产品安全性、消毒效果达不到要求的。

第四十条 消毒产品生产企业应当按照国家卫生标准和卫生规范要求对消毒产品理化指标、微生物指标、杀灭微生物指标、毒理学指标等进行检验。不具备检验能力的,可以委托检验。

消毒产品的检验活动应当符合国家有关规定。检验报告应当客观、真实,符合有关法律、法规、标准、规范和规定。检验报告在全国范围内有效。

第六章 罚 则

第四十一条 医疗卫生机构违反本办法第四、五、六、七、八、九条规定的,由县级以上地方卫生计生行政部门责令限期改正,可以处5000元以下罚款;造成感染性疾病暴发的,可以处5000元以上20000元以下罚款。

第四十二条 加工、出售、运输被传染病病原体污染或者来自疫区可能被传染病病原体污染的皮毛,未按国家有关规定进行消毒处理的,应当按照《传染病防治法实施办法》第六十八条的有关规定给予处罚。

第四十三条 消毒产品生产经营单位违反本办法第三十一条、第三十二条规定的,由县级以上地方卫生计生行政部门责令其限期改正,可以处5000元以下罚款;造成感染性疾病暴发的,可以处5000元以上20000元以下的罚款。

第四十四条 消毒服务机构违反本办法规定,有下列情形之一的,由县级以上卫生计生行政部门责令其限期改正,可以处5000元以下的罚款;造成感染性疾病发生的,可以处5000元以上20000元以下的罚款:

消毒后的物品未达到卫生标准和要求的。

第七章 附 则

第四十五条 本办法下列用语的含义:

感染性疾病:由微生物引起的疾病。

消毒产品:包括消毒剂、消毒器械(含生物指示物、化学指示物和灭菌物品包装物)、卫生用品和一次性使用医疗用品。

消毒服务机构:指为社会提供可能被污染的物品及场所、卫生用品和一次性使用医疗用品等进行消毒与灭菌服务的单位。

医疗卫生机构:指医疗保健、疾病控制、采供血机构及与上述机构业务活动相同的单位。

第四十六条 本办法由国家卫生计生委负责解释。

第四十七条 本办法自2002年7月1日起施行。1992年8月31日卫生部发布的《消毒管理办法》同时废止。

医疗卫生机构医疗废物管理办法

· 2003年10月15日卫生部令第36号公布
· 自公布之日起施行

第一章 总 则

第一条 为规范医疗卫生机构对医疗废物的管理,有效预防和控制医疗废物对人体健康和环境产生危害,根据《医疗废物管理条例》,制定本办法。

第二条 各级各类医疗卫生机构应当按照《医疗废物管理条例》和本办法的规定对医疗废物进行管理。

第三条 卫生部对全国医疗卫生机构的医疗废物管理工作实施监督。

县级以上地方人民政府卫生行政主管部门对本行政区域医疗卫生机构的医疗废物管理工作实施监督。

第二章 医疗卫生机构对医疗废物的管理职责

第四条 医疗卫生机构应当建立、健全医疗废物管理责任制,其法定代表人或者主要负责人为第一责任人,切实履行职责,确保医疗废物的安全管理。

第五条 医疗卫生机构应当依据国家有关法律、行政法规、部门规章和规范性文件的规定,制定并落实医疗废物管理的规章制度、工作流程和要求、有关人员的工作职责及发生医疗卫生机构内医疗废物流失、泄漏、扩散和意外事故的应急方案。内容包括:

(一)医疗卫生机构内医疗废物各产生地点对医疗废物分类收集方法和工作要求;

(二)医疗卫生机构内医疗废物的产生地点、暂时贮存地点的工作制度及从产生地点运送至暂时贮存地点的工作要求;

(三)医疗废物在医疗卫生机构内部运送及将医疗废物交由医疗废物处置单位的有关交接、登记的规定;

(四)医疗废物管理过程中的特殊操作程序及发生医疗废物流失、泄漏、扩散和意外事故的紧急处理措施;

（五）医疗废物分类收集、运送、暂时贮存过程中有关工作人员的职业卫生安全防护。

第六条 医疗卫生机构应当设置负责医疗废物管理的监控部门或者专（兼）职人员，履行以下职责：

（一）负责指导、检查医疗废物分类收集、运送、暂时贮存及机构内处置过程中各项工作的落实情况；

（二）负责指导、检查医疗废物分类收集、运送、暂时贮存及机构内处置过程中的职业卫生安全防护工作；

（三）负责组织医疗废物流失、泄漏、扩散和意外事故发生时的紧急处理工作；

（四）负责组织有关医疗废物管理的培训工作；

（五）负责有关医疗废物登记和档案资料的管理；

（六）负责及时分析和处理医疗废物管理中的其他问题。

第七条 医疗卫生机构发生医疗废物流失、泄漏、扩散和意外事故时，应当按照《医疗废物管理条例》和本办法的规定采取相应紧急处理措施，并在48小时内向所在地的县级人民政府卫生行政主管部门、环境保护行政主管部门报告。调查处理工作结束后，医疗卫生机构应当将调查处理结果向所在地的县级人民政府卫生行政主管部门、环境保护行政主管部门报告。

县级人民政府卫生行政主管部门每月汇总逐级上报至当地省级人民政府卫生行政主管部门。

省级人民政府卫生行政主管部门每半年汇总后报卫生部。

第八条 医疗卫生机构发生因医疗废物管理不当导致1人以上死亡或者3人以上健康损害，需要对致病人员提供医疗救护和现场救援的重大事故时，应当在12小时内向所在地的县级人民政府卫生行政主管部门报告，并按照《医疗废物管理条例》和本办法的规定，采取相应紧急处理措施。

县级人民政府卫生行政主管部门接到报告后，应当在12小时内逐级向省级人民政府卫生行政主管部门报告。

医疗卫生机构发生因医疗废物管理不当导致3人以上死亡或者10人以上健康损害，需要对致病人员提供医疗救护和现场救援的重大事故时，应当在2小时内向所在地的县级人民政府卫生行政主管部门报告，并按照《医疗废物管理条例》和本办法的规定，采取相应紧急处理措施。

县级人民政府卫生行政主管部门接到报告后，应当在6小时内逐级向省级人民政府卫生行政主管部门报告。

省级人民政府卫生行政主管部门接到报告后，应当在6小时内向卫生部报告。

发生医疗废物管理不当导致传染病传播事故，或者有证据证明传染病传播的事故有可能发生时，应当按照《传染病防治法》及有关规定报告，并采取相应措施。

第九条 医疗卫生机构应当根据医疗废物分类收集、运送、暂时贮存及机构内处置过程中所需要的专业技术、职业卫生安全防护和紧急处理知识等，制定相关工作人员的培训计划并组织实施。

第三章 分类收集、运送与暂时贮存

第十条 医疗卫生机构应当根据《医疗废物分类目录》，对医疗废物实施分类管理。

第十一条 医疗卫生机构应当按照以下要求，及时分类收集医疗废物：

（一）根据医疗废物的类别，将医疗废物分置于符合《医疗废物专用包装物、容器的标准和警示标识的规定》的包装物或者容器内；

（二）在盛装医疗废物前，应当对医疗废物包装物或者容器进行认真检查，确保无破损、渗漏和其他缺陷；

（三）感染性废物、病理性废物、损伤性废物、药物性废物及化学性废物不能混合收集。少量的药物性废物可以混入感染性废物，但应当在标签上注明；

（四）废弃的麻醉、精神、放射性、毒性等药品及其相关的废物的管理，依照有关法律、行政法规和国家有关规定、标准执行；

（五）化学性废物中批量的废化学试剂、废消毒剂应当交由专门机构处置；

（六）批量的含有汞的体温计、血压计等医疗器具报废时，应当交由专门机构处置；

（七）医疗废物中病原体的培养基、标本和菌种、毒种保存液等高危险废物，应当首先在产生地点进行压力蒸汽灭菌或者化学消毒处理，然后按感染性废物收集处理；

（八）隔离的传染病病人或者疑似传染病病人产生的具有传染性的排泄物，应当按照国家规定严格消毒，达到国家规定的排放标准后方可排入污水处理系统；

（九）隔离的传染病病人或者疑似传染病病人产生的医疗废物应当使用双层包装物，并及时密封；

（十）放入包装物或者容器内的感染性废物、病理性废物、损伤性废物不得取出。

第十二条 医疗卫生机构内医疗废物产生地点应当有医疗废物分类收集方法的示意图或者文字说明。

第十三条 盛装的医疗废物达到包装物或者容器的3/4时,应当使用有效的封口方式,使包装物或者容器的封口紧实、严密。

第十四条 包装物或者容器的外表面被感染性废物污染时,应当对被污染处进行消毒处理或者增加一层包装。

第十五条 盛装医疗废物的每个包装物、容器外表面应当有警示标识,在每个包装物、容器上应当系中文标签,中文标签的内容应当包括:医疗废物产生单位、产生日期、类别及需要的特别说明等。

第十六条 运送人员每天从医疗废物产生地点将分类包装的医疗废物按照规定的时间和路线运送至内部指定的暂时贮存地点。

第十七条 运送人员在运送医疗废物前,应当检查包装物或者容器的标识、标签及封口是否符合要求,不得将不符合要求的医疗废物运送至暂时贮存地点。

第十八条 运送人员在运送医疗废物时,应当防止造成包装物或容器破损和医疗废物的流失、泄漏和扩散,并防止医疗废物直接接触身体。

第十九条 运送医疗废物应当使用防渗漏、防遗撒、无锐利边角、易于装卸和清洁的专用运送工具。

每天运送工作结束后,应当对运送工具及时进行清洁和消毒。

第二十条 医疗卫生机构应当建立医疗废物暂时贮存设施、设备,不得露天存放医疗废物;医疗废物暂时贮存的时间不得超过2天。

第二十一条 医疗卫生机构建立的医疗废物暂时贮存设施、设备应当达到以下要求:

(一)远离医疗区、食品加工区、人员活动区和生活垃圾存放场所,方便医疗废物运送人员及运送工具、车辆的出入;

(二)有严密的封闭措施,设专(兼)职人员管理,防止非工作人员接触医疗废物;

(三)有防鼠、防蚊蝇、防蟑螂的安全措施;

(四)防止渗漏和雨水冲刷;

(五)易于清洁和消毒;

(六)避免阳光直射;

(七)设有明显的医疗废物警示标识和"禁止吸烟、饮食"的警示标识。

第二十二条 暂时贮存病理性废物,应当具备低温贮存或者防腐条件。

第二十三条 医疗卫生机构应当将医疗废物交由取得县级以上人民政府环境保护行政主管部门许可的医疗废物集中处置单位处置,依照危险废物转移联单制度填写和保存转移联单。

第二十四条 医疗卫生机构应当对医疗废物进行登记,登记内容应当包括医疗废物的来源、种类、重量或者数量、交接时间、最终去向以及经办人签名等项目。登记资料至少保存3年。

第二十五条 医疗废物转交出去后,应当对暂时贮存地点、设施及时进行清洁和消毒处理。

第二十六条 禁止医疗卫生机构及其工作人员转让、买卖医疗废物。

禁止在非收集、非暂时贮存地点倾倒、堆放医疗废物,禁止将医疗废物混入其他废物和生活垃圾。

第二十七条 不具备集中处置医疗废物条件的农村地区,医疗卫生机构应当按照当地卫生行政主管部门和环境保护行政主管部门的要求,自行就地处置其产生的医疗废物。自行处置医疗废物的,应当符合以下基本要求:

(一)使用后的一次性医疗器具和容易致人损伤的医疗废物应当消毒并作毁形处理;

(二)能够焚烧的,应当及时焚烧;

(三)不能焚烧的,应当消毒后集中填埋。

第二十八条 医疗卫生机构发生医疗废物流失、泄漏、扩散和意外事故时,应当按照以下要求及时采取紧急处理措施:

(一)确定流失、泄漏、扩散的医疗废物的类别、数量、发生时间、影响范围及严重程度;

(二)组织有关人员尽快按照应急方案,对发生医疗废物泄漏、扩散的现场进行处理;

(三)对被医疗废物污染的区域进行处理时,应当尽可能减少对病人、医务人员、其他现场人员及环境的影响;

(四)采取适当的安全处置措施,对泄漏物及受污染的区域、物品进行消毒或者其他无害化处置,必要时封锁污染区域,以防扩大污染;

(五)对感染性废物污染区域进行消毒时,消毒工作从污染最轻区域向污染最严重区域进行,对可能被污染的所有使用过的工具也应当进行消毒;

(六)工作人员应当做好卫生安全防护后进行工作。

处理工作结束后,医疗卫生机构应当对事件的起因进行调查,并采取有效的防范措施预防类似事件的发生。

第四章 人员培训和职业安全防护

第二十九条 医疗卫生机构应当对本机构工作人员进行培训,提高全体工作人员对医疗废物管理工作的认识。对从事医疗废物分类收集、运送、暂时贮存、处置等工作的人员和管理人员，进行相关法律和专业技术、安全防护以及紧急处理等知识的培训。

第三十条　医疗废物相关工作人员和管理人员应当达到以下要求：

（一）掌握国家相关法律、法规、规章和有关规范性文件的规定，熟悉本机构制定的医疗废物管理的规章制度、工作流程和各项工作要求；

（二）掌握医疗废物分类收集、运送、暂时贮存的正确方法和操作程序；

（三）掌握医疗废物分类中的安全知识、专业技术、职业卫生安全防护等知识；

（四）掌握在医疗废物分类收集、运送、暂时贮存及处置过程中预防被医疗废物刺伤、擦伤等伤害的措施及发生后的处理措施；

（五）掌握发生医疗废物流失、泄漏、扩散和意外事故情况时的紧急处理措施。

第三十一条　医疗卫生机构应当根据接触医疗废物种类及风险大小的不同，采取适宜、有效的职业卫生防护措施，为机构内从事医疗废物分类收集、运送、暂时贮存和处置等工作的人员和管理人员配备必要的防护用品，定期进行健康检查，必要时，对有关人员进行免疫接种，防止其受到健康损害。

第三十二条　医疗卫生机构的工作人员在工作中发生被医疗废物刺伤、擦伤等伤害时，应当采取相应的处理措施，并及时报告机构内的相关部门。

第五章　监督管理

第三十三条　县级以上地方人民政府卫生行政主管部门应当依照《医疗废物管理条例》和本办法的规定，对所辖区域的医疗卫生机构进行定期监督检查和不定期抽查。

第三十四条　对医疗卫生机构监督检查和抽查的主要内容是：

（一）医疗废物管理的规章制度及落实情况；

（二）医疗废物分类收集、运送、暂时贮存及机构内处置的工作状况；

（三）有关医疗废物管理的登记资料和记录；

（四）医疗废物管理工作中，相关人员的安全防护工作；

（五）发生医疗废物流失、泄漏、扩散和意外事故的上报及调查处理情况；

（六）进行现场卫生学监测。

第三十五条　卫生行政主管部门在监督检查或者抽查中发现医疗卫生机构存在隐患时，应当责令立即消除隐患。

第三十六条　县级以上卫生行政主管部门应当对医疗卫生机构发生违反《医疗废物管理条例》和本办法规定的行为依法进行查处。

第三十七条　发生因医疗废物管理不当导致传染病传播事故，或者有证据证明传染病传播的事故有可能发生时，卫生行政主管部门应当按照《医疗废物管理条例》第四十条的规定及时采取相应措施。

第三十八条　医疗卫生机构对卫生行政主管部门的检查、监测、调查取证等工作，应当予以配合，不得拒绝和阻碍，不得提供虚假材料。

第六章　罚　则

第三十九条　医疗卫生机构违反《医疗废物管理条例》及本办法规定，有下列情形之一的，由县级以上地方人民政府卫生行政主管部门责令限期改正，给予警告；逾期不改正的，处以2000元以上5000元以下的罚款：

（一）未建立、健全医疗废物管理制度，或者未设置监控部门或者专（兼）职人员的；

（二）未对有关人员进行相关法律和专业技术、安全防护以及紧急处理等知识的培训的；

（三）未对医疗废物进行登记或者未保存登记资料的；

（四）未对机构内从事医疗废物分类收集、运送、暂时贮存、处置等工作的人员和管理人员采取职业卫生防护措施的；

（五）未对使用后的医疗废物运送工具及时进行清洁和消毒的；

（六）自行建有医疗废物处置设施的医疗卫生机构，未定期对医疗废物处置设施的卫生学效果进行检测、评价，或者未将检测、评价效果存档、报告的。

第四十条　医疗卫生机构违反《医疗废物管理条例》及本办法规定，有下列情形之一的，由县级以上地方人民政府卫生行政主管部门责令限期改正，给予警告，可以并处5000元以下的罚款；逾期不改正的，处5000元以上3万元以下的罚款：

（一）医疗废物暂时贮存地点、设施或者设备不符合卫生要求的；

（二）未将医疗废物按类别分置于专用包装物或者容器的；

（三）使用的医疗废物运送工具不符合要求的。

第四十一条　医疗卫生机构违反《医疗废物管理条例》及本办法规定，有下列情形之一的，由县级以上地方人民政府卫生行政主管部门责令限期改正，给予警告，并处 5000 元以上 1 万以下的罚款；逾期不改正的，处 1 万元以上 3 万元以下的罚款；造成传染病传播的，由原发证部门暂扣或者吊销医疗卫生机构执业许可证；构成犯罪的，依法追究刑事责任：

（一）在医疗卫生机构内丢弃医疗废物和在非贮存地点倾倒、堆放医疗废物或者将医疗废物混入其他废物和生活垃圾的；

（二）将医疗废物交给未取得经营许可证的单位或者个人的；

（三）未按照条例及本办法的规定对污水、传染病病人和疑似传染病病人的排泄物进行严格消毒，或者未达到国家规定的排放标准，排入污水处理系统的；

（四）对收治的传染病病人或者疑似传染病病人产生的生活垃圾，未按照医疗废物进行管理和处置的。

第四十二条　医疗卫生机构转让、买卖医疗废物的，依照《医疗废物管理条例》第五十三条处罚。

第四十三条　医疗卫生机构发生医疗废物流失、泄漏、扩散时，未采取紧急处理措施，或者未及时向卫生行政主管部门报告的，由县级以上地方人民政府卫生行政主管部门责令改正，给予警告，并处 1 万元以上 3 万元以下的罚款；造成传染病传播的，由原发证部门暂扣或者吊销医疗卫生机构执业许可证；构成犯罪的，依法追究刑事责任。

第四十四条　医疗卫生机构无正当理由，阻碍卫生行政主管部门执法人员执行职务，拒绝执法人员进入现场，或者不配合执法部门的检查、监测、调查取证的，由县级以上地方人民政府卫生行政主管部门责令改正，给予警告；拒不改正的，由原发证部门暂扣或者吊销医疗卫生机构执业许可证；触犯《中华人民共和国治安管理处罚条例》，构成违反治安管理行为的，由公安机关依法予以处罚；构成犯罪的，依法追究刑事责任。

第四十五条　不具备集中处置医疗废物条件的农村，医疗卫生机构未按照《医疗废物管理条例》和本办法的要求处置医疗废物的，由县级以上地方人民政府卫生行政主管部门责令限期改正，给予警告；逾期不改的，处 1000 元以上 5000 元以下的罚款；造成传染病传播的，由原发证部门暂扣或者吊销医疗卫生机构执业许可证；构成犯罪的，依法追究刑事责任。

第四十六条　医疗卫生机构违反《医疗废物管理条例》及本办法规定，导致传染病传播，给他人造成损害的，依法承担民事赔偿责任。

第七章　附　则

第四十七条　本办法所称医疗卫生机构指依照《医疗机构管理条例》的规定取得《医疗机构执业许可证》的机构及疾病预防控制机构、采供血机构。

第四十八条　本办法自公布之日起施行。

医疗废物管理行政处罚办法

· 2004 年 5 月 27 日卫生部、国家环境保护总局令第 21 号公布
· 根据 2010 年 12 月 22 日《环境部关于废止、修改部分环保部门规章和规定性文件的规定》修订

第一条　根据《中华人民共和国传染病防治法》、《中华人民共和国固体废物污染环境防治法》和《医疗废物管理条例》（以下简称《条例》），县级以上人民政府卫生行政主管部门和环境保护行政主管部门按照各自职责，对违反医疗废物管理规定的行为实施的行政处罚，适用本办法。

第二条　医疗卫生机构有《条例》第四十五条规定的下列情形之一的，由县级以上地方人民政府卫生行政主管部门责令限期改正，给予警告；逾期不改正的，处 2000 元以上 5000 元以下的罚款：

（一）未建立、健全医疗废物管理制度，或者未设置监控部门或者专（兼）职人员的；

（二）未对有关人员进行相关法律和专业技术、安全防护以及紧急处理等知识培训的；

（三）未对医疗废物进行登记或者未保存登记资料的；

（四）对使用后的医疗废物运送工具或者运送车辆未在指定地点及时进行消毒和清洁的；

（五）依照《条例》自行建有医疗废物处置设施的医疗卫生机构未定期对医疗废物处置设施的污染防治和卫生学效果进行检测、评价，或者未将检测、评价效果存档、报告的。

第三条　医疗废物集中处置单位有《条例》第四十五条规定的下列情形之一的，由县级以上地方人民政府环境保护行政主管部门责令限期改正，给予警告；逾期不改正的，处 2000 元以上 5000 元以下的罚款：

（一）未建立、健全医疗废物管理制度，或者未设置监控部门或者专（兼）职人员的；

（二）未对有关人员进行相关法律和专业技术、安全防护以及紧急处理等知识培训的；

（三）未对医疗废物进行登记或者未保存登记资料的；

（四）对使用后的医疗废物运送车辆未在指定地点及时进行消毒和清洁的；

（五）未及时收集、运送医疗废物的；

（六）未定期对医疗废物处置设施的污染防治和卫生学效果进行检测、评价，或者未将检测、评价效果存档、报告的。

第四条 医疗卫生机构、医疗废物集中处置单位有《条例》第四十五条规定的情形，未对从事医疗废物收集、运送、贮存、处置等工作的人员和管理人员采取职业卫生防护措施的，由县级以上地方人民政府卫生行政主管部门责令限期改正，给予警告；逾期不改正的，处 2000 元以上 5000 元以下的罚款。

第五条 医疗卫生机构有《条例》第四十六条规定的下列情形之一的，由县级以上地方人民政府卫生行政主管部门责令限期改正，给予警告，可以并处 5000 元以下的罚款，逾期不改正的，处 5000 元以上 3 万元以下的罚款：

（一）贮存设施或者设备不符合环境保护、卫生要求的；

（二）未将医疗废物按照类别分置于专用包装物或者容器的；

（三）未使用符合标准的运送工具运送医疗废物的。

第六条 医疗废物集中处置单位有《条例》第四十六条规定的下列情形之一的，由县级以上地方人民政府环境保护行政主管部门责令限期改正，给予警告，可以并处 5000 元以下的罚款，逾期不改正的，处 5000 元以上 3 万元以下的罚款：

（一）贮存设施或者设备不符合环境保护、卫生要求的；

（二）未将医疗废物按照类别分置于专用包装物或者容器的；

（三）未使用符合标准的专用车辆运送医疗废物的；

（四）未安装污染物排放在线监控装置或者监控装置未经常处于正常运行状态的。

第七条 医疗卫生机构有《条例》第四十七条规定的下列情形之一的，由县级以上地方人民政府卫生行政主管部门责令限期改正，给予警告，并处 5000 元以上 1 万元以下的罚款；逾期不改正的，处 1 万元以上 3 万元以下的罚款：

（一）在医疗卫生机构内运送过程中丢弃医疗废物，在非贮存地点倾倒、堆放医疗废物或者将医疗废物混入其他废物和生活垃圾的；

（二）未按照《条例》的规定对污水、传染病病人或者疑似传染病病人的排泄物，进行严格消毒的，或者未达到国家规定的排放标准，排入医疗卫生机构内的污水处理系统的；

（三）对收治的传染病病人或者疑似传染病病人产生的生活垃圾，未按照医疗废物进行管理和处置的。

医疗卫生机构在医疗卫生机构外运送过程中丢弃医疗废物，在非贮存地点倾倒、堆放医疗废物或者将医疗废物混入其他废物和生活垃圾的，由县级以上地方人民政府环境保护行政主管部门依照《中华人民共和国固体废物污染环境防治法》第七十五条规定责令停止违法行为，限期改正，处一万元以上十万元以下的罚款。

第八条 医疗废物集中处置单位有《条例》第四十七条规定的情形，在运送过程中丢弃医疗废物，在非贮存地点倾倒、堆放医疗废物或者将医疗废物混入其他废物和生活垃圾的，由县级以上地方人民政府环境保护行政主管部门依照《中华人民共和国固体废物污染环境防治法》第七十五条规定责令停止违法行为，限期改正，处一万元以上十万元以下的罚款。

第九条 医疗废物集中处置单位和依照《条例》自行建有医疗废物处置设施的医疗卫生机构，有《条例》第四十七条规定的情形，对医疗废物的处置不符合国家规定的环境保护、卫生标准、规范的，由县级以上地方人民政府环境保护行政主管部门责令限期改正，给予警告，并处 5000 元以上 1 万元以下的罚款；逾期不改正的，处 1 万元以上 3 万元以下的罚款。

第十条 医疗卫生机构、医疗废物集中处置单位有《条例》第四十七条规定的下列情形之一的，由县级以上人民政府环境保护行政主管部门依照《中华人民共和国固体废物污染环境防治法》第七十五条规定责令停止违法行为，限期改正，处二万元以上二十万元以下的罚款：

（一）未执行危险废物转移联单管理制度的；

（二）将医疗废物交给或委托给未取得经营许可证的单位或者个人收集、运送、贮存、处置的。

第十一条 有《条例》第四十九条规定的情形，医疗卫生机构发生医疗废物流失、泄露、扩散时，未采取紧急处理措施，或者未及时向卫生行政主管部门报告的，由县级以上地方人民政府卫生行政主管部门责令改正,给予警告,并处1万元以上3万元以下的罚款。

医疗废物集中处置单位发生医疗废物流失、泄露、扩散时,未采取紧急处理措施,或者未及时向环境保护行政主管部门报告的,由县级以上地方人民政府环境保护行政主管部门责令改正,给予警告,并处1万元以上3万元以下的罚款。

第十二条 有《条例》第五十条规定的情形,医疗卫生机构、医疗废物集中处置单位阻碍卫生行政主管部门执法人员执行职务,拒绝执法人员进入现场,或者不配合执法部门的检查、监测、调查取证的,由县级以上地方人民政府卫生行政主管部门责令改正,给予警告;拒不改正的,由原发证的卫生行政主管部门暂扣或者吊销医疗卫生机构的执业许可证件。

医疗卫生机构、医疗废物集中处置单位阻碍环境保护行政主管部门执法人员执行职务,拒绝执法人员进入现场,或者不配合执法部门的检查、监测、调查取证的,由县级以上地方人民政府环境保护行政主管部门依照《中华人民共和国固体废物污染环境防治法》第七十条规定责令限期改正;拒不改正或者在检查时弄虚作假的,处二千元以上二万元以下的罚款。

第十三条 有《条例》第五十一条规定的情形,不具备集中处置医疗废物条件的农村,医疗卫生机构未按照卫生行政主管部门有关疾病防治的要求处置医疗废物的,由县级人民政府卫生行政主管部门责令限期改正,给予警告;逾期不改正的,处1000元以上5000元以下的罚款;未按照环境保护行政主管部门有关环境污染防治的要求处置医疗废物的,由县级人民政府环境保护行政主管部门责令限期改正,给予警告;逾期不改正的,处1000元以上5000元以下的罚款。

第十四条 有《条例》第五十二条规定的情形,未取得经营许可证从事医疗废物的收集、运送、贮存、处置等活动的,由县级以上人民政府环境保护行政主管部门依照《中华人民共和国固体废物污染环境防治法》第七十七条规定责令停止违法行为,没收违法所得,可以并处违法所得三倍以下的罚款。

第十五条 有《条例》第四十七条、第四十八条、第四十九条、第五十一条规定的情形,医疗卫生机构造成传染病传播的,由县级以上地方人民政府卫生行政主管部门依法处罚,并由原发证的卫生行政主管部门暂扣或者吊销执业许可证件;造成环境污染事故的,由县级以上地方人民政府环境保护行政主管部门依照《中华人民共和国固体废物污染环境防治法》有关规定予以处罚,并由原发证的卫生行政主管部门暂扣或者吊销执业许可证件。

医疗废物集中处置单位造成传染病传播的,由县级以上地方人民政府卫生行政主管部门依法处罚,并由原发证的环境保护行政主管部门暂扣或者吊销经营许可证件;造成环境污染事故的,由县级以上地方人民政府环境保护行政主管部门依照《中华人民共和国固体废物污染环境防治法》有关规定予以处罚,并由原发证的环境保护行政主管部门暂扣或者吊销经营许可证件。

第十六条 有《条例》第五十三条规定的情形,转让、买卖医疗废物,邮寄或者通过铁路、航空运输医疗废物,或者违反《条例》规定通过水路运输医疗废物的,由县级以上地方人民政府环境保护行政主管部门责令转让、买卖双方、邮寄人、托运人立即停止违法行为,给予警告,没收违法所得;违法所得5000元以上的,并处违法所得2倍以上5倍以下的罚款;没有违法所得或者违法所得不足5000元的,并处5000元以上2万元以下的罚款。

承运人明知托运人违反《条例》的规定运输医疗废物,仍予以运输的,按照前款的规定予以处罚;承运人将医疗废物与旅客在同一工具上载运的,由县级以上人民政府环境保护行政主管部门依照《中华人民共和国固体废物污染环境防治法》第七十五条规定责令停止违法行为,限期改正,处一万元以上十万元以下的罚款。

第十七条 本办法自2004年6月1日起施行。

医疗废物分类目录(2021年版)

- 2021年11月25日
- 国卫医函〔2021〕238号

一、根据《中华人民共和国传染病防治法》《中华人民共和国固体废物污染环境防治法》《医疗废物管理条例》《医疗卫生机构医疗废物管理办法》《国家危险废物名录》等法律法规、部门规章的规定,制定本目录。本目录适用于各级各类医疗卫生机构。

二、医疗废物的分类收集应当根据其特性和处置方式进行,并与当地医疗废物处置的方式相衔接。在保证医疗安全的情况下,鼓励医疗卫生机构逐步减少使用含汞血压计和体温计,鼓励使用可复用的医疗器械、器具和用品替代一次性医疗器械、器具和用品,以实现源头减量。医疗废物分为感染性废物、损伤性废物、病理性废物、药物性废物和化学性废物,医疗废物分类目录见附表1。

三、废弃的麻醉、精神、放射性、毒性等药品及其相关废物的分类与处置,按照国家其他有关法律、法规、标准和规定执行。

四、患者截肢的肢体以及引产的死亡胎儿,纳入殡葬管理。

五、药物性废物和化学性废物可分别按照《国家危险废物名录》中 HW03 类和 HW49 类进行处置。

六、列入本目录附表 2 医疗废物豁免管理清单中的医疗废物,在满足相应的条件时,可以在其所列的环节按照豁免内容规定实行豁免管理。

七、重大传染病疫情等突发事件产生的医疗废物,可按照县级以上人民政府确定的工作方案进行收集、贮存、运输和处置等。

八、本目录自发布之日起施行。2003 年 10 月 10 日原卫生部、原国家环保总局发布的《医疗废物分类目录》(卫医发〔2003〕287 号)同时废止。

附表 1

医疗废物分类目录

类别	特征	常见组分或废物名称	收集方式
感染性废物	携带病原微生物具有引发感染性疾病传播危险的医疗废物。	1. 被患者血液、体液、排泄物等污染的除锐器以外的废物; 2. 使用后废弃的一次性使用医疗器械,如注射器、输液器、透析器等; 3. 病原微生物实验室废弃的病原体培养基、标本、菌种和毒种保存液及其容器;其他实验室及科室废弃的血液、血清、分泌物等标本和容器; 4. 隔离传染病患者或者疑似传染病患者产生的废弃物。	1. 收集于符合《医疗废物专用包装袋、容器和警示标志标准》(HJ421)的医疗废物包装袋中; 2. 病原微生物实验室废弃的病原体培养基、标本、菌种和毒种保存液及其容器,应在产生地点进行压力蒸汽灭菌或者使用其他方式消毒,然后按感染性废物收集处理; 3. 隔离传染病患者或者疑似传染病患者产生的医疗废物应当使用双层医疗废物包装袋盛装。
损伤性废物	能够刺伤或者割伤人体的废弃的医用锐器。	1. 废弃的金属类锐器,如针头、缝合针、针灸针、探针、穿刺针、解剖刀、手术刀、手术锯、备皮刀、钢钉和导丝等; 2. 废弃的玻璃类锐器,如盖玻片、载玻片、玻璃安瓿等; 3. 废弃的其他材质类锐器。	1. 收集于符合《医疗废物专用包装袋、容器和警示标志标准》(HJ421)的利器盒中; 2. 利器盒达到 3/4 满时,应当封闭严密,按流程运送、贮存。
病理性废物	诊疗过程中产生的人体废弃物和医学实验动物尸体等。	1. 手术及其他医学服务过程中产生的废弃的人体组织、器官; 2. 病理切片后废弃的人体组织、病理蜡块等; 3. 废弃的医学实验动物的组织和尸体; 4. 16 周胎龄以下或重量不足 500 克的胚胎组织等; 5. 确诊、疑似传染病或携带传染病病原体的产妇的胎盘。	1. 收集于符合《医疗废物专用包装袋、容器和警示标志标准》(HJ421)的医疗废物包装袋中; 2. 确诊、疑似传染病产妇或携带传染病病原体的产妇的胎盘应使用双层医疗废物包装袋盛装; 3. 可进行防腐或者低温保存。

续表

类别	特征	常见组分或废物名称	收集方式
药物性废物	过期、淘汰、变质或者被污染的废弃的药物。	1. 废弃的一般性药物； 2. 废弃的细胞毒性药物和遗传毒性药物； 3. 废弃的疫苗及血液制品。	1. 少量的药物性废物可以并入感染性废物中，但应在标签中注明； 2. 批量废弃的药物性废物，收集后应交由具备相应资质的医疗废物处置单位或者危险废物处置单位等进行处置。
化学性废物	具有毒性、腐蚀性、易燃性、反应性的废弃的化学物品。	列入《国家危险废物名录》中的废弃危险化学品，如甲醛、二甲苯等；非特定行业来源的危险废物，如含汞血压计、含汞体温计，废弃的牙科汞合金材料及其残余物等。	1. 收集于容器中，粘贴标签并注明主要成分； 2. 收集后应交由具备相应资质的医疗废物处置单位或者危险废物处置单位等进行处置。

说明：因以下废弃物不属于医疗废物，故未列入此表中。如：非传染病区使用或者未用于传染病患者、疑似传染病患者以及采取隔离措施的其他患者的输液瓶（袋）、盛装消毒剂、透析液的空容器，一次性医用外包装物，废弃的中草药与中草药煎制后的残渣，盛装药物的药杯、尿杯、纸巾、湿巾、尿不湿、卫生巾、护理垫等一次性卫生用品，医用织物以及使用后的大、小便器等。居民日常生活中废弃的一次性口罩不属于医疗废物。

附表2

医疗废物豁免管理清单

序号	名称	豁免环节	豁免条件	豁免内容
1	密封药瓶、安瓿瓶等玻璃药瓶	收集	盛装容器应满足防渗漏、防刺破要求，并有医疗废物标识或者外加一层医疗废物包装袋。标签为损伤性废物，并注明：密封药瓶或者安瓿瓶。	可不使用利器盒收集。
2	导丝	收集	盛装容器应满足防渗漏、防刺破要求，并有医疗废物标识或者外加一层医疗废物包装袋。标签为损伤性废物，并注明：导丝。	可不使用利器盒收集。
3	棉签、棉球、输液贴	全部环节	患者自行用于按压止血而未收集于医疗废物容器中的棉签、棉球、输液贴。	全过程不按照医疗废物管理。
4	感染性废物、损伤性废物以及相关技术可处理的病理性废物	运输、贮存、处置	按照相关处理标准规范，采用高温蒸汽、微波、化学消毒、高温干热或者其他方式消毒处理后，在满足相关入厂（场）要求的前提下，运输至生活垃圾焚烧厂或生活垃圾填埋场等处置。	运输、贮存、处置过程不按照医疗废物管理。

说明：本附表收录的豁免清单为符合医疗废物定义、但无风险或者风险较低，在满足相关条件时，在部分环节或全部环节可不按医疗废物进行管理的废弃物。

放射性废物安全管理条例

- 2011年12月20日中华人民共和国国务院令第612号公布
- 自2012年3月1日起施行

第一章 总则

第一条 为了加强对放射性废物的安全管理,保护环境,保障人体健康,根据《中华人民共和国放射性污染防治法》,制定本条例。

第二条 本条例所称放射性废物,是指含有放射性核素或者被放射性核素污染,其放射性核素浓度或者比活度大于国家确定的清洁解控水平,预期不再使用的废弃物。

第三条 放射性废物的处理、贮存和处置及其监督管理等活动,适用本条例。

本条例所称处理,是指为了能够安全和经济地运输、贮存、处置放射性废物,通过净化、浓缩、固化、压缩和包装等手段,改变放射性废物的属性、形态和体积的活动。

本条例所称贮存,是指将废旧放射源和其他放射性固体废物临时放置于专门建造的设施内进行保管的活动。

本条例所称处置,是指将废旧放射源和其他放射性固体废物最终放置于专门建造的设施内并不再回取的活动。

第四条 放射性废物的安全管理,应当坚持减量化、无害化和妥善处置、永久安全的原则。

第五条 国务院环境保护主管部门统一负责全国放射性废物的安全监督管理工作。

国务院核工业行业主管部门和其他有关部门,依照本条例的规定和各自的职责负责放射性废物的有关管理工作。

县级以上地方人民政府环境保护主管部门和其他有关部门依照本条例的规定和各自的职责负责本行政区域放射性废物的有关管理工作。

第六条 国家对放射性废物实行分类管理。

根据放射性废物的特性及其对人体健康和环境的潜在危害程度,将放射性废物分为高水平放射性废物、中水平放射性废物和低水平放射性废物。

第七条 放射性废物的处理、贮存和处置活动,应当遵守国家有关放射性污染防治标准和国务院环境保护主管部门的规定。

第八条 国务院环境保护主管部门会同国务院核工业行业主管部门和其他有关部门建立全国放射性废物管理信息系统,实现信息共享。

国家鼓励、支持放射性废物安全管理的科学研究和技术开发利用,推广先进的放射性废物安全管理技术。

第九条 任何单位和个人对违反本条例规定的行为,有权向县级以上人民政府环境保护主管部门或者其他有关部门举报。接到举报的部门应当及时调查处理,并为举报人保密;经调查情况属实的,对举报人给予奖励。

第二章 放射性废物的处理和贮存

第十条 核设施营运单位应当将其产生的不能回收利用并不能返回原生产单位或者出口方的废旧放射源(以下简称废旧放射源),送交取得相应许可证的放射性固体废物贮存单位集中贮存,或者直接送交取得相应许可证的放射性固体废物处置单位处置。

核设施营运单位应当对其产生的除废旧放射源以外的放射性固体废物和不能经净化排放的放射性废液进行处理,使其转变为稳定的、标准化的固体废物后自行贮存,并及时送交取得相应许可证的放射性固体废物处置单位处置。

第十一条 核技术利用单位应当对其产生的不能经净化排放的放射性废液进行处理,转变为放射性固体废物。

核技术利用单位应当及时将其产生的废旧放射源和其他放射性固体废物,送交取得相应许可证的放射性固体废物贮存单位集中贮存,或者直接送交取得相应许可证的放射性固体废物处置单位处置。

第十二条 专门从事放射性固体废物贮存活动的单位,应当符合下列条件,并依照本条例的规定申请领取放射性固体废物贮存许可证:

(一)有法人资格;

(二)有能保证贮存设施安全运行的组织机构和3名以上放射性废物管理、辐射防护、环境监测方面的专业技术人员,其中至少有1名注册核安全工程师;

(三)有符合国家有关放射性污染防治标准和国务院环境保护主管部门规定的放射性固体废物接收、贮存设施和场所,以及放射性检测、辐射防护与环境监测设备;

(四)有健全的管理制度以及符合核安全监督管理要求的质量保证体系,包括质量保证大纲、贮存设施运行监测计划、辐射环境监测计划和应急方案等。

核设施营运单位利用与核设施配套建设的贮存设施,贮存本单位产生的放射性固体废物的,不需要申请领取贮存许可证;贮存其他单位产生的放射性固体废物的,应当依照本条例的规定申请领取贮存许可证。

第十三条 申请领取放射性固体废物贮存许可证的单位,应当向国务院环境保护主管部门提出书面申请,并提交其符合本条例第十二条规定条件的证明材料。

国务院环境保护主管部门应当自受理申请之日起20个工作日内完成审查,对符合条件的颁发许可证,予以公告;对不符合条件的,书面通知申请单位并说明理由。

国务院环境保护主管部门在审查过程中,应当组织专家进行技术评审,并征求国务院其他有关部门的意见。技术评审所需时间应当书面告知申请单位。

第十四条 放射性固体废物贮存许可证应当载明下列内容:

(一)单位的名称、地址和法定代表人;
(二)准予从事的活动种类、范围和规模;
(三)有效期限;
(四)发证机关、发证日期和证书编号。

第十五条 放射性固体废物贮存单位变更单位名称、地址、法定代表人的,应当自变更登记之日起20日内,向国务院环境保护主管部门申请办理许可证变更手续。

放射性固体废物贮存单位需要变更许可证规定的活动种类、范围和规模的,应当按照原申请程序向国务院环境保护主管部门重新申请领取许可证。

第十六条 放射性固体废物贮存许可证的有效期为10年。

许可证有效期届满,放射性固体废物贮存单位需要继续从事贮存活动的,应当于许可证有效期届满90日前,向国务院环境保护主管部门提出延续申请。

国务院环境保护主管部门应当在许可证有效期届满前完成审查,对符合条件的准予延续;对不符合条件的,书面通知申请单位并说明理由。

第十七条 放射性固体废物贮存单位应当按照国家有关放射性污染防治标准和国务院环境保护主管部门的规定,对其接收的废旧放射源和其他放射性固体废物进行分类存放和清理,及时予以清洁解控或者送交取得相应许可证的放射性固体废物处置单位处置。

放射性固体废物贮存单位应当建立放射性固体废物贮存情况记录档案,如实完整地记录贮存的放射性固体废物的来源、数量、特征、贮存位置、清洁解控、送交处置等与贮存活动有关的事项。

放射性固体废物贮存单位应当根据贮存设施的自然环境和放射性固体废物特性采取必要的防护措施,保证在规定的贮存期限内贮存设施、容器的完好和放射性固体废物的安全,并确保放射性固体废物能够安全回取。

第十八条 放射性固体废物贮存单位应当根据贮存设施运行监测计划和辐射环境监测计划,对贮存设施进行安全性检查,并对贮存设施周围的地下水、地表水、土壤和空气进行放射性监测。

放射性固体废物贮存单位应当如实记录监测数据,发现安全隐患或者周围环境中放射性核素超过国家规定的标准的,应当立即查找原因,采取相应的防范措施,并向所在地省、自治区、直辖市人民政府环境保护主管部门报告。构成辐射事故的,应当立即启动本单位的应急方案,并依照《中华人民共和国放射性污染防治法》、《放射性同位素与射线装置安全和防护条例》的规定进行报告,开展有关事故应急工作。

第十九条 将废旧放射源和其他放射性固体废物送交放射性固体废物贮存、处置单位贮存、处置时,送交方应当一并提供放射性固体废物的种类、数量、活度等资料和废旧放射源的原始档案,并按照规定承担贮存、处置的费用。

第三章 放射性废物的处置

第二十条 国务院核工业行业主管部门会同国务院环境保护主管部门根据地质、环境、社会经济条件和放射性固体废物处置的需要,在征求国务院有关部门意见并进行环境影响评价的基础上编制放射性固体废物处置场所选址规划,报国务院批准后实施。

有关地方人民政府应当根据放射性固体废物处置场所选址规划,提供放射性固体废物处置场所的建设用地,并采取有效措施支持放射性固体废物的处置。

第二十一条 建造放射性固体废物处置设施,应当按照放射性固体废物处置场所选址技术导则和标准的要求,与居住区、水源保护区、交通干道、工厂和企业等场所保持严格的安全防护距离,并对场址的地质构造、水文地质等自然条件以及社会经济条件进行充分研究论证。

第二十二条 建造放射性固体废物处置设施,应当符合放射性固体废物处置场所选址规划,并依法办理选址批准手续和建造许可证。不符合选址规划或者选址技术导则、标准的,不得批准选址或者建造。

高水平放射性固体废物和α放射性固体废物深地质处置设施的工程和安全技术研究、地下实验、选址和建造,由国务院核工业行业主管部门组织实施。

第二十三条 专门从事放射性固体废物处置活动的单位,应当符合下列条件,并依照本条例的规定申请领取放射性固体废物处置许可证:

(一)有国有或者国有控股的企业法人资格。

(二)有能保证处置设施安全运行的组织机构和专业技术人员。低、中水平放射性固体废物处置单位应当具有10名以上放射性废物管理、辐射防护、环境监测方面的专业技术人员,其中至少有3名注册核安全工程师;高水平放射性固体废物和α放射性固体废物处置单位应当具有20名以上放射性废物管理、辐射防护、环境监测方面的专业技术人员,其中至少有5名注册核安全工程师。

(三)有符合国家有关放射性污染防治标准和国务院环境保护主管部门规定的放射性固体废物接收、处置设施和场所,以及放射性检测、辐射防护与环境监测设备。低、中水平放射性固体废物处置设施关闭后应满足300年以上的安全隔离要求;高水平放射性固体废物和α放射性固体废物深地质处置设施关闭后应满足1万年以上的安全隔离要求。

(四)有相应数额的注册资金。低、中水平放射性固体废物处置单位的注册资金应不少于3000万元;高水平放射性固体废物和α放射性固体废物处置单位的注册资金应不少于1亿元。

(五)有能保证其处置活动持续进行直至安全监护期满的财务担保。

(六)有健全的管理制度以及符合核安全监督管理要求的质量保证体系,包括质量保证大纲、处置设施运行监测计划、辐射环境监测计划和应急方案等。

第二十四条 放射性固体废物处置许可证的申请、变更、延续的审批权限和程序,以及许可证的内容、有效期限,依照本条例第十三条至第十六条的规定执行。

第二十五条 放射性固体废物处置单位应当按照国家有关放射性污染防治标准和国务院环境保护主管部门的规定,对其接收的放射性固体废物进行处置。

放射性固体废物处置单位应当建立放射性固体废物处置情况记录档案,如实记录处置的放射性固体废物的来源、数量、特征、存放位置等与处置活动有关的事项。放射性固体废物处置情况记录档案应当永久保存。

第二十六条 放射性固体废物处置单位应当根据处置设施运行监测计划和辐射环境监测计划,对处置设施进行安全性检查,并对处置设施周围的地下水、地表水、土壤和空气进行放射性监测。

放射性固体废物处置单位应当如实记录监测数据,发现安全隐患或者周围环境中放射性核素超过国家规定的标准的,应当立即查找原因,采取相应的防范措施,并向国务院环境保护主管部门和核工业行业主管部门报告。构成辐射事故的,应当立即启动本单位的应急方案,并依照《中华人民共和国放射性污染防治法》《放射性同位素与射线装置安全和防护条例》的规定进行报告,开展有关事故应急工作。

第二十七条 放射性固体废物处置设施设计服役期届满,或者处置的放射性固体废物已达到该设施的设计容量,或者所在地区的地质构造或者水文地质等条件发生重大变化导致处置设施不适宜继续处置放射性固体废物的,应当依法办理关闭手续,并在划定的区域设置永久性标记。

关闭放射性固体废物处置设施的,处置单位应当编制处置设施安全监护计划,报国务院环境保护主管部门批准。

放射性固体废物处置设施依法关闭后,处置单位应当按照经批准的安全监护计划,对关闭后的处置设施进行安全监护。放射性固体废物处置单位因破产、吊销许可证等原因终止的,处置设施关闭和安全监护所需费用由提供财务担保的单位承担。

第四章 监督管理

第二十八条 县级以上人民政府环境保护主管部门和其他有关部门,依照《中华人民共和国放射性污染防治法》和本条例的规定,对放射性废物处理、贮存和处置等活动的安全性进行监督检查。

第二十九条 县级以上人民政府环境保护主管部门和其他有关部门进行监督检查时,有权采取下列措施:

(一)向被检查单位的法定代表人和其他有关人员调查、了解情况;

(二)进入被检查单位进行现场监测、检查或者核查;

(三)查阅、复制相关文件、记录以及其他有关资料;

(四)要求被检查单位提交有关情况说明或者后续处理报告。

被检查单位应当予以配合,如实反映情况,提供必要的资料,不得拒绝和阻碍。

县级以上人民政府环境保护主管部门和其他有关部门的监督检查人员依法进行监督检查时,应当出示证件,并为被检查单位保守技术秘密和业务秘密。

第三十条 核设施营运单位、核技术利用单位和放射性固体废物贮存、处置单位，应当按照放射性废物危害的大小，建立健全相应级别的安全保卫制度，采取相应的技术防范措施和人员防范措施，并适时开展放射性废物污染事故应急演练。

第三十一条 核设施营运单位、核技术利用单位和放射性固体废物贮存、处置单位，应当对其直接从事放射性废物处理、贮存和处置活动的工作人员进行核与辐射安全知识以及专业操作技术的培训，并进行考核；考核合格的，方可从事该项工作。

第三十二条 核设施营运单位、核技术利用单位和放射性固体废物贮存单位应当按照国务院环境保护主管部门的规定定期如实报告放射性废物产生、排放、处理、贮存、清洁解控和送交处置等情况。

放射性固体废物处置单位应当于每年3月31日前，向国务院环境保护主管部门和核工业行业主管部门如实报告上一年度放射性固体废物接收、处置和设施运行等情况。

第三十三条 禁止将废旧放射源和其他放射性固体废物送交无相应许可证的单位贮存、处置或者擅自处置。

禁止无许可证或者不按照许可证规定的活动种类、范围、规模和期限从事放射性固体废物贮存、处置活动。

第三十四条 禁止将放射性废物和被放射性污染的物品输入中华人民共和国境内或者经中华人民共和国境内转移。具体办法由国务院环境保护主管部门会同国务院商务主管部门、海关总署、国家出入境检验检疫主管部门制定。

第五章 法律责任

第三十五条 负有放射性废物安全监督管理职责的部门及其工作人员违反本条例规定，有下列行为之一的，对直接负责的主管人员和其他直接责任人员，依法给予处分；直接负责的主管人员和其他直接责任人员构成犯罪的，依法追究刑事责任：

（一）违反本条例规定核发放射性固体废物贮存、处置许可证的；

（二）违反本条例规定批准不符合选址规划或者选址技术导则、标准的处置设施选址或者建造的；

（三）对发现的违反本条例的行为不依法查处的；

（四）在办理放射性固体废物贮存、处置许可证以及实施监督检查过程中，索取、收受他人财物或者谋取其他利益的；

（五）其他徇私舞弊、滥用职权、玩忽职守行为。

第三十六条 违反本条例规定，核设施营运单位、核技术利用单位有下列行为之一的，由审批该单位立项环境影响评价文件的环境保护主管部门责令停止违法行为，限期改正；逾期不改正的，指定有相应许可证的单位代为贮存或者处置，所需费用由核设施营运单位、核技术利用单位承担，可以处20万元以下的罚款；构成犯罪的，依法追究刑事责任：

（一）核设施营运单位未按照规定，将其产生的废旧放射源送交贮存、处置，或者将其产生的其他放射性固体废物送交处置的；

（二）核技术利用单位未按照规定，将其产生的废旧放射源或者其他放射性固体废物送交贮存、处置的。

第三十七条 违反本条例规定，有下列行为之一的，由县级以上人民政府环境保护主管部门责令停止违法行为，限期改正，处10万元以上20万元以下的罚款；造成环境污染的，责令限期采取治理措施消除污染，逾期不采取治理措施，经催告仍不治理的，可以指定有治理能力的单位代为治理，所需费用由违法者承担；构成犯罪的，依法追究刑事责任：

（一）核设施营运单位将废旧放射源送交无相应许可证的单位贮存、处置，或者将其他放射性固体废物送交无相应许可证的单位处置，或者擅自处置的；

（二）核技术利用单位将废旧放射源或者其他放射性固体废物送交无相应许可证的单位贮存、处置，或者擅自处置的；

（三）放射性固体废物贮存单位将废旧放射源或者其他放射性固体废物送交无相应许可证的单位处置，或者擅自处置的。

第三十八条 违反本条例规定，有下列行为之一的，由省级以上人民政府环境保护主管部门责令停产停业或者吊销许可证；有违法所得的，没收违法所得；违法所得10万元以上的，并处违法所得1倍以上5倍以下的罚款；没有违法所得或者违法所得不足10万元的，并处5万元以上10万元以下的罚款；造成环境污染的，责令限期采取治理措施消除污染，逾期不采取治理措施，经催告仍不治理的，可以指定有治理能力的单位代为治理，所需费用由违法者承担；构成犯罪的，依法追究刑事责任：

（一）未经许可，擅自从事废旧放射源或者其他放射性固体废物的贮存、处置活动的；

（二）放射性固体废物贮存、处置单位未按照许可证规定的活动种类、范围、规模、期限从事废旧放射源或者其他放射性固体废物的贮存、处置活动的；

（三）放射性固体废物贮存、处置单位未按照国家有关放射性污染防治标准和国务院环境保护主管部门的规定贮存、处置废旧放射源或者其他放射性固体废物的。

第三十九条 放射性固体废物贮存、处置单位未按照规定建立情况记录档案，或者未按照规定进行如实记录的，由省级以上人民政府环境保护主管部门责令限期改正，处 1 万元以上 5 万元以下的罚款；逾期不改正的，处 5 万元以上 10 万元以下的罚款。

第四十条 核设施营运单位、核技术利用单位或者放射性固体废物贮存、处置单位未按照本条例第三十二条的规定如实报告有关情况的，由县级以上人民政府环境保护主管部门责令限期改正，处 1 万元以上 5 万元以下的罚款；逾期不改正的，处 5 万元以上 10 万元以下的罚款。

第四十一条 违反本条例规定，拒绝、阻碍环境保护主管部门或者其他有关部门的监督检查，或者在接受监督检查时弄虚作假的，由监督检查部门责令改正，处 2 万元以下的罚款；构成违反治安管理行为的，由公安机关依法给予治安管理处罚；构成犯罪的，依法追究刑事责任。

第四十二条 核设施营运单位、核技术利用单位或者放射性固体废物贮存、处置单位未按照规定对有关工作人员进行技术培训和考核的，由县级以上人民政府环境保护主管部门责令限期改正，处 1 万元以上 5 万元以下的罚款；逾期不改正的，处 5 万元以上 10 万元以下的罚款。

第四十三条 违反本条例规定，向中华人民共和国境内输入放射性废物或者被放射性污染的物品，或者经中华人民共和国境内转移放射性废物或者被放射性污染的物品的，由海关责令退运该放射性废物或者被放射性污染的物品，并处 50 万元以上 100 万元以下的罚款；构成犯罪的，依法追究刑事责任。

第六章 附 则

第四十四条 军用设施、装备所产生的放射性废物的安全管理，依照《中华人民共和国放射性污染防治法》第六十条的规定执行。

第四十五条 放射性废物运输的安全管理、放射性废物造成污染事故的应急处理，以及劳动者在职业活动中接触放射性废物造成的职业病防治，依照有关法律、行政法规的规定执行。

第四十六条 本条例自 2012 年 3 月 1 日起施行。

3. 血液管理

中华人民共和国献血法

· 1997 年 12 月 29 日第八届全国人民代表大会常务委员会第二十九次会议通过
· 1997 年 12 月 29 日中华人民共和国主席令第 93 号公布
· 自 1998 年 10 月 1 日起施行

第一条 为保证医疗临床用血需要和安全，保障献血者和用血者身体健康，发扬人道主义精神，促进社会主义物质文明和精神文明建设，制定本法。

第二条 国家实行无偿献血制度。
国家提倡 18 周岁至 55 周岁的健康公民自愿献血。

第三条 地方各级人民政府领导本行政区域内的献血工作，统一规划并负责组织、协调有关部门共同做好献血工作。

第四条 县级以上各级人民政府卫生行政部门监督管理献血工作。
各级红十字会依法参与、推动献血工作。

第五条 各级人民政府采取措施广泛宣传献血的意义，普及献血的科学知识，开展预防和控制经血液途径传播的疾病的教育。
新闻媒介应当开展献血的社会公益性宣传。

第六条 国家机关、军队、社会团体、企业事业组织、居民委员会、村民委员会，应当动员和组织本单位或者本居住区的适龄公民参加献血。
现役军人献血的动员和组织办法，由中国人民解放军卫生主管部门制定。
对献血者，发给国务院卫生行政部门制作的无偿献血证书，有关单位可以给予适当补贴。

第七条 国家鼓励国家工作人员、现役军人和高等学校在校学生率先献血，为树立社会新风尚作表率。

第八条 血站是采集、提供临床用血的机构，是不以营利为目的的公益性组织。设立血站向公民采集血液，必须经国务院卫生行政部门或者省、自治区、直辖市人民政府卫生行政部门批准。血站应当为献血者提供各种安全、卫生、便利的条件。血站的设立条件和管理办法由国务院卫生行政部门制定。

第九条 血站对献血者必须免费进行必要的健康检查；身体状况不符合献血条件的，血站应当向其说明情况，不得采集血液。献血者的身体健康条件由国务院卫生行政部门规定。

血站对献血者每次采集血液量一般为 200 毫升，最多不得超过 400 毫升，两次采集间隔期不少于 6 个月。

严格禁止血站违反前款规定对献血者超量、频繁采集血液。

第十条 血站采集血液必须严格遵守有关操作规程和制度，采血必须由具有采血资格的医务人员进行，一次性采血器材用后必须销毁，确保献血者的身体健康。

血站应当根据国务院卫生行政部门制定的标准，保证血液质量。

血站对采集的血液必须进行检测；未经检测或者检测不合格的血液，不得向医疗机构提供。

第十一条 无偿献血的血液必须用于临床，不得买卖。血站、医疗机构不得将无偿献血的血液出售给单采血浆站或者血液制品生产单位。

第十二条 临床用血的包装、储存、运输，必须符合国家规定的卫生标准和要求。

第十三条 医疗机构对临床用血必须进行核查，不得将不符合国家规定标准的血液用于临床。

第十四条 公民临床用血时只交付用于血液的采集、储存、分离、检验等费用；具体收费标准由国务院卫生行政部门会同国务院价格主管部门制定。

无偿献血者临床需要用血时，免交前款规定的费用；无偿献血者的配偶和直系亲属临床需要用血时，可以按照省、自治区、直辖市人民政府的规定免交或者减交前款规定的费用。

第十五条 为保障公民临床急救用血的需要，国家提倡并指导择期手术的患者自身储血，动员家庭、亲友、所在单位以及社会互助献血。

为保证应急用血，医疗机构可以临时采集血液，但应当依照本法规定，确保采血用血安全。

第十六条 医疗机构临床用血应当制定用血计划，遵循合理、科学的原则，不得浪费和滥用血液。

医疗机构应当积极推行按血液成分针对医疗实际需要输血，具体管理办法由国务院卫生行政部门制定。

国家鼓励临床用血新技术的研究和推广。

第十七条 各级人民政府和红十字会对积极参加献血和在献血工作中做出显著成绩的单位和个人，给予奖励。

第十八条 有下列行为之一的，由县级以上地方人民政府卫生行政部门予以取缔，没收违法所得，可以并处 10 万元以下的罚款；构成犯罪的，依法追究刑事责任：

（一）非法采集血液的；

（二）血站、医疗机构出售无偿献血的血液的；

（三）非法组织他人出卖血液的。

第十九条 血站违反有关操作规程和制度采集血液，由县级以上地方人民政府卫生行政部门责令改正；给献血者健康造成损害的，应当依法赔偿，对直接负责的主管人员和其他直接责任人员，依法给予行政处分；构成犯罪的，依法追究刑事责任。

第二十条 临床用血的包装、储存、运输，不符合国家规定的卫生标准和要求的，由县级以上地方人民政府卫生行政部门责令改正，给予警告，可以并处 1 万元以下的罚款。

第二十一条 血站违反本法的规定，向医疗机构提供不符合国家规定标准的血液的，由县级以上人民政府卫生行政部门责令改正；情节严重，造成经血液途径传播的疾病传播或者有传播严重危险的，限期整顿，对直接负责的主管人员和其他直接责任人员，依法给予行政处分；构成犯罪的，依法追究刑事责任。

第二十二条 医疗机构的医务人员违反本法规定，将不符合国家规定标准的血液用于患者的，由县级以上地方人民政府卫生行政部门责令改正；给患者健康造成损害的，应当依法赔偿，对直接负责的主管人员和其他直接责任人员，依法给予行政处分；构成犯罪的，依法追究刑事责任。

第二十三条 卫生行政部门及其工作人员在献血、用血的监督管理工作中，玩忽职守，造成严重后果，构成犯罪的，依法追究刑事责任；尚不构成犯罪的，依法给予行政处分。

第二十四条 本法自 1998 年 10 月 1 日起施行。

血液制品管理条例

- 1996 年 12 月 30 日中华人民共和国国务院令第 208 号发布
- 根据 2016 年 2 月 6 日《国务院关于修改部分行政法规的决定》修订

第一章 总 则

第一条 为了加强血液制品管理，预防和控制经血液途径传播的疾病，保证血液制品的质量，根据药品管理法和传染病防治法，制定本条例。

第二条 本条例适用于在中华人民共和国境内从事原料血浆的采集、供应以及血液制品的生产、经营活动。

第三条 国务院卫生行政部门对全国的原料血浆的采集、供应和血液制品的生产、经营活动实施监督管理。

县级以上地方各级人民政府卫生行政部门对本行政区域内的原料血浆的采集、供应和血液制品的生产、经营活动，依照本条例第三十条规定的职责实施监督管理。

第二章 原料血浆的管理

第四条 国家实行单采血浆站统一规划、设置的制度。

国务院卫生行政部门根据核准的全国生产用原料血浆的需求，对单采血浆站的布局、数量和规模制定总体规划。省、自治区、直辖市人民政府卫生行政部门根据总体规划制定本行政区域内单采血浆站设置规划和采集血浆的区域规划，并报国务院卫生行政部门备案。

第五条 单采血浆站由血液制品生产单位设置或者由县级人民政府卫生行政部门设置，专门从事单采血浆活动，具有独立法人资格。其他任何单位和个人不得从事单采血浆活动。

第六条 设置单采血浆站，必须具备下列条件：

（一）符合单采血浆站布局、数量、规模的规划；

（二）具有与所采集原料血浆相适应的卫生专业技术人员；

（三）具有与所采集原料血浆相适应的场所及卫生环境；

（四）具有识别供血浆者的身份识别系统；

（五）具有与所采集原料血浆相适应的单采血浆机械及其他设施；

（六）具有对所采集原料血浆进行质量检验的技术人员以及必要的仪器设备。

第七条 申请设置单采血浆站的，由县级人民政府卫生行政部门初审，经设区的市、自治州人民政府卫生行政部门或者省、自治区人民政府设立的派出机关的卫生行政机构审查同意，报省、自治区、直辖市人民政府卫生行政部门审批；经审查符合条件的，由省、自治区、直辖市人民政府卫生行政部门核发《单采血浆许可证》，并报国务院卫生行政部门备案。

单采血浆站只能对省、自治区、直辖市人民政府卫生行政部门划定区域内的供血浆者进行筛查和采集血浆。

第八条 《单采血浆许可证》应当规定有效期。

第九条 在一个采血浆区域内，只能设置一个单采血浆站。

严禁单采血浆站采集非划定区域内的供血浆者和其他人员的血浆。

第十条 单采血浆站必须对供血浆者进行健康检查；检查合格的，由县级人民政府卫生行政部门核发《供血浆证》。

供血浆者健康检查标准，由国务院卫生行政部门制定。

第十一条 《供血浆证》由省、自治区、直辖市人民政府卫生行政部门负责设计和印制。《供血浆证》不得涂改、伪造、转让。

第十二条 单采血浆站在采集血浆前，必须对供血浆者进行身份识别并核实其《供血浆证》，确认无误的，方可按照规定程序进行健康检查和血液化验；对检查、化验合格的，按照有关技术操作标准及程序采集血浆，并建立供血浆者健康检查及供血浆记录档案；对检查、化验不合格的，由单采血浆站收缴《供血浆证》，并由所在地县级人民政府卫生行政部门监督销毁。

严禁采集无《供血浆证》者的血浆。

血浆采集技术操作标准及程序，由国务院卫生行政部门制定。

第十三条 单采血浆站只能向一个与其签订质量责任书的血液制品生产单位供应原料血浆，严禁向其他任何单位供应原料血浆。

第十四条 单采血浆站必须使用单采血浆机械采集血浆，严禁手工操作采集血浆。采集的血浆必须按单人份冰冻保存，不得混浆。

严禁单采血浆站采集血液或者将所采集的原料血浆用于临床。

第十五条 单采血浆站必须使用有产品批准文号并经国家药品生物制品检定机构逐批检定合格的体外诊断试剂以及合格的一次性采血浆器材。

采血浆器材等一次性消耗品使用后，必须按照国家有关规定予以销毁，并作记录。

第十六条 单采血浆站采集的原料血浆的包装、储存、运输，必须符合国家规定的卫生标准和要求。

第十七条 单采血浆站必须依照传染病防治法及其实施办法等有关规定，严格执行消毒管理及疫情上报制度。

第十八条 单采血浆站应当每半年向所在地的县级人民政府卫生行政部门报告有关原料血浆采集情况，同时抄报设区的市、自治州人民政府卫生行政部门或者省、自治区人民政府设立的派出机关的卫生行政机构及省、自治区、直辖市人民政府卫生行政部门。省、自治区、直辖市人民政府卫生行政部门应当每年向国务院卫生行政部门汇总报告本行政区域内原料血浆的采集情况。

第十九条 国家禁止出口原料血浆。

第三章 血液制品生产经营单位管理

第二十条 新建、改建或者扩建血液制品生产单位，经国务院卫生行政部门根据总体规划进行立项审查同意后，由省、自治区、直辖市人民政府卫生行政部门依照药品管理法的规定审核批准。

第二十一条 血液制品生产单位必须达到国务院卫生行政部门制定的《药品生产质量管理规范》规定的标准，经国务院卫生行政部门审查合格，并依法向工商行政管理部门申领营业执照后，方可从事血液制品的生产活动。

第二十二条 血液制品生产单位应当积极开发新品种，提高血浆综合利用率。

血液制品生产单位生产国内已经生产的品种，必须依法向国务院卫生行政部门申请产品批准文号；国内尚未生产的品种，必须按照国家有关新药审批的程序和要求申报。

第二十三条 严禁血液制品生产单位出让、出租、出借以及与他人共用《药品生产企业许可证》和产品批准文号。

第二十四条 血液制品生产单位不得向无《单采血浆许可证》的单采血浆站或者未与其签订质量责任书的单采血浆站及其他任何单位收集原料血浆。

血液制品生产单位不得向其他任何单位供应原料血浆。

第二十五条 血液制品生产单位在原料血浆投料生产前，必须使用有产品批准文号并经国家药品生物制品检定机构逐批检定合格的体外诊断试剂，对每一人份血浆进行全面复检，并作检测记录。

原料血浆经复检不合格的，不得投料生产，并必须在省级药品监督员监督下按照规定程序和方法予以销毁，并作记录。

原料血浆经复检发现有经血液途径传播的疾病的，必须通知供应血浆的单采血浆站，并及时上报所在地省、自治区、直辖市人民政府卫生行政部门。

第二十六条 血液制品出厂前，必须经过质量检验；经检验不符合国家标准的，严禁出厂。

第二十七条 开办血液制品经营单位，由省、自治区、直辖市人民政府卫生行政部门审核批准。

第二十八条 血液制品经营单位应当具备与所经营的产品相适应的冷藏条件和熟悉所经营品种的业务人员。

第二十九条 血液制品生产经营单位生产、包装、储存、运输、经营血液制品，应当符合国家规定的卫生标准和要求。

第四章 监督管理

第三十条 县级以上地方各级人民政府卫生行政部门依照本条例的规定负责本行政区域内的单采血浆站、供血浆者、原料血浆的采集及血液制品经营单位的监督管理。

省、自治区、直辖市人民政府卫生行政部门依照本条例的规定负责本行政区域内的血液制品生产单位的监督管理。

县级以上地方各级人民政府卫生行政部门的监督人员执行职务时，可以按照国家有关规定抽取样品和索取有关资料，有关单位不得拒绝和隐瞒。

第三十一条 省、自治区、直辖市人民政府卫生行政部门每年组织1次对本行政区域内单采血浆站的监督检查并进行年度注册。

设区的市、自治州人民政府卫生行政部门或者省、自治区人民政府设立的派出机关的卫生行政机构每半年对本行政区域内的单采血浆站进行1次检查。

第三十二条 国家药品生物制品检定机构及国务院卫生行政部门指定的省级药品检验机构，应当依照本条例和国家规定的标准和要求，对血液制品生产单位生产的产品定期进行检定。

第三十三条 国务院卫生行政部门负责全国进出口血液制品的审批及监督管理。

第五章 罚则

第三十四条 违反本条例规定，未取得省、自治区、直辖市人民政府卫生行政部门核发的《单采血浆许可证》，非法从事组织、采集、供应、倒卖原料血浆活动的，由县级以上地方人民政府卫生行政部门予以取缔，没收违法所得和从事违法活动的器材、设备，并处违法所得5倍以上10倍以下的罚款，没有违法所得的，并处5万元以上10万元以下的罚款；造成经血液途径传播的疾病传播、人身伤害等危害，构成犯罪的，依法追究刑事责任。

第三十五条 单采血浆站有下列行为之一的，由县级以上地方人民政府卫生行政部门责令限期改正，处5万元以上10万元以下的罚款；有第八项所列行为的，或者有下列其他行为并且情节严重的，由省、自治区、直辖市人民政府卫生行政部门吊销《单采血浆许可证》；构成犯罪的，对负有直接责任的主管人员和其他直接责任人员依法追究刑事责任：

（一）采集血浆前，未按照国务院卫生行政部门颁布的健康检查标准对供血浆者进行健康检查和血液化验的；

（二）采集非划定区域内的供血浆者或者其他人员的血浆的，或者不对供血浆者进行身份识别，采集冒名顶替者、健康检查不合格者或者无《供血浆证》者的血浆的；

（三）违反国务院卫生行政部门制定的血浆采集技术操作标准和程序，过频过量采集血浆的；

（四）向医疗机构直接供应原料血浆或者擅自采集血液的；

（五）未使用单采血浆机械进行血浆采集的；

（六）未使用有产品批准文号并经国家药品生物制品检定机构逐批检定合格的体外诊断试剂以及合格的一次性采血浆器材的；

（七）未按照国家规定的卫生标准和要求包装、储存、运输原料血浆的；

（八）对国家规定检测项目检测结果呈阳性的血浆不清毁、不及时上报的；

（九）对污染的注射器、采血浆器材及不合格血浆等不经消毒处理，擅自倾倒，污染环境，造成社会危害的；

（十）重复使用一次性采血浆器材的；

（十一）向与其签订质量责任书的血液制品生产单位以外的其他单位供应原料血浆的。

第三十六条　单采血浆站已知其采集的血浆检测结果呈阳性，仍向血液制品生产单位供应的，由省、自治区、直辖市人民政府卫生行政部门吊销《单采血浆许可证》，由县级以上地方人民政府卫生行政部门没收违法所得，并处10万元以上30万元以下的罚款；造成经血液途径传播的疾病传播、人身伤害等危害，构成犯罪的，对负有直接责任的主管人员和其他直接责任人员依法追究刑事责任。

第三十七条　涂改、伪造、转让《供血浆证》的，由县级人民政府卫生行政部门收缴《供血浆证》，没收违法所得，并处违法所得3倍以上5倍以下的罚款，没有违法所得的，并处1万元以下的罚款；构成犯罪的，依法追究刑事责任。

第三十八条　血液制品生产单位有下列行为之一的，由省级以上人民政府卫生行政部门依照药品管理法及其实施办法等有关规定，按照生产假药、劣药予以处罚；构成犯罪的，对负有直接责任的主管人员和其他直接责任人员依法追究刑事责任：

（一）使用无《单采血浆许可证》的单采血浆站或者未与其签订质量责任书的单采血浆站及其他任何单位供应的原料血浆的，或者非法采集原料血浆的；

（二）投料生产前未对原料血浆进行复检的，或者使用没有产品批准文号或者未经国家药品生物制品检定机构逐批检定合格的体外诊断试剂进行复检的，或者将检测不合格的原料血浆投入生产的；

（三）擅自更改生产工艺和质量标准的，或者将检验不合格的产品出厂的；

（四）与他人共用产品批准文号的。

第三十九条　血液制品生产单位违反本条例规定，擅自向其他单位出让、出租、出借以及与他人共用《药品生产企业许可证》、产品批准文号或者供应原料血浆的，由省级以上人民政府卫生行政部门没收违法所得，并处违法所得5倍以上10倍以下的罚款，没有违法所得的，并处5万元以上10万元以下的罚款。

第四十条　违反本条例规定，血液制品生产经营单位生产、包装、储存、运输、经营血液制品不符合国家规定的卫生标准和要求的，由省、自治区、直辖市人民政府卫生行政部门责令改正，可以处1万元以下的罚款。

第四十一条　在血液制品生产单位成品库待出厂的产品中，经抽检有一批次达不到国家规定的指标，经复检仍不合格的，由国务院卫生行政部门撤销该血液制品批准文号。

第四十二条　违反本条例规定，擅自进出口血液制品或者出口原料血浆的，由省级以上人民政府卫生行政部门没收所进出口的血液制品或者所出口的原料血浆和违法所得，并处所进出口的血液制品或者所出口的原料血浆总值3倍以上5倍以下的罚款。

第四十三条　血液制品检验人员虚报、瞒报、涂改、伪造检验报告及有关资料的，依法给予行政处分；构成犯罪的，依法追究刑事责任。

第四十四条　卫生行政部门工作人员滥用职权、玩忽职守、徇私舞弊、索贿受贿，构成犯罪的，依法追究刑事责任；尚不构成犯罪的，依法给予行政处分。

第六章　附　则

第四十五条　本条例下列用语的含义：

血液制品，是特指各种人血浆蛋白制品。

原料血浆，是指由单采血浆站采集的专用于血液制品生产原料的血浆。

供血浆者，是指提供血液制品生产用原料血浆的人员。

单采血浆站,是指根据地区血源资源,按照有关标准和要求并经严格审批设立,采集供应血液制品生产用原料血浆的单位。

第四十六条 本条例施行前已经设立的单采血浆站和血液制品生产经营单位应当自本条例施行之日起6个月内,依照本条例的规定重新办理审批手续;凡不符合本条例规定的,一律予以关闭。

本条例施行前已经设立的单采血浆站适用本条例第六条第五项的时间,由国务院卫生行政部门另行规定。

第四十七条 本条例自发布之日起施行。

血站管理办法

- 2005年11月17日卫生部令第44号发布
- 根据2009年3月27日《卫生部关于对〈血站管理办法〉第三十一条进行修订的通知》第一次修正
- 根据2016年1月19日《国家卫生计生委关于修改〈外国医师来华短期行医暂行管理办法〉等8件部门规章的决定》第二次修正
- 根据2017年12月26日《国家卫生计生委关于修改〈新食品原料安全性审查管理办法〉等7件部门规章的决定》第三次修正

第一章 总 则

第一条 为了确保血液安全,规范血站执业行为,促进血站的建设与发展,根据《献血法》制定本办法。

第二条 本办法所称血站是指不以营利为目的,采集、提供临床用血的公益性卫生机构。

第三条 血站分为一般血站和特殊血站。

一般血站包括血液中心、中心血站和中心血库。

特殊血站包括脐带血造血干细胞库和国家卫生计生委根据医学发展需要批准、设置的其他类型血库。

第四条 血液中心、中心血站和中心血库由地方人民政府设立。

血站的建设和发展纳入当地国民经济和社会发展计划。

第五条 国家卫生计生委根据全国医疗资源配置、临床用血需求,制定全国采供血机构设置规划指导原则,并负责全国血站建设规划的指导。

省、自治区、直辖市人民政府卫生计生行政部门应当根据前款规定,结合本行政区域人口、医疗资源、临床用血需求等实际情况和当地区域卫生发展规划,制定本行政区域血站设置规划,报同级人民政府批准,并报国家卫生计生委备案。

第六条 国家卫生计生委主管全国血站的监督管理工作。

县级以上地方人民政府卫生计生行政部门负责本行政区域内血站的监督管理工作。

第七条 鼓励和支持开展血液应用研究和技术创新工作,以及与临床输血有关的科学技术的国际交流与合作。

第二章 一般血站管理
第一节 设置、职责与执业登记

第八条 血液中心应当设置在直辖市、省会市、自治区首府市。其主要职责是:

(一)按省级人民政府卫生计生行政部门的要求,在规定范围内开展无偿献血者的招募、血液的采集与制备、临床用血供应以及医疗用血的业务指导等工作;

(二)承担所在省、自治区、直辖市血站的质量控制与评价;

(三)承担所在省、自治区、直辖市血站的业务培训与技术指导;

(四)承担所在省、自治区、直辖市血液的集中化检测任务;

(五)开展血液相关的科研工作;

(六)承担卫生计生行政部门交办的任务。

血液中心应当具有较高综合质量评价的技术能力。

第九条 中心血站应当设置在设区的市。其主要职责是:

(一)按省级人民政府卫生计生行政部门的要求,在规定范围内开展无偿献血者的招募、血液的采集与制备、临床用血供应以及医疗用血的业务指导等工作;

(二)承担供血区域范围内血液储存的质量控制;

(三)对所在行政区域内的中心血库进行质量控制;

(四)承担卫生计生行政部门交办的任务。

直辖市、省会市、自治区首府市已经设置血液中心的,不再设置中心血站;尚未设置血液中心的,可以在已经设置的中心血站基础上加强能力建设,履行血液中心的职责。

第十条 中心血库应当设置在中心血站服务覆盖不到的县级综合医院内。其主要职责是,按照省级人民政府卫生计生行政部门的要求,在规定范围内开展无偿献血者的招募、血液的采集与制备、临床用血供应以及医疗用血业务指导等工作。

第十一条 省、自治区、直辖市人民政府卫生计生行政部门依据采供血机构设置规划批准设置血站,并报国家卫生计生委备案。

省、自治区、直辖市人民政府卫生计生行政部门负责明确辖区内各级卫生计生行政部门监管责任和血站的职责；根据实际供血距离与能力等情况，负责划定血站采供血服务区域，采供血服务区域可以不受行政区域的限制。

同一行政区域内不得重复设置血液中心、中心血站。

血站与单采血浆站不得在同一县级行政区域内设置。

第十二条 省、自治区、直辖市人民政府卫生计生行政部门应当统一规划、设置集中化检测实验室，并逐步实施。

第十三条 血站开展采供血活动，应当向所在省、自治区、直辖市人民政府卫生计生行政部门申请办理执业登记，取得《血站执业许可证》。没有取得《血站执业许可证》的，不得开展采供血活动。

《血站执业许可证》有效期为三年。

第十四条 血站申请办理执业登记必须填写《血站执业登记申请书》。

省级人民政府卫生计生行政部门在受理血站执业登记申请后，应当组织有关专家或者委托技术部门，根据《血站质量管理规范》和《血站实验室质量管理规范》，对申请单位进行技术审查，并提交技术审查报告。

省级人民政府卫生计生行政部门应当在接到专家或者技术部门的技术审查报告后二十日内对申请事项进行审核。审核合格的，予以执业登记，发给国家卫生计生委统一样式的《血站执业许可证》及其副本。

第十五条 有下列情形之一的，不予执业登记：

（一）《血站质量管理规范》技术审查不合格的；

（二）《血站实验室质量管理规范》技术审查不合格的；

（三）血液质量检测结果不合格的。

执业登记机关对审核不合格、不予执业登记的，将结果和理由以书面形式通知申请人。

第十六条 《血站执业许可证》有效期满前三个月，血站应当办理再次执业登记，并提交《血站再次执业登记申请书》及《血站执业许可证》。

省级人民政府卫生计生行政部门应当根据血站业务开展和监督检查情况进行审核，审核合格的，予以继续执业。未通过审核的，责令其限期整改；经整改仍审核不合格的，注销其《血站执业许可证》。

未办理再次执业登记手续或者被注销《血站执业许可证》的血站，不得继续执业。

第十七条 血站因采供血需要，在规定的服务区域内设置分支机构，应当报所在省、自治区、直辖市人民政府卫生计生行政部门批准；设置固定采血点（室）或者流动采血车的，应当报省、自治区、直辖市人民政府卫生计生行政部门备案。

为保证辖区内临床用血需要，血站可以设置储血点储存血液。储血点应当具备必要的储存条件，并由省级卫生计生行政部门批准。

第十八条 根据规划予以撤销的血站，应当在撤销后十五日内向执业登记机关申请办理注销执业登记。逾期不办理的，由执业登记机关依程序予以注销，并收回《血站执业许可证》及其副本和全套印章。

第二节 执　业

第十九条 血站执业，应当遵守有关法律、行政法规、规章和技术规范。

第二十条 血站应当根据医疗机构临床用血需求，制定血液采集、制备、供应计划，保障临床用血安全、及时、有效。

第二十一条 血站应当开展无偿献血宣传。

血站开展献血者招募，应当为献血者提供安全、卫生、便利的条件和良好的服务。

第二十二条 血站应当按照国家有关规定对献血者进行健康检查和血液采集。

血站采血前应当对献血者身份进行核对并进行登记。

严禁采集冒名顶替者的血液。严禁超量、频繁采集血液。

血站不得采集血液制品生产用原料血浆。

第二十三条 献血者应当按照要求出示真实的身份证明。

任何单位和个人不得组织冒名顶替者献血。

第二十四条 血站采集血液应当遵循自愿和知情同意的原则，并对献血者履行规定的告知义务。

血站应当建立献血者信息保密制度，为献血者保密。

第二十五条 血站应当建立对有易感染经血液传播疾病危险行为的献血者献血后的报告工作程序、献血屏蔽和淘汰制度。

第二十六条 血站开展采供血业务应当实行全面质量管理，严格遵守《中国输血技术操作规程》、《血站质量管理规范》和《血站实验室质量管理规范》等技术规范和标准。

血站应当建立人员岗位责任制度和采供血管理相关工作制度，并定期检查、考核各项规章制度和各级各类人员岗位责任制的执行和落实情况。

第二十七条 血站应当对血站工作人员进行岗位培训与考核。血站工作人员应当符合岗位执业资格的规定，并经岗位培训与考核合格后方可上岗。

血站工作人员每人每年应当接受不少于75学时的岗位继续教育。

省级人民政府卫生计生行政部门应当制定血站工作人员培训标准或指南，并对血站开展的岗位培训、考核工作进行指导和监督。

第二十八条 血站各业务岗位工作记录应当内容真实、项目完整、格式规范、字迹清楚、记录及时，有操作者签名。

记录内容需要更改时，应当保持原记录内容清晰可辨，注明更改内容、原因和日期，并在更改处签名。

献血、检测和供血的原始记录应当至少保存十年，法律、行政法规和国家卫生计生委另有规定的，依照有关规定执行。

第二十九条 血站应当保证所采集的血液由具有血液检测实验室资格的实验室进行检测。

对检测不合格或者报废的血液，血站应当严格按照有关规定处理。

第三十条 血站应当制定实验室室内质控与室间质评制度，确保试剂、卫生器材、仪器、设备在使用过程中能达到预期效果。

血站的实验室应当配备必要的生物安全设备和设施，并对工作人员进行生物安全知识培训。

第三十一条 血液标本的保存期为全血或成分血使用后二年。

第三十二条 血站应当加强消毒、隔离工作管理，预防和控制感染性疾病的传播。

血站产生的医疗废物应当按《医疗废物管理条例》规定处理，做好记录与签字，避免交叉感染。

第三十三条 血站及其执行职务的人员发现法定传染病疫情时，应当按照《传染病防治法》和国家卫生计生委的规定向有关部门报告。

第三十四条 血液的包装、储存、运输应当符合《血站质量管理规范》的要求。血液包装袋上应当标明：

（一）血站的名称及其许可证号；

（二）献血编号或者条形码；

（三）血型；

（四）血液品种；

（五）采血日期及时间或者制备日期及时间；

（六）有效日期及时间；

（七）储存条件。

第三十五条 血站应当保证发出的血液质量符合国家有关标准，其品种、规格、数量、活性、血型无差错；未经检测或者检测不合格的血液，不得向医疗机构提供。

第三十六条 血站应当建立质量投诉、不良反应监测和血液收回制度。

第三十七条 血站应当加强对其所设储血点的质量监督，确保储存条件，保证血液储存质量；按照临床需要进行血液储存和调换。

第三十八条 血站使用的药品、体外诊断试剂、一次性卫生器材应当符合国家有关规定。

第三十九条 血站应当按照有关规定，认真填写采供血机构统计报表，及时准确上报。

第四十条 血站应当制定紧急灾害应急预案，并从血源、管理制度、技术能力和设备条件等方面保证预案的实施。在紧急灾害发生时服从县级以上人民政府卫生计生行政部门的调遣。

第四十一条 因临床、科研或者特殊需要，需要从外省、自治区、直辖市调配血液的，由省级人民政府卫生计生行政部门组织实施。

禁止临床医疗用途的人体血液、血浆进出口。

第四十二条 无偿献血的血液必须用于临床，不得买卖。

血站剩余成分血浆由省、自治区、直辖市人民政府卫生计生行政部门协调血液制品生产单位解决。

第四十三条 血站必须严格执行国家有关报废血处理和有易感染经血液传播疾病危险行为的献血者献血后保密性弃血处理的规定。

第四十四条 血站剩余成分血浆以及因科研或者特殊需要用血而进行的调配所得的收入，全部用于无偿献血者用血返还费用，血站不得挪作他用。

第三章 特殊血站管理

第四十五条 国家卫生计生委根据全国人口分布、卫生资源、临床造血干细胞移植需要等实际情况，统一制定我国脐带血造血干细胞库等特殊血站的设置规划和原则。

国家不批准设置以营利为目的的脐带血造血干细胞库等特殊血站。

第四十六条 申请设置脐带血造血干细胞库等特殊血站的，应当按照国家卫生计生委规定的条件向所在地省级人民政府卫生计生行政部门申请。省级人民政府卫生计生行政部门组织初审后报国家卫生计生委。

国家卫生计生委对脐带血造血干细胞库等特殊血站设置审批按照申请的先后次序进行。

第四十七条　脐带血造血干细胞库等特殊血站执业，应当向所在地省级人民政府卫生计生行政部门申请办理执业登记。

省级卫生计生行政部门应当组织有关专家和技术部门，按照本办法和国家卫生计生委制定的脐带血造血干细胞库等特殊血站的基本标准、技术规范，对申请单位进行技术审查及执业验收。审查合格的，发给《血站执业许可证》，并注明开展的业务。《血站执业许可证》有效期为三年。

未取得《血站执业许可证》的，不得开展采供脐带血造血干细胞等业务。

第四十八条　脐带血造血干细胞库等特殊血站在《血站执业许可证》有效期满后继续执业的，应当在《血站执业许可证》有效期满前三个月向原执业登记的省级人民政府卫生计生行政部门申请办理再次执业登记手续。

第四十九条　脐带血造血干细胞库等特殊血站执业除应当遵守本办法第二章第二节一般血站的执业要求外，还应当遵守以下规定：

（一）按照国家卫生计生委规定的脐带血造血干细胞库等特殊血站的基本标准、技术规范等执业；

（二）脐带血等特殊血液成分的采集必须符合医学伦理的有关要求，并遵循自愿和知情同意的原则。脐带血造血干细胞库必须与捐献者签署经执业登记机关审核的知情同意书；

（三）脐带血造血干细胞库等特殊血站只能向有造血干细胞移植经验和基础，并装备有造血干细胞移植所需的无菌病房和其他必备设施的医疗机构提供脐带血造血干细胞；

（四）脐带血等特殊血液成分必须用于临床。

第四章　监督管理

第五十条　县级以上人民政府卫生行政部门对采供血活动履行下列职责：

（一）制定临床用血储存、配送管理办法，并监督实施；

（二）对下级卫生计生行政部门履行本办法规定的血站管理职责进行监督检查；

（三）对辖区内血站执业活动进行日常监督检查，组织开展对采供血质量的不定期抽检；

（四）对辖区内临床供血活动进行监督检查；

（五）对违反本办法的行为依法进行查处。

第五十一条　各级人民政府卫生行政部门应当对无偿献血者的招募、采血、供血活动予以支持、指导。

第五十二条　省级人民政府卫生行政部门应当对本辖区内的血站执行有关规定情况和无偿献血比例、采供血服务质量、业务指导、人员培训、综合质量评价技术能力等情况进行评价及监督检查，按照国家卫生计生委的有关规定将结果上报，同时向社会公布。

第五十三条　国家卫生计生委定期对血液中心执行有关规定情况和无偿献血比例、采供血服务质量、业务指导、人员培训、综合质量评价技术能力等情况以及脐带血造血干细胞库等特殊血站的质量管理状况进行评价及监督检查，并将结果向社会公布。

第五十四条　卫生计生行政部门在进行监督检查时，有权索取有关资料，血站不得隐瞒、阻碍或者拒绝。

卫生计生行政部门对血站提供的资料负有保密的义务，法律、行政法规或者部门规章另有规定的除外。

第五十五条　卫生计生行政部门和工作人员在履行职责时，不得有以下行为：

（一）对不符合法定条件的，批准其设置、执业登记或者变更登记，或者超越职权批准血站设置、执业登记或者变更登记；

（二）对符合法定条件和血站设置规划的，不予批准其设置、执业登记或者变更登记；或者不在法定期限内批准其设置、执业登记或者变更登记；

（三）对血站不履行监督管理职责；

（四）其他违反本办法的行为。

第五十六条　各级人民政府卫生计生行政部门应当建立血站监督管理的举报、投诉机制。

卫生计生行政部门对举报人和投诉人负有保密的义务。

第五十七条　国家实行血液质量监测、检定制度，对血液质量管理、血站实验室质量管理实行技术评审制度，具体办法由国家卫生计生委另行制定。

第五十八条　血站有下列情形之一的，由省级人民政府卫生计生行政部门注销其《血站执业许可证》：

（一）《血站执业许可证》有效期届满未办理再次执业登记的；

（二）取得《血站执业许可证》后一年内未开展采供血工作的。

第五章　法律责任

第五十九条　有下列行为之一的，属于非法采集血

液,由县级以上地方人民政府卫生计生行政部门按照《献血法》第十八条的有关规定予以处罚;构成犯罪的,依法追究刑事责任:

(一)未经批准,擅自设置血站,开展采供血活动的;

(二)已被注消的血站,仍开展采供血活动的;

(三)已取得设置批准但尚未取得《血站执业许可证》即开展采供血活动,或者《血站执业许可证》有效期满未再次登记仍开展采供血活动的;

(四)租用、借用、出租、出借、变造、伪造《血站执业许可证》开展采供血活动的。

第六十条 血站出售无偿献血血液的,由县级以上地方人民政府卫生计生行政部门按照《献血法》第十八条的有关规定,予以处罚;构成犯罪的,依法追究刑事责任。

第六十一条 血站有下列行为之一的,由县级以上地方人民政府卫生计生行政部门予以警告、责令改正;逾期不改正,或者造成经血液传播疾病发生,或者其他严重后果的,对负有责任的主管人员和其他直接负责人员,依法给行政处分;构成犯罪的,依法追究刑事责任:

(一)超出执业登记的项目、内容、范围开展业务活动的;

(二)工作人员未取得相关岗位执业资格或者未经执业注册而从事采供血工作的;

(三)血液检测实验室未取得相应资格即进行检测的;

(四)擅自采集原料血浆、买卖血液的;

(五)采集血液前,未按照国家颁布的献血者健康检查要求对献血者进行健康检查、检测的;

(六)采集冒名顶替者、健康检查不合格者血液以及超量、频繁采集血液的;

(七)违反输血技术操作规程、有关质量规范和标准的;

(八)采血前未向献血者、特殊血液成分捐赠者履行规定的告知义务的;

(九)擅自涂改、毁损或者不按规定保存工作记录的;

(十)使用的药品、体外诊断试剂、一次性卫生器材不符合国家有关规定的;

(十一)重复使用一次性卫生器材的;

(十二)对检测不合格或者报废的血液,未按有关规定处理的;

(十三)擅自与外省、自治区、直辖市调配血液的;

(十四)未按规定保存血液标本的;

(十五)脐带血造血干细胞库等特殊血站违反有关技术规范的。

血站造成经血液传播疾病发生或者其他严重后果的,卫生计生行政部门在行政处罚的同时,可以注销其《血站执业许可证》。

第六十二条 临床用血的包装、储存、运输,不符合国家规定的卫生标准和要求的,由县级以上地方人民政府卫生计生行政部门责令改正,给予警告。

第六十三条 血站违反规定,向医疗机构提供不符合国家规定标准的血液的,由县级以上人民政府卫生计生行政部门责令改正;情节严重,造成经血液途径传播的疾病传播或者有传播严重危险的,限期整顿,对直接负责的主管人员和其他责任人员,依法给行政处分;构成犯罪的,依法追究刑事责任。

第六十四条 卫生计生行政部门及其工作人员违反本办法有关规定,有下列情形之一的,依据《献血法》、《行政许可法》的有关规定,由上级行政机关或者监察机关责令改正;情节严重的,对直接负责的主管人员和其他直接责任人员依法给予行政处分;构成犯罪的,依法追究刑事责任:

(一)未按规定的程序审查而使不符合条件的申请者得到许可的;

(二)对不符合条件的申请者准予许可或者超越法定职权作出准予许可决定的;

(三)在许可审批过程中弄虚作假的;

(四)对符合条件的设置及执业登记申请不予受理的;

(五)对符合条件的申请不在法定期限内作出许可决定的;

(六)不依法履行监督职责,或者监督不力造成严重后果的;

(七)其他在执行本办法过程中,存在滥用职权,玩忽职守,徇私舞弊,索贿受贿等行为的。

第六章 附 则

第六十五条 本办法下列用语的含义:

血液,是指全血、血液成分和特殊血液成分。

脐带血,是指与孕妇和新生儿血容量和血循环无关的,由新生儿脐带扎断后的远端所采集的胎盘血。

脐带血造血干细胞库,是指以人体造血干细胞移植为目的,具有采集、处理、保存和提供造血干细胞的能力,并具有相当研究实力的特殊血站。

第六十六条 本办法实施前已经设立的血站应当在

本办法实施后九个月内,依照本办法规定进行调整。

省级人民政府卫生计生行政部门应当按照血液中心标准对现有血液中心进行审核,未达到血液中心标准的,应当责令限期整改。整改仍不合格的,卫生计生行政部门应当取消血液中心设置。对符合中心血站执业标准的,按照中心血站标准审核设置与执业登记。

第六十七条 本办法自2006年3月1日起施行。1998年9月21日颁布的《血站管理办法》(暂行)同时废止。

单采血浆站管理办法

- 2008年1月4日卫生部令第58号发布
- 根据2015年5月27日《国家卫生计生委关于修订〈单采血浆站管理办法〉的决定》第一次修正
- 根据2016年1月19日《国家卫生计生委关于修改〈外国医师来华短期行医暂行管理办法〉等8件部门规章的决定》第二次修正

第一章 总 则

第一条 为加强单采血浆站的监督管理,预防和控制经血液途径传播的疾病,保障供血浆者健康,保证原料血浆质量,根据《血液制品管理条例》,制定本办法。

第二条 本办法所称单采血浆站是指根据地区血源资源,按照有关标准和要求并经严格审批设立,采集供应血液制品生产用原料血浆的单位。

单采血浆站由血液制品生产单位设置,具有独立的法人资格。其他任何单位和个人不得从事单采血浆活动。

第三条 本办法所称供血浆者是指提供血液制品生产用原料血浆的人员。

划定采浆区域内具有当地户籍的18岁到55岁健康公民可以申请登记为供血浆者。

第四条 国家卫生计生委根据全国生产用原料血浆的需求、经济发展状况、疾病流行情况等,制定全国采供血机构设置规划指导原则。

省、自治区、直辖市人民政府卫生计生行政部门根据国家卫生计生委《采供血机构设置规划指导原则》,结合本行政区域疾病流行、供血浆能力等实际情况和当地区域卫生发展规划,制定本地区的单采血浆站设置规划,并组织实施。单采血浆站设置规划应当报国家卫生计生委备案。

第五条 国家卫生计生委负责全国单采血浆站的监督管理工作。

县级以上地方人民政府卫生计生行政部门负责本行政区域内单采血浆站的监督管理工作。

第二章 设置审批

第六条 血液制品生产单位设置单采血浆站应当符合当地单采血浆站设置规划,并经省、自治区、直辖市人民政府卫生计生行政部门批准。

第七条 单采血浆站应当设置在县(旗)及县级市,不得与一般血站设置在同一县级行政区域内。

有地方病或者经血传播的传染病流行、高发的地区不得规划设置单采血浆站。

上一年度和本年度自愿无偿献血未能满足临床用血的市级行政区域内不得新建单采血浆站。

第八条 省、自治区、直辖市人民政府卫生计生行政部门根据实际情况,划定单采血浆站的采浆区域。采浆区域的选择应当保证供血浆者的数量,能满足原料血浆年采集量不少于30吨。新建单采血浆站在3年内达到年采集量不少于30吨。

第九条 设置单采血浆站必须具备下列条件:

(一)符合采供血机构设置规划、单采血浆站设置规划以及《单采血浆站基本标准》要求的条件;

(二)具有与所采集原料血浆相适应的卫生专业技术人员;

(三)具有与所采集原料血浆相适应的场所及卫生环境;

(四)具有识别供血浆者的身份识别系统;

(五)具有与所采集原料血浆相适应的单采血浆机械及其他设施;

(六)具有对所采集原料血浆进行质量检验的技术人员以及必要的仪器设备;

(七)符合国家生物安全管理相关规定。

第十条 申请设置单采血浆站的血液制品生产单位,应当向单采血浆站设置地的县级人民政府卫生计生行政部门提交《设置单采血浆站申请书》,并提交下列材料:

(一)申请设置单采血浆站的血液制品生产单位的有关情况以及法人登记证书;

(二)拟设单采血浆站的可行性研究报告。内容包括:

1. 拟设单采血浆站基本情况,包括名称、地址、规模、任务、功能、组织结构等;

2. 拟设单采血浆站血浆采集区域及区域内疾病流行状况、适龄健康供血浆人口情况、机构运行及环境保护措施的预测分析；

　　3. 拟设单采血浆站的选址和建筑设计平面图；

　　4. 申请开展的业务项目、技术设备条件资料；

　　5. 污水、污物以及医疗废物处理方案；

　　(三)单采血浆站用房的房屋产权证明或者使用权证明；

　　(四)拟设单采血浆站的法定代表人及其主要负责人的身份证明文件和专业履历；

　　(五)单采血浆站从业人员名单及资格证书；

　　(六)单采血浆站的各项规章制度。

　　第十一条　有下列情形之一的，不得申请设置新的单采血浆站：

　　(一)拟设置的单采血浆站不符合采供血机构设置规划或者当地单采血浆站设置规划要求的；

　　(二)省级卫生计生行政部门未同意划定采浆区域的；

　　(三)血液制品生产单位被吊销药品生产质量管理规范(GMP)证书未满5年的；

　　(四)血液制品生产单位发生过非法采集血浆或者擅自调用血浆行为的；

　　(五)血液制品生产单位注册的血液制品少于6个品种的，承担国家计划免疫任务的血液制品生产单位少于5个品种的。

　　第十二条　下列人员不得作为新建单采血浆站的法定代表人或者主要负责人：

　　(一)正在服刑或者不具有完全民事行为能力的人；

　　(二)发生血液安全事故未满5年的责任人；

　　(三)被吊销《单采血浆许可证》或者《血站执业许可证》未满10年的单采血浆站或者血站的法定代表人、主要负责人及责任人；

　　(四)被吊销药品生产质量管理规范(GMP)证书未满5年的血液制品生产单位法定代表人或者主要负责人；

　　(五)被卫生计生行政部门责令限期改正3个月以上或者给予罚款5-10万元处罚未满3年的单采血浆站的法定代表人、主要负责人及责任人。

　　第十三条　县级人民政府卫生计生行政部门在收到全部申请材料后进行初审，经设区的市、自治州人民政府卫生计生行政部门审查同意后，报省级人民政府卫生计生行政部门审批。

　　第十四条　省级人民政府卫生计生行政部门在收到单采血浆站申请材料后，可以组织有关专家或者委托技术机构，根据《单采血浆站质量管理规范》进行技术审查。

　　经审查符合条件的，由省级人民政府卫生计生行政部门核发《单采血浆许可证》，并在设置审批后10日内报国家卫生计生委备案；经审查不符合条件的，应当将不予批准的理由书面通知申请人。

　　第十五条　申请设置单采血浆站不符合本办法第九条、第十一条、第十二条规定的不予批准。

　　第十六条　《单采血浆许可证》有效期为2年。

　　《单采血浆许可证》的主要内容为：

　　(一)设置单采血浆站的血液制品生产单位名称；

　　(二)单采血浆站的名称、地址、法定代表人或者主要负责人；

　　(三)业务项目及采浆区域(范围)；

　　(四)发证机关、发证日期、许可证号和有效期。

　　第十七条　《单采血浆许可证》有效期满前3个月，单采血浆站应当向原发证部门申请延续，并提交下列材料：

　　(一)《单采血浆许可证》的复印件；

　　(二)执业期间运行情况的报告，包括原料血浆采集的数量、定期自检报告等；

　　(三)卫生计生行政部门监督检查的意见及整改情况等；

　　(四)技术机构根据《单采血浆站质量管理规范》出具的技术审查报告。

　　第十八条　省级人民政府卫生计生行政部门根据单采血浆站上一执业周期业务开展情况、技术审查和监督检查等情况进行审核，审核合格的，予以延续。经审核不合格的，责令其限期整改；经整改仍不合格的，注销其《单采血浆许可证》。

　　未办理延续申请或者被注销《单采血浆许可证》的单采血浆站，不得继续执业。

　　第十九条　单采血浆站变更名称、地址、法定代表人、业务项目等内容的，应当向原发证部门办理变更登记手续。

　　设置单采血浆站的血液制品生产单位发生变更的，该单采血浆站应当重新办理《单采血浆许可证》，原《单采血浆许可证》注销。

　　第二十条　县级以上地方各级人民政府卫生计生行政部门审核批准设置单采血浆站的程序和期限，按照《行政许可法》《卫生行政许可管理办法》等有关规定执行。

第三章　执　业

　　第二十一条　单采血浆站执业，应当遵守有关法律、法规、规章和技术规范。

单采血浆站的法定代表人或者主要负责人应当对采集的原料血浆质量安全负责。

第二十二条 单采血浆站应当在规定的采浆区域内组织、动员供血浆者，并对供血浆者进行相应的健康教育，为供血浆者提供安全、卫生、便利的条件和良好的服务。

第二十三条 单采血浆站应当按照《中华人民共和国药典》血液制品原料血浆规程对申请供血浆者进行健康状况征询、健康检查和血样化验，并按照国家卫生计生委发布的供血浆者须知对供血浆者履行告知义务。

对健康检查合格的申请供血浆者，核对身份证后，填写供血浆者名册，报所在地县级人民政府卫生计生行政部门。省级人民政府卫生计生行政部门应当在本省和相邻省内进行供血浆者信息检索，确认未在其他单采血浆站登记，将有关信息进行反馈，由县级人民政府卫生计生行政部门发给《供血浆证》。

《供血浆证》内容至少应当包括：姓名、性别、血型、民族、身份证号码、2年内免冠证件照、家庭住址、建卡日期和编号。

第二十四条 有下列情况之一的，不予发给《供血浆证》：

（一）健康检查、化验不合格的；

（二）曾伪造身份证明，持有2个以上《供血浆证》的；

（三）已在其他单采血浆站登记为供血浆者的；

（四）当地户籍部门未能核实其身份信息的。

第二十五条 单采血浆站应当建立供血浆者管理档案，记录供血浆者供血浆情况、健康检查情况。建立供血浆者永久淘汰、暂时拒绝及不予发放《供血浆证》者档案名册。同时采用计算机管理档案并建立供血浆者身份识别系统。

第二十六条 单采血浆站在采集血浆中发现《供血浆证》内容变更的，或者供血浆者健康检查不合格的，应当收缴《供血浆证》并及时告知当地县级人民政府卫生计生行政部门。

第二十七条 单采血浆站应当根据登记的供血浆者供血浆实际情况和血液制品生产单位原料血浆需求情况，制定采浆工作计划，合理安排供血浆者供血浆。

第二十八条 单采血浆站采集原料血浆应当遵循自愿和知情同意的原则。

对需要进行特殊免疫的供血浆者，应当告知特殊免疫的意义、作用、方法、步骤和不良反应，征得供血浆者本人书面同意后，方可按照国家规定的免疫程序进行免疫。免疫情况和不良反应处理应当详细记录。

第二十九条 单采血浆站在每次采集血浆前，必须将供血浆者持有的身份证或者其他有效身份证明、《供血浆证》与计算机档案管理内容进行核实，确认无误的，方可按照规定程序进行健康检查和血样化验；对检查、化验合格的，按照有关技术操作标准和程序采集血浆，并详细记录。

第三十条 单采血浆站必须使用单采血浆机械采集血浆，严禁手工采集血浆。

每次采集供血浆者的血浆量不得超过580毫升（含抗凝剂溶液，以容积比换算质量比不超过600克）。严禁超量采集血浆。

两次供血浆时间间隔不得少于14天。严禁频繁采集血浆。

严禁采集非划定采浆区域内供血浆者的血浆。严禁采集冒名顶替者及无《供血浆证》者的血浆。

严禁采集血液或者将所采集的原料血浆用于临床。

第三十一条 单采血浆站应当建立对易感染经血液传播疾病危险行为的供血浆者供血浆后的报告工作程序、供血浆者屏蔽和淘汰制度。

第三十二条 单采血浆站应当对血浆采集工作实行全面质量管理，严格遵守《中华人民共和国药典》血液制品原料血浆规程、《单采血浆站质量管理规范》等技术规范和标准。

第三十三条 单采血浆站应当建立人员岗位责任制和采供血浆管理相关工作制度，并定期检查、考核各项规章制度和各级各类人员岗位责任制的执行和落实情况。

第三十四条 单采血浆站应当对关键岗位工作人员进行岗位培训与考核。单采血浆站关键岗位工作人员应当符合岗位执业资格的规定，并经岗位培训与考核合格后方可上岗。

单采血浆站工作人员每人每年应当接受不少于75学时的岗位继续教育。

省级人民政府卫生计生行政部门应当制定单采血浆站工作人员培训标准或指南，并对单采血浆站开展的岗位培训、考核工作进行指导和监督。

第三十五条 单采血浆站各业务岗位工作记录应当内容真实、项目完整、格式规范、字迹清楚、记录及时，有操作者和复核者签名。

记录内容需要更改时，应当保持原记录内容清晰可辨，注明更改内容和日期，并在更改处签名。

血浆采集、检测和供浆的原始记录应当至少保存10年，法律、法规和国家卫生计生委另有规定的，依照有关规定执行。

第三十六条 单采血浆站应当保证所采集的血浆均进行严格的检测。

第三十七条 血浆采集后必须单人份冰冻保存，严禁混浆。

第三十八条 单采血浆站应当制定实验室室内质控与室间质评制度，并定期参加省级以上室间质量考评，确保试剂、卫生器材、仪器、设备在使用过程中能达到预期效果。

单采血浆站的实验室应当配备必要的生物安全设备和设施，工作人员应当接受生物安全知识培训。

第三十九条 单采血浆站所采集的每袋血浆必须留存血浆标本，保存期应不少于血液制品生产投料后2年。

第四十条 单采血浆站应当加强消毒、隔离工作管理，预防和控制感染性疾病的传播。

单采血浆站产生的医疗废物应当按照《医疗废物管理条例》规定处理，做好记录与签字，避免交叉感染。

第四十一条 单采血浆站及其执行职务的人员发现法定传染病疫情时，应当按照《传染病防治法》和国家卫生计生委的规定向有关部门报告。

第四十二条 原料血浆的采集、包装、储存、运输应当符合《单采血浆站质量管理规范》的要求。

原料血浆包装袋标签上必须标明：

（一）单采血浆站的名称；

（二）供血浆者姓名、编号或者条形码；

（三）血浆重量、血浆类型、采集日期、血浆编号、有效期；

（四）储存条件。

原料血浆储存、运输装箱时，每箱内均应有装箱单，并附有化验合格单以及血浆复检标本。

第四十三条 单采血浆站只能向设置其的血液制品生产单位供应原料血浆。

单采血浆站应当保证发出的原料血浆质量符合国家有关标准，其品种、规格、数量无差错，血浆的生物活性保存完好。

第四十四条 单采血浆站使用的药品、体外诊断试剂、一次性卫生器材应当符合国家有关规定。

第四十五条 单采血浆站必须使用计算机系统管理供血浆者信息、采供血浆和相关工作过程。建立血浆标识的管理程序，确保所有血浆可以追溯到相应的供血浆者和供血浆过程，确保所使用的物料批号以及所有制备、检验、运输记录完整。血浆标识应当采用条形码技术。同一血浆条形码至少50年不重复。

第四十六条 单采血浆站应当每半年向所在地县级人民政府卫生计生行政部门报告有关原料血浆采集情况。

第四十七条 单采血浆站应当制定紧急灾害应急预案，并从血源、管理制度、技术能力和设备条件等方面保证预案的实施。在紧急灾害发生时服从县级以上人民政府卫生计生行政部门的调遣。

第四十八条 单采血浆站必须严格执行国家有关报废血处理和有易感染经血液传播疾病危险行为的供血浆者供血浆后保密性弃血处理的规定。

第四十九条 单采血浆站的工作人员必须每年进行一次体格检查，建立职工健康档案。患有传染病、严重皮肤感染和体表伤口未愈者，不得从事采集血浆、检验、消毒、供应等岗位工作。

第五十条 单采血浆站每年应当委托技术机构按照《单采血浆站质量管理规范》要求进行不少于一次的技术审查。

第五十一条 技术机构提供的单采血浆站技术评价、检测结果应当客观、真实。

第四章 监督管理

第五十二条 县级以上地方人民政府卫生计生行政部门负责本行政区域内单采血浆站监督管理工作，制定年度监督检查计划，检查内容包括：

（一）执行法律、法规、规章、技术标准和规范情况；

（二）单采血浆站各项规章制度和工作人员岗位责任制落实情况；

（三）供血浆者管理，检验，原料血浆的采集、保存、供应等；

（四）单采血浆站定期自检和重大事故报告情况。

县级人民政府卫生计生行政部门依照本办法的规定负责本行政区域内单采血浆站的日常监督管理工作。

设区的市级人民政府卫生计生行政部门至少每半年对本行政区域内单采血浆站进行一次检查和不定期抽查。

省级人民政府卫生计生行政部门至少每年组织一次对本行政区域内单采血浆站的监督检查和不定期抽查。

上级卫生计生行政部门应当定期或者不定期监督检查辖区内原料血浆管理工作，并及时向下级卫生计生行政部门通报监督检查情况。

第五十三条　负责单采血浆站审批和监督的卫生计生行政部门要建立信息沟通制度，将审批、监督检查情况等信息相互通告，保证工作的有效衔接。

省级人民政府卫生计生行政部门要在单采血浆站建立公示制度，对单采血浆站的基本情况、执业情况、卫生计生行政部门监督检查情况以及投诉、举报电话进行公示。

第五十四条　省级以上人民政府卫生计生行政部门应当指定有关血液检定机构，对单采血浆站采集的血浆质量进行监测，监测结果报同级人民政府卫生计生行政部门。

第五十五条　为单采血浆站出具技术审查报告的技术机构，应当符合条件并由省级以上人民政府卫生计生行政部门指定。

第五十六条　卫生计生行政部门在进行监督检查时，有权索取有关资料，单采血浆站不得隐瞒、阻碍或者拒绝。

卫生计生行政部门对单采血浆站提供的资料负有保密的义务，法律、行政法规或者部门规章另有规定的除外。

第五十七条　各级人民政府卫生计生行政部门应当建立单采血浆站监督管理的举报、投诉机制。

卫生计生行政部门对举报人和投诉人负有保密的义务。

第五十八条　县级以上地方人民政府卫生计生行政部门应当按有关规定定期将原料血浆的采集情况逐级上报。

省、自治区、直辖市人民政府卫生计生行政部门应当每年向国家卫生计生委汇总报告本行政区域内原料血浆的采集情况。

第五十九条　省级人民政府卫生计生行政部门应当建立供血浆者信息管理系统，并向有关部门提供检索查询信息。

第六十条　上一级人民政府卫生计生行政部门有权纠正或者撤销下一级人民政府卫生计生行政部门作出的不符合规定的行政行为。

第五章　罚　则

第六十一条　单采血浆站有下列行为之一的，由县级以上地方人民政府卫生计生行政部门依据《血液制品管理条例》第三十四条的有关规定予以处罚：

（一）未取得《单采血浆许可证》开展采供血浆活动的；

（二）《单采血浆许可证》已被注销或者吊销仍开展采供血浆活动的；

（三）租用、借用、出租、出借、变造、伪造《单采血浆许可证》开展采供血浆活动的。

第六十二条　单采血浆站违反本办法有关规定，有下列行为之一的，由县级以上地方人民政府卫生计生行政部门予以警告，并处3万元以下的罚款：

（一）隐瞒、阻碍、拒绝卫生计生行政部门监督检查或者不如实提供有关资料的；

（二）对供血浆者未履行事先告知义务，未经供血浆者同意开展特殊免疫的；

（三）未按照规定建立供血浆者档案管理及屏蔽、淘汰制度的；

（四）未按照规定制订各项工作制度或者不落实的；

（五）工作人员未取得相关岗位执业资格或者未经执业注册从事采供血浆工作的；

（六）不按照规定记录或者保存工作记录的；

（七）未按照规定保存血浆标本的。

第六十三条　单采血浆站有下列情形之一的，按照《血液制品管理条例》第三十五条规定予以处罚：

（一）采集血浆前，未按照有关健康检查要求对供血浆者进行健康检查、血液化验的；

（二）采集非划定区域内的供血浆者或者其他人员血浆的；或者不对供血浆者进行身份识别，采集冒名顶替者、健康检查不合格者或者无《供血浆证》者的血浆的；

（三）超量、频繁采集血浆的；

（四）向医疗机构直接供应原料血浆或者擅自采集血液的；

（五）未使用单采血浆机械进行血浆采集的；

（六）未使用有产品批准文号并经国家药品生物制品检定机构逐批检定合格的体外诊断试剂以及合格的一次性采血浆器材的；

（七）未按照国家规定的卫生标准和要求包装、储存、运输原料血浆的；

（八）未按照规定对污染的注射器、采血浆器材、不合格或者报废血浆进行处理，擅自倾倒，污染环境，造成社会危害的；

（九）重复使用一次性采血浆器材的；

（十）向设置单采血浆站的血液制品生产单位以外的其他单位供应原料血浆的。

有下列情形之一的，按照情节严重予以处罚，并吊销《单采血浆许可证》：

（一）对国家规定检测项目检测结果呈阳性的血浆

不清除并不及时上报的；

（二）12个月内2次发生《血液制品管理条例》第三十五条所列违法行为的；

（三）同时有《血液制品管理条例》第三十五条3项以上违法行为的；

（四）卫生计生行政部门责令限期改正而拒不改正的；

（五）造成经血液途径传播的疾病传播或者造成其他严重伤害后果的。

第六十四条 单采血浆站已知其采集的血浆检测结果呈阳性，仍向血液制品生产单位供应的，按照《血液制品管理条例》第三十六条规定予以处罚。

第六十五条 涂改、伪造、转让《供血浆证》的，按照《血液制品管理条例》第三十七条规定予以处罚。

第六十六条 违反《血液制品管理条例》和本办法规定，擅自出口原料血浆的，按照《血液制品管理条例》第四十二条规定予以处罚。

第六十七条 承担单采血浆站技术评价、检测的技术机构出具虚假证明文件的，由卫生计生行政部门责令改正，给予警告，并可处2万元以下的罚款；对直接负责的主管人员和其他直接责任人员，依法给予处分；情节严重，构成犯罪的，依法追究刑事责任。

第六章 附 则

第六十八条 本办法自2008年3月1日起实行。

医疗机构临床用血管理办法

·2012年6月7日卫生部令第85号公布
·根据2019年2月28日《国家卫生健康委关于修改〈职业健康检查管理办法〉等4件部门规章的决定》修订

第一章 总 则

第一条 为加强医疗机构临床用血管理，推进临床科学合理用血，保护血液资源，保障临床用血安全和医疗质量，根据《中华人民共和国献血法》，制定本办法。

第二条 卫生部负责全国医疗机构临床用血的监督管理。县级以上地方人民政府卫生行政部门负责本行政区域医疗机构临床用血的监督管理。

第三条 医疗机构应当加强临床用血管理，将其作为医疗质量管理的重要内容，完善组织建设，建立健全岗位责任制，制定并落实相关规章制度和技术操作规程。

第四条 本办法适用于各级各类医疗机构的临床用血管理工作。

第二章 组织与职责

第五条 卫生部成立临床用血专家委员会，其主要职责是：

（一）协助制订国家临床用血相关制度、技术规范和标准；

（二）协助指导全国临床用血管理和质量评价工作，促进提高临床合理用血水平；

（三）协助临床用血重大安全事件的调查分析，提出处理意见；

（四）承担卫生部交办的有关临床用血管理的其他任务。

卫生部建立协调机制，做好临床用血管理工作，提高临床合理用血水平，保证输血治疗质量。

第六条 各省、自治区、直辖市人民政府卫生行政部门成立省级临床用血质量控制中心，负责辖区内医疗机构临床用血管理的指导、评价和培训等工作。

第七条 医疗机构应当加强组织管理，明确岗位职责，健全管理制度。

医疗机构法定代表人为临床用血管理第一责任人。

第八条 二级以上医院和妇幼保健院应当设立临床用血管理委员会，负责本机构临床合理用血管理工作。主任委员由院长或者分管医疗的副院长担任，成员由医务部门、输血科、麻醉科、开展输血治疗的主要临床科室、护理部门、手术室等部门负责人组成。医务、输血部门共同负责临床合理用血日常管理工作。

其他医疗机构应当设立临床用血管理工作组，并指定专（兼）职人员负责日常管理工作。

第九条 临床用血管理委员会或者临床用血管理工作组应当履行以下职责：

（一）认真贯彻临床用血管理相关法律、法规、规章、技术规范和标准，制订本机构临床用血管理的规章制度并监督实施；

（二）评估确定临床用血的重点科室、关键环节和流程；

（三）定期监测、分析和评估临床用血情况，开展临床用血质量评价工作，提高临床合理用血水平；

（四）分析临床用血不良事件，提出处理和改进措施；

（五）指导并推动开展自体输血等血液保护及输血新技术；

（六）承担医疗机构交办的有关临床用血的其他任务。

第十条 医疗机构应当根据有关规定和临床用血需

求设置输血科或者血库,并根据自身功能、任务、规模,配备与输血工作相适应的专业技术人员、设施、设备。

不具备条件设置输血科或者血库的医疗机构,应当安排专(兼)职人员负责临床用血工作。

第十一条 输血科及血库的主要职责是:

(一)建立临床用血质量管理体系,推动临床合理用血;

(二)负责制订临床用血储备计划,根据血站供血的预警信息和医院的血液库存情况协调临床用血;

(三)负责血液预订、入库、储存、发放工作;

(四)负责输血相关免疫血液学检测;

(五)参与推动自体输血等血液保护及输血新技术;

(六)参与特殊输血治疗病例的会诊,为临床合理用血提供咨询;

(七)参与临床用血不良事件的调查;

(八)根据临床治疗需要,参与开展血液治疗相关技术;

(九)承担医疗机构交办的有关临床用血的其他任务。

第三章 临床用血管理

第十二条 医疗机构应当加强临床用血管理,建立并完善管理制度和工作规范,并保证落实。

第十三条 医疗机构应当使用卫生行政部门指定血站提供的血液。

医疗机构科研用血由所在地省级卫生行政部门负责核准。

医疗机构应当配合血站建立血液库存动态预警机制,保障临床用血需求和正常医疗秩序。

第十四条 医疗机构应当科学制订临床用血计划,建立临床合理用血的评价制度,提高临床合理用血水平。

第十五条 医疗机构应当对血液预订、接收、入库、储存、出库及库存预警等进行管理,保证血液储存、运送符合国家有关标准和要求。

第十六条 医疗机构接收血站发送的血液后,应当对血袋标签进行核对。符合国家有关标准和要求的血液入库,做好登记;并按不同品种、血型和采血日期(或有效期),分别有序存放于专用储藏设施内。

血袋标签核对的主要内容是:

(一)血站的名称;

(二)献血编号或者条形码、血型;

(三)血液品种;

(四)采血日期及时间或者制备日期及时间;

(五)有效期及时间;

(六)储存条件。

禁止将血袋标签不合格的血液入库。

第十七条 医疗机构应当在血液发放和输血时进行核对,并指定医务人员负责血液的收领、发放工作。

第十八条 医疗机构的储血设施应当保证运行有效,全血、红细胞的储藏温度应当控制在2-6℃,血小板的储藏温度应当控制在20-24℃。储血保管人员应当做好血液储藏温度的24小时监测记录。储血环境应当符合卫生标准和要求。

第十九条 医务人员应当认真执行临床输血技术规范,严格掌握临床输血适应证,根据患者病情和实验室检测指标,对输血指证进行综合评估,制订输血治疗方案。

第二十条 医疗机构应当建立临床用血申请管理制度。

同一患者一天申请备血量少于800毫升的,由具有中级以上专业技术职务任职资格的医师提出申请,上级医师核准签发后,方可备血。

同一患者一天申请备血量在800毫升至1600毫升的,由具有中级以上专业技术职务任职资格的医师提出申请,经上级医师审核,科室主任核准签发后,方可备血。

同一患者一天申请备血量达到或超过1600毫升的,由具有中级以上专业技术职务任职资格的医师提出申请,科室主任核准签发后,报医务部门批准,方可备血。

以上第二款、第三款和第四款规定不适用于急救用血。

第二十一条 在输血治疗前,医师应当向患者或者其近亲属说明输血目的、方式和风险,并签署临床输血治疗知情同意书。

因抢救生命垂危的患者需要紧急输血,且不能取得患者或者其近亲属意见的,经医疗机构负责人或者授权的负责人批准后,可以立即实施输血治疗。

第二十二条 医疗机构应当积极推行节约用血的新型医疗技术。

三级医院、有条件的二级医院和妇幼保健院应当开展自体输血技术,建立并完善管理制度和技术规范,提高合理用血水平,保证医疗质量和安全。

医疗机构应当动员符合条件的患者接受自体输血技术,提高输血治疗效果和安全性。

第二十三条 医疗机构应当积极推行成分输血,保证医疗质量和安全。

第二十四条 医疗机构应当将无偿献血纳入健康教育内容,积极主动向患者、家属及社会广泛宣传,鼓励健康适龄公民自愿参加无偿献血,提升群众对无偿献血的知晓度和参与度。

第二十五条 医疗机构应当根据国家有关法律法规和规范建立临床用血不良事件监测报告制度。临床发现输血不良反应后,应当积极救治患者,及时向有关部门报告,并做好观察和记录。

第二十六条 各省、自治区、直辖市人民政府卫生行政部门应当制订临床用血保障措施和应急预案,保证自然灾害、突发事件等大量伤员和特殊病例、稀缺血型等应急用血的供应和安全。

因应急用血或者避免血液浪费,在保证血液安全的前提下,经省、自治区、直辖市人民政府卫生行政部门核准,医疗机构之间可以调剂血液。具体方案由省级卫生行政部门制订。

第二十七条 省、自治区、直辖市人民政府卫生行政部门应当加强边远地区医疗机构临床用血保障工作,科学规划和建设中心血库与储血点。

医疗机构应当制订应急用血工作预案。为保证应急用血,医疗机构可以临时采集血液,但必须同时符合以下条件:

(一)危及患者生命,急需输血;

(二)所在地血站无法及时提供血液,且无法及时从其他医疗机构调剂血液,而其他医疗措施不能替代输血治疗;

(三)具备开展交叉配血及乙型肝炎病毒表面抗原、丙型肝炎病毒抗体、艾滋病病毒抗体和梅毒螺旋体抗体的检测能力;

(四)遵守采供血相关操作规程和技术标准。

医疗机构应当在临时采集血液后10日内将情况报告县级以上人民政府卫生行政部门。

第二十八条 医疗机构应当建立临床用血医学文书管理制度,确保临床用血信息客观真实、完整、可追溯。医师应当将患者输血适应证的评估、输血过程和输血后疗效评价情况记入病历;临床输血治疗知情同意书、输血记录单等随病历保存。

第二十九条 医疗机构应当建立培训制度,加强对医务人员临床用血和无偿献血知识的培训,将临床用血相关知识培训纳入继续教育内容。新上岗医务人员应当接受岗前临床用血相关知识培训及考核。

第三十条 医疗机构应当建立科室和医师临床用血评价及公示制度。将临床用血情况纳入科室和医务人员工作考核指标体系。

禁止将用血量和经济收入作为输血科或者血库工作的考核指标。

第四章 监督管理

第三十一条 县级以上地方人民政府卫生行政部门应当加强对本行政区域内医疗机构临床用血情况的督导检查。

第三十二条 县级以上地方人民政府卫生行政部门应当建立医疗机构临床用血评价制度,定期对医疗机构临床用血工作进行评价。

第三十三条 县级以上地方人民政府卫生行政部门应当建立临床合理用血情况排名、公布制度。对本行政区域内医疗机构临床用血量和不合理使用等情况进行排名,将排名情况向本行政区域内的医疗机构公布,并报上级卫生行政部门。

第三十四条 县级以上地方人民政府卫生行政部门应当将医疗机构临床用血情况纳入医疗机构考核指标体系;将临床用血情况作为医疗机构评审、评价重要指标。

第五章 法律责任

第三十五条 医疗机构有下列情形之一的,由县级以上人民政府卫生行政部门责令限期改正;逾期不改的,进行通报批评,并予以警告;情节严重或者造成严重后果的,可处3万元以下的罚款,对负有责任的主管人员和其他直接责任人员依法给予处分:

(一)未设立临床用血管理委员会或者工作组的;

(二)未拟定临床用血计划或者一年内未对计划实施情况进行评估和考核的;

(三)未建立血液发放和输血核对制度的;

(四)未建立临床用血申请管理制度的;

(五)未建立医务人员临床用血和无偿献血知识培训制度的;

(六)未建立科室和医师临床用血评价及公示制度的;

(七)将经济收入作为对输血科或者血库工作的考核指标的;

(八)违反本办法的其他行为。

第三十六条 医疗机构使用未经卫生行政部门指定的血站供应的血液的,由县级以上地方人民政府卫生行政部门给予警告,并处3万元以下罚款;情节严重或者造成严重后果的,对负有责任的主管人员和其他直接责任人员依法给予处分。

第三十七条 医疗机构违反本办法关于应急用血采

血规定的,由县级以上人民政府卫生行政部门责令限期改正,给予警告;情节严重或者造成严重后果的,处3万元以下罚款,对负有责任的主管人员和其他直接责任人员依法给予处分。

第三十八条 医疗机构及其医务人员违反本办法规定,将不符合国家规定标准的血液用于患者的,由县级以上地方人民政府卫生行政部门责令改正;给患者健康造成损害的,应当依据国家有关法律法规进行处理,并对负有责任的主管人员和其他直接责任人员依法给予处分。

第三十九条 县级以上地方卫生行政部门未按照本办法规定履行监管职责,造成严重后果的,对直接负责的主管人员和其他直接责任人员依法给予记大过、降级、撤职、开除等行政处分。

第四十条 医疗机构及其医务人员违反临床用血管理规定,构成犯罪的,依法追究刑事责任。

第六章 附 则

第四十一条 本办法自2012年8月1日起施行。卫生部于1999年1月5日公布的《医疗机构临床用血管理办法(试行)》同时废止。

最高人民法院、最高人民检察院关于办理非法采供血液等刑事案件具体应用法律若干问题的解释

·2008年9月22日
·法释〔2008〕12号

为保障公民的身体健康和生命安全,依法惩处非法采供血液等犯罪,根据刑法有关规定,现对办理此类刑事案件具体应用法律的若干问题解释如下:

第一条 对未经国家主管部门批准或者超过批准的业务范围,采集、供应血液或者制作、供应血液制品的,应认定为刑法第三百三十四条第一款规定的"非法采集、供应血液或者制作、供应血液制品"。

第二条 对非法采集、供应血液或者制作、供应血液制品,具有下列情形之一的,应认定为刑法第三百三十四条第一款规定的"不符合国家规定的标准,足以危害人体健康",处五年以下有期徒刑或者拘役,并处罚金:

(一)采集、供应的血液含有艾滋病病毒、乙型肝炎病毒、丙型肝炎病毒、梅毒螺旋体等病原微生物的;

(二)制作、供应的血液制品含有艾滋病病毒、乙型肝炎病毒、丙型肝炎病毒、梅毒螺旋体等病原微生物,或者将含有上述病原微生物的血液用于制作血液制品的;

(三)使用不符合国家规定的药品、诊断试剂、卫生器材,或者重复使用一次性采血器材采集血液,造成传染病传播危险的;

(四)违反规定对献血者、供血浆者超量、频繁采集血液、血浆,足以危害人体健康的;

(五)其他不符合国家有关采集、供应血液或者制作、供应血液制品的规定标准,足以危害人体健康的。

第三条 对非法采集、供应血液或者制作、供应血液制品,具有下列情形之一的,应认定为刑法第三百三十四条第一款规定的"对人体健康造成严重危害",处五年以上十年以下有期徒刑,并处罚金:

(一)造成献血者、供血浆者、受血者感染乙型肝炎病毒、丙型肝炎病毒、梅毒螺旋体或者其他经血液传播的病原微生物的;

(二)造成献血者、供血浆者、受血者重度贫血、造血功能障碍或者其他器官组织损伤致功能障碍等身体严重危害的;

(三)对人体健康造成其他严重危害的。

第四条 对非法采集、供应血液或者制作、供应血液制品,具有下列情形之一的,应认定为刑法第三百三十四条第一款规定的"造成特别严重后果",处十年以上有期徒刑或者无期徒刑,并处罚金或者没收财产:

(一)因血液传播疾病导致人员死亡或者感染艾滋病病毒的;

(二)造成五人以上感染乙型肝炎病毒、丙型肝炎病毒、梅毒螺旋体或者其他经血液传播的病原微生物的;

(三)造成五人以上重度贫血、造血功能障碍或者其他器官组织损伤致功能障碍等身体严重危害的;

(四)造成其他特别严重后果的。

第五条 对经国家主管部门批准采集、供应血液或者制作、供应血液制品的部门,具有下列情形之一的,应认定为刑法第三百三十四条第二款规定的"不依照规定进行检测或者违背其他操作规定":

(一)血站未用两个企业生产的试剂对艾滋病病毒抗体、乙型肝炎病毒表面抗原、丙型肝炎病毒抗体、梅毒抗体进行两次检测的;

(二)单采血浆站不依照规定对艾滋病病毒抗体、乙型肝炎病毒表面抗原、丙型肝炎病毒抗体、梅毒抗体进行检测的;

(三)血液制品生产企业在投料生产前未用主管部门批准和检定合格的试剂进行复检的;

(四)血站、单采血浆站和血液制品生产企业使用的

诊断试剂没有生产单位名称、生产批准文号或者经检定不合格的；

（五）采供血机构在采集检验标本、采集血液和成分血分离时，使用没有生产单位名称、生产批准文号或者超过有效期的一次性注射器等采血器材的；

（六）不依照国家规定的标准和要求包装、储存、运输血液、原料血浆的；

（七）对国家规定检测项目结果呈阳性的血液未及时按照规定予以清除的；

（八）不具备相应资格的医务人员进行采血、检验操作的；

（九）对献血者、供血浆者超量、频繁采集血液、血浆的；

（十）采供血机构采集血液、血浆前，未对献血者或供血浆者进行身份识别，采集冒名顶替者、健康检查不合格者血液、血浆的；

（十一）血站擅自采集原料血浆，单采血浆站擅自采集临床用血或者向医疗机构供应原料血浆的；

（十二）重复使用一次性采血器材的；

（十三）其他不依照规定进行检测或者违背操作规定的。

第六条 对经国家主管部门批准采集、供应血液或者制作、供应血液制品的部门，不依照规定进行检测或者违背其他操作规定，具有下列情形之一的，应认定为刑法第三百三十四条第二款规定的"造成危害他人身体健康后果"，对单位判处罚金，并对其直接负责的主管人员和其他直接责任人员，处五年以下有期徒刑或者拘役：

（一）造成献血者、供血浆者、受血者感染艾滋病病毒、乙型肝炎病毒、丙型肝炎病毒、梅毒螺旋体或者其他经血液传播的病原微生物的；

（二）造成献血者、供血浆者、受血者重度贫血、造血功能障碍或者其他器官组织损伤导致功能障碍等身体严重危害的；

（三）造成其他危害他人身体健康后果的。

第七条 经国家主管部门批准的采供血机构和血液制品生产经营单位，应认定为刑法第三百三十四条第二款规定的"经国家主管部门批准采集、供应血液或者制作、供应血液制品的部门"。

第八条 本解释所称"血液"，是指全血、成分血和特殊血液成分。

本解释所称"血液制品"，是指各种人血浆蛋白制品。

本解释所称"采供血机构"，包括血液中心、中心血站、中心血库、脐带血造血干细胞库和国家卫生行政主管部门根据医学发展需要批准、设置的其他类型血库、单采血浆站。

五、疾病防控

1. 疾病预防

中华人民共和国传染病防治法

- 1989年2月21日第七届全国人民代表大会常务委员会第六次会议通过
- 2004年8月28日第十届全国人民代表大会常务委员会第十一次会议修订
- 根据2013年6月29日第十二届全国人民代表大会常务委员会第三次会议《关于修改〈中华人民共和国文物保护法〉等十二部法律的决定》修正

第一章 总 则

第一条 为了预防、控制和消除传染病的发生与流行，保障人体健康和公共卫生，制定本法。

第二条 国家对传染病防治实行预防为主的方针，防治结合、分类管理、依靠科学、依靠群众。

第三条 本法规定的传染病分为甲类、乙类和丙类。

甲类传染病是指：鼠疫、霍乱。

乙类传染病是指：传染性非典型肺炎、艾滋病、病毒性肝炎、脊髓灰质炎、人感染高致病性禽流感、麻疹、流行性出血热、狂犬病、流行性乙型脑炎、登革热、炭疽、细菌性和阿米巴性痢疾、肺结核、伤寒和副伤寒、流行性脑脊髓膜炎、百日咳、白喉、新生儿破伤风、猩红热、布鲁氏菌病、淋病、梅毒、钩端螺旋体病、血吸虫病、疟疾。

丙类传染病是指：流行性感冒、流行性腮腺炎、风疹、急性出血性结膜炎、麻风病、流行性和地方性斑疹伤寒、黑热病、包虫病、丝虫病，除霍乱、细菌性和阿米巴性痢疾、伤寒和副伤寒以外的感染性腹泻病。

国务院卫生行政部门根据传染病暴发、流行情况和危害程度，可以决定增加、减少或者调整乙类、丙类传染病病种并予以公布。

第四条 对乙类传染病中传染性非典型肺炎、炭疽中的肺炭疽和人感染高致病性禽流感，采取本法所称甲类传染病的预防、控制措施。其他乙类传染病和突发原因不明的传染病需要采取本法所称甲类传染病的预防、控制措施的，由国务院卫生行政部门及时报经国务院批准后予以公布、实施。

需要解除依照前款规定采取的甲类传染病预防、控制措施的，由国务院卫生行政部门报经国务院批准后予以公布。

省、自治区、直辖市人民政府对本行政区域内常见、多发的其他地方性传染病，可以根据情况决定按照乙类或者丙类传染病管理并予以公布，报国务院卫生行政部门备案。

第五条 各级人民政府领导传染病防治工作。

县级以上人民政府制定传染病防治规划并组织实施，建立健全传染病防治的疾病预防控制、医疗救治和监督管理体系。

第六条 国务院卫生行政部门主管全国传染病防治及其监督管理工作。县级以上地方人民政府卫生行政部门负责本行政区域内的传染病防治及其监督管理工作。

县级以上人民政府其他部门在各自的职责范围内负责传染病防治工作。

军队的传染病防治工作，依照本法和国家有关规定办理，由中国人民解放军卫生主管部门实施监督管理。

第七条 各级疾病预防控制机构承担传染病监测、预测、流行病学调查、疫情报告以及其他预防、控制工作。

医疗机构承担与医疗救治有关的传染病防治工作和责任区域内的传染病预防工作。城市社区和农村基层医疗机构在疾病预防控制机构的指导下，承担城市社区、农村基层相应的传染病防治工作。

第八条 国家发展现代医学和中医药等传统医学，支持和鼓励开展传染病防治的科学研究，提高传染病防治的科学技术水平。

国家支持和鼓励开展传染病防治的国际合作。

第九条 国家支持和鼓励单位和个人参与传染病防治工作。各级人民政府应当完善有关制度，方便单位和个人参与防治传染病的宣传教育、疫情报告、志愿服务和捐赠活动。

居民委员会、村民委员会应当组织居民、村民参与社区、农村的传染病预防与控制活动。

第十条 国家开展预防传染病的健康教育。新闻媒体应当无偿开展传染病防治和公共卫生教育的公益宣传。

各级各类学校应当对学生进行健康知识和传染病预防知识的教育。

医学院校应当加强预防医学教育和科学研究，对在校学生以及其他与传染病防治相关人员进行预防医学教育和培训，为传染病防治工作提供技术支持。

疾病预防控制机构、医疗机构应当定期对其工作人员进行传染病防治知识、技能的培训。

第十一条 对在传染病防治工作中做出显著成绩和贡献的单位和个人，给予表彰和奖励。

对因参与传染病防治工作致病、致残、死亡的人员，按照有关规定给予补助、抚恤。

第十二条 在中华人民共和国领域内的一切单位和个人，必须接受疾病预防控制机构、医疗机构有关传染病的调查、检验、采集样本、隔离治疗等预防、控制措施，如实提供有关情况。疾病预防控制机构、医疗机构不得泄露涉及个人隐私的有关信息、资料。

卫生行政部门以及其他有关部门、疾病预防控制机构和医疗机构因违法实施行政管理或者预防、控制措施，侵犯单位和个人合法权益的，有关单位和个人可以依法申请行政复议或者提起诉讼。

第二章　传染病预防

第十三条 各级人民政府组织开展群众性卫生活动，进行预防传染病的健康教育，倡导文明健康的生活方式，提高公众对传染病的防治意识和应对能力，加强环境卫生建设，消除鼠害和蚊、蝇等病媒生物的危害。

各级人民政府农业、水利、林业行政部门按照职责分工负责指导和组织消除农田、湖区、河流、牧场、林区的鼠害与血吸虫危害，以及其他传播传染病的动物和病媒生物的危害。

铁路、交通、民用航空行政部门负责组织消除交通工具以及相关场所的鼠害和蚊、蝇等病媒生物的危害。

第十四条 地方各级人民政府应当有计划地建设和改造公共卫生设施，改善饮用水卫生条件，对污水、污物、粪便进行无害化处置。

第十五条 国家实行有计划的预防接种制度。国务院卫生行政部门和省、自治区、直辖市人民政府卫生行政部门，根据传染病预防、控制的需要，制定传染病预防接种规划并组织实施。用于预防接种的疫苗必须符合国家质量标准。

国家对儿童实行预防接种证制度。国家免疫规划项目的预防接种实行免费。医疗机构、疾病预防控制机构与儿童的监护人应当相互配合，保证儿童及时受到预防接种。具体办法由国务院制定。

第十六条 国家和社会应当关心、帮助传染病病人、病原携带者和疑似传染病病人，使其得到及时救治。任何单位和个人不得歧视传染病病人、病原携带者和疑似传染病病人。

传染病病人、病原携带者和疑似传染病病人，在治愈前或者在排除传染病嫌疑前，不得从事法律、行政法规和国务院卫生行政部门规定禁止从事的易使该传染病扩散的工作。

第十七条 国家建立传染病监测制度。

国务院卫生行政部门制定国家传染病监测规划和方案。省、自治区、直辖市人民政府卫生行政部门根据国家传染病监测规划和方案，制定本行政区域的传染病监测计划和工作方案。

各级疾病预防控制机构对传染病的发生、流行以及影响其发生、流行的因素，进行监测；对国外发生、国内尚未发生的传染病或者国内新发生的传染病，进行监测。

第十八条 各级疾病预防控制机构在传染病预防控制中履行下列职责：

（一）实施传染病预防控制规划、计划和方案；

（二）收集、分析和报告传染病监测信息，预测传染病的发生、流行趋势；

（三）开展对传染病疫情和突发公共卫生事件的流行病学调查、现场处理及其效果评价；

（四）开展传染病实验室检测、诊断、病原学鉴定；

（五）实施免疫规划，负责预防性生物制品的使用管理；

（六）开展健康教育、咨询，普及传染病防治知识；

（七）指导、培训下级疾病预防控制机构及其工作人员开展传染病监测工作；

（八）开展传染病防治应用性研究和卫生评价，提供技术咨询。

国家、省级疾病预防控制机构负责对传染病发生、流行以及分布进行监测，对重大传染病流行趋势进行预测，提出预防控制对策，参与并指导对暴发的疫情进行调查处理，开展传染病病原学鉴定，建立检测质量控制体系，开展应用性研究和卫生评价。

设区的市和县级疾病预防控制机构负责传染病预防控制规划、方案的落实，组织实施免疫、消毒、控制病媒生物的危害，普及传染病防治知识，负责本地区疫情和突发公共卫生事件监测、报告，开展流行病学调查和常见病原微生物检测。

第十九条 国家建立传染病预警制度。

国务院卫生行政部门和省、自治区、直辖市人民政府根据传染病发生、流行趋势的预测，及时发出传染病预警，根据情况予以公布。

第二十条 县级以上地方人民政府应当制定传染病预防、控制预案，报上一级人民政府备案。

传染病预防、控制预案应当包括以下主要内容：

（一）传染病预防控制指挥部的组成和相关部门的职责；

（二）传染病的监测、信息收集、分析、报告、通报制度；

（三）疾病预防控制机构、医疗机构在发生传染病疫情时的任务与职责；

（四）传染病暴发、流行情况的分级以及相应的应急工作方案；

（五）传染病预防、疫点疫区现场控制，应急设施、设备、救治药品和医疗器械以及其他物资和技术的储备与调用。

地方人民政府和疾病预防控制机构接到国务院卫生行政部门或者省、自治区、直辖市人民政府发出的传染病预警后，应当按照传染病预防、控制预案，采取相应的预防、控制措施。

第二十一条 医疗机构必须严格执行国务院卫生行政部门规定的管理制度、操作规范，防止传染病的医源性感染和医院感染。

医疗机构应当确定专门的部门或者人员，承担传染病疫情报告、本单位的传染病预防、控制以及责任区域内的传染病预防工作；承担医疗活动中与医院感染有关的危险因素监测、安全防护、消毒、隔离和医疗废物处置工作。

疾病预防控制机构应当指定专门人员负责对医疗机构内传染病预防工作进行指导、考核，开展流行病学调查。

第二十二条 疾病预防控制机构、医疗机构的实验室和从事病原微生物实验的单位，应当符合国家规定的条件和技术标准，建立严格的监督管理制度，对传染病病原体样本按照规定的措施实行严格监督管理，严防传染病病原体的实验室感染和病原微生物的扩散。

第二十三条 采供血机构、生物制品生产单位必须严格执行国家有关规定，保证血液、血液制品的质量。禁止非法采集血液或者组织他人出卖血液。

疾病预防控制机构、医疗机构使用血液和血液制品，必须遵守国家有关规定，防止因输入血液、使用血液制品引起经血液传播疾病的发生。

第二十四条 各级人民政府应当加强艾滋病的防治工作，采取预防、控制措施，防止艾滋病的传播。具体办法由国务院制定。

第二十五条 县级以上人民政府农业、林业行政部门以及其他有关部门，依据各自的职责负责与人畜共患传染病有关的动物传染病的防治管理工作。

与人畜共患传染病有关的野生动物、家畜家禽，经检疫合格后，方可出售、运输。

第二十六条 国家建立传染病菌种、毒种库。

对传染病菌种、毒种和传染病检测样本的采集、保藏、携带、运输和使用实行分类管理，建立健全严格的管理制度。

对可能导致甲类传染病传播的以及国务院卫生行政部门规定的菌种、毒种和传染病检测样本，确需采集、保藏、携带、运输和使用的，须经省级以上人民政府卫生行政部门批准。具体办法由国务院制定。

第二十七条 对被传染病病原体污染的污水、污物、场所和物品，有关单位和个人必须在疾病预防控制机构的指导下或者按照其提出的卫生要求，进行严格消毒处理；拒绝消毒处理的，由当地卫生行政部门或者疾病预防控制机构进行强制消毒处理。

第二十八条 在国家确认的自然疫源地计划兴建水利、交通、旅游、能源等大型建设项目的，应当事先由省级以上疾病预防控制机构对施工环境进行卫生调查。建设单位应当根据疾病预防控制机构的意见，采取必要的传染病预防、控制措施。施工期间，建设单位应当设专人负责工地上的卫生防疫工作。工程竣工后，疾病预防控制机构应当对可能发生的传染病进行监测。

第二十九条 用于传染病防治的消毒产品、饮用水供水单位供应的饮用水和涉及饮用水卫生安全的产品，应当符合国家卫生标准和卫生规范。

饮用水供水单位从事生产或者供应活动，应当依法取得卫生许可证。

生产用于传染病防治的消毒产品的单位和生产用于传染病防治的消毒产品，应当经省级以上人民政府卫生行政部门审批。具体办法由国务院制定。

第三章 疫情报告、通报和公布

第三十条 疾病预防控制机构、医疗机构和采供血机构及其执行职务的人员发现本法规定的传染病疫情或者发现其他传染病暴发、流行以及突发原因不明的传染病时,应当遵循疫情报告属地管理原则,按照国务院规定的或者国务院卫生行政部门规定的内容、程序、方式和时限报告。

军队医疗机构向社会公众提供医疗服务,发现前款规定的传染病疫情时,应当按照国务院卫生行政部门的规定报告。

第三十一条 任何单位和个人发现传染病病人或者疑似传染病病人时,应当及时向附近的疾病预防控制机构或者医疗机构报告。

第三十二条 港口、机场、铁路疾病预防控制机构以及国境卫生检疫机关发现甲类传染病病人、病原携带者、疑似传染病病人时,应当按照国家有关规定立即向国境口岸所在地的疾病预防控制机构或者所在地县级以上地方人民政府卫生行政部门报告并互相通报。

第三十三条 疾病预防控制机构应当主动收集、分析、调查、核实传染病疫情信息。接到甲类、乙类传染病疫情报告或者发现传染病暴发、流行时,应当立即报告当地卫生行政部门,由当地卫生行政部门立即报告当地人民政府,同时报告上级卫生行政部门和国务院卫生行政部门。

疾病预防控制机构应当设立或者指定专门的部门、人员负责传染病疫情信息管理工作,及时对疫情报告进行核实、分析。

第三十四条 县级以上地方人民政府卫生行政部门应当及时向本行政区域内的疾病预防控制机构和医疗机构通报传染病疫情以及监测、预警的相关信息。接到通报的疾病预防控制机构和医疗机构应当及时告知本单位的有关人员。

第三十五条 国务院卫生行政部门应当及时向国务院其他有关部门和各省、自治区、直辖市人民政府卫生行政部门通报全国传染病疫情以及监测、预警的相关信息。

毗邻的以及相关的地方人民政府卫生行政部门,应当及时互相通报本行政区域的传染病疫情以及监测、预警的相关信息。

县级以上人民政府有关部门发现传染病疫情时,应当及时向同级人民政府卫生行政部门通报。

中国人民解放军卫生主管部门发现传染病疫情时,应当向国务院卫生行政部门通报。

第三十六条 动物防疫机构和疾病预防控制机构,应当及时互相通报动物间和人间发生的人畜共患传染病疫情以及相关信息。

第三十七条 依照本法的规定负有传染病疫情报告职责的人民政府有关部门、疾病预防控制机构、医疗机构、采供血机构及其工作人员,不得隐瞒、谎报、缓报传染病疫情。

第三十八条 国家建立传染病疫情信息公布制度。

国务院卫生行政部门定期公布全国传染病疫情信息。省、自治区、直辖市人民政府卫生行政部门定期公布本行政区域的传染病疫情信息。

传染病暴发、流行时,国务院卫生行政部门负责向社会公布传染病疫情信息,并可以授权省、自治区、直辖市人民政府卫生行政部门向社会公布本行政区域的传染病疫情信息。

公布传染病疫情信息应当及时、准确。

第四章 疫情控制

第三十九条 医疗机构发现甲类传染病时,应当及时采取下列措施:

(一)对病人、病原携带者,予以隔离治疗,隔离期限根据医学检查结果确定;

(二)对疑似病人,确诊前在指定场所单独隔离治疗;

(三)对医疗机构内的病人、病原携带者、疑似病人的密切接触者,在指定场所进行医学观察和采取其他必要的预防措施。

拒绝隔离治疗或者隔离期未满擅自脱离隔离治疗的,可以由公安机关协助医疗机构采取强制隔离治疗措施。

医疗机构发现乙类或者丙类传染病病人,应当根据病情采取必要的治疗和控制传播措施。

医疗机构对本单位内被传染病病原体污染的场所、物品以及医疗废物,必须依照法律、法规的规定实施消毒和无害化处置。

第四十条 疾病预防控制机构发现传染病疫情或者接到传染病疫情报告时,应当及时采取下列措施:

(一)对传染病疫情进行流行病学调查,根据调查情况提出划定疫点、疫区的建议,对被污染的场所进行卫生处理,对密切接触者,在指定场所进行医学观察和采取其他必要的预防措施,并向卫生行政部门提出疫情控制方案;

(二)传染病暴发、流行时,对疫点、疫区进行卫生处理,向卫生行政部门提出疫情控制方案,并按照卫生行政部门的要求采取措施;

(三)指导下级疾病预防控制机构实施传染病预防、控制措施,组织、指导有关单位对传染病疫情的处理。

第四十一条　对已经发生甲类传染病病例的场所或者该场所内的特定区域的人员，所在地的县级以上地方人民政府可以实施隔离措施，并同时向上一级人民政府报告；接到报告的上级人民政府应当即时作出是否批准的决定。上级人民政府作出不予批准决定的，实施隔离措施的人民政府应当立即解除隔离措施。

在隔离期间，实施隔离措施的人民政府应当对被隔离人员提供生活保障；被隔离人员有工作单位的，所在单位不得停止支付其隔离期间的工作报酬。

隔离措施的解除，由原决定机关决定并宣布。

第四十二条　传染病暴发、流行时，县级以上地方人民政府应当立即组织力量，按照预防、控制预案进行防治，切断传染病的传播途径，必要时，报经上一级人民政府决定，可以采取下列紧急措施并予以公告：

（一）限制或者停止集市、影剧院演出或者其他人群聚集的活动；

（二）停工、停业、停课；

（三）封闭或者封存被传染病病原体污染的公共饮用水源、食品以及相关物品；

（四）控制或者扑杀染疫野生动物、家畜家禽；

（五）封闭可能造成传染病扩散的场所。

上级人民政府接到下级人民政府关于采取前款所列紧急措施的报告时，应当即时作出决定。

紧急措施的解除，由原决定机关决定并宣布。

第四十三条　甲类、乙类传染病暴发、流行时，县级以上地方人民政府报经上一级人民政府决定，可以宣布本行政区域部分或者全部为疫区；国务院可以决定并宣布跨省、自治区、直辖市的疫区。县级以上地方人民政府可以在疫区内采取本法第四十二条规定的紧急措施，并可以对出入疫区的人员、物资和交通工具实施卫生检疫。

省、自治区、直辖市人民政府可以决定对本行政区域内的甲类传染病疫区实施封锁；但是，封锁大、中城市的疫区或者封锁跨省、自治区、直辖市的疫区，以及封锁疫区导致中断干线交通或者封锁国境的，由国务院决定。

疫区封锁的解除，由原决定机关决定并宣布。

第四十四条　发生甲类传染病时，为了防止该传染病通过交通工具及其乘运的人员、物资传播，可以实施交通卫生检疫。具体办法由国务院制定。

第四十五条　传染病暴发、流行时，根据传染病疫情控制的需要，国务院有权在全国范围或者跨省、自治区、直辖市范围内，县级以上地方人民政府有权在本行政区域内紧急调集人员或者调用储备物资，临时征用房屋、交通工具以及相关设施、设备。

紧急调集人员的，应当按照规定给予合理报酬。临时征用房屋、交通工具以及相关设施、设备的，应当依法给予补偿；能返还的，应当及时返还。

第四十六条　患甲类传染病、炭疽死亡的，应当将尸体立即进行卫生处理，就近火化。患其他传染病死亡的，必要时，应当将尸体进行卫生处理后火化或者按照规定深埋。

为了查找传染病病因，医疗机构在必要时可以按照国务院卫生行政部门的规定，对传染病病人尸体或者疑似传染病病人尸体进行解剖查验，并应当告知死者家属。

第四十七条　疫区中被传染病病原体污染或者可能被传染病病原体污染的物品，经消毒可以使用的，应当在当地疾病预防控制机构的指导下，进行消毒处理后，方可使用、出售和运输。

第四十八条　发生传染病疫情时，疾病预防控制机构和省级以上人民政府卫生行政部门指派的其他与传染病有关的专业技术机构，可以进入传染病疫点、疫区进行调查、采集样本、技术分析和检验。

第四十九条　传染病暴发、流行时，药品和医疗器械生产、供应单位应当及时生产、供应防治传染病的药品和医疗器械。铁路、交通、民用航空经营单位必须优先运送处理传染病疫情的人员以及防治传染病的药品和医疗器械。县级以上人民政府有关部门应当做好组织协调工作。

第五章　医疗救治

第五十条　县级以上人民政府应当加强和完善传染病医疗救治服务网络的建设，指定具备传染病救治条件和能力的医疗机构承担传染病救治任务，或者根据传染病救治需要设置传染病医院。

第五十一条　医疗机构的基本标准、建筑设计和服务流程，应当符合预防传染病医院感染的要求。

医疗机构应当按照规定对使用的医疗器械进行消毒；对按照规定一次使用的医疗器具，应当在使用后予以销毁。

医疗机构应当按照国务院卫生行政部门规定的传染病诊断标准和治疗要求，采取相应措施，提高传染病医疗救治能力。

第五十二条　医疗机构应当对传染病病人或者疑似传染病病人提供医疗救护、现场救援和接诊治疗，书写病历记录以及其他有关资料，并妥善保管。

医疗机构应当实行传染病预检、分诊制度；对传染病人、疑似传染病病人，应当引导至相对隔离的分诊点进行初诊。医疗机构不具备相应救治能力的,应当将患者及其病历记录复印件一并转至具备相应救治能力的医疗机构。具体办法由国务院卫生行政部门规定。

第六章 监督管理

第五十三条 县级以上人民政府卫生行政部门对传染病防治工作履行下列监督检查职责：

(一)对下级人民政府卫生行政部门履行本法规定的传染病防治职责进行监督检查；

(二)对疾病预防控制机构、医疗机构的传染病防治工作进行监督检查；

(三)对采供血机构的采供血活动进行监督检查；

(四)对用于传染病防治的消毒产品及其生产单位进行监督检查,并对饮用水供水单位从事生产或者供应活动以及涉及饮用水卫生安全的产品进行监督检查；

(五)对传染病菌种、毒种和传染病检测样本的采集、保藏、携带、运输、使用进行监督检查；

(六)对公共场所和有关单位的卫生条件和传染病预防、控制措施进行监督检查。

省级以上人民政府卫生行政部门负责组织对传染病防治重大事项的处理。

第五十四条 县级以上人民政府卫生行政部门在履行监督检查职责时,有权进入被检查单位和传染病疫情发生现场调查取证,查阅或者复制有关的资料和采集样本。被检查单位应当予以配合,不得拒绝、阻挠。

第五十五条 县级以上地方人民政府卫生行政部门在履行监督检查职责时,发现被传染病病原体污染的公共饮用水源、食品以及相关物品,如不及时采取控制措施可能导致传染病传播、流行的,可以采取封闭公共饮用水源、封存食品以及相关物品或者暂停销售的临时控制措施,并予以检验或者进行消毒。经检验,属于被污染的食品,应当予以销毁；对未被污染的食品或者经消毒后可以使用的物品,应当解除控制措施。

第五十六条 卫生行政部门工作人员依法执行职务时,应当不少于两人,并出示执法证件,填写卫生执法文书。

卫生执法文书经核对无误后,应当由卫生执法人员和当事人签名。当事人拒绝签名的,卫生执法人员应当注明情况。

第五十七条 卫生行政部门应当依法建立健全内部监督制度,对其工作人员依据法定职权和程序履行职责的情况进行监督。

上级卫生行政部门发现下级卫生行政部门不及时处理职责范围内的事项或者不履行职责的,应当责令纠正或者直接予以处理。

第五十八条 卫生行政部门及其工作人员履行职责,应当自觉接受社会和公民的监督。单位和个人有权向上级人民政府及其卫生行政部门举报违反本法的行为。接到举报的有关人民政府或者其卫生行政部门,应当及时调查处理。

第七章 保障措施

第五十九条 国家将传染病防治工作纳入国民经济和社会发展计划,县级以上地方人民政府将传染病防治工作纳入本行政区域的国民经济和社会发展计划。

第六十条 县级以上地方人民政府按照本级政府职责负责本行政区域内传染病预防、控制、监督工作的日常经费。

国务院卫生行政部门会同国务院有关部门,根据传染病流行趋势,确定全国传染病预防、控制、救治、监测、预测、预警、监督检查等项目。中央财政对困难地区实施重大传染病防治项目给予补助。

省、自治区、直辖市人民政府根据本行政区域内传染病流行趋势,在国务院卫生行政部门确定的项目范围内,确定传染病预防、控制、监督等项目,并保障项目的实施经费。

第六十一条 国家加强基层传染病防治体系建设,扶持贫困地区和少数民族地区的传染病防治工作。

地方各级人民政府应当保障城市社区、农村基层传染病预防工作的经费。

第六十二条 国家对患有特定传染病的困难人群实行医疗救助,减免医疗费用。具体办法由国务院卫生行政部门会同国务院财政部门等部门制定。

第六十三条 县级以上人民政府负责储备防治传染病的药品、医疗器械和其他物资,以备调用。

第六十四条 对从事传染病预防、医疗、科研、教学、现场处理疫情的人员,以及在生产、工作中接触传染病病原体的其他人员,有关单位应当按照国家规定,采取有效的卫生防护措施和医疗保健措施,并给予适当的津贴。

第八章 法律责任

第六十五条 地方各级人民政府未依照本法的规定履行报告职责,或者隐瞒、谎报、缓报传染病疫情,或者在传染病暴发、流行时,未及时组织救治、采取控制措施的,由上级人民政府责令改正,通报批评；造成传染病传播、流行或者其他严重后果的，对负有责任的主管人员，依法给予行政处分；构成犯罪的，依法追究刑事责任。

第六十六条 县级以上人民政府卫生行政部门违反本法规定，有下列情形之一的，由本级人民政府、上级人民政府卫生行政部门责令改正，通报批评；造成传染病传播、流行或者其他严重后果的，对负有责任的主管人员和其他直接责任人员，依法给予行政处分；构成犯罪的，依法追究刑事责任：

（一）未依法履行传染病疫情通报、报告或者公布职责，或者隐瞒、谎报、缓报传染病疫情的；

（二）发生或者可能发生传染病传播时未及时采取预防、控制措施的；

（三）未依法履行监督检查职责，或者发现违法行为不及时查处的；

（四）未及时调查、处理单位和个人对下级卫生行政部门不履行传染病防治职责的举报的；

（五）违反本法的其他失职、渎职行为。

第六十七条 县级以上人民政府有关部门未依照本法的规定履行传染病防治和保障职责的，由本级人民政府或者上级人民政府有关部门责令改正，通报批评；造成传染病传播、流行或者其他严重后果的，对负有责任的主管人员和其他直接责任人员，依法给予行政处分；构成犯罪的，依法追究刑事责任。

第六十八条 疾病预防控制机构违反本法规定，有下列情形之一的，由县级以上人民政府卫生行政部门责令限期改正，通报批评，给予警告；对负有责任的主管人员和其他直接责任人员，依法给予降级、撤职、开除的处分，并可以依法吊销有关责任人员的执业证书；构成犯罪的，依法追究刑事责任：

（一）未依法履行传染病监测职责的；

（二）未依法履行传染病疫情报告、通报职责，或者隐瞒、谎报、缓报传染病疫情的；

（三）未主动收集传染病疫情信息，或者对传染病疫情信息和疫情报告未及时进行分析、调查、核实的；

（四）发现传染病疫情时，未依据职责及时采取本法规定的措施的；

（五）故意泄露传染病病人、病原携带者、疑似传染病病人、密切接触者涉及个人隐私的有关信息、资料的。

第六十九条 医疗机构违反本法规定，有下列情形之一的，由县级以上人民政府卫生行政部门责令改正，通报批评，给予警告；造成传染病传播、流行或者其他严重后果的，对负有责任的主管人员和其他直接责任人员，依法给予降级、撤职、开除的处分，并可以依法吊销有关责任人员的执业证书；构成犯罪的，依法追究刑事责任：

（一）未按照规定承担本单位的传染病预防、控制工作、医院感染控制任务和责任区域内的传染病预防工作的；

（二）未按照规定报告传染病疫情，或者隐瞒、谎报、缓报传染病疫情的；

（三）发现传染病疫情时，未按照规定对传染病病人、疑似传染病病人提供医疗救护、现场救援、接诊、转诊的，或者拒绝接受转诊的；

（四）未按照规定对本单位内被传染病病原体污染的场所、物品以及医疗废物实施消毒或者无害化处置的；

（五）未按照规定对医疗器械进行消毒，或者对按照规定一次使用的医疗器具未予销毁，再次使用的；

（六）在医疗救治过程中未按照规定保管医学记录资料的；

（七）故意泄露传染病病人、病原携带者、疑似传染病病人、密切接触者涉及个人隐私的有关信息、资料的。

第七十条 采供血机构未按照规定报告传染病疫情，或者隐瞒、谎报、缓报传染病疫情，或者未执行国家有关规定，导致因输入血液引起经血液传播疾病发生的，由县级以上人民政府卫生行政部门责令改正，通报批评，给予警告；造成传染病传播、流行或者其他严重后果的，对负有责任的主管人员和其他直接责任人员，依法给予降级、撤职、开除的处分，并可以依法吊销采供血机构的执业许可证；构成犯罪的，依法追究刑事责任。

非法采集血液或者组织他人出卖血液的，由县级以上人民政府卫生行政部门予以取缔，没收违法所得，可以并处十万元以下的罚款；构成犯罪的，依法追究刑事责任。

第七十一条 国境卫生检疫机关、动物防疫机构未依法履行传染病疫情通报职责的，由有关部门在各自职责范围内责令改正，通报批评；造成传染病传播、流行或者其他严重后果的，对负有责任的主管人员和其他直接责任人员，依法给予降级、撤职、开除的处分；构成犯罪的，依法追究刑事责任。

第七十二条 铁路、交通、民用航空经营单位未依照本法的规定优先运送处理传染病疫情的人员以及防治传染病的药品和医疗器械的，由有关部门责令限期改正，给予警告；造成严重后果的，对负有责任的主管人员和其他直接责任人员，依法给予降级、撤职、开除的处分。

第七十三条 违反本法规定，有下列情形之一，导致或者可能导致传染病传播、流行的，由县级以上人民政府卫生行政部门责令限期改正,没收违法所得,可以并处五万元以下的罚款;已取得许可证的,原发证部门可以依法暂扣或者吊销许可证;构成犯罪的,依法追究刑事责任:

(一)饮用水供水单位供应的饮用水不符合国家卫生标准和卫生规范的;

(二)涉及饮用水卫生安全的产品不符合国家卫生标准和卫生规范的;

(三)用于传染病防治的消毒产品不符合国家卫生标准和卫生规范的;

(四)出售、运输疫区中被传染病病原体污染或者可能被传染病病原体污染的物品,未进行消毒处理的;

(五)生物制品生产单位生产的血液制品不符合国家质量标准的。

第七十四条　违反本法规定,有下列情形之一的,由县级以上地方人民政府卫生行政部门责令改正,通报批评,给予警告,已取得许可证的,可以依法暂扣或者吊销许可证;造成传染病传播、流行以及其他严重后果的,对负有责任的主管人员和其他直接责任人员,依法给予降级、撤职、开除的处分,并可以依法吊销有关责任人员的执业证书;构成犯罪的,依法追究刑事责任:

(一)疾病预防控制机构、医疗机构和从事病原微生物实验的单位,不符合国家规定的条件和技术标准,对传染病病原体样本未按照规定进行严格管理,造成实验室感染和病原微生物扩散的;

(二)违反国家有关规定,采集、保藏、携带、运输和使用传染病菌种、毒种和传染病检测样本的;

(三)疾病预防控制机构、医疗机构未执行国家有关规定,导致因输入血液、使用血液制品引起经血液传播疾病发生的。

第七十五条　未经检疫出售、运输与人畜共患传染病有关的野生动物、家畜家禽的,由县级以上地方人民政府畜牧兽医行政部门责令停止违法行为,并依法给予行政处罚。

第七十六条　在国家确认的自然疫源地兴建水利、交通、旅游、能源等大型建设项目,未经卫生调查进行施工的,或者未按照疾病预防控制机构的意见采取必要的传染病预防、控制措施的,由县级以上人民政府卫生行政部门责令限期改正,给予警告,处五千元以上三万元以下的罚款;逾期不改正的,处三万元以上十万元以下的罚款,并可以提请有关人民政府依据职责权限,责令停建、关闭。

第七十七条　单位和个人违反本法规定,导致传染病传播、流行,给他人人身、财产造成损害的,应当依法承担民事责任。

第九章　附　则

第七十八条　本法中下列用语的含义:

(一)传染病病人、疑似传染病病人:指根据国务院卫生行政部门发布的《中华人民共和国传染病防治法规定管理的传染病诊断标准》,符合传染病病人和疑似传染病病人诊断标准的人。

(二)病原携带者:指感染病原体无临床症状但能排出病原体的人。

(三)流行病学调查:指对人群中疾病或者健康状况的分布及其决定因素进行调查研究,提出疾病预防控制措施及保健对策。

(四)疫点:指病原体从传染源向周围播散的范围较小或者单个疫源地。

(五)疫区:指传染病在人群中暴发、流行,其病原体向周围播散时所能波及的地区。

(六)人畜共患传染病:指人与脊椎动物共同罹患的传染病,如鼠疫、狂犬病、血吸虫病等。

(七)自然疫源地:指某些可引起人类传染病的病原体在自然界的野生动物中长期存在和循环的地区。

(八)病媒生物:指能够将病原体从人或者其他动物传播给人的生物,如蚊、蝇、蚤类等。

(九)医源性感染:指在医学服务中,因病原体传播引起的感染。

(十)医院感染:指住院病人在医院内获得的感染,包括在住院期间发生的感染和在医院内获得出院后发生的感染,但不包括入院前已开始或者入院时已处于潜伏期的感染。医院工作人员在医院内获得的感染也属医院感染。

(十一)实验室感染:指从事实验室工作时,因接触病原体所致的感染。

(十二)菌种、毒种:指可能引起本法规定的传染病发生的细菌菌种、病毒毒种。

(十三)消毒:指用化学、物理、生物的方法杀灭或者消除环境中的病原微生物。

(十四)疾病预防控制机构:指从事疾病预防控制活动的疾病预防控制中心以及与上述机构业务活动相同的单位。

(十五)医疗机构:指按照《医疗机构管理条例》取得医疗机构执业许可证,从事疾病诊断、治疗活动的机构。

第七十九条　传染病防治中有关食品、药品、血液、水、医疗废物和病原微生物的管理以及动物防疫和国境卫生检疫,本法未规定的,分别适用其他有关法律、行政法规的规定。

第八十条 本法自 2004 年 12 月 1 日起施行。

中华人民共和国传染病防治法实施办法

· 1991 年 10 月 4 日国务院批准
· 1991 年 12 月 6 日卫生部令第 17 号发布
· 自发布之日起施行

第一章 总 则

第一条 根据《中华人民共和国传染病防治法》(以下简称《传染病防治法》)的规定,制定本办法。

第二条 国家对传染病实行预防为主的方针,各级政府在制定社会经济发展规划时,必须包括传染病防治目标,并组织有关部门共同实施。

第三条 各级政府卫生行政部门对传染病防治工作实施统一监督管理。

受国务院卫生行政部门委托的其他有关部门卫生主管机构,在本系统内行使《传染病防治法》第三十二条第一款所列职权。

军队的传染病防治工作,依照《传染病防治法》和本办法中的有关规定以及国家其他有关规定,由中国人民解放军卫生主管部门实施监督管理。

第四条 各级各类卫生防疫机构按照专业分工承担传染病监测管理的责任和范围,由省级政府卫生行政部门确定。

铁路、交通、民航、厂(场)矿的卫生防疫机构,承担本系统传染病监测管理工作,并接受本系统上级卫生主管机构和省级政府卫生行政部门指定的卫生防疫机构的业务指导。

第五条 各级各类医疗保健机构承担传染病防治管理的责任和范围,由当地政府卫生行政部门确定。

第六条 各级政府对预防、控制传染病做出显著成绩和贡献的单位和个人,应当给予奖励。

第二章 预 防

第七条 各级政府应当组织有关部门,开展传染病预防知识和防治措施的卫生健康教育。

第八条 各级政府组织开展爱国卫生活动。

铁路、交通、民航部门负责组织消除交通工具的鼠害和各种病媒昆虫的危害。

农业、林业部门负责组织消除农田、牧场及林区的鼠害。

国务院各有关部委消除钉螺危害的分工,按照国务院的有关规定办理。

第九条 集中式供水必须符合国家《生活饮用水卫生标准》。

各单位自备水源,未经城市建设部门和卫生行政部门批准,不得与城镇集中式供水系统连接。

第十条 地方各级政府应当有计划地建设和改造公共卫生设施。

城市应当按照城市环境卫生设施标准修建公共厕所、垃圾粪便的无害化处理场和污水、雨水排放处理系统等公共卫生设施。

农村应当逐步改造厕所,对粪便进行无害化处理,加强对公共生活用水的卫生管理,建立必要的卫生管理制度。饮用水水源附近禁止有污水池、粪堆(坑)等污染源。禁止在饮用水水源附近洗刷便器和运输粪便的工具。

第十一条 国家实行有计划的预防接种制度。

中华人民共和国境内的任何人均应按照有关规定接受预防接种。

各省、自治区、直辖市政府卫生行政部门可以根据当地传染病的流行情况,增加预防接种项目。

第十二条 国家对儿童实行预防接种证制度。

适龄儿童应当按照国家有关规定,接受预防接种。适龄儿童的家长或者监护人应当及时向医疗保健机构申请办理预防接种证。

托幼机构、学校在办理入托、入学手续时,应当查验预防接种证,未按规定接种的儿童应当及时补种。

第十三条 各级各类医疗保健机构的预防保健组织或者人员,在本单位及责任地段内承担下列工作:

(一)传染病疫情报告和管理;

(二)传染病预防和控制工作;

(三)卫生行政部门指定的卫生防疫机构交付的传染病防治和监测任务。

第十四条 医疗保健机构必须按照国务院卫生行政部门的有关规定,严格执行消毒隔离制度,防止医院内感染和医源性感染。

第十五条 卫生防疫机构和从事致病性微生物实验的科研、教学、生产等单位必须做到:

(一)建立健全防止致病性微生物扩散的制度和人体防护措施;

(二)严格执行实验操作规程,对实验后的样品、器材、污染物品等,按照有关规定严格消毒后处理;

(三)实验动物必须按照国家有关规定进行管理。

第十六条　传染病的菌(毒)种分为下列三类：

一类：鼠疫耶尔森氏菌、霍乱弧菌；天花病毒、艾滋病病毒；

二类：布氏菌、炭疽菌、麻风杆菌；肝炎病毒、狂犬病毒、出血热病毒、登革热病毒；斑疹伤寒立克次体；

三类：脑膜炎双球菌、链球菌、淋病双球菌、结核杆菌、百日咳嗜血杆菌、白喉棒状杆菌、沙门氏菌、志贺氏菌、破伤风梭状杆菌；钩端螺旋体、梅毒螺旋体；乙型脑炎病毒、脊髓灰质炎病毒、流感病毒、流行性腮腺炎病毒、麻疹病毒、风疹病毒。

国务院卫生行政部门可以根据情况增加或者减少菌(毒)种的种类。

第十七条　国家对传染病菌(毒)种的保藏、携带、运输实行严格管理：

(一)菌(毒)种的保藏由国务院卫生行政部门指定的单位负责。

(二)一、二类菌(毒)种的供应由国务院卫生行政部门指定的保藏管理单位供应。三类菌(毒)种由设有专业实验室的单位或者国务院卫生行政部门指定的保藏管理单位供应。

(三)使用一类菌(毒)种的单位，必须经国务院卫生行政部门批准；使用二类菌(毒)种的单位必须经省级政府卫生行政部门批准；使用三类菌(毒)种的单位，应当经县级政府卫生行政部门批准。

(四)一、二类菌(毒)种，应派专人向供应单位领取，不得邮寄；三类菌(毒)种的邮寄必须持有邮寄单位的证明，并按照菌(毒)种邮寄与包装的有关规定办理。

第十八条　对患有下列传染病的病人或者病原携带者予以必要的隔离治疗，直至医疗保健机构证明其不具有传染性时，方可恢复工作：

(一)鼠疫、霍乱；

(二)艾滋病、病毒性肝炎、细菌性和阿米巴痢疾、伤寒和副伤寒、炭疽、斑疹伤寒、麻疹、百日咳、白喉、脊髓灰质炎、流行性脑脊髓膜炎、猩红热、流行性出血热、登革热、淋病、梅毒；

(三)肺结核、麻风病、流行性腮腺炎、风疹、急性出血性结膜炎。

第十九条　从事饮水、饮食、整容、保育等易使传染病扩散工作的从业人员，必须按照国家有关规定取得健康合格证后方可上岗。

第二十条　招用流动人员200人以上的用工单位，应当向当地政府卫生行政部门指定的卫生防疫机构报告，并按照要求采取预防控制传染病的卫生措施。

第二十一条　被甲类传染病病原体污染的污水、污物、粪便，有关单位和个人必须在卫生防疫人员的指导监督下，按照下列要求进行处理：

(一)被鼠疫病原体污染

1. 被污染的室内空气、地面、四壁必须进行严格消毒，被污染的物品必须严格消毒或者焚烧处理；

2. 彻底消除鼠疫疫区内的鼠类、蚤类；发现病鼠、死鼠应当送检；解剖检验后的鼠尸必须焚化；

3. 疫区内啮齿类动物的皮毛不能就地进行有效的消毒处理时，必须在卫生防疫机构的监督下焚烧。

(二)被霍乱病原体污染

1. 被污染的饮用水，必须进行严格消毒处理；
2. 污水经消毒处理后排放；
3. 被污染的食物要就地封存，消毒处理；
4. 粪便消毒处理达到无害化；
5. 被污染的物品，必须进行严格消毒或者焚烧处理。

第二十二条　被伤寒和副伤寒、细菌性痢疾、脊髓灰质炎、病毒性肝炎病原体污染的水、物品、粪便，有关单位和个人应当按照下列要求进行处理：

(一)被污染的饮用水，应当进行严格消毒处理；
(二)污水经消毒处理后排放；
(三)被污染的物品，应当进行严格消毒处理或者焚烧处理；
(四)粪便消毒处理达到无害化。

死于炭疽的动物尸体必须就地焚化，被污染的用具必须消毒处理，被污染的土地、草皮消毒后，必须将10厘米厚的表层土铲除，并在远离水源及河流的地方深埋。

第二十三条　出售、运输被传染病病原体污染或者来自疫区可能被传染病病原体污染的皮毛、旧衣物及生活用品等，必须按照卫生防疫机构的要求进行必要的卫生处理。

第二十四条　用于预防传染病的菌苗、疫苗等生物制品，由各省、自治区、直辖市卫生防疫机构统一向生物制品生产单位订购，其他任何单位和个人不得经营。

用于预防传染病的菌苗、疫苗等生物制品必须在卫生防疫机构监督指导下使用。

第二十五条　凡从事可能导致经血液传播传染病的美容、整容等单位和个人，必须执行国务院卫生行政部门的有关规定。

第二十六条　血站(库)、生物制品生产单位，必须严格执行国务院卫生行政部门的有关规定，保证血液、血液制品的质量，防止因输入血液、血液制品引起病毒性肝炎、艾滋病、疟疾等疾病的发生。任何单位和个人不准使用国务院卫生行政部门禁止进口的血液和血液制品。

第二十七条　生产、经营、使用消毒药剂和消毒器械、卫生用品、卫生材料、一次性医疗器材、隐形眼镜、人造器官等必须符合国家有关标准，不符合国家有关标准的不得生产、经营和使用。

第二十八条　发现人畜共患传染病已在人、畜间流行时，卫生行政部门与畜牧兽医部门应当深入疫区，按照职责分别对人、畜开展防治工作。

传染病流行区的家畜家禽，未经畜牧兽医部门检疫不得外运。

进入鼠疫自然疫源地捕猎旱獭应按照国家有关规定执行。

第二十九条　狂犬病的防治管理工作按照下列规定分工负责：

（一）公安部门负责县以上城市养犬的审批与违章养犬的处理，捕杀狂犬、野犬。

（二）畜牧兽医部门负责兽用狂犬病疫苗的研制、生产和供应；对城乡经批准的养犬进行预防接种、登记和发放"家犬免疫证"；对犬类狂犬病的疫情进行监测和负责进出口犬类的检疫、免疫及管理。

（三）乡（镇）政府负责辖区内养犬的管理，捕杀狂犬、野犬。

（四）卫生部门负责人用狂犬病疫苗的供应、接种和病人的诊治。

第三十条　自然疫源地或者可能是自然疫源地的地区计划兴建大型建设项目时，建设单位在设计任务书批准后，应当向当地卫生防疫机构申请对施工环境进行卫生调查，并根据卫生防疫机构的意见采取必要的卫生防疫措施后，方可办理开工手续。

兴建城市规划内的建设项目，属于在自然疫源地和可能是自然疫源地范围内的，城市规划主管部门在核发建设工程规划许可证明中，必须有卫生防疫部门提出的有关意见及结论。建设单位在施工过程中，必须采取预防传染病传播和扩散的措施。

第三十一条　卫生防疫机构接到在自然疫源地和可能是自然疫源地范围内兴办大型建设项目的建设单位的卫生调查申请后，应当及时组成调查组到现场进行调查，并提出该地区自然环境中可能存在的传染病病种、流行范围、流行强度及预防措施等意见和结论。

第三十二条　在自然疫源地或者可能是自然疫源地内施工的建设单位，应当设立预防保健组织负责施工期间的卫生防疫工作。

第三十三条　凡在生产、工作中接触传染病病原体的工作人员，可以按照国家有关规定申领卫生防疫津贴。

第三章　疫情报告

第三十四条　执行职务的医疗保健人员、卫生防疫人员为责任疫情报告人。

责任疫情报告人应当按照本办法第三十五条规定的时限向卫生行政部门指定的卫生防疫机构报告疫情，并做疫情登记。

第三十五条　责任疫情报告人发现甲类传染病和乙类传染病中的艾滋病、肺炭疽的病人、病原携带者和疑似传染病病人时，城镇于6小时内，农村于12小时内，以最快的通讯方式向发病地的卫生防疫机构报告，并同时报出传染病报告卡。

责任疫情报告人发现乙类传染病病人、病原携带者和疑似传染病病人时，城镇于12小时内，农村于24小时内向发病地的卫生防疫机构报出传染病报告卡。

责任疫情报告人在丙类传染病监测区内发现丙类传染病病人时，应当在24小时内向发病地的卫生防疫机构报出传染病报告卡。

第三十六条　传染病暴发、流行时，责任疫情报告人应当以最快的通讯方式向当地卫生防疫机构报告疫情。接到疫情报告的卫生防疫机构应当以最快的通讯方式报告上级卫生防疫机构和当地政府卫生行政部门，卫生行政部门接到报告后，应当立即报告当地政府。

省级政府卫生行政部门接到发现甲类传染病和发生传染病暴发、流行的报告后，应当于6小时内报告国务院卫生行政部门。

第三十七条　流动人员中的传染病病人、病原携带者和疑似传染病病人的传染病报告、处理由诊治地负责，其疫情登记、统计由户口所在地负责。

第三十八条　铁路、交通、民航、厂（场）矿的卫生防疫机构，应当定期向所在地卫生行政部门指定的卫生防疫机构报告疫情。

第三十九条　军队的传染病疫情，由中国人民解放军卫生主管部门根据军队有关规定向国务院卫生行政部门报告。

军队的医疗保健和卫生防疫机构，发现地方就诊的传染病病人、病原携带者、疑似传染病病人时，应当按照本办法第三十五条的规定报告疫情，并接受当地卫生防疫机构的业务指导。

第四十条 国境口岸所在地卫生行政部门指定的卫生防疫机构和港口、机场、铁路卫生防疫机构和国境卫生检疫机关在发现国境卫生检疫法规定的检疫传染病时，应当互相通报疫情。

发现人畜共患传染病时，卫生防疫机构和畜牧兽医部门应当互相通报疫情。

第四十一条 各级政府卫生行政部门指定的卫生防疫机构应当对辖区内各类医疗保健机构的疫情登记报告和管理情况定期进行核实、检查、指导。

第四十二条 传染病报告卡片邮寄信封应当印有明显的"红十字"标志及写明××卫生防疫机构收的字样。

邮电部门应当及时传递疫情报告的电话或者信卡，并实行邮资总付。

第四十三条 医务人员未经县级以上政府卫生行政部门批准，不得将就诊的淋病、梅毒、麻风病、艾滋病病人和艾滋病病原携带者及其家属的姓名、住址和个人病史公开。

第四章 控 制

第四十四条 卫生防疫机构和医疗保健机构传染病的疫情处理实行分级分工管理。

第四十五条 艾滋病的监测管理按照国务院有关规定执行。

第四十六条 淋病、梅毒病人应当在医疗保健机构、卫生防疫机构接受治疗。尚未治愈前，不得进入公共浴池、游泳池。

第四十七条 医疗保健机构或者卫生防疫机构在诊治中发现甲类传染病的疑似病人，应当在2日内作出明确诊断。

第四十八条 甲类传染病病人和病原携带者以及乙类传染病中的艾滋病、淋病、梅毒病人的密切接触者必须按照有关规定接受检疫、医学检查和防治措施。

前款以外的乙类传染病病人及病原携带者的密切接触者，应当接受医学检查和防治措施。

第四十九条 甲类传染病疑似病人或者病原携带者的密切接触者，经留验排除是病人或者病原携带者后，留验期间的工资福利待遇由所属单位按出勤照发。

第五十条 发现甲类传染病病人、病原携带者或者疑似病人的污染场所，卫生防疫机构接到疫情报告后，应立即进行严格的卫生处理。

第五十一条 地方各级政府卫生行政部门发现本地区发生从未有过的传染病或者国家已宣布消除的传染病时，应当立即采取措施，必要时，向当地政府报告。

第五十二条 在传染病暴发、流行区域，当地政府应当根据传染病疫情控制的需要，组织卫生、医药、公安、工商、交通、水利、城建、农业、商业、民政、邮电、广播电视等部门采取下列预防、控制措施：

（一）对病人进行抢救、隔离治疗；

（二）加强粪便管理，清除垃圾、污物；

（三）加强自来水和其他饮用水的管理，保护饮用水源；

（四）消除病媒昆虫、钉螺、鼠类及其他染疫动物；

（五）加强易使传染病传播扩散活动的卫生管理；

（六）开展防病知识的宣传；

（七）组织对传染病病人、病原携带者、染疫动物密切接触人群的检疫、预防服药、应急接种等；

（八）供应用于预防和控制疫情所必需的药品、生物制品、消毒药品、器械；

（九）保证居民生活必需品的供应。

第五十三条 县级以上政府接到下一级政府关于采取《传染病防治法》第二十五条规定的紧急措施报告时，应当在24小时内做出决定。下一级政府在上一级政府作出决定前，必要时，可以临时采取《传染病防治法》第二十五条第一款第（一）、（四）项紧急措施，但不得超过24小时。

第五十四条 撤销采取《传染病防治法》第二十五条紧急措施的条件是：

（一）甲类传染病病人、病原携带者全部治愈，乙类传染病病人、病原携带者得到有效的隔离治疗；病人尸体得到严格消毒处理；

（二）污染的物品及环境已经过消毒等卫生处理；有关病媒昆虫、染疫动物基本消除；

（三）暴发、流行的传染病病种，经过最长潜伏期后，未发现新的传染病病人，疫情得到有效的控制。

第五十五条 因患鼠疫、霍乱和炭疽病死亡的病人尸体，由治疗病人的医疗单位负责消毒处理，处理后应当立即火化。

患病毒性肝炎、伤寒和副伤寒、艾滋病、白喉、炭疽、脊髓灰质炎死亡的病人尸体，由治疗病人的医疗单位或者当地卫生防疫机构消毒处理后火化。

不具备火化条件的农村、边远地区，由治疗病人的医疗单位或者当地卫生防疫机构负责消毒后，可选远离居民点500米以外、远离饮用水源50米以外的地方，将尸体在距地面两米以下深埋。

民族自治地方执行前款的规定,依照《传染病防治法》第二十八条第三款的规定办理。

第五十六条 医疗保健机构、卫生防疫机构经县级以上政府卫生行政部门的批准可以对传染病病人尸体或者疑似传染病病人的尸体进行解剖查验。

第五十七条 卫生防疫机构处理传染病疫情的人员,可以凭当地政府卫生行政部门出具的处理疫情证明及有效的身份证明,优先在铁路、交通、民航部门购票,铁路、交通、民航部门应当保证售给最近一次通往目的地的车、船、机票。

交付运输的处理疫情的物品应当有明显标志,铁路、交通、民航部门应当保证用最快通往目的地的交通工具运出。

第五十八条 用于传染病监督控制的车辆,其标志由国务院卫生行政部门会同有关部门统一制定。任何单位和个人不得阻拦依法执行处理疫情任务的车辆和人员。

第五章 监督

第五十九条 地方各级政府卫生行政部门、卫生防疫机构和受国务院卫生行政部门委托的其他有关部门卫生主管机构推荐的传染病管理监督员,由省级以上政府卫生行政部门聘任并发给证件。

省级政府卫生行政部门聘任的传染病管理监督员,报国务院卫生行政部门备案。

第六十条 传染病管理监督员执行下列任务:

(一)监督检查《传染病防治法》及本办法的执行情况;

(二)进行现场调查,包括采集必需的标本及查阅、索取、翻印复制必要的文字、图片、声像资料等,并根据调查情况写出书面报告;

(三)对违法单位或者个人提出处罚建议;

(四)执行卫生行政部门或者其他有关部门卫生主管机构交付的任务;

(五)及时提出预防和控制传染病措施的建议。

第六十一条 各级各类医疗保健机构内设立的传染病管理检查员,由本单位推荐,经县级以上政府卫生行政部门或受国务院卫生行政部门委托的其他部门卫生主管机构批准并发给证件。

第六十二条 传染病管理检查员执行下列任务:

(一)宣传《传染病防治法》及本办法,检查本单位和责任地段的传染病防治措施的实施和疫情报告执行情况;

(二)对本单位和责任地段的传染病防治工作进行技术指导;

(三)执行卫生行政部门和卫生防疫机构对本单位及责任地段提出的改进传染病防治管理工作的意见;

(四)定期向卫生行政部门指定的卫生防疫机构汇报工作情况,遇有紧急情况及时报告。

第六十三条 传染病管理监督员、传染病管理检查员执行任务时,有关单位和个人必须给予协助。

第六十四条 传染病管理监督员的解聘和传染病管理检查员资格的取消,由原发证机关决定,并通知其所在单位和个人。

第六十五条 县级以上政府卫生行政部门和受国务院卫生行政部门委托的部门,可以成立传染病技术鉴定组织。

第六章 罚则

第六十六条 有下列行为之一的,由县级以上政府卫生行政部门责令限期改正,可以处 5000 元以下的罚款;情节较严重的,可以处 5000 元以上 2 万元以下的罚款,对主管人员和直接责任人员由其所在单位或者上级机关给予行政处分:

(一)集中式供水单位供应的饮用水不符合国家规定的《生活饮用水卫生标准》的;

(二)单位自备水源未经批准与城镇供水系统连接的;

(三)未按城市环境卫生设施标准修建公共卫生设施致使垃圾、粪便、污水不能进行无害化处理的;

(四)对被传染病病原体污染的污水、污物、粪便不按规定进行消毒处理的;

(五)对被甲类和乙类传染病病人、病原携带者、疑似传染病病人污染的场所、物品未按照卫生防疫机构的要求实施必要的卫生处理的;

(六)造成传染病的医源性感染、医院内感染、实验室感染和致病性微生物扩散的;

(七)生产、经营、使用消毒药剂和消毒器械、卫生用品、卫生材料、一次性医疗器材、隐形眼镜、人造器官等不符合国家卫生标准,可能造成传染病的传播、扩散或者造成传染病的传播、扩散的;

(八)准许或者纵容传染病病人、病原携带者和疑似传染病病人,从事国务院卫生行政部门规定禁止从事的易使该传染病扩散的工作的;

(九)传染病病人、病原携带者故意传播传染病,造成他人感染的;

(十)甲类传染病病人、病原携带者或者疑似传染

病人,乙类传染病中艾滋病、肺炭疽病人拒绝进行隔离治疗的;

(十一)招用流动人员的用工单位,未向卫生防疫机构报告并未采取卫生措施,造成传染病传播、流行的;

(十二)违章养犬或者拒绝、阻挠捕杀违章犬,造成咬伤他人或者导致人群中发生狂犬病的。

前款所称情节较严重的,是指下列情形之一:

(一)造成甲类传染病、艾滋病、肺炭疽传播危险的;

(二)造成除艾滋病、肺炭疽之外的乙、丙类传染病暴发、流行的;

(三)造成传染病菌(毒)种扩散的;

(四)造成病人残疾、死亡的;

(五)拒绝执行《传染病防治法》及本办法的规定,屡经教育仍继续违法的。

第六十七条 在自然疫源地和可能是自然疫源地的地区兴建大型建设项目未经卫生调查即进行施工的,由县级以上政府卫生行政部门责令限期改正,可以处2000元以上2万元以下的罚款。

第六十八条 单位和个人出售、运输被传染病病原体污染和来自疫区可能被传染病病原体污染的皮毛、旧衣物及生活用品的,由县级以上政府卫生行政部门责令限期进行卫生处理,可以处出售金额一倍以下的罚款;造成传染病流行的,根据情节,可以处相当出售金额三倍以下的罚款,危害严重,出售金额不满2000元的,以2000元计算;对主管人员和直接责任人员由所在单位或者上级机关给予行政处分。

第六十九条 单位和个人非法经营、出售用于预防传染病菌苗、疫苗等生物制品的,县级以上政府卫生行政部门可以处相当出售金额三倍以下的罚款,危害严重,出售金额不满5000元的,以5000元计算;对主管人员和直接责任人员由所在单位或者上级机关根据情节,可以给予行政处分。

第七十条 有下列行为之一的单位和个人,县级以上政府卫生行政部门报请同级政府批准,对单位予以通报批评;对主管人员和直接责任人员由所在单位或者上级机关给予行政处分:

(一)传染病暴发、流行时,妨碍或者拒绝执行政府采取紧急措施的;

(二)传染病暴发、流行时,医疗保健人员、卫生防疫人员拒绝执行各级政府卫生行政部门调集其参加控制疫情的决定的;

(三)对控制传染病暴发、流行负有责任的部门拒绝执行政府有关控制疫情决定的;

(四)无故阻止和拦截依法执行处理疫情任务的车辆和人员的。

第七十一条 执行职务的医疗保健人员、卫生防疫人员和责任单位,不报、漏报、迟报传染病疫情的,由县级以上政府卫生行政部门责令限期改正,对主管人员和直接责任人员由其所在单位或者上级机关根据情节,可以给予行政处分。

个体行医人员在执行职务时,不报、漏报、迟报传染病疫情的,由县级以上政府卫生行政部门责令限期改正,限期内不改的,可以处100元以上500元以下罚款;对造成传染病传播流行的,可以处200元以上2000元以下罚款。

第七十二条 县级政府卫生行政部门可以作出处1万元以下罚款的决定;决定处1万元以上罚款的,须报上一级政府卫生行政部门批准。

受国务院卫生行政部门委托的有关部门卫生主管机构可以作出处2000元以下罚款的决定;决定处2000元以上罚款的,须报当地县级以上政府卫生行政部门批准。

县级以上政府卫生行政部门在收取罚款时,应当出具正式的罚款收据。罚款全部上缴国库。

第七章 附 则

第七十三条 《传染病防治法》及本办法的用语含义如下:

传染病病人、疑似传染病病人:指根据国务院卫生行政部门发布的《中华人民共和国传染病防治法规定管理的传染病诊断标准》,符合传染病病人和疑似传染病病人诊断标准的人。

病原携带者:指感染病原体无临床症状但能排出病原体的人。

暴发:指在一个局部地区,短期内,突然发生多例同一种传染病病人。

流行:指一个地区某种传染病发病率显著超过该病历年的一般发病率水平。

重大传染病疫情:指《传染病防治法》第二十五条所称的传染病的暴发、流行。

传染病监测:指对人群传染病的发生、流行及影响因素进行有计划地、系统地长期观察。

疫区:指传染病在人群中暴发或者流行,其病原体向周围传播时可能波及的地区。

人畜共患传染病:指鼠疫、流行性出血热、狂犬病、钩端螺旋体病、布鲁氏菌病、炭疽、流行性乙型脑炎、黑热病、包虫病、血吸虫病。

自然疫源地：指某些传染病的病原体在自然界的野生动物中长期保存并造成动物间流行的地区。

可能是自然疫源地：指在自然界中具有自然疫源性疾病存在的传染源和传播媒介，但尚未查明的地区。

医源性感染：指在医学服务中，因病原体传播引起的感染。

医院内感染：指就诊患者在医疗保健机构内受到的感染。

实验室感染：指从事实验室工作时，因接触病原体所致的感染。

消毒：指用化学、物理、生物的方法杀灭或者消除环境中的致病性微生物。

卫生处理：指消毒、杀虫、灭鼠等卫生措施以及隔离、留验、就地检验等医学措施。

卫生防疫机构：指卫生防疫站、结核病防治研究所（院）、寄生虫病防治研究所（站）、血吸虫病防治研究所（站）、皮肤病性病防治研究所（站）、地方病防治研究所（站）、鼠疫防治站（所）、乡镇预防保健站（所）及与上述机构专业相同的单位。

医疗保健机构：指医院、卫生院（所）、门诊部（所）、疗养院（所）、妇幼保健院（站）及与上述机构业务活动相同的单位。

第七十四条 省、自治区、直辖市政府可以根据《传染病防治法》和本办法制定实施细则。

第七十五条 本办法由国务院卫生行政部门负责解释。

第七十六条 本办法自发布之日起施行。

中华人民共和国国境卫生检疫法

- 1986年12月2日第六届全国人民代表大会常务委员会第十八次会议通过
- 根据2007年12月29日第十届全国人民代表大会常务委员会第三十一次会议《关于修改〈中华人民共和国国境卫生检疫法〉的决定》第一次修正
- 根据2009年8月27日第十一届全国人民代表大会常务委员会第十次会议《关于修改部分法律的决定》第二次修正
- 根据2018年4月27日第十三届全国人民代表大会常务委员会第二次会议《关于修改〈中华人民共和国国境卫生检疫法〉等六部法律的决定》第三次修正

第一章 总 则

第一条 为了防止传染病由国外传入或者由国内传出，实施国境卫生检疫，保护人体健康，制定本法。

第二条 在中华人民共和国国际通航的港口、机场以及陆地边境和国界江河的口岸（以下简称国境口岸），设立国境卫生检疫机关，依照本法规定实施传染病检疫、监测和卫生监督。

第三条 本法规定的传染病是指检疫传染病和监测传染病。

检疫传染病，是指鼠疫、霍乱、黄热病以及国务院确定和公布的其他传染病。

监测传染病，由国务院卫生行政部门确定和公布。

第四条 入境、出境的人员、交通工具、运输设备以及可能传播检疫传染病的行李、货物、邮包等物品，都应当接受检疫，经国境卫生检疫机关许可，方准入境或者出境。具体办法由本法实施细则规定。

第五条 国境卫生检疫机关发现检疫传染病或者疑似检疫传染病时，除采取必要措施外，必须立即通知当地卫生行政部门，同时用最快的方法报告国务院卫生行政部门，最迟不得超过二十四小时。邮电部门对疫情报告应当优先传送。

中华人民共和国与外国之间的传染病疫情通报，由国务院卫生行政部门会同有关部门办理。

第六条 在国外或者国内有检疫传染病大流行的时候，国务院可以下令封锁有关的国境或者采取其他紧急措施。

第二章 检 疫

第七条 入境的交通工具和人员，必须在最先到达的国境口岸的指定地点接受检疫。除引航员外，未经国境卫生检疫机关许可，任何人不准上下交通工具，不准装卸行李、货物、邮包等物品。具体办法由本法实施细则规定。

第八条 出境的交通工具和人员，必须在最后离开的国境口岸接受检疫。

第九条 来自国外的船舶、航空器因故停泊、降落在中国境内非口岸地点的时候，船舶、航空器的负责人应当立即向就近的国境卫生检疫机关或者当地卫生行政部门报告。除紧急情况外，未经国境卫生检疫机关或者当地卫生行政部门许可，任何人不准上下船舶、航空器，不准装卸行李、货物、邮包等物品。

第十条 在国境口岸发现检疫传染病、疑似检疫传染病，或者有人非因意外伤害而死亡并死因不明的，国境口岸有关单位和交通工具的负责人，应当立即向国境卫生检疫机关报告，并申请临时检疫。

第十一条 国境卫生检疫机关依据检疫医师提供的

检疫结果,对未染有检疫传染病或者已实施卫生处理的交通工具,签发入境检疫证或者出境检疫证。

第十二条 国境卫生检疫机关对检疫传染病染疫人必须立即将其隔离,隔离期限根据医学检查结果确定;对检疫传染病染疫嫌疑人应当将其留验,留验期限根据该传染病的潜伏期确定。

因患检疫传染病而死亡的尸体,必须就近火化。

第十三条 接受入境检疫的交通工具有下列情形之一的,应当实施消毒、除鼠、除虫或者其他卫生处理:

(一)来自检疫传染病疫区的;

(二)被检疫传染病污染的;

(三)发现有与人类健康有关的啮齿动物或者病媒昆虫的。

如果外国交通工具的负责人拒绝接受卫生处理,除有特殊情况外,准许该交通工具在国境卫生检疫机关的监督下,立即离开中华人民共和国国境。

第十四条 国境卫生检疫机关对来自疫区的、被检疫传染病污染的或者可能成为检疫传染病传播媒介的行李、货物、邮包等物品,应当进行卫生检查,实施消毒、除鼠、除虫或者其他卫生处理。

入境、出境的尸体、骸骨的托运人或者其代理人,必须向国境卫生检疫机关申报,经卫生检查合格后,方准运进或者运出。

第三章 传染病监测

第十五条 国境卫生检疫机关对入境、出境的人员实施传染病监测,并且采取必要的预防、控制措施。

第十六条 国境卫生检疫机关有权要求入境、出境的人员填写健康申明卡,出示某种传染病的预防接种证书、健康证明或者其他有关证件。

第十七条 对患有监测传染病的人、来自国外监测传染病流行区的人或者与监测传染病人密切接触的人,国境卫生检疫机关应当区别情况,发给就诊方便卡,实施留验或者采取其他预防、控制措施,并及时通知当地卫生行政部门。各地医疗单位对持有就诊方便卡的人员,应当优先诊治。

第四章 卫生监督

第十八条 国境卫生检疫机关根据国家规定的卫生标准,对国境口岸的卫生状况和停留在国境口岸的入境、出境的交通工具的卫生状况实施卫生监督:

(一)监督和指导有关人员对啮齿动物、病媒昆虫的防除;

(二)检查和检验食品、饮用水及其储存、供应、运输设施;

(三)监督从事食品、饮用水供应的从业人员的健康状况,检查其健康证明书;

(四)监督和检查垃圾、废物、污水、粪便、压舱水的处理。

第十九条 国境卫生检疫机关设立国境口岸卫生监督员,执行国境卫生检疫机关交给的任务。

国境口岸卫生监督员在执行任务时,有权对国境口岸和入境、出境的交通工具进行卫生监督和技术指导,对卫生状况不良和可能引起传染病传播的因素提出改进意见,协同有关部门采取必要的措施,进行卫生处理。

第五章 法律责任

第二十条 对违反本法规定,有下列行为之一的单位或者个人,国境卫生检疫机关可以根据情节轻重,给予警告或者罚款:

(一)逃避检疫,向国境卫生检疫机关隐瞒真实情况的;

(二)入境的人员未经国境卫生检疫机关许可,擅自上下交通工具,或者装卸行李、货物、邮包等物品,不听劝阻的。

罚款全部上缴国库。

第二十一条 当事人对国境卫生检疫机关给予的罚款决定不服的,可以在接到通知之日起十五日内,向当地人民法院起诉。逾期不起诉又不履行的,国境卫生检疫机关可以申请人民法院强制执行。

第二十二条 违反本法规定,引起检疫传染病传播或者有引起检疫传染病传播严重危险的,依照刑法有关规定追究刑事责任。

第二十三条 国境卫生检疫机关工作人员,应当秉公执法,忠于职守,对入境、出境的交通工具和人员,及时进行检疫;违法失职,给予行政处分,情节严重构成犯罪的,依法追究刑事责任。

第六章 附 则

第二十四条 中华人民共和国缔结或者参加的有关卫生检疫的国际条约同本法有不同规定的,适用该国际条约的规定。但是,中华人民共和国声明保留的条款除外。

第二十五条 中华人民共和国边防机关与邻国边防机关之间在边境地区的往来,居住在两国边境接壤地区的居民在边境指定地区的临时往来,双方的交通工具和人员的入境、出境检疫，依照双方协议办理，没有协议的，依照中国政府的有关规定办理。

第二十六条 国境卫生检疫机关实施卫生检疫，按照国家规定收取费用。

第二十七条 本法自1987年5月1日起施行。1957年12月23日公布的《中华人民共和国国境卫生检疫条例》同时废止。

中华人民共和国国境卫生检疫法实施细则

- 1989年2月10日国务院批准
- 1989年3月6日卫生部令第2号公布
- 根据2010年4月24日《国务院关于修改〈中华人民共和国国境卫生检疫法实施细则〉的决定》第一次修订
- 根据2016年2月6日《国务院关于修改部分行政法规的决定》第二次修订
- 根据2019年3月2日《国务院关于修改部分行政法规的决定》第三次修订

第一章 一般规定

第一条 根据《中华人民共和国国境卫生检疫法》（以下称《国境卫生检疫法》）的规定，制定本细则。

第二条 《国境卫生检疫法》和本细则所称：

"查验"指国境卫生检疫机关（以下称卫生检疫机关）实施的医学检查和卫生检查。

"染疫人"指正在患检疫传染病的人，或者经卫生检疫机关初步诊断，认为已经感染检疫传染病或者已经处于检疫传染病潜伏期的人。

"染疫嫌疑人"指接触过检疫传染病的感染环境，并且可能传播检疫传染病的人。

"隔离"指将染疫人收留在指定的处所，限制其活动并进行治疗，直到消除传染病传播的危险。

"留验"指将染疫嫌疑人收留在指定的处所进行诊察和检验。

"就地诊验"指一个人在卫生检疫机关指定的期间，到就近的卫生检疫机关或者其他医疗卫生单位去接受诊察和检验；或者卫生检疫机关、其他医疗卫生单位到该人员的居留地，对其进行诊察和检验。

"运输设备"指货物集装箱。

"卫生处理"指隔离、留验和就地诊验等医学措施，以及消毒、除鼠、除虫等卫生措施。

"传染病监测"指对特定环境、人群进行流行病学、血清学、病原学、临床症状以及其他有关影响因素的调查研究，预测有关传染病的发生、发展和流行。

"卫生监督"指执行卫生法规和卫生标准所进行的卫生检查、卫生鉴定、卫生评价和采样检验。

"交通工具"指船舶、航空器、列车和其他车辆。

"国境口岸"指国际通航的港口、机场、车站、陆地边境和国界江河的关口。

第三条 卫生检疫机关在国境口岸工作的范围，是指为国境口岸服务的涉外宾馆、饭店、俱乐部，为入境、出境交通工具提供饮食、服务的单位和对入境、出境人员、交通工具、集装箱和货物实施检疫、监测、卫生监督的场所。

第四条 入境、出境的人员、交通工具和集装箱，以及可能传播检疫传染病的行李、货物、邮包等，均应当按照本细则的规定接受检疫，经卫生检疫机关许可，方准入境或者出境。

第五条 卫生检疫机关发现染疫人时，应当立即将其隔离，防止任何人遭受感染，并按照本细则第八章的规定处理。

卫生检疫机关发现染疫嫌疑人时，应当按照本细则第八章的规定处理。但对第八章规定以外的其他病种染疫嫌疑人，可以从该人员离开感染环境的时候算起，实施不超过该传染病最长潜伏期的就地诊验或者留验以及其他的卫生处理。

第六条 卫生检疫机关应当阻止染疫人、染疫嫌疑人出境，但是对来自国外并且在到达时受就地诊验的人，本人要求出境的，可以准许出境；如果乘交通工具出境，检疫医师应当将这种情况在出境检疫证上签注，同时通知交通工具负责人采取必要的预防措施。

第七条 在国境口岸以及停留在该场所的入境、出境交通工具上，所有非因意外伤害而死亡并死因不明的尸体，必须经卫生检疫机关查验，并签发尸体移运许可证后，方准移运。

第八条 来自国内疫区的交通工具，或者在国内航行中发现检疫传染病、疑似检疫传染病，或者有人非因意外伤害而死亡并死因不明的，交通工具负责人应当向到达的国境口岸卫生检疫机关报告，接受临时检疫。

第九条 在国内或者国外检疫传染病大流行的时候，国务院卫生行政部门应当立即报请国务院决定采取下列检疫措施的一部或者全部：

（一）下令封锁陆地边境、国界江河的有关区域；

（二）指定某些物品必须经过消毒、除虫，方准由国外运进或者由国内运出；

（三）禁止某些物品由国外运进或者由国内运出；

（四）指定第一入境港口、降落机场。对来自国外疫区的船舶、航空器，除因遇险或者其他特殊原因外，没有经第一入境港口、机场检疫的，不准进入其他港口和机场。

第十条 入境、出境的集装箱、货物、废旧物等物品在到达口岸的时候，承运人、代理人或者货主，必须向卫生检疫机关申报并接受卫生检疫。对来自疫区的、被传染病污染的以及可能传播检疫传染病或者发现与人类健康有关的啮齿动物和病媒昆虫的集装箱、货物、废旧物等物品，应当实施消毒、除鼠、除虫或者其他必要的卫生处理。

集装箱、货物、废旧物等物品的货主要求在其他地方实施卫生检疫、卫生处理的，卫生检疫机关可以给予方便，并按规定办理。

第十一条 入境、出境的微生物、人体组织、生物制品、血液及其制品等特殊物品的携带人、托运人或者邮递人，必须向卫生检疫机关申报并接受卫生检疫，凭卫生检疫机关签发的特殊物品审批单办理通关手续。未经卫生检疫机关许可，不准入境、出境。

第十二条 入境、出境的旅客、员工个人携带或者托运可能传播传染病的行李和物品，应当接受卫生检查。卫生检疫机关对来自疫区或者被传染病污染的各种食品、饮料、水产品等应当实施卫生处理或者销毁，并签发卫生处理证明。

第十三条 卫生检疫机关对应当实施卫生检疫的邮包进行卫生检查和必要的卫生处理时，邮政部门应予配合。未经卫生检疫机关许可，邮政部门不得运递。

第十四条 卫生检疫单、证的种类、式样和签发办法，由海关总署规定。

第二章 疫情通报

第十五条 在国境口岸以及停留在国境口岸的交通工具上，发现检疫传染病、疑似检疫传染病，或者有人非因意外伤害而死亡死因不明时，国境口岸有关单位以及交通工具的负责人，应当立即向卫生检疫机关报告。

第十六条 卫生检疫机关发现检疫传染病、监测传染病、疑似检疫传染病时，应当向当地卫生行政部门和卫生防疫机构通报；发现检疫传染病时，还应当用最快的办法向国务院卫生行政部门报告。

当地卫生防疫机构发现检疫传染病、监测传染病时，应当向卫生检疫机关通报。

第十七条 在国内或者国外某一地区发生检疫传染病流行时，国务院卫生行政部门可以宣布该地区为疫区。

第三章 卫生检疫机关

第十八条 卫生检疫机关根据工作需要，可以设立派出机构。卫生检疫机关的设立、合并或者撤销，按照有关规定执行。

第十九条 卫生检疫机关的职责：

（一）执行《国境卫生检疫法》及其实施细则和国家有关卫生法规；

（二）收集、整理、报告国际和国境口岸传染病的发生、流行和终息情况；

（三）对国境口岸的卫生状况实施卫生监督；对入境、出境的交通工具、人员、集装箱、尸体、骸骨以及可能传播检疫传染病的行李、货物、邮包等实施检疫查验、传染病监测、卫生监督和卫生处理；

（四）对入境、出境的微生物、生物制品、人体组织、血液及其制品等特殊物品以及能传播人类传染病的动物，实施卫生检疫；

（五）对入境、出境人员进行预防接种、健康检查、医疗服务、国际旅行健康咨询和卫生宣传；

（六）签发卫生检疫证件；

（七）进行流行病学调查研究，开展科学实验；

（八）执行海关总署、国务院卫生行政部门指定的其他工作。

第二十条 国境口岸卫生监督员的职责：

（一）对国境口岸和停留在国境口岸的入境、出境交通工具进行卫生监督和卫生宣传；

（二）在消毒、除鼠、除虫等卫生处理方面进行技术指导；

（三）对造成传染病传播、啮齿动物和病媒昆虫扩散、食物中毒、食物污染等事故进行调查，并提出控制措施。

第二十一条 卫生检疫机关工作人员、国境口岸卫生监督员在执行任务时，应当穿着检疫制服，佩戴检疫标志；卫生检疫机关的交通工具在执行任务期间，应当悬挂检疫旗帜。

检疫制服、标志、旗帜的式样和使用办法由海关总署会同有关部门制定，报国务院审批。

第四章 海港检疫

第二十二条 船舶的入境检疫，必须在港口的检疫锚地或者经卫生检疫机关同意的指定地点实施。

检疫锚地由港务监督机关和卫生检疫机关会商确定，报国务院交通运输主管部门和海关总署备案。

第二十三条 船舶代理应当在受入境检疫的船舶到达以前,尽早向卫生检疫机关通知下列事项:
(一)船名、国籍、预定到达检疫锚地的日期和时间;
(二)发航港、最后寄港;
(三)船员和旅客人数;
(四)货物种类。
港务监督机关应当将船舶确定到达检疫锚地的日期和时间尽早通知卫生检疫机关。

第二十四条 受入境检疫的船舶,在航行中,发现检疫传染病、疑似检疫传染病,或者有人非因意外伤害而死亡并死因不明的,船长必须立即向实施检疫港口的卫生检疫机关报告下列事项:
(一)船名、国籍、预定到达检疫锚地的日期和时间;
(二)发航港、最后寄港;
(三)船员和旅客人数;
(四)货物种类;
(五)病名或者主要症状、患病人数、死亡人数;
(六)船上有无船医。

第二十五条 受入境检疫的船舶,必须按照下列规定悬挂检疫信号等候查验,在卫生检疫机关发给入境检疫证前,不得降下检疫信号。
昼间在明显处悬挂国际通语信号旗:
(一)"Q"字旗表示:本船没有染疫,请发给入境检疫证;
(二)"QQ"字旗表示:本船有染疫或者染疫嫌疑,请即刻实施检疫。
夜间在明显处垂直悬挂灯号:
(一)红灯三盏表示:本船没有染疫,请发给入境检疫证;
(二)红、红、白、红灯四盏表示:本船有染疫或者染疫嫌疑,请即刻实施检疫。

第二十六条 悬挂检疫信号的船舶,除引航员和经卫生检疫机关许可的人员外,其他人员不准上船,不准装卸行李、货物、邮包等物品,其他船舶不准靠近;船上的人员,除因船舶遇险外,未经卫生检疫机关许可,不准离船;引航员不得将船引离检疫锚地。

第二十七条 申请电讯检疫的船舶,首先向卫生检疫机关申请卫生检查,合格者发给卫生证书。该证书自签发之日起12个月内可以申请电讯检疫。

第二十八条 持有效卫生证书的船舶在入境前24小时,应当向卫生检疫机关报告下列事项:
(一)船名、国籍、预定到达检疫锚地的日期和时间;
(二)发航港、最后寄港;
(三)船员和旅客人数及健康状况;
(四)货物种类;
(五)船舶卫生证书的签发日期和编号、除鼠证书或者免予除鼠证书的签发日期和签发港,以及其他卫生证件。
经卫生检疫机关对上述报告答复同意后,即可进港。

第二十九条 对船舶的入境检疫,在日出后到日落前的时间内实施;凡具备船舶夜航条件,夜间可靠离码头和装卸作业的港口口岸,应实行24小时检疫。对来自疫区的船舶,不实行夜间检疫。

第三十条 受入境检疫船舶的船长,在检疫医师到达船上时,必须提交由船长签字或者有船医附签的航海健康申报书、船员名单、旅客名单、载货申报单,并出示除鼠证书或者免予除鼠证书。
在查验中,检疫医师有权查阅航海日志和其他有关证件;需要进一步了解船舶航行中卫生情况时,检疫医师可以向船长、船医提出询问,船长、船医必须如实回答。用书面回答时,须经船长签字和船医附签。

第三十一条 船舶实施入境查验完毕以后,对没有染疫的船舶,检疫医师应当立即签发入境检疫证;如果该船有受卫生处理或者限制的事项,应当在入境检疫证上签注,并按照签注事项办理。对染疫船舶、染疫嫌疑船舶,除通知港务监督机关外,对该船舶还应当发给卫生处理通知书,该船舶上的引航员和经卫生检疫机关许可上船的人员应当视同员工接受有关卫生处理,在卫生处理完毕以后,再发给入境检疫证。
船舶领到卫生检疫机关签发的入境检疫证后,可以降下检疫信号。

第三十二条 船舶代理应当在受出境检疫的船舶启航以前,尽早向卫生检疫机关通知下列事项:
(一)船名、国籍、预定开航的日期和时间;
(二)目的港、最初寄港;
(三)船员名单和旅客名单;
(四)货物种类。
港务监督机关应当将船舶确定开航的日期和时间尽早通知卫生检疫机关。
船舶的入境、出境检疫在同一港口实施时,如果船员、旅客没有变动,可以免报船员名单和旅客名单;有变动的,报变动船员、旅客名单。

第三十三条 受出境检疫的船舶,船长应当向卫生检疫机关出示除鼠证书或者免予除鼠证书和其他有关检疫证件。检疫医师可以向船长、船医提出有关船员、旅客健康情况和船上卫生情况的询问，船长、船医对上述询问应当如实回答。

第三十四条 对船舶实施出境检疫完毕以后，检疫医师应当按照检疫结果立即签发出境检疫证，如果因卫生处理不能按原定时间启航，应当及时通知港务监督机关。

第三十五条 对船舶实施出境检疫完毕以后，除引航员和经卫生检疫机关许可的人员外，其他人员不准上船，不准装卸行李、货物、邮包等物品。如果违反上述规定，该船舶必须重新实施出境检疫。

第五章 航空检疫

第三十六条 航空器在飞行中，不得向下投掷或者任其坠下能传播传染病的任何物品。

第三十七条 实施卫生检疫机场的航空站，应当在受入境检疫的航空器到达以前，尽早向卫生检疫机关通知下列事项：

（一）航空器的国籍、机型、号码、识别标志、预定到达时间；

（二）出发站、经停站；

（三）机组和旅客人数。

第三十八条 受入境检疫的航空器，如果在飞行中发现检疫传染病、疑似检疫传染病，或者有人非因意外伤害而死亡并死因不明时，机长应当立即通知到达机场的航空站，向卫生检疫机关报告下列事项：

（一）航空器的国籍、机型、号码、识别标志、预定到达时间；

（二）出发站、经停站；

（三）机组和旅客人数；

（四）病名或者主要症状、患病人数、死亡人数。

第三十九条 受入境检疫的航空器到达机场以后，检疫医师首先登机。机长或者其授权的代理人，必须向卫生检疫机关提交总申报单、旅客名单、货物仓单和有效的灭蚊证书，以及其他有关检疫证件；对检疫医师提出的有关航空器上卫生状况的询问，机长或者其授权的代理人应当如实回答。在检疫没有结束之前，除经卫生检疫机关许可外，任何人不得上下航空器，不准装卸行李、货物、邮包等物品。

第四十条 入境旅客必须在指定的地点，接受入境查验，同时用书面或者口头回答检疫医师提出的有关询问。在此期间，入境旅客不得离开查验场所。

第四十一条 对入境航空器查验完毕以后，根据查验结果，对没有染疫的航空器，检疫医师应当签发入境检疫证；如果该航空器有受卫生处理或者限制的事项，应当在入境检疫证上签注，由机长或者其授权的代理人负责执行；对染疫或者有染疫嫌疑的航空器，除通知航空站外，对该航空器应当发给卫生处理通知单，在规定的卫生处理完毕以后，再发给入境检疫证。

第四十二条 实施卫生检疫机场的航空站，应当在受出境检疫的航空器起飞以前，尽早向卫生检疫机关提交总申报单、货物仓单和其他有关检疫证件，并通知下列事项：

（一）航空器的国籍、机型、号码、识别标志、预定起飞时间；

（二）经停站、目的站；

（三）机组和旅客人数。

第四十三条 对出境航空器查验完毕以后，如果没有染疫，检疫医师应当签发出境检疫证或者在必要的卫生处理完毕以后，再发给出境检疫证；如果该航空器因卫生处理不能按原定时间起飞，应当及时通知航空站。

第六章 陆地边境检疫

第四十四条 实施卫生检疫的车站，应当在受入境检疫的列车到达之前，尽早向卫生检疫机关通知下列事项：

（一）列车的车次，预定到达的时间；

（二）始发站；

（三）列车编组情况。

第四十五条 受入境检疫的列车和其他车辆到达车站、关口后，检疫医师首先登车，列车长或者其他车辆负责人，应当口头或者书面向卫生检疫机关申报该列车或者其他车辆上人员的健康情况，对检疫医师提出有关卫生状况和人员健康的询问，应当如实回答。

第四十六条 受入境检疫的列车和其他车辆到达车站、关口，在实施入境检疫而未取得入境检疫证以前，未经卫生检疫机关许可，任何人不准上下列车或者其他车辆，不准装卸行李、货物、邮包等物品。

第四十七条 实施卫生检疫的车站，应当在受出境检疫列车发车以前，尽早向卫生检疫机关通知下列事项：

（一）列车的车次，预定发车的时间；

（二）终到站；

（三）列车编组情况。

第四十八条 应当受入境、出境检疫的列车和其他车辆，如果在行程中发现检疫传染病、疑似检疫传染病，或者有人非因意外伤害而死因不明的，列车或者其他车辆到达车站、关口时,列车长或者其他车辆负责人应当向卫生检疫机关报告。

第四十九条 受入境、出境检疫的列车,在查验中发现检疫传染病或者疑似检疫传染病,或者因受卫生处理不能按原定时间发车,卫生检疫机关应当及时通知车站的站长。如果列车在原停车地点不宜实施卫生处理,站长可以选择站内其他地点实施卫生处理。在处理完毕之前,未经卫生检疫机关许可,任何人不准上下列车,不准装卸行李、货物、邮包等物品。

为了保证入境直通列车的正常运输,卫生检疫机关可以派员随车实施检疫,列车长应当提供方便。

第五十条 对列车或者其他车辆实施入境、出境检疫完毕后,检疫医师应当根据检疫结果分别签发入境、出境检疫证,或者在必要的卫生处理完毕后,再分别签发入境、出境检疫证。

第五十一条 徒步入境、出境的人员,必须首先在指定的场所接受入境、出境查验,未经卫生检疫机关许可,不准离开指定的场所。

第五十二条 受入境、出境检疫的列车以及其他车辆,载有来自疫区、有染疫或者染疫嫌疑或者夹带能传播传染病的病媒昆虫和啮齿动物的货物,应当接受卫生检查和必要的卫生处理。

第七章 卫生处理

第五十三条 卫生检疫机关的工作人员在实施卫生处理时,必须注意下列事项:

(一)防止对任何人的健康造成危害;
(二)防止对交通工具的结构和设备造成损害;
(三)防止发生火灾;
(四)防止对行李、货物造成损害。

第五十四条 入境、出境的集装箱、行李、货物、邮包等物品需要卫生处理的,由卫生检疫机关实施。

入境、出境的交通工具有下列情形之一的,应当由卫生检疫机关实施消毒、除鼠、除虫或者其他卫生处理:

(一)来自检疫传染病疫区的;
(二)被检疫传染病污染的;
(三)发现有与人类健康有关的啮齿动物或者病媒昆虫,超过国家卫生标准的。

第五十五条 由国外起运经过中华人民共和国境内的货物,如果不在境内换装,除发生在流行病学上有重要意义的事件,需要实施卫生处理外,在一般情况下不实施卫生处理。

第五十六条 卫生检疫机关对入境、出境的废旧物品和曾行驶于境外港口的废旧交通工具,根据污染程度,分别实施消毒、除鼠、除虫,对污染严重的实施销毁。

第五十七条 入境、出境的尸体、骸骨托运人或者代理人应当申请卫生检疫,并出示死亡证明或者其他有关证件,对不符合卫生要求的,必须接受卫生检疫机关实施的卫生处理。经卫生检疫合格后,方准运进或者运出。

对因患检疫传染病而死亡的病人尸体,必须就近火化,不准移运。

第五十八条 卫生检疫机关对已在到达本口岸前的其他口岸实施卫生处理的交通工具不再重复实施卫生处理。但有下列情形之一的,仍需实施卫生处理:

(一)在原实施卫生处理的口岸或者该交通工具上,发生流行病学上有重要意义的事件,需要进一步实施卫生处理的;

(二)在到达本口岸前的其他口岸实施的卫生处理没有实际效果的。

第五十九条 在国境口岸或者交通工具上发现啮齿动物有反常死亡或者死因不明的,国境口岸有关单位或者交通工具的负责人,必须立即向卫生检疫机关报告,迅速查明原因,实施卫生处理。

第六十条 国际航行船舶的船长,必须每隔6个月向卫生检疫机关申请一次鼠患检查,卫生检疫机关根据检查结果实施除鼠或者免予除鼠,并且分别发给除鼠证书或者免予除鼠证书。该证书自签发之日起6个月内有效。

第六十一条 卫生检疫机关只有在下列之一情况下,经检查确认船舶无鼠害的,方可签发免予除鼠证书:

(一)空舱;
(二)舱内虽然装有压舱物品或者其他物品,但是这些物品不引诱鼠类,放置情况又不妨碍实施鼠患检查。

对油轮在实舱时进行检查,可以签发免予除鼠证书。

第六十二条 对船舶的鼠患检查或者除鼠,应当尽量在船舶空舱的时候进行。如果船舶因故不宜按期进行鼠患检查或者蒸熏除鼠,并且该船又开往便于实施鼠患检查或者蒸熏除鼠的港口,可以准许该船原有的除鼠证书或者免予除鼠证书的有效期延长1个月,并签发延长证明。

第六十三条 对国际航行的船舶,按照国家规定的标准,应当用蒸熏的方法除鼠时,如果该船的除鼠证书或者免予除鼠证书尚未失效,除该船染有鼠疫或者鼠疫嫌疑外,卫生检疫机关应当将除鼠理由通知船长。船长应当按照要求执行。

第六十四条 船舶在港口停靠期间,船长应当负责采取下列的措施:

(一)缆绳上必须使用有效的防鼠板,或者其他防鼠装置;

(二)夜间放置扶梯、桥板时,应当用强光照射;

(三)在船上发现死鼠或者捕获到鼠类时,应当向卫生检疫机关报告。

第六十五条 在国境口岸停留的国内航行的船舶如果存在鼠患,船方应当进行除鼠。根据船方申请,也可由卫生检疫机关实施除鼠。

第六十六条 国务院卫生行政部门认为必要时,可以要求来自国外或者国外某些地区的人员在入境时,向卫生检疫机关出示有效的某种预防接种证书或者健康证明。

第六十七条 预防接种的有效期如下:

(一)黄热病疫苗自接种后第10日起,10年内有效。如果前次接种不满10年又经复种,自复种的当日起,10年内有效;

(二)其他预防接种的有效期,按照有关规定执行。

第八章 检疫传染病管理
第一节 鼠 疫

第六十八条 鼠疫的潜伏期为6日。

第六十九条 船舶、航空器在到达时,有下列情形之一的,为染有鼠疫:

(一)船舶、航空器上有鼠疫病例的;

(二)船舶、航空器上发现有感染鼠疫的啮齿动物的;

(三)船舶上曾经有人在上船6日以后患鼠疫的。

第七十条 船舶在到达时,有下列情形之一的,为染有鼠疫嫌疑:

(一)船舶上没有鼠疫病例,但曾经有人在上船后6日以内患鼠疫的;

(二)船上啮齿动物有反常死亡,并且死因不明的。

第七十一条 对染有鼠疫的船舶、航空器应当实施下列卫生处理:

(一)对染疫人实施隔离;

(二)对染疫嫌疑人实施除虫,并且从到达时算起,实施不超过6日的就地诊验或者留验。在此期间,船上的船员除因工作需要并且经卫生检疫机关许可外,不准上岸;

(三)对染疫人、染疫嫌疑人的行李、使用过的其他物品和卫生检疫机关认为有污染嫌疑的物品,实施除虫,必要时实施消毒;

(四)对染疫人占用过的部位和卫生检疫机关认为有污染嫌疑的部位,实施除虫,必要时实施消毒;

(五)船舶、航空器上有感染鼠疫的啮齿动物,卫生检疫机关必须实施除鼠。如果船舶上发现只有未感染鼠疫的啮齿动物,卫生检疫机关也可以实施除鼠。实施除鼠可以在隔离的情况下进行。对船舶的除鼠应当在卸货以前进行;

(六)卸货应当在卫生检疫机关的监督下进行,并且防止卸货的工作人员遭受感染,必要时,对卸货的工作人员从卸货完毕时算起,实施不超过6日的就地诊验或者留验。

第七十二条 对染有鼠疫嫌疑的船舶,应当实施本细则第七十一条第(二)至第(六)项规定的卫生处理。

第七十三条 对没有染疫的船舶、航空器,如果来自鼠疫疫区,卫生检疫机关认为必要时,可以实施下列卫生处理:

(一)对离船、离航空器的染疫嫌疑人,从船舶、航空器离开疫区的时候算起,实施不超过6日的就地诊验或者留验;

(二)在特殊情况下,对船舶、航空器实施除鼠。

第七十四条 对到达的时候载有鼠疫病例的列车和其他车辆,应当实施下列卫生处理:

(一)本细则第七十一条第(一)、第(三)、第(四)、第(六)项规定的卫生处理;

(二)对染疫嫌疑人实施除虫,并且从到达时算起,实施不超过6日的就地诊验或者留验;

(三)必要时,对列车和其他车辆实施除鼠。

第二节 霍 乱

第七十五条 霍乱潜伏期为5日。

第七十六条 船舶在到达的时候载有霍乱病例,或者在到达前5日以内,船上曾经有霍乱病例发生,为染有霍乱。

船舶在航行中曾经有霍乱病例发生,但是到达前5日以内,没有发生新病例,为染有霍乱嫌疑。

第七十七条 航空器在到达的时候载有霍乱病例,为染有霍乱。

航空器在航行中曾经有霍乱病例发生,但在到达以前该病员已经离去,为染有霍乱嫌疑。

第七十八条 对染有霍乱的船舶、航空器,应当实施下列卫生处理:

（一）对染疫人实施隔离；

（二）对离船、离航空器的员工、旅客，从卫生处理完毕时算起，实施不超过5日的就地诊验或者留验；从船舶到达时算起5日内，船上的船员除因工作需要，并且经卫生检疫机关许可外，不准上岸；

（三）对染疫人、染疫嫌疑人的行李，使用过的其他物品和有污染嫌疑的物品、食品实施消毒；

（四）对染疫人占用的部位，污染嫌疑部位，实施消毒；

（五）对污染或者有污染嫌疑的饮用水，应当实施消毒后排放，并在储水容器消毒后再换清洁饮用水；

（六）人的排泄物、垃圾、废水、废物和装自霍乱疫区的压舱水，未经消毒，不准排放和移下；

（七）卸货必须在卫生检疫机关监督下进行，并且防止工作人员遭受感染，必要时，对卸货工作人员从卸货完毕时算起，实施不超过5日的就地诊验或者留验。

第七十九条 对染有霍乱嫌疑的船舶、航空器应当实施下列卫生处理：

（一）本细则第七十八条第（二）至第（七）项规定的卫生处理；

（二）对离船、离航空器的员工、旅客从到达时算起，实施不超过5日的就地诊验或者留验。在此期间，船上的船员除因工作需要，并经卫生检疫机关许可外，不准离开口岸区域；或者对离船、离航空器的员工、旅客，从离开疫区时算起，实施不超过5日的就地诊验或者留验。

第八十条 对没有染疫的船舶、航空器，如果来自霍乱疫区，卫生检疫机关认为必要时，可以实施下列卫生处理：

（一）本细则第七十八条第（五）、第（六）项规定的卫生处理；

（二）对离船、离航空器的员工、旅客，从离开疫区时算起，实施不超过5日的就地诊验或者留验。

第八十一条 对到达时载有霍乱病例的列车和其他车辆应当实施下列卫生处理：

（一）按本细则第七十八条第（一）、第（三）、第（四）、第（五）、第（七）项规定的卫生处理；

（二）对染疫嫌疑人从到达时算起，实施不超过5日的就地诊验或者留验。

第八十二条 对来自霍乱疫区的或者染有霍乱嫌疑的交通工具，卫生检疫机关认为必要时，可以实施除虫、消毒；如果交通工具载有水产品、水果、蔬菜、饮料及其他食品，除装在密封容器内没有被污染外，未经卫生检疫机关许可，不准卸下，必要时可以实施卫生处理。

第八十三条 对来自霍乱疫区的水产品、水果、蔬菜、饮料以及装有这些制品的邮包，卫生检疫机关在查验时，为了判明是否被污染，可以抽样检验，必要时可以实施卫生处理。

第三节 黄热病

第八十四条 黄热病的潜伏期为6日。

第八十五条 来自黄热病疫区的人员，在入境时，必须向卫生检疫机关出示有效的黄热病预防接种证书。

对无有效的黄热病预防接种证书的人员，卫生检疫机关可以从该人员离开感染环境的时候算起，实施6日的留验，或者实施预防接种并留验到黄热病预防接种证书生效时为止。

第八十六条 航空器到达时载有黄热病病例，为染有黄热病。

第八十七条 来自黄热病疫区的航空器，应当出示在疫区起飞前的灭蚊证书；如果在到达时不出示灭蚊证书，或者卫生检疫机关认为出示的灭蚊证书不符合要求，并且在航空器上发现活蚊，为染有黄热病嫌疑。

第八十八条 船舶在到达时载有黄热病病例，或者在航行中曾经有黄热病病例发生，为染有黄热病。

船舶在到达时，如果离开黄热病疫区没有满6日，或者没有满30日并且在船上发现埃及伊蚊或者其他黄热病媒介，为染有黄热病嫌疑。

第八十九条 对染有黄热病的船舶、航空器，应当实施下列卫生处理：

（一）对染疫人实施隔离；

（二）对离船、离航空器又无有效的黄热病预防接种证书的员工、旅客，实施本细则第八十五条规定的卫生处理；

（三）彻底杀灭船舶、航空器上的埃及伊蚊及其虫卵、幼虫和其他黄热病媒介，并且在没有完成灭蚊以前限制该船与陆地和其他船舶的距离不少于400米；

（四）卸货应当在灭蚊以后进行，如果在灭蚊以前卸货，应当在卫生检疫机关监督下进行，并且采取预防措施，使卸货的工作人员免受感染，必要时，对卸货的工作人员，从卸货完毕时算起，实施6日的就地诊验或者留验。

第九十条 对染有黄热病嫌疑的船舶、航空器，应当实施本细则第八十九条第（二）至第（四）项规定的卫生处理。

第九十一条 对没有染疫的船舶、航空器，如果来自黄热病疫区，卫生检疫机关认为必要时，可以实施本细则第八十九条第（三）项规定的卫生处理。

第九十二条 对到达的时候载有黄热病病例的列车和其他车辆，或者来自黄热病疫区的列车和其他车辆，应当实施本细则第八十九条第（一）、第（四）项规定的卫生处理；对列车、车辆彻底杀灭成蚊及其虫卵、幼虫；对无有效黄热病预防接种证书的员工、旅客，应当实施本细则第八十五条规定的卫生处理。

第四节 就地诊验、留验和隔离

第九十三条 卫生检疫机关对受就地诊验的人员，应当发给就地诊验记录簿，必要的时候，可以在该人员出具履行就地诊验的保证书以后，再发给其就地诊验记录簿。

受就地诊验的人员应当携带就地诊验记录簿，按照卫生检疫机关指定的期间、地点，接受医学检查；如果就地诊验的结果没有染疫，就地诊验期满的时候，受就地诊验的人员应当将就地诊验记录簿退还卫生检疫机关。

第九十四条 卫生检疫机关应当将受就地诊验人员的情况，用最快的方法通知受就地诊验人员的旅行停留地的卫生检疫机关或者其他医疗卫生单位。

卫生检疫机关、医疗卫生单位遇有受就地诊验的人员请求医学检查时，应当视同急诊给予医学检查，并将检查结果在就地诊验记录簿上签注；如果发现其患检疫传染病或者监测传染病、疑似检疫传染病或者疑似监测传染病时，应当立即采取必要的卫生措施，将其就地诊验记录簿收回存查，并且报告当地卫生防疫机构和签发就地诊验记录簿的卫生检疫机关。

第九十五条 受留验的人员必须在卫生检疫机关指定的场所接受留验；但是有下列情形之一的，经卫生检疫机关同意，可以在船上留验：

（一）船长请求船员在船上留验的；

（二）旅客请求在船上留验，经船长同意，并且船上有船医和医疗、消毒设备的。

第九十六条 受留验的人员在留验期间如果出现检疫传染病的症状，卫生检疫机关应当立即对该人员实施隔离，对与其接触的其他受留验的人员，应当实施必要的卫生处理，并且从卫生处理完毕时算起，重新计算留验时间。

第九章 传染病监测

第九十七条 入境、出境的交通工具、人员、食品、饮用水和其他物品以及病媒昆虫、动物，均为传染病监测的对象。

第九十八条 传染病监测内容是：

（一）首发病例的个案调查；

（二）暴发流行的流行病学调查；

（三）传染源调查；

（四）国境口岸内监测传染病的回顾性调查；

（五）病原体的分离、鉴定，人群、有关动物血清学调查以及流行病学调查；

（六）有关动物、病媒昆虫、食品、饮用水和环境因素的调查；

（七）消毒、除鼠、除虫的效果观察与评价；

（八）国境口岸以及国内外监测传染病疫情的收集、整理、分析和传递；

（九）对监测对象开展健康检查和对监测传染病人、疑似病人、密切接触人员的管理。

第九十九条 卫生检疫机关应当阻止患有严重精神病、传染性肺结核病或者有可能对公共卫生造成重大危害的其他传染病的外国人入境。

第一百条 受入境、出境检疫的人员，必须根据检疫医师的要求，如实填报健康申明卡，出示某种有效的传染病预防接种证书、健康证明或者其他有关证件。

第一百零一条 卫生检疫机关对国境口岸的涉外宾馆、饭店内居住的入境、出境人员及工作人员实施传染病监测，并区别情况采取必要的预防、控制措施。

对来自检疫传染病和监测传染病疫区的人员，检疫医师可以根据流行病学和医学检查结果，发给就诊方便卡。

卫生检疫机关、医疗卫生单位遇到持有就诊方便卡的人员请求医学检查时，应当视同急诊给予医学检查；如果发现其患检疫传染病或者监测传染病，疑似检疫传染病或者疑似监测传染病，应当立即实施必要的卫生措施，并且将情况报告当地卫生防疫机构和签发就诊方便卡的卫生检疫机关。

第一百零二条 凡申请出境居住1年以上的中国籍人员，必须持有卫生检疫机关签发的健康证明。中国公民出境、入境管理机关凭卫生检疫机关签发的健康证明办理出境手续。

凡在境外居住1年以上的中国籍人员，入境时必须向卫生检疫机关申报健康情况，并在入境后1个月内到就近的卫生检疫机关或者县级以上的医院进行健康检查。公安机关凭健康证明办理有关手续。健康证明的副本应当寄送到原入境口岸的卫生检疫机关备案。

国际通行交通工具上的中国籍员工，应当持有卫生检疫机关或者县级以上医院出具的健康证明。健康证明的项目、格式由海关总署统一规定，有效期为12个月。

第一百零三条 卫生检疫机关在国境口岸内设立传染病监测点时，有关单位应当给予协助并提供方便。

第十章 卫生监督

第一百零四条 卫生检疫机关依照《国境卫生检疫法》第十八条、第十九条规定的内容，对国境口岸和交通工具实施卫生监督。

第一百零五条 对国境口岸的卫生要求是：

（一）国境口岸和国境口岸内涉外的宾馆、生活服务单位以及候船、候车、候机厅（室）应当有健全的卫生制度和必要的卫生设施，并保持室内外环境整洁、通风良好；

（二）国境口岸有关部门应当采取切实可行的措施，控制啮齿动物、病媒昆虫，使其数量降低到不足为害的程度。仓库、货场必须具有防鼠设施；

（三）国境口岸的垃圾、废物、污水、粪便必须进行无害化处理，保持国境口岸环境整洁卫生。

第一百零六条 对交通工具的卫生要求是：

（一）交通工具上的宿舱、车厢必须保持清洁卫生，通风良好；

（二）交通工具上必须备有足够的消毒、除鼠、除虫药物及器械，并备有防鼠装置；

（三）交通工具上的货舱、行李舱、货车车厢在装货前或者卸货后应当进行彻底清扫，有毒物品和食品不得混装，防止污染；

（四）对不符合卫生要求的入境、出境交通工具，必须接受卫生检疫机关的督导立即进行改进。

第一百零七条 对饮用水、食品及从业人员的卫生要求是：

（一）国境口岸和交通工具上的食品、饮用水必须符合有关的卫生标准；

（二）国境口岸内的涉外宾馆，以及向入境、出境的交通工具提供饮食服务的部门，必须取得卫生检疫机关发放的卫生许可证；

（三）国境口岸内涉外的宾馆和入境、出境交通工具上的食品、饮用水从业人员应当持有有效健康证明。

第一百零八条 国境口岸有关单位和交通工具负责人应当遵守下列事项：

（一）遵守《国境卫生检疫法》和本细则及有关卫生法规的规定；

（二）接受卫生监督员的监督和检查，并为其工作提供方便；

（三）按照卫生监督员的建议，对国境口岸和交通工具的卫生状况及时采取改进措施。

第十一章 罚 则

第一百零九条 《国境卫生检疫法》和本细则所规定的应当受行政处罚的行为是指：

（一）应当受入境检疫的船舶，不悬挂检疫信号的；

（二）入境、出境的交通工具，在入境检疫之前或者在出境检疫之后，擅自上下人员，装卸行李、货物、邮包等物品的；

（三）拒绝接受检疫或者抵制卫生监督，拒不接受卫生处理的；

（四）伪造或者涂改检疫单、证，不如实申报疫情的；

（五）瞒报携带禁止进口的微生物、人体组织、生物制品、血液及其制品或者其他可能引起传染病传播的动物和物品的；

（六）未经检疫的入境、出境交通工具，擅自离开检疫地点，逃避查验的；

（七）隐瞒疫情或者伪造情节的；

（八）未经卫生检疫机关实施卫生处理，擅自排放压舱水，移下垃圾、污物等控制的物品的；

（九）未经卫生检疫机关实施卫生处理，擅自移运尸体、骸骨的；

（十）废旧物品、废旧交通工具，未向卫生检疫机关申报，未经卫生检疫机关实施卫生处理和签发卫生检疫证书而擅自入境、出境或者使用、拆卸的；

（十一）未经卫生检疫机关检查，从交通工具上移下传染病病人造成传染病传播危险的。

第一百一十条 具有本细则第一百零九条所列第（一）至第（五）项行为的，处以警告或者100元以上5000元以下的罚款；

具有本细则第一百零九条所列第（六）至第（九）项行为的，处以1000元以上1万元以下的罚款；

具有本细则第一百零九条所列第（十）、第（十一）项行为的，处以5000元以上3万元以下的罚款。

第一百一十一条 卫生检疫机关在收取罚款时，应当出具正式的罚款收据。罚款全部上交国库。

第十二章 附 则

第一百一十二条 国境卫生检疫机关实施卫生检疫的收费标准，由海关总署会同国务院财政、物价部门共同制定。

第一百一十三条 本细则自发布之日起施行。

中华人民共和国国境口岸卫生监督办法

- 1981年12月30日国务院批准
- 1982年2月4日卫生部、交通部、中国民用航空总局、铁道部发布
- 根据2011年1月8日《国务院关于废止和修改部分行政法规的决定》第一次修订
- 根据2019年3月2日《国务院关于修改部分行政法规的决定》第二次修订

第一章 总 则

第一条 为了加强国境口岸和国际航行交通工具的卫生监督工作,改善国境口岸和交通工具的卫生面貌,控制和消灭传染源,切断传播途径,防止传染病由国外传入和由国内传出,保障人民身体健康,制定本办法。

第二条 本办法适用于对外开放的港口、机场、车站、关口(下称国境口岸)和停留在这些处所的国际航行的船舶、飞机和车辆(下称交通工具)。

第二章 国境口岸的卫生要求

第三条 国境口岸应当建立卫生清扫制度,消灭蚊蝇孳生场所,设置污物箱,定期进行清理,保持环境整洁。

第四条 国境口岸的生活垃圾应当日产日清,设置的固定垃圾场,应当定期清除;生活污水不得任意排放,应当做到无害化处理,以防止污染环境和水源。

第五条 对国境口岸的建筑物,有关部门应当采取切实可行的措施,控制病媒昆虫、啮齿动物,使其数量降低到不足为害的程度。

第六条 候船室、候机室、候车室、候检室应当做到地面整洁、墙壁无尘土、窗明几净、通风良好,并备有必要的卫生设施。

第七条 国境口岸的餐厅、食堂、厨房、小卖部应当建立和健全卫生制度,经常保持整洁,做到墙壁、天花板、桌椅清洁无尘土;应当有防蚊、防蝇、防鼠和冷藏设备,做到室内无蚊、无蝇、无鼠、无蟑螂。

第八条 国境口岸的厕所和浴室应当有专人管理,及时打扫,保持整洁,做到无蝇、无臭味。

第九条 国境口岸的仓库、货场应当保持清洁、整齐;发现鼠类有反常死亡时,应当及时向卫生检疫机关或地方卫生防疫部门报告。

第十条 做好国境口岸水源保护,在水源周围直径30米内,不得修建厕所、渗井等污染水源设施。

第三章 交通工具的卫生要求

第十一条 交通工具上必须备有急救药物、急救设备及消毒、杀虫、灭鼠药物。必要时,船舶上还需安排临时隔离室。

第十二条 交通工具上的病媒昆虫和啮齿动物的防除:

(一)船舶、飞机、列车上,应当备有足够数量有效的防鼠装置;保持无鼠或鼠类数量保持不足为害的程度。

(二)应当保持无蚊、无蝇、无其他有害昆虫,一旦发现应当采取杀灭措施。

第十三条 交通工具上的厕所、浴室必须保持整洁,无臭味。

第十四条 交通工具上的粪便、垃圾、污水处理的卫生要求:

(一)生活垃圾应当集中放在带盖的容器内,禁止向港区、机场、站区随意倾倒,应当由污物专用车(船)集中送往指定地点进行无害化处理。必要时,粪便、污水须经过卫生处理后方能排放;

(二)来自鼠疫疫区交通工具上的固体垃圾必须进行焚化处理,来自霍乱疫区交通工具上的粪便、压舱水、污水,必要时实施消毒。

第十五条 交通工具的货舱、行李车、邮政车和货车的卫生要求:

(一)货舱、行李车、邮政车、货车应当消灭蚊、蝇、蟑螂、鼠等病媒昆虫和有害动物及其孳生条件;在装货前或卸货后应当进行彻底清扫,做到无粪便、垃圾;

(二)凡装载有毒物品和食品的货车,应当分开按指定地点存放,防止污染,货物卸空后应当进行彻底洗刷;

(三)来自疫区的行李、货物,要严格检查,防止带有病媒昆虫和啮齿动物。

第十六条 交通工具上的客舱、宿舱、客车的卫生要求:

(一)客舱、宿舱和客车应当随时擦洗,保持无垃圾尘土,通风良好;

(二)卧具每次使用后必须换洗。卧具上不得有虱子、跳蚤、臭虫等病媒昆虫。

第四章 食品、饮用水及从业人员的卫生要求

第十七条 供应国境口岸和交通工具上的食品必须符合《中华人民共和国食品安全法》的规定和食品安全标准。

第十八条 凡供应国境口岸和交通工具上的饮用水必须符合我国规定的"生活饮用水卫生标准"。供应饮用水的运输工具、储存容器及输水管道等设备都应当经常冲洗干净,保持清洁。

第十九条 供应食品、饮用水的从业人员的卫生要求：

（一）患有肠道传染病的患者或带菌者，以及活动性结核病、化脓性渗出性皮肤病患者，不得从事食品和饮用水供应工作；

（二）从事食品、饮用水供应工作的人员，应当每年进行一次健康检查，新参加工作的人员，应当首先进行健康检查，经检查合格者，发给健康证；

（三）从事食品、饮用水供应工作的人员，要养成良好卫生习惯，工作时要着装整洁，严格遵守卫生操作制度。

第五章 国境口岸和交通工具的负责人的责任

第二十条 国境口岸和交通工具的负责人在卫生工作方面的责任是：

（一）应当经常抓好卫生工作，接受卫生监督人员的监督和检查，并为其开展工作提供方便条件；

（二）应当模范地遵守本办法和其他卫生法令、条例和规定；

（三）应当按照卫生监督人员的建议，对国境口岸和交通工具的不卫生状况，及时采取措施，加以改进；

（四）在发现检疫传染病和监测传染病时，应当向国境卫生检疫机关或地方防疫部门报告，并立即采取防疫措施。

第六章 卫生监督机关的职责

第二十一条 国境口岸卫生检疫机关对国境口岸和交通工具进行卫生监督，其主要职责是：

（一）监督和指导国境口岸有关部门和交通工具的负责人对病媒昆虫、啮齿动物进行防除；

（二）对停留在国境口岸出入国境的交通工具上的食品、饮用水实施检验，并对运输、供应、贮存设施等系统进行卫生监督；

（三）对国境口岸和交通工具上的所有非因意外伤害致死的尸体，实施检查、监督和卫生处理；

（四）监督国境口岸有关部门和交通工具的负责人对粪便、垃圾、污水进行清除和无害化处理；

（五）对与检疫传染病、监测传染病有流行病学意义的环境因素实施卫生监督；

（六）监督国境口岸周围内采取防蚊措施的执行；

（七）开展卫生宣传教育，普及卫生知识，提高国境口岸和交通工具上的人员遵守和执行本办法的自觉性。

第二十二条 国境口岸卫生检疫机关设国境口岸卫生监督员1至5名，执行卫生监督任务，发给统一式样的执法证件。

第二十三条 国境口岸卫生监督员持其证件，有权对国境口岸和交通工具的负责人，进行卫生监督、检查和技术指导；配合有关部门，对卫生工作情况不良或引起传染病传播的单位或个人，提出改进意见，协同有关部门采取必要措施，进行处理。

第七章 奖励和惩罚

第二十四条 国境口岸卫生检疫机关，对贯彻执行本办法和国家有关卫生法令、条例、规定，做出显著成绩的单位和个人，应当给予表扬和奖励。

第二十五条 国境口岸卫生检疫机关，对违犯本办法和有关卫生法令、条例、规定的单位和个人，应当根据不同情况，给予警告、罚款，直至提请司法机关依法惩处。

第八章 附 则

第二十六条 本办法自发布之日起施行。

血吸虫病防治条例

· 2006年4月1日中华人民共和国国务院令第463号公布
· 根据2019年3月2日《国务院关于修改部分行政法规的决定》修订

第一章 总 则

第一条 为了预防、控制和消灭血吸虫病，保障人体健康、动物健康和公共卫生，促进经济社会发展，根据传染病防治法、动物防疫法，制定本条例。

第二条 国家对血吸虫病防治实行预防为主的方针，坚持防治结合、分类管理、综合治理、联防联控，人与家畜同步防治，重点加强对传染源的管理。

第三条 国务院卫生主管部门会同国务院有关部门制定全国血吸虫病防治规划并组织实施。国务院卫生、农业、水利、林业主管部门依照本条例规定的职责和全国血吸虫病防治规划，制定血吸虫病防治专项工作计划并组织实施。

有血吸虫病防治任务的地区（以下称血吸虫病防治地区）县级以上地方人民政府卫生、农业或者兽医、水利、林业主管部门依照本条例规定的职责，负责本行政区域内的血吸虫病防治及其监督管理工作。

第四条 血吸虫病防治地区县级以上地方人民政府统一领导本行政区域内的血吸虫病防治工作；根据全国血吸虫病防治规划，制定本行政区域的血吸虫病防治计划并组织实施；建立健全血吸虫病防治工作协调机制和工作责任制,对有关部门承担的血吸虫病防治工作进行综合协调和考核、监督。

第五条 血吸虫病防治地区村民委员会、居民委员会应当协助地方各级人民政府及其有关部门开展血吸虫病防治的宣传教育,组织村民、居民参与血吸虫病防治工作。

第六条 国家鼓励血吸虫病防治地区的村民、居民积极参与血吸虫病防治的有关活动;鼓励共产主义青年团等社会组织动员青年团员参与血吸虫病防治的有关活动。

血吸虫病防治地区地方各级人民政府及其有关部门应当完善有关制度,方便单位和个人参与血吸虫病防治的宣传教育、捐赠等活动。

第七条 国务院有关部门、血吸虫病防治地区县级以上地方人民政府及其有关部门对在血吸虫病防治工作中做出显著成绩的单位和个人,给予表彰或者奖励。

第二章 预 防

第八条 血吸虫病防治地区根据血吸虫病预防控制标准,划分为重点防治地区和一般防治地区。具体办法由国务院卫生主管部门会同国务院农业主管部门制定。

第九条 血吸虫病防治地区县级以上地方人民政府及其有关部门应当组织各类新闻媒体开展公益性血吸虫病防治宣传教育。各类新闻媒体应当开展公益性血吸虫病防治宣传教育。

血吸虫病防治地区县级以上地方人民政府教育主管部门应当组织各级各类学校对学生开展血吸虫病防治知识教育。各级各类学校应当对学生开展血吸虫病防治知识教育。

血吸虫病防治地区的机关、团体、企业事业单位、个体经济组织应当组织本单位人员学习血吸虫病防治知识。

第十条 处于同一水系或者同一相对独立地理环境的血吸虫病防治地区各地方人民政府应当开展血吸虫病联防联控,组织有关部门和机构同步实施下列血吸虫病防治措施:

(一)在农业、兽医、水利、林业等工程项目中采取与血吸虫病防治有关的工程措施;

(二)进行人和家畜的血吸虫病筛查、治疗和管理;

(三)开展流行病学调查和疫情监测;

(四)调查钉螺分布,实施药物杀灭钉螺;

(五)防止未经无害化处理的粪便直接进入水体;

(六)其他防治措施。

第十一条 血吸虫病防治地区县级人民政府应当制定本行政区域的血吸虫病联防联控方案,组织乡(镇)人民政府同步实施。

血吸虫病防治地区两个以上的县、不设区的市、市辖区或者两个以上设区的市需要同步实施血吸虫病防治措施的,其共同的上一级人民政府应当制定血吸虫病联防联控方案,并组织实施。

血吸虫病防治地区两个以上的省、自治区、直辖市需要同步实施血吸虫病防治措施的,有关省、自治区、直辖市人民政府应当共同制定血吸虫病联防联控方案,报国务院卫生、农业主管部门备案,由省、自治区、直辖市人民政府组织实施。

第十二条 在血吸虫病防治地区实施农业、兽医、水利、林业等工程项目以及开展人、家畜血吸虫病防治工作,应当符合相关血吸虫病防治技术规范的要求。相关血吸虫病防治技术规范由国务院卫生、农业、水利、林业主管部门分别制定。

第十三条 血吸虫病重点防治地区县级以上地方人民政府应当在渔船集中停靠地设点发放抗血吸虫基本预防药物;按照无害化要求和血吸虫病防治技术规范修建公共厕所;推行在渔船和水上运输工具上安装和使用粪便收集容器,并采取措施,对所收集的粪便进行集中无害化处理。

第十四条 县级以上人民政府及其有关部门在血吸虫病重点防治地区,应当安排并组织实施农业机械化推广、农村改厕、沼气池建设以及人、家畜饮用水设施建设等项目。

国务院有关主管部门安排农业机械化推广、农村改厕、沼气池建设以及人、家畜饮用水设施建设等项目,应当优先安排血吸虫病重点防治地区的有关项目。

第十五条 血吸虫病防治地区县级以上地方人民政府卫生、农业主管部门组织实施农村改厕、沼气池建设项目,应当按照无害化要求和血吸虫病防治技术规范,保证厕所和沼气池具备杀灭粪便中血吸虫卵的功能。

血吸虫病防治地区的公共厕所应当具备杀灭粪便中血吸虫卵的功能。

第十六条 县级以上人民政府农业主管部门在血吸虫病重点防治地区应当适应血吸虫病防治工作的需要,引导和扶持农业种植结构的调整,推行以机械化耕作代替牲畜耕作的措施。

县级以上人民政府农业或者兽医主管部门在血吸虫病重点防治地区应当引导和扶持养殖结构的调整,推行对牛、羊、猪等家畜的舍饲圈养,加强对圈养家畜粪便的无害化处理,开展对家畜的血吸虫病检查和对感染血吸虫的家畜的治疗、处理。

第十七条 禁止在血吸虫病防治地区施用未经无害化处理的粪便。

第十八条 县级以上人民政府水利主管部门在血吸虫病防治地区进行水利建设项目，应当同步建设血吸虫病防治设施；结合血吸虫病防治地区的江河、湖泊治理工程和人畜饮水、灌区改造等水利工程项目，改善水环境，防止钉螺孳生。

第十九条 县级以上人民政府林业主管部门在血吸虫病防治地区应当结合退耕还林、长江防护林建设、野生动物植物保护、湿地保护以及自然保护区建设等林业工程，开展血吸虫病综合防治。

县级以上人民政府交通主管部门在血吸虫病防治地区应当结合航道工程建设，开展血吸虫病综合防治。

第二十条 国务院卫生主管部门应当根据血吸虫病流行病学资料、钉螺分布以及孳生环境的特点、药物特性，制定药物杀灭钉螺工作规范。

血吸虫病防治地区县级人民政府及其卫生主管部门应当根据药物杀灭钉螺工作规范，组织实施本行政区域内的药物杀灭钉螺工作。

血吸虫病防治地区乡（镇）人民政府应当在实施药物杀灭钉螺7日前，公告施药的时间、地点、种类、方法、影响范围和注意事项。有关单位和个人应当予以配合。

杀灭钉螺严禁使用国家明令禁止使用的药物。

第二十一条 血吸虫病防治地区县级人民政府卫生主管部门会同同级人民政府农业或者兽医、水利、林业主管部门，根据血吸虫病监测等流行病学资料，划定、变更有钉螺地带，并报本级人民政府批准。县级人民政府应当及时公告有钉螺地带。

禁止在有钉螺地带放养牛、羊、猪等家畜，禁止引种在有钉螺地带培育的芦苇等植物和农作物的种子、种苗等繁殖材料。

乡（镇）人民政府应当在有钉螺地带设立警示标志，并在县级人民政府作出解除有钉螺地带决定后予以撤销。警示标志由乡（镇）人民政府负责保护，所在地村民委员会、居民委员会应当予以协助。任何单位或者个人不得损坏或者擅自移动警示标志。

在有钉螺地带完成杀灭钉螺后，由原批准机关决定并公告解除本条第二款规定的禁止行为。

第二十二条 医疗机构、疾病预防控制机构、动物防疫监督机构和植物检疫机构应当根据血吸虫病防治技术规范，在各自的职责范围内，开展血吸虫病的监测、筛查、预测、流行病学调查、疫情报告和处理工作，开展杀灭钉螺、血吸虫病防治技术指导以及其他防治工作。

血吸虫病防治地区的医疗机构、疾病预防控制机构、动物防疫监督机构和植物检疫机构应当定期对其工作人员进行血吸虫病防治知识、技能的培训和考核。

第二十三条 建设单位在血吸虫病防治地区兴建水利、交通、旅游、能源等大型建设项目，应当事先提请省级以上疾病预防控制机构对施工环境进行卫生调查，并根据疾病预防控制机构的意见，采取必要的血吸虫病预防、控制措施。施工期间，建设单位应当设专人负责工地上的血吸虫病防治工作；工程竣工后，应当告知当地县级疾病预防控制机构，由其对该地区的血吸虫病进行监测。

第三章 疫情控制

第二十四条 血吸虫病防治地区县级以上地方人民政府应当根据有关法律、行政法规和国家有关规定，结合本地实际，制定血吸虫病应急预案。

第二十五条 急性血吸虫病暴发、流行时，县级以上地方人民政府应当根据控制急性血吸虫病暴发、流行的需要，依照传染病防治法和其他有关法律的规定采取紧急措施，进行下列应急处理：

（一）组织医疗机构救治急性血吸虫病病人；

（二）组织疾病预防控制机构和动物防疫监督机构分别对接触疫水的人和家畜实施预防性服药；

（三）组织有关部门和单位杀灭钉螺和处理疫水；

（四）组织乡（镇）人民政府在有钉螺地带设置警示标志，禁止人和家畜接触疫水。

第二十六条 疾病预防控制机构发现急性血吸虫病疫情或者接到急性血吸虫病暴发、流行报告时，应当及时采取下列措施：

（一）进行现场流行病学调查；

（二）提出疫情控制方案，明确有钉螺地带范围、预防性服药的人和家畜范围，以及采取杀灭钉螺和处理疫水的措施；

（三）指导医疗机构和下级疾病预防控制机构处理疫情；

（四）卫生主管部门要求采取的其他措施。

第二十七条 有关单位对因生产、工作必须接触疫水的人员应当按照疾病预防控制机构的要求采取防护措施，并定期组织进行血吸虫病的专项体检。

血吸虫病防治地区地方各级人民政府及其有关部门对因防汛、抗洪抢险必须接触疫水的人员，应当按照疾病预防控制机构的要求采取防护措施。血吸虫病防治地区县级人民政府对参加防汛、抗洪抢险的人员,应当及时组织有关部门和机构进行血吸虫病的专项体检。

第二十八条 血吸虫病防治地区县级以上地方人民政府卫生、农业或者兽医主管部门应当根据血吸虫病防治技术规范,组织开展对本地村民、居民和流动人口血吸虫病以及家畜血吸虫病的筛查、治疗和预防性服药工作。

血吸虫病防治地区省、自治区、直辖市人民政府应当采取措施,组织对晚期血吸虫病病人的治疗。

第二十九条 血吸虫病防治地区的动物防疫监督机构、植物检疫机构应当加强对本行政区域内的家畜和植物的血吸虫病检疫工作。动物防疫监督机构对经检疫发现的患血吸虫病的家畜,应当实施药物治疗;植物检疫机构对发现的携带钉螺的植物,应当实施杀灭钉螺。

凡患血吸虫病的家畜、携带钉螺的植物,在血吸虫病防治地区未经检疫的家畜、植物,一律不得出售、外运。

第三十条 血吸虫病疫情的报告、通报和公布,依照传染病防治法和动物防疫法的有关规定执行。

第四章 保障措施

第三十一条 血吸虫病防治地区县级以上地方人民政府应当根据血吸虫病防治规划、计划,安排血吸虫病防治经费和基本建设投资,纳入同级财政预算。

省、自治区、直辖市人民政府和设区的市级人民政府根据血吸虫病防治工作需要,对经济困难的县级人民政府开展血吸虫病防治工作给予适当补助。

国家对经济困难地区的血吸虫病防治经费、血吸虫病重大疫情应急处理经费给予适当补助,对承担血吸虫病防治任务的机构的基本建设和跨地区的血吸虫病防治重大工程项目给予必要支持。

第三十二条 血吸虫病防治地区县级以上地方人民政府编制或者审批血吸虫病防治地区的农业、兽医、水利、林业等工程项目,应当将有关血吸虫病防治的工程措施纳入项目统筹安排。

第三十三条 国家对农民免费提供抗血吸虫病基本预防药物,对经济困难农民的血吸虫病治疗费用予以减免。

因工作原因感染血吸虫病的,依照《工伤保险条例》的规定,享受工伤待遇。参加城镇职工基本医疗保险的血吸虫病病人,不属于工伤的,按国家规定享受医疗保险待遇。对未参加工伤保险、医疗保险的人员因防汛、抗洪抢险患血吸虫病的,按照县级以上地方人民政府的规定解决所需的检查、治疗费用。

第三十四条 血吸虫病防治地区县级以上地方人民政府民政、医疗保障部门对符合救助条件的血吸虫病病人进行救助。

第三十五条 国家对家畜免费实施血吸虫病检查和治疗,免费提供抗血吸虫基本预防药物。

第三十六条 血吸虫病防治地区县级以上地方人民政府应当根据血吸虫病防治工作需要和血吸虫病流行趋势,储备血吸虫病防治药物、杀灭钉螺药物和有关防护用品。

第三十七条 血吸虫病防治地区县级以上地方人民政府应当加强血吸虫病防治网络建设,将承担血吸虫病防治任务的机构所需基本建设投资列入基本建设计划。

第三十八条 血吸虫病防治地区省、自治区、直辖市人民政府在制定和实施本行政区域的血吸虫病防治计划时,应当统筹协调血吸虫病防治项目和资金,确保实现血吸虫病防治项目的综合效益。

血吸虫病防治经费应当专款专用,严禁截留或者挪作他用。严禁倒买倒卖、挪用国家免费供应的防治血吸虫病药品和其他物品。有关单位使用血吸虫病防治经费应当依法接受审计机关的审计监督。

第五章 监督管理

第三十九条 县级以上人民政府卫生主管部门负责血吸虫病监测、预防、控制、治疗和疫情的管理工作,对杀灭钉螺药物的使用情况进行监督检查。

第四十条 县级以上人民政府农业或者兽医主管部门对下列事项进行监督检查:

(一)本条例第十六条规定的血吸虫病防治措施的实施情况;

(二)家畜血吸虫病监测、预防、控制、治疗和疫情管理工作情况;

(三)治疗家畜血吸虫病药物的管理、使用情况;

(四)农业工程项目中执行血吸虫病防治技术规范情况。

第四十一条 县级以上人民政府水利主管部门对本条例第十八条规定的血吸虫病防治措施的实施情况和水利工程项目中执行血吸虫病防治技术规范情况进行监督检查。

第四十二条 县级以上人民政府林业主管部门对血吸虫病防治地区的林业工程项目的实施情况和林业工程项目中执行血吸虫病防治技术规范情况进行监督检查。

第四十三条 县级以上人民政府卫生、农业或者兽医、水利、林业主管部门在监督检查过程中,发现违反或者不执行本条例规定的,应当责令有关单位和个人及时改正并依法予以处理;属于其他部门职责范围的,应当移送有监督管理职责的部门依法处理;涉及多个部门职责的,应当共同处理。

第四十四条　县级以上人民政府卫生、农业或者兽医、水利、林业主管部门在履行血吸虫病防治监督检查职责时,有权进入被检查单位和血吸虫病疫情发生现场调查取证,查阅、复制有关资料和采集样本。被检查单位应当予以配合,不得拒绝、阻挠。

第四十五条　血吸虫病防治地区县级以上动物防疫监督机构对在有钉螺地带放养的牛、羊、猪等家畜,有权予以暂扣并进行强制检疫。

第四十六条　上级主管部门发现下级主管部门未及时依照本条例的规定处理职责范围内的事项,应当责令纠正,或者直接处理下级主管部门未及时处理的事项。

第六章　法律责任

第四十七条　县级以上地方各级人民政府有下列情形之一的,由上级人民政府责令改正,通报批评;造成血吸虫病传播、流行或者其他严重后果的,对负有责任的主管人员,依法给予行政处分;负有责任的主管人员构成犯罪的,依法追究刑事责任:

(一)未依照本条例的规定开展血吸虫病联防联控的;

(二)急性血吸虫病暴发、流行时,未依照本条例的规定采取紧急措施、进行应急处理的;

(三)未履行血吸虫病防治组织、领导、保障职责的;

(四)未依照本条例的规定采取其他血吸虫病防治措施的。

乡(镇)人民政府未依照本条例的规定采取血吸虫病防治措施的,由上级人民政府责令改正,通报批评;造成血吸虫病传播、流行或者其他严重后果的,对负有责任的主管人员,依法给予行政处分;负有责任的主管人员构成犯罪的,依法追究刑事责任。

第四十八条　县级以上人民政府有关主管部门违反本条例规定,有下列情形之一的,由本级人民政府或者上级人民政府有关主管部门责令改正,通报批评;造成血吸虫病传播、流行或者其他严重后果的,对负有责任的主管人员和其他直接责任人员依法给予行政处分;负有责任的主管人员和其他直接责任人员构成犯罪的,依法追究刑事责任:

(一)在组织实施农村改厕、沼气池建设项目时,未按照无害化要求和血吸虫病防治技术规范,保证厕所或者沼气池具备杀灭粪便中血吸虫卵功能的;

(二)在血吸虫病重点防治地区未开展家畜血吸虫病检查,或者未对感染血吸虫的家畜进行治疗、处理的;

(三)在血吸虫病防治地区进行水利建设项目,未同步建设血吸虫病防治设施,或者未结合血吸虫病防治地区的江河、湖泊治理工程和人畜饮水、灌区改造等水利工程项目,改善水环境,导致钉螺孳生的;

(四)在血吸虫病防治地区未结合退耕还林、长江防护林建设、野生动物植物保护、湿地保护以及自然保护区建设等林业工程,开展血吸虫病综合防治的;

(五)未制定药物杀灭钉螺规范,或者未组织实施本行政区域内药物杀灭钉螺工作的;

(六)未组织开展血吸虫病筛查、治疗和预防性服药工作的;

(七)未依照本条例规定履行监督管理职责,或者发现违法行为不及时查处的;

(八)有违反本条例规定的其他失职、渎职行为的。

第四十九条　医疗机构、疾病预防控制机构、动物防疫监督机构或者植物检疫机构违反本条例规定,有下列情形之一的,由县级以上人民政府卫生主管部门、农业或者兽医主管部门依据各自职责责令限期改正,通报批评,给予警告;逾期不改正,造成血吸虫病传播、流行或者其他严重后果的,对负有责任的主管人员和其他直接责任人员依法给予降级、撤职、开除的处分,并可以依法吊销有关责任人员的执业证书;负有责任的主管人员和其他直接责任人员构成犯罪的,依法追究刑事责任:

(一)未依照本条例规定开展血吸虫病防治工作的;

(二)未定期对其工作人员进行血吸虫病防治知识、技能培训和考核的;

(三)发现急性血吸虫疫情或者接到急性血吸虫病暴发、流行报告时,未及时采取措施的;

(四)未对本行政区域内出售、外运的家畜或者植物进行血吸虫病检疫的;

(五)未对经检疫发现的患血吸虫病的家畜实施药物治疗,或者未对发现的携带钉螺的植物实施杀灭钉螺的。

第五十条　建设单位在血吸虫病防治地区兴建水利、交通、旅游、能源等大型建设项目,未事先提请省级以上疾病预防控制机构进行卫生调查,或者未根据疾病预防控制机构的意见,采取必要的血吸虫病预防、控制措施的,由县级以上人民政府卫生主管部门责令限期改正,给予警告,处5000元以上3万元以下的罚款;逾期不改正的,处3万元以上10万元以下的罚款,并可以提请有关人民政府依据职责权限,责令停建、关闭;造成血吸虫病疫情扩散或者其他严重后果的,对负有责任的主管人员和其他直接责任人员依法给予处分。

第五十一条 单位和个人损坏或者擅自移动有钉螺地带警示标志的,由乡(镇)人民政府责令修复或者赔偿损失,给予警告;情节严重的,对单位处1000元以上3000元以下的罚款,对个人处50元以上200元以下的罚款。

第五十二条 违反本条例规定,有下列情形之一的,由县级以上人民政府卫生、农业或者兽医、水利、林业主管部门依据各自职责责令改正,给予警告,对单位处1000元以上1万元以下的罚款,对个人处50元以上500元以下的罚款,并没收用于违法活动的工具和物品;造成血吸虫病疫情扩散或者其他严重后果,对负有责任的主管人员和其他直接责任人员依法给予处分:

(一)单位未依照本条例的规定对因生产、工作必须接触疫水的人员采取防护措施,或者未定期组织进行血吸虫病的专项体检的;

(二)对政府有关部门采取的预防、控制措施不予配合的;

(三)使用国家明令禁止使用的药物杀灭钉螺的;

(四)引种在有钉螺地带培育的芦苇等植物或者农作物的种子、种苗等繁殖材料的;

(五)在血吸虫病防治地区施用未经无害化处理粪便的。

第七章 附 则

第五十三条 本条例下列用语的含义:

血吸虫病,是血吸虫寄生于人体或者哺乳动物体内,导致其发病的一种寄生虫病。

疫水,是指含有血吸虫尾蚴的水体。

第五十四条 本条例自2006年5月1日起施行。

艾滋病防治条例

· 2006年1月29日中华人民共和国国务院令第457号公布
· 根据2019年3月2日《国务院关于修改部分行政法规的决定》修订

第一章 总 则

第一条 为了预防、控制艾滋病的发生与流行,保障人体健康和公共卫生,根据传染病防治法,制定本条例。

第二条 艾滋病防治工作坚持预防为主、防治结合的方针,建立政府组织领导、部门各负其责、全社会共同参与的机制,加强宣传教育,采取行为干预和关怀救助等措施,实行综合防治。

第三条 任何单位和个人不得歧视艾滋病病毒感染者、艾滋病病人及其家属。艾滋病病毒感染者、艾滋病病人及其家属享有的婚姻、就业、就医、入学等合法权益受法律保护。

第四条 县级以上人民政府统一领导艾滋病防治工作,建立健全艾滋病防治工作协调机制和工作责任制,对有关部门承担的艾滋病防治工作进行考核、监督。

县级以上人民政府有关部门按照职责分工负责艾滋病防治及其监督管理工作。

第五条 国务院卫生主管部门会同国务院其他有关部门制定国家艾滋病防治规划;县级以上地方人民政府依照本条例规定和国家艾滋病防治规划,制定并组织实施本行政区域的艾滋病防治行动计划。

第六条 国家鼓励和支持工会、共产主义青年团、妇女联合会、红十字会等团体协助各级人民政府开展艾滋病防治工作。

居民委员会和村民委员会应当协助地方各级人民政府和政府有关部门开展有关艾滋病防治的法律、法规、政策和知识的宣传教育,发展有关艾滋病防治的公益事业,做好艾滋病防治工作。

第七条 各级人民政府和政府有关部门应当采取措施,鼓励和支持有关组织和个人依照本条例规定以及国家艾滋病防治规划和艾滋病防治行动计划的要求,参与艾滋病防治工作,对艾滋病防治工作提供捐赠,对有易感染艾滋病病毒危险行为的人群进行行为干预,对艾滋病病毒感染者、艾滋病病人及其家属提供关怀和救助。

第八条 国家鼓励和支持开展与艾滋病预防、诊断、治疗等有关的科学研究,提高艾滋病防治的科学技术水平;鼓励和支持开展传统医药以及传统医药与现代医药相结合防治艾滋病的临床治疗与研究。

国家鼓励和支持开展艾滋病防治工作的国际合作与交流。

第九条 县级以上人民政府和政府有关部门对在艾滋病防治工作中做出显著成绩和贡献的单位和个人,给予表彰和奖励。

对因参与艾滋病防治工作或者因执行公务感染艾滋病病毒,以及因此致病、丧失劳动能力或者死亡的人员,按照有关规定给予补助、抚恤。

第二章 宣传教育

第十条 地方各级人民政府和政府有关部门应当组织开展艾滋病防治以及关怀和不歧视艾滋病病毒感染者、艾滋病病人及其家属的宣传教育,提倡健康文明的生活方式,营造良好的艾滋病防治的社会环境。

第十一条 地方各级人民政府和政府有关部门应当

在车站、码头、机场、公园等公共场所以及旅客列车和从事旅客运输的船舶等公共交通工具显著位置,设置固定的艾滋病防治广告牌或者张贴艾滋病防治公益广告,组织发放艾滋病防治宣传材料。

第十二条 县级以上人民政府卫生主管部门应当加强艾滋病防治的宣传教育工作,对有关部门、组织和个人开展艾滋病防治的宣传教育工作提供技术支持。

医疗卫生机构应当组织工作人员学习有关艾滋病防治的法律、法规、政策和知识;医务人员在开展艾滋病、性病等相关疾病咨询、诊断和治疗过程中,应当对就诊者进行艾滋病防治的宣传教育。

第十三条 县级以上人民政府教育主管部门应当指导、督促高等院校、中等职业学校和普通中学将艾滋病防治知识纳入有关课程,开展有关课外教育活动。

高等院校、中等职业学校和普通中学应当组织学生学习艾滋病防治知识。

第十四条 县级以上人民政府卫生主管部门应当利用计划生育宣传和技术服务网络,组织开展艾滋病防治的宣传教育。

计划生育技术服务机构向育龄人群提供计划生育技术服务和生殖健康服务时,应当开展艾滋病防治的宣传教育。

第十五条 县级以上人民政府有关部门和从事劳务中介服务的机构,应当对进城务工人员加强艾滋病防治的宣传教育。

第十六条 出入境检验检疫机构应当在出入境口岸加强艾滋病防治的宣传教育工作,对出入境人员有针对性地提供艾滋病防治咨询和指导。

第十七条 国家鼓励和支持妇女联合会、红十字会开展艾滋病防治的宣传教育,将艾滋病防治的宣传教育纳入妇女儿童工作内容,提高妇女预防艾滋病的意识和能力,组织红十字会会员和红十字会志愿者开展艾滋病防治的宣传教育。

第十八条 地方各级人民政府和政府有关部门应当采取措施,鼓励和支持有关组织和个人对有易感染艾滋病病毒危险行为的人群开展艾滋病防治的咨询、指导和宣传教育。

第十九条 广播、电视、报刊、互联网等新闻媒体应当开展艾滋病防治的公益宣传。

第二十条 机关、团体、企业事业单位、个体经济组织应当组织本单位从业人员学习有关艾滋病防治的法律、法规、政策和知识,支持本单位从业人员参与艾滋病防治的宣传教育活动。

第二十一条 县级以上地方人民政府应当在医疗卫生机构开通艾滋病防治咨询服务电话,向公众提供艾滋病防治咨询服务和指导。

第三章 预防与控制

第二十二条 国家建立健全艾滋病监测网络。

国务院卫生主管部门制定国家艾滋病监测规划和方案。省、自治区、直辖市人民政府卫生主管部门根据国家艾滋病监测规划和方案,制定本行政区域的艾滋病监测计划和工作方案,组织开展艾滋病监测和专题调查,掌握艾滋病疫情变化情况和流行趋势。

疾病预防控制机构负责对艾滋病发生、流行以及影响其发生、流行的因素开展监测活动。

出入境检验检疫机构负责对出入境人员进行艾滋病监测,并将监测结果及时向卫生主管部门报告。

第二十三条 国家实行艾滋病自愿咨询和自愿检测制度。

县级以上地方人民政府卫生主管部门指定的医疗卫生机构,应当按照国务院卫生主管部门会同国务院其他有关部门制定的艾滋病自愿咨询和检测办法,为自愿接受艾滋病咨询、检测的人员免费提供咨询和初筛检测。

第二十四条 国务院卫生主管部门会同国务院其他有关部门根据预防、控制艾滋病的需要,可以规定应当进行艾滋病检测的情形。

第二十五条 省级以上人民政府卫生主管部门根据医疗卫生机构布局和艾滋病流行情况,按照国家有关规定确定承担艾滋病检测工作的实验室。

国家出入境检验检疫机构按照国务院卫生主管部门规定的标准和规范,确定承担出入境人员艾滋病检测工作的实验室。

第二十六条 县级以上地方人民政府和政府有关部门应当依照本条例规定,根据本行政区域艾滋病的流行情况,制定措施,鼓励和支持居民委员会、村民委员会以及其他有关组织和个人推广预防艾滋病的行为干预措施,帮助有易感染艾滋病病毒危险行为的人群改变行为。

有关组织和个人对有易感染艾滋病病毒危险行为的人群实施行为干预措施,应当符合本条例的规定以及国家艾滋病防治规划和艾滋病防治行动计划的要求。

第二十七条 县级以上人民政府应当建立艾滋病防治工作与禁毒工作的协调机制,组织有关部门落实针对吸毒人群的艾滋病防治措施。

省、自治区、直辖市人民政府卫生、公安和药品监督管理部门应当互相配合,根据本行政区域艾滋病流行和吸毒者的情况,积极稳妥地开展对吸毒成瘾者的药物维持治疗工作,并有计划地实施其他干预措施。

第二十八条 县级以上人民政府卫生、市场监督管理、药品监督管理、广播电视等部门应当组织推广使用安全套,建立和完善安全套供应网络。

第二十九条 省、自治区、直辖市人民政府确定的公共场所的经营者应当在公共场所内放置安全套或者设置安全套发售设施。

第三十条 公共场所的服务人员应当依照《公共场所卫生管理条例》的规定,定期进行相关健康检查,取得健康合格证明;经营者应当查验其健康合格证明,不得允许未取得健康合格证明的人员从事服务工作。

第三十一条 公安、司法行政机关对被依法逮捕、拘留和在监狱中执行刑罚以及被依法收容教育、强制戒毒和劳动教养的艾滋病病毒感染者和艾滋病病人,应当采取相应的防治措施,防止艾滋病传播。

对公安、司法行政机关依照前款规定采取的防治措施,县级以上地方人民政府应当给予经费保障,疾病预防控制机构应当予以技术指导和配合。

第三十二条 对卫生技术人员和在执行公务中可能感染艾滋病病毒的人员,县级以上人民政府卫生主管部门和其他有关部门应当组织开展艾滋病防治知识和专业技能的培训,有关单位应当采取有效的卫生防护措施和医疗保健措施。

第三十三条 医疗卫生机构和出入境检验检疫机构应当按照国务院卫生主管部门的规定,遵守标准防护原则,严格执行操作规程和消毒管理制度,防止发生艾滋病医院感染和医源性感染。

第三十四条 疾病预防控制机构应当按照属地管理的原则,对艾滋病病毒感染者和艾滋病病人进行医学随访。

第三十五条 血站、单采血浆站应当对采集的人体血液、血浆进行艾滋病检测;不得向医疗机构和血液制品生产单位供应未经艾滋病检测或者艾滋病检测阳性的人体血液、血浆。

血液制品生产单位应当在原料血浆投料生产前对每一份血浆进行艾滋病检测;未经艾滋病检测或者艾滋病检测阳性的血浆,不得作为原料血浆投料生产。

医疗机构应当对因应急用血而临时采集的血液进行艾滋病检测,对临床用血艾滋病检测结果进行核查;对未经艾滋病检测、核查或者艾滋病检测阳性的血液,不得采集或者使用。

第三十六条 采集或者使用人体组织、器官、细胞、骨髓等的,应当进行艾滋病检测;未经艾滋病检测或者艾滋病检测阳性的,不得采集或者使用。但是,用于艾滋病防治科研、教学的除外。

第三十七条 进口人体血液制品,应当依照药品管理法的规定,经国务院药品监督管理部门批准,取得进口药品注册证书。

禁止进出口用于临床医疗的人体血液、血浆、组织、器官、细胞、骨髓等。但是,出于人道主义、救死扶伤目的,可以进出口临床急需、捐献配型的特殊血型血液、骨髓造血干细胞、外周血造血干细胞、脐带血造血干细胞,由中国红十字会总会办理出入境手续;具体办法由国务院卫生主管部门会同国家出入境检验检疫机构制定。

依照前款规定进出口的特殊血型血液、骨髓造血干细胞、外周血造血干细胞、脐带血造血干细胞,应当依照国境卫生检疫法律、行政法规的有关规定,接受出入境检验检疫机构的检疫。未经检验或者检疫不合格的,不得进出口。

第三十八条 艾滋病病毒感染者和艾滋病病人应当履行下列义务:

(一)接受疾病预防控制机构或者出入境检验检疫机构的流行病学调查和指导;

(二)将感染或者发病的事实及时告知与其有性关系者;

(三)就医时,将感染或者发病的事实如实告知接诊医生;

(四)采取必要的防护措施,防止感染他人。

艾滋病病毒感染者和艾滋病病人不得以任何方式故意传播艾滋病。

第三十九条 疾病预防控制机构和出入境检验检疫机构进行艾滋病流行病学调查时,被调查单位和个人应当如实提供有关情况。

未经本人或者其监护人同意,任何单位或者个人不得公开艾滋病病毒感染者、艾滋病病人及其家属的姓名、住址、工作单位、肖像、病史资料以及其他可能推断出其具体身份的信息。

第四十条 县级以上人民政府卫生主管部门和出入境检验检疫机构可以封存有证据证明可能被艾滋病病毒污染的物品,并予以检验或者进行消毒。经检验,属于被艾滋病病毒污染的物品,应当进行卫生处理或者予以销毁;对未被艾滋病病毒污染的物品或者经消毒后可以使用的物品,应当及时解除封存。

第四章 治疗与救助

第四十一条 医疗机构应当为艾滋病病毒感染者和艾滋病病人提供艾滋病防治咨询、诊断和治疗服务。

医疗机构不得因就诊的病人是艾滋病病毒感染者或者艾滋病病人，推诿或者拒绝对其其他疾病进行治疗。

第四十二条 对确诊的艾滋病病毒感染者和艾滋病病人，医疗卫生机构的工作人员应当将其感染或者发病的事实告知本人；本人为无行为能力人或者限制行为能力人的，应当告知其监护人。

第四十三条 医疗卫生机构应当按照国务院卫生主管部门制定的预防艾滋病母婴传播技术指导方案的规定，对孕产妇提供艾滋病防治咨询和检测，对感染艾滋病病毒的孕产妇及其婴儿，提供预防艾滋病母婴传播的咨询、产前指导、阻断、治疗、产后访视、婴儿随访和检测等服务。

第四十四条 县级以上人民政府应当采取下列艾滋病防治关怀、救助措施：

（一）向农村艾滋病病人和城镇经济困难的艾滋病病人免费提供抗艾滋病病毒治疗药品；

（二）对农村和城镇经济困难的艾滋病病毒感染者、艾滋病病人适当减免抗机会性感染治疗药品的费用；

（三）向接受艾滋病咨询、检测的人员免费提供咨询和初筛检测；

（四）向感染艾滋病病毒的孕产妇免费提供预防艾滋病母婴传播的治疗和咨询。

第四十五条 生活困难的艾滋病病人遗留的孤儿和感染艾滋病病毒的未成年人接受义务教育的，应当免收杂费、书本费；接受学前教育和高中阶段教育的，应当减免学费等相关费用。

第四十六条 县级以上地方人民政府应当对生活困难并符合社会救助条件的艾滋病病毒感染者、艾滋病病人及其家属给予生活救助。

第四十七条 县级以上地方人民政府有关部门应当创造条件，扶持有劳动能力的艾滋病病毒感染者和艾滋病病人，从事力所能及的生产和工作。

第五章 保障措施

第四十八条 县级以上人民政府应当将艾滋病防治工作纳入国民经济和社会发展规划，加强和完善艾滋病预防、检测、控制、治疗和救助服务网络的建设，建立健全艾滋病防治专业队伍。

各级人民政府应当根据艾滋病防治工作需要，将艾滋病防治经费列入本级财政预算。

第四十九条 县级以上地方人民政府按照本级政府的职责，负责艾滋病预防、控制、监督工作所需经费。

国务院卫生主管部门会同国务院其他有关部门，根据艾滋病流行趋势，确定全国与艾滋病防治相关的宣传、培训、监测、检测、流行病学调查、医疗救治、应急处置以及监督检查等项目。中央财政对在艾滋病流行严重地区和贫困地区实施的艾滋病防治重大项目给予补助。

省、自治区、直辖市人民政府根据本行政区域的艾滋病防治工作需要和艾滋病流行趋势，确定与艾滋病防治相关的项目，并保障项目的实施经费。

第五十条 县级以上人民政府应当根据艾滋病防治工作需要和艾滋病流行趋势，储备抗艾滋病病毒治疗药品、检测试剂和其他物资。

第五十一条 地方各级人民政府应当制定扶持措施，对有关组织和个人开展艾滋病防治活动提供必要的资金支持和便利条件。有关组织和个人参与艾滋病防治公益事业，依法享受税收优惠。

第六章 法律责任

第五十二条 地方各级人民政府未依照本条例规定履行组织、领导、保障艾滋病防治工作职责，或者未采取艾滋病防治和救助措施的，由上级人民政府责令改正，通报批评；造成艾滋病传播、流行或者其他严重后果的，对负有责任的主管人员依法给予行政处分；构成犯罪的，依法追究刑事责任。

第五十三条 县级以上人民政府卫生主管部门违反本条例规定，有下列情形之一的，由本级人民政府或者上级人民政府卫生主管部门责令改正，通报批评；造成艾滋病传播、流行或者其他严重后果的，对负有责任的主管人员和其他直接责任人员依法给予行政处分；构成犯罪的，依法追究刑事责任：

（一）未履行艾滋病防治宣传教育职责的；

（二）对有证据证明可能被艾滋病病毒污染的物品，未采取控制措施的；

（三）其他有关失职、渎职行为。

出入境检验检疫机构有前款规定情形的，由其上级主管部门依照本条规定予以处罚。

第五十四条 县级以上人民政府有关部门未依照本条例规定履行宣传教育、预防控制职责的，由本级人民政府或者上级人民政府有关部门责令改正，通报批评；造成艾滋病传播、流行或者其他严重后果的，对负有责任的主管人员和其他直接责任人员依法给予行政处分；构成犯罪的，依法追究刑事责任。

第五十五条 医疗卫生机构未依照本条例规定履行职责，有下列情形之一的，由县级以上人民政府卫生主管部门责令限期改正，通报批评，给予警告；造成艾滋病传播、流行或者其他严重后果的，对负有责任的主管人员和其他直接责任人员依法给予降级、撤职、开除的处分，并可以依法吊销有关机构或者责任人员的执业许可证件；构成犯罪的，依法追究刑事责任：

（一）未履行艾滋病监测职责的；

（二）未按照规定免费提供咨询和初筛检测的；

（三）对临时应急采集的血液未进行艾滋病检测，对临床用血艾滋病检测结果未进行核查，或者将艾滋病检测阳性的血液用于临床的；

（四）未遵守标准防护原则，或者未执行操作规程和消毒管理制度，发生艾滋病医院感染或医源性感染的；

（五）未采取有效的卫生防护措施和医疗保健措施的；

（六）推诿、拒绝治疗艾滋病病毒感染者或者艾滋病病人的其他疾病，或者对艾滋病病毒感染者、艾滋病病人未提供咨询、诊断和治疗服务的；

（七）未对艾滋病病毒感染者或者艾滋病病人进行医学随访的；

（八）未按照规定对感染艾滋病病毒的孕产妇及其婴儿提供预防艾滋病母婴传播技术指导的。

出入境检验检疫机构有前款第（一）项、第（四）项、第（五）项规定情形的，由其上级主管部门依照前款规定予以处罚。

第五十六条 医疗卫生机构违反本条例第三十九条第二款规定，公开艾滋病病毒感染者、艾滋病病人或者其家属的信息的，依照传染病防治法的规定予以处罚。

出入境检验检疫机构、计划生育技术服务机构或者其他单位、个人违反本条例第三十九条第二款规定，公开艾滋病病毒感染者、艾滋病病人或者其家属的信息的，由其上级主管部门责令改正，通报批评，给予警告，对负有责任的主管人员和其他直接责任人员依法给予处分；情节严重的，由原发证部门吊销有关机构或者责任人员的执业许可证件。

第五十七条 血站、单采血浆站违反本条例规定，有下列情形之一，构成犯罪的，依法追究刑事责任；尚不构成犯罪的，由县级以上人民政府卫生主管部门依照献血法和《血液制品管理条例》的规定予以处罚；造成艾滋病传播、流行或者其他严重后果的，对负有责任的主管人员和其他直接责任人员依法给予降级、撤职、开除的处分，并可以依法吊销血站、单采血浆站的执业许可证：

（一）对采集的人体血液、血浆未进行艾滋病检测，或者发现艾滋病检测阳性的人体血液、血浆仍然采集的；

（二）将未经艾滋病检测的人体血液、血浆，或者艾滋病检测阳性的人体血液、血浆供给医疗机构和血液制品生产单位的。

第五十八条 违反本条例第三十六条规定采集或者使用人体组织、器官、细胞、骨髓等的，由县级人民政府卫生主管部门责令改正，通报批评，给予警告；情节严重的，责令停业整顿，有执业许可证件的，由原发证部门暂扣或者吊销其执业许可证件。

第五十九条 对不符合本条例第三十七条第二款规定进出口的人体血液、血浆、组织、器官、细胞、骨髓等，进出口口岸出入境检验检疫机构应当禁止出入境或者监督销毁。提供、使用未经出入境检验检疫机构检疫的进口人体血液、血浆、组织、器官、细胞、骨髓等的，由县级以上人民政府卫生主管部门没收违法物品以及违法所得，并处违法物品货值金额3倍以上5倍以下的罚款；对负有责任的主管人员和其他直接责任人员由其所在单位或者上级主管部门依法给予处分。

未经国务院药品监督管理部门批准，进口血液制品的，依照药品管理法的规定予以处罚。

第六十条 血站、单采血浆站、医疗卫生机构和血液制品生产单位违反法律、行政法规的规定，造成他人感染艾滋病病毒的，应当依法承担民事赔偿责任。

第六十一条 公共场所的经营者未查验服务人员的健康合格证明或者允许未取得健康合格证明的人员从事服务工作，省、自治区、直辖市人民政府确定的公共场所的经营者未在公共场所内放置安全套或者设置安全套发售设施的，由县级以上人民政府卫生主管部门责令限期改正，给予警告，可以并处500元以上5000元以下的罚款；逾期不改正的，责令停业整顿；情节严重的，由原发证部门依法吊销其执业许可证件。

第六十二条 艾滋病病毒感染者或者艾滋病病人故意传播艾滋病的，依法承担民事赔偿责任；构成犯罪的，依法追究刑事责任。

第七章 附 则

第六十三条 本条例下列用语的含义：

艾滋病，是指人类免疫缺陷病毒（艾滋病病毒）引起的获得性免疫缺陷综合征。

对吸毒成瘾者的药物维持治疗，是指在批准开办戒毒治疗业务的医疗卫生机构中，选用合适的药物，对吸毒成瘾者进行维持治疗，以减轻对毒品的依赖，减少注射吸毒引起艾滋病病毒的感染和扩散，减少毒品成瘾引起的疾病、死亡和引发的犯罪。

标准防护原则，是指医务人员将所有病人的血液、其他体液以及被血液、其他体液污染的物品均视为具有传染性的病原物质，医务人员在接触这些物质时，必须采取防护措施。

有易感染艾滋病病毒危险行为的人群，是指有卖淫、嫖娼、多性伴、男性同性性行为、注射吸毒等危险行为的人群。

艾滋病监测，是指连续、系统地收集各类人群中艾滋病（或者艾滋病病毒感染）及其相关因素的分布资料，对这些资料综合分析，为有关部门制定预防控制策略及措施提供及时可靠的信息和依据，并对预防控制措施进行效果评价。

艾滋病检测，是指采用实验室方法对人体血液、其他体液、组织器官、血液衍生物等进行艾滋病病毒、艾滋病病毒抗体及相关免疫指标检测，包括监测、检验检疫、自愿咨询检测、临床诊断、血液及血液制品筛查工作中的艾滋病检测。

行为干预措施，是指能够有效减少艾滋病传播的各种措施，包括：针对经注射吸毒传播艾滋病的美沙酮维持治疗等措施；针对经性传播艾滋病的安全套推广使用措施，以及规范、方便的性病诊疗措施；针对母婴传播艾滋病的抗病毒药物预防和人工代乳品喂养等措施；早期发现感染者和有助于危险行为改变的自愿咨询检测措施；健康教育措施；提高个人规范意识以及减少危险行为的针对性同伴教育措施。

第六十四条 本条例自 2006 年 3 月 1 日起施行。1987 年 12 月 26 日经国务院批准，1988 年 1 月 14 日由卫生部、外交部、公安部、原国家教育委员会、国家旅游局、原中国民用航空局、国家外国专家局发布的《艾滋病监测管理的若干规定》同时废止。

医疗机构传染病预检分诊管理办法

- 2005 年 2 月 28 日卫生部令第 41 号公布
- 自公布之日起施行

第一条 为规范医疗机构传染病预检、分诊工作，有效控制传染病疫情，防止医疗机构内交叉感染，保障人民群众身体健康和生命安全，根据《中华人民共和国传染病防治法》第五十二条的规定，制定本办法。

第二条 医疗机构应当建立传染病预检、分诊制度。

二级以上综合医院应当设立感染性疾病科，具体负责本医疗机构传染病的分诊工作，并对本医疗机构的传染病预检、分诊工作进行组织管理。

没有设立感染性疾病科的医疗机构应当设立传染病分诊点。

感染性疾病科和分诊点应当标识明确，相对独立，通风良好，流程合理，具有消毒隔离条件和必要的防护用品。

第三条 医疗机构各科室的医师在接诊过程中，应当注意询问病人有关的流行病学史、职业史，结合病人的主诉、病史、症状和体征等对来诊的病人进行传染病的预检。

经预检为传染病病人或者疑似传染病病人的，应当将病人分诊至感染性疾病科或者分诊点就诊，同时对接诊处采取必要的消毒措施。

第四条 医疗机构应当根据传染病的流行季节、周期和流行趋势做好特定传染病的预检、分诊工作。

医疗机构应当在接到卫生部和省、自治区、直辖市人民政府发布特定传染病预警信息后，或者按照当地卫生行政部门的要求，加强特定传染病的预检、分诊工作。必要时，设立相对独立的针对特定传染病的预检处，引导就诊病人首先到预检处检诊，初步排除特定传染病后，再到相应的普通科室就诊。

第五条 对呼吸道等特殊传染病病人或者疑似病人，医疗机构应当依法采取隔离或者控制传播措施，并按照规定对病人的陪同人员和其他密切接触人员采取医学观察和其他必要的预防措施。

第六条 医疗机构不具备传染病救治能力时，应当及时将病人转诊到具备救治能力的医疗机构诊疗，并将病历资料复印件转至相应的医疗机构。

第七条 转诊传染病病人或疑似传染病病人时，应当按照当地卫生行政部门的规定使用专用车辆。

第八条 感染性疾病科和分诊点应当采取标准防护措施，按照规范严格消毒，并按照《医疗废物管理条例》的规定处理医疗废物。

第九条 医疗机构应当定期对医务人员进行传染病防治知识的培训，培训应当包括传染病防治的法律、法规以及传染病流行动态、诊断、治疗、预防、职业暴露的预防和处理等内容。

从事传染病预检、分诊的医务人员应当严格遵守卫生管理法律、法规和有关规定，认真执行临床技术操作规范、常规以及有关工作制度。

第十条 各级卫生行政部门应当加强对医疗机构预

检分诊工作的监督管理,对违反《中华人民共和国传染病防治法》等有关法律、法规和本办法的,应当依法查处。

第十一条 本办法自发布之日起施行。

突发急性传染病预防控制战略

· 2007年6月20日
· 卫应急发〔2007〕203号

突发急性传染病(Emerging Infectious Diseases)是指严重影响社会稳定、对人类健康构成重大威胁,需要对其采取紧急处理措施的鼠疫以及传染性非典型性肺炎(以下简称"SARS")、人感染高致病性禽流感等新发生的急性传染病和不明原因疾病等。为做好我国突发急性传染病预防控制工作,保障公众身体健康和生命安全,促进经济发展,维护社会稳定,全面构建社会主义和谐社会,依据《中华人民共和国传染病防治法》、《突发公共卫生事件应急条例》、《国家突发公共卫生事件应急预案》,参考世界卫生组织《国际卫生条例》(2005)和《亚太区域突发急性传染病防控战略》,制订我国《突发急性传染病预防控制战略》。

一、突发急性传染病的形势

传染性疾病是全球致死、致残的主要原因。当今,突发急性传染病不断出现,成为威胁人类健康,影响社会稳定和经济发展的重要因素之一。

突发急性传染病流行的形势十分严峻。2003年新发现的SARS疫情,在短时间内迅速波及32个国家和地区,全球共报告SARS病例8098例,其中死亡774例,病死率达9.56%。自2003年以来,全球共有12个国家发现报告了313例人感染高致病性禽流感病例,其中死亡191例。历史上流感大流行曾给人们带来巨大灾难,发生在1918年的全球流感大流行,先后造成近5千万人死亡。20世纪末英国首次暴发疯牛病,随着疯牛病的暴发流行,英国、法国、爱尔兰、意大利、加拿大、香港特区先后出现了变异性克-雅氏病(vCJD)病人,目前全世界vCJD病例已达134人,病死率高达100%。2001年在澳大利亚等国发现梅塔肺炎病毒引起较大规模的支气管炎和肺炎流行,造成婴幼儿的死亡。1998-1999年在东南亚出现的尼巴病毒性脑炎,共造成106人死亡,病死率达40%。在非洲、美洲相继出现的埃博拉出血热、马尔堡病毒出血热疫情发病凶险,且病死率高。

我国是受突发急性传染病影响较重的国家之一,2003年的非典疫情,仅我国内地就报告SARS病例5327例,其中死亡349人,病死率达6.55%。国家统计局测算的经济损失高达933亿元人民币,约占2003年GDP0.8%。自2005年10月以来,我国内地已经发现人感染高致病性禽流感病例24例,其中死亡15例。

1997年,世界卫生组织(WHO)明确提出"全球警惕、采取行动、防范新出现的传染病"。美国、加拿大及泛美国家和地区先后制定了突发急性传染病预防控制战略。2005年,世界卫生组织东南亚区和西太平洋区联合制定了《亚太区域突发急性传染病防控战略》,突发急性传染病的防控工作成为国际社会面临的共同任务。

突发急性传染病的发生与社会经济、自然环境、生活方式等密切相关,我国正处于社会转型时期,经济、社会、环境等因素对公众健康的潜在威胁不断增加,应对突发急性传染病的形势十分严峻:

(一)气候等自然生态环境变化带来的影响。1860年以来,全球平均气温升高0.6℃,气温升高和降雨量增多,增加了传染病病原体生长繁殖的机会。世界卫生组织认为,全球气温升高将对人类健康造成影响。

(二)随着经济社会的发展,人口流动日益频繁。根据2000年全国人口普查结果显示,全国流动人口已超过1亿人。由于流动人口生活条件相对较差,基础性防病工作难以保证连续和稳定,容易导致突发急性传染病的传播和蔓延。

(三)生态系统失衡,环境质量下降,对人类健康造成危害。污染环境的有害物质,如废气、废水、废渣、放射性物质等的过度排放,不仅对生态环境造成污染,而且也会引起生物体变异,产生新的致病微生物,导致突发急性传染病的发生。

(四)随着人口的增加和对资源需求的扩大,人类生产和生活范围不断拓展,人与自然界中的宿主动物和媒介生物接触的频率及方式有所改变,一些原本在动物间传播的动物疫病开始向人间传播,导致突发急性传染病的发生。

(五)我国地域辽阔,经济发展不均衡,农村地区生产、生活方式相对落后。目前,农村地区家禽、家畜饲养非常普遍,散养比例大,人和家禽、家畜接触密切,容易造成禽流感等疾病的发生。农村环境卫生状况和基础卫生设施相对较差,不良卫生习惯尚难得到根本改变,容易造成传染病的发生和流行。

(六)我国民族众多,生活方式不同,饮食习惯各异,部分地区的居民延续着食用野生动物、生食海产品或禽类的习惯。有些地区的居民,将猎捕野生动物作为经济来源，增加了接触野生动物的机会，人畜共患病传播的时间空间被放大。

（七）全球经济一体化和交通工具现代化，致使国家之间和地域之间人员往来、物资流通更加广泛，增加了传染病通过交通工具远距离传播的危险。

（八）随着科学技术的进步，人类对传染病病原体的研究不断深入，甚至可以通过生物技术在实验室合成新的致病微生物。然而，生物安全管理依然存在漏洞，对突发急性传染病的发生和传播构成新的隐患。

（九）尽管人类在防治传染病方面积累了有益经验，掌握了一些有效的科技手段，但对突发急性传染病认知程度仍非常有限，防控和救治的成本昂贵。因此，预防为主是具有战略意义的工作方针。

二、防控战略目标

（一）总体目标站在国家安全的战略高度，重视并加强突发急性传染病的预防控制工作，制定突发急性传染病预防控制中长期策略，建立健全我国突发急性传染病应对机制、预案体系，坚持早期预防、及时预警、快速反应、有效控制的原则，不断提高应急处置能力，防止或减少突发急性传染病的发生及流行，降低突发急性传染病的危害，保护公众健康和生命安全。

（二）具体目标

1. 发现和减少突发急性传染病发生的危险因素。

2. 提高对突发急性传染病暴发的早期预警能力，建立突发急性传染病监测预警体系。县级以上医疗机构、乡镇卫生院、社区卫生服务中心逐步建立症状监测报告系统。

3. 建立健全有效应对突发急性传染病的应急处置机制。

4. 建立健全突发急性传染病应急处置预案体系，加强应对突发急性传染病的基础准备。

5. 建立应对突发急性传染病的联防联控机制，加强部门间、地域间以及国际社会间的沟通与合作。

6. 搭建中央和省级突发急性传染病科研攻关的技术平台。以病原微生物、预防性疫苗、救治药物和检测方法作为主要方向，开展基础科学和应用技术研究。

7. 培养和储备专门的专业技术人才，设立专项资金予以保障。

8. 建立我国突发急性传染病病原分子分型数据库，科学、有效处置突发急性传染病疫情。

9. 研究我国新发人畜共患传染病的分布、流行规律、感染情况及传播媒介，为防范突发急性传染病提供基础数据。

三、政策措施

（一）加强对突发急性传染病防控工作的领导

1. 突发急性传染病的流行，严重威胁公众健康和社会经济发展，甚至威胁国家安全。各地应将突发急性传染病防控工作纳入卫生发展整体规划，切实加强领导，认真落实《中华人民共和国传染病防治法》和《突发公共卫生事件应急条例》，坚持预防与应急并重，常态与非常态结合，不断完善防控措施。

2. 制定和实施应对突发急性传染病有关的人员培训、物资储备、重点实验室建设、现场控制、医疗救治等中长期规划。加大应对突发急性传染病等突发公共卫生事件应急处置工作投入。

3. 制订突发急性传染病医疗救治政策，医疗救治专项经费支持、保障医疗卫生机构及时对患者进行突发急性传染病排查、诊断、治疗以及密切接触者管理工作。

（二）建立和完善突发急性传染病应对机制

1. 指挥协调机制。突发急性传染病应对工作应体现政府领导、专家参与、属地管理、分级负责、专业机构实施、部门配合的指挥协调机制。根据突发公共卫生事件的范围、性质和危害程度，建立分级管理和分级响应机制。卫生部和各省卫生行政部门成立突发急性传染病咨询专家组，充分发挥专家的咨询参谋作用，收集突发急性传染病疫情信息，进行风险评估，提出防控对策。上级卫生部门应指导下级卫生部门开展流行病学调查、实验室诊断和医疗救治，并配合当地政府做好突发急性传染病的应急处置工作。完善国家突发公共卫生事件应急指挥系统，在卫生部与各省指挥决策骨干网的基础上，扩展与有关部门的横向联络，形成全国突发公共卫生事件应急指挥决策网络，满足应对突发急性传染病疫情时应急指挥的需要。

2. 信息沟通机制。卫生部门要以高度的责任感和全球观，与国内相关部门建立信息沟通机制，定期通报国内外疫情，防控工作进展，发展规划等信息，及时获取国境卫生检疫、国外疫情动态等与突发急性传染病防控相关的信息，掌握突发急性传染病的动态。建立突发急性传染病反馈和共享平台，使突发急性传染病防控工作人员实现信息共享。加强疾病预防控制机构对医疗机构的信息反馈，加强实验室诊断结果对临床救治的信息反馈等。切实加强机构之间、专业人员之间的沟通与合作，提高突发急性传染病现场风险沟通和管理能力。制订应对突发急性传染病疫情的风险沟通计划，营造出社会稳定、公众参与的有利环境,科学有效地防控突发急性传染病。

3. 部门协作机制。突发急性传染病多来源于动物或由国外输入,要建立并完善卫生、农业、林业、国境卫生检疫等部门的协调合作机制,共同研究重大突发急性传染病的防控对策,开展突发急性传染病疫情监测,形成联防联控的工作格局。

(三)落实各项防控措施,减轻突发急性传染病危害

1. 加强健康宣教,提高公众对突发急性传染病的认识和防范能力。大力开展爱国卫生运动,鼓励公众积极配合突发急性传染病的预防控制工作。

2. 采取疫苗免疫、媒介控制、旅行劝告、检疫通告、隔离等措施控制突发急性传染病疫情。

3. 加强管理,落实责任,减少医源性感染和实验室感染的发生,以及耐药性致病菌的产生,降低环境因素引起突发急性传染病疫情的风险。

4. 加强对野生动物管理,避免公众接触、食用野生动物,降低野生动物源性突发急性传染病传播给人的风险。加强活禽市场管理,规范活禽养殖、免疫、运输、销售行为,减少禽流感病毒感染人的风险。

(四)加强突发急性传染病监测预警体系建设,提高早期预警能力

1. 完善监测系统。在现有传染病监测系统的基础上,开发并建立以突发急性传染病为重点的综合性监测系统,逐步完善对重要临床症候群、不明原因死亡、药品及卫生用品销售、学生缺课、实验室病原学等综合监测,提高对突发急性传染病早期发现和预警能力,不断改进监测手段、提高监测质量。

2. 发挥医疗机构在疾病监测中的哨点作用,提高医务人员早期发现、报告传染病疫情的意识和能力。医疗机构指定专人负责突发急性传染病及其相关因素的监测工作,制订突发急性传染病发现、报告、转诊、密切接触者管理等制度,加强监督检查,严格落实防控措施。

3. 加强医疗机构传染病疫情信息管理和信息化建设,逐步将医疗机构日常报告信息系统与网络直报系统互通,动态收集分析传染病主要症状信息,及早发现突发急性传染病。

4. 开展媒介生物和宿主监测,建立生物样品资源库。与农业、林业等部门配合,开展动物疾病监测,关注动物的异常发病和死亡,做到突发急性传染病监测哨点前移。

5. 提高突发急性传染病早期预警能力。综合利用各种监测资料,组织专家进行风险评估,分析疾病发生的规律和特点,及时对突发急性传染病进行预警。研究突发急性传染病的早期预警指标体系,制定早期预警技术方法。建立国家、省级、市级三级突发急性传染病预警平台,提高突发急性传染病早期预警能力。

(五)提高实验室的检测能力,为突发急性传染病诊断提供技术支持

1. 在现有实验室条件和设施的基础上,分区域建设重点突发急性传染病实验室,充分发挥各个实验室的特长和优势,研发突发急性传染病的诊断方法和试剂,为突发急性传染病的快速诊断提供技术储备。

2. 建立网络实验室,逐步建立起方法和标准统一的全国公共卫生实验室监测网络系统,提高实验室安全水平和突发急性传染病诊断能力。设立国家突发急性传染病参比实验室和省级突发急性传染病中心实验室,配备必要的实验室设施,引进和开发一些突发急性传染病的检测、诊断方法。加强与有关科研院所实验室之间的联系与合作,全面促进我国突发急性传染病诊断水平的提高。

3. 制订实验室标本采集、运输、和实验室生物安全规范。建立规范的生物样本库,为突发急性传染病的甄别与比对提供资源。

(六)加强人力资源开发,提高突发急性传染病应急处置能力

1. 建立健全突发急性传染病应急处置人员培训机制,制定培训规划。各级卫生行政部门要建立突发急性传染病专家库,组建应急反应队伍。各级卫生行政部门要制定突发急性传染病培训计划,组织编写培训教材并提供师资,为各地应急队伍提供支持。

2. 建立突发急性传染病应急处置培训基地。结合疾病控制培训基地的布局,根据突发急性传染病的特点和需要,分区域建立突发急性传染病培训基地,开展突发急性传染病应急处置培训工作。

3. 适时组织应对突发急性传染病的应急处置模拟演练,检验应急预案和应急反应队伍的实战能力,找出突发急性传染病应急反应的漏洞和薄弱环节,及时查漏补缺。

4. 广泛开展对医疗机构医务人员有关突发急性传染病的发现、报告、防护、密切接触者管理的全员培训,提高其发现、报告和处置突发急性传染病的意识和能力。

5. 组建突发急性传染病援外应急处置小组,必要时赴国外学习了解和帮助处置突发急性传染病疫情,同时作为我国应对输入突发急性传染病的技术力量储备。

(七)做好应对突发急性传染病的物资和技术储备

建立健全应急物资、生产能力以及技术储备机制，完善疫苗及药物、试剂等应急物资的调运机制，明确财政经费保障政策。做好应急物资的储备及供应，用于应对突发急性传染病的暴发流行。成立专门的突发急性传染病应急物资储备机构，建立物资储备信息库。做好新亚型流感病毒疫苗生产技术和中西药品、以及其他突发急性传染病疫苗和药品储备。

（八）完善相关法律、法规及预案，坚持依法防控突发急性传染病

根据《国家突发公共卫生事件应急预案》，制定、补充相关的突发急性传染病应急处置预案。对已经在国外发生并有可能输入我国的突发急性传染病，在借鉴国外的防控经验的基础上，结合我国实际情况，制定我国的应急处置预案。根据《中华人民共和国传染病防治法》，对突然发生的不明原因疾病，可以采取甲类传染病的防控措施。借鉴 SARS 防控经验，对突发急性传染病，根据防控工作的需要，及时建议国务院将其纳入法定传染病管理范畴。完善新亚型流感病毒大流行应急预案和 SARS 应急预案，制定炭疽、脊髓灰质炎暴发流行应急预案和不明原因疾病应急处置方案。

（九）根据我国突发急性传染病防治工作的实际需求，开展突发急性传染病的基础科学及应用技术研究

从我国突发急性传染病防控工作的实际需要出发，着力解决防控工作中的困难，结合我国当前突发急性传染病研究的进展和现状，进行突发急性传染病应用科学理论和应用性技术以及疫苗和治疗药品等研究。重点开展 SARS、新亚型禽流感疫苗和人感染禽流感病毒治疗药物以及突发急性传染病诊断试剂的研究。

（十）积极参与国际交流与合作，推动突发急性传染病防控工作的开展

1. 认真履行《国际卫生条例》（2005）规定的各项义务，积极加入全球性和地区性突发公共卫生事件和突发急性传染病监测网络和实验室网络，广泛开展国际突发急性传染病合作研究和控制项目，努力提高我国在各种突发急性传染病预防控制方面的技术水平。分享我国在突发急性传染病防控方面积累的经验，对需要帮助的国家给予技术支持。通过与世界卫生组织或其他国家的合作，参与其他国家和地区突发急性传染病的研究和调查控制项目。

2. 加强突发急性传染病防控的双边及多边合作，了解周边国家和地区突发急性传染病的特点和流行趋势，提前做好应对突发急性传染病输入的各项准备工作。

公共场所卫生管理条例

· 1987 年 4 月 1 日国务院发布
· 根据 2016 年 2 月 6 日《国务院关于修改部分行政法规的决定》第一次修订
· 根据 2019 年 4 月 23 日《国务院关于修改部分行政法规的决定》第二次修订

第一章　总　则

第一条　为创造良好的公共场所卫生条件，预防疾病，保障人体健康，制定本条例。

第二条　本条例适用于下列公共场所：
（一）宾馆、饭馆、旅店、招待所、车马店、咖啡馆、酒吧、茶座；
（二）公共浴室、理发店、美容店；
（三）影剧院、录像厅（室）、游艺厅（室）、舞厅、音乐厅；
（四）体育场（馆）、游泳场（馆）、公园；
（五）展览馆、博物馆、美术馆、图书馆；
（六）商场（店）、书店；
（七）候诊室、候车（机、船）室、公共交通工具。

第三条　公共场所的下列项目应符合国家卫生标准和要求：
（一）空气、微小气候（湿度、温度、风速）；
（二）水质；
（三）采光、照明；
（四）噪音；
（五）顾客用具和卫生设施。

公共场所的卫生标准和要求，由国务院卫生行政部门负责制定。

第四条　国家对公共场所实行"卫生许可证"制度。"卫生许可证"由县以上卫生行政部门签发。

第二章　卫生管理

第五条　公共场所的主管部门应当建立卫生管理制度，配备专职或者兼职卫生管理人员，对所属经营单位（包括个体经营者，下同）的卫生状况进行经常性检查，并提供必要的条件。

第六条　经营单位应当负责所经营的公共场所的卫生管理，建立卫生责任制度，对本单位的从业人员进行卫生知识的培训和考核工作。

第七条　公共场所直接为顾客服务的人员，持有"健康合格证"方能从事本职工作。患有痢疾、伤寒、病毒性肝炎、活动期肺结核、化脓性或者渗出性皮肤病以及其他

有碍公共卫生的疾病的,治愈前不得从事直接为顾客服务的工作。

第八条 除公园、体育场(馆)、公共交通工具外的公共场所,经营单位应当及时向卫生行政部门申请办理"卫生许可证"。"卫生许可证"两年复核一次。

第九条 公共场所因不符合卫生标准和要求造成危害健康事故的,经营单位应妥善处理,并及时报告卫生防疫机构。

第三章 卫生监督

第十条 各级卫生防疫机构,负责管辖范围内的公共场所卫生监督工作。

民航、铁路、交通、厂(场)矿卫生防疫机构对管辖范围内的公共场所,施行卫生监督,并接受当地卫生防疫机构的业务指导。

第十一条 卫生防疫机构根据需要设立公共场所卫生监督员,执行卫生防疫机构交给的任务。公共场所卫生监督员由同级人民政府发给证书。

民航、铁路、交通、工矿企业卫生防疫机构的公共场所卫生监督员,由其上级主管部门发给证书。

第十二条 卫生防疫机构对公共场所的卫生监督职责:

(一)对公共场所进行卫生监测和卫生技术指导;

(二)监督从业人员健康检查,指导有关部门对从业人员进行卫生知识的教育和培训。

第十三条 卫生监督员有权对公共场所进行现场检查,索取有关资料,经营单位不得拒绝或隐瞒。卫生监督员对所提供的技术资料有保密的责任。

公共场所卫生监督员在执行任务时,应佩戴证章、出示证件。

第四章 罚则

第十四条 凡有下列行为之一的单位或者个人,卫生防疫机构可以根据情节轻重,给予警告、罚款、停业整顿、吊销"卫生许可证"的行政处罚:

(一)卫生质量不符合国家卫生标准和要求,而继续营业的;

(二)未获得"健康合格证",而从事直接为顾客服务的;

(三)拒绝卫生监督的;

(四)未取得"卫生许可证",擅自营业的。

罚款一律上交国库。

第十五条 违反本条例的规定造成严重危害公民健康的事故或中毒事故的单位或者个人,应当对受害人赔偿损失。

违反本条例致人残疾或者死亡,构成犯罪的,应由司法机关依法追究直接责任人员的刑事责任。

第十六条 对罚款、停业整顿及吊销"卫生许可证"的行政处罚不服的,在接到处罚通知之日起15天内,可以向当地人民法院起诉。但对公共场所卫生质量控制的决定应立即执行。对处罚的决定不履行又逾期不起诉的,由卫生防疫机构向人民法院申请强制执行。

第十七条 公共场所卫生监督机构和卫生监督员必须尽职尽责,依法办事。对玩忽职守、滥用职权,收取贿赂的,由上级主管部门给予直接责任人员行政处分。构成犯罪的,由司法机关依法追究直接责任人员的刑事责任。

第五章 附则

第十八条 本条例的实施细则由国务院卫生行政部门负责制定。

第十九条 本条例自发布之日起施行。

2. 疫苗接种

中华人民共和国疫苗管理法

- 2019年6月29日第十三届全国人民代表大会常务委员会第十一次会议通过
- 2019年6月29日中华人民共和国主席令第30号公布
- 自2019年12月1日起施行

第一章 总则

第一条 为了加强疫苗管理,保证疫苗质量和供应,规范预防接种,促进疫苗行业发展,保障公众健康,维护公共卫生安全,制定本法。

第二条 在中华人民共和国境内从事疫苗研制、生产、流通和预防接种及其监督管理活动,适用本法。本法未作规定的,适用《中华人民共和国药品管理法》《中华人民共和国传染病防治法》等法律、行政法规的规定。

本法所称疫苗,是指预防、控制疾病的发生、流行,用于人体免疫接种的预防性生物制品,包括免疫规划疫苗和非免疫规划疫苗。

第三条 国家对疫苗实行最严格的管理制度,坚持安全第一、风险管理、全程管控、科学监管、社会共治。

第四条 国家坚持疫苗产品的战略性和公益性。

国家支持疫苗基础研究和应用研究,促进疫苗研制和创新,将预防、控制重大疾病的疫苗研制、生产和储备纳入国家战略。

国家制定疫苗行业发展规划和产业政策，支持疫苗产业发展和结构优化，鼓励疫苗生产规模化、集约化，不断提升疫苗生产工艺和质量水平。

第五条 疫苗上市许可持有人应当加强疫苗全生命周期质量管理，对疫苗的安全性、有效性和质量可控性负责。

从事疫苗研制、生产、流通和预防接种活动的单位和个人，应当遵守法律、法规、规章、标准和规范，保证全过程信息真实、准确、完整和可追溯，依法承担责任，接受社会监督。

第六条 国家实行免疫规划制度。

居住在中国境内的居民，依法享有接种免疫规划疫苗的权利，履行接种免疫规划疫苗的义务。政府免费向居民提供免疫规划疫苗。

县级以上人民政府及其有关部门应当保障适龄儿童接种免疫规划疫苗。监护人应当依法保证适龄儿童按时接种免疫规划疫苗。

第七条 县级以上人民政府应当将疫苗安全工作和预防接种工作纳入本级国民经济和社会发展规划，加强疫苗监督管理能力建设，建立健全疫苗监督管理工作机制。

县级以上地方人民政府对本行政区域疫苗监督管理工作负责，统一领导、组织、协调本行政区域疫苗监督管理工作。

第八条 国务院药品监督管理部门负责全国疫苗监督管理工作。国务院卫生健康主管部门负责全国预防接种监督管理工作。国务院其他有关部门在各自职责范围内负责与疫苗有关的监督管理工作。

省、自治区、直辖市人民政府药品监督管理部门负责本行政区域疫苗监督管理工作。设区的市级、县级人民政府承担药品监督管理职责的部门（以下称药品监督管理部门）负责本行政区域疫苗监督管理工作。县级以上地方人民政府卫生健康主管部门负责本行政区域预防接种监督管理工作。县级以上地方人民政府其他有关部门在各自职责范围内负责与疫苗有关的监督管理工作。

第九条 国务院和省、自治区、直辖市人民政府建立部门协调机制，统筹协调疫苗监督管理有关工作，定期分析疫苗安全形势，加强疫苗监督管理，保障疫苗供应。

第十条 国家实行疫苗全程电子追溯制度。

国务院药品监督管理部门会同国务院卫生健康主管部门制定统一的疫苗追溯标准和规范，建立全国疫苗电子追溯协同平台，整合疫苗生产、流通和预防接种全过程追溯信息，实现疫苗可追溯。

疫苗上市许可持有人应当建立疫苗电子追溯系统，与全国疫苗电子追溯协同平台相衔接，实现生产、流通和预防接种全过程最小包装单位疫苗可追溯、可核查。

疾病预防控制机构、接种单位应当依法如实记录疫苗流通、预防接种等情况，并按照规定向全国疫苗电子追溯协同平台提供追溯信息。

第十一条 疫苗研制、生产、检验等过程中应当建立健全生物安全管理制度，严格控制生物安全风险，加强菌毒株等病原微生物的生物安全管理，保护操作人员和公众的健康，保证菌毒株等病原微生物用途合法、正当。

疫苗研制、生产、检验等使用的菌毒株和细胞株，应当明确历史、生物学特征、代次，建立详细档案，保证来源合法、清晰、可追溯；来源不明的，不得使用。

第十二条 各级人民政府及其有关部门、疾病预防控制机构、接种单位、疫苗上市许可持有人和疫苗行业协会等应当通过全国儿童预防接种日等活动定期开展疫苗安全法律、法规以及预防接种知识等的宣传教育、普及工作。

新闻媒体应当开展疫苗安全法律、法规以及预防接种知识等的公益宣传，并对疫苗违法行为进行舆论监督。有关疫苗的宣传报道应当全面、科学、客观、公正。

第十三条 疫苗行业协会应当加强行业自律，建立健全行业规范，推动行业诚信体系建设，引导和督促会员依法开展生产经营等活动。

第二章 疫苗研制和注册

第十四条 国家根据疾病流行情况、人群免疫状况等因素，制定相关研制规划，安排必要资金，支持多联多价等新型疫苗的研制。

国家组织疫苗上市许可持有人、科研单位、医疗卫生机构联合攻关，研制疾病预防、控制急需的疫苗。

第十五条 国家鼓励疫苗上市许可持有人加大研制和创新资金投入，优化生产工艺，提升质量控制水平，推动疫苗技术进步。

第十六条 开展疫苗临床试验，应当经国务院药品监督管理部门依法批准。

疫苗临床试验应当由符合国务院药品监督管理部门和国务院卫生健康主管部门规定条件的三级医疗机构或者省级以上疾病预防控制机构实施或者组织实施。

国家鼓励符合条件的医疗机构、疾病预防控制机构等依法开展疫苗临床试验。

第十七条　疫苗临床试验申办者应当制定临床试验方案，建立临床试验安全监测与评价制度，审慎选择受试者，合理设置受试者群体和年龄组，并根据风险程度采取有效措施，保护受试者合法权益。

第十八条　开展疫苗临床试验，应当取得受试者的书面知情同意；受试者为无民事行为能力人的，应当取得其监护人的书面知情同意；受试者为限制民事行为能力人的，应当取得本人及其监护人的书面知情同意。

第十九条　在中国境内上市的疫苗应当经国务院药品监督管理部门批准，取得药品注册证书；申请疫苗注册，应当提供真实、充分、可靠的数据、资料和样品。

对疾病预防、控制急需的疫苗和创新疫苗，国务院药品监督管理部门应当予以优先审评审批。

第二十条　应对重大突发公共卫生事件急需的疫苗或者国务院卫生健康主管部门认定急需的其他疫苗，经评估获益大于风险的，国务院药品监督管理部门可以附条件批准疫苗注册申请。

出现特别重大突发公共卫生事件或者其他严重威胁公众健康的紧急事件，国务院卫生健康主管部门根据传染病预防、控制需要提出紧急使用疫苗的建议，经国务院药品监督管理部门组织论证同意后可以在一定范围和期限内紧急使用。

第二十一条　国务院药品监督管理部门在批准疫苗注册申请时，对疫苗的生产工艺、质量控制标准和说明书、标签予以核准。

国务院药品监督管理部门应当在其网站上及时公布疫苗说明书、标签内容。

第三章　疫苗生产和批签发

第二十二条　国家对疫苗生产实行严格准入制度。

从事疫苗生产活动，应当经省级以上人民政府药品监督管理部门批准，取得药品生产许可证。

从事疫苗生产活动，除符合《中华人民共和国药品管理法》规定的从事药品生产活动的条件外，还应当具备下列条件：

（一）具备适度规模和足够的产能储备；
（二）具有保证生物安全的制度和设施、设备；
（三）符合疾病预防、控制需要。

疫苗上市许可持有人应当具备疫苗生产能力；超出疫苗生产能力确需委托生产的，应当经国务院药品监督管理部门批准。接受委托生产的，应当遵守本法规定和国家有关规定，保证疫苗质量。

第二十三条　疫苗上市许可持有人的法定代表人、主要负责人应当具有良好的信用记录，生产管理负责人、质量管理负责人、质量受权人等关键岗位人员应当具有相关专业背景和从业经历。

疫苗上市许可持有人应当加强对前款规定人员的培训和考核，及时将其任职和变更情况向省、自治区、直辖市人民政府药品监督管理部门报告。

第二十四条　疫苗应当按照经核准的生产工艺和质量控制标准进行生产和检验，生产全过程应当符合药品生产质量管理规范的要求。

疫苗上市许可持有人应当按照规定对疫苗生产全过程和疫苗质量进行审核、检验。

第二十五条　疫苗上市许可持有人应当建立完整的生产质量管理体系，持续加强偏差管理，采用信息化手段如实记录生产、检验过程中形成的所有数据，确保生产全过程持续符合法定要求。

第二十六条　国家实行疫苗批签发制度。

每批疫苗销售前或者进口时，应当经国务院药品监督管理部门指定的批签发机构按照相关技术要求进行审核、检验。符合要求的，发给批签发证明；不符合要求的，发给不予批签发通知书。

不予批签发的疫苗不得销售，并应当由省、自治区、直辖市人民政府药品监督管理部门监督销毁；不予批签发的进口疫苗应当由口岸所在地药品监督管理部门监督销毁或者依法进行其他处理。

国务院药品监督管理部门、批签发机构应当及时公布上市疫苗批签发结果，供公众查询。

第二十七条　申请疫苗批签发应当按照规定向批签发机构提供批生产及检验记录摘要等资料和同批号产品等样品。进口疫苗还应当提供原产地证明、批签发证明；在原产地免予批签发的，应当提供免予批签发证明。

第二十八条　预防、控制传染病疫情或者应对突发事件急需的疫苗，经国务院药品监督管理部门批准，免予批签发。

第二十九条　疫苗批签发应当逐批进行资料审核和抽样检验。疫苗批签发检验项目和检验频次应当根据疫苗质量风险评估情况进行动态调整。

对疫苗批签发申请资料或者样品的真实性有疑问，或者存在其他需要进一步核实的情况的，批签发机构应当予以核实，必要时应当采用现场抽样检验等方式组织开展现场核实。

第三十条　批签发机构在批签发过程中发现疫苗存在重大质量风险的，应当及时向国务院药品监督管理部门和省、自治区、直辖市人民政府药品监督管理部门报告。

接到报告的部门应当立即对疫苗上市许可持有人进行现场检查，根据检查结果通知批签发机构对疫苗上市许可持有人的相关产品或者所有产品不予批签发或者暂停批签发，并责令疫苗上市许可持有人整改。疫苗上市许可持有人应当立即整改，并及时将整改情况向责令其整改的部门报告。

第三十一条 对生产工艺偏差、质量差异、生产过程中的故障和事故以及采取的措施，疫苗上市许可持有人应当如实记录，并在相应批产品申请批签发的文件中载明；可能影响疫苗质量的，疫苗上市许可持有人应当立即采取措施，并向省、自治区、直辖市人民政府药品监督管理部门报告。

第四章 疫苗流通

第三十二条 国家免疫规划疫苗由国务院卫生健康主管部门会同国务院财政部门等组织集中招标或者统一谈判，形成并公布中标价格或者成交价格，各省、自治区、直辖市实行统一采购。

国家免疫规划疫苗以外的其他免疫规划疫苗、非免疫规划疫苗由各省、自治区、直辖市通过省级公共资源交易平台组织采购。

第三十三条 疫苗的价格由疫苗上市许可持有人依法自主合理制定。疫苗的价格水平、差价率、利润率应当保持在合理幅度。

第三十四条 省级疾病预防控制机构应当根据国家免疫规划和本行政区域疾病预防、控制需要，制定本行政区域免疫规划疫苗使用计划，并按照国家有关规定向组织采购疫苗的部门报告，同时报省、自治区、直辖市人民政府卫生健康主管部门备案。

第三十五条 疫苗上市许可持有人应当按照采购合同约定，向疾病预防控制机构供应疫苗。

疾病预防控制机构应当按照规定向接种单位供应疫苗。

疾病预防控制机构以外的单位和个人不得向接种单位供应疫苗，接种单位不得接收该疫苗。

第三十六条 疫苗上市许可持有人应当按照采购合同约定，向疾病预防控制机构或者疾病预防控制机构指定的接种单位配送疫苗。

疫苗上市许可持有人、疾病预防控制机构自行配送疫苗应当具备疫苗冷链储存、运输条件，也可以委托符合条件的疫苗配送单位配送疫苗。

疾病预防控制机构配送非免疫规划疫苗可以收取储存、运输费用，具体办法由国务院财政部门会同国务院价格主管部门制定，收费标准由省、自治区、直辖市人民政府价格主管部门会同财政部门制定。

第三十七条 疾病预防控制机构、接种单位、疫苗上市许可持有人、疫苗配送单位应当遵守疫苗储存、运输管理规范，保证疫苗质量。

疫苗在储存、运输全过程中应当处于规定的温度环境，冷链储存、运输应当符合要求，并定时监测、记录温度。

疫苗储存、运输管理规范由国务院药品监督管理部门、国务院卫生健康主管部门共同制定。

第三十八条 疫苗上市许可持有人在销售疫苗时，应当提供加盖其印章的批签发证明复印件或者电子文件；销售进口疫苗的，还应当提供加盖其印章的进口药品通关单复印件或者电子文件。

疾病预防控制机构、接种单位在接收或者购进疫苗时，应当索取前款规定的证明文件，并保存至疫苗有效期满后不少于五年备查。

第三十九条 疫苗上市许可持有人应当按照规定，建立真实、准确、完整的销售记录，并保存至疫苗有效期满后不少于五年备查。

疾病预防控制机构、接种单位、疫苗配送单位应当按照规定，建立真实、准确、完整的接收、购进、储存、配送、供应记录，并保存至疫苗有效期满后不少于五年备查。

疾病预防控制机构、接种单位接收或者购进疫苗时，应当索取本次运输、储存全过程温度监测记录，并保存至疫苗有效期满后不少于五年备查；对不能提供本次运输、储存全过程温度监测记录或者温度控制不符合要求的，不得接收或者购进，并应当立即向县级以上地方人民政府药品监督管理部门、卫生健康主管部门报告。

第四十条 疾病预防控制机构、接种单位应当建立疫苗定期检查制度，对存在包装无法识别、储存温度不符合要求、超过有效期等问题的疫苗，采取隔离存放、设置警示标志等措施，并按照国务院药品监督管理部门、卫生健康主管部门、生态环境主管部门的规定处置。疾病预防控制机构、接种单位应当如实记录处置情况，处置记录应当保存至疫苗有效期满后不少于五年备查。

第五章 预防接种

第四十一条 国务院卫生健康主管部门制定国家免疫规划；国家免疫规划疫苗种类由国务院卫生健康主管部门会同国务院财政部门拟订，报国务院批准后公布。

国务院卫生健康主管部门建立国家免疫规划专家咨

询委员会,并会同国务院财政部门建立国家免疫规划疫苗种类动态调整机制。

省、自治区、直辖市人民政府在执行国家免疫规划时,可以根据本行政区域疾病预防、控制需要,增加免疫规划疫苗种类,报国务院卫生健康主管部门备案并公布。

第四十二条 国务院卫生健康主管部门应当制定、公布预防接种工作规范,强化预防接种规范化管理。

国务院卫生健康主管部门应当制定、公布国家免疫规划疫苗的免疫程序和非免疫规划疫苗的使用指导原则。

省、自治区、直辖市人民政府卫生健康主管部门应当结合本行政区域实际情况制定接种方案,并报国务院卫生健康主管部门备案。

第四十三条 各级疾病预防控制机构应当按照各自职责,开展与预防接种相关的宣传、培训、技术指导、监测、评价、流行病学调查、应急处置等工作。

第四十四条 接种单位应当具备下列条件:

(一)取得医疗机构执业许可证;

(二)具有经过县级人民政府卫生健康主管部门组织的预防接种专业培训并考核合格的医师、护士或者乡村医生;

(三)具有符合疫苗储存、运输管理规范的冷藏设施、设备和冷藏保管制度。

县级以上地方人民政府卫生健康主管部门指定符合条件的医疗机构承担责任区域内免疫规划疫苗接种工作。符合条件的医疗机构可以承担非免疫规划疫苗接种工作,并应当报颁发其医疗机构执业许可证的卫生健康主管部门备案。

接种单位应当加强内部管理,开展预防接种工作应当遵守预防接种工作规范、免疫程序、疫苗使用指导原则和接种方案。

各级疾病预防控制机构应当加强对接种单位预防接种工作的技术指导和疫苗使用的管理。

第四十五条 医疗卫生人员实施接种,应当告知受种者或者其监护人所接种疫苗的品种、作用、禁忌、不良反应以及现场留观等注意事项,询问受种者的健康状况以及是否有接种禁忌等情况,并如实记录告知和询问情况。受种者或者其监护人应当如实提供受种者的健康状况和接种禁忌等情况。有接种禁忌不能接种的,医疗卫生人员应当向受种者或者其监护人提出医学建议,并如实记录提出医学建议情况。

医疗卫生人员在实施接种前,应当按照预防接种工作规范的要求,检查受种者健康状况、核查接种禁忌,查对预防接种证,检查疫苗、注射器的外观、批号、有效期,核对受种者的姓名、年龄和疫苗的品名、规格、剂量、接种部位、接种途径,做到受种者、预防接种证和疫苗信息相一致,确认无误后方可实施接种。

医疗卫生人员应当对符合接种条件的受种者实施接种。受种者在现场留观期间出现不良反应的,医疗卫生人员应当按照预防接种工作规范的要求,及时采取救治等措施。

第四十六条 医疗卫生人员应当按照国务院卫生健康主管部门的规定,真实、准确、完整记录疫苗的品种、上市许可持有人、最小包装单位的识别信息、有效期、接种时间、实施接种的医疗卫生人员、受种者等接种信息,确保接种信息可追溯、可查询。接种记录应当保存至疫苗有效期满后不少于五年备查。

第四十七条 国家对儿童实行预防接种证制度。在儿童出生后一个月内,其监护人应当到儿童居住地承担预防接种工作的接种单位或者出生医院为其办理预防接种证。接种单位或者出生医院不得拒绝办理。监护人应当妥善保管预防接种证。

预防接种实行居住地管理,儿童离开原居住地期间,由现居住地承担预防接种工作的接种单位负责对其实施接种。

预防接种证的格式由国务院卫生健康主管部门规定。

第四十八条 儿童入托、入学时,托幼机构、学校应当查验预防接种证,发现未按照规定接种免疫规划疫苗的,应当向儿童居住地或者托幼机构、学校所在地承担预防接种工作的接种单位报告,并配合接种单位督促其监护人按照规定补种。疾病预防控制机构应当为托幼机构、学校查验预防接种证等提供技术指导。

儿童入托、入学预防接种证查验办法由国务院卫生健康主管部门会同国务院教育行政部门制定。

第四十九条 接种单位接种免疫规划疫苗不得收取任何费用。

接种单位接种非免疫规划疫苗,除收取疫苗费用外,还可以收取接种服务费。接种服务费的收费标准由省、自治区、直辖市人民政府价格主管部门会同财政部门制定。

第五十条 县级以上地方人民政府卫生健康主管部门根据传染病监测和预警信息,为预防、控制传染病暴发、流行,报经本级人民政府决定,并报省级以上人民政府卫生健康主管部门备案，可以在本行政区域进行群体性预防接种。

需要在全国范围或者跨省、自治区、直辖市范围内进行群体性预防接种的，应当由国务院卫生健康主管部门决定。

作出群体性预防接种决定的县级以上地方人民政府或者国务院卫生健康主管部门应当组织有关部门做好人员培训、宣传教育、物资调用等工作。

任何单位和个人不得擅自进行群体性预防接种。

第五十一条 传染病暴发、流行时，县级以上地方人民政府或者其卫生健康主管部门需要采取应急接种措施的，依照法律、行政法规的规定执行。

第六章 异常反应监测和处理

第五十二条 预防接种异常反应，是指合格的疫苗在实施规范接种过程中或者实施规范接种后造成受种者机体组织器官、功能损害，相关各方均无过错的药品不良反应。

下列情形不属于预防接种异常反应：

（一）因疫苗本身特性引起的接种后一般反应；

（二）因疫苗质量问题给受种者造成的损害；

（三）因接种单位违反预防接种工作规范、免疫程序、疫苗使用指导原则、接种方案给受种者造成的损害；

（四）受种者在接种时正处于某种疾病的潜伏期或者前驱期，接种后偶合发病；

（五）受种者有疫苗说明书规定的接种禁忌，在接种前受种者或者其监护人未如实提供受种者的健康状况和接种禁忌等情况，接种后受种者原有疾病急性复发或者病情加重；

（六）因心理因素发生的个体或者群体的心因性反应。

第五十三条 国家加强预防接种异常反应监测。预防接种异常反应监测方案由国务院卫生健康主管部门会同国务院药品监督管理部门制定。

第五十四条 接种单位、医疗机构等发现疑似预防接种异常反应的，应当按照规定向疾病预防控制机构报告。

疫苗上市许可持有人应当设立专门机构，配备专职人员，主动收集、跟踪分析疑似预防接种异常反应，及时采取风险控制措施，将疑似预防接种异常反应向疾病预防控制机构报告，将质量分析报告提交省、自治区、直辖市人民政府药品监督管理部门。

第五十五条 对疑似预防接种异常反应，疾病预防控制机构应当按照规定及时报告，组织调查、诊断，并将调查、诊断结论告知受种者或者其监护人。对调查、诊断结论有争议的，可以根据国务院卫生健康主管部门制定的鉴定办法申请鉴定。

因预防接种导致受种者死亡、严重残疾，或者群体性疑似预防接种异常反应等对社会有重大影响的疑似预防接种异常反应，由设区的市级以上人民政府卫生健康主管部门、药品监督管理部门按照各自职责组织调查、处理。

第五十六条 国家实行预防接种异常反应补偿制度。实施接种过程中或者实施接种后出现受种者死亡、严重残疾、器官组织损伤等损害，属于预防接种异常反应或者不能排除的，应当给予补偿。补偿范围实行目录管理，并根据实际情况进行动态调整。

接种免疫规划疫苗所需的补偿费用，由省、自治区、直辖市人民政府财政部门在预防接种经费中安排；接种非免疫规划疫苗所需的补偿费用，由相关疫苗上市许可持有人承担。国家鼓励通过商业保险等多种形式对预防接种异常反应受种者予以补偿。

预防接种异常反应补偿应当及时、便民、合理。预防接种异常反应补偿范围、标准、程序由国务院规定，省、自治区、直辖市制定具体实施办法。

第七章 疫苗上市后管理

第五十七条 疫苗上市许可持有人应当建立健全疫苗全生命周期质量管理体系，制定并实施疫苗上市后风险管理计划，开展疫苗上市后研究，对疫苗的安全性、有效性和质量可控性进行进一步确证。

对批准疫苗注册申请时提出进一步研究要求的疫苗，疫苗上市许可持有人应当在规定期限内完成研究；逾期未完成研究或者不能证明其获益大于风险的，国务院药品监督管理部门应当依法处理，直至注销该疫苗的药品注册证书。

第五十八条 疫苗上市许可持有人应当对疫苗进行质量跟踪分析，持续提升质量控制标准，改进生产工艺，提高生产工艺稳定性。

生产工艺、生产场地、关键设备等发生变更的，应当进行评估、验证，按照国务院药品监督管理部门有关变更管理的规定备案或者报告；变更可能影响疫苗安全性、有效性和质量可控性的，应当经国务院药品监督管理部门批准。

第五十九条 疫苗上市许可持有人应当根据疫苗上市后研究、预防接种异常反应等情况持续更新说明书、标签,并按照规定申请核准或者备案。

国务院药品监督管理部门应当在其网站上及时公布更新后的疫苗说明书、标签内容。

第六十条 疫苗上市许可持有人应当建立疫苗质量回顾分析和风险报告制度,每年将疫苗生产流通、上市后研究、风险管理等情况按照规定如实向国务院药品监督管理部门报告。

第六十一条 国务院药品监督管理部门可以根据实际情况,责令疫苗上市许可持有人开展上市后评价或者直接组织开展上市后评价。

对预防接种异常反应严重或者其他原因危害人体健康的疫苗,国务院药品监督管理部门应当注销该疫苗的药品注册证书。

第六十二条 国务院药品监督管理部门可以根据疾病预防、控制需要和疫苗行业发展情况,组织对疫苗品种开展上市后评价,发现该疫苗品种的产品设计、生产工艺、安全性、有效性或者质量可控性明显劣于预防、控制同种疾病的其他疫苗品种的,应当注销该品种所有疫苗的药品注册证书并废止相应的国家药品标准。

第八章 保障措施

第六十三条 县级以上人民政府应当将疫苗安全工作、购买免疫规划疫苗和预防接种工作以及信息化建设等所需经费纳入本级政府预算,保证免疫规划制度的实施。

县级人民政府按照国家有关规定对从事预防接种工作的乡村医生和其他基层医疗卫生人员给予补助。

国家根据需要对经济欠发达地区的预防接种工作给予支持。省、自治区、直辖市人民政府和设区的市级人民政府应当对经济欠发达地区的县级人民政府开展与预防接种相关的工作给予必要的经费补助。

第六十四条 省、自治区、直辖市人民政府根据本行政区域传染病流行趋势,在国务院卫生健康主管部门确定的传染病预防、控制项目范围内,确定本行政区域与预防接种相关的项目,并保证项目的实施。

第六十五条 国务院卫生健康主管部门根据各省、自治区、直辖市国家免疫规划疫苗使用计划,向疫苗上市许可持有人提供国家免疫规划疫苗需求信息,疫苗上市许可持有人根据疫苗需求信息合理安排生产。

疫苗存在供应短缺风险时,国务院卫生健康主管部门、国务院药品监督管理部门提出建议,国务院工业和信息化主管部门、国务院财政部门应当采取有效措施,保障疫苗生产、供应。

疫苗上市许可持有人应当依法组织生产,保障疫苗供应;疫苗上市许可持有人停止疫苗生产的,应当及时向国务院药品监督管理部门或者省、自治区、直辖市人民政府药品监督管理部门报告。

第六十六条 国家将疫苗纳入战略物资储备,实行中央和省级两级储备。

国务院工业和信息化主管部门、财政部门会同国务院卫生健康主管部门、公安部门、市场监督管理部门和药品监督管理部门,根据疾病预防、控制和公共卫生应急准备的需要,加强储备疫苗的产能、产品管理,建立动态调整机制。

第六十七条 各级财政安排用于预防接种的经费应当专款专用,任何单位和个人不得挪用、挤占。

有关单位和个人使用预防接种的经费应当依法接受审计机关的审计监督。

第六十八条 国家实行疫苗责任强制保险制度。

疫苗上市许可持有人应当按照规定投保疫苗责任强制保险。因疫苗质量问题造成受种者损害的,保险公司在承保的责任限额内予以赔付。

疫苗责任强制保险制度的具体实施办法,由国务院药品监督管理部门会同国务院卫生健康主管部门、保险监督管理机构等制定。

第六十九条 传染病暴发、流行时,相关疫苗上市许可持有人应当及时生产和供应预防、控制传染病的疫苗。交通运输单位应当优先运输预防、控制传染病的疫苗。县级以上人民政府及其有关部门应当做好组织、协调、保障工作。

第九章 监督管理

第七十条 药品监督管理部门、卫生健康主管部门按照各自职责对疫苗研制、生产、流通和预防接种全过程进行监督管理,监督疫苗上市许可持有人、疾病预防控制机构、接种单位等依法履行义务。

药品监督管理部门依法对疫苗研制、生产、储存、运输以及预防接种中的疫苗质量进行监督检查。卫生健康主管部门依法对免疫规划制度的实施、预防接种活动进行监督检查。

药品监督管理部门应当加强对疫苗上市许可持有人的现场检查;必要时,可以对为疫苗研制、生产、流通等活动提供产品或者服务的单位和个人进行延伸检查;有关单位和个人应当予以配合,不得拒绝和隐瞒。

第七十一条 国家建设中央和省级两级职业化、专业化药品检查员队伍,加强对疫苗的监督检查。

省、自治区、直辖市人民政府药品监督管理部门选派检查员入驻疫苗上市许可持有人。检查员负责监督检查药品生产质量管理规范执行情况，收集疫苗质量风险和违法违规线索，向省、自治区、直辖市人民政府药品监督管理部门报告情况并提出建议，对派驻期间的行为负责。

第七十二条 疫苗质量管理存在安全隐患，疫苗上市许可持有人等未及时采取措施消除的，药品监督管理部门可以采取责任约谈、限期整改等措施。

严重违反药品相关质量管理规范的，药品监督管理部门应当责令暂停疫苗生产、销售、配送，立即整改；整改完成后，经药品监督管理部门检查符合要求的，方可恢复生产、销售、配送。

药品监督管理部门应当建立疫苗上市许可持有人及其相关人员信用记录制度，纳入全国信用信息共享平台，按照规定公示其严重失信信息，实施联合惩戒。

第七十三条 疫苗存在或者疑似存在质量问题的，疫苗上市许可持有人、疾病预防控制机构、接种单位应当立即停止销售、配送、使用，必要时立即停止生产，按照规定向县级以上人民政府药品监督管理部门、卫生健康主管部门报告。卫生健康主管部门应当立即组织疾病预防控制机构和接种单位采取必要的应急处置措施，同时向上级人民政府卫生健康主管部门报告。药品监督管理部门应当依法采取封存、扣押等措施。对已经销售的疫苗，疫苗上市许可持有人应当及时通知相关疾病预防控制机构、疫苗配送单位、接种单位，按照规定召回，如实记录召回和通知情况，疾病预防控制机构、疫苗配送单位、接种单位应当予以配合。

未依照前款规定停止生产、销售、配送、使用或者召回疫苗的，县级以上人民政府药品监督管理部门、卫生健康主管部门应当按照各自职责责令停止生产、销售、配送、使用或者召回疫苗。

疫苗上市许可持有人、疾病预防控制机构、接种单位发现存在或者疑似存在质量问题的疫苗，不得瞒报、谎报、缓报、漏报，不得隐匿、伪造、毁灭有关证据。

第七十四条 疫苗上市许可持有人应当建立信息公开制度，按照规定在其网站上及时公开疫苗产品信息、说明书和标签、药品相关质量管理规范执行情况、批签发情况、召回情况、接受检查和处罚情况以及投保疫苗责任强制保险情况等信息。

第七十五条 国务院药品监督管理部门会同国务院卫生健康主管部门等建立疫苗质量、预防接种等信息共享机制。

省级以上人民政府药品监督管理部门、卫生健康主管部门等应当按照科学、客观、及时、公开的原则，组织疫苗上市许可持有人、疾病预防控制机构、接种单位、新闻媒体、科研单位等，就疫苗质量和预防接种等信息进行交流沟通。

第七十六条 国家实行疫苗安全信息统一公布制度。

疫苗安全风险警示信息、重大疫苗安全事故及其调查处理信息和国务院确定需要统一公布的其他疫苗安全信息，由国务院药品监督管理部门会同有关部门公布。全国预防接种异常反应报告情况，由国务院卫生健康主管部门会同国务院药品监督管理部门统一公布。未经授权不得发布上述信息。公布重大疫苗安全信息，应当及时、准确、全面，并按照规定进行科学评估，作出必要的解释说明。

县级以上人民政府药品监督管理部门发现可能误导公众和社会舆论的疫苗安全信息，应当立即会同卫生健康主管部门及其他有关部门、专业机构、相关疫苗上市许可持有人等进行核实、分析，并及时公布结果。

任何单位和个人不得编造、散布虚假疫苗安全信息。

第七十七条 任何单位和个人有权依法了解疫苗信息，对疫苗监督管理工作提出意见、建议。

任何单位和个人有权向卫生健康主管部门、药品监督管理部门等部门举报疫苗违法行为，对卫生健康主管部门、药品监督管理部门等部门及其工作人员未依法履行监督管理职责的情况有权向本级或者上级人民政府及其有关部门、监察机关举报。有关部门、机关应当及时核实、处理；对查证属实的举报，按照规定给予举报人奖励；举报人举报所在单位严重违法行为，查证属实的，给予重奖。

第七十八条 县级以上人民政府应当制定疫苗安全事件应急预案，对疫苗安全事件分级、处置组织指挥体系与职责、预防预警机制、处置程序、应急保障措施等作出规定。

疫苗上市许可持有人应当制定疫苗安全事件处置方案，定期检查各项防范措施的落实情况，及时消除安全隐患。

发生疫苗安全事件，疫苗上市许可持有人应当立即向国务院药品监督管理部门或者省、自治区、直辖市人民政府药品监督管理部门报告；疾病预防控制机构、接种单位、医疗机构应当立即向县级以上人民政府卫生健康主管部门、药品监督管理部门报告。药品监督管理部门应当会同卫生健康主管部门按照应急预案的规定,成立疫苗安全事件处置指挥机构,开展医疗救治、风险控制、调查处理、信息发布、解释说明等工作,做好补种等善后处置工作。因质量问题造成的疫苗安全事件的补种费用由疫苗上市许可持有人承担。

有关单位和个人不得瞒报、谎报、缓报、漏报疫苗安全事件,不得隐匿、伪造、毁灭有关证据。

第十章 法律责任

第七十九条 违反本法规定,构成犯罪的,依法从重追究刑事责任。

第八十条 生产、销售的疫苗属于假药的,由省级以上人民政府药品监督管理部门没收违法所得和违法生产、销售的疫苗以及专门用于违法生产疫苗的原料、辅料、包装材料、设备等物品,责令停产停业整顿,吊销药品注册证书,直至吊销药品生产许可证等,并处违法生产、销售疫苗货值金额十五倍以上五十倍以下的罚款,货值金额不足五十万元的,按五十万元计算。

生产、销售的疫苗属于劣药的,由省级以上人民政府药品监督管理部门没收违法所得和违法生产、销售的疫苗以及专门用于违法生产疫苗的原料、辅料、包装材料、设备等物品,责令停产停业整顿,并处违法生产、销售疫苗货值金额十倍以上三十倍以下的罚款,货值金额不足五十万元的,按五十万元计算;情节严重的,吊销药品注册证书,直至吊销药品生产许可证等。

生产、销售的疫苗属于假药,或者生产、销售的疫苗属于劣药且情节严重的,由省级以上人民政府药品监督管理部门对法定代表人、主要负责人、直接负责的主管人员和关键岗位人员以及其他责任人员,没收违法行为发生期间自本单位所获收入,并处所获收入一倍以上十倍以下的罚款,终身禁止从事药品生产经营活动,由公安机关处五日以上十五日以下拘留。

第八十一条 有下列情形之一的,由省级以上人民政府药品监督管理部门没收违法所得和违法生产、销售的疫苗以及专门用于违法生产疫苗的原料、辅料、包装材料、设备等物品,责令停产停业整顿,并处违法生产、销售疫苗货值金额十五倍以上五十倍以下的罚款,货值金额不足五十万元的,按五十万元计算;情节严重的,吊销药品相关批准证明文件,直至吊销药品生产许可证等,对法定代表人、主要负责人、直接负责的主管人员和关键岗位人员以及其他责任人员,没收违法行为发生期间自本单位所获收入,并处所获收入百分之五十以上十倍以下的罚款,十年内直至终身禁止从事药品生产经营活动,由公安机关处五日以上十五日以下拘留:

(一)申请疫苗临床试验、注册、批签发提供虚假数据、资料、样品或者有其他欺骗行为;

(二)编造生产、检验记录或者更改产品批号;

(三)疾病预防控制机构以外的单位或者个人向接种单位供应疫苗;

(四)委托生产疫苗未经批准;

(五)生产工艺、生产场地、关键设备等发生变更按照规定应当经批准而未经批准;

(六)更新疫苗说明书、标签按照规定应当经核准而未经核准。

第八十二条 除本法另有规定的情形外,疫苗上市许可持有人或者其他单位违反药品相关质量管理规范的,由县级以上人民政府药品监督管理部门责令改正,给予警告;拒不改正的,处二十万元以上五十万元以下的罚款;情节严重的,处五十万元以上三百万元以下的罚款,责令停产停业整顿,直至吊销药品相关批准证明文件、药品生产许可证等,对法定代表人、主要负责人、直接负责的主管人员和关键岗位人员以及其他责任人员,没收违法行为发生期间自本单位所获收入,并处所获收入百分之五十以上五倍以下的罚款,十年内直至终身禁止从事药品生产经营活动。

第八十三条 违反本法规定,疫苗上市许可持有人有下列情形之一的,由省级以上人民政府药品监督管理部门责令改正,给予警告;拒不改正的,处二十万元以上五十万元以下的罚款;情节严重的,责令停产停业整顿,并处五十万元以上二百万元以下的罚款:

(一)未按照规定建立疫苗电子追溯系统;

(二)法定代表人、主要负责人和生产管理负责人、质量管理负责人、质量受权人等关键岗位人员不符合规定条件或者未按照规定对其进行培训、考核;

(三)未按照规定报告或者备案;

(四)未按照规定开展上市后研究,或者未按照规定设立机构、配备人员主动收集、跟踪分析疑似预防接种异常反应;

(五)未按照规定投保疫苗责任强制保险;

(六)未按照规定建立信息公开制度。

第八十四条 违反本法规定,批签发机构有下列情形之一的,由国务院药品监督管理部门责令改正,给予警告,对主要负责人、直接负责的主管人员和其他直接责任人员依法给予警告直至降级处分:

(一)未按照规定进行审核和检验;

（二）未及时公布上市疫苗批签发结果；
（三）未按照规定进行核实；
（四）发现疫苗存在重大质量风险未按照规定报告。

违反本法规定，批签发机构未按规定发给批签发证明或者不予批签发通知书的，由国务院药品监督管理部门责令改正，给予警告，对主要负责人、直接负责的主管人员和其他直接责任人员依法给予降级或者撤职处分；情节严重的，对主要负责人、直接负责的主管人员和其他直接责任人员依法给予开除处分。

第八十五条 疾病预防控制机构、接种单位、疫苗上市许可持有人、疫苗配送单位违反疫苗储存、运输管理规范有关冷链储存、运输要求的，由县级以上人民政府药品监督管理部门责令改正，给予警告，对违法储存、运输的疫苗予以销毁，没收违法所得；拒不改正的，对接种单位、疫苗上市许可持有人、疫苗配送单位处二十万元以上一百万元以下的罚款；情节严重的，对接种单位、疫苗上市许可持有人、疫苗配送单位处违法储存、运输疫苗货值金额十倍以上三十倍以下的罚款，货值金额不足十万元的，按十万元计算，责令疫苗上市许可持有人、疫苗配送单位停产停业整顿，直至吊销药品相关批准证明文件、药品生产许可证等，对疫苗上市许可持有人、疫苗配送单位的法定代表人、主要负责人、直接负责的主管人员和关键岗位人员以及其他责任人员依照本法第八十二条规定给予处罚。

疾病预防控制机构、接种单位有前款规定违法行为的，由县级以上人民政府卫生健康主管部门对主要负责人、直接负责的主管人员和其他直接责任人员依法给予警告直至撤职处分，责令负有责任的医疗卫生人员暂停一年以上十八个月以下执业活动；造成严重后果的，对主要负责人、直接负责的主管人员和其他直接责任人员依法给予开除处分，并可以吊销接种单位的接种资格，由原发证部门吊销负有责任的医疗卫生人员的执业证书。

第八十六条 疾病预防控制机构、接种单位、疫苗上市许可持有人、疫苗配送单位有本法第八十五条规定以外的违反疫苗储存、运输管理规范行为的，由县级以上人民政府药品监督管理部门责令改正，给予警告，没收违法所得；拒不改正的，对接种单位、疫苗上市许可持有人、疫苗配送单位处十万元以上三十万元以下的罚款；情节严重的，对接种单位、疫苗上市许可持有人、疫苗配送单位处违法储存、运输疫苗货值金额三倍以上十倍以下的罚款，货值金额不足十万元的，按十万元计算。

疾病预防控制机构、接种单位有前款规定违法行为的，县级以上人民政府卫生健康主管部门可以对主要负责人、直接负责的主管人员和其他直接责任人员依法给予警告直至撤职处分，责令负有责任的医疗卫生人员暂停六个月以上一年以下执业活动；造成严重后果的，对主要负责人、直接负责的主管人员和其他直接责任人员依法给予开除处分，由原发证部门吊销负有责任的医疗卫生人员的执业证书。

第八十七条 违反本法规定，疾病预防控制机构、接种单位有下列情形之一的，由县级以上人民政府卫生健康主管部门责令改正，给予警告，没收违法所得；情节严重的，对主要负责人、直接负责的主管人员和其他直接责任人员依法给予警告直至撤职处分，责令负有责任的医疗卫生人员暂停一年以上十八个月以下执业活动；造成严重后果的，对主要负责人、直接负责的主管人员和其他直接责任人员依法给予开除处分，由原发证部门吊销负有责任的医疗卫生人员的执业证书：

（一）未按照规定供应、接收、采购疫苗；
（二）接种疫苗未遵守预防接种工作规范、免疫程序、疫苗使用指导原则、接种方案；
（三）擅自进行群体性预防接种。

第八十八条 违反本法规定，疾病预防控制机构、接种单位有下列情形之一的，由县级以上人民政府卫生健康主管部门责令改正，给予警告；情节严重的，对主要负责人、直接负责的主管人员和其他直接责任人员依法给予警告直至撤职处分，责令负有责任的医疗卫生人员暂停六个月以上一年以下执业活动；造成严重后果的，对主要负责人、直接负责的主管人员和其他直接责任人员依法给予开除处分，由原发证部门吊销负有责任的医疗卫生人员的执业证书：

（一）未按照规定提供追溯信息；
（二）接收或者购进疫苗时未按照规定索取并保存相关证明文件、温度监测记录；
（三）未按照规定建立并保存疫苗接收、购进、储存、配送、供应、接种、处置记录；
（四）未按照规定告知、询问受种者或者其监护人有关情况。

第八十九条 疾病预防控制机构、接种单位、医疗机构未按照规定报告疑似预防接种异常反应、疫苗安全事件等，或者未按照规定对疑似预防接种异常反应组织调查、诊断等的，由县级以上人民政府卫生健康主管部门责令改正，给予警告；情节严重的，对接种单位、医疗机构处五万元以上五十万元以下的罚款，对疾病预防控制机构、接种单位、医疗机构的主要负责人、直接负责的主管人员和其他直接责任人员依法给予警告直至撤职处分；造成严重后果的，对主要负责人、直接负责的主管人员和其他直接责任人员依法给予开除处分，由原发证部门吊销负有责任的医疗卫生人员的执业证书。

第九十条 疾病预防控制机构、接种单位违反本法规定收取费用的，由县级以上人民政府卫生健康主管部门监督其将违法收取的费用退还给原缴费的单位或者个人，并由县级以上人民政府市场监督管理部门依法给予处罚。

第九十一条 违反本法规定，未经县级以上地方人民政府卫生健康主管部门指定擅自从事免疫规划疫苗接种工作、从事非免疫规划疫苗接种工作不符合条件或者未备案的，由县级以上人民政府卫生健康主管部门责令改正，给予警告，没收违法所得和违法持有的疫苗，责令停业整顿，并处十万元以上一百万元以下的罚款，对主要负责人、直接负责的主管人员和其他直接责任人员依法给予处分。

违反本法规定，疾病预防控制机构、接种单位以外的单位或者个人擅自进行群体性预防接种的，由县级以上人民政府卫生健康主管部门责令改正，没收违法所得和违法持有的疫苗，并处违法持有的疫苗货值金额十倍以上三十倍以下的罚款，货值金额不足五万元的，按五万元计算。

第九十二条 监护人未依法保证适龄儿童按时接种免疫规划疫苗的，由县级人民政府卫生健康主管部门批评教育，责令改正。

托幼机构、学校在儿童入托、入学时未按照规定查验预防接种证，或者发现未按照规定接种的儿童后未向接种单位报告的，由县级以上地方人民政府教育行政部门责令改正，给予警告，对主要负责人、直接负责的主管人员和其他直接责任人员依法给予处分。

第九十三条 编造、散布虚假疫苗安全信息，或者在接种单位寻衅滋事，构成违反治安管理行为的，由公安机关依法给予治安管理处罚。

报纸、期刊、广播、电视、互联网站等传播媒介编造、散布虚假疫苗安全信息的，由有关部门依法给予处罚，对主要负责人、直接负责的主管人员和其他直接责任人员依法给予处分。

第九十四条 县级以上地方人民政府在疫苗监督管理工作中有下列情形之一的，对直接负责的主管人员和其他直接责任人员依法给予降级或者撤职处分；情节严重的，依法给予开除处分；造成严重后果的，其主要负责人应当引咎辞职：

（一）履行职责不力，造成严重不良影响或者重大损失；

（二）瞒报、谎报、缓报、漏报疫苗安全事件；

（三）干扰、阻碍对疫苗违法行为或者疫苗安全事件的调查；

（四）本行政区域发生特别重大疫苗安全事故，或者连续发生重大疫苗安全事故。

第九十五条 药品监督管理部门、卫生健康主管部门等部门在疫苗监督管理工作中有下列情形之一的，对直接负责的主管人员和其他直接责任人员依法给予降级或者撤职处分；情节严重的，依法给予开除处分；造成严重后果的，其主要负责人应当引咎辞职：

（一）未履行监督检查职责，或者发现违法行为不及时查处；

（二）擅自进行群体性预防接种；

（三）瞒报、谎报、缓报、漏报疫苗安全事件；

（四）干扰、阻碍对疫苗违法行为或者疫苗安全事件的调查；

（五）泄露举报人的信息；

（六）接到疑似预防接种异常反应相关报告，未按照规定组织调查、处理；

（七）其他未履行疫苗监督管理职责的行为，造成严重不良影响或者重大损失。

第九十六条 因疫苗质量问题造成受种者损害的，疫苗上市许可持有人应当依法承担赔偿责任。

疾病预防控制机构、接种单位因违反预防接种工作规范、免疫程序、疫苗使用指导原则、接种方案，造成受种者损害的，应当依法承担赔偿责任。

第十一章 附 则

第九十七条 本法下列用语的含义是：

免疫规划疫苗，是指居民应当按照政府的规定接种的疫苗，包括国家免疫规划确定的疫苗，省、自治区、直辖市人民政府在执行国家免疫规划时增加的疫苗，以及县级以上人民政府或者其卫生健康主管部门组织的应急接种或者群体性预防接种所使用的疫苗。

非免疫规划疫苗，是指由居民自愿接种的其他疫苗。

疫苗上市许可持有人，是指依法取得疫苗药品注册证书和药品生产许可证的企业。

第九十八条 国家鼓励疫苗生产企业按照国际采购要求生产、出口疫苗。

出口的疫苗应当符合进口国（地区）的标准或者合同要求。

第九十九条 出入境预防接种及所需疫苗的采购，由国境卫生检疫机关商国务院财政部门另行规定。

第一百条 本法自 2019 年 12 月 1 日起施行。

疫苗生产流通管理规定

- 2022 年 7 月 8 日国家药监局公告 2022 年第 55 号公布
- 自发布之日起施行

第一章 总 则

第一条 为加强疫苗生产流通监督管理，规范疫苗生产、流通活动，根据《中华人民共和国药品管理法》《中华人民共和国疫苗管理法》及《药品注册管理办法》《药品生产监督管理办法》等有关法律、法规、规章，制定本规定。

第二条 在中华人民共和国境内从事疫苗生产、流通及其监督管理等活动适用本规定。

第三条 从事疫苗生产、流通活动，应当遵守药品和疫苗的有关法律、法规、规章、标准、规范等，保证全过程信息真实、准确、完整和可追溯。

第二章 持有人主体责任

第四条 国家对疫苗实行上市许可持有人制度。持有人对疫苗的安全性、有效性和质量可控性负主体责任，依法依规开展疫苗上市后生产、流通等环节管理活动，并承担相应责任。

开展委托生产的，持有人对委托生产的疫苗负主体责任，受托疫苗生产企业对受托生产行为负责。

第五条 疫苗生产相关的主要原料、辅料和直接接触药品的包装材料供应商以及疫苗供应过程中储存、运输等相关主体依法承担相应环节的责任。

第六条 持有人应当明确关键岗位人员职责。

法定代表人/主要负责人：负责确立质量方针和质量目标，提供资源保证生产、流通等活动持续符合相关法律法规要求，确保质量管理部门独立履行职责，对疫苗产品生产、流通活动和质量全面负责。

生产管理负责人：负责组织和实施疫苗产品生产活动，确保按照经核准的生产工艺和质量控制标准组织生产，对生产过程的持续合规负责。

质量管理负责人：负责组织建立企业质量管理体系并确保体系能够持续良好运行，对疫苗产品质量管理持续合规负责。

质量受权人：负责疫苗产品放行，确保每批已放行产品的生产、检验均符合经核准的生产工艺和质量控制标准，对产品放行负责。

第七条 持有人的生产管理负责人、质量管理负责人和质量受权人等关键岗位人员应当具有医学、药学、生物学等相关专业本科及以上学历或具备中级以上专业技术职称，具有五年以上从事疫苗领域生产质量管理经验，能够在生产、质量管理中履行职责，并承担相应责任。

负责疫苗流通质量管理的负责人应当具有医学、药学、生物学等相关专业本科及以上学历或具备中级以上专业技术职称，具有三年以上从事疫苗管理或技术工作经验，能够在疫苗流通质量管理中履行职责，并承担相应责任。

持有人的法定代表人、主要负责人、生产管理负责人、质量管理负责人和质量受权人，应当具有良好的信用记录，药品严重失信人员不得担任上述职务。

第八条 持有人应当根据法律、法规、规章、标准、规范等要求，建立完整的疫苗质量管理体系，定期对质量管理体系的运行情况开展自查并持续改进。

持有人应当按照规定，对疫苗生产、流通涉及的原料、辅料、直接接触药品的包装材料、储存配送服务等供应商的质量管理体系进行审核和监督，确保供应商满足疫苗生产、流通的相关要求，不断完善上市后疫苗生产、流通质量管理体系。

第九条 持有人应当对疫苗生产、流通全过程开展质量风险管理，对质量体系运行过程中可能存在的风险进行风险识别、评估、控制、沟通，采取有效预防控制措施，及时开展风险回顾，直至风险得到有效控制。

第三章 疫苗生产管理

第十条 国家对疫苗生产实施严格准入制度，严格控制新开办疫苗生产企业。新开办疫苗生产企业，除符合疫苗生产企业开办条件外，还应当符合国家疫苗行业主管部门的相关政策。

第十一条 持有人自身应当具备疫苗生产能力。从事疫苗生产活动时，应当按照《药品管理法》《疫苗管理法》及《药品生产监督管理办法》等规定的条件，按照药品生产许可管理规定程序，向生产场地所在地省级药品监督管理部门提交药品生产许可申请材料。超出持有人疫苗生产能力确需委托生产的，受托方应当为取得疫苗生产范围的药品生产企业。

疫苗的包装、贴标签、分包装应当在取得疫苗生产范围的药品生产企业开展。

第十二条 满足以下情形之一的疫苗品种，持有人可提出疫苗委托生产申请：

（一）国务院工业和信息化管理部门提出储备需要，且认为持有人现有生产能力无法满足需求的；

（二）国务院卫生健康管理部门提出疾病预防、控制急需，且认为持有人现有生产能力无法满足需求的；

（三）生产多联多价疫苗的。

委托生产的范围应当是疫苗生产的全部工序。必要时，委托生产多联多价疫苗的，经国家药品监督管理局组织论证同意后可以是疫苗原液生产阶段或者制剂生产阶段。

第十三条 申请疫苗委托生产的，委托方和受托方应当按照相关技术指导原则要求进行研究、评估和必要的验证，并在完成相应《药品生产许可证》生产范围变更后，由委托方向国家药品监督管理局受理和举报中心提出申请，申请时应当提交《疫苗委托生产申请表》（附件1），提交申报资料（附件2），及本规定第十二条规定的证明性材料。

第十四条 国家药品监督管理局受理和举报中心接到疫苗委托生产申请后，按照本规定第十三条的要求对申请资料进行形式审查，应当在5个工作日内作出受理、补正或者不予受理的决定，出具书面的《受理通知书》或者《不予受理通知书》，并注明日期。

第十五条 国家药品监督管理局按照本规定的要求对疫苗委托生产申请进行审查，应当在20个工作日内作出决定。申请人补充资料所需时间不计入审批时限。

经审查符合规定予以批准的，由国家药品监督管理局受理和举报中心制作《疫苗委托生产批件》（附件3）并在10个工作日内向委托方发放；不符合规定的，书面通知委托方并说明理由；需要补充材料的，书面通知委托方在规定时间内提交补充材料。

《疫苗委托生产批件》同时抄送委托方和受托方所在地省级药品监督管理部门等。

第十六条 委托方取得《疫苗委托生产批件》后，按照《药品上市后变更管理办法（试行）》相关规定办理生产场地变更涉及的注册管理事项变更。

委托方和受托方所在地省级药品监督管理部门应当按照《药品生产监督管理办法》第五十二条的规定，对委托方和受托方开展药品生产质量管理规范符合性检查。

委托方和受托方在依法完成相应变更，通过药品生产质量管理规范符合性检查，所生产产品自检和批签发合格，符合法定放行条件后，方可上市销售。

第十七条 持有人应当建立完整的生产质量管理体系，严格按照经核准的生产工艺和质量控制标准组织生产，确保产品符合上市放行要求。生产过程中应当持续加强物料供应商管理、变更控制、偏差管理、产品质量回顾分析等工作。采用信息化手段如实记录生产、检验过程中形成的所有数据，确保生产全过程持续符合法定要求。对于无法采用在线采集数据的人工操作步骤，应将该过程形成的数据及时录入相关信息化系统或转化为电子数据，确保相关数据的真实、准确、完整和可追溯，同时按要求保存相关纸质原始记录。

第十八条 持有人因工艺升级、搬迁改造等原因（正常周期性生产除外），计划停产3个月以上的，应当在停产3个月前，向所在地省级药品监督管理部门报告。

持有人常年生产品种因设备故障等突发情况导致无法正常生产，预计需停产1个月以上的，应当在停产3个工作日内向所在地省级药品监督管理部门报告。

第十九条 持有人长期停产（正常周期性生产除外）计划恢复生产的，应当在恢复生产1个月前向所在地省级药品监督管理部门报告。省级药品监督管理部门结合日常监管情况进行风险评估，必要时可对恢复生产的品种开展现场检查。

第二十条 持有人在生产、流通管理过程中，发现可能会影响疫苗产品质量的重大偏差或重大质量问题的，应当立即向所在地省级药品监督管理部门报告。进口疫苗在流通管理过程中，发现可能影响疫苗产品质量的重大偏差或重大质量问题的，由境外疫苗持有人指定的境内代理人向进口口岸所在地省级药品监督管理部门报告。报告至少包括以下内容：

（一）重大偏差或质量问题的详细情况；

（二）涉及产品的名称、批号、规格、数量、流向等信息；

（三）已经或可能产生的不良影响；

（四）已采取的紧急控制或处置措施；

（五）拟进一步采取的措施；

（六）应当说明的其他情况。

第二十一条 持有人应当建立年度报告制度，质量年度报告应当按照相关要求进行撰写。质量年度报告至少应当包括疫苗生产和批签发情况，关键人员变更情况，生产工艺和场地变更情况，原料、辅料变更情况，关键设施设备变更情况，偏差情况，稳定性考察情况，销售配送情况，疑似预防接种异常反应情况，风险管理情况，接受检查和处罚情况等。

持有人应当在每年4月底前通过"国家药品智慧监管平台的药品业务管理系统"上传上年度的质量年度报

告。各省级药品监督管理部门及中检院、国家药品监督管理局药审中心、核查中心、评价中心、信息中心等部门,依职责权限,分别查询、审阅、检查、评价等各相关工作开展及风险评估的重要参考。

第四章 疫苗流通管理

第二十二条 持有人应当按照采购合同的约定,向疾病预防控制机构销售疫苗。

境外疫苗持有人原则上应当指定境内一家具备冷链药品质量保证能力的药品批发企业统一销售其同一品种疫苗,履行持有人在销售环节的义务,并承担责任。

第二十三条 持有人在销售疫苗时,应当同时提供加盖其印章的批签发证明复印件或者电子文件;销售进口疫苗的,还应当提供加盖其印章的进口药品通关单复印件或者电子文件。

持有人应当按照规定,建立真实、准确、完整的销售记录,销售记录应当至少包含产品通用名称、批准文号、批号、规格、有效期、购货单位、销售数量、单价、金额、销售日期和持有人信息等,委托储存、运输的,还应当包括受托储存、运输企业信息,并保存至疫苗有效期满后不少于5年备查。

第二十四条 持有人、疾病预防控制机构自行配送疫苗,应当具备疫苗冷链储存、运输条件,符合疫苗储存和运输管理规范的有关要求,并对配送的疫苗质量依法承担责任。

持有人与疾病预防控制机构签订的采购合同中应当明确实施配送的单位、配送方式、配送时限和收货地点。

第二十五条 持有人可委托符合药品经营质量管理规范冷藏冷冻药品运输、储存条件的企业配送、区域仓储疫苗。持有人应当对疫苗配送企业的配送能力进行评估,严格控制配送企业数量,保证配送过程持续符合法定要求。持有人在同一省级行政区域内选取疫苗区域配送企业原则上不得超过2家。

疾病预防控制机构委托配送企业分发疫苗的,应当对疫苗配送企业的配送能力进行评估,保证疫苗冷链储存、运输条件符合疫苗储存和运输管理规范的有关要求。

第二十六条 持有人委托配送疫苗的,应当及时将委托配送疫苗品种信息及受托储存、运输单位配送条件、配送能力及信息化追溯能力等评估情况分别向持有人所在地和接收疫苗所在地省级药品监督管理部门报告,省级药品监督管理部门应当及时进行公告。疾病预防控制机构委托配送企业配送疫苗的,应当向同级药品监督管理部门和卫生健康主管部门报告。接受委托的企业不得再次委托。

第二十七条 持有人、疾病预防控制机构和接种单位、受托储存运输企业相关方应当按照国家疫苗全程电子追溯制度要求,如实记录疫苗销售、储存、运输、使用信息,实现最小包装单位从生产到使用的全过程可追溯。

疫苗配送单位应当按持有人要求,真实、完整地记录储存、运输环节信息。

第二十八条 疫苗非临床研究、临床研究及血液制品生产等特殊情形所需的疫苗,相关使用单位向所在地省级药品监督管理部门报告后,可向疫苗上市许可持有人或者疾病预防控制机构采购。持有人、疾病预防控制机构和相关使用单位应当严格管理,并做好相关记录,确保疫苗销售、使用可追溯。

第五章 疫苗变更管理

第二十九条 持有人应当以持续提升产品的安全性、有效性和质量可控性为原则,对上市产品进行质量跟踪和趋势分析,改进生产工艺,提高生产过程控制能力,持续提升质量控制标准,提升中间产品和成品的质量控制水平。

第三十条 持有人已上市疫苗的生产工艺、生产场地、生产车间及生产线、关键生产设施设备等发生变更的,应当进行研究和验证,充分评估变更对疫苗安全性、有效性和质量可控性的影响,根据《药品上市后变更管理办法(试行)》、《已上市生物制品药学变更研究技术指导原则(试行)》等相关规定确定变更分类,并按照《药品注册管理办法》的规定程序提出补充申请、备案或报告。

第三十一条 持有人应当对相关变更开展评估、论证、研究和必要的验证,需要批准或者备案的,应当按程序经审核批准或者办理备案后方可实施。

第三十二条 持有人发生生产场地变更等情形的,省级药品监督管理部门应当进行药品生产质量管理规范符合性检查;其他变更,由省级药品监督管理部门根据风险管理原则确定是否开展药品生产质量管理规范符合性检查。

报国家药品监督管理局药审中心的补充申请事项,根据《药品生产监督管理办法》第五十二条开展药品生产质量管理规范符合性检查。

第六章 疫苗监督管理

第三十三条 国家药品监督管理局主管全国疫苗生产流通环节质量监督管理工作。制定疫苗生产流通监督管理的规章制度、规范、标准和指南并监督指导实施;组织开展疫苗巡查抽查;督促指导疫苗批签发管理工作,实施委托生产审批工作;会同国务院卫生健康主管部门制定统一的疫苗追溯标准和规范,建立全国疫苗电子追溯体系,实现疫苗全过程信息可追溯。

省级药品监督管理部门负责本行政区域内疫苗生产流通监督管理工作。负责疫苗生产和流通环节相关许可和备案事项;负责制定年度疫苗生产、配送企业监督检查计划并开展监督检查;负责向疫苗生产企业派驻检查员;负责本行政区域内属地药品检验机构的疫苗批签发管理工作;按职责开展疫苗预防接种异常反应监测和调查;负责指导市、县承担药品监督管理职责的部门开展疫苗流通、预防接种环节的疫苗质量监督管理工作。

市、县承担药品监督管理职责的部门负责本行政区域内疫苗流通、预防接种环节的疫苗质量监督管理工作;配合卫生健康主管部门实施疫苗异常反应监测、报告;完善质量信息通报机制和联合处置机制。

第三十四条 省级药品监督管理部门承担本行政区域内疫苗生产流通活动的监督管理职责,对行政区域内接受委托生产和接受委托配送的受托方进行监督管理。

持有人和受托生产企业不在同一省级行政区域内的,由持有人所在地省级药品监督管理部门负责对持有人的监督管理,受托生产企业所在地省级药品监督管理部门负责对受托生产企业的监督管理,持有人和受托企业所在地省级药品监督管理部门应当互相配合开展监督管理工作,必要时可开展联合检查。

第三十五条 药品监督管理部门依法设立或指定的专业技术机构,承担疫苗上市后检查、批签发、疑似预防接种异常反应监测与安全评价等技术工作。

(一)药品检查机构负责组织起草疫苗上市后检查有关规定、检查指南,并依职责开展疫苗检查工作。

(二)药品审评机构负责起草疫苗上市后变更所涉及注册管理的有关规定和指导原则,并依职责开展相关技术审评工作。

(三)药品评价机构负责起草疫苗上市后监测和安全性评价有关规定和指导原则,并依职责开展疫苗上市后监测和安全性评价技术工作。

(四)疫苗批签发机构应当将疫苗批签发过程中发现的重大质量风险及时通报相关药品监督管理部门,接到报告的部门应基于风险启动疫苗检查、稽查或质量安全事件调查。

(五)信息管理机构负责疫苗追溯协同服务平台、疫苗安全信用档案建设和管理,对疫苗生产场地进行统一编码。

上述疫苗监管专业技术机构应当按照法规、规范、规程和标准开展相关技术活动,并对技术监督结果负责。

上级专业技术机构应当对下一级技术机构质量体系建设和业务工作进行指导。

各级药品监督管理部门及其技术机构应当建立上下互通、左右衔接的疫苗沟通协调合作机制。在疫苗现场检查、疑似预防接种异常反应监测及批签发等过程中,及时沟通信息和通报情况;发现重大产品质量风险、严重的疑似预防接种异常反应,应当立即采取有效措施控制风险。

第三十六条 药品监督管理部门实施疫苗上市后监督检查,除遵从《药品生产监督管理办法》《药品检查管理办法(试行)》一般规定外,还应当开展以下方式的检查:

(一)国家药品监督管理局组织国家疫苗检查中心对在产的疫苗生产企业生产和质量管理情况开展巡查,并对省级药品监督管理部门的疫苗生产监督管理工作进行督导。

(二)省级药品监督管理部门应当对本行政区域的疫苗生产企业、配送企业、销售进口疫苗的药品批发企业开展监督检查,并配合国家药品监督管理局做实疫苗巡查和抽查工作;对疫苗配送企业、同级疾病预防控制机构开展监督检查;必要时对疫苗生产、流通等活动提供产品或者服务的单位进行延伸监督检查。

(三)市、县承担药品监督管理职责的部门对疾病预防控制机构、接种单位开展质量监督检查。

第三十七条 各级负责药品监督管理的部门依职责在对持有人、受托生产企业、疫苗配送企业、疾病预防控制机构和接种单位开展监督检查时,应当按照质量风险管理的原则制定检查计划,根据既往现场检查情况、质量年度报告、上市许可变更申报情况、上市后质量抽检情况、批签发情况、疑似预防接种异常反应监测情况、产品召回信息、投诉举报情况等进行风险评估,制定检查计划。制定检查计划应考虑检查频次、检查范围、重点内容、检查时长及检查员的专业背景等。

各级负责药品监督管理的部门可根据检查计划、方案,对持有人的生产场地、经营场所及疫苗配送企业、疾病预防控制机构和接种单位开展现场检查,被检查单位应当予以配合,不得拒绝、逃避或者阻碍。现场检查过程中,可以收集相关证据,依法收集的相关资料、实物等,可以作为行政处罚中认定事实的依据;需要抽取样品进行检验的,可以按照抽样检验相关规定抽样或者通知被检查单位所在地药品监督管理部门按规定抽样,抽取的样品应当由具备资质的技术机构进行检验。

第三十八条 省级药品监督管理部门应当向本行政区域内每家疫苗生产企业至少派驻 2 名检查员。派驻检查员应当做好以下检查工作:

(一)按要求完成省级药品监督管理部门制定的检查任务,及时向省级药品监督管理部门报告监督检查情况,并提出监管建议;

(二)对省级药品监督管理部门检查发现的缺陷项目,督促企业按期整改,对整改情况进行核实;

(三)协助批签发机构开展现场核实等工作;

(四)发现企业违法违规线索时,立即报告派出部门,并配合监管部门收集证据;

(五)完成省级药品监督管理部门交办的其他事项。

第三十九条 国家药品监督管理局每年组织国家疫苗检查中心至少对在产疫苗持有人开展 1 次疫苗巡查;省级药品监督管理部门每年至少对在产疫苗持有人及其委托生产企业检查 2 次,其中至少包含 1 次药品生产质量管理规范符合性检查,每年至少对销售进口疫苗的药品批发企业、疫苗配送企业、同级疾病预防控制机构检查 1 次;市、县承担药品监督管理职责的部门每年至少对同级疾病预防控制机构、接种单位检查 1 次。如发现可能对疫苗质量产生重大影响的线索,各级药品监督管理部门可以随时开展有因检查。

第四十条 检查组应当根据现场检查情况提出现场检查结论,形成现场检查报告,并及时报送派出药品检查机构。药品检查机构应当对现场检查报告进行评估和审核,结合企业整改情况,形成综合评定结论,并报送药品监督管理部门。药品监督管理部门依据综合评定结论,作出相应处理。

检查发现持有人存在缺陷项目的,由所在地省级药品监督管理部门依职责督促持有人开展整改,整改完成后应当核实整改情况。

检查发现持有人存在重大质量隐患或风险,所在地省级药品监督管理部门应当立即依职责采取相应行政处理措施控制风险,并及时报告国家药品监督管理局。

检查发现持有人、受托生产企业、疫苗配送企业存在违法违规行为的,由所在地药品监督管理部门依职责开展调查,根据《药品管理法》《疫苗管理法》依法处置。

检查发现持有人、疫苗配送企业、疾病预防控制机构、接种单位存在违反疫苗储存、运输管理要求并可能影响疫苗质量情形的,所在地药品监督管理部门应当责令其暂停疫苗销售、配送或分发,并通报同级卫生健康主管部门,督促相关单位进行整改。整改完成后,经所在地药品监督管理部门检查符合要求的,方可恢复疫苗销售、配送或分发。

第四十一条 持有人应当根据《药品召回管理办法》的规定,建立完善的药品召回管理制度,收集疫苗安全的相关信息,对存在可能危及人体健康和生命安全的质量问题或者其他安全隐患的疫苗产品进行调查、评估,召回存在缺陷的疫苗。

药品监督管理部门经过调查评估,认为疫苗存在可能危及人体健康和生命安全的质量问题或者其他安全隐患的,持有人应当召回疫苗而未主动召回的,应当责令持有人召回疫苗。

第四十二条 疫苗出现疑似预防接种异常反应、群体不良事件,经卫生健康主管部门组织专家调查诊断确认或者怀疑与疫苗质量有关,或者日常监督检查和风险监测中发现的疫苗质量安全信息,以及其他严重影响公众健康的疫苗质量安全事件,应当按照地方人民政府的相关应急预案进行处置。

第四十三条 从事疫苗出口的疫苗生产企业应当按照国际采购要求生产、出口疫苗。疫苗生产企业应当将仅用于出口的疫苗直接销售至境外,不得在中国境内销售。疫苗出口后不得进口至国内。

第七章 附 则

第四十四条 本规定自发布之日起施行。

附件:1. 疫苗委托生产申请表(略)

2. 疫苗委托生产申报资料目录(略)

3. 国家药品监督管理局疫苗委托生产批件(略)

预防接种异常反应鉴定办法

· 2008 年 9 月 11 日卫生部令第 60 号公布
· 自 2008 年 12 月 1 日起施行

第一章 总 则

第一条 为规范预防接种异常反应鉴定工作,根据《疫苗流通和预防接种管理条例》和《医疗事故处理条例》的规定,制定本办法。

第二条 预防接种异常反应,是指合格的疫苗在实施规范接种过程中或者实施规范接种后造成受种者机体组织器官、功能损害,相关各方均无过错的药品不良反应。

第三条 受种者或者监护人（以下简称受种方）、接种单位、疫苗生产企业对预防接种异常反应调查诊断结论有争议申请预防接种异常反应鉴定的，适用本办法。

预防接种异常反应调查诊断按照卫生部的规定及《预防接种工作规范》进行。

因接种单位违反预防接种工作规范、免疫程序、疫苗使用指导原则、接种方案等原因给受种者造成损害，需要进行医疗事故技术鉴定的，按照医疗事故技术鉴定办法办理。

对疫苗质量原因或者疫苗检验结果有争议的，按照《药品管理法》的规定，向药品监督管理部门申请处理。

第四条 预防接种异常反应鉴定工作应当遵循公开、公正的原则，坚持实事求是的科学态度，做到事实清楚、定性准确。

第五条 预防接种异常反应鉴定由设区的市级和省、自治区、直辖市医学会负责。

第二章 鉴定专家库

第六条 省、自治区、直辖市医学会建立预防接种异常反应鉴定专家库，为省级、设区的市级医学会的预防接种异常反应鉴定提供专家。专家库由临床、流行病、医学检验、药学、法医等相关学科的专家组成，并依据相关学科设置专业组。

医学会可以根据预防接种异常反应鉴定的实际情况，对专家库学科专业组予以适当增减，对专家库成员进行调整。

第七条 具备下列条件的医药卫生等专业技术人员可以作为专家库候选人：

（一）有良好的业务素质和执业品德；

（二）受聘于医药卫生机构或者医药卫生教学、科研等机构并担任相应专业高级技术职务3年以上；

（三）流行病学专家应当有3年以上免疫预防相关工作经验；药学专家应当有3年以上疫苗相关工作经验；

（四）健康状况能够胜任预防接种异常反应鉴定工作。

符合前款（一）、（四）项规定条件并具备高级技术职务任职资格的法医可以受聘进入专家库。

省、自治区、直辖市医学会原则上聘请本行政区域内的专家进入专家库；当本行政区域内的专家不能满足建立专家库需要时，可以聘请本行政区域外的专家进入专家库。

第八条 医药卫生机构或者医药卫生教学、科研机构、医药卫生专业学会应当按照医学会要求，推荐专家库候选人；符合条件的个人经所在单位同意后也可以直接向组建专家库的医学会申请进入专家库。

医学会对专家库成员候选人进行审核。审核合格的，予以聘任，并发给中华医学会统一格式的聘书和证件。

第九条 专家库成员聘用期为4年。在聘用期间出现下列情形之一的，医学会根据实际情况及时进行调整：

（一）因健康原因不能胜任预防接种异常反应鉴定的；

（二）变更受聘单位或者被解聘的；

（三）不具备完全民事行为能力的；

（四）受刑事处罚的；

（五）违反鉴定工作纪律，情节严重的；

（六）省级以上卫生行政部门和药品监督管理部门规定的其他情形。

聘用期满需继续聘用的，由原聘医学会重新审核、聘用。

第三章 申请与受理

第十条 各级各类医疗机构、疾病预防控制机构和接种单位及其执行职务的人员发现预防接种异常反应、疑似预防接种异常反应或者接到相关报告，应当及时向所在地的县级卫生行政部门、药品监督管理部门报告。

第十一条 省级、设区的市级和县级疾病预防控制机构应当成立预防接种异常反应调查诊断专家组，负责预防接种异常反应调查诊断。调查诊断专家组由流行病学、临床医学、药学等专家组成。

县级卫生行政部门、药品监督管理部门接到疑似预防接种异常反应的报告后，对需要进行调查诊断的，交由县级疾病预防控制机构组织专家进行调查诊断。

有下列情形之一的，应当由设区的市级或者省级预防接种异常反应调查诊断专家组进行调查诊断：

（一）受种者死亡、严重残疾的；

（二）群体性疑似预防接种异常反应的；

（三）对社会有重大影响的疑似预防接种异常反应。

第十二条 预防接种异常反应调查诊断专家组应当依据法律、行政法规、部门规章和技术规范，结合临床表现、医学检查结果和疫苗质量检验结果等，进行综合分析，作出调查诊断结论。

死亡病例调查诊断需要尸检结果的，受种方拒绝或者不配合尸检，承担无法进行调查诊断的责任。

调查诊断专家组在作出调查诊断后10日内，将调查诊断结论报同级卫生行政部门和药品监督管理部门。

第十三条 调查诊断怀疑引起疑似预防接种异常反

应的疫苗有质量问题的,药品监督管理部门负责组织对相关疫苗质量进行检验,出具检验结果报告。

第十四条 受种方、接种单位、疫苗生产企业对预防接种异常反应调查诊断结论有争议时,可以在收到预防接种异常反应调查诊断结论之日起60日内向接种单位所在地设区的市级医学会申请进行预防接种异常反应鉴定,并提交预防接种异常反应鉴定所需的材料。

第十五条 有关预防接种异常反应鉴定材料应当包括下列内容:

(一)预防接种异常反应调查诊断结论;

(二)受种者健康状况、知情同意告知以及医学建议等预防接种有关记录;

(三)与诊断治疗有关的门诊病历、住院志、体温单、医嘱单、化验单(检验报告)、医学影像检查资料、病理资料、护理记录等病历资料;

(四)疫苗接收、购进记录和储存温度记录等;

(五)相关疫苗该批次检验合格或者抽样检验报告,进口疫苗还应当由批发企业提供进口药品通关文件;

(六)与预防接种异常反应鉴定有关的其他材料。

受种方、接种单位、疫苗生产企业应当根据要求,分别提供由自己保存或者掌握的上述材料。

负责组织鉴定的医学会因鉴定需要可以向医疗机构调取受种者的病程记录、死亡病例讨论记录、会诊意见等病历资料。

第十六条 有下列情形之一的,医学会不予受理预防接种异常反应鉴定:

(一)无预防接种异常反应调查诊断结论的;

(二)已向人民法院提起诉讼的(人民法院、检察院委托的除外),或者已经人民法院调解达成协议或者判决的;

(三)受种方、接种单位、疫苗生产企业未按规定提交有关材料的;

(四)提供的材料不真实的;

(五)不缴纳鉴定费的;

(六)省级卫生行政部门规定的其他情形。

不予受理鉴定的,医学会应当书面说明理由。

第十七条 对设区的市级医学会鉴定结论不服的,可以在收到预防接种异常反应鉴定书之日起15日内,向接种单位所在地的省、自治区、直辖市医学会申请再鉴定。

第十八条 申请预防接种异常反应鉴定,由申请鉴定方预缴鉴定费。经鉴定属于一类疫苗引起的预防接种异常反应的,鉴定费用由同级财政部门按照规定统筹安排;由二类疫苗引起的预防接种异常反应的,鉴定费用由相关的疫苗生产企业承担。不属于异常反应的,鉴定费用由提出异常反应鉴定的申请方承担。预防接种异常反应鉴定收费标准按照国家有关规定执行。

第四章 鉴 定

第十九条 负责鉴定的医学会应当根据受理的预防接种异常反应鉴定所涉及的学科专业,确定专家鉴定组的构成和人数。专家鉴定组人数为5人以上单数。专家鉴定组的人员由受种方在专家库中随机抽取。受种方人员较多的,可以由受种方推选1-2名代表人随机抽取专家鉴定组成员。推选不出的,由医学会负责抽取。

第二十条 鉴定组成员有下列情形之一的,应当回避:

(一)受种者的亲属;

(二)接种单位的工作人员;

(三)与预防接种异常反应鉴定结果有利害关系的人员;

(四)参与预防接种异常反应调查诊断的人员;

(五)其他可能影响公正鉴定的人员。

第二十一条 专家鉴定组应当认真审查材料,必要时可以听取受种方、接种单位、疫苗生产企业的陈述,对受种者进行医学检查。

负责鉴定的医学会可以根据专家鉴定组的要求进行调查取证,进行调查取证时不得少于2人。调查取证结束后,调查人员和调查对象应当在有关文书上签字。如调查对象拒绝签字的,应当记录在案。

医学会组织鉴定时可以要求受种方、接种单位、疫苗生产企业必须如实提供相关材料,如不提供则承担相关不利后果。

第二十二条 专家鉴定组应当妥善保管鉴定材料,保护当事人的隐私,保守有关秘密。

第二十三条 专家鉴定组组长由专家鉴定组成员推选产生,也可以由预防接种异常反应争议所涉及的主要学科中资深的专家担任。

第二十四条 专家鉴定组可以根据需要,提请医学会邀请其他专家参加预防接种异常反应鉴定。邀请的专家可以提出技术意见、提供有关资料,但不参加鉴定结论的表决。邀请的专家不得有本办法第二十条规定的情形。

第二十五条 疑难、复杂并在全国有重大影响的预防接种异常反应鉴定,地方医学会可以要求中华医学会给予技术指导和支持。

第二十六条 专家鉴定组应当认真审阅有关资料,

依照有关规定和技术标准,运用科学原理和专业知识,独立进行鉴定。在事实清楚的基础上,进行综合分析,作出鉴定结论,并制作鉴定书。鉴定书格式由中华医学会统一制定。

鉴定结论应当按半数以上专家鉴定组成员的一致意见形成。专家鉴定组成员在鉴定结论上签名。专家鉴定组成员对鉴定结论的不同意见,应当予以注明。

第二十七条 预防接种异常反应鉴定书由专家鉴定组组长签发。鉴定书应当加盖预防接种异常反应鉴定专用章。

医学会应当在作出鉴定结论10日内将预防接种异常反应鉴定书送达申请人,并报送所在地同级卫生行政部门和药品监督管理部门。

第二十八条 预防接种异常反应鉴定书应当包括下列内容:

(一)申请人申请鉴定的理由;

(二)有关人员、单位提交的材料和医学会的调查材料;

(三)接种、诊治经过;

(四)对鉴定过程的说明;

(五)预防接种异常反应的判定及依据;

(六)预防接种异常反应损害程度分级。

经鉴定不属于预防接种异常反应的,应当在鉴定书中说明理由。

第二十九条 医学会参加预防接种异常反应鉴定会的工作人员,对鉴定过程应当如实记录。

第三十条 医学会应当自收到有关预防接种异常反应鉴定材料之日起45日内组织鉴定,出具预防接种异常反应鉴定书。情况特殊的可延长至90日。

第三十一条 卫生行政部门、药品监督管理部门等有关部门发现鉴定违反本办法有关规定的,可以要求医学会重新组织鉴定。

第三十二条 医学会应当将鉴定的文书档案和有关资料存档,保存期限不得少于20年。

第三十三条 省、自治区、直辖市医学会应当于每年4月30日前将本行政区域上一年度预防接种异常反应鉴定情况报中华医学会,同时报同级卫生行政部门、药品监督管理部门。

设区的市级医学会应当于每年3月31日前将本行政区域上一年度预防接种异常反应鉴定情况报省、自治区、直辖市医学会,同时报同级卫生行政部门、药品监督管理部门。

第五章 附 则

第三十四条 因预防接种异常反应需要对受种者予以补偿的,按照《疫苗流通和预防接种管理条例》第四十六条的规定执行。

第三十五条 本办法自2008年12月1日起施行。1980年1月22日卫生部发布的《预防接种后异常反应和事故的处理试行办法》同时废止。

儿童入托、入学预防接种证查验办法

· 2021年1月21日
· 国卫办疾控发〔2021〕4号

为落实《中华人民共和国传染病防治法》、《中华人民共和国疫苗管理法》要求,进一步规范儿童入托、入学预防接种证查验工作,提高适龄儿童国家免疫规划疫苗接种率,加强托育机构、幼儿园和学校传染病防控,根据《学校卫生工作条例》、《托儿所幼儿园卫生保健管理办法》,制定本办法。

一、组织机构及职责

(一)卫生健康行政部门。卫生健康行政部门负责管理辖区托育机构预防接种证查验工作,会同教育行政部门管理辖区幼儿园、学校预防接种证查验工作,督促疾病预防控制机构和接种单位及时为预防接种证查验提供技术支持,组织开展预防接种证查验工作的检查和考核。

(二)教育行政部门。教育行政部门负责对幼儿园和学校预防接种证查验工作的管理,督促辖区幼儿园和学校完成预防接种证查验相关工作。

(三)疾病预防控制机构。疾病预防控制机构负责托育机构、幼儿园和学校预防接种证查验工作的培训和技术指导,指导接种单位做好儿童入托、入学预防接种完成情况评估和补证、补种以及预防接种证查验资料的收集和报告工作。

(四)托育机构、幼儿园和学校。托育机构、幼儿园和学校应当将预防接种证查验工作纳入儿童入托、入学报名程序,组织开展儿童入托、入学预防接种证查验工作。

(五)接种单位。接种单位负责收集辖区托育机构、幼儿园和学校基本信息,为辖区托育机构、幼儿园和学校提供预防接种证查验技术支持,评估儿童入托、入学预防接种完成情况,对无证、漏种儿童开展补证、补种工作,收集和报告预防接种证查验资料。

二、查验单位和对象

（一）查验单位。现阶段全国所有托育机构、幼儿园和小学均应当开展入托、入学预防接种证查验工作。其他类型学校是否纳入预防接种证查验管理，由当地卫生健康行政部门和教育行政部门根据疾病防控的需要确定。

（二）查验对象。所有新入托、入学、转学、插班儿童。

三、工作流程

（一）通知查验对象。托育机构、幼儿园和学校在新学年开学前，通过新生入托、入学招生简章或报名须知等形式，通知新生报名时须出具预防接种证，或出具接种单位提供的其他形式能够评估儿童预防接种完成情况的资料。

（二）儿童入托、入学预防接种完成情况评估。

1. 儿童居住地或托育机构、幼儿园和学校所在地的接种单位，根据儿童年龄、预防接种记录（预防接种证、预防接种卡或预防接种个案信息记录等）、现行国家免疫规划疫苗儿童免疫程序和查验地省级人民政府制定的接种方案和增加的免疫规划疫苗种类，评估儿童预防接种完成情况，并将评估结果记录到预防接种证，或出具其他形式能够评估儿童预防接种完成情况的资料，评估资料应当记录儿童预防接种已完成或未完成及需补种疫苗种类、剂次等关键信息。

2. 对需要补办预防接种证的儿童，接种单位应当根据预防接种卡或预防接种个案信息记录，为儿童补办预防接种证。

3. 对需要补种疫苗的儿童，接种单位应当及时告知儿童监护人未按照免疫程序完成接种的疫苗种类、需补种剂次，并预约补种时间。

4. 对计划入托、入学的儿童，在完成相应免疫规划疫苗全程接种后，接种单位应当及时将预防接种完成情况填写在预防接种证上。

5. 接种单位可利用免疫规划信息系统，为入托、入学儿童或托育机构、幼儿园和学校提供儿童入托、入学预防接种完成情况评估服务。

（三）托育机构、幼儿园和学校查验。

1. 托育机构、幼儿园和学校在儿童入托、入学时，须查验预防接种证上入托、入学预防接种完成情况评估结果或接种单位提供的其他形式评估儿童预防接种完成情况的资料。

2. 对需要补种疫苗的儿童，托育机构、幼儿园和学校须督促儿童监护人及时带儿童到接种单位补种疫苗，并在儿童补种疫苗后再次核对预防接种证或其他形式能够评估儿童预防接种完成情况的资料，查验疫苗补种完成情况。

3. 儿童入托、入学预防接种证查验工作须在新生开学后或儿童转学、插班 30 日内完成。对需要补种疫苗的儿童，托育机构、幼儿园和学校应当在当年 12 月底之前再次查验预防接种完成情况。

4. 对入托、入学时未提供预防接种完成情况评估资料的儿童，托育机构、幼儿园和学校应当督促儿童监护人尽快提供相关资料。

5. 预防接种证查验相关资料应当纳入学生健康档案和学校卫生资料管理。

（四）疫苗补种。

1. 疫苗补种工作由儿童居住地的接种单位或托育机构、幼儿园、学校所在地接种单位负责。

2. 接种单位应当按照现行国家免疫规划疫苗儿童免疫程序和所在地省级人民政府制定的接种方案和增加的免疫规划疫苗种类，为需要补种疫苗的儿童提供疫苗补种服务。

3. 接种单位为儿童补种疫苗后，应当及时在预防接种证、免疫规划信息系统（或预防接种卡）完整记录预防接种情况。

4. 对需要补种疫苗的儿童，接种单位完成补种后，应当在预防接种证上入托、入学预防接种完成情况评估页填写补种完成信息，供儿童监护人交托育机构、幼儿园和学校再次查验。

四、资料管理

（一）乡镇卫生院、社区卫生服务中心等每年汇总辖区儿童入托、入学预防接种查验评估资料，填写"儿童入托、入学预防接种证查验情况报表"（见附件），在次年 1 月 10 日前报县级疾病预防控制机构。

（二）县级疾病预防控制机构于次年 1 月 20 日前，汇总辖区"儿童入托、入学预防接种证查验情况报表"，报县级卫生健康行政部门和市级疾病预防控制机构。

（三）市级疾病预防控制机构于次年 1 月 31 日前，汇总辖区"儿童入托、入学预防接种证查验情况报表"，报省级疾病预防控制机构。

（四）省级疾病预防控制机构于次年 2 月 15 日前，汇总辖区"儿童入托、入学预防接种证查验情况报表"，报中国疾病预防控制中心。

五、工作要求

（一）各地卫生健康行政部门和教育行政部门要密切合作，每年部署安排好辖区儿童入托、入学预防接种证查验工作,并联合开展检查指导。

(二)各地卫生健康行政部门要安排疾病预防控制机构和接种单位查验预防接种证和漏种儿童补种工作经费,根据《传染病防治卫生监督工作规范》,对辖区医疗卫生机构和托育机构预防接种证查验工作进行监督检查。

(三)教育行政部门要加强对辖区幼儿园和学校预防接种证查验工作的监督检查。

(四)县级卫生健康行政部门和教育行政部门每年组织疾病预防控制机构开展辖区托育机构、幼儿园和学校的预防接种证查验业务培训。

(五)接种单位应当如实评估儿童入托、入学预防接种完成情况。

(六)托育机构、幼儿园和学校应当督促未评估预防接种完成情况的入托、入学儿童,在开学30日内完成预防接种完成情况评估和查验。对于无接种禁忌、未完成相应免疫规划疫苗全程接种的儿童,托育机构、幼儿园和学校应当在儿童入托、入学时,督促儿童尽快补种疫苗,并及时复validate预防接种完成情况。

(七)鼓励各地利用免疫规划信息系统开展儿童入托、入学预防接种证查验工作。

儿童预防接种信息报告管理工作规范(试行)

· 2006年12月30日
· 卫疾控发〔2006〕512号

为了加强儿童预防接种信息报告管理,提高报告质量,为免疫规划工作管理和决策提供及时、准确的信息,依据《疫苗流通和预防接种管理条例》等相关法律、法规,制定本规范。

一、组织机构与职责

遵循分级负责、属地管理的原则,各级卫生行政部门、疾病预防控制机构、乡级防保组织和接种单位在儿童预防接种信息报告管理工作中履行以下职责:

(一)各级卫生行政部门。

1. 负责本辖区儿童预防接种信息报告工作的管理,建设和完善儿童预防接种信息管理系统,并为系统正常运行提供保障条件。

2. 结合本辖区具体情况,组织制定儿童预防接种信息报告工作方案,落实儿童预防接种信息报告工作。

3. 定期组织开展对乡级防保组织、接种单位儿童预防接种信息报告管理工作的监督检查。

(二)疾病预防控制机构。

1. 中国疾病预防控制中心

(1)负责全国儿童预防接种信息管理系统国家信息管理平台(以下简称国家信息管理平台)的管理和维护,国家接种点客户端软件的升级和发布。

(2)负责全国儿童预防接种信息报告业务管理、技术培训和业务指导,协助卫生部制定相关标准和方案;开展考核和评估工作。

(3)负责全国儿童预防接种信息的收集、分析、评价、报告和反馈。

(4)负责全国儿童预防接种信息报告的数据备份,确保报告数据安全。

2. 省、市(地)级疾病预防控制机构

(1)制定本辖区儿童预防接种信息报告管理系统技术方案,建立健全信息管理制度,承担系统用户和权限管理工作,提供相关技术支持。

(2)负责本辖区儿童预防接种信息报告业务管理、技术培训和督导;开展考核和评估工作。

(3)负责本辖区儿童预防接种信息的收集、分析、评价、报告和反馈。

(4)负责本辖区儿童预防接种信息报告的数据备份,确保报告数据安全。

3. 县级疾病预防控制机构

(1)制定本辖区儿童预防接种信息报告管理系统具体实施计划,指导乡级防保组织和接种单位开展信息系统实施工作,提供相关技术支持。

(2)负责本辖区儿童预防接种信息报告业务管理、技术培训、督导和乡级防保组织、接种单位儿童预防接种信息报告的质量控制,开展考核和评估工作。

(3)负责本辖区儿童预防接种信息的收集、分析、评价、报告和反馈。

(4)负责本辖区儿童预防接种信息报告的数据备份,确保报告数据安全。

(5)承担本辖区尚未实施儿童预防接种信息管理系统的乡级防保组织、接种单位的预防接种统计信息录入和上报。

(三)乡级防保组织或接种单位。

1. 建立健全预防接种证(卡)登记管理制度和预防接种信息报告制度。

2. 负责对本单位和村级接种单位预防接种服务人员进行儿童预防接种信息报告培训。

3. 实施儿童预防接种信息管理系统的乡级防保组

织或接种单位，负责信息管理系统的使用管理。

乡级接种单位负责儿童预防接种个案信息的收集、登记、录入和网络报告；负责信息管理系统的日常维护和数据备份，确保系统和数据安全。

设有村级接种单位的乡级防保组织，还需承担辖区内村级接种单位儿童预防接种个案信息的录入和网络报告。

4. 尚未实施儿童预防接种信息管理系统的乡级防保组织或接种单位，按照《预防接种工作规范》的有关规定开展接种率报告。

（四）村级接种单位。

1. 建立健全预防接种证（卡）登记管理制度和预防接种报告制度。

2. 负责向乡级防保组织提交儿童预防接种登记资料。

二、信息登记与报告

乡级防保组织、接种单位及其实施儿童预防接种服务和管理人员为预防接种信息登记报告的责任人。

（一）实施儿童预防接种信息管理系统的乡级防保组织或接种单位。

1. 登记报告信息内容

登记报告信息内容见表1（儿童预防接种个案信息登记表），包括儿童的基本信息和疫苗接种信息两部分。

（1）基本信息：儿童编码、身份证号、出生证号、儿童姓名、性别、出生日期、出生医院、监护人姓名、联系电话、家庭住址、户籍地址、儿童传染病患病情况、儿童过敏史、预防接种异常反应史、接种禁忌证、迁入日期、迁出日期、迁出原因、建卡日期、建卡单位和建卡人。

（2）疫苗接种信息：疫苗名称、剂次、免疫类型、接种日期、疫苗批号、疫苗规格、接种剂量、疫苗效期、疫苗厂家、接种单位和接种者。预防接种信息包括儿童所有一类疫苗和二类疫苗的接种信息。

2. 工作程序与方式

（1）乡级防保组织、接种单位通过接种点客户端软件建立儿童预防接种信息档案，及时录入和更新每次接种的相关信息，并及时将儿童预防接种个案信息上传国家信息管理平台。

（2）乡级接种单位在每次预防接种过程中，利用接种点客户端软件从国家信息管理平台数据库中获得流动儿童的接种信息，实现流动儿童的接种与信息共享。

3. 登记报告与时限

（1）预防接种信息的登记与录入

基本信息档案建立：儿童出生1个月内，乡级防保组织、接种单位通过接种点客户端软件录入儿童预防接种基本信息，建立儿童的预防接种基本信息电子档案。

疫苗接种信息的录入：乡级防保组织、接种单位须在每次接种完成后5天内完成疫苗接种信息的录入；采用电子介质（如条形码或磁卡等）的乡级防保组织、接种单位在每次接种实施过程中及时进行信息录入。

以村为单位接种的地区，村级接种单位在每次接种完成后5天内将预防接种记录提交乡级防保组织，由乡级防保组织在5天内完成疫苗接种信息的录入。

（2）预防接种信息的上报

上报内容：儿童编码、身份证号、出生证号、儿童姓名、性别、出生日期、监护人姓名、建档县国标、接种县国标、接种单位编码、建卡日期、接种信息（包括接种疫苗的编码、剂次、接种日期和疫苗生产企业编码）、上传时间和数据状态。

上报时限：乡级防保组织、接种单位在每次接种儿童预防接种信息录入完成后，立即通过接种点客户端软件将预防接种个案信息上传国家信息管理平台。

（二）尚未实施儿童预防接种信息管理系统的乡级防保组织或接种单位。

按照《预防接种工作规范》的要求，每月5日前汇总上一个月儿童预防接种统计报表（见表2，即《预防接种工作规范》表3-1-1），并上报属地县级疾病预防控制机构，然后由县级疾病预防控制机构通过国家信息管理平台于每月10日前录入上报。

三、数据管理

（一）数据审核。

1. 实施儿童预防接种信息管理系统的乡级防保组织、接种单位应在每次接种前对接种儿童的既往接种信息进行审核，每周对所有管理儿童接种信息进行审核，检查数据有无错项、漏项和逻辑错误，对有疑问的录入信息及时向相关人员核实，确保录入数据的完整性和准确性。

2. 县级疾病预防控制机构每周通过国家信息管理平台审核实施儿童预防接种信息管理系统的乡级防保组织、接种单位上传的儿童预防接种个案信息，检查数据有无错项、漏项和逻辑错误。

3. 市（地）级疾病预防控制机构每月15日前通过国家信息管理平台审核县级疾病预防控制机构录入的尚未实施儿童预防接种信息管理系统的乡级防保组织、接种单位报告的儿童预防接种统计报表。

4. 省、市（地）级疾病预防控制机构每月通过国家信息管理平台审核以市（地）、县为单位儿童预防接种数据的完整性、及时性和准确性。

(二)数据订正。

1. 实施儿童预防接种信息系统管理的乡级防保组织、接种单位和县、市(地)级疾病预防控制机构,在数据审核过程中如果发现有错项、漏项和逻辑错误的数据,须告知相关责任填报人对数据予以订正,并及时将订正数据上传到国家信息管理平台。

2. 儿童的疫苗接种信息(疫苗编码、剂次、接种日期和疫苗生产企业编码),应在数据上传后 7 天内完成订正;上传超过 7 天以后,疫苗接种信息不再允许订正。

(三)数据补报。

1. 实施儿童预防接种信息管理系统的乡级防保组织、接种单位,发现未建立预防接种电子档案的适龄儿童,应及时将儿童的基本信息和疫苗接种信息录入到接种点客户端软件系统,并及时补充上传到国家信息管理平台。

对于已经建立了预防接种电子档案、但未将数据上传到国家信息管理平台的适龄儿童,尤其是流动儿童,需及时补充上传到国家信息管理平台。

2. 发现尚未实施儿童预防接种信息管理系统的乡级防保组织、接种单位缺报儿童预防接种统计报表时,县级疾病预防控制机构应督促其进行补报,并通过国家信息管理平台及时录入上报。

(四)数据查重。

1. 实施儿童预防接种信息管理系统的乡级防保组织、接种单位应在每次上传数据之前通过接种点客户端软件对儿童预防接种个案信息进行查重,并及时向相关人员核实,删除错误的重复记录。

2. 县级疾病预防控制机构每月通过国家信息管理平台,对实施儿童预防接种信息管理系统的乡级防保组织、接种单位上传的儿童预防接种个案信息进行查重,督促乡级防保组织、接种单位对数据进一步核实,删除错误的重复记录。

四、质量控制

(一)数据质控。

各级疾病预防控制机构每月通过国家信息管理平台,对实施儿童预防接种信息管理系统的乡级防保组织、接种单位上报的个案数据质量进行分析,分析指标包括信息管理系统覆盖率、上传信息及时率、上传完整率等。督促下级疾病预防控制机构、乡级防保组织和接种单位提高预防接种信息录入和上报的质量,扩大信息管理系统覆盖率。

(二)管理质控。

省、市(地)、县级疾病预防控制机构应经常开展数据的检查复核工作,检查辖区内儿童预防接种证记录或预防接种统计报表与国家信息管理平台的相应数据是否一致。

五、分析利用

(一)各级疾病预防控制机构应每月利用国家信息管理平台对本辖区的儿童预防接种数据进行统计分析;每年 1 月份对上年度全年的预防接种实施情况进行总结。

(二)各级疾病预防控制机构应同时撰写儿童预防接种情况分析报告,向同级卫生行政部门和上级疾病预防控制机构报告;同时向下级疾病预防控制机构、乡级防保组织、接种单位进行反馈。

(三)乡级防保组织、接种单位应每月利用接种点客户端软件对本辖区儿童预防接种数据进行统计分析;每年 1 月份对上年度全年的预防接种实施情况进行总结。

(四)各级可根据具体情况按地区、时间(月、双月和年)、年龄(<12 月龄和≥12 月龄)、出生年度、儿童状况(本地儿童和流动儿童)等属性对儿童预防接种情况进行统计分析。

分析的主要指标包括:①国家免疫规划疫苗(卡介苗、脊灰、百白破、麻疹和乙肝疫苗)各剂次基础免疫应种人数、受种人数和接种率;②国家免疫规划疫苗(脊灰、百白破、白破和麻疹疫苗)加强免疫应种人数、受种人数和接种率;③省级增加的国家免疫规划疫苗(流脑、乙脑、风疹和腮腺炎疫苗)各剂次基础免疫和加强免疫应种人数、受种人数和接种率。

实施儿童预防接种信息管理系统的地区,可以进一步分析以下指标:①各种疫苗(包括一类疫苗和二类疫苗)的接种人次数;②国家免疫规划疫苗各剂次基础免疫合格接种人数、合格接种率;③国家免疫规划疫苗基础免疫的单苗全程和五苗全程的合格接种人数、合格接种率;④国家免疫规划疫苗各剂次基础免疫和加强免疫的不合格接种原因和接种人数;⑤不同年龄组的建卡儿童数、流动儿童数。

六、系统安全与管理

(一)系统管理。

1. 各级疾病预防控制机构负责辖区内儿童预防接种信息管理系统用户权限的维护,制定相应的制度,加强对信息管理系统的账户安全管理。

2. 计算机要专人管理,信息管理系统使用人员未经许可,不得转让或泄露系统操作账号和密码。发现账号、密码已泄露或被盗用时,应立即采取措施,更改密码,同时向上级疾病预防控制机构报告。

3. 各地应建立健全儿童预防接种信息查询、使用制度。其他政府部门和机构查询儿童预防接种信息资料，应经同级卫生行政部门批准。

4. 乡级防保组织、接种单位实施儿童预防接种信息管理系统后，应对安装接种点客户端软件的计算机同时安装能及时网络升级的正版杀毒软件。

5. 预防接种服务和管理人员不得利用安装有接种点客户端软件的计算机浏览与工作无关的网页或做其他与工作无关的事情。

（二）数据安全。

1. 儿童预防接种证由儿童监护人长期保管；儿童预防接种卡由乡级防保组织、接种单位保管，保管期限应在儿童满7周岁后再保存不少于15年；儿童预防接种电子档案由乡级防保组织、接种单位长期保管。

2. 乡级防保组织、接种单位应在完成每次接种的信息录入和上报后的当天，对儿童预防接种信息的电子档案进行备份，并妥善保存。

3. 儿童预防接种个案的基本信息未经儿童监护人同意，不得向其他人员提供。

4. 各级疾病预防控制机构、乡级防保组织、接种单位应将儿童预防接种信息资料按照《预防接种工作规范》的有关规定纳入档案管理。

七、技术保障

（一）系统保障。

1. 中国疾病预防控制中心

建立覆盖全国儿童预防接种信息管理的国家信息管理平台，具备满足日常预防接种信息管理需要的主机系统、网络系统、存储系统、安全系统、备份系统和信息管理系统；配备2-4名专职专业技术人员。

2. 地方各级疾病预防控制机构

配备用于辖区日常业务管理的计算机1台；保障宽带网络接入及维持运转；具有2名能熟练使用计算机并有免疫规划信息管理工作经验的人员。各地也可以根据当地的需求和条件，建立本地的系统应用管理平台。

3. 乡级防保组织和接种单位

配备用于日常预防接种服务的计算机1台以及用于接种证、报表、条形码或其他资料打印的存折打印机1台；保障宽带网络接入及维持运转；具有1-2名操作计算机并有预防接种服务工作经验的人员。

（二）条件保障。

1. 已开发使用本地儿童预防接种信息管理系统的地区

以省为单位牵头按照国家的数据交换标准和要求改进现有系统，经中国疾病预防控制中心组织专家审核合格后，方可与国家信息管理平台进行数据交换。

2. 具备儿童预防接种信息管理系统实施条件的地区

统一使用国家免费提供的接种点客户端软件。如各地有个性化的需求，可在国家接种点客户端软件的基础上对系统功能进行扩展，但所涉及的设备和费用自行承担。

3. 暂不具备儿童预防接种信息管理系统实施条件的地区

以县为单位由县级疾病预防控制机构每月收集辖区乡级防保组织和接种单位的儿童预防接种统计报表，通过国家信息管理平台直接录入上报。

八、考核评价

（一）国家每年对部分省进行督导检查，定期通过网站、简报等方式反馈各地实施儿童预防接种信息管理系统的进展情况。每年对成绩突出的地区和个人给予表扬或奖励，对工作开展较差、进展缓慢的地区给予通报批评。

（二）地方各级卫生行政部门定期组织对本辖区儿童预防接种信息报告工作进行督导检查，对发现的问题予以通报批评并责令限期改正。

（三）地方各级疾病预防控制机构制定儿童预防接种信息报告工作考核方案，并定期对辖区内乡级防保组织、接种单位进行指导与考核。

（四）乡级防保组织、接种单位应将儿童预防接种信息报告管理工作纳入工作考核范围，定期进行自查。

九、附录

（一）名词解释。

1. 乡级防保组织和接种单位

乡级防保组织包括直接承担辖区乡（镇、街道）范围内预防接种工作任务的医疗卫生机构，以及不直接承担预防接种工作任务仅负责对辖区乡（镇、街道）范围内村级接种管理的医疗卫生机构。

乡级接种单位是指直接承担辖区乡（镇、街道）范围内预防接种工作任务的医疗卫生机构。

2. 村级接种单位

村级接种单位是指承担预防接种工作任务的村卫生所或卫生服务站，包括村定点接种和入户接种。

（二）统计指标。

1. 接种率

应种人数：到本次接种时，在接种辖区范围内，常住户口和流动人口中达到免疫程序规定应接受某疫苗某剂次接种的适龄儿童人数，加上次接种时该疫苗该剂次应种儿童中漏种者。

受种人数：本次接种中，某疫苗某剂次应种人数中的实际接种人数。

接种率：某疫苗某剂次受种人数/该疫苗该剂次应种人数×100%

2. 累计接种率

累计应种人数：一段时间内最后 1 次接种前各次接种中某疫苗某剂次累计受种人数，与该段时间内最后 1 次接种中该疫苗该剂次应种人数之和。

累计受种人数：该段时间内各次接种中某疫苗某剂次受种人数之和。

累计接种率：某疫苗某剂次累计受种人数/该疫苗该剂次累计应种人数×100%

3. 合格接种率

合格接种人数：在一定出生日期范围儿童中，某疫苗某剂次合格接种（免疫起始月龄正确、剂次间隔正确、在规定的月龄内完成接种）的儿童人数。

合格接种率：一定出生日期范围内某疫苗某剂次合格接种人数/该出生日期范围内的人数×100%

单苗全程合格接种率：一定出生日期范围内某疫苗基础免疫所有剂次均合格的接种人数/该出生日期范围的人数×100%

五苗全程合格接种率：一定出生日期范围内卡介苗、脊灰、百白破、麻疹和乙肝疫苗基础免疫所有剂次均合格的接种人数/该出生日期范围的人数×100%

4. 信息管理系统覆盖率

实施儿童预防接种信息管理系统的乡（镇、街道）数/辖区乡（镇、街道）数×100%

5. 上传地区完整率

在一定时间内国家信息管理平台收到上传预防接种数据的乡（镇、街道）数/辖区乡（镇、街道）数×100%

6. 上传接种信息数据完整率

在一定时间内上传预防接种个案信息完整的儿童数/上传的儿童数×100%

7. 上传接种信息及时率

乡级接种单位：预防接种个案信息在接种后 5 日内上传的儿童数/实际上传儿童数×100%

不承担预防接种工作任务的乡级防保组织：预防接种个案信息在接种后 10 日内上传的儿童数/实际上传儿童数×100%

8. 上传接种信息准确率

上传预防接种个案信息与预防接种接种证（卡）信息相符的儿童数/调查儿童数×100%

（三）附表和附图。

1. 表 1　儿童预防接种个案信息登记表（略）
2. 表 2　儿童预防接种统计报表（即《预防接种工作规范》表 3-1-1）（略）
3. 图 1　儿童预防接种信息管理工作流程图（略）
4. 图 2　儿童预防接种信息管理系统信息流程图（略）

3. 应急处理

中华人民共和国突发事件应对法

- 2007 年 8 月 30 日第十届全国人民代表大会常务委员会第二十九次会议通过
- 2007 年 8 月 30 日中华人民共和国主席令第 69 号公布
- 自 2007 年 11 月 1 日起施行

第一章　总　则

第一条　为了预防和减少突发事件的发生，控制、减轻和消除突发事件引起的严重社会危害，规范突发事件应对活动，保护人民生命财产安全，维护国家安全、公共安全、环境安全和社会秩序，制定本法。

第二条　突发事件的预防与应急准备、监测与预警、应急处置与救援、事后恢复与重建等应对活动，适用本法。

第三条　本法所称突发事件，是指突然发生，造成或者可能造成严重社会危害，需要采取应急处置措施予以应对的自然灾害、事故灾难、公共卫生事件和社会安全事件。

按照社会危害程度、影响范围等因素，自然灾害、事故灾难、公共卫生事件分为特别重大、重大、较大和一般四级。法律、行政法规或者国务院另有规定的，从其规定。

突发事件的分级标准由国务院或者国务院确定的部门制定。

第四条　国家建立统一领导、综合协调、分类管理、分级负责、属地管理为主的应急管理体制。

第五条　突发事件应对工作实行预防为主、预防与应急相结合的原则。国家建立重大突发事件风险评估体系，对可能发生的突发事件进行综合性评估，减少重大突发事件的发生，最大限度地减轻重大突发事件的影响。

第六条　国家建立有效的社会动员机制，增强全民的公共安全和防范风险的意识，提高全社会的避险救助能力。

第七条　县级人民政府对本行政区域内突发事件的

应对工作负责;涉及两个以上行政区域的,由有关行政区域共同的上一级人民政府负责,或者由各有关行政区域的上一级人民政府共同负责。

突发事件发生后,发生地县级人民政府应当立即采取措施控制事态发展,组织开展应急救援和处置工作,并立即向上一级人民政府报告,必要时可以越级上报。

突发事件发生地县级人民政府不能消除或者不能有效控制突发事件引起的严重社会危害的,应当及时向上级人民政府报告。上级人民政府应当及时采取措施,统一领导应急处置工作。

法律、行政法规规定由国务院有关部门对突发事件的应对工作负责的,从其规定;地方人民政府应当积极配合并提供必要的支持。

第八条 国务院在总理领导下研究、决定和部署特别重大突发事件的应对工作;根据实际需要,设立国家突发事件应急指挥机构,负责突发事件应对工作;必要时,国务院可以派出工作组指导有关工作。

县级以上地方各级人民政府设立由本级人民政府主要负责人、相关部门负责人、驻当地中国人民解放军和中国人民武装警察部队有关负责人组成的突发事件应急指挥机构,统一领导、协调本级人民政府各有关部门和下级人民政府开展突发事件应对工作;根据实际需要,设立相关类别突发事件应急指挥机构,组织、协调、指挥突发事件应对工作。

上级人民政府主管部门应当在各自职责范围内,指导、协助下级人民政府及其相应部门做好有关突发事件的应对工作。

第九条 国务院和县级以上地方各级人民政府是突发事件应对工作的行政领导机关,其办事机构及具体职责由国务院规定。

第十条 有关人民政府及其部门作出的应对突发事件的决定、命令,应当及时公布。

第十一条 有关人民政府及其部门采取的应对突发事件的措施,应当与突发事件可能造成的社会危害的性质、程度和范围相适应;有多种措施可供选择的,应当选择有利于最大程度地保护公民、法人和其他组织权益的措施。

公民、法人和其他组织有义务参与突发事件应对工作。

第十二条 有关人民政府及其部门为应对突发事件,可以征用单位和个人的财产。被征用的财产在使用完毕或者突发事件应急处置工作结束后,应当及时返还。

财产被征用或者征用后毁损、灭失的,应当给予补偿。

第十三条 因采取突发事件应对措施,诉讼、行政复议、仲裁活动不能正常进行的,适用有关时效中止和程序中止的规定,但法律另有规定的除外。

第十四条 中国人民解放军、中国人民武装警察部队和民兵组织依照本法和其他有关法律、行政法规、军事法规的规定以及国务院、中央军事委员会的命令,参加突发事件的应急救援和处置工作。

第十五条 中华人民共和国政府在突发事件的预防、监测与预警、应急处置与救援、事后恢复与重建等方面,同外国政府和有关国际组织开展合作与交流。

第十六条 县级以上人民政府作出应对突发事件的决定、命令,应当报本级人民代表大会常务委员会备案;突发事件应急处置工作结束后,应当向本级人民代表大会常务委员会作出专项工作报告。

第二章 预防与应急准备

第十七条 国家建立健全突发事件应急预案体系。

国务院制定国家突发事件总体应急预案,组织制定国家突发事件专项应急预案;国务院有关部门根据各自的职责和国务院相关应急预案,制定国家突发事件部门应急预案。

地方各级人民政府和县级以上地方各级人民政府有关部门根据有关法律、法规、规章、上级人民政府及其有关部门的应急预案以及本地区的实际情况,制定相应的突发事件应急预案。

应急预案制定机关应当根据实际需要和情势变化,适时修订应急预案。应急预案的制定、修订程序由国务院规定。

第十八条 应急预案应当根据本法和其他有关法律、法规的规定,针对突发事件的性质、特点和可能造成的社会危害,具体规定突发事件应急管理工作的组织指挥体系与职责和突发事件的预防与预警机制、处置程序、应急保障措施以及事后恢复与重建措施等内容。

第十九条 城乡规划应当符合预防、处置突发事件的需要,统筹安排应对突发事件所必需的设备和基础设施建设,合理确定应急避难场所。

第二十条 县级人民政府应当对本行政区域内容易引发自然灾害、事故灾难和公共卫生事件的危险源、危险区域进行调查、登记、风险评估,定期进行检查、监控,并责令有关单位采取安全防范措施。

省级和设区的市级人民政府应当对本行政区域内容易引发特别重大、重大突发事件的危险源、危险区域进行调查、登记、风险评估，组织进行检查、监控，并责令有关单位采取安全防范措施。

县级以上地方各级人民政府按照本法规定登记的危险源、危险区域，应当按照国家规定及时向社会公布。

第二十一条 县级人民政府及其有关部门、乡级人民政府、街道办事处、居民委员会、村民委员会应当及时调解处理可能引发社会安全事件的矛盾纠纷。

第二十二条 所有单位应当建立健全安全管理制度，定期检查本单位各项安全防范措施的落实情况，及时消除事故隐患；掌握并及时处理本单位存在的可能引发社会安全事件的问题，防止矛盾激化和事态扩大；对本单位可能发生的突发事件和采取安全防范措施的情况，应当按照规定及时向所在地人民政府或者人民政府有关部门报告。

第二十三条 矿山、建筑施工单位和易燃易爆物品、危险化学品、放射性物品等危险物品的生产、经营、储运、使用单位，应当制定具体应急预案，并对生产经营场所、有危险物品的建筑物、构筑物及周边环境开展隐患排查，及时采取措施消除隐患，防止发生突发事件。

第二十四条 公共交通工具、公共场所和其他人员密集场所的经营单位或者管理单位应当制定具体应急预案，为交通工具和有关场所配备报警装置和必要的应急救援设备、设施，注明其使用方法，并显著标明安全撤离的通道、路线，保证安全通道、出口的畅通。

有关单位应当定期检测、维护其报警装置和应急救援设备、设施，使其处于良好状态，确保正常使用。

第二十五条 县级以上人民政府应当建立健全突发事件应急管理培训制度，对人民政府及其有关部门负有处置突发事件职责的工作人员定期进行培训。

第二十六条 县级以上人民政府应当整合应急资源，建立或者确定综合性应急救援队伍。人民政府有关部门可以根据实际需要设立专业应急救援队伍。

县级以上人民政府及其有关部门可以建立由成年志愿者组成的应急救援队伍。单位应当建立本单位职工组成的专职或者兼职应急救援队伍。

县级以上人民政府应当加强专业应急救援队伍与非专业应急救援队伍的合作，联合培训、联合演练，提高合成应急、协同应急的能力。

第二十七条 国务院有关部门、县级以上地方各级人民政府及其有关部门、有关单位应当为专业应急救援人员购买人身意外伤害保险，配备必要的防护装备和器材，减少应急救援人员的人身风险。

第二十八条 中国人民解放军、中国人民武装警察部队和民兵组织应当有计划地组织开展应急救援的专门训练。

第二十九条 县级人民政府及其有关部门、乡级人民政府、街道办事处应当组织开展应急知识的宣传普及活动和必要的应急演练。

居民委员会、村民委员会、企业事业单位应当根据所在地人民政府的要求，结合各自的实际情况，开展有关突发事件应急知识的宣传普及活动和必要的应急演练。

新闻媒体应当无偿开展突发事件预防与应急、自救与互救知识的公益宣传。

第三十条 各级各类学校应当把应急知识教育纳入教学内容，对学生进行应急知识教育，培养学生的安全意识和自救与互救能力。

教育主管部门应当对学校开展应急知识教育进行指导和监督。

第三十一条 国务院和县级以上地方各级人民政府应当采取财政措施，保障突发事件应对工作所需经费。

第三十二条 国家建立健全应急物资储备保障制度，完善重要应急物资的监管、生产、储备、调拨和紧急配送体系。

设区的市级以上人民政府和突发事件易发、多发地区的县级人民政府应当建立应急救援物资、生活必需品和应急处置装备的储备制度。

县级以上地方各级人民政府应当根据本地区的实际情况，与有关企业签订协议，保障应急救援物资、生活必需品和应急处置装备的生产、供给。

第三十三条 国家建立健全应急通信保障体系，完善公用通信网，建立有线与无线相结合、基础电信网络与机动通信系统相配套的应急通信系统，确保突发事件应对工作的通信畅通。

第三十四条 国家鼓励公民、法人和其他组织为人民政府应对突发事件工作提供物资、资金、技术支持和捐赠。

第三十五条 国家发展保险事业，建立国家财政支持的巨灾风险保险体系，并鼓励单位和公民参加保险。

第三十六条 国家鼓励、扶持具备相应条件的教学科研机构培养应急管理专门人才，鼓励、扶持教学科研机构和有关企业研究开发用于突发事件预防、监测、预警、应急处置与救援的新技术、新设备和新工具。

第三章 监测与预警

第三十七条 国务院建立全国统一的突发事件信息

系统。

县级以上地方各级人民政府应当建立或者确定本地区统一的突发事件信息系统，汇集、储存、分析、传输有关突发事件的信息，并与上级人民政府及其有关部门、下级人民政府及其有关部门、专业机构和监测网点的突发事件信息系统实现互联互通，加强跨部门、跨地区的信息交流与情报合作。

第三十八条 县级以上人民政府及其有关部门、专业机构应当通过多种途径收集突发事件信息。

县级人民政府应当在居民委员会、村民委员会和有关单位建立专职或者兼职信息报告员制度。

获悉突发事件信息的公民、法人或者其他组织，应当立即向所在地人民政府、有关主管部门或者指定的专业机构报告。

第三十九条 地方各级人民政府应当按照国家有关规定向上级人民政府报送突发事件信息。县级以上人民政府有关主管部门应当向本级人民政府相关部门通报突发事件信息。专业机构、监测网点和信息报告员应当及时向所在地人民政府及其有关主管部门报告突发事件信息。

有关单位和人员报送、报告突发事件信息，应当做到及时、客观、真实，不得迟报、谎报、瞒报、漏报。

第四十条 县级以上地方各级人民政府应当及时汇总分析突发事件隐患和预警信息，必要时组织相关部门、专业技术人员、专家学者进行会商，对发生突发事件的可能性及其可能造成的影响进行评估；认为可能发生重大或者特别重大突发事件的，应当立即向上级人民政府报告，并向上级人民政府有关部门、当地驻军和可能受到危害的毗邻或者相关地区的人民政府通报。

第四十一条 国家建立健全突发事件监测制度。

县级以上人民政府及其有关部门应当根据自然灾害、事故灾难和公共卫生事件的种类和特点，建立健全基础信息数据库，完善监测网络，划分监测区域，确定监测点，明确监测项目，提供必要的设备、设施，配备专职或者兼职人员，对可能发生的突发事件进行监测。

第四十二条 国家建立健全突发事件预警制度。

可以预警的自然灾害、事故灾难和公共卫生事件的预警级别，按照突发事件发生的紧急程度、发展态势和可能造成的危害程度分为一级、二级、三级和四级，分别用红色、橙色、黄色和蓝色标示，一级为最高级别。

预警级别的划分标准由国务院或者国务院确定的部门制定。

第四十三条 可以预警的自然灾害、事故灾难或者公共卫生事件即将发生或者发生的可能性增大时，县级以上地方各级人民政府应当根据有关法律、行政法规和国务院规定的权限和程序，发布相应级别的警报，决定并宣布有关地区进入预警期，同时向上一级人民政府报告，必要时可以越级上报，并向当地驻军和可能受到危害的毗邻或者相关地区的人民政府通报。

第四十四条 发布三级、四级警报，宣布进入预警期后，县级以上地方各级人民政府应当根据即将发生的突发事件的特点和可能造成的危害，采取下列措施：

（一）启动应急预案；

（二）责令有关部门、专业机构、监测网点和负有特定职责的人员及时收集、报告有关信息，向社会公布反映突发事件信息的渠道，加强对突发事件发生、发展情况的监测、预报和预警工作；

（三）组织有关部门和机构、专业技术人员、有关专家学者，随时对突发事件信息进行分析评估，预测发生突发事件可能性的大小、影响范围和强度以及可能发生的突发事件的级别；

（四）定时向社会发布与公众有关的突发事件预测信息和分析评估结果，并对相关信息的报道工作进行管理；

（五）及时按照有关规定向社会发布可能受到突发事件危害的警告，宣传避免、减轻危害的常识，公布咨询电话。

第四十五条 发布一级、二级警报，宣布进入预警期后，县级以上地方各级人民政府除采取本法第四十四条规定的措施外，还应当针对即将发生的突发事件的特点和可能造成的危害，采取下列一项或者多项措施：

（一）责令应急救援队伍、负有特定职责的人员进入待命状态，并动员后备人员做好参加应急救援和处置工作的准备；

（二）调集应急救援所需物资、设备、工具，准备应急设施和避难场所，并确保其处于良好状态、随时可以投入正常使用；

（三）加强对重点单位、重要部位和重要基础设施的安全保卫，维护社会治安秩序；

（四）采取必要措施，确保交通、通信、供水、排水、供电、供气、供热等公共设施的安全和正常运行；

（五）及时向社会发布有关采取特定措施避免或者减轻危害的建议、劝告；

（六）转移、疏散或者撤离易受突发事件危害的人员并予以妥善安置，转移重要财产；

（七）关闭或者限制使用易受突发事件危害的场所，控制或者限制容易导致危害扩大的公共场所的活动；

（八）法律、法规、规章规定的其他必要的防范性、保护性措施。

第四十六条 对即将发生或者已经发生的社会安全事件，县级以上地方各级人民政府及其有关主管部门应当按照规定向上一级人民政府及其有关主管部门报告，必要时可以越级上报。

第四十七条 发布突发事件警报的人民政府应当根据事态的发展，按照有关规定适时调整预警级别并重新发布。

有事实证明不可能发生突发事件或者危险已经解除的，发布警报的人民政府应当立即宣布解除警报，终止预警期，并解除已经采取的有关措施。

第四章 应急处置与救援

第四十八条 突发事件发生后，履行统一领导职责或者组织处置突发事件的人民政府应当针对其性质、特点和危害程度，立即组织有关部门，调动应急救援队伍和社会力量，依照本章的规定和有关法律、法规、规章的规定采取应急处置措施。

第四十九条 自然灾害、事故灾难或者公共卫生事件发生后，履行统一领导职责的人民政府可以采取下列一项或者多项应急处置措施：

（一）组织营救和救治受害人员，疏散、撤离并妥善安置受到威胁的人员以及采取其他救助措施；

（二）迅速控制危险源，标明危险区域，封锁危险场所，划定警戒区，实行交通管制以及其他控制措施；

（三）立即抢修被损坏的交通、通信、供水、排水、供电、供气、供热等公共设施，向受到危害的人员提供避难场所和生活必需品，实施医疗救护和卫生防疫以及其他保障措施；

（四）禁止或者限制使用有关设备、设施，关闭或者限制使用有关场所，中止人员密集的活动或者可能导致危害扩大的生产经营活动以及采取其他保护措施；

（五）启用本级人民政府设置的财政预备费和储备的应急救援物资，必要时调用其他急需物资、设备、设施、工具；

（六）组织公民参加应急救援和处置工作，要求具有特定专长的人员提供服务；

（七）保障食品、饮用水、燃料等基本生活必需品的供应；

（八）依法从严惩处囤积居奇、哄抬物价、制假售假等扰乱市场秩序的行为，稳定市场价格，维护市场秩序；

（九）依法从严惩处哄抢财物、干扰破坏应急处置工作等扰乱社会秩序的行为，维护社会治安；

（十）采取防止发生次生、衍生事件的必要措施。

第五十条 社会安全事件发生后，组织处置工作的人民政府应当立即组织有关部门并由公安机关针对事件的性质和特点，依照有关法律、行政法规和国家其他有关规定，采取下列一项或者多项应急处置措施：

（一）强制隔离使用器械相互对抗或者以暴力行为参与冲突的当事人，妥善解决现场纠纷和争端，控制事态发展；

（二）对特定区域内的建筑物、交通工具、设备、设施以及燃料、燃气、电力、水的供应进行控制；

（三）封锁有关场所、道路，查验现场人员的身份证件，限制有关公共场所内的活动；

（四）加强对易受冲击的核心机关和单位的警卫，在国家机关、军事机关、国家通讯社、广播电台、电视台、外国驻华使领馆等单位附近设置临时警戒线；

（五）法律、行政法规和国务院规定的其他必要措施。

严重危害社会治安秩序的事件发生时，公安机关应当立即依法出动警力，根据现场情况依法采取相应的强制性措施，尽快使社会秩序恢复正常。

第五十一条 发生突发事件，严重影响国民经济正常运行时，国务院或者国务院授权的有关主管部门可以采取保障、控制等必要的应急措施，保障人民群众的基本生活需要，最大限度地减轻突发事件的影响。

第五十二条 履行统一领导职责或者组织处置突发事件的人民政府，必要时可以向单位和个人征用应急救援所需设备、设施、场地、交通工具和其他物资，请求其他地方人民政府提供人力、物力、财力或者技术支援，要求生产、供应生活必需品和应急救援物资的企业组织生产、保证供给，要求提供医疗、交通等公共服务的组织提供相应的服务。

履行统一领导职责或者组织处置突发事件的人民政府，应当组织协调运输经营单位，优先运送处置突发事件所需物资、设备、工具、应急救援人员和受到突发事件危害的人员。

第五十三条 履行统一领导职责或者组织处置突发事件的人民政府，应当按照有关规定统一、准确、及时发布有关突发事件事态发展和应急处置工作的信息。

第五十四条　任何单位和个人不得编造、传播有关突发事件事态发展或者应急处置工作的虚假信息。

第五十五条　突发事件发生地的居民委员会、村民委员会和其他组织应当按照当地人民政府的决定、命令，进行宣传动员，组织群众开展自救和互救，协助维护社会秩序。

第五十六条　受到自然灾害危害或者发生事故灾难、公共卫生事件的单位，应当立即组织本单位应急救援队伍和工作人员营救受害人员，疏散、撤离、安置受到威胁的人员，控制危险源，标明危险区域，封锁危险场所，并采取其他防止危害扩大的必要措施，同时向所在地县级人民政府报告；对因本单位的问题引发的或者主体是本单位人员的社会安全事件，有关单位应当按照规定上报情况，并迅速派出负责人赶赴现场开展劝解、疏导工作。

突发事件发生地的其他单位应当服从人民政府发布的决定、命令，配合人民政府采取的应急处置措施，做好本单位的应急救援工作，并积极组织人员参加所在地的应急救援和处置工作。

第五十七条　突发事件发生地的公民应当服从人民政府、居民委员会、村民委员会或者所属单位的指挥和安排，配合人民政府采取的应急处置措施，积极参加应急救援工作，协助维护社会秩序。

第五章　事后恢复与重建

第五十八条　突发事件的威胁和危害得到控制或者消除后，履行统一领导职责或者组织处置突发事件的人民政府应当停止执行依照本法规定采取的应急处置措施，同时采取或者继续实施必要措施，防止发生自然灾害、事故灾难、公共卫生事件的次生、衍生事件或者重新引发社会安全事件。

第五十九条　突发事件应急处置工作结束后，履行统一领导职责的人民政府应当立即组织对突发事件造成的损失进行评估，组织受影响地区尽快恢复生产、生活、工作和社会秩序，制定恢复重建计划，并向上一级人民政府报告。

受突发事件影响地区的人民政府应当及时组织和协调公安、交通、铁路、民航、邮电、建设等有关部门恢复社会治安秩序，尽快修复被损坏的交通、通信、供水、排水、供电、供气、供热等公共设施。

第六十条　受突发事件影响地区的人民政府开展恢复重建工作需要上一级人民政府支持的，可以向上一级人民政府提出请求。上一级人民政府应当根据受影响地区遭受的损失和实际情况，提供资金、物资支持和技术指导，组织其他地区提供资金、物资和人力支援。

第六十一条　国务院根据受突发事件影响地区遭受损失的情况，制定扶持该地区有关行业发展的优惠政策。

受突发事件影响地区的人民政府应当根据本地区遭受损失的情况，制定救助、补偿、抚慰、抚恤、安置等善后工作计划并组织实施，妥善解决因处置突发事件引发的矛盾和纠纷。

公民参加应急救援工作或者协助维护社会秩序期间，其在本单位的工资待遇和福利不变；表现突出、成绩显著的，由县级以上人民政府给予表彰或者奖励。

县级以上人民政府对在应急救援工作中伤亡的人员依法给予抚恤。

第六十二条　履行统一领导职责的人民政府应当及时查明突发事件的发生经过和原因，总结突发事件应急处置工作的经验教训，制定改进措施，并向上一级人民政府提出报告。

第六章　法律责任

第六十三条　地方各级人民政府和县级以上各级人民政府有关部门违反本法规定，不履行法定职责的，由其上级行政机关或者监察机关责令改正；有下列情形之一的，根据情节对直接负责的主管人员和其他直接责任人员依法给予处分：

（一）未按规定采取预防措施，导致发生突发事件，或者未采取必要的防范措施，导致发生次生、衍生事件的；

（二）迟报、谎报、瞒报、漏报有关突发事件的信息，或者通报、报送、公布虚假信息，造成后果的；

（三）未按规定及时发布突发事件警报、采取预警期的措施，导致损害发生的；

（四）未按规定及时采取措施处置突发事件或者处置不当，造成后果的；

（五）不服从上级人民政府对突发事件应急处置工作的统一领导、指挥和协调的；

（六）未及时组织开展生产自救、恢复重建等善后工作的；

（七）截留、挪用、私分或者变相私分应急救援资金、物资的；

（八）不及时归还征用的单位和个人的财产，或者对被征用财产的单位和个人不按规定给予补偿的。

第六十四条　有关单位有下列情形之一的，由所在地履行统一领导职责的人民政府责令停产停业，暂扣或者吊销许可证或者营业执照，并处五万元以上二十万元

以下的罚款;构成违反治安管理行为的,由公安机关依法给予处罚:

(一)未按规定采取预防措施,导致发生严重突发事件的;

(二)未及时消除已发现的可能引发突发事件的隐患,导致发生严重突发事件的;

(三)未做好应急设备、设施日常维护、检测工作,导致发生严重突发事件或者突发事件危害扩大的;

(四)突发事件发生后,不及时组织开展应急救援工作,造成严重后果的。

前款规定的行为,其他法律、行政法规规定由人民政府有关部门依法决定处罚的,从其规定。

第六十五条 违反本法规定,编造并传播有关突发事件事态发展或者应急处置工作的虚假信息,或者明知是有关突发事件事态发展或者应急处置工作的虚假信息而进行传播的,责令改正,给予警告;造成严重后果的,依法暂停其业务活动或者吊销其执业许可证;负有直接责任的人员是国家工作人员的,还应当对其依法给予处分;构成违反治安管理行为的,由公安机关依法给予处罚。

第六十六条 单位或者个人违反本法规定,不服从所在地人民政府及其有关部门发布的决定、命令或者不配合其依法采取的措施,构成违反治安管理行为的,由公安机关依法给予处罚。

第六十七条 单位或者个人违反本法规定,导致突发事件发生或者危害扩大,给他人人身、财产造成损害的,应当依法承担民事责任。

第六十八条 违反本法规定,构成犯罪的,依法追究刑事责任。

第七章 附 则

第六十九条 发生特别重大突发事件,对人民生命财产安全、国家安全、公共安全、环境安全或者社会秩序构成重大威胁,采取本法和其他有关法律、法规、规章规定的应急处置措施不能消除或者有效控制、减轻其严重社会危害,需要进入紧急状态的,由全国人民代表大会常务委员会或者国务院依照宪法和其他有关法律规定的权限和程序决定。

紧急状态期间采取的非常措施,依照有关法律规定执行或者由全国人民代表大会常务委员会另行规定。

第七十条 本法自2007年11月1日起施行。

突发公共卫生事件应急条例

· 2003年5月9日中华人民共和国国务院令第376号公布
· 根据2011年1月8日《国务院关于废止和修改部分行政法规的决定》修订

第一章 总 则

第一条 为了有效预防、及时控制和消除突发公共卫生事件的危害,保障公众身体健康与生命安全,维护正常的社会秩序,制定本条例。

第二条 本条例所称突发公共卫生事件(以下简称突发事件),是指突然发生,造成或者可能造成社会公众健康严重损害的重大传染病疫情、群体性不明原因疾病、重大食物和职业中毒以及其他严重影响公众健康的事件。

第三条 突发事件发生后,国务院设立全国突发事件应急处理指挥部,由国务院有关部门和军队有关部门组成,国务院主管领导人担任总指挥,负责对全国突发事件应急处理的统一领导、统一指挥。

国务院卫生行政主管部门和其他有关部门,在各自的职责范围内做好突发事件应急处理的有关工作。

第四条 突发事件发生后,省、自治区、直辖市人民政府成立地方突发事件应急处理指挥部,省、自治区、直辖市人民政府主要领导人担任总指挥,负责领导、指挥本行政区域内突发事件应急处理工作。

县级以上地方人民政府卫生行政主管部门,具体负责组织突发事件的调查、控制和医疗救治工作。

县级以上地方人民政府有关部门,在各自的职责范围内做好突发事件应急处理的有关工作。

第五条 突发事件应急工作,应当遵循预防为主、常备不懈的方针,贯彻统一领导、分级负责、反应及时、措施果断、依靠科学、加强合作的原则。

第六条 县级以上各级人民政府应当组织开展防治突发事件相关科学研究,建立突发事件应急流行病学调查、传染源隔离、医疗救护、现场处置、监督检查、监测检验、卫生防护等有关物资、设备、设施、技术与人才资源储备,所需经费列入本级政府财政预算。

国家对边远贫困地区突发事件应急工作给予财政支持。

第七条 国家鼓励、支持开展突发事件监测、预警、反应处理有关技术的国际交流与合作。

第八条 国务院有关部门和县级以上地方人民政府及其有关部门,应当建立严格的突发事件防范和应急处理责任制,切实履行各自的职责,保证突发事件应急处理工作的正常进行。

第九条 县级以上各级人民政府及其卫生行政主管部门,应当对参加突发事件应急处理的医疗卫生人员,给予适当补助和保健津贴;对参加突发事件应急处理作出贡献的人员,给予表彰和奖励;对因参与应急处理工作致病、致残、死亡的人员,按照国家有关规定,给予相应的补助和抚恤。

第二章 预防与应急准备

第十条 国务院卫生行政主管部门按照分类指导、快速反应的要求,制定全国突发事件应急预案,报请国务院批准。

省、自治区、直辖市人民政府根据全国突发事件应急预案,结合本地实际情况,制定本行政区域的突发事件应急预案。

第十一条 全国突发事件应急预案应当包括以下主要内容:

(一)突发事件应急处理指挥部的组成和相关部门的职责;

(二)突发事件的监测与预警;

(三)突发事件信息的收集、分析、报告、通报制度;

(四)突发事件应急处理技术和监测机构及其任务;

(五)突发事件的分级和应急处理工作方案;

(六)突发事件预防、现场控制,应急设施、设备、救治药品和医疗器械以及其他物资和技术的储备与调度;

(七)突发事件应急处理专业队伍的建设和培训。

第十二条 突发事件应急预案应当根据突发事件的变化和实施中发现的问题及时进行修订、补充。

第十三条 地方各级人民政府应当依照法律、行政法规的规定,做好传染病预防和其他公共卫生工作,防范突发事件的发生。

县级以上各级人民政府卫生行政主管部门和其他有关部门,应当对公众开展突发事件应急知识的专门教育,增强全社会对突发事件的防范意识和应对能力。

第十四条 国家建立统一的突发事件预防控制体系。

县级以上地方人民政府应当建立和完善突发事件监测与预警系统。

县级以上各级人民政府卫生行政主管部门,应当指定机构负责开展突发事件的日常监测,并确保监测与预警系统的正常运行。

第十五条 监测与预警工作应当根据突发事件的类别,制定监测计划,科学分析、综合评价监测数据。对早期发现的潜在隐患以及可能发生的突发事件,应当依照本条例规定的报告程序和时限及时报告。

第十六条 国务院有关部门和县级以上地方人民政府及其有关部门,应当根据突发事件应急预案的要求,保证应急设施、设备、救治药品和医疗器械等物资储备。

第十七条 县级以上各级人民政府应当加强急救医疗服务网络的建设,配备相应的医疗救治药物、技术、设备和人员,提高医疗卫生机构应对各类突发事件的救治能力。

设区的市级以上地方人民政府应当设置与传染病防治工作需要相适应的传染病专科医院,或者指定具备传染病防治条件和能力的医疗机构承担传染病防治任务。

第十八条 县级以上地方人民政府卫生行政主管部门,应当定期对医疗卫生机构和人员开展突发事件应急处理相关知识、技能的培训,定期组织医疗卫生机构进行突发事件应急演练,推广最新知识和先进技术。

第三章 报告与信息发布

第十九条 国家建立突发事件应急报告制度。

国务院卫生行政主管部门制定突发事件应急报告规范,建立重大、紧急疫情信息报告系统。

有下列情形之一的,省、自治区、直辖市人民政府应当在接到报告1小时内,向国务院卫生行政主管部门报告:

(一)发生或者可能发生传染病暴发、流行的;

(二)发生或者发现不明原因的群体性疾病的;

(三)发生传染病菌种、毒种丢失的;

(四)发生或者可能发生重大食物和职业中毒事件的。

国务院卫生行政主管部门对可能造成重大社会影响的突发事件,应当立即向国务院报告。

第二十条 突发事件监测机构、医疗卫生机构和有关单位发现有本条例第十九条规定情形之一的,应当在2小时内向所在地县级人民政府卫生行政主管部门报告;接到报告的卫生行政主管部门应当在2小时内向本级人民政府报告,并同时向上级人民政府卫生行政主管部门和国务院卫生行政主管部门报告。

县级人民政府应当在接到报告后2小时内向设区的市级人民政府或者上一级人民政府报告;设区的市级人民政府应当在接到报告后2小时内向省、自治区、直辖市人民政府报告。

第二十一条 任何单位和个人对突发事件,不得隐瞒、缓报、谎报或者授意他人隐瞒、缓报、谎报。

第二十二条 接到报告的地方人民政府、卫生行政主管部门依照本条例规定报告的同时,应当立即组织力量对报告事项调查核实、确证,采取必要的控制措施,并及时报告调查情况。

第二十三条 国务院卫生行政主管部门应当根据发生突发事件的情况,及时向国务院有关部门和各省、自治区、直辖市人民政府卫生行政主管部门以及军队有关部门通报。

突发事件发生地的省、自治区、直辖市人民政府卫生行政主管部门,应当及时向毗邻省、自治区、直辖市人民政府卫生行政主管部门通报。

接到通报的省、自治区、直辖市人民政府卫生行政主管部门,必要时应当及时通知本行政区域内的医疗卫生机构。

县级以上地方人民政府有关部门,已经发生或者发现可能引起突发事件的情形时,应当及时向同级人民政府卫生行政主管部门通报。

第二十四条 国家建立突发事件举报制度,公布统一的突发事件报告、举报电话。

任何单位和个人有权向人民政府及其有关部门报告突发事件隐患,有权向上级人民政府及其有关部门举报地方人民政府及其有关部门不履行突发事件应急处理职责,或者不按照规定履行职责的情况。接到报告、举报的有关人民政府及其有关部门,应当立即组织对突发事件隐患、不履行或者不按照规定履行突发事件应急处理职责的情况进行调查处理。

对举报突发事件有功的单位和个人,县级以上各级人民政府及其有关部门应当予以奖励。

第二十五条 国家建立突发事件的信息发布制度。

国务院卫生行政主管部门负责向社会发布突发事件的信息。必要时,可以授权省、自治区、直辖市人民政府卫生行政主管部门向社会发布本行政区域内突发事件的信息。

信息发布应当及时、准确、全面。

第四章 应急处理

第二十六条 突发事件发生后,卫生行政主管部门应当组织专家对突发事件进行综合评估,初步判断突发事件的类型,提出是否启动突发事件应急预案的建议。

第二十七条 在全国范围内或者跨省、自治区、直辖市范围内启动全国突发事件应急预案,由国务院卫生行政主管部门报国务院批准后实施。省、自治区、直辖市启动突发事件应急预案,由省、自治区、直辖市人民政府决定,并向国务院报告。

第二十八条 全国突发事件应急处理指挥部对突发事件应急处理工作进行督察和指导,地方各级人民政府及其有关部门应当予以配合。

省、自治区、直辖市突发事件应急处理指挥部对本行政区域内突发事件应急处理工作进行督察和指导。

第二十九条 省级以上人民政府卫生行政主管部门或者其他有关部门指定的突发事件应急处理专业技术机构,负责突发事件的技术调查、确证、处置、控制和评价工作。

第三十条 国务院卫生行政主管部门对新发现的突发传染病,根据危害程度、流行强度,依照《中华人民共和国传染病防治法》的规定及时宣布为法定传染病;宣布为甲类传染病的,由国务院决定。

第三十一条 应急预案启动前,县级以上各级人民政府有关部门应当根据突发事件的实际情况,做好应急处理准备,采取必要的应急措施。

应急预案启动后,突发事件发生地的人民政府有关部门,应当根据预案规定的职责要求,服从突发事件应急处理指挥部的统一指挥,立即到达规定岗位,采取有关的控制措施。

医疗卫生机构、监测机构和科学研究机构,应当服从突发事件应急处理指挥部的统一指挥,相互配合、协作,集中力量开展相关的科学研究工作。

第三十二条 突发事件发生后,国务院有关部门和县级以上地方人民政府及其有关部门,应当保证突发事件应急处理所需的医疗救护设备、救治药品、医疗器械等物资的生产、供应;铁路、交通、民用航空行政主管部门应当保证及时运送。

第三十三条 根据突发事件应急处理的需要,突发事件应急处理指挥部有权紧急调集人员、储备的物资、交通工具以及相关设施、设备;必要时,对人员进行疏散或者隔离,并可以依法对传染病疫区实行封锁。

第三十四条 突发事件应急处理指挥部根据突发事件应急处理的需要,可以对食物和水源采取控制措施。

县级以上地方人民政府卫生行政主管部门应当对突发事件现场等采取控制措施,宣传突发事件防治知识,及时对易受感染的人群和其他易受损害的人群采取应急接种、预防性投药、群体防护等措施。

第三十五条 参加突发事件应急处理的工作人员,

应当按照预案的规定,采取卫生防护措施,并在专业人员的指导下进行工作。

第三十六条　国务院卫生行政主管部门或者其他有关部门指定的专业技术机构,有权进入突发事件现场进行调查、采样、技术分析和检验,对地方突发事件的应急处理工作进行技术指导,有关单位和个人应当予以配合;任何单位和个人不得以任何理由予以拒绝。

第三十七条　对新发现的突发传染病、不明原因的群体性疾病、重大食物和职业中毒事件,国务院卫生行政主管部门应当尽快组织力量制定相关的技术标准、规范和控制措施。

第三十八条　交通工具上发现根据国务院卫生行政主管部门的规定需要采取应急控制措施的传染病病人、疑似传染病病人,其负责人应当以最快的方式通知前方停靠点,并向交通工具的营运单位报告。交通工具的前方停靠点和营运单位应当立即向交通工具营运单位行政主管部门和县级以上地方人民政府卫生行政主管部门报告。卫生行政主管部门接到报告后,应当立即组织有关人员采取相应的医学处置措施。

交通工具上的传染病病人密切接触者,由交通工具停靠点的县级以上各级人民政府卫生行政主管部门或者铁路、交通、民用航空行政主管部门,根据各自的职责,依照传染病防治法律、行政法规的规定,采取控制措施。

涉及国境口岸和入出境的人员、交通工具、货物、集装箱、行李、邮包等需要采取传染病应急控制措施的,依照国境卫生检疫法律、行政法规的规定办理。

第三十九条　医疗卫生机构应当对因突发事件致病的人员提供医疗救护和现场救援,对就诊病人必须接诊治疗,并书写详细、完整的病历记录;对需要转送的病人,应当按照规定将病人及其病历记录的复印件转送至接诊的或者指定的医疗机构。

医疗卫生机构内应当采取卫生防护措施,防止交叉感染和污染。

医疗卫生机构应当对传染病病人密切接触者采取医学观察措施,传染病病人密切接触者应当予以配合。

医疗机构收治传染病病人、疑似传染病病人,应当依法报告所在地的疾病预防控制机构。接到报告的疾病预防控制机构应当立即对可能受到危害的人员进行调查,根据需要采取必要的控制措施。

第四十条　传染病暴发、流行时,街道、乡镇以及居民委员会、村民委员会应当组织力量,团结协作,群防群治,协助卫生主管部门和其他有关部门、医疗卫生机构做好疫情信息的收集和报告、人员的分散隔离、公共卫生措施的落实工作,向居民、村民宣传传染病防治的相关知识。

第四十一条　对传染病暴发、流行区域内流动人口,突发事件发生地的县级以上地方人民政府应当做好预防工作,落实有关卫生控制措施;对传染病病人和疑似传染病病人,应当采取就地隔离、就地观察、就地治疗的措施。对需要治疗和转诊的,应当依照本条例第三十九条第一款的规定执行。

第四十二条　有关部门、医疗卫生机构应当对传染病做到早发现、早报告、早隔离、早治疗,切断传播途径,防止扩散。

第四十三条　县级以上各级人民政府应当提供必要资金,保障因突发事件致病、致残的人员得到及时、有效的救治。具体办法由国务院财政部门、卫生行政主管部门和劳动保障行政主管部门制定。

第四十四条　在突发事件中需要接受隔离治疗、医学观察措施的病人、疑似病人和传染病病人密切接触者在卫生行政主管部门或者有关机构采取医学措施时应当予以配合;拒绝配合的,由公安机关依法协助强制执行。

第五章　法律责任

第四十五条　县级以上地方人民政府及其卫生行政主管部门未依照本条例的规定履行报告职责,对突发事件隐瞒、缓报、谎报或者授意他人隐瞒、缓报、谎报的,对政府主要领导人及其卫生行政主管部门主要负责人,依法给予降级或者撤职的行政处分;造成传染病传播、流行或者对社会公众健康造成其他严重危害后果的,依法给予开除的行政处分;构成犯罪的,依法追究刑事责任。

第四十六条　国务院有关部门、县级以上地方人民政府及其有关部门未依照本条例的规定,完成突发事件应急处理所需要的设施、设备、药品和医疗器械等物资的生产、供应、运输和储备的,对政府主要领导人和政府部门主要负责人依法给予降级或者撤职的行政处分;造成传染病传播、流行或者对社会公众健康造成其他严重危害后果的,依法给予开除的行政处分;构成犯罪的,依法追究刑事责任。

第四十七条　突发事件发生后,县级以上地方人民政府及其有关部门对上级人民政府有关部门的调查不予配合,或者采取其他方式阻碍、干涉调查的,对政府主要领导人和政府部门主要负责人依法给予降级或者撤职的行政处分;构成犯罪的,依法追究刑事责任。

第四十八条　县级以上各级人民政府卫生行政主管

部门和其他有关部门在突发事件调查、控制、医疗救治工作中玩忽职守、失职、渎职的，由本级人民政府或者上级人民政府有关部门责令改正、通报批评、给予警告；对主要负责人、负有责任的主管人员和其他责任人员依法给予降级、撤职的行政处分；造成传染病传播、流行或者对社会公众健康造成其他严重危害后果的，依法给予开除的行政处分；构成犯罪的，依法追究刑事责任。

第四十九条　县级以上各级人民政府有关部门拒不履行应急处理职责的，由同级人民政府或者上级人民政府有关部门责令改正、通报批评、给予警告；对主要负责人、负有责任的主管人员和其他责任人员依法给予降级、撤职的行政处分；造成传染病传播、流行或者对社会公众健康造成其他严重危害后果的，依法给予开除的行政处分；构成犯罪的，依法追究刑事责任。

第五十条　医疗卫生机构有下列行为之一的，由卫生行政主管部门责令改正、通报批评、给予警告；情节严重的，吊销《医疗机构执业许可证》；对主要负责人、负有责任的主管人员和其他直接责任人员依法给予降级或者撤职的纪律处分；造成传染病传播、流行或者对社会公众健康造成其他严重危害后果，构成犯罪的，依法追究刑事责任：

（一）未依照本条例的规定履行报告职责，隐瞒、缓报或者谎报的；

（二）未依照本条例的规定及时采取控制措施的；

（三）未依照本条例的规定履行突发事件监测职责的；

（四）拒绝接诊病人的；

（五）拒不服从突发事件应急处理指挥部调度的。

第五十一条　在突发事件应急处理工作中，有关单位和个人未依照本条例的规定履行报告职责，隐瞒、缓报或者谎报，阻碍突发事件应急处理工作人员执行职务，拒绝国务院卫生行政主管部门或者其他有关部门指定的专业技术机构进入突发事件现场，或者不配合调查、采样、技术分析和检验的，对有关责任人员依法给予行政处分或者纪律处分；触犯《中华人民共和国治安管理处罚法》，构成违反治安管理行为的，由公安机关依法予以处罚；构成犯罪的，依法追究刑事责任。

第五十二条　在突发事件发生期间，散布谣言、哄抬物价、欺骗消费者，扰乱社会秩序、市场秩序的，由公安机关或者工商行政管理部门依法给予行政处罚；构成犯罪的，依法追究刑事责任。

第六章　附　则

第五十三条　中国人民解放军、武装警察部队医疗卫生机构参与突发事件应急处理的，依照本条例的规定和军队的相关规定执行。

第五十四条　本条例自公布之日起施行。

国家突发公共卫生事件应急预案

・2006年2月26日

1　总　则

1.1　编制目的

有效预防、及时控制和消除突发公共卫生事件及其危害，指导和规范各类突发公共卫生事件的应急处理工作，最大程度地减少突发公共卫生事件对公众健康造成的危害，保障公众身心健康与生命安全。

1.2　编制依据

依据《中华人民共和国传染病防治法》、《中华人民共和国食品卫生法》、《中华人民共和国职业病防治法》、《中华人民共和国国境卫生检疫法》、《突发公共卫生事件应急条例》、《国内交通卫生检疫条例》和《国家突发公共事件总体应急预案》，制定本预案。

1.3　突发公共卫生事件的分级

根据突发公共卫生事件性质、危害程度、涉及范围，突发公共卫生事件划分为特别重大（Ⅰ级）、重大（Ⅱ级）、较大（Ⅲ级）和一般（Ⅳ级）四级。

其中，特别重大突发公共卫生事件主要包括：

（1）肺鼠疫、肺炭疽在大、中城市发生并有扩散趋势，或肺鼠疫、肺炭疽疫情波及2个以上的省份，并有进一步扩散趋势。

（2）发生传染性非典型肺炎、人感染高致病性禽流感病例，并有扩散趋势。

（3）涉及多个省份的群体性不明原因疾病，并有扩散趋势。

（4）发生新传染病或我国尚未发现的传染病发生或传入，并有扩散趋势，或发现我国已消灭的传染病重新流行。

（5）发生烈性病菌株、毒株、致病因子等丢失事件。

（6）周边以及与我国通航的国家和地区发生特大传染病疫情，并出现输入性病例，严重危及我国公共卫生安全的事件。

（7）国务院卫生行政部门认定的其他特别重大突发公共卫生事件。

1.4　适用范围

本预案适用于突然发生，造成或者可能造成社会公众身心健康严重损害的重大传染病、群体性不明原因疾病、重大食物和职业中毒以及因自然灾害、事故灾难或社会安全等事件引起的严重影响公众身心健康的公共卫生事件的应急处理工作。

其他突发公共事件中涉及的应急医疗救援工作，另行制定有关预案。

1.5 工作原则

（1）预防为主，常备不懈。提高全社会对突发公共卫生事件的防范意识，落实各项防范措施，做好人员、技术、物资和设备的应急储备工作。对各类可能引发突发公共卫生事件的情况要及时进行分析、预警，做到早发现、早报告、早处理。

（2）统一领导，分级负责。根据突发公共卫生事件的范围、性质和危害程度，对突发公共卫生事件实行分级管理。各级人民政府负责突发公共卫生事件应急处理的统一领导和指挥，各有关部门按照预案规定，在各自的职责范围内做好突发公共卫生事件应急处理的有关工作。

（3）依法规范，措施果断。地方各级人民政府和卫生行政部门要按照相关法律、法规和规章的规定，完善突发公共卫生事件应急体系，建立健全系统、规范的突发公共卫生事件应急处理工作制度，对突发公共卫生事件和可能发生的公共卫生事件做出快速反应，及时、有效开展监测、报告和处理工作。

（4）依靠科学，加强合作。突发公共卫生事件应急工作要充分尊重和依靠科学，要重视开展防范和处理突发公共卫生事件的科研和培训，为突发公共卫生事件应急处理提供科技保障。各有关部门和单位要通力合作、资源共享，有效应对突发公共卫生事件。要广泛组织、动员公众参与突发公共卫生事件的应急处理。

2 应急组织体系及职责

2.1 应急指挥机构

卫生部依照职责和本预案的规定，在国务院统一领导下，负责组织、协调全国突发公共卫生事件应急处理工作，并根据突发公共卫生事件应急处理工作的实际需要，提出成立全国突发公共卫生事件应急指挥部。

地方各级人民政府卫生行政部门依照职责和本预案的规定，在本级人民政府统一领导下，负责组织、协调本行政区域内突发公共卫生事件应急处理工作，并根据突发公共卫生事件应急处理工作的实际需要，向本级人民政府提出成立地方突发公共卫生事件应急指挥部的建议。

各级人民政府根据本级人民政府卫生行政部门的建议和实际工作需要，决定是否成立国家和地方应急指挥部。

地方各级人民政府及有关部门和单位要按照属地管理的原则，切实做好本行政区域内突发公共卫生事件应急处理工作。

2.1.1 全国突发公共卫生事件应急指挥部的组成和职责

全国突发公共卫生事件应急指挥部负责对特别重大突发公共卫生事件的统一领导、统一指挥，作出处理突发公共卫生事件的重大决策。指挥部成员单位根据突发公共卫生事件的性质和应急处理的需要确定。

2.1.2 省级突发公共卫生事件应急指挥部的组成和职责

省级突发公共卫生事件应急指挥部由省级人民政府有关部门组成，实行属地管理的原则，负责对本行政区域内突发公共卫生事件应急处理的协调和指挥，作出处理本行政区域内突发公共卫生事件的决策，决定要采取的措施。

2.2 日常管理机构

国务院卫生行政部门设立卫生应急办公室（突发公共卫生事件应急指挥中心），负责全国突发公共卫生事件应急处理的日常管理工作。

各省、自治区、直辖市人民政府卫生行政部门及军队、武警系统要参照国务院卫生行政部门突发公共卫生事件日常管理机构的设置及职责，结合各自实际情况，指定突发公共卫生事件的日常管理机构，负责本行政区域或本系统内突发公共卫生事件应急的协调、管理工作。

各市（地）级、县级卫生行政部门要指定机构负责本行政区域内突发公共卫生事件应急的日常管理工作。

2.3 专家咨询委员会

国务院卫生行政部门和省级卫生行政部门负责组建突发公共卫生事件专家咨询委员会。

市（地）级和县级卫生行政部门可根据本行政区域内突发公共卫生事件应急工作需要，组建突发公共卫生事件应急处理专家咨询委员会。

2.4 应急处理专业技术机构

医疗机构、疾病预防控制机构、卫生监督机构、出入境检验检疫机构是突发公共卫生事件应急处理的专业技术机构。应急处理专业技术机构要结合本单位职责开展专业技术人员处置突发公共卫生事件能力培训，提高快速应对能力和技术水平，在发生突发公共卫生事件时，要服从卫生行政部门的统一指挥和安排，开展应急处理工作。

3 突发公共卫生事件的监测、预警与报告

3.1 监测

国家建立统一的突发公共卫生事件监测、预警与报告网络体系。各级医疗、疾病预防控制、卫生监督和出入境检疫机构负责开展突发公共卫生事件的日常监测工作。

省级人民政府卫生行政部门要按照国家统一规定和要求，结合实际，组织开展重点传染病和突发公共卫生事件的主动监测。

国务院卫生行政部门和地方各级人民政府卫生行政部门要加强对监测工作的管理和监督，保证监测质量。

3.2 预警

各级人民政府卫生行政部门根据医疗机构、疾病预防控制机构、卫生监督机构提供的监测信息，按照公共卫生事件的发生、发展规律和特点，及时分析其对公众身心健康的危害程度、可能的发展趋势，及时做出预警。

3.3 报告

任何单位和个人都有权向国务院卫生行政部门和地方各级人民政府及其有关部门报告突发公共卫生事件及其隐患，也有权向上级政府部门举报不履行或者不按照规定履行突发公共卫生事件应急处理职责的部门、单位及个人。

县级以上各级人民政府卫生行政部门指定的突发公共卫生事件监测机构、各级各类医疗卫生机构、卫生行政部门、县级以上地方人民政府和检验检疫机构、食品药品监督管理机构、环境保护监测机构、教育机构等有关单位为突发公共卫生事件的责任报告单位。执行职务的各级各类医疗卫生机构的医疗卫生人员、个体开业医生为突发公共卫生事件的责任报告人。

突发公共卫生事件责任报告单位要按照有关规定及时、准确地报告突发公共卫生事件及其处置情况。

4 突发公共卫生事件的应急反应和终止

4.1 应急反应原则

发生突发公共卫生事件时，事发地的县级、市(地)级、省级人民政府及其有关部门按照分级响应的原则，作出相应级别应急反应。同时，要遵循突发公共卫生事件发生发展的客观规律，结合实际情况和预防控制工作的需要，及时调整预警和反应级别，以有效控制事件，减少危害和影响。要根据不同类别突发公共卫生事件的性质和特点，注重分析事件的发展趋势，对事态和影响不断扩大的事件，应及时升级预警和反应级别；对范围局限、不会进一步扩散的事件，应相应降低反应级别，及时撤销预警。

国务院有关部门和地方各级人民政府及有关部门对在学校、区域性或全国性重要活动期间等发生的突发公共卫生事件，要高度重视，可相应提高报告和反应级别，确保迅速、有效控制突发公共卫生事件，维护社会稳定。

突发公共卫生事件应急处理要采取边调查、边处理、边抢救、边核实的方式，以有效措施控制事态发展。

事发地之外的地方各级人民政府卫生行政部门接到突发公共卫生事件情况通报后，要及时通知相应的医疗卫生机构，组织做好应急处理所需的人员与物资准备，采取必要的预防控制措施，防止突发公共卫生事件在本行政区域内发生，并服从上一级人民政府卫生行政部门的统一指挥和调度，支援突发公共卫生事件发生地区的应急处理工作。

4.2 应急反应措施

4.2.1 各级人民政府

(1)组织协调有关部门参与突发公共卫生事件的处理。

(2)根据突发公共卫生事件处理需要，调集本行政区域内各类人员、物资、交通工具和相关设施、设备参加应急处理工作。涉及危险化学品管理和运输安全的，有关部门要严格执行相关规定，防止事故发生。

(3)划定控制区域：甲类、乙类传染病暴发、流行时，县级以上地方人民政府报经上一级地方人民政府决定，可以宣布疫区范围；经省、自治区、直辖市人民政府决定，可以对本行政区域内甲类传染病疫区实施封锁；封锁大、中城市的疫区或者封锁跨省(区、市)的疫区，以及封锁疫区导致中断干线交通或者封锁国境的，由国务院决定。对重大食物中毒和职业中毒事故，根据污染食品扩散和职业危害因素波及的范围，划定控制区域。

(4)疫情控制措施：当地人民政府可以在本行政区域内采取限制或者停止集市、集会、影剧院演出，以及其他人群聚集的活动；停工、停业、停课；封闭或者封存被传染病病原体污染的公共饮用水源、食品以及相关物品等紧急措施；临时征用房屋、交通工具以及相关设施和设备。

(5)流动人口管理：对流动人口采取预防工作，落实控制措施，对传染病病人、疑似病人采取就地隔离、就地观察、就地治疗的措施，对密切接触者根据情况采取集中或居家医学观察。

(6)实施交通卫生检疫：组织铁路、交通、民航、质检等部门在交通站点和出入境口岸设置临时交通卫生检疫

站,对出入境、进出疫区和运行中的交通工具及其乘运人员和物资、宿主动物进行检疫查验,对病人、疑似病人及其密切接触者实施临时隔离、留验和向地方卫生行政部门指定的机构移交。

(7)信息发布:突发公共卫生事件发生后,有关部门要按照有关规定作好信息发布工作,信息发布要及时主动、准确把握,实事求是,正确引导舆论,注重社会效果。

(8)开展群防群治:街道、乡(镇)以及居委会、村委会协助卫生行政部门和其他部门、医疗机构,做好疫情信息的收集、报告、人员分散隔离及公共卫生措施的实施工作。

(9)维护社会稳定:组织有关部门保障商品供应,平抑物价,防止哄抢;严厉打击造谣传谣、哄抬物价、囤积居奇、制假售假等违法犯罪和扰乱社会治安的行为。

4.2.2 卫生行政部门

(1)组织医疗机构、疾病预防控制机构和卫生监督机构开展突发公共卫生事件的调查与处理。

(2)组织突发公共卫生事件专家咨询委员会对突发公共卫生事件进行评估,提出启动突发公共卫生事件应急处理的级别。

(3)应急控制措施:根据需要组织开展应急疫苗接种、预防服药。

(4)督导检查:国务院卫生行政部门组织对全国或重点地区的突发公共卫生事件应急处理工作进行督导和检查。省、市(地)级以及县级卫生行政部门负责对本行政区域内的应急处理工作进行督察和指导。

(5)发布信息与通报:国务院卫生行政部门或经授权的省、自治区、直辖市人民政府卫生行政部门及时向社会发布突发公共卫生事件的信息或公告。国务院卫生行政部门及时向国务院各有关部门和各省、自治区、直辖市卫生行政部门以及军队有关部门通报突发公共卫生事件情况。对涉及跨境的疫情线索,由国务院卫生行政部门向有关国家和地区通报情况。

(6)制订技术标准和规范:国务院卫生行政部门对新发现的突发传染病、不明原因的群体性疾病、重大中毒事件,组织力量制订技术标准和规范,及时组织全国培训。地方各级卫生行政部门开展相应的培训工作。

(7)普及卫生知识。针对事件性质,有针对性地开展卫生知识宣教,提高公众健康意识和自我防护能力,消除公众心理障碍,开展心理危机干预工作。

(8)进行事件评估:组织专家对突发公共卫生事件的处理情况进行综合评估,包括事件概况、现场调查处理概况、病人救治情况、所采取的措施、效果评价等。

4.2.3 医疗机构

(1)开展病人接诊、收治和转运工作,实行重症和普通病人分开管理,对疑似病人及时排除或确诊。

(2)协助疾控机构人员开展标本的采集、流行病学调查工作。

(3)做好医院内现场控制、消毒隔离、个人防护、医疗垃圾和污水处理工作,防止院内交叉感染和污染。

(4)做好传染病和中毒病人的报告。对因突发公共卫生事件而引起身体伤害的病人,任何医疗机构不得拒绝接诊。

(5)对群体性不明原因疾病和新发传染病做好病例分析与总结,积累诊断治疗的经验。重大中毒事件,按照现场救援、病人转运、后续治疗相结合的原则进行处置。

(6)开展科研与国际交流:开展与突发事件相关的诊断试剂、药品、防护用品等方面的研究。开展国际合作,加快病源查寻和病因诊断。

4.2.4 疾病预防控制机构

(1)突发公共卫生事件信息报告:国家、省、市(地)、县级疾控机构做好突发公共卫生事件的信息收集、报告与分析工作。

(2)开展流行病学调查:疾控机构人员到达现场后,尽快制订流行病学调查计划和方案,地方专业技术人员按照计划和方案,开展对突发事件累及人群的发病情况、分布特点进行调查分析,提出并实施有针对性的预防控制措施;对传染病病人、疑似病人、病原携带者及其密切接触者进行追踪调查,查明传播链,并向相关地方疾病预防控制机构通报情况。

(3)实验室检测:中国疾病预防控制中心和省级疾病预防控制机构指定的专业技术机构在地方专业机构的配合下,按有关技术规范采集足量、足够的标本,分送省级和国家应急处理功能网络实验室检测,查找致病原因。

(4)开展科研与国际交流:开展与突发事件相关的诊断试剂、疫苗、消毒方法、医疗卫生防护用品等方面的研究。开展国际合作,加快病源查寻和病因诊断。

(5)制订技术标准和规范:中国疾病预防控制中心协助卫生行政部门制订全国新发现的突发传染病、不明原因的群体性疾病、重大中毒事件的技术标准和规范。

(6)开展技术培训:中国疾病预防控制中心具体负责全国省级疾病预防控制中心突发公共卫生事件应急处理专业技术人员的应急培训。各省级疾病预防控制中心负责县级以上疾病预防控制机构专业技术人员的培训工作。

4.2.5 卫生监督机构

(1)在卫生行政部门的领导下,开展对医疗机构、疾病预防控制机构突发公共卫生事件应急处理各项措施落实情况的督导、检查。

(2)围绕突发公共卫生事件应急处理工作,开展食品卫生、环境卫生、职业卫生等的卫生监督和执法稽查。

(3)协助卫生行政部门依据《突发公共卫生事件应急条例》和有关法律法规,调查处理突发公共卫生事件应急工作中的违法行为。

4.2.6 出入境检验检疫机构

(1)突发公共卫生事件发生时,调动出入境检验检疫机构技术力量,配合当地卫生行政部门做好口岸的应急处理工作。

(2)及时上报口岸突发公共卫生事件信息和情况变化。

4.2.7 非事件发生地区的应急反应措施

未发生突发公共卫生事件的地区应根据其他地区发生事件的性质、特点、发生区域和发展趋势,分析本地区受波及的可能性和程度,重点做好以下工作:

(1)密切保持与事件发生地区的联系,及时获取相关信息。

(2)组织做好本行政区域应急处理所需的人员与物资准备。

(3)加强相关疾病与健康监测和报告工作,必要时,建立专门报告制度。

(4)开展重点人群、重点场所和重点环节的监测和预防控制工作,防患于未然。

(5)开展防治知识宣传和健康教育,提高公众自我保护意识和能力。

(6)根据上级人民政府及其有关部门的决定,开展交通卫生检疫等。

4.3 突发公共卫生事件的分级反应

特别重大突发公共卫生事件(具体标准见 1.3)应急处理工作由国务院或国务院卫生行政部门和有关部门组织实施,开展突发公共卫生事件的医疗卫生应急、信息发布、宣传教育、科研攻关、国际交流与合作、应急物资与设备的调集、后勤保障以及督导检查等工作。国务院可根据突发公共卫生事件性质和应急处置工作,成立全国突发公共卫生事件应急处理指挥部,协调指挥应急处置工作。事发地省级人民政府应按照国务院或国务院有关部门的统一部署,结合本地区实际情况,组织协调市(地)、县(市)人民政府开展突发公共事件的应急处理工作。

特别重大级别以下的突发公共卫生事件应急处理工作由地方各级人民政府负责组织实施。超出本级应急处置能力时,地方各级人民政府要及时报请上级人民政府和有关部门提供指导和支持。

4.4 突发公共卫生事件应急反应的终止

突发公共卫生事件应急反应的终止需符合以下条件:突发公共卫生事件隐患或相关危险因素消除,或末例传染病病例发生后经过最长潜伏期无新的病例出现。

特别重大突发公共卫生事件由国务院卫生行政部门组织有关专家进行分析论证,提出终止应急反应的建议,报国务院或全国突发公共卫生事件应急指挥部批准后实施。

特别重大以下突发公共卫生事件由地方各级人民政府卫生行政部门组织专家进行分析论证,提出终止应急反应的建议,报本级人民政府批准后实施,并向上一级人民政府卫生行政部门报告。

上级人民政府卫生行政部门要根据下级人民政府卫生行政部门的请求,及时组织专家对突发公共卫生事件应急反应的终止的分析论证提供技术指导和支持。

5 善后处理

5.1 后期评估

突发公共卫生事件结束后,各级卫生行政部门应在本级人民政府的领导下,组织有关人员对突发公共卫生事件的处理情况进行评估。评估内容主要包括事件概况、现场调查处理概况、病人救治情况、所采取措施的效果评价、应急处理过程中存在的问题和取得的经验及改进建议。评估报告上报本级人民政府和上一级人民政府卫生行政部门。

5.2 奖励

县级以上人民政府人事部门和卫生行政部门对参加突发公共卫生事件应急处理作出贡献的先进集体和个人进行联合表彰;民政部门对在突发公共卫生事件应急处理工作中英勇献身的人员,按有关规定追认为烈士。

5.3 责任

对在突发公共卫生事件的预防、报告、调查、控制和处理过程中,有玩忽职守、失职、渎职等行为的,依据《突发公共卫生事件应急条例》及有关法律法规追究当事人的责任。

5.4 抚恤和补助

地方各级人民政府要组织有关部门对因参与应急处理工作致病、致残、死亡的人员,按照国家有关规定,给予相应的补助和抚恤;对参加应急处理一线工作的专业技术人员应根据工作需要制订合理的补助标准,给予补助。

5.5 征用物资、劳务的补偿

突发公共卫生事件应急工作结束后,地方各级人民政府应组织有关部门对应急处理期间紧急调集、征用有关单位、企业、个人的物资和劳务进行合理评估,给予补偿。

6 突发公共卫生事件应急处置的保障

突发公共卫生事件应急处理应坚持预防为主,平战结合,国务院有关部门、地方各级人民政府和卫生行政部门应加强突发公共卫生事件的组织建设,组织开展突发公共卫生事件的监测和预警工作,加强突发公共卫生事件应急处理队伍建设和技术研究,建立健全国家统一的突发公共卫生事件预防控制体系,保证突发公共卫生事件应急处理工作的顺利开展。

6.1 技术保障

6.1.1 信息系统

国家建立突发公共卫生事件应急决策指挥系统的信息、技术平台,承担突发公共卫生事件及相关信息收集、处理、分析、发布和传递等工作,采取分级负责的方式进行实施。

要在充分利用现有资源的基础上建设医疗救治信息网络,实现卫生行政部门、医疗救治机构与疾病预防控制机构之间的信息共享。

6.1.2 疾病预防控制体系

国家建立统一的疾病预防控制体系。各省(区、市)、市(地)、县(市)要加快疾病预防控制机构和基层预防保健组织建设,强化医疗卫生机构疾病预防控制的责任;建立功能完善、反应迅速、运转协调的突发公共卫生事件应急机制;健全覆盖城乡、灵敏高效、快速畅通的疫情信息网络;改善疾病预防控制机构基础设施和实验室设备条件;加强疾病控制专业队伍建设,提高流行病学调查、现场处置和实验室检测检验能力。

6.1.3 应急医疗救治体系

按照"中央指导、地方负责、统筹兼顾、平战结合、因地制宜、合理布局"的原则,逐步在全国范围内建成包括急救机构、传染病救治机构和化学中毒与核辐射救治基地在内的,符合国情、覆盖城乡、功能完善、反应灵敏、运转协调、持续发展的医疗救治体系。

6.1.4 卫生执法监督体系

国家建立统一的卫生执法监督体系。各级卫生行政部门要明确职能,落实责任,规范执法监督行为,加强卫生执法监督队伍建设。对卫生监督人员实行资格准入制度和在岗培训制度,全面提高卫生执法监督的能力和水平。

6.1.5 应急卫生救治队伍

各级人民政府卫生行政部门按照"平战结合、因地制宜、分类管理、分级负责、统一管理、协调运转"的原则建立突发公共卫生事件应急救治队伍,并加强管理和培训。

6.1.6 演练

各级人民政府卫生行政部门要按照"统一规划、分类实施、分级负责、突出重点、适应需求"的原则,采取定期和不定期相结合的形式,组织开展突发公共卫生事件的应急演练。

6.1.7 科研和国际交流

国家有计划地开展应对突发公共卫生事件相关的防治科学研究,包括现场流行病学调查方法、实验室病因检测技术、药物治疗、疫苗和应急反应装备、中医药及中西医结合防治等,尤其是开展新发、罕见传染病快速诊断方法、诊断试剂以及相关的疫苗研究,做到技术上有所储备。同时,开展应对突发公共卫生事件应急处理技术的国际交流与合作,引进国外的先进技术、装备和方法,提高我国应对突发公共卫生事件的整体水平。

6.2 物资、经费保障

6.2.1 物资储备

各级人民政府要建立处置突发公共卫生事件的物资和生产能力储备。发生突发公共卫生事件时,应根据应急处理工作需要调用储备物资。卫生应急储备物资使用后要及时补充。

6.2.2 经费保障

应保障突发公共卫生事件应急基础设施项目建设经费,按规定落实对突发公共卫生事件应急处理专业技术机构的财政补助政策和突发公共卫生事件应急处理经费。应根据需要对边远贫困地区突发公共卫生事件应急工作给予经费支持。国务院有关部门和地方各级人民政府应积极通过国际、国内等多渠道筹集资金,用于突发公共卫生事件应急处理工作。

6.3 通信与交通保障

各级应急医疗卫生救治队伍要根据实际工作需要配备通信设备和交通工具。

6.4 法律保障

国务院有关部门应根据突发公共卫生事件应急处理过程中出现的新问题、新情况,加强调查研究,起草和制订并不断完善应对突发公共卫生事件的法律、法规和规章制度,形成科学、完整的突发公共卫生事件应急法律和规章体系。

国务院有关部门和地方各级人民政府及有关部门要严格执行《突发公共卫生事件应急条例》等规定,根据本预案要求,严格履行职责,实行责任制。对履行职责不力,造成工作损失的,要追究有关当事人的责任。

6.5 社会公众的宣传教育

县级以上人民政府要组织有关部门利用广播、影视、报刊、互联网、手册等多种形式对社会公众广泛开展突发公共卫生事件应急知识的普及教育,宣传卫生科普知识,指导群众以科学的行为和方式对待突发公共卫生事件。要充分发挥有关社会团体在普及卫生应急知识和卫生科普知识方面的作用。

7 预案管理与更新

根据突发公共卫生事件的形势变化和实施中发现的问题及时进行更新、修订和补充。

国务院有关部门根据需要和本预案的规定,制定本部门职责范围内的具体工作预案。

县级以上地方人民政府根据《突发公共卫生事件应急条例》的规定,参照本预案并结合本地区实际情况,组织制定本地区突发公共卫生事件应急预案。

8 附 则

8.1 名词术语

重大传染病疫情是指某种传染病在短时间内发生、波及范围广泛,出现大量的病人或死亡病例,其发病率远远超过常年的发病率水平的情况。

群体性不明原因疾病是指在短时间内,某个相对集中的区域内同时或者相继出现具有共同临床表现病人,且病例不断增加,范围不断扩大,又暂时不能明确诊断的疾病。

重大食物和职业中毒是指由于食品污染和职业危害的原因而造成的人数众多或者伤亡较重的中毒事件。

新传染病是指全球首次发现的传染病。

我国尚未发现传染病是指埃博拉、猴痘、黄热病、人变异性克雅氏病等在其他国家和地区已经发现,在我国尚未发现过的传染病。

我国已消灭传染病是指天花、脊髓灰质炎等传染病。

8.2 预案实施时间

本预案自印发之日起实施。

国家突发公共事件医疗卫生救援应急预案

· 2006年2月26日

1 总 则

1.1 编制目的

保障自然灾害、事故灾难、公共卫生、社会安全事件等突发公共事件(以下简称突发公共事件)发生后,各项医疗卫生救援工作迅速、高效、有序地进行,提高卫生部门应对各类突发公共事件的应急反应能力和医疗卫生救援水平,最大程度地减少人员伤亡和健康危害,保障人民群众身体健康和生命安全,维护社会稳定。

1.2 编制依据

依据《中华人民共和国传染病防治法》、《中华人民共和国食品卫生法》、《中华人民共和国职业病防治法》、《中华人民共和国放射性污染防治法》、《中华人民共和国安全生产法》以及《突发公共卫生事件应急条例》、《医疗机构管理条例》、《核电厂核事故应急管理条例》和《国家突发公共事件总体应急预案》,制定本预案。

1.3 适用范围

本预案适用于突发公共事件所导致的人员伤亡、健康危害的医疗卫生救援工作。突发公共卫生事件应急工作按照《国家突发公共卫生事件应急预案》的有关规定执行。

1.4 工作原则

统一领导、分级负责;属地管理、明确职责;依靠科学、依法规范;反应及时、措施果断;整合资源、信息共享;平战结合、常备不懈;加强协作、公众参与。

2 医疗卫生救援的事件分级

根据突发公共事件导致人员伤亡和健康危害情况将医疗卫生救援事件分为特别重大(Ⅰ级)、重大(Ⅱ级)、较大(Ⅲ级)和一般(Ⅳ级)四级。

2.1 特别重大事件(Ⅰ级)

(1)一次事件出现特别重大人员伤亡,且危重人员多,或者核事故和突发放射事件、化学品泄漏事故导致大量人员伤亡,事件发生地省级人民政府或有关部门请求国家在医疗卫生救援工作上给予支持的突发公共事件。

(2)跨省(区、市)的有特别严重人员伤亡的突发公共事件。

(3)国务院及其有关部门确定的其他需要开展医疗卫生救援工作的特别重大突发公共事件。

2.2 重大事件(Ⅱ级)

(1)一次事件出现重大人员伤亡,其中,死亡和危重病例超过5例的突发公共事件。

(2)跨市(地)的有严重人员伤亡的突发公共事件。

(3)省级人民政府及其有关部门确定的其他需要开展医疗卫生救援工作的重大突发公共事件。

2.3 较大事件(Ⅲ级)

(1)一次事件出现较大人员伤亡,其中,死亡和危重病例超过3例的突发公共事件。

(2)市(地)级人民政府及其有关部门确定的其他需要开展医疗救援工作的较大突发公共事件。

2.4 一般事件(Ⅳ级)

(1)一次事件出现一定数量人员伤亡,其中,死亡和危重病例超过1例的突发公共事件。

(2)县级人民政府及其有关部门确定的其他需要开展医疗卫生救援工作的一般突发公共事件。

3 医疗卫生救援组织体系

各级卫生行政部门要在同级人民政府或突发公共事件应急指挥机构的统一领导、指挥下,与有关部门密切配合、协调一致,共同应对突发公共事件,做好突发公共事件的医疗卫生救援工作。

医疗卫生救援组织机构包括:各级卫生行政部门成立的医疗卫生救援领导小组、专家组和医疗卫生救援机构[指各级各类医疗机构,包括医疗急救中心(站)、综合医院、专科医院、化学中毒和核辐射事故应急医疗救治专业机构、疾病预防控制机构和卫生监督机构]、现场医疗卫生救援指挥部。

3.1 医疗卫生救援领导小组

国务院卫生行政部门成立突发公共事件医疗卫生救援领导小组,领导、组织、协调、部署特别重大突发公共事件的医疗卫生救援工作。国务院卫生行政部门卫生应急办公室负责日常工作。

省、市(地)、县级卫生行政部门成立相应的突发公共事件医疗卫生救援领导小组,领导本行政区域内突发公共事件医疗卫生救援工作,承担各类突发公共事件医疗卫生救援的组织、协调任务,并指定机构负责日常工作。

3.2 专家组

各级卫生行政部门应组建专家组,对突发公共事件医疗卫生救援工作提供咨询建议、技术指导和支持。

3.3 医疗卫生救援机构

各级各类医疗机构承担突发公共事件的医疗卫生救援任务。其中,各级医疗急救中心(站)、化学中毒和核辐射事故应急医疗救治专业机构承担突发公共事件现场医疗卫生救援和伤员转运;各级疾病预防控制机构和卫生监督机构根据各自职能做好突发公共事件中的疾病预防控制和卫生监督工作。

3.4 现场医疗卫生救援指挥部

各级卫生行政部门根据实际工作需要在突发公共事件现场设立现场医疗卫生救援指挥部,统一指挥、协调现场医疗卫生救援工作。

4 医疗卫生救援应急响应和终止

4.1 医疗卫生救援应急分级响应

4.1.1 Ⅰ级响应

(1)Ⅰ级响应的启动

符合下列条件之一者,启动医疗卫生救援应急的Ⅰ级响应:

a. 发生特别重大突发公共事件,国务院启动国家突发公共事件总体应急预案。

b. 发生特别重大突发公共事件,国务院有关部门启动国家突发公共事件专项应急预案。

c. 其他符合医疗卫生救援特别重大事件(Ⅰ级)级别的突发公共事件。

(2)Ⅰ级响应行动

国务院卫生行政部门接到关于医疗卫生救援特别重大事件的有关指示、通报或报告后,应立即启动医疗卫生救援领导小组工作,组织专家对伤病员及救治情况进行综合评估,组织和协调医疗卫生救援机构开展现场医疗卫生救援,指导和协调落实医疗救治等措施,并根据需要及时派出专家和专业队伍支援地方,及时向国务院和国家相关突发公共事件应急指挥机构报告和反馈有关处理情况。凡属启动国家总体应急预案和专项应急预案的响应,医疗卫生救援领导小组按相关规定启动工作。

事件发生地的省(区、市)人民政府卫生行政部门在国务院卫生行政部门的指挥下,结合本行政区域的实际情况,组织、协调开展突发公共事件的医疗卫生救援。

4.1.2 Ⅱ级响应

(1)Ⅱ级响应的启动

符合下列条件之一者,启动医疗卫生救援应急的Ⅱ级响应:

a. 发生重大突发公共事件,省级人民政府启动省级突发公共事件应急预案。

b. 发生重大突发公共事件,省有关部门启动省级突发公共事件专项应急预案。

c. 其他符合医疗卫生救援重大事件(Ⅱ级)级别的突发公共事件。

(2)Ⅱ级响应行动

省级卫生行政部门接到关于医疗卫生救援重大事件的有关指示、通报或报告后,应立即启动医疗卫生救援领导小组工作,组织专家对伤病员及救治情况进行综合评估。同时,迅速组织医疗卫生救援应急队伍和有关人员到达突发公共事件现场,组织开展医疗救治,并分析突发公共事件的发展趋势,提出应急处理工作建议,及时向本级人民政府和突发公共事件应急指挥机构报告有关处理情况。凡属启动省级应急预案和省级专项应急预案的响应,医疗卫生救援领导小组按相关规定启动工作。

国务院卫生行政部门对省级卫生行政部门负责的突发公共事件医疗卫生救援工作进行督导,根据需要和事件发生地省级人民政府和有关部门的请求,组织国家医疗卫生救援应急队伍和有关专家进行支援,并及时向有关省份通报情况。

4.1.3　Ⅲ级响应

(1) Ⅲ级响应的启动

符合下列条件之一者,启动医疗卫生救援应急的Ⅲ级响应:

a. 发生较大突发公共事件,市(地)级人民政府启动市(地)级突发公共事件应急预案。

b. 其他符合医疗卫生救援较大事件(Ⅲ级)级别的突发公共事件。

(2) Ⅲ级响应行动

市(地)级卫生行政部门接到关于医疗卫生救援较大事件的有关指示、通报或报告后,应立即启动医疗卫生救援领导小组工作,组织专家对伤病员及救治情况进行综合评估。同时,迅速组织开展现场医疗卫生救援工作,并及时向本级人民政府和突发公共事件应急指挥机构报告有关处理情况。凡属启动市(地)级应急预案的响应,医疗卫生救援领导小组按相关规定启动工作。

省级卫生行政部门接到医疗卫生救援较大事件报告后,要对事件发生地突发公共事件医疗卫生救援工作进行督导,必要时组织专家提供技术指导和支持,并适时向本省(区、市)有关地区发出通报。

4.1.4　Ⅳ级响应

(1) Ⅳ级响应的启动

符合下列条件之一者,启动医疗卫生救援应急的Ⅳ级响应:

a. 发生一般突发公共事件,县级人民政府启动县级突发公共事件应急预案。

b. 其他符合医疗卫生救援一般事件(Ⅳ级)级别的突发公共事件。

(2) Ⅳ级响应行动

县级卫生行政部门接到关于医疗卫生救援一般事件的有关指示、通报或报告后,应立即启动医疗卫生救援领导小组工作,组织医疗卫生救援机构开展突发公共事件的现场处理工作,组织专家对伤病员及救治情况进行调查、确认和评估,同时向本级人民政府和突发公共事件应急指挥机构报告有关处理情况。凡属启动县级应急预案的响应,医疗卫生救援领导小组按相关规定启动工作。

市(地)级卫生行政部门在必要时应当快速组织专家对突发公共事件医疗卫生救援进行技术指导。

4.2　现场医疗卫生救援及指挥

医疗卫生救援应急队伍在接到救援指令后要及时赶赴现场,并根据现场情况全力开展医疗卫生救援工作。在实施医疗卫生救援的过程中,既要积极开展救治,又要注重自我防护,确保安全。

为了及时准确掌握现场情况,做好现场医疗卫生救援指挥工作,使医疗卫生救援工作紧张有序地进行,有关卫生行政部门应在事发现场设置现场医疗卫生救援指挥部,主要或分管领导同志要亲临现场,靠前指挥,减少中间环节,提高决策效率,加快抢救进程。现场医疗卫生救援指挥部要接受突发公共事件现场处置指挥机构的领导,加强与现场各救援部门的沟通与协调。

4.2.1　现场抢救

到达现场的医疗卫生救援应急队伍,要迅速将伤员转送出危险区,本着"先救命后治伤、先救重后救轻"的原则开展工作,按照国际统一的标准对伤病员进行检伤分类,分别用蓝、黄、红、黑四种颜色,对轻、重、危重伤病员和死亡人员作出标志(分类标记用塑料材料制成腕带),扣系在伤病员或死亡人员的手腕或脚踝部位,以便后续救治辨认或采取相应的措施。

4.2.2　转送伤员

当现场环境处于危险或在伤病员情况允许时,要尽快将伤病员转送并做好以下工作:

(1) 对已经检伤分类待送的伤病员进行复检。对有活动性大出血或转运途中有生命危险的急危重症者,应就地先予抢救、治疗,做必要的处理后再进行监护下转运。

(2) 认真填写转运卡提交接纳的医疗机构,并报现场医疗卫生救援指挥部汇总。

(3) 在转运中,医护人员必须在医疗仓内密切观察伤病员病情变化,并确保治疗持续进行。

(4) 在转运过程中要科学搬运,避免造成二次损伤。

(5) 合理分流伤病员或按现场医疗卫生救援指挥部指定的地点转送,任何医疗机构不得以任何理由拒诊、拒收伤病员。

4.3　疾病预防控制和卫生监督工作

突发公共事件发生后,有关卫生行政部门要根据情况组织疾病预防控制和卫生监督等有关专业机构和人员,开展卫生学调查和评价、卫生执法监督,采取有效的预防控制措施,防止各类突发公共事件造成的次生或衍生突发公共卫生事件的发生,确保大灾之后无大疫。

4.4 信息报告和发布

医疗急救中心(站)和其他医疗机构接到突发事件的报告后,在迅速开展应急医疗卫生救援工作的同时,立即将人员伤亡、抢救等情况报告现场医疗卫生救援指挥部或当地卫生行政部门。

现场医疗卫生救援指挥部、承担医疗卫生救援任务的医疗机构要每日向上级卫生行政部门报告伤病员情况、医疗救治进展等,重要情况要随时报告。有关卫生行政部门要及时向本级人民政府和突发公共事件应急指挥机构报告有关情况。

各级卫生行政部门要认真做好突发公共事件医疗卫生救援信息发布工作。

4.5 医疗卫生救援应急响应的终止

突发公共事件现场医疗卫生救援工作完成,伤病员在医疗机构得到救治,经本级人民政府或同级突发公共事件应急指挥机构批准,或经同级卫生行政部门批准,医疗卫生救援领导小组可宣布医疗卫生救援应急响应终止,并将医疗卫生救援应急响应终止的信息报告上级卫生行政部门。

5 医疗卫生救援的保障

突发公共事件应急医疗卫生救援机构和队伍的建设,是国家突发公共卫生事件预防控制体系建设的重要组成部分,各级卫生行政部门应遵循"平战结合、常备不懈"的原则,加强突发公共事件医疗卫生救援工作的组织和队伍建设,组建医疗卫生救援应急队伍,制订各种医疗卫生救援应急技术方案,保证突发公共事件医疗卫生救援工作的顺利开展。

5.1 信息系统

在充分利用现有资源的基础上建设医疗救治信息网络,实现医疗机构与卫生行政部门之间,以及卫生行政部门与相关部门间的信息共享。

5.2 急救机构

各直辖市、省会城市可根据服务人口和医疗救治的需求,建立一个相应规模的医疗急救中心(站),并完善急救网络。每个市(地)、县(市)可依托综合力量较强的医疗机构建立急救机构。

5.3 化学中毒与核辐射医疗救治机构

按照"平战结合"的原则,依托专业防治机构或综合医院建立化学中毒医疗救治和核辐射应急医疗救治专业机构,依托实力较强的综合医院建立化学中毒、核辐射应急医疗救治专业科室。

5.4 医疗卫生救援应急队伍

各级卫生行政部门组建综合性医疗卫生救援应急队伍,并根据需要建立特殊专业医疗卫生救援应急队伍。

各级卫生行政部门要保证医疗卫生救援工作队伍的稳定,严格管理,定期开展培训和演练,提高应急救治能力。

医疗卫生救援演练需要公众参与的,必须报经本级人民政府同意。

5.5 物资储备

卫生行政部门提出医疗卫生救援应急药品、医疗器械、设备、快速检测器材和试剂、卫生防护用品等物资的储备计划建议。发展改革部门负责组织应急物资的生产、储备和调运,保证供应,维护市场秩序,保持物价稳定。应急储备物资使用后要及时补充。

5.6 医疗卫生救援经费

财政部门负责安排应由政府承担的突发公共事件医疗卫生救援所必需的经费,并做好经费使用情况监督工作。

自然灾害导致的人员伤亡,各级财政按照有关规定承担医疗救治费用或给予补助。

安全生产事故引起的人员伤亡,事故发生单位应向医疗急救中心(站)或相关医疗机构支付医疗卫生救援过程中发生的费用,有关部门应负责督促落实。

社会安全突发事件中发生的人员伤亡,由有关部门确定的责任单位或责任人承担医疗救治费用,有关部门应负责督促落实。各级财政可根据有关政策规定或本级人民政府的决定对医疗救治费用给予补助。

各类保险机构要按照有关规定对参加人身、医疗、健康等保险的伤亡人员,做好理赔工作。

5.7 医疗卫生救援的交通运输保障

各级医疗卫生救援应急队伍要根据实际工作需要配备救护车辆、交通工具和通讯设备。

铁路、交通、民航、公安(交通管理)等有关部门,要保证医疗卫生救援人员和物资运输的优先安排、优先调度、优先放行,确保运输安全畅通。情况特别紧急时,对现场及相关通道实行交通管制,开设应急救援"绿色通道",保证医疗卫生救援工作的顺利开展。

5.8 其他保障

公安机关负责维护突发公共事件现场治安秩序,保证现场医疗卫生救援工作的顺利进行。

科技部门制定突发公共事件医疗卫生救援应急技术研究方案,组织科研力量开展医疗卫生救援应急技术科研攻关，统一协调、解决检测技术及药物研发和应用中的科技问题。

海关负责突发公共事件医疗卫生救援急需进口特殊药品、试剂、器材的优先通关放行工作。

食品药品监管部门负责突发公共事件医疗卫生救援药品、医疗器械和设备的监督管理，参与组织特殊药品的研发和生产，并组织对特殊药品进口的审批。

红十字会按照《中国红十字会总会自然灾害与突发公共事件应急预案》，负责组织群众开展现场自救和互救，做好相关工作。并根据突发公共事件的具体情况，向国内外发出呼吁，依法接受国内外组织和个人的捐赠，提供急需的人道主义援助。

总后卫生部负责组织军队有关医疗卫生技术人员和力量，支持和配合突发公共事件医疗卫生救援工作。

6 医疗卫生救援的公众参与

各级卫生行政部门要做好突发公共事件医疗卫生救援知识普及的组织工作；中央和地方广播、电视、报刊、互联网等媒体要扩大对社会公众的宣传教育；各部门、企事业单位、社会团体要加强对所属人员的宣传教育；各医疗卫生机构要做好宣传资料的提供和师资培训工作。在广泛普及医疗卫生救援知识的基础上逐步组建以公安干警、企事业单位安全员和卫生员为骨干的群众性救助网络，经过培训和演练提高其自救、互救能力。

7 附 则

7.1 责任与奖惩

突发公共事件医疗卫生救援工作实行责任制和责任追究制。

各级卫生行政部门，对突发公共事件医疗卫生救援工作作出贡献的先进集体和个人要给予表彰和奖励。对失职、渎职的有关责任人，要依据有关规定严肃追究责任，构成犯罪的，依法追究刑事责任。

7.2 预案制定与修订

本预案由国务院卫生行政部门组织制定并报国务院审批发布。各地区可结合实际制定本地区的突发公共事件医疗卫生救援应急预案。

本预案定期进行评审，根据突发公共事件医疗卫生救援实施过程中发现的问题及时进行修订和补充。

7.3 预案实施时间

本预案自印发之日起实施。

突发公共卫生事件与传染病疫情监测信息报告管理办法

- 2003年11月7日卫生部令第37号公布
- 根据2006年8月22日《卫生部关于修改〈突发公共卫生事件与传染病疫情监测信息报告管理办法〉的通知》修订

第一章 总 则

第一条 为加强突发公共卫生事件与传染病疫情监测信息报告管理工作，提供及时、科学的防治决策信息，有效预防、及时控制和消除突发公共卫生事件和传染病的危害，保障公众身体健康与生命安全，根据《中华人民共和国传染病防治法》（以下简称传染病防治法）和《突发公共卫生事件应急条例》（以下简称应急条例）等法律法规的规定，制定本办法。

第二条 本办法适用于传染病防治法、应急条例和国家有关法律法规中规定的突发公共卫生事件与传染病疫情监测信息报告管理工作。

第三条 突发公共卫生事件与传染病疫情监测信息报告，坚持依法管理，分级负责，快速准确，安全高效的原则。

第四条 国务院卫生行政部门对全国突发公共卫生事件与传染病疫情监测信息报告实施统一监督管理。

县级以上地方卫生行政部门对本行政区域突发公共卫生事件与传染病疫情监测信息报告实施监督管理。

第五条 国务院卫生行政部门及省、自治区、直辖市卫生行政部门鼓励、支持开展突发公共卫生事件与传染病疫情监测信息报告管理的科学技术研究和国际交流合作。

第六条 县级以上各级人民政府及其卫生行政部门，应当对在突发公共卫生事件与传染病疫情监测信息报告管理工作中做出贡献的人员，给予表彰和奖励。

第七条 任何单位和个人必须按照规定及时如实报告突发公共卫生事件与传染病疫情信息，不得瞒报、缓报、谎报或者授意他人瞒报、缓报、谎报。

第二章 组织管理

第八条 各级疾病预防控制机构按照专业分工，承担责任范围内突发公共卫生事件和传染病疫情监测、信息报告与管理工作，具体职责为：

（一）按照属地化管理原则，当地疾病预防控制机构负责，对行政辖区内的突发公共卫生事件和传染病疫情进行监测、信息报告与管理；负责收集、核实辖区内突发公共卫生事件、疫情信息和其他信息资料；设置专门的举报、咨询热线电话，接受突发公共卫生事件和疫情的报告、咨询和监督；设置专门工作人员搜集各种来源的突发公共卫生事件和疫情信息。

（二）建立流行病学调查队伍和实验室，负责开展现场流行病学调查与处理，搜索密切接触者、追踪传染源，必要时进行隔离观察；进行疫点消毒及其技术指导；标本的实验室检测检验及报告。

（三）负责公共卫生信息网络维护和管理，疫情资料的报告、分析、利用与反馈；建立监测信息数据库，开展技术指导。

（四）对重点涉外机构或单位发生的疫情，由省级以上疾病预防控制机构进行报告管理和检查指导。

（五）负责人员培训与指导，对下级疾病预防控制机构工作人员进行业务培训；对辖区内医院和下级疾病预防控制机构疫情报告和信息网络管理工作进行技术指导。

第九条　国家建立公共卫生信息监测体系，构建覆盖国家、省、市（地）、县（区）疾病预防控制机构、医疗卫生机构和卫生行政部门的信息网络系统，并向乡（镇）、村和城市社区延伸。

国家建立公共卫生信息管理平台、基础卫生资源数据库和管理应用软件，适应突发公共卫生事件、法定传染病、公共卫生和专病监测的信息采集、汇总、分析、报告等工作的需要。

第十条　各级各类医疗机构承担责任范围内突发公共卫生事件和传染病疫情监测信息报告任务，具体职责为：

（一）建立突发公共卫生事件和传染病疫情信息监测报告制度，包括报告卡和总登记簿、疫情收报、核对、自查、奖惩。

（二）执行首诊负责制，严格门诊工作日志制度以及突发公共卫生事件和疫情报告制度，负责突发公共卫生事件和疫情监测信息报告工作。

（三）建立或指定专门的部门和人员，配备必要的设备，保证突发公共卫生事件和疫情监测信息的网络直接报告。

门诊部、诊所、卫生所（室）等应按照规定时限，以最快通讯方式向发病地疾病预防控制机构进行报告，并同时报出传染病报告卡。

报告卡片邮寄信封应当印有明显的"突发公共卫生事件或疫情"标志及写明××疾病预防控制机构收的字样。

（四）对医生和实习生进行有关突发公共卫生事件和传染病疫情监测信息报告工作的培训。

（五）配合疾病预防控制机构开展流行病学调查和标本采样。

第十一条　流动人员中发生的突发公共卫生事件和传染病病人、病原携带者和疑似传染病病人的报告、处理、疫情登记、统计，由诊治地负责。

第十二条　铁路、交通、民航、厂（场）矿所属的医疗卫生机构发现突发公共卫生事件和传染病疫情，应按属地管理原则向所在地县级疾病预防控制机构报告。

第十三条　军队内的突发公共卫生事件和军人中的传染病疫情监测信息，由中国人民解放军卫生主管部门根据有关规定向国务院卫生行政部门直接报告。

军队所属医疗卫生机构发现地方就诊的传染病病人、病原携带者、疑似传染病病人时，应按属地管理原则向所在地疾病预防控制机构报告。

第十四条　医疗卫生人员未经当事人同意，不得将传染病病人及其家属的姓名、住址和个人病史以任何形式向社会公开。

第十五条　各级政府卫生行政部门对辖区内各级医疗卫生机构负责的突发公共卫生事件和传染病疫情监测信息报告情况，定期进行监督、检查和指导。

第三章　报　告

第十六条　各级各类医疗机构、疾病预防控制机构、采供血机构均为责任报告单位；其执行职务的人员和乡村医生、个体开业医生均为责任疫情报告人，必须按照传染病防治法的规定进行疫情报告，履行法律规定的义务。

第十七条　责任报告人在首次诊断传染病病人后，应立即填写传染病报告卡。

传染病报告卡由录卡单位保留三年。

第十八条　责任报告单位和责任疫情报告人发现甲类传染病和乙类传染病中的肺炭疽、传染性非典型肺炎、脊髓灰质炎、人感染高致病性禽流感病人或疑似病人时，或发现其他传染病和不明原因疾病暴发时，应于2小时内将传染病报告卡通过网络报告；未实行网络直报的责任报告单位应于2小时内以最快的通讯方式（电话、传真）向当地县级疾病预防控制机构报告，并于2小时内寄送出传染病报告卡。

对其他乙、丙类传染病病人、疑似病人和规定报告的传染病病原携带者在诊断后，实行网络直报的责任报告单位应于24小时内进行网络报告；未实行网络直报的责任报告单位应于24小时内寄送出传染病报告卡。

县级疾病预防控制机构收到无网络直报条件责任报告单位报送的传染病报告卡后，应于2小时内通过网络进行直报。

第十九条　获得突发公共卫生事件相关信息的责任报告单位和责任报告人，应当在2小时内以电话或传真等方式向属地卫生行政部门指定的专业机构报告，具备网络直报条件的要同时进行网络直报，直报的信息由指定的专业机构审核后进入国家数据库。不具备网络直报条件的责任报告单位和责任报告人，应采用最快的通讯方式将《突发公共卫生事件相关信息报告卡》报送属地卫生行政部门指定的专业机构，接到《突发公共卫生事件相关信息报告卡》的专业机构，应对信息进行审核，确定真实性，2小时内进行网络直报，同时以电话或传真等方式报告同级卫生行政部门。

接到突发公共卫生事件相关信息报告的卫生行政部门应当尽快组织有关专家进行现场调查，如确认为实际发生突发公共卫生事件，应根据不同的级别，及时组织采取相应的措施，并在2小时内向本级人民政府报告，同时向上一级人民政府卫生行政部门报告。如尚未达到突发公共卫生事件标准的，由专业防治机构密切跟踪事态发展，随时报告事态变化情况。

第二十条 突发公共卫生事件及传染病信息报告的其它事项按照《突发公共卫生事件相关信息报告管理工作规范（试行）》及《传染病信息报告管理规范》有关规定执行。

第四章 调查

第二十一条 接到突发公共卫生事件报告的地方卫生行政部门，应当立即组织力量对报告事项调查核实、判定性质，采取必要的控制措施，并及时报告调查情况。

不同类别的突发公共卫生事件的调查应当按照《全国突发公共卫生事件应急预案》规定要求执行。

第二十二条 突发公共卫生事件与传染病疫情现场调查应包括以下工作内容：

（一）流行病学个案调查、密切接触者追踪调查和传染病发病原因、发病情况、疾病流行的可能因素等调查；

（二）相关标本或样品的采样、技术分析、检验；

（三）突发公共卫生事件的确证；

（四）卫生监测，包括生活资源受污染范围和严重程度，必要时应在突发事件发生地及相邻省市同时进行。

第二十三条 各级卫生行政部门应当组织疾病预防控制机构等有关领域的专业人员，建立流行病学调查队伍，负责突发公共卫生事件与传染病疫情的流行病学调查工作。

第二十四条 疾病预防控制机构发现传染病疫情或接到传染病疫情报告时，应当及时采取下列措施：

（一）对传染病疫情进行流行病学调查，根据调查情况提出划定疫点、疫区的建议，对被污染的场所进行卫生处理，对密切接触者，在指定场所进行医学观察和采取其他必要的预防措施，并向卫生行政部门提出疫情控制方案；

（二）传染病暴发、流行时，对疫点、疫区进行卫生处理，向卫生行政部门提出疫情控制方案，并按照卫生行政部门的要求采取措施；

（三）指导下级疾病预防控制机构实施传染病预防、控制措施，组织、指导有关单位对传染病疫情的处理。

第二十五条 各级疾病预防控制机构负责管理国家突发公共卫生事件与传染病疫情监测报告信息系统，各级责任报告单位使用统一的信息系统进行报告。

第二十六条 各级各类医疗机构应积极配合疾病预防控制机构专业人员进行突发公共卫生事件和传染病疫情调查、采样与处理。

第五章 信息管理与通报

第二十七条 各级各类医疗机构所设与诊治传染病有关的科室应当建立门诊日志、住院登记簿和传染病疫情登记簿。

第二十八条 各级各类医疗机构指定的部门和人员，负责本单位突发公共卫生事件和传染病疫情报告卡的收发和核对，设立传染病报告登记簿，统一填报有关报表。

第二十九条 县级疾病预防控制机构负责本辖区内突发公共卫生事件和传染病疫情报告卡、报表的收发、核对、疫情的报告和管理工作。

各级疾病预防控制机构应当按照国家公共卫生监测体系网络系统平台的要求，充分利用报告的信息资料，建立突发公共卫生事件和传染病疫情定期分析通报制度，常规监测时每月不少于三次疫情分析与通报，紧急情况下需每日进行疫情分析与通报。

第三十条 国境口岸所在地卫生行政部门指定的疾病预防控制机构和港口、机场、铁路等疾病预防控制机构及国境卫生检疫机构，发现国境卫生检疫法规定的检疫传染病时，应当互相通报疫情。

第三十一条 发现人畜共患传染病时，当地疾病预防控制机构和农、林部门应当互相通报疫情。

第三十二条 国务院卫生行政部门应当及时通报和公布突发公共卫生事件和传染病疫情，省（自治区、直辖市）人民政府卫生行政部门根据国务院卫生行政部门的授权，及时通报和公布本行政区域的突发公共卫生事件和传染病疫情。

突发公共卫生事件和传染病疫情发布内容包括：

（一）突发公共卫生事件和传染病疫情性质、原因；

（二）突发公共卫生事件和传染病疫情发生地及范围；

（三）突发公共卫生事件和传染病疫情的发病、伤亡及涉及的人员范围；

（四）突发公共卫生事件和传染病疫情处理措施和控制情况；

（五）突发公共卫生事件和传染病疫情发生地的解除。

与港澳台地区及有关国家和世界卫生组织之间的交流与通报办法另行制订。

第六章 监督管理

第三十三条 国务院卫生行政部门对全国突发公共卫生事件与传染病疫情监测信息报告管理工作进行监督、指导。

县级以上地方人民政府卫生行政部门对本行政区域的突发公共卫生事件与传染病疫情监测信息报告管理工作进行监督、指导。

第三十四条 各级卫生监督机构在卫生行政部门的领导下，具体负责本行政区内的突发公共卫生事件与传染病疫情监测信息报告管理工作的监督检查。

第三十五条 各级疾病预防控制机构在卫生行政部门的领导下，具体负责对本行政区域内的突发公共卫生事件与传染病疫情监测信息报告管理工作的技术指导。

第三十六条 各级各类医疗卫生机构在卫生行政部门的领导下，积极开展突发公共卫生事件与传染病疫情监测信息报告管理工作。

第三十七条 任何单位和个人发现责任报告单位或责任疫情报告人有瞒报、缓报、谎报突发公共卫生事件和传染病疫情情况时，应向当地卫生行政部门报告。

第七章 罚 则

第三十八条 医疗机构有下列行为之一的，由县级以上地方卫生行政部门责令改正、通报批评、给予警告；情节严重的，会同有关部门对主要负责人、负有责任的主管人员和其他责任人员依法给予降级、撤职的行政处分；造成传染病传播、流行或者对社会公众健康造成其他严重危害后果，构成犯罪的，依照刑法追究刑事责任：

（一）未建立传染病疫情报告制度的；

（二）未指定相关部门和人员负责传染病疫情报告管理工作的；

（三）瞒报、缓报、谎报发现的传染病病人、病原携带者、疑似病人的。

第三十九条 疾病预防控制机构有下列行为之一的，由县级以上地方卫生行政部门责令改正、通报批评、给予警告；对主要负责人、负有责任的主管人员和其他责任人员依法给予降级、撤职的行政处分；造成传染病传播、流行或者对社会公众健康造成其他严重危害后果，构成犯罪的，依法追究刑事责任：

（一）瞒报、缓报、谎报发现的传染病病人、病原携带者、疑似病人的；

（二）未按规定建立专门的流行病学调查队伍，进行传染病疫情的流行病学调查工作；

（三）在接到传染病疫情报告后，未按规定派人进行现场调查的；

（四）未按规定上报疫情或报告突发公共卫生事件的。

第四十条 执行职务的医疗卫生人员瞒报、缓报、谎报传染病疫情的，由县级以上卫生行政部门给予警告，情节严重的，责令暂停六个月以上一年以下执业活动，或者吊销其执业证书。

责任报告单位和事件发生单位瞒报、缓报、谎报或授意他人不报告突发性公共卫生事件或传染病疫情的，对其主要领导、主管人员和直接责任人由其单位或上级主管机关给予行政处分，造成疫情播散或事态恶化等严重后果的，由司法机关追究其刑事责任。

第四十一条 个体或私营医疗保健机构瞒报、缓报、谎报传染病疫情或突发性公共卫生事件的，由县级以上卫生行政部门责令限期改正，可以处100元以上500元以下罚款；对造成突发性公共卫生事件和传染病传播流行的，责令停业整改，并可以处200元以上2000元以下罚款，触犯刑律的，对其经营者、主管人员和直接责任人移交司法机关追究刑事责任。

第四十二条 县级以上卫生行政部门未按照规定履行突发公共卫生事件和传染病疫情报告职责，瞒报、缓报、谎报或者授意他人瞒报、缓报、谎报的，对主要负责人依法给予降级或者撤职的行政处分；造成传染病传播、流行或者对社会公众造成其他严重危害后果的，给予开除处分；构成犯罪的，依法追究刑事责任。

第八章 附 则

第四十三条 中国人民解放军、武装警察部队医疗卫生机构突发公共卫生事件与传染病疫情监测信息报告管理工作，参照本办法的规定和军队的相关规定执行。

第四十四条 本办法自发布之日起实施。

群体性不明原因疾病应急处置方案(试行)

- 2007年1月16日
- 卫应急发〔2007〕21号

1 总则

1.1 编制目的

为及时发现、有效控制群体性不明原因疾病,规范群体性不明原因疾病发生后的报告、诊治、调查和控制等应急处置技术,指导群体性不明原因疾病事件的应急处置工作,保障人民群众身体健康,维护社会稳定和经济发展。

1.2 编制依据

依据《中华人民共和国传染病防治法》、《突发公共卫生事件应急条例》、《国家突发公共事件总体应急预案》和《国家突发公共卫生事件应急预案》等法律法规和预案,制定本方案。

1.3 适用范围

本方案适用在中华人民共和国境内发生的,造成或者可能造成社会公众身心健康严重损害的群体性不明原因疾病事件的应急处置工作。

1.4 群体性不明原因疾病定义和群体性不明原因疾病事件分级

1.4.1 定义

群体性不明原因疾病是指一定时间内(通常是指2周内),在某个相对集中的区域(如同一个医疗机构、自然村、社区、建筑工地、学校等集体单位)内同时或者相继出现3例及以上相同临床表现,经县级及以上医院组织专家会诊,不能诊断或解释病因,有重症病例或死亡病例发生的疾病。

群体性不明原因疾病具有临床表现相似性、发病人群聚集性、流行病学关联性、健康损害严重性的特点。这类疾病可能是传染病(包括新发传染病)、中毒或其他未知因素引起的疾病。

1.4.2 分级

Ⅰ级 特别重大群体性不明原因疾病事件:在一定时间内,发生涉及两个以上省份的群体性不明原因疾病,并有扩散趋势;或由国务院卫生行政部门认定的相应级别的群体性不明原因疾病事件。

Ⅱ级 重大群体性不明原因疾病事件:一定时间内,在一个省多个县(市)发生群体性不明原因疾病;或由省级卫生行政部门认定的相应级别的群体性不明原因疾病事件。

Ⅲ级 较大群体性不明原因疾病事件:一定时间内,在一个省的一个县(市)行政区域内发生群体性不明原因疾病;或由地市级卫生行政部门认定的相应级别的群体性不明原因疾病事件。

1.5 工作原则

1.5.1 统一领导、分级响应的原则

发生群体性不明原因疾病事件时,事发地的县级、市(地)级、省级人民政府及其有关部门按照分级响应的原则,启动相应工作方案,作出相应级别的应急反应,并按事件发展的进程,随时进行调整。

特别重大群体性不明原因疾病事件的应急处置工作由国务院或国务院卫生行政部门和有关部门组织实施,开展相应的医疗卫生应急、信息发布、宣传教育、科研攻关、国际交流与合作、应急物资与设备的调集、后勤保障以及督导检查等工作。事发地省级人民政府应按照国务院或国务院有关部门的统一部署,结合本地区实际情况,组织协调市(地)、县(市)人民政府开展群体性不明原因疾病事件的应急处置工作。

特别重大级别以下的群体性不明原因疾病事件的应急处置工作由地方各级人民政府负责组织实施。超出本级应急处置能力时,地方各级人民政府要及时报请上级人民政府和有关部门提供指导和支持。

1.5.2 及时报告的原则

报告单位和责任报告人应在发现群体性不明原因疾病2小时内以电话或传真等方式向属地卫生行政部门或其指定的专业机构报告,具备网络直报条件的机构应立即进行网络直报(参照《国家突发公共卫生事件相关信息报告管理工作规范》)。

1.5.3 调查与控制并举的原则

对群体性不明原因疾病事件的现场处置,应坚持调查和控制并举的原则。在事件的不同阶段,根据事件的变化调整调查和控制的侧重点。若流行病学病因(主要指传染源或污染来源、传播途径或暴露方式、易感人群或高危人群)不明,应以调查为重点,尽快查清事件的原因。对有些群体性不明原因疾病,特别是新发传染病暴发时,很难在短时间内查明病原的,应尽快查明传播途径及主要危险因素(流行病学病因),立即采取针对性的控制措施,以控制疫情蔓延。

1.5.4 分工合作、联防联控原则

各级业务机构对于群体性不明原因疾病事件的调查、处置实行区域联手、分工合作。在事件性质尚不明确时,疾病预防控制机构负责进行事件的流行病学调查,提出疾病预防控制措施,开展实验室检测;卫生监督机构负责收集有关证据,追究违法者法律责任;医疗机构负责积

极救治患者;有关部门(如农业部门、食品药品监督管理部门、安全生产监督管理部门等)应在各级人民政府的领导和各级卫生行政部门的指导下,各司其职,积极配合有关业务机构开展现场的应急处置工作;同时对于涉及跨区域的群体性不明原因疾病事件,要加强区域合作。一旦事件性质明确,各相关部门应按职责分工开展各自职责范围内的工作。

1.5.5 信息互通、及时发布原则

各级业务机构对于群体性不明原因疾病事件的报告、调查、处置的相关信息应建立信息交换渠道。在调查处置过程中,发现属非本机构职能范围的,应及时将调查信息移交相应的责任机构;按规定权限,及时公布事件有关信息,并通过专家利用媒体向公众宣传防病知识,传达政府对群众的关心,正确引导群众积极参与疾病预防和控制工作。在调查处置结束后,应将调查结果相互通报。

2 应急处置的组织体系及职责

2.1 应急指挥机构

为了有效处置群体性不明原因疾病事件,卫生部按照《国家突发公共卫生事件应急预案》等的规定,在国务院统一领导下,负责组织、协调全国群体性不明原因疾病事件的应急处置工作,并根据实际需要,提出成立全国群体性不明原因疾病事件应急指挥部。

地方各级人民政府卫生行政部门依照职责和本方案的规定,在本级人民政府统一领导下,负责组织、协调本行政区域内群体性不明原因疾病事件的应急处置工作,并根据实际需要,向本级人民政府提出成立地方群体性不明原因疾病事件应急指挥部的建议。

各级人民政府根据本级人民政府卫生行政部门的建议和实际工作需要,决定是否成立地方应急指挥部。

地方各级人民政府及有关部门和单位要按照属地管理的原则,切实做好本行政区域内群体性不明原因疾病事件的应急处置工作。

2.1.1 全国群体性不明原因疾病事件应急指挥部的组成和职责

全国群体性不明原因疾病事件应急指挥部负责对特别重大群体性不明原因疾病事件的统一领导、统一指挥,作出处置群体性不明原因疾病事件的重大决策。指挥部成员单位根据事件的性质和应急处置工作的需要确定。

2.1.2 地方群体性不明原因疾病事件应急指挥部的组成和职责

地方群体性不明原因疾病事件应急指挥部由各级人民政府有关部门组成,实行属地管理的原则,负责对本行政区域内群体性不明原因疾病事件的应急处置的协调和指挥,做出处置本行政区域内群体性不明原因疾病事件的决策,决定要采取的措施。

2.1.3 专家组的组成和职责

专家组由传染病学、临床医学、流行病学、食品卫生、职业卫生、免疫规划、卫生管理、健康教育、医学检验等相关领域具有高级职称的专家组成。根据需要,在专家组中可分设专业组,如传染病防控组、中毒处置组、核与放射处置组、医疗救治组和预测预警组等。其主要职责是:

(1)对群体性不明原因疾病的调查和采取的控制措施提出建议;

(2)对确定群体性不明原因疾病原因和事件相应的级别提出建议;

(3)对群体性不明原因疾病事件的发展趋势进行评估和预测;

(4)对群体性不明原因疾病事件应急反应的终止、后期评估提出建议;

(5)承担群体性不明原因疾病事件应急指挥部交办的其他工作。

2.2 医疗卫生专业机构的职责和分工

2.2.1 医疗机构主要负责病例(疫情)的诊断和报告,并开展临床救治。有条件的医疗机构应及时进行网络直报,并上报所在辖区内的疾病预防控制机构。同时,医疗机构应主动配合疾病预防控制机构开展事件的流行病学和卫生学调查、实验室检测样本的采集等工作,落实医院内的各项疾病预防控制措施;并按照可能的病因假设采取针对性的治疗措施,积极抢救危重病例,尽可能减少并发症,降低病死率;一旦有明确的实验室检测结果,医疗机构应及时调整治疗方案,做好病例尤其是危重病例的救治工作。

2.2.2 疾病预防控制机构主要负责进行群体性不明原因疾病事件的流行病学和卫生学调查、实验室检测样本的采集和检测,同时要提出具体的疾病预防控制措施(如消毒、隔离、医学观察等),并指导相关单位加以落实。

2.2.3 卫生监督机构主要协助卫生行政部门对事件发生地区的食品卫生、环境卫生以及医疗卫生机构的疫情报告、医疗救治、传染病防治等进行卫生监督和执法稽查。

3 监测与报告

3.1 监测

3.1.1 监测网络和体系

国家将群体性不明原因疾病监测工作纳入全国疾病监测网络。各级医疗机构、疾病预防控制机构、卫生监督

机构负责开展群体性不明原因疾病的日常监测工作。上述机构应及时对群体性不明原因疾病的资料进行收集汇总、科学分析、综合评估，早期发现不明原因疾病的苗头。

省级人民政府卫生行政部门要按照国家统一规定和要求，结合实际，建立由省、市、县(市、区)级和乡镇卫生院或社区卫生服务中心(站)及村卫生室组成的监测网络，积极开展不明原因疾病的监测。

3.1.2 监测资料的收集、整理和分析

(1)疾病预防控制机构对各种已有的监测资料进行收集、整理和分析，早期发现群体性不明原因疾病。

对上报的有相似症状的不明原因疾病资料进行汇总，及时分析不明原因疾病的分布、关联性、聚集性及发展趋势，寻找和发现异常情况。

在现有监测的基础上，根据需要扩大监测的内容和方式，如缺勤报告监测、社区监测、药店监测、电话咨询监测、症状监测等，以互相印证，提高监测的敏感性。

(2)医疗机构医务人员接诊不明原因疾病患者，具有相似临床症状，并在发病时间、地点、人群上有关联性的要及时报告。

3.2 报告

3.2.1 责任单位和责任报告人

县级以上各级人民政府卫生行政部门指定的突发公共卫生事件监测机构、各级各类医疗卫生机构为群体性不明原因疾病事件的责任报告单位；执行职务的各级各类医疗卫生机构的医疗卫生人员、个体开业医生为责任报告人。此外，任何单位和个人均可向国务院卫生行政部门和地方各级人民政府及其有关部门报告群体性不明原因疾病事件。

任何单位和个人都可以向国务院卫生行政部门和地方各级人民政府及其有关部门举报群体性不明原因疾病事件。

3.2.2 报告内容

各级卫生行政部门指定的责任报告单位，在接到群体性不明原因疾病报告后，要详细询问事件名称、事件类别、发生时间、地点、涉及的地域范围、人数、主要症状与体征、可能的原因、已经采取的措施、事件的发展趋势、下步工作计划等。并按事件发生、发展和控制的过程，收集相关信息，做好初次报告、进程报告、结案报告。

(1)初次报告。

报告内容包括事件名称、初步判定的事件类别和性质、发生地点、波及范围、发生时间、涉及发病人数、死亡人数、主要临床症状、可能原因、已采取的措施、报告单位、报告人员及通讯方式等。

(2)进程报告。

应报告事件的发展趋势与变化、处置进程、事件的诊断和原因或可能因素、态势评估、控制措施等内容。同时，对初次报告的内容进行补充和修正。

重大及特别重大群体性不明原因疾病事件至少应按日进行进程报告。

(3)结案报告。

事件终止应有结案报告，凡达到《国家突发公共卫生事件应急预案》分级标准的群体性不明原因疾病事件结束后，均应由相应级别卫生行政部门组织评估。在确认事件终止后2周内，对事件的发生和处理情况进行总结，分析其原因和影响因素，并提出今后对类似事件的防范和处置建议。结案报告的具体内容应包括整个事件发生、发展的全过程，包括事件接报情况、事件概况、背景资料(包括事件发生地的地理、气候、人文等一般情况)、描述流行病学分析、病因假设及验证、讨论、结论和建议等。

3.2.3 报告时限与程序

发现群体性不明原因疾病的责任报告单位和报告人，应在2小时内以电话或传真等方式向属地卫生行政部门或其指定的专业机构报告，具备网络直报条件的机构在核实应立即进行网络直报。不具备网络直报条件的责任报告单位和责任报告人，应采用最快的通讯方式将《突发公共卫生事件相关信息报告卡》报送属地卫生行政部门指定的专业机构。接到群体性不明原因疾病报告的专业机构，应对信息进行审核，确定真实性，2小时内进行网络直报，同时以电话或传真等方式报告同级卫生行政部门。具体要求按照《国家突发公共卫生事件相关信息报告管理工作规范(试行)》执行。

3.2.4 通报制度

群体性不明原因疾病发生地的上级卫生行政部门应根据防控工作的需要，将疫情及时通报相邻地区的卫生行政部门。

4 专家会商与指挥决策

4.1 专家会商

卫生行政部门接到群体性不明原因疾病报告并核实后，迅速组织群体性不明原因疾病专家组赴事发地现场会商。专家会商的主要内容是：在查看病例及其临床资料的基础上，核实前期流行病学调查资料等内容，重点讨论报告病例是否属不明原因疾病(病例的临床表现与报告情况是否相符、诊断是否正确、治疗方法是否适当)；病例之间是否有关联性，事件的危害性。

经专家会商后应撰写会商报告，主要包括如下内容：

(1)报告病例的三间分布、病情进展及临床治疗情况;
(2)确诊病例、临床诊断病例、疑似病例、密切接触者、一般接触者、监测病例的定义;
(3)病人救治方案,治愈与出院标准;
(4)事件的初步判断,包括事件的性质、可能的病因、传播(污染)途径、潜伏期及趋势分析;
(5)对控制措施和事件分级的建议,疫点、疫区的划定。

首次会商会后,要根据病例病情进展情况及病因调查情况,不定期召开专家会商会,以及时调整病例定义和工作方案。

4.2 指挥决策

(1)卫生行政部门根据专家会商结果,报告同级人民政府和上一级卫生行政部门,拟定《群体性不明原因疾病应急处置工作方案》,报同级人民政府批准下发到相关部门和单位实施。

(2)总结分析。定期召开工作例会,汇总工作进展情况,及时分析事件的发展动向、存在的问题及下一步工作安排。

(3)下达指令。根据工作组例会分析情况和上级指示,及时以公文等形式下达相关指令,并督办落实。

(4)社会动员。根据应急处置工作的需要,及时动员社会各界共同参与应急处置工作。同时,组织开展爱国卫生运动,宣传卫生防病知识,提高群众自我保护意识。

(5)舆论引导。适时公布事件相关信息。加强媒体监测,收集与事件相关的报道及网络上的相关信息,正确引导舆论。

(6)资源调度。根据事件处置工作需要,及时调集技术力量、应急物资和资金。

5 现场调查与病因分析

群体性不明原因疾病发生后,首先应根据已经掌握的情况,尽快组织力量开展调查,分析,查找病因。

若流行病学病因(主要是传染源、传播途径或暴露方式、易感人群)不明,应以现场流行病学调查为重点,尽快查清事件的原因。在流行病学病因查清后,应立即实行有针对性的控制措施。

若怀疑为中毒事件时,在采取适当救治措施的同时,要尽快查明中毒原因。查清中毒原因后,给予特异、针对性的治疗,并注意保护高危人群。

若病因在短时间内难以查清,或即使初步查明了病原,但无法于短期内找到有效控制措施的,应以查明的传播途径及主要危险因素(流行性病因)制定有针对性的预防控制措施。

5.1 群体性不明原因疾病的核实与判断
5.1.1 核实

卫生行政部门接到报告后应立即派出专业人员(包括流行病学或卫生学、临床、检验等专业人员)对不明原因疾病进行初步核实,核实内容主要包括:
(1)病例的临床特征、诊断、治疗方法和效果;
(2)发病经过和特点:发病数、死亡数及三间分布等;
(3)样本采集种类、方式、时间及保存、运输方法等;
(4)实验室检测方法、仪器、试剂、质控和结果;
(5)危及人群的范围和大小;
(6)不明原因疾病性质的初步判断及其依据;
(7)目前采取的措施和效果;
(8)目前的防治需求。

5.1.2 判断

根据核实结果进行综合分析,初步判断群体性不明原因疾病是否存在,若确认疫情存在,应对群体性不明原因疾病的性质、规模、种类、严重程度、高危人群、发展阶段和趋势进行初步判断,并制定初步的调查方案和控制措施。

5.2 病例调查及分析
5.2.1 病例搜索

根据病例定义的内容,在一定的时间、范围内搜索类似病例并开展个案调查、入户调查和社区调查。设计调查表,培训调查人员,统一调查内容和方法。调查表参照附录2~4。

5.2.2 初步分析

统计病例的发病数、死亡数、病死率、病程等指标,描述病例的三间分布及特征,进行关联性分析。

5.3 提出病因假设
5.3.1 从临床、流行病学基本资料入手,寻找病因线索

根据病例的临床表现、病情进展情况、严重程度、病程变化,先按感染性与非感染性两类查找病因线索,然后逐步细化。根据患者的临床症状、体征、常规实验室检测结果、临床治疗及转归和初步的流行病学资料进行分析,判定疾病主要影响的器官、病原种类、影响流行的环节等,做出初步诊断。

分析思路:首先考虑常见病、多发病,再考虑少见病、罕见病,最后考虑新出现的疾病。如果初步判定是化学中毒,首先考虑常见的毒物,再考虑少见毒物(见附录5)。

(1)根据临床表现(发热、咳嗽、腹泻、皮疹等)、病情进展、常规检验结果,以及基本的流行病学调查(个人史、家族史、职业暴露史等),初步判定是感染性疾病还是非感

染性疾病；如果为感染性疾病，需考虑是否具有传染性。

若判定为感染性疾病可能性大，可根据患者的症状、体征、实验室检测结果，以及试验性治疗效果，判定是细菌性、病毒性，还是其他病原微生物的感染。根据临床主要特征提出病因假设（见附表1）。

(2) 如考虑为非感染性疾病，需先判定是否中毒，再考虑是否心因性、过敏性、放射性（辐射）或其他的原因引起的疾病。

①结合进食史、职业暴露史、临床症状和体征、发病过程等，判定是否中毒，以及可能引起的中毒物（见附表2）。

②结合患者的临床表现、周围人群特征等，判定是否心因性疾病。

③结合进食史、用药史、生活或职业暴露史、临床症状和体征、发病过程等，判定是否是过敏性疾病（如药物疹等）。

④结合生活或职业暴露史、临床症状和体征、发病过程等，判定是否辐射病。

5.3.2 从流行病学特征入手，建立病因假设

(1) 掌握背景资料：现场环境、当地生活习惯、方式、嗜好、当地动物发病情况以及其他可能影响疾病发生、发展、变化的因素。

(2) 归纳疾病分布特征，形成病因假设：通过三间分布，提出病因假设，包括致病因子、危险因素及其来源、传播方式（或载体）、高危人群等。

提出可能的病因假设，可以不止1个假设，适宜的病因假设包括导致暴发、流行的疾病、传染源及传播途径、传播方式、高危人群，提出病因假设后，在验证假设的同时，应尽快实施有针对性的预防和控制措施。

5.4 验证病因

5.4.1 流行病学病因验证：根据病因假设，通过病例–对照研究、队列研究等分析性流行病学方法进行假设验证。在进行病因推断时，应注意以下原则：

(1) 根据患者暴露在可疑因素中的时间关系，确定暴露因素与疾病联系的时间先后顺序。

(2) 如果可疑因素可按剂量进行分级，了解该疾病病情的严重程度与某种暴露因素的数量间的关系。

(3) 根据疾病地区、时间分布特征，分析疾病病因分布与疾病的地区、时间分布关系。

(4) 观察不同的人群、不同的地区和不同的时间，判定暴露因素与疾病可重复性联系。

(5) 根据所掌握的生物医学等现代科学知识，合理地解释暴露与疾病的因果关系。

(6) 观察暴露因素与疾病的关系，判定是否存在着一对一的关系，或其他关系。

(7) 观察可疑致病因素的变化（增加、减少或去除）和疾病发生率变化（升高或下降）关系，进一步确定暴露因素与疾病的因果联系。

5.4.2 实验室证据：收集样本（血、咽拭子、痰、大便、尿、脑脊液、尸解组织等），通过实验室检测验证假设。

5.4.3 干预（控制）措施效果评价：针对病原学病因假设进行临床试验性治疗；根据流行病学病因假设，提出初步的控制措施，包括消除传染源或污染源、减少暴露或防止进一步暴露、保护易感或高危人群。通过对所采取的初步干预（控制）措施的效果评价也可验证病因假设，并为进一步改进和完善控制措施提供依据。

5.4.4 如果通过验证假设无法成立，则必须重新考虑或修订假设，根据新的线索制定新的方案，有的群体性不明原因疾病可能需要反复多次的验证，方能找到明确原因。

5.5 判断和预测

综合分析调查结果，对群体性不明原因疾病的病因、目前所处阶段、影响范围、病人救治和干预（控制）措施的效果等方面进行描述和分析，得出初步结论，同时对病人的预后、群体性不明原因疾病发展趋势及其影响进行分析和预测，并对下一步工作提出建议。

6 现场控制措施

应急处置中的预防控制措施需要根据疾病的传染源或危害源、传播或危害途径以及疾病的特征来确定。不明原因疾病的诊断需要在调查过程中逐渐明确疾病发生的原因。因此，在采取控制措施上，需要根据疾病的性质，决定应该采取的控制策略和措施，并随着调查的深入，不断修正、补充和完善控制策略与措施，遵循边控制、边调查、边完善的原则，力求最大限度地降低不明原因疾病的危害。

6.1 无传染性的不明原因疾病

(1) 积极救治病人，减少死亡（详见附录6）。

(2) 对共同暴露者进行医学观察，一旦发现符合本次事件病例定义的病人，立即开展临床救治。

(3) 移除可疑致病源。如怀疑为食物中毒，应立即封存可疑食物和制作原料，职业中毒应立即关闭作业场所，怀疑为过敏性、放射性的，应立即采取措施移除或隔开可疑的过敏原、放射源。

(4) 尽快疏散可能继续受到病源威胁的群众。

(5) 在对易感者采取有针对性保护措施时，应优先考虑高危人群。

(6)开展健康教育，提高居民自我保护意识，群策群力、群防群控。

6.2 有传染性的不明原因疾病

(1)现场处置人员进入疫区时，应采取保护性预防措施。

(2)隔离治疗患者。根据疾病的分类，按照呼吸道传染病、肠道传染病、虫媒传染病隔离病房要求，对病人进行隔离治疗。重症病人立即就地治疗，症状好转后转送隔离医院。病人在转运中要注意采取有效的防护措施。治疗前注意采集有关标本。出院标准由卫生行政部门组织流行病学、临床医学、实验室技术等多方面的专家共同制定，患者达到出院标准方可出院。

(3)如果有暴发或者扩散的可能，符合封锁标准的，要向当地政府提出封锁建议，封锁的范围根据流行病学调查结果来确定。发生在学校、工厂等人群密集区域的，如有必要应建议停课、停工、停业。

(4)对病人家属和密切接触者进行医学观察，观察期限根据流行病学调查的潜伏期和最后接触日期决定。

(5)严格实施消毒，按照《中华人民共和国传染病防治法》要求处理人、畜尸体，并按照《传染病病人或疑似传染病病人尸体解剖查验规定》开展尸检并采集相关样本。

(6)对可能被污染的物品、场所、环境、动植物等进行消毒、杀虫、灭鼠等卫生学处理。疫区内重点部位要开展经常性消毒。

(7)疫区内家禽、家畜应实行圈养。如有必要，报经当地政府同意后，对可能染疫的野生动物、家禽家畜进行控制或捕杀。

(8)开展健康教育，提高居民自我保护意识，做到群防群治。

(9)现场处理结束时要对疫源地进行终末消毒，妥善处理医疗废物和临时隔离点的物品。

根据对控制措施效果评价，以及疾病原因的进一步调查结果，及时改进、补充和完善各项控制措施。一旦明确病因，即按照相关疾病的处置规范开展工作，暂时无规范的，应尽快组织人员制定。

7 样本采集和实验室检测

7.1 感染性疾病标本

标本采集应依疾病的不同进程，进行多部位、多频次采集标本，对病死患者要求进行尸体解剖。所有的标本采集工作应遵循无菌操作的原则。标本采集及运输时应严格按照相关生物安全规定进行(见附表3)。

7.1.1 标本种类

(1)血标本。

①血清：需采集多份血清标本。至少于急性期(发病7天内或发现时、最好是在使用抗生素之前)、中期(发病后第10~14天)、恢复期(发病后22~50天)分别采集外周静脉血各5~6ml，分离后的血清分装于3个塑料螺口血清管中，如需要可收集血块标本。

②抗凝血：于急性期(发病3天内或发现时、最好是在使用抗生素之前)采集10ml全血，分装于3个塑料螺口试管中，抗凝剂不能够使用肝素，推荐使用枸橼酸盐。

③其他血标本：根据实验室检测的需要可以采集其他血标本，如血涂片等。

(2)呼吸道标本。

①上呼吸道标本：包括咽拭子、鼻拭子、鼻咽抽取物、咽漱液、痰液。

②下呼吸道标本：包括呼吸道抽取物、支气管灌洗液、胸水、肺组织活检标本。

呼吸道标本应于发病早期即开始采集，根据病程决定采集的频次，采好的标本分装于3个螺口塑料试管中。

(3)消化道标本。

包括患者的呕吐物、粪便和肛拭子，应于发病早期即开始采集，根据病程决定采集的频次，采好的标本分装于3个螺口塑料试管中。

(4)尿液。

尿液采集中段尿，一般于发病早期采集，根据疾病的发展也可以进行多次采集，采集好的标本分装于3个螺口塑料试管中，取尿液或者沉淀物进行检测。

(5)其他人体标本。

包括脑脊液、疱疹液、淋巴结穿刺液、溃破组织、皮肤焦痂等。采集好的标本分装于3个螺口塑料试管中。

(6)尸体解剖。

对所有群体性不明原因疾病的死亡病例都应由当地卫生行政部门出面积极争取尸体解剖，尽可能采集死亡病例的所有组织器官，如果无法采集所有组织，则应根据疾病的临床表现，采集与疾病有关的重点组织器官标本(如肺、肝穿刺)，以助病因诊断和临床救治。

对于可能具有传染性的疾病，尸解时应根据可能的传播途径采取严格的防护措施。做病原学研究的组织标本采集得越早越好，疑似病毒性疾病的标本采集时间最好不超过死后6小时，疑似细菌性疾病不超过6小时，病理检查的标本不超过24小时。如果采样的时间和条件合适，应同种组织每一部位至少采集3份标本，1份用于病原学研究（无菌采集），1 份用于病理学研究（固定于福尔马林中），1 份用于电镜检查（固定于电镜标本保存液中）。重要的组织器官应多部位同时采集标本。

（7）媒介和动物标本。

在调查中如果怀疑所发生的不明原因疾病是虫媒传染病或动物源性传染病的，应同时采集相关媒介和动物标本。

7.1.2 标本保存

血清可在 4℃ 存放 3 天、-20℃ 以下长期保存。用于病毒等病原分离和核酸检测的标本应尽快进行检测，24 小时内能检测的标本可置于 4℃ 保存，24 小时内无法检测的标本则置于 -70℃ 或以下保存。用于细菌等病原分离和核酸检测的标本一般 4℃ 保存，检测一些特殊的病原体标本需要特殊条件保存标本。标本运送期间应避免反复冻融。

7.1.3 标本运送

群体性不明原因标本的运送要严格做到生物安全。依据病因分析的病原体分类，如果为高致病性病原微生物，应严格按照《病原微生物实验室生物安全管理条例》（国务院 424 号令）和《可感染人类的高致病性病原微生物菌（毒）种或样本运输管理规定》（中华人民共和国卫生部 45 号令）等有关规定执行。

7.2 非感染性疾病

7.2.1 食物中毒

在用药前采集病人的血液、尿液、呕吐物、粪便，以及剩余食物、食物原料、餐具、死者的胃、肠内容物等。尸体解剖：重点采集肝、胃、肠、肾、心等。

7.2.2 职业中毒

采集中毒者的血液、尿液，以及空气、水、土壤等环境标本。尸体解剖：采集标本应根据毒物入侵途径和主要受损部位等，采集血液、肝、肾、骨等。

7.3 实验室检测

（1）感染性疾病：一般进行抗体检测、抗原检测、核酸检测、病原分离、形态学检测等检测项目，依据病原体的特殊性可以开展一些特殊的检测项目。

（2）非感染性疾病：依据病因分析的要求开展相应的检测项目。

8 防护措施

8.1 防护原则

在群体性不明原因疾病的处置早期，需要根据疾病的临床特点、流行病学特征以及实验室检测结果，鉴别有无传染性、确定危害程度和范围等，对可能的原因进行判断，以便采取相应的防护措施。对于原因尚难判断的情况，应该由现场的疾控专家根据其可能的危害水平，决定防护等级。

一般来说，在群体性不明原因疾病的处置初期，如危害因素不明或其浓度、存在方式不详，应按照类似事件最严重性质的要求进行防护。防护服应为衣裤连体，具有高效的液体阻隔（防化学物）性能、过滤效率高、防静电性能好等。一旦明确病原学，应按相应的防护级别进行防护。

8.2 防护服的分类

防护服由上衣、裤、帽等组成，按其防护性能可分为四级：

（1）A 级防护：能对周围环境中的气体与液体提供最完善保护。

（2）B 级防护：适用于环境中的有毒气体（或蒸汽）或其他物质对皮肤危害不严重时。

（3）C 级防护：适用于低浓度污染环境或现场支持作业区域。

（4）D 级防护：适用于现场支持性作业人员。

8.2.1 疑似传染病疫情现场和患者救治中的应急处置防护

（1）配备符合中华人民共和国国家标准《医用一次性防护服技术要求》（GB 19082-2003）要求的防护服，且应满足穿着舒适、对颗粒物有一定隔离效率，符合防水性、透湿量、抗静电性、阻燃性等方面的要求。

（2）配备达到 N95 标准的口罩。

（3）工作中可能接触各种危害因素的现场调查处理人员、实验室工作人员、医院传染科医护人员等，必须采取眼部保护措施，戴防护眼镜，双层橡胶手套，防护鞋靴。

8.2.2 疑似放射性尘埃导致疾病的应急处置防护

多数情况下使用一次性医用防护服即可，也可选用其他防护服。防护服应穿着舒适、对颗粒物有一定的隔离效率，表面光滑、皱褶少，具有较高的防水性、透湿量、抗静电性和阻燃性。根据放射性污染源的种类和存在方式以及污染浓度，对各种防护服的防护参数有不同的具体要求。此类防护服要求帽子、上衣和裤子联体，袖口和裤脚口应采用弹性收口。

如群体性不明原因疾病现场存在气割等产生的有害光线时，工作人员应配备相应功能的防护眼镜或面盾。

8.2.3 疑似化学物泄漏和中毒导致疾病的应急处置防护

根据可能的毒源类型和环境状况，选用不同的防护装备。化学物泄露和化学中毒事件将现场分成热区、温区或冷区。不同区域所需的防护各异，一个区域内使用的防护服不适合在另一区域内使用。在对生命及健康可能有即刻危险的环境（即在30分钟内可对人体产生不可修复或不可逆转损害的区域）以及到发生化学事故的中心地带参加救援的人员（或其他进入此区域的人员），均需按A级（窒息性或刺激性气态毒物等）或B级（非挥发性有毒固体或液体）防护要求。

9 事件终止及评估

9.1 应急反应的终止

群体性不明原因疾病事件应急反应的终止需符合以下条件：群体性不明原因疾病事件隐患或相关危险因素消除，经过一段时间后无新的病例出现。

特别重大群体性不明原因疾病事件由国务院卫生行政部门组织有关专家进行分析论证，提出终止应急反应的建议，报国务院或全国群体性不明原因疾病事件应急指挥部批准后实施。

特别重大以下群体性不明原因疾病事件由地方各级人民政府卫生行政部门组织专家进行分析论证，提出终止应急反应的建议，报本级人民政府批准后实施，并向上一级人民政府卫生行政部门报告。

上级人民政府卫生行政部门，根据下级人民政府卫生行政部门的请求，及时组织专家对群体性不明原因疾病事件应急反应终止的分析论证提供技术指导和支持。

9.2 事后评估

9.2.1 评估资料的收集

首先要有完善的群体性不明原因疾病暴发调查的程序和完整的工作记录，并及时将调查所得的资料进行整理归档，包括：报告记录；应急处置机构组织形式及成员单位名单；调查处理方案；调查及检验、诊断记录和结果材料；控制措施及效果评价材料；总结及其他调查结案材料等。

9.2.2 评估的内容

应急处置综合评估，包括事件概况、现场调查处理概况、患者救治概况、所采取的措施、效果评价和社会心理评估等，总结经验，发现调查中存在的不足，提高以后类似事件的应急处置能力，并为指导其他地区开展类似防制工作提供有益的经验。

10 保障

10.1 技术保障

10.1.1 群体性不明原因疾病专家组

各级卫生行政部门应成立群体性不明原因疾病专家组，成员由流行病学、传染病、呼吸道疾病、食品卫生、职业卫生、病原学检验和媒介生物学、行政管理学等方面的专家组成。

10.1.2 应急处置的医疗卫生队伍

各级卫生行政部门均应建立相应的群体性不明原因疾病应急处置医疗卫生队伍，队伍由疾病预防控制、医疗、卫生监督、检验等专业技术人员组成。

10.1.3 医疗救治网络

针对可能发生的不同类别群体性不明原因疾病，指定不同的医疗机构进行救治。医疗救治网络各组成部分之间建立有效的横向、纵向信息连接，实现信息共享。

10.2 后勤保障

10.2.1 物资储备

各级卫生行政部门，建立处置群体性不明原因疾病的医药器械应急物资储备。物资储备种类包括药品、疫苗、医疗器械、快速检验检测技术和试剂、传染源隔离、卫生防护用品等应急物资和设施。

10.2.2 经费保障

各级卫生行政部门要合理安排处置群体性不明原因疾病所需资金，保证医疗救治和应急处理工作的开展。

附表1　按临床综合征划分的疾病特征（略）
附表2　急性不明原因中毒相关体征的甄别（略）
附表3　不明原因疾病样本采集表（略）
附录1　群体性不明原因疾病应急处置技术流程图（略）
附录2　群体性不明原因疾病个案调查表（略）
附录3　群体性不明原因疾病入户调查表（供参考）（略）
附录4　群体性不明原因疾病发病点调查表（供参考）（略）
附录5　从临床症状入手寻找病因线索的步骤（略）
附录6　临床救治原则（略）

卫生部核事故和辐射事故卫生应急预案

- 2009年10月15日
- 卫应急发〔2009〕101号

1 总则

1.1 编制目的

为迅速、有效、规范地开展核事故和辐射事故卫生应急工作，最大程度地减少事故造成的人员伤亡和社会影响，保障公众身体健康，维护社会稳定，制定本预案。

1.2 编制依据

《中华人民共和国突发事件应对法》、《放射性同位素与射线装置安全和防护条例》、《核电厂核事故应急管理条例》、《国家突发公共事件医疗卫生救援应急预案》、《国家核应急预案》等有关法律、法规和规范性文件。

1.3 适用范围

本预案主要适用于卫生部门开展核事故和辐射事故卫生应急工作。卫生部门开展其他核和辐射突发事件卫生应急工作参照本预案执行。

1.4 工作原则

统一领导、部门协作；属地管理、分级负责；依法规范，科学有序；反应及时、措施果断；平急结合、常备不懈；资源整合、公众参与。

2 组织体系及其职责

2.1 组织体系

核事故和辐射事故卫生应急组织体系如图1所示。

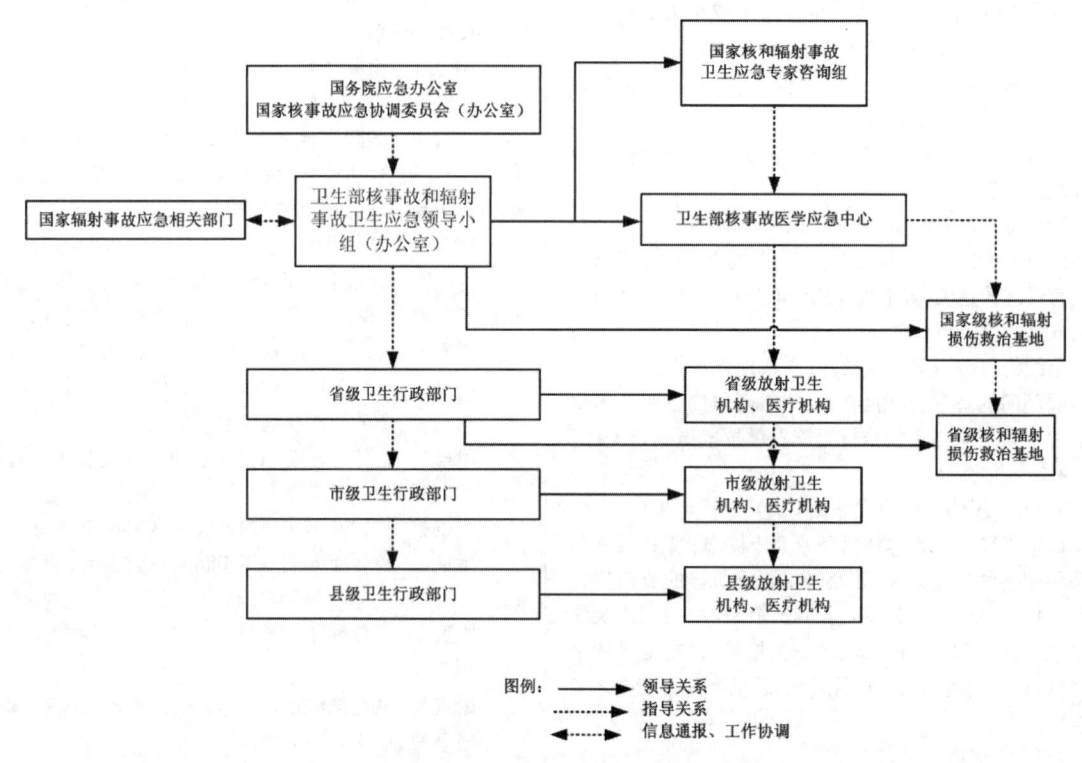

图1 国家核事故和辐射事故卫生应急组织体系

2.1.1 卫生部核事故和辐射事故卫生应急领导小组

卫生部核事故和辐射事故卫生应急领导小组由卫生部主管部领导任组长，成员由卫生部有关司局和单位共同组成（组成人员见附件1），其主要职责是：

（1）贯彻执行国家核事故和辐射事故应急工作方针和应急预案；

（2）审查卫生部核事故和辐射事故卫生应急预案及相关工作规范；

（3）指挥协调全国核事故和辐射事故卫生应急准备和响应工作；

（4）指导地方卫生部门核事故和辐射事故卫生应急准备和响应工作；

（5）组织协调核事故和辐射事故卫生应急国际救援工作。

2.1.2 卫生部核事故和辐射事故卫生应急领导小组办公室

卫生部核事故和辐射事故卫生应急领导小组办公室（以下简称卫生部核和辐射应急办）是卫生部核事故和

辐射事故卫生应急领导小组的常设办事机构,设在卫生部卫生应急办公室(组成人员见附件2),其主要职责是:

(1)负责卫生部核事故和辐射事故卫生应急领导小组的日常工作,承办卫生部核事故和辐射事故卫生应急领导小组交办的工作;

(2)组织编制卫生部核事故和辐射事故卫生应急预案及相关工作规范;

(3)组织开展国家核事故和辐射事故卫生应急准备和响应工作;

(4)组织协调或指导地方卫生部门开展核事故和辐射事故卫生应急准备和响应工作;

(5)负责与国家核事故应急协调委员会成员单位和国家核事故应急办公室(以下简称国家核应急办)的沟通联络和工作协调;

(6)负责卫生部核事故和辐射事故卫生应急专家咨询组的管理工作;

(7)组织开展核事故和辐射事故卫生应急国际救援工作。

2.1.3　卫生部核事故和辐射事故卫生应急专家咨询组

卫生部核事故和辐射事故卫生应急专家咨询组由国内放射医学、放射卫生、辐射防护和核安全等方面的专家组成,其主要职责是:

(1)提供核事故和辐射事故卫生应急准备与响应的咨询和建议,参与救援准备与响应;

(2)参与卫生部核事故和辐射事故卫生应急预案的制定和修订;

(3)参与和指导核事故和辐射事故卫生应急培训和演练;

(4)参与核事故和辐射事故卫生学评价。

2.1.4　卫生部核事故医学应急中心

卫生部核事故医学应急中心(以下简称卫生部核应急中心)设在中国疾病预防控制中心辐射防护与核安全医学所。卫生部核应急中心设临床部、监测评价部和技术后援部。第一临床部设在中国医学科学院放射医学研究所和血液病医院,第二临床部设在北京大学第三医院和人民医院,第三临床部设在解放军307医院,监测评价部设在中国疾病预防控制中心辐射防护与核安全医学所,技术后援部设在军事医学科学院。卫生部核应急中心的主要职责是:

(1)参与卫生部核事故和辐射事故卫生应急预案、工作规范和技术标准等的制订和修订;

(2)做好卫生部核事故和辐射事故卫生应急准备与响应技术工作;

(3)对地方卫生系统核事故和辐射事故卫生应急准备与响应实施技术指导;

(4)承办卫生部核事故和辐射事故卫生应急专家咨询组的日常工作;

(5)承办卫生部核事故和辐射事故卫生应急队伍建设和管理的日常工作;

(6)负责卫生部核事故和辐射事故卫生应急技术支持系统的管理和日常运行;

(7)承担卫生部核事故和辐射事故卫生应急备用指挥中心职责;

(8)组织开展核事故和辐射事故健康效应评价,指导对受到超过年剂量限值照射的人员实施长期医学随访。

2.2　省、市(地)、县级卫生行政部门

省、市(地)、县级卫生行政部门的主要职责是:

(1)制订辖区内的核事故和辐射事故卫生应急预案;

(2)组织实施辖区内的核事故和辐射事故卫生应急准备和响应工作,指导和支援辖区内下级卫生行政部门开展核事故和辐射事故卫生应急工作;

(3)指定相关医疗机构和放射卫生机构承担辖区内的核事故和辐射事故卫生应急工作;

(4)负责辖区内核事故和辐射事故卫生应急专家、队伍的管理工作;

(5)负责与同级其他相关部门的协调工作。

2.3　核和辐射损伤救治基地

2.3.1　国家级核和辐射损伤救治基地

国家级核和辐射损伤救治基地的主要任务是:承担全国核事故和辐射事故医疗救治支援任务,开展人员所受辐射照射剂量的监测和健康影响评价,以及特别重大核事故和辐射事故卫生应急的现场指导;开展辐射损伤救治技术培训和技术指导。

2.3.2　省级核和辐射损伤救治基地

省级核和辐射损伤救治基地的主要任务是:承担辖区内核事故和辐射事故辐射损伤人员的救治和医学随访,以及人员所受辐射照射剂量的监测和健康影响评价;协助周边省份开展核事故和辐射事故辐射损伤人员的救治和医学随访,以及人员所受辐射照射剂量的监测和健康影响评价;负责核事故和辐射事故损伤人员的现场医学处理。

2.4　相关医疗机构

各级卫生行政部门指定的有放射病、血液病、肿瘤或烧伤专科的专科医院或综合医院以及职业病防治院、急救中心等，承担辖区内的核事故和辐射事故医疗救治任务，负责事故伤病员的救治、转运和现场医学处理等任务。已建立核和辐射损伤救治基地的省、自治区、直辖市，由基地负责医疗救治任务。

2.5 放射卫生机构

各级卫生行政部门指定的承担放射卫生工作的疾病预防控制机构、职业病防治机构和卫生监督机构等，承担辖区内的核事故和辐射事故卫生应急放射防护和辐射剂量估算任务。

3 卫生应急准备

3.1 信息沟通与协调联动

各级卫生行政部门在同级人民政府的统一领导下，建立健全与核应急协调组织、环保、公安、交通、财政和工信等相关部门，以及军队和武警部队卫生部门的信息通报、工作会商、措施联动等协调机制。

3.2 健全卫生应急网络

依托国家级和省级核和辐射损伤救治基地，健全核事故和辐射事故卫生应急网络，加强核事故和辐射事故卫生应急机构和人员队伍建设，建立健全信息沟通和技术合作机制，不断提高核事故和辐射事故卫生应急能力。

卫生部负责国家级核和辐射损伤救治基地的运行和管理，有关省、自治区、直辖市卫生行政部门负责辖区内的省级核和辐射损伤救治基地的运行和管理。

3.3 队伍准备

卫生部负责卫生部核事故和辐射事故卫生应急队伍的建设和管理。省级卫生行政部门建立健全辖区内的核事故和辐射事故卫生应急队伍。核设施所在地的市（地）级卫生行政部门建立核事故卫生应急队伍。各级卫生行政部门要组织加强应急队伍培训和演练，不断提高应急队伍的救援能力，确保在突发核事故和辐射事故时能够及时、有效地开展卫生应急工作。

3.4 物资和装备准备

各级卫生行政部门负责建立健全核事故和辐射事故卫生应急仪器、设备装备和物资准备机制，指定医疗机构和放射卫生机构做好应急物资和装备准备，并及时更新或维护。核事故和辐射事故卫生应急物资和装备包括核和辐射应急药品、医疗器械、辐射防护装备、辐射测量仪器设备等。

3.5 技术储备

国家和省级卫生行政部门组织有关专业技术机构开展核事故和辐射事故卫生应急技术研究，建立和完善辐射受照人员的快速剂量估算方法、快速分类和诊断方法、医疗救治技术、饮用水和食品放射性污染快速检测方法等，加强技术储备。

3.6 通信与交通准备

各级卫生行政部门要在充分利用现有资源的基础上建设核事故和辐射事故卫生应急通信网络，确保医疗卫生机构与卫生行政部门之间，以及卫生行政部门与相关部门之间的通信畅通，及时掌握核事故和辐射事故卫生应急信息。核事故和辐射事故卫生应急队伍根据实际工作需要配备通信设备和交通工具。

3.7 资金保障

核事故和辐射事故卫生应急所需资金，按照《财政应急保障预案》执行。

3.8 培训

各级卫生行政部门定期组织开展核事故和辐射事故卫生应急培训，对核事故和辐射事故卫生应急技术人员和管理人员进行国家有关法规和应急专业知识培训和继续教育，提高应急技能。

3.9 演练

各级卫生行政部门适时组织开展核事故和辐射事故卫生应急演练，积极参加同级人民政府和核应急协调组织举办的核事故和辐射事故应急演练。

3.10 公众宣传教育

各级卫生部门通过广播、影视、报刊、互联网、手册等多种形式，对社会公众广泛开展核事故和辐射事故卫生应急宣传教育，指导公众用科学的行为和方式应对突发核事故和辐射事故，提高自救、互救能力，注意心理应激问题的防治。

3.11 国际合作

按照国家相关规定，开展核事故和辐射事故卫生应急工作的国际交流与合作，加强信息和技术交流，合作开展培训和演练，不断提高核事故和辐射事故卫生应急的整体水平。

4 核事故卫生应急响应

4.1 应急状态分级

核电厂的应急状态分为四级，即：应急待命、厂房应急、场区应急和场外应急（总体应急）。其他核设施的应急状态一般分为三级，即：应急待命、厂房应急、场区应急。潜在危险较大的核设施可实施场外应急（总体应急）。

（1）应急待命。出现可能危及核电厂安全的工况或事件的状态。宣布应急待命后，应迅速采取措施缓解后果和进行评价,加强营运单位的响应准备,并视情况加强地方政府的响应准备。

(2)厂房应急。放射性物质的释放已经或者可能即将发生,但实际的或者预期的辐射后果仅限于场区局部区域的状态。宣布厂房应急后,营运单位应迅速采取行动缓解事故后果和保护现场人员。

(3)场区应急。事故的辐射后果已经或者可能扩大到整个场区,但场区边界处的辐射水平没有或者预期不会达到干预水平的状态。宣布场区应急后,应迅速采取行动缓解事故后果和保护场区人员,并根据情况作好场外采取防护行动的准备。

(4)场外应急(总体应急)。事故的辐射后果已经或者预期可能超越场区边界,场外需要采取紧急防护行动的状态。宣布场外应急后,应迅速采取行动缓解事故后果,保护场区人员和受影响的公众。

4.2 国家级卫生应急响应

4.2.1 厂房应急状态

在厂房应急状态下,卫生部核和辐射应急办接到国家核应急办关于核事故的情况通知后,及时向卫生部核事故和辐射事故卫生应急领导小组有关领导报告,并通知卫生部核应急中心。卫生部核应急中心加强值班(电话24小时值班)。各专业技术部进入待命状态,做好卫生应急准备,根据指令实施卫生应急。

4.2.2 场区应急状态

在场区应急状态下,卫生部核和辐射应急办接到国家核应急办关于核事故的情况通知后,卫生部核和辐射应急办主任和卫生部核事故和辐射事故卫生应急领导小组有关领导进入卫生部核事故和辐射事故卫生应急指挥中心指导应急工作。卫生部核应急中心各专业技术部进入场区应急状态,做好卫生应急准备,根据指令实施卫生应急。卫生部核事故和辐射事故卫生应急领导小组及时向国家核事故应急协调委员会(以下简称国家核应急协调委)报告卫生应急准备和实施卫生应急的情况。

4.2.3 场外应急(总体应急)状态

在场外应急(总体应急)状态下,卫生部核和辐射应急办接到国家核事故应急协调委员会关于核事故卫生应急的指令后,卫生部核事故和辐射事故卫生应急领导小组组长和有关人员进入卫生部核事故和辐射事故卫生应急指挥中心,指挥卫生应急行动。卫生部核应急中心各专业技术部进入场外应急状态,按照卫生部核和辐射应急办的指令实施卫生应急任务。卫生部核事故和辐射事故卫生应急领导小组及时向国家核事故应急协调委员会

报告卫生应急的进展情况。

4.2.4 卫生应急响应终止

核事故卫生应急工作完成,伤病员在指定医疗机构得到救治,卫生部核事故和辐射事故卫生应急领导小组可宣布核事故卫生应急响应终止,并将响应终止的信息和书面总结报告及时报国家核事故应急协调委员会。

4.3 地方卫生应急响应

突发核事故,需要进行核事故卫生应急时,地方核事故卫生应急组织根据地方核事故应急组织或卫生部核事故卫生应急领导小组的指令,实施卫生应急,提出医疗救治和保护公众健康的措施和建议,做好核事故卫生应急工作,必要时可请求上级核事故卫生应急组织的支援。

(1)伤员分类:根据伤情、放射性污染和辐射照射情况对伤员进行初步分类。

(2)伤员救护:对危重伤病员进行紧急救护,非放射损伤人员和中度以下放射损伤人员送当地卫生行政部门指定的医疗机构救治,中度及以上放射损伤人员送省级卫生行政部门指定的医疗机构或核和辐射损伤救治基地救治。为避免继续受到辐射照射,应将伤员迅速撤离事故现场。

(3)受污染伤员处理:对可能和已经受到放射性污染的伤员进行放射性污染检测,对受污染伤员进行去污处理,防止污染扩散。

(4)受照剂量估算:收集可供估算人员受照剂量的生物样品和物品,对可能受到超过年剂量限值照射的人员进行辐射剂量估算。

(5)公众防护:根据需要发放和指导服用辐射防护药品,指导公众做好个人防护,开展心理效应防治;根据情况提出保护公众健康的措施建议。

(6)饮用水和食品的放射性监测:参与饮用水和食品的放射性监测,提出饮用水和食品能否饮用和食用的建议。

(7)卫生应急人员防护:卫生应急人员要做好个体防护,尽量减少受辐射照射剂量。

核事故卫生应急流程见图2,卫生应急处理流程见附件3。

4.4 卫生应急响应评估

4.4.1 进程评估

针对核事故卫生应急响应过程的各个环节、处理措施的有效性和负面效应进行评估,对伤员和公众健康的危害影响进行评估和预测,及时总结经验与教训,修订技术方案。

4.4.2 终结评估

核事故卫生应急响应完成后,各相关部门应对卫生应急响应过程中的成功经验及时进行总结,针对出现的问题及薄弱环节加以改进,及时修改、完善核事故卫生应急预案,完善人才队伍和体系建设,不断提高核事故卫生应急能力。评估报告上报同级人民政府核事故应急组织和上级卫生行政部门。

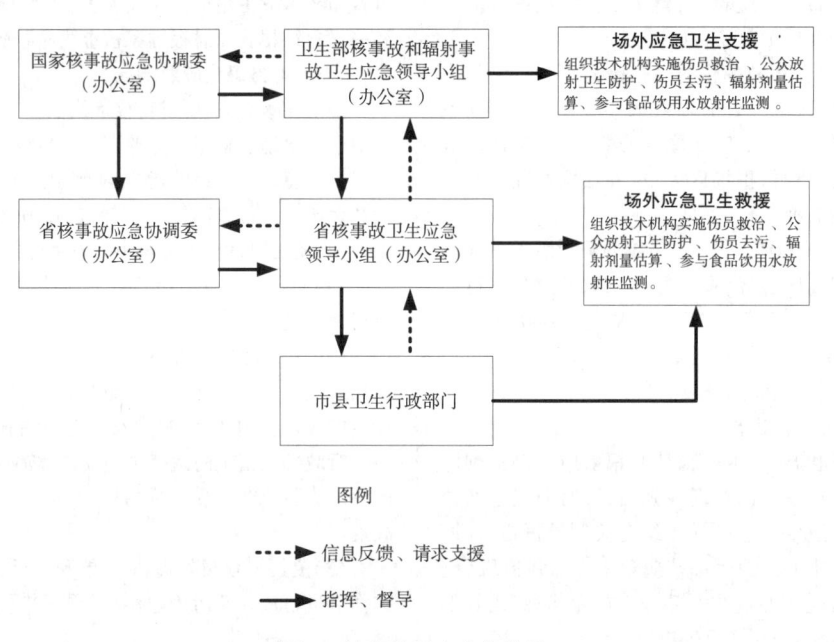

图 2 核事故卫生应急流程

5 辐射事故卫生应急响应

5.1 辐射事故的卫生应急响应分级

根据辐射事故的性质、严重程度、可控性和影响范围等因素,将辐射事故的卫生应急响应分为特别重大辐射事故、重大辐射事故、较大辐射事故和一般辐射事故四个等级。

特别重大辐射事故,是指Ⅰ类、Ⅱ类放射源丢失、被盗、失控造成大范围严重辐射污染后果,或者放射性同位素和射线装置失控导致3人以上(含3人)受到全身照射剂量大于8戈瑞。

重大辐射事故,是指Ⅰ类、Ⅱ类放射源丢失、被盗、失控,或者放射性同位素和射线装置失控导致2人以下(含2人)受到全身照射剂量大于8戈瑞或者10人以上(含10人)急性重度放射病、局部器官残疾。

较大辐射事故,是指Ⅲ类放射源丢失、被盗、失控,或者放射性同位素和射线装置失控导致9人以下(含9人)急性重度放射病、局部器官残疾。

一般辐射事故,是指Ⅳ类、Ⅴ类放射源丢失、被盗、失控,或者放射性同位素和射线装置失控导致人员受到超过年剂量限值的照射。

5.2 辐射事故的报告

医疗机构或医生发现有病人出现典型急性放射病或放射性皮肤损伤症状时,医疗机构应在2小时内向当地卫生行政部门报告。

接到辐射事故报告的卫生行政部门,应在2小时内向上一级卫生行政部门报告,直至省级卫生行政部门,同时向同级环境保护部门和公安部门通报,并将辐射事故信息报告同级人民政府;发生特别重大辐射事故时,应同时向卫生部报告。

省级卫生行政部门接到辐射事故报告后,经初步判断,认为该辐射事故可能属特别重大辐射事故和重大辐射事故时,应在2小时内将辐射事故信息报告省级人民政府和卫生部,并及时通报省级环境保护部门和公安部门。

5.3 辐射事故的卫生应急响应

辐射事故的卫生应急响应坚持属地为主的原则。特别重大辐射事故的卫生应急响应由卫生部组织实施，重大辐射事故、较大辐射事故和一般辐射事故的卫生应急响应由省级卫生行政部门组织实施。

5.3.1 特别重大辐射事故的卫生应急响应

卫生部接到特别重大辐射事故的通报或报告中有人员受到放射损伤时，立即启动特别重大辐射事故卫生应急响应工作，并上报国务院应急办，同时通报环境保护部。卫生部核事故和辐射事故卫生应急领导小组组织专家组对损伤人员和救治情况进行综合评估，根据需要及时派专家或应急队伍赴事故现场开展卫生应急，开展医疗救治和公众防护工作。

辐射事故发生地的省、自治区、直辖市卫生行政部门在卫生部的指挥下，组织实施辐射事故卫生应急响应工作。

5.3.2 重大辐射事故、较大辐射事故和一般辐射事故的卫生应急响应

省、自治区、直辖市卫生行政部门接到重大辐射事故、较大辐射事故和一般辐射事故的通报、报告或指令，并存在人员受到超剂量照射时，组织实施辖区内的卫生应急工作，立即派遣卫生应急队伍赴事故现场开展现场处理和人员救护，必要时可请求卫生部支援。

卫生部在接到支援请求后，卫生部核和辐射应急办主任组织实施卫生应急工作，根据需要及时派遣专家或应急队伍赴事故现场开展卫生应急。

辐射事故发生地的市（地）、州和县级卫生行政部门在省、自治区、直辖市卫生行政部门的指导下，组织实施辐射事故卫生应急工作。

（1）伤员分类：根据伤情、放射性污染和辐射照射情况对伤员进行初步分类。

（2）伤员救护：对危重伤病员进行紧急救护，非放射损伤人员和中度以下放射损伤人员送当地卫生行政部门指定的医疗机构救治，中度及以上放射损伤人员送省级卫生行政部门指定的医疗机构救治。为避免继续受到辐射照射，应尽快将伤员撤离事故现场。

（3）受污染人员处理：放射性污染事件中，对可能和已经受到放射性污染的人员进行放射性污染检测，对受污染人员进行去污处理，防止污染扩散。

（4）受照剂量估算：收集可供估算人员受照剂量的生物样品和物品，对可能受到超过年剂量限值照射的人员进行辐射剂量估算。

（5）公众防护：指导公众做好个人防护，开展心理效应防治；根据情况提出保护公众健康的措施建议。

（6）饮用水和食品的放射性监测：放射性污染事件中，参与饮用水和食品的放射性监测，提出饮用水和食品能否饮用和食用的建议。

（7）卫生应急人员防护：卫生应急人员要做好个体防护，尽量减少受辐射照射剂量。

辐射事故卫生应急流程见图3，卫生应急处理流程见附件4。

5.4 卫生应急响应终止

辐射事故的卫生应急工作完成，伤病员在医疗机构得到救治，卫生部核事故和辐射事故卫生应急领导小组可宣布特别重大辐射事故的卫生应急响应终止，并报国务院应急办公室备案，同时通报环境保护部；省、自治区、直辖市卫生行政部门可宣布重大辐射事故、较大辐射事故和一般辐射事故的卫生应急响应终止，并报当地政府应急办公室备案，同时通报当地政府环保部门。

辐射事故卫生应急响应终止后，组织和参与卫生应急响应的地方卫生行政部门在一个月内提交书面总结报告，报送上级卫生行政部门，抄送同级环境保护部门和公安部门。重大辐射事故和较大辐射事故的卫生应急响应总结报告上报卫生部。

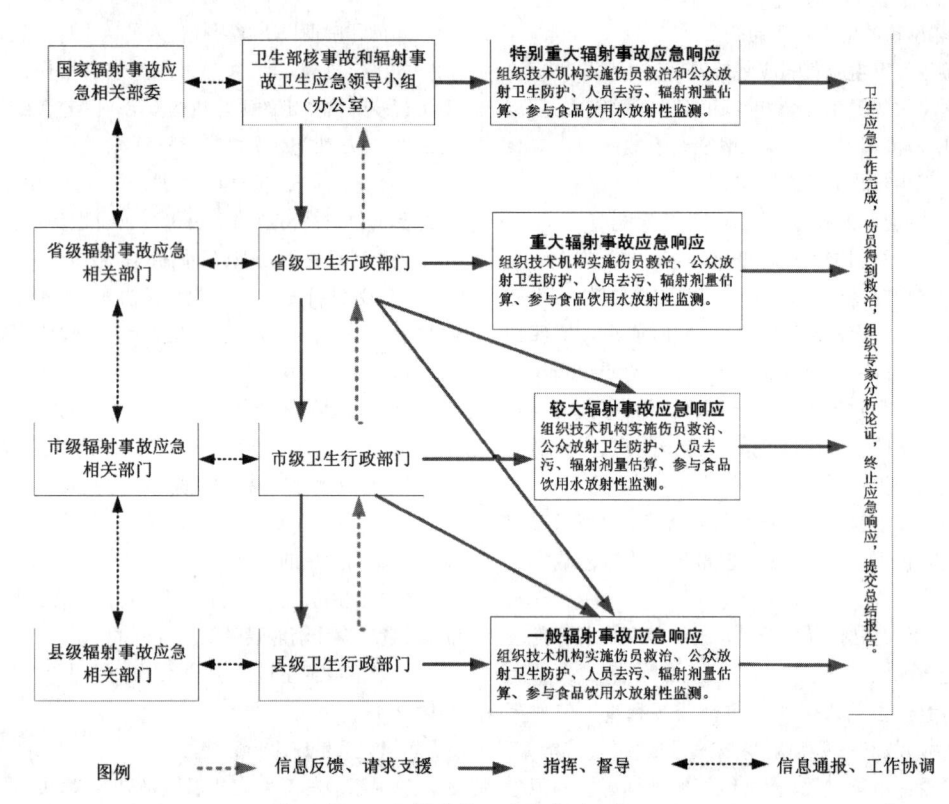

图 3　辐射事故卫生应急流程图

5.5　卫生应急响应评估
5.5.1　进程评估
针对辐射事故卫生应急响应过程的各个环节、处理措施的有效性和负面效应进行评估，对伤员和公众健康的危害影响进行评估和预测，及时总结经验与教训，修订技术方案。

5.5.2　终结评估
辐射事故卫生应急响应完成后，各相关部门应对卫生应急响应过程中的成功经验及时进行总结，针对出现的问题及薄弱环节加以改进，及时修改、完善辐射事故卫生应急预案，完善人才队伍和体系建设，不断提高辐射事故卫生应急能力。评估报告上报本级人民政府应急办公室和上级卫生行政部门。

6　附　则

6.1　名词术语解释
核事故：核电厂或其他核设施中很少发生的严重偏离运行工况的状态；在这种状态下，放射性物质的释放可能或已经失去应有的控制，达到不可接受的水平。

辐射事故：放射源丢失、被盗、失控，或者放射性同位素和射线装置失控导致人员受到异常照射。

6.2　责任与奖惩
核事故和辐射事故卫生应急工作实行责任制和责任追究制。

各级卫生行政部门应对核事故和辐射事故卫生应急工作做出贡献的先进集体和个人给予表彰、奖励；对失职、渎职的有关责任人，依据国家有关法规追究责任，构成犯罪的，依法追究刑事责任。

6.3　预案制定与修订
本预案由卫生部修订并负责解释，自发布之日起实施。各地区可结合实际制订本地区的核事故和辐射事故卫生应急预案和实施程序。

本预案根据核事故和辐射事故卫生应急实施过程中发现的问题适时进行修订和补充。

附件： 1. 卫生部核事故和辐射事故卫生应急领导小

组成员组成(略)

2. 卫生部核事故和辐射事故卫生应急领导小组办公室成员组成(略)

3. 核事故卫生应急处理流程
4. 辐射事故卫生应急处理流程

附件3

核事故卫生应急处理流程

```
核事故发生
    ↓
医护人员和放射卫生人员接到指令,穿戴防护服、个人剂量计,携带应急药箱、辐射检测仪赴现场
    ↓                                                    →  放射卫生人员在场区应急时向公众发放稳定性碘片
伤员分类                                                        ↓
    ↓                                                        场外应急时向应急人员发放个人剂量计
┌──────────────┬──────────────┐                                ↓
非重伤员放射性污染检测、        重伤员现场急救,用毯            应急终止时向应急人员回收个人剂量计
剂量初估、外周血淋巴            子包裹尽快脱离污染区              ↓
细胞计数、采集生物样                                          实验室个人剂量检测
品和剂量估算样品
    ↓
┌────────┬────────────┬──────────────┐
未受照射、  受照射、无污染人员    外污染伤员脱去污染衣
无污染伤员  根据临床表现和初估    服,送省级核和辐射损
常规治疗、  剂量进行医学处理      伤救治基地去污治疗;       放射卫生人员参与
心理咨询                         内污染人员尽早服用阻      食品和饮用水放射
                                吸收和促排药              性监测
    ↓          ↓     ↓    ↓        ↓                      ↓
2戈瑞    2~4戈  4~8   8戈                              提出食品饮用水建议
以下送    瑞送省  戈瑞  瑞以
普通医    级指定  伤救  上送
院治疗    医院治  治基  国家
          疗      地治  核和
                  疗    辐射
                        损伤
                        救治
                        基地
                        治疗
    ↓
及时报告救治情况
    ↓                                                   提出公众、应急
评估、总结  ←─────────────────────────────────────────  人员防护建议
```

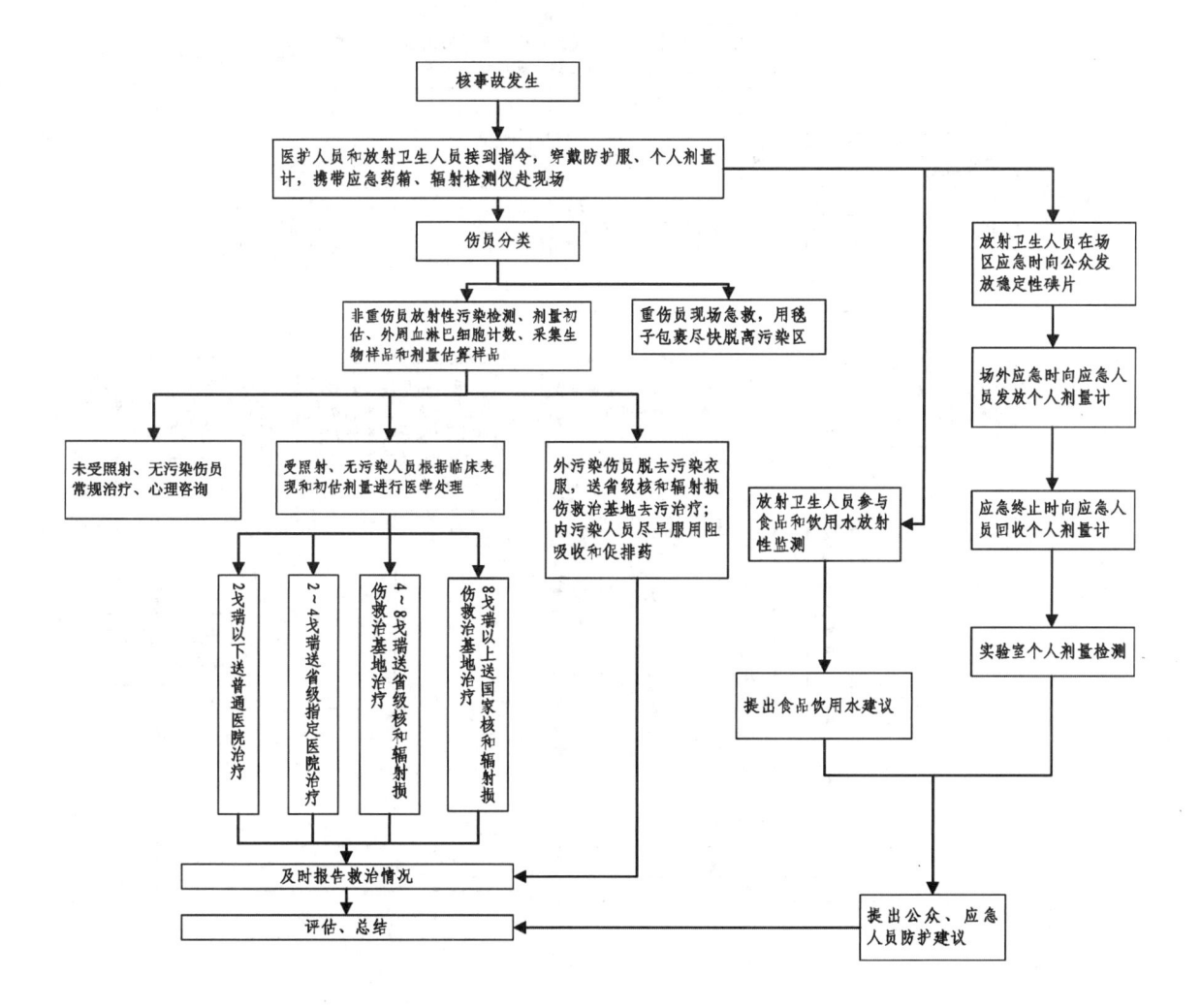

附件 4

辐射事故卫生应急处理流程

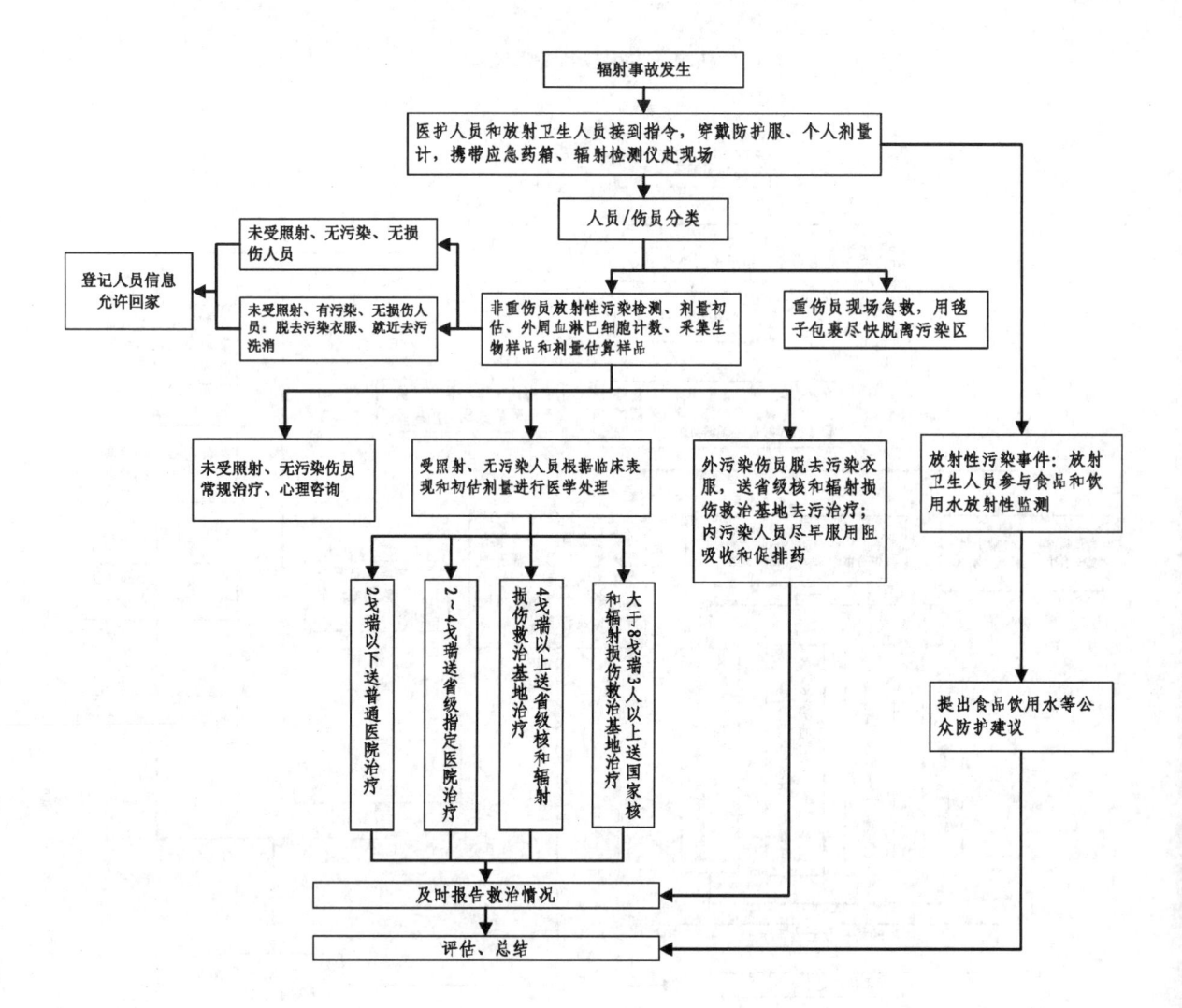

```
                         辐射事故发生
                              │
                              ▼
              医护人员和放射卫生人员接到指令，穿戴防护服、个人剂量
              计，携带应急药箱、辐射检测仪赴现场
                              │
                              ▼
                         人员/伤员分类
                              │
     ┌────────────────────────┼────────────────────────┐
     │                        │                        │
未受照射、无污染、无损         非重伤员放射性污染检测、剂量初    重伤员现场急救，用毯
伤人员                        估、外周血淋巴细胞计数、采集生    子包裹尽快脱离污染区
     │                        物样品和剂量估算样品              │
     ▼                                                         │
登记人员信息                                                   │
允许回家                                                       │
                                                               │
未受照射、有污染、无损伤人                                     │
员：脱去污染衣服、就近去污                                     │
洗消                                                           │
                                                               │
     ┌──────┬──────────┬─────────────┬──────────────┐         │
     ▼      ▼          ▼             ▼              ▼         ▼
  未受照  受照射、  外污染伤员脱去污染衣              放射性污染事件：放射
  射、无  无污染   服，送省级核和辐射损              卫生人员参与食品和饮
  污染伤  人员根   伤救治基地去污治疗；              用水放射性监测
  员常规  据临床   内污染人员尽早服用阻                      │
  治疗、  表现和   吸和促排药                                │
  心理咨  初估剂                                             │
  询      量进行                                             │
          医学处                                             │
          理                                                 │
                                                             ▼
  ┌────┬────┬────┬────┐                          提出食品饮用水等公
  ▼    ▼    ▼    ▼                               众防护建议
 2戈  2~4  4戈  大于8戈
 瑞以 戈瑞 瑞以 瑞3人以
 下送 送省 上送 上送国
 普通 级指 省级 家核和
 医院 定医 核和 辐射损
 治疗 院治 辐射 伤救治
      疗   损伤 基地治
           救治 疗
           基地
           治疗
           │
           ▼
      及时报告救治情况  ◄──────────────
           │
           ▼
        评估、总结  ◄──────────────────
```

六、医疗纠纷处理

1．医疗事故处理

医疗纠纷预防和处理条例

- 2018年6月20日国务院第13次常务会议通过
- 2018年7月31日中华人民共和国国务院令第701号公布
- 自2018年10月1日起施行

第一章 总 则

第一条 为了预防和妥善处理医疗纠纷，保护医患双方的合法权益，维护医疗秩序，保障医疗安全，制定本条例。

第二条 本条例所称医疗纠纷，是指医患双方因诊疗活动引发的争议。

第三条 国家建立医疗质量安全管理体系，深化医药卫生体制改革，规范诊疗活动，改善医疗服务，提高医疗质量，预防、减少医疗纠纷。

在诊疗活动中，医患双方应当互相尊重，维护自身权益应当遵守有关法律、法规的规定。

第四条 处理医疗纠纷，应当遵循公平、公正、及时的原则，实事求是，依法处理。

第五条 县级以上人民政府应当加强对医疗纠纷预防和处理工作的领导、协调，将其纳入社会治安综合治理体系，建立部门分工协作机制，督促部门依法履行职责。

第六条 卫生主管部门负责指导、监督医疗机构做好医疗纠纷的预防和处理工作，引导医患双方依法解决医疗纠纷。

司法行政部门负责指导医疗纠纷人民调解工作。

公安机关依法维护医疗机构治安秩序，查处、打击侵害患者和医务人员合法权益以及扰乱医疗秩序等违法犯罪行为。

财政、民政、保险监督管理等部门和机构按照各自职责做好医疗纠纷预防和处理的有关工作。

第七条 国家建立完善医疗风险分担机制，发挥保险机制在医疗纠纷处理中的第三方赔付和医疗风险社会化分担的作用，鼓励医疗机构参加医疗责任保险，鼓励患者参加医疗意外保险。

第八条 新闻媒体应当加强医疗卫生法律、法规和医疗卫生常识的宣传，引导公众理性对待医疗风险；报道医疗纠纷，应当遵守有关法律、法规的规定，恪守职业道德，做到真实、客观、公正。

第二章 医疗纠纷预防

第九条 医疗机构及其医务人员在诊疗活动中应当以患者为中心，加强人文关怀，严格遵守医疗卫生法律、法规、规章和诊疗相关规范、常规，恪守职业道德。

医疗机构应当对其医务人员进行医疗卫生法律、法规、规章和诊疗相关规范、常规的培训，并加强职业道德教育。

第十条 医疗机构应当制定并实施医疗质量安全管理制度，设置医疗服务质量监控部门或者配备专（兼）职人员，加强对诊断、治疗、护理、药事、检查等工作的规范化管理，优化服务流程，提高服务水平。

医疗机构应当加强医疗风险管理，完善医疗风险的识别、评估和防控措施，定期检查措施落实情况，及时消除隐患。

第十一条 医疗机构应当按照国务院卫生主管部门制定的医疗技术临床应用管理规定，开展与其技术能力相适应的医疗技术服务，保障临床应用安全，降低医疗风险；采用医疗新技术的，应当开展技术评估和伦理审查，确保安全有效、符合伦理。

第十二条 医疗机构应当依照有关法律、法规的规定，严格执行药品、医疗器械、消毒药剂、血液等的进货查验、保管等制度。禁止使用无合格证明文件、过期等不合格的药品、医疗器械、消毒药剂、血液等。

第十三条 医务人员在诊疗活动中应当向患者说明病情和医疗措施。需要实施手术，或者开展临床试验等存在一定危险性、可能产生不良后果的特殊检查、特殊治疗的，医务人员应当及时向患者说明医疗风险、替代医疗方案等情况，并取得其书面同意；在患者处于昏迷等无法自主作出决定的状态或者病情不宜向患者说明等情形下，应当向患者的近亲属说明，并取得其书面同意。

紧急情况下不能取得患者或者其近亲属意见的，经医疗机构负责人或者授权的负责人批准，可以立即实施相应的医疗措施。

第十四条 开展手术、特殊检查、特殊治疗等具有较高医疗风险的诊疗活动，医疗机构应当提前预备应对方案，主动防范突发风险。

第十五条 医疗机构及其医务人员应当按照国务院卫生主管部门的规定，填写并妥善保管病历资料。

因紧急抢救未能及时填写病历的，医务人员应当在抢救结束后6小时内据实补记，并加以注明。

任何单位和个人不得篡改、伪造、隐匿、毁灭或者抢夺病历资料。

第十六条 患者有权查阅、复制其门诊病历、住院志、体温单、医嘱单、化验单（检验报告）、医学影像检查资料、特殊检查同意书、手术同意书、手术及麻醉记录、病理资料、护理记录、医疗费用以及国务院卫生主管部门规定的其他属于病历的全部资料。

患者要求复制病历资料的，医疗机构应当提供复制服务，并在复制的病历资料上加盖证明印记。复制病历资料时，应当有患者或者其近亲属在场。医疗机构应患者的要求为其复制病历资料，可以收取工本费，收费标准应当公开。

患者死亡的，其近亲属可以依照本条例的规定，查阅、复制病历资料。

第十七条 医疗机构应当建立健全医患沟通机制，对患者在诊疗过程中提出的咨询、意见和建议，应当耐心解释、说明，并按照规定进行处理；对患者就诊疗行为提出的疑问，应当及时予以核实、自查，并指定有关人员与患者或者其近亲属沟通，如实说明情况。

第十八条 医疗机构应当建立健全投诉接待制度，设置统一的投诉管理部门或者配备专（兼）职人员，在医疗机构显著位置公布医疗纠纷解决途径、程序和联系方式等，方便患者投诉或者咨询。

第十九条 卫生主管部门应当督促医疗机构落实医疗质量安全管理制度，组织开展医疗质量安全评估，分析医疗质量安全信息，针对发现的风险制定防范措施。

第二十条 患者应当遵守医疗秩序和医疗机构有关就诊、治疗、检查的规定，如实提供与病情有关的信息，配合医务人员开展诊疗活动。

第二十一条 各级人民政府应当加强健康促进与教育工作，普及健康科学知识，提高公众对疾病治疗等医学科学知识的认知水平。

第三章 医疗纠纷处理

第二十二条 发生医疗纠纷，医患双方可以通过下列途径解决：

（一）双方自愿协商；

（二）申请人民调解；

（三）申请行政调解；

（四）向人民法院提起诉讼；

（五）法律、法规规定的其他途径。

第二十三条 发生医疗纠纷，医疗机构应当告知患者或者其近亲属下列事项：

（一）解决医疗纠纷的合法途径；

（二）有关病历资料、现场实物封存和启封的规定；

（三）有关病历资料查阅、复制的规定。

患者死亡的，还应当告知其近亲属有关尸检的规定。

第二十四条 发生医疗纠纷需要封存、启封病历资料的，应当在医患双方在场的情况下进行。封存的病历资料可以是原件，也可以是复制件，由医疗机构保管。病历尚未完成需要封存的，对已完成病历先行封存；病历按照规定完成后，再对后续完成部分进行封存。医疗机构应当对封存的病历开列封存清单，由医患双方签字或者盖章，各执一份。

病历资料封存后医疗纠纷已经解决，或者患者在病历资料封存满3年未再提出解决医疗纠纷要求的，医疗机构可以自行启封。

第二十五条 疑似输液、输血、注射、用药等引起不良后果的，医患双方应当共同对现场实物进行封存、启封，封存的现场实物由医疗机构保管。需要检验的，应当由双方共同委托依法具有检验资格的检验机构进行检验；双方无法共同委托的，由医疗机构所在地县级人民政府卫生主管部门指定。

疑似输血引起不良后果，需要对血液进行封存保留的，医疗机构应当通知提供该血液的血站派员到场。

现场实物封存后医疗纠纷已经解决，或者患者在现场实物封存满3年未再提出解决医疗纠纷要求的，医疗机构可以自行启封。

第二十六条 患者死亡，医患双方对死因有异议的，应当在患者死亡后48小时内进行尸检；具备尸体冻存条件的，可以延长至7日。尸检应当经死者近亲属同意并签字，拒绝签字的，视为死者近亲属不同意进行尸检。不同意或者拖延尸检，超过规定时间，影响对死因判定的，由不同意或者拖延的一方承担责任。

尸检应当由按照国家有关规定取得相应资格的机构和专业技术人员进行。

医患双方可以委派代表观察尸检过程。

第二十七条　患者在医疗机构内死亡的,尸体应当立即移放太平间或者指定的场所,死者尸体存放时间一般不得超过14日。逾期不处理的尸体,由医疗机构在向所在地县级人民政府卫生主管部门和公安机关报告后,按照规定处理。

第二十八条　发生重大医疗纠纷的,医疗机构应当按照规定向所在地县级以上地方人民政府卫生主管部门报告。卫生主管部门接到报告后,应当及时了解掌握情况,引导医患双方通过合法途径解决纠纷。

第二十九条　医患双方应当依法维护医疗秩序。任何单位和个人不得实施危害患者和医务人员人身安全、扰乱医疗秩序的行为。

医疗纠纷中发生涉嫌违反治安管理行为或者犯罪行为的,医疗机构应当立即向所在地公安机关报案。公安机关应当及时采取措施,依法处置,维护医疗秩序。

第三十条　医患双方选择协商解决医疗纠纷的,应当在专门场所协商,不得影响正常医疗秩序。医患双方人数较多的,应当推举代表进行协商,每方代表人数不超过5人。

协商解决医疗纠纷应当坚持自愿、合法、平等的原则,尊重当事人的权利,尊重客观事实。医患双方应当文明、理性表达意见和要求,不得有违法行为。

协商确定赔付金额应当以事实为依据,防止畸高或者畸低。对分歧较大或者索赔数额较高的医疗纠纷,鼓励医患双方通过人民调解的途径解决。

医患双方经协商达成一致的,应当签署书面和解协议书。

第三十一条　申请医疗纠纷人民调解的,由医患双方共同向医疗纠纷人民调解委员会提出申请;一方申请调解的,医疗纠纷人民调解委员会在征得另一方同意后进行调解。

申请人可以以书面或者口头形式申请调解。书面申请的,申请书应当载明申请人的基本情况、申请调解的争议事项和理由等;口头申请的,医疗纠纷人民调解员应当场记录申请人的基本情况、申请调解的争议事项和理由等,并经申请人签字确认。

医疗纠纷人民调解委员会获悉医疗机构内发生重大医疗纠纷,可以主动开展工作,引导医患双方申请调解。

当事人已经向人民法院提起诉讼并且已被受理,或者已经申请卫生主管部门调解并且已被受理的,医疗纠纷人民调解委员会不予受理;已经受理的,终止调解。

第三十二条　设立医疗纠纷人民调解委员会,应当遵守《中华人民共和国人民调解法》的规定,并符合本地区实际需要。医疗纠纷人民调解委员会应当自设立之日起30个工作日内向所在地县级以上地方人民政府司法行政部门备案。

医疗纠纷人民调解委员会应当根据具体情况,聘任一定数量的具有医学、法学等专业知识且热心调解工作的人员担任专(兼)职医疗纠纷人民调解员。

医疗纠纷人民调解委员会调解医疗纠纷,不得收取费用。医疗纠纷人民调解工作所需经费按照国务院财政、司法行政部门的有关规定执行。

第三十三条　医疗纠纷人民调解委员会调解医疗纠纷时,可以根据需要咨询专家,并可以从本条例第三十五条规定的专家库中选取专家。

第三十四条　医疗纠纷人民调解委员会调解医疗纠纷,需要进行医疗损害鉴定以明确责任的,由医患双方共同委托医学会或者司法鉴定机构进行鉴定,也可以经医患双方同意,由医疗纠纷人民调解委员会委托鉴定。

医学会或者司法鉴定机构接受委托从事医疗损害鉴定,应当由鉴定事项所涉专业的临床医学、法医学等专业人员进行鉴定;医学会或者司法鉴定机构没有相关专业人员的,应当从本条例第三十五条规定的专家库中抽取相关专业专家进行鉴定。

医学会或者司法鉴定机构开展医疗损害鉴定,应当执行规定的标准和程序,尊重科学,恪守职业道德,对出具的医疗损害鉴定意见负责,不得出具虚假鉴定意见。医疗损害鉴定的具体管理办法由国务院卫生、司法行政部门共同制定。

鉴定费预先向医患双方收取,最终按照责任比例承担。

第三十五条　医疗损害鉴定专家库由设区的市级以上人民政府卫生、司法行政部门共同设立。专家库应当包含医学、法学、法医学等领域的专家。聘请专家进入专家库,不受行政区域的限制。

第三十六条　医学会、司法鉴定机构作出的医疗损害鉴定意见应当载明并详细论述下列内容:
(一)是否存在医疗损害以及损害程度;
(二)是否存在医疗过错;
(三)医疗过错与医疗损害是否存在因果关系;
(四)医疗过错在医疗损害中的责任程度。

第三十七条　咨询专家、鉴定人员有下列情形之一的,应当回避,当事人也可以以口头或者书面形式申请其回避:

（一）是医疗纠纷当事人或者当事人的近亲属；
（二）与医疗纠纷有利害关系的；
（三）与医疗纠纷当事人有其他关系，可能影响医疗纠纷公正处理。

第三十八条　医疗纠纷人民调解委员会应当自受理之日起30个工作日内完成调解。需要鉴定的，鉴定时间不计入调解期限。因特殊情况需要延长调解期限的，医疗纠纷人民调解委员会和医患双方可以约定延长调解期限。超过调解期限未达成调解协议的，视为调解不成。

第三十九条　医患双方经人民调解达成一致的，医疗纠纷人民调解委员会应当制作调解协议书。调解协议书经医患双方签字或者盖章，人民调解员签字并加盖医疗纠纷人民调解委员会印章后生效。

达成调解协议的，医疗纠纷人民调解委员会应当告知医患双方可以依法向人民法院申请司法确认。

第四十条　医患双方申请医疗纠纷行政调解的，应当参照本条例第三十一条第一款、第二款的规定向医疗纠纷发生地县级人民政府卫生主管部门提出申请。

卫生主管部门应当自收到申请之日起5个工作日内作出是否受理的决定。当事人已经向人民法院提起诉讼并且已被受理，或者已经申请医疗纠纷人民调解委员会调解并且已被受理的，卫生主管部门不予受理；已经受理的，终止调解。

卫生主管部门应当自受理之日起30个工作日内完成调解。需要鉴定的，鉴定时间不计入调解期限。超过调解期限未达成调解协议的，视为调解不成。

第四十一条　卫生主管部门调解医疗纠纷需要进行专家咨询的，可以从本条例第三十五条规定的专家库中抽取专家；医患双方认为需要进行医疗损害鉴定以明确责任的，参照本条例第三十四条的规定进行鉴定。

医患双方经卫生主管部门调解达成一致的，应当签署调解协议书。

第四十二条　医疗纠纷人民调解委员会及其人民调解员、卫生主管部门及其工作人员应当对医患双方的个人隐私等事项予以保密。

未经医患双方同意，医疗纠纷人民调解委员会、卫生主管部门不得公开进行调解，也不得公开调解协议的内容。

第四十三条　发生医疗纠纷，当事人协商、调解不成的，可依法向人民法院提起诉讼。当事人也可以直接向人民法院提起诉讼。

第四十四条　发生医疗纠纷，需要赔偿的，赔付金额依照法律的规定确定。

第四章　法律责任

第四十五条　医疗机构篡改、伪造、隐匿、毁灭病历资料的，对直接负责的主管人员和其他直接责任人员，由县级以上人民政府卫生主管部门给予或者责令给予降低岗位等级或者撤职的处分，对有关医务人员责令暂停6个月以上1年以下执业活动；造成严重后果的，对直接负责的主管人员和其他直接责任人员给予或者责令给予开除的处分，对有关医务人员由原发证部门吊销执业证书；构成犯罪的，依法追究刑事责任。

第四十六条　医疗机构将未通过技术评估和伦理审查的医疗新技术应用于临床的，由县级以上人民政府卫生主管部门没收违法所得，并处5万元以上10万元以下罚款，对直接负责的主管人员和其他直接责任人员给予或者责令给予降低岗位等级或者撤职的处分，对有关医务人员责令暂停6个月以上1年以下执业活动；情节严重的，对直接负责的主管人员和其他直接责任人员给予或者责令给予开除的处分，对有关医务人员由原发证部门吊销执业证书；构成犯罪的，依法追究刑事责任。

第四十七条　医疗机构及其医务人员有下列情形之一的，由县级以上人民政府卫生主管部门责令改正，给予警告，并处1万元以上5万元以下罚款；情节严重的，对直接负责的主管人员和其他直接责任人员给予或者责令给予降低岗位等级或者撤职的处分，对有关医务人员可以责令暂停1个月以上6个月以下执业活动；构成犯罪的，依法追究刑事责任：

（一）未按规定制定和实施医疗质量安全管理制度；
（二）未按规定告知患者病情、医疗措施、医疗风险、替代医疗方案等；
（三）开展具有较高医疗风险的诊疗活动，未提前预备应对方案防范突发风险；
（四）未按规定填写、保管病历资料，或者未按规定补记抢救病历；
（五）拒绝为患者提供查阅、复制病历资料服务；
（六）未建立投诉接待制度、设置统一投诉管理部门或者配备专(兼)职人员；
（七）未按规定封存、保管、启封病历资料和现场实物；
（八）未按规定向卫生主管部门报告重大医疗纠纷；
（九）其他未履行本条例规定义务的情形。

第四十八条　医学会、司法鉴定机构出具虚假医疗损害鉴定意见的，由县级以上人民政府卫生、司法行政部门依据职责没收违法所得，并处5万元以上10万元以下罚款,对该医学会、司法鉴定机构和有关鉴定人员责令暂停3个月以上1年以下医疗损害鉴定业务,对直接负责的主管人员和其他直接责任人员给予或者责令给予降低岗位等级或者撤职的处分;情节严重的,该医学会、司法鉴定机构和有关鉴定人员5年内不得从事医疗损害鉴定业务或者撤销登记,对直接负责的主管人员和其他直接责任人员给予或者责令给予开除的处分;构成犯罪的,依法追究刑事责任。

第四十九条 尸检机构出具虚假尸检报告的,由县级以上人民政府卫生、司法行政部门依据职责没收违法所得,并处5万元以上10万元以下罚款,对该尸检机构和有关尸检专业技术人员责令暂停3个月以上1年以下尸检业务,对直接负责的主管人员和其他直接责任人员给予或者责令给予降低岗位等级或者撤职的处分;情节严重的,撤销该尸检机构和有关尸检专业技术人员的尸检资格,对直接负责的主管人员和其他直接责任人员给予或者责令给予开除的处分;构成犯罪的,依法追究刑事责任。

第五十条 医疗纠纷人民调解员有下列行为之一的,由医疗纠纷人民调解委员会给予批评教育、责令改正;情节严重的,依法予以解聘:

(一)偏袒一方当事人;
(二)侮辱当事人;
(三)索取、收受财物或者牟取其他不正当利益;
(四)泄露医患双方个人隐私等事项。

第五十一条 新闻媒体编造、散布虚假医疗纠纷信息的,由有关主管部门依法给予处罚;给公民、法人或者其他组织的合法权益造成损害的,依法承担消除影响、恢复名誉、赔偿损失、赔礼道歉等民事责任。

第五十二条 县级以上人民政府卫生主管部门和其他有关部门及其工作人员在医疗纠纷预防和处理工作中,不履行职责或者滥用职权、玩忽职守、徇私舞弊的,由上级人民政府卫生等有关部门或者监察机关责令改正;依法对直接负责的主管人员和其他直接责任人员给予处分;构成犯罪的,依法追究刑事责任。

第五十三条 医患双方在医疗纠纷处理中,造成人身、财产或者其他损害的,依法承担民事责任;构成违反治安管理行为的,由公安机关依法给予治安管理处罚;构成犯罪的,依法追究刑事责任。

第五章 附 则

第五十四条 军队医疗机构的医疗纠纷预防和处理办法,由中央军委机关有关部门会同国务院卫生主管部门依据本条例制定。

第五十五条 对诊疗活动中医疗事故的行政调查处理,依照《医疗事故处理条例》的相关规定执行。

第五十六条 本条例自2018年10月1日起施行。

医疗事故处理条例

· 2002年4月4日中华人民共和国国务院令第351号公布
· 自2002年9月1日起施行

第一章 总 则

第一条 为了正确处理医疗事故,保护患者和医疗机构及其医务人员的合法权益,维护医疗秩序,保障医疗安全,促进医学科学的发展,制定本条例。

第二条 本条例所称医疗事故,是指医疗机构及其医务人员在医疗活动中,违反医疗卫生管理法律、行政法规、部门规章和诊疗护理规范、常规,过失造成患者人身损害的事故。

第三条 处理医疗事故,应当遵循公开、公平、公正、及时、便民的原则,坚持实事求是的科学态度,做到事实清楚、定性准确、责任明确、处理恰当。

第四条 根据对患者人身造成的损害程度,医疗事故分为四级:

一级医疗事故:造成患者死亡、重度残疾的;
二级医疗事故:造成患者中度残疾、器官组织损伤导致严重功能障碍的;
三级医疗事故:造成患者轻度残疾、器官组织损伤导致一般功能障碍的;
四级医疗事故:造成患者明显人身损害的其他后果的。

具体分级标准由国务院卫生行政部门制定。

第二章 医疗事故的预防与处置

第五条 医疗机构及其医务人员在医疗活动中,必须严格遵守医疗卫生管理法律、行政法规、部门规章和诊疗护理规范、常规,恪守医疗服务职业道德。

第六条 医疗机构应当对其医务人员进行医疗卫生管理法律、行政法规、部门规章和诊疗护理规范、常规的培训和医疗服务职业道德教育。

第七条 医疗机构应当设置医疗服务质量监控部门或者配备专(兼)职人员,具体负责监督本医疗机构的医务人员的医疗服务工作,检查医务人员执业情况,接受患者对医疗服务的投诉,向其提供咨询服务。

第八条 医疗机构应当按照国务院卫生行政部门规

定的要求，书写并妥善保管病历资料。

因抢救危急患者，未能及时书写病历的，有关医务人员应当在抢救结束后6小时内据实补记，并加以注明。

第九条 严禁涂改、伪造、隐匿、销毁或者抢夺病历资料。

第十条 患者有权复印或者复制其门诊病历、住院志、体温单、医嘱单、化验单（检验报告）、医学影像检查资料、特殊检查同意书、手术同意书、手术及麻醉记录单、病理资料、护理记录以及国务院卫生行政部门规定的其他病历资料。

患者依照前款规定要求复印或者复制病历资料的，医疗机构应当提供复印或者复制服务并在复印或者复制的病历资料上加盖证明印记。复印或者复制病历资料时，应当有患者在场。

医疗机构应患者的要求，为其复印或者复制病历资料，可以按照规定收取工本费。具体收费标准由省、自治区、直辖市人民政府价格主管部门会同同级卫生行政部门规定。

第十一条 在医疗活动中，医疗机构及其医务人员应当将患者的病情、医疗措施、医疗风险等如实告知患者，及时解答其咨询；但是，应当避免对患者产生不利后果。

第十二条 医疗机构应当制定防范、处理医疗事故的预案，预防医疗事故的发生，减轻医疗事故的损害。

第十三条 医务人员在医疗活动中发生或者发现医疗事故、可能引起医疗事故的医疗过失行为或者发生医疗事故争议的，应当立即向所在科室负责人报告，科室负责人应当及时向本医疗机构负责医疗服务质量监控的部门或者专（兼）职人员报告；负责医疗服务质量监控的部门或者专（兼）职人员接到报告后，应当立即进行调查、核实，将有关情况如实向本医疗机构的负责人报告，并向患者通报、解释。

第十四条 发生医疗事故的，医疗机构应当按照规定向所在地卫生行政部门报告。

发生下列重大医疗过失行为的，医疗机构应当在12小时内向所在地卫生行政部门报告：

（一）导致患者死亡或者可能为二级以上的医疗事故；

（二）导致3人以上人身损害后果；

（三）国务院卫生行政部门和省、自治区、直辖市人民政府卫生行政部门规定的其他情形。

第十五条 发生或者发现医疗过失行为，医疗机构及其医务人员应当立即采取有效措施，避免或者减轻对患者身体健康的损害，防止损害扩大。

第十六条 发生医疗事故争议时，死亡病例讨论记录、疑难病例讨论记录、上级医师查房记录、会诊意见、病程记录应当在医患双方在场的情况下封存和启封。封存的病历资料可以是复印件，由医疗机构保管。

第十七条 疑似输液、输血、注射、药物等引起不良后果的，医患双方应当共同对现场实物进行封存和启封，封存的现场实物由医疗机构保管；需要检验的，应当由双方共同指定的、依法具有检验资格的检验机构进行检验；双方无法共同指定时，由卫生行政部门指定。

疑似输血引起不良后果，需要对血液进行封存保留的，医疗机构应当通知提供该血液的采供血机构派员到场。

第十八条 患者死亡，医患双方当事人不能确定死因或者对死因有异议的，应当在患者死亡后48小时内进行尸检；具备尸体冻存条件的，可以延长至7日。尸检应当经死者近亲属同意并签字。

尸检应当由按照国家有关规定取得相应资格的机构和病理解剖专业技术人员进行。承担尸检任务的机构和病理解剖专业技术人员有进行尸检的义务。

医疗事故争议双方当事人可以请法医病理学人员参加尸检，也可以委派代表观察尸检过程。拒绝或者拖延尸检，超过规定时间，影响对死因判定的，由拒绝或者拖延的一方承担责任。

第十九条 患者在医疗机构内死亡的，尸体应当立即移放太平间。死者尸体存放时间一般不得超过2周。逾期不处理的尸体，经医疗机构所在地卫生行政部门批准，并报经同级公安部门备案后，由医疗机构按照规定进行处理。

第三章 医疗事故的技术鉴定

第二十条 卫生行政部门接到医疗机构关于重大医疗过失行为的报告或者医疗事故争议当事人要求处理医疗事故争议的申请后，对需要进行医疗事故技术鉴定的，应当交由负责医疗事故技术鉴定工作的医学会组织鉴定；医患双方协商解决医疗事故争议，需要进行医疗事故技术鉴定的，由双方当事人共同委托负责医疗事故技术鉴定工作的医学会组织鉴定。

第二十一条 设区的市级地方医学会和省、自治区、直辖市直接管辖的县（市）地方医学会负责组织首次医疗事故技术鉴定工作。省、自治区、直辖市地方医学会负责组织再次鉴定工作。

必要时，中华医学会可以组织疑难、复杂并在全国有重大影响的医疗事故争议的技术鉴定工作。

第二十二条 当事人对首次医疗事故技术鉴定结论不服的，可以自收到首次鉴定结论之日起15日内向医疗机构所在地卫生行政部门提出再次鉴定的申请。

第二十三条 负责组织医疗事故技术鉴定工作的医学会应当建立专家库。

专家库由具备下列条件的医疗卫生专业技术人员组成：

（一）有良好的业务素质和执业品德；

（二）受聘于医疗卫生机构或者医学教学、科研机构并担任相应专业高级技术职务3年以上。

符合前款第（一）项规定条件并具备高级技术任职资格的法医可以受聘进入专家库。

负责组织医疗事故技术鉴定工作的医学会依照本条例规定聘请医疗卫生专业技术人员和法医进入专家库，可以不受行政区域的限制。

第二十四条 医疗事故技术鉴定，由负责组织医疗事故技术鉴定工作的医学会组织专家鉴定组进行。

参加医疗事故技术鉴定的相关专业的专家，由医患双方在医学会主持下从专家库中随机抽取。在特殊情况下，医学会根据医疗事故技术鉴定工作的需要，可以组织医患双方在其他医学会建立的专家库中随机抽取相关专业的专家参加鉴定或者函件咨询。

符合本条例第二十三条规定条件的医疗卫生专业技术人员和法医有义务受聘进入专家库，并承担医疗事故技术鉴定工作。

第二十五条 专家鉴定组进行医疗事故技术鉴定，实行合议制。专家鉴定组人数为单数，涉及的主要学科的专家一般不得少于鉴定组成员的二分之一；涉及死因、伤残等级鉴定的，并应当从专家库中随机抽取法医参加专家鉴定组。

第二十六条 专家鉴定组成员有下列情形之一的，应当回避，当事人也可以以口头或者书面的方式申请其回避：

（一）是医疗事故争议当事人或者当事人的近亲属的；

（二）与医疗事故争议有利害关系的；

（三）与医疗事故争议当事人有其他关系，可能影响公正鉴定的。

第二十七条 专家鉴定组依照医疗卫生管理法律、行政法规、部门规章和诊疗护理规范、常规，运用医学科学原理和专业知识，独立进行医疗事故技术鉴定，对医疗事故进行鉴别和判定，为处理医疗事故争议提供医学依据。

任何单位或者个人不得干扰医疗事故技术鉴定工作，不得威胁、利诱、辱骂、殴打专家鉴定组成员。

专家鉴定组成员不得接受双方当事人的财物或者其他利益。

第二十八条 负责组织医疗事故技术鉴定工作的医学会应当自受理医疗事故技术鉴定之日起5日内通知医疗事故争议双方当事人提交进行医疗事故技术鉴定所需的材料。

当事人应当自收到医学会的通知之日起10日内提交有关医疗事故技术鉴定的材料、书面陈述及答辩。医疗机构提交的有关医疗事故技术鉴定的材料应当包括下列内容：

（一）住院患者的病程记录、死亡病例讨论记录、疑难病例讨论记录、会诊意见、上级医师查房记录等病历资料原件；

（二）住院患者的住院志、体温单、医嘱单、化验单（检验报告）、医学影像检查资料、特殊检查同意书、手术同意书、手术及麻醉记录单、病理资料、护理记录等病历资料原件；

（三）抢救急危患者，在规定时间内补记的病历资料原件；

（四）封存保留的输液、注射用物品和血液、药物等实物，或者依法具有检验资格的检验机构对这些物品、实物作出的检验报告；

（五）与医疗事故技术鉴定有关的其他材料。

在医疗机构建有病历档案的门诊、急诊患者，其病历资料由医疗机构提供；没有在医疗机构建立病历档案的，由患者提供。

医患双方应当依照本条例的规定提交相关材料。医疗机构无正当理由未依照本条例的规定如实提供相关材料，导致医疗事故技术鉴定不能进行的，应当承担责任。

第二十九条 负责组织医疗事故技术鉴定工作的医学会应当自接到当事人提交的有关医疗事故技术鉴定的材料、书面陈述及答辩之日起45日内组织鉴定并出具医疗事故技术鉴定书。

负责组织医疗事故技术鉴定工作的医学会可以向双方当事人调查取证。

第三十条 专家鉴定组应当认真审查双方当事人提交的材料，听取双方当事人的陈述及答辩并进行核实。

双方当事人应当按照本条例的规定如实提交进行医疗事故技术鉴定所需要的材料，并积极配合调查。当事人任何一方不予配合，影响医疗事故技术鉴定的，由不予配合的一方承担责任。

第三十一条 专家鉴定组应当在事实清楚、证据确凿的基础上，综合分析患者的病情和个体差异，作出鉴定结论，并制作医疗事故技术鉴定书。鉴定结论以专家鉴定组成员的过半数通过。鉴定过程应当如实记载。

医疗事故技术鉴定书应当包括下列主要内容：

（一）双方当事人的基本情况及要求；

（二）当事人提交的材料和负责组织医疗事故技术鉴定工作的医学会的调查材料；

（三）对鉴定过程的说明；

（四）医疗行为是否违反医疗卫生管理法律、行政法规、部门规章和诊疗护理规范、常规；

（五）医疗过失行为与人身损害后果之间是否存在因果关系；

（六）医疗过失行为在医疗事故损害后果中的责任程度；

（七）医疗事故等级；

（八）对医疗事故患者的医疗护理医学建议。

第三十二条 医疗事故技术鉴定办法由国务院卫生行政部门制定。

第三十三条 有下列情形之一的，不属于医疗事故：

（一）在紧急情况下为抢救垂危患者生命而采取紧急医学措施造成不良后果的；

（二）在医疗活动中由于患者病情异常或者患者体质特殊而发生医疗意外的；

（三）在现有医学科学技术条件下，发生无法预料或者不能防范的不良后果的；

（四）无过错输血感染造成不良后果的；

（五）因患方原因延误诊疗导致不良后果的；

（六）因不可抗力造成不良后果的。

第三十四条 医疗事故技术鉴定，可以收取鉴定费用。经鉴定，属于医疗事故的，鉴定费用由医疗机构支付；不属于医疗事故的，鉴定费用由提出医疗事故处理申请的一方支付。鉴定费用标准由省、自治区、直辖市人民政府价格主管部门会同同级财政部门、卫生行政部门规定。

第四章 医疗事故的行政处理与监督

第三十五条 卫生行政部门应当依照本条例和有关法律、行政法规、部门规章的规定，对发生医疗事故的医疗机构和医务人员作出行政处理。

第三十六条 卫生行政部门接到医疗机构关于重大医疗过失行为的报告后，除责令医疗机构及时采取必要的医疗救治措施，防止损害后果扩大外，应当组织调查，判定是否属于医疗事故；对不能判定是否属于医疗事故的，应当依照本条例的有关规定交由负责医疗事故技术鉴定工作的医学会组织鉴定。

第三十七条 发生医疗事故争议，当事人申请卫生行政部门处理的，应当提出书面申请。申请书应当载明申请人的基本情况、有关事实、具体请求及理由等。

当事人自知道或者应当知道其身体健康受到损害之日起1年内，可以向卫生行政部门提出医疗事故争议处理申请。

第三十八条 发生医疗事故争议，当事人申请卫生行政部门处理的，由医疗机构所在地的县级人民政府卫生行政部门受理。医疗机构所在地是直辖市的，由医疗机构所在地的区、县人民政府卫生行政部门受理。

有下列情形之一的，县级人民政府卫生行政部门应当自接到医疗机构的报告或者当事人提出医疗事故争议处理申请之日起7日内移送上一级人民政府卫生行政部门处理：

（一）患者死亡；

（二）可能为二级以上的医疗事故；

（三）国务院卫生行政部门和省、自治区、直辖市人民政府卫生行政部门规定的其他情形。

第三十九条 卫生行政部门应当自收到医疗事故争议处理申请之日起10日内进行审查，作出是否受理的决定。对符合本条例规定，予以受理，需要进行医疗事故技术鉴定的，应当自作出受理决定之日起5日内将有关材料交由负责医疗事故技术鉴定工作的医学会组织鉴定并书面通知申请人；对不符合本条例规定，不予受理的，应当书面通知申请人并说明理由。

当事人对首次医疗事故技术鉴定结论有异议，申请再次鉴定的，卫生行政部门应当自收到申请之日起7日内交由省、自治区、直辖市地方医学会组织再次鉴定。

第四十条 当事人既向卫生行政部门提出医疗事故争议处理申请，又向人民法院提起诉讼的，卫生行政部门不予受理；卫生行政部门已经受理的，应当终止处理。

第四十一条 卫生行政部门收到负责组织医疗事故技术鉴定工作的医学会出具的医疗事故技术鉴定书后，应当对参加鉴定的人员资格和专业类别、鉴定程序进行审核；必要时，可以组织调查，听取医疗事故争议双方当事人的意见。

第四十二条 卫生行政部门经审核,对符合本条例规定作出的医疗事故技术鉴定结论,应当作为对发生医疗事故的医疗机构和医务人员作出行政处理以及进行医疗事故赔偿调解的依据;经审核,发现医疗事故技术鉴定不符合本条例规定的,应当要求重新鉴定。

第四十三条 医疗事故争议由双方当事人自行协商解决的,医疗机构应当自协商解决之日起7日内向所在地卫生行政部门作出书面报告,并附具协议书。

第四十四条 医疗事故争议经人民法院调解或者判决解决的,医疗机构应当自收到生效的人民法院的调解书或者判决书之日起7日内向所在地卫生行政部门作出书面报告,并附具调解书或者判决书。

第四十五条 县级以上地方人民政府卫生行政部门应当按照规定逐级将当地发生的医疗事故以及依法对发生医疗事故的医疗机构和医务人员作出行政处理的情况,上报国务院卫生行政部门。

第五章 医疗事故的赔偿

第四十六条 发生医疗事故的赔偿等民事责任争议,医患双方可以协商解决;不愿意协商或者协商不成的,当事人可以向卫生行政部门提出调解申请,也可以直接向人民法院提起民事诉讼。

第四十七条 双方当事人协商解决医疗事故的赔偿等民事责任争议的,应当制作协议书。协议书应当载明双方当事人的基本情况和医疗事故的原因、双方当事人共同认定的医疗事故等级以及协商确定的赔偿数额等,并由双方当事人在协议书上签名。

第四十八条 已确定为医疗事故的,卫生行政部门应医疗事故争议双方当事人请求,可以进行医疗事故赔偿调解。调解时,应当遵循当事人双方自愿原则,并应当依据本条例的规定计算赔偿数额。

经调解,双方当事人就赔偿数额达成协议的,制作调解书,双方当事人应当履行;调解不成或者经调解达成协议后一方反悔的,卫生行政部门不再调解。

第四十九条 医疗事故赔偿,应当考虑下列因素,确定具体赔偿数额:

(一)医疗事故等级;

(二)医疗过失行为在医疗事故损害后果中的责任程度;

(三)医疗事故损害后果与患者原有疾病状况之间的关系。

不属于医疗事故的,医疗机构不承担赔偿责任。

第五十条 医疗事故赔偿,按照下列项目和标准计算:

(一)医疗费:按照医疗事故对患者造成的人身损害进行治疗所发生的医疗费用计算,凭据支付,但不包括原发病医疗费用。结案后确实需要继续治疗的,按照基本医疗费用支付。

(二)误工费:患者有固定收入的,按照本人因误工减少的固定收入计算,对收入高于医疗事故发生地上一年度职工年平均工资3倍以上的,按照3倍计算;无固定收入的,按照医疗事故发生地上一年度职工年平均工资计算。

(三)住院伙食补助费:按照医疗事故发生地国家机关一般工作人员的出差伙食补助标准计算。

(四)陪护费:患者住院期间需要专人陪护的,按照医疗事故发生地上一年度职工年平均工资计算。

(五)残疾生活补助费:根据伤残等级,按照医疗事故发生地居民年平均生活费计算,自定残之月起最长赔偿30年;但是,60周岁以上的,不超过15年;70周岁以上的,不超过5年。

(六)残疾用具费:因残疾需要配置补偿功能器具的,凭医疗机构证明,按照普及型器具的费用计算。

(七)丧葬费:按照医疗事故发生地规定的丧葬费补助标准计算。

(八)被扶养人生活费:以死者生前或者残疾者丧失劳动能力前实际扶养且没有劳动能力的人为限,按照其户籍所在地或者居所地居民最低生活保障标准计算。对不满16周岁的,扶养到16周岁。对年满16周岁但无劳动能力的,扶养20年;但是,60周岁以上的,不超过15年;70周岁以上的,不超过5年。

(九)交通费:按照患者实际必需的交通费用计算,凭据支付。

(十)住宿费:按照医疗事故发生地国家机关一般工作人员的出差住宿补助标准计算,凭据支付。

(十一)精神损害抚慰金:按照医疗事故发生地居民年平均生活费计算。造成患者死亡的,赔偿年限最长不超过6年;造成患者残疾的,赔偿年限最长不超过3年。

第五十一条 参加医疗事故处理的患者近亲属所需交通费、误工费、住宿费,参照本条例第五十条的有关规定计算,计算费用的人数不超过2人。

医疗事故造成患者死亡的,参加丧葬活动的患者的配偶和直系亲属所需交通费、误工费、住宿费,参照本条例第五十条的有关规定计算,计算费用的人数不超过2人。

第五十二条　医疗事故赔偿费用,实行一次性结算,由承担医疗事故责任的医疗机构支付。

第六章　罚　则

第五十三条　卫生行政部门的工作人员在处理医疗事故过程中违反本条例的规定,利用职务上的便利收受他人财物或者其他利益,滥用职权,玩忽职守,或者发现违法行为不予查处,造成严重后果的,依照刑法关于受贿罪、滥用职权罪、玩忽职守罪或者其他有关罪的规定,依法追究刑事责任;尚不够刑事处罚的,依法给予降级或者撤职的行政处分。

第五十四条　卫生行政部门违反本条例的规定,有下列情形之一的,由上级卫生行政部门给予警告并责令限期改正;情节严重的,对负有责任的主管人员和其他直接责任人员依法给予行政处分:

(一)接到医疗机构关于重大医疗过失行为的报告后,未及时组织调查的;

(二)接到医疗事故争议处理申请后,未在规定时间内审查或者移送上一级人民政府卫生行政部门处理的;

(三)未将应当进行医疗事故技术鉴定的重大医疗过失行为或者医疗事故争议移交医学会组织鉴定的;

(四)未按照规定逐级将当地发生的医疗事故以及依法对发生医疗事故的医疗机构和医务人员的行政处理情况上报的;

(五)未依照本条例规定审核医疗事故技术鉴定书的。

第五十五条　医疗机构发生医疗事故的,由卫生行政部门根据医疗事故等级和情节,给予警告;情节严重的,责令限期停业整顿直至由原发证部门吊销执业许可证,对负有责任的医务人员依照刑法关于医疗事故罪的规定,依法追究刑事责任;尚不够刑事处罚的,依法给予行政处分或者纪律处分。

对发生医疗事故的有关医务人员,除依照前款处罚外,卫生行政部门并可以责令暂停6个月以上1年以下执业活动;情节严重的,吊销其执业证书。

第五十六条　医疗机构违反本条例的规定,有下列情形之一的,由卫生行政部门责令改正;情节严重的,对负有责任的主管人员和其他直接责任人员依法给予行政处分或者纪律处分:

(一)未如实告知患者病情、医疗措施和医疗风险的;

(二)没有正当理由,拒绝为患者提供复印或者复制病历资料服务的;

(三)未按照国务院卫生行政部门规定的要求书写和妥善保管病历资料的;

(四)未在规定时间内补记抢救工作病历内容的;

(五)未按照本条例的规定封存、保管和启封病历资料和实物的;

(六)未设置医疗服务质量监控部门或者配备专(兼)职人员的;

(七)未制定有关医疗事故防范和处理预案的;

(八)未在规定时间内向卫生行政部门报告重大医疗过失行为的;

(九)未按照本条例的规定向卫生行政部门报告医疗事故的;

(十)未按照规定进行尸检和保存、处理尸体的。

第五十七条　参加医疗事故技术鉴定工作的人员违反本条例的规定,接受申请鉴定双方或者一方当事人的财物或者其他利益,出具虚假医疗事故技术鉴定书,造成严重后果的,依照刑法关于受贿罪的规定,依法追究刑事责任;尚不够刑事处罚的,由原发证部门吊销其执业证书或者资格证书。

第五十八条　医疗机构或者其他有关机构违反本条例的规定,有下列情形之一的,由卫生行政部门责令改正,给予警告;对负有责任的主管人员和其他直接责任人员依法给予行政处分或者纪律处分;情节严重的,由原发证部门吊销其执业证书或者资格证书:

(一)承担尸检任务的机构没有正当理由,拒绝进行尸检的;

(二)涂改、伪造、隐匿、销毁病历资料的。

第五十九条　以医疗事故为由,寻衅滋事、抢夺病历资料,扰乱医疗机构正常医疗秩序和医疗事故技术鉴定工作,依照刑法关于扰乱社会秩序罪的规定,依法追究刑事责任;尚不够刑事处罚的,依法给予治安管理处罚。

第七章　附　则

第六十条　本条例所称医疗机构,是指依照《医疗机构管理条例》的规定取得《医疗机构执业许可证》的机构。

县级以上城市从事计划生育技术服务的机构依照《计划生育技术服务管理条例》的规定开展与计划生育有关的临床医疗服务,发生的计划生育技术服务事故,依照本条例的有关规定处理;但是,其中不属于医疗机构的县级以上城市从事计划生育技术服务的机构发生的计划生育技术服务事故,由计划生育行政部门行使依照本条例有关规定由卫生行政部门承担的受理、交由负责医疗事故技术鉴定工作的医学会组织鉴定和赔偿调解的职能；对发生计划生育技术服务事故的该机构及其有关责任人员，依法进行处理。

第六十一条 非法行医，造成患者人身损害，不属于医疗事故，触犯刑律的，依法追究刑事责任；有关赔偿，由受害人直接向人民法院提起诉讼。

第六十二条 军队医疗机构的医疗事故处理办法，由中国人民解放军卫生主管部门会同国务院卫生行政部门依据本条例制定。

第六十三条 本条例自 2002 年 9 月 1 日起施行。1987 年 6 月 29 日国务院发布的《医疗事故处理办法》同时废止。本条例施行前已经处理结案的医疗事故争议，不再重新处理。

医疗机构投诉管理办法

· 2019 年 3 月 6 日国家卫生健康委员会令第 3 号公布
· 自 2019 年 4 月 10 日起施行

第一章 总 则

第一条 为加强医疗机构投诉管理，规范投诉处理程序，改善医疗服务，保障医疗安全和医患双方合法权益，维护正常医疗秩序，根据《医疗纠纷预防和处理条例》《医疗机构管理条例》等法律法规的规定，制定本办法。

第二条 本办法所称投诉管理，是指患者就医疗服务行为、医疗管理、医疗质量安全等方面存在的问题向医疗机构反映情况、提出意见、建议或者投诉请求，医疗机构进行调查、处理和结果反馈的活动。

第三条 本办法适用于各级各类医疗机构的投诉管理。

第四条 国家卫生健康委负责全国医疗机构投诉管理工作的监督指导。

县级以上地方卫生健康主管部门负责本行政区域内医疗机构投诉管理工作的监督指导。

第五条 医疗机构投诉的接待、处理工作应当贯彻"以患者为中心"的理念，遵循合法、公正、及时、便民的原则。

第六条 医疗机构应当按照规定做好信息公开工作，主动接受社会监督。

第七条 医疗机构应当提高管理水平，加强医疗风险管理，优化服务流程，改善就诊环境，提高医疗服务质量，防范安全隐患，减少医疗纠纷及投诉。

第八条 医疗机构应当制订重大医疗纠纷事件应急处置预案，组织开展相关的宣传、培训和演练，确保依法、及时、有效化解矛盾纠纷。

第九条 医疗机构应当将投诉管理纳入患者安全管理体系，定期汇总、分析投诉信息，梳理医疗管理、医疗质量安全的薄弱环节，落实整改措施，持续改进医疗质量安全。

第十条 医疗机构应当做好医疗机构投诉管理与医疗纠纷人民调解、行政调解、诉讼等的衔接。

第二章 组织和人员

第十一条 医疗机构主要负责人是医疗机构投诉管理的第一责任人。

二级以上医疗机构应当设置医患关系办公室或者指定部门(以下统称投诉管理部门)统一承担投诉管理工作。其他医疗机构应当配备专(兼)职人员，有条件的也可以设置投诉管理部门。

第十二条 二级以上医疗机构应当指定一名医疗机构负责人分管投诉工作，指导、管理医疗机构投诉管理部门的有关工作。

投诉管理部门履行以下职责：

（一）组织、协调、指导本医疗机构的投诉处理工作；

（二）统一受理投诉，调查、核实投诉事项，提出处理意见，及时答复患者；

（三）建立和完善投诉的接待和处置程序；

（四）参与医疗机构医疗质量安全管理；

（五）开展医患沟通及投诉处理培训，开展医疗风险防范教育；

（六）定期汇总、分析投诉信息，提出加强与改进工作的意见或者建议，并加强督促落实。

仅配备投诉专(兼)职人员的医疗机构，投诉专(兼)职人员应当至少承担前款第二项职责。

第十三条 医疗机构投诉管理人员应当具备以下条件：

（一）具备良好的职业道德和工作责任心；

（二）具备一定的医学、管理学、法学、心理学、伦理学、社会工作等学科知识，熟悉医疗和投诉管理相关法律法规，以及医疗机构规章制度；

（三）社会适应能力较强，具有良好的社会人际交往能力，具备良好的沟通能力和应变能力。

第十四条 二级以上医疗机构应当建立医疗机构、投诉管理部门、科室三级投诉管理机制，医疗机构各部门、各科室应当指定至少 1 名负责人配合做好投诉管理工作。

医疗机构各部门、各科室应当定期对投诉涉及的风险进行评估，对投诉隐患进行摸排，对高发隐患提出针对性的防范措施，加强与患者沟通，及时做好矛盾纠纷排查化解工作。

医疗机构应当鼓励工作人员主动收集患者对医疗服务、医疗质量安全等方面的意见和建议，通过规定途径向投诉管理部门或者有关职能部门反映。

第十五条 二级以上医疗机构应当健全投诉管理部门与临床、护理、医技和后勤、保卫等部门的联动机制，提高医疗质量，保障医疗安全，维护正常医疗秩序。

第十六条 医疗机构应当逐步建立健全相关机制，鼓励和吸纳社会工作者、志愿者等熟悉医学、法律专业知识的人员或者第三方组织参与医疗机构投诉接待与处理工作。

第三章 医患沟通

第十七条 医疗机构应当提高医务人员职业道德水平，增强服务意识和法律意识，注重人文关怀，加强医患沟通，努力构建和谐医患关系。

第十八条 医务人员应当恪守职业道德，以患者为中心，热情、耐心、细致地做好本职工作，把对患者的尊重、理解和关怀体现在医疗服务全过程。

第十九条 医疗机构应当建立健全医患沟通机制，完善医患沟通内容，加强对医务人员医患沟通技巧的培训，提高医患沟通能力。

医务人员对患者在诊疗过程中提出的咨询、意见和建议，应当耐心解释、说明，并按照规定进行处理；对患者就诊疗行为提出的疑问，应当及时予以核实、自查，并与患者沟通，如实说明情况。

第二十条 医务人员应当尊重患者依法享有的隐私权、知情权、选择权等权利，根据患者病情、预后不同以及患者实际需求，突出重点，采取适当方式进行沟通。

医患沟通中有关诊疗情况的重要内容应当及时、完整、准确记入病历，并由患者签字确认。

第二十一条 医疗机构可以结合实际情况，制定医疗风险告知和术前谈话制度，规范具体流程，以患者易懂的方式和语言充分告知患者，并取得其书面同意。

第四章 投诉接待与处理

第二十二条 医疗机构应当建立畅通、便捷的投诉渠道，在医疗机构显著位置公布投诉处理程序、地点、接待时间和联系方式。

鼓励医疗机构加强舆情监测，及时掌握患者在其他渠道的诉求。

第二十三条 医疗机构应当设置专门的投诉接待场所，接待场所应当提供有关法律、法规、投诉程序等资料，便于患者查询。

医疗机构应当采取措施，保障投诉管理工作人员的合法权益与人身安全。

第二十四条 医疗机构投诉实行"首诉负责制"，患者向有关部门、科室投诉的，接待投诉的部门、科室工作人员应当热情接待，对于能够当场协调处理的，应当尽量当场协调解决；对于无法当场协调处理的，接待的部门或者科室应当主动将患者引导到投诉管理部门（含投诉管理专（兼）职人员，下同），不得推诿、搪塞。

第二十五条 投诉接待人员应当认真听取患者意见，耐心细致地做好解释工作，避免矛盾激化；应当核实相关信息，如实记录患者反映的情况，及时留存书面投诉材料。

第二十六条 患者应当依法文明表达意见和要求，向医疗机构投诉管理部门提供真实、准确的投诉相关资料，配合医疗机构投诉管理部门的调查和询问，不得扰乱正常医疗秩序，不得有违法犯罪行为。

单次投诉人员数量原则上不超过5人。超过5人的，应当推选代表集中反映诉求。

第二十七条 投诉接待人员在接待场所发现患者有自杀、自残和其他过激行为，或者侮辱、殴打、威胁投诉接待人员的行为，应当及时采取控制和防范措施，同时向公安机关报警，并向当地卫生健康主管部门报告；对接待过程中发现的可能激化矛盾，引起治安案件、刑事案件的投诉，应当及时向当地公安机关报告，依法处理。

第二十八条 医疗机构投诉管理部门接到投诉或者卫生健康主管部门交办的投诉后，应当及时向当事部门、科室和相关人员了解、核实情况，在查清事实、分清责任的基础上提出处理意见，并反馈患者。

投诉涉及的部门、科室和相关人员应当积极配合投诉管理部门开展投诉事项调查、核实、处理工作。

第二十九条 对反复接到相同或者相似问题的投诉，医疗机构投诉管理部门应当汇总并报告医疗机构负责人，医疗机构对有关投诉可视情况予以合并调查，对发现的引发投诉的环节或者多次引发投诉的医务人员应当根据调查结果，及时作相应处理。

第三十条 医疗机构投诉管理部门应当及时处理投诉，能够当场核查处理的，应当及时查明情况；确有差错的，立即纠正，并当场向患者告知处理意见。

涉及医疗质量安全、可能危及患者健康的，应当立即采取积极措施，避免或者减轻对患者身体健康的损害，防止损害扩大。

情况较复杂，需调查、核实的，一般应当于接到投诉之日起5个工作日内向患者反馈相关处理情况或者处理意见。

涉及多个科室，需组织、协调相关部门共同研究的，应当于接到投诉之日起10个工作日内向患者反馈处理情况或处理意见。

第三十一条　对投诉已经处理完毕，患者对医疗机构的处理意见有争议并能够提供新情况和证据材料的，按照投诉流程重新予以处理。

第三十二条　投诉内容涉及医疗纠纷的，医疗机构应当告知患者按照医疗纠纷处理的相关法律法规的规定，积极协商；不能协商解决的，引导患者通过调解、诉讼等途径解决，并做好解释疏导工作。

第三十三条　投诉涉及医疗机构工作人员违法违纪问题的，投诉管理部门应当及时移交相关职能部门依法依规处理。

第三十四条　属于下列情形之一的投诉，投诉管理部门不予处理，但应当向患者说明情况，告知相关处理规定：

（一）患者已就投诉事项向人民法院起诉的或者向第三方申请调解的；

（二）患者已就投诉事项向卫生健康主管部门或者信访部门反映并作出处理的；

（三）没有明确的投诉对象和具体事实的；

（四）投诉内容已经涉及治安案件、刑事案件的；

（五）其他不属于投诉管理部门职权范围的投诉。

第三十五条　发生重大医疗纠纷的，医疗机构应当按照规定向所在地县级以上地方卫生健康主管部门报告。卫生健康主管部门接到报告后，应当及时了解掌握情况，引导医患双方通过合法途径解决纠纷。

第三十六条　医疗机构应当保护与投诉相关的患者和医务人员隐私，妥善应对舆情，严禁发布违背或者夸大事实、渲染投诉处理过程的信息。

第三十七条　医疗机构应当建立健全投诉档案，立卷归档，留档备查。

医疗机构投诉档案应当包括以下内容：

（一）患者基本信息；

（二）投诉事项及相关证明材料；

（三）调查、处理及反馈情况；

（四）其他与投诉事项有关的材料。

第三十八条　医疗机构工作人员有权对医疗机构管理、服务等各项工作提出意见、建议，医疗机构及投诉管理等有关部门应当予以重视，并及时处理、反馈。

临床一线工作人员，对于发现的药品、医疗器械、水、电、气等医疗质量安全保障方面的问题，应当向投诉管理部门或者有关职能部门反映，投诉管理等有关部门应当及时处理、反馈。

第五章　监督管理

第三十九条　县级以上地方卫生健康主管部门应当加强对本行政区域内医疗机构投诉管理工作的监督检查，加强日常管理和考评。

第四十条　县级以上地方卫生健康主管部门应当收集、分析并反馈本行政区域医疗机构投诉及医疗纠纷相关信息，指导医疗机构改进工作，提高医疗服务质量。

第四十一条　对在医疗机构投诉管理中表现优秀、有效预防重大群体性事件或者其他严重后果发生的医疗机构及有关人员，卫生健康主管部门应当予以表扬。

对行政区域内未按照规定开展投诉管理工作的医疗机构，卫生健康主管部门应当通报批评，并对医疗机构主要负责人进行约谈。

第四十二条　医疗机构应当规范投诉管理工作，定期统计投诉情况，统计结果应当与年终考核、医师定期考核、医德考评、评优评先等相结合。

第六章　法律责任

第四十三条　医疗机构未建立投诉接待制度、未设置统一投诉管理部门或者配备专（兼）职人员，或者未按规定向卫生健康主管部门报告重大医疗纠纷的，由县级以上地方卫生健康主管部门按照《医疗纠纷预防和处理条例》第四十七条的规定进行处理。

第四十四条　医疗机构违反本办法规定，有下列情形之一的，由县级以上地方卫生健康主管部门责令限期整改；逾期不改的，给予警告，并处以一万元以下罚款；造成严重后果的，处以一万元以上三万元以下罚款，并对医疗机构主要负责人、直接负责的主管人员和其他直接责任人员依法给予处分：

（一）未制订重大医疗纠纷事件应急处置预案的；

（二）投诉管理混乱的；

（三）未按规定建立健全医患沟通机制的；

（四）未按规定及时处理投诉并反馈患者的；

（五）对接待过程中发现的可能激化矛盾，引起治安案件、刑事案件的投诉，未及时向当地公安机关报告的；

（六）发布违背或者夸大事实、渲染事件处理过程的信息的。

第四十五条 医务人员泄露投诉相关患者隐私，造成严重后果的，由县级以上地方卫生健康主管部门按照《执业医师法》《护士条例》等法律法规的有关规定处理。

第四十六条 县级以上地方卫生健康主管部门在医疗机构投诉管理工作中，未按规定履行职责，造成严重后果的，依法对直接负责的主管人员和其他直接责任人员给予处分；构成犯罪的，依法追究刑事责任。

第七章 附　则

第四十七条 本办法所称患者，包括患者及其近亲属、委托代理人、法定代理人、陪同患者就医人员等有关人员。

第四十八条 省级卫生健康主管部门可以根据本办法，结合本地具体情况制订实施细则。

第四十九条 中医医疗机构的投诉管理工作由中医药主管部门负责。

第五十条 本办法自2019年4月10日起施行。

医疗事故技术鉴定暂行办法

· 2002年7月31日卫生部令第30号公布
· 自2002年9月1日起施行

第一章 总　则

第一条 为规范医疗事故技术鉴定工作，确保医疗事故技术鉴定工作有序进行，依据《医疗事故处理条例》的有关规定制定本办法。

第二条 医疗事故技术鉴定工作应当按照程序进行，坚持实事求是的科学态度，做到事实清楚、定性准确、责任明确。

第三条 医疗事故技术鉴定分为首次鉴定和再次鉴定。

设区的市级和省、自治区、直辖市直接管辖的县（市）级地方医学会负责组织专家鉴定组进行首次医疗事故技术鉴定工作。

省、自治区、直辖市地方医学会负责组织医疗事故争议的再次鉴定工作。

负责组织医疗事故技术鉴定工作的医学会（以下简称医学会）可以设立医疗事故技术鉴定工作办公室，具体负责有关医疗事故技术鉴定的组织和日常工作。

第四条 医学会组织专家鉴定组，依照医疗卫生管理法律、行政法规、部门规章和诊疗护理技术操作规范、常规，运用医学科学原理和专业知识，独立进行医疗事故技术鉴定。

第二章 专家库的建立

第五条 医学会应当建立专家库。专家库应当依据学科专业组名录设置学科专业组。

医学会可以根据本地区医疗工作和医疗事故技术鉴定实际，对本专家库学科专业组设立予以适当增减和调整。

第六条 具备下列条件的医疗卫生专业技术人员可以成为专家库候选人：

（一）有良好的业务素质和执业品德；

（二）受聘于医疗卫生机构或者医学教学、科研机构并担任相应专业高级技术职务3年以上；

（三）健康状况能够胜任医疗事故技术鉴定工作。

符合前款（一）、（三）项规定条件并具备高级技术职务任职资格的法医可以受聘进入专家库。

负责首次医疗事故技术鉴定工作的医学会原则上聘请本行政区域内的专家建立专家库；当本行政区域内的专家不能满足建立专家库需要时，可以聘请本省、自治区、直辖市范围内的专家进入本专家库。

负责再次医疗事故技术鉴定工作的医学会原则上聘请本省、自治区、直辖市范围内的专家建立专家库；当本省、自治区、直辖市范围内的专家不能满足建立专家库需要时，可以聘请其他省、自治区、直辖市的专家进入本专家库。

第七条 医疗卫生机构或医学教学、科研机构、同级的医药卫生专业学会应当按照医学会要求，推荐专家库成员候选人；符合条件的个人经所在单位同意后也可以直接向组建专家库的医学会申请。

医学会对专家库成员候选人进行审核。审核合格的，予以聘任，并发给中华医学会统一格式的聘书。

符合条件的医疗卫生专业技术人员和法医，有义务受聘进入专家库。

第八条 专家库成员聘用期为4年。在聘用期间出现下列情形之一的，应当由专家库成员所在单位及时报告医学会，医学会应根据实际情况及时进行调整：

（一）因健康原因不能胜任医疗事故技术鉴定的；

（二）变更受聘单位或被解聘的；

（三）不具备完全民事行为能力的；

（四）受刑事处罚的；

(五)省级以上卫生行政部门规定的其他情形。

聘用期满需继续聘用的,由医学会重新审核、聘用。

第三章 鉴定的提起

第九条 双方当事人协商解决医疗事故争议,需进行医疗事故技术鉴定的,应共同书面委托医疗机构所在地负责首次医疗事故技术鉴定工作的医学会进行医疗事故技术鉴定。

第十条 县级以上地方人民政府卫生行政部门接到医疗机构关于重大医疗过失行为的报告或者医疗事故争议当事人要求处理医疗事故争议的申请后,对需要进行医疗事故技术鉴定的,应当书面移交负责首次医疗事故技术鉴定工作的医学会组织鉴定。

第十一条 协商解决医疗事故争议涉及多个医疗机构的,应当由涉及的所有医疗机构与患者共同委托其中任何一所医疗机构所在地负责组织首次医疗事故技术鉴定工作的医学会进行医疗事故技术鉴定。

医疗事故争议涉及多个医疗机构,当事人申请卫生行政部门处理的,只可以向其中一所医疗机构所在地卫生行政部门提出处理申请。

第四章 鉴定的受理

第十二条 医学会应当自受理医疗事故技术鉴定之日起5日内,通知医疗事故争议双方当事人按照《医疗事故处理条例》第二十八条规定提交医疗事故技术鉴定所需的材料。

当事人应当自收到医学会的通知之日起10日内提交有关医疗事故技术鉴定的材料、书面陈述及答辩。

对不符合受理条件的,医学会不予受理。不予受理的,医学会应说明理由。

第十三条 有下列情形之一的,医学会不予受理医疗事故技术鉴定:

(一)当事人一方直接向医学会提出鉴定申请的;

(二)医疗事故争议涉及多个医疗机构,其中一所医疗机构所在地的医学会已经受理的;

(三)医疗事故争议已经人民法院调解达成协议或判决的;

(四)当事人已向人民法院提起民事诉讼的(司法机关委托的除外);

(五)非法行医造成患者身体健康损害的;

(六)卫生部规定的其他情形。

第十四条 委托医学会进行医疗事故技术鉴定,应当按规定缴纳鉴定费。

第十五条 双方当事人共同委托医疗事故技术鉴定的,由双方当事人协商预先缴纳鉴定费。

卫生行政部门移交进行医疗事故技术鉴定的,由提出医疗事故争议处理的当事人预先缴纳鉴定费。经鉴定属于医疗事故的,鉴定费由医疗机构支付;经鉴定不属于医疗事故的,鉴定费由提出医疗事故争议处理申请的当事人支付。

县级以上地方人民政府卫生行政部门接到医疗机构关于重大医疗过失行为的报告后,对需要移交医学会进行医疗事故技术鉴定的,鉴定费由医疗机构支付。

第十六条 有下列情形之一的,医学会中止组织医疗事故技术鉴定:

(一)当事人未按规定提交有关医疗事故技术鉴定材料的;

(二)提供的材料不真实的;

(三)拒绝缴纳鉴定费的;

(四)卫生部规定的其他情形。

第五章 专家鉴定组的组成

第十七条 医学会应当根据医疗事故争议所涉及的学科专业,确定专家鉴定组的构成和人数。

专家鉴定组组成人数应为3人以上单数。

医疗事故争议涉及多学科专业的,其中主要学科专业的专家不得少于专家鉴定组成员的1/2。

第十八条 医学会应当提前通知双方当事人,在指定时间、指定地点,从专家库相关学科专业组中随机抽取专家鉴定组成员。

第十九条 医学会主持双方当事人抽取专家鉴定组成员前,应当将专家库相关学科专业组中专家姓名、专业、技术职务、工作单位告知双方当事人。

第二十条 当事人要求专家库成员回避的,应当说明理由。符合下列情形之一的,医学会应当将回避的专家名单撤出,并经当事人签字确认后记录在案:

(一)医疗事故争议当事人或者当事人的近亲属的;

(二)与医疗事故争议有利害关系的;

(三)与医疗事故争议当事人有其他关系,可能影响公正鉴定的。

第二十一条 医学会对当事人准备抽取的专家进行随机编号,并主持双方当事人随机抽取相同数量的专家编号,最后一个专家由医学会随机抽取。

双方当事人还应当按照上款规定的方法各自随机抽取一个专家作为候补。

涉及死因、伤残等级鉴定的,应当按照前款规定由双方当事人各自随机抽取一名法医参加鉴定组。

第二十二条 随机抽取结束后,医学会当场向双方当事人公布所抽取的专家鉴定组成员和候补成员的编号并记录在案。

第二十三条 现有专家库成员不能满足鉴定工作需要时,医学会应当向双方当事人说明,并经双方当事人同意,可以从本省、自治区、直辖市其他医学会专家库中抽取相关学科专业组的专家参加专家鉴定组;本省、自治区、直辖市医学会专家库成员不能满足鉴定工作需要时,可以从其他省、自治区、直辖市医学会专家库中抽取相关学科专业组的专家参加专家鉴定组。

第二十四条 从其他医学会建立的专家库中抽取的专家无法到场参加医疗事故技术鉴定,可以以函件的方式提出鉴定意见。

第二十五条 专家鉴定组成员确定后,在双方当事人共同在场的情况下,由医学会对封存的病历资料启封。

第二十六条 专家鉴定组应当认真审查双方当事人提交的材料,妥善保管鉴定材料,保护患者的隐私,保守有关秘密。

第六章 医疗事故技术鉴定

第二十七条 医学会应当自接到双方当事人提交的有关医疗事故技术鉴定的材料、书面陈述及答辩之日起45日内组织鉴定并出具医疗事故技术鉴定书。

第二十八条 医学会可以向双方当事人和其他相关组织、个人进行调查取证,进行调查取证时不得少于2人。调查取证结束后,调查人员和调查对象应当在有关文书上签字。如调查对象拒绝签字的,应当记录在案。

第二十九条 医学会应当在医疗事故技术鉴定7日前,将鉴定的时间、地点、要求等书面通知双方当事人。双方当事人应当按照通知的时间、地点、要求参加鉴定。

参加医疗事故技术鉴定的双方当事人每一方人数不超过3人。

任何一方当事人无故缺席、自行退席或拒绝参加鉴定的,不影响鉴定的进行。

第三十条 医学会应当在医疗事故技术鉴定7日前书面通知专家鉴定组成员。专家鉴定组成员接到医学会通知后认为自己应当回避的,应当于接到通知时及时提出书面回避申请,并说明理由;因其他原因无法参加医疗事故技术鉴定的,应当于接到通知时及时书面告知医学会。

第三十一条 专家鉴定组成员因回避或因其他原因无法参加医疗事故技术鉴定时,医学会应当通知相关学科专业组候补成员参加医疗事故技术鉴定。

专家鉴定组成员因不可抗力因素未能及时告知医学会不能参加鉴定或虽告知但医学会无法按规定组成专家鉴定组的,医疗事故技术鉴定可以延期进行。

第三十二条 专家鉴定组组长由专家鉴定组成员推选产生,也可以由医疗事故争议所涉及的主要学科专家中具有最高专业技术职务任职资格的专家担任。

第三十三条 鉴定由专家鉴定组组长主持,并按照以下程序进行:

(一)双方当事人在规定的时间内分别陈述意见和理由。陈述顺序先患方,后医疗机构;

(二)专家鉴定组成员根据需要可以提问,当事人应当如实回答。必要时,可以对患者进行现场医学检查;

(三)双方当事人退场;

(四)专家鉴定组对双方当事人提供的书面材料、陈述及答辩等进行讨论;

(五)经合议,根据半数以上专家鉴定组成员的一致意见形成鉴定结论。专家鉴定组成员在鉴定结论上签名。专家鉴定组成员对鉴定结论的不同意见,应当予以注明。

第三十四条 医疗事故技术鉴定书应当根据鉴定结论作出,其文稿由专家鉴定组组长签发。

医疗事故技术鉴定书盖医学会医疗事故技术鉴定专用印章。

医学会应当及时将医疗事故技术鉴定书送达移交鉴定的卫生行政部门,经卫生行政部门审核,对符合规定作出的医疗事故技术鉴定结论,应当及时送达双方当事人;由双方当事人共同委托的,直接送达双方当事人。

第三十五条 医疗事故技术鉴定书应当包括下列主要内容:

(一)双方当事人的基本情况及要求;

(二)当事人提交的材料和医学会的调查材料;

(三)对鉴定过程的说明;

(四)医疗行为是否违反医疗卫生管理法律、行政法规、部门规章和诊疗护理规范、常规;

(五)医疗过失行为与人身损害后果之间是否存在因果关系;

(六)医疗过失行为在医疗事故损害后果中的责任程度;

(七)医疗事故等级;

(八)对医疗事故患者的医疗护理医学建议。

经鉴定为医疗事故的,鉴定结论应当包括上款(四)至(八)项内容;经鉴定不属于医疗事故的,应当在鉴定结论中说明理由。

医疗事故技术鉴定书格式由中华医学会统一制定。

第三十六条 专家鉴定组应当综合分析医疗过失行为在导致医疗事故损害后果中的作用、患者原有疾病状况等因素，判定医疗过失行为的责任程度。医疗事故中医疗过失行为责任程度分为：

（一）完全责任，指医疗事故损害后果完全由医疗过失行为造成。

（二）主要责任，指医疗事故损害后果主要由医疗过失行为造成，其他因素起次要作用。

（三）次要责任，指医疗事故损害后果主要由其他因素造成，医疗过失行为起次要作用。

（四）轻微责任，指医疗事故损害后果绝大部分由其他因素造成，医疗过失行为起轻微作用。

第三十七条 医学会参加医疗事故技术鉴定会的工作人员，应如实记录鉴定会过程和专家的意见。

第三十八条 因当事人拒绝配合，无法进行医疗事故技术鉴定的，应当终止本次鉴定，由医学会告知移交鉴定的卫生行政部门或共同委托鉴定的双方当事人，说明不能鉴定的原因。

第三十九条 医学会对经卫生行政部门审核认为参加鉴定的人员资格和专业类别或者鉴定程序不符合规定，需要重新鉴定的，应当重新组织鉴定。重新鉴定时不得收取鉴定费。

如参加鉴定的人员资格和专业类别不符合规定的，应当重新抽取专家，组成专家鉴定组进行重新鉴定。

如鉴定的程序不符合规定而参加鉴定的人员资格和专业类别符合规定的，可以由原专家鉴定组进行重新鉴定。

第四十条 任何一方当事人对首次医疗事故技术鉴定结论不服的，可以自收到首次医疗事故技术鉴定书之日起15日内，向原受理医疗事故争议处理申请的卫生行政部门提出再次鉴定的申请，或由双方当事人共同委托省、自治区、直辖市医学会组织再次鉴定。

第四十一条 县级以上地方人民政府卫生行政部门对发生医疗事故的医疗机构和医务人员进行行政处理时，应以最后的医疗事故技术鉴定结论作为处理依据。

第四十二条 当事人对鉴定结论无异议，负责组织医疗事故技术鉴定的医学会应当及时将收到的鉴定材料中的病历资料原件等退还当事人，并保留有关复印件。

当事人提出再次鉴定申请的，负责组织首次医疗事故技术鉴定的医学会应当及时将收到的鉴定材料移送负责组织再次医疗事故技术鉴定的医学会。

第四十三条 医学会应当将专家鉴定组成员签名的鉴定结论、由专家鉴定组组长签发的医疗事故技术鉴定书文稿和复印或者复制的有关病历资料等存档，保存期限不得少于20年。

第四十四条 在受理医患双方共同委托医疗事故技术鉴定后至专家鉴定组作出鉴定结论前，双方当事人或者一方当事人提出停止鉴定的，医疗事故技术鉴定终止。

第四十五条 医学会应当于每年3月31日前将上一年度医疗事故技术鉴定情况报同级卫生行政部门。

第七章 附 则

第四十六条 必要时，对疑难、复杂并在全国有重大影响的医疗事故争议，省级卫生行政部门可以商请中华医学会组织医疗事故技术鉴定。

第四十七条 本办法由卫生部负责解释。

第四十八条 本办法自2002年9月1日起施行。

国家卫生健康委关于加强医疗损害鉴定管理工作的通知

· 2021年1月6日
· 国卫医函〔2021〕1号

各省、自治区、直辖市及新疆生产建设兵团卫生健康委，中华医学会：

医疗损害鉴定是预防和妥善处理医疗纠纷、保护医患双方合法权益、维护医疗秩序、保障医疗安全的重要环节。《医疗纠纷预防和处理条例》（以下简称《条例》）明确了科学、公正、同行评议等鉴定原则，并对鉴定制度进行了原则性规定。为加强医疗损害鉴定管理工作，妥善化解医疗纠纷，维护医患双方合法权益，发挥高质量鉴定意见对提升医疗安全水平的积极作用，现提出以下工作要求：

一、省级、设区的市级和直辖市直接管辖的区（县）医学会应当按照《条例》要求，积极开展医疗损害鉴定工作。中华医学会负责医疗损害鉴定质量控制工作。

二、医学会应当结合医疗损害鉴定工作需要建立专家库。专家库对应医疗损害鉴定学科专业名录设置学科专业组。学科专业组名录由中华医学会制定、维护。聘请专家进入专家库，不受行政区域的限制。

医疗机构应当向专家库推荐优质专家资源，对本单位进入专家库的专家依法参加鉴定活动应当提供必要的支持。

三、医学会应当梳理分析医疗损害鉴定情况，开展基于案例分析的医疗纠纷预防对策研究，组织本地区医疗损害相关责任单位或责任人进行培训，有条件的地区可以扩大培训范围。

四、医疗机构对医疗损害鉴定中发现的问题要认真反思，有效识别医疗风险，梳理薄弱环节，落实安全防范措施，持续改进医疗质量安全。

五、医学会开展医疗损害鉴定应当按照《条例》要求收取鉴定费。收费管理要求按照各省（区、市）规定执行，尚无规定的可以参照相关鉴定项目收费标准收取。

六、医学会医疗损害鉴定规则由中华医学会制定，报我委同意后印发。

- 请示答复

卫生部关于医疗机构不配合医疗事故技术鉴定所应承担的责任的批复

- 2005年1月21日
- 卫政法发〔2005〕28号

黑龙江省卫生厅：

你厅《关于如何认定不配合医疗事故技术鉴定方事故等级和责任程度的请示》（黑卫医发〔2004〕606号）收悉。经研究，现对医疗机构不配合医疗事故技术鉴定所应承担的责任问题答复如下：

一、医疗机构违反《医疗事故处理条例》的有关规定，不如实提供相关材料或不配合相关调查，导致医疗事故技术鉴定不能进行的，应当承担医疗事故责任。患者向卫生行政部门提出判定医疗事故等级及责任程度请求的，卫生行政部门可以委托医学会按照《医疗事故分级标准（试行）》，对患者人身损害的后果进行等级判定，若二级、三级医疗事故无法判定等级的，按同级甲等定。责任程度按照完全责任判定。

二、医疗机构无故不参加随机抽取专家库专家的，由负责组织医疗事故技术鉴定工作的医学会向患者说明情况，经患者同意后，由患者和医学会按照有关规定随机抽取鉴定专家进行鉴定。

三、医疗机构有上述情形之一，而对判定或者鉴定结论不服，提出医疗事故技术鉴定或者再次鉴定申请的，卫生行政部门不予受理。

此复。

卫生部关于卫生行政部门是否有权直接判定医疗事故的批复

- 2007年4月23日
- 卫政法发〔2007〕135号

吉林省卫生厅：

你厅《关于卫生行政部门直接判定医疗事故的请示》（吉卫文〔2007〕20号）收悉。经研究，现批复如下：

根据《医疗事故处理条例》第二十条、第三十六条等有关规定，对不需要进行医疗事故技术鉴定的或者医疗机构不如实提供有关材料、不配合相关调查，导致医疗事故技术鉴定不能进行的，卫生行政部门可以依据调查结果对医疗事故争议进行直接判定。

此复。

2. 医疗损害赔偿

中华人民共和国民法典（节录）

- 2020年5月28日第十三届全国人民代表大会第三次会议通过
- 2020年5月28日中华人民共和国主席令第45号公布
- 自2021年1月1日起施行

……

第七编　侵权责任

第一章　一般规定

第一千一百六十四条　【侵权责任编的调整范围】 本编调整因侵害民事权益产生的民事关系。

第一千一百六十五条　【过错责任原则与过错推定责任】 行为人因过错侵害他人民事权益造成损害的，应当承担侵权责任。

依照法律规定推定行为人有过错，其不能证明自己没有过错的，应当承担侵权责任。

第一千一百六十六条　【无过错责任】 行为人造成他人民事权益损害，不论行为人有无过错，法律规定应当承担侵权责任的，依照其规定。

第一千一百六十七条　【危及他人人身、财产安全的责任承担方式】 侵权行为危及他人人身、财产安全的，被侵权人有权请求侵权人承担停止侵害、排除妨碍、消除危险等侵权责任。

第一千一百六十八条　【共同侵权】 二人以上共同实施侵权行为，造成他人损害的，应当承担连带责任。

第一千一百六十九条　【教唆侵权、帮助侵权】教唆、帮助他人实施侵权行为的,应当与行为人承担连带责任。

教唆、帮助无民事行为能力人、限制民事行为能力人实施侵权行为的,应当承担侵权责任;该无民事行为能力人、限制民事行为能力人的监护人未尽到监护职责的,应当承担相应的责任。

第一千一百七十条　【共同危险行为】二人以上实施危及他人人身、财产安全的行为,其中一人或者数人的行为造成他人损害,能够确定具体侵权人的,由侵权人承担责任;不能确定具体侵权人的,行为人承担连带责任。

第一千一百七十一条　【分别侵权的连带责任】二人以上分别实施侵权行为造成同一损害,每个人的侵权行为都足以造成全部损害的,行为人承担连带责任。

第一千一百七十二条　【分别侵权的按份责任】二人以上分别实施侵权行为造成同一损害,能够确定责任大小的,各自承担相应的责任;难以确定责任大小的,平均承担责任。

第一千一百七十三条　【与有过错】被侵权人对同一损害的发生或者扩大有过错的,可以减轻侵权人的责任。

第一千一百七十四条　【受害人故意】损害是因受害人故意造成的,行为人不承担责任。

第一千一百七十五条　【第三人过错】损害是因第三人造成的,第三人应当承担侵权责任。

第一千一百七十六条　【自甘风险】自愿参加具有一定风险的文体活动,因其他参加者的行为受到损害的,受害人不得请求其他参加者承担侵权责任;但是,其他参加者对损害的发生有故意或者重大过失的除外。

活动组织者的责任适用本法第一千一百九十八条至第一千二百零一条的规定。

第一千一百七十七条　【自力救济】合法权益受到侵害,情况紧急且不能及时获得国家机关保护,不立即采取措施将使其合法权益受到难以弥补的损害的,受害人可以在保护自己合法权益的必要范围内采取扣留侵权人的财物等合理措施;但是,应当立即请求有关国家机关处理。

受害人采取的措施不当造成他人损害的,应当承担侵权责任。

第一千一百七十八条　【特别规定优先适用】本法和其他法律对不承担责任或者减轻责任的情形另有规定的,依照其规定。

第二章　损害赔偿

第一千一百七十九条　【人身损害赔偿范围】侵害他人造成人身损害的,应当赔偿医疗费、护理费、交通费、营养费、住院伙食补助费等为治疗和康复支出的合理费用,以及因误工减少的收入。造成残疾的,还应当赔偿辅助器具费和残疾赔偿金;造成死亡的,还应当赔偿丧葬费和死亡赔偿金。

第一千一百八十条　【以相同数额确定死亡赔偿金】因同一侵权行为造成多人死亡的,可以以相同数额确定死亡赔偿金。

第一千一百八十一条　【被侵权人死亡时请求权主体的确定】被侵权人死亡的,其近亲属有权请求侵权人承担侵权责任。被侵权人为组织,该组织分立、合并的,承继权利的组织有权请求侵权人承担侵权责任。

被侵权人死亡的,支付被侵权人医疗费、丧葬费等合理费用的人有权请求侵权人赔偿费用,但是侵权人已经支付该费用的除外。

第一千一百八十二条　【侵害他人人身权益造成财产损失的赔偿计算方式】侵害他人人身权益造成财产损失的,按照被侵权人因此受到的损失或者侵权人因此获得的利益赔偿;被侵权人因此受到的损失以及侵权人因此获得的利益难以确定,被侵权人和侵权人就赔偿数额协商不一致,向人民法院提起诉讼的,由人民法院根据实际情况确定赔偿数额。

第一千一百八十三条　【精神损害赔偿】侵害自然人人身权益造成严重精神损害的,被侵权人有权请求精神损害赔偿。

因故意或者重大过失侵害自然人具有人身意义的特定物造成严重精神损害的,被侵权人有权请求精神损害赔偿。

第一千一百八十四条　【财产损失的计算】侵害他人财产的,财产损失按照损失发生时的市场价格或者其他合理方式计算。

第一千一百八十五条　【故意侵害知识产权的惩罚性赔偿责任】故意侵害他人知识产权,情节严重的,被侵权人有权请求相应的惩罚性赔偿。

第一千一百八十六条　【公平分担损失】受害人和行为人对损害的发生都没有过错的,依照法律的规定由双方分担损失。

第一千一百八十七条　【赔偿费用的支付方式】损害发生后,当事人可以协商赔偿费用的支付方式。协商不一致的,赔偿费用应当一次性支付;一次性支付确有困难的,可以分期支付,但是被侵权人有权请求提供相应的担保。

第三章　责任主体的特殊规定

第一千一百八十八条　【监护人责任】无民事行为

能力人、限制民事行为能力人造成他人损害的，由监护人承担侵权责任。监护人尽到监护职责的，可以减轻其侵权责任。

有财产的无民事行为能力人、限制民事行为能力人造成他人损害的，从本人财产中支付赔偿费用；不足部分，由监护人赔偿。

第一千一百八十九条【委托监护时监护人的责任】无民事行为能力人、限制民事行为能力人造成他人损害，监护人将监护职责委托给他人的，监护人应当承担侵权责任；受托人有过错的，承担相应的责任。

第一千一百九十条【暂时丧失意识后的侵权责任】完全民事行为能力人对自己的行为暂时没有意识或者失去控制造成他人损害有过错的，应当承担侵权责任；没有过错的，根据行为人的经济状况对受害人适当补偿。

完全民事行为能力人因醉酒、滥用麻醉药品或者精神药品对自己的行为暂时没有意识或者失去控制造成他人损害的，应当承担侵权责任。

第一千一百九十一条【用人单位责任和劳务派遣单位、劳务用工单位责任】用人单位的工作人员因执行工作任务造成他人损害的，由用人单位承担侵权责任。用人单位承担侵权责任后，可以向有故意或者重大过失的工作人员追偿。

劳务派遣期间，被派遣的工作人员因执行工作任务造成他人损害的，由接受劳务派遣的用工单位承担侵权责任；劳务派遣单位有过错的，承担相应的责任。

第一千一百九十二条【个人劳务关系中的侵权责任】个人之间形成劳务关系，提供劳务一方因劳务造成他人损害的，由接受劳务一方承担侵权责任。接受劳务一方承担侵权责任后，可以向有故意或者重大过失的提供劳务一方追偿。提供劳务一方因劳务受到损害的，根据双方各自的过错承担相应的责任。

提供劳务期间，因第三人的行为造成提供劳务一方损害的，提供劳务一方有权请求第三人承担侵权责任，也有权请求接受劳务一方给予补偿。接受劳务一方补偿后，可以向第三人追偿。

第一千一百九十三条【承揽关系中的侵权责任】承揽人在完成工作过程中造成第三人损害或者自己损害的，定作人不承担侵权责任。但是，定作人对定作、指示或者选任有过错的，应当承担相应的责任。

第一千一百九十四条【网络侵权责任】网络用户、网络服务提供者利用网络侵害他人民事权益的，应当承担侵权责任。法律另有规定的，依照其规定。

第一千一百九十五条【"通知与取下"制度】网络用户利用网络服务实施侵权行为的，权利人有权通知网络服务提供者采取删除、屏蔽、断开链接等必要措施。通知应当包括构成侵权的初步证据及权利人的真实身份信息。

网络服务提供者接到通知后，应当及时将该通知转送相关网络用户，并根据构成侵权的初步证据和服务类型采取必要措施；未及时采取必要措施的，对损害的扩大部分与该网络用户承担连带责任。

权利人因错误通知造成网络用户或者网络服务提供者损害的，应当承担侵权责任。法律另有规定的，依照其规定。

第一千一百九十六条【"反通知"制度】网络用户接到转送的通知后，可以向网络服务提供者提交不存在侵权行为的声明。声明应当包括不存在侵权行为的初步证据及网络用户的真实身份信息。

网络服务提供者接到声明后，应当将该声明转送发出通知的权利人，并告知其可以向有关部门投诉或者向人民法院提起诉讼。网络服务提供者在转送声明到达权利人后的合理期限内，未收到权利人已经投诉或者提起诉讼通知的，应当及时终止所采取的措施。

第一千一百九十七条【网络服务提供者与网络用户的连带责任】网络服务提供者知道或者应当知道网络用户利用其网络服务侵害他人民事权益，未采取必要措施的，与该网络用户承担连带责任。

第一千一百九十八条【违反安全保障义务的侵权责任】宾馆、商场、银行、车站、机场、体育场馆、娱乐场所等经营场所、公共场所的经营者、管理者或者群众性活动的组织者，未尽到安全保障义务，造成他人损害的，应当承担侵权责任。

因第三人的行为造成他人损害的，由第三人承担侵权责任；经营者、管理者或者组织者未尽到安全保障义务的，承担相应的补充责任。经营者、管理者或者组织者承担补充责任后，可以向第三人追偿。

第一千一百九十九条【教育机构对无民事行为能力人受到人身损害的过错推定责任】无民事行为能力人在幼儿园、学校或者其他教育机构学习、生活期间受到人身损害的，幼儿园、学校或者其他教育机构应当承担侵权责任；但是，能够证明尽到教育、管理职责的，不承担侵权责任。

第一千二百条【教育机构对限制民事行为能力人受到人身损害的过错责任】限制民事行为能力人在学校或者其他教育机构学习、生活期间受到人身损害，学校或者其他教育机构未尽到教育、管理职责的,应当承担侵权责任。

第一千二百零一条　【受到校外人员人身损害时的责任分担】无民事行为能力人或者限制民事行为能力人在幼儿园、学校或者其他教育机构学习、生活期间,受到幼儿园、学校或者其他教育机构以外的第三人人身损害的,由第三人承担侵权责任;幼儿园、学校或者其他教育机构未尽到管理职责的,承担相应的补充责任。幼儿园、学校或者其他教育机构承担补充责任后,可以向第三人追偿。

第四章　产品责任

第一千二百零二条　【产品生产者侵权责任】因产品存在缺陷造成他人损害的,生产者应当承担侵权责任。

第一千二百零三条　【被侵权人请求损害赔偿的途径和先行赔偿人追偿权】因产品存在缺陷造成他人损害的,被侵权人可以向产品的生产者请求赔偿,也可以向产品的销售者请求赔偿。

产品缺陷由生产者造成的,销售者赔偿后,有权向生产者追偿。因销售者的过错使产品存在缺陷的,生产者赔偿后,有权向销售者追偿。

第一千二百零四条　【生产者、销售者的第三人追偿权】因运输者、仓储者等第三人的过错使产品存在缺陷,造成他人损害的,产品的生产者、销售者赔偿后,有权向第三人追偿。

第一千二百零五条　【产品缺陷危及他人人身、财产安全的侵权责任】因产品缺陷危及他人人身、财产安全的,被侵权人有权请求生产者、销售者承担停止侵害、排除妨碍、消除危险等侵权责任。

第一千二百零六条　【生产者、销售者的补救措施及费用承担】产品投入流通后发现存在缺陷的,生产者、销售者应当及时采取停止销售、警示、召回等补救措施;未及时采取补救措施或者补救措施不力造成损害扩大的,对扩大的损害也应当承担侵权责任。

依据前款规定采取召回措施的,生产者、销售者应当负担被侵权人因此支出的必要费用。

第一千二百零七条　【产品责任中的惩罚性赔偿】明知产品存在缺陷仍然生产、销售,或者没有依据前条规定采取有效补救措施,造成他人死亡或者健康严重损害的,被侵权人有权请求相应的惩罚性赔偿。

……

第六章　医疗损害责任

第一千二百一十八条　【医疗损害责任归责原则】患者在诊疗活动中受到损害,医疗机构或者其医务人员有过错的,由医疗机构承担赔偿责任。

第一千二百一十九条　【医疗机构说明义务与患者知情同意权】医务人员在诊疗活动中应当向患者说明病情和医疗措施。需要实施手术、特殊检查、特殊治疗的,医务人员应当及时向患者具体说明医疗风险、替代医疗方案等情况,并取得其明确同意;不能或者不宜向患者说明的,应当向患者的近亲属说明,并取得其明确同意。

医务人员未尽到前款义务,造成患者损害的,医疗机构应当承担赔偿责任。

第一千二百二十条　【紧急情况下实施的医疗措施】因抢救生命垂危的患者等紧急情况,不能取得患者或者其近亲属意见的,经医疗机构负责人或者授权的负责人批准,可以立即实施相应的医疗措施。

第一千二百二十一条　【医务人员过错的医疗机构赔偿责任】医务人员在诊疗活动中未尽到与当时的医疗水平相应的诊疗义务,造成患者损害的,医疗机构应当承担赔偿责任。

第一千二百二十二条　【医疗机构过错推定的情形】患者在诊疗活动中受到损害,有下列情形之一的,推定医疗机构有过错:

(一)违反法律、行政法规、规章以及其他有关诊疗规范的规定;

(二)隐匿或者拒绝提供与纠纷有关的病历资料;

(三)遗失、伪造、篡改或者违法销毁病历资料。

第一千二百二十三条　【因药品、消毒产品、医疗器械的缺陷或输入不合格的血液的侵权责任】因药品、消毒产品、医疗器械的缺陷,或者输入不合格的血液造成患者损害的,患者可以向药品上市许可持有人、生产者、血液提供机构请求赔偿,也可以向医疗机构请求赔偿。患者向医疗机构请求赔偿的,医疗机构赔偿后,有权向负有责任的药品上市许可持有人、生产者、血液提供机构追偿。

第一千二百二十四条　【医疗机构免责事由】患者在诊疗活动中受到损害,有下列情形之一的,医疗机构不承担赔偿责任:

(一)患者或者其近亲属不配合医疗机构进行符合诊疗规范的诊疗;

(二)医务人员在抢救生命垂危的患者等紧急情况下已经尽到合理诊疗义务;

(三)限于当时的医疗水平难以诊疗。

前款第一项情形中,医疗机构或者其医务人员也有过错的,应当承担相应的赔偿责任。

第一千二百二十五条 【医疗机构对病历的义务及患者对病历的权利】 医疗机构及其医务人员应当按照规定填写并妥善保管住院志、医嘱单、检验报告、手术及麻醉记录、病理资料、护理记录等病历资料。

患者要求查阅、复制前款规定的病历资料的，医疗机构应当及时提供。

第一千二百二十六条 【患者隐私和个人信息保护】 医疗机构及其医务人员应当对患者的隐私和个人信息保密。泄露患者的隐私和个人信息，或者未经患者同意公开其病历资料的，应当承担侵权责任。

第一千二百二十七条 【不必要检查禁止义务】 医疗机构及其医务人员不得违反诊疗规范实施不必要的检查。

第一千二百二十八条 【医疗机构及医务人员合法权益的维护】 医疗机构及其医务人员的合法权益受法律保护。

干扰医疗秩序，妨碍医务人员工作、生活，侵害医务人员合法权益的，应当依法承担法律责任。

……

最高人民法院关于审理人身损害赔偿案件适用法律若干问题的解释

· 2003年12月4日最高人民法院审判委员会第1299次会议通过
· 根据2020年12月23日最高人民法院审判委员会第1823次会议通过的《最高人民法院关于修改〈最高人民法院关于在民事审判工作中适用〈中华人民共和国工会法〉若干问题的解释〉等二十七件民事类司法解释的决定》第一次修正
· 根据2022年2月15日最高人民法院审判委员会第1864次会议通过的《最高人民法院关于修改〈最高人民法院关于审理人身损害赔偿案件适用法律若干问题的解释〉的决定》第二次修正
· 2022年4月24日最高人民法院公告公布
· 自2022年5月1日起施行

为正确审理人身损害赔偿案件，依法保护当事人的合法权益，根据《中华人民共和国民法典》《中华人民共和国民事诉讼法》等有关法律规定，结合审判实践，制定本解释。

第一条 因生命、身体、健康遭受侵害，赔偿权利人起诉请求赔偿义务人赔偿物质损害和精神损害的，人民法院应予受理。

本条所称"赔偿权利人"，是指因侵权行为或者其他致害原因直接遭受人身损害的受害人以及死亡受害人的近亲属。

本条所称"赔偿义务人"，是指因自己或者他人的侵权行为以及其他致害原因依法应当承担民事责任的自然人、法人或者非法人组织。

第二条 赔偿权利人起诉部分共同侵权人的，人民法院应当追加其他共同侵权人作为共同被告。赔偿权利人在诉讼中放弃对部分共同侵权人的诉讼请求的，其他共同侵权人对放弃诉讼请求的被告应当承担的赔偿份额不承担连带责任。责任范围难以确定的，推定各共同侵权人承担同等责任。

人民法院应当将放弃诉讼请求的法律后果告知赔偿权利人，并将放弃诉讼请求的情况在法律文书中叙明。

第三条 依法应当参加工伤保险统筹的用人单位的劳动者，因工伤事故遭受人身损害，劳动者或者其近亲属向人民法院起诉请求用人单位承担民事赔偿责任的，告知其按《工伤保险条例》的规定处理。

因用人单位以外的第三人侵权造成劳动者人身损害，赔偿权利人请求第三人承担民事赔偿责任的，人民法院应予支持。

第四条 无偿提供劳务的帮工人，在从事帮工活动中致人损害的，被帮工人应当承担赔偿责任。被帮工人承担赔偿责任后向有故意或者重大过失的帮工人追偿的，人民法院应予支持。被帮工人明确拒绝帮工的，不承担赔偿责任。

第五条 无偿提供劳务的帮工人因帮工活动遭受人身损害的，根据帮工人和被帮工人各自的过错承担相应的责任；帮工人明确拒绝帮工的，被帮工人不承担赔偿责任，但可以在受益范围内予以适当补偿。

帮工人在帮工活动中因第三人的行为遭受人身损害的，有权请求第三人承担赔偿责任，也有权请求被帮工人予以适当补偿。被帮工人补偿后，可以向第三人追偿。

第六条 医疗费根据医疗机构出具的医药费、住院费等收款凭证，结合病历和诊断证明等相关证据确定。赔偿义务人对治疗的必要性和合理性有异议的，应当承担相应的举证责任。

医疗费的赔偿数额，按照一审法庭辩论终结前实际发生的数额确定。器官功能恢复训练所必要的康复费、适当的整容费以及其他后续治疗费，赔偿权利人可以待实际发生后另行起诉。但根据医疗证明或者鉴定结论确定必然发生的费用，可以与已经发生的医疗费一并予以赔偿。

第七条 误工费根据受害人的误工时间和收入状况确定。

误工时间根据受害人接受治疗的医疗机构出具的证明确定。受害人因伤致残持续误工的，误工时间可以计算至定残日前一天。

受害人有固定收入的，误工费按照实际减少的收入计算。受害人无固定收入的，按照其最近三年的平均收入计算；受害人不能举证证明其最近三年的平均收入状况的，可以参照受诉法院所在地相同或者相近行业上一年度职工的平均工资计算。

第八条 护理费根据护理人员的收入状况和护理人数、护理期限确定。

护理人员有收入的，参照误工费的规定计算；护理人员没有收入或者雇佣护工的，参照当地护工从事同等级别护理的劳务报酬标准计算。护理人员原则上为一人，但医疗机构或者鉴定机构有明确意见的，可以参照确定护理人员人数。

护理期限应计算至受害人恢复生活自理能力时止。受害人因残疾不能恢复生活自理能力的，可以根据其年龄、健康状况等因素确定合理的护理期限，但最长不超过二十年。

受害人定残后的护理，应当根据其护理依赖程度并结合配制残疾辅助器具的情况确定护理级别。

第九条 交通费根据受害人及其必要的陪护人员因就医或者转院治疗实际发生的费用计算。交通费应当以正式票据为凭；有关凭据应当与就医地点、时间、人数、次数相符合。

第十条 住院伙食补助费可以参照当地国家机关一般工作人员的出差伙食补助标准予以确定。

受害人确有必要到外地治疗，因客观原因不能住院，受害人本人及其陪护人员实际发生的住宿费和伙食费，其合理部分应予赔偿。

第十一条 营养费根据受害人伤残情况参照医疗机构的意见确定。

第十二条 残疾赔偿金根据受害人丧失劳动能力程度或者伤残等级，按照受诉法院所在地上一年度城镇居民人均可支配收入标准，自定残之日起按二十年计算。但六十周岁以上的，年龄每增加一岁减少一年；七十五周岁以上的，按五年计算。

受害人因伤致残但实际收入没有减少，或者伤残等级较轻但造成职业妨害严重影响其劳动就业的，可以对残疾赔偿金作相应调整。

第十三条 残疾辅助器具费按照普通适用器具的合理费用标准计算。伤情有特殊需要的，可以参照辅助器具配制机构的意见确定相应的合理费用标准。

辅助器具的更换周期和赔偿期限参照配制机构的意见确定。

第十四条 丧葬费按照受诉法院所在地上一年度职工月平均工资标准，以六个月总额计算。

第十五条 死亡赔偿金按照受诉法院所在地上一年度城镇居民人均可支配收入标准，按二十年计算。但六十周岁以上的，年龄每增加一岁减少一年；七十五周岁以上的，按五年计算。

第十六条 被扶养人生活费计入残疾赔偿金或者死亡赔偿金。

第十七条 被扶养人生活费根据扶养人丧失劳动能力程度，按照受诉法院所在地上一年度城镇居民人均消费支出标准计算。被扶养人为未成年人的，计算至十八周岁；被扶养人无劳动能力又无其他生活来源的，计算二十年。但六十周岁以上的，年龄每增加一岁减少一年；七十五周岁以上的，按五年计算。

被扶养人是指受害人依法应当承担扶养义务的未成年人或者丧失劳动能力又无其他生活来源的成年近亲属。被扶养人还有其他扶养人的，赔偿义务人只赔偿受害人依法应当负担的部分。被扶养人有数人的，年赔偿总额累计不超过上一年度城镇居民人均消费支出额。

第十八条 赔偿权利人举证证明其住所地或者经常居住地城镇居民人均可支配收入高于受诉法院所在地标准的，残疾赔偿金或者死亡赔偿金可以按照其住所地或者经常居住地的相关标准计算。

被扶养人生活费的相关计算标准，依照前款原则确定。

第十九条 超过确定的护理期限、辅助器具费给付年限或者残疾赔偿金给付年限，赔偿权利人向人民法院起诉请求继续给付护理费、辅助器具费或者残疾赔偿金的，人民法院应予受理。赔偿权利人确需继续护理、配制辅助器具，或者没有劳动能力和生活来源的，人民法院应当判令赔偿义务人继续给付相关费用五至十年。

第二十条 赔偿义务人请求以定期金方式给付残疾赔偿金、辅助器具费的，应当提供相应的担保。人民法院可以根据赔偿义务人的给付能力和提供担保的情况，确定以定期金方式给付相关费用。但是，一审法庭辩论终结前已经发生的费用、死亡赔偿金以及精神损害抚慰金，应当一次性给付。

第二十一条 人民法院应当在法律文书中明确定期金的给付时间、方式以及每期给付标准。执行期间有关统计数据发生变化的,给付金额应当适时进行相应调整。

定期金按照赔偿权利人的实际生存年限给付,不受本解释有关赔偿期限的限制。

第二十二条 本解释所称"城镇居民人均可支配收入""城镇居民人均消费支出""职工平均工资",按照政府统计部门公布的各省、自治区、直辖市以及经济特区和计划单列市上一年度相关统计数据确定。

"上一年度",是指一审法庭辩论终结时的上一统计年度。

第二十三条 精神损害抚慰金适用《最高人民法院关于确定民事侵权精神损害赔偿责任若干问题的解释》予以确定。

第二十四条 本解释自 2022 年 5 月 1 日起施行。施行后发生的侵权行为引起的人身损害赔偿案件适用本解释。

本院以前发布的司法解释与本解释不一致的,以本解释为准。

七、健康管理

1. 妇幼保健

中华人民共和国母婴保健法

- 1994年10月27日第八届全国人民代表大会常务委员会第十次会议通过
- 根据2009年8月27日第十一届全国人民代表大会常务委员会第十次会议《关于修改部分法律的决定》第一次修正
- 根据2017年11月4日第十二届全国人民代表大会常务委员会第三十次会议《关于修改〈中华人民共和国会计法〉等十一部法律的决定》第二次修正

第一章 总 则

第一条 为了保障母亲和婴儿健康,提高出生人口素质,根据宪法,制定本法。

第二条 国家发展母婴保健事业,提供必要条件和物质帮助,使母亲和婴儿获得医疗保健服务。

国家对边远贫困地区的母婴保健事业给予扶持。

第三条 各级人民政府领导母婴保健工作。

母婴保健事业应当纳入国民经济和社会发展计划。

第四条 国务院卫生行政部门主管全国母婴保健工作,根据不同地区情况提出分级分类指导原则,并对全国母婴保健工作实施监督管理。

国务院其他有关部门在各自职责范围内,配合卫生行政部门做好母婴保健工作。

第五条 国家鼓励、支持母婴保健领域的教育和科学研究,推广先进、实用的母婴保健技术,普及母婴保健科学知识。

第六条 对在母婴保健工作中做出显著成绩和在母婴保健科学研究中取得显著成果的组织和个人,应当给予奖励。

第二章 婚前保健

第七条 医疗保健机构应当为公民提供婚前保健服务。

婚前保健服务包括下列内容:

(一)婚前卫生指导:关于性卫生知识、生育知识和遗传病知识的教育;

(二)婚前卫生咨询:对有关婚配、生育保健等问题提供医学意见;

(三)婚前医学检查:对准备结婚的男女双方可能患影响结婚和生育的疾病进行医学检查。

第八条 婚前医学检查包括对下列疾病的检查:

(一)严重遗传性疾病;

(二)指定传染病;

(三)有关精神病。

经婚前医学检查,医疗保健机构应当出具婚前医学检查证明。

第九条 经婚前医学检查,对患指定传染病在传染期内或者有关精神病在发病期内的,医师应当提出医学意见;准备结婚的男女双方应当暂缓结婚。

第十条 经婚前医学检查,对诊断患有医学上认为不宜生育的严重遗传性疾病的,医师应当向男女双方说明情况,提出医学意见;经男女双方同意,采取长效避孕措施或者施行结扎手术后不生育的,可以结婚。但《中华人民共和国婚姻法》规定禁止结婚的除外。

第十一条 接受婚前医学检查的人员对检查结果持有异议的,可以申请医学技术鉴定,取得医学鉴定证明。

第十二条 男女双方在结婚登记时,应当持有婚前医学检查证明或者医学鉴定证明。

第十三条 省、自治区、直辖市人民政府根据本地区的实际情况,制定婚前医学检查制度实施办法。

省、自治区、直辖市人民政府对婚前医学检查应当规定合理的收费标准,对边远贫困地区或者交费确有困难的人员应当给予减免。

第三章 孕产期保健

第十四条 医疗保健机构应当为育龄妇女和孕产妇提供孕产期保健服务。

孕产期保健服务包括下列内容:

(一)母婴保健指导:对孕育健康后代以及严重遗传性疾病和碘缺乏病等地方病的发病原因、治疗和预防方法提供医学意见;

(二)孕妇、产妇保健:为孕妇、产妇提供卫生、营养、心理等方面的咨询和指导以及产前定期检查等医疗保健服务；

（三）胎儿保健：为胎儿生长发育进行监护，提供咨询和医学指导；

（四）新生儿保健：为新生儿生长发育、哺乳和护理提供医疗保健服务。

第十五条 对患严重疾病或者接触致畸物质，妊娠可能危及孕妇生命安全或者可能严重影响孕妇健康和胎儿正常发育的，医疗保健机构应当予以医学指导。

第十六条 医师发现或者怀疑患严重遗传性疾病的育龄夫妻，应当提出医学意见。育龄夫妻应当根据医师的医学意见采取相应的措施。

第十七条 经产前检查，医师发现或者怀疑胎儿异常的，应当对孕妇进行产前诊断。

第十八条 经产前诊断，有下列情形之一的，医师应当向夫妻双方说明情况，并提出终止妊娠的医学意见：

（一）胎儿患严重遗传性疾病的；

（二）胎儿有严重缺陷的；

（三）因患严重疾病，继续妊娠可能危及孕妇生命安全或者严重危害孕妇健康的。

第十九条 依照本法规定施行终止妊娠或者结扎手术，应当经本人同意，并签署意见。本人无行为能力的，应当经其监护人同意，并签署意见。

依照本法规定施行终止妊娠或者结扎手术的，接受免费服务。

第二十条 生育过严重缺陷患儿的妇女再次妊娠前，夫妻双方应当到县级以上医疗保健机构接受医学检查。

第二十一条 医师和助产人员应当严格遵守有关操作规程，提高助产技术和服务质量，预防和减少产伤。

第二十二条 不能住院分娩的孕妇应当由经过培训、具备相应接生能力的接生人员实行消毒接生。

第二十三条 医疗保健机构和从事家庭接生的人员按照国务院卫生行政部门的规定，出具统一制发的新生儿出生医学证明；有产妇和婴儿死亡以及新生儿出生缺陷情况的，应当向卫生行政部门报告。

第二十四条 医疗保健机构为产妇提供科学育儿、合理营养和母乳喂养的指导。

医疗保健机构对婴儿进行体格检查和预防接种，逐步开展新生儿疾病筛查、婴儿多发病和常见病防治等医疗保健服务。

第四章 技术鉴定

第二十五条 县级以上地方人民政府可以设立医学技术鉴定组织，负责对婚前医学检查、遗传病诊断和产前诊断结果有异议的进行医学技术鉴定。

第二十六条 从事医学技术鉴定的人员，必须具有临床经验和医学遗传学知识，并具有主治医师以上的专业技术职务。

医学技术鉴定组织的组成人员，由卫生行政部门提名，同级人民政府聘任。

第二十七条 医学技术鉴定实行回避制度。凡与当事人有利害关系，可能影响公正鉴定的人员，应当回避。

第五章 行政管理

第二十八条 各级人民政府应当采取措施，加强母婴保健工作，提高医疗保健服务水平，积极防治由环境因素所致严重危害母亲和婴儿健康的地方性高发性疾病，促进母婴保健事业的发展。

第二十九条 县级以上地方人民政府卫生行政部门管理本行政区域内的母婴保健工作。

第三十条 省、自治区、直辖市人民政府卫生行政部门指定的医疗保健机构负责本行政区域内的母婴保健监测和技术指导。

第三十一条 医疗保健机构按照国务院卫生行政部门的规定，负责其职责范围内的母婴保健工作，建立医疗保健工作规范，提高医学技术水平，采取各种措施方便人民群众，做好母婴保健服务工作。

第三十二条 医疗保健机构依照本法规定开展婚前医学检查、遗传病诊断、产前诊断以及施行结扎手术和终止妊娠手术的，必须符合国务院卫生行政部门规定的条件和技术标准，并经县级以上地方人民政府卫生行政部门许可。

严禁采用技术手段对胎儿进行性别鉴定，但医学上确有需要的除外。

第三十三条 从事本法规定的遗传病诊断、产前诊断的人员，必须经过省、自治区、直辖市人民政府卫生行政部门的考核，并取得相应的合格证书。

从事本法规定的婚前医学检查、施行结扎手术和终止妊娠手术的人员，必须经过县级以上地方人民政府卫生行政部门的考核，并取得相应的合格证书。

第三十四条 从事母婴保健工作的人员应当严格遵守职业道德，为当事人保守秘密。

第六章 法律责任

第三十五条 未取得国家颁发的有关合格证书的，有下列行为之一，县级以上地方人民政府卫生行政部门应当予以制止，并可以根据情节给予警告或者处以罚款：

（一）从事婚前医学检查、遗传病诊断、产前诊断或者医学技术鉴定的；
（二）施行终止妊娠手术的；
（三）出具本法规定的有关医学证明的。

上款第（三）项出具的有关医学证明无效。

第三十六条 未取得国家颁发的有关合格证书，施行终止妊娠手术或者采取其他方法终止妊娠，致人死亡、残疾、丧失或者基本丧失劳动能力的，依照刑法有关规定追究刑事责任。

第三十七条 从事母婴保健工作的人员违反本法规定，出具有关虚假医学证明或者进行胎儿性别鉴定的，由医疗保健机构或者卫生行政部门根据情节给予行政处分；情节严重的，依法取消执业资格。

第七章 附 则

第三十八条 本法下列用语的含义：

指定传染病，是指《中华人民共和国传染病防治法》中规定的艾滋病、淋病、梅毒、麻风病以及医学上认为影响结婚和生育的其他传染病。

严重遗传性疾病，是指由于遗传因素先天形成，患者全部或者部分丧失自主生活能力，后代再现风险高，医学上认为不宜生育的遗传性疾病。

有关精神病，是指精神分裂症、躁狂抑郁型精神病以及其他重型精神病。

产前诊断，是指对胎儿进行先天性缺陷和遗传性疾病的诊断。

第三十九条 本法自1995年6月1日起施行。

中华人民共和国母婴保健法实施办法

· 2001年6月20日中华人民共和国国务院令第308号公布
· 根据2017年11月17日《国务院关于修改部分行政法规的决定》第一次修订
· 根据2022年3月29日《国务院关于修改和废止部分行政法规的决定》第二次修订
· 根据2023年7月20日《国务院关于修改和废止部分行政法规的决定》第三次修订

第一章 总 则

第一条 根据《中华人民共和国母婴保健法》（以下简称母婴保健法），制定本办法。

第二条 在中华人民共和国境内从事母婴保健服务活动的机构及其人员应当遵守母婴保健法和本办法。

第三条 母婴保健技术服务主要包括下列事项：

（一）有关母婴保健的科普宣传、教育和咨询；
（二）婚前医学检查；
（三）产前诊断和遗传病诊断；
（四）助产技术；
（五）实施医学上需要的节育手术；
（六）新生儿疾病筛查；
（七）有关生育、节育、不育的其他生殖保健服务。

第四条 公民享有母婴保健的知情选择权。国家保障公民获得适宜的母婴保健服务的权利。

第五条 母婴保健工作以保健为中心，以保障生殖健康为目的，实行保健和临床相结合，面向群体、面向基层和预防为主的方针。

第六条 各级人民政府应当将母婴保健工作纳入本级国民经济和社会发展计划，为母婴保健事业的发展提供必要的经济、技术和物质条件，并对少数民族地区、贫困地区的母婴保健事业给予特殊支持。

县级以上地方人民政府根据本地区的实际情况和需要，可以设立母婴保健事业发展专项资金。

第七条 国务院卫生行政部门主管全国母婴保健工作，履行下列职责：

（一）制定母婴保健法及本办法的配套规章和技术规范；
（二）按照分级分类指导的原则，制定全国母婴保健工作发展规划和实施步骤；
（三）组织推广母婴保健及其他生殖健康的适宜技术；
（四）对母婴保健工作实施监督。

第八条 县级以上各级人民政府财政、公安、民政、教育、人力资源社会保障等部门应当在各自职责范围内，配合同级卫生行政部门做好母婴保健工作。

第二章 婚前保健

第九条 母婴保健法第七条所称婚前卫生指导，包括下列事项：

（一）有关性卫生的保健和教育；
（二）新婚避孕知识及计划生育指导；
（三）受孕前的准备、环境和疾病对后代影响等孕前保健知识；
（四）遗传病的基本知识；
（五）影响婚育的有关疾病的基本知识；
（六）其他生殖健康知识。

医师进行婚前卫生咨询时，应当为服务对象提供科学的信息，对可能产生的后果进行指导，并提出适当的建议。

第十条 在实行婚前医学检查的地区,准备结婚的男女双方在办理结婚登记前,应当到医疗、保健机构进行婚前医学检查。

第十一条 从事婚前医学检查的医疗、保健机构,由其所在地县级人民政府卫生行政部门进行审查;符合条件的,在其《医疗机构执业许可证》上注明。

第十二条 申请从事婚前医学检查的医疗、保健机构应当具备下列条件:

(一)分别设置专用的男、女婚前医学检查室,配备常规检查和专科检查设备;

(二)设置婚前生殖健康宣传教育室;

(三)具有符合条件的进行男、女婚前医学检查的执业医师。

第十三条 婚前医学检查包括询问病史、体格及相关检查。

婚前医学检查应当遵守婚前保健工作规范并按照婚前医学检查项目进行。婚前保健工作规范和婚前医学检查项目由国务院卫生行政部门规定。

第十四条 经婚前医学检查,医疗、保健机构应当向接受婚前医学检查的当事人出具婚前医学检查证明。

婚前医学检查证明应当列明是否发现下列疾病:

(一)在传染期内的指定传染病;

(二)在发病期内的有关精神病;

(三)不宜生育的严重遗传性疾病;

(四)医学上认为不宜结婚的其他疾病。

发现前款第(一)项、第(二)项、第(三)项疾病的,医师应当向当事人说明情况,提出预防、治疗以及采取相应医学措施的建议。当事人依据医生的医学意见,可以暂缓结婚,也可以自愿采用长效避孕措施或者结扎手术;医疗、保健机构应当为其治疗提供医学咨询和医疗服务。

第十五条 经婚前医学检查,医疗、保健机构不能确诊的,应当转到设区的市级以上人民政府卫生行政部门指定的医疗、保健机构确诊。

第十六条 在实行婚前医学检查的地区,婚姻登记机关在办理结婚登记时,应当查验婚前医学检查证明或者母婴保健法第十一条规定的医学鉴定证明。

第三章 孕产期保健

第十七条 医疗、保健机构应当为育龄妇女提供有关避孕、节育、生育、不育和生殖健康的咨询和医疗保健服务。

医师发现或者怀疑育龄夫妻患有严重遗传性疾病的,应当提出医学意见;限于现有医疗技术水平难以确诊的,应当向当事人说明情况。育龄夫妻可以选择避孕、节育、不孕等相应的医学措施。

第十八条 医疗、保健机构应当为孕产妇提供下列医疗保健服务:

(一)为孕产妇建立保健手册(卡),定期进行产前检查;

(二)为孕产妇提供卫生、营养、心理等方面的医学指导与咨询;

(三)对高危孕妇进行重点监护、随访和医疗保健服务;

(四)为孕产妇提供安全分娩技术服务;

(五)定期进行产后访视,指导产妇科学喂养婴儿;

(六)提供避孕咨询指导和技术服务;

(七)对产妇及其家属进行生殖健康教育和科学育儿知识教育;

(八)其他孕产期保健服务。

第十九条 医疗、保健机构发现孕妇患有下列严重疾病或者接触物理、化学、生物等有毒、有害因素,可能危及孕妇生命安全或者可能严重影响孕妇健康和胎儿正常发育的,应当对孕妇进行医学指导和下列必要的医学检查:

(一)严重的妊娠合并症或者并发症;

(二)严重的精神性疾病;

(三)国务院卫生行政部门规定的严重影响生育的其他疾病。

第二十条 孕妇有下列情形之一的,医师应当对其进行产前诊断:

(一)羊水过多或者过少的;

(二)胎儿发育异常或者胎儿有可疑畸形的;

(三)孕早期接触过可能导致胎儿先天缺陷的物质的;

(四)有遗传病家族史或者曾经分娩过先天性严重缺陷婴儿的;

(五)初产妇年龄超过35周岁的。

第二十一条 母婴保健法第十八条规定的胎儿的严重遗传性疾病、胎儿的严重缺陷、孕妇患继续妊娠可能危及其生命健康和安全的严重疾病目录,由国务院卫生行政部门规定。

第二十二条 生育过严重遗传性疾病或者严重缺陷患儿的,再次妊娠前,夫妻双方应当按照国家有关规定到医疗、保健机构进行医学检查。医疗、保健机构应当向当事人介绍有关遗传性疾病的知识,给予咨询、指导。对诊断患有医学上认为不宜生育的严重遗传性疾病的,医师应当向当事人说明情况,并提出医学意见。

第二十三条 严禁采用技术手段对胎儿进行性别鉴定。

对怀疑胎儿可能为伴性遗传病,需要进行性别鉴定的,由省、自治区、直辖市人民政府卫生行政部门指定的医疗、保健机构按照国务院卫生行政部门的规定进行鉴定。

第二十四条 国家提倡住院分娩。医疗、保健机构应当按照国务院卫生行政部门制定的技术操作规范,实施消毒接生和新生儿复苏,预防产伤及产后出血等产科并发症,降低孕产妇及围产儿发病率、死亡率。

没有条件住院分娩的,应当由经过培训、具备相应接生能力的家庭接生人员接生。

高危孕妇应当在医疗、保健机构住院分娩。

县级人民政府卫生行政部门应当加强对家庭接生人员的培训、技术指导和监督管理。

第四章 婴儿保健

第二十五条 医疗、保健机构应当按照国家有关规定开展新生儿先天性、遗传性代谢病筛查、诊断、治疗和监测。

第二十六条 医疗、保健机构应当按照规定进行新生儿访视,建立儿童保健手册(卡),定期对其进行健康检查,提供有关预防疾病、合理膳食、促进智力发育等科学知识,做好婴儿多发病、常见病防治等医疗保健服务。

第二十七条 医疗、保健机构应当按照规定的程序和项目对婴儿进行预防接种。

婴儿的监护人应当保证婴儿及时接受预防接种。

第二十八条 国家推行母乳喂养。医疗、保健机构应当为实施母乳喂养提供技术指导,为住院分娩的产妇提供必要的母乳喂养条件。

医疗、保健机构不得向孕产妇和婴儿家庭宣传、推荐母乳代用品。

第二十九条 母乳代用品产品包装标签应当在显著位置标明母乳喂养的优越性。

母乳代用品生产者、销售者不得向医疗、保健机构赠送产品样品或者以推销为目的有条件地提供设备、资金和资料。

第三十条 妇女享有国家规定的产假。有不满1周岁婴儿的妇女,所在单位应当在劳动时间内为其安排一定的哺乳时间。

第五章 技术鉴定

第三十一条 母婴保健医学技术鉴定委员会分为省、市、县三级。

母婴保健医学技术鉴定委员会成员应当符合下列任职条件:

(一)县级母婴保健医学技术鉴定委员会成员应当具有主治医师以上专业技术职务;

(二)设区的市级和省级母婴保健医学技术鉴定委员会成员应当具有副主任医师以上专业技术职务。

第三十二条 当事人对婚前医学检查、遗传病诊断、产前诊断结果有异议,需要进一步确诊的,可以自接到检查或者诊断结果之日起15日内向所在地县级或者设区的市级母婴保健医学技术鉴定委员会提出书面鉴定申请。

母婴保健医学技术鉴定委员会应当自接到鉴定申请之日起30日内作出医学技术鉴定意见,并及时通知当事人。

当事人对鉴定意见有异议的,可以自接到鉴定意见通知书之日起15日内向上一级母婴保健医学技术鉴定委员会申请再鉴定。

第三十三条 母婴保健医学技术鉴定委员会进行医学鉴定时须有5名以上相关专业医学技术鉴定委员会成员参加。

鉴定委员会成员应当在鉴定结论上署名;不同意见应当如实记录。鉴定委员会根据鉴定结论向当事人出具鉴定意见书。

母婴保健医学技术鉴定管理办法由国务院卫生行政部门制定。

第六章 监督管理

第三十四条 县级以上地方人民政府卫生行政部门负责本行政区域内的母婴保健监督管理工作,履行下列监督管理职责:

(一)依照母婴保健法和本办法以及国务院卫生行政部门规定的条件和技术标准,对从事母婴保健工作的机构和人员实施许可,并核发相应的许可证书;

(二)对母婴保健法和本办法的执行情况进行监督检查;

(三)对违反母婴保健法和本办法的行为,依法给予行政处罚;

(四)负责母婴保健工作监督管理的其他事项。

第三十五条 从事遗传病诊断、产前诊断的医疗、保健机构和人员,须经省、自治区、直辖市人民政府卫生行政部门许可;但是,从事产前诊断中产前筛查的医疗、保健机构,须经县级人民政府卫生行政部门许可。

从事婚前医学检查的医疗、保健机构和人员,须经县级人民政府卫生行政部门许可。

从事助产技术服务、结扎手术和终止妊娠手术的医疗、保健机构和人员,须经县级人民政府卫生行政部门许可,并取得相应的合格证书。

第三十六条 卫生监督人员在执行职务时,应当出示证件。

卫生监督人员可以向医疗、保健机构了解情况,索取必要的资料,对母婴保健工作进行监督、检查,医疗、保健机构不得拒绝和隐瞒。

卫生监督人员对医疗、保健机构提供的技术资料负有保密的义务。

第三十七条 医疗、保健机构应当根据其从事的业务,配备相应的人员和医疗设备,对从事母婴保健工作的人员加强岗位业务培训和职业道德教育,并定期对其进行检查、考核。

医师和助产人员(包括家庭接生人员)应当严格遵守有关技术操作规范,认真填写各项记录,提高助产技术和服务质量。

助产人员的管理,按照国务院卫生行政部门的规定执行。

从事母婴保健工作的执业医师应当依照母婴保健法的规定取得相应的资格。

第三十八条 医疗、保健机构应当按照国务院卫生行政部门的规定,对托幼园、所卫生保健工作进行业务指导。

第三十九条 国家建立孕产妇死亡、婴儿死亡和新生儿出生缺陷监测、报告制度。

第七章 罚 则

第四十条 医疗、保健机构或者人员未取得母婴保健技术许可,擅自从事婚前医学检查、遗传病诊断、产前诊断、终止妊娠手术和医学技术鉴定或者出具有关医学证明的,由卫生行政部门给予警告,责令停止违法行为,没收违法所得;违法所得5000元以上的,并处违法所得3倍以上5倍以下的罚款;没有违法所得或者违法所得不足5000元的,并处5000元以上2万元以下的罚款。

第四十一条 从事母婴保健技术服务的人员出具虚假医学证明文件的,依法给予行政处分;有下列情形之一的,由原发证部门撤销相应的母婴保健技术执业资格或者医师执业证书:

(一)因延误诊治,造成严重后果的;
(二)给当事人身心健康造成严重后果的;
(三)造成其他严重后果的。

第四十二条 违反本办法规定进行胎儿性别鉴定的,由卫生行政部门给予警告,责令停止违法行为;对医疗、保健机构直接负责的主管人员和其他直接责任人员,依法给予行政处分。进行胎儿性别鉴定两次以上的或者以营利为目的进行胎儿性别鉴定的,并由原发证机关撤销相应的母婴保健技术执业资格或者医师执业证书。

第八章 附 则

第四十三条 婚前医学检查证明的格式由国务院卫生行政部门规定。

第四十四条 母婴保健法及本办法所称的医疗、保健机构,是指依照《医疗机构管理条例》取得卫生行政部门医疗机构执业许可的各级各类医疗机构。

第四十五条 本办法自公布之日起施行。

产前诊断技术管理办法

· 2002年12月13日卫生部令第33号公布
· 根据2019年2月28日《国家卫生健康委关于修改〈职业健康检查管理办法〉等4件部门规章的决定》修订

第一章 总 则

第一条 为保障母婴健康,提高出生人口素质,保证产前诊断技术的安全、有效,规范产前诊断技术的监督管理,依据《中华人民共和国母婴保健法》以及《中华人民共和国母婴保健法实施办法》,制定本管理办法。

第二条 本管理办法中所称的产前诊断,是指对胎儿进行先天性缺陷和遗传性疾病的诊断,包括相应筛查。

产前诊断技术项目包括遗传咨询、医学影像、生化免疫、细胞遗传和分子遗传等。

第三条 本管理办法适用于各类开展产前诊断技术的医疗保健机构。

第四条 产前诊断技术的应用应当以医疗为目的,符合国家有关法律规定和伦理原则,由经资格认定的医务人员在经许可的医疗保健机构中进行。

医疗保健机构和医务人员不得实施任何非医疗目的的产前诊断技术。

第五条 国家卫生健康委负责全国产前诊断技术应用的监督管理工作。

第二章 管理与审批

第六条 国家卫生健康委根据医疗需求、技术发展状况、组织与管理的需要等实际情况，制定产前诊断技术应用规划。

第七条 产前诊断技术应用实行分级管理。

国家卫生健康委制定开展产前诊断技术医疗保健机构的基本条件和人员条件；颁布有关产前诊断的技术规范；指定国家级开展产前诊断技术的医疗保健机构；对全国产前诊断技术应用进行质量管理和信息管理；对全国产前诊断专业技术人员的培训进行规划。

省、自治区、直辖市人民政府卫生健康主管部门（以下简称省级卫生健康主管部门）根据当地实际，因地制宜地规划、审批或组建本行政区域内开展产前诊断技术的医疗保健机构；对从事产前诊断技术的专业人员进行系统培训和资格认定；对产前诊断技术应用进行质量管理和信息管理。

县级以上人民政府卫生健康主管部门负责本行政区域内产前诊断技术应用的日常监督管理。

第八条 从事产前诊断的卫生专业技术人员应符合以下所有条件：

（一）从事临床工作的，应取得执业医师资格；

（二）从事医技和辅助工作的，应取得相应卫生专业技术职称；

（三）符合《从事产前诊断卫生专业技术人员的基本条件》；

（四）经省级卫生健康主管部门考核合格，取得从事产前诊断的《母婴保健技术考核合格证书》或者《医师执业证书》中加注母婴保健技术（产前诊断类）考核合格的。

第九条 申请开展产前诊断技术的医疗保健机构应符合下列所有条件：

（一）设有妇产科诊疗科目；

（二）具有与所开展技术相适应的卫生专业技术人员；

（三）具有与所开展技术相适应的技术条件和设备；

（四）设有医学伦理委员会；

（五）符合《开展产前诊断技术医疗保健机构的基本条件》及相关技术规范。

第十条 申请开展产前诊断技术的医疗保健机构应当向所在地省级卫生健康主管部门提交下列文件：

（一）医疗机构执业许可证副本；

（二）开展产前诊断技术的母婴保健技术服务执业许可申请文件；

（三）可行性报告；

（四）拟开展产前诊断技术的人员配备、设备和技术条件情况；

（五）开展产前诊断技术的规章制度；

（六）省级以上卫生健康主管部门规定提交的其他材料。

申请开展产前诊断技术的医疗保健机构，必须明确提出拟开展的产前诊断具体技术项目。

第十一条 申请开展产前诊断技术的医疗保健机构，由所属省、自治区、直辖市人民政府卫生健康主管部门审查批准。省、自治区、直辖市人民政府卫生健康主管部门收到本办法第十条规定的材料后，组织有关专家进行论证，并在收到专家论证报告后30个工作日内进行审核。经审核同意的，发给开展产前诊断技术的母婴保健技术服务执业许可证，注明开展产前诊断以及具体技术服务项目；经审核不同意的，书面通知申请单位。

第十二条 国家卫生健康委根据全国产前诊断技术发展需要，在经审批合格的开展产前诊断技术服务的医疗保健机构中，指定国家级开展产前诊断技术的医疗保健机构。

第十三条 开展产前诊断技术的《母婴保健技术服务执业许可证》每3年校验一次，校验由原审批机关办理。经校验合格的，可继续开展产前诊断技术；经校验不合格的，撤销其许可证书。

第十四条 省、自治区、直辖市人民政府卫生健康主管部门指定的医疗保健机构，协助卫生健康主管部门负责对本行政区域内产前诊断的组织管理工作。

第十五条 从事产前诊断的人员不得在未许可开展产前诊断技术的医疗保健机构中从事相关工作。

第三章 实 施

第十六条 对一般孕妇实施产前筛查以及应用产前诊断技术坚持知情选择。开展产前筛查的医疗保健机构要与经许可开展产前诊断技术的医疗保健机构建立工作联系，保证筛查病例能落实后续诊断。

第十七条 孕妇有下列情形之一的，经治医师应当建议其进行产前诊断：

（一）羊水过多或者过少的；

（二）胎儿发育异常或者胎儿有可疑畸形的；

（三）孕早期时接触过可能导致胎儿先天缺陷的物质的；

（四）有遗传病家族史或者曾经分娩过先天性严重

缺陷婴儿的；

（五）年龄超过35周岁的。

第十八条 既往生育过严重遗传性疾病或者严重缺陷患儿的，再次妊娠前，夫妻双方应当到医疗保健机构进行遗传咨询。医务人员应当对当事人介绍有关知识，给予咨询和指导。

经治医师根据咨询的结果，对当事人提出医学建议。

第十九条 确定产前诊断重点疾病，应当符合下列条件：

（一）疾病发生率较高；

（二）疾病危害严重，社会、家庭和个人疾病负担大；

（三）疾病缺乏有效的临床治疗方法；

（四）诊断技术成熟、可靠、安全和有效。

第二十条 开展产前检查、助产技术的医疗保健机构在为孕妇进行早孕检查或产前检查时，遇到本办法第十七条所列情形的孕妇，应当进行有关知识的普及、提供咨询服务，并以书面形式如实告知孕妇或其家属，建议孕妇进行产前诊断。

第二十一条 孕妇自行提出进行产前诊断的，经治医师可根据其情况提供医学咨询，由孕妇决定是否实施产前诊断技术。

第二十二条 开展产前诊断技术的医疗保健机构出具的产前诊断报告，应当由2名以上经资格认定的执业医师签发。

第二十三条 对于产前诊断技术及诊断结果，经治医师应本着科学、负责的态度，向孕妇或家属告知技术的安全性、有效性和风险性，使孕妇或家属理解技术可能存在的风险和结果的不确定性。

第二十四条 在发现胎儿异常的情况下，经治医师必须将继续妊娠和终止妊娠可能出现的结果以及进一步处理意见，以书面形式明确告知孕妇，由孕妇夫妻双方自行选择处理方案，并签署知情同意书。若孕妇缺乏认知能力，由其近亲属代为选择。涉及伦理问题的，应当交医学伦理委员会讨论。

第二十五条 开展产前诊断技术的医疗保健机构对经产前诊断后终止妊娠娩出的胎儿，在征得其家属同意后，进行尸体病理学解剖及相关的遗传学检查。

第二十六条 当事人对产前诊断结果有异议的，可以依据《中华人民共和国母婴保健法实施办法》第五章的有关规定，申请技术鉴定。

第二十七条 开展产前诊断技术的医疗保健机构不得擅自进行胎儿的性别鉴定。对怀疑胎儿可能为伴性遗传病，需要进行性别鉴定的，由省、自治区、直辖市人民政府卫生健康主管部门指定的医疗保健机构按照有关规定进行鉴定。

第二十八条 开展产前诊断技术的医疗保健机构应当建立健全技术档案管理和追踪观察制度。

第四章 处 罚

第二十九条 违反本办法规定，未经批准擅自开展产前诊断技术的非医疗保健机构，按照《医疗机构管理条例》有关规定进行处罚。

第三十条 对违反本办法，医疗保健机构未取得产前诊断执业许可或超越许可范围，擅自从事产前诊断的，按照《中华人民共和国母婴保健法实施办法》有关规定处罚，由卫生健康主管部门给予警告，责令停止违法行为，没收违法所得；违法所得5000元以上的，并处违法所得3倍以上5倍以下的罚款；违法所得不足5000元的，并处5000元以上2万元以下的罚款。情节严重的，依据《医疗机构管理条例》依法吊销医疗机构执业许可证。

第三十一条 对未取得《母婴保健技术考核合格证书》或者《医师执业证书》中未加注母婴保健技术（产前诊断类）考核合格的个人，擅自从事产前诊断或者超范围执业的，由县级以上人民政府卫生健康主管部门给予警告或者责令暂停6个月以上1年以下执业活动；情节严重的，按照《中华人民共和国执业医师法》吊销其医师执业证书。构成犯罪的，依法追究刑事责任。

第三十二条 违反本办法第二十七条规定，按照《中华人民共和国母婴保健法实施办法》第四十二条规定处罚。

第五章 附 则

第三十三条 各省、自治区、直辖市人民政府卫生健康主管部门可以根据本办法和本地实际情况制定实施细则。

第三十四条 本办法自2003年5月1日起施行。

禁止非医学需要的胎儿性别鉴定和选择性别人工终止妊娠的规定

· 2016年3月28日国家卫生和计划生育委员会、国家工商行政管理总局、国家食品药品监督管理总局令第9号公布

· 自2016年5月1日起施行

第一条 为了贯彻计划生育基本国策，促进出生人口性别结构平衡，促进人口均衡发展，根据《中华人民共

和国人口与计划生育法》、《中华人民共和国母婴保健法》等法律法规,制定本规定。

第二条 非医学需要的胎儿性别鉴定和选择性别人工终止妊娠,是指除经医学诊断胎儿可能为伴性遗传病等需要进行胎儿性别鉴定和选择性别人工终止妊娠以外,所进行的胎儿性别鉴定和选择性别人工终止妊娠。

第三条 禁止任何单位或者个人实施非医学需要的胎儿性别鉴定和选择性别人工终止妊娠。

禁止任何单位或者个人介绍、组织孕妇实施非医学需要的胎儿性别鉴定和选择性别人工终止妊娠。

第四条 各级卫生计生行政部门和食品药品监管部门应当建立查处非医学需要的胎儿性别鉴定和选择性别人工终止妊娠违法行为的协作机制和联动执法机制,共同实施监督管理。

卫生计生行政部门和食品药品监管部门应当按照各自职责,制定胎儿性别鉴定、人工终止妊娠以及相关药品和医疗器械等管理制度。

第五条 县级以上卫生计生行政部门履行以下职责:

(一)监管并组织、协调非医学需要的胎儿性别鉴定和选择性别人工终止妊娠的查处工作;

(二)负责医疗卫生机构及其从业人员的执业准入和相关医疗器械使用监管,以及相关法律法规、执业规范的宣传培训等工作;

(三)负责人口信息管理系统的使用管理,指导医疗卫生机构及时准确地采集新生儿出生、死亡等相关信息;

(四)法律、法规、规章规定的涉及非医学需要的胎儿性别鉴定和选择性别人工终止妊娠的其他事项。

第六条 县级以上工商行政管理部门(包括履行工商行政管理职责的市场监督管理部门,下同)对含有胎儿性别鉴定和人工终止妊娠内容的广告实施监管,并依法查处违法行为。

第七条 食品药品监管部门依法对与胎儿性别鉴定和人工终止妊娠相关的药品和超声诊断仪、染色体检测专用设备等医疗器械的生产、销售和使用环节的产品质量实施监管,并依法查处相关违法行为。

第八条 禁止非医学需要的胎儿性别鉴定和选择性别人工终止妊娠的工作应当纳入计划生育目标管理责任制。

第九条 符合法定生育条件,除下列情形外,不得实施选择性别人工终止妊娠:

(一)胎儿患严重遗传性疾病的;

(二)胎儿有严重缺陷的;

(三)因患严重疾病,继续妊娠可能危及孕妇生命安全或者严重危害孕妇健康的;

(四)法律法规规定的或医学上认为确有必要终止妊娠的其他情形。

第十条 医学需要的胎儿性别鉴定,由省、自治区、直辖市卫生计生行政部门批准设立的医疗卫生机构按照国家有关规定实施。

实施医学需要的胎儿性别鉴定,应当由医疗卫生机构组织三名以上具有临床经验和医学遗传学知识,并具有副主任医师以上的专业技术职称的专家集体审核。经诊断,确认人工终止妊娠的,应当出具医学诊断报告,并由医疗卫生机构通报当地县级卫生计生行政部门。

第十一条 医疗卫生机构应当在工作场所设置禁止非医学需要的胎儿性别鉴定和选择性别人工终止妊娠的醒目标志;医务人员应当严格遵守有关法律法规和超声诊断、染色体检测、人工终止妊娠手术管理等相关制度。

第十二条 实施人工终止妊娠手术的机构应当在手术前登记、查验受术者身份证明信息,并及时将手术实施情况通报当地县级卫生计生行政部门。

第十三条 医疗卫生机构发生新生儿死亡的,应当及时出具死亡证明,并向当地县级卫生计生行政部门报告。

新生儿在医疗卫生机构以外地点死亡的,监护人应当及时向当地乡(镇)人民政府、街道办事处卫生计生工作机构报告;乡(镇)人民政府、街道办事处卫生计生工作机构应当予以核查,并向乡镇卫生院或社区卫生服务中心通报有关信息。

第十四条 终止妊娠药品目录由国务院食品药品监管部门会同国务院卫生计生行政部门制定发布。

药品生产、批发企业仅能将终止妊娠药品销售给药品批发企业或者获准施行终止妊娠手术的医疗卫生机构。药品生产、批发企业销售终止妊娠药品时,应当按照药品追溯有关规定,严格查验购货方资质,并做好销售记录。禁止药品零售企业销售终止妊娠药品。

终止妊娠的药品,仅限于在获准施行终止妊娠手术的医疗卫生机构的医师指导和监护下使用。

经批准实施人工终止妊娠手术的医疗卫生机构应当建立真实、完整的终止妊娠药品购进记录,并为终止妊娠药品使用者建立完整档案。

第十五条 医疗器械销售企业销售超声诊断仪、染色体检测专用设备等医疗器械,应当核查购买者的资质,验证机构资质并留存复印件，建立真实、完整的购销记录；不得将超声诊断仪、染色体检测专用设备等医疗器械销售给不具有相应资质的机构和个人。

第十六条 医疗卫生、教学科研机构购置可用于鉴定胎儿性别的超声诊断仪、染色体检测专用设备等医疗器械时，应当提供机构资质原件和复印件，交销售企业核查、登记，并建立进货查验记录制度。

第十七条 违法发布非医学需要的胎儿性别鉴定或者非医学需要的选择性别人工终止妊娠广告的，由工商行政管理部门依据《中华人民共和国广告法》等相关法律法规进行处罚。

对广告中涉及的非医学需要的胎儿性别鉴定或非医学需要的选择性别人工终止妊娠等专业技术内容，工商行政管理部门可根据需要提请同级卫生计生行政部门予以认定。

第十八条 违反规定利用相关技术为他人实施非医学需要的胎儿性别鉴定或者选择性别人工终止妊娠的，由县级以上卫生计生行政部门依据《中华人民共和国人口与计划生育法》等有关法律法规进行处理；对医疗卫生机构的主要负责人、直接负责的主管人员和直接责任人员，依法给予处分。

第十九条 对未取得母婴保健技术许可的医疗卫生机构或者人员擅自从事终止妊娠手术的、从事母婴保健技术服务的人员出具虚假的医学需要的人工终止妊娠相关医学诊断意见书或者证明的，由县级以上卫生计生行政部门依据《中华人民共和国母婴保健法》及其实施办法的有关规定进行处理；对医疗卫生机构的主要负责人、直接负责的主管人员和直接责任人员，依法给予处分。

第二十条 经批准实施人工终止妊娠手术的机构未建立真实完整的终止妊娠药品购进记录，或者未按照规定为终止妊娠药品使用者建立完整用药档案的，由县级以上卫生计生行政部门责令改正；拒不改正的，给予警告，并可处1万元以上3万元以下罚款；对医疗卫生机构的主要负责人、直接负责的主管人员和直接责任人员，依法进行处理。

第二十一条 药品生产企业、批发企业将终止妊娠药品销售给未经批准实施人工终止妊娠的医疗卫生机构和个人，或者销售终止妊娠药品未查验购药者的资格证明、未按照规定作销售记录的，以及药品零售企业销售终止妊娠药品的，由县级以上食品药品监管部门按照《中华人民共和国药品管理法》的有关规定进行处理。

第二十二条 医疗器械生产经营企业将超声诊断仪、染色体检测专用设备等医疗器械销售给无购买资质的机构或者个人的，由县级以上食品药品监管部门责令改正，处1万元以上3万元以下罚款。

第二十三条 介绍、组织孕妇实施非医学需要的胎儿性别鉴定或者选择性别人工终止妊娠的，由县级以上卫生计生行政部门责令改正，给予警告；情节严重的，没收违法所得，并处5000元以上3万元以下罚款。

第二十四条 鼓励任何单位和个人举报违反本规定的行为。举报内容经查证属实的，应当依据有关规定给予举报人相应的奖励。

第二十五条 本规定自2016年5月1日起施行。2002年11月29日原国家计生委、原卫生部、原国家药品监管局公布的《关于禁止非医学需要的胎儿性别鉴定和选择性别的人工终止妊娠的规定》同时废止。

新生儿疾病筛查管理办法

· 2009年2月16日卫生部令第64号公布
· 自2009年6月1日起施行

第一条 为规范新生儿疾病筛查的管理，保证新生儿疾病筛查工作质量，依据《中华人民共和国母婴保健法》和《中华人民共和国母婴保健法实施办法》，制定本办法。

第二条 本办法所称新生儿疾病筛查是指在新生儿期对严重危害新生儿健康的先天性、遗传性疾病施行专项检查，提供早期诊断和治疗的母婴保健技术。

第三条 本办法规定的全国新生儿疾病筛查病种包括先天性甲状腺功能减低症、苯丙酮尿症等新生儿遗传代谢病和听力障碍。

卫生部根据需要对全国新生儿疾病筛查病种进行调整。

省、自治区、直辖市人民政府卫生行政部门可以根据本行政区域的医疗资源、群众需求、疾病发生率等实际情况，增加本行政区域内新生儿疾病筛查病种，并报卫生部备案。

第四条 新生儿遗传代谢病筛查程序包括血片采集、送检、实验室检测、阳性病例确诊和治疗。

新生儿听力筛查程序包括初筛、复筛、阳性病例确诊和治疗。

第五条 新生儿疾病筛查是提高出生人口素质、减少出生缺陷的预防措施之一。各级各类医疗机构和医务人员应当在工作中开展新生儿疾病筛查的宣传教育工作。

第六条 卫生部负责全国新生儿疾病筛查的监督管理工作，根据医疗需求、技术发展状况、组织与管理的需要等实际情况制定全国新生儿疾病筛查工作规划和技术规范。

省、自治区、直辖市人民政府卫生行政部门负责本行政区域新生儿疾病筛查的监督管理工作，建立新生儿疾病筛查管理网络，组织医疗机构开展新生儿疾病筛查工作。

第七条 省、自治区、直辖市人民政府卫生行政部门应当根据本行政区域的实际情况，制定本地区新生儿遗传代谢病筛查中心和新生儿听力筛查中心（以下简称新生儿疾病筛查中心）设置规划，指定具备能力的医疗机构为本行政区域新生儿疾病筛查中心。

新生儿疾病筛查中心应当开展以下工作：

（一）开展新生儿遗传代谢疾病筛查的实验室检测、阳性病例确诊和治疗或者听力筛查阳性病例确诊、治疗；

（二）掌握本地区新生儿疾病筛查、诊断、治疗、转诊情况；

（三）负责本地区新生儿疾病筛查人员培训、技术指导、质量管理和相关的健康宣传教育；

（四）承担本地区新生儿疾病筛查有关信息的收集、统计、分析、上报和反馈工作。

开展新生儿疾病筛查的医疗机构应当及时提供病例信息，协助新生儿疾病筛查中心做好前款工作。

第八条 诊疗科目中设有产科或者儿科的医疗机构，应当按照《新生儿疾病筛查技术规范》的要求，开展新生儿遗传代谢病血片采集及送检、新生儿听力初筛及复筛工作。

不具备开展新生儿疾病筛查血片采集、新生儿听力初筛和复筛服务条件的医疗机构，应当告知新生儿监护人到有条件的医疗机构进行新生儿疾病筛查血片采集及听力筛查。

第九条 新生儿遗传代谢病筛查实验室设在新生儿疾病筛查中心，并应当具备下列条件：

（一）具有与所开展工作相适应的卫生专业技术人员，具有与所开展工作相适应的技术和设备；

（二）符合《医疗机构临床实验室管理办法》的规定；

（三）符合《新生儿疾病筛查技术规范》的要求。

第十条 新生儿遗传代谢病筛查中心发现新生儿遗传代谢病阳性病例时，应当及时通知新生儿监护人进行确诊。

开展新生儿听力初筛、复筛的医疗机构发现新生儿疑似听力障碍的，应当及时通知新生儿监护人到新生儿听力筛查中心进行听力确诊。

第十一条 新生儿疾病筛查遵循自愿和知情选择的原则。医疗机构在实施新生儿疾病筛查前，应当将新生儿疾病筛查的项目、条件、方式、灵敏度和费用等情况如实告知新生儿的监护人，并取得签字同意。

第十二条 从事新生儿疾病筛查的医疗机构和人员，应当严格执行新生儿疾病筛查技术规范，保证筛查质量。

医疗机构发现新生儿患有遗传代谢病和听力障碍的，应当及时告知其监护人，并提出治疗和随诊建议。

第十三条 省、自治区、直辖市人民政府卫生行政部门根据本行政区域的具体情况，协调有关部门，采取措施，为患有遗传代谢病和听力障碍的新生儿提供治疗方面的便利条件。

有条件的医疗机构应当开展新生儿遗传代谢病的治疗工作。

第十四条 卫生部组织专家定期对新生儿疾病筛查中心进行抽查评估。经评估不合格的，省级人民政府卫生行政部门应当及时撤销其资格。

新生儿遗传代谢病筛查实验室应当接受卫生部临床检验中心的质量监测和检查。

第十五条 县级以上地方人民政府卫生行政部门应当对本行政区域内开展新生儿疾病筛查工作的医疗机构进行监督检查。

第十六条 医疗机构未经省、自治区、直辖市人民政府卫生行政部门指定擅自开展新生儿遗传代谢病筛查实验室检测的，按照《医疗机构管理条例》第四十七条的规定予以处罚。

第十七条 开展新生儿疾病筛查的医疗机构违反本办法规定，有下列行为之一的，由县级以上地方人民政府卫生行政部门责令改正，通报批评，给予警告：

（一）违反《新生儿疾病筛查技术规范》的；

（二）未履行告知程序擅自进行新生儿疾病筛查的；

（三）未按规定进行实验室质量监测、检查的；

（四）违反本办法其他规定的。

第十八条 省、自治区、直辖市人民政府卫生行政部门可以依据本办法和当地实际制定实施细则。

第十九条 本办法公布后6个月内，省、自治区、直辖市人民政府卫生行政部门应当组织专家对开展新生儿疾病筛查的医疗机构进行评估考核，指定新生儿疾病筛查中心。

第二十条 本办法自2009年6月1日起施行。

人类精子库管理办法

- 2001年2月20日卫生部令第15号公布
- 自2001年8月1日起施行

第一章 总 则

第一条 为了规范人类精子库管理,保证人类辅助生殖技术安全、有效应用和健康发展,保障人民健康,制定本办法。

第二条 本办法所称人类精子库是指以治疗不育症以及预防遗传病等为目的,利用超低温冷冻技术,采集、检测、保存和提供精子的机构。

人类精子库必须设置在医疗机构内。

第三条 精子的采集和提供应当遵守当事人自愿和符合社会伦理原则。

任何单位和个人不得以营利为目的进行精子的采集与提供活动。

第四条 卫生部主管全国人类精子库的监督管理工作。县级以上地方人民政府卫生行政部门负责本行政区域内人类精子库的日常监督管理。

第二章 审 批

第五条 卫生部根据我国卫生资源、对供精的需求、精子的来源、技术条件等实际情况,制订人类精子库设置规划。

第六条 设置人类精子库应当经卫生部批准。

第七条 申请设置人类精子库的医疗机构应当符合下列条件:

(一)具有医疗机构执业许可证;
(二)设有医学伦理委员会;
(三)具有与采集、检测、保存和提供精子相适应的卫生专业技术人员;
(四)具有与采集、检测、保存和提供精子相适应的技术和仪器设备;
(五)具有对供精者进行筛查的技术能力;
(六)应当符合卫生部制定的《人类精子库基本标准》。

第八条 申请设置人类精子库的医疗机构应当向所在地省、自治区、直辖市人民政府卫生行政部门提交下列资料:

(一)设置人类精子库可行性报告;
(二)医疗机构基本情况;
(三)拟设置人类精子库的建筑设计平面图;
(四)拟设置人类精子库将开展的技术业务范围、技术设备条件、技术人员配备情况和组织结构;
(五)人类精子库的规章制度、技术操作手册等;
(六)省级以上卫生行政部门规定的其他材料。

第九条 省、自治区、直辖市人民政府卫生行政部门收到前条规定的材料后,提出初步意见,报卫生部审批。

第十条 卫生部收到省、自治区、直辖市人民政府卫生行政部门的初步意见和材料后,聘请有关专家进行论证,并在收到专家论证报告后45个工作日内进行审核,审核同意的,发给人类精子库批准证书;审核不同意的,书面通知申请单位。

第十一条 批准设置人类精子库的医疗机构应当按照《医疗机构管理条例》的有关规定,持卫生部的批准证书到核发其医疗机构执业许可证的卫生行政部门办理变更登记手续。

第十二条 人类精子库批准证书每2年校验1次。校验合格的,可以继续开展人类精子库工作;校验不合格的,收回人类精子库批准证书。

第三章 精子采集与提供

第十三条 精子的采集与提供应当在经过批准的人类精子库中进行。未经批准,任何单位和个人不得从事精子的采集与提供活动。

第十四条 精子的采集与提供应当严格遵守卫生部制定的《人类精子库技术规范》和各项技术操作规程。

第十五条 供精者应当是年龄在22-45周岁之间的健康男性。

第十六条 人类精子库应当对供精者进行健康检查和严格筛选,不得采集有下列情况之一的人员的精液:

(一)有遗传病家族史或者患遗传性疾病;
(二)精神病患者;
(三)传染病患者或者病源携带者;
(四)长期接触放射线和有害物质者;
(五)精液检查不合格者;
(六)其他严重器质性疾病患者。

第十七条 人类精子库工作人员应当向供精者说明精子的用途、保存方式以及可能带来的社会伦理等问题。人类精子库应当和供精者签署知情同意书。

第十八条 供精者只能在一个人类精子库中供精。

第十九条 精子库采集精子后,应当进行检验和筛查。精子冷冻6个月后,经过复检合格,方可向经卫生行政部门批准开展人类辅助生殖技术的医疗机构提供,并向医疗机构提交检验结果。未经检验或检验不合格的,不得向医疗机构提供。

严禁精子库向医疗机构提供新鲜精子。

严禁精子库向未经批准开展人类辅助生殖技术的医疗机构提供精子。

第二十条 一个供精者的精子最多只能提供给5名妇女受孕。

第二十一条 人类精子库应当建立供精者档案，对供精者的详细资料和精子使用情况进行计算机管理并永久保存。

人类精子库应当为供精者和受精者保密，未经供精者和受精者同意不得泄漏有关信息。

第二十二条 卫生部指定卫生技术评估机构，对人类精子库进行技术质量监测和定期检查。监测结果和检查报告报人类精子库所在地的省、自治区、直辖市人民政府卫生行政部门和卫生部备案。

第四章 处 罚

第二十三条 违反本办法规定，未经批准擅自设置人类精子库，采集、提供精子的非医疗机构，按照《医疗机构管理条例》第四十四条的规定处罚；对有上述违法行为的医疗机构，按照《医疗机构管理条例》第四十七条和《医疗机构管理条例实施细则》第八十条的规定处罚。

第二十四条 设置人类精子库的医疗机构违反本办法，有下列行为之一的，省、自治区、直辖市人民政府卫生行政部门给予警告、1万元以下罚款，并给予有关责任人员行政处分；构成犯罪的，依法追究刑事责任：

（一）采集精液前，未按规定对供精者进行健康检查的；

（二）向医疗机构提供未经检验的精子的；

（三）向不具有人类辅助生殖技术批准证书的机构提供精子的；

（四）供精者档案不健全的；

（五）经评估机构检查质量不合格的；

（六）其他违反本办法规定的行为。

第五章 附 则

第二十五条 本办法颁布前已经设置人类精子库的医疗机构，在本办法颁布后3个月内向所在地省、自治区、直辖市人民政府卫生行政部门提出申请，省、自治区、直辖市人民政府卫生行政部门和卫生部按照本办法审查，审查同意的，发给人类精子库批准证书；审查不同意的，不得再设置人类精子库。

第二十六条 本办法自2001年8月1日起实施。

人类辅助生殖技术管理办法

· 2001年2月20日卫生部令第14号公布
· 自2001年8月1日起施行

第一章 总 则

第一条 为保证人类辅助生殖技术安全、有效和健康发展，规范人类辅助生殖技术的应用和管理，保障人民健康，制定本办法。

第二条 本办法适用于开展人类辅助生殖技术的各类医疗机构。

第三条 人类辅助生殖技术的应用应当在医疗机构中进行，以医疗为目的，并符合国家计划生育政策、伦理原则和有关法律规定。

禁止以任何形式买卖配子、合子、胚胎。医疗机构和医务人员不得实施任何形式的代孕技术。

第四条 卫生部主管全国人类辅助生殖技术应用的监督管理工作。县级以上地方人民政府卫生行政部门负责本行政区域内人类辅助生殖技术的日常监督管理。

第二章 审 批

第五条 卫生部根据区域卫生规划、医疗需求和技术条件等实际情况，制订人类辅助生殖技术应用规划。

第六条 申请开展人类辅助生殖技术的医疗机构应当符合下列条件：

（一）具有与开展技术相适应的卫生专业技术人员和其他专业技术人员；

（二）具有与开展技术相适应的技术和设备；

（三）设有医学伦理委员会；

（四）符合卫生部制定的《人类辅助生殖技术规范》的要求。

第七条 申请开展人类辅助生殖技术的医疗机构应当向所在地省、自治区、直辖市人民政府卫生行政部门提交下列文件：

（一）可行性报告；

（二）医疗机构基本情况（包括床位数、科室设置情况、人员情况、设备和技术条件情况等）；

（三）拟开展的人类辅助生殖技术的业务项目和技术条件、设备条件、技术人员配备情况；

（四）开展人类辅助生殖技术的规章制度；

（五）省级以上卫生行政部门规定提交的其他材料。

第八条 申请开展丈夫精液人工授精技术的医疗机构，由省、自治区、直辖市人民政府卫生行政部门审查批准。省、自治区、直辖市人民政府卫生行政部门收到前条规定的材料后，可以组织有关专家进行论证，并在收到专家论证报告后30个工作日内进行审核，审核同意的，发给批准证书；审核不同意的，书面通知申请单位。

对申请开展供精人工授精和体外受精—胚胎移植技术及其衍生技术的医疗机构，由省、自治区、直辖市人民政府卫生行政部门提出初审意见，卫生部审批。

第九条 卫生部收到省、自治区、直辖市人民政府卫生行政部门的初审意见和材料后，聘请有关专家进行论证，并在收到专家论证报告后45个工作日内进行审核，审核同意的，发给批准证书；审核不同意的，书面通知申请单位。

第十条 批准开展人类辅助生殖技术的医疗机构应当按照《医疗机构管理条例》的有关规定，持省、自治区、直辖市人民政府卫生行政部门或者卫生部的批准证书到核发其医疗机构执业许可证的卫生行政部门办理变更登记手续。

第十一条 人类辅助生殖技术批准证书每2年校验一次，校验由原审批机关办理。校验合格的，可以继续开展人类辅助生殖技术；校验不合格的，收回其批准证书。

第三章 实 施

第十二条 人类辅助生殖技术必须在经过批准并进行登记的医疗机构中实施。未经卫生行政部门批准，任何单位和个人不得实施人类辅助生殖技术。

第十三条 实施人类辅助生殖技术应当符合卫生部制定的《人类辅助生殖技术规范》的规定。

第十四条 实施人类辅助生殖技术应当遵循知情同意原则，并签署知情同意书。涉及伦理问题的，应当提交医学伦理委员会讨论。

第十五条 实施供精人工授精和体外受精—胚胎移植技术及其各种衍生技术的医疗机构应当与卫生部批准的人类精子库签订供精协议。严禁私自采精。

医疗机构在实施人类辅助生殖技术时应当索取精子检验合格证明。

第十六条 实施人类辅助生殖技术的医疗机构应当为当事人保密，不得泄漏有关信息。

第十七条 实施人类辅助生殖技术的医疗机构不得进行性别选择。法律法规另有规定的除外。

第十八条 实施人类辅助生殖技术的医疗机构应当建立健全技术档案管理制度。

供精人工授精医疗行为方面的医疗技术档案和法律文书应当永久保存。

第十九条 实施人类辅助生殖技术的医疗机构应当对实施人类辅助生殖技术的人员进行医学业务和伦理学知识的培训。

第二十条 卫生部指定卫生技术评估机构对开展人类辅助生殖技术的医疗机构进行技术质量监测和定期评估。技术评估的主要内容为人类辅助生殖技术的安全性、有效性、经济性和社会影响。监测结果和技术评估报告报医疗机构所在地的省、自治区、直辖市人民政府卫生行政部门和卫生部备案。

第四章 处 罚

第二十一条 违反本办法规定，未经批准擅自开展人类辅助生殖技术的非医疗机构，按照《医疗机构管理条例》第四十四条规定处罚；对有上述违法行为的医疗机构，按照《医疗机构管理条例》第四十七条和《医疗机构管理条例实施细则》第八十条的规定处罚。

第二十二条 开展人类辅助生殖技术的医疗机构违反本办法，有下列行为之一的，由省、自治区、直辖市人民政府卫生行政部门给予警告、3万元以下罚款，并给予有关责任人行政处分；构成犯罪的，依法追究刑事责任：

（一）买卖配子、合子、胚胎的；
（二）实施代孕技术的；
（三）使用不具有《人类精子库批准证书》机构提供的精子的；
（四）擅自进行性别选择的；
（五）实施人类辅助生殖技术档案不健全的；
（六）经指定技术评估机构检查技术质量不合格的；
（七）其他违反本办法规定的行为。

第五章 附 则

第二十三条 本办法颁布前已经开展人类辅助生殖技术的医疗机构，在本办法颁布后3个月内向所在地省、自治区、直辖市人民政府卫生行政部门提出申请，省、自治区、直辖市人民政府卫生行政部门和卫生部按照本办法审查，审查同意的，发给批准证书；审查不同意的，不得再开展人类辅助生殖技术服务。

第二十四条 本办法所称人类辅助生殖技术是指运用医学技术和方法对配子、合子、胚胎进行人工操作，以达到受孕目的的技术，分为人工授精和体外受精—胚胎移植技术及其各种衍生技术。

人工授精是指用人工方式将精液注入女性体内以取代性交途径使其妊娠的一种方法。根据精液来源不同，分为丈夫精液人工授精和供精人工授精。

体外受精—胚胎移植技术及其各种衍生技术是指从

女性体内取出卵子,在器皿内培养后,加入经技术处理的精子,待卵子受精后,继续培养,到形成早期胚胎时,再转移到子宫内着床,发育成胎儿直至分娩的技术。

第二十五条 本办法自2001年8月1日起实施。

母婴保健专项技术服务许可及人员资格管理办法

- 1995年8月7日卫妇发〔1995〕第7号公布
- 根据2019年2月28日《国家卫生健康委关于修改〈职业健康检查管理办法〉等4件部门规章的决定》第一次修订
- 根据2021年1月8日《国家卫生健康委关于修改和废止〈母婴保健专项技术服务许可及人员资格管理办法〉等3件部门规章的决定》第二次修订

第一条 根据《中华人民共和国母婴保健法》第三十二条、第三十三条和《中华人民共和国母婴保健法实施办法》第三十五条的规定制定本办法。

第二条 凡开展《中华人民共和国母婴保健法》及其实施办法规定的婚前医学检查、遗传病诊断、产前诊断、施行助产技术、结扎手术和终止妊娠手术技术服务的医疗保健机构,必须符合本办法规定的条件,经卫生健康主管部门审查批准,取得《母婴保健技术服务执业许可证》。

第三条 施行助产技术、结扎手术、终止妊娠手术的机构和人员的审批,由县级卫生健康主管部门负责;开展婚前医学检查的机构和人员的审批,由设区的市级卫生健康主管部门负责;开展遗传病诊断、产前诊断的机构和人员的审批,由省级卫生健康主管部门负责。

第四条 申请开展婚前医学检查、遗传病诊断、产前诊断以及施行助产技术、结扎手术、终止妊娠手术的医疗保健机构,必须同时具备下列条件:

(一)符合当地医疗保健机构设置规划;
(二)取得《医疗机构执业许可证》;
(三)符合母婴保健专项技术服务基本标准;
(四)法律法规规章规定的其他条件。

第五条 申请婚前医学检查、遗传病诊断、产前诊断以及施行助产技术、结扎手术、终止妊娠手术许可的医疗保健机构,必须向审批机关提交《母婴保健技术服务执业许可申请登记书》并交验下列材料:

(一)《医疗机构执业许可证》及其副本;
(二)有关医师的《母婴保健技术考核合格证书》或者加注母婴保健技术考核合格及技术类别的《医师执业证书》;
(三)可行性报告;
(四)与拟开展母婴保健专项技术相应的技术、设备条件及人员配备情况;
(五)开展母婴保健专项技术的规章制度;
(六)法律法规规章规定的其他材料。

第六条 审批机关受理申请后,应当在45日内,按照本办法规定的条件及母婴保健专项技术服务基本标准进行审查和核实。经审核合格的,发给《母婴保健技术服务执业许可证》;审核不合格的,将审核结果和理由以书面形式通知申请人。

第七条 《母婴保健技术服务执业许可证》每3年校验1次,校验由原登记机关办理。

第八条 申请变更《母婴保健技术服务执业许可证》的许可项目的,应当依照本办法规定的程序重新报批。

第九条 医疗保健机构应当把《母婴保健技术服务执业许可证》悬挂在明显处所。

第十条 凡从事《中华人民共和国母婴保健法》及其实施办法规定的婚前医学检查、遗传病诊断、产前诊断以及施行助产技术、结扎手术、终止妊娠手术技术服务的人员,必须符合母婴保健专项技术服务基本标准的有关规定,经考核合格,取得《母婴保健技术考核合格证书》或者在《医师执业证书》上加注母婴保健技术考核合格及技术类别。

第十一条 从事遗传病诊断、产前诊断技术服务人员的资格考核,由省级卫生健康主管部门负责;从事婚前医学检查技术服务人员的资格考核,由设区的市级卫生健康主管部门负责;从事助产技术、结扎手术和终止妊娠手术技术服务人员的资格考核,由县级卫生健康主管部门负责。

母婴保健技术人员资格考核内容由国家卫生健康委规定。

第十二条 母婴保健技术人员资格考核办法由各省、自治区、直辖市卫生健康主管部门规定。

第十三条 经考核合格,具备母婴保健技术服务相应资格的卫生技术人员,不得私自或者在未取得《母婴保健技术服务执业许可证》的机构中开展母婴保健专项技术服务。

第十四条 《母婴保健技术服务执业许可证》和《母婴保健技术考核合格证书》应当妥善保管,不得出借或者涂改,禁止伪造、变造、盗用以及买卖。

第十五条 《母婴保健技术服务执业许可证》和《母

婴保健技术考核合格证书》遗失后，应当及时报告原发证机关，并申请办理补发证书的手续。

第十六条 本办法实施前已经开展婚前医学检查、遗传病诊断、产前诊断以及施行结扎手术和终止妊娠手术的医疗保健机构，应当在本办法施行后6个月内，按照本办法的规定补办审批手续。

第十七条 《母婴保健技术服务执业许可证》和《母婴保健技术考核合格证书》由国家卫生健康委统一印制。

第十八条 本办法由国家卫生健康委负责解释。

第十九条 本办法自发布之日起施行。

2. 老龄健康

中华人民共和国老年人权益保障法

- 1996年8月29日第八届全国人民代表大会常务委员会第二十一次会议通过
- 根据2009年8月27日第十一届全国人民代表大会常务委员会第十次会议《关于修改部分法律的决定》第一次修正
- 2012年12月28日第十一届全国人民代表大会常务委员会第三十次会议修订
- 根据2015年4月24日第十二届全国人民代表大会常务委员会第十四次会议《关于修改〈中华人民共和国电力法〉等六部法律的决定》第二次修正
- 根据2018年12月29日第十三届全国人民代表大会常务委员会第七次会议《关于修改〈中华人民共和国劳动法〉等七部法律的决定》第三次修正

第一章 总则

第一条 【立法宗旨】为了保障老年人合法权益，发展老龄事业，弘扬中华民族敬老、养老、助老的美德，根据宪法，制定本法。

第二条 【老年人的界定】本法所称老年人是指六十周岁以上的公民。

第三条 【国家依法保障老年人的合法权益】国家保障老年人依法享有的权益。

老年人有从国家和社会获得物质帮助的权利，有享受社会服务和社会优待的权利，有参与社会发展和共享发展成果的权利。

禁止歧视、侮辱、虐待或者遗弃老年人。

第四条 【积极应对人口老龄化】积极应对人口老龄化是国家的一项长期战略任务。

国家和社会应当采取措施，健全保障老年人权益的各项制度，逐步改善保障老年人生活、健康、安全以及参与社会发展的条件，实现老有所养、老有所医、老有所为、老有所学、老有所乐。

第五条 【社会保障、社会养老服务体系】国家建立多层次的社会保障体系，逐步提高对老年人的保障水平。

国家建立和完善以居家为基础、社区为依托、机构为支撑的社会养老服务体系。

倡导全社会优待老年人。

第六条 【老龄事业发展规划、老龄工作机构】各级人民政府应当将老龄事业纳入国民经济和社会发展规划，将老龄事业经费列入财政预算，建立稳定的经费保障机制，并鼓励社会各方面投入，使老龄事业与经济、社会协调发展。

国务院制定国家老龄事业发展规划。县级以上地方人民政府根据国家老龄事业发展规划，制定本行政区域的老龄事业发展规划和年度计划。

县级以上人民政府负责老龄工作的机构，负责组织、协调、指导、督促有关部门做好老年人权益保障工作。

第七条 【全社会的共同责任】保障老年人合法权益是全社会的共同责任。

国家机关、社会团体、企业事业单位和其他组织应当按照各自职责，做好老年人权益保障工作。

基层群众性自治组织和依法设立的老年人组织应当反映老年人的要求，维护老年人合法权益，为老年人服务。

提倡、鼓励义务为老年人服务。

第八条 【老龄化宣传教育】国家进行人口老龄化国情教育，增强全社会积极应对人口老龄化意识。

全社会应当广泛开展敬老、养老、助老宣传教育活动，树立尊重、关心、帮助老年人的社会风尚。

青少年组织、学校和幼儿园应当对青少年和儿童进行敬老、养老、助老的道德教育和维护老年人合法权益的法制教育。

广播、电影、电视、报刊、网络等应当反映老年人的生活，开展维护老年人合法权益的宣传，为老年人服务。

第九条 【老龄科学研究、统计调查】国家支持老龄科学研究，建立老年人状况统计调查和发布制度。

第十条 【表彰和奖励】各级人民政府和有关部门对维护老年人合法权益和敬老、养老、助老成绩显著的组织、家庭或者个人，对参与社会发展做出突出贡献的老年人，按照国家有关规定给予表彰或者奖励。

第十一条 【遵纪守法】老年人应当遵纪守法，履行法律规定的义务。

第十二条 【老年节】每年农历九月初九为老年节。

第二章 家庭赡养与扶养

第十三条 【居家养老】 老年人养老以居家为基础,家庭成员应当尊重、关心和照料老年人。

第十四条 【赡养义务】 赡养人应当履行对老年人经济上供养、生活上照料和精神上慰藉的义务,照顾老年人的特殊需要。

赡养人是指老年人的子女以及其他依法负有赡养义务的人。

赡养人的配偶应当协助赡养人履行赡养义务。

第十五条 【治疗和护理、生活照料】 赡养人应当使患病的老年人及时得到治疗和护理;对经济困难的老年人,应当提供医疗费用。

对生活不能自理的老年人,赡养人应当承担照料责任;不能亲自照料的,可以按照老年人的意愿委托他人或者养老机构等照料。

第十六条 【老年人的住房】 赡养人应当妥善安排老年人的住房,不得强迫老年人居住或者迁居条件低劣的房屋。

老年人自有的或者承租的住房,子女或者其他亲属不得侵占,不得擅自改变产权关系或者租赁关系。

老年人自有的住房,赡养人有维修的义务。

第十七条 【老年人的田地、林木和牲畜】 赡养人有义务耕种或者委托他人耕种老年人承包的田地,照管或者委托他人照管老年人的林木和牲畜等,收益归老年人所有。

第十八条 【老年人的精神需求】 家庭成员应当关心老年人的精神需求,不得忽视、冷落老年人。

与老年人分开居住的家庭成员,应当经常看望或者问候老年人。

用人单位应当按照国家有关规定保障赡养人探亲休假的权利。

第十九条 【不得拒绝履行赡养义务、要求老年人承担力不能及的劳动】 赡养人不得以放弃继承权或者其他理由,拒绝履行赡养义务。

赡养人不履行赡养义务,老年人有要求赡养人付给赡养费等权利。

赡养人不得要求老年人承担力不能及的劳动。

第二十条 【赡养协议】 经老年人同意,赡养人之间可以就履行赡养义务签订协议。赡养协议的内容不得违反法律的规定和老年人的意愿。

基层群众性自治组织、老年人组织或赡养人所在单位监督协议的履行。

第二十一条 【老年人的婚姻自由】 老年人的婚姻自由受法律保护。子女或者其他亲属不得干涉老年人离婚、再婚及婚后的生活。

赡养人的赡养义务不因老年人的婚姻关系变化而消除。

第二十二条 【老年人的财产权利】 老年人对个人的财产,依法享有占有、使用、收益和处分的权利,子女或者其他亲属不得干涉,不得以窃取、骗取、强行索取等方式侵犯老年人的财产权益。

老年人有依法继承父母、配偶、子女或者其他亲属遗产的权利,有接受赠与的权利。子女或者其他亲属不得侵占、抢夺、转移、隐匿或者损毁应当由老年人继承或者接受赠与的财产。

老年人以遗嘱处分财产,应当依法为老年配偶保留必要的份额。

第二十三条 【扶养义务】 老年人与配偶有相互扶养的义务。

由兄、姐扶养的弟、妹成年后,有负担能力的,对年老无赡养人的兄、姐有扶养的义务。

第二十四条 【督促履行赡养、扶养义务】 赡养人、扶养人不履行赡养、扶养义务的,基层群众性自治组织、老年人组织或者赡养人、扶养人所在单位应当督促其履行。

第二十五条 【禁止实施家庭暴力】 禁止对老年人实施家庭暴力。

第二十六条 【监护】 具备完全民事行为能力的老年人,可以在近亲属或者其他与自己关系密切、愿意承担监护责任的个人、组织中协商确定自己的监护人。监护人在老年人丧失或者部分丧失民事行为能力时,依法承担监护责任。

老年人未事先确定监护人的,其丧失或者部分丧失民事行为能力时,依照有关法律的规定确定监护人。

第二十七条 【家庭养老支持政策】 国家建立健全家庭养老支持政策,鼓励家庭成员与老年人共同生活或者就近居住,为老年人随配偶或者赡养人迁徙提供条件,为家庭成员照料老年人提供帮助。

第三章 社会保障

第二十八条 【基本养老保险】 国家通过基本养老保险制度,保障老年人的基本生活。

第二十九条 【基本医疗保险】 国家通过基本医疗保险制度,保障老年人的基本医疗需要。享受最低生活保障的老年人和符合条件的低收入家庭中的老年人参加新型农村合作医疗和城镇居民基本医疗保险所需个人缴费部分，由政府给予补贴。

有关部门制定医疗保险办法，应当对老年人给予照顾。

第三十条 【长期护理保障】国家逐步开展长期护理保障工作，保障老年人的护理需求。

对生活长期不能自理、经济困难的老年人，地方各级人民政府应当根据其失能程度等情况给予护理补贴。

第三十一条 【社会救助】国家对经济困难的老年人给予基本生活、医疗、居住或者其他救助。

老年人无劳动能力、无生活来源、无赡养人和扶养人，或者其赡养人和扶养人确无赡养能力或者扶养能力的，由地方各级人民政府依照有关规定给予供养或者救助。

对流浪乞讨、遭受遗弃等生活无着的老年人，由地方各级人民政府依照有关规定给予救助。

第三十二条 【住房照顾】地方各级人民政府在实施廉租住房、公共租赁住房等住房保障制度或者进行危旧房屋改造时，应当优先照顾符合条件的老年人。

第三十三条 【老年人福利制度】国家建立和完善老年人福利制度，根据经济社会发展水平和老年人的实际需要，增加老年人的社会福利。

国家鼓励地方建立八十周岁以上低收入老年人高龄津贴制度。

国家建立和完善计划生育家庭老年人扶助制度。

农村可以将未承包的集体所有的部分土地、山林、水面、滩涂等作为养老基地，收益供老年人养老。

第三十四条 【足额支付养老待遇、提高保障水平】老年人依法享有的养老金、医疗待遇和其他待遇应当得到保障，有关机构必须按时足额支付，不得克扣、拖欠或者挪用。

国家根据经济发展以及职工平均工资增长、物价上涨等情况，适时提高养老保障水平。

第三十五条 【鼓励慈善】国家鼓励慈善组织以及其他组织和个人为老年人提供物质帮助。

第三十六条 【遗赠扶养协议】老年人可以与集体经济组织、基层群众性自治组织、养老机构等组织或者个人签订遗赠扶养协议或者其他扶助协议。

负有扶养义务的组织或者个人按照遗赠扶养协议，承担该老年人生养死葬的义务，享有受遗赠的权利。

第四章 社会服务

第三十七条 【社区养老服务】地方各级人民政府和有关部门应当采取措施，发展城乡社区养老服务，鼓励、扶持专业服务机构及其他组织和个人，为居家的老年人提供生活照料、紧急救援、医疗护理、精神慰藉、心理咨询等多种形式的服务。

对经济困难的老年人，地方各级人民政府应当逐步给予养老服务补贴。

第三十八条 【养老服务设施建设】地方各级人民政府和有关部门、基层群众性自治组织，应当将养老服务设施纳入城乡社区配套设施建设规划，建立适应老年人需要的生活服务、文化体育活动、日间照料、疾病护理与康复等服务设施和网点，就近为老年人提供服务。

发扬邻里互助的传统，提倡邻里间关心、帮助有困难的老年人。

鼓励慈善组织、志愿者为老年人服务。倡导老年人互助服务。

第三十九条 【资金投入、扶持措施】各级人民政府应当根据经济发展水平和老年人服务需求，逐步增加对养老服务的投入。

各级人民政府和有关部门在财政、税费、土地、融资等方面采取措施，鼓励、扶持企业事业单位、社会组织或者个人兴办、运营养老、老年人日间照料、老年文化体育活动等设施。

第四十条 【养老服务设施用地】地方各级人民政府和有关部门应当按照老年人口比例及分布情况，将养老服务设施建设纳入城乡规划和土地利用总体规划，统筹安排养老服务设施建设用地及所需物资。

公益性养老服务设施用地，可以依法使用国有划拨土地或者农民集体所有的土地。

养老服务设施用地，非经法定程序不得改变用途。

第四十一条 【政府投资兴办的养老机构】政府投资兴办的养老机构，应当优先保障经济困难的孤寡、失能、高龄等老年人的服务需求。

第四十二条 【养老服务标准、评估制度】国务院有关部门制定养老服务设施建设、养老服务质量和养老服务职业等标准，建立健全养老机构分类管理和养老服务评估制度。

各级人民政府应当规范养老服务收费项目和标准，加强监督和管理。

第四十三条 【养老机构行政许可】设立公益性养老机构，应当依法办理相应的登记。

设立经营性养老机构，应当在市场监督管理部门办理登记。

养老机构登记后即可开展服务活动，并向县级以上人民政府民政部门备案。

第四十四条 【养老机构综合监管】地方各级人民政府加强对本行政区域养老机构管理工作的领导，建立养老机构综合监管制度。

县级以上人民政府民政部门负责养老机构的指导、监督和管理，其他有关部门依照职责分工对养老机构实施监督。

第四十五条 【监督检查措施】县级以上人民政府民政部门依法履行监督检查职责，可以采取下列措施：

（一）向养老机构和个人了解情况；

（二）进入涉嫌违法的养老机构进行现场检查；

（三）查阅或者复制有关合同、票据、账簿及其他有关资料；

（四）发现养老机构存在可能危及人身健康和生命财产安全风险的，责令限期改正，逾期不改正的，责令停业整顿。

县级以上人民政府民政部门调查养老机构涉嫌违法的行为，应当遵守《中华人民共和国行政强制法》和其他有关法律、行政法规的规定。

第四十六条 【养老机构的变更和终止】养老机构变更或者终止的，应当妥善安置收住的老年人，并依照规定到有关部门办理手续。有关部门应当为养老机构妥善安置老年人提供帮助。

第四十七条 【养老服务人才培养】国家建立健全养老服务人才培养、使用、评价和激励制度，依法规范用工，促进从业人员劳动报酬合理增长，发展专职、兼职和志愿者相结合的养老服务队伍。

国家鼓励高等学校、中等职业学校和职业培训机构设置相关专业或者培训项目，培养养老服务专业人才。

第四十八条 【养老服务协议】养老机构应当与接受服务的老年人或者其代理人签订服务协议，明确双方的权利、义务。

养老机构及其工作人员不得以任何方式侵害老年人的权益。

第四十九条 【养老机构责任保险】国家鼓励养老机构投保责任保险，鼓励保险公司承保责任保险。

第五十条 【老年医疗卫生服务】各级人民政府和有关部门应当将老年医疗卫生服务纳入城乡医疗卫生服务规划，将老年人健康管理和常见病预防等纳入国家基本公共卫生服务项目。鼓励为老年人提供保健、护理、临终关怀等服务。

国家鼓励医疗机构开设针对老年病的专科或者门诊。

医疗卫生机构应当开展老年人的健康服务和疾病防治工作。

第五十一条 【老年医学、健康教育】国家采取措施，加强老年医学的研究和人才培养，提高老年病的预防、治疗、科研水平，促进老年病的早期发现、诊断和治疗。

国家和社会采取措施，开展各种形式的健康教育，普及老年保健知识，增强老年人自我保健意识。

第五十二条 【发展老龄产业】国家采取措施，发展老龄产业，将老龄产业列入国家扶持行业目录。扶持和引导企业开发、生产、经营适应老年人需要的用品和提供相关的服务。

第五章　社会优待

第五十三条 【提高优待水平】县级以上人民政府及其有关部门根据经济社会发展情况和老年人的特殊需要，制定优待老年人的办法，逐步提高优待水平。

对常住在本行政区域内的外埠老年人给予同等优待。

第五十四条 【为领取养老金、结算医疗费等提供帮助】各级人民政府和有关部门应当为老年人及时、便利地领取养老金、结算医疗费和享受其他物质帮助提供条件。

第五十五条 【优先办理房屋权属关系变更等】各级人民政府和有关部门办理房屋权属关系变更、户口迁移等涉及老年人权益的重大事项时，应当就办理事项是否为老年人的真实意思表示进行询问，并依法优先办理。

第五十六条 【法律援助】老年人因其合法权益受侵害提起诉讼交纳诉讼费确有困难的，可以缓交、减交或者免交；需要获得律师帮助，但无力支付律师费用的，可以获得法律援助。

鼓励律师事务所、公证处、基层法律服务所和其他法律服务机构为经济困难的老年人提供免费或者优惠服务。

第五十七条 【就医优先】医疗机构应当为老年人就医提供方便，对老年人就医予以优先。有条件的地方，可以为老年人设立家庭病床，开展巡回医疗、护理、康复、免费体检等服务。

提倡为老年人义诊。

第五十八条 【生活优先、优惠】提倡与老年人日常生活密切相关的服务行业为老年人提供优先、优惠服务。

城市公共交通、公路、铁路、水路和航空客运，应当为老年人提供优待和照顾。

第五十九条 【公共文化设施的免费和优惠】博物馆、美术馆、科技馆、纪念馆、公共图书馆、文化馆、影剧院、体育场馆、公园、旅游景点等场所，应当对老年人免费或者优惠开放。

第六十条 【不承担酬劳义务】农村老年人不承担兴办公益事业的筹劳义务。

第六章 宜居环境

第六十一条 【宜居环境建设】国家采取措施，推进宜居环境建设，为老年人提供安全、便利和舒适的环境。

第六十二条 【宜居规划】各级人民政府在制定城乡规划时，应当根据人口老龄化发展趋势、老年人口分布和老年人的特点，统筹考虑适合老年人的公共基础设施、生活服务设施、医疗卫生设施和文化体育设施建设。

第六十三条 【完善工程建设标准体系】国家制定和完善涉及老年人的工程建设标准体系，在规划、设计、施工、监理、验收、运行、维护、管理等环节加强相关标准的实施与监督。

第六十四条 【无障碍设施建设】国家制定无障碍设施工程建设标准。新建、改建和扩建道路、公共交通设施、建筑物、居住区等，应当符合国家无障碍设施工程建设标准。

各级人民政府和有关部门应当按照国家无障碍设施工程建设标准，优先推进与老年人日常生活密切相关的公共服务设施的改造。

无障碍设施的所有人和管理人应当保障无障碍设施正常使用。

第六十五条 【老年宜居社区建设】国家推动老年宜居社区建设，引导、支持老年宜居住宅的开发，推动和扶持老年人家庭无障碍设施的改造，为老年人创造无障碍居住环境。

第七章 参与社会发展

第六十六条 【保障老年人参与社会生活】国家和社会应当重视、珍惜老年人的知识、技能、经验和优良品德，发挥老年人的专长和作用，保障老年人参与经济、政治、文化和社会生活。

第六十七条 【老年人组织】老年人可以通过老年人组织，开展有益身心健康的活动。

第六十八条 【听取老年人和老年人组织的意见】制定法律、法规、规章和公共政策，涉及老年人权益重大问题的，应当听取老年人和老年人组织的意见。

老年人和老年人组织有权向国家机关提出老年人权益保障、老龄事业发展等方面的意见和建议。

第六十九条 【参与社会发展的具体活动】国家为老年人参与社会发展创造条件。根据社会需要和可能，鼓励老年人在自愿和量力的情况下，从事下列活动：

（一）对青少年和儿童进行社会主义、爱国主义、集体主义和艰苦奋斗等优良传统教育；

（二）传授文化和科技知识；

（三）提供咨询服务；

（四）依法参与科技开发和应用；

（五）依法从事经营和生产活动；

（六）参加志愿服务、兴办社会公益事业；

（七）参与维护社会治安、协助调解民间纠纷；

（八）参加其他社会活动。

第七十条 【保护合法收入、不得安排从事危险作业】老年人参加劳动的合法收入受法律保护。

任何单位和个人不得安排老年人从事危害其身心健康的劳动或者危险作业。

第七十一条 【继续教育】老年人有继续受教育的权利。

国家发展老年教育，把老年教育纳入终身教育体系，鼓励社会办好各类老年学校。

各级人民政府对老年教育应当加强领导，统一规划，加大投入。

第七十二条 【老年文化生活】国家和社会采取措施，开展适合老年人的群众性文化、体育、娱乐活动，丰富老年人的精神文化生活。

第八章 法律责任

第七十三条 【救济途径】老年人合法权益受到侵害的，被侵害人或者其代理人有权要求有关部门处理，或者依法向人民法院提起诉讼。

人民法院和有关部门，对侵犯老年人合法权益的申诉、控告和检举，应当依法及时受理，不得推诿、拖延。

第七十四条 【监管部门的职责】不履行保护老年人合法权益职责的部门或者组织，其上级主管部门应当给予批评教育，责令改正。

国家工作人员违法失职，致使老年人合法权益受到损害的，由其所在单位或者上级机关责令改正，或者依法给予处分；构成犯罪的，依法追究刑事责任。

第七十五条 【纠纷调解】老年人与家庭成员因赡养、扶养或者住房、财产等发生纠纷，可以申请人民调解委员会或者其他有关组织进行调解，也可以直接向人民法院提起诉讼。

人民调解委员会或者其他有关组织调解前款纠纷时，应当通过说服、疏导等方式化解矛盾和纠纷；对有过错的家庭成员，应当给予批评教育。

人民法院对老年人追索赡养费或者扶养费的申请，可以依法裁定先予执行。

第七十六条 【干涉老年人婚姻自由的责任】干涉老年人婚姻自由，对老年人负有赡养义务、扶养义务而拒绝赡养、扶养，虐待老年人或者对老年人实施家庭暴力的，由有关单位给予批评教育；构成违反治安管理行为的，依法给予治安管理处罚；构成犯罪的，依法追究刑事责任。

第七十七条 【侵害老年人财物的责任】家庭成员盗窃、诈骗、抢夺、侵占、勒索、故意损毁老年人财物，构成违反治安管理行为的，依法给予治安管理处罚；构成犯罪的，依法追究刑事责任。

第七十八条 【侮辱、诽谤老年人的责任】侮辱、诽谤老年人，构成违反治安管理行为的，依法给予治安管理处罚；构成犯罪的，依法追究刑事责任。

第七十九条 【养老机构及其工作人员的责任】养老机构及其工作人员侵害老年人人身和财产权益，或者未按照约定提供服务的，依法承担民事责任；有关主管部门依法给予行政处罚；构成犯罪的，依法追究刑事责任。

第八十条 【养老机构监管部门的责任】对养老机构负有管理和监督职责的部门及其工作人员滥用职权、玩忽职守、徇私舞弊的，对直接负责的主管人员和其他直接责任人员依法给予处分；构成犯罪的，依法追究刑事责任。

第八十一条 【未履行社会优待义务的责任】不按规定履行优待老年人义务的，由有关主管部门责令改正。

第八十二条 【工程、设施建设不符合标准等的责任】涉及老年人的工程不符合国家规定的标准或者无障碍设施所有人、管理人未尽到维护和管理职责的，由有关主管部门责令改正；造成损害的，依法承担民事责任；对有关单位、个人依法给予行政处罚；构成犯罪的，依法追究刑事责任。

第九章 附 则

第八十三条 【民族自治地方制定变通或者补充规定】民族自治地方的人民代表大会，可以根据本法的原则，结合当地民族风俗习惯的具体情况，依照法定程序制定变通的或者补充的规定。

第八十四条 【过渡期养老机构的整改】本法施行前设立的养老机构不符合本法规定条件的，应当限期整改。具体办法由国务院民政部门制定。

第八十五条 【施行日期】本法自2013年7月1日起施行。

国务院办公厅转发卫生计生委等部门关于推进医疗卫生与养老服务相结合指导意见的通知

· 2015年11月18日
· 国办发〔2015〕84号

各省、自治区、直辖市人民政府，国务院各部委、各直属机构：

卫生计生委、民政部、发展改革委、财政部、人力资源社会保障部、国土资源部、住房城乡建设部、全国老龄办、中医药局《关于推进医疗卫生与养老服务相结合的指导意见》已经国务院同意，现转发给你们，请认真贯彻执行。

国务院办公厅转发卫生计生委等部门关于推进医疗卫生与养老服务相结合的指导意见

为贯彻落实《国务院关于加快发展养老服务业的若干意见》（国发〔2013〕35号）和《国务院关于促进健康服务业发展的若干意见》（国发〔2013〕40号）等文件要求，进一步推进医疗卫生与养老服务相结合，现提出以下意见。

一、充分认识推进医疗卫生与养老服务相结合的重要性

我国是世界上老年人口最多的国家，老龄化速度较快。失能、部分失能老年人口大幅增加，老年人的医疗卫生服务需求和生活照料需求叠加的趋势越来越显著，健康养老服务需求日益强劲，目前有限的医疗卫生和养老服务资源以及彼此相对独立的服务体系远远不能满足老年人的需要，迫切需要为老年人提供医疗卫生与养老相结合的服务。医疗卫生与养老服务相结合，是社会各界普遍关注的重大民生问题，是积极应对人口老龄化的长久之计，是我国经济发展新常态下重要的经济增长点。加快推进医疗卫生与养老服务相结合，有利于满足人民群众日益增长的多层次、多样化健康养老服务需求，有利于扩大内需、拉动消费、增加就业，有利于推动经济持续健康发展和社会和谐稳定，对稳增长、促改革、调结构、惠民生和全面建成小康社会具有重要意义。

二、基本原则和发展目标

（一）基本原则。

保障基本，统筹发展。把保障老年人基本健康养老需求放在首位，对有需求的失能、部分失能老年人，以机构为依托，做好康复护理服务，着力保障特殊困难老年人的健康养老服务需求；对多数老年人，以社区和居家养老为主,通过医养有机融合,确保人人享有基本健康养老服务。推动普遍性服务和个性化服务协同发展,满足多层次、多样化的健康养老需求。

政府引导,市场驱动。发挥政府在制定规划、出台政策、引导投入、规范市场、营造环境等方面的引导作用,统筹各方资源,推动形成互利共赢的发展格局。充分发挥市场在资源配置中的决定性作用,营造平等参与、公平竞争的市场环境,充分调动社会力量的积极性和创造性。

深化改革,创新机制。加快政府职能转变,创新服务供给和资金保障方式,积极推进政府购买服务,激发各类服务主体潜力和活力,提高医养结合服务水平和效率。加强部门协作,提升政策引导、服务监管等工作的系统性和协同性,促进行业融合发展。

(二)发展目标。

到2017年,医养结合政策体系、标准规范和管理制度初步建立,符合需求的专业化医养结合人才培养制度基本形成,建成一批兼具医疗卫生和养老服务资质和能力的医疗卫生机构或养老机构(以下统称医养结合机构),逐步提升基层医疗卫生机构为居家老年人提供上门服务的能力,80%以上的医疗机构开设为老年人提供挂号、就医等便利服务的绿色通道,50%以上的养老机构能够以不同形式为入住老年人提供医疗卫生服务,老年人健康养老服务可及性明显提升。

到2020年,符合国情的医养结合体制机制和政策法规体系基本建立,医疗卫生和养老服务资源实现有序共享,覆盖城乡、规模适宜、功能合理、综合连续的医养结合服务网络基本形成,基层医疗卫生机构为居家老年人提供上门服务的能力明显提升。所有医疗机构开设为老年人提供挂号、就医等便利服务的绿色通道,所有养老机构能够以不同形式为入住老年人提供医疗卫生服务,基本适应老年人健康养老服务需求。

三、重点任务

(三)建立健全医疗卫生机构与养老机构合作机制。鼓励养老机构与周边的医疗卫生机构开展多种形式的协议合作,建立健全协作机制,本着互利互惠原则,明确双方责任。医疗卫生机构为养老机构开通预约就诊绿色通道,为入住老年人提供医疗巡诊、健康管理、保健咨询、预约就诊、急诊急救、中医养生保健等服务,确保入住老年人能够得到及时有效的医疗救治。养老机构内设的具备条件的医疗机构可作为医院(含中医医院)收治老年人的后期康复护理场所。鼓励二级以上综合医院(含中医医院,下同)与养老机构开展对口支援、合作共建。通过建设医疗养老联合体等多种方式,整合医疗、康复、养老和护理资源,为老年人提供治疗期住院、康复期护理、稳定期生活照料以及临终关怀一体化的健康和养老服务。

(四)支持养老机构开展医疗服务。养老机构可根据服务需求和自身能力,按相关规定申请开办老年病医院、康复医院、护理院、中医医院、临终关怀机构等,也可内设医务室或护理站,提高养老机构提供基本医疗服务的能力。养老机构设置的医疗机构要符合国家法律法规和卫生计生行政部门、中医药管理部门的有关规定,符合医疗机构基本标准,并按规定由相关部门实施准入和管理,依法依规开展医疗卫生服务。卫生计生行政部门和中医药管理部门要加大政策规划支持和技术指导力度。养老机构设置的医疗机构,符合条件的可按规定纳入城乡基本医疗保险定点范围。鼓励执业医师到养老机构设置的医疗机构多点执业,支持有相关专业特长的医师及专业人员在养老机构规范开展疾病预防、营养、中医调理养生等非诊疗行为的健康服务。

(五)推动医疗卫生服务延伸至社区、家庭。充分依托社区各类服务和信息网络平台,实现基层医疗机构与社区养老服务机构的无缝对接。发挥卫生计生系统服务网络优势,结合基本公共卫生服务的开展为老年人建立健康档案,并为65岁以上老年人提供健康管理服务,到2020年65岁以上老年人健康管理率达到70%以上。鼓励为社区高龄、重病、失能、部分失能以及计划生育特殊家庭等行动不便或确有困难的老年人,提供定期体检、上门巡诊、家庭病床、社区护理、健康管理等基本服务。推进基层医疗卫生机构和医务人员与社区、居家养老结合,与老年人家庭建立签约服务关系,为老年人提供连续性的健康管理服务和医疗服务。提高基层医疗卫生机构为居家老年人提供上门服务的能力,规范为居家老年人提供的医疗和护理服务项目,将符合规定的医疗费用纳入医保支付范围。

(六)鼓励社会力量兴办医养结合机构。鼓励社会力量针对老年人健康养老需求,通过市场化运作方式,举办医养结合机构以及老年康复、老年护理等专业医疗机构。在制定医疗卫生和养老相关规划时,要给社会力量举办医养结合机构留出空间。按照"非禁即入"原则,凡符合规划条件和准入资质的,不得以任何理由加以限制。整合审批环节,明确并缩短审批时限,鼓励有条件的地方提供一站式便捷服务。通过特许经营、公建民营、民办公助等模式,支持社会力量举办非营利性医养结合机构。支持企业围绕老年人的预防保健、医疗卫生、康复护理、生活照料、精神慰藉等方面需求，积极开发安全有效的食品药品、康复辅具、日常照护、文化娱乐等老年人用品用具和服务产品。

（七）鼓励医疗卫生机构与养老服务融合发展。鼓励地方因地制宜，采取多种形式实现医疗卫生和养老服务融合发展。统筹医疗卫生与养老服务资源布局，重点加强老年病医院、康复医院、护理院、临终关怀机构建设，公立医院资源丰富的地区可积极稳妥地将部分公立医院转为康复、老年护理等接续性医疗机构。提高综合医院为老年患者服务的能力，有条件的二级以上综合医院要开设老年病科，做好老年慢性病防治和康复护理相关工作。提高基层医疗卫生机构康复、护理床位占比，鼓励其根据服务需求增设老年养护、临终关怀病床。全面落实老年医疗服务优待政策，医疗卫生机构要为老年人特别是高龄、重病、失能及部分失能老年人提供挂号、就诊、转诊、取药、收费、综合诊疗等就医便利服务。有条件的医疗卫生机构可以通过多种形式、依法依规开展养老服务。鼓励各级医疗卫生机构和医务工作志愿者定期为老年人开展义诊。充分发挥中医药（含民族医药，下同）的预防保健特色优势，大力开发中医药与养老服务相结合的系列服务产品。

四、保障措施

（八）完善投融资和财税价格政策。对符合条件的医养结合机构，按规定落实好相关支持政策。拓宽市场化融资渠道，探索政府和社会资本合作（PPP）的投融资模式。鼓励和引导各类金融机构创新金融产品和服务方式，加大金融对医养结合领域的支持力度。有条件的地方可通过由金融和产业资本共同筹资的健康产业投资基金支持医养结合发展。用于社会福利事业的彩票公益金要适当支持开展医养结合服务。积极推进政府购买基本健康养老服务，逐步扩大购买服务范围，完善购买服务内容，各类经营主体平等参与。

（九）加强规划布局和用地保障。各级政府要在土地利用总体规划和城乡规划中统筹考虑医养结合机构发展需要，做好用地规划布局。对非营利性医养结合机构，可采取划拨方式，优先保障用地；对营利性医养结合机构，应当以租赁、出让等有偿方式保障用地，养老机构设置医疗机构，可将在项目中配套建设医疗服务设施相关要求作为土地出让条件，并明确不得分割转让。依法需招标拍卖挂牌出让土地的，应当采取招标拍卖挂牌出让方式。

（十）探索建立多层次长期照护保障体系。继续做好老年人照护服务工作。进一步开发包括长期商业护理保险在内的多种老年护理保险产品，鼓励有条件的地方探索建立长期护理保险制度，积极探索多元化的保险筹资模式，保障老年人长期护理服务需求。鼓励老年人投保长期护理保险产品。建立健全长期照护项目内涵、服务标准以及质量评价等行业规范和体制机制，探索建立从居家、社区到专业机构等比较健全的专业照护服务提供体系。

落实好将偏瘫肢体综合训练、认知知觉功能康复训练、日常生活能力评定等医疗康复项目纳入基本医疗保障范围的政策，为失能、部分失能老年人治疗性康复提供相应保障。

（十一）加强人才队伍建设。做好职称评定、专业技术培训和继续医学教育等方面的制度衔接，对养老机构和医疗卫生机构中的医务人员同等对待。完善薪酬、职称评定等激励机制，鼓励医护人员到医养结合机构执业。建立医疗卫生机构与医养结合机构人员进修轮训机制，促进人才有序流动。将老年医学、康复、护理人才作为急需紧缺人才纳入卫生计生人员培训规划。加强专业技能培训，大力推进养老护理员等职业技能鉴定工作。支持高等院校和中等职业学校增设相关专业课程，加快培养老年医学、康复、护理、营养、心理和社会工作等方面专业人才。

（十二）强化信息支撑。积极开展养老服务和社区服务信息惠民试点，利用老年人基本信息档案、电子健康档案、电子病历等，推动社区养老服务信息平台与区域人口健康信息平台对接，整合信息资源，实现信息共享，为开展医养结合服务提供信息和技术支撑。组织医疗机构开展面向养老机构的远程医疗服务。鼓励各地探索基于互联网的医养结合服务新模式，提高服务的便捷性和针对性。

五、组织实施

（十三）加强组织领导和部门协同。各地区、各有关部门要高度重视，把推进医养结合工作摆在重要位置，纳入深化医药卫生体制改革和促进养老、健康服务业发展的总体部署，各地要及时制定出台推进医养结合的政策措施、规划制度和具体方案。各相关部门要加强协同配合，落实和完善相关优惠扶持政策，共同支持医养结合发展。发展改革部门要将推动医疗卫生与养老服务相结合纳入国民经济和社会发展规划。卫生计生、民政和发展改革部门要做好养老机构和医疗卫生机构建设的规划衔接，加强在规划和审批等环节的合作，制定完善医养结合机构及为居家老年人提供医疗卫生和养老服务的标准规范并加强监管。财政部门要落实相关投入政策，积极支持医养结合发展。人力资源社会保障、卫生计生部门要将符合条件的医养结合机构纳入城乡基本医疗保险定点范围。国土资源部门要切实保障医养结合机构的土地供应。城乡规划主管部门要统筹规划医养结合机构的用地布局。老龄工作部门要做好入住医养结合机构和接受居家医养服务老年人的合法权益保障工作。中医药管理部门要研究制定中医药相关服务标准规范并加强监管，加强中医药适宜技术和服务产品推广，加强中医药健康养老人才培养，做好中医药健康养老工作。

（十四）抓好试点示范。国家选择有条件、有代表性的地区组织开展医养结合试点，规划建设一批特色鲜明、示范性强的医养结合试点项目。各地要结合实际积极探索促进医养结合的有效形式，每个省（区、市）至少设1个省级试点地区，积累经验，逐步推开。卫生计生、民政部门要会同相关部门密切跟踪各地进展，帮助解决试点中的重大问题，及时总结推广好的经验和做法，完善相关政策措施。

（十五）加强考核督查。各地区、各有关部门要建立以落实医养结合政策情况、医养结合服务覆盖率、医疗卫生机构和养老机构无缝对接程度、老年人护理服务质量、老年人满意度等为主要指标的考核评估体系，加强绩效考核。卫生计生、民政部门要会同相关部门加强对医养结合工作的督查，定期通报地方工作进展情况，确保各项政策措施落到实处。

居家和社区医养结合服务指南（试行）

· 2023年11月1日
· 国卫办老龄发〔2023〕18号

一、总则

为进一步规范居家和社区医养结合服务内容，提高服务质量，经调查研究，参考相关部门标准规范，遵循全面性、准确性、时效性和实用性的原则，制定本指南。

本指南所称居家和社区医养结合服务是指有条件的医疗卫生机构通过多种方式为居家养老和社区养老的老年人提供所需的医疗卫生服务，包括到老年人家中或社区养老服务设施或机构，为有需求的老年人提供医疗巡诊、家庭病床、居家医疗服务等医疗卫生服务。

本指南适用于提供居家和社区医养结合服务的各级各类医疗卫生机构，对医疗卫生机构在居家和社区环境下所提供的医养结合服务内容和服务要求作出了规范，医疗卫生机构可以根据机构类型、执业范围、服务能力和老年人需求确定服务内容。相关机构提供的医疗卫生服务应适用现行医疗卫生服务的规范、标准和管理规定。

二、基本要求

（一）机构资质、设施设备

1. 应当具备相应的资质和能力。医疗卫生机构应依法取得医疗机构执业许可或在卫生健康行政部门（含中医药主管部门，下同）备案。开展居家医疗服务的医疗机构还应具有与所开展居家医疗服务相应的诊疗科目并已具备家庭病床、巡诊等服务方式，重点是二级及以下医院、基层医疗卫生机构等。

2. 提供居家和社区医养结合服务的医疗卫生机构，其科室设置、设施设备配备应符合医疗卫生机构国家和行业现行标准，确保服务质量和安全，为老年人提供优质、专业的服务。

（二）服务人员资质

1. 医务人员应当具有相关部门颁发的执业资格证书或相应的专业技术职称。提供居家医疗服务的医务人员应符合《关于加强老年人居家医疗服务工作的通知》有关要求。

2. 医疗护理员应当经相关培训合格后上岗，具有良好职业道德，掌握相应知识和技能。

3. 根据服务需要聘请的营养指导员、公共营养师、心理咨询师、健康管理师、社会工作者等人员应持有相关部门颁发的资格证书等证明材料。

三、服务内容与要求

居家和社区医养结合服务的服务对象是辖区内有医养结合服务需求的居家养老和社区养老的老年人，重点是失能（含失智，下同）、慢性病、高龄、残疾、疾病康复或终末期，出院后仍需医疗服务的老年人。服务内容包括健康教育、健康管理服务、医疗巡诊服务、家庭病床服务、居家医疗服务、中医药服务、心理精神支持服务、转诊服务等。

（一）健康教育

医疗卫生机构应利用多种方式和媒体媒介，面向老年人及其照护者广泛传播运动健身、心理健康、伤害预防、合理用药、生命教育等健康科普知识。有条件的医疗卫生机构可针对老年人举办健康知识讲座，开展老年健康宣传周、敬老月、重阳节等活动，制作发放健康教育宣传资料，引导老年人形成健康生活方式，提升老年人健康素养。

(二)健康管理服务

基层医疗卫生机构应按照国家基本公共卫生服务规范,为老年人建立健康档案,并根据老年人健康状况提供老年人健康管理、高血压患者健康管理、2型糖尿病患者健康管理、中医药健康管理等基本公共卫生服务。有条件的基层医疗卫生机构可为老年人提供针对性保健咨询、营养改善指导等服务。

(三)医疗巡诊服务

有条件的医疗卫生机构可根据资源配置情况,为有需求的老年人提供医疗巡诊服务,包括居家上门巡诊和社区巡诊,主要为老年患者提供常见病多发病诊疗、诊断明确的慢性病治疗、应急救护等基本医疗服务。有条件的社区养老服务机构可与开展远程医疗服务的医疗卫生机构合作,为入住老年人提供远程会诊等服务。有条件的基层医疗卫生机构可利用便携医疗设备,结合基本公共卫生服务和家庭医生签约服务,定期开展社区巡诊服务。

(四)家庭病床服务

医疗卫生机构可根据资源配置情况,为符合条件的居家老年人和社区养老服务机构入住老年人提供家庭病床服务。服务对象应是行动不便、诊断明确、病情稳定、适合在家庭或社区养老服务机构进行检查、治疗和护理的老年患者。服务项目应为在家庭或社区养老服务机构条件下医疗安全能得到保障、治疗效果较为确切、消毒隔离能达到要求、医疗器械便于携带、非创伤性、不容易失血和不容易引起严重过敏的项目。

(五)居家医疗服务

有条件的医疗卫生机构应按照《关于加强老年人居家医疗服务工作的通知》的有关要求,为有需求的老年人提供诊疗、康复护理、安宁疗护等上门服务。原则上,以需求量大、医疗风险低、适宜居家操作实施的服务项目为宜。医务人员在提供相应服务过程中应遵循《老年护理实践指南(试行)》《安宁疗护实践指南(试行)》等,规范服务行为。

(六)中医药服务

医疗卫生机构可利用中医药技术方法,为老年人提供常见病、多发病、慢性病的中医诊疗服务,中医药康复服务及中医健康状态辨识与评估、咨询指导、健康管理等服务,推广使用针刺、推拿、刮痧、拔罐、艾灸、熏洗等中医适宜技术。有条件的医疗卫生机构可为老年人提供中医养生保健、中医护理、膳食营养指导等服务,对老年人个性化起居养生、膳食调养、情志调养、传统体育运动等进行健康指导。

(七)心理精神支持服务

有条件的医疗卫生机构可为有需求的老年人提供环境适应、情绪疏导、心理支持、危机干预、情志调节等心理精神支持服务。了解和掌握老年人心理和精神状况,发现异常及时与老年人沟通并告知第三方,必要时请医护人员、社会工作者等专业人员协助处理或转至专业医疗机构。有条件的医疗卫生机构可定期组织志愿者为老年人提供服务,促进老年人与外界社会接触交往。

(八)转诊服务

对于居家或社区养老的有需求并符合转诊条件的疑难病、危急重症老年患者,巡诊的医疗卫生机构应积极响应及时将其转诊至综合医院或专科医院。对于经治疗出院在居家或社区养老的仍需要慢性病治疗、康复、护理的老年患者,负责辖区巡诊的医疗卫生机构可根据病情和医疗机构医嘱按规定开具处方,并提供必要的家庭病床、随访、病例管理、康复、护理等服务。

四、服务流程与要求

(一)服务流程

医疗卫生机构医护人员到老年人家中、社区养老服务设施或机构提供居家和社区医养结合服务,具体流程主要包括服务对象提出申请、医务人员开展评估、签署知情同意书、提供服务、做好记录、总结提升等。本服务流程为推荐性流程,具体可根据服务实际情况适当调整。

1. 提出申请。确有居家和社区医养结合服务需求的老年人可通过现场、电话、网络等途径向相关医疗卫生机构提出服务申请,医疗卫生机构应向老年人简要介绍服务的相关内容,并登记留存老年人健康状况、需求及个人信息。

2. 开展评估。工作人员可通过面对面、电话、视频、询问或实地考察等方式详细了解老年人的疾病情况、健康需求、服务环境、执业风险等情况,结合医疗卫生机构自身服务能力,综合判断能否为该老年人提供服务,以及可以提供的服务内容。经评估为可以提供服务的,则派出具备相应资质和技术能力的医护人员提供相关服务。

3. 知情同意。相关医疗卫生机构在为居家和社区养老的老年人提供服务前,应先与老年人或其家属沟通,提前告知服务过程中可能存在的隐患与风险,签署知情同意书。

4. 提供服务。工作人员到达服务场所后,根据相关要求开展服务,及时向老年人及其家属解释所做的必要操作,服务过程中要保证服务质量。

5. 做好记录。服务完毕后及时、准确填写服务记录，保证服务提供相关信息的可追溯性与可追踪性，服务过程中形成的文件、档案等内容及时汇总、分类和归档，跟进老年人对服务的评价情况并记入入档。

6. 总结提升。对开展居家和社区医养结合服务的情况进行总结，结合老年人对服务的评价情况及时改进服务，不断提升服务质量。

（二）有关要求

1. 应尊重老年人的权利，维护老年人的尊严，保护老年人的隐私，为老年人提供服务以维持并更好地发挥其现有能力。

2. 提供的医疗卫生服务应当符合相关法律法规和标准规范，落实各项医疗质量安全管理核心制度，确保医疗卫生安全。

3. 医疗卫生机构应严格执行传染病防治法等法律法规及相关管理制度、操作规范，制定传染病应急预案，防止传染病的医源性感染和院内感染。发现有关传染病疫情时，应当按要求及时报告并采取相关必要措施。

4. 为老年人提供医养结合服务的相关人员，如医护人员、医疗护理员等要加强信息沟通交流。有条件的地方要充分发挥社区工作者的作用，应当建立社区工作者与上述服务人员的联动工作机制，共同为老年人做好服务保障。居家、社区老年医疗护理员提供的服务可参照《居家、社区老年医疗护理员服务标准》（WS/T 803-2022）。

5. 公立医疗卫生机构在内部绩效分配时，对完成居家医疗、医养结合签约等服务较好的医务人员给予适当倾斜。

6. 医疗卫生机构应建立健全对提供居家医养结合服务人员的安全风险应对机制，如对服务对象身份信息、病历资料、家庭签约协议、健康档案等资料进行核验；提供居家服务时，要求应有具备完全民事行为能力的患者家属或看护人员在场；为服务人员提供手机APP定位追踪系统，配置工作记录仪等装置，购买责任险、人身意外伤害险等，切实保障双方安全。

7. 医疗卫生机构如与社区养老服务机构签约合作，服务方式与内容参照《医疗卫生机构与养老服务机构签约合作服务指南（试行）》。

8. 医疗卫生机构在机构内提供的医养结合服务，内容和要求参照《医养结合机构服务指南（试行）》。

9. 生活照料、家庭养老床位等居家和社区相关养老服务适用养老服务有关标准规范。

3. 职业健康

职业健康检查管理办法

· 2015 年 3 月 26 日国家卫生和计划生育委员会令第 5 号公布
· 根据 2019 年 2 月 28 日《国家卫生健康委关于修改〈职业健康检查管理办法〉等 4 件部门规章的决定》修订

第一章 总 则

第一条 为加强职业健康检查工作，规范职业健康检查机构管理，保护劳动者健康权益，根据《中华人民共和国职业病防治法》（以下简称《职业病防治法》），制定本办法。

第二条 本办法所称职业健康检查是指医疗卫生机构按照国家有关规定，对从事接触职业病危害作业的劳动者进行的上岗前、在岗期间、离岗时的健康检查。

第三条 国家卫生健康委负责全国范围内职业健康检查工作的监督管理。

县级以上地方卫生健康主管部门负责本辖区职业健康检查工作的监督管理；结合职业病防治工作实际需要，充分利用现有资源，统一规划、合理布局；加强职业健康检查机构能力建设，并提供必要的保障条件。

第二章 职业健康检查机构

第四条 医疗卫生机构开展职业健康检查，应当在开展之日起 15 个工作日内向省级卫生健康主管部门备案。备案的具体办法由省级卫生健康主管部门依据本办法制定，并向社会公布。

省级卫生健康主管部门应当及时向社会公布备案的医疗卫生机构名单、地址、检查类别和项目等相关信息，并告知核发其《医疗机构执业许可证》的卫生健康主管部门。核发其《医疗机构执业许可证》的卫生健康主管部门应当在该机构的《医疗机构执业许可证》副本备注栏注明检查类别和项目等信息。

第五条 承担职业健康检查的医疗卫生机构（以下简称职业健康检查机构）应当具备以下条件：

（一）持有《医疗机构执业许可证》，涉及放射检查项目的还应当持有《放射诊疗许可证》；

（二）具有相应的职业健康检查场所、候检场所和检验室，建筑总面积不少于 400 平方米，每个独立的检查室使用面积不少于 6 平方米；

（三）具有与备案开展的职业健康检查类别和项目相适应的执业医师、护士等医疗卫生技术人员；

（四）至少具有 1 名取得职业病诊断资格的执业医师；

（五）具有与备案开展的职业健康检查类别和项目

相适应的仪器、设备，具有相应职业卫生生物监测能力；开展外出职业健康检查，应当具有相应的职业健康检查仪器、设备、专用车辆等条件；

（六）建立职业健康检查质量管理制度；

（七）具有与职业健康检查信息报告相应的条件。

医疗卫生机构进行职业健康检查备案时，应当提交证明其符合以上条件的有关资料。

第六条　开展职业健康检查工作的医疗卫生机构对备案的职业健康检查信息的真实性、准确性、合法性承担全部法律责任。

当备案信息发生变化时，职业健康检查机构应当自信息发生变化之日起10个工作日内提交变更信息。

第七条　职业健康检查机构具有以下职责：

（一）在备案开展的职业健康检查类别和项目范围内，依法开展职业健康检查工作，并出具职业健康检查报告；

（二）履行疑似职业病的告知和报告义务；

（三）报告职业健康检查信息；

（四）定期向卫生健康主管部门报告职业健康检查工作情况，包括外出职业健康检查工作情况；

（五）开展职业病防治知识宣传教育；

（六）承担卫生健康主管部门交办的其他工作。

第八条　职业健康检查机构应当指定主检医师。主检医师应当具备以下条件：

（一）具有执业医师证书；

（二）具有中级以上专业技术职务任职资格；

（三）具有职业病诊断资格；

（四）从事职业健康检查相关工作三年以上，熟悉职业卫生和职业病诊断相关标准。

主检医师负责确定职业健康检查项目和周期，对职业健康检查过程进行质量控制，审核职业健康检查报告。

第九条　职业健康检查机构及其工作人员应当关心、爱护劳动者，尊重和保护劳动者的知情权及个人隐私。

第十条　省级卫生健康主管部门应当指定机构负责本辖区内职业健康检查机构的质量控制管理工作，组织开展实验室间比对和职业健康检查质量考核。

职业健康检查质量控制规范由中国疾病预防控制中心制定。

第三章　职业健康检查规范

第十一条　按照劳动者接触的职业病危害因素，职业健康检查分为以下六类：

（一）接触粉尘类；

（二）接触化学因素类；

（三）接触物理因素类；

（四）接触生物因素类；

（五）接触放射因素类；

（六）其他类（特殊作业等）。

以上每类中包含不同检查项目。职业健康检查机构应当在备案的检查类别和项目范围内开展相应的职业健康检查。

第十二条　职业健康检查机构开展职业健康检查应当与用人单位签订委托协议书，由用人单位统一组织劳动者进行职业健康检查；也可以由劳动者持单位介绍信进行职业健康检查。

第十三条　职业健康检查机构应当依据相关技术规范，结合用人单位提交的资料，明确用人单位应当检查的项目和周期。

第十四条　在职业健康检查中，用人单位应当如实提供以下职业健康检查所需的相关资料，并承担检查费用：

（一）用人单位的基本情况；

（二）工作场所职业病危害因素种类及其接触人员名册、岗位（或工种）、接触时间；

（三）工作场所职业病危害因素定期检测等相关资料。

第十五条　职业健康检查的项目、周期按照《职业健康监护技术规范》（GBZ 188）执行，放射工作人员职业健康检查按照《放射工作人员职业健康监护技术规范》（GBZ 235）等规定执行。

第十六条　职业健康检查机构可以在执业登记机关管辖区域内或者省级卫生健康主管部门指定区域内开展外出职业健康检查。外出职业健康检查进行医学影像学检查和实验室检测，必须保证检查质量并满足放射防护和生物安全的管理要求。

第十七条　职业健康检查机构应当在职业健康检查结束之日起30个工作日内将职业健康检查结果，包括劳动者个人职业健康检查报告和用人单位职业健康检查总结报告，书面告知用人单位，用人单位应当将劳动者个人职业健康检查结果及职业健康检查机构的建议等情况书面告知劳动者。

第十八条　职业健康检查机构发现疑似职业病病人时，应当告知劳动者本人并及时通知用人单位，同时向所在地卫生健康主管部门报告。发现职业禁忌的，应当及时告知用人单位和劳动者。

第十九条　职业健康检查机构要依托现有的信息平台，加强职业健康检查的统计报告工作，逐步实现信息的互联互通和共享。

第二十条　职业健康检查机构应当建立职业健康检

查档案。职业健康检查档案保存时间应当自劳动者最后一次职业健康检查结束之日起不少于15年。

职业健康检查档案应当包括下列材料：

（一）职业健康检查委托协议书；

（二）用人单位提供的相关资料；

（三）出具的职业健康检查结果总结报告和告知材料；

（四）其他有关材料。

第四章 监督管理

第二十一条 县级以上地方卫生健康主管部门应当加强对本辖区职业健康检查机构的监督管理。按照属地化管理原则，制定年度监督检查计划，做好职业健康检查机构的监督检查工作。监督检查主要内容包括：

（一）相关法律法规、标准的执行情况；

（二）按照备案的类别和项目开展职业健康检查工作的情况；

（三）外出职业健康检查工作情况；

（四）职业健康检查质量控制情况；

（五）职业健康检查结果、疑似职业病的报告与告知以及职业健康检查信息报告情况；

（六）职业健康检查档案管理情况等。

第二十二条 省级卫生健康主管部门应当对本辖区内的职业健康检查机构进行定期或者不定期抽查；设区的市级卫生健康主管部门每年应当至少组织一次对本辖区内职业健康检查机构的监督检查；县级卫生健康主管部门负责日常监督检查。

第二十三条 县级以上地方卫生健康主管部门监督检查时，有权查阅或者复制有关资料，职业健康检查机构应当予以配合。

第五章 法律责任

第二十四条 无《医疗机构执业许可证》擅自开展职业健康检查的，由县级以上地方卫生健康主管部门依据《医疗机构管理条例》第四十四条的规定进行处理。

第二十五条 职业健康检查机构有下列行为之一的，由县级以上地方卫生健康主管部门责令改正，给予警告，可以并处3万元以下罚款：

（一）未按规定备案开展职业健康检查的；

（二）未按规定告知疑似职业病的；

（三）出具虚假证明文件的。

第二十六条 职业健康检查机构未按照规定报告疑似职业病的，由县级以上地方卫生健康主管部门依据《职业病防治法》第七十四条的规定进行处理。

第二十七条 职业健康检查机构有下列行为之一的，由县级以上地方卫生健康主管部门给予警告，责令限期改正；逾期不改的，处三万元以下罚款：

（一）未指定主检医师或者指定的主检医师未取得职业病诊断资格的；

（二）未按要求建立职业健康检查档案的；

（三）未履行职业健康检查信息报告义务的；

（四）未按照相关职业健康监护技术规范规定开展工作的；

（五）违反本办法其他有关规定的。

第二十八条 职业健康检查机构未按规定参加实验室比对或者职业健康检查质量考核工作，或者参加质量考核不合格未按要求整改仍开展职业健康检查工作的，由县级以上地方卫生健康主管部门给予警告，责令限期改正；逾期不改的，处三万元以下罚款。

第六章 附 则

第二十九条 本办法自2015年5月1日起施行。2002年3月28日原卫生部公布的《职业健康监护管理办法》同时废止。

女职工劳动保护特别规定

· 2012年4月18日国务院第200次常务会议通过
· 2012年4月28日中华人民共和国国务院令第619号公布
· 自公布之日起施行

第一条 为了减少和解决女职工在劳动中因生理特点造成的特殊困难，保护女职工健康，制定本规定。

第二条 中华人民共和国境内的国家机关、企业、事业单位、社会团体、个体经济组织以及其他社会组织等用人单位及其女职工，适用本规定。

第三条 用人单位应当加强女职工劳动保护，采取措施改善女职工劳动安全卫生条件，对女职工进行劳动安全卫生知识培训。

第四条 用人单位应当遵守女职工禁忌从事的劳动范围的规定。用人单位应当将本单位属于女职工禁忌从事的劳动范围的岗位书面告知女职工。

女职工禁忌从事的劳动范围由本规定附录示列。国务院安全生产监督管理部门会同国务院人力资源社会保障行政部门、国务院卫生行政部门根据经济社会发展情况，对女职工禁忌从事的劳动范围进行调整。

第五条 用人单位不得因女职工怀孕、生育、哺乳降低其工资、予以辞退、与其解除劳动或者聘用合同。

第六条　女职工在孕期不能适应原劳动的,用人单位应当根据医疗机构的证明,予以减轻劳动量或者安排其他能够适应的劳动。

对怀孕 7 个月以上的女职工,用人单位不得延长劳动时间或者安排夜班劳动,并应当在劳动时间内安排一定的休息时间。

怀孕女职工在劳动时间内进行产前检查,所需时间计入劳动时间。

第七条　女职工生育享受 98 天产假,其中产前可以休假 15 天;难产的,增加产假 15 天;生育多胞胎的,每多生育 1 个婴儿,增加产假 15 天。

女职工怀孕未满 4 个月流产的,享受 15 天产假;怀孕满 4 个月流产的,享受 42 天产假。

第八条　女职工产假期间的生育津贴,对已经参加生育保险的,按照用人单位上年度职工月平均工资的标准由生育保险基金支付;对未参加生育保险的,按照女职工产假前工资的标准由用人单位支付。

女职工生育或者流产的医疗费用,按照生育保险规定的项目和标准,对已经参加生育保险的,由生育保险基金支付;对未参加生育保险的,由用人单位支付。

第九条　对哺乳未满 1 周岁婴儿的女职工,用人单位不得延长劳动时间或者安排夜班劳动。

用人单位应当在每天的劳动时间内为哺乳期女职工安排 1 小时哺乳时间;女职工生育多胞胎的,每多哺乳 1 个婴儿每天增加 1 小时哺乳时间。

第十条　女职工比较多的用人单位应当根据女职工的需要,建立女职工卫生室、孕妇休息室、哺乳室等设施,妥善解决女职工在生理卫生、哺乳方面的困难。

第十一条　在劳动场所,用人单位应当预防和制止对女职工的性骚扰。

第十二条　县级以上人民政府人力资源社会保障行政部门、安全生产监督管理部门按照各自职责负责对用人单位遵守本规定的情况进行监督检查。

工会、妇女组织依法对用人单位遵守本规定的情况进行监督。

第十三条　用人单位违反本规定第六条第二款、第七条、第九条第一款规定的,由县级以上人民政府人力资源社会保障行政部门责令限期改正,按照受侵害女职工每人 1000 元以上 5000 元以下的标准计算,处以罚款。

用人单位违反本规定附录第一条、第二条规定的,由县级以上人民政府安全生产监督管理部门责令限期改正,按照受侵害女职工每人 1000 元以上 5000 元以下的标准计算,处以罚款。用人单位违反本规定附录第三条、第四条规定的,由县级以上人民政府安全生产监督管理部门责令限期治理,处 5 万元以上 30 万元以下的罚款;情节严重的,责令停止有关作业,或者提请有关人民政府按照国务院规定的权限责令关闭。

第十四条　用人单位违反本规定,侵害女职工合法权益的,女职工可以依法投诉、举报、申诉,依法向劳动人事争议调解仲裁机构申请调解仲裁,对仲裁裁决不服的,依法向人民法院提起诉讼。

第十五条　用人单位违反本规定,侵害女职工合法权益,造成女职工损害的,依法给予赔偿;用人单位及其直接负责的主管人员和其他直接责任人员构成犯罪的,依法追究刑事责任。

第十六条　本规定自公布之日起施行。1988 年 7 月 21 日国务院发布的《女职工劳动保护规定》同时废止。

附录:

女职工禁忌从事的劳动范围

一、女职工禁忌从事的劳动范围:

(一)矿山井下作业;

(二)体力劳动强度分级标准中规定的第四级体力劳动强度的作业;

(三)每小时负重 6 次以上、每次负重超过 20 公斤的作业,或者间断负重、每次负重超过 25 公斤的作业。

二、女职工在经期禁忌从事的劳动范围:

(一)冷水作业分级标准中规定的第二级、第三级、第四级冷水作业;

(二)低温作业分级标准中规定的第二级、第三级、第四级低温作业;

(三)体力劳动强度分级标准中规定的第三级、第四级体力劳动强度的作业;

(四)高处作业分级标准中规定的第三级、第四级高处作业。

三、女职工在孕期禁忌从事的劳动范围:

(一)作业场所空气中铅及其化合物、汞及其化合物、苯、镉、铍、砷、氰化物、氮氧化物、一氧化碳、二硫化碳、氯、己内酰胺、氯丁二烯、氯乙烯、环氧乙烷、苯胺、甲醛等有毒物质浓度超过国家职业卫生标准的作业;

(二)从事抗癌药物、己烯雌酚生产,接触麻醉剂气体等的作业;

(三)非密封源放射性物质的操作,核事故与放射事故的应急处置;

（四）高处作业分级标准中规定的高处作业；

（五）冷水作业分级标准中规定的冷水作业；

（六）低温作业分级标准中规定的低温作业；

（七）高温作业分级标准中规定的第三级、第四级的作业；

（八）噪声作业分级标准中规定的第三级、第四级的作业；

（九）体力劳动强度分级标准中规定的第三级、第四级体力劳动强度的作业；

（十）在密闭空间、高压室作业或者潜水作业，伴有强烈振动的作业，或者需要频繁弯腰、攀高、下蹲的作业。

四、女职工在哺乳期禁忌从事的劳动范围：

（一）孕期禁忌从事的劳动范围的第一项、第三项、第九项；

（二）作业场所空气中锰、氟、溴、甲醇、有机磷化合物、有机氯化合物等有毒物质浓度超过国家职业卫生标准的作业。

中华人民共和国职业病防治法

- 2001年10月27日第九届全国人民代表大会常务委员会第二十四次会议通过
- 根据2011年12月31日第十一届全国人民代表大会常务委员会第二十四次会议《关于修改〈中华人民共和国职业病防治法〉的决定》第一次修正
- 根据2016年7月2日第十二届全国人民代表大会常务委员会第二十一次会议《关于修改〈中华人民共和国节约能源法〉等六部法律的决定》第二次修正
- 根据2017年11月4日第十二届全国人民代表大会常务委员会第三十次会议《关于修改〈中华人民共和国会计法〉等十一部法律的决定》第三次修正
- 根据2018年12月29日第十三届全国人民代表大会常务委员会第七次会议《关于修改〈中华人民共和国劳动法〉等七部法律的决定》第四次修正

第一章　总　则

第一条　为了预防、控制和消除职业病危害，防治职业病，保护劳动者健康及其相关权益，促进经济社会发展，根据宪法，制定本法。

第二条　本法适用于中华人民共和国领域内的职业病防治活动。

本法所称职业病，是指企业、事业单位和个体经济组织等用人单位的劳动者在职业活动中，因接触粉尘、放射性物质和其他有毒、有害因素而引起的疾病。

职业病的分类和目录由国务院卫生行政部门会同国务院劳动保障行政部门制定、调整并公布。

第三条　职业病防治工作坚持预防为主、防治结合的方针，建立用人单位负责、行政机关监管、行业自律、职工参与和社会监督的机制，实行分类管理、综合治理。

第四条　劳动者依法享有职业卫生保护的权利。

用人单位应当为劳动者创造符合国家职业卫生标准和卫生要求的工作环境和条件，并采取措施保障劳动者获得职业卫生保护。

工会组织依法对职业病防治工作进行监督，维护劳动者的合法权益。用人单位制定或者修改有关职业病防治的规章制度，应当听取工会组织的意见。

第五条　用人单位应当建立、健全职业病防治责任制，加强对职业病防治的管理，提高职业病防治水平，对本单位产生的职业病危害承担责任。

第六条　用人单位的主要负责人对本单位的职业病防治工作全面负责。

第七条　用人单位必须依法参加工伤保险。

国务院和县级以上地方人民政府劳动保障行政部门应当加强对工伤保险的监督管理，确保劳动者依法享受工伤保险待遇。

第八条　国家鼓励和支持研制、开发、推广、应用有利于职业病防治和保护劳动者健康的新技术、新工艺、新设备、新材料，加强对职业病的机理和发生规律的基础研究，提高职业病防治科学技术水平；积极采用有效的职业病防治技术、工艺、设备、材料；限制使用或者淘汰职业病危害严重的技术、工艺、设备、材料。

国家鼓励和支持职业病医疗康复机构的建设。

第九条　国家实行职业卫生监督制度。

国务院卫生行政部门、劳动保障行政部门依照本法和国务院确定的职责，负责全国职业病防治的监督管理工作。国务院有关部门在各自的职责范围内负责职业病防治的有关监督管理工作。

县级以上地方人民政府卫生行政部门、劳动保障行政部门依据各自职责，负责本行政区域内职业病防治的监督管理工作。县级以上地方人民政府有关部门在各自的职责范围内负责职业病防治的有关监督管理工作。

县级以上人民政府卫生行政部门、劳动保障行政部门（以下统称职业卫生监督管理部门）应当加强沟通，密切配合，按照各自职责分工，依法行使职权，承担责任。

第十条　国务院和县级以上地方人民政府应当制定职业病防治规划，将其纳入国民经济和社会发展计划，并组织实施。

县级以上地方人民政府统一负责、领导、组织、协调本行政区域的职业病防治工作,建立健全职业病防治工作体制、机制,统一领导、指挥职业卫生突发事件应对工作;加强职业病防治能力建设和服务体系建设,完善、落实职业病防治工作责任制。

乡、民族乡、镇的人民政府应当认真执行本法,支持职业卫生监督管理部门依法履行职责。

第十一条 县级以上人民政府职业卫生监督管理部门应当加强对职业病防治的宣传教育,普及职业病防治的知识,增强用人单位的职业病防治观念,提高劳动者的职业健康意识、自我保护意识和行使职业卫生保护权利的能力。

第十二条 有关防治职业病的国家职业卫生标准,由国务院卫生行政部门组织制定并公布。

国务院卫生行政部门应当组织开展重点职业病监测和专项调查,对职业健康风险进行评估,为制定职业卫生标准和职业病防治政策提供科学依据。

县级以上地方人民政府卫生行政部门应当定期对本行政区域的职业病防治情况进行统计和调查分析。

第十三条 任何单位和个人有权对违反本法的行为进行检举和控告。有关部门收到相关的检举和控告后,应当及时处理。

对防治职业病成绩显著的单位和个人,给予奖励。

第二章 前期预防

第十四条 用人单位应当依照法律、法规要求,严格遵守国家职业卫生标准,落实职业病预防措施,从源头上控制和消除职业病危害。

第十五条 产生职业病危害的用人单位的设立除应当符合法律、行政法规规定的设立条件外,其工作场所还应当符合下列职业卫生要求:

(一)职业病危害因素的强度或者浓度符合国家职业卫生标准;

(二)有与职业病危害防护相适应的设施;

(三)生产布局合理,符合有害与无害作业分开的原则;

(四)有配套的更衣间、洗浴间、孕妇休息间等卫生设施;

(五)设备、工具、用具等设施符合保护劳动者生理、心理健康的要求;

(六)法律、行政法规和国务院卫生行政部门关于保护劳动者健康的其他要求。

第十六条 国家建立职业病危害项目申报制度。

用人单位工作场所存在职业病目录所列职业病的危害因素的,应当及时、如实向所在地卫生行政部门申报危害项目,接受监督。

职业病危害因素分类目录由国务院卫生行政部门制定、调整并公布。职业病危害项目申报的具体办法由国务院卫生行政部门制定。

第十七条 新建、扩建、改建建设项目和技术改造、技术引进项目(以下统称建设项目)可能产生职业病危害的,建设单位在可行性论证阶段应当进行职业病危害预评价。

医疗机构建设项目可能产生放射性职业病危害的,建设单位应当向卫生行政部门提交放射性职业病危害预评价报告。卫生行政部门应当自收到预评价报告之日起三十日内,作出审核决定并书面通知建设单位。未提交预评价报告或者预评价报告未经卫生行政部门审核同意的,不得开工建设。

职业病危害预评价报告应当对建设项目可能产生的职业病危害因素及其对工作场所和劳动者健康的影响作出评价,确定危害类别和职业病防护措施。

建设项目职业病危害分类管理办法由国务院卫生行政部门制定。

第十八条 建设项目的职业病防护设施所需费用应当纳入建设项目工程预算,并与主体工程同时设计,同时施工,同时投入生产和使用。

建设项目的职业病防护设施设计应当符合国家职业卫生标准和卫生要求;其中,医疗机构放射性职业病危害严重的建设项目的防护设施设计,应当经卫生行政部门审查同意后,方可施工。

建设项目在竣工验收前,建设单位应当进行职业病危害控制效果评价。

医疗机构可能产生放射性职业病危害的建设项目竣工验收时,其放射性职业病防护设施经卫生行政部门验收合格后,方可投入使用;其他建设项目的职业病防护设施应当由建设单位负责依法组织验收,验收合格后,方可投入生产和使用。卫生行政部门应当加强对建设单位组织的验收活动和验收结果的监督核查。

第十九条 国家对从事放射性、高毒、高危粉尘等作业实行特殊管理。具体管理办法由国务院制定。

第三章 劳动过程中的防护与管理

第二十条 用人单位应当采取下列职业病防治管理措施:

(一)设置或者指定职业卫生管理机构或者组织,配备专职或者兼职的职业卫生管理人员，负责本单位的职业病防治工作；

（二）制定职业病防治计划和实施方案；

（三）建立、健全职业卫生管理制度和操作规程；

（四）建立、健全职业卫生档案和劳动者健康监护档案；

（五）建立、健全工作场所职业病危害因素监测及评价制度；

（六）建立、健全职业病危害事故应急救援预案。

第二十一条　用人单位应当保障职业病防治所需的资金投入，不得挤占、挪用，并对因资金投入不足导致的后果承担责任。

第二十二条　用人单位必须采用有效的职业病防护设施，并为劳动者提供个人使用的职业病防护用品。

用人单位为劳动者个人提供的职业病防护用品必须符合防治职业病的要求；不符合要求的，不得使用。

第二十三条　用人单位应当优先采用有利于防治职业病和保护劳动者健康的新技术、新工艺、新设备、新材料，逐步替代职业病危害严重的技术、工艺、设备、材料。

第二十四条　产生职业病危害的用人单位，应当在醒目位置设置公告栏，公布有关职业病防治的规章制度、操作规程、职业病危害事故应急救援措施和工作场所职业病危害因素检测结果。

对产生严重职业病危害的作业岗位，应当在其醒目位置，设置警示标识和中文警示说明。警示说明应当载明产生职业病危害的种类、后果、预防以及应急救治措施等内容。

第二十五条　对可能发生急性职业损伤的有毒、有害工作场所，用人单位应当设置报警装置，配置现场急救用品、冲洗设备、应急撤离通道和必要的泄险区。

对放射工作场所和放射性同位素的运输、贮存，用人单位必须配置防护设备和报警装置，保证接触放射线的工作人员佩戴个人剂量计。

对职业病防护设备、应急救援设施和个人使用的职业病防护用品，用人单位应当进行经常性的维护、检修，定期检测其性能和效果，确保其处于正常状态，不得擅自拆除或者停止使用。

第二十六条　用人单位应当实施由专人负责的职业病危害因素日常监测，并确保监测系统处于正常运行状态。

用人单位应当按照国务院卫生行政部门的规定，定期对工作场所进行职业病危害因素检测、评价。检测、评价结果存入用人单位职业卫生档案，定期向所在地卫生行政部门报告并向劳动者公布。

职业病危害因素检测、评价由依法设立的取得国务院卫生行政部门或者设区的市级以上地方人民政府卫生行政部门按照职责分工给予资质认可的职业卫生技术服务机构进行。职业卫生技术服务机构所作检测、评价应当客观、真实。

发现工作场所职业病危害因素不符合国家职业卫生标准和卫生要求时，用人单位应当立即采取相应治理措施，仍然达不到国家职业卫生标准和卫生要求的，必须停止存在职业病危害因素的作业；职业病危害因素经治理后，符合国家职业卫生标准和卫生要求的，方可重新作业。

第二十七条　职业卫生技术服务机构依法从事职业病危害因素检测、评价工作，接受卫生行政部门的监督检查。卫生行政部门应当依法履行监督职责。

第二十八条　向用人单位提供可能产生职业病危害的设备的，应当提供中文说明书，并在设备的醒目位置设置警示标识和中文警示说明。警示说明应当载明设备性能、可能产生的职业病危害、安全操作和维护注意事项、职业病防护以及应急救治措施等内容。

第二十九条　向用人单位提供可能产生职业病危害的化学品、放射性同位素和含有放射性物质的材料的，应当提供中文说明书。说明书应当载明产品特性、主要成份、存在的有害因素、可能产生的危害后果、安全使用注意事项、职业病防护以及应急救治措施等内容。产品包装应当有醒目的警示标识和中文警示说明。贮存上述材料的场所应当在规定的部位设置危险物品标识或者放射性警示标识。

国内首次使用或者首次进口与职业病危害有关的化学材料，使用单位或者进口单位按照国家规定经国务院有关部门批准后，应当向国务院卫生行政部门报送该化学材料的毒性鉴定以及经有关部门登记注册或者批准进口的文件等资料。

进口放射性同位素、射线装置和含有放射性物质的物品的，按照国家有关规定办理。

第三十条　任何单位和个人不得生产、经营、进口和使用国家明令禁止使用的可能产生职业病危害的设备或者材料。

第三十一条　任何单位和个人不得将产生职业病危害的作业转移给不具备职业病防护条件的单位和个人。不具备职业病防护条件的单位和个人不得接受产生职业病危害的作业。

第三十二条 用人单位对采用的技术、工艺、设备、材料，应当知悉其产生的职业病危害，对有职业病危害的技术、工艺、设备、材料隐瞒其危害而采用的，对所造成的职业病危害后果承担责任。

第三十三条 用人单位与劳动者订立劳动合同(含聘用合同,下同)时，应当将工作过程中可能产生的职业病危害及其后果、职业病防护措施和待遇等如实告知劳动者，并在劳动合同中写明，不得隐瞒或者欺骗。

劳动者在已订立劳动合同期间因工作岗位或者工作内容变更，从事与所订立劳动合同中未告知的存在职业病危害的作业时，用人单位应当依照前款规定，向劳动者履行如实告知的义务，并协商变更原劳动合同相关条款。

用人单位违反前两款规定的，劳动者有权拒绝从事存在职业病危害的作业，用人单位不得因此解除与劳动者所订立的劳动合同。

第三十四条 用人单位的主要负责人和职业卫生管理人员应当接受职业卫生培训，遵守职业病防治法律、法规，依法组织本单位的职业病防治工作。

用人单位应当对劳动者进行上岗前的职业卫生培训和在岗期间的定期职业卫生培训，普及职业卫生知识，督促劳动者遵守职业病防治法律、法规、规章和操作规程，指导劳动者正确使用职业病防护设备和个人使用的职业病防护用品。

劳动者应当学习和掌握相关的职业卫生知识，增强职业病防范意识，遵守职业病防治法律、法规、规章和操作规程，正确使用、维护职业病防护设备和个人使用的职业病防护用品，发现职业病危害事故隐患应当及时报告。

劳动者不履行前款规定义务的，用人单位应当对其进行教育。

第三十五条 对从事接触职业病危害的作业的劳动者，用人单位应当按照国务院卫生行政部门的规定组织上岗前、在岗期间和离岗时的职业健康检查，并将检查结果书面告知劳动者。职业健康检查费用由用人单位承担。

用人单位不得安排未经上岗前职业健康检查的劳动者从事接触职业病危害的作业；不得安排有职业禁忌的劳动者从事其所禁忌的作业；对在职业健康检查中发现有与所从事的职业相关的健康损害的劳动者，应当调离原工作岗位，并妥善安置；对未进行离岗前职业健康检查的劳动者不得解除或者终止与其订立的劳动合同。

职业健康检查应当由取得《医疗机构执业许可证》的医疗卫生机构承担。卫生行政部门应当加强对职业健康检查工作的规范管理，具体管理办法由国务院卫生行政部门制定。

第三十六条 用人单位应当为劳动者建立职业健康监护档案，并按照规定的期限妥善保存。

职业健康监护档案应当包括劳动者的职业史、职业病危害接触史、职业健康检查结果和职业病诊疗等有关个人健康资料。

劳动者离开用人单位时，有权索取本人职业健康监护档案复印件，用人单位应当如实、无偿提供，并在所提供的复印件上签章。

第三十七条 发生或者可能发生急性职业病危害事故时，用人单位应当立即采取应急救援和控制措施，并及时报告所在地卫生行政部门和有关部门。卫生行政部门接到报告后，应当及时会同有关部门组织调查处理；必要时，可以采取临时控制措施。卫生行政部门应当组织做好医疗救治工作。

对遭受或者可能遭受急性职业病危害的劳动者，用人单位应当及时组织救治、进行健康检查和医学观察，所需费用由用人单位承担。

第三十八条 用人单位不得安排未成年工从事接触职业病危害的作业；不得安排孕期、哺乳期的女职工从事对本人和胎儿、婴儿有危害的作业。

第三十九条 劳动者享有下列职业卫生保护权利：

(一)获得职业卫生教育、培训；

(二)获得职业健康检查、职业病诊疗、康复等职业病防治服务；

(三)了解工作场所产生或者可能产生的职业病危害因素、危害后果和应当采取的职业病防护措施；

(四)要求用人单位提供符合防治职业病要求的职业病防护设施和个人使用的职业病防护用品，改善工作条件；

(五)对违反职业病防治法律、法规以及危及生命健康的行为提出批评、检举和控告；

(六)拒绝违章指挥和强令进行没有职业病防护措施的作业；

(七)参与用人单位职业卫生工作的民主管理，对职业病防治工作提出意见和建议。

用人单位应当保障劳动者行使前款所列权利。因劳动者依法行使正当权利而降低其工资、福利等待遇或者解除、终止与其订立的劳动合同的，其行为无效。

第四十条 工会组织应当督促并协助用人单位开展

职业卫生宣传教育和培训,有权对用人单位的职业病防治工作提出意见和建议,依法代表劳动者与用人单位签订劳动安全卫生专项集体合同,与用人单位就劳动者反映的有关职业病防治的问题进行协调并督促解决。

工会组织对用人单位违反职业病防治法律、法规,侵犯劳动者合法权益的行为,有权要求纠正;产生严重职业病危害时,有权要求采取防护措施,或者向政府有关部门建议采取强制性措施;发生职业病危害事故时,有权参与事故调查处理;发现危及劳动者生命健康的情形时,有权向用人单位建议组织劳动者撤离危险现场,用人单位应当立即作出处理。

第四十一条 用人单位按照职业病防治要求,用于预防和治理职业病危害、工作场所卫生检测、健康监护和职业卫生培训等费用,按照国家有关规定,在生产成本中据实列支。

第四十二条 职业卫生监督管理部门应当按照职责分工,加强对用人单位落实职业病防护管理措施情况的监督检查,依法行使职权,承担责任。

第四章 职业病诊断与职业病病人保障

第四十三条 职业病诊断应当由取得《医疗机构执业许可证》的医疗卫生机构承担。卫生行政部门应当加强对职业病诊断工作的规范管理,具体管理办法由国务院卫生行政部门制定。

承担职业病诊断的医疗卫生机构还应当具备下列条件:

(一)具有与开展职业病诊断相适应的医疗卫生技术人员;

(二)具有与开展职业病诊断相适应的仪器、设备;

(三)具有健全的职业病诊断质量管理制度。

承担职业病诊断的医疗卫生机构不得拒绝劳动者进行职业病诊断的要求。

第四十四条 劳动者可以在用人单位所在地、本人户籍所在地或者经常居住地依法承担职业病诊断的医疗卫生机构进行职业病诊断。

第四十五条 职业病诊断标准和职业病诊断、鉴定办法由国务院卫生行政部门制定。职业病伤残等级的鉴定办法由国务院劳动保障行政部门会同国务院卫生行政部门制定。

第四十六条 职业病诊断,应当综合分析下列因素:

(一)病人的职业史;

(二)职业病危害接触史和工作场所职业病危害因素情况;

(三)临床表现以及辅助检查结果等。

没有证据否定职业病危害因素与病人临床表现之间的必然联系的,应当诊断为职业病。

职业病诊断证明书应当由参与诊断的取得职业病诊断资格的执业医师签署,并经承担职业病诊断的医疗卫生机构审核盖章。

第四十七条 用人单位应当如实提供职业病诊断、鉴定所需的劳动者职业史和职业病危害接触史、工作场所职业病危害因素检测结果等资料;卫生行政部门应当监督检查和督促用人单位提供上述资料;劳动者和有关机构也应当提供与职业病诊断、鉴定有关的资料。

职业病诊断、鉴定机构需要了解工作场所职业病危害因素情况时,可以对工作场所进行现场调查,也可以向卫生行政部门提出,卫生行政部门应当在十日内组织现场调查。用人单位不得拒绝、阻挠。

第四十八条 职业病诊断、鉴定过程中,用人单位不提供工作场所职业病危害因素检测结果等资料的,诊断、鉴定机构应当结合劳动者的临床表现、辅助检查结果和劳动者的职业史、职业病危害接触史,并参考劳动者的自述、卫生行政部门提供的日常监督检查信息等,作出职业病诊断、鉴定结论。

劳动者对用人单位提供的工作场所职业病危害因素检测结果等资料有异议,或者因劳动者的用人单位解散、破产,无用人单位提供上述资料的,诊断、鉴定机构应当提请卫生行政部门进行调查,卫生行政部门应当自接到申请之日起三十日内对存在异议的资料或者工作场所职业病危害因素情况作出判定;有关部门应当配合。

第四十九条 职业病诊断、鉴定过程中,在确认劳动者职业史、职业病危害接触史时,当事人对劳动关系、工种、工作岗位或者在岗时间有争议的,可以向当地的劳动人事争议仲裁委员会申请仲裁;接到申请的劳动人事争议仲裁委员会应当受理,并在三十日内作出裁决。

当事人在仲裁过程中对自己提出的主张,有责任提供证据。劳动者无法提供由用人单位掌握管理的与仲裁主张有关的证据的,仲裁庭应当要求用人单位在指定期限内提供;用人单位在指定期限内不提供的,应当承担不利后果。

劳动者对仲裁裁决不服的,可以依法向人民法院提起诉讼。

用人单位对仲裁裁决不服的,可以在职业病诊断、鉴定程序结束之日起十五日内依法向人民法院提起诉讼;诉讼期间,劳动者的治疗费用按照职业病待遇规定的途径支付。

第五十条　用人单位和医疗卫生机构发现职业病病人或者疑似职业病病人时，应当及时向所在地卫生行政部门报告。确诊为职业病的，用人单位还应当向所在地劳动保障行政部门报告。接到报告的部门应当依法作出处理。

第五十一条　县级以上地方人民政府卫生行政部门负责本行政区域内的职业病统计报告的管理工作，并按照规定上报。

第五十二条　当事人对职业病诊断有异议的，可以向作出诊断的医疗卫生机构所在地地方人民政府卫生行政部门申请鉴定。

职业病诊断争议由设区的市级以上地方人民政府卫生行政部门根据当事人的申请，组织职业病诊断鉴定委员会进行鉴定。

当事人对设区的市级职业病诊断鉴定委员会的鉴定结论不服的，可以向省、自治区、直辖市人民政府卫生行政部门申请再鉴定。

第五十三条　职业病诊断鉴定委员会由相关专业的专家组成。

省、自治区、直辖市人民政府卫生行政部门应当设立相关的专家库，需要对职业病争议作出诊断鉴定时，由当事人或者当事人委托有关卫生行政部门从专家库中以随机抽取的方式确定参加诊断鉴定委员会的专家。

职业病诊断鉴定委员会应当按照国务院卫生行政部门颁布的职业病诊断标准和职业病诊断、鉴定办法进行职业病诊断鉴定，向当事人出具职业病诊断鉴定书。职业病诊断、鉴定费用由用人单位承担。

第五十四条　职业病诊断鉴定委员会组成人员应当遵守职业道德，客观、公正地进行诊断鉴定，并承担相应的责任。职业病诊断鉴定委员会组成人员不得私下接触当事人，不得收受当事人的财物或者其他好处，与当事人有利害关系的，应当回避。

人民法院受理有关案件需要进行职业病鉴定时，应当从省、自治区、直辖市人民政府卫生行政部门依法设立的相关的专家库中选取参加鉴定的专家。

第五十五条　医疗卫生机构发现疑似职业病病人时，应当告知劳动者本人并及时通知用人单位。

用人单位应当及时安排对疑似职业病病人进行诊断；在疑似职业病病人诊断或者医学观察期间，不得解除或者终止与其订立的劳动合同。

疑似职业病病人在诊断、医学观察期间的费用，由用人单位承担。

第五十六条　用人单位应当保障职业病病人依法享受国家规定的职业病待遇。

用人单位应当按照国家有关规定，安排职业病病人进行治疗、康复和定期检查。

用人单位对不适宜继续从事原工作的职业病病人，应当调离原岗位，并妥善安置。

用人单位对从事接触职业病危害的作业的劳动者，应当给予适当岗位津贴。

第五十七条　职业病病人的诊疗、康复费用，伤残以及丧失劳动能力的职业病病人的社会保障，按照国家有关工伤保险的规定执行。

第五十八条　职业病病人除依法享有工伤保险外，依照有关民事法律，尚有获得赔偿的权利的，有权向用人单位提出赔偿要求。

第五十九条　劳动者被诊断患有职业病，但用人单位没有依法参加工伤保险的，其医疗和生活保障由该用人单位承担。

第六十条　职业病病人变动工作单位，其依法享有的待遇不变。

用人单位在发生分立、合并、解散、破产等情形时，应当对从事接触职业病危害的作业的劳动者进行健康检查，并按照国家有关规定妥善安置职业病病人。

第六十一条　用人单位已经不存在或者无法确认劳动关系的职业病病人，可以向地方人民政府医疗保障、民政部门申请医疗救助和生活等方面的救助。

地方各级人民政府应当根据本地区的实际情况，采取其他措施，使前款规定的职业病病人获得医疗救治。

第五章　监督检查

第六十二条　县级以上人民政府职业卫生监督管理部门依照职业病防治法律、法规、国家职业卫生标准和卫生要求，依据职责划分，对职业病防治工作进行监督检查。

第六十三条　卫生行政部门履行监督检查职责时，有权采取下列措施：

（一）进入被检查单位和职业病危害现场，了解情况，调查取证；

（二）查阅或者复制与违反职业病防治法律、法规的行为有关的资料和采集样品；

（三）责令违反职业病防治法律、法规的单位和个人停止违法行为。

第六十四条　发生职业病危害事故或者有证据证明

危害状态可能导致职业病危害事故发生时,卫生行政部门可以采取下列临时控制措施:

(一)责令暂停导致职业病危害事故的作业;

(二)封存造成职业病危害事故或者可能导致职业病危害事故发生的材料和设备;

(三)组织控制职业病危害事故现场。

在职业病危害事故或者危害状态得到有效控制后,卫生行政部门应当及时解除控制措施。

第六十五条 职业卫生监督执法人员依法执行职务时,应当出示监督执法证件。

职业卫生监督执法人员应当忠于职守,秉公执法,严格遵守执法规范;涉及用人单位的秘密的,应当为其保密。

第六十六条 职业卫生监督执法人员依法执行职务时,被检查单位应当接受检查并予以支持配合,不得拒绝和阻碍。

第六十七条 卫生行政部门及其职业卫生监督执法人员履行职责时,不得有下列行为:

(一)对不符合法定条件的,发给建设项目有关证明文件、资质证明文件或者予以批准;

(二)对已经取得有关证明文件的,不履行监督检查职责;

(三)发现用人单位存在职业病危害的,可能造成职业病危害事故,不及时依法采取控制措施;

(四)其他违反本法的行为。

第六十八条 职业卫生监督执法人员应当依法经过资格认定。

职业卫生监督管理部门应当加强队伍建设,提高职业卫生监督执法人员的政治、业务素质,依照本法和其他有关法律、法规的规定,建立、健全内部监督制度,对其工作人员执行法律、法规和遵守纪律的情况,进行监督检查。

第六章 法律责任

第六十九条 建设单位违反本法规定,有下列行为之一的,由卫生行政部门给予警告,责令限期改正;逾期不改正的,处十万元以上五十万元以下的罚款;情节严重的,责令停止产生职业病危害的作业,或者提请有关人民政府按照国务院规定的权限责令停建、关闭:

(一)未按照规定进行职业病危害预评价的;

(二)医疗机构可能产生放射性职业病危害的建设项目未按照规定提交放射性职业病危害预评价报告,或者放射性职业病危害预评价报告未经卫生行政部门审核同意,开工建设的;

(三)建设项目的职业病防护设施未按照规定与主体工程同时设计、同时施工、同时投入生产和使用的;

(四)建设项目的职业病防护设施设计不符合国家职业卫生标准和卫生要求,或者医疗机构放射性职业病危害严重的建设项目的防护设施设计未经卫生行政部门审查同意擅自施工的;

(五)未按照规定对职业病防护设施进行职业病危害控制效果评价的;

(六)建设项目竣工投入生产和使用前,职业病防护设施未按照规定验收合格的。

第七十条 违反本法规定,有下列行为之一的,由卫生行政部门给予警告,责令限期改正;逾期不改正的,处十万元以下的罚款:

(一)工作场所职业病危害因素检测、评价结果没有存档、上报、公布的;

(二)未采取本法第二十条规定的职业病防治管理措施的;

(三)未按照规定公布有关职业病防治的规章制度、操作规程、职业病危害事故应急救援措施的;

(四)未按照规定组织劳动者进行职业卫生培训,或者未对劳动者个人职业病防护采取指导、督促措施的;

(五)国内首次使用或者首次进口与职业病危害有关的化学材料,未按照规定报送毒性鉴定资料以及经有关部门登记注册或者批准进口的文件的。

第七十一条 用人单位违反本法规定,有下列行为之一的,由卫生行政部门责令限期改正,给予警告,可以并处五万元以上十万元以下的罚款:

(一)未按照规定及时、如实向卫生行政部门申报产生职业病危害的项目的;

(二)未实施由专人负责的职业病危害因素日常监测,或者监测系统不能正常监测的;

(三)订立或者变更劳动合同时,未告知劳动者职业病危害真实情况的;

(四)未按照规定组织职业健康检查、建立职业健康监护档案或者未将检查结果书面告知劳动者的;

(五)未依照本法规定在劳动者离开用人单位时提供职业健康监护档案复印件的。

第七十二条 用人单位违反本法规定,有下列行为之一的,由卫生行政部门给予警告,责令限期改正,逾期不改正的,处五万元以上二十万元以下的罚款;情节严重的,责令停止产生职业病危害的作业,或者提请有关人民政府按照国务院规定的权限责令关闭：

（一）工作场所职业病危害因素的强度或者浓度超过国家职业卫生标准的；

（二）未提供职业病防护设施和个人使用的职业病防护用品，或者提供的职业病防护设施和个人使用的职业病防护用品不符合国家职业卫生标准和卫生要求的；

（三）对职业病防护设备、应急救援设施和个人使用的职业病防护用品未按照规定进行维护、检修、检测，或者不能保持正常运行、使用状态的；

（四）未按照规定对工作场所职业病危害因素进行检测、评价的；

（五）工作场所职业病危害因素经治理仍然达不到国家职业卫生标准和卫生要求时，未停止存在职业病危害因素的作业的；

（六）未按照规定安排职业病病人、疑似职业病病人进行诊治的；

（七）发生或者可能发生急性职业病危害事故时，未立即采取应急救援和控制措施或者未按照规定及时报告的；

（八）未按照规定在产生严重职业病危害的作业岗位醒目位置设置警示标识和中文警示说明的；

（九）拒绝职业卫生监督管理部门监督检查的；

（十）隐瞒、伪造、篡改、毁损职业健康监护档案、工作场所职业病危害因素检测评价结果等相关资料，或者拒不提供职业病诊断、鉴定所需资料的；

（十一）未按照规定承担职业病诊断、鉴定费用和职业病病人的医疗、生活保障费用的。

第七十三条　向用人单位提供可能产生职业病危害的设备、材料，未按照规定提供中文说明书或者设置警示标识和中文警示说明的，由卫生行政部门责令限期改正，给予警告，并处五万元以上二十万元以下的罚款。

第七十四条　用人单位和医疗卫生机构未按照规定报告职业病、疑似职业病的，由有关主管部门依据职责分工责令限期改正，给予警告，可以并处一万元以下的罚款；弄虚作假的，并处二万元以上五万元以下的罚款；对直接负责的主管人员和其他直接责任人员，可以依法给予降级或者撤职的处分。

第七十五条　违反本法规定，有下列情形之一的，由卫生行政部门责令限期治理，并处五万元以上三十万元以下的罚款；情节严重的，责令停止产生职业病危害的作业，或者提请有关人民政府按照国务院规定的权限责令关闭：

（一）隐瞒技术、工艺、设备、材料所产生的职业病危害而采用的；

（二）隐瞒本单位职业卫生真实情况的；

（三）可能发生急性职业损伤的有毒、有害工作场所、放射工作场所或者放射性同位素的运输、贮存不符合本法第二十五条规定的；

（四）使用国家明令禁止使用的可能产生职业病危害的设备或者材料的；

（五）将产生职业病危害的作业转移给没有职业病防护条件的单位和个人，或者没有职业病防护条件的单位和个人接受产生职业病危害的作业的；

（六）擅自拆除、停止使用职业病防护设备或者应急救援设施的；

（七）安排未经职业健康检查的劳动者、有职业禁忌的劳动者、未成年工或者孕期、哺乳期女职工从事接触职业病危害的作业或者禁忌作业的；

（八）违章指挥和强令劳动者进行没有职业病防护措施的作业的。

第七十六条　生产、经营或者进口国家明令禁止使用的可能产生职业病危害的设备或者材料的，依照有关法律、行政法规的规定给予处罚。

第七十七条　用人单位违反本法规定，已经对劳动者生命健康造成严重损害的，由卫生行政部门责令停止产生职业病危害的作业，或者提请有关人民政府按照国务院规定的权限责令关闭，并处十万元以上五十万元以下的罚款。

第七十八条　用人单位违反本法规定，造成重大职业病危害事故或者其他严重后果，构成犯罪的，对直接负责的主管人员和其他直接责任人员，依法追究刑事责任。

第七十九条　未取得职业卫生技术服务资质认可擅自从事职业卫生技术服务的，由卫生行政部门责令立即停止违法行为，没收违法所得；违法所得五千元以上的，并处违法所得二倍以上十倍以下的罚款；没有违法所得或者违法所得不足五千元的，并处五千元以上五万元以下的罚款；情节严重的，对直接负责的主管人员和其他直接责任人员，依法给予降级、撤职或者开除的处分。

第八十条　从事职业卫生技术服务的机构和承担职业病诊断的医疗卫生机构违反本法规定，有下列行为之一的，由卫生行政部门责令立即停止违法行为，给予警告，没收违法所得；违法所得五千元以上的，并处违法所得二倍以上五倍以下的罚款；没有违法所得或者违法所得不足五千元的，并处五千元以上二万元以下的罚款；情节严重的，由原认可或者登记机关取消其相应的资格；对直接负责的

主管人员和其他直接责任人员,依法给予降级、撤职或者开除的处分;构成犯罪的,依法追究刑事责任:

(一)超出资质认可或者诊疗项目登记范围从事职业卫生技术服务或者职业病诊断的;

(二)不按照本法规定履行法定职责的;

(三)出具虚假证明文件的。

第八十一条 职业病诊断鉴定委员会组成人员收受职业病诊断争议当事人的财物或者其他好处的,给予警告,没收收受的财物,可以并处三千元以上五万元以下的罚款,取消其担任职业病诊断鉴定委员会组成人员的资格,并从省、自治区、直辖市人民政府卫生行政部门设立的专家库中予以除名。

第八十二条 卫生行政部门不按照规定报告职业病和职业病危害事故的,由上一级行政部门责令改正,通报批评,给予警告;虚报、瞒报的,对单位负责人、直接负责的主管人员和其他直接责任人员依法给予降级、撤职或者开除的处分。

第八十三条 县级以上地方人民政府在职业病防治工作中未依照本法履行职责,本行政区域出现重大职业病危害事故、造成严重社会影响的,依法对直接负责的主管人员和其他直接责任人员给予记大过直至开除的处分。

县级以上人民政府职业卫生监督管理部门不履行本法规定的职责,滥用职权、玩忽职守、徇私舞弊,依法对直接负责的主管人员和其他直接责任人员给予记大过或者降级的处分;造成职业病危害事故或者其他严重后果的,依法给予撤职或者开除的处分。

第八十四条 违反本法规定,构成犯罪的,依法追究刑事责任。

第七章 附 则

第八十五条 本法下列用语的含义:

职业病危害,是指对从事职业活动的劳动者可能导致职业病的各种危害。职业病危害因素包括:职业活动中存在的各种有害的化学、物理、生物因素以及在作业过程中产生的其他职业有害因素。

职业禁忌,是指劳动者从事特定职业或者接触特定职业病危害因素时,比一般职业人群更易于遭受职业病危害和罹患职业病或者可能导致原有自身疾病病情加重,或者在从事作业过程中诱发可能导致对他人生命健康构成危险的疾病的个人特殊生理或者病理状态。

第八十六条 本法第二条规定的用人单位以外的单位,产生职业病危害的,其职业病防治活动可以参照本法执行。

劳务派遣用工单位应当履行本法规定的用人单位的义务。

中国人民解放军参照执行本法的办法,由国务院、中央军事委员会制定。

第八十七条 对医疗机构放射性职业病危害控制的监督管理,由卫生行政部门依照本法的规定实施。

第八十八条 本法自2002年5月1日起施行。

职业病分类和目录

- 2013年12月23日
- 国卫疾控发〔2013〕48号

一、职业性尘肺病及其他呼吸系统疾病

(一)尘肺病

1. 矽肺
2. 煤工尘肺
3. 石墨尘肺
4. 碳黑尘肺
5. 石棉肺
6. 滑石尘肺
7. 水泥尘肺
8. 云母尘肺
9. 陶工尘肺
10. 铝尘肺
11. 电焊工尘肺
12. 铸工尘肺
13. 根据《尘肺病诊断标准》和《尘肺病理诊断标准》可以诊断的其他尘肺病

(二)其他呼吸系统疾病

1. 过敏性肺炎
2. 棉尘病
3. 哮喘
4. 金属及其化合物粉尘肺沉着病(锡、铁、锑、钡及其化合物等)
5. 刺激性化学物所致慢性阻塞性肺疾病
6. 硬金属肺病

二、职业性皮肤病

1. 接触性皮炎
2. 光接触性皮炎
3. 电光性皮炎
4. 黑变病
5. 痤疮

6. 溃疡

7. 化学性皮肤灼伤

8. 白斑

9. 根据《职业性皮肤病的诊断总则》可以诊断的其他职业性皮肤病

三、职业性眼病

1. 化学性眼部灼伤

2. 电光性眼炎

3. 白内障(含放射性白内障、三硝基甲苯白内障)

四、职业性耳鼻喉口腔疾病

1. 噪声聋

2. 铬鼻病

3. 牙酸蚀病

4. 爆震聋

五、职业性化学中毒

1. 铅及其化合物中毒(不包括四乙基铅)

2. 汞及其化合物中毒

3. 锰及其化合物中毒

4. 镉及其化合物中毒

5. 铍病

6. 铊及其化合物中毒

7. 钡及其化合物中毒

8. 钒及其化合物中毒

9. 磷及其化合物中毒

10. 砷及其化合物中毒

11. 铀及其化合物中毒

12. 砷化氢中毒

13. 氯气中毒

14. 二氧化硫中毒

15. 光气中毒

16. 氨中毒

17. 偏二甲基肼中毒

18. 氮氧化合物中毒

19. 一氧化碳中毒

20. 二硫化碳中毒

21. 硫化氢中毒

22. 磷化氢、磷化锌、磷化铝中毒

23. 氟及其无机化合物中毒

24. 氰及腈类化合物中毒

25. 四乙基铅中毒

26. 有机锡中毒

27. 羰基镍中毒

28. 苯中毒

29. 甲苯中毒

30. 二甲苯中毒

31. 正己烷中毒

32. 汽油中毒

33. 一甲胺中毒

34. 有机氟聚合物单体及其热裂解物中毒

35. 二氯乙烷中毒

36. 四氯化碳中毒

37. 氯乙烯中毒

38. 三氯乙烯中毒

39. 氯丙烯中毒

40. 氯丁二烯中毒

41. 苯的氨基及硝基化合物(不包括三硝基甲苯)中毒

42. 三硝基甲苯中毒

43. 甲醇中毒

44. 酚中毒

45. 五氯酚(钠)中毒

46. 甲醛中毒

47. 硫酸二甲酯中毒

48. 丙烯酰胺中毒

49. 二甲基甲酰胺中毒

50. 有机磷中毒

51. 氨基甲酸酯类中毒

52. 杀虫脒中毒

53. 溴甲烷中毒

54. 拟除虫菊酯类中毒

55. 铟及其化合物中毒

56. 溴丙烷中毒

57. 碘甲烷中毒

58. 氯乙酸中毒

59. 环氧乙烷中毒

60. 上述条目未提及的与职业有害因素接触之间存在直接因果联系的其他化学中毒

六、物理因素所致职业病

1. 中暑

2. 减压病

3. 高原病

4. 航空病

5. 手臂振动病

6. 激光所致眼(角膜、晶状体、视网膜)损伤

7. 冻伤

七、职业性放射性疾病

1. 外照射急性放射病
2. 外照射亚急性放射病
3. 外照射慢性放射病
4. 内照射放射病
5. 放射性皮肤疾病
6. 放射性肿瘤(含矿工高氡暴露所致肺癌)
7. 放射性骨损伤
8. 放射性甲状腺疾病
9. 放射性性腺疾病
10. 放射复合伤
11. 根据《职业性放射性疾病诊断标准(总则)》可以诊断的其他放射性损伤

八、职业性传染病

1. 炭疽
2. 森林脑炎
3. 布鲁氏菌病
4. 艾滋病(限于医疗卫生人员及人民警察)
5. 莱姆病

九、职业性肿瘤

1. 石棉所致肺癌、间皮瘤
2. 联苯胺所致膀胱癌
3. 苯所致白血病
4. 氯甲醚、双氯甲醚所致肺癌
5. 砷及其化合物所致肺癌、皮肤癌
6. 氯乙烯所致肝血管肉瘤
7. 焦炉逸散物所致肺癌
8. 六价铬化合物所致肺癌
9. 毛沸石所致肺癌、胸膜间皮瘤
10. 煤焦油、煤焦油沥青、石油沥青所致皮肤癌
11. β-萘胺所致膀胱癌

十、其他职业病

1. 金属烟热
2. 滑囊炎(限于井下工人)
3. 股静脉血栓综合征、股动脉闭塞症或淋巴管闭塞症(限于刮研作业人员)

职业病诊断与鉴定管理办法

· 2020 年 12 月 4 日第 2 次委务会议审议通过
· 2021 年 1 月 4 日中华人民共和国国家卫生健康委员会令第 6 号公布
· 自公布之日起施行

第一章 总 则

第一条 为了规范职业病诊断与鉴定工作,加强职业病诊断与鉴定管理,根据《中华人民共和国职业病防治法》(以下简称《职业病防治法》),制定本办法。

第二条 职业病诊断与鉴定工作应当按照《职业病防治法》、本办法的有关规定及《职业病分类和目录》、国家职业病诊断标准进行,遵循科学、公正、及时、便捷的原则。

第三条 国家卫生健康委负责全国范围内职业病诊断与鉴定的监督管理工作,县级以上地方卫生健康主管部门依据职责负责本行政区域内职业病诊断与鉴定的监督管理工作。

省、自治区、直辖市卫生健康主管部门(以下简称省级卫生健康主管部门)应当结合本行政区域职业病防治工作实际和医疗卫生服务体系规划,充分利用现有医疗卫生资源,实现职业病诊断机构区域覆盖。

第四条 各地要加强职业病诊断机构能力建设,提供必要的保障条件,配备相关的人员、设备和工作经费,以满足职业病诊断工作的需要。

第五条 各地要加强职业病诊断与鉴定信息化建设,建立健全劳动者接触职业病危害、开展职业健康检查、进行职业病诊断与鉴定等全过程的信息化系统,不断提高职业病诊断与鉴定信息报告的准确性、及时性和有效性。

第六条 用人单位应当依法履行职业病诊断、鉴定的相关义务:

(一)及时安排职业病病人、疑似职业病病人进行诊治;

(二)如实提供职业病诊断、鉴定所需的资料;

(三)承担职业病诊断、鉴定的费用和疑似职业病人在诊断、医学观察期间的费用;

(四)报告职业病和疑似职业病;

(五)《职业病防治法》规定的其他相关义务。

第二章 诊断机构

第七条 医疗卫生机构开展职业病诊断工作,应当在开展之日起十五个工作日内向省级卫生健康主管部门

备案。

省级卫生健康主管部门应当自收到完整备案材料之日起十五个工作日内向社会公布备案的医疗卫生机构名单、地址、诊断项目(即《职业病分类和目录》中的职业病类别和病种)等相关信息。

第八条 医疗卫生机构开展职业病诊断工作应当具备下列条件：

（一）持有《医疗机构执业许可证》；

（二）具有相应的诊疗科目及与备案开展的诊断项目相适应的职业病诊断医师及相关医疗卫生技术人员；

（三）具有与备案开展的诊断项目相适应的场所和仪器、设备；

（四）具有健全的职业病诊断质量管理制度。

第九条 医疗卫生机构进行职业病诊断备案时，应当提交以下证明其符合本办法第八条规定条件的有关资料：

（一）《医疗机构执业许可证》原件、副本及复印件；

（二）职业病诊断医师资格等相关资料；

（三）相关的仪器设备清单；

（四）负责职业病信息报告人员名单；

（五）职业病诊断质量管理制度等相关资料。

第十条 职业病诊断机构对备案信息的真实性、准确性、合法性负责。

当备案信息发生变化时，应当自信息发生变化之日起十个工作日内向省级卫生健康主管部门提交变更信息。

第十一条 设区的市没有医疗卫生机构备案开展职业病诊断的，省级卫生健康主管部门应当根据职业病诊断工作的需要，指定符合本办法第八条规定条件的医疗卫生机构承担职业病诊断工作。

第十二条 职业病诊断机构的职责是：

（一）在备案的诊断项目范围内开展职业病诊断；

（二）及时向所在地卫生健康主管部门报告职业病；

（三）按照卫生健康主管部门要求报告职业病诊断工作情况；

（四）承担《职业病防治法》中规定的其他职责。

第十三条 职业病诊断机构依法独立行使诊断权，并对其作出的职业病诊断结论负责。

第十四条 职业病诊断机构应当建立和健全职业病诊断管理制度，加强职业病诊断医师等有关医疗卫生人员技术培训和政策、法律培训，并采取措施改善职业病诊断工作条件，提高职业病诊断服务质量和水平。

第十五条 职业病诊断机构应当公开职业病诊断程序和诊断项目范围，方便劳动者进行职业病诊断。

职业病诊断机构及其相关工作人员应当尊重、关心、爱护劳动者，保护劳动者的隐私。

第十六条 从事职业病诊断的医师应当具备下列条件，并取得省级卫生健康主管部门颁发的职业病诊断资格证书：

（一）具有医师执业证书；

（二）具有中级以上卫生专业技术职务任职资格；

（三）熟悉职业病防治法律法规和职业病诊断标准；

（四）从事职业病诊断、鉴定相关工作三年以上；

（五）按规定参加职业病诊断医师相应专业的培训，并考核合格。

省级卫生健康主管部门应当依据本办法的规定和国家卫生健康委制定的职业病诊断医师培训大纲，制定本行政区域职业病诊断医师培训考核办法并组织实施。

第十七条 职业病诊断医师应当依法在职业病诊断机构备案的诊断项目范围内从事职业病诊断工作，不得从事超出其职业病诊断资格范围的职业病诊断工作；职业病诊断医师应当按照有关规定参加职业卫生、放射卫生、职业医学等领域的继续医学教育。

第十八条 省级卫生健康主管部门应当加强本行政区域内职业病诊断机构的质量控制管理工作，组织开展职业病诊断机构质量控制评估。

职业病诊断质量控制规范和医疗卫生机构职业病报告规范另行制定。

第三章 诊 断

第十九条 劳动者可以在用人单位所在地、本人户籍所在地或者经常居住地的职业病诊断机构进行职业病诊断。

第二十条 职业病诊断应当按照《职业病防治法》、本办法的有关规定及《职业病分类和目录》、国家职业病诊断标准，依据劳动者的职业史、职业病危害接触史和工作场所职业病危害因素情况、临床表现以及辅助检查结果等，进行综合分析。材料齐全的情况下，职业病诊断机构应当在收齐材料之日起三十日内作出诊断结论。

没有证据否定职业病危害因素与病人临床表现之间的必然联系的，应当诊断为职业病。

第二十一条 职业病诊断需要以下资料：

（一）劳动者职业史和职业病危害接触史(包括在岗时间、工种、岗位、接触的职业病危害因素名称等)；

（二）劳动者职业健康检查结果；

（三）工作场所职业病危害因素检测结果；

（四）职业性放射性疾病诊断还需要个人剂量监测档案等资料。

第二十二条 劳动者依法要求进行职业病诊断的，职业病诊断机构不得拒绝劳动者进行职业病诊断的要求，并告知劳动者职业病诊断的程序和所需材料。劳动者应当填写《职业病诊断就诊登记表》，并提供本人掌握的职业病诊断有关资料。

第二十三条 职业病诊断机构进行职业病诊断时，应当书面通知劳动者所在的用人单位提供本办法第二十一条规定的职业病诊断资料，用人单位应当在接到通知后的十日内如实提供。

第二十四条 用人单位未在规定时间内提供职业病诊断所需要资料的，职业病诊断机构可以依法提请卫生健康主管部门督促用人单位提供。

第二十五条 劳动者对用人单位提供的工作场所职业病危害因素检测结果等资料有异议，或者因劳动者的用人单位解散、破产，无用人单位提供上述资料的，职业病诊断机构应当依法提请用人单位所在地卫生健康主管部门进行调查。

卫生健康主管部门应当自接到申请之日起三十日内对存在异议的资料或者工作场所职业病危害因素情况作出判定。

职业病诊断机构在卫生健康主管部门作出调查结论或者判定前应当中止职业病诊断。

第二十六条 职业病诊断机构需要了解工作场所职业病危害因素情况时，可以对工作场所进行现场调查，也可以依法提请卫生健康主管部门组织现场调查。卫生健康主管部门应当在接到申请之日起三十日内完成现场调查。

第二十七条 在确认劳动者职业史、职业病危害接触史时，当事人对劳动关系、工种、工作岗位或者在岗时间有争议的，职业病诊断机构应当告知当事人依法向用人单位所在地的劳动人事争议仲裁委员会申请仲裁。

第二十八条 经卫生健康主管部门督促，用人单位仍不提供工作场所职业病危害因素检测结果、职业健康监护档案等资料或者提供资料不全的，职业病诊断机构应当结合劳动者的临床表现、辅助检查结果和劳动者的职业史、职业病危害接触史，并参考劳动者自述或工友旁证资料、卫生健康等有关部门提供的日常监督检查信息等，作出职业病诊断结论。对于作出无职业病诊断结论的病人，可依据病人的临床表现以及辅助检查结果，作出疾病的诊断，提出相关医学意见或者建议。

第二十九条 职业病诊断机构可以根据诊断需要，聘请其他单位职业病诊断医师参加诊断。必要时，可以邀请相关专业专家提供咨询意见。

第三十条 职业病诊断机构作出职业病诊断结论后，应当出具职业病诊断证明书。职业病诊断证明书应当由参与诊断的取得职业病诊断资格的执业医师签署。

职业病诊断机构应当对职业病诊断医师签署的职业病诊断证明书进行审核，确认诊断的依据与结论符合有关法律法规、标准的要求，并在职业病诊断证明书上盖章。

职业病诊断证明书的书写应当符合相关标准的要求。

职业病诊断证明书一式五份，劳动者一份，用人单位所在地县级卫生健康主管部门一份，用人单位两份，诊断机构存档一份。

职业病诊断证明书应当于出具之日起十五日内由职业病诊断机构送达劳动者、用人单位及用人单位所在地县级卫生健康主管部门。

第三十一条 职业病诊断机构应当建立职业病诊断档案并永久保存，档案应当包括：

（一）职业病诊断证明书；

（二）职业病诊断记录；

（三）用人单位、劳动者和相关部门、机构提交的有关资料；

（四）临床检查与实验室检验等资料。

职业病诊断机构拟不再开展职业病诊断工作的，应当在拟停止开展职业病诊断工作的十五个工作日之前告知省级卫生健康主管部门和所在地县级卫生健康主管部门，妥善处理职业病诊断档案。

第三十二条 职业病诊断机构发现职业病病人或者疑似职业病病人时，应当及时向所在地县级卫生健康主管部门报告。职业病诊断机构应当在作出职业病诊断之日起十五日内通过职业病及健康危害因素监测信息系统进行信息报告，并确保报告信息的完整、真实和准确。

确诊为职业病的，职业病诊断机构可以根据需要，向卫生健康主管部门、用人单位提出专业建议；告知职业病病人依法享有的职业健康权益。

第三十三条 未承担职业病诊断工作的医疗卫生机构，在诊疗活动中发现劳动者的健康损害可能与其所从事的职业有关时，应及时告知劳动者到职业病诊断机构进行职业病诊断。

第四章 鉴 定

第三十四条 当事人对职业病诊断机构作出的职业

病诊断有异议的,可以在接到职业病诊断证明书之日起三十日内,向作出诊断的职业病诊断机构所在地设区的市级卫生健康主管部门申请鉴定。

职业病诊断争议由设区的市级以上地方卫生健康主管部门根据当事人的申请组织职业病诊断鉴定委员会进行鉴定。

第三十五条 职业病鉴定实行两级鉴定制,设区的市级职业病诊断鉴定委员会负责职业病诊断争议的首次鉴定。

当事人对设区的市级职业病鉴定结论不服的,可以在接到诊断鉴定书之日起十五日内,向原鉴定组织所在地省级卫生健康主管部门申请再鉴定,省级鉴定为最终鉴定。

第三十六条 设区的市级以上地方卫生健康主管部门可以指定办事机构,具体承担职业病诊断鉴定的组织和日常性工作。职业病鉴定办事机构的职责是:

(一)接受当事人申请;

(二)组织当事人或者接受当事人委托抽取职业病诊断鉴定专家;

(三)组织职业病诊断鉴定会议,负责会议记录、职业病诊断鉴定相关文书的收发及其他事务性工作;

(四)建立并管理职业病诊断鉴定档案;

(五)报告职业病诊断鉴定相关信息;

(六)承担卫生健康主管部门委托的有关职业病诊断鉴定的工作。

职业病诊断机构不能作为职业病鉴定办事机构。

第三十七条 设区的市级以上地方卫生健康主管部门应当向社会公布本行政区域内依法承担职业病诊断鉴定工作的办事机构的名称、工作时间、地点、联系人、联系电话和鉴定工作程序。

第三十八条 省级卫生健康主管部门应当设立职业病诊断鉴定专家库(以下简称专家库),并根据实际工作需要及时调整其成员。专家库可以按照专业类别进行分组。

第三十九条 专家库应当以取得职业病诊断资格的不同专业类别的医师为主要成员,吸收临床相关学科、职业卫生、放射卫生、法律等相关专业的专家组成。专家应当具备下列条件:

(一)具有良好的业务素质和职业道德;

(二)具有相关专业的高级专业技术职务任职资格;

(三)熟悉职业病防治法律法规和职业病诊断标准;

(四)身体健康,能够胜任职业病诊断鉴定工作。

第四十条 参加职业病诊断鉴定的专家,应当由当事人或者由其委托的职业病鉴定办事机构从专家库中按照专业类别以随机抽取的方式确定。抽取的专家组成职业病诊断鉴定委员会(以下简称鉴定委员会)。

经当事人同意,职业病鉴定办事机构可以根据鉴定需要聘请本省、自治区、直辖市以外的相关专业专家作为鉴定委员会成员,并有表决权。

第四十一条 鉴定委员会人数为五人以上单数,其中相关专业职业病诊断医师应当为本次鉴定专家人数的半数以上。疑难病例应当增加鉴定委员会人数,充分听取意见。鉴定委员会设主任委员一名,由鉴定委员会成员推举产生。

职业病诊断鉴定会议由鉴定委员会主任委员主持。

第四十二条 参加职业病诊断鉴定的专家有下列情形之一的,应当回避:

(一)是职业病诊断鉴定当事人或者当事人近亲属的;

(二)已参加当事人职业病诊断或者首次鉴定的;

(三)与职业病诊断鉴定当事人有利害关系的;

(四)与职业病诊断鉴定当事人有其他关系,可能影响鉴定公正的。

第四十三条 当事人申请职业病诊断鉴定时,应当提供以下资料:

(一)职业病诊断鉴定申请书;

(二)职业病诊断证明书;

(三)申请省级鉴定的还应当提交市级职业病诊断鉴定书。

第四十四条 职业病鉴定办事机构应当自收到申请资料之日起五个工作日内完成资料审核,对资料齐全的发给受理通知书;资料不全的,应当当场或者在五个工作日内一次性告知当事人补充。资料补充齐全的,应当受理申请并组织鉴定。

职业病鉴定办事机构收到当事人鉴定申请之后,根据需要可以向原职业病诊断机构或者组织首次鉴定的办事机构调阅有关的诊断、鉴定资料。原职业病诊断机构或者组织首次鉴定的办事机构应当在接到通知之日起十日内提交。

职业病鉴定办事机构应当在受理鉴定申请之日起四十日内组织鉴定、形成鉴定结论,并出具职业病诊断鉴定书。

第四十五条 根据职业病诊断鉴定工作需要,职业病鉴定办事机构可以向有关单位调取与职业病诊断、鉴定有关的资料,有关单位应当如实、及时提供。

鉴定委员会应当听取当事人的陈述和申辩，必要时可以组织进行医学检查，医学检查应当在三十日内完成。

需要了解被鉴定人的工作场所职业病危害因素情况时，职业病鉴定办事机构根据鉴定委员会的意见可以组织对工作场所进行现场调查，或者依法提请卫生健康主管部门组织现场调查。现场调查应当在三十日内完成。

医学检查和现场调查时间不计算在职业病鉴定规定的期限内。

职业病诊断鉴定应当遵循客观、公正的原则，鉴定委员会进行职业病诊断鉴定时，可以邀请有关单位人员旁听职业病诊断鉴定会议。所有参与职业病诊断鉴定的人员应当依法保护当事人的个人隐私、商业秘密。

第四十六条　鉴定委员会应当认真审阅鉴定资料，依照有关规定和职业病诊断标准，经充分合议后，根据专业知识独立进行鉴定。在事实清楚的基础上，进行综合分析，作出鉴定结论，并制作职业病诊断鉴定书。

鉴定结论应当经鉴定委员会半数以上成员通过。

第四十七条　职业病诊断鉴定书应当包括以下内容：

（一）劳动者、用人单位的基本信息及鉴定事由；

（二）鉴定结论及其依据，鉴定为职业病的，应当注明职业病名称、程度（期别）；

（三）鉴定时间。

诊断鉴定书加盖职业病鉴定委员会印章。

首次鉴定的职业病诊断鉴定书一式五份，劳动者、用人单位、用人单位所在地市级卫生健康主管部门、原诊断机构各一份，职业病鉴定办事机构存档一份；省级鉴定的职业病诊断鉴定书一式六份，劳动者、用人单位、用人单位所在地省级卫生健康主管部门、原诊断机构、首次职业病鉴定办事机构各一份，省级职业病鉴定办事机构存档一份。

职业病诊断鉴定书的格式由国家卫生健康委员会统一规定。

第四十八条　职业病鉴定办事机构出具职业病诊断鉴定书后，应当于出具之日起十日内送达当事人，并在出具职业病诊断鉴定书后的十日内将职业病诊断鉴定书等有关信息告知原职业病诊断机构或者首次职业病鉴定办事机构，并通过职业病及健康危害因素监测信息系统报告职业病鉴定相关信息。

第四十九条　职业病鉴定结论与职业病诊断结论或者首次职业病鉴定结论不一致的，职业病鉴定办事机构应当在出具职业病诊断鉴定书后十日内向相关卫生健康主管部门报告。

第五十条　职业病鉴定办事机构应当如实记录职业病诊断鉴定过程，内容应当包括：

（一）鉴定委员会的专家组成；

（二）鉴定时间；

（三）鉴定所用资料；

（四）鉴定专家的发言及其鉴定意见；

（五）表决情况；

（六）经鉴定专家签字的鉴定结论。

有当事人陈述和申辩的，应当如实记录。

鉴定结束后，鉴定记录应当随同职业病诊断鉴定书一并由职业病鉴定办事机构存档，永久保存。

第五章　监督管理

第五十一条　县级以上地方卫生健康主管部门应当定期对职业病诊断机构进行监督检查，检查内容包括：

（一）法律法规、标准的执行情况；

（二）规章制度建立情况；

（三）备案的职业病诊断信息真实性情况；

（四）按照备案的诊断项目开展职业病诊断工作情况；

（五）开展职业病诊断质量控制、参加质量控制评估及整改情况；

（六）人员、岗位职责落实和培训情况；

（七）职业病报告情况。

第五十二条　设区的市级以上地方卫生健康主管部门应当加强对职业病鉴定办事机构的监督管理，对职业病鉴定工作程序、制度落实情况及职业病报告等相关工作情况进行监督检查。

第五十三条　县级以上地方卫生健康主管部门监督检查时，有权查阅或者复制有关资料，职业病诊断机构应当予以配合。

第六章　法律责任

第五十四条　医疗卫生机构未按照规定备案开展职业病诊断的，由县级以上地方卫生健康主管部门责令改正，给予警告，可以并处三万元以下罚款。

第五十五条　职业病诊断机构有下列行为之一的，其作出的职业病诊断无效，由县级以上地方卫生健康主管部门按照《职业病防治法》的第八十条的规定进行处理：

（一）超出诊疗项目登记范围从事职业病诊断的；

（二）不按照《职业病防治法》规定履行法定职责的；

（三）出具虚假证明文件的。

第五十六条　职业病诊断机构未按照规定报告职业病、疑似职业病的，由县级以上地方卫生健康主管部门按照《职业病防治法》第七十四条的规定进行处理。

第五十七条 职业病诊断机构违反本办法规定,有下列情形之一的,由县级以上地方卫生健康主管部门责令限期改正;逾期不改的,给予警告,并可以根据情节轻重处以三万元以下罚款:

(一)未建立职业病诊断管理制度的;

(二)未按照规定向劳动者公开职业病诊断程序的;

(三)泄露劳动者涉及个人隐私的有关信息、资料的;

(四)未按照规定参加质量控制评估,或者质量控制评估不合格且未按要求整改的;

(五)拒不配合卫生健康主管部门监督检查的。

第五十八条 职业病诊断鉴定委员会组成人员收受职业病诊断争议当事人的财物或者其他好处的,由省级卫生健康主管部门按照《职业病防治法》第八十一条的规定进行处理。

第五十九条 县级以上地方卫生健康主管部门及其工作人员未依法履行职责,按照《职业病防治法》第八十三条第二款规定进行处理。

第六十条 用人单位有下列行为之一的,由县级以上地方卫生健康主管部门按照《职业病防治法》第七十二条规定进行处理:

(一)未按照规定安排职业病病人、疑似职业病病人进行诊治的;

(二)拒不提供职业病诊断、鉴定所需资料的;

(三)未按照规定承担职业病诊断、鉴定费用。

第六十一条 用人单位未按照规定报告职业病、疑似职业病的,由县级以上地方卫生健康主管部门按照《职业病防治法》第七十四条规定进行处理。

第七章 附 则

第六十二条 本办法所称"证据",包括疾病的证据、接触职业病危害因素的证据,以及用于判定疾病与接触职业病危害因素之间因果关系的证据。

第六十三条 本办法自公布之日起施行。原卫生部2013年2月19日公布的《职业病诊断与鉴定管理办法》同时废止。

工作场所职业卫生管理规定

- 2020年12月4日第2次委务会议审议通过
- 2020年12月31日中华人民共和国国家卫生健康委员会令第5号公布
- 自2021年2月1日起施行

第一章 总 则

第一条 为了加强职业卫生管理工作,强化用人单位职业病防治的主体责任,预防、控制职业病危害,保障劳动者健康和相关权益,根据《中华人民共和国职业病防治法》等法律、行政法规,制定本规定。

第二条 用人单位的职业病防治和卫生健康主管部门对其实施监督管理,适用本规定。

第三条 用人单位应当加强职业病防治工作,为劳动者提供符合法律、法规、规章、国家职业卫生标准和卫生要求的工作环境和条件,并采取有效措施保障劳动者的职业健康。

第四条 用人单位是职业病防治的责任主体,并对本单位产生的职业病危害承担责任。

用人单位的主要负责人对本单位的职业病防治工作全面负责。

第五条 国家卫生健康委依照《中华人民共和国职业病防治法》和国务院规定的职责,负责全国用人单位职业卫生的监督管理工作。

县级以上地方卫生健康主管部门依照《中华人民共和国职业病防治法》和本级人民政府规定的职责,负责本行政区域内用人单位职业卫生的监督管理工作。

第六条 为职业病防治提供技术服务的职业卫生技术服务机构,应当依照国家有关职业卫生技术服务机构管理的相关法律法规及标准、规范的要求,为用人单位提供技术服务。

第七条 任何单位和个人均有权向卫生健康主管部门举报用人单位违反本规定的行为和职业病危害事故。

第二章 用人单位的职责

第八条 职业病危害严重的用人单位,应当设置或者指定职业卫生管理机构或者组织,配备专职职业卫生管理人员。

其他存在职业病危害的用人单位,劳动者超过一百人的,应当设置或者指定职业卫生管理机构或者组织,配备专职职业卫生管理人员;劳动者在一百人以下的,应当配备专职或者兼职的职业卫生管理人员,负责本单位的职业病防治工作。

第九条 用人单位的主要负责人和职业卫生管理人员应当具备与本单位所从事的生产经营活动相适应的职业卫生知识和管理能力,并接受职业卫生培训。

对用人单位主要负责人、职业卫生管理人员的职业卫生培训,应当包括下列主要内容:

(一)职业卫生相关法律、法规、规章和国家职业卫生标准;

(二)职业病危害预防和控制的基本知识;

(三)职业卫生管理相关知识;

(四)国家卫生健康委规定的其他内容。

第十条 用人单位应当对劳动者进行上岗前的职业卫生培训和在岗期间的定期职业卫生培训,普及职业卫生知识,督促劳动者遵守职业病防治的法律、法规、规章、国家职业卫生标准和操作规程。

用人单位应当对职业病危害严重的岗位的劳动者,进行专门的职业卫生培训,经培训合格后方可上岗作业。

因变更工艺、技术、设备、材料,或者岗位调整导致劳动者接触的职业病危害因素发生变化的,用人单位应当重新对劳动者进行上岗前的职业卫生培训。

第十一条 存在职业病危害的用人单位应当制定职业病危害防治计划和实施方案,建立、健全下列职业卫生管理制度和操作规程:

(一)职业病危害防治责任制度;

(二)职业病危害警示与告知制度;

(三)职业病危害项目申报制度;

(四)职业病防治宣传教育培训制度;

(五)职业病防护设施维护检修制度;

(六)职业病防护用品管理制度;

(七)职业病危害监测及评价管理制度;

(八)建设项目职业病防护设施"三同时"管理制度;

(九)劳动者职业健康监护及其档案管理制度;

(十)职业病危害事故处置与报告制度;

(十一)职业病危害应急救援与管理制度;

(十二)岗位职业卫生操作规程;

(十三)法律、法规、规章规定的其他职业病防治制度。

第十二条 产生职业病危害的用人单位的工作场所应当符合下列基本要求:

(一)生产布局合理,有害作业与无害作业分开;

(二)工作场所与生活场所分开,工作场所不得住人;

(三)有与职业病防治工作相适应的有效防护设施;

(四)职业病危害因素的强度或者浓度符合国家职业卫生标准;

(五)有配套的更衣间、洗浴间、孕妇休息间等卫生设施;

(六)设备、工具、用具等设施符合保护劳动者生理、心理健康的要求;

(七)法律、法规、规章和国家职业卫生标准的其他规定。

第十三条 用人单位工作场所存在职业病目录所列职业病的危害因素的,应当按照《职业病危害项目申报办法》的规定,及时、如实向所在地卫生健康主管部门申报职业病危害项目,并接受卫生健康主管部门的监督检查。

第十四条 新建、改建、扩建的工程建设项目和技术改造、技术引进项目(以下统称建设项目)可能产生职业病危害的,建设单位应当按照国家有关建设项目职业病防护设施"三同时"监督管理的规定,进行职业病危害预评价、职业病防护设施设计、职业病危害控制效果评价及相应的评审,组织职业病防护设施验收。

第十五条 产生职业病危害的用人单位,应当在醒目位置设置公告栏,公布有关职业病防治的规章制度、操作规程、职业病危害事故应急救援措施和工作场所职业病危害因素检测结果。

存在或者产生职业病危害的工作场所、作业岗位、设备、设施,应当按照《工作场所职业病危害警示标识》(GBZ158)的规定,在醒目位置设置图形、警示线、警示语句等警示标识和中文警示说明。警示说明应当载明产生职业病危害的种类、后果、预防和应急处置措施等内容。

存在或者产生高毒物品的作业岗位,应当按照《高毒物品作业岗位职业病危害告知规范》(GBZ/T203)的规定,在醒目位置设置高毒物品告知卡,告知卡应当载明高毒物品的名称、理化特性、健康危害、防护措施及应急处理等告知内容与警示标识。

第十六条 用人单位应当为劳动者提供符合国家职业卫生标准的职业病防护用品,并督促、指导劳动者按照使用规则正确佩戴、使用,不得发放钱物替代发放职业病防护用品。

用人单位应当对职业病防护用品进行经常性的维护、保养,确保防护用品有效,不得使用不符合国家职业卫生标准或者已经失效的职业病防护用品。

第十七条 在可能发生急性职业损伤的有毒、有害工作场所,用人单位应当设置报警装置,配置现场急救用品、冲洗设备、应急撤离通道和必要的泄险区。

现场急救用品、冲洗设备等应当设在可能发生急性职业损伤的工作场所或者临近地点，并在醒目位置设置清晰的标识。

在可能突然泄漏或者逸出大量有害物质的密闭或者半密闭工作场所，除遵守本条第一款、第二款规定外，用人单位还应当安装事故通风装置以及与事故排风系统相连锁的泄漏报警装置。

生产、销售、使用、贮存放射性同位素和射线装置的场所，应当按照国家有关规定设置明显的放射性标志，其入口处应当按照国家有关安全和防护标准的要求，设置安全和防护设施以及必要的防护安全联锁、报警装置或者工作信号。放射性装置的生产调试和使用场所，应当具有防止误操作、防止工作人员受到意外照射的安全措施。用人单位必须配备与辐射类型和辐射水平相适应的防护用品和监测仪器，包括个人剂量测量报警、固定式和便携式辐射监测、表面污染监测、流出物监测等设备，并保证可能接触放射线的工作人员佩戴个人剂量计。

第十八条　用人单位应当对职业病防护设备、应急救援设施进行经常性的维护、检修和保养，定期检测其性能和效果，确保其处于正常状态，不得擅自拆除或者停止使用。

第十九条　存在职业病危害的用人单位，应当实施由专人负责的工作场所职业病危害因素日常监测，确保监测系统处于正常工作状态。

第二十条　职业病危害严重的用人单位，应当委托具有相应资质的职业卫生技术服务机构，每年至少进行一次职业病危害因素检测，每三年至少进行一次职业病危害现状评价。

职业病危害一般的用人单位，应当委托具有相应资质的职业卫生技术服务机构，每三年至少进行一次职业病危害因素检测。

检测、评价结果应当存入本单位职业卫生档案，并向卫生健康主管部门报告和劳动者公布。

第二十一条　存在职业病危害的用人单位发生职业病危害事故或者国家卫生健康委规定的其他情形的，应当及时委托具有相应资质的职业卫生技术服务机构进行职业病危害现状评价。

用人单位应当落实职业病危害现状评价报告中提出的建议和措施，并将职业病危害现状评价结果及整改情况存入本单位职业卫生档案。

第二十二条　用人单位在日常的职业病危害监测或者定期检测、现状评价过程中，发现工作场所职业病危害因素不符合国家职业卫生标准和卫生要求时，应当立即采取相应治理措施，确保其符合职业卫生环境和条件的要求；仍然达不到国家职业卫生标准和卫生要求的，必须停止存在职业病危害因素的作业；职业病危害因素经治理后，符合国家职业卫生标准和卫生要求的，方可重新作业。

第二十三条　向用人单位提供可能产生职业病危害的设备的，应当提供中文说明书，并在设备的醒目位置设置警示标识和中文警示说明。警示说明应当载明设备性能、可能产生的职业病危害、安全操作和维护注意事项、职业病防护措施等内容。

用人单位应当检查前款规定的事项，不得使用不符合要求的设备。

第二十四条　向用人单位提供可能产生职业病危害的化学品、放射性同位素和含有放射性物质的材料的，应当提供中文说明书。说明书应当载明产品特性、主要成份、存在的有害因素、可能产生的危害后果、安全使用注意事项、职业病防护和应急救治措施等内容。产品包装应当有醒目的警示标识和中文警示说明。贮存上述材料的场所应当在规定的部位设置危险物品标识或者放射性警示标识。

用人单位应当检查前款规定的事项，不得使用不符合要求的材料。

第二十五条　任何用人单位不得使用国家明令禁止使用的可能产生职业病危害的设备或者材料。

第二十六条　任何单位和个人不得将产生职业病危害的作业转移给不具备职业病防护条件的单位和个人。不具备职业病防护条件的单位和个人不得接受产生职业病危害的作业。

第二十七条　用人单位应当优先采用有利于防治职业病危害和保护劳动者健康的新技术、新工艺、新材料、新设备，逐步替代产生职业病危害的技术、工艺、材料、设备。

第二十八条　用人单位对采用的技术、工艺、材料、设备，应当知悉其可能产生的职业病危害，并采取相应的防护措施。对有职业病危害的技术、工艺、设备、材料，故意隐瞒其危害而采用的，用人单位对其所造成的职业病危害后果承担责任。

第二十九条　用人单位与劳动者订立劳动合同时，应当将工作过程中可能产生的职业病危害及其后果、职业病防护措施和待遇等如实告知劳动者，并在劳动合同中写明，不得隐瞒或者欺骗。

劳动者在履行劳动合同期间因工作岗位或者工作内

容变更,从事与所订立劳动合同中未告知的存在职业病危害的作业时,用人单位应当依照前款规定,向劳动者履行如实告知的义务,并协商变更原劳动合同相关条款。

用人单位违反本条规定的,劳动者有权拒绝从事存在职业病危害的作业,用人单位不得因此解除与劳动者所订立的劳动合同。

第三十条 对从事接触职业病危害因素作业的劳动者,用人单位应当按照《用人单位职业健康监护监督管理办法》《放射工作人员职业健康管理办法》《职业健康监护技术规范》(GBZ188)、《放射工作人员职业健康监护技术规范》(GBZ235)等有关规定组织上岗前、在岗期间、离岗时的职业健康检查,并将检查结果书面如实告知劳动者。

职业健康检查费用由用人单位承担。

第三十一条 用人单位应当按照《用人单位职业健康监护监督管理办法》的规定,为劳动者建立职业健康监护档案,并按照规定的期限妥善保存。

职业健康监护档案应当包括劳动者的职业史、职业病危害接触史、职业健康检查结果、处理结果和职业病诊疗等有关个人健康资料。

劳动者离开用人单位时,有权索取本人职业健康监护档案复印件,用人单位应当如实、无偿提供,并在所提供的复印件上签章。

第三十二条 劳动者健康出现损害需要进行职业病诊断、鉴定的,用人单位应当如实提供职业病诊断、鉴定所需的劳动者职业史和职业病危害接触史、工作场所职业病危害因素检测结果和放射工作人员个人剂量监测结果等资料。

第三十三条 用人单位不得安排未成年工从事接触职业病危害的作业,不得安排有职业禁忌的劳动者从事其所禁忌的作业,不得安排孕期、哺乳期女职工从事对本人和胎儿、婴儿有危害的作业。

第三十四条 用人单位应当建立健全下列职业卫生档案资料:

(一)职业病防治责任制文件;
(二)职业卫生管理规章制度、操作规程;
(三)工作场所职业病危害因素种类清单、岗位分布以及作业人员接触情况等资料;
(四)职业病防护设施、应急救援设施基本信息,以及其配置、使用、维护、检修与更换等记录;
(五)工作场所职业病危害因素检测、评价报告与记录;

(六)职业病防护用品配备、发放、维护与更换等记录;
(七)主要负责人、职业卫生管理人员和职业病危害严重工作岗位的劳动者等相关人员职业卫生培训资料;
(八)职业病危害事故报告与应急处置记录;
(九)劳动者职业健康检查结果汇总资料,存在职业禁忌证、职业健康损害或者职业病的劳动者处理和安置情况记录;
(十)建设项目职业病防护设施"三同时"有关资料;
(十一)职业病危害项目申报等有关回执或者批复文件;
(十二)其他有关职业卫生管理的资料或者文件。

第三十五条 用人单位发生职业病危害事故,应当及时向所在地卫生健康主管部门和有关部门报告,并采取有效措施,减少或者消除职业病危害因素,防止事故扩大。对遭受或者可能遭受急性职业病危害的劳动者,用人单位应当及时组织救治,进行健康检查和医学观察,并承担所需费用。

用人单位不得故意破坏事故现场、毁灭有关证据,不得迟报、漏报、谎报或者瞒报职业病危害事故。

第三十六条 用人单位发现职业病病人或者疑似职业病病人时,应当按照国家规定及时向所在地卫生健康主管部门和有关部门报告。

第三十七条 用人单位在卫生健康主管部门行政执法人员依法履行监督检查职责时,应当予以配合,不得拒绝、阻挠。

第三章 监督管理

第三十八条 卫生健康主管部门应当依法对用人单位执行有关职业病防治的法律、法规、规章和国家职业卫生标准的情况进行监督检查,重点监督检查下列内容:

(一)设置或者指定职业卫生管理机构或者组织,配备专职或者兼职的职业卫生管理人员情况;
(二)职业卫生管理制度和操作规程的建立、落实及公布情况;
(三)主要负责人、职业卫生管理人员和职业病危害严重的工作岗位的劳动者职业卫生培训情况;
(四)建设项目职业病防护设施"三同时"制度落实情况;
(五)工作场所职业病危害项目申报情况;
(六)工作场所职业病危害因素监测、检测、评价及结果报告和公布情况;
(七)职业病防护设施、应急救援设施的配置、维护、保养情况，以及职业病防护用品的发放、管理及劳动者佩戴使用情况；

（八）职业病危害因素及危害后果警示、告知情况；

（九）劳动者职业健康监护、放射工作人员个人剂量监测情况；

（十）职业病危害事故报告情况；

（十一）提供劳动者健康损害与职业史、职业病危害接触关系等相关资料的情况；

（十二）依法应当监督检查的其他情况。

第三十九条　卫生健康主管部门应当建立健全职业卫生监督检查制度，加强行政执法人员职业卫生知识的培训，提高行政执法人员的业务素质。

第四十条　卫生健康主管部门应当加强建设项目职业病防护设施"三同时"的监督管理，建立健全相关资料的档案管理制度。

第四十一条　卫生健康主管部门应当加强职业卫生技术服务机构的资质认可管理和技术服务工作的监督检查，督促职业卫生技术服务机构公平、公正、客观、科学地开展职业卫生技术服务。

第四十二条　卫生健康主管部门应当建立健全职业病危害防治信息统计分析制度，加强对用人单位职业病危害因素检测、评价结果、劳动者职业健康监护信息以及职业卫生监督检查信息等资料的统计、汇总和分析。

第四十三条　卫生健康主管部门应当按照有关规定，支持、配合有关部门和机构开展职业病的诊断、鉴定工作。

第四十四条　卫生健康主管部门行政执法人员依法履行监督检查职责时，应当出示有效的执法证件。

行政执法人员应当忠于职守，秉公执法，严格遵守执法规范；涉及被检查单位的技术秘密、业务秘密以及个人隐私的，应当为其保密。

第四十五条　卫生健康主管部门履行监督检查职责时，有权采取下列措施：

（一）进入被检查单位及工作场所，进行职业病危害检测，了解情况，调查取证；

（二）查阅、复制被检查单位有关职业病危害防治的文件、资料，采集有关样品；

（三）责令违反职业病防治法律、法规的单位和个人停止违法行为；

（四）责令暂停导致职业病危害事故的作业，封存造成职业病危害事故或者可能导致职业病危害事故发生的材料和设备；

（五）组织控制职业病危害事故现场。

在职业病危害事故或者危害状态得到有效控制后，卫生健康主管部门应当及时解除前款第四项、第五项规定的控制措施。

第四十六条　发生职业病危害事故，卫生健康主管部门应当依照国家有关规定报告事故和组织事故的调查处理。

第四章　法律责任

第四十七条　用人单位有下列情形之一的，责令限期改正，给予警告，可以并处五千元以上二万元以下的罚款：

（一）未按照规定实行有害作业与无害作业分开、工作场所与生活场所分开的；

（二）用人单位的主要负责人、职业卫生管理人员未接受职业卫生培训的；

（三）其他违反本规定的行为。

第四十八条　用人单位有下列情形之一的，责令限期改正，给予警告，逾期未改正的，处十万元以下的罚款：

（一）未按照规定制定职业病防治计划和实施方案的；

（二）未按照规定设置或者指定职业卫生管理机构或者组织，或者未配备专职或者兼职的职业卫生管理人员的；

（三）未按照规定建立、健全职业卫生管理制度和操作规程的；

（四）未按照规定建立、健全职业卫生档案和劳动者健康监护档案的；

（五）未建立、健全工作场所职业病危害因素监测及评价制度的；

（六）未按照规定公布有关职业病防治的规章制度、操作规程、职业病危害事故应急救援措施的；

（七）未按照规定组织劳动者进行职业卫生培训，或者未对劳动者个体防护采取有效的指导、督促措施的；

（八）工作场所职业病危害因素检测、评价结果未按照规定存档、上报和公布的。

第四十九条　用人单位有下列情形之一的，责令限期改正，给予警告，可以并处五万元以上十万元以下的罚款：

（一）未按照规定及时、如实申报产生职业病危害的项目的；

（二）未实施由专人负责职业病危害因素日常监测，或者监测系统不能正常监测的；

（三）订立或者变更劳动合同时，未告知劳动者职业病危害真实情况的；

（四）未按照规定组织劳动者进行职业健康检查、建立职业健康监护档案或者未将检查结果书面告知劳动者的；

（五）未按照规定在劳动者离开用人单位时提供职业健康监护档案复印件的。

第五十条 用人单位有下列情形之一的，责令限期改正，给予警告；逾期未改正的，处五万元以上二十万元以下的罚款；情节严重的，责令停止产生职业病危害的作业，或者提请有关人民政府按照国务院规定的权限责令关闭：

（一）工作场所职业病危害因素的强度或者浓度超过国家职业卫生标准的；

（二）未提供职业病防护设施和劳动者使用的职业病防护用品，或者提供的职业病防护设施和劳动者使用的职业病防护用品不符合国家职业卫生标准和卫生要求的；

（三）未按照规定对职业病防护设备、应急救援设施和劳动者职业病防护用品进行维护、检修、检测，或者不能保持正常运行、使用状态的；

（四）未按照规定对工作场所职业病危害因素进行检测、现状评价的；

（五）工作场所职业病危害因素经治理仍然达不到国家职业卫生标准和卫生要求时，未停止存在职业病危害因素的作业的；

（六）发生或者可能发生急性职业病危害事故，未立即采取应急救援和控制措施或者未按照规定及时报告的；

（七）未按照规定在产生严重职业病危害的作业岗位醒目位置设置警示标识和中文警示说明的；

（八）拒绝卫生健康主管部门监督检查的；

（九）隐瞒、伪造、篡改、毁损职业健康监护档案、工作场所职业病危害因素检测评价结果等相关资料，或者不提供职业病诊断、鉴定所需资料的；

（十）未按照规定承担职业病诊断、鉴定费用和职业病病人的医疗、生活保障费用的。

第五十一条 用人单位有下列情形之一的，依法责令限期改正，并处五万元以上三十万元以下的罚款；情节严重的，责令停止产生职业病危害的作业，或者提请有关人民政府按照国务院规定的权限责令关闭：

（一）隐瞒技术、工艺、设备、材料所产生的职业病危害而采用的；

（二）隐瞒本单位职业卫生真实情况的；

（三）可能发生急性职业损伤的有毒、有害工作场所或者放射工作场所不符合法律有关规定的；

（四）使用国家明令禁止使用的可能产生职业病危害的设备或者材料的；

（五）将产生职业病危害的作业转移给没有职业病防护条件的单位和个人，或者没有职业病防护条件的单位和个人接受产生职业病危害的作业的；

（六）擅自拆除、停止使用职业病防护设备或者应急救援设施的；

（七）安排未经职业健康检查的劳动者、有职业禁忌的劳动者、未成年工或者孕期、哺乳期女职工从事接触产生职业病危害的作业或者禁忌作业的；

（八）违章指挥和强令劳动者进行没有职业病防护措施的作业的。

第五十二条 用人单位违反《中华人民共和国职业病防治法》的规定，已经对劳动者生命健康造成严重损害的，责令停止产生职业病危害的作业，或者提请有关人民政府按照国务院规定的权限责令关闭，并处十万元以上五十万元以下的罚款。

造成重大职业病危害事故或者其他严重后果，构成犯罪的，对直接负责的主管人员和其他直接责任人员，依法追究刑事责任。

第五十三条 向用人单位提供可能产生职业病危害的设备或者材料，未按照规定提供中文说明书或者设置警示标识和中文警示说明的，责令限期改正，给予警告，并处五万元以上二十万元以下的罚款。

第五十四条 用人单位未按照规定报告职业病、疑似职业病的，责令限期改正，给予警告，可以并处一万元以下的罚款；弄虚作假的，并处二万元以上五万元以下的罚款。

第五十五条 卫生健康主管部门及其行政执法人员未按照规定报告职业病危害事故的，依照有关规定给予处理；构成犯罪的，依法追究刑事责任。

第五十六条 本规定所规定的行政处罚，由县级以上地方卫生健康主管部门决定。法律、行政法规和国务院有关规定对行政处罚决定机关另有规定的，依照其规定。

第五章 附则

第五十七条 本规定下列用语的含义：

工作场所，是指劳动者进行职业活动的所有地点，包括建设单位施工场所。

职业病危害严重的用人单位，是指建设项目职业病危害风险分类管理目录中所列职业病危害严重行业的用人单位。建设项目职业病危害风险分类管理目录由国家卫生健康委公布。各省级卫生健康主管部门可以根据本地区实际情况，对分类管理目录作出补充规定。

建设项目职业病防护设施"三同时"，是指建设项目的职业病防护设施与主体工程同时设计、同时施工、同时投入生产和使用。

第五十八条 本规定未规定的其他有关职业病防治事项，依照《中华人民共和国职业病防治法》和其他有关法律、法规、规章的规定执行。

第五十九条 医疗机构放射卫生管理按照放射诊疗管理相关规定执行。

第六十条 本规定自2021年2月1日起施行。原国家安全生产监督管理总局2012年4月27日公布的《工作场所职业卫生监督管理规定》同时废止。

关于进一步规范职业健康检查和职业病诊断工作管理的通知

- 2023年6月28日
- 国卫办职健函〔2023〕241号

各省、自治区、直辖市及新疆生产建设兵团卫生健康委、疾控局，中国疾控中心、职业卫生中心：

当前，个别承担职业健康检查、职业病诊断工作的医疗卫生机构（以下简称职业健康检查机构、职业病诊断机构）在服务过程中未牢固树立质量意识和责任意识，服务过程未严格落实质量管理和信息报告等规定，判定职业禁忌证、界定疑似职业病或诊断职业病基本能力不足，影响了职业健康检查与职业病诊断结论的准确性和可靠性。为进一步规范职业健康检查和职业病诊断工作管理，提高工作质量与成效，根据《中华人民共和国职业病防治法》以及《职业健康检查管理办法》《职业病诊断与鉴定管理办法》等法律规章，现将有关工作要求通知如下：

一、规范备案后核查，强化源头管理

依法依规对用人单位接触职业病危害劳动者进行上岗前、在岗期间和离岗时的职业健康检查，对疑似职业病病人进行职业病诊断是保障广大劳动者职业健康合法权益的重要措施。2017年、2018年《职业病防治法》两次修订，先后取消了职业健康检查机构、职业病诊断机构的资质行政审批事项，国家卫生健康委修订了相关部门规章，对职业健康检查机构、职业病诊断机构实行备案管理。各省级卫生健康行政部门要进一步加强职业健康检查机构、职业病诊断机构备案后的核查管理，细化管理制度与配套措施，紧紧抓住职业健康检查主检医师与职业病诊断医师培训考核、设备设施配备、工作场所条件、质量管理体系与制度、信息报告等重要环节，对新备案的职业健康检查机构、职业病诊断机构要在备案后3个月内组织开展现场核查，并及时向社会公布不具备《职业健康检查管理办法》《职业病诊断与鉴定管理办法》所规定条件的职业健康检查机构、职业病诊断机构名单，或不具备能力的服务项目。

二、坚持问题导向，加强全链条监管

地方各级卫生健康行政部门、疾病预防控制主管部门要紧密结合职业病监测，加强调查研究，定期梳理分析本行政区域职业健康检查机构、职业病诊断机构监督管理以及服务过程中存在的各类问题，坚持把"放"和"管"统一起来，进一步完善相关管理办法，切实把好每一道监管关口；要持续推进职业健康检查机构和职业病诊断机构信息化建设，提高信息报送的及时性和准确性，并实现与卫生健康行政部门职业健康信息化平台的有效对接；要统筹职业健康检查机构和职业病诊断机构备案与事中事后监管执法，把用人单位组织接触职业病危害劳动者职业健康检查、疑似职业病进入诊断程序、用人单位为劳动者职业病诊断提供相关证明材料等监管工作有机结合起来，实施全链条的综合监管，切实保护劳动者职业健康合法权益。

三、规范业务培训，提升服务能力

地方各级卫生健康行政部门要加强职业健康检查机构和职业病诊断机构法定代表人、质量负责人、技术负责人的管理，做好法律责任、质量管理与信息报告义务的告知或培训，不断提升其法治与质量意识。对从事职业健康检查和职业病诊断服务的相关医务人员，特别是职业健康检查主检医师、职业病诊断医师，各地要按照《职业病诊断医师培训大纲》中的各项要求，组织开展职业病诊断医师资格培训和继续医学教育，着重提高职业禁忌证判定、疑似职业病界定、职业病与普通疾病鉴别诊断等能力，增强从业人员的法律意识和业务能力，提升职业健康检查和职业病诊断结论的准确性和可靠性。各地要通过案例分析、实践技能训练、技能竞赛等多种形式，不断提升培训工作的针对性和实效性。

四、加强质量控制，及时督促整改

地方各级卫生健康行政部门要对本行政区域内职业健康检查机构、职业病诊断机构上报的职业健康检查个案信息、职业病诊断报告信息进行抽查,发现可能存在的质量问题线索,建立问题清单和整改台账,并及时进行处置。各省级卫生健康行政部门要组织职业健康检查和职业病诊断质量控制管理机构制定本行政区域年度工作计划,依据《职业健康检查质量控制规范》《职业病诊断质量控制规范》,以职业健康检查机构、职业病诊断机构质量管理体系、质量管理制度的建立健全及实际运行状况为质控重点,以职业禁忌证判定与告知、疑似职业病界定与报告、职业病诊断的准确率与报告及时率为关键指标,每年至少开展一次职业健康检查质量考核与职业病诊断质量控制评估,每2年实现辖区内所有职业健康检查机构、职业病诊断机构质量考核与质量控制评估的全覆盖。对职业健康检查与职业病诊断服务量大、质量管理风险高或投诉多、质量问题整改不及时或不到位的机构,要加大质量考核与质量控制评估频次,并及时向社会公布相关质量考核或质量控制评估的结果、整改要求及整改落实情况。对存在弄虚作假、重大质量问题的,省级质量控制管理机构要立即向省级卫生健康行政部门、省级疾控主管部门报告,并及时跟踪相关机构整改情况。

五、加强监督抽查,定期向社会通报

地方各级疾控主管部门、卫生监督机构要在完成年度职业健康检查机构和职业病诊断机构监督抽查计划的同时,对接到职业健康检查质量考核与职业病诊断质量控制评估结果、质量问题整改情况、职业健康检查机构和职业病诊断机构信息报告等方面的涉嫌违法线索后,要及时进行梳理分析,对信息报告、质量管理等方面问题突出且整改不及时或不到位的,督促其整改,对仍拒不整改或整改不到位的机构,依法进行处罚并定期向社会公布处罚结果;各省级卫生健康行政部门要及时向社会公布拒不整改或整改不到位的职业健康检查机构、职业病诊断机构名单以及存在的主要问题。

各省级质量控制管理机构要将年度职业健康检查质量考核、职业病诊断质量控制评估结果与整改情况报送至省级卫生健康行政部门及中国疾控中心。各省级卫生健康行政部门每年1月10日前要将上年度的职业健康检查质量考核、职业病诊断质量控制评估情况,以及相关监督检查信息(含典型监督检查案例)分别报送至国家卫生健康委职业健康司、国家疾控局监督二司。

八、人大代表建议答复

对十四届全国人大一次会议第 2624 号建议的答复
—— 关于协同推进区域医疗高质量发展的建议

· 2023 年 7 月 6 日

代表您好：

您提出的《关于协同推进区域医疗高质量发展的建议》收悉，根据我委工作职能，现答复如下：

一、工作现状和进展情况

我委高度重视推动公立医院高质量发展，着力促进优质医疗资源扩容和区域均衡布局。

（一）推进分级诊疗制度和医联体建设。2015 年、2017 年国务院对分级诊疗制度和医联体建设作出顶层设计，我委按照党中央、国务院决策部署，紧紧围绕"基层首诊、双向转诊、急慢分治、上下联动"制度框架，以医联体建设为载体，以常见病、多发病、慢性病分级诊疗为突破口，不断完善分级诊疗制度体系。

（二）推进全民健康信息化。2022 年，我委联合国家中医药局、国家疾控局印发《"十四五"全民健康信息化规划》，提出要集约建设信息化基础设施支撑体系，推动互联互通和数据共享，提升国家与省统筹区域全民健康信息平台的信息枢纽能力，推进一体化的数据采集、汇聚、治理、共享和分析应用管理。

（三）开展公立医院绩效考核。按照《国务院办公厅关于加强三级公立医院绩效考核工作的意见》，自 2019 年起，我委联合有关部门共同推进公立医院绩效考核工作，指导各地合理应用考核结果，保障绩效考核工作落地见效，推动公立医院高质量发展。

二、关于所提建议的答复

（一）关于推进医联体建设。我委高度重视医联体信息化建设。2020 年印发《医疗联合体管理办法（试行）》，要求城市医疗集团和县域医共体应当加强信息平台规范化、标准化建设，逐步依托区域全民健康信息平台推进医联体内各级各类医疗卫生机构信息系统的互联互通。2023 年 1 月，我委会同相关部门开展紧密型城市医疗集团建设试点工作，科学合理网格化布局紧密型城市医疗集团，为网格内居民提供疾病预防、诊断、治疗、营养、康复、护理、健康管理等一体化、连续性医疗服务，并要求根据城市网格化布局情况，鼓励市级统筹信息系统建设和整合。紧密型城市医疗集团内设置信息技术和管理部门，负责紧密型城市医疗集团信息化整体架构设计、信息化建设、网络安全等工作，推动紧密型城市医疗集团管理、医疗、患者信息安全有效地互联互通，探索建立智慧医联体。

（二）关于建立人口健康信息平台，探索一体化管理。近年来，我委积极推动省统筹区域全民健康信息平台建设，在实现国家、省、市、县四级平台初步联通全覆盖基础上，积极推进各级各类医疗卫生机构接入相应区域全民健康信息平台，依托平台推动不同医疗机构之间诊疗信息互认共享，截至目前，全国共有 7000 多家二级以上公立医院接入区域全民健康信息平台，逐步提升了健康医疗大数据联通共享水平。

（三）关于医疗重在服务公益，管控医院排名。我委会同有关部门持续开展二级和三级公立医院绩效考核工作，通过对国家监测指标进行分析，根据医院的功能定位、诊疗对象、专科特点不同进行分类排名。起到帮助医院对标先进、找到差距、持续改进，实现绩效考核"横向对比有目标、纵向对比有提高"的工作效果。目前绩效考核基本实现二级及以上公立医院全覆盖，用数据打造衡量全国公立医院的"一把标尺"，有效引导公立医院坚持公益性、落实功能定位。

三、下一步工作目标和计划

我委将持续推进国家医学中心和国家区域医疗中心设置和建设、紧密型城市医疗集团试点、统筹推动全民健康信息平台建设、公立医院绩效考核等工作，促进优质医疗资源扩容和区域均衡布局，推动公立医院高质量发展，为建设健康中国提供有力支撑。

感谢您对卫生健康工作的关心和支持。

对十四届全国人大一次会议第2066号建议的答复

——关于提升偏远地区医疗卫生服务能力的建议

·2023年8月29日

代表您好：

您提出的《关于提升偏远地区医疗卫生服务能力的建议》收悉，经商人力资源社会保障部、国家发展改革委，现答复如下：

一、工作现状和进展情况

我委高度重视提升偏远地区医疗服务能力工作。一是联合国家乡村振兴局、国家中医药局、中央军委政治工作部和中央军委后勤保障部继续加强对口帮扶工作，扩大对口帮扶范围，结合"万名医师支援农村卫生工程"和国家医疗队巡回医疗等多种支援帮扶方式提升偏远地区医疗卫生服务能力。二是会同中央组织部开展医疗人才"组团式"帮扶国家乡村振兴重点帮扶县人民医院工作，2022年8月完成158个医疗团队派驻，通过"以市担责、以院包院"工作模式开展帮扶工作。三是我委积极申请中央财政资金开展县域医疗卫生机构能力建设和高海拔地区医疗服务能力建设项目。同时积极申请中央预算内投资加大对偏远地区支持力度。

二、关于所提建议的答复

（一）关于加大医疗专家跨区域帮扶工作支持力度。2021年，我委联合国家乡村振兴局、国家中医药局、中央军委政治工作部和中央军委后勤保障部等部门以脱贫县为重点，合理调整对口帮扶关系，扩大对口帮扶范围，受援县由原来的832个增加到940个，受援的县级医院达到1496个，其中组织113家三级医院对内蒙古自治区59个县81家县级医院开展帮扶工作。2022年3月我委会同中央组织部等10部门开展医疗人才"组团式"帮扶国家乡村振兴重点帮扶县人民医院工作，其中包括内蒙古自治区所辖10个国家乡村振兴重点帮扶县人民医院。帮扶工作通过"以市担责、以院包院"模式，引进新技术、新项目，采用"团队带团队"人才帮带有效做法，推动实现"输血"与"造血"有机统一，加强了当地人才培养。帮扶工作开展以来，受帮扶医院在诊疗服务、人才队伍培养、医院管理等方面能力得到全面提升，有效推动了偏远地区县医院医疗服务能力提升和当地卫生健康事业发展。

（二）对跨区域支援内蒙古医疗专家缩短职称评定时间、降低晋级条件提供合理政策。2021年7月，我委会同人力资源社会保障部、国家中医药局印发《关于深化卫生专业技术人员职称制度改革的指导意见》，明确提出鼓励卫生专业技术人才向艰苦边远地区和基层一线流动的优惠政策。改进评价方式，对艰苦边远地区和基层一线卫生专业技术人员实行"定向评价、定向使用"，取得的职称限定在艰苦边远地区或基层有效。对援外、援藏、援疆、援青等以及在重大突发公共卫生事件处置中表现优秀的卫生专业技术人员，同等条件下优先评聘。

（三）关于降低偏远地区医疗机构人员录用条件，探索更灵活的人员准入方式，切实将专业人员留在基层。我委认真贯彻落实《关于进一步深化改革促进乡村医疗卫生体系健康发展的意见》，多渠道培养引进乡村卫生人才，在政策上向艰苦边远地区倾斜，包括改革乡村卫生人才使用机制，实施县管乡用和乡聘村用；落实地方主体责任，分类解决村医待遇和养老保障问题；组织执业（助理）医师参加全科转岗培训，为壮大乡村医疗卫生人才队伍奠定扎实基础。

（四）关于建议加大对偏远地区人员培养、基础设施建设、医疗设备投入力度。一是我委自2018年开始，持续申请中央财政资金支持县医院综合能力建设。"十四五"以来，累计申请中央财政资金77.24亿元开展县域医疗卫生机构能力建设项目，支持20余个省份提升省内国家乡村振兴重点帮扶县、脱贫县、中西部地区医疗服务能力薄弱县等的县医院综合能力和水平。二是为满足高海拔地区居民诊疗需求，提升市级医院高原病疑难与危重症诊疗能力，2022年起，我委启动实施高海拔地区医疗服务能力建设项目，连续两年协调中央财政资金共计7.63亿元，支持高海拔地区35个地市级医院和190个县医院医疗服务能力建设。三是国家发展改革委会同我委等相关部门加大对脱贫地区、偏远地区等县级医院的支持力度，单个县级医院项目平均支持投资由"十二五"时期的1600多万元，提升至"十四五"的5000万元，支持医院提标扩能，加大医疗人才培养，改善业务用房条件，提升医院诊疗环境，更新医疗设备。

三、下一步工作目标和计划

我委将会同相关部门继续做好三级医院对口帮扶和医疗人才"组团式"帮扶国家乡村振兴重点帮扶县人民医院工作，持续提升受帮扶医院医疗服务能力。指导各地各有关单位落实好职称评定、人员聘任、人才培养有关政策，鼓励支持卫生专业技术人才向艰苦边远地区和基层一线流动，加强基层医疗卫生人才队伍建设，着力提高县级公立医院和基层医疗卫生机构医疗服务能力。

感谢您对卫生健康工作的关心和支持。

对十四届全国人大一次会议第7106号建议的答复

——关于构建急诊急救大平台发展区域医疗救援体系的建议

· 2023年7月6日

代表您好：

您提出的《关于构建急诊急救大平台发展区域医疗救援体系的建议》收悉，根据我委工作职能，现答复如下：

一、工作现状和进展情况

我国院前医疗急救作为社会保障体系的重要组成部分，是由政府主办的、非营利性的公益事业。我委高度重视院前医疗急救工作：一是完善院前急救制度顶层设计。出台《院前医疗急救管理办法》，对院前医疗急救机构设置、网络建设、执业行为、监督管理提出具体规范。将《院前医疗急救管理条例（草案）》纳入立法计划，进一步推动院前医疗急救发展。二是加强急救体系建设。加大对急救体系建设的财政投入，构建以省级急救中心为核心、市级急救中心为主体、县（区）急救中心为基础的覆盖城乡的省、市、县三级院前医疗急救体系。在全国推广胸痛中心、卒中中心、创伤中心、危重孕产妇救治中心、危重儿童和新生儿救治中心建设，创新急诊急救服务模式，强化与院前医疗急救机构的紧密衔接，构建一体化急诊急救网络，不断提高医疗急救能力。

二、关于所提建议的答复

（一）关于开展急诊急救相关调研。一是2017年开始，我委根据地域、城市规模和发达程度、院前医疗急救模式、院前医疗急救能力等综合情况，在全国范围内选择了北京、黑龙江、上海、江西、广东、四川、青海等12个具有代表性的省市，通过基线调查、座谈交流、现场调研、查阅资料、机构走访等方式，了解各地急诊急救的具体情况。二是2018年，我委开展了全国急救中心基线调查工作。对全国院前医疗急救总量、人员结构、工作流程、资源配备、地理分布、属性展开调研。三是2020年以来，我委多次就加强院前医疗急救建设工作展开书面调研，同时依托行业协会，多次组织急诊急救领域专家开展研讨。四是新冠疫情期间，我委印发《关于转发地方经验做法进一步加强院前医疗急救服务工作的函》，及时总结地方经验，指导各地进一步提升院前医疗急救服务能力和效率。五是在学习习近平新时代中国特色社会主义思想主题教育期间，我委通过"四不两直"、实地走访、专家研讨等方式，深入了解人民群众在急诊急救方面遇到的突出问题。

（二）关于做好顶层规划设计。一是我委印发《急诊科建设与管理指南（试行）》，对急诊科的设置与运行、人员配备、科室管理、质量控制等做出具体规定，不断提高急救能力和诊疗水平。二是我委联合国家发展改革委等部门印发《关于进一步完善院前医疗急救服务的指导意见》（以下简称《指导意见》），明确提出要建成与我国社会经济发展水平相适应的政府主导、覆盖城乡、运行高效、服务优质的省、地市、县三级院前医疗急救服务体系。三是我委印发《医疗机构设置规划指导原则（2021-2025年）》，按照需求导向、区域统筹、适度超前的原则制定专项规划，加快增加院前医疗急救资源总量，构建覆盖城乡、布局合理、衔接顺畅、服务优质的院前医疗急救服务体系。

（三）关于加强急诊急救能力建设。一是加强信息化建设。《指导意见》明确提出全国地市级以上急救中心建立院前医疗急救指挥调度信息化平台，在地域偏远或交通不便的县及县级市设置独立急救中心（站），或依托综合水平较高的医疗机构建立指挥调度信息化平台。推动急救调度信息与通信、公安、交通、应急管理等部门及消防救援机构的信息共享与联动。2023年，我委联合国家中医药局印发《改善就医感受提升患者体验主题活动方案（2023-2025年）》（以下简称《活动方案》），要求建立急诊急救高效衔接的流程，搭建患者数据院前院内实时交互信息系统，提高急诊急救服务效率。二是提升急危重症患者救治规范化水平。我委印发《需要紧急救治的急危重伤病标准及诊疗规范》《急诊专业医疗质量控制指标》等文件和胸痛、卒中、创伤、危重孕产妇救治、危重儿童和新生儿救治中心建设和管理指导原则，发布3项卫生行业标准，指导各级各类医疗机构开展急危重伤病患者的规范化诊疗工作。《活动方案》要求建立健全急诊患者分级救治模式，坚持"就急、就重"原则，根据患者病情（濒危、危重、急症、非急症）建立分级救治流程。三是加大院前医疗急救人员培训。《指导意见》要求强化院前医疗急救队伍建设，规范开展院前医疗急救专业人员岗前培训和在岗培训。2020年以来，我委申请中央财政资金7000余万元培养院前医疗急救医务人员6000余人次。

三、下一步工作目标和计划

我委将在全面推进急诊急救建设工作中结合新疆地区发展实际，会同相关部门在政策体系、管理机制、能力提升方面不断完善政策措施，并积极推动《关于进一步完善院前医疗急救服务的指导意见》等文件落实，提升新疆地区急诊急救能力，提高居民看病就医获得感，不断满足人民群众日益增长的健康需求。

感谢您对卫生健康工作的关心和支持。

对十四届全国人大一次会议第3761号建议的答复

——关于进一步提升基层慢病管理的建议

· 2023年7月26日

代表您好：

您提出的《关于进一步提升基层慢病管理的建议》收悉，现答复如下：

一、工作现状和进展情况

党中央、国务院历来高度重视基层卫生健康工作，从建国之初就将以农村为重点作为卫生工作方针，2016年，习近平总书记在全国卫生健康大会上提出包含"以基层为重点"的新时代党的卫生与健康工作方针，为我们加强基层卫生健康工作指明了方向。近几年来，我们持续深入开展"优质服务基层行"活动、加强社区医院建设，推进紧密型县域医共体建设，切实加强基层人才队伍建设，基层服务能力得到明显提升。我们持续推进基本公共卫生服务均等化，指导各地基层医疗卫生机构做实做细慢性病患者健康管理服务，分别委托国家心血管病中心和中华医学会编制《国家基层高血压防治管理指南》和《国家基层糖尿病防治管理指南》，在云南等7省（市）开展高血压防治结合试点工作，浙江、山东等地也结合实际主动发力，探索提升基层慢病健康管理质量的有效路径。

二、关于所提建议的答复

（一）关于加强村（社区）卫生室建设。2014年，我委会同国家发展改革委等部门印发《村卫生室管理办法（试行）》，对村卫生室的功能任务、机构设置与审批、人员配备与管理、业务管理、保障措施等提出明确要求，并提出村卫生室在许可的执业范围内，使用适宜技术、适宜设备和按规定配备使用的基本药物为农村居民提供基本医疗卫生服务。2019年，我委积极协调中央财政安排11.04亿元专项资金，用于支持国家深度贫困县实施乡村两级临床服务能力提升项目。按照填平补齐的原则，引导贫困地区根据地方财政状况增加投入，为有需要的村卫生室实施维修改造、配备必要的诊疗设备，提升诊疗能力。为持续加强基层医疗卫生机构能力建设，2022年7月，我委会同国家中医药局制定《村卫生室服务能力标准（2022版）》，对村卫生室提供基本医疗、基本公共卫生服务应当达到的标准和水平分档进行明确，并对其药品管理提出要求，推动各地村卫生室用药与所属上级医疗机构用药相衔接，满足临床用药需求，为各地加强村卫生室建设提供了依据和遵循。近几年，各地不断加大投入，如江西推进公有产权村卫生室建设，全省平均每个村有2.8名乡村医生，湖北投入近2亿元为全省村卫生室和社区卫生服务站配备智能健康服务包和信息化设备。

（二）关于加强基层医务人员保障。一是关于薪酬待遇。2018年3月，我委会同人力资源社会保障部、财政部印发《关于完善基层医疗卫生机构绩效工资政策保障家庭医生签约服务工作的通知》提出，按照"允许医疗卫生机构突破现行事业单位工资调控水平，允许医疗服务收入扣除成本并按规定提取各项基金后主要用于人员奖励"（简称"两个允许"）要求，统筹平衡与当地县级公立医院绩效工资水平的关系，合理核定基层医疗卫生机构绩效工资总量和水平。二是关于职称晋升。2021年7月，我委联合人力资源社会保障部、中医药局印发《关于深化卫生专业技术人员职称制度改革的指导意见》指出，凡在乡镇卫生院、社区卫生服务机构工作的医师、护师，可提前一年参加相应专业的中级卫生专业技术资格考试。本科及以上学历、经全科专业住院医师规范化培训合格并到基层医疗卫生机构工作的，可直接参加全科医学专业中级职称考试，考试通过的直接聘任中级职称。三是关于分类解决村医养老保障。各地结合实际，采取多种方式保障乡村医生养老待遇。对于在岗村医，根据不同身份参加事业单位养老保险、企业职工基本养老保险或城乡居民基本养老保险。目前已有16个省份明确在岗村医参加基本养老保险政策，湖南、贵州等省对在岗村医参加养老保险给予补贴。对于老年离岗村医，多数地方采用发放定额补助或根据服务年限给予年资补助的方式提高养老待遇，全国多数地区都向老年离岗村医发放生活补助。

（三）关于加强基层医疗卫生机构规范培训。我委自2018年起实施基层卫生人才能力提升培训项目，制定了乡村医生培训大纲，培训内容重点围绕基层卫生人员常见病、多发病的诊疗能力、实操能力。截至2022年，中央财政累计投入17.9亿元，共培训基层卫生人员65万人，其中乡村医生43万人，有效提高了基层医务人员的医疗卫生服务能力。为进一步加强线上线下培训管理，确保培训质量和效果，我委统筹协调各方优质医疗资源，通过各省（区、市）卫生健康委推荐，在全国遴选96家教学能力强,适合基层医疗卫生人员实践培训的机构作为培训基地。充分发挥基地作用,遴选师资、组织开发课程并负责本省相关人员培训的开展。

(四)建立医防融合机制。党的二十大报告提出,要坚持预防为主,加强重大慢性病健康管理,提高基层防病治病和健康管理能力;要创新医防协同、医防融合机制。我们积极贯彻落实党的二十大精神,依托家庭医生签约服务团队,推动从单纯的预防保健向预防和医疗相结合转变,建立新的服务机制、模式和流程;依托县域医共体建设,推动基层医疗卫生机构与上级医疗机构间建立上下分诊、双向转诊机制,逐步建立以慢病患者健康为中心的稳定、连续、全周期的管理服务模式。如浙江以高血压、糖尿病"两慢病"改革为抓手,推进基层医防融合,大大提升慢病管理的质量和效果。同时,我们不断加大健康教育宣传力度,2018 年起,联合科技部和中国科协共同举办年度新时代健康科普作品征集大赛,把专业的医学知识通过公众喜闻乐见的方式予以展现,引导群众养成健康生活习惯;充分利用广播、电视等传统媒体和客户端等新媒体平台,倡导科学的健康理念及健康生活方式,提升全民健康意识和健康素养。

三、下一步工作目标和计划

我委将深入贯彻落实党的二十大精神,结合工作实际不断加强基层卫生健康服务体系建设和人才队伍建设,持续提升基层医疗卫生服务能力,加强基层医防融合,指导各地村卫生室对照村卫生室服务能力标准(2022 版),提升软硬件条件,提高防病治病和健康管理能力,为健康中国建设贡献力量。

感谢您对卫生健康工作的关心和支持。

对十四届全国人大一次会议第 6508 号建议的答复
——关于制定老龄事业发展和养老产业促进法的建议

· 2023 年 7 月 24 日

代表您好:

您提出的《关于制定老龄事业发展和养老产业促进法的建议》收悉,根据我委工作职能,现答复如下:

一、工作现状和进展情况

党中央、国务院高度重视老龄工作。党的十八大以来,老龄政策法规体系不断完善。中共中央国务院印发《国家积极应对人口老龄化中长期规划》《关于加强新时代老龄工作的意见》,对积极应对人口老龄化作出系统部署,明确了新时代老龄工作的发展目标和重点任务。全国人大不断完善老龄法律体系,修订老年人权益保障法,各省份均制定了相应的配套法规,民法典以及公共文化、基本医疗、公共卫生等领域法律增加了涉老条款。国务院先后印发"十三五"、"十四五"国家老龄事业发展和养老服务体系规划,明确了老龄工作阶段性目标和任务。同时,国家层面印发多个政策文件,就发展养老服务、完善养老保险和医疗保险制度、发展健康服务业、推进医养结合、制定和实施老年人照顾服务项目、解决老年人运用智能技术困难、发展老年教育等作出安排部署,逐步形成促进老龄事业发展政策框架。

二、关于所提建议的答复

目前,《老年人权益保障法》(以下简称老年人权益保障法)是我国唯一的专门针对老年人的法律,于 1996 年颁布以来,经历 2012 年修订,2009、2015、2018 年修正,老年人权益保障已经成为社会治理领域的重要内容,老年人权益保障法也是切实保障老年人权益最重要的法律制度安排。现行的老年人权益保障法包括总则、家庭赡养和扶养、社会保障、社会服务、社会优待、宜居环境、参与社会发展和法律责任、附则等九章,体现了老年人的基本权益和特殊权益。老年人权益保障法作为唯一的涉及老年人的专项法律,自 2012 年修订以来,对保障老年人合法权益,维护社会稳定发挥了重要作用。十年间,我国 60 岁及以上、65 岁及以上人口占总人口比例均提高了 5.5 个百分点,人口老龄化形势发生巨大变化,客观上对维护老年人权益保障提出新的要求。

党的十八大以来,习近平总书记多次主持会议研究部署老龄工作,多次对老龄工作作出重要指示批示。2021 年重阳节前夕,习近平总书记对老龄工作作出重要指示,强调把积极老龄观、健康老龄化理念融入经济社会发展全过程,加大制度创新、政策供给、财政投入力度,加快健全社会保障体系、养老服务体系、健康支撑体系。要求大力弘扬孝亲敬老传统美德,落实好老年优待政策,维护好老年人合法权益,发挥好老年人积极作用,让老年人共享改革发展成果、安享幸福晚年。党的十九届五中全会将积极应对人口老龄化确定为国家战略,党的二十大报告再次明确提出实施积极应对人口老龄化国家战略。

近年来,为适应我国人口老龄化形势变化的客观要求,落实党中央、国务院关于老龄工作重要决策部署,解决好老年人"急难愁盼"问题,我委持续开展了老年人权益保障法修订研究。您提出的关于制定老龄事业发展和养老产业促进法的建议,对落实积极应对人口老龄化国家战略，促进老龄事业和产业发展具有重要的参考价值。鉴于我国已有一部较为成熟的专门针对老年人的法律，我们建议进一步加强调查研究，适时修订老年人权益保障法，充分借鉴您所提的建议，不断完善促进老龄事业和产业发展的法律法规和政策体系。

三、下一步工作目标和计划

下一步，我委将深入贯彻落实习近平总书记关于老龄工作重要指示精神和党中央、国务院关于老龄工作决策部署，立足职能，积极配合有关部门做好涉老法律法规的研究和推动制修订工作，不断提高老龄工作法治化水平，切实提升老年人的获得感、幸福感和安全感。

感谢您对卫生健康工作和老龄工作的关心和支持。

对十四届全国人大一次会议第2357号建议的答复
——关于国家层面尽快出台爱国卫生条例的建议

· 2023 年 7 月 4 日

代表您好：

您提出的《关于国家层面尽快出台爱国卫生条例的建议》收悉。经商财政部，现答复如下：

一、工作现状和进展情况

爱国卫生运动是党和政府把群众路线运用于卫生防病工作的伟大创举和成功实践。党中央、国务院高度重视爱国卫生运动，习近平总书记多次就爱国卫生运动作出重要指示批示，提出明确要求。2022年12月，在爱国卫生运动开展70周年之际，习近平总书记专门就爱国卫生运动作出重要指示，70年来，在党的领导下，爱国卫生运动坚持人民健康为中心，坚持预防为主，为改变城乡环境卫生面貌、有效应对重大传染病疫情、提升社会健康治理水平发挥了重要作用。

我委、全国爱卫办认真贯彻落实习近平总书记的重要指示精神和党中央、国务院的决策部署，会同全国爱卫会30多个成员单位，扎实推进爱国卫生运动，组织开展了城乡环境卫生整洁行动、卫生城镇创建和健康城镇建设等一系列富有成效的工作，特别是新冠疫情发生以来，组织开展了多轮爱国卫生专项活动，在各地、各部门和社会各界的共同努力下，城乡人居环境不断改善，人群健康素养水平稳步提高。

二、关于所提建议的答复

《宪法》规定："开展群众性的卫生活动，保护人民健康。"《基本医疗卫生与健康促进法》第七十二条规定："国家大力开展爱国卫生运动，鼓励和支持开展爱国卫生月等群众性卫生与健康活动，依靠和动员群众控制和消除健康危险因素，改善环境卫生状况"。这些都为开展爱国卫生运动提供了法律依据。2020年，国务院印发《关于深入开展爱国卫生运动的意见》，明确提出"制定出台全国层面的爱国卫生法规，将实践证明行之有效的好经验、好做法凝练提升为法律制度，进一步明确爱国卫生工作的目标任务、工作方法、管理措施和各方责任"，对爱国卫生立法工作提出明确要求。

近年来，各地深入贯彻落实党中央、国务院决策部署，积极推进爱国卫生法治建设，全国已有27个省(区、市)颁布爱国卫生工作的地方法规。在各地立法工作基础上，国家卫生健康委、全国爱卫办积极推动国家层面爱国卫生立法工作，前期委托有关单位开展爱国卫生立法研究，系统收集、整理国内已有的爱国卫生立法资料，多次开展立法调研工作，广泛征求各地和全国爱卫会各成员单位以及来自公共卫生、法学、社会学、公共管理等多学科专家意见，形成爱国卫生条例征求意见稿。去年以来，我们又多次征求全国爱卫会各成员单位和各省份爱卫办意见，邀请部分已出台省级爱国卫生工作条例省份的专家座谈，逐条研究，并根据爱国卫生工作的历史和面临的新形势、新任务，对相关内容进行了充实和完善。目前，正按照立法有关工作要求积极推进相关工作。

三、下一步工作目标和计划

您提出的建议，对我委推动爱国卫生立法，实现爱国卫生运动依法管理和长效管理具有重要参考意义。下一步，我委将进一步把爱国卫生立法工作作为落实依法治国的一项重要任务，在充分调研并听取各方意见基础上，加快推进国家层面立法进程，争取早日出台相关法规，将爱国卫生运动作为一项制度深入持久开展。

感谢您对卫生健康工作的关心和支持。

对十四届全国人大一次会议第1798号建议的答复
——关于优化医疗资源配置，解决群众"看病贵""看病难"问题的建议

· 2023 年 7 月 6 日

代表您好：

您提出的《关于优化医疗资源配置，解决群众"看病贵""看病难"问题的建议》收悉，经商财政部、国家医保局，现答复如下：

一、工作现状和进展情况

党的十八大以来，我委认真贯彻落实习近平总书记关于卫生健康工作的重要讲话和重要指示批示精神，促进优质医疗资源扩容和均衡布局，推动医疗卫生工作重心下移、资源下沉。2023年3月，中共中央办公厅、国务院办公厅印发《关于进一步完善医疗卫生服务体系的意见》，明确要优化资源配置，加强县级医院建设，强化城乡基层医疗卫生服务网底，加强农村和基层医疗服务等薄弱环节建设。经过持续努力，我国基层医疗卫生体系逐步健全，人员数量不断增加、结构持续优化，基层医疗卫生机构床位数逐年增加，服务内容不断完善、水平稳步提升。

二、关于所提意见的答复

（一）关于多维度发力，强化公立医院公益性。一是深化以公益性为导向的公立医院改革，核心是完善公立医院运行新机制。近年来，国务院办公厅印发《关于推动公立医院高质量发展的意见》，国家医保局会同我委等部门印发《关于做好当前医疗服务价格动态调整工作的意见》，完善公立医院运行新机制，动态调整医疗服务价格，加强公立医院医保结余留用资金管理。二是加强管理，规范诊疗行为。2017年开始推行"两随机一公开"抽查，积极督促医疗机构发挥主体责任，监督和指导医务人员合理检查、合理用药、合理治疗。2020年，中央深改委第十五次会议审议通过《关于印发进一步规范医疗行为 促进合理医疗检查的指导意见的通知》，强调要从规范医疗主体行为入手，加大对医疗机构和医务人员的监督管理。

（二）关于增加公共财政对农村医疗体系的投入。一是加大对基层医疗卫生机构的资金投入力度。2023年，中央财政下达基本公共卫生服务补助资金725.08亿元、基本药物制度补助资金91.14亿元（其中，对村卫生室补助34.26亿元）、基层人才培养项目补助资金18.09亿元。同时，中央财政通过医疗服务与保障能力提升补助资金安排30.46亿元，支持乡村振兴重点帮扶县、脱贫县和中西部医疗服务能力薄弱县统筹用于县域及基层医疗卫生机构能力提升。二是加强基层医疗卫生机构能力建设。2018年，我委会同国家中医药局启动"优质服务基层行"活动，制定乡镇卫生院服务能力标准，指导各地基层医疗卫生机构提升服务能力和质量。2022年，修订完善乡镇卫生院、社区卫生服务中心和村卫生室服务能力标准。截至2022年底，全国累计达到服务能力标准的乡镇卫生院和社区卫生服务中心超过3万家。

（三）关于完善县级医院、乡村卫生院医疗人才激励机制。党中央、国务院高度重视基层人才队伍建设，截至2021年底，全国共有基层卫生人员443.2万，每万人口全科医生3.08人。一是创新人才使用机制。2023年，中共中央办公厅、国务院办公厅印发《关于进一步深化改革促进乡村医疗卫生服务体系健康发展的意见》，明确要加强县域医疗卫生人才一体化配备和管理，有条件的地方可对招聘引进的医疗卫生人才实行县管乡用、乡聘村用。二是完善基层人才激励机制。推动落实基层医疗卫生机构"公益一类保障、公益二类管理"运行机制改革，督促落实"两个允许"要求，推动建立符合基层的人事薪酬制度。同时，2021年，人力资源社会保障部会同我委等部门印发《关于深化卫生专业技术人员职称制度改革的指导意见》，提出要合理增加基层医疗卫生机构中高级岗位比例，拓宽医务人员职业发展空间。三是推进以全科医生为重点的基层卫生健康人才培养培训。新一轮深化医改以来，已累计培训全科专业住院医师近8.8万人、助理全科医生5万余人，转岗培训全科医生25万余人，免费培养定向生8万余人。

（四）关于进一步扩大医保药品目录，提高基本医保报销比例和范围。一是开展国家医保药品目录调整工作。近5年，医保目录累计新增618种药品，涵盖了新冠感染、肿瘤、心脑血管疾病、罕见病、儿童用药等临床治疗领域，大量新机制、新靶点药物被纳入基本医保支付范围。同时，推动新药更快惠及患者。目前，超过80%的新药能够在上市两年内纳入医保。二是统筹发挥三重制度综合保障，确定适宜保障水平。我国已基本建成基本医疗保险为主体，医疗救助为托底，补充医疗保险等共同发展的多层次医疗保障制度框架。2022年，居民医保政策范围内住院报销比例达到70%左右，居民大病保险保障水平在基本医保基础上提高了约15个百分点，农村低收入人口住院费用经综合保障梯次减负后实际报销比例稳定在80%左右。

三、下一步工作目标和计划

我委将针对我国医疗卫生服务体系发展不平衡、不充分问题，补齐农村等基层地区服务能力短板，继续加大对基层医疗卫生机构投入力度，加强基层人才队伍建设，提升基层医疗卫生机构服务能力和质量，增强医疗保障的公平性、协同性，切实提升人民群众看病就医的获得感、幸福感、安全感。

感谢您对卫生健康工作的关心和支持。

图书在版编目（CIP）数据

中华人民共和国医疗法律法规全书：含规章及法律解释：2024年版／中国法制出版社编．—北京：中国法制出版社，2024.1

（法律法规全书系列）

ISBN 978-7-5216-4064-9

Ⅰ．①中… Ⅱ．①中… Ⅲ．①卫生法-汇编-中国 Ⅳ．①D922.169

中国国家版本馆CIP数据核字（2023）第244279号

策划编辑：袁笋冰　　　　责任编辑：刘晓霞　　　　封面设计：李宁

中华人民共和国医疗法律法规全书：含规章及法律解释：2024年版
ZHONGHUA RENMIN GONGHEGUO YILIAO FALÜ FAGUI QUANSHU：HAN GUIZHANG JI FALÜ JIESHI：2024 NIAN BAN

经销／新华书店
印刷／三河市紫恒印装有限公司
开本／787毫米×960毫米　16开　　　　　　　　　　　印张／45.75　字数／810千
版次／2024年1月第1版　　　　　　　　　　　　　　　2024年1月第1次印刷

中国法制出版社出版
书号 ISBN 978-7-5216-4064-9　　　　　　　　　　　　　　　　　定价：98.00元
北京市西城区西便门西里甲16号西便门办公区
邮政编码：100053
网址：http：//www.zgfzs.com　　　　　　　　　　传真：010-63141600
市场营销部电话：010-63141612　　　　　　　　　编辑部电话：010-63141664
　　　　　　　　　　　　　　　　　　　　　　　印务部电话：010-63141606

（如有印装质量问题，请与本社印务部联系。）